Informatik-Fachberichte 267

Herausgeber: W. Brauer
im Auftrag der Gesellschaft für Informatik (GI)

W. Effelsberg H.W. Meuer G. Müller (Hrsg.)

Kommunikation in verteilten Systemen

Grundlagen, Anwendungen, Betrieb
GI/ITG-Fachtagung
Mannheim, 20.-22. Februar 1991

Proceedings

Springer-Verlag

Berlin Heidelberg New York London
Paris Tokyo Hong Kong Barcelona

Herausgeber und wissenschaftliche Tagungsleitung

Wolfgang Effelsberg
Lehrstuhl für Praktische Informatik IV
Universität Mannheim, W-6800 Mannheim

Hans W. Meuer
Rechenzentrum
Universität Mannheim, W-6800 Mannheim

Günter Müller
Institut für Informatik und Gesellschaft
Universität Freiburg, W-7800 Freiburg

Programmausschuß

D. Baum	Universität Trier
B. Butscher	GMD, Berlin
O. Drobnik	Universität Frankfurt
W. Effelsberg	Universität Mannheim (Vorsitz)
K. Garbe	Technische Universität Dresden
N. Gerner	Siemens-Nixdorf Informationssysteme AG
G. Glas	DLR, Oberpfaffenhofen
W. Gora	Diebold Deutschland GmbH
H. G. Hegering	Technische Universität München
P. Hohn	DAK, Hamburg
E. Holler	Kernforschungszentrum Karlsruhe
P. J. Kühn	Universität Stuttgart
L. Mackert	IBM/ENC, Heidelberg
H. W. Meuer	Universität Mannheim
Ch. Müller	Siemens-Nixdorf Informationssysteme AG
G. Müller	Universität Freiburg, IBM/ENC Heidelberg
P. Pawlita	Siemens-Nixdorf Informationssysteme AG
E. Raubold	GMD, Darmstadt
S. Schindler	Technische Universität Berlin
J. C. W. Schröder	Danet GmbH, Darmstadt
O. Spaniol	RWTH, Aachen
R. Speth	CEC, Brüssel
J. Swoboda	Technische Universität München

CR Subject Classification (1987): C.2, C.4, D.4.4, H.4.3, J.1

ISBN-13: 978-3-540-53721-2   e-ISBN-13: 978-3-642-76462-2
DOI: 10.1007/978-3-642-76462-2

2145/3140-543210 – Gedruckt auf säurefreiem Papier

Vorwort

Die Fachtagung "Kommunikation in verteilten Systemen" hat zum Ziel, neue Erkenntnisse zu Konzepten, Anwendungen und Auswirkungen verteilter Systeme und der zugehörigen Kommunikationsaspekte zu vermitteln. Sie wird im zweijährigen Turnus von der gemeinsamen Fachgruppe "Kommunikation und verteilte Systeme" der Gesellschaft für Informatik (GI) und der Informationstechnischen Gesellschaft im VDE (ITG) veranstaltet.

In den letzen Jahren hat das Gebiet der Rechnernetze und der verteilten Systeme erheblich an Bedeutung gewonnen. Denn durch die schnelle Verbreitung von leistungsfähigen PCs und Arbeitsplatzrechnern ist auch die Vernetzung dieser Systeme untereinander und mit Großrechnern ein allgemeines Anliegen geworden. Dabei führen die schnellen Innovationszyklen in der Informationstechnologie zu immer wieder neuen Fragestellungen bezüglich der Architektur, der Implementierung und der Anwendung verteilter Systeme.

Als ein erstes Beispiel sei hier die Glasfasertechnik genannt, die auf der Ebene des physischen Mediums heute Übertragungsraten von 100 MBit/s bis etwa 1,5 GBit/s ermöglicht, und das bei Bitfehlerraten von etwa 10^{-11}. Ein Rechner klassischer Architektur ist überhaupt nicht in der Lage, solche Bitraten auf die Leitung zu geben. Im Vergleich zum Kupferkabel als Medium wurde also das Geschwindigkeitsverhältnis zwischen Rechner und Übertragungsstrecke umgekehrt. Dies muß offensichtlich erhebliche Auswirkungen auf die Konzeption der Kommunikationssysteme haben.

Zugleich werden nunmehr durch die hohen Datenraten neuartige Anwendungen ermöglicht; hier ist insbesondere die Einbeziehung von digitalen Audio- und Videodatenströmen in Datennetze zu nennen (multimediale Systeme). Durch den Fortschritt im Bereich der Endgeräte (z. B. hochauflösende Farbgrafik) können in naher Zukunft alle diese Datenströme auf einem Endgerät integriert dargestellt werden - ein Ansatz, der in vielen Anwendungsbereichen auf großes Interesse stößt. Wie allerdings solche integrierten, isochronen Datenströme im verteilten System dargestellt, übertragen und verarbeitet werden können, das ist zur Zeit noch ein aktuelles Forschungsthema, zu dem auch dieser Band mehrere interessante Beiträge enthält.

Ein zweites Beispiel ist die Entwicklung im Bereich der offenen Systeme. Während das erste Jahrzehnt der Rechnernetze von herstellerspezifischen Architekturen geprägt war, hat im zweiten Jahrzehnt vor allem die Entwicklung offener Rechnernetze eine stürmische Entwicklung erfahren, nicht zuletzt durch die Anforderungen der Anwender, die mit dem Problem der Vernetzung heterogener Systeme im Unternehmen konfrontiert waren. Nachdem inzwischen die Kommunikationsprotokolle der Schichten 1 bis 6 und auch wichtige Anwendungsprotokolle der Schicht 7 im Rahmen von

ISO/OSI standardisiert sind, wendet sich nun das Interesse den Fragen der offenen verteilten Systeme zu, also der effizienten Kooperation von Rechnern im heterogenen Netz zur gemeinsamen Problemlösung. Zugleich müssen auch viele Probleme des Netzmanagements gelöst werden, um offene Netze in der Praxis verwendbar zu machen. Auch diesen beiden aktuellen Fragestellungen sind mehrere Beiträge aus diesem Band gewidmet.

Insgesamt lassen sich die thematischen Schwerpunkte etwa wie folgt zusammenfassen:

- Architektur von verteilten Systemen
- Offene Netze und offene verteilte Verarbeitung
- Intelligente und flexible Netze
- Protokolle für Hochgeschwindigkeitsnetze
- Netzplanung und Netzmanagement
- Formale Beschreibung, Test und Verifikation
- Verteilte Betriebssysteme
- Verteilte Datenbanksysteme
- Verteilte Anwendungen, Tele-Kooperation

In der Art der Darstellung wendet sich der Band an Informatiker, Ingenieure und andere Fachleute auf diesem Arbeitsgebiet. Die Beiträge sind sowohl für den Bereich der Universitäten und Forschungseinrichtungen von Interesse als auch für Hersteller, Anwender und Netzbetreiber, zum Beispiel die Telekom.

Abschließend möchten wir uns bei all denen bedanken, die die Fachtagung und diesen Band ermöglicht haben, vor allem den Autoren, deren qualitativ hochwertige Arbeiten die Grundlage dieses Buches bilden. Den Mitgliedern des Programmausschusses sei für die Begutachtung der Beiträge und für ihre Mitwirkung bei der Zusammenstellung des Tagungsprogramms herzlich gedankt. Sowohl die GI als auch die ITG haben durch hervorragende Zusammenarbeit zum Gelingen erheblich beigetragen. Dem Springer-Verlag danken wir für die professionelle Produktion dieses Tagungsbandes. Die Mitarbeit von Frau H. Geiselmann war uns bei der Vorbereitung der Tagung und der Erstellung dieses Bandes eine unschätzbare Hilfe.

Mannheim, im Dezember 1990

W. Effelsberg

H. W. Meuer

G. Müller

Inhaltsverzeichnis

Netzzugangsprotokolle und Broadcast

Verteilte Datenbanksysteme

Betriebssystem-Konzepte

Modellierung und Analyse verteilter Systeme

Telefon, Telefax, ISDN

Netzmanagement

Kooperation in verteilten Systemen

Formale Spezifikation

Beiträge der Preisträger der Fachgruppe

BREITBAND-ISDN AUF BASIS ATM: DAS ZUKÜNFTIGE NETZ FÜR JEDE BITRATE

Oswald Fundneider
Siemens AG, Öffentliche Netze - Zentrallaboratorium
Hofmannstr. 51, D-8000 München 70

Kurzfassung. Das künftige intelligente Breitband-ISDN (BISDN) wird dem Netzbenutzer in zweierlei Hinsicht Flexibilität bieten: Neben einer flexibleren und komfortableren Nutzungsmöglichkeit für die gebotenen Übermittlungsleistungen auf der Basis netzinterner "Intelligenz" vor allem ein Maximum an Flexibilität bezüglich der Übermittlungsleistungen selbst, wie sie durch den vom CCITT für das BISDN empfohlenen Asynchronen Transfermodus (ATM) möglich wird, der das BISDN zum "Netz für jede Bitrate" machen wird.

Ausgehend von den Anforderungen der Netzbenutzer und Netzbetreiber wird auf das ATM-Prinzip, die BISDN-Netzarchitektur und BISDN-Evolutionsaspekte eingegangen.

Auf dem ATM-Gebiet stehen ATM-Vermittlungstechnik und -Verkehrsfragen im Vordergrund der Forschung und Entwicklung. Für so neue Techniken wie ATM sind Feldversuche unumgänglich; seit einem Jahr ist bereits ein erstes ATM-Versuchsnetz bei BERKOM in Betrieb.

1. Anforderungen der Benutzer und Netzbetreiber.

Die Benutzer erwarten von den öffentlichen Nachrichtennetzen in Zukunft mehr Mobilität, mehr Netzintelligenz für eine einfachere und bequemere Nutzung des Netzes (z.B. eine persönliche, ortsunabhängige Rufnummer) und vor allem mehr Flexibilität bezüglich der Übermittlung. Das intelligente Breitband-ISDN (BISDN) wird diese Erwartungen abdecken können.

Das digitale, diensteintegrierende Schmalband-ISDN mit seiner stattlichen Bitrate von 64 kbit/s ist schon ein beachtlicher Fortschritt gegenüber dem analogen Telefonnetz und gegenüber den leitungs- und paketvermittelnden Datennetzen: Alle Informationsarten werden im gleichen Netz übermittelt, die Sprachqualität wird besser, Daten können schneller übertragen werden. Am gleichen Anschluß sind gleichzeitig mehrere Verbindungen möglich: Beim Basisanschluß sind dies maximal zwei leitungsvermittelte 64-kbit/s-Verbindungen und einige paketvermittelte Verbinduungen. Die für den Benutzer dabei maximal verfügbare Übertragungskapazität von 144 kbit/s wird auch in Zukunft für eine Reihe von Benutzern mit bescheideneren Ansprüchen ausreichend sein.

Es gibt jedoch schon heute Benutzer, und ihre Zahl nimmt schnell zu, die dringend *größere Bandbreiten* und mehr Übermittlungsflexibilität benötigen. So sind moderne Workstations und Personal Computer mit ihren hochauflösenden Bildschirmen und großen Speichern mit der

Bitrate von 64 kbit/s nicht besonders gut bedient. Deutlich werden die Forderungen nach höherer Bitrate besonders dann, wenn sich - wie bei der Kopplung von LANs oder MANs - mehrere Stationen einen Übertragungsweg teilen; dafür werden, soweit wirtschaftlich verfügbar, bereits heute Bitraten zwischen 1 und 10 Mbit/s und in naher Zukunft bis zu 100 Mbit/s verwendet.

Die Enge der 64 kbit/s wird auch an den Einschränkungen bei der Bildübermittlung deutlich: Zum Übermitteln eines einzigen typischen Röntgen-Standbildes von etwa 5 MByte werden bei einer Bitrate von 64 kbit/s etwa 10 lange Minuten benötigt. Noch eindeutiger werden die Bitraten-Anforderungen bei der Übermittlung bewegterer Bilder: Sie reichen - selbst bei intensiver Signalkompression - von 64 kbit/s für recht bescheidene Qualitätsanforderungen, über 1- 30 Mbit/s für professionelle Bildtelefon- und Konferenzanwendungen, bis zu etwa 100 Mbit/s für HDTV-Qualität.

Am Beispiel Bewegtbild wird besonders deutlich, daß diese Informationsart nicht gut mit einer einzigen Bitrate abgedeckt werden kann, sondern daß dafür - je nach Qualitätsanforderungen und Signalverarbeitungsaufwand - ein großer Bitraten-Bereich in Frage kommt. Das Netz sollte flexibel jede gewünschte Bandbreite zur Verfügung stellen können. Eine solche *Bitraten-Flexibilität* wäre auch für viele andere Anwendungen attraktiv: So könnten dann auch Datenanwendungen mit der "optimalen" Bandbreite betrieben werden, bei der Realzeitanforderungen und Netzgebühren im Einklang sind.

Wie bereits beim Schmalband-ISDN sollte es auch bei einem zukünftigen Netz möglich sein, über einen Anschluß mehrere Verbindungen mit verschiedenen Informationsarten gleichzeitig zu betreiben (*flexible Kombination von Bitraten*). So könnte z.B. ein Einkäufer über eine Bildtelefonverbindung bei einem Anbieter Waren besichtigen und gleichzeitig eine leistungsfähige Verbindung zu einem rechnergestützen Bestellsystem haben. Oder eine Nebenstellenanlage könnte über einen breitbandigen Anschluß zum öffentlichen Netz, im Rahmen der gegebenen Übertragungskapazität, eine große Zahl von Verbindungen unterschiedlicher Bitrate, schmalbandige und breitbandige, zu unterschiedlichen Zielen betreiben.

Benötigt wird somit ein *"Netz für jede Bitrate und für jede Kombination von Bitraten"*, das alle Informationsarten mit der für die jeweilige Anwendung optimalen Bitrate - von schmalbandig bis breitbandig - und deren Kombinationen beherrscht.

Auch für den *Netzbetreiber* wäre ein solches "Netz für jede Bitrate" ideal. Vorbei wären dann die Zeiten, in denen für jede Bitrate spezielle Netzeinrichtungen oder gar spezielle Netze beschafft, eingerichtet und betrieben werden mußten, was zwangsweise viel Einführungszeit und in der Regel erheblich mehr Kosten bedeutet als ein integriertes Netz.

Ein Netz mit einer derartigen Übermittlungsflexibilität ist kein Wunschtraum, sondern steht in den wichtigsten Industrieländern vor der Tür. Es ist "das intelligente Breitband-ISDN (BISDN)" auf der Basis des asynchronen Transfermodus (ATM), für das bereits wesentliche CCITT-Empfehlungen vorliegen.

2. Der asynchrone Transfermodus (ATM). Für die Zuordnung von Bandbreite an die einzelnen Verbindungen im Rahmen der gegebenen Übertragungskapazität wurden bisher "synchrone Zeitmultiplex-Verfahren" (vgl. Schmalband-ISDN) oder paketorientierte Multiplex-Verfahren (vgl. CCITT-Empfehlung X.25) verwendet.

Das synchrone Zeitmultiplex-Verfahren ("Synchroner Transfermodus" STM) ist für kontinuierliche Bitströme (z.B. für PCM-codierte Sprache) hervorragend geeignet, relativ einfach in der Realisierung und in den heutigen Telefonnetzen entsprechend breit im Einsatz. Leider ist dieses Prinzip relativ inflexibel bezüglich der verfügbaren Bitraten.

Auf der anderen Seite sind die herkömmlichen quittierenden paketorientierten Verfahren (z.B. X.25) zwar recht flexibel bezüglich des verbindungsspezifischen Durchsatzes, aber für die Übermittlung kontinuierlicher Bitströme (z.B. Sprach- oder Videosignale) wegen der erheblichen Laufzeitschwankungen und der großen absoluten Laufzeit praktisch ungeeignet. Dazu kommt noch, daß die herkömmlichen Übermittlungsprotokolle für Bitraten oberhalb etwa 2 Mbit/s nicht ausgelegt sind.

Für BISDN wurde daher ein neuer Ansatz gewählt, der "asynchrone Transfermodus (ATM)". Es handelt sich dabei um ein paketorientiertes, nicht-quittierendes Multiplex-Verfahren. Das ATM-Prinzip ist bitratenunabhängig und kann im Grunde auf jedem digitalen, ausreichend fehlerfreien Übertragungsweg eingesetzt werden.

Das ATM-Verfahren ist so einfach, daß die Nutzpakete durch Hardware - tabellengesteuert - vermittelt werden können statt wie bei heutigen Paketnetzen durch zeitraubende Software. Dies ist die Voraussetzung dafür, daß ATM bezüglich Leistungsfähigkeit (Gesamtdurchsatz und maximale Bitrate je Verbindung) hinter dem STM-Prinzip praktisch nicht zurücksteht und den herkömmlichen paketorientierten Verfahren (z.B. X.25) weit überlegen ist.

Die internationalen Standards sehen ATM derzeit für Glasfaser-Strecken vor, die mit etwa 150 oder 600 Mbit/s betrieben werden. Wegen dieser hohen Transportbitrate auf dem Teilnehmeranschluß und auf den netzinternen Verbindungsleitungen halten sich die für Paketverfahren sonst typischen Verzögerungen und Verzögerungsschwankungen in so engen Grenzen, daß ATM für alle Informationsarten geeignet ist: für Signale fester und variabler Bitrate und für paketorientierte Signale *(Bild 1: ATM-Prinzip)*.

Natürlich hat die Flexibilität von ATM ihren Preis in Form von höherer Komplexität (Gatterfunktionen). Ohne die Fortschritte der modernen Mikroelektronik, bei der die Kosten mit der Komplexität nur langsam wachsen, wäre ATM gegenüber STM ohne Chance.

Prinzipbedingt, wegen des paket-orientierten Ansatzes, sind außerdem mit ATM gegenüber STM folgende Nachteile verbunden:
- Paketierungsverzögerung: Bei Signalen mit konstanter Bitrate (z.B. bei PCM-codierter
  Sprache) und bei Signalen mit variabler Bitrate (z.B. bei für ATM optimierter Videocodierung)

benötigt das Füllen der Zellen (Paketieren) umso mehr Zeit, je kleiner die Bitrate des Quellsignals ist; bei 64 kbit/s sind es 6 ms. Bei PCM-codierter Sprache kann diese Zusatzverzögerung in bestimmten Fällen Echounterdrückungseinrichtungen erforderlich machen.

- Laufzeitschwankungen: Die Zellen einer Verbindung treffen beim Empfänger nicht genau im gleichen Zeitabstand ein, wie sie abgesendet wurden (delay jitter). Dies ist zwar bei paketorientierten Anwendungen nicht störend, muß jedoch bei Anwendungen mit kontinuierlichem Bitstrom (z.B. Sprache) durch geeignete Synchronisierungsmaßnahmen und Ausgleichspuffer kompensiert werden.

- Zellenverluste: Durch Speicherüberlauf oder durch irreparable Zellkopffehler können ganze Nutzzellen verloren gehen; dies bedeutet jedes Mal den Verlust der gesamten in der Zelle enthaltenen Nutzinformation. Ein ATM-Netz muß daher für sehr geringe Zellverlust-Wahrscheinlichkeit ausgelegt werden (z.B. für die Größenordnung 10^{-8} bis 10^{-9}).

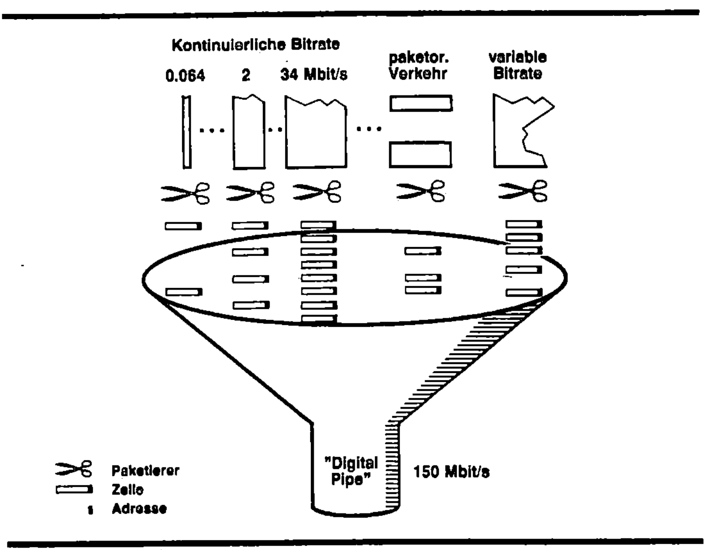

Bild 1: ATM-Prinzip

3. ATM-Charakteristika.   Bei ATM werden im aktiven Zustand ständig Pakete fester Länge ("Zellen") übertragen *(Bild 2: ATM-Charakteristika)*. Ist gerade keine Nutzinformation zu senden, so werden speziell markierte Leerzellen gesendet. Durch geeignete Vorkehrungen im ATM-Protokoll ist der Empfänger in der Lage, im empfangenen Signal die Zellen zu erkennen.

Die Zellen bestehen aus 48 Oktetts Nutzinformation und 5 Oktetts Zellkopf. ATM ermöglicht im Rahmen der Übertragungskapazität Verbindungen mit beliebiger Nettobitrate: Werden fast nur Leerzellen gesendet, so ist die Nettobitrate fast Null; werden fast nur Nutzzellen gesendet, so ist sie nahe an der Transportbitrate. Die standardisierte Transportbitrate von 155 Mbit/s ermöglicht z.B. eine maximale Nettobitrate von etwa 130 Mbit/s.

Jede Zelle wird durch eine Kennung im Zellkopf einer bestimmten (virtuellen) Verbindung zugeordnet. Auf diese Weise können im Rahmen der Übertragungskapazität über einen BISDN-Anschluß praktisch beliebig viele Verbindungen beliebiger Bitrate in beliebiger Kombination gemultiplext werden.

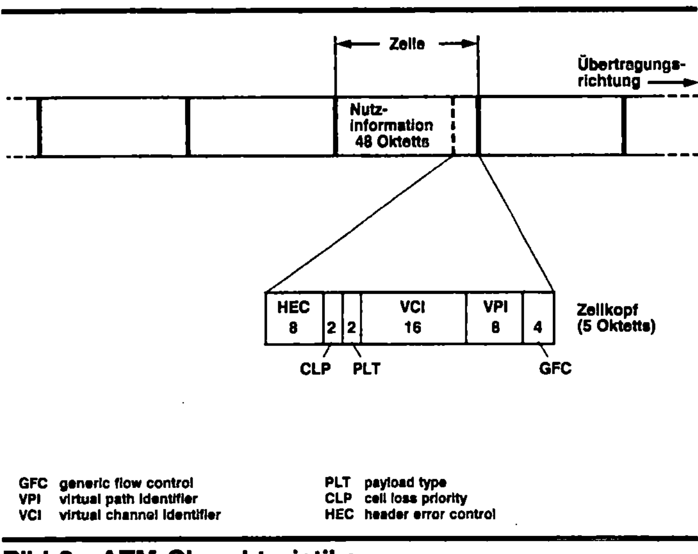

Bild 2: ATM-Charakteristika

Das Netz arbeitet verbindungsorientiert und behält daher die Reihenfolge der Zellen einer Verbindung bei. Beim Verbindungsaufbau teilt der Netzbenutzer dem Netz über einen (virtuellen) Signalisierungskanal die gewünschte Bitrate mit; das Netz reserviert anschließend auf allen Übertragungswegen die entsprechende Bandbreite. Das Vermitteln der Zellen erfolgt dann hardwaregesteuert. Bei bestehenden Verbindungen wird vom Netz die beim Verbindungsaufbau vereinbarte Bitrate verbindungsspezifisch kontrolliert und auf den vereinbarten Wert begrenzt.

Für ATM wird ein möglichst einfaches Protokoll verwendet: ohne Quittungen, ohne Fluß-Steuerung und ohne Fehlerkorrektur. Dies führt zu einem schnellen, diensteunabhängigen Basis-Übermittlungsdienst. Weitere Leistungsmerkmale können bei Bedarf in den höheren Protokollschicht ergänzt werden. Auf abschnittsweise Fehlerkorrektur kann wegen der hohen Qualität der im Netz eingesetzten digitalen und optischen Übertragungstechniken verzichtet werden.

Entsprechend einfach ist der Zellkopf strukturiert. *Bild 2* zeigt die Zellstruktur, wie sie im CCITT festgelegt wurde. Die wesentlichsten Elemente im Zellkopf sind der "Virtual Path Identifier" (VPI; 8 Bit) und "Virtual Channel Identifier" (VCI; 16 Bit). VPI und VCI zusammen sorgen für die eindeutige Zuordnung einer Zelle zu einer virtuellen Verbindung auf einem bestimmten Übertragungsabschnitt (lokal).

Das Feld "Payload Type" (PLT; 2 Bit) dient zur Unterscheidung von Nutzzellen und Leerzellen. Mit dem Feld "Cell Loss Priority" (CLP; 1 Bit) werden Zellen hoher und normaler Priorität gekennzeichnet: Zellen hoher Priorität werden im Netz besonders gegen Verlust geschützt. Das Feld "Header Error Control" (HEC; 8 Bit) dient schließlich zum Schutz des Zellkopfes gegen Übertragungsfehler. (Das Feld "Generic Flow Control" (GFC; 4 Bit) ist für die Zusammenarbeit von Benutzereinrichtungen mit dem Netz ohne Bedeutung.)

4. BISDN-Netzarchitektur. Die BISDN-Netzarchitektur *(Bild 3: BISDN-Netzarchitektur)* basiert auf einem nach der neuen synchronen Digitalhierarchie betriebenen Glasfaserübertragungsnetz, das für die ATM-Einrichtungen synchrone (STM-) Übertragungswege (STM = Synchroner Transfermodus) mit einer Transportbitrate von 155 Mbit/s und längerfristig auch 622 Mbit/s bereitstellt. Diese STM-Übertragungswege können mit optischen und digitalen STM-Schalteinrichtungen (Digital Cross Connect DCC) flexibel konfiguriert werden; innerhalb dieses Netzes können auch höhere Bitraten (z.B. 2,5 Gbit/s) vorkommen. Die digitalen STM-Schalteinrichtungen sind vor allem von Bedeutung für den Anschluß der ATM-Konzentratoren (RU) an die ATM-Vermittlungseinrichtungen und für die Verbindungsleitungen zwischen den ATM-Vermittlungseinrichtungen, da hier ein schnelles Umkonfigurieren im Fehlerfall besonders wichtig ist.

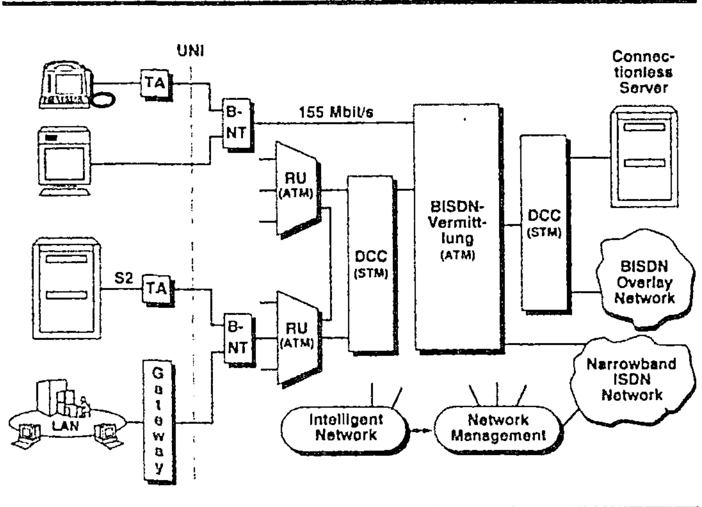

Bild 3: BISDN-Netzarchitektur

Für die BISDN-Benutzer-Netz-Schnittstelle hat CCITT, in Anlehnung an die synchrone Digitalhierarchie, eine Transportbitrate von ca. 155 Mbit/s und von 622 Mbit/s festgelegt. 155 Mbit/s genügen für die heute sichtbaren Anforderungen (sie reichen bei ausreichender Signalkomprimierung auch für HDTV) und lassen sich mit angemessenen Kosten realisieren.

Diese Bitrate ist aus Schmalbandsicht riesig: Sie entspricht 1000 ISDN-Basisanschlüssen oder 2000 Fernsprechkanälen.

Die Teilnehmereinrichtungen (Endeinrichtungen, Nebenstellenanlagen, LAN usw.) sind, analog zum Schmalband-ISDN, über einen Breitband-Netzabschluß (B-NT) und die Glasfaser an die ATM-Vermittlungseinrichtung geführt. Bei größeren Entfernungen kann der Einsatz eines ATM-Konzentrators (Remote Unit RU) wirtschaftlich sein.

Die Signalisierung zwischen Teilnehmer und Netz wird über (virtuelle) ATM-Verbindungen abgewickelt und basiert in Schicht 2 und 3 auf dem geeignet angepaßten D-Kanal-Protokoll des Schmalband-ISDN. Auch die Signalisierung zwischen ATM-Vermittlungseinrichtungen wird zweckmäßig über ATM-Verbindungen abgewickelt.

Im *Bild 3* gezeigt sind auch Einrichtungen für Netzmanagement und Netzintelligenz; sie können ebenfalls über ATM-Anschlüsse am BISDN angeschlossen sein.

Für spezielle Anforderungen, die das ATM-Netz selbst nicht abdecken kann, werden Zusatzeinrichtungen (Server) eingesetzt, die sich auf die vom ATM-Netz gebotenen Verbindungen abstützen. Beispiele dafür sind Video-Konferenz-Server und Connectionless Server (z.B. zur Abwicklung des von Bellcore beschriebenen SMDS-Dienstes).

Wie oben bereits erwähnt, sind für die Verbindungsleitungen zwischen BISDN-Vermittlungseinrichtungen (STM-)Übertragungswege mit einer Transportbitrate von zunächst 155 Mbit/s, später mit 622 Mbit/s vorgesehen, deren nutzbare Übertragungskapazität vollständig in ATM-Zellen unterteilt ist.

Im Hinblick darauf, daß in einem zukünftigen ATM-Netz nicht nur breitbandige Verbindungen, sondern auch Verbindungen mit kleinerer und mittlerer Bitrate zu bedienen sind, ist die Stufung der Bitrate der Verbindungsleitungen für die Vermaschung von Vermittlungseinrichtungen (z.B. für Querleitungen) mit 155 bzw. 622 Mbit/s recht grob. Eine feinere Unterteilung dieser Übertragungskapazität mit STM-Mitteln (z.B. in 34-Mbit/s- oder 2-Mbit/s-Einheiten) wäre zwar denkbar, ist aber für ein ATM-Netz aus verkehrstheoretischer und aus wirtschaftlicher Sicht nicht sinnvoll.

ATM-konformer ist hingegen das Konzept der "virtuellen Pfade", das auf dem gleichen ATM-Prinzip basiert, das im Abschnitt 2 und 3 für virtuelle Verbindungen beschrieben wurde.

Dabei wird die verfügbare Übertragungskapazität nicht direkt den virtuellen Verbindungen, sondern zunächst virtuellen Pfaden (virtuellen Übertragungswegen) zugeordnet, die ähnlich wie virtuelle Verbindungen zwischen zwei Einrichtungen, z.B. zwischen zwei ATM-Vermittlungseinrichtungen, mit einer bestimmten Bandbreite eingerichtet werden (*Bild 4: Konzept der virtuellen Pfade*). Wegen des ATM-Prinzips ist die Granularität der Bandbreite dabei praktisch beliebig fein; die Bandbreite kann auch nachträglich (administrativ) geändert werden.

Zwischen den Endpunkten eines virtuellen Pfades können eine oder mehrere ATM-Schalteinrichtungen für virtuelle Pfade liegen. Diese ATM-Schalteinrichtungen können entweder eigenständige Einrichtungen (ATM-Cross-Connects) sein oder ihre Funktion wird von ATM-Vermittlungseinrichtungen mitübernommen. Die ATM-Schalteinrichtungen werden vom Aufbau und Abbau von virtuellen Verbindungen nicht belastet, da sie nur virtuelle Pfade behandeln.

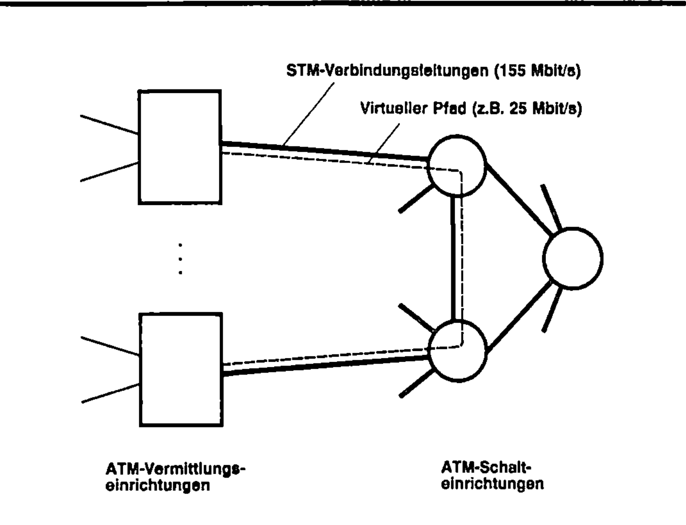

Bild 4: Konzept der virtuellen Pfade (Beispiel)

Beim Aufbau einer virtuellen Verbindung wählt die Vermittlungseinrichtung einen geeigneten virtuellen Pfad aus; die Verbindung belegt dann einen Teil der bereits bereitgestellten Bandbreite dieses virtuellen Pfades.

Nun wird klar, warum oben (vgl. Abschnitt 3 und Bild 2) zwischen virtual path identifier und virtual channel identifier unterschieden wurde. Auf einem gegebenen Übertragungsweg wird eine Zelle mit dem virtual path identifier zunächst eindeutig einem bestimmten virtuellen Pfad zugeordnet und mit dem virtual channel identifier einer bestimmten Verbindung, die in diesem virtuellen Pfad geführt wird. ATM-Schalteinrichtungen interpretieren im Zellkopf nur den virtual path identifier, nicht aber den virtual channel identifier.

Ein netzinternes Beispiel: Ein virtueller Pfad wird, über das Fernnetz hinweg, zwischen zwei ATM-Endvermittlungsstellen eingerichtet (vgl. Bild 4) und geeignet dimensioniert. Der Auf- und Abbau der virtuellen Verbindungen kann nun von den beiden Ortsvermittlungen auf diesem Pfad abgewickelt werden, ohne im Fernnetz Steuerleistung zu beanspruchen. Wird auch noch die zugehörige Signalisierung über eine direkte ATM-Verbindung zwischen den beiden Vermittlungen abgewickelt, so wird außerdem das Signalisierungsnetz entsprechend entlastet. Das Fernnetz verhält sich in diesem Fall wie ein ATM-Schaltnetz für virtuelle Pfade.

Ein anderes Beispiel: Virtuelle Pfade können im Prinzip auch end-to-end zwischen Netzteilnehmern eingerichtet werden. Sie sind vor allem für die Vernetzung von BISDN-Nebenstellenanlagen zweckmäßig. Das öffentliche Netz verhält sich dann bezüglich dieser virtuellen Pfade wie ein ATM-Schaltnetz für virtuelle Pfade. Es überwacht nur die genutzte Bandbreite des gesamten virtuellen Pfades, die darin geführten Verbindungen sind für das Netz transparent.

Verteildienste werden in absehbarer Zeit nicht als integraler Bestandteil des ATM-Netzes gesehen, können aber ggf. mit Vorteil die Glasfaser des Teilnehmeranschlusses mitverwenden. Für diesen Ansatz sprechen wegen der unterschiedlichen Verkehrscharakteristika technische Gründe und Kostengesichtspunkte sowie die in vielen Ländern gegebenen regulatorischen Auflagen.

5. BISDN-Netzevolution. Im Prinzip kann das oben beschriebene auf ATM basierende BISDN, als Universalnetz, zusätzlich zu den ATM-Diensten auch die Leistungen eines herkömmlichen Fernsprechnetzes und des Schmalband-ISDN bieten. Dazu sind für die ATM-Vermittlungseinrichtung folgende Einrichtungen erforderlich (*Bild 5: ATM-Universalvermittlung*):

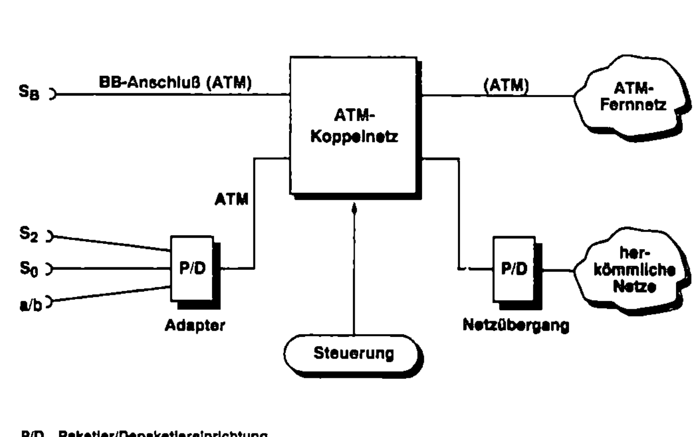

Bild 5: ATM-Universalvermittlung für alle Dienste und Zugangsarten

- Teilnehmerzugänge für analoges Telefon (a/b) und für Schmalband-ISDN (S0 und S2) inklusive kanalspezifischer Paketier/Depaketiereinrichtungen (P/D),
- Netzübergänge zu den vorhandenen Schmalbandnetzen inklusive kanalspezifischer Paketier/Depaketiereinrichtungen,
- ggf. informationstyp-spezifische Anpassungseinrichtungen: z.B. Echounterdrückungseinrichtungen für Sprachverbindungen und Protokollumsetzer für paketorientierte Daten,

- und nicht zuletzt geeignete Steuerungssoftware für die herkömmlichen Schmalband-Leistungsmerkmale und für die Zusammenarbeit mit den vorhandenen Netzen.

Die Entwicklung eines solchen universellen auf ATM basierenden Vermittlungssystems entspricht der Entwicklung einer neuen Vermittlungsgeneration, ist mit einem enormen Entwicklungsaufwand verbunden und ist wirtschaftlich nur schwer zu rechtfertigen, da die Schmalband-Teilnehmer davon keinen unmittelbaren Nutzen haben.

Ein etwas realistischeres Einführungsvorgehen ist in *Bild 6* gezeigt: Es beruht auf einem ATM-Overlay-Netz, das sich auf vorhandene Schmalband-ISDN-Vermittlungseinrichtungen abstützt, die um ATM-Einrichtungen erweitert werden. Diese ATM-Einrichtungen bieten den Breitband-Teilnehmern neue ATM-Dienste beliebiger Bitrate. Die zentralen Steuerungseinrichtungen sind dabei für die STM-Subsysteme und ATM-Subsysteme gemeinsam.

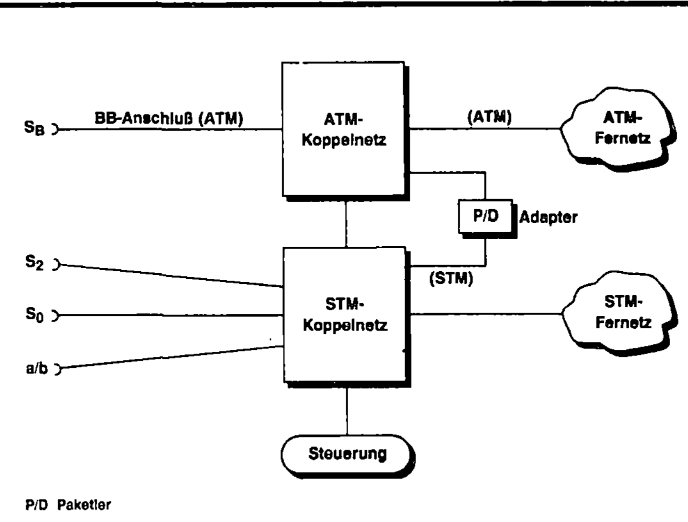

Bild 6: BISDN-Evolution: Einführungsschritt

Der Breitband-Teilnehmeranschluß kann dabei auch wahlweise als Zugang zum Schmalband-ISDN mitverwendet werden; aus Sicht des ATM-Netzes verhält sich ein solcher Zugang inklusive der dazugehörigen Signalisierung wie eine ATM-Festverbindung.

Bild 7 zeigt die Erweiterung einer Schmalband-ISDN-Vermittlungseinrichtung für ein solches Einführungsvorgehen am Beispiel des Siemens-Vermittlungssystems EWSD.

6. ATM-Vermittlungstechnik. Herzstück der ATM-Technik, das inzwischen in vielen Veröffentlichungen behandelt wurde, ist das "ATM-Koppelelement", das von verschiedenen Herstellern als hochintegrierter Baustein konzipiert wird. Das ATM-Koppelelement beherrscht das Vermitteln der ATM-Zellen von einem beliebigen Eingang zu einem beliebigen Ausgang und das Umsetzen der Kennungen der virtuellen Verbindungen im Zellkopf.

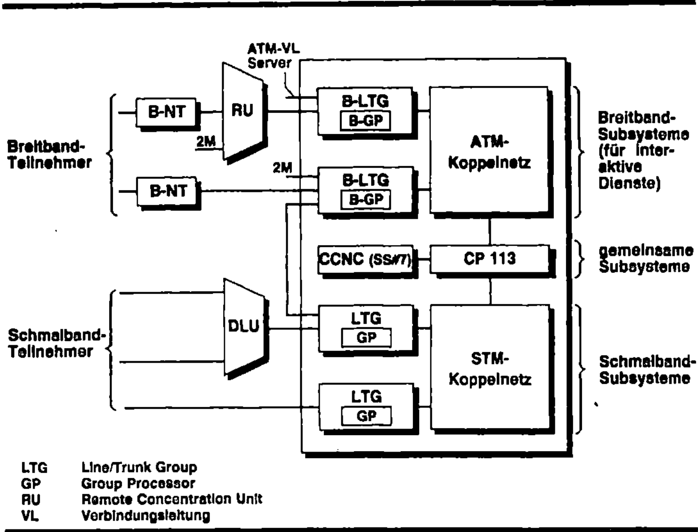

Bild 7: EWSD-B Systemarchitektur

Es kann dabei natürlich vorkommen, daß Zellen von mehrerer Eingängen gleichzeitig zum gleichen Ausgang streben. Um in einem solchen Fall keine Zellen zu verlieren, müssen ausreichend Speicher für die Zellen und - entweder an den Eingängen oder an den Ausgängen - geeignete Warteschlangen vorhanden sein. Die Zellspeicher können dabei entweder ausgangsspezifisch, eingangsspezifisch oder für alle Ein/Ausgänge gemeinsam da sein *(Bild 8: Zellenspeicher / Warteschlangenorganisationen bei ATM-Koppelelementen)*.

Untersuchungen haben gezeigt, daß sich alle diese Prinzipien bei optimalem Design der Warteschlangenorganisation verkehrsmäßig etwa gleich verhalten, und daß bei der nun international vereinbarten Zellenlänge die Anordnung der Warteschlangen an den Ausgängen und die zentrale Zellspeicherung bezüglich Chipfläche und Leistungsverbrauch besonders wirtschaftlich ist. In unserem Hause wird daher nach diesem Prinzip ein ATM-Koppelelement mit 16 Eingängen und 8 Ausgängen mit je ca. 150 Mbit/s realisiert, das auf einem CMOS-Chip ca. 700.000 Transistoren erfordert. Die Information, welcher Ausgang zu wählen ist, wird bei dieser Realisierung jeder ATM-Zelle in einer vermittlungsintern ergänzten Zellkopferweiterung, sozusagen als Begleitzettel, von der Teilnehmeranschlußschaltung mitgegeben.

Solche Koppelelemente können dann zu blockierungsfreien "Koppelmoduln", typischerweise Baugruppen, kombiniert werden, die ihrerseits wieder - in bewährter Art wie bei der STM-Technik - zu mehrstufigen Koppelnetzen kombiniert werden können. Bild 9 zeigt ein Beispiel für einen Koppelmodul mit 32 Eingängen und 32 Ausgängen, der auf dem oben erwähnten ATM-Koppelelement beruht *(Bild 9: Struktur eines ATM-Koppelmoduls und eines ATM-Koppelnetzes)*.

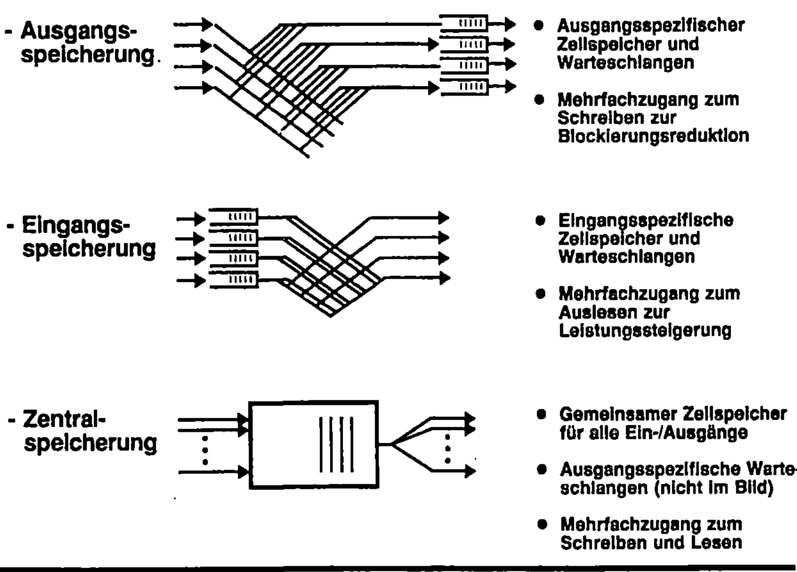

Bild 8: Zellspeicher-Warteschlangenorganisationen bei ATM-Koppelelementen

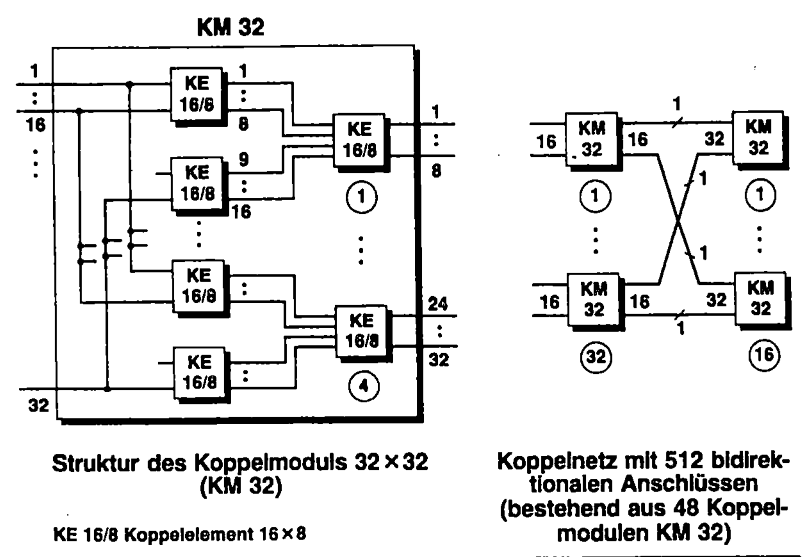

Struktur des Koppelmoduls 32 × 32 (KM 32)

KE 16/8 Koppelelement 16 × 8

Koppelnetz mit 512 bidirektionalen Anschlüssen (bestehend aus 48 Koppelmodulen KM 32)

Bild 9: Struktur des ATM- Koppelmoduls und ATM-Koppelnetzes

Bei einem ATM-Netz tauchen viele neuartige Verkehrsprobleme auf. Ein Kernproblem ist dabei das Verfahren zur Zuteilung von Bandbreite an die virtuellen Verbindungen und Pfade beim Verbindungsaufbau. In einem ersten Schritt bietet sich dafür, als relativ einfaches Verfahren, die Bandbreitenreservierung nach der benötigten Spitzenbitrate an.

In weiteren Entwicklungsschritten sind dafür effizienzsteigernde, verfeinerte Verfahren zu erwarten, die auf statistischen Prinzipien fußen. Sie sind nur auf Verbindungen mit ausreichend kleiner Bandbreite (max. 1/10 der Transportbitrate) anwendbar, damit die statistischen Regeln gelten. Die Effizienzsteigerungen werden naturgemäß bei Verkehr mit großen Pausen (bursty traffic) besonders groß sein, der für Text- und Datenanwendungen typisch ist, aber auch bei Bewegtbildanwendungen mit variabler Bitraten-Codierung sind bemerkenswerte Einsparungen zu erwarten.

Ein anderes wichtiges Verkehrsproblem ist die verbindungsspezifische Überwachung der in Anspruch genommenen Übertragungskapazität. Eine solche Überwachung ist für den Betrieb eines ATM-Netzes unumgänglich. Das Überwachungsverfahren muß auf das oben erwähnte Verfahren zur Bandbreitenreservierung abgestimmt sein. In einem ersten Schritt bietet sich dafür z.B. das "leaky bucket" Prinzip an.

7. ATM-Feldversuche. Die Einführung von ATM-Netzen ist natürlich nicht ohne Erfahrungen aus Feldversuchen sinnvoll. Ein erster Versuch mit bisher sehr erfreulichen Ergebnissen wurde bereits im Oktober 1989 im Rahmen von BERKOM (Berliner Kommunikationsnetz), einem Detecon-Projekt, gestartet mit einer ATM-Vermittlungseinrichtung von Siemens. In diesem Projekt wird ein experimentelles Netz für eine Vielzahl von Breitband-Anwendungen verwendet.

Bild 10 zeigt die Konfiguration des ATM-Versuchnetzes bei BERKOM. Die ATM-Vermittlung ist mit einem Schmaldband-ISDN auf der Basis von EWSD verbunden, sodaß auf den ATM-Anschlüssen die Kombination von Schmalband- und Breitbanddiensten möglich ist.

Auf den Glasfaser-Teilnehmeranschlüssen des ATM-Netzes werden die Zellen mit 140 Mbit/s übertragen, die verwendete Zellenlänge ist, entsprechend einem füheren Trend bei der Standardisierung, noch 32 Oktetts. Die Basis- und Primärraten-Anschlüsse am EWSD sind ebenfalls in Glasfaser ausgeführt.

Im *Bild 10* werden auch einige Anwendungen gezeigt: Die Vernetzung von Nebenstellenanlagen (im Bild: HICOM) in einem privaten Netz, verschiedene Videoanwendungen mit Bitraten von 64 kbit/s, 2 Mbit/s und 34 Mbit/s (auch gemultiplext über einen ATM-Anschluß), LAN-Kopplung, gemeinsames Editieren (Joint Editing) und das Übertragen von Röntgenbildern mit hoher Bitrate (PACS Picture Archive Communication System).

Obwohl dieser Feldversuch bezüglich ATM-Zellstruktur nicht mehr den neuesten CCITT-Festlegungen entspricht, gehen wir davon aus, daß daraus wertvolle Erfahrungen gewonnen werden können.

Ein anderer wichtiger Anstoß in in Richtung BISDN ist das 1988 gestartete RACE-Programm der Europäischen Gemeinschaft, das etwa 1995 zu einem kommerziell verfügbaren BISDN in Europa führen soll.

Im Rahmen dieses Programms realisiert unser Haus zusammen mit europäischen Partnern eine ATM-Demonstrationseinrichtung in modernster CMOS-Technologie und im Einklang mit den internationalen . Standards. Diese Demonstrationseinrichtung wird anschließend mit Demonstrationseinrichtungen anderer RACE-Projekte zur ATM-Erprobung gekoppelt.

Als einen weiteren wichtigen Schritt vor der kommerziellen Einführung des BISDN, planen mehrere europäische Netzbetreiber ein länderübergreifendes ATM-Testnetz ("paneuropean testnet").

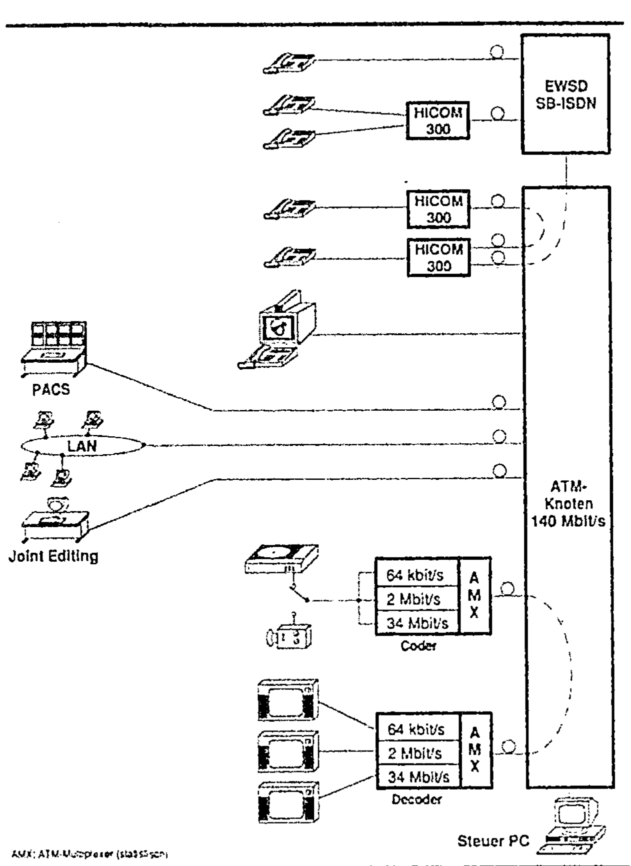

Bild 10: ATM im BERKOM-Versuch

8. Schlußbemerkung. Die ATM-Standardisierung bei CCITT ist mittlerweile so weit fortgeschritten, daß 13 Empfehlungen verabschiedungsreif vorliegen, die wesentliche, weltweit einheitliche Festlegungen zu ATM enthalten. Ergänzende Festlegungen zur Signalisierung sollen 1992 folgen. Auch die für BISDN erforderliche Technologie ist verfügbar.

Trotzdem kann das BISDN aus Wirtschaftlichkeitsgründen wohl nicht in einem Schritt eingeführt werden.

Ein erster Schritt könnte ein ATM-Overlaynetz für Datenübermittlungsdienste beliebiger Bitrate sein, das marktorientiert für wichtige Breitbandanwendungen, u.a. für weiträumige LAN- und MAN-Vernetzung, angeboten wird, und auf der Erweiterung existierender ISDN-Vermittlungseinrichtungen um ATM-Subsysteme basiert.

Längerfristig kann sich dann ein solches ATM-Overlaynetz, unter voller Berücksichtigung der Schmalband-Dienste, zum Universalnetz für interaktive Dienste weiterentwickeln.

Vor der Serieneinführung des BISDN sind Feldversuche erforderlich, um mit dem ATM-Netz und den wichtigsten Anwendungen Erfahrungen zu sammeln.

Integrierte Breitbandkommunikation
und fortgeschrittene Telematikdienste

Chance und Herausforderung für den Binnenmarkt

Roland Hüber

Kommission der Europäischen Gemeinschaften

Zusammenfassung

Wirtschaftliche Entwicklung in entwickelten Industriegesellschaften setzt leistungsfähige Kommunikation voraus. Die Internationalisierung der Weltwirtschaft basiert auf der Verfügbarkeit neuer Informationssysteme und Kommunikationsmittel. Kein Lebensbereich ist von dieser Entwicklung ausgelassen - industrielle Produktion und der Dienstleistungssektor ebensowenig wie Kultur, Politik, Wissenschaft und Bildung.

Für Europa wie für andere Regionen, ist die internationale Wettbewerbsfähigkeit der Kommunikationsinfrastrukturen und -dienste daher entscheidend für die wirtschaftliche wie auch die politische und gesellschaftliche Stabilität und Leistungsfähigkeit. Wirtschaftliche Aktivitäten sind zunehmend weltweit verteilt und verflochten und können ähnlich wie Kapitalströme kurzfristig in andere Regionen umgeleitet werden. Leistungsfähigkeit der Kommunikationsinfrastrukturen und -dienste beeinflussen somit entscheidend die internationale Arbeitsteilung und damit auch den Arbeitsmarkt.

Entscheidend für die Leistungsfähigkeit im Kommunikationsbereich ist die intelligente Nutzung von drei Faktoren

- Economy of scale

- Economy of scope und

- Economy of integration.

Europäische Zusammenarbeit bei Entwicklung neuer Kommunikationsinfrastrukturen und -dienste spiegelt somit die Bereitschaft der Mitgliedstaaten und aller interessierten und betroffenen Akteure wider, diese Potentiale für Europa zu erschliessen.

Der Vortrag wird Entwicklungen und Initiativen darstellen, die auf europäischer Ebene in diesem Zusammenhang von Bedeutung sind; insbesondere wird auf die Arbeiten zur Entwicklung der integrierten Breitbandkommunikation im Rahmen des Programms RACE eingegangen werden.

1. HINTERGRUND

Weltweit sind alle Lebensbereiche von der zunehmenden Integration von Datenverarbeitung, Telekommunikation und der audiovisuellen Medien betroffen. Die Digitaltechnik ermöglicht flexible Informationsverarbeitung und die Integration von Anwendungen. Glasfaserkabel bieten hohe Übertragungskapazität bei niedrigen Kosten; sie bilden die technisch-ökonomische Basis einer grundlegenden Umstrukturierung aller Bereich der Kommunikation.

Um richtig einschätzen zu können, welche Rolle europäische Programme und Politiken in diesem Zusammenhang spielen, ist es sinnvoll, vorab kurz einen Blick auf die Entwicklungen zu werfen, die sich in Japan und den USA beobachten lassen.

2. DER INTERNATIONALE VERGLEICH

In den USA arbeiten Netzbetreiber im wesentlichen marktorientiert und verfolgen kurzfristige Ziele. Das Angebot an Breitbanddiensten wird von der rapide zunehmenden Nachfrage und nicht von langfristiger, strategischer Planung bestimmt. Zwar bestehen in den USA parallel zu den herkömmlichen Netzen bereits jetzt landesweit Glasfaser-Kommunikationsnetze, an die zahlreiche Unternehmen angeschlossen sind. Bei den 45 MBit-Verbindungen liegt derzeit das jährliche Wachstum bei 70 %. Diese Verbindungen sind jedoch nicht Teil eines diensteintegrierenden Breitbandnetzes. Es handelt sich vielmehr um Multiplexverbindungen zwischen grossen unternehmensinternen Netzen. Glasfaserkabel sind schon heute die bevorzugte und wirtschaftlichste Lösung für Fernverkehrs- und Verbindungsnetze. In den USA, in Japan und anderen Ländern werden die Teilnehmeranschlussleitungen führender gewerblicher Nutzer zunehmend ebenfalls in Glasfasertechnik realisiert. Die jährliche Zuwachsrate liegt hier bei 25 %. In den USA werden in einigen Fällen Glasfaserkabel auch bereits für Anschlussleitungen privater Teilnehmer verwendet. In die privaten Haushalte ist die Breitbandkommunikation bisher nur in der Form von Kabelfernsehen vorgedrungen. Optische Verkabelung wird eingesetzt wo sie für Standard-Telefondienste wirtschaftlich ist, oder in den Fällen, in denen die gesetzlichen Vorschriften eine gemeinsame Übertragung von Telekommunikations- und Fernsehverteildiensten zulassen. Fortgeschrittene Telekommunikationsdienste entstehen derzeit als inkompatible Mehrwertdienste unter Verwendung unterschiedlicher Endgeräte und zum Teil sogar mit parallelen Infrastrukturen. Erst längerfristig wird mit der Einführung "intelligenter Netze" eine Funktionsintegration angestrebt. Jedoch wächst auch in den USA das Interesse an besserer Abstimmung - speziell ATT und Bellcore entwickeln entsprechende Aktivitäten.

Die Entwicklung in Japan ist anders angelegt. Japan will eine Infrastruktur für die Breitbandkommunikation errichten, die den Bedürfnissen gewerblicher und privater Nutzer entspricht. Während man dabei ist, die Voraussetzungen für die Entwicklung von Breitbanddiensten zu schaffen, gilt die derzeitige Priorität der landesweiten Einführung digitaler Schmalband-Kommunikationsdienste. In Bezug auf Verkabelung und Endgeräte ist Japan wahrscheinlich am besten für die frühzeitige Einführung für IBC-Diensten gerüstet. Die Glasfaser-Fernverkehrssysteme und lokale Netze für hohe Übertragungsraten sind weiter entwickelt als in den USA und Europa. Das eröffnet der japanischen Industrie die Möglichkeit, Anteile am amerikanischen Markt für Fernverkehrssysteme zu gewinnen. Dennoch ist die Einführung integrierter Breitbanddienste in Japan erst für einen späteren Zeitpunkt geplant als in Europa.

Verglichen mit den USA und Japan hat Europa einen deutlichen Vorsprung in der Entwicklung langfristig-strategisch angelegter Konzepte für fortgeschrittene Kommunikationsdienste. Ein solches langfristig-strategisches Konzept zur Entwicklung von IBC-Netzarchitekturen, -Diensten und -Technologien ist auch Grundlage des RACE-Programms. Dabei steht IBC für ein Entwicklungskonzept, das wie folgt definiert ist:

"I" Integriert bedeutet nicht nur "Integrierte Dienste" (auf Benutzerebene und auf den entsprechenden Netzebenen), sondern verweist auch auf die Integrität des gesamten Netzes und damit auf das reibungslose Zusammenspiel aller wesentlichen Bestandteile einschliesslich bestehender aber auch neuer Funktionen: Fernsprechverkehr, Packetvermittlung, ISDN, Breitband-, Satelliten-, Mobilkommunikation.

"B" Breitband bezeichnet nicht nur hochbitratige Dienste, sondern die gesamte Kombination von Diensten, die zu berücksichtigen ist, ausgehend von der endgültigen Ausbaustufe des ISDN bis hin zu den Voraussetzungen für die realistische Einführung von interaktiven und verteilten Videodiensten (d.h. 140 MBit/Sec und mehr).

"C" Communication steht nicht nur für "konventionelle" Vermittlungs-, Übertragungs- und Verarbeitungsfunktionen des Teilnehmernetzes sondern umfasst auch die spitzentechnologischen Merkmale, die die Bereitstellung von Diensten benutzerfreundlich, hochleistungsfähig und wirtschaftlich rentabel gestalten.

Ein vereinheitlichendes und vorausschauendes Konzept wie IBC ist nicht nur ein Mittel, um die europäische Telekommunikation voranzubringen und damit eine wesentliche Voraussetzung für die soziale und ökonomische Stärkung Europas zu schaffen. Die Frage ist, ob sich dieses Konzept so schnell verwirklichen lässt, dass die Nachfrage in Europa befriedigt und die Entwicklung führender Märkte in den USA beeinflusst werden kann. Es besteht die Gefahr, dass die technische Realisierung der IBC nicht so schnell vonstatten geht, wie es angesichts der unterschiedlichen Nachfrageentwicklung in den europäischen Ländern und der unterschiedlichen wirtschaftlichen Leistungsfähigkeit dieser Länder geboten wäre. Das Problem der Markt- und Nachfrageentwicklung soll im folgenden noch mit einigen Überlegungen weiter vertieft werden.

Während weltweit die Gewissheit zunimmt, dass sich ein Markt für fortgeschrittene Telekommunikationsdienste tatsächlich entwickeln wird, besteht in Europa derzeit noch eine Kluft zwischen potentiellem und tatsächlichem Wachstum. Hinzu kommen Widerstände gegen Veränderungen, behördliche Hindernisse, oft auch eine gewisse Trägheit der Benutzer. Ausserdem werden Art und Leistungsfähigkeit der von einem IBC-Netz ermöglichten Dienste häufig noch verkannt. Anders gesagt: die Verfügbarkeit neuer Technologien und fortgeschrittener Dienste garantieren an sich noch nicht ihren erfolgreichen Einsatz in grösserem Umfang. Daraus folgt zunächst, dass die neuen technologischen Möglichkeiten von Diensteanbietern wie von geschäftlichen und privaten Nutzern zunächst überhaupt erst einmal aufgegriffen werden müssen. Das bedeutet auch, dass Diensteanbieter von der künftigen Entwicklung überzeugt sein müssen, wenn sie in die Entwicklung neuer Dienste und Märkte investieren sollen. Grenzüberschreitende Kooperation in Europa spielt hierbei eine vermittelnde und risikomindernde Rolle, unter anderem dadurch das repräsentative Pilotversuche zur Demonstration der Leistungsfähigkeit neuer Dienste durchgeführt und gefördert werden können. Um die gewünschte Entwicklung auch tatsächlich zu erzielen, darf die Kooperation nicht auf technologische Forschung und Entwicklung beschränkt sein, sie muss auch Förderung und Verbreitung von Anwendungen miteinbeziehen.

Die Organisation dieser grenzüberschreitenden Zusammenarbeit in Europa ist alles andere als trivial - besonders in einer Zeit da sich aus der Verwirklichung des Binnenmarktes der Zwang zu deutlich stärkerer innerer Kohäsion der Gemeinschaft ergibt. Diese Kohäsion ist noch keineswegs gegeben. Zwischen den Mitgliedstaaten der Gemeinschaft bestehen erhebliche Unterschiede in der Entwicklung der Informationstechnologie und der Nutzung von Telekommunikationssystemen. Die hohen Kosten und Risiken von Hochtechnologie-Entwicklungen können diese Unterschiede weiter verschärfen und bestimmte Länder in steigendem Masse von importierter Technologie abhängig machen. Technologietransfer allein reicht nicht aus; es bedarf spezifischer Massnahmen zur Harmonisierung der technologischen Entwicklungen.

3. DAS RACE-PROGRAMM

Vor diesem Hintergrund arbeiten Netzbetreiber, Industrie und führende Anwender aus zahlreichen Wirtschaftszweigen gemeinsam an der Entwicklung fortgeschrittener Kommunikationstechnologien, die zur Bereitstellung kostengünstiger und innovativer Dienste erforderlich sind. Das Programm RACE hat ein in dieser Form einzigartiges Forum für die Zusammenarbeit und die Konzertierung von Massnahmen zur Entwicklung moderner Kommunikationsdienste in Europa geschaffen.

Das Programm RACE (Research and Development in Advanced Communications Technologies in Europe) wurde im Dezember 1987 zunächst für die Dauer von 5 Jahren vom Ministerrat verabschiedet. RACE hat zum Ziel "die Wettbewerbsfähigkeit der Telekommunikationsindustrie, Netzbetreiber und Anbieter von Diensten zu fördern, um den Endbenutzern diejenigen Dienste zur Verfügung zu stellen, die zum Erhalt der internationalen Wettbewerbsfähigkeit der europäischen Wirtschaft und zur Schaffung von Arbeitsplätzen in der Gemeinschaft beitragen".

Die Beteiligung am RACE-Programm bietet den europäischen Telekommunikationsunternehmern und Diensteanbietern strategische Wettbewerbsvorteile. Industrie und Handel erwerben auf breiter Basis die Voraussetzungen für eine frühzeitige Wahrnehmung der Vorteile und Marktchancen, die sich aus der Einführung fortgeschrittener Telekommunikationstechnologien in Europa ergeben können. Gleichzeitig trägt das Programm dazu bei, die Benutzer über Wettbewerbsvorteile aufzuklären, die sich aus dem Einsatz neuer Kommunikationsdienste ableiten lassen. RACE nutzt die Vorteile der europaweiten Zusammenarbeit in vorwettbewerblicher und pränormativer FuE, um innovative Systementwürfe auf den Weltmarkt zu bringen. Innerhalb Europas schafft das Progamm die Voraussetzungen, um den gemeinsamen Bedarf an modernen Kommunikationsdiensten zu decken und unabhängig von Grösse oder Herkunft der beteiligten Organisationen den besten Lösungsansätzen den Weg zu bereiten. RACE entwickelt unter anderem alternative Einführungs- und Übergangsstrategien, die es den weniger entwickelten Regionen ermöglichen sollen, unter Umgehung von Zwischenstufen direkt an der Einführung der nächsten Generation teilzuhaben. Diese Strategien bauen auf eine Synergie mit der Strukturpolitik der EG.

RACE leistet einen bedeutenden Beitrag zur europaweiten Konsensbildung. Dies ergibt sich aus Intensität und Umfang der Beteiligung an Definition und Durchführung der entsprechenden Arbeiten. 70 % der Teilnehmer sind kleine und mittlere Unternehmen oder Hochschulen, 28 % sind führende Anwender. Ferner wirken sämtliche Netzbetreiber der Gemeinschaft und der meisten EFTA an dem Programm mit. Somit kann RACE als ein weitgehend repräsentatives Forum der europäischen Zusammenarbeit zur Entwicklung der nächsten Generation der Telekommunikationssysteme und -dienste gelten. RACE wird von der strikten Anwendung des Subsidiaritätsprinzips geleitet, das eine Arbeitsteilung vorsieht zwischen dem, was in den einzelnen Unternehmen, auf der Ebene der Mitgliedstaaten oder grenzüberschreitend auf Gemeinschaftsebene zu tun ist. Der direkte Zusammenhang zwischen den genannten Ebenen ist zu jedem Zeitpunkt sichergestellt. In diesem Sinn bestehen auch direkte Kooperationsverbindungen mit ETSI, dem Europäischen Normeninstitut für Telekommunikation und der Vereinigung der europäischen Fernmeldeverwaltungen, CEPT.

Die seit 1987 im Rahmen von RACE gemachten Erfahrungen bestätigen, dass das grundlegende Konzept gültig und die Zusammenarbeit auf Gemeinschaftsebene erfolgreich ist. Dies wurde wiederholt von unabhängigen Gutachtern bestätigt. Dementsprechend hat der Ministerrat in seiner Entscheidung zum Rahmenprogramm für Forschung und technologische Entwicklung 1990 - 94 die bisher für RACE bereitgestellten Mittel von 550 Mio ECU um weitere 489 Mio ECu aufgestockt. Die Verwendung dieser Mittel wird vom

Ministerrat und vom europäischen Parlament im Rahmen der Entscheidung zu einem spezifischen Programm für Kommunikationstechnologien festgelegt. Voraussichtlicher Zeitpunkt für diese Entscheidung ist Frühjahr 1991. Die von der Gemeinschaft bereitgestellten Mittel entsprechen rund 50 % der vorhergesehenen Gesamtkosten. Die übrigen 50 % sind von den Projektpartnern zu finanzieren. Das Arbeitsvolumen der geplanten Arbeiten entspricht einem Gesamtaufwand von 7000 Mannjahr.

Derzeit befindet sich das Programm an einer wichtigen Schnittstelle: einerseits liegen genügend Erfahrungen aus der noch laufenden ersten Programmphase vor, andererseits lassen sie sich aufbauend auf den bisherigen Arbeiten und vorliegenden Ergebnissen die Zielsetzungen für die zweite Programmphase erkennen.

3.1. Bisherige Ergebnisse:

- Das Hauptziel der RACE-Programms bleibt allgemein gültig: die Entwicklung Integrierter Breitbandkommunikation ist für Europa angemessen und notwendig; der bei Programmbeginn festgelegte Zeithorizont von 1995 entspricht den weltweiten Anforderungen und Entwicklungen.

- Insgesamt sind derzeit die Schwerpunkte des Programms richtig auf die verschiedenen Bereiche verteilt. Wegen der begrenzten finanziellen Mittel mussten und müssen Prioritäten gesetzt werden. Etwa 18 % der Arbeiten entfielen auf den Bereich Systemtechnik, 55 % auf Schlüsseltechnologien und etwa 27 % auf Systemtests und Pilotanwendungen.

- In einer nächsten Phase des Programms sollen die Arbeiten in bezug auf Installationen beim Kunden, Mobilfunkanwendungen, digitales HDTV, Überprüfung und Tests intensiviert werden. ATM hat sich als grundlegende Netztechnologie bestätigt. Daher müssen erste LAN/MAN-Systeme im Rahmen von RACE auf ATM basieren. Lichtfaseranschlüsse sind so bald wie möglich einzuführen.

- Ein IBC-System muss die Infrastruktur und Dienstefunktionen für eine beliebige Kombination von Schmal-, Mittel- und Breitbanddiensten und deren funktionale Integration liefern. Daher ist ein Konzept für die flexible Integration von Diensten zu entwickeln, das die Anpassung an sich verändernde Anforderungen ermöglicht. Die Normung von Elementarfunktionen (Service primitives) ist hier der richtige Lösungsansatz. Der Normenvorbereitung und Systemintegration im Rahmen von RACE, die auf die Definition von Elementarfunktionen abzielen, ist weiterhin hohe Priorität einzuräumen.

- Bei der Prüfung der Arbeiten insgesamt, müssen fortgeschrittene Anwendungsexperimente und weiter Initiativen zur Bereitstellung entsprechender Netze höchste Priorität erhalten. Kooperative, vorwettbewerbliche Forschungsarbeiten sind weiterhin notwendig, um bei der Entwicklung moderner Kommunikationstechnologien führend zu bleiben. Transparenz und Glaubwürdigkeit der Erarbeitung und Steuerung des technischen Konsenses sollten erheblich verstärkt werden.

- Industrie, Anwender und Fernmeldeverwaltungen sollten unbedingt dafür sorgen, dass künftig keine Diskrepanzen zwischen den grundlegenden IBC-Spezifikationen und den internationalen Marktanforderungen entstehen.

3.2. Zukünftige Arbeiten

Allgemeine Orientierungen, Prioritäten und technische Inhalte der Arbeiten, die in Fortführung der bisherigen RACE-Projekte angegangen werden sollen, sind von der Kommission in einem umfassenden Konsultationsprozess mit allen Beteiligten und Interessierten eingegrenzt worden. Diese künftigen Arbeiten sollen sich inhaltlich auf 8 grosse Bereiche konzentrieren:

- IBC-Systementwicklung

- Intelligente Netze/Flexible Verwaltung der Kommunikationsressourcen

- Mobilität in der Kommunikation

- Bild- und Datenkommunikation

- Service Engineering

- Technologien der Informationssicherheit

- Fortgeschrittene Kommunikationsversuche

- Testinfrastrukturen und Kommunikation zwischen (nationalen) Teilnetzen.

Jeder dieser Arbeitsbereiche ist einem der drei grossen Programmteile zuzuordnen, nämlich Erarbeitung von Implementierungsstrategien für IBC-Systeme, -Dienste und -Anwendungen; Entwicklung der erforderlichen Technologien sowie Validierung von Normen und gemeinsamen Funktionsspezifikationen für IBC.

Zu den einzelnen Bereichen:

a) IBC-Systementwicklung

In diesem Bereich werden Schlüsseltechnologien, Systeme, Dienste und Anwendungen unter einem Systemansatz zusammengefasst. Dieser Bereich hat sechs Schwerpunkte:

IBC-Systementwurf, -Architektur und -Betrieb. Diese Arbeiten dienen der Bereitstellung zukunftsorientierter Dienste auf der Grundlage "offener" Normen, die den generellen Zugang zu integrierten Diensten ermöglichen. Referenzmodelle und gemeinsame Funktionsspezifikationen werden systematisch weiterentwickelt. In diesen Zusammenhang gehören unter anderem Kombination und Interaktion verschiedener technischer Optionen, Nachfrageprobleme sowie Auswirkungen ordnungspolitischer Massnahmen.

IBC-Implementierungs- und Übergangsstrategien. Diese Arbeiten umfassen die notwendigen Systemtechniken zur Implementierung von IBC-Diensten, einschliesslich der Umstellung vom derzeitigen auf das neue System. Besondere Aufmerksamkeit gilt der optischen Kommunikation, der Entwicklung synchroner/asynchroner Vermittlungstechniken, der optimierten Integration von Funk- und Mobilkommunikations-Subsystemen und der Entwicklung intellegenter Netze.

Gemeinsame Betriebsbedingungen/-regelungen. Hier geht es vor allem um Normungsarbeiten, insbesondere im Rahmen des "European Telecommunications Standards Institute (ETSI)". Ferner sind gemeinsame Analysewerkzeuge für die technisch-wirtschaftliche Bewertung der Implementierung und der Übergangsstrategien zu entwickeln und einzusetzen.

<u>Techniken für grundlegende IBC-Systemfunktionen</u>. Diese Arbeiten konzentrieren sich auf Vermittlungssysteme, integrierte optische Systeme und Netze, IBC-Teilnehmersysteme und IBC-Softwareinfrastruktur.

<u>Integration von IBC-Demonstrationsobjekten</u>. Die Arbeiten dienen der Validierung der Anwendungsmöglichkeiten neuer Technologien, der Unterstützung der Standardisierungsarbeiten und der Schaffung der Basis für die Bewertung der wirtschaftlichen Leistungsfähigkeit von Systemen und Diensten. Sie beinhalten ferner die Integration der Anschluss-, Übertragungs- und Vermittlungsfunktionen sowie der Steuerungs-, Management- und Zeichengabefunktionen.

<u>Verifikationsinstrumente</u>. Unter diesem Titel geht es darum, die notwendigen Instrumente zur Überprüfung der Funktionsspezifikationen und des Interworking zu entwickeln. Als Instrumente dienen formalisierte Verfahren und technische Verifikationseinrichtungen. Auf diese Weise soll das Vertrauen in künftige IBC-Demonstrationssysteme gestärkt und das Investitionsrisiko bei der Entwicklung und Implementierung der IBC verringert werden.

b) Intelligente Netze/Flexible Verwaltung der Kommunikationsressourcen

Arbeiten in diesem Bereich betreffen die Entwicklung und Demonstration von Techniken zur Einführung "Programmierbarer Netze". Sie umfassen auch die Entwicklung von Techniken zum Ausbau von Intelligenz und Flexibilität für die Bereitstellung von Netzdiensten, Netzmanagement sowie Abläufe mit OSS-(Operations Support Systems) und TMN-Merkmalen (Telecommunications Management Networks).

c) Mobilität in der Kommunikation

Unter diesem Stichwort soll ein Beitrag zur Entwicklung integrierter Mobilkommunikationssysteme der dritten Generation geleistet werden, zur Einführung grenzüberschreitender Mobilkommunikationsdienste, mobiler Breitbanddienste und internationaler, personenbezogener Adressierbarkeit für Kommunikationsdienste mit Audio-, Daten- und Bildübertragung.

d) Bild und Datenkommunikation

Hier geht es um die Entwicklung der notwendigen Technologien zur erfolgreichen Einführung und Nutzung zukunftsorientierter, kostengünstiger und flexibler Bild- und Datenkommunikationsdienste für den Privat- und Geschäftsbedarf. Die Arbeiten bauen auf den im Rahmen von RACE bereits geschaffenen Grundlagen auf und befassen sich vor allem mit den Auswirkungen neuer Übertragungsmodi (wie ATM) auf Bildkommunikationsdienste mit hoher Auflösung und Packetdatenübertragung mit Megabit/sec-Geschwindigkeiten.

e) Service Engineering

Für die Entwicklung der Dienstenachfrage ist es erforderlich, dass das Kommunikationssystem rechtzeitig und dynamisch auf die sich entwickelnden Diensteanforderungsprofile reagiert. Dieser Bereich betrifft die dafür notwendigen Entwicklungstechnologien. Arbeitsschwerpunkte in diesem Bereich sind:

<u>Entwicklung der IBC-Diensteinfrastruktur/Modulare Spezifikation</u>. Diese Arbeiten leisten einen Beitrag zur Harmonisierung der Architekturen und liefern Spezifikationen für die flexible Integration von Telematikdiensten unter Benutzerkontrolle. Dabei sind die grenzüberschreitende Dimension des Kommunikationsbedarfs und das heterogene technische Umfeld zu berücksichtigen.

Integrierte Dienstetechnologien. Ausgangspunkt sind Arbeiten im Bereich des System Engineering wie etwa Verfahren für die Verwirklichung geeigneter Architekturen, Technologien für Endbenutzerkomponenten und -geräte und Technologien für Benutzerschnittstellen.

Überprüfung der Dienstetechnologien. Hier geht es um die Entwicklung von Prototypsystemen für die flexible Integration von Diensten, die den Anforderungen von Netzbetreibern, Diensteanbietern und Benutzern gerecht werden.

f) Technologien der Informationssicherheit

Präzision, Sicherheit und generelle "Vertrauenswürdigkeit" der Informationen sind für Privatpersonen und öffentliche Verwaltungen sowie für Unternehmen und Industrie von grundlegender Bedeutung. Die geplanten Arbeiten gewährleisten, dass die Qualität der Dienste sowie deren Sicherheit und Zuverlässigkeit bei den Entwicklungs- und Implementierungsstrategien für moderne Kommunikationsdienste berücksichtigt werden. Dementsprechend konzentrieren sich die Arbeiten unter diesem Titel im wesentlichen auf drei Bereiche: Dienstequalität, -sicherheit und -zuverlässigkeit; Technologien zur Gewährleistung der Informationssicherheit (Systemtechnologien, Netztechnologien und Management-Instrumente); Überprüfung der Informationssicherheit, u. a. im Rahmen einer Reihe kleinerer Demonstrationsprojekte.

g) Fortgeschrittene Kommunikationsversuche

Diese Versuche dienen dem Ziel, Investitionen in fortgeschrittene Kommunikationssysteme zu fördern und das Risiko von Fehlinvestitionen zu reduzieren. Dazu müssen generische Dienstefunktionen ermittelt werden, die mehrfach einsetzbar sind und Kompatibilität mit verschiedenen Benutzerbedürfnissen sicherstellen. Gleichzeitig geht es darum, Teilsysteme interoperabel und offen zu konzipieren. Durch diese Forschung sollen Benutzergruppen in die Lage versetzt werden, neue Technologien anzunehmen und die durch sie eröffneten Möglichkeiten zu nutzen. Dies dürfte - auch im Interesse der Netzbetreiber und Gerätehersteller - einen deutlichen Nachfrageschub bewirken. Als Vorgabe zur Strukturierung der Arbeiten sind drei Schwerpunkte vorgesehen: Generische IBC-Anwendungsstrategien; Techniken für fortgeschrittene Kommunikationsversuche; Anwendungsversuche.

h) Testinfrastruktur und Verknüpfung zwischen (nationalen) Teilnetzen

Die erfolgreiche Einführung von IBC-Diensten in Europa setzt eine Versuchs- und Erprobungsphase voraus. Hierzu bedarf es vor allem einer Testinfrastruktur an die alle Beteiligten angeschlossen sind. Diese Infrastruktur dient der Validierung von Normen und Funktionsspezifikationen. Bereitstellung und Betrieb der Testinfrastruktur werden voraussichtlich auf dem "Memorandum of Understanding" der Betreiber des EBIT (European Broadband Interconnection Trial) und dessen künftiger Weiterentwicklung basieren. Die Arbeiten im Rahmen des RACE-Programms beziehen sich auf die Versuchsweise Nutzung des EBIT, nicht aber auf dessen Entwicklung oder Betrieb.

4. IBC-EINFÜHRUNG

Die Zusammenarbeit aller wesentlichen Akteure, d.h. der Netzbetreiber, Diensteanbieter, Rundfunkanstalten, Geräteindustrie, Forscher und Nutzer im Rahmen gemeinschaftsweiter Programme ist weit mehr als Forschungskooperation im traditionellen Sinn: sie ist Grundlage und Voraussetzung für strategische Weichenstellungen und konkrete Investitionsentscheidungen in die Kommunikationsinfrastruktur und -dienste des 21. Jahrhunderts. Als Ergebnis sind die folgenden Einführungs-Etappen zu erkennen:

<u>1992/93</u>:

- Erste Einführung von IBC-Anwendungen hauptsächlich im geschäftlichen und professionellen Bereich;

- Durchführung von Pilotversuchen, d.h. Tests zukunftsorientierter Dienste, die auf vorhandenen Netzen und gegebenenfalls ersten Prototypen von IBC-Geräten basieren;

- Beschaffungs-/Investitionsentscheidungen für künftige europaweite IBC-Netze und vollwertige IBC-Dienste;

- Abschluss der wichtigsten Normungsarbeiten.

<u>1995</u>:

- Beginn der Installation von IBC-Netzen;

- Anwendungsversuche, d.h. Tests des gesamten Spektrums von IBC-Diensten auch bei Privatkunden mit Zweiweg-Interaktivem Video und digitalem HDTV unter Einsatz von IBC-Geräten.

Dieses Szenario der stufenweisen Entwicklung und Einführung ist flexible und anpassungsfähig und ermöglicht damit eine rasche Reaktion im Verlauf der Installation des IBC-Netzes. Hierbei sind geeignete Systemübergänge und die Kompatibilität der neuen mit den zahlreichen bestehenden Architekturen (z.B. private Netze, LAN, MAN, derzeitige öffentliche Netze, ISDN und PDN) sowie der vollkompatible Zugang zu neuen Breitbandfunktionen von entscheidender Bedeutung.

5. TELEMATIKDIENSTE FUER SOZIO-ÖKONOMISCHE SCHLÜSSELBEREICHE

Neben dem Vorschlag der Kommission zur Fortführung der RACE-Arbeiten enthält das Forschungs-Rahmenprogramm 1990-94 einen Titel zum Thema Telematik-Systeme und -dienste.

Der Vorschlag der Kommission zur Durchführung der entsprechenden Arbeiten umfasst sechs Bereiche:

- Förderung der europaweiten Vernetzung von Verwaltungen

- Nutzung der Telematik im Verkehrswesen

- Telematik in der Gesundheitsfürsorge

- Schulische und berufliche Bildung durch Fernunterricht

- Telematikeinsatz in Bibliotheken

- Linguistische Forschung und technologische Entwicklung.

a) Verwaltung

Im ersten der genannten Bereiche geht es im wesentlichen um die Ergänzung der gesetzgeberischen und ordnungspolitischen Massnahmen, die zur Vollendung des Binnenmarktes erforderlich sind. Die Veränderung, die unter dem Stichwort "1992" eingeführt werden - dazu gehören wesentlich die Freizügigkeit von Personen, Waren, Dienstleistungen und Kapital - erfordern, dass die öffentlichen Verwaltungen ihrer Arbeit eine zusätzliche, grenzüberschreitend-europäische Dimension hinzufügen. Das bedeutet u.a., dass sie erheblich besser in der Lage sein müssen, den wechselseitigen Informationsaustausch zu bewältigen. Dies gilt in besonderem Masse für Bereiche wie Zoll und Sozialversicherung wo die Nutzung leistungsfähiger Telematik-Dienste besonders sinnvoll und nützlich zu sein scheint.

b) Verkehr

Was den zweiten Punkt, den Einsatz von Telematik-Systemen im Verkehrsmanagement und bei der Verkehrsüberwachung angeht, werden vor allem die FuE-Arbeiten weitergeführt werden, die bereits im Rahmen des DRIVE-Programms angegangen wurden. Neu ist demgegenüber die Einbeziehung des Bereichs Flugüberwachung.

In dem Bereich, der den Strassenverkehr betrifft, geht der Vorschlag der Kommission davon aus, dass die künftige Programmstruktur dem erfolgreichen RACE-Konzept entsprechen sollte, d.h. dass es drei grosse Programmteile geben sollte:

<u>Systems Engineering und Einführungsstrategien</u>. In diesem Zusammenhang werden Fragen zu klären sein, wie die, ob Dienste für Road Transport Telematics sich auf der Grundlage separater Kommunikationsnetze oder unter Nutzung der öffentlichen Netze entwickeln werden. Entsprechend ist die Frage von erheblicher praktischer Bedeutung, wie vorhandene Zentren, die verkehrs- und transportrelevante Daten sammeln und verarbeiten in ein Gesamtkonzept integriert werden können bzw. müssen und inwiefern neue Zentren geschaffen und miteinander vernetzt werden müssen. Schliesslich bedarf es auch umfangreicher Arbeiten zum Problem der Sammlung, Speicherung (und Löschung) von Daten.

<u>Technologien für Road Transport Telematics</u>. Arbeiten in diesem Bereich werden sich vor allem auf technologische Entwicklungen in sechs grossen Aufgabenbereichen konzentrieren:

- Verkehrsüberwachung, Leitsysteme

- Umweltüberwachung und Kontrolle

- öffentliche Transportsysteme

- Gütertransport

- fortgeschrittene Systeme zur Erhöhung der Verkehrssicherheit

- Kommunikation zwischen Fahrzeugen sowie zwischen Fahrzeugen und der Kommunikations-Infrastruktur.

In Teil drei schliesslich sollen eine Reihe von <u>Pilotprojekten</u> durchgeführt werden.

c) Medizin

In entsprechendem Sinn knüpfen die geplanten Arbeiten im Bereich Bildung/Ausbildung bzw. Medizin/Gesundheitswesen an bereits durchgeführte Projekte an, die in Form einer jeweils zweijährigen Pilotphase unter den Namen AIM und DELTA bekannt geworden sind. Auch hier geht die Programmkonzeption für künftige Arbeiten von drei miteinander verknüpften und aufeinander bezogenen Teilen aus.

Für den Bereich Medizin/Gesundheitsfürsorge sollen im ersten Programmteil (Einführungsstrategien für Telematikdienste im Medizin-Bereich) grundlegende Fragen angegangen werden, wie etwa:

- Ermittlung der Benutzerbedürfnisse

- Ordnungspolitische Fragen

- Harmonisierung von Daten und Terminologie im Medizin- und Gesundheitsmanagement

- Kriterien für den Telematikeinsatz im Medizinbereich, u.a. unter Berücksichtigung von Datenschutzbestimmungen und Fragen der Informationssicherheit

- Gemeinsame Funktionsspezifikationen, Normen und Protokolle.

Der Programmteil, der technologische FuE betrifft, soll u.a. Fragen angehen, in Zusammenhang mit

- Kommunikationsnetze für medizinische Anwendungen, Telemedizin

- Ferndiagnose und -überwachung

- Normen für Schnittstellen in der Medizininformatik

- Mobile Telematikdienste im Unfall- und Katastropheneinsatz

Der dritte Programmteil (Validierung und Integration) wird auch in diesem Programm die Durchführung von Pilotprojekten umfassen, in der technologische Optionen bewertet, Anwendungen getestet sowie Vorschläge für einschlägige Spezifikationen und Normen überprüft werden sollen.

d) Bildung/Ausbildung

Im Programm, dass sich mit dem Einsatz fortgeschrittener Telematikdienste und -technologien im Bereich Bildung/Ausbildung befasst, geht es im ersten Teil ("Einführungsstrategien") um die Definition gemeinsamer funktionaler Spezifikationen und Normen, die für Entwicklung, Einführung und Evaluierung elektronischer Dienste für flexible (modulare) Ausbildungsangebote und Fernunterricht erforderlich sind. In diesen Bereich gehören auch Untersuchungen zur künftigen Entwicklung der Märkte.

Im Teil "technologische FuE" geht es um Probleme, die mit den Stichworten Normen und Protokolle, intelligente, multimediale Workstations, ausbildungsbezogene Informationssysteme und modulare Software beschrieben sind.

Teil drei wird ebenfalls wieder Pilotprojekten und der Validierung entsprechender Arbeiten gewidmet sein.

e) Bibliotheken/Linguistik

Die beiden weiteren Punkte im Vorschlag der Kommission zur Nutzung fortgeschrittener Telematikdienste in allgemeinrelevanten Bereichen betreffen schliesslich den Zugang zu Daten und Informationen in Bibiliotheken, sowie die Möglichkeit, in jeder beliebigen der neun offiziellen Gemeinschaftssprachen Zugang zu Information und Dokumentation zu ermöglichen. Stichworte wie automatische Übersetzung, Spracherkennung u.a. verdeutlichen, worum es hier geht. Informations- und Kommunikationstechnologien bieten in diesem Zusammenhang ein erhebliches Potential. Auch hier kann auf vorbereitende Arbeiten zurückgegriffen werden - etwa auf das Eurotra-Programm bzw. bestimmte Aspekte des ESPRIT-Programms.

6. DIE ERFORDERNISSE DES BINNENMARKTES

Zusammengenommen ergänzen und vertiefen die beschriebenen Telematikinitiativen das, was im RACE-Programm und dessen Fortführung als Zielsetzung und Orientierung definiert ist: Europa braucht leistungsfähige, fortschrittliche Kommunikationsnetze und - dienste zur Bewältigung der Herausforderungen seiner eigenen Zukunft. Anders gesagt: mit dieser Initiative will die Gemeinschaft einen Beitrag leisten zur Entwicklung gemeinsamer Konzeptionen für den Einsatz fortgeschrittener Informations- und Kommunikationstechnologien in Bereichen, die unter sozio-ökonomischen Gesichtspunkten für die Zukunft der Gemeinschaft von entscheidender Bedeutung sind.

Hintergrund dieser Überlegungen ist, das mit der Vollendung des Binnenmarktes 1992 zusätzliche Informations- und Kommunikations-Bedürfnisse bestehen werden. Die Nutzung der entsprechenden neuen Technologien und Dienste kann einen wesentlichen Beitrag leisten zur Effizienzsteigerung und zur Kostenreduzierung in einer Reihe von sogenannten Schlüsselbereichen. Dies setzt jedoch voraus, dass für den Einsatz dieser Technologien, Systeme und Dienste ein gemeinschaftsweit koordinierter Ansatz gefunden wird - nichtzuletzt auch im Sinne der inneren Kohäsion der EG.

Die Einführung Integrierter Breitbandkommunikation sowie die Entwicklung und Bereitstellung fortschrittlicher Telematikdienste setzen auch und gerade in Europa die entsprechende Anpassung der ordnungspolitischen Rahmenbedingungen voraus. Die von der EG-Kommission 1987 mit ihrem "Grünbuch Telekommunikation" initiierte und im November 1990 mit dem Grünbuch zur Satellitenkommunikation weitergeführte Entwicklung hat bzw. wird zu mehr Wettbewerb auf dem Markt für Dienste und Endgeräte und zu mehr Kostenorientierung, d.h. zu stärkerer Berücksichtigung von Rentabilitätsfaktoren führen. Mit zunehmenden Wettbewerb wächst die Notwendigkeit, kurzfristige Gewinnerwartungen sorgfältig mit längerfristigen Investitionsentscheidungen in Einklang zu bringen. Viele Fernmeldeverwaltungen halten Vorleistungen unter wettbewerbsorientierten Marktbedingungen für problematischer als zu Zeiten, da sie noch unter Monopolbedingungen arbeiteten. Unter den neuen Gegebenheiten können Kunden nunmehr alternative Diensteangebote in Anspruch nehmen, was unvermeidlich zu einer Preiskompression führt. Falls Fernmeldeverwaltungen es versäumen rechtzeitig bedarfsgerechte öffentliche Breitbanddienste anzubieten, müssen sie damit rechnen, dass neue Wettbewerber diese neuen attraktiven Märkte erschliessen.

Anders gesagt: technologische Leistungsfähigkeit allein ist nicht ausreichend - es müssen auch die allgemeinen Rahmenbedingungen stimmen, die die europäische Wirtschaft braucht, um sich in der Spitzengruppe der Welt zu behaupten. Ohne sie und entsprechende komplementäre Politikinitiativen können die Ergebniss von FuE nicht in wirtschaftlichem Erfolg umgesetzt werden - weder innerhalb der Gemeinschaft noch im internationalen Kräftevergleich.

Die Gemeinschaft wird ihre Schwächen nur überwinden, ihre Ziele nur erreichen, wenn technologische und industrielle Kooperation weitergeführt und gestärkt werden. Nur auf dieser Grundlage wird es möglich sein, innovative Produkte und Dienste anzubieten, die auf dem grossen Binnenmarkt wie auch auf den Weltmärkten bestehen können.

Modelling Open Network Provision and Intelligent Networks

T. Magedanz   R. Popescu-Zeletin

Technische Universität Berlin / DETECON Technisches Zentrum Berlin

Hardenbergplatz 2, D-1000 Berlin 12

Abstract

The rapid evolution of network technologies and the opening up of public networks in Europe and world wide have resulted in a variety of different concepts and models for the future telecommunication world. Looking for a functional model for the flexible and open provision of future telecommunication services, also referred as value added services, a thorough analysis of the different proposed models is required in order to understand the implications of these models and their relationships. The relevant models identified are the Open Network Provision framework, the Intelligent Network concept and the OSI Reference Model and related distributed processing standards, The present paper proposes a compound functional model based on the above mentioned models forming a general framework for the provision of future services. Focussing on Intelligent Networks the paper identifies the alternatives of opening this level of network infrastructure to competiting service providers.

Introduction

The rapid evolution of network technologies, like new transmission techniques, switching systems and user access systems on one hand and the deregulation of the PTTs monopolies in Europe and world wide on the other hand will result in a variety of different concepts and models for the future telecommunication world. The ongoing convergence of telecommunication and data processing leads to more service-oriented telecommunication networks, based on the uniform and economic introduction and maintenance of future telecommunication services and the provision of enhanced services (according to the US terminology) or value added services (VAS).

Since the introduction of new services is still difficult because of the variety of different network types (e.g. PSTN, ISDN, B-ISDN) which generally results in network specific services, a functional model is required, which allows the fast and uniform creation of pan-European and global services on a common telecommunication infrastructure, which is independent of the used network technology. One of the key factors for the overall success of the future telecommunication environment is an open market for new services and a fair competition between several service providers, since the ongoing deregulation will erode existing monopolies in telecommunications.

Looking for a functional model for the flexible and open provision of future services on a common telecommunication infrastructure one should consider existing models in order to incorporate present developments and concerns. A thorough analysis of the different proposed models is required in order to understand the implications of these models and their relationships. The relevant models identified are:

- The **Open Network Provision (ONP)** framework is a European concept for establishing a uniform telecommunication infrastructure within the European Commununity based on a common service market, where value added services are provided competitively by telecommunication organisations and private service providers.

- The **Intelligent Network (IN)** concept is an evolving public network architecture, allowing the uniform and fast introduction of new telecommunication services on a common network infrastructure.

- The **OSI Reference Model** and related distributed processing standards define a layered communication architecture for the interconnection of different end-systems and a framework for structuring distributed services and applications in a heterogeneous environment.

The present paper examines these models, studies its relationships and presents a first proposal for a general framework for a future telecommunication network architecure, which allows the efficient and fair provision of future services independent of the underlying network technology.

Open Network Provision

The **Open Network Provision (ONP)** framework is one out of ten directives in the EC´s Green Paper, which aims to establish a pan-European telecommunication environment /Heywood-89/. The objective of ONP is a uniform telecommunication infrastructure in the European Community based on a free market for value added services. ONP is based on the provision of concepts and interfaces for allowing the coexistence of telecommunication services offered by different organisations based on the same public network infrastructure and service tariffs. Thus it is not addressing the network architecture, but merely describing the framework for the provision of equal competition.

The Open Network Architecture (ONA) concept in the USA on the other hand aims to remove the structural separation, which prevented the telephone operating companies offering enhanced services unless they had set up a separate company. The motivation for ONP is quite different, since the public telecommunication organizations in Europe have no constraints on their service offerings. The developement of the ONP concept can be seen as a means to avoid the establishment of a dominant position of these organizations and to promote a fair competition in the provision of telecommunication services. The terms adopted in this paper are taken from the last draft of the EC´s directive /EC-90/. ONP defines **telecommunication services** as services whose provision consists wholly or partially in the transmission and routing of signals on a telecommunication network by means of telecommunication processes with the exeption of radio broadcasting and television. The players identified in the ONP context are:

- **Telecommunication Organizations (TOs)** which are public or private bodies to which a Member State grants *special or exclusive rights* for the provision of a *public telecommunication network* and, where applicable *public telecommunication services.*

- **Service Providers (SPs)** are private bodies which provide *non-reserved telecommunication services.*

The term **public telecommunication network** means the public telecommunication infrastructure which permits the conveyance of signals between defined network termination points by wire, microwave, optical means or other electromagnetic means. **Public telecommunication service** means telecommunication services whose supply Member States have specifically entrusted inter alia to one or more telecommunication organizations. In this context there are two classes of services defined:

- Reserved services are public telecommunication services which will be offered exclusively by TOs, ie the TOs have a monopoly for these services. These can be telecommunication lines or communication lines plus switching facilities for offering basic carrier services or communication lines plus switching facilities plus specific services (e.g. all voice services).

- Non-reserved services are all other telecommunication services which will be offered as competitive services by different SPs and TOs using the public telecommunication network.

The distinction between these two service categories means that the TOs within the European Community continue to be responsible for reserved services and for the public network infrastructure as a whole. Up to now there is no clear definition as to what is a reserved service (up to now telephony seems to be the only reserved service) and that reserved services may differ in different countries, that means a reserved service in one country may be a non-reserved service in an other country. TOs and SPs should use this common network infrastructure and the reserved services for the provision of new non-reserved services based on common (cheaper) tariffs for all SPs for the use of these network-capabilities. In this context it also seems to be possible, that a SP or TO could use an existing non-reserved service to offer a new non-reserved service. This concept will maximise the utilisation of the public network and simplify the integration of new services. Additionaly competition seems to be the basis for a faster, better and cheaper provision of services for the end-user.

In this context the term "network infrastructure" is a relative term which has to be analysed and defined for each type of network and the term "service" in this context is more customer-oriented and differs from the OSI-services terminology, where a service represents a set of functions representing the provision of functionality at an interface between two adjacant layers of the reference model. Here one probably may define this type of service as the capabilities for which a user has to pay, where a user can be a SP paying for a service offered by a TO or an end-user paying for a service offered by a SP or TO. A service in this context is bound to tariffs (that means everybody using that service is charged the same price) and describes an offer, its quality and its technical conditions of use. Note that figure 1 does not describe a technical concept but rather the interrelationships between the different players as identified above (TO, SP and end-user).

It should be mentioned that up to now the ONP concept is not as well defined as the ONA or IN concept.

The ONP-framework includes the following three topics, also referred to as **ONP-trilogy:**

- *Technical interfaces*: Interfaces within and to the network should be based where possible on existing international standards.

- *Conditions of use*: This includes conditions for resale of capacity other than voice and conditions for shared and third party use, since users will not be just end-users, but also value-added service providers (SPs).

- *Tariff principles:* Cost-based tariffs should be offered to all users in a non-discriminatory way. That means tariffs must reflect the cost of providing a service but absolute tariffs are not considered.

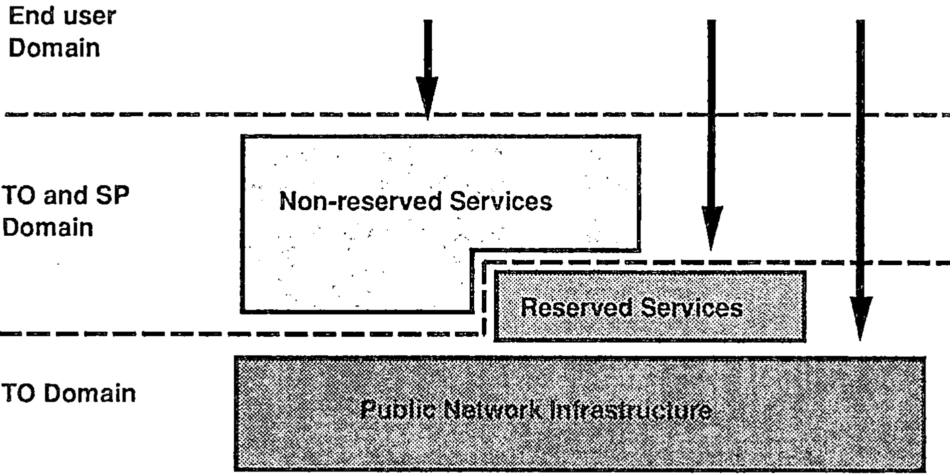

Figure 1: ONP-Interrelationship between different players

Intelligent Networks

Due to the early deregulation and an explosion of electronic services offered by different organizations in the USA it was felt that a technical concept for the development of the network architecture is necessary in order to provide a precise framework for service integration, access and maintenance. The **Intelligent Network (IN)** is an evolving service-oriented public network architecture, which represents a basis for the uniform provision of services beyond the basic telephone services in the telecommunication environment. The IN promotes rapid service introduction through a highly flexible network architecture that provides standard interfaces among network elements. It should be noted, that service in this context is similar to the service understanding in the ONP context. The additional functionality provided by IN is the switching control and management of higher level services which are probably identical with the ONP non-reserved services.

In todays networks the introduction of a new service requires significant changes of the switching system and of the centralized database system, resulting in a long time for service introduction. The IN proposes a method for reducing the cycle between customer's need and service provision and enables network operators to react quickly to the new requirements of subscribers or changes in telecommunication regulation. Service providers can modify existing services or offer new services, also services not originally planned, much more rapidly and efficiently in a uniform and global way. This minimises also the costs of service development, introduction and maintenance. A number of typical IN services, like *Freephone* (eg. 800 service), which allows chargefree calling with the called party responsible for paying, are already available in some countries or will be available soon.

Up to now there are several IN models under development, which have the same concepts in common, but differ in the terminology and way of description. The pioneering work on intelligent networks has mostly been done by Bell Communications Research (Bellcore) in the United States with the proposition of the **IN-1** (1984), what is now the name for the original IN concept, and **IN-2** (1987). The major evolution from IN-1 to IN-2 is that the latter is completely service-independent /Hass-87/. The main goal of IN-2 is to design standard interfaces so as to facilitate the introduction of the so called Open Network Architecture (ONA) into the public switched network in the USA. Since migration from IN-1 to IN-2 implies significant changes in the switches to accommodate new services, Bellcore defined an interim stage between IN-1 and IN-2, called **IN-1+**, which establishes the initial platform required for full realization of the service-independent concepts embodied in IN-2. In 1989 Bellcore has proposed an **Advanced Intelligent Network (AIN)** concept for the 1995 timescale, which replaces IN-1+ and IN-2 since there was no smooth evolution from the present network equipment to IN-2. AIN will be introduced in three steps, called AIN Release 0 (1989), Release 1 (1992) and Release 2 (1995), which will be developed in cooperation with the Multiple Vendor Interaction Forum (MVIF).

Based on decentralized, distributed network intelligence with defined interfaces and the concept of service composition, the allocation of network functions and call control among network elements in the IN concept departs from present practice, resulting in a new distribution of these functions.

The term IN service refers to any service built upon an IN. It should be mentioned that any IN service could also be realized in a traditional network, but the way services are built in an IN is much more efficient, since an important issue in the IN concept is the definition of a set of service independent service building blocks, representing generic functions that could be used for the construction of many different services. A new service can easily realized by writing a new script, called service logic program (SLP), containing the appropriate service building blocks.

The second main idea of the IN concept is the separation of service control from traditional call processing functions, resulting in a small number of centralized database systems containing the logic of services, called service control points (SCPs), to control the call processing of the telephone exchanges, now referred as service switching points (SSPs).

For explaining the key elements of the intelligent network architecture we use the IN-1 architecture terminology as described in /Ambrosch-89/ because it is still in use and seems to be the best way for explaining the IN architecture (see figure 2):

Service Switching Point (SSP): The customer's access point to the network will be the SSP, behaving as a local switching exchange. The difference between todays traditional local exchanges and the

SSP is that the reaction of the SSP to customers requests for a particular service will be controlled by the regional SCP, rather than directly by the local switching exchanges. The SSP recognizes IN service calls, resulting in routing of queries to a SCP. SCP commands will be used by the SSP to further process the call. A SSP can address severeal SCPs if necessary.

Service Control Point (SCP): The heart of the IN is the SCP, the centralized data base. It includes the necessary data bases and software to control the SSP and satify those service requests requirering the information stored in the SCP. The service programs and the data are updated from the SMS. So the SCP simplifies service implementation, network administration, feature changes and updates of service provider records. SCPs are designed to support multi service operation. Control in the SCP is not only service specific, but it can also be customer specific (e.g. in the USA).

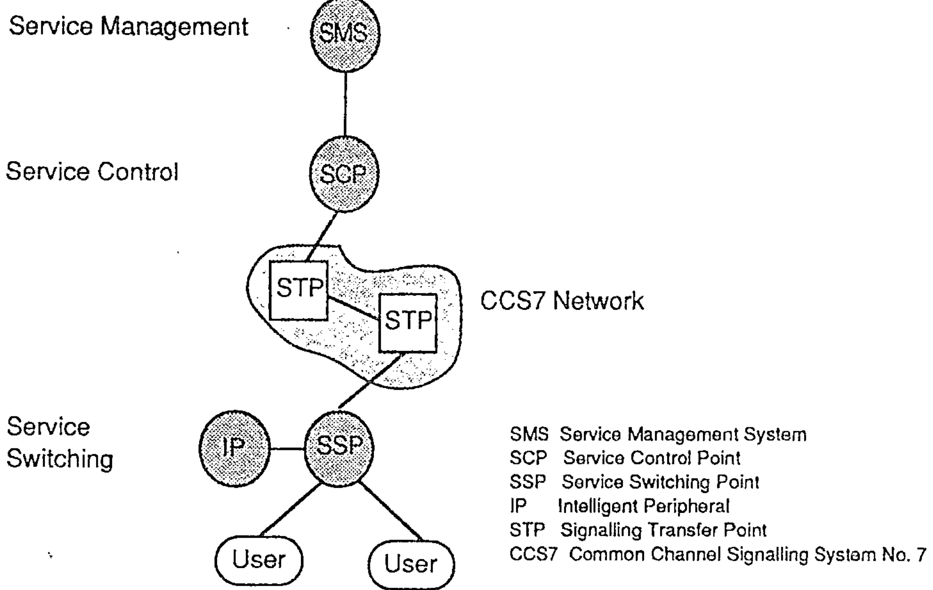

Figure 2: IN-1 Architecture (Bellcore)

Service Management System (SMS): The SMS is owned by the network operator and contains the reference service databases. Supervision, remote operations and maintenance of SCPs and (coordinated) software downloading are part of the SMS features. Both network operators and customer terminals or computers can communicate with the SMS to either retrieve service reports or update data. The SMS is integrated in an Operations System which supports network operation, administration and maintenance functions and resides normally in a commercial host computer.

CCS7 Control Network: As mentioned above the IN concept is based on the separation of signalling and service data transfer. Common Channel Signalling based on CCITT No.7 (CCS7) is the key element in the evolving intelligent network, forming a logical seperate out-of-band signalling network, which interconnects the geographical dispersed "islands" of intelligence. The CCS7-network consists of **Service Transfer Points (STPs)**, which switch CCS7-messages to different CCS7-nodes. The use of integrated or standalone STPs will depend on network specific configurations. The CCS7-protocol used for IN will be based on the *Transaction Capabilities Application Part (TCAP)* which provides a remote operations mechanism for e.g. database queries. This protocol will enhance the inter-switch cooperation for call handling and supervision, database consultation, rapid call set-up and charging procedures.

Intelligent Peripheral (IP): An IP is connected to a SSP and operates under control of a SSP or SCP. The IP provides enhanced services/functions such as anouncements, voice messaging and database information access. The motivation for the introduction of this network element is an economical aspect, because it might be better for several users to share an IP, when the capabilities of the IP are too expensive to put in all SSPs.

Note that in CCITT and ETSI, the European Telecommunications Standards Institute, the process of IN standardization has just started. The terms used there differ slightly from the Bellcore terminology, because the key elements had been defined in form of **Functional Entities** (e.g. Service Switching Function instead of SSP) as shown in figure 3. The already defined functions /ETSI-NA6/ are:

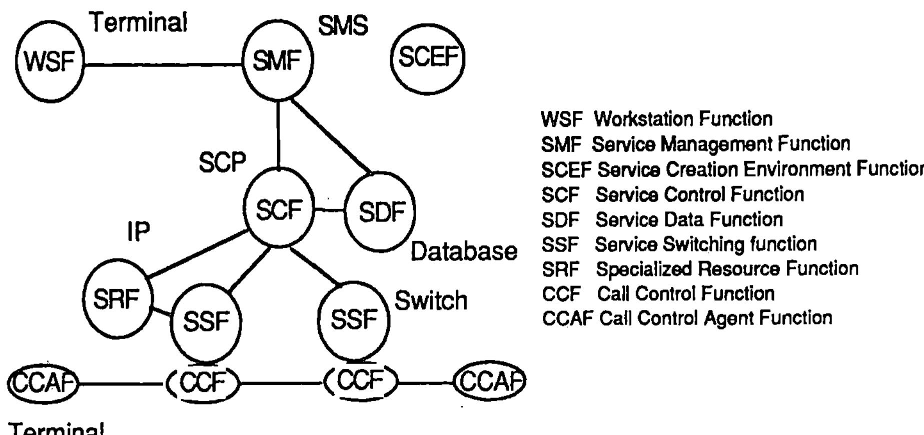

Figure 3: IN Functional Entities (ETSI)

- **Service Creation Environment Function (SCRF)**: provides software engineering tools for service logic and data template creation.

- **Workstation Function (WSF)**: is the man-machine interface to SMF. (This function should better be called System Management Agent Function.)

- **System Management Function (SMF)**: corresponds to SMS and controls service management, provision and deployment.

- **Service Control Function (SCF)**: controls resources in a switch or peripheral. With SDF it corresponds to the SCP.

- **Service Data Function (SDF)**: provides the standardized access to service data.

- **Service Switching Function (SSF)**: represents additional functionality for controlling switch resources (corresponds with CCF to SSP).

- **Specialized Resource Function (SRF)**: represents additional functions for controlling peripheral resources.

- **Call Control Function (CCF)**: usual local or transit exchange functions.

- **Call Control Agent Function (CCAF)**: represents the network user terminal function.

The main goal of the IN standardization is the definition of a common set of service building blocks in some kind of **IN programming platform** offering an **application programming interface (API)**, which allows potential IN service providers the easy construction of new services. Thus the switches are functioning as a high level distributed operating system, hiding the specific capabilities of the underlying network technolgy. Thus the IN could be structured into three levels:

1. IN services, based on SLPs (application level)

2. IN programming platform containing support functions (SSF, SCF, SMF, etc.)

3. Physical nodes (SSP, SCP, SMS, etc.)

The OSI Reference Model and Distributed Processing Standards

International Standardization has actively investigated the problem of heterogeneous systems interconnection. The aspect of data communication was modelled by ISO/CCITT in the **Reference Model for Open Systems Interconnection (OSI)**. The model and its related standards focus on a vertical hierarchical decomposition of the communication process in functions associated to the different layers defined. Each layer encapsulates the communication entities necessary to perform a certain function. The bottom three layers of this seven layer architecture provide the networking capability, whereas the upper four layers carry out the processing required to present the data in an appropriate form to the involved end-users. The two relevant terms used here are services and protocols as shown in figure 4:

- A **service** is a set of capabilities offered at the boundary of each layer to an user (entity) in the next higher layer.

- A **protocol** defines the rules of interactions between two peer entities which are situated in the same layer but pertain to different endsystems in order to provide the service offered by the layer.

In this framework a lot of CCITT and ISO communication standards have been defined in the past years. These standards are interrelated and focus on the communication aspects and telematic services. When standardizing the application layer it became obvious that this standardization would led to more complexity with the increasing number of applications, like Message Handling Systems (MHS), File Transfer, Access and Management (FTAM), Transcation Processing (CCR) and Directory Service and the proliferation of socalled *Application Service Elements (ASEs)*, like ACSE, ROSE, RTSE and CMISE, forming the basic tools for distributed applications. Although pure interconnection problems are solved by the OSI model, the upcoming problems of application interactions for distributed processing are outside the model´s scope.This results in numerous concurrent activities in standardization bodies and research projects for modelling distributed processing and distributed applications.

ISO`s **Open Distributed Processing (ODP)** reference model /ODP-89/ and CCITT`s **Distributed Application Framework (DAF)** /DAF-89/ have the goal to standardize a framework for structuring distributed applications, which will have a direct impact in the telecommuniction world in the long term, since they focus on the uniform development and support of future services and distributed applications in the OSI environment. Both studies are based on an object oriented approach for modelling distributed applications which provides a theory for classifying and structuring service logic and information and promotes both reuse and interoperability of applications.

ODP relies on the infrastructure provided by the OSI application layer. Focussing on an ODP system, such system comprises three levels, which are similar to the afore mentioned IN structure:

1. Distributed application components

2. ODP supporting environment, which intents to cover support infrastructure for distributed applications (e.g. communication or security support)

3. Physical support machine including hardware, operating and communication systems

General Framework for a Universal Telecommunication Architecture

For the efficient and fair provision of future telecommunication services all afore mentioned models have to be considered in an integrated manner since they cover complementary aspects of network architectures. A general framework for a target telecommunication network architecture has to be defined, which provides a global telecommunication infrastructure for the flexible, efficient, open and fair provision of future services offered by several competing public and private service providers, which supports different underlying network technologies (e.g. leased lines, ISDN, B-ISDN, ..).

The IN concept is the key concept for allowing the uniform provision of future services by different service providers independent of the underlying network technology. Thus it is necessary to be considered in the ONP framework for a precise definition of interfaces, tariffs and usage conditions in an operational environment. It is the necessary platform for a flexible architecture allowing:

- the fast and efficient introduction of new services in a competitive and nondescriminatory basis;

- the definition of the required interfaces to be followed by the TO and SP for the coexistence of the offered services in the same infrastructure;

The OSI model and especially the new ODP and DAF concepts have to be considered because the ongoing fusion of telecommunications and data processing leads to more sorphisticated telecommunication services and moves the network towards a cooperative distributed system. Thus the target network architecture is quite similar to the ODP and DAF architectures.

The general framework for the provision of future telecommunication services is a compound functional model, where one may identify three vertical levels with different functionality (see figure 4):

Level 1: Transmission and switching facilities (e.g. cables and digital crossconnects) which could be provided by a TO (WAN), a SP (MAN) and the end-user (LAN, PBX). In addition this level contains processing/storage units and direct interconnected endsystems to support additional higher level services. Note that in OSI-terminology this level comprises physical, data link and network layer. This level plays a specific role in the ONP context since it is identified as one of the potential reserved services which should be offered for non-reserved services on a nondescriminatory basis. Note, for applying ONP to different network technologies (e.g. leased lines, ISDN, B-ISDN) it could be necessary to subdivide this level into appropriate sublevels for better understanding (e.g. ONP and ISDN /ETCO-90a/).

Level 2: This level provides service switching, control and management, where IN elements are visible for the provision of value added services. These are functions up to the application layer in the OSI understanding. The functionality of this level is served by concatenations of point-to-point layer 7 protocol stacks using the facilities of level 1. In the ONP context the different IN elements can be allocated to TO or SPs, resulting in reserved and non-reserved IN services. Note that this level is also for ODP and DAF an area of interest since this level corresponds to the supporting environment for distributed services and applications.

Level 3: User and service level, where only services to the end-user are visible. Besides telephony this level includes also OSI application services like message handling systems, directory service, etc.

For the application of ONP principles to a target network architecture the general framework has to be instanciated for the different network technologies. This will allow alternatives to be identified for the introduction of the ONP concept in Europe, namely the allocation of elements to the different ONP players resulting in reserved and non-reserved services and the necessary implications for each alternative (technical and political).

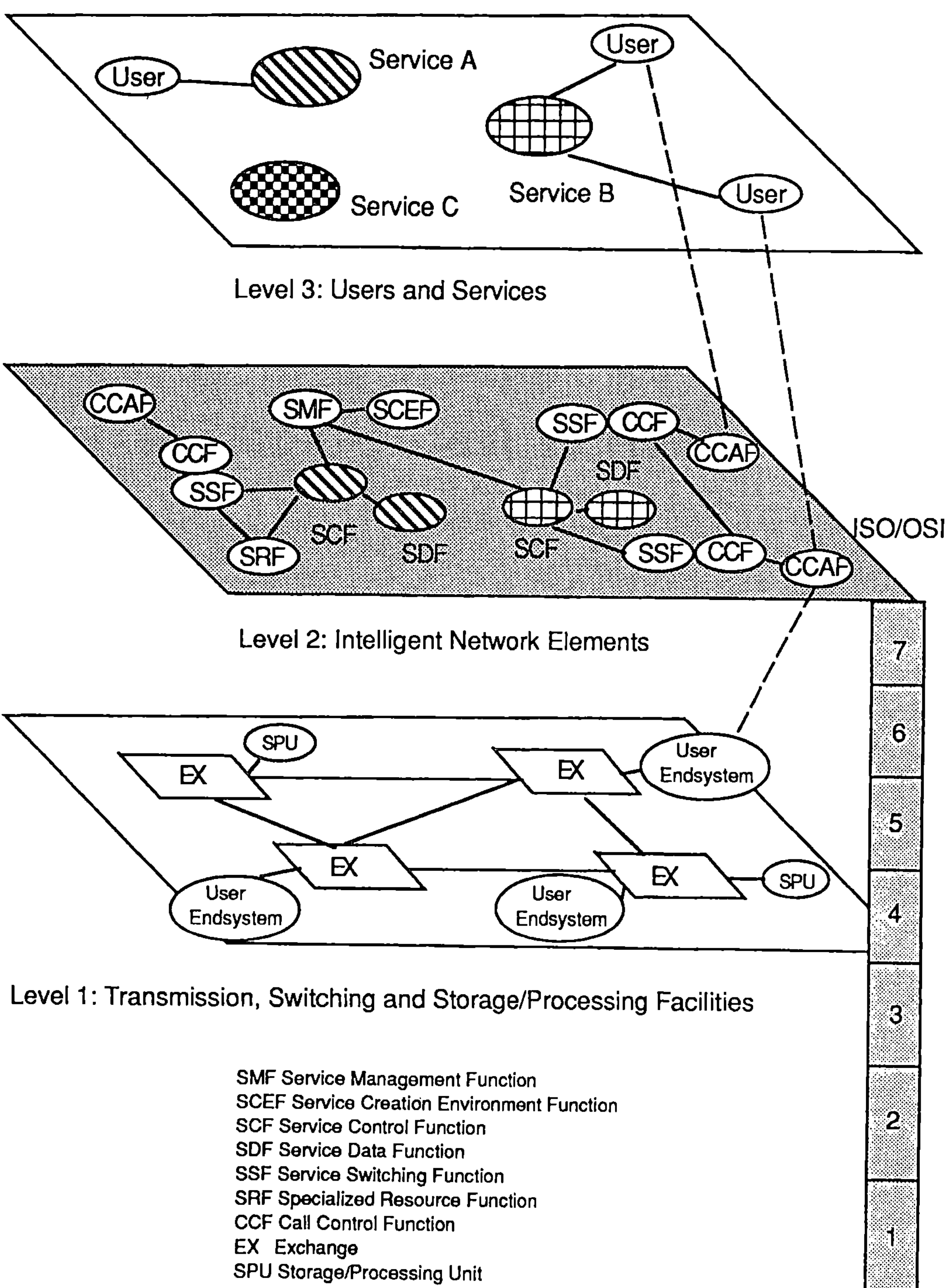

Figure 4 : Levels of the general framework

Applying ONP to IN

Applying ONP to IN means to consider the functional elements of level 2 of the general framework and the study of the possible alternatives of allocating the IN funtional entities to the identified ONP players. Based on the underlying reserved / non-reserved services one may identify at this level which functional units will be offered by the TO as reserved services and which are offered by the TO / SP as non-reserved ones. As a consequence of allocating the network elements to either TO or SP the relevant interfaces to be opened can be identified. The definition of open interfaces means the use of standard interfaces for achieving vendor independence and allow pan-European service interworking and network interconnection.

The following figure identifies the relevant IN interfaces:

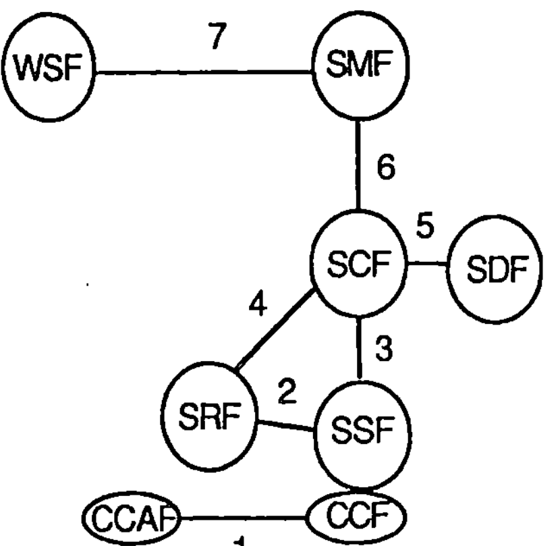

Figure 5: IN Interfaces

Interface 1: between Call Control Agent Function and Call Control Function. This interface is not IN specific and corresponds to the network user interface, which is open by nature. Note that there is no physical interface between CCF and SSF and this means this is a virtual interface.

Interface 2: between Service Switching Function and Specialized Resource Function. This interface allows to connect intelligent peripherals with special functions to the switch.

Interface 3: between Service Switching Function and Service Control Function based on CCS7 (TCAP). This interface allows to centralize service logic in some SCPs.

Interface 4: between Service Control Function and Specialized Resource Function based on CCS7 (TCAP). This interface allows intelligent peripheral resource control.

Interface 5: between Service Control Function and Service Data Function. This interface allows to share the service data in a database between various SCPs and will be based on CCS7 (TCAP) or an OSI protocol.

Interface 6: between Service Control Function and Service Management Function based on TMN or OSI management. This interface is for service logic and data updates and for network event reports to the SMS.

Interface 7: between Service Management Function and Workstation Function based on TMN-Q3. This interface allows access to service logic and data and for getting data from the network.

It should be noticed that there is an additional programming interface, also referred as **Application Program Interface (API)**, which is defined by a set of service building blocks (SBBs). A service provider can use these SBBs and thus has access to different network elements (eg. SCF, SDF, SRF, SMF) and may program them by the use of the SBBs. Up to now the form of this interface is still in development.

Note that the EC has issued a study about the interrelationships between ONP and IN /ETCO-90b/ which examines the different alternatives of interface opening.

1) Open nothing

The IN infrastruture, namely all IN functional entities (FEs), and all IN services are offered as reserved services by the TO. No non-reserved services are allowed.

2) Open interface to SMF and provide an API

Based on a public IN infrastructure, offered by the TO as reserved service, SPs / TOs are offering IN services as non-reserved services. A set of basic SBBs is offered by the TO for building and managing non-reserved IN services by means of an *Application Programming Interface (API)*. That means SP / TO have a SCEF / WSF and access to the SMF for service introduction and management, which results in an opening of the corresponding interface 7. That means the SP / TO gives his service programs to the TO for loading these down to the SCPs.

In this solution the network behaves as a high level distributed operating system, were several competiting service providers can use a common infrastructure, namely the network and basic bearer services, and were the TO is responsible for the correct function of the network.

Note that alternatives 1 and 2 could be combined, such that there are in addition to the non-reserved IN services, special IN services only offered as reserved services by the TO (eg. voice based services).

3) Open SCF management interface

TO / SP are allowed to offer the SMF as non-reserved service, which results in an opening of interface 6 based on TMN or OSI management standards. TO / SP can thus introduce their own service dependent management systems.

4) Open interface to SDF

TO / SP are allowed to offer the SDF as non-reserved service, which results in an opening of interface 5. TO / SP can thus introduce service dependent IN databases. This allows also service interworking, where one service can access another one´s database, if necessary.

Note that the opening of the SDF can also combined with the first alternative, which means that the service logic is offered as reserved service by the TO, where service data is provided specificly by different TOs and SPs as a non-reserved service.

5) Open interfaces to SRF

TO / SP are allowed to offer the SRF as non-reserved service, which results in an opening of the interfaces 2 and 4. This alternative allows the TO / SP to introduce service dependent SRFs, which are necessary for the provision of specific functions which are required for special IN services.

6) Open interfaces to SCF

This alternative allows the introduction of service dependent SCFs offered by different TOs / SPs for non-reserved services. In this case the interfaces 3, 4 and 5 have to be opened. This allows the integration of the SCF in private switches. This alternative may be combined with alternative 4, such that SPs can realize service or provider dependent SCF/SDF combinations.

7) Open interface to SSF

TO / SP may offer the SSF as non-reserved service, where the interfaces 2 and 3 have to be opened. Note that TO / SP do have to provide a common set of SBBs in the SSF. Depending on the combination with other alternatives SCF and SDF may be reserved services or non-reserved service. This alternative allows the integration of the SSF in private switches.

In the combination of alternatives 6 and 7 TO / SP may introduce in addition to the reserved set of basic SBBs, offered by the TO, an additional set of enhanced SBBs for the provision of non-reserved enhanced IN services. Note that this alternative may be combined with alternatives 3, 4 and/or 5.

8) Direct API on all IN elements

TO / SP have direct access to the IN network elements like SSF, SCF, SDF, SMF and may programm them by means of SBBs. This interface is studied now in standardization. In this alternative service management, interworking and resource control seem to raise big problems.

Critical issues:

One important problem arising with the introduction of competition in that level seems to be the management of the IN environment, were several competiting service providers and many network elements are involved in parallel service execution, because in a multi-vendor, service independant IN environment it is difficult to gather all the relevant information for a proper management of the network. Common tools and interfaces are needed to guarantee all possible kinds of services a consistent and errorfree operation in that common environment. These should be based on TMN and OSI management standards, since these provide a common concept for structuring and exchanging management information. For ensuring consistent and errorfree parallel operation of several IN services the concept of transaction processing, were IN services are treated like atomic transactions, seems to be a promising way of solving synchronization and resource control problems.

When comparing IN services with OSI services and distributed applications in the data communication world, a lot of ideas are wellknown. The concept of centralizing knowledge (eg, service logic) in a system for efficiency and consistency reasons was the driving force in the development of a global directory service, allowing several applications at runtime to map an objects name to its address or related informations. Also the distribution and replication of such information according to access patterns is similar in both cases.

The idea of building services out of a fixed set of universal service building blocks, which are available at all network elements is similar to running application programs, written in a common programming language, at different computers. Thus the network moves towards a high level distributed operating system, with all the problems apparent in this kind of systems. In addition the IN will have to solve the dynamic aspect of service creation and namely the capability to create new services and define new interactions between different services offered by different serice providers.

Comparing the longterm goals of the telecommunications world and the recent CCITT and ISO developments, there is clearly a common goal to standardize a framework for structuring distributed applications. Service creation and provision relies on principles similar to distributed system structure, where service logic programs could be compared to application components and the IN programming platform to the ODP supporting environment. Thus it is important to incorporate existing concepts and standards for allowing a common network evolution where there will be a common network infrastructure for both the telecommunication and data processing worlds.

Conclusions

The recent advances in the telecommunication environment, driven by the application of new network technologies and the ongoing deregulation of existing monopolies in Europe and worldwide, resulted in a variety of different concepts and models for the provision of future telecommunication services. Looking for a functional model for a global telecommunication infrastructure, supporting the flexible, efficient, uniform and open provision of future telecommunication services offered by several competiting public and private service providers and being independent of the underlying network technology, a thorough analysis of the different models is required in order to understand the implications of these models and their relationships.

Open Network Provition provides a framework for the provision of equal competition in a common service market. The increase of network intelligence by means of Intelligent Networks above a pure switching system will allow the flexible integration and handling of services of different providers for the benefit of users. The OSI model and especially the new DAF and ODP concepts have to be encompassed, since the future telecommunication environment includes also OSI application services and highly sorphisticated services beyond pure telephony services.

A general model for the provision of future services in liberalized environment is required, providing the basis for identifying the related interfaces and protocols necessary for an open telecommunication environment. The proposed general framework defines three levels of service provision with different functionality. This paper focussed on second level of the general model, where the IN functional elements are responsible for a flexible service provision. For achieving a full understanding for the opening of the network and an open provision of services, the ONP principles have to be applied to all levels of this model.

Focusing on the way services should be built and run in a liberalized telecommunication environment based on the IN elements in level 2, the network moves towards a high level distributed information processing system, merging the data processing and telecommunication world. For solving the upcoming problems in service and network management, the application of existing and new concepts from the data processing world should be taken into account to avoid different developments for the same kind of problem, since the long term goal of both the telecommunication world and recent CCITT and ISO developments like DAF and ODP is to standardize a framework for structuring distributed applications and support the development of new applications.

Several IN implementations are available now, which meet the initial needs of todays Telcommunication Administrations. The next steps are to evolve these networks with even more generalized and powerful capabilities towards a truly global IN based on ONP principles solving the problems arising with the liberalized telcommunication environment considered in this paper. Existing concepts from the data processing world like CCR or OSI management can be a first platform, trying to avoid the development of different concepts for the same problem space.

Acknowledgements

Part of this work was sponsored by the CEC under the contract No. ETCO 60/3/90.90.

References

/Ambrosch-89/   W.D. Ambrosch et.al.: "The Intelligent Network", Springer Verlag Berlin Heidelberg, Germany, 1989

/DAF-89/   CCITT STudy Group 7: Distributed Application Framework, March 1989

/EC-90/   European Community: "The establishment of the internal market for telecommunication services through the implementation of open network provision", Draft 84078/90, January 1990

/ETCO-90a/   ETCO "Application of the Open Network Provision concept to ISDN"

/ETCO-90b/   ETCO "Study on the Interrelationships between ONP and Intelligent Networks"

/ETSI-NA6/   ETSI NA6: "Intelligent Network: Framework", Technical Report, Draft May 90

/Heywood-89/   P. Heywood: "Europeans dial 1992 to untie regulatory knots", Data Communications International, March 1989

/Hass-88/   R. Hass, R.W. Humes: "Intelligent Network/2: A Network Architecture Concept for the 1990's", Int. Switching Symposium, Phoenix, March 1988

/ODP-89/   ISO/IEC JTC1/SC21/WG7 No. 116: Basic Reference Model for Open Distributed Processing, July 1989

The Road to Open Distributed Processing (ODP)

Kurt Geihs

IBM European Networking Center
P.O.Box 10 30 68
D-6900 Heidelberg
Germany
GEIHS @ DHDIBM1.bitnet

Abstract

Open Distributed Processing (ODP) is a new work item in ISO and related standardization bodies. The goal of ODP is to provide a generic reference model for distributed processing in open, heterogeneous environments. This goes beyond the communication aspects that were the subject of the standardization activities for Open Systems Interconnection (OSI).
We describe the technical objectives of ODP, the current status and related activities. A group in ECMA is working on a support environment for ODP. In ISO as well as in ECMA it is felt that this standardization is at the forefront of distributed system technology evolution. Not always are answers readily available for questions arising in this work. Prototype implementations are available, but more research is needed.

1. Introduction

In 1987 ISO has adopted a new work item on *Open Distributed Processing (ODP)*, which was assigned to working group seven of ISO/JTC1/SC21. The standardization efforts are concerned with distributed processing involving heterogeneous computer systems. The main goals are

- to define a reference model for ODP (RM-ODP) which provides a generic architectural framework for the standardization of distributed processing in heterogeneous, mixed vendor environments, and
- to develop standards within this framework that are needed to achieve distributed processing in open systems.

The activities in ISO have been addressing *descriptive* techniques first, which are applicable to all distributed processing systems. Later there will also be *prescriptive* formulations of requirements for distributed processing qualifying as being *open*. The generic reference model may subsequently be used to derive ODP conforming specialized reference models, e.g. for office automation and computer integrated manufacturing.

Much of the ODP impetus in ISO had come from standardization work in the European Computer Manufacturers Association (ECMA). ECMA is trying not to duplicate any ISO ODP work. Currently, the ECMA ODP activities focus on the definition of a support environment for ODP, i.e. facilities and infrastructure services that are commonly needed for distributed interaction.

Several research projects and some commercial products - to a widely different extent - have solved problems related to cooperation in heterogeneous distributed systems. Also, a standardized communication architecture and corresponding protocols have been defined, i.e. the Open Systems Interconnection (OSI) reference model and protocols. Nevertheless, knowledge of heterogeneous distributed processing is still evolving and remains a target for academic and industrial research. Standardization of ODP is therefore much more on the forefront of technological development than it used to be the case for e.g. the standardization of OSI.

In this paper we will first discuss in Section 2 the technical motivations and objectives of ODP in ISO and ECMA. Section 3 and 4 describe the current technical status. Section 5 on related work contains an overview of other activities that have been influential to ODP or try to achieve similar goals. Questions that deserve further research are the subject of Section 6. At the end of this paper we will comment on the potential impact of the ODP work and future activities.

2. Motivations and Objectives

Open Distributed Processing (ODP) is concerned with distributed applications in heterogeneous, multi-vendor environments. The distribution of processing requires communication between the distributed cooperating components. Therefore, a communication architecture is a basic ingredient of distributed systems. International standardization has recognized this fact and has produced a reference model (RM) and standards for Open Systems Interconnection (OSI). The OSI-RM defines a seven layer architectural model for communication between heterogeneous systems. It provides the conceptual framework for standardized communication protocols on all of the seven layers. In the OSI Application Layer we find standards for application oriented protocols like remote file access, virtual terminal, and message handling.

When building distributed applications the OSI standards can be used to connect heterogeneous computing systems. However, one has learned that distributed processing involves more than just the aspects of connectivity. Not directly related to communications are design questions like: modelling of software component structure, specification of interfaces between software components, human interface design, specification and achievement of distribution transparencies, constraints on the data concerning replication or persistence requirements, uniform security and management concepts, integration of multiple information media, software portability, and many more. All of these issues will have be addressed by ODP more or less explicitly.

ODP aims at providing the generic framework for specifying, building and implementing distributed applications for virtually all kinds of application areas. Software component structure, specification of relationships and interactions, support services to establish and manage these relationships, specification of desired transparencies, provisions for management and control of user access, software reuse and portability, all these issues and more are in the center of the ODP activities. Thus, ODP involves many different disciplines of information processing, e.g. systems modelling, formal specification methods, programming languages, operating systems, software engineering, communications, etc.

Object-oriented modelling has been adopted as the basic modelling approach. The components of the distributed system are perceived as capsules that contain behavior and state. Interaction is achieved by the invocation of operations in the object's interface. These invocations are the only external means to change the state of an object.

It is important to note that ODP is considering heterogeneity in a very wide sense, e.g. "heterogeneity" might refer to hardware, networks, programming languages, operating systems, administration and management. The *descriptive* part of the ODP-RM should be such that "all" possible distributed processing systems with heterogeneity in the wide sense can be described in a way that abstracts from the actual diversity. The *prescriptive* part of the ODP-RM will define constraints that prescribe what kinds of distributed systems qualify as open.

Specific ODP standards will then define distributed application architectures that are in conformance to the ODP-RM and are tailored for specific application environments. These standards might perhaps contain detailed specifications how this standard can be implemented using a certain technology. For example, it is conceivable that some generally needed service interface S is defined in a technology independent, abstract way. In addition there might then be more details on how this service S can be accessed using OSI protocols and how the interface description would look like in e.g. the Ada programming language.

The above objectives naturally lead to a separation of concerns in the discussion of distributed systems. There are different perspectives in which a distributed system might be viewed, and each of these perspectives reveals different properties. This is one of the underlying assumptions for the ODP-RM. The next section will discuss these perspectives.

ODP is oriented towards software engineering for distributed systems, i.e. concepts, services and tools "to connect software modules". Potentially it will facilitate the exploitation of the benefits inherent in distributed processing, while reducing significantly the (also) inherent complexity of heterogeneous distributed environments.

3. Viewpoints and Aspects

"Divide et impera", i.e. structuring a complex problem by separating concerns into separately attackable parts, has always been good software engineering practice. Modules, objects, layers and procedures are just a few example terms that can be associated with that principle. Distributed information processing in heterogeneous environments is a quite complex problem. It is absolutely necessary to structure the huge problem space. The ODP viewpoints and ODP aspects are an approach to identify and separate the various concerns relevant to the design and implementation of such systems.

Viewpoints

In order to avoid dealing with the full complexity of a distributed system, viewpoints have been identified that highlight particular concerns while simplifying or abstracting away other concerns. Each viewpoint presents a different abstraction. They are most useful in the analysis and description of distributed systems.

Many such viewpoints are possible. In ISO five viewpoints have been selected[1]. The viewpoints and the concerns that they address are:

Viewpoint	*Concerns*
Enterprise	business environment,
	i.e. business activities and policies and related human roles, management structures, administrative structures and constraints;
Information	information structure and flow,
	i.e. information types and values, sources, processing units, sinks, repositories, validity in time;
Computation	software structures and interfaces,
	i.e. application software components and their relationships, modules, parallelism, (abstract) interfaces;
Engineering	required functions,
	i.e. processing, memory and communications requirements, performance, dependability and transparencies;
Technology	physical hard- and software,
	i.e. real world components of the implementation, specification of what is needed to build the system.

These viewpoints should not be seen as architecture layers or levels of refinement. The order of these viewpoints does not imply any particular precedence relationship. It reflects to some degree the stages of a typical design process, where one starts with the analysis of the enterprise and finally produces an implementation. Obviously, system analysis by viewpoints requires different professional skills for each viewpoint. For example, enterprise analysis may not be a typical activity of computer scientists, and engineering decisions will probably be a collaborative effort of systems analysts and experienced programmers. Neither one viewpoint is more fundamental or more important. They are just different abstractions of the same system, and all of them (and may be more) are needed to fully analyze a distributed system. Figure 1 illustrates these ideas: the "real distributed system" on the left is seen from five viewpoints and appears differently in each of them.

Aspects

An orthogonal way of looking at the ODP problem space is to identify aspects, i.e. general functions, that are common to all distributed information processing systems. While the above viewpoints very much highlight system structure, the aspects focus on functional characteristics. Currently, and this discussion is still floating somewhat, ISO has identified the following aspects:

---

[1] Much of this work is based on the work of ANSA [1].

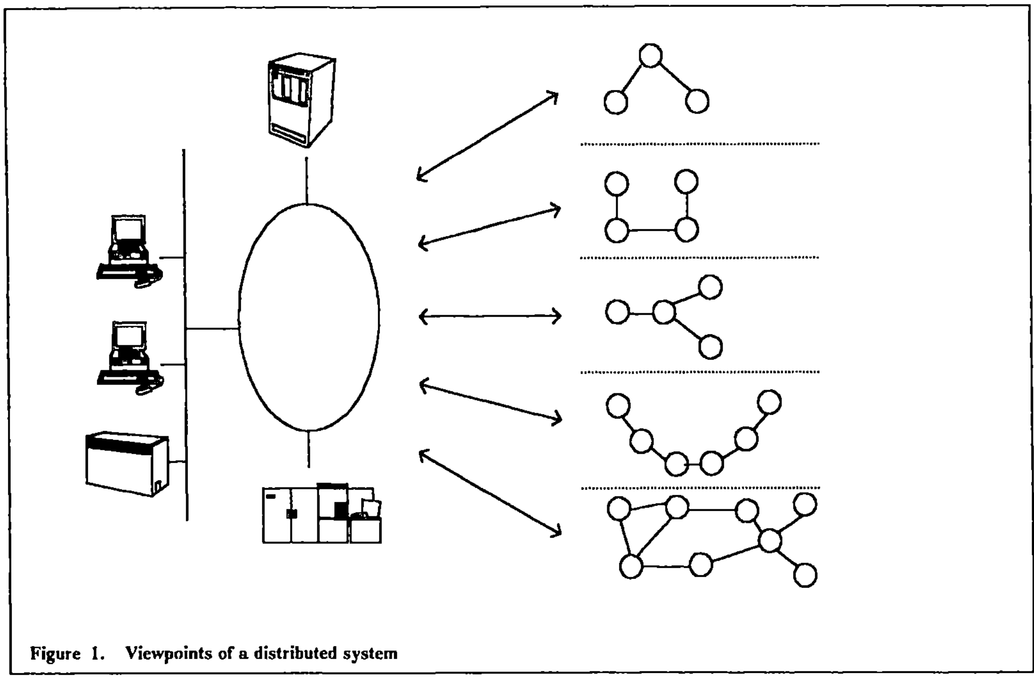

Figure 1. Viewpoints of a distributed system

Aspect	Description
Storage	information storage and its manipulation
Process	information processing activities and their manipulation
User Access	handling and presentation of input and output to/from the system
Separation	means to bridge and utilize the separation of distributed components
Identification	component names and manipulation of the name space
Management	control and maintenance
Security	enforcement of resource protection according to security policies

The order of the aspects is meaningless.

The aspects pervade the five viewpoints, i.e. different parts of an aspect appear in different viewpoints. Analysis of an aspect can be structured by assuming all the different viewpoints. Alternatively, a system may be analyzed by viewing it subsequently from a different viewpoint and discussing all the aspects in each viewpoint. In other words, one can discuss the aspects by viewpoints, or discuss viewpoints by aspects. Both approaches deliver the same result.

Example

The **security aspect** raises different concerns in the different viewpoints [10]. The main concern of security seen from the *enterprise viewpoint* is the security policy. It will describe requirements for security, identify the components and users that are involved in security and their trust relationships. The security policy will also reflect the structure of security domains in the system, i.e. their scopes, administrations and relationships.

In the *information viewpoint* the information items and processing activities requiring protection will be identified. Also, the security information needed by the security system is visible in this viewpoint, e.g. identification, authentication and authorisation data.

In the *computation viewpoint* the interactions between objects relevant to the creation, exchange, storage and management of security information are visible. These functions and their interfaces are defined in an abstract, engineering and technology independent way.

In the *engineering viewpoint* one will see how the above security functions are to be achieved. The security infrastructure becomes visible, e.g. access control lists, capabilities, security servers performing authentication and authorization functions, encryption key management, and many more.

In the *technology viewpoint* the technical artifacts that are needed to mechanize the engineering decisions are identified. This comprises the hard- and software of the distributed system. However, these concerns are outside of the scope of the ODP work.

4. Support Environment for ODP

ECMA group TC32/TG2 has been one of the driving forces behind the ODP activities by pointing to the need for an ODP-RM and by contributing to the ISO work. ECMA is trying not to duplicate ISO ODP work, but to align itself with the developments. Currently, ECMA is working on the standardization of a support environment for ODP (SE-ODP). The SE-ODP is a distributed processing enabling infrastructure that goes beyond interconnection and communication.

A technical report has been produced that describes the framework for such a support environment [5]. A (simple) object model is defined that is capable of modelling the structure of distributed application components and their possible interactions via interfaces. The SE-ODP enables these interactions by providing the means to define possible interactions, to establish bindings between interacting objects and to control and manage the operations. It is thus a means to enable access to distributed objects [5].

The SE-ODP is primarily visible in the computation and engineering viewpoints. It has to address all of the aspects mentioned in the previous section. Software components, their interfaces, security and management provisions, are examples for what is included in the computation viewpoint. From the engineering viewpoint one would see how the application objects interact with components of the underlying "runtime system", where and how distribution transparencies are provided, which types of security enforcing mechanisms are chosen, etc.

Further work in ECMA on ODP will concentrate on standards for services and facilities needed to achieve these interactions. Five standards have been mentioned in the Technical Report as being in the focus of future ECMA work:

Standard	Contents
Configuration	establishment of bindings between software components in order to enable interaction via these bindings,
Interaction Model	identification and modelling of interaction elements and resulting requirements for an interface definition notation,
Interface Definition Notation	notation that defines SE-ODP interface syntax and constrains the possible interactions,
Interconnection	mappings of interactions to communication protocols, e.g. OSI,
Infrastructure Interfaces	abstract definition of internal interfaces between the components of the SE-ODP and the runtime environment.

Work on the Configuration Standard is well underway. The standard is mainly concerned with the service provided by an "interface trader", also known as "broker" in other systems [2]. The trader manages offered services, i.e. "exported interfaces", and matches them with client requests for service, i.e. "interface imports". This process of matching interfaces supports the binder that actually establishes the binding if an import request was successfully assigned a matching export. Trading is constrained by the importer and exporter specifying interface type and attribute constraints.

ECMA has already produced a standard for a Remote Procedure Call (RPC) [6], which may become part of the future Interaction Standard. The RPC standard describes the underlying model of computation, a notation to define interfaces, the RPC service and the RPC protocol. It is restricted to matters that relate to the use of existing OSI standards. The protocol is mapped onto the OSI ROSE and ACSE services [8; 9]. Deliberately, no language binding is specified. The standard lacks provisions for security. This and more flexible interaction schemes are left for further study.

5. Related Work

The need for a general framework for heterogeneous distributed systems has been identified by many projects in standardization, research and industry. The following gives an overview of major activities relevant to ODP.

Standardization

ODP has grown out of the work on standardizing the OSI architecture and protocols. Within the current scope of OSI there are already standards that are closely related and will to a large extent be utilized by the emerging ODP standards. In general, OSI protocols will be the most likely choice - if suitable - for specific ODP standards. Furthermore, support services like directory, or specification languages like ESTELLE and LOTOS will certainly be of value to future ODP work. OSI can be viewed as a bottom-up approach to distributed processing, while ODP is much more top-down.

The CCITT *Support Framework for Distributed Applications (DAF)* [4] aims at an infrastructure that provides general support for distributed applications. It is thus closely related to the ECMA SE-ODP. The DAF work is a continuation of the existing CCITT recommendations for message handling (X.400) and directory (X.500), and builds on existing standards like Remote Operations and Abstract Syntax Notation 1 (ASN.1). The intersection between DAF and ODP are subject of current discussions, and it is planned to align the two activities, at least as far as system modelling is concerned.

Research

Heterogeneity in distributed systems has been the focus of several research projects, wherein it was commonly acknowledged that heterogeneity is a fact of life, and that heterogeneity adds further complexity to the distribution problem. It has been shown, however, that much of this complexity can be hidden to the application programmer and the user.

DACNOS [7] is a prototype for a network operating system that enables resource sharing in heterogeneous environments. It extends the local operating systems without interfering with existing programs. The DACNOS design aimed at comprehensive, operating system level support for network-wide, transparent access to resources located on autonomous computers. DACNOS is cited as one of the SE-ODP prototypes in [5].

The ANSA project has produced an architectural model for heterogeneous distributed systems and a prototype implementation, called ANSA Testbench [1]. This prototype is also among the ECMA SE-ODP prototypes. The architecture aims at providing a framework for multi-vendor environments that is generic to many application areas and application requirements, allows for portable and re-usable software and supports several distribution transparencies. The ANSA project is currently one of the main contributors to the ODP activities in ECMA and ISO.

The third prototype mentioned in the ECMA SE-ODP report has been built by the ESPRIT Delta-4 project [15]. Its aim is to establish a range of concepts and prototypes for distributed applications which require dependability and real-time support. The Delta-4 architecture will allow the connection of heterogeneous equipment using OSI conforming protocols over interconnected local area networks. It features a dependable, fault-tolerant communications system which coexists with and extends existing standards through replication of service providers and requesters.

Other projects related to heterogeneity and distribution have also helped to establish the fundus of knowledge on which the ODP standardization is built upon. Among them are Andrew [12], Athena [3], Cronus [16], Daphne [11], and HCS [13].

Commercial Sector

IBM's Systems Application Architecture (SAA) is a software architecture for the development of consistent applications across the major IBM computing architectures [17; 18]. SAA specifies common interfaces and conventions for user access, communication and programming on dissimilar operating systems. Benefits of such an architecture will be e.g. easy migration between systems, the portability of software and the elimination of redundant development efforts.

Obviously, the goals and scopes of ODP and SAA are related. Both approaches have recognized that heterogeneity is a fact in many grown computing environments, and that coherency across heterogeneous computing environments is needed for economical and functional reasons. Interconnection is only one aspect. Other aspects are e.g. user interfaces, system services (e.g. directory), management issues, and data base access. SAA and ODP both make the assumption that existing "standards" should be incorporated into the new architectural framework. For example, communication in ODP will most likely mean OSI, while communication in SAA will certainly include SNA technology.

Portability of application software is a goal for both architectures. In SAA, it is considered an important means to increase the programmer productivity and the return on investment. Portability is achieved by defining common service and user interfaces for common SAA programming languages. In ODP, portability is supported at an abstract level by specifying language independent service interfaces. ODP will not impose any rules or requirements how to implement ODP standards on a particular system.

The Open Software Foundation (OSF), a joint activity of several computer and software companies, issued an OSF Request for Technology for a Distributed Computing Environment (DCE) [14]. Its goals are to provide "a comprehensive set of core services and enabling technologies to support distributed applications in heterogeneous distributed computing environments". The OSF Request identified key issues and services which reflect the discussions on ODP in ECMA and ISO, i.e. there is common agreement on what services should be part of a support environment and how these services relate to each other.

The OSF selection process has identified various components from different vendors that will be integrated into a common OSF DCE. Although OSF is considering only implementations conforming to one type of operating system, i.e. UNIX[2], it is possible that the OSF DCE gains a significant impact on the way distributed processing is understood and done in other systems as well. At least one can expect that certain DCE core services like remote procedure call and directory will be made available on non-UNIX systems as well.

OSF DCE will certainly impact the ODP standardisation. By definition the ODP-RM will be an abstract model of distributed processing systems and their interactions. There is no overlap as far as the RM is concerned. However, future standards within the scope of the ODP reference model will (and should) draw heavily from existing, proven industry standards that may be well established at the time when the ODP standards appear. It is important that ODP standards recognize the existence of such established solutions. Otherwise, they will encounter the same difficulties as OSI standards in gaining widespread commercial significance.

Nevertheless, it is desirable that ODP standards are written such that at least part of their value does not depend on a particular choice of technology. They should rather provide specifications that are able to adapt to a steadily changing technology. It is an open question to what degree such an adaptation is possible in a world whose technological achievements progress so rapidly. Structuring standards according to the ODP viewpoints is a likely step towards these goals, since separation by viewpoints means separation of e.g. a computational specification from engineering considerations or technology choices.

---

[2] UNIX is a registered trademark of ATT Bell Laboratories.

6. Open Issues

It has generally been noted that standardization of distributed system technology is quite different from standardization in the past. Although there is rather large knowledge on the principles and techniques for distributed processing, this knowledge has not matured to a stability where there is common agreement on all aspects of this subject. ODP standardization addresses issues that are on the forefront of technological evolution, rather than addressing issues where the solutions are well known and generally accepted.

Furthermore, the ODP Reference Model aims at a moving target. The steady progress of computing and communication technology makes it hard to foresee what will be needed in e.g. a decade from now. Nevertheless, the need for a generic support for heterogeneous distributed systems is felt right now in many areas where heterogeneity and distribution are hindering factors to the potential productivity of data processing equipment. Therefore, ODP is urgently needed, and it has to happen now.

For example, the scope of ODP explicitly includes future application scenarios that integrate multiple types of information media. This opens up a bag of unsolved complex problems. Research on distributed multi-media information processing systems has just started, and certainly we do not yet have the complete picture of what is required for this kind of applications. Fortunately, the answers are not necessarily needed today in order to progress the ODP work for conventional data processing environments.

There are, however, other questions for which solutions are being sought today. In the core of the ODP Reference Model are concerns about the interaction of distributed software components that reside on heterogeneous, autonomous computers. Some of the current questions are: What kinds of interactions have to be considered for the various application environments and information types? What are the adequate paradigms for interactions between the components? What kinds of models are capable of describing a distributed system in all viewpoints? How can we specify interface semantics and constrain interactions via these interfaces? What are the security and management alternatives and implications?

According to the current status of the ODP work, these questions are primarily related to issues of modelling and specification. Once the ODP-RM is available, the questions will then most likely shift to technical issues of how to accomplish the desired properties. Questions might then be: Can the OSI protocols satisfy the communication requirements of the identified interaction types? Is ASN.1 sufficient to describe component interfaces? What kinds of time services are needed in a distributed system? What is needed to satisfy the different security requirements? How is this integrated with the management and the host system facilities?

More or less research results are already available for the above questions. The difficult part is to evaluate these results in respect to the various requirements, to enhance them where necessary and to combine them into a generic framework that is general enough to describe "all" distributed applications, while being sufficiently specific to gain "real world" significance.

7. Discussion and Final Remarks

The need for standards that facilitate distributed processing in heterogeneous, mixed-vendor computing environments is prevalent. International standardization committees are on the road to Open Distributed Processing. The road may lead to a "land" where interaction among distributed application components on heterogeneous computers is a "natural" activity, very much like humans interact in order to achieve common goals. The potential benefits are the same as for distributed processing in general, plus a significantly reduced complexity for the design and implementation of such applications. Reduced complexity refers e.g. to an a priori established understanding of requirements on software structure, infrastructure support and interaction styles. The development of distributed programs will be made easier through established, well defined conventions, rules and specifications. This also encompasses software portability and reuse, as well as support of automated software development through common computer aided software engineering tools tailored to a "single" standard.

If one extrapolates the current (r)evolution in computer processing power at ever decreasing cost and the steady, not yet finished, increase in communication network capacities for continent-wide high-speed networks, it is foreseeable that there will be very large scale distributed processing applications in the future. It might very well be that just like mail and telephone in the past, distributed information processing systems will be one of the major vehicles for people to interact. Clearly, standards are needed then, and ODP standards could be the long-term answer to this arising need.

The impact of ODP on the way people talk about and do distributed processing might be no less than the impact of OSI on communication architectures. Just like OSI was the focus of the 1980s, ODP will be the focus of the 1990s. The benefits are manyfold and potentially tremendous. The road to ODP, however, is long and arduous, and some dangers loom along the way.

Many critics have argued that ODP tries to "standardize the universe", i.e. that the scope of the current work is not focussed enough in order to make valuable technical proposals. A very broad scope will very likely prolong the work, as e.g. even more discussions and definitions are required to solve the babylonic language confusion problem that is still characteristic for the field of distributed processing. A reference model necessarily has to be general and abstract. It should, however, not distract the attention from the core problems. In case of ODP, the reference model must take a very general perspective on distributed processing in order to identify the borders of the area that the ODP standards will lie in. In terms of the viewpoints, we do think that the ODP standards should focus on standards visible in the computation and engineering viewpoints.

Success or failure is often a matter of timing. The draft international standard (DIS) for ODP-RM is scheduled for the end of 1992. Considering the so far slow progress, this date might slip further into the future. In order for ODP to make a significant impact, standards are needed soon. Otherwise, pragmatic solutions, even if they are less general or powerful, may emerge as de facto standards which, when in widespread use, then hinder the acceptance of international standards. The slow commercial acceptance of OSI versus the widespread use of TCP/IP related protocols is an example for this kind of effect. It is questionable whether the current time frame of the ISO ODP work promises success. Fortunately, there are concurrent activities in e.g. ECMA and CCITT that take a more pragmatic approach which should lead to practical solutions soon.

Some OSI developers contend that the ODP activities will destabilize the OSI efforts, because ODP would be redefining and unnecessarily watering down established OSI terms and concepts. However, ODP is a top-down approach, while OSI is much more a bottom-up approach to distributed processing. ODP is being discussed now at the beginnings of the 90s, while OSI was in a similar phase about ten years ago. Consequently, ODP can built on concepts and terminology that has matured during the last decade and is now widely accepted, e.g. object-oriented design techniques. ODP should benefit from experience, good or bad, that was learned in the vicinity of OSI. In any case, the ODP developers agree that the communications part of ODP standards will be OSI as long as it satisfies the requirements, which it does basically as long as there are no such requirements like replicated or moving application entities, hard real-time and multi-media integration. This can only mean that ODP will be another anchor and stabilizing factor for the OSI developments.

Existing OSI related developments such as specific application architectures for office or computer integrated manufacturing can serve as touchstones for the ODP work. It is claimed that the ODP-RM will be general enough to describe "all" kinds of systems. A test for the ODP-RM will be, whether it can stand up to this claim and can be retrofitted to the existing architectures.

Finally, a danger on the road to ODP might be that some of the people working on ODP seem to travel because (according to Goethe's words) "they want to be on the road, and not because they want to get somewhere". ODP can only gain general acceptance if one keeps the initial goals firmly in mind and soon produces standards, that solve the problems of computer practitioners, and not the intellectual interests of theoreticians.

References

[1] ANSA, *ANSA Reference Manual*, APM Ltd., 24 Hills Road, Cambridge CB2 1JP, UK (March 1989)

[2] Apollo Computer Inc., *Network Computing System Reference*, Reference Manual (1987)

[3] E. Balkovich, S. Lerman and R.P. Parmelee, *Computing in Higher Education: The Athena Experience*, Communications of the ACM, Vol. 28, No. 11 (November 1985)

[4] CCITT, *Support Framework for Distributed Applications*, CCITT Study Group VII, Question 19.

[5] ECMA, *Support Environment for Open Distributed Processing (SE-ODP)*, ECMA TR/49 (January 1990)

[6] ECMA, *Remote Procedure Call Using OSI*, Final Draft, 2nd Edition, Standard ECMA-127 (January 1990)

[7] K. Geihs and U. Hollberg, *A Retrospective on DACNOS*, Communications of the ACM, Vol.33, Nr.4 (April 1990)

[8] ISO, *International Standard: Information Processing Systems - Open Systems Interconnection - Service/Protocol Definition for the Association Control Service Element*, ISO 8649/8650 (December 1988)

[9] ISO, *Draft International Standard: Information Processing Systems - Text Processing - Remote Operations Part 1 and 2*, ISO 9072/1 and 9072/2 (1988)

[10] ISO, *Working Document on Topic 4.1 - Structures and Functions*, ISO/IEC JTC1/SC21 N4022 (December 1989)

[11] K.P. Löhr, J. Müller and L. Nentwig, *DAPHNE: Support for Distributed Applications Programming in Heterogeneous Networks*, Proceedings of the "8th International Conference on Distributed Computing Systems", San Jose/USA, IEEE (1988)

[12] J.H. Morris, M. Satyanarayanan, M.H. Conner and J.H. Howard, *Andrew: A Distributed Personal Computing Environment*, Communications of the ACM, Vol. 29, No. 3 (March 1986)

[13] D. Notkin, A.P. Black, E.D. Lazowska and H.M. Levy, *Interconnecting Heterogeneous Computer Systems*, Communications of the ACM, Vol. 31, No.3 (March 1988)

[14] Open Software Foundation, *Distributed Computing Environment Request for Technology, DCE Framework - Preliminary Position Paper*, Open Software Foundation, Cambridge/USA (January 1990)

[15] D. Powell, G. Bonn, D. Seaton, P. Verissimo and F. Waeselynck, *The Delta-4 Approach to Dependability in Open Distributed Computing Systems*, Proceedings of the "18th IEEE International Symposium on Fault-Tolerant Computing (FTCS-18)", Tokyo/Japan, IEEE (1988)

[16] R. E. Schantz, R.H. Thomas and G. Bono, *The Architecture of the Cronus Distributed Operating System*, Proceedings of the "6th International Conference on Distributed Computing Systems", Cambridge/USA, IEEE (1986)

[17] A.L. Scherr, *SAA Distributed Processing*, IBM Systems Journal, Vol. 27, No. 3 (1988)

[18] E.F. Wheeler and A.G. Ganek, *Introduction to Systems Application Architecture*, IBM Systems Journal, Vol. 27, No. 3 (1988)

Conversion between the Open Document Architecture ODA and proprietary Architectures - A case study

W. Filip, J. Kämper, W. Knobloch[1]
IBM, European Networking Center
Tiergartenstrasse 8
D-6900 Heidelberg
Germany

Abstract

One of the main aims of the Open Document Architecture (ODA) is to support the interchange of documents in open networks. In this paper the authors describe main concepts of their prototype converting documents between ODA and proprietary information architectures of IBM. This converter enables document interchange from and to the DisplayWrite editor family. Additionally, general insights into the use of ODA as an intermediate architecture in a heterogeneous environment are described.

Introduction

The interchange of multimedia documents in heterogeneous environments has become an important research area in office communication. To ensure the proper interchange of documents between different vendors' systems using proprietary information and communication architectures, it is most appropriate to convert the data streams to a commonly agreed format for network transfer.

To support this is one of the main aims of the ISO standard 8613 [ISO8613], Open Document Architecture (ODA) and Open Document Interchange Format (ODIF). This standard is the basis of the ESPRIT project PODA-2 (Piloting of the Office Document Architecture)[2] . Part of this project is to demonstrate the interchange of documents between existing word processors or text systems of the PODA-2 participants using the present ODA/ODIF standard. It was successfully demonstrated at the Hannover CeBIT Fairs 1989 and 1990.

This paper describes experiences in developing a converter which makes it possible to interchange documents between the DisplayWrite[3] editor family and word processors of PODA-2 partners. The DisplayWrite family is based on Revisable Form Text Document Content Architecture (RFT:DCA) [IBM0758], an IBM Office Information Architecture. For that reason the converter realizes a mapping between ODA and RFT:DCA. Extensions of RFT:DCA that enable a graphic handling and that are part of IBM's Information Interchange Architecture [IBM3503]are also handled by the converter.

---

[1] The work was partly sponsored by the ESPRIT project No. 2374 of the European Community.

[2] The partners of the project are: British Telecom, BULL, IBM, ICL, Nixdorf, Océ, Olivetti, Siemens, TITN, and University College London.

[3] DisplayWrite is a trademark of the International Business Machines Corporation (IBM)

In the following two sections we give introductions to the involved document architectures, ODA and RFT:DCA. Readers already familiar with these architectures may skip these sections. The main parts of the paper deal with the developed converter function. We start with an overview of the design of the converter and its integration in an existing office system. The description of some basic rules that directed the definition of the mapping between the two architectures follows. This mapping is then specified using a document feature oriented approach. We finish with a description of the main experiences regarding the usage of our prototype within a heterogeneous environment and some ideas on how ODA will probably influence future office systems.

Overview of ODA

The Open Document Architecture (ODA) was developed by international standardization committees like ECMA, ISO, and CCITT in order to support the interchange of electronic documents in open networks. It has become an international standard recommended by the above committees. In this section we give an overview of the main concepts of ODA. For a detailed introduction see [App90].

The document architecture ODA delivers a terminology for the description of compound documents consisting of text portions, geometric graphics, and raster graphics (images), and establishes certain steps of document processing. ODA distinguishes different types of documents, formatted documents, processable documents, and documents that are both, formatted and processable. Processable documents can be manipulated by an editing process or changed by any other application. Performing the ODA layout process for processable documents results in formatted documents. Afterwards, formatted documents can be presented on devices like printers or screens. All in all, there are three document processing steps, the editing process, the layout process, and the presentation process. The layout process being of particular interest for ODA based document processing is described later in more detail.

Of course, the description of a formatted document differs from that of a processable document. The main parts of a processable document deal with the document content, the logical document structure, and some rules for the document layout. The logical structure describes how a document is divided into chapters, sections, paragraphs, lists, footnotes, and so on. In addition to the document content, the description of a formatted document contains an exact specification how to present this content on a device like a printer or a screen. This is done by the document layout structure that divides a document into page sets, pages, header, footer and body areas, frames, and so on. Frames are rectangular areas on a page that are specified by their position and dimension.

Both document structures, the layout structure and the logical structure, consist of two substructures, a generic structure and a specific structure. The generic structures represent document properties that are shared by a class of documents, the specific structures represent parts of the document description that are special for the considered document. As an example we consider the "ESSENTIALS FOR THE PREPARATION OF CAMERA-READY MANUSCRIPTS" that establish some rules for the layout of publications within Springer's Lecture Notes. The demanded page format, the layout of headings, allowed font sizes, and the positioning of literature references are specified by these rules. In ODA terminology these rules are part of a generic layout structure shared by all publications within the Lecture Notes. The layout of this paper obeys to this generic structure. In addition, this paper carries some specific layout information that, for instance,

- states that the paper consists of 15 pages,

- assigns content to these pages, and

- defines that an empty line separates this and the following paragraph.

All document structures (the layout structures as well as the logical structures, the specific structures as well as the generic structures) are described hierarchically. The specific structures consist of objects. Each object is described by a set of attributes, respectively, values assigned to these attributes. For instance, for each object there are attributes specifying its identifier, an application comment, and its object type. One attribute called "Subordinates" represents the hierarchical structures. For an object it refers to all the objects subordinate to this object. Both specific structures, the logical structure and the layout structure, include a unique root object that is called logical root or layout root, respectively. This object is not referenced by the "Subordinates" attribute of any other object. For basic objects that constitute the leaves of the hierarchies the "Subordinates" attribute does not reference any subordinate object. Another attribute called "Content-portion" is utilized by basic objects, however, to reference content portions that contain text, geometric graphics or images. Thus, the content of a document is only attached to the leafs of the hierarchies.

The generic structures consist of classes, for example, page set classes, page classes, and frame classes. Objects of the specific structures reference these classes. This is done by the attribute "Object-class". Some attribute values specified by a class description serve as default values for corresponding attributes of all objects referencing the considered class. Moreover, a special class attribute that is called "Generator-for-subordinates" restricts the set of valid specific structures. The values allowed for this attribute are comparable with the productions of a contextfree grammar. The specific structures of a document must represent derivations valid with respect to these grammars. For example, a numbered segment may always consist of a segment number followed by a sequence of paragraphs and nested numbered segments. Such a rule can be specified by the attribute "Generator-for-subordinates". Another class attribute called "Content-generator" is utilized to specify some generic content portions like a page header common to all business letters of a company.

Some attributes applicable to logical objects reference layout classes and specify how to lay out the logical objects within layout objects of the referenced classes. These attributes are called layout directives. For instance, the attribute "layout-object" of some paragraph may specify that this paragraph and all subordinate objects have to be laid out on pages of a particular page class.

The binding concept of ODA makes possible to define attribute values for a document object or document class that depend on attribute values of other document constituents. This is necessary, for example, in order to realize a referencing mechanism for footnotes or to specify that the page number of any page can be derived by incrementing the page number of the preceding page. For automatic numberings specified by the binding concept different numbering schemes like Arabic or Roman numbers can be defined. It is possible to specify the initial value of a numbering and some layout information for the presentation of automatically generated numbers like prefixes and suffixes.

In order to factorize information the concept of styles is used. These styles are referenced, for example, by logical objects and specify a set of attribute values for the referencing objects. Since styles can be referenced by different objects, this concept makes possible to compress document descriptions. ODA distinguishes layout styles and presentation styles. Attributes valid for layout styles concern the layout process, whereas, presentation styles influence the formatting processes for content portions.

Besides the six already explained document constituents (four document structures and two types of styles) the description of an ODA document includes a document profile. This contains some information concerning the whole document. For instance, the document originator, the document creation date, and some copyright information can be specified by this profile.

In the following we describe the layout process that is part of the ODA document processing model. This process creates the specific layout structure and formats the content portions of a document. For the three content types of an ODA document, text portions, images, and geometric graphics, different formatting processes are specified. This is done by corresponding content architectures that are integral parts of the ODA standard. The layout process handles the objects of the specific logical structure in a systematic sequence (preorder sequence) and creates an appropriate layout structure that is valid with respect to the generic layout structure. The layout directives mentioned above direct this process. For example, if the attribute "new-layout-object" of a paragraph states that this paragraph has to start on a new page, then the layout process creates a new layout object of a page class that is valid with respect to the attribute "Generator-for-subordinates" of the superior page set class. Additionally, it is possible that the formatting processes for content portions forces the creation of new layout objects. This happens, for instance, whenever a page overflow occurs. Of particular interest for the layout process is the concept of different layout streams. This concept allows to rearrange the sequence of content portions as given in the logical structure in order to derive their sequence within the layout structure. It is required for the definition of different document features like footnotes, synchronized columns, and definition lists.

In the previous paragraph we mentioned the content architectures of ODA. Of particular interest for the conversion between ODA and RFT:DCA is the text content architecture. A text portion consists of a sequence of graphic characters and some control functions. The ISO 6937 standard specifies a graphic character set that is allowed for ODA documents. The control functions indicate text presentation features like different ways of emphasizing text (underlined text, text with increased or decreased intensity, crossed-out characters, italicized text, etc.), and subscript or superscript. Additionally, special attributes of the basic objects that reference text portions influence the text formatting process. Presentation features like indentation, itemization, alignment, character spacing, first-line-offset, and tabulation are specified by those attributes. The definition of tabulation stops includes, for each tab stop, its position, an alignment type, and a unique address. These addresses are used by special control functions allowed within text portions to jump to a particular tab stop. The font handling within ODA documents is based on a special font standard that, currently, is being developed. ODA's text content architecture delivers an interface for this font standard. For example, it includes a control function for the activation of a new font. Thus, the actual font can be changed at any document position.

We omit an introduction to ODA's content architectures for images and geometric graphics, because our prototype only realizes an interface for the conversion between the involved graphic content architectures. The actual conversion is done by existing tools. Thus, an overview of these content architectures is not required for the understanding of the remaining paper.

The interchange of ODA documents can be done using one of two interchange formats that deliver a syntax for the description of ODA documents and are part of the ODA standard. The Open Document Interchange Format (ODIF) employs an international standard for the exchange of data in an implementation-independent way, Abstract Syntax Notation One (ASN.1) [ISO8824]. The Open Document Language (ODL) bases on the Standard Generalized Markup Language (SGML) [ISO8879].

ODA delivers a comprehensive method for the description of documents. However, the standard does not describe how to utilize its concepts for the specification of certain document features like footnotes, lists, and tables of content. This is done by Document Application Profiles (DAPs). The prototyping work described in this paper bases on an ODA DAP called Q112 [EWOS89]. This profile is part of a set of hierarchically related profiles (Q111, Q112, and Q113). In the following we give a brief introduction to Q112.

Q112 allows documents to include text portions, geometric graphics and images. It supports the interchange of formatted documents, processable documents and documents that are both, formatted and processable. The logical structure of a Q112 document consists of objects of the following types: Document Logical Root, Passages, Numbered Segments, Structured Paragraphs, Text Portions, Raster Graphics, Geometric Graphics, and Footnotes. Segments may be numbered automatically and nested to any depth. Footnote references may also be automatically numbered. The layout structure of a Q112 document consists of objects of the following types: Document Layout Root, Page Sets, Pages, Header Frames, Body Frames, Footer Frames, and Blocks. A document consists of a sequence of page sets. This allows, for example, to divide a document into a main part followed by an appendix. Each page set may start with a leading page followed by a sequence of single pages or a sequence of alternating recto and verso pages. Pages consist of an optional header area, a required body area, and an optional footer area. These areas can contain an arbitrary number of frames and blocks that may have different dimensions and positions. At the bottom of the body areas special frames for the presentation of footnote texts can be placed. Additionally, frames for multi-column layout are available. Page numbers can be automatically numbered.

For the demonstration at the CeBIT Fair '90 some restrictions of ODA DAP Q112 were agreed. In the following we list the most important limitations. Only processable documents were interchanged. For the layout structure only one page set with one page format was allowed. Thus, the distinction of recto and verso pages was not supported. Moreover, multi-column layout was not handled. Only one passage could be specified within the logical structure. Up to three levels of numbered segments were possible. All numbering schemes (page numbering, segment numbering, and footnote numbering) were restricted to Arabic numbers and always started with the number 1. Additionally, special font and tabulation concepts were used. The private font concept was necessary because ODA's font standard was not available in time. It is described in [HeVe89]. The utilized tabulation concept is sketched later.

Overview of RFT:DCA

This section contains a brief description of the other involved document architecture, RFT:DCA. Extensions to this architecture that enable graphic contents and are part of IBM's Information Interchange Architecture [IBM3503]are also considered.

Revisable Form Text Document Content Architecture (RFT:DCA) specifies a way to interchange revisable documents between dissimilar systems (for example word processors). It is part of a set of Office Information Architectures together specifying an environment to interchange office information. An introduction to the concepts of these office information architectures may be found in [DeSo81], [SchBr82], and [Schu87], the architectures referenced in the following are defined in [IBM0757], [IBM0758], [IBM6804], [IBM6805], [IBM0764], and [IBM0781].

Formatted documents are not within the scope of this architecture, but are described by the Final-Form-Text Document Content Architecture (FFT:DCA). RFT:DCA is only comparable to the processable document architecture class of ODA DAP Q112.

A document is seen as a combination of content and format or layout information. The content of an RFT document only consists of text. However, there exist some extensions of RFT:DCA that enable also graphic data. The format information specifies the layout of this content onto pages. RFT:DCA allows the specification of the general format of the document and/or the format of individual lines or pages. Both content and format information are revisable.

The format of an RFT:DCA data stream is that of a continuous ordered stream. It is defined as a sequence of Format Units, Text Units, Nontext Units, and an End Unit (see the following figure.) .

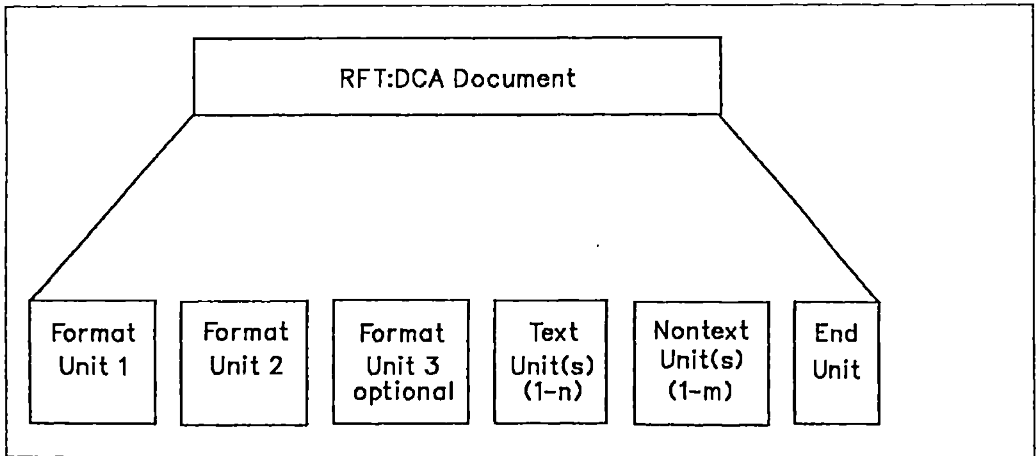

There are at most three Format Units in a document. The first one, the Document Declaration Format Unit, is required, indicates the beginning of the document, and contains some information on the document processing, such as spellchecking grade or the primary document language. The second Format Unit is also required and contains the so-called Primary Master Format together with a corresponding optional Margin Text Declaration for headers and footers. The Primary Master Format contains a set of formatting specifications (e.g. page layout, tabulation stops, footnote layout and generation, automatic segments numbering scheme). These specifications are active from the start of the document without any specific activation. The Margin Text Declaration contains the definition of content and layout of the optional headers and/or footers. The third Format Unit is optional and is equivalent to the second one except the fact that its specifications have to be activated explicitly. This organization, for example, allows the division of a document into a main part followed by an appendix.

The Format Units are followed by a sequence of one or more Text Units containing the body text of the document and references to the nontext data contained in the Nontext Units. The sequence of Text Units splits into two parts, the first part containing all those units in logical sequence that contain body text, the second one containing the footnotes, one Text Unit for each note. These are followed by a sequence of zero or more Nontext Units, each containing a complete unit of data that may be referenced from within the Text Units. As already mentioned there are some extensions of RFT:DCA that enable the handling of raster and geometric graphics. Each RFT:DCA document is closed by an End Unit specifying the syntactical end of the document.

In the following we give a brief introduction of those RFT:DCA document features that are covered by the subset of ODA DAP Q112 as agreed by the PODA-2 partners for the CeBIT Fair '90.

RFT:DCA allows a page to be split into three main areas, an optional header area followed by a required body area followed by an optional footer area. The header area starts at either the top of the page, or the first line position of the header content, and ends at the start line position of the body text area. The body area is explicitly specified by the position of its first and its last line. The footer area starts at either the lower end of the body area, or the first line position of the footer content, and ends at the bottom of the page. The body area itself may be additionally split into two subareas, one for ordinary document content and one for footnotes. The horizontal margins of all the above mentioned areas may be specified for each individual line. Thus, they are specific to content.

For each Master Format up to 9 different footnote classes can be defined, each having its own numbering scheme, position and layout specifications. The footnotes on each page are grouped according to their classes. Footnotes may be laid out on the bottom of the referencing page, at the end of a pageset or at the end of the document.

Text is specified as a sequence of graphic characters and control functions. The graphic characters may be taken from any IBM or customer defined graphic character set and encoded in any IBM or customer defined EBCDIC code page. All valid controls are defined within RFT:DCA and allow for functions like indentation, itemization, font change, and emphasis. The scope of the functions provided by RFT:DCA is similar to that provided by the character content architecture of ODA. Additionally, there are a lot of functions not concerning text specification but determining the logical document structure or its layout, like referencing footnotes, generating page or segment numbers, and specifying line margins.

The active font for character presentation may be changed at any position within text portions. Fonts are selected by the active character set and code page identifier, the font identifier, height, and width and its attribute specifying whether it is monospaced or proportionally spaced.

For page numbers it is possible to specify the numbering scheme (numeric, upper Roman, lower Roman), the increment for each page and the initial value of the first page. The actual page number is printed in margin texts generated for each page using a special control function.

With each Master Format there is the possibility to specify a hierarchy of up to eight levels of segment numbering. For each level it is possible to define the numbering scheme, prefixes and suffixes of the level numbers and the number of leading and trailing empty lines to surround such a number. A segment number is printed corresponding to a special control allowed in the body text. There is the possibility to either specify a certain number to be printed or let the number be generated by the system.

The tabulation is controlled by a list of up to 48 tabulation stops and some controls that indicate the jump to the next stop, as it is usual on typewriters. Each tabulation stop is specified by its unique position relative to the starting edge of a line and the type of alignment, left, right, centered, or around a special character. A new list of tabulation stops can be specified for each line.

Corresponding to the mentioned extensions of RFT:DCA nontext data is included into the text stream by a control function referencing a certain Nontext Unit. In any case the content of such a unit is controlled by another architecture specifying the way to encode the corresponding type of information. Raster graphics and geometric graphics can be included using either the Image Object Content Architecture (IOCA) or the Graphic Object Content Architecture (GOCA) of IBM.

In general one could say, that the extended RFT:DCA supports a similar set of document features as ODA DAP Q112. There are some features beyond the scope of the restrictions agreed for the CeBIT Fair '90 that are common to both like multi-column layout and different page images for certain pages (first, odd and even numbered). There are also some features within RFT:DCA that are not available in ODA DAP Q112 like table of contents, text annotations, indexes and spellchecking.

The major differences, however, do not depend on the DAP, but on the differences between ODA itself and RFT:DCA. Firstly, a flat text stream is the basic data type of RFT:DCA. All additional information such as structures, layout or references is imbedded into the text using control functions. Other data types are imbedded using references to other architectures outside the scope of RFT:DCA. Secondly, the generic information specified in Master Formats does not distinguish logical structure and layout. Thirdly, most of the structural generic information as defined in ODA DAP Q112 is not available in RFT:DCA, since all the RFT:DCA structure information is specific for the considered document.

System Integration

The remaining parts of the paper deal with the main concepts of the realized document conversion and the insights into the use of ODA as an intermediate architecture that result from this prototyping work. We start with a description of the system configuration that was used during the multi-vendor-demonstration at CeBIT Fair'90. The following figure illustrates this configuration.

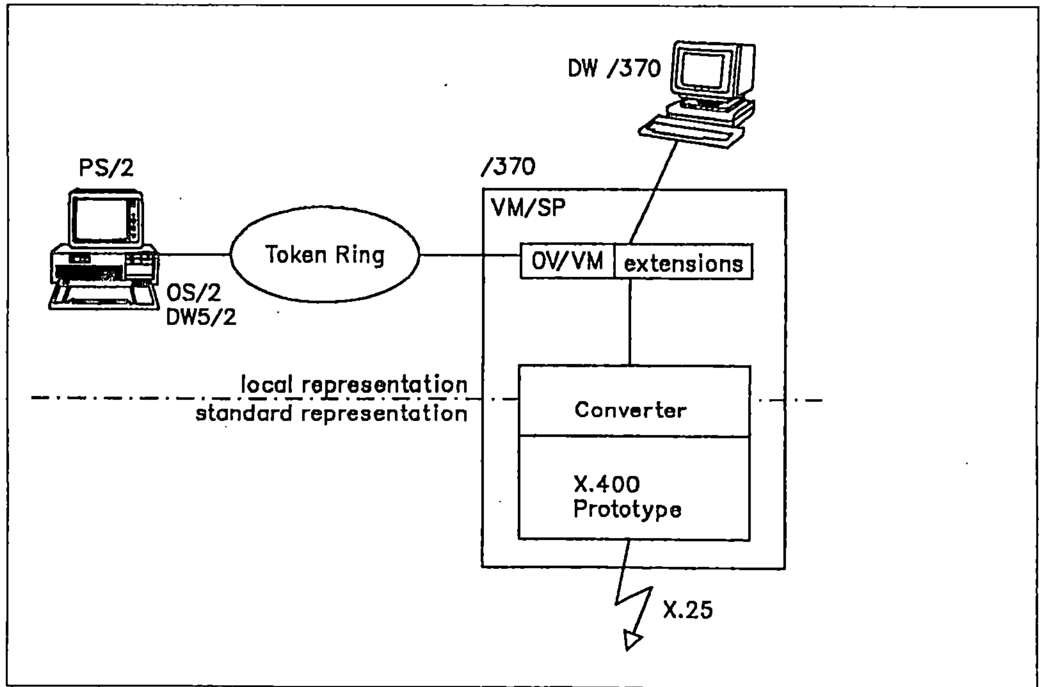

On a /370 system with the VM/SP[4] (Virtual Machine/System Product) operating system an X.400 MHS (Message Handling System) including the converter was imbedded into the OfficeVision/VM[5] product. The document interchange between PODA-2 partners was based on extensions to the 1984 CCITT X.400

---

[4] VM/SP is a trademark of IBM

[5] OfficeVision is a trademark of IBM

(MHS) recommendations[6] . PS/2[7] (IBM Personal System/2) workstations and 3270 terminals were attached to the system in order to edit the documents with the OS/2[8] (Operating System 2) based document editor DisplayWrite 5/2 or with the VM application DisplayWrite /370 (DW/370). Extensions to OfficeVision /VM were responsible for the internal document transfer between the OfficeVision document data base and the attached workstations.

The different processing steps of an incoming ODA document can briefly be summarized as follows. An ODA document arrives from a PODA-2 partner via a X.400 connection running on top of the public X.25 network. It is automatically converted and stored in the OfficeVision document data base. As soon as an OfficeVision user selects this document for editing, a DisplayWrite session is started. In the other direction, whenever an RFT:DCA document of the OfficeVision data base is to be sent to a partner via X.400, it is automatically converted to ODA.

More details about the conversion process follow now. The converter prototype is software (written in the C language) designed to transfer a document represented in ODIF data stream format to and from RFT:DCA data stream format.

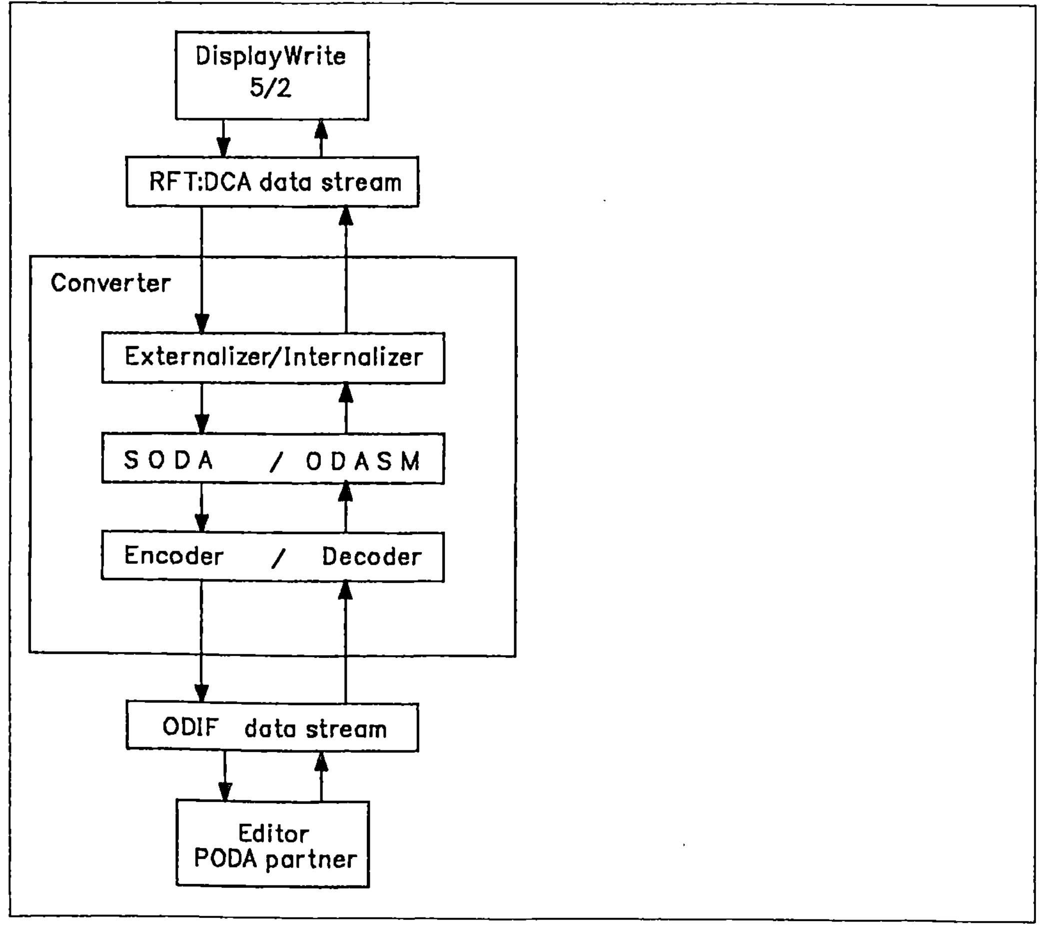

---

[6] These extensions are part of the ODA DAP Q112.

[7] PS/2 is a trademark of IBM

[8] OS/2 is a trademark of IBM

The above figure shows how the converter is organized. It is divided into the following components:

- Stored ODA (SODA) and ODA Storage Manager (ODASM), a direct addressable representation of an ODA document

- Internalizer/Externalizer mapping SODA to/from RFT:DCA

- Encoder/Decoder mapping SODA to/from ODIF.

The converter receives RFT:DCA data streams from DisplayWrite. The documents are examined by the Externalizer using the SODA/ODASM interface to assemble a direct addressable representation of the created ODA documents. (For an overview of SODA/ODASM see the following paragraph.) After the Externalizer's task is completed the Encoder produces an ODIF data stream that corresponds to the SODA document before it can be sent to PODA-2 partners. After receiving an ODIF data stream via X.400 MHS, the Decoder analyzes the incoming document and stores its representation in SODA. This data structure is used by the Internalizer to build an RFT:DCA data stream.

SODA/ODASM is a set of data structures and functions written in C language. The SODA data structures characterize the ODA constituents and their attributes. The functions, combined in ODASM, provide access to those data structures and are responsible for storage organisation. SODA and ODASM were developed by ICL within the PODA-2 project, and used by PODA-2 partners in their converters. (For more information concerning the SODA/ODASM interface see [FeFr89] or [Co90].) It was a significant decision to use SODA and ODASM in the various converters, because the ODA architecture provides neither a storage format nor a programming interface to access information within ODA documents. Furthermore, the SODA/ODASM interface divides the conversion process into two independent steps, such that Encoder/Decoder can be substituted by a pair of functions supporting ODL, instead of ODIF. Currently, only ODIF is supported, since the ODA DAP Q112 did not allow the ODL encoding at the time of the CeBIT Fair '90. Also Externalizer/Internalizer can be substituted by pairs of functions supporting other document architectures.

In the following sections we describe the mapping between ODA DAP Q112 and RFT:DCA as realized by the Externalizer and Internalizer moduls.

Base of the Mapping Specification

In this section we explain some objectives that have had main influence on our specification of a mapping between ODA DAP Q112 and RFT:DCA. Although these objectives are partially conflicting they describe the basis on which design decisions concerning the mapping were discussed.

The specification of a document conversion has to start with some reflections on the kind of information that has to be preserved. The document application profile Q112 restricted by the PODA-2 partners as described in the section "Overview of ODA" fixes the set of document features that have to be handled by the conversion. However, these document features can be utilized to describe and to interchange information of different levels. The most important level of information is the logical content of a document. Of course, the recipient of a document has to be able to comprehend its meaning as intended by the author. For that it is not only required to correctly map the text and graphic portions of a document but also to preserve, for example, the arrangement of these content portions as well as the relations between footnote references within the body text of a page and footnote numbers and footnote texts at the bottom of the page.

The information encoded by a document is not limited to this level of logical content. In addition, a document contains information concerning its processing. On the one hand the layout is described as an integral part of a document, on the other hand the process of document editing is supported by the document description. An ODA document as well as an RFT:DCA document exactly specify how to lay these documents out on a paper sheet. Also for processable ODA documents this statement is true, because by the ODA layout process it is exactly specified how to translate a processable document to a document that is both, formatted and processable. Note that, for RFT:DCA documents there is a process called pagination that is similar to the ODA layout process. This process indirectly specifies the layout of revisable RFT:DCA documents. Thus, both involved architectures, ODA and RFT:DCA, define the layout also for those documents that are processable, respectively, revisable.

ODA supports the process of document editing by different concepts like the distinction of a layout structure and a logical structure, and separated descriptions of generic and specific information [HuKaNi]. For example, an application can easily insert a footnote into a processable ODA DAP Q112 document without considering effects on other parts of the document. RFT:DCA also supports document editing by different concepts like automatically generated numbers, the distinction of content information and format information, and the factorization of format information using master formats.

As already mentioned it was decided to handle only processable documents. For that reason it is more important to preserve the editing behaviour of a document than to preserve the exact document layout. Summarizing we get the following levels of information that have to be preserved by the conversion:

- logical document content

- editing behaviour of a document

- document layout.

Note that the items of the above list are ordered by decreasing priority.

As a consequence of the above argumentation we get that the conversion has to take into account the assignment of logical content to certain layout areas, if and only if, this relation is explicitly demanded by the document description. On the one hand this rule means that ODA layout directives have to be considered by the conversion. This is necessary in order to guarantee the interchange of the logical document content, especially, if multiple layout streams are used. Otherwise, the correct arrangement of content portions could not be preserved. On the other hand the above rule means that it is out of the scope of the converter to simulate parts of the content formatting processes which specify the exact layout of content and determine the overflow of layout areas like page breaks. As already described the ODA layout process depends on both, layout directives and overflowing layout areas. However, the above discussion results in the decision to simulate only those parts of the layout process that depend on the layout directives. Of course, the more extensive approach to consider also the overflow of layout areas would improve the interchanged document layout, but it would also change the editing behaviour of documents.

The converter described in this paper is a prototype that does not handle all the features of ODA DAP Q112 and RFT:DCA. It has to support a document interchange between the DisplayWrite editor family and the PODA-2 partners. For that reason the mapping has to be based on a usage of RFT:DCA similar to the one of DW 5/2 and DW/370, and the usage of ODA DAP Q112 by the different PODA-2 partners.

The roundtripping of documents, for example, from the local environment based on RFT:DCA to the open network based on ODA DAP Q112 and back again to RFT:DCA with some document changes in between is a natural task within office system networks. Users of an office system have to understand which parts of document features are preserved during such a roundtrip in order to make good use of the document conversion. Thus, for each considered feature a processable subset which is handled by the ODA DAP Q112 to RFT:DCA mapping and by the RFT:DCA to ODA DAP Q112 mapping in a homogenous manner must be established. These subsets for which a roundtrip preservation is guaranteed by the converter have to be comprehensible for the user. For that reason we decided that the clarity of processable subsets is more important than their completeness. The ODA DAP Q112 to RFT:DCA conversion as well as the RFT:DCA to ODA DAP Q112 conversion have to realize a translation of the processable subsets. Of course, design decisions which increase the conversion fidelity in one direction without coinciding the processable subset are not effected by this rule.

Feature Oriented Mapping Specification

In this section we describe the realized mapping between the two architectures, ODA DAP Q112 and RFT:DCA, on a high level. We do not consider ODA attributes and RFT:DCA controls but document features that are handled by the conversion. For these features we describe the processable subset as defined in the previous section and some of the extensions that are realized for one of both directions, the ODA DAP Q112 to RFT:DCA mapping or the RFT:DCA to ODA DAP Q112 mapping. Note that the processable subsets are defined corresponding to both architectures, RFT:DCA and ODA DAP Q112, and the restrictions agreed for the CeBIT Fair '90.

The profile of an ODA DAP Q112 document is not mappable to RFT:DCA. Only some minor correspondences with the information included in the first format unit of an RFT:DCA document exist. However, there is another IBM architecture called Interchange Document Profile, a part of the Document Interchange Architecture, to which a mapping of this ODA constituent can be realized.

A document satisfying the restrictions agreed for the CeBIT Fair '90 consists of a single sequence of pages that all show the same page layout. This page layout may define optional areas for headers and footers and contains a required body area. Horizontal and vertical positions and dimensions can be specified for these areas. Moreover, left and right margins can be changed at any position of the page and white space can occur between two paragraphs. Content fixed for all headers and footers can be defined, too. The body area itself is divided into two areas, one for ordinary text portions and the other one for footnote texts. This restricted page layout constitutes the processable subset of the realized prototype. As an extension, the RFT:DCA to ODA DAP Q112 mapping is able to translate more than one RFT:DCA page format to different ODA DAP Q112 page sets.

Footnotes are numbered by a continuous sequence of Arabic numbers beginning at any non-negative number. The footnote text is always presented at the bottom of the page that contains the footnote reference. In addition, for the processable subset it is assumed that the footnote numbering scheme always starts with the number 1.

The text conversion translates the character encodings of EBCDIC and ISO IS 6937 or ISO IS 8859. Moreover, it converts some information concerning the text presentation like itemization, indentation, font changes, line spacing, character spacing, subscript, superscript, different alignments (left, centred, right, justified), first line offset, and emphasized text (bold, italic, underlined).

Since there was no approved font standard available in time, the PODA-2 partners agreed on a private font concept [HeVe89]. Corresponding to this font proposal there are only three "font families" used within a document (e.g. Helvetica, Courier, and Times) and, for each of these "font families", four variations (normal, italic, bold, bold and italic). Within a paragraph the "font family" is fixed, only the active variation may be changed. This restricted font concept describes the processable subset of the realized conversion.

The processable subset of the conversion allows automatically generated page numbers that are presented in header or footer areas of all pages. The numbering scheme has to be continuous and is restricted to Arabic numbers beginning with the number 1.

Segment numbers can be defined using up to eight different levels within a document. The numbering scheme for each of these levels is restricted to Arabic numbers. Moreover, the sequence of all segments nested within the same passage or the same segment of the next higher level have to show a continuous numbering starting with the number 1. The number string that is presented for a segment within the text results from concatenating the numbers of all superior numbered segments and the one of the actual segment using the character "." as a separator. No prefixes and suffixes are allowed. As an extension of this processable subset the realized ODA DAP Q112 to RFT:DCA mapping handles the prefixes and suffixes defined for the presentation of segment numbers.

The tabulation concepts of ODA DAP Q112 and RFT:DCA both distinguish the definition of tab stops and the jumps to specified stops within the text. The tab stop specifications allowed by both architectures, ODA DAP Q112 and RFT:DCA, contain information concerning the position and the alignment type of tab stops. Moreover, the ODA tab stop definition assigns names to all tab stops. These names are utilized to address the tab stop to which a jump has to be effected. In contrast to this concept, RFT:DCA only allows to jump to the next tab stop defined for the current line. A correct mapping of these different addressing mechanisms has to be based on a simulation of the text formatting processes of ODA and RFT:DCA. This is true because a translation of tab jumps is only possible if the actual position within the current line is known. This phenomenon is not specific for the conversion between ODA DAP Q112 and RFT:DCA. It is common to all mappings between ODA and some other document architecture which has a tabulation concept similar to the one of typewriters. For that reason the PODA-2 partners decided to restrict the utilization of tabulation concepts in a way such that the simulation of text layout processes could be omitted. In the following we describe the demanded limitations. If there is a jump to tab stop x within the current line then all tab stops of this line that precede the tab stop x were already addressed by a jump. Moreover, it is not possible to jump to a tab stop on the left side of the actual text position.

Raster, as well as, geometric graphics can be included in the body area of a page, as well as, in header and footer areas. With respect to the restrictions agreed for the CeBIT Fair '90 these content portions have to be laid out with fixed dimensions. This processable subset is supported by the converter.

The conversion of the above features is already implemented by our prototype. Some extensions concerning multi-column layout, recto and verso pages, and different layout streams are designed but not yet implemented. Some remarks concerning these features are given in the following.

Regarding the document presentation, the concepts for multi-column layout available in RFT:DCA and ODA DAP Q112 are fairly equivalent, even though the RFT:DCA concept is more restricted with respect to the variability of columns. Snaking and synchronized content flows are possible in RFT:DCA as well as in ODA DAP Q112. RFT only allows text content to be placed within columns, whereas, a column of an ODA DAP Q112 document can also include graphics.

The distinction of recto and verso pages in ODA DAP Q112 at a first glance seems to be mappable to the distinction of odd and even pages in RFT:DCA, although, in RFT:DCA the variability of the page images is more restricted. Problems resulting from these limitations can be overcome by limiting the processable subset to those cases where the Recto Page class and the Verso Page class refer to nearly identical Body frame classes. However, there is another problem concerning recto and verso pages: If one wants to exactly map the current assignment of content to pages, one has to perform the complete layout processes of ODA and RFT:DCA with the result of loosing edibility. This statement is a result of the following discussion. In RFT:DCA there is no way to explicitly ask for the layout of a certain content on a specific page. For that reason such a layout directive has to be implemented by inserting page ejects when converting from ODA DAP Q112 to RFT:DCA. The appropriate number of page ejects depends on the physical size of the previous content within both documents, the given ODA document, as well as, the created RFT:DCA document. Hence, this number can only be determined by simulating the layout processes. Thus, in contrast to the logical capabilities of ODA DAP Q112 the assignment of content to certain pages can be realized in an RFT:DCA document only with a loss of edibility.

The ODA concept of multiple layout streams is not mappable to RFT:DCA. RFT delivers no concept that allows to rearrange the sequence of content portions as given in the physical RFT data stream in order to derive their layout sequence. Thus, to preserve the arrangement of content for document presentation is only possible by creating the correct sequence of content portions within the RFT data stream. If multiple layout streams are used within an ODA document, this correct sequence of content portions within the resulting RFT data stream can be different from their sequence within the specific logical structure of the given ODA document. In this case the conversion process has to simulate the ODA layout process, and to rearrange the sequence of content portions as given in the logical ODA structure in order to build the RFT data stream. This necessary rearrangement has two consequences. Firstly, there are different types of streams mapped to the same sequence. Secondly, segment numbers are no more automatically computable if used in different layout streams. As an example for different types of layout streams one can consider definition lists on the one hand and the parallel presentation of multiple language texts on the other hand. A definition list may be described in an ODA DAP Q112 document as a sequence of structured paragraphs, each of them consisting of two synchronized text objects having different layout categories. (Note that these different layout categories correspond to different layout streams.) In this case, the sequence of content portions as given in the logical ODA structure is also appropriate for their ordering within the RFT:DCA data stream. On the other hand, the parallel presentation of multiple language texts may be specified by two synchronized passages which have different layout categories. In this case a rearrangement of the sequence is required. After performing the mapping, however, there is no way to interfere the above mentioned different structures from the RFT:DCA data stream. The second consequence of the rearrangement can be argued as follows. Since RFT:DCA provides only one active numbering scheme at any place within a document, numbers within different layout streams have to be computed by the converter and explicitly specified within the text, thereby reducing edibility. Moreover, when mapping from RFT:DCA to ODA DAP Q112 there is no general algorithm to interfere automatic numbering schemes from the explicitly stated segment numbers within the source data stream.

Effects of ODA on Document Processing and Communication

The main purpose of ODA is to facilitate the interchange of documents by means of data communication or exchange of storage media. It comprises both, an abstract view of documents and the representation of such a document in an interchange format that is independent of the computer hardware, communication network, or the storage media. Its status as an international standard forces its usage as the commonly agreed document representation format in open networks.

Currently, there are no applications (editors, formatters, etc.) on the market that directly support ODA or a certain Document Application Profile of ODA like Q112. Various approaches towards such a native ODA support failed because they were not successful in mapping the ODA document model to an appropriate user model. Thus, document interchange in heterogeneous networks is done by converting document descriptions from internal formats to ODA and vice versa. Those internal formats may be private data structures of some editors or, as in our case, other interchange formats of proprietary nature. Converters may be placed in the gateways to open networks. This results in the fact that the conversion is transparent for the user.

ODA DAP Q112 is able to carry many important document features that are available in state-of-the-art editors. The PODA-2 project has shown that ODA based converter technology allows interworking of a great variety of different systems during the creation, revision and presentation steps of document processing. The concept of conversion, however, carries the major drawbacks that semantics have to be mapped, sometimes, by introducing fallbacks. Converters tend to be best fitted to the scope of the internal architectures they map ODA to. This raises the question of conformance. Naturally, the first criteria is that any generated data stream must formally conform to the definitions of ODA DAP Q112. Still there are no further commonly agreed criteria available. Especially for converters any further criteria has to cope with the differences of document features as defined by a great amount of architectures.

In the following we consider the concept of fallbacks in more detail. The conversion of processable documents have to handle information of different levels. As already described in the section "Base of the Mapping Specification" there are three levels, the level of logical content, the level of editing information, and the level of layout information. Corresponding to the established priority rule for these information levels, fallbacks concerning the level of layout information can be suitable in order to preserve the editing behaviour of a document. Mapping the ODA concept of recto and verso pages to the RFT concept of odd and even pages have to be done, for instance, without preserving the actual assignment of content to certain pages. This decision leads to a loss of layout information. It is necessary, however, in order to preserve edibility as discussed in the section "Feature Oriented Mapping Specification". From the established priority rule it also follows that, fallbacks concerning the level of document edibility are only suitable in order to preserve the logical document content. The ODA concept of multiple layout streams, for example, can not be mapped to RFT without loosing edibility. On the other side there are a lot of RFT features that can not be mapped to ODA DAP Q112 without a loss of edibility like table of contents, reference lists, and running headers. As part of an ODA DAP Q112 document a table of content, for instance, can only be described as formatted information. If an editing process creates or deletes some pages, such a formatted table of content becomes incorrect and destroys the consistency of the considered document. For that reason and because of the fact that a table of content can be rebuilt by local applications, our converter omits the handling of this RFT feature. Thus, it is handled as a facility of local applications that has not to be interchanged. In order to increase conversion fidelity, however, future converters will also have to handle tables of content. For that, extended Document Application Profiles like Q113 are required. The flexibility of ODA will help to fulfill this requirement and to appropriately enhance existing converters. The above argumentation is valid for a great amount of document features that are common to many office applications and office document architectures but not shared by the ODA Document Application Profile Q112. However, the first step must be to support full Q112. This is the appropriate base for all future extensions.

Providing the interchange of documents in open networks is not the only goal of ODA. ODA also standardizes a model for document processing by defining an editing process, a layout process, and a presentation process. This is a major step beyond the specification of an interchange format. It establishes a basis for distributed cooperative applications on heterogeneous networks. The coming standard for Document Filing and Retrieval (DFR) [IS10166] will support the access to documents stored within heterogeneous networks. (Thus, besides electronic mail there will be another exchange mechanism for ODA documents.) Extensions to this communication standard, as well as, to the information architecture ODA are required for the next steps, partial and distributed documents and concurrent document processing of distributed applications like joint editing. Currently, different projects, standardization committees, and research groups start to investigate how to define and implement extensions appropriate for these topics. Of course, such extensions will make it necessary to establish some connections between the information architecture ODA and communication protocols like DFR. The existing standards are widely independent of each other.

Besides distributed document processing there is another area of advanced office applications that will be widely influenced by ODA concepts, multi-media. Here, we do not consider this topic, and reference only to the literature. For some approaches how to use ODA concepts for the modelling of multi-media information see [HeDe90], [ISO90] and [MSS90].

Assuming that ODA meets the user requirements regarding document processing, it is probably that this standard will also influence other document formats. IBM's announced Information Interchange Architecture contains an advanced architecture for the interchange of revisable documents called MO:DCA-R [IBM6802]. This architecture, for example, was influenced by ODA concepts and establishes a superset of ODA.

References

[App90]   W. Appelt. *Dokumentaustausch in offenen Systemen.* Springer Verlag Berlin, ISBN 3-540-52707-9, 1990.

[Co90]   M.J. Coon. *"SODA": The ICL Interface for ODA Document Access.* ICL Technical Journal, May 1990.

[DeSo81]   M.R.DeSousa. *Electronic information interchange in an office environment.* IBM Systems Journal, Vol.20, No.1, 1981.

[EWOS89]   European Workshop on Open Systems (EWOS). *ODA Document Application Profile Q112.* 1989.

[FeFr89]   S. Feather, P. Frantz. *SODA: Stored ODA (SODA) Interface.* ESPRIT project 2374, (Piloting of the Office Document Architecture), 1989.

[HeDe90]   R. G. Herrtwich, L. Delgrossi. *ODA-Based Data Modelling in Multimedia Systems.* International Computer Science Institute, TR-90-043, 1990.

[HeVe89]   J. Henry, J. N'Vekounou. *Handling Fonts at CeBIT'90 .* ESPRIT project 2374, (Piloting of the Office Document Architecture), 1989.

[HuKaNi]   R. Hunter, P. Kaijser and F. Nielsen. *ODA: A Document Architecture for Open Systems.* Computer Communications. Vol.12, 1989.

[IBM0757]   IBM Corporation. *Document Content Architecture: Final-Form-Text Reference.* SC23-0757, 1985.

[IBM0758]   IBM Corporation. *Document Content Architecture: Revisable-Form-Text Reference.* SC23-0758, 1986.

[IBM0764]   IBM Corporation. *Document Interchange Architecture: Interchange Profile Reference.* GC23-0764, 1985.

[IBM0781]   IBM Corporation. *Document Interchange Architecture: Technical Reference.* GC23-0781, 1985.

[IBM3503]   IBM Corporation. *Information Interchange Architecture.* GG24-3503-0, 1990.

[IBM6802]   IBM Corporation. *Mixed Object Document Content Architecture Reference.* SC31-6802-0, 1990.

[IBM6804]   IBM Corporation. *Graphics Object Content Architecture Reference.* SC31-6804-0, 1990.

[IBM6805]   IBM Corporation. *Image Object Content Architecture Reference.* SC31-6805-0, 1990.

[IS10166]   ISO DIS 10166 *Information Technology - Document Filing and Retrieval (DFR) -.* 1989.

[ISO90]   ISO/IEC JTC1/SC2/WG12. *Coded Representation of Multimedia and Hypermedia Information.* 1990.

[ISO8613]   ISO IS 8613. *Information Processing - Text and Office Systems - Office Document Architecture (ODA) and Interchange Format,* ISO 8613, 1989.

[ISO8824]   ISO IS 8824/8825. *Abstract Syntax Notation 1 (ASN.1),* ISO 8824/8825, 1988.

[ISO8879]   ISO IS 8879. *Information Processing Systems - Text and Office Systems - Standard Generalized Markup Language (SGML),* ISO 8879, 1986.

[MSS90]   E. Moeller, A. Scheller, G. Schuermann. *Distributed Processing of Multimedia Information.* Proceedings of the 10th International Conference on distributed Computing Systems, IEEE Computer Society Press, pp. 588-597, 1990.

[SchBr82]   T.Schick, R.F.Brokisch *The Document Interchange Architecture: A member of a family of architectures in the SNA environment.* IBM Systems Journal, Vol.21, No.2, 1982.

[Schu87]   Schulze. *Office Information Architectures.* IBM ENC Technical Report No.43.8717, 1987.

Zeitkritische Datenströme in verteilten Multimedia-Systemen

Ralf Guido Herrtwich

International Computer Science Institute
1947 Center Street, Berkeley, CA 94704, USA

IBM European Networking Center
Tiergartenstr. 8, D-6900 Heidelberg

Zusammenfassung. Die für Multimedia-Systeme typischen audiovisuellen Daten wie Ton und Bewegtbild tragen Zeitparameter, die über Verarbeitung und Präsentation dieser Daten entscheiden. Um diese Zeitparameter beschreiben zu können und um die Speicherung, den Transport und den Abruf zeitkritischer Daten programmtechnisch handhabbar zu machen, haben wir die Abstraktion der *Zeitkapsel* entwickelt. Zeitkapseln halten neben Datenwerten auch die Zeitinformationen über diese Werte fest und geben Daten nur unter Bezugnahme auf diese Zeitparameter wieder frei. Sie verbergen die komplizierteren Aspekte der Behandlung von Zeitparametern vor ihren Benutzern und erlauben so den einfachen Umgang mit zeitkritischen Daten bei der Programmierung von Multimedia-Systemen.

1. Einleitung

Rechner sind zunehmend in der Lage, nicht nur *diskrete Medien* wie Text und Graphik, sondern auch *kontinuierliche Medien* wie Ton und Bewegtbild zu verarbeiten [1]. Der unmittelbare Vorteil der Integration von *Audio- und Videodaten* (*AV-Daten*) in Rechensysteme liegt für den Endbenutzer in der möglichen Ersetzung von Geräten wie Videorekordern, Fernsehern, Stereoanlagen etc. durch eine einzige Maschine, wodurch die einzelnen Funktionen dieser Geräte zusammengebracht, ihre Benutzerschnittstellen verbessert und die Bildung von Multimedia-Systemen ermöglicht werden [2]. Das weit größere Innovationspotential liegt jedoch in der Fähigkeit von Rechnern, AV-Daten mit beliebigen Programmen zu verarbeiten und Benutzern einen flexiblen, interaktiven Zugriff auf diese Daten zu gestatten [3]. Dies eröffnet neue Anwendungen für die Informatik – vorausgesetzt, Programmierer erhalten auch die geeignete Unterstützung, solche Anwendungen zu implementieren.

In dieser Arbeit untersuchen wir, wie die Handhabung (also das Speichern, Weitergeben und Abrufen) von AV-Daten durch geeignete Programmabstraktionen unterstützt werden kann. Wir erklären, wieso existierende Abstraktionen unzureichend sind und wie sie erweitert werden können, so daß Programmierer mit AV-Daten in ähnlicher Weise umgehen können wie mit allen anderen Daten eines Informatiksystems. Diese Programmierunterstützung ist ein wichtiger Schritt im Hinblick auf unser Ziel *„integrierter digitaler kontinuierlicher Medien“*, wo AV-Daten

- eine digitale Repräsentation besitzen, die ihre Verarbeitung durch Standardsystembausteine wie CPU, Hauptspeicher, Platte oder Netz gestattet,
- nebenläufig zum Ablauf anderer Applikationen verarbeitet werden können, ohne daß der Wettbewerb um Betriebsmittel zu Fehlern führt, und
- im gleichen Softwarerahmen aus Betriebs-, Kommunikations- und Programmiersystem benutzt werden können wie andere Datentypen.

Nur eine solche Integration erlaubt es, auf separate analoge Speichergeräte, spezielle Netze oder getrennte Platten für die Handhabung von AV-Daten zu verzichten. Sie gestattet, die Universalität eines Rechners auf AV-Daten anzuwenden.

Die meisten existierenden Vorschläge für die Verarbeitung von AV-Daten in Programmen konzentrieren sich auf die *digitale Signalverarbeitung*, d.h. auf die Modifikation von AV-Daten. Sie sind dafür gedacht, Programme zu schreiben, die Daten komprimieren und dekomprimieren, Störungen herausfiltern oder Verfremdungseffekte erreichen. Auch wenn diese Fähigkeiten wichtig für den Erfolg und die Einsetzbarkeit künftiger AV-Systeme sind, ist zweifelhaft, ob sich der durchschnittliche Programmierer künftig mit der Datenmanipulation auf einer solchen Ebene beschäftigen wird. Es scheint auszureichen, ihm eine vernünftige Menge von Bibliotheksfunktionen für digitale Signalverarbeitungsvorgänge in die Hand zu geben.

Der Ansatz dieser Arbeit zielt auf eine höhere Ebene der Programmierung, die wohl öfter benötigt wird: die Speicherung, das Abfragen, den Transport, die Synchronisation und die Präsentation von AV-Daten. Wir widmen uns dabei besonders den folgenden beiden Aspekten von AV-Systemen:

- Viele AV-Systeme sind *verteilt* [5]. AV-Daten werden in künftigen Anwendungen üblicherweise von fernen Systemen wie Fernsehstationen oder Mediendatenbanken zum Arbeitsplatzrechner oder in den Haushalt des Benutzers übertragen werden.
- Allen AV-Systemen sind *Echtzeitanforderungen* gemein [6]. AV-Daten müssen innerhalb bestimmter Zeiten vorliegen, um nützlich für eine Applikation zu sein. Sie müssen auf regelmässige Art und Weise verarbeitet werden, um Lücken oder Schwankungen bei der Präsentation zu vermeiden.

Diese Arbeit ist folgendermaßen aufgebaut: Abschnitt 2 dieser Arbeit beschreibt die Besonderheiten von AV-Daten. Abschnitt 3 stellt eine Datenabstraktion vor, die diese Besonderheiten berücksichtigt. Abschnitt 4 schließlich behandelt die Implikationen dieser Datenabstraktion für die Verarbeitung von AV-Daten.

2. Zeitabhängigkeit von AV-Daten

Während sich für Hörer oder Betrachter AV-Signale kontinuierlich zu verändern scheinen, ist die interne Repräsentation dieser Signale in einem digitalen System diskret. Sie bestehen aus einzelnen *audio samples* oder *video frames*. Genau wie Zeichen oder Gleitkommazahlen stellen diese einzelnen Bestandteile eines AV-Signals Werte bestimmter Datentypen dar. Sie unterscheiden sich jedoch von traditionellen Datenwerten darin, daß ihre Semantik untrennbar mit jener Zeitspanne verknüpft ist, für die sie das ursprüngliche Signal repräsentieren. Folglich ist nicht allein die Reihenfolge wichtig, in der AV-Werte kombiniert werden, sondern es müssen auch die Zeiten beachtet werden, zu denen die Werte verarbeitet oder angezeigt werden (wann und für wie lange), um AV-Daten korrekt zu handhaben. Bevor wir unseren Vorschlag zur Spezifikation der Zeitparameter von AV-Daten vorstellen, lassen wir existierende Arbeiten Revue passieren, welche die Basis für unser Modell gebildet haben.

2.1. Existierende Arbeiten über Zeitinformationen

Programmiersprachen in der Prozeßdatenverarbeitung wie Ada [7] oder PEARL [8] stellen Mechanismen bereit, um Prozesse gemäß bestimmter Zeitparameter einzuplanen oder zu verzögern. Typischerweise werden zwei verschiedene Datentypen in solchen Sprachen bereitgestellt: *time* repräsentiert Werte, wie man sie von der Uhr ablesen kann; *duration* gibt Differenzen zwischen diesen Uhrenwerten als Zeitspannen an. Wir unterscheiden ebenfalls zwischen diesen beiden Typen von Zeitwerten. Die Auflösung des Wertebereichs dieser Typen bestimmt, wie genau sich Zeitbedingungen ausdrücken lassen. Da in AV-Systemen viele Datenwerte innerhalb einer Sekunde eintreffen, benötigt man eine recht hohe Auflösung. Gemeinhin geht man davon aus, daß sie im Mikrosekundenbereich liegen sollte.

Während es, wie sich am Beispiel der genannten Programmiersprachen zeigt, üblich ist, Zeitparameter mit Prozeßausführungen zu verbinden [9], ist es selten möglich, Zeitinformationen mit anderen Daten zu verknüpfen und diese Daten dann gemäß ihrer Zeitparameter zu verarbeiten. MARS [10] war das erste uns bekannte Prozeßdatenverarbeitungssystem, in dem eine solche Assoziation durch die Angabe der Gültigkeitsdauer einer Nachricht erlaubt war: Wenn ein MARS-Prozeß eine zeitlich nicht mehr gültige Nachricht empfängt, ignoriert er sie einfach. Wir entleihen dieses Konzept der Gültigkeitsdauern aus MARS.

Auf dem Gebiet der Datenbanken konzentriert sich die meiste Arbeit, die mit Zeitinformationen im Zusammenhang steht, auf die Modellierung und Bereitstellung sich im Laufe der Zeit verändernder Daten. Anders als in traditionellen Datenbanksystemen, die lediglich den momentanen Zustand eines Datums erfassen, kann man die zeitliche Modellierung der Datenänderung dadurch vornehmen, daß man alte Werte gespeichert hält und zu jedem neuen Wert die Transaktionszeit erfaßt, zu der dieser Wert entstand [11]. Dies erlaubt Anfragen der Art „Was war der Wert von *x* vor 10 Minuten?" Damit ist es jedoch noch nicht möglich, Zeitangaben explizit mit einer Schreiboperation festzulegen, etwa in der Art „Setze den Wert von *x* für die letzten 10 Minuten auf *y*!" Eine Unterscheidung zwischen *Gültigkeitszeit* des Datums und *Ausführungszeit* der Transaktion löst dieses Problem [12]. In unserem Modell nutzen wir diese Unterscheidung zum Zugriff auf zeitkritische Informationen.

Im Zusammenhang mit der Speicherung von Musik hat Rubinstein darauf hingewiesen, daß Zeitangaben verschiedener Daten möglichst unabhängig voneinander sein sollten [13]. Auf diese Weise lassen sich verschiedene Teile eines Musikstücks getrennt voneinander erstellen und später leicht zusammenfügen. Diese Überlegung spiegelt wider, daß Zeitangaben immer nur innerhalb eines bestimmten *Zeitbezugssystems* sinnvoll sind. FORMULA [14] benutzt ein ähnliches Modell und gestattet beliebige Veränderungen und Kombinationen der Zeitbezugssysteme. Dies ist auch in unserem Modell vorgesehen.

Schließlich ist eine Vielzahl temporaler Logiken entwickelt worden, mit denen sich Aussagen über das Verhalten von Programmen machen lassen. Sie sind sinnvoll, um zeitliche Abfolgerelationen auszudrücken, doch in der Regel zum Ableiten von Echtzeiteigenschaften unbrauchbar, weshalb sie zur Spezifikation und Analyse von Echtzeitsystemen geeigenet erweitert werden müssen (z.B. ist [15] eine Erweiterung von [16]). Für das im folgenden vorgestellte Modell scheint uns eine Erweiterung der Intervallogik von Allen [17], wie sie in [18] erfolgt, besonders geeignet als formale Basis.

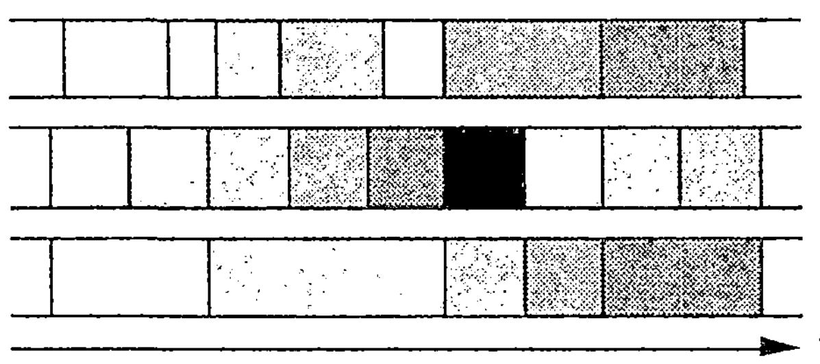

Bild 1: Verschiedene Arten zeitkritischer Datenströme
(oben: nicht kontinuierlich, Mitte: kontinuierlich periodisch, unten: kontinuierlich aperiodisch)

2.2. Zeitkritische Datenströme

Wir schlagen nachfolgend ein Modell zur Beschreibung zeitkritischer AV-Daten vor: Wenn wir einen Datenwert mit seinen Zeitparametern assoziieren, erhalten wir ein *zeitkritisches Datum m*, das sich als Tripel

$$m = (V, T, U)$$

darstellen läßt, wobei V der *Datenwert* irgendeines definierten Basistyps ist, T einen *Zeitwert* angibt (den „Zeitstempel" von m) und U eine *Zeitspanne* bestimmt. Die Zeitparameter legen eine *Gültigkeitszeitraum* L fest: T bestimmt den Beginn der Gültigkeit, U das Ende relativ zu T.

$$L = [T, T + U)$$

Hier soll die runde Klammer andeuten, daß der zweite Grenzwert $T + U$ nicht mehr zum Gültigkeitszeitraum dazugehört. Um uns das Notieren all dieser Parameter zu erleichtern, sei im folgenden $m.V$ der Datenwert von m, $m.T$ der Zeitstempel usw.

Eine Folge zeitkritischer Daten mit Werten des gleichen Basistyps und Zeitparametern in einem gemeinsamen Zeitbezugssystem stellt einen *zeitkritischen Datenstrom s* dar. In ihm sind zeitkritische Daten nach aufsteigenden Zeitstempeln sortiert; die Gültigkeitszeiträume einzelner Werte dürfen sich nicht überlappen.

$$s = \{m_i\} : \quad m_i.T < m_j.T, \qquad \forall\ i < j$$
$$m_i.L \cap m_j.L = \varnothing, \qquad \forall\ i \neq j$$

Ein zeitkritischer Datenstrom mag für bestimmte Zeiträume keinen gültigen Wert besitzen. Wir definieren eine partielle *Auswertungsfunktion V* für den Wert eines zeitkritischen Datenstroms zu einer Zeit t als

$$V(t) = \quad m_i.V \qquad wenn\ \exists\ i : t \in m_i.L$$
$$undef \qquad sonst$$

Abhängig vom Ergebnis der Auswertungsfunktion lassen sich zwei Klassen zeitkritischer Datenströme unterscheiden (siehe Bild 1):

- In einem *nichtkontinuierlichen* Datenstrom wechseln sich Zeiträume ab, in denen der Wert des Datenstroms definiert und undefiniert ist.
- In einem *kontinuierlichen* Datenstrom hängen die Zeiträume aller definierten Werte zusammen.

$$\forall\ i : m_{i+1}.T = m_i.T + m_i.U$$

In dieser Arbeit interessieren uns nur kontinuierliche Ströme, die sich weiter wie folgt klassifizieren lassen:

- In *periodischen* Strömen sind alle Gültigkeitszeiträume gleich lang. Diese Dauer wird damit zum Parameter des Strom selbst (und nicht zu dem einzelner Werte). Für jeden Strom definiert U die *Wertedauer*.

$$\forall i: m_i.U = s.U$$

Beispiele solcher Ströme sind typische AV-Signale, wie sie etwa in Videokonferenzen entstehen.

- In *aperiodischen* Strömen treten Gültigkeitszeiträume unterschiedlicher Länge auf. Da Zeitparameter immer eine gewisse Auflösung besitzen, können wir von einer *minimalen Wertedauer U_{min}* in solchen Strömen ausgehen.

$$\forall i : (\exists n \in \mathbb{N} : m_i.U = n \, s.U_{min})$$

Beispiele solcher Ströme sind Folgen von Standbildern, etwa in einer Diashow.

Für einige Anwendungen eröffnen sich durch aperiodische Datenströme Vorteile einer effizienteren Datenspeicherung. Da uns jedoch eher typische AV-Signale interessieren, gilt unser Augenmerk nachfolgend periodischen Strömen. Damit büßen wir die Allgemeingültigkeit nicht ein, denn jeder aperiodische Datenstrom ließe sich aufgrund der bekannten minimalen Wertedauer durch Vermehrung der Werte bei gleichzeitiger Verkürzung der Gültigkeitszeiträume jedes Wertes in einen periodischen umwandeln.

3. Zeitkapseln

Um zeitkritische Datenströme zu speichern, braucht man Behälter. Man könnte dafür sequentielle Dateien benutzen, wie man sie aus Systemen wie UNIX und auch aus vielen höheren Programmiersprachen her kennt, doch würde man dann nicht der Tatsache Rechnung tragen, daß Zeitparameter und nicht sequentielle Bitpositionen das Ordnungskriterium für solche Datenströme sind und deshalb sämtliche Zugriffsoperationen steuern sollten. In diesem Abschnitt stellen wir die Abstraktion von *Zeitkapseln* als Behälter für periodische kontinuierliche zeitkritische Datenströme vor. Eine Zeitkapsel gibt Datenwerte nur beim Erfülltsein gewisser Zeitbedingungen frei. Sie ist charakterisiert durch die Angabe des Basistyps und der Wertedauer des in ihr gespeicherten Datenstroms.

3.1. Uhren

Um die Spezifikation von Zeitparametern beim Zugriff auf Zeitkapseln zu erleichtern, führen wir die Abstraktion der *Uhr* ein. Eine zugrundeliegende physikalische („Echt-") Zeit am Ort der Uhr vorausgesetzt, läßt sich eine Uhr c als Quadrupel

$$c = (R, S, V_0, T_0)$$

definieren, wobei den Parametern folgende Bedeutung zukommt:

- Die *Rate R* bestimmt, wie oft die Uhr jede Sekunde tickt. Ihr Kehrwert bestimmt das Echtzeitintervall zwischen einem Tick und dem nächsten und gibt so die Auflösung der Uhr an.
- Die *Geschwindigkeit S* der Uhr bestimmt den Anzeigeunterschied von einer Sekunde zur nächsten. Sie definiert also das Voranschreiten von Uhrenwerten. Eine Geschwindigkeit größer als 1 läßt die Uhr gemessen an der Echtzeit zu schnell, eine Geschwindigkeit unter 1 zu langsam laufen. Eine negative Geschwindigkeit führt zum Rückwärtslaufen der Uhr.
- Der *Initialwert V_0* bestimmt den Wert der Uhr beim ersten Tick.
- Die *Startzeit T_0* der Uhr bestimmt den Zeitpunkt des ersten Ticks.

Eine Uhr läßt sich selbst als periodischer kontinuierlicher zeitkritischer Datenstrom auffassen, für den die physikalische Zeit am Ort der Uhr das Zeitbezugssystem bildet. Der *i-te* Wert innerhalb dieses Stromes ist definiert als

$$m_i = (c.V_0 + i \ c.S \ / \ c.R, \ c.T_0 + i \ / \ c.R, \ 1 \ / \ c.R)$$

Nachfolgend gehen wir davon aus, daß sich die Parameter einer einmal gestarteten Uhr nicht mehr ändern. Wie sich das Verstellen von Uhren während des Laufs auswirkt, ist Gegenstand unserer momentanen Forschung.

3.2. Zugriff auf Zeitkapseln

Zeitkapseln stellen Zugriffsoperationen bereit, die denen traditioneller Dateien entsprechen. Wie bei einer Datei muß ein Prozeß, der eine Zeitkapsel benutzen will, diese zunächst öffnen. Zeitkapseln können entweder zum Lesen oder zum Schreiben geöffnet werden. Der öffnende Prozeß assoziiert eine Uhr mit der Zeitkapsel, deren Parameter künftige Zugriffsoperationen steuern.

Jede Zugriffsoperation trägt einen Zeitstempel t. (In Abschnitt 4.2 beschreiben wir, wie t bestimmt wird.) t legt einen Uhrenwert fest, der als Zeitstempel der gelesenen oder geschriebenen Datenwerte dient. Sei c die mit einer Zeitkapsel assoziierte Uhr und s der in der Zeitkapsel gespeicherte zeitkritische Datenstrom. In einer *Leseoperation* wird der Wert

$$v = s.V\,(c.V\,(t))$$

geliefert. In einer *Schreiboperation* entsteht das zeitkritische Datum

$$m = (v,\, c.V\,(t),\, s.U)$$

Auch wenn jeder Wert eines zeitkritischen Datenstroms seinen eigenen Gültigkeitszeitraum hat, ist es im allgemeinen ineffizient, jeden Wert für sich selbst zu behandeln und mit expliziten Zeitinformationen zu versehen. Beispielsweise würde ein einzelner Zeitstempel mehr Platz benötigen als ein typisches *audio sample*. Deshalb ist es sinnvoll, wenn Zugriffsfunktionen mit ganzen Blöcken von Daten operieren können (wie man es auch von Dateien kennt). Wir definieren den Zugriff auf einen Block mit N Daten als identisch zu einem N-maligen periodischen Zugriff. Die Werte, die eine *blockorientierte Leseoperation* liefert, sind (für $i = 0, ..., N-1$):

$$\{v_i\} = \{s.V\,(c.V\,(t + i\,/\,(N\,c.R)))\}$$

Entsprechend gilt für ein *blockorientiertes Schreiben*:

$$\{m_i\} = \{(v_i,\, c.V\,(t + i\,/\,(N\,c.R)),\, s.U)\}$$

Um einen periodischen Datenstrom zu schreiben oder um alle in einer Zeitkapsel enthaltenen Informationen zu lesen, müssen Blockgröße, Wertedauer, Uhrengeschwindigkeit und Uhrenrate die folgende Gleichung erfüllen:

$$N\,s.U = |\,c.S\,|\,/\,c.R$$

Während diese Gleichung beim Schreiben eines Datenstroms stets erfüllt sein muß, können beim Lesen bewußt Abweichungen auftreten. Dies führt zu den im folgenden Unterabschnitt beschriebenen Effekten.

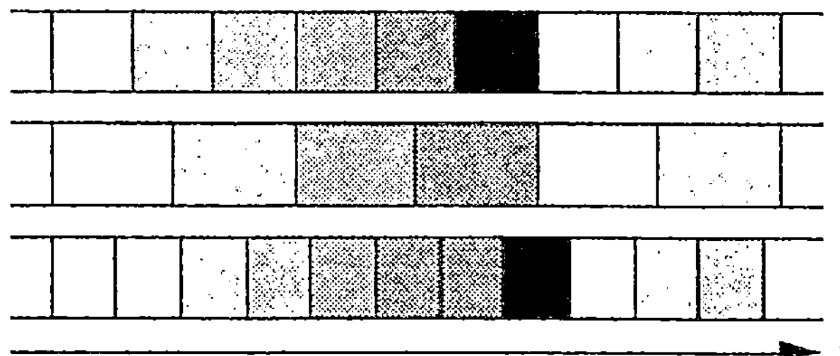

Bild 2: Zugriff auf zeitkritische Datenströme mit verschiedenen Raten
(oben: ursprünglicher Strom, Mitte: Zugriff mit kleinerer Rate, unten: Zugriff mit größerer Rate)

3.2.1. Variieren von Zugriffsparametern

Indem man andere Uhrenparameter oder Blockgrößen für Leseoperationen verwendet, als zuvor beim Schreiben benutzt wurden, kann man Spezialeffekte bei der Wiedergabe von AV-Daten erreichen, wie sie von heutigen AV-Geräten, vor allem von Videorecordern, bekannt sind. Künftige Benutzer integrierter digitaler AV-Systeme werden auf diese Effekte auch in Zukunft nicht verzichten wollen.

Wenn man beim Lesen aus einer Zeitkapsel eine andere *Rate* verwenden kann als beim Schreiben, lassen sich Ratenunterschiede der Ein- und Ausgabegeräte für AV-Daten ausgleichen. Sofern dabei nicht die Leserate dem Kehrwert der Wertedauer entspricht (wobei wir eine Uhrengeschwindigkeit und Blockgröße von 1 annehmen), werden dann jedoch eventuell beim Lesen Werte übersprungen oder doppelt benutzt (siehe Bild 2). Für einige Datentypen führt das Auslassen oder die Duplizierung von Werten zu einer Verminderung der Signalqualität. In diesen Fällen muß der Ratenausgleich mit einer entsprechenden Werteinterpolation gekoppelt werden (die jedoch dem Benutzer hinter der Zeitkapselschnittstelle verborgen bleibt).

Ist die *Geschwindigkeit* der Leseuhr geringer als die der Schreibuhr, werden Daten in Zeitlupe wiedergegeben. Eine unveränderte Rate vorausgesetzt, wird auf ein und denselben Wert öfter zugegriffen. Läuft die Leseuhr schneller als die Schreibuhr, entsteht ein Zeitraffer. Er wird erzielt, indem Werte beim Anzeigen übersprungen werden. Bild 3 illustriert diese Effekte. Unterscheiden sich die Vorzeichen der Lese- und Schreibgeschwindigkeit, werden Daten rückwärts wiedergegeben.

Wird der Leseuhr ein anderer *Initialwert* zugewiesen als der Schreibuhr, kann sich der zuerst gelesene Wert vom zuerst geschriebenen unterscheiden. Positive Geschwindigkeiten vorausgesetzt, verzögern kleinere Initialwerte beim Lesen die Wiedergabe um einige Zeit, größere Initialwerte führen dazu, daß die Wiedergabe nicht am Anfang beginnt. Man könnte so z.B. ein Video in der Mitte starten oder auch am Ende und dann – zusammen mit einer Vorzeichenänderung der Geschwindigkeit – rückwärts abspielen.

Wenn nicht alle Werte gelesen werden, die innerhalb des von einem Tick der Leseuhr umspannten Gültigkeitszeitraums bereitstehen, weil die *Blöckgröße* beim Lesen zu klein ist, entsteht ein stroboskopischer Effekt, der das Bild von Zeit zu Zeit einfriert („Schnappschuß").

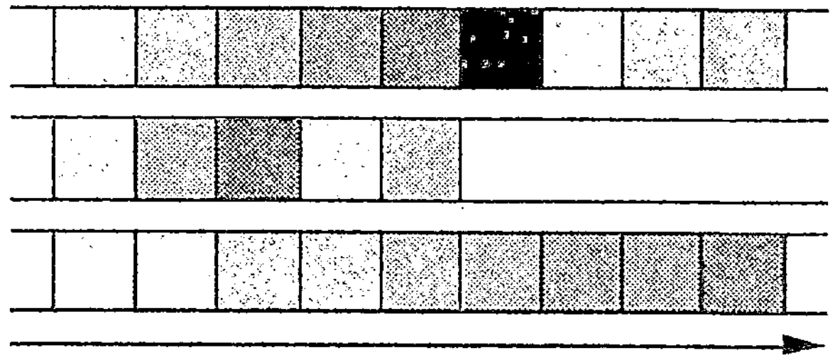

Bild 3: Zugriff auf zeitkritische Datenströme mit verschiedenen Geschwindigkeiten
(oben: ursprünglicher Strom, Mitte: Zeitraffer, unten: Zeitlupe)

3.2.2. Werterepräsentation in Zeitkapseln

Abweichungen der Parameter eines Zeitkapselzugriffs beim Schreiben und Lesen können dazu führen, daß auf Daten nicht in der ursprünglichen Reihenfolge zugegriffen wird. In einigen Fällen kann die Art und Weise, in der AV-Daten codiert werden, dabei zu Problemen führen. Wir betrachten diese Codierung deshalb in diesem Abschnitt etwas genauer.

Heutzutage findet eine Vielzahl verschiedener Verfahren für die Codierung digitaler AV-Daten Verwendung [19]:

- Ton kann wie bei CDs mit 16-Bit-Werten nach dem *linearen PCM*-Verfahren codiert werden. Verschiedene Variationen dieses Codierungsverfahrens (*differentielles PCM, adaptives differentielles PCM* usw.) existieren. Andere Repräsentationen umfassen die 8-Bit-*mu-law*-Codierung, wie sie im NeXT-Rechner für die Toneingabe verwendet wird, oder die *u-law*- oder *A-law*-Werte der Sun Sparcstation.
- Unter den digitalen Bewegtbildcodierungen finden sich das von Sony und Philips unterstützte *CD-I*-Format, die *MPEG*-Empfehlung der CCITT und das bei Intel entwickelte *DVI*-Verfahren. (Wohlbekannte Fernsehstandards wie *PAL, SECAM* oder *NTSC* sind analoge Codierungen. Da nur digitale AV-Daten den Vorteil der Integration bieten, von dem wir in der Einleitung sprachen, wollen wir uns hier mit diesen Verfahren nicht beschäftigen. Man sollte auch beachten, daß einige der momentan diskutierten HDTV-Vorschläge ebenfalls noch analoge Codierungen favorisieren.)

Einzelne Werte von AV-Daten treten, wie zuvor beschrieben, nicht für sich allein, sondern in Kombination mit anderen Werten auf, z.B. in einem Musikstück oder Film. Verglichen mit herkömmlichen Daten verlangen diese AV-Sequenzen ein erhebliches Speichervolumen. Eine Sekunde Ton in HiFi-Qualität erfordert etwa 82 KByte pro Kanal; eine Sekunde Bewegtbild mit einer Bildauflösung von 512x480 Bildpunkten mit je 24-Bit-*RGB*-Farbinformation erfordert gar etwa 22 MByte. Aus diesem Grunde wird Video – und oft auch Audio – in komprimierter Form gespeichert und transportiert.

Datenkompresssionstechniken lassen sich danach unterscheiden, ob sie jeden Wert des digitalisierten Signals getrennt behandeln oder Werte im Zusammenhang betrachten. Letzteres ist gerade bei Bewegtbildern günstig. Die Ähnlichkeit benachbarter Werte wird durch eine *differentielle* Komprimierung ausgenutzt, bei der jeder Wert durch den Unterschied zu seinem Vorgängerwert codiert wird. Da solche Differenzen im allgemeinen nicht so groß sind wie die Werte selbst (und nie größer sein können), werden weniger Bits für die Codierung benötigt. Während man für Audiosignale lediglich einen Faktor 4 bei der differentiellen Kompression erreicht, liegt der übliche Faktor für Video, wo benachbarte Bilder oft sehr ähnlich sind, bei 15.

Kommt ein differentielles Komprimierungsverfahren zur Anwendung, muß zwischen *eigenständigen* und *differentiellen* Werten innerhalb des komprimierten Datenstroms unterschieden werden. Eigenständige Werte treten dabei nicht nur zu Beginn des Datenstroms auf, sondern werden von Zeit zu Zeit in den Datenstrom eingefügt, um die Folgen eventueller Dekomprimierungsfehler zu mildern (typische Rate: jedes 7. oder 10. Bild). In einem differentiell codierten Datenstrom können Werte im allgemeinen nicht unabhängig voneinander verarbeitet werden; sie sind *kontextsensitiv*. Wenn deshalb beim Lesen des Stroms Werte übersprungen oder mehrfach benutzt werden, können differentielle Werte nicht immer richtig interpretiert werden.

Um dieses Problem zu lösen, muß eine Zeitkapsel-Implementierung sicherstellen, daß jede Leseoperation den von ihr gelieferten Wert in einer Form an den benutzenden Prozeß heranträgt, die dieser auf der Basis der ihm bisher vorliegenden Information korrekt interpretieren kann. Ein neu gelieferter Wert sollte alle Unterschiede zum zuletzt gelieferten Wert widerspiegeln. Wird der letzte Wert erneut benutzt, kann die Lesefunktion einfach eine „Nulldifferenz" liefern. Werden Werte übersprungen und der nächste Wert ist nicht eigenständig, müssen alle Differenzen seit dem letzten Wert kombiniert werden. Wie diese Kombination erfolgt, hängt vom Komprimierungsverfahren ab. Sie gehört zur Implementierung der Zugriffsfunktionen einer Zeitkapsel (und bleibt damit wiederum dem Programmierer verborgen, der die Zeitkapsel verwendet).

Den gleichen Effekt erreicht man, wenn Zeitkapseln stets eigenständige Werte liefern. Im allgemeinen ist diese Lösung schlechter, da sie die Menge ausgetauschter Daten erhöht. Sie ist jedoch nicht zu vermeiden, wenn ein Datenstrom rückwärts wiedergegeben werden soll. Dann muß die Zeitkapsel den letzten eigenständigen Wert in urprünglicher Richtung feststellen und von dort den Dekomprimierungsprozeß starten.

3.3. Zeitkapselvarianten

Vom UNIX-Dateisystem wissen wir, daß die Dateiabstraktion nicht nur nützlich ist, um Daten zu speichern, sondern auch um deren Transport (durch *named pipes*) oder Ein-/Ausgabe (durch *special files*) auszudrücken. Die gleichen Varianten sind für Zeitkapseln möglich.

3.3.1. Aufzeichnende Zeitkapseln

Aufzeichnende Zeitkapseln speichern zeitkritische Datenströme permanent. Sie können auf der Basis eines gewöhnlichen Dateisystems implementiert werden, wenn dies für die gegebene Anwendung zu akzeptablen Zugriffszeiten führt. Das dabei benutzte Dateisystem sollte große Blöcke unterstützen, um AV-Daten ohne lange Suchzeiten kontinuierlich schreiben und lesen zu können. (Wenn es auch nicht für AV-Daten gedacht war, erfüllen doch die Entwicklungsrichtlinien des UNIX *fast file system* [20] genau dieses Ziel. Dieses System bildet die Grundlage des SUN *multimedia file system* [21], das wiederum von uns für die Implementierung von Zeitkapseln verwendet werden könnte, wenn Plattenzugriffe nach den in Abschnitt 4.2.1 beschriebenen Richtlinien erfolgen.)

Aufzeichnende Zeitkapseln lassen sich folgendermaßen organisieren: Datenwerte und Zeitinformationen werden in verschiedenen Dateien gespeichert. Alle Zeitinformationen werden in einer Datei zusammengefaßt, von der aus Zeiger auf die eigentlichen Datenwerte weisen. Wenn eine Zeitkapsel zum Lesen geöffnet wird, werden diese Zeiger zum Zwecke eines schnelleren Zugriffs in den Cache-Speicher geladen. Rubinstein hat eine ähnliche Organisation seiner Musikdaten mit A-Bäumen vorgenommen [13].

3.3.2. Zeitgesteuerte Pipes

Um zeitkritische Daten ohne Speicherung auszutauschen, lassen sich *zeitgesteuerte Pipes* verwenden. Jedes Datum, das in eine solche Pipe geschrieben wird, wird zu einem oder mehreren Prozessen weitergegeben, die von der Pipe lesen. Daten werden auf der Leseseite vernichtet, wenn ihre Zeitparameter nicht im Bereich künftiger Uhrenwerte liegen. Alle Uhren, die den Zugriff auf eine zeitgesteuerte Pipe kontrollieren, müssen mit gleicher Geschwindigkeit laufen. Könnte eine Leseuhr der Schreibuhr vorauseilen, würde ein lesender Prozeß irgendwann keine Daten mehr erhalten. Im umgekehrten Fall würden sich Daten in der Pipe anstauen, ohne daß eine Schranke für den dabei benötigten Speicherplatz bekannt wäre.

Zeitgesteuerte Pipes lassen sich auch für die Kommunikation in einem verteilten System einsetzen. Hier kann jedoch die durch den Datentransport entstehende, nicht zu vernachlässigende Verzögerung zwischen Schreiben und Lesen eine Situation entstehen lassen, in der ein bereits geschriebener Wert noch nicht für einen Leser verfügbar ist. Sei D_{max} die längste mögliche Verzögerung. Ein globales Zeitsystem vorausgesetzt, entsteht die obige Anomalität genau dann nicht, wenn sich die Uhrenwerte der Schreibuhr c_w und der Leseuhr c_r um wenigstens D_{max} unterscheiden.

$$\forall\, t : c_w.V\,(t) \ge c_r.V\,(t) + D_{max}$$

Wir werden auf die Probleme der Verwendung von Zeitkapseln in verteilten Systemen in Abschnitt 4 noch genauer eingehen.

3.3.3. Spezielle Zeitkapseln

Genau wie Ein-/Ausgabegeräte in UNIX durch spezielle Dateien repräsentiert werden, lassen sich Geräte, die AV-Daten erzeugen oder aufnehmen, durch *spezielle Zeitkapseln* darstellen. Auf diese Weise kann auf Geräte wie Kameras, Mikrophone, Bildschirme oder Lautsprecher in gleicher Weise zugegriffen werden wie auf die Speichergeräte, die sich hinter aufzeichnenden Zeitkapseln verbergen.

Die Betriebscharakteristiken eines AV-Geräts bestimmen die möglichen Uhrenraten für den Zugriff auf spezielle Zeitkapseln und legen natürlich auch fest, ob lesend oder schreibend zugegriffen werden darf. Da Ein- und Ausgabe sozusagen „in der wirklichen Welt" stattfinden, können die Uhren nicht anders als in Echtzeit voranschreiten.

4. Verarbeitungsaspekte

Zeitkapseln selbst sind lediglich eine Datenabstraktion. Sie muß geeignet von Prozessen verwendet werden, um der Semantik zeitkritischer Daten gerecht zu werden. Bei der Beschreibung von Prozessen, die Zeitkapseln verwenden, lassen sich zwei Aspekte unterscheiden [22]:

- Die Beschreibung des *Datenflusses* legt fest, von welchen Zeitkapseln Daten gelesen, durch welche sie transportiert und in welche sie schließlich geschrieben werden.
- Die Beschreibung der *Kontrolle* legt fest, welche Operationen auf welche Daten angewandt werden.

Um beispielsweise ein Videokonferenzsystem zu beschreiben, würde man angeben, wie die Bild- und Tonsignale von jedem Sender erfaßt und für die koordinierte Anzeige gemischt werden. Zur Angabe des Datenflusses lassen sich Zeitkapselnamen verwenden; die vorzunehmenden Operationen seien mit $\oplus$ und $\otimes$ notiert:

$$kamera@station1 \,\oplus\, mikrophon@station1 \,\rightarrow\, signal@station1$$
$$kamera@station2 \,\oplus\, mikrophon@station2 \,\rightarrow\, signal@station2$$
$$kamera@station3 \,\oplus\, mikrophon@station3 \,\rightarrow\, signal@station3$$

$$signal@station1 \,\otimes\, signal@station2 \,\rightarrow\, tv@station3$$
$$signal@station1 \,\otimes\, signal@station3 \,\rightarrow\, tv@station2$$
$$signal@station2 \,\otimes\, signal@station3 \,\rightarrow\, tv@station1$$

Bei der Beschreibung einer Multimedia-Show würde man angeben, wann jedes einzelne Dia, jeder Film oder jede Erzählsequenz beginnen sollen. Solch eine Beschreibung läßt sich als Multimedia-Dokument auffassen, in dem bestimmt wird, wann jeder Dokumentbestandteil gezeigt wird. Ein Dokument zu beschreiben, indem man den Algorithmus zu seiner Präsentation angibt, ist nicht unüblich – Postscript [23] basiert z.B. auf diesem Ansatz und könnte geeignet für AV-Daten erweitert werden.

$$
\begin{array}{ll}
00{:}00{:}00 & \textit{titel\_dia} \rightarrow \textit{mittlere\_leinwand} \\
00{:}00{:}30 & \textit{hawaii\_karte} \rightarrow \textit{linke\_leinwand} \\
& \textit{vulkan\_bildfolge1} \rightarrow \textit{mittlere\_leinwand} \\
& \textit{vulkan\_bildfolge2} \rightarrow \textit{rechte\_leinwand} \\
& \textit{vulkan\_erklärung} \rightarrow \textit{lautsprecher} \\
\textit{THEN} & \textit{hawaii\_film} \rightarrow \textit{mittlere\_leinwand}
\end{array}
$$

Wir wollen uns an dieser Stelle nicht mit Fragen der Syntax befassen. Stattdessen schlagen wir eine abstrakte Struktur für AV-Applikationen vor und zeigen, wie Programme, die dieser Struktur entsprechen, ausgeführt werden können.

4.1. Struktur von AV-Anwendungen

Wie eine jede verteilte Applikation besteht ein AV-System aus einer Menge kooperierender Prozesse. Jeder Prozeß verfügt dabei über eine gewisse Zahl von *Ports* zur Ein- und Ausgabe. Jeder Port ist definiert durch den Basistyp der Werte, die über ihn ausgetauscht werden können. In unserem Modell werden Ports mit Zeitkapseln verbunden. Offensichtlich müssen Basistyp von Port und Zeitkapsel zu diesem Zweck übereinstimmen. Wir können die Verbindungen anhand eines *Applikationsgraphen G* beschreiben, in dem Zeitkapseln T, Eingabeports I, Prozesse P und Ausgabeports O alternieren. G ist ein Tupel aus Kanten und Knoten definiert als

$$
G = ((T \cup I \cup P \cup O), (T \times I \cap I \times P \cap P \times O \cap O \times T))
$$

Aus weiter unten diskutierten Gründen muß ein Applikationsgraph azyklisch sein. In dieser Arbeit behandeln wir nur Applikationen mit statischer Graphstruktur. Dies schließt die Modellierung einiger Anwendungen aus; wir werden entsprechende Erweiterungen im Rahmen unserer künftigen Forschung vornehmen.

In einem Applikationsgraphen nennen wir Zeitkapseln ohne Schreibprozesse *Quellen* und Zeitkapseln ohne Leseprozesse *Senken*. Quellen und Senken sind entweder aufzeichnende oder spezielle Zeitkapseln. Alle anderen Zeitkapseln dienen der Kommunikation zwischen Prozessen und werden als zeitgesteuerte Pipes realisiert. Um Konflikte zwischen zwei Prozessen zu vermeiden, die in die gleiche Zeitkapsel schreiben wollen, legen wir fest, daß Zeitkapseln nur mit einem Ausgabeport verbunden werden können.

Für jeden Port kann der Programmierer Geschwindigkeit, Initialwert und Startzeit der den Zeitkapselzugriff kontrollierenden Uhr bestimmen. Wie im zweiten Beispiel des vorangegangenen Abschnitts gesehen, werden Startzeiten dabei relativ zur Startzeit der gesamten Applikation gemessen. Um die Spezifikation dieser Startzeiten zu erleichtern, legen wir fest, daß der Programmierer von einer globalen Zeit ausgehen kann und voraussetzen kann, daß der Datenfluß durch den Graphen keine Zeit erfordert. Wir beschreiben später, wie das System die auftretenden Verzögerungen feststellt und für die richtige Synchronisation sorgt.

Jeder Prozeß in unserem Modell implementiert eine *Funktion*. Jede Funktion kann Blöcke von Daten lesen und schreiben. Die Blockgröße gehört zur Spezifikation der Funktionsschnittstelle.

$$
p : i_1 \, [N_{i_1}] \times i_2 \, [N_{i_2}] \times \ldots \rightarrow o_1 \, [N_{o_1}] \times o_2 \, [N_{o_2}] \times \ldots
$$

Wir wollen hier nicht festlegen, wie solche Funktionen implementiert werden müssen; sie können beliebige Aufgaben erfüllen, z.B. zwei zeitkritische Datenströme (etwa einen Film und den dazugehörigen Soundtrack) miteinander kombinieren oder eine Verfremdungsoperation auf den Datenwerten vornehmen. Aus weiter unten erklärten Gründen dürfen Funktionen keine Seiteneffekte haben. Außerdem muß eine obere Grenze für ihre Ausführungszeit bekannt sein. Sie kann entweder algorithmisch errechnet werden oder läßt sich durch Monitorwerkzeuge feststellen, wie es z.B. in [24] beschrieben wird.

Die Semantik einer Prozeßfunktion kann vom Zeitpunkt ihrer Ausführung abhängen. Beispielsweise könnte für ein Warenhausüberwachungssystem festgelegt werden, daß alle 15 Sekunden die Eingabekamera gewechselt wird. Um solche zeitabhängigen Änderungen zu spezifizieren, kann der Programmierer für jeden Prozeß einen „Fahrplan" angeben, der die durchzuführende Operation bestimmt. Um einen solchen Fahrplan zu interpretieren, erhält jeder Prozeß eine eigene Prozeßuhr, die auf die gleiche Weise verwendet wird wie Zeitkapseluhren.

4.2. Ausführung von AV-Applikationen

Traditionelle Prozesse sind *eingabegesteuert*: Sie blockieren, solange kein vollständiger Satz von Eingabedaten vorliegt. Im Gegensatz dazu sind AV-Systeme *ausgabegesteuert*: Der Bedarf für einen neuen Ausgabewert bestimmt, wann ein Prozeß auszuführen ist. Die letzte Gleichung aus Abschnitt 3.2 definiert die Rate einer Uhr c, mit der ein Schreiber eine Ausgabezeitkapsel mit Werten füttern muß, um die Spezifikation des Ausgabestroms s zu erfüllen. Diese Rate ist

$$c.R = |c.S| / (N \, s.U)$$

und stellt die Ausführungsrate des Prozesses dar.

Wenn ein Prozeß über mehr als einen Ausgabeport verfügt, müssen alle Ports mit der gleichen Rate bedient werden. Führen die Angaben des Programmierers zu verschiedenen Raten, ist das Programm fehlerhaft und die Applikation muß umstrukturiert werden, so daß jeder Port von einem eigenen Prozeß bedient wird.

4.2.1. Prozeßeinplanung gemäß dem DASH Ressource-Modell

Als Rahmen der Einplanung von Prozeßausführungen verwenden wir das DASH Ressource-Modell (DRM) [25–27]. Dieses Modell erlaubt uns, Schranken für die Ausführungszeit von Prozessen zu bestimmen und sorgt durch entsprechende Algorithmen für die Einhaltung dieser Schranken. Dem DRM folgend, richtet jeder Prozeß mit den von ihm benutzten Ressourcen (CPU, Platte, Netz usw.) *Sitzungen* (*sessions*) ein. Bei der Beantragung gibt er die maximale Arbeitslast der Sitzung an. Davon ausgehend stellt die Ressource fest, welche Garantien sie für die Verarbeitung dieser Last geben kann.

Die Angabe der Arbeitslast umfaßt die Spezifikation einer *maximalen Rate R_{max}* und eines *maximalen Schubs B_{max}* von Arbeitsaufträgen. Der Schubparameter erlaubt kurzfristige Verletzungen der langfristigen Rate und gestattet Ressourcen, Aufträge einer Sitzung im voraus (über die normale Rate hinausgehend) abzuarbeiten, sollten keine Aufträge für andere Sitzungen vorliegen. Die Garantie für die größtmögliche Verzögerung der Ausführung eines Auftrags, die dem Prozeß von der Ressource gegeben wird, basiert trotz dieser möglichen Vorausarbeit auf der *regulären Ankunftszeit* des Auftrags, also der Ankunftszeit gemäß R_{max}. Die *maximale reguläre Verzögerung* ist definiert als Zeitraum zwischen der regulären Ankunft eines Auftrags und seinem spätestmöglichen Abschluß. Sie ergibt sich aus der Bearbeitungszeit des Auftrags und der Wartezeit, die aus dem Wettbewerb mehrerer Aufträge um eine Ressource entsteht. Wenn Aufträge vor ihrer regulären Ankunftszeit eintreffen, können sie außer um die maximale reguläre Verzögerungszeit um die Zeit verzögert werden, die sie zu früh auftreten.

Künftige AV-Applikationen werden sich die CPU und die anderen Ressourcen eines Systems mit nicht zeitkritischen Anwendungen teilen. Dies führt zu Einplanungskonflikten, denn zeitkritische Aufträge dürfen nicht durch unkritische Aufträge blockiert werden, aber unkritische Aufträge dürfen ihrerseits nicht wegen zeitkritischen verhungern. Unter Verwendung der Idee der regulären Ankunftszeit läßt sich dieses Problem im DRM durch einen dreistufigen, präemptiven Einplanungsalgorithmus lösen:

* Die erste Stufe umfaßt zeitkritische Aufträge, deren reguläre Ankunftszeit eingetreten ist. Diese Aufträge werden nach Fristen eingeplant. Die Frist ergibt sich aus der Summe von regulärer Ankunftszeit und maximaler regulärer Verzögerung.
* Die zweite Stufe umfaßt zeitlich unkritische Aufträge. Sie werden nach einem der gängigen Zeitscheibenverfahren eingeplant (z.B. wie in heutigen UNIX-Systemen).
* Die dritte Stufe umfaßt zeitkritische Aufträge, deren reguläre Ankunftszeit noch in der Zukunft liegt. Hier erfolgt wieder eine Fristenplanung wie auf Stufe 1.

Liegt kein Auftrag auf Stufe 1 vor, kommen Aufträge von Stufe 2 zum Zuge. Gibt es auch solche Aufträge nicht, werden die der letzten Stufe ausgeführt. Wenn die reguläre Ankunftszeit eines Auftrags auf der dritten Stufe erreicht ist, wird dieser Auftrag in die erste Stufe aufgenommen.

4.2.2. Prozeßausführungsraten

Jeder Prozeß in einem nach unserem Modell strukturierten AV-System liest Daten, führt seine Funktion aus und schreibt Daten. Wir teilen jeden Prozeß in wenigstens drei *Stränge* (*threads*) [28] auf, die unabhängig voneinander einplanbar sind:

- einen *Lesestrang* für jeden Eingabeport, gesteuert von der entsprechenden Eingabeuhr,
- einen *Funktionsstrang* für die Ausführung der Prozeßfunktion, gesteuert von der Prozeßuhr, und
- einen *Schreibstrang* für jeden Ausgabeport, gesteuert von der entsprechenden Ausgabeuhr.

Alle diese Stränge kommunizieren über Nachrichtenkanäle: Der Funktionsstrang liest einen Wert von jedem Eingabestrang und schreibt einen Wert in jeden Nachrichtenkanal zu einem Ausgabestrang. Alle Stränge werden von Uhren der gleichen Rate kontrolliert. Jeder Uhrentick plant die einmalige Ausführung des Strangs als Auftrag ein, d.h. die Uhrenrate bestimmt die maximale Auftragsrate gemäß DRM. Die Zeit eines Uhrenticks ist der Zeitstempel des dazugehörigen Auftrags (siehe Abschnitt 3.2).

Eingabedaten für einen Auftrag können vor dem jeweiligen Tick der Uhr vorliegen. Wenn die Ausgabe eines Prozesses nicht in eine spezielle Zeitkapsel geleitet wird, wo es auf *Pünktlichkeit* und nicht allein *Rechtzeitigkeit* ankommt, ist es sinnvoll, diese Verfügbarkeit der Daten für ein Vorausarbeiten des Prozesses im Sinne des DRM einzusetzen. Wenn ein Strang vorausarbeitet, kann er sonst leerstehende Ressourcen nutzen und macht seine später reservierte Zeitscheibe für andere Zwecke frei (insbesondere für unkritische Prozesse). Außerdem führt die Möglichkeit der Vorausarbeit zu weniger Kontextwechseln. Ein Programmierer kann die maximal zulässige Zeit zur Vorausarbeit A_{max} für jeden Prozeß angeben. Sie resultiert in einem maximalen Schub von Aufträgen von

$$B_{max} = A_{max} R_{max}$$

Wenn Vorausarbeit auftritt, ist der Zeitstempel jedes Auftrags dessen reguläre Ankunftszeit. Jeder Auftrag wird verzögert, wenn Eingaben – entweder aus der Zeitkapsel oder aus dem Nachrichtenkanal – noch nicht vorliegen.

4.2.3. Prozeßstartzeiten

Um sicherzustellen, daß jeder Auftrag seine Eingaben fristgerecht erhält – also zur regulären Ankunftszeit einen Wert in der Zeitkapsel oder dem Nachrichtenkanal vorfindet – muß jeweils die Verzögerung der Ankunft von Daten durch vorbereitende Aufträge betrachtet werden. Wie zuvor bestimmt die Ausgabe, wann ein Auftrag eingeplant werden muß: Wenn die Uhr eines Schreibstrangs w zu einer bestimmten Zeit tickt, muß der Funktionsstrang f so weit im voraus gestartet werden, daß das Ergebnis von f garantiert beim Start von w vorliegt. Wir können dies erreichen, indem wir die Uhr von f früher starten als die von w. Für jede Uhr legen wir eine *Startzeitverzögerung* ΔT_0 fest, die zur vom Programmierer bestimmten Startzeit hinzuaddiert wird. ΔT_0 sorgt für eine applikationsweite Synchronisation (um die sich der Programmierer dann nicht mehr zu kümmern braucht). Die folgenden zwei Eigenschaften sind dabei wünschenswert für ΔT_0, eine mögliche Vorausarbeit einmal außer Betracht gelassen:

- Kein Strang soll mehr verzögert werden als die Eingabe im schlechtesten Fall zum Eintreffen benötigt.
- Kein Datum soll gesendet werden, wenn der Empfänger nicht in der Lage wäre, es zu verarbeiten, selbst wenn es erst mit maximaler Verzögerung bei ihm eintrifft.

Die erste Eigenschaft sorgt dafür, daß die Verzögerung der Datenmanipulation insgesamt minimiert wird; die zweite begrenzt den benötigten Speicherplatz.

4.2.3.1. Synchronisation der Prozeßstarts

Wir verwenden ein zweiphasiges Protokoll, um die Startzeitverzögerung einer jeden Uhr zu bestimmen. Die erste Phase traversiert die Knoten des Applikationsgraphen von den Quellen zu den Senken, die zweite Phase arbeitet in entgegengesetzter Richtung. Die Termination des Verfahrens wird durch das Verbot von Zyklen im Applikationsgraphen gewährleistet.

Für den Zweck des Protokolls erhält jeder Knoten n im Applikationsgraphen zwei Parameter: einen Zeitwert V und eine Verzögerung D. Der Zeitwert wird im Rahmen des Protokolls berechnet und gibt später die Startzeitverzögerung an. Der Verzögerungsparameter gibt die maximale Verzögerung zwischen der regulären Ankunft eines Wertes in einem Knoten und dem spätestmöglichen Verlassen an. Für Knoten, die einen Port oder Prozeß repräsentieren, entspricht D der maximalen regulären Verzögerung im entsprechenden Strang. Für Zeitkapselknoten ist D 0.

Eine zusätzliche Verzögerung muß gegebenenfalls zu Knoten addiert werden, die Eingabeports repräsentieren, welche mit einer zeitgesteuerten Pipe verbunden sind. Während die Geschwindigkeit zum Zugriff auf eine solche Pipe immer 1 ist (siehe Abschnitt 3.3.2), können Prozesse doch Werte in unterschiedlichen

Blockgrößen lesen oder schreiben. Läßt sich die Schreibrate nicht durch die Leserate teilen, wird ein zugleich mit dem Schreiber gestarteter Leser irgendwann versuchen, einen noch nicht geschriebenen Wert zu lesen. Dies vermeidet man durch die Verzögerung des Lesers um einen Uhrentick. Bild 4 zeigt diese Situation (und liefert einen geometrischen Beweis): Die X-Achse zeigt, wann Lese- und Schreiboperationen stattfinden, die Y-Achse benennt den Werteblock, auf den dann zugegriffen wird. Im gegebenen Beispiel schreibt ein Prozeß mit $N = 4$, $R = 1/4$; der andere Prozeß liest mit $N = 3$, $R = 1/3$. Der Leser muß um 3 Zeiteinheiten verzögert werden.

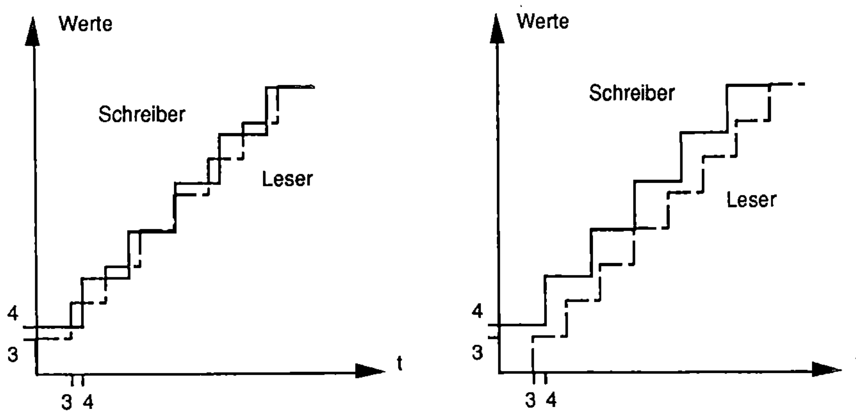

Bild 4: Verzögerungen durch blockorientiertes Lesen und Schreiben
(links: konfliktträchtige Operationen, rechts: verzögertes Lesen)

Nachdem diese Initialbelegungen der D-Werte bestimmt sind, wird das zweiphasige Protokoll wie folgt abgewickelt:

- Phase 1 bestimmt, wie lange es dauert, bis ein von einer Quelle erzeugtes Datum ein dazugehöriges Datum an einer Senke hervorruft. Hierfür wird ein klassischer Kritischer-Pfad-Algorithmus (siehe z.B. [29]) verwendet, der die Zeit bestimmt, zu der ein Datum einen Knoten spätestens verläßt. Wenn n eine Quelle repräsentiert, gilt der Wert

$$n.V := 0$$

Wenn i ein Knoten ist, von dem eine Kante nach n führt, so erhält n den Wert

$$n.V := max_i \, (i.V) + n.D$$

- Phase 2 legt fest, wann ein Datum von einer Quelle ausgesandt werden muß, um rechtzeitig an der Senke anzukommen, ohne dabei unnötig gespeichert zu werden. Hier wird ein inverser Kritischer-Pfad-Algorithmus verwendet, der feststellt, wann ein Datum einen Knoten spätestens erreichen muß. Wenn o ein Knoten ist, auf den eine Kante von n führt, so bekommt n den Wert

$$n.V := min_o \, (o.V) - n.D$$

Um die Startzeit von Uhren festzulegen, wählen wir nun eine Zeit τ_0, zu der die gesamte Applikation gestartet wird. τ_0 muß weit genug in der Zukunft liegen, um alle Uhren zu stellen. (Dabei setzen wir voraus, daß die Zeit zum Stellen der Uhren beschränkt ist. Wir können zu diesem Zweck eine spezielle Sitzung einrichten, wie in Abschnitt 4.2.1 beschrieben.) Für die Uhr c eines Strangs, der durch den Knoten n repräsentiert wird, entsteht eine Startzeitverzögerung von

$$c.\Delta T_0 := n.V + \tau_0$$

Diese Startzeitverzögerung erfüllt die oben geforderten Bedingungen. Schließlich wird die tatsächliche Startzeit einer jeden Uhr auf

$$c.T_0 := c.T_0 + c.\Delta T_0$$

gesetzt, wobei die zuvor vom Programmierer angegebene relative Startzeit verwendet wird.

Für einige Anwendungen ist die *End-zu-End-Verzögerung*, also die Differenz der Startzeitverzögerung von Quell- und Senkenuhren, wichtig. Diese Verzögerung bestimmt, wann ein von der Quelle erhaltener Wert eine entsprechende Wirkung an der Senke zeigt. Wenn ein Videofilm von einer Platte wiedergegeben wird, spielt es kaum eine Rolle, ob die End-zu-End-Verzögerung wenige Millisekunden oder wenige Sekunden beträgt; der Betrachter kann einen Unterschied nur in der Zeit ausmachen, die für die Anzeige des ersten Bildes benötigt wird. In anderen Anwendungen, etwa dem verteilten Proben eines Musikstückes, besteht eine unmittelbare Rückkopplung zwischen den AV-Daten, die ein Benutzer bekommt, und denen, die er selbst aussendet. Hier bestehen gewisse Erfordernisse an die Größenordnung der End-zu-End-Verzögerung; sie können vom Programmierer angegeben werden und werden beim Einrichten von Sitzungen gemäß DRM berücksichtigt.

4.2.3.2. Startzeitverzögerungen in verteilten Systemen

Die in unserem Modell vorgesehenen Uhren werden auf der Basis realer physikalischer Uhren implementiert (letztere wollen wir nachfolgend zur besseren Unterscheidbarkeit *Chronometer* nennen). In einer nicht verteilten Applikation basieren alle Uhren auf dem gleichen Chronometer und teilen sich ein gemeinsames Zeitbezugssystem. In einem verteilten System kann dagegen jede Uhr ihren eigenen Chronometer haben, so daß verschiedene Uhren in verschiedenen Zeitbezugssystemen ablaufen. Damit der Algorithmus des vorangegangenen Abschnitts funktioniert, muß entweder sichergestellt werden, daß jeder Chronometer zu jeder Zeit den gleichen Wert anzeigt, oder die Chronometerunterschiede müssen berücksichtigt werden.

Viele Arbeiten (etwa [30] oder [31]) haben gezeigt, wie die Synchronisation von Chronometern in verteilten Systemen vorgenommen werden kann. Sie haben auch deutlich gemacht, daß die Genauigkeit der Synchronisation aufgrund der Verzögerung von Synchronisierungsnachrichten und wegen der üblichen Uhrenlaufschwankungen ihre Grenzen hat. Eine praktikable Synchronisation ist eigentlich nur in lokalen Netzen zu erreichen. In größeren Systemen aus vielen autonomen Knoten – und dies werden die Systeme für künftige AV-Anwendungen sein – ist die Synchronisierung allein schon aufgrund von technischen Schwierigkeiten und Systemverwaltungsproblemen schwierig. Unser Modell gestattet uns aufgrund des in ihm vorgesehenen azyklischen Datenflusses unsynchronisierte Chronometer in Kauf zu nehmen, auch wenn der Preis dafür größere Startzeitverzögerungen der Uhren sind.

Wie in [30] beschrieben, läßt sich die Differenz zwischen Chronometeranzeigen auf folgende Weise feststellen: Seien s ein sendender und r ein empfangender Rechner innerhalb der betrachteten Applikation. Eine Nachricht mit dem augenblicklichen Chronometerwert von s wird an r übertragen und mit dem dortigen Chronometerwert verglichen. Alle Chronometerwerte (bezeichnet mit C) werden so nah bei der Nachrichtenübertragung wie irgend möglich festgestellt. D_{min} sei die *minimale Übertragungsverzögerung* einer Nachricht zwischen Sender und Empfänger. Der *Vorsprung* ΔC des Chronometers von r gegenüber dem von s läßt sich bestimmen als

$$(s, r).\Delta C = r.C - (s.C + (s, r).D_{min})$$

Wenn ΔC positiv ist, läuft der Chronometer von r voraus; sonst läuft er hinterher.

Daß die Nachricht mit dem Chronometerwert des Senders mit minimaler Verzögerung eintrifft, ist eine vorsichtige Annahme. Die Nachricht kann ebensogut mit einer größeren Verzögerung als D_{min} eintreffen, so daß ΔC größer ist als die wirkliche Chronometerdifferenz. ΔC bestimmt eine obere Grenze für den Vorsprung des Chronometers von r. Da die Nachricht im schlimmsten Fall mit der *maximalen Übertragungsverzögerung* D_{max} eingetroffen sein kann, kann ΔC einen *Verzögerungsfehler* ΦC aufweisen von bis zu

$$(s, r).\Phi C = (s, r).D_{max} - (s, r).D_{min}$$

Das Ergebnis der Berechnung von Chronometervorsprüngen läßt sich als gerichteter Graph mit Rechnern als Knoten darstellen, wobei die Kanten die ΔC-Werte enthalten. Wir verändern diesen Graphen wie folgt: Hat eine Kante einen negativen Wert, wird die Kante invertiert, indem ihre Richtung vertauscht und das Vorzeichen ihres Wertes gewechselt wird. Da der Rechnergraph Zyklen enthalten kann (selbst wenn der Applikationsgraph keine hat), kann der Fall eintreten, daß zwei Kanten das gleiche Knotenpaar verbinden. Dann wird nur die Kante mit dem kleinsten ΔC benötigt, denn, wenn alle ΔC-Werte eine obere Grenze bestimmen, liefert die kleinste dieser Grenzen die beste Approximation.

Wir können nun einen beliebigen Knoten a wählen, dessen Chronometer für uns das definitive Zeitbezugssystem repräsentiert. Wir lassen die Startzeiten auf a unverändert und passen die Zeiten auf anderen Rechnern relativ zu a an. Beginnend mit a spannen wir den Baum kürzester Pfade über dem Rechner-graphen auf (wobei sich die Pfadlänge aus den ΔC-Werten der Kanten ergibt). Die Richtung der Kanten ist jetzt unwichtig, so daß jedes Verfahren für ungerichtete, gewichtete Graphen verwendet werden kann (siehe wieder [29] für eine Übersicht). Für jeden Knoten n ergibt dieses Verfahren eine *Startzeitkorrektur* ΨT_0 durch das Zusammenzählen der Kantenwerte im Pfad zwischen n und a. Ein Wert für eine Kante e, die von a wegführt, wird hinzugezählt; der Wert einer Kante f, die auf a hinführt, wird abgezogen. ΨT_0 wird zu allen Startzeitverzögerungen von Strängen auf n hinzugezählt.

$$n.\Psi T_0 = \Sigma_e\, e.\Delta C - \Sigma_f\, f.\Delta C$$

Aus Vorsicht hatten wir annehmen müssen, daß alle Nachrichten mit Differenzen von Chronometerwerten mit minimaler Verzögerung eintreffen. Deshalb führt nun ΨT_0 tendentiell dazu, daß Uhren später als nötig gestartet werden und Strangausführungen unnütz verzögert werden. Diese unnötige Verzögerung läßt sich durch Addieren jener Verzögerungsfehler ΦC bestimmen, die zum Berechnen von ΨT_0 verwendet wurden. Wenn e eine Kante zwischen a und n ist, ergibt sich die *Verzögerungskorrektur* ΨD als

$$n.\Psi D = \Sigma_e\, e.\Phi C$$

Im Anwendungsgraphen wird dieser Wert zur Verzögerung des jeweils ersten Lesestrangs auf einem Rechner hinzugezählt, also zu Lesesträngen, die Daten von Quellen abnehmen oder aus zeitgesteuerten Pipes entnehmen, die mit fernen Rechnern verbunden sind. Um diese Addition vornehmen zu können, muß in einem verteilten System die Bestimmung von Chronometerdifferenzen der Berechnung von Startzeitverzögerungen vorausgehen.

Die obigen Überlegungen berücksichtigen leider noch nicht, daß Anzeigeunterschiede von Chronometern nicht ständig gleich bleiben, sondern daß sich Chronometeranzeigen im allgemeinen voneinander fortbewegen. Heutige Chronometer sind allerdings sehr genau; ihre Laufabweichung liegt im Bereich von 10^{-6} Sekunden, d.h. innerhalb eines Tages entsteht eine Änderung von weniger als 100 ms [31]. Wenn wir nun bedenken, daß übliche AV-Programme höchstens einige Stunden dauern, können wir einfach die in dieser Zeit maximal mögliche Abweichung bestimmen und zu den Werten von ΨT_0 und ΨD hinzuaddieren.

5. Schluß

Wir haben ein Modell vorgestellt, das es erlaubt, die Zeitparameter von AV-Daten bei deren Verarbeitung und Präsentation zu berücksichtigen. Anders als bei der augenblicklichen Arbeit einiger Standardisierungsgremien (wie [32] oder [33]) haben wir uns nicht damit beschäftigt, eine bestimmte notationelle Repräsentation für AV-Anwendungen oder -Dokumente zu finden. Stattdessen haben wir einen Satz allgemein verwendbarer Programmierabstraktionen vorgestellt und deren Implementierbarkeit erklärt. In eine geeignete Syntax gegossen, stellt unser Modell dem Programmierer eine einfach zu benutzende abstrakte Schnittstelle zur Verfügung, welche die komplizierten Aspekte der Behandlung zeitkritischer Daten verbirgt.

Wir haben in dieser Arbeit völlig ausgeklammert, wie dynamische Veränderungen innerhalb einer Applikation behandelt werden können. Solche Änderungen sind in AV-Systemen naheliegend; es wird z.B. sicher für Benutzer üblich sein, Teile eines gerade betrachteten Videos impulsiv zu überspringen. Solche unvorhergesehenen Aktionen stellen jedoch kein Problem für unser Modell dar. Sie verändern weder die Rate von Prozeßausführungen, noch die Verzögerungszeiten von Prozessen. Außerdem sind solche Änderungen nicht zeitkritisch: Irgendwann ändert sich im genannten Beispiel einfach der Uhrenwert, und die Videopräsentation wird an einer anderen Stelle fortgesetzt. Änderungen in der Struktur des Anwendungsgraphen machen dagegen eine Neuauswertung aller Zeitparameter erforderlich. In unserer künftigen Arbeit werden wir uns darum kümmern, wie diese strukturellen Änderungen am besten verarbeitet werden können.

Danksagung

Domenico Ferrari und David Anderson von der University of California at Berkeley gebührt mein Dank für die Unterstützung meiner Arbeiten über Multimedia-Systeme während meines Aufenthalts am International Computer Science Institute. Barbara Perk gilt mein Dank für viele hilfreiche Kommentare zur vorliegenden deutschen Fassung des Textes.

Literatur

1. E.A. Fox, "The Coming Revolution in Interactive Digital Video", *CACM 32*, 7 (July 1989), 794-801.
2. T.V. Russotto, "The Integration of Voice and Data Communication", *IEEE Network 1*, 4 (Oct. 1987), 21-29.
3. K.A. Frenkel, "The Next Generation of Interactive Technologies", *CACM 32*, 7 (July 1989), 872-881.

4. D.P. Anderson, R. Govindan, G. Homsy and R. Wahbe, "Integrated Digital Continuous Media: a Framework Based on Mach, X11, and TCP/IP", Technical Report No. UCB/CSD 90/566, UC Berkeley, Mar. 1990.

5. J.H. Irven, M.E. Nilson, T.H.Judd. J.F. Patterson and Y. Shibata, "Multi-Media Information Services: A Laboratory Study", *IEEE Communications Magazine 26*, 6 (June 1988), 27-44.

6   S. Sarin and I. Greif, "Computer-Based Real-Time Conferencing Systems", *IEEE Computer 18*, 10 (Oct. 1985), 33-45.

7. "Ada Programming Language", Military Standard American National Standard Institute/MIL-STD-1815A, United States of America, Department of Defense, Washington, 1983.

8. "Programmiersprache PEARL", DIN 66253, Deutsches Institut für Normung, Beuth-Verlag, Berlin, Köln, 1980.

9. I. Lee, S. Davidson and V. Wolfe, "Motivating Time as a First Class Entity", MS-CIS-87-54, University of Pennsylvania, Philadelphia, Aug. 1987.

10. H. Kopetz and W. Merker, "The Architecture of MARS", *Fault Tolerant Computing Systems 15*, June 1985, 274-279.

11. B. Schueler, "Update Reconsidered", *Architecture and Models in Data Base Management Systems*, Amsterdam, 1977.

12. R. Snodgrass and I. Ahn, "A Taxonomy of Time in Databases", *ACM-SIGMOD International Conference on the Management of Data 14*, 4 (Dec. 1985) 236-246.

13 W.B. Rubinstein, "Data Management of Musical Information", Ph.D. Thesis, UC Berkeley, June 1987.

14. D.P. Anderson and R. Kuivila, "A System for Computer Music Performance", *ACM Transactions on Computer Systems 8*, 1 (Feb. 1990), 56-82.

15. J.S. Ostroff, *Temporal Logic for Real-Time Systems*, Research Studies Press (John Wiley and Sons), 1989.

16. A. Pnueli, "The Temporal Logic of Programs", *18th Annual Symposium on Foundations Computer Science*, Providence, Rhode Island, 1977, 46-57.

17. J.F. Allen, "Maintaining Knowledge about Temporal Intervals", *CACM 26*, 11 (Nov. 1983), 823-843.

18. J. Dorn , *Wissensbasierte Echtzeitplanung*, Vieweg, Braunschweig, Wiesbaden, 1989.

19. A.C. Luther, *Digital Video in the PC Environment*, McGraw-Hill, 1989.

20. M.K. McKusick, W.N. Joy, S.J. Leffler and R.S. Fabry, "A Fast File System for UNIX", *ACM Transactions on Computer Systems 2*, 3 (Aug. 1984), 181-197.

21. *Multimedia File System Overview*, Sun Microsystems, Aug. 1989.

22. L. Ludwig, "A Threaded/Flow Approach to Reconfigurable Distributed Systems and Service Primitives Architectures", *ACM SIGCOMM 87*, Stowe, Vermont, Aug. 1987, 306-316.

23. *Postscript Language Reference Manual*, Adobe Systems, Addison-Wesley, Reading, Massachusetts, 1985.

24. D. Haban and K. Shin, "Application of Real-Time Monitoring to Scheduling Tasks with Random Execution Times", *IEEE Real-Time Systems Symposium*, Dec. 1989, 172-181.

25. D.P. Anderson, R.G. Herrtwich and C. Schaefer, "SRP: A Resource Reservation Protocol for Guaranteed-Performance Communication in Internet", Tech. Rep. 90-006, International Computer Science Institute, Feb. 1990.

26. D.P. Anderson and R.G. Herrtwich, "Resource Management for Digital Audio and Video", *IEEE Workshop on Real-Time Operating Systems and Software*, Charlottesville, May 1990.

27. D.P. Anderson, S. Tzou, R. Wahbe, R. Govindan and M. Andrews, "Support for Continuous Media in the DASH System", *International Conference on Distributed Computer Systems 10*, Paris, May 1990.

28. A. Tevanian, R. Rashid, D. Golub, D.L. Black, E. Cooper and M. Young, "Mach Threads and the Unix Kernel: The Battle for Control", *1987 Summer USENIX Conference*, Phoenix, Arizona, June 8-12, 1987, 185-197.

29. R. Sedgewick, "Algorithms", *Second Edition*, Reading, Massachusetts, 1988.

30. L. Lamport, "Time, Clocks and the Ordering of Events in a Distributed System", *CACM 21*, 6 (July 1978), 558-565.

31. H. Kopetz and W. Ochsenreither, "Clock Synchronization in Distributed Real-Time Systems", *IEEE Trans. on Computers 36*, 8 (Aug. 1987), 933-940.

32. "Time Synchronization", IEC JTC1/SC 18/WG 3 N1443 (Working Paper), ISO, Oct. 1989.

33. "Representation and Protocols for the Exchange of Audiovisual Interactive Applications", IEC JTC1/SC 18/WG 3 N1428 (Working Paper), ISO, Sep. 1989.

Process Structure and Scheduling
in Real-Time Protocol Implementations

David P. Anderson [1]
Luca Delgrossi [2]
Ralf G. Herrtwich [3]

International Computer Science Institute
1947 Center Street, Suite 600
Berkeley, CA 94704, USA

ABSTRACT

Real-time network communication involves 1) the media access control
of the underlying network, 2) transport protocols, 3) the scheduling of
CPU and network interface devices, and 4) the process/interrupt structure of protocol implementations. This paper is concerned with 3) and
4), in the context of network communication of digital audio and video
data. We describe the issues and design alternatives for CPU and network interface scheduling in the sending host, and CPU scheduling for
protocol processing in the receiving host. We discuss how the proposed
policies can be incorporated in existing operating systems such as
UNIX. Our discussion is based on the *DASH Resource Model*, a workload and scheduling model designed for real-time communication.

1. INTRODUCTION

Next-generation distributed systems must support *continuous media* (digital audio
and video), preferably in the same hardware and software framework as other data types.
In such systems, continuous-media data is handled by user-level processes and is con-
veyed using the same protocol hierarchy and physical network as other data. Applications such as audio/video teleconferencing and multimedia document presentation can
then be handled in the same distributed system environment as existing applications.

Timing semantics are intrinsic to continuous-media data; the correctness of the
presentation and processing of such data includes timing constraints [1]. For example, a
program that displays digital video from a remote file server requires a minimum end-to-
end throughput, determined by the data format. When applications involve communi-

---

[1] University of California at Berkeley, EECS Department, Computer Science Division, Berkeley, CA 94720, USA

[2] Olivetti Systems & Networks, Via C. Colombo 49, 20090 Trezzano sul Naviglio (MI), Italy

[3] IBM European Networking Center, Tiergartenstr. 8, 6900 Heidelberg, Germany

cation between human users, there are also bounds on the end-to-end delay.

Many components are involved in the processing and communication of continuous-media data, and therefore contribute to the temporal behavior of the system:

(1) The media access control mechanism of the underlying network.

(2) The transport protocols that are used.

(3) The software structure of protocol implementations, e.g., the division of work between interrupt and process levels.

(4) The scheduling of CPU and network interface devices by the operating systems in the sending and receiving hosts.

This paper is concerned with the third and fourth of these components. Clark [2] addresses these issues for general-purpose communication, and discusses the relative advantages of doing protocol processing at the user level, in the operating system kernel, and in front-end processors. We concentrate on systems that do protocol processing in the kernel, and that combine general-purpose and real-time communication. In our discussion we refer to UNIX-like operating systems and to the TCP/IP protocol family; however, the solutions presented are equally applicable to other operating systems and protocol hierarchies (such as the ISO/OSI protocols).

In order to discuss scheduling for real-time communication, we must adopt a model for workload and delay. The *DASH Resource Model* [3] defines such a model. It defines a uniform interface to resources such as CPUs, networks, and file systems, and provides a common management and scheduling strategy for all these resources. The model addresses the problems of "end-to-end" reservations (including resources outside the network) and is designed to meet the requirements of continuous media.

The paper is organized as follows. Sections 2 gives the scheduling model on which subsequent sections are based; it summarizes the DASH Resource Model. Sections 3 and 4 discuss the scheduling and implementation issues in the sending and receiving hosts respectively. Section 5 gives conclusions.

2. THE DASH RESOURCE MODEL

In the DASH Resource Model, the set of system components (I/O devices, CPUs, network links) involved in handling time-critical data is decomposed into a set of *resources*. In general, a resource corresponds to a schedulable hardware device and its accompanying software driver. For example, a CPU and its scheduler might comprise a resource. Resources may also be more complex: a local area network (which includes multiple interface devices, concurrent operation, and multiple scheduling mechanisms) might be treated as a single resource.

2.1. Workload

The DASH Resource Model assumes that work is assigned to resources in discrete units called *messages*. Each message has a well-defined *arrival time* at the input interface of a resource after which it is available for handling by a resource. It also has a certain *completion time* at the output interface of the resource.

Workload specifications are given as *linear bounded arrival processes* (LBAP's) of messages at a resource input interface. An LBAP has the following parameters:

maximum message size	S_{max}	(bytes)
maximum message rate	R_{max}	(messages/second)
maximum workahead	W_{max}	(messages)

In any time interval of length t, the number of messages arriving at the interface may not exceed $W_{max} + t\, R_{max}$. The long-term data rate of the LBAP is $S_{max} R_{max}$ bytes per second. The workahead parameter W_{max} allows short-term violations of this rate constraint, modeling programs and devices that work ahead of time, generating "bursts" of messages that would otherwise exceed the rate constraint (*e.g.*, a disk that delivers continuous-media data in large blocks).

We define a function $b(m)$ representing the *logical backlog* of the arrival process. This is the number of messages by which the arrival process is "ahead of schedule" (relative to its long-term rate) when message m arrives. The logical backlog is not necessarily the number of queued messages since a resource may process messages upon their actual arrival if it is fast enough. Let $a(m)$ be the arrival time of a message m. $b(m)$ is then defined by

$$b(m_0) = 0$$

$$b(m_i) = \max\left[0,\ b(m_{i-1}) - (a(m_i) - a(m_{i-1}))R_{max} + 1 \right]$$

Using $b(m)$, we define the *logical arrival time*, $l(m)$, of a message m as

$$l(m_i) = a(m_i) + \frac{b(m_i)}{R_{max}}$$

Intuitively, $l(m)$ is the time m would have arrived if the LBAP strictly obeyed its maximum message rate.

2.2. Sessions

Each resource exports an abstract interface allowing it to establish *sessions*. A session represents a reservation of part of the capacity of the resource. Processes must request sessions with all of the resources they need prior to sending messages. As part of the establishment of a session, the process must specify its workload; in return, the resource provides guarantees on how this workload is handled.

In addition to LBAP parameters for its arrival process, a session has the following performance parameters:

maximum logical delay	L_{max}	(seconds)
maximum output workahead	O_{max}	(messages)

The *logical delay* of a message is the interval between its logical arrival times at the input and output interfaces of the resource. The session parameters determine the amount of buffer space needed for the session.

When a client reserves a session, the manager of the resource provides a cost function indicating how much cost can be saved by "relaxing" the reservation (*i.e.*, by increasing the logical delay bound). These cost functions can be used to economically divide excess delay between multiple resources, as described below.

2.3. End-to-End Sessions

When data traverses a sequence of resources, sessions with individual resources can be combined to form an *end-to-end session* (see Figure 1). In an end-to-end session, the output interface of one resource is the input interface of the next resource. It can be shown that the logical delay of a message within an end-to-end session is the sum of the logical delays within the components sessions.

As the requirement specification for an end-to-end session, the sending client specifies a *target* and *largest-acceptable* value, denoted E_{target} and E_{accept}, for the maximum logical end-to-end delay. An *end-to-end session establishment algorithm* is then used to create sessions with the component resources, and to negotiate the parameters of these sessions. This algorithm is executed by per-host "reservation agents". It has two phases:

(1)   The first phase traverses the hosts from the sending to the receiving client. A *request* message is exchanged between reservation agents. It contains an identification of the connection for which performance guarantees shall be obtained, the data message size and rate for this connection, the workahead size from the previous host, the client delays E_{target} and E_{accept}, the cumulative sum of L_{max}, and the cumulative cost functions. The strongest possible session reservations (*i.e.*, having smallest delay and workahead limit) are made for each resource, and corresponding buffer space is reserved.

(2)   The second phase proceeds in the opposite direction. The receiving client decides on a delay for the session. A *reply* message containing the remaining excess delay (see below) and the workahead into the next host is passed back

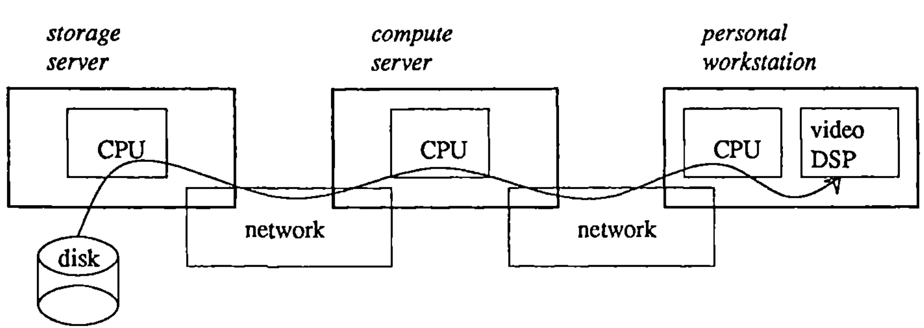

Figure 1: An end-to-end session involves several resources.

towards the sender. For each resource, the session parameters are "relaxed" by the reservation agent. The delay may be increased and additional buffers may be reserved both for this purpose and to accommodate larger input workahead.

Let E_{actual} be the actual end-to-end logical delay obtained in the first phase of the session establishment. If this delay is less than E_{target}, some *excess delay* (defined as $E_{\text{target}} - E_{\text{actual}}$) can be distributed among the resources. Using the cost functions obtained before, this is done as economically as possible, *i.e.*, in a way which minimizes cost. Any excess delay that is not returned to local resources is passed back to the previous host.

We have developed and implemented the *Session Reservation Protocol* (SRP) as an instantiation in the TCP/IP protocol hierarchy of the two-pass end-to-end session establishment algorithm described above [4]. SRP operates at the internetwork layer; sessions established using SRP can be associated with connections of any upper-level protocol (TCP, NFS, *etc.*). SRP establishes sessions with communication resources such as the CPU (for protocol processing) and the network (for data transmission). The sending and receiving clients are responsible for reserving and relaxing other resources (disks, DSP chips, *etc.*) on their hosts.

3. SCHEDULING IN THE SENDING HOST

We now assume that an end-to-end session has been established, perhaps using SRP. It includes a CPU session in the sending host, a session with the network resource, and a CPU session in the receiving host. This section is concerned with the scheduling of the CPU and the network interface device in the sending host. Special policies (non-FIFO) are needed to ensure that the delay and rate limits of the DASH Resource Model are obeyed.

Two DASH resources are involved in sending data on a network: 1) the CPU resource at the sending host, and 2) a network resource. The interface between these two resources is the moment when a packet has been prepared for sending by the CPU and is submitted to the network resource by a procedure call (say, `network_send()`). The handling of the packet by the network resource may itself involve CPU activity for packet enqueueing and dequeueing, interrupt handling, *etc.* We assume that this activity uses negligible CPU time.

The network resource manager ensures that, given an appropriate queueing policy within the sending host, sufficient network bandwidth is available to satisfy existing sessions. We assume that, for each session, the network resource defines a maximum queueing delay within the sending host. We also assume that the network resource imposes a bound on the workahead in packet transmission for a given session, and that no other form of flow control is needed. We are not concerned here with the processing of acknowledgements; high-speed transport protocols such as NETBLT [5] minimize the use of acknowledgements.

Given these assumptions, the scheduling policies for the CPU and network interface device the sending side must satisfy the following limitations.

- CPU protocol processing must be scheduled so that delay bounds in the CPU resource are met.

- Packet transmission must be scheduled so that workahead limits are obeyed.

- Access to the network medium must be scheduled so that delay bounds in the network resource are met.

These issues are dealt with separately in the subsequent sections.

3.1. Scheduling of CPU Protocol Processing

In our approach, clients involved in real-time communication must make a reservation with the CPU resource for the total amount of CPU processing per message, at both the kernel and user level. In particular, the reservation must include the processing done in the send side of transport protocols. The network communication system must provide an interface by which the client can learn the CPU requirements per packet for a given protocol combination.

If the CPU reservation is made as described above, then send-protocol processing can be done by the sending client process. We assume that the client process alternately reads data from an input device (a storage device or a continuous-media device such as a camera or microphone digitizer), processes it, and sends it to a network connection. The client process executes a loop of the following form (see Figure 2):

(1) execute `read()` system call, trap to kernel
(2) sleep in kernel waiting for input
(3) awakened by interrupt handler
(4) return from `read()`
(5) user-level processing
(6) execute `write()` system call
(7) perform send protocol processing in kernel
(8) return from `write()`

The scheduling priority of the send-protocol processing for a given message is that of the client process. This priority is assigned by the interrupt handler when it awakens the process. The choice of priority is determined by the scheduling algorithm of the CPU resource.

For the DASH Resource Model, the *deadline-workahead* policy has been proposed for CPU scheduling [6]. In this policy, CPU processes are (dynamically) classified as follows. A *real-time process* is one that is associated with a session. At a given time t, a real-time process is called *critical* if it has an unprocessed message m with $l(m) \leq t$ (i.e., m's logical arrival time has passed). Real-time processes that have pending work but are not critical are called *workahead* processes. There are two classes of non-real-time processes: *interactive* (for which fast response time is important) and *background*.

The deadline-workahead policy can be summarized as follows. Critical processes have priority over all others, and are preemptively scheduled according to earliest deadline (the deadline of a process is the logical arrival time of its first unprocessed message plus its logical delay bound). For each workahead process, the scheduler uses a timer to make the process critical at the appropriate time. Interactive processes have priority over workahead processes, but are preempted when those processes become critical. Non-real-time processes are scheduled according to an unspecified policy, such as the UNIX time-slicing policy. This policy may also move a process between interactive and background.

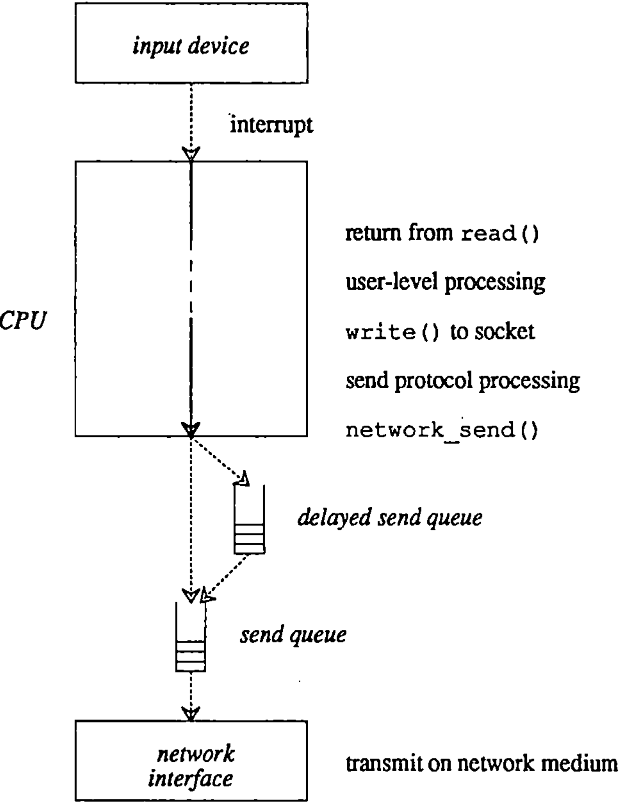

Figure 2: The sequence of actions to send a packet.

When there no runnable critical or interactive processes and a workahead process is runnable, the scheduler chooses a workahead process P (perhaps the process with the earliest deadline or the most work available). P is then run for a full quantum (say, 100 times the system call plus context switch time) even if its deadline advances beyond that of another workahead process. This reduces the context switch overhead during workahead.

3.2. Regulation of Packet Transmission

The transmission of network packets must be "regulated" to prevent receive buffer overflow. This regulation can be accomplished by delaying the transmission of packets.

When a packet is passed to the `network_send()` routine, the backlog of the session is computed according to the formula given in Section 2.1. If this backlog exceeds the workahead limit for this session, the packet is enqueued in a separate *delayed-send queue*, and a *delayed-send timer* is started if not already active. The delayed-send timer is scheduled for a time when the backlog will be below the workahead limit. When the delayed-send timer for a given session expires, one or more packets from that session are sent on the relevant network interface, or are enqueued for sending (see below).

To reduce the timer overhead, it may be desirable to use hysteresis, setting the timer so that the backlog will be below a fraction (say 50%) of the workahead limit. This will avoid setting a timer for every packet sent during workahead.

3.3. Scheduling of Network Access

The delay between the sending of a packet and its receipt at the destination host involves several components: queueing withing the sending host, media access delays, and propagation time. We are concerned here only with the first of these. Media access protocols that provide delay bounds are surveyed in [7].

Queueing within the sender occurs when packets are generated faster than the host can transmit them. The order in which packets are dequeued and sent represents a *network access scheduling policy*. In most operating systems this policy is first-come, first-served (FCFS). Such a scheduling policy is not optimal for real-time communication. Instead, we propose a deadline-based scheme in which each session is allocated a queueing-delay bound B. In this scheme, each packet m in the transmission queue is assigned a *deadline $d(m)$*, computed as

$$d(m) = l(m) + B$$

As with CPU scheduling, we must deal with both real-time and non-real-time messages. Using a multi-level scheduling scheme similar to that of deadline-workahead CPU scheduling (Section 3.1), it is possible to avoid starvation of these traffic classes while retaining the benefits of deadline scheduling.

4. SCHEDULING IN THE RECEIVING HOST

This section is concerned with the scheduling of resources in the receiving host of a real-time network connection. The only component of the network resource within this host is the network interface device, whose scheduling for packet receipt is not under software control. Therefore we are concerned only with the CPU resource, where receive processing should be scheduled according to the DASH Resource Model.

Processing in the receiving host starts with the arrival of the packet in the network interface and includes network hardware interrupt handling, session identification, protocol and user level processing. The following steps summarize the processing needed on receiving side:

(1) packet arrival in the network interface device
(2) hardware interrupt to the CPU
(3) session identification
(4) protocol processing (receiving side)
(5) user level processing

There are several possible goals for the CPU scheduling policy for receive protocol processing. Ranging from weakest to strongest, these goals are:

- *Non-interference.* Receive protocol processing should not interfere with the performance guarantees given to other (non-network) CPU clients.

- *Network performance guarantees.* The receive protocol processing policy should allow performance guarantees to be made for network communication.

- *Optimal network performance guarantees.* The policy should allow the strongest possible performance guarantees for network communication to be made (and honored). This requires associating the processing of each packet with the corresponding session as early as possible, so that priority inversion is minimized.

In the following sections some scheduling policies are described, and their properties with respect to the above goals are discussed.

4.1. Processing at the Software Interrupt Level

Extensive protocol processing at the hardware interrupt level is undesirable because of the possibility of lost interrupts. Many computer systems have a mechanism in which a *software interrupt* can be requested (in software) from a hardware interrupt handler. The software interrupt handler executes only when all hardware interrupt handlers have returned, and runs without interrupts masked.

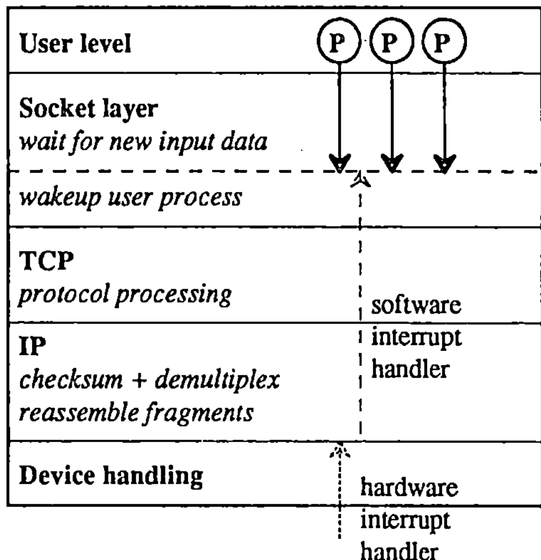

Figure 3: Protocol processing at the software interrupt level.

In the *software interrupt level* policy, almost all of the kernel processing on the receiving host is done at the software interrupt level. The hardware interrupt handler does minimal work. It removes the packet from the network interface, enqueues it, and requests a software interrupt. The software interrupt handler reassembles fragments at the IP level, performs checksum testing and demultiplexes towards upper level protocols. It then executes transport protocol processing, and finally schedules a user process for user level processing. This policy is used, for example, in the BSD UNIX system [8]. Processing on receiving side for a TCP/IP connection in UNIX is shown in Figure 3.

The software interrupt level policy has several strong points. It avoids process-scheduling overhead while minimizing interrupt-masked time. It serializes protocol processing, simplifying the synchronization mechanisms needed in protocol code. On the other hand, the software interrupt level policy is not appropriate for real-time communication. Software interrupts preempt time-critical processes, and may cause them to be blocked for unknown durations. Also, in the software interrupt mechanism, packets are served on a FIFO basis, which is non-optimal for real-time performance. Therefore this scheduling policy does not even satisfy the first goal listed above, because the high priority given to software interrupts interferes with non-network activity.

4.2. Protocol Processing by Kernel Processes

As an alternative to the use of software interrupts, protocol processing can be done by kernel processes, as shown in Figure 4. In this scheme the hardware interrupt handler identifies the session to which the packet belongs, and then schedules a process to handle the packet. The process demultiplexes to the upper level protocol, executes protocol code, and schedules a client user process for user-level processing. Unlike the software interrupt handler, the kernel process can be preempted by more time-critical processes.

Two variants of this approach are possible. In the *single-process* model, one kernel process does all protocol processing. This model satisfies the first goal listed above. If all arriving network traffic is part of a session (and therefore arrives at a bounded rate) it is possible to provide performance (non-optimal) guarantees, so in this case the policy satisfies the second goal as well. From the point of view of software engineering, the single-process model has the benefit of serialized processing and compatibility with the software structure of systems such as UNIX.

In the *multiple-processes* model, a pool of kernel processes are available to handle incoming packets. When a process is assigned a packet, the process is given a scheduling priority (*i.e.*, a deadline) based on the parameters of the corresponding session. If a packet does not belong to a session, its handler process is given low priority. An obvious advantage of the multiple-processes model is that protocol processing may be non-FIFO. Processes can be run concurrently and can be scheduled according to deadlines. This allows optimal scheduling policies such as deadline scheduling, and therefore can achieve the third goal.

A drawback of the kernel-process approaches is that session identification increases overhead at the hardware interrupt level. The CPU time required to associate a given packet to a session depends on the protocol combination (a TCP/IP connection can be identified faster than a NFS/RPC/UDP/IP) and on the number of established sessions. When many sessions are established, a cache may be used to reduce the overhead. In future networks such as B-ISDN, session identification may be simplified by the presence

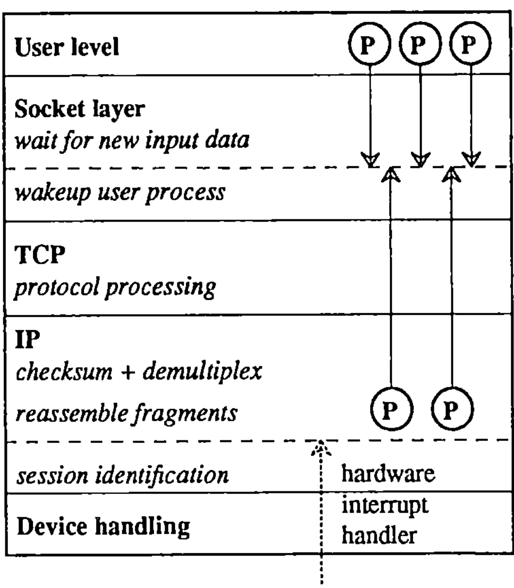

Figure 4: Protocol processing by kernel processes.

of virtual circuit identifiers at the lowest protocol level.

4.3. Protocol Processing by User Processes

A third approach is to have the receiving client process do protocol processing for packets sent to it. User processes block waiting for input data at the IP level instead of the socket level. The hardware interrupt handler identifies the session the packet belongs to and wakes up the corresponding client process. The client process does protocol processing (at the kernel level) before returning to user mode. This is shown in Figure 5.

Compared to the kernel-process approach, the *user-process* model has the advantage of eliminating the context switch between kernel process and user process. It also eliminates the need for demultiplexing, which is implicitly done by session identification. Implementation of the user-process model, however, would require substantial modifications to current UNIX-type operating systems.

5. CONCLUSION

The reservation and scheduling of resources, and the process/interrupt structure of protocol implementations, are important issues in real-time network communication. Taking the DASH Resource Model as a starting point, we have arrived at the following implementation strategies:

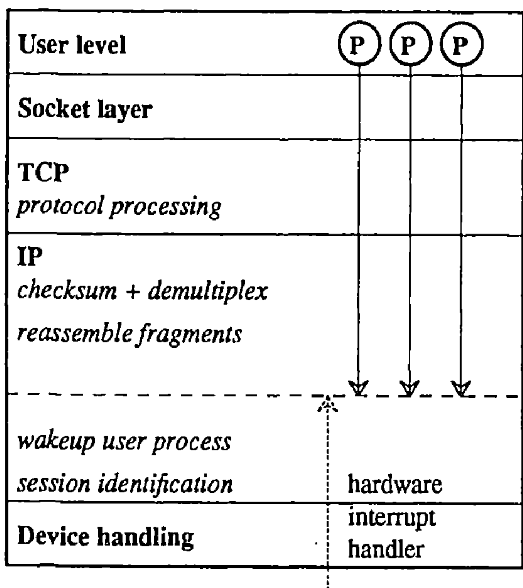

Figure 5: Protocol processing by user processes.

- Protocol processing on the sending host is best done by the sending client processes themselves, since they already have the appropriate scheduling priority. The sending of packets must sometimes be delayed to satisfy the session's workahead limit. When queueing occurs for the network interface device, the order of packet transmission must reflect session parameters.

- On the receiving host, the main issue is how to schedule protocol processing for incoming packets. Of the various alternatives considered, the best one is to have the hardware interrupt handler identify the session to which the packet belongs, and to pass the packet to the client process, giving it the appropriate scheduling priority. The client process then performs protocol processing at the kernel level before returning to user level and handling the data.

These solutions have been presented in the context of the DASH Resource Model, but more generally they can be used with any mechanism that establishes deadlines or priorities within each resource. Hence they can be used with other reservation and scheduling models, such as that being developed for ST-II [9], as well.

REFERENCES

1. R. G. Herrtwich, "Time Capsules: An Abstraction for Access to Continuous-Media Data", *11th Real-Time Systems Symposium*, Orlando, Dec. 1990.

2. D. D. Clark, "Modularity and Efficiency in Protocol Implementation", DARPA Internet RFC 817, July 1982.

3. D. P. Anderson, S. Tzou, R. Wahbe, R. Govindan and M. Andrews, "Support for Continuous Media in the DASH System", *Proc. of the 10th International Conference on Distributed Computing Systems*, Paris, May 1990.

4. D. P. Anderson, R. G. Herrtwich and C. Schaefer, "SRP: A Resource Reservation Protocol for Guaranteed-Performance Communication in the Internet", Technical Report 90-006, International Computer Science Institute, Feb. 1990.

5. D. D. Clark, M. L. Lambert and L. Zhang, "NETBLT: A High Throughput Transport Protocol", *Proc. of ACM SIGCOMM 87*, Stowe, Vermont, Aug. 1987, 353-359.

6. D. P. Anderson, "Meta-Scheduling for Distributed Continuous Media", UC Berkeley, EECS Dept., Technical Report No. UCB/CSD 90/599, Oct. 1990.

7. J. F. Kurose, M. Schwartz and Y. Yemini, "Multiple-Access Protocols and Time-Constrained Communication", *ACM Computing Surveys 16*, 1 , 43-70.

8. S. J. Leffler, W. N. Joy and R. S. Fabry, "4.2BSD Networking Implementation Notes", *UNIX Programmer's Manual, Volume 2*, July 1983.

9. C. Topolcic, C. Lynn, S. Casner and P. Park"" , Internet working draft of "Experimental Internet Stream Protocol, Version 2 (ST-II)", Mar. 1990.

Transportdienste in Breitbandnetzen

Lutz Henckel
GMD FOKUS Berlin
Hardenbergplatz 2, D-1000 Berlin 12

Heiner Stüttgen
IBM Europäisches Zentrum für Netzwerkforschung
Tiergartenstraße 8, D-6900 Heidelberg

Zusammenfassung

Durch den Fortschritt im Bereich der Mikroelektronik sowie der Übertragungs- und Vermittlungstechnik ist die Integration der Daten- und Telekommunikation nicht nur netzseitig, sondern auch im Bereich der Endsysteme und damit auch der verteilten Anwendungen möglich geworden. Durch die integrierte Verarbeitung und Übertragung von Sprache, Text, Daten, Fest- und Bewegtbildern werden aber auch neuartige Anforderungen an die Funktionalität und Dienstgüte der transportorientierten Funktionen der unteren vier Schichten des OSI-Referenzmodells gestellt, die durch die heute existierende Standards nicht abgedeckt werden. Im folgenden werden daher die notwendigen Erweiterungen des Transportdienstes vorgestellt und diskutiert. Im einzelnen sind dies erweiterte Dienstgüteparameter, ein neuartiger Request/Response-Dienst, die Gruppenkommunikation und die gemeinsame Verwaltung mehrerer Transportverbindungen durch ein Call Management.

1. Einleitung

Das OSI-Referenzmodell [ISO7498] definiert sieben Kommunikationsschichten. Die unteren vier Schichten erbringen den Datentransport zwischen zwei Endsystemen.

Während durch die Protokolle die Kommunikation zwischen den entfernten Partnerinstanzen definiert wird, regeln Dienst-Definitionen die Kommunikation zwischen den lokalen Instanzen angrenzender Schichten. Sie legen fest, welche Kommunikationsdienste dem Benutzer zur Verfügung stehen und wie er auf diese zugreifen kann. Sie verbergen die Art und Weise wie sie in den jeweiligen Schichten realisiert werden. Die Effizienz der Kommunikation kann dabei sehr stark von der Ausprägung der Dienstelemente und Parameter abhängen. Durch eine ungeschickte Wahl ist es möglich, daß nützliche Funktionen, die auf tieferen Schichten vorhanden sind, verdeckt werden und somit dem Benutzer nicht zugänglich sind. Die Transportdienstelemente definiert also für den Transportdienstbenutzer die (sichtbare) Funktionalität des Transportsystems (Schicht 1 bis 4).

Neben den Kommunikationsprotokollen wird diese Funktionalität auch durch das Netzmanagement zur Verfügung gestellt. Überwachung und Sicherstellung von bestimmten Diensteigenschaften sind Funktionen des Netzmanagements die an den Dienstzugangspunkten zum Transportsystem sichtbar werden.

In der vorliegenden Arbeit werden die Elemente der Transportdienste aus den Anforderungen künftiger (multimedialer) Kommunikationsanwendungen abgeleitet. Die Frage nach der Implementierung solcher Dienstelemente wie auch nach den Protokollen, die sie real Es ist nicht davon auszugehen, daß die beschriebenen Dienste in absehbarer Zeit in vollem Umfang implementierbar sind. Vielmehr sind sie eine Zielvorgabe für die Funktionalität neuer Transportsysteme, die dazu führen soll, daß die Entwicklung neuer Protokolle und Netzmanagementfunktionen nicht nur von den Möglichkeiten bestimmter Netze („bottom up") sondern auch von den Erfordernissen zukünftiger Anwendungen („top down") beinflußt wird.

2. Einfluß der Netztechnologien

In der Vergangenheit bestanden große Unterschiede zwischen lokalen und Weitverkehrs-Kommunikationsnetzen. Diese Unterschiede beziehen sich sowohl auf technische Aspekte wie

- Datenrate
- Zuverlässigkeit
- räumliche Ausdehnung

als auch, daraus resultierend, auf die Einsatzgebiete dieser Netze. Überwiegt bei den lokalen Netzen die Rechnerkommunikation als Anwendung, so stehen bei den Weitverkehrsnetzten Dienste wie Telefon, Telefax oder Kabelfernsehen im Mittelpunkt. Datenkommunikationsdienste, wie Datex-P (X.25), stehen hier noch im Hintergrund. Wie in Abbildung 1 anhand der Datenräte dargestellt ist, werden sich die Unterschiede in der Leistungsfähigkeit in naher Zukunft verringern. Ähnliche Entwicklungen gibt es auch bezüglich Zuverlässigkeit und räumlicher Ausdehnung der Netze.

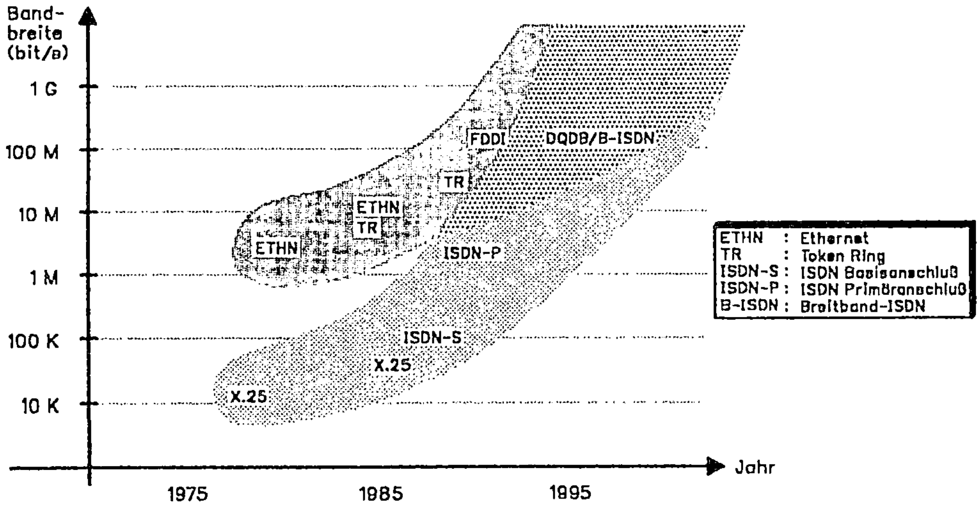

Abbildung 1. Kommunikationsnetze: Entwicklung der Bandbreite

Außerdem setzen sich digitale Techniken in früher rein analog realisierten Netzen (Beispiel: Telefon) sowohl in den Vermittlungsstellen für Weitverkehrsnetze als auch im Teilnehmerbereich immer mehr durch. Durch diese technologischen Trends wird es möglich, sehr verschiedene Anwendungen in einem Kommunikationsnetz zu integrieren, das erste Beispiel dafür ist das 1987 eingeführte Schmalband-ISDN.

Zusätzlich findet im Bereich der „Workstations" (Arbeitsplatzrechner) eine rasante Entwicklung statt. Die Architekturen dieser Systeme werden immer leistungsfähiger. Auch im Bereich der Ein-/Ausgabe werden leistungsfähigere Geräte, wie z.B. hochauflösende Farbbildschirme, zu immer günstigeren Preisen verfügbar. Alle diese Entwicklungen führen dazu, daß sich der Arbeitsplatzrechner zu einer „Multimedia Station" entwickelt, die neben der Verarbeitung von Texten, Grafiken und Festbildern auch Sprache und Bewegtbilder unterstützen wird.

Durch die Integration verschiedener Medien in den Rechner werden ganz neue Anforderungen an Anwendungen, Betriebssysteme und Kommunikationssysteme gestellt. Unser Ziel ist es, die Anforderungen an das Transportsystem genauer zu untersuchen und Transportdienste zu entwerfen, die sowohl den neuen Anforderungen der Anwendungen, als auch den Möglichkeiten der neuen Netze Rechnung trägt.

3. Anforderungen multimedialer Anwendungen

Im folgenden Abschnitt werden wir anhand von zwei Beispielen die Kommunikationsanforderungen untersuchen, die von multimedialen Anwendungen an ein Transportsystem gestellt werden. Wir beschränken uns dabei auf die transportorientierten Aspekte, die für diese Anwendungsklasse typisch sind. Weitere sehr anwendungsspezifische Kommunikationsanforderungen werden sich erst im Laufe der Zeit genauer herauskristallisieren und können daher heute noch nicht detailliert beschrieben werden.

Im ersten Beispiel betrachten wir die Kommunikation zwischen zwei Anwendungsinstanzen, die Datenfiles, Raster-Grafiken und Bewegtbilder miteinander austauschen. Dabei werden die Benutzer i.a. besonderen Wert darauf legen, daß

- die Datenfiles absolut fehlerfrei,
- die Grafiken schnell und weitgehend fehlerfrei
- die Bewegtbilder in „Realzeit" d.h. ohne merkbare Verzögerung und mit konstanter Bildwechselfrequenz (flimmerfrei)

übertragen werden.

Diese Anforderungen lassen sich weiter präzisieren. Die Fehlerfreiheit der Datenfiles muß auf Bitebene gewährleistet sein. Ein einziges falsches Bit kann hier je nach Inhalt der Datenfiles untragbar sein. Auf der anderen Seite kommt es in der Regel bei der Übertragung nicht auf Sekundenbruchteile an. Die benötigte Bandbreite hängt von der Grösse des Files ab.

Für die Übermittlung von Raster-Grafiken ist die Korrektheit aller Bits i.a. nicht entscheidend. Wenn ein einzelner Farbwert in einem Bild, daß aus 1000 mal 1000 Punkten aufgebaut ist, verfälscht ist, so stört dies den optischen Eindruck des Gesamtbildes überhaupt nicht. Wenn hingegen ein ganzes Datenpaket verloren geht, so stellt sich dies dem Betrachter bestenfalls als „schwarzer Fleck" dar. Im ungünstigen Fall wird der gesamte Bildaufbau gestört. Auf der anderen Seite stellt eine 1000 mal 1000 Grafik mit acht Bit pro Bildpunkt bereits sehr hohe Anforderungen an die Übertragungsrate. Um eine Grafik dieser Auflösung schnell übertragen zu können, wird eine Übertragungsrate von mindestens 10 Mbit/s benötigt, also mehr als die meisten heutigen Kommunikationssysteme zur Verfügung stellen.

QOS:	Verzögerung (s)	Verzögerungsvarianz (ms)	Durchsatz (Mbit/s)	akzeptable Bitfehlerrate	akzeptable Paketfehlerrate
Sprache	0.25	10	0.064	$< 10^{-1}$	$< 10^{-1}$
Bewegtbild (TV Qualität)	0.25	10	100	10^{-2}	10^{-3}
Bewegtbild (komprimiert)	0.25	1	2 - 10	10^{-6}	10^{-9}
Daten (File Transfer)	1	-	2 - 100	0	0
Realzeit Daten	0.001 - 1	-	< 10	0	0
Festbild	1	-	2 - 10	10^{-4}	10^{-9}

Tabelle 1.   Verkehrsarten: Charakteristische Parameter-Werte

Die Zuverlässigkeitsanforderungen für unkomprimierte Bewegtbildübertragungen sind geringer als für Festbildübertragungen. Hier sind sogar verlorene Datenpakete erträglich, da sie innerhalb von Sekundenbruchteilen durch das Folgebild überlagert werden. In diesem Fall ist neben der maximalen Übertragungsverzögerung auch noch die Varianz der Übertragungsverzögerung ein wichtiger Qualitätsparameter. Während eine Verzögerung im Sekundenbereich dem Benutzer nur lästig erscheint, würde eine stark schwankende Verzögerung die Qualität der Bildfolge unerträglich beeinflussen. In Tabelle 1 werden die wichtigsten Qualitätsparameter für verschiedene Anwendungen zusammengefaßt.

Das unterschiedliche zeitliche Verhalten solcher Verkehrsarten läßt sich in drei Klassen einteilen:

isochroner Verkehr: Der zeitliche Abstand zwischen zwei Nachrichten (Service Data Units) ist auf Sende- und Empfangsseite identisch. D.h. alle Datenpakete werden mit der gleichen Verzögerung übertragen (minimale Varianz der Übertragungsverzögerung).

synchroner Verkehr: Die Übertragungsverzögerung ist für alle Pakete beschränkt   .

asynchroner Verkehr: Es bestehen keine Beschränkungen für Verzögerung und Verzögerungsschwankungen.

Sprach- und Bewegtbildkommunikation verlangen eine isochrone Übertragung. In der Praxis wird dies oft durch eine synchrone Übertragung mit genügend kleiner Verzögerung erreicht.

Ein zweites Beispiel ist eine Fortentwicklung heutiger Videokonferenzen. Um die technische Kooperation zwischen räumlich entfernten Benutzern zu unterstützen, ist es nötig, sogenannte Multimedia-Konferenzen zu unterstützen. Hierzu müssen einerseits die oben erwähnten Verkehrstypen unterstützt werden und andererseits noch folgende Anforderungen erfüllt werden:

1. In einem Konferenzsystem mit i.a. mehr als zwei Benutzern muss zunächst die Frage des Senderechtes gelöst werden, um sicherzustellen, daß zu einem Zeitpunkt nur ein (evtl. auch einige) Teilnehmer gleichzeitig Daten sendet (-den). Dies ist aber eine anwendungsspezifische Frage und kann nicht im Transportsystem gelöst werden.

2. Ist das Senderecht festgelegt, so sollen die Daten vom Sender möglichst gleichzeitig zu verschiedenen Benutzern transferiert werden. Diese Anforderung kann durch mehrfaches Senden an die einzelnen Konferenzteilnehmer nur ungenügend nachgebildet werden, da der Aufwand an der Transportschnittstelle proportional mit der Anzahl der Konferenzteilnehmer steigt. Um diese Aufgabe effizient erledigen zu können, muß das Transportsystem folgenden Anforderungen genügen:

   • mehrfaches Senden eines Datenpaketes an eine Gruppenkennung, bzw. an eine Liste von Empfängern (vergl.„7. Gruppenkommunikation").
   • die Verwaltung von Benutzergruppen und Gruppenkennungen (Group-Management) Je nachdem auf welcher Schicht das Transportsystem Multicasting unterstützt, läßt sich auf diese Weise nicht nur die Zahl der Kommunikationsaufrufe (Schnittstellenprimitive), sondern eventuell auch die Gesamtmenge der übermittelten Daten drastisch reduzieren.

3. Da zwischen den Kommunikationspartnern (Transportbenutzern) mehrere voneinander abhängige Kommunikationsbeziehunge bestehen können, sollte das Transportsystem eine Möglichkeit zur gemeinsamen Verwaltung solcher von einander abhängigen Kommunikationsbeziehungen bieten (vergl.„8. Call Management"). Diese Funktion ist allerdings auch bereits in einer Punkt-zu-Punkt-Kommunikationsbeziehung mit verschiedenen Verkehrsströmen nützlich.

In den folgenden Abschnitten wird dargestellt, wie die Transportdienst-Schnittstelle beschaffen sein muß, um die oben dargestellten Anforderungen möglichst vollständig und einfach an das Transportsystem weitergeben zu können.

4. Transportdiensttypen

Zur Zeit existieren zwei unterschiedliche standardisierte Transportdienste. Dies sind der verbindungslose, der auch als Datagramm-orientiert bezeichnet wird (Connectionless Transport

Service, CLTS) [I8072A1] und der verbindungsorientierte Transportdienst (Connection-oriented Transport Service, COTS) [ISO8072]. Sie stellen die Schnittstelle zwischen den transportorientierten Funktionen der unteren 4 Schichten und den anwendungsorientierten Funktionen der Schichten 5 bis 7 des OSI-Referenzmodells [ISO7498] dar. Durch die bereits angesprochene Integration unterschiedlicher Informationstypen werden neuartige Anforderungen an die Funktionalität der Transportdienste und deren Dienstgüte (Quality of Service, QOS) gestellt, die durch die standardisierten Dienste nicht erfüllt werden können und die daher Erweiterungen notwendig machen. Bevor auf diese Erweiterungen eingegangen wird, sollen zunächst die existierenden Dienste kurz vorgestellt werden, um aufzuzeigen für welche Klassen von Anwendungen sie geeignet erscheinen und wo sich Probleme ergeben.

4.1 Connectionless Transport Service (CLTS)

Der CLTS unterstützt die Übertragung von unabhängigen und in ihrer Größe begrenzten Nachrichten zwischen zwei Benutzern. Vor der Übertragung eines Datagramms werden keine Kommunikationsressourcen reserviert, sondern es wird konkurrierend auf sie zugegriffen. Geht man davon aus, daß im Normalfall ausreichend Ressourcen verfügbar sind, so wird auch ein Datagramm im überwiegenden Teil der Falle korrekt übertragen und empfangen. Im Überlastfall werden Datagramme dagegen vom Diensterbringer verworfen, ohne daß dies dem Benutzer angezeigt wird. Man spricht daher auch von einer unzuverlässigen Übertragung nach dem Send-and-Pray-Prinzip. Da eine Reservierung von Ressourcen nicht erfolgt, kann auch eine Dienstgüte durch den Diensterbringer nicht garantiert werden. Einem Benutzer ist es aber trotzdem erlaubt, diese beim Versenden eines Datagramms anzugeben, wie auch der Diensterbringer sich so weit wie möglich bemüht, diese Vorgaben einzuhalten. Eine Verfälschung eines Datagramms wird zwar vom Diensterbringer erkannt und das betroffene Datagramm verworfen, ohne dies jedoch dem Benutzer anzuzeigen. Weiterhin ist es in gekoppelten Netzen mit alternativen Wegen möglich, daß Datagramme in ihrer Reihenfolge zwischen Sender und Empfänger verändert werden. Ebenso ist eine Vervielfachung nicht auszuschließen.

Zusammenfassend kann festgestellt werden, daß der CLTS für Anwendungen geeignet ist, die kurze voneinander unabhängige Nachrichten austauschen und dabei auf eine zuverlässige Übertragung verzichten können.

Ein Beispiel für solche Anwendungen ist die periodische Übertragung von unkritischen Meßwerten in der Prozeßdatenverarbeitung zwischen Systemen, die Sensoren überwachen, und Systemen, die diese Meßwerte anzeigen oder auswerten. Wird ein Datagramm durch den Diensterbringer verworfen und geht damit ein Meßwert verloren, so wird dieser Fehler durch die Übertragung des nächsten Meßwertes behoben. Eine Überwachung der Übertragung und die Beseitigung des Fehlers durch wiederholtes Senden erscheint in diesem Fall nicht sinnvoll. Einerseits kann die benötigte Zeit für das wiederholte Senden größer als das Zeitintervall bis zur Übertragung eines neuen Meßwertes sein, was dazu führt, daß ein nicht mehr aktueller Wert übertragen und gleichzeitig die Übertragung des aktuellen Wertes ungewollt verzögert wird. Andererseits sind entsprechende Systeme in einer verteilten Umgebung zur Überwachung und Steuerung von technischen Prozessen i.a. so ausgelegt, daß sie Übertragungsfehler bis zu einem gewissen Grad tolerieren und in Ausnahmefällen sowieso besondere anwendungsspezifische Maßnahmen durchführen.

Erweiterungen des CLTS

Die folgenden erweiterten Formen sollten zusätzlich zum unzuverlässigen CLTS durch den Diensterbringer unterstützt werden und durch die Benutzer auswählbar sein:

- Durch das Initiieren eines *T-ERROR_indication*-Dienstelements erzeugt der Diensterbringer eine Fehleranzeige beim Sender, wenn ein Datagramm verworfen wurde. Dabei sollte auch der Grund für den Verlust (Verfälschung, Überlast oder Nicht-Erreichbarkeit des Endsystems) angezeigt werden.

- Ein *T-DELIVER_indication*-Dienstelement wird durch den Diensterbringer initiiert, um damit die korrekte Zustellung des Datagramms zu bestätigen (Provider Confirmed).

- Der Diensterbringer unterstützt eine *zuverlässige* Übertragung (z.B. durch wiederholtes Senden), wobei der Benutzer eine obere Zeitschranke angeben kann. Der Diensterbringer bricht den Übertragungsversuch ohne Anzeige ab, wenn das Datagramm dem Empfänger nicht in der vorgegebenen Zeit korrekt zugestellt werden konnte.

- Weiterhin sind Kombinationen aus den beschriebenen Grundformen denkbar.

Für die oben beschriebene Anwendung zur periodischen Übertragung von Meßwerten bringen diese Erweiterungen folgende Verteile:

- Wird dem Sender angezeigt, daß ein Datagramm aufgrund einer Verfälschung verworfen wurde oder ein Überlastfall vorliegt, so kann er einen alternativen Übertragungsweg (z.B. durch Source-Routing) wählen, wenn entsprechende Redundanzen im Netz vorhanden sind. Weiterhin kann er eine Rekonfiguration des verteilten Systems initiieren, wenn ein Endsystemausfall vorliegt.

- Durch den Einsatz einer zuverlässigen Übertragung unter Angabe einer oberen Zeitschranke, die kleiner als das Zeitintervall zwischen zwei aufeinanderfolgenden Meßwerten ist, können einzelne Meßwerte zuverlässig übertragen werden, ohne jedoch den jeweils aktuellsten Meßwert zu verzögern.

4.2 Connection-oriented Transport Service (COTS)

Der COTS gliedert sich in drei Phasen: In der Verbindungsaufbauphase wird eine Verbindung (transport connection, TC) zwischen zwei Benutzern etabliert. Durch die Reservierung von Kommunikationsressourcen beim Verbindungsaufbau ist es möglich mit dem Diensterbringer und dem entfernten Benutzer eine Dienstgüte durch die Angabe von QOS-Parametern auszuhandeln. Durch sie werden Charakteristiken wie Durchsatz, Übertragungsverzögerung, Restfehlerrate und Fehlerwahrscheinlichkeit bestimmt. Auf Erweiterungen bzgl. der Dienstgüte wird unten weiter eingegangen. Die Transportschicht unterstützt die optimale Nutzung der zur Verfügung stehenden Kommunikationsressourcen, um den kommunizierenden Benutzern die gewünschte Dienstqualität zu den günstigsten Kosten zu bieten.

In der Datentransferphase können gleichzeitig in beiden Richtungen Nachrichten auf einer TC übertragen werden. Die Übertragung von Nachrichten, die aus einer unbeschränkten Anzahl von Oktetts bestehen, ist transparent, d.h. Größe und Inhalt von Nachrichten bleiben durch den Diensterbringer unverändert wie auch keine Einschränkungen für deren Inhalt existieren. Die Übertragungsrate des Senders kann durch den Empfänger kontrolliert werden (Flußregelung). Weiterhin können Vorrangnachrichten übertragen werden, wenn dies zwischen beiden Benutzern beim Verbindungsaufbau vereinbart wurde. Sie unterliegen dabei einer separaten Flußregelung und ihre Größe ist auf 1 - 16 Oktetts beschränkt.

In der Verbindungsabbauphase kann eine TC bedingungslos durch jeden der beiden Benutzer abgebaut werden, wie auch durch den Diensterbringer der Abbruch einer TC angezeigt werden kann.

Der COTS ist also besonders für Anwendungen geeignet, die für einen meist längeren Zeitraum in einer Kommunikationsbeziehung stehen und die eine zuverlässige, flußgeregelte Übertragung von voneinander abhängigen Nachrichten in beiden Richtungen benötigen. Weiterhin soll für die Dauer der TC eine Dienstgüte durch den Diensterbringer weitestgehend garantiert werden. Beispiele für solche Anwendungen sind alle Arten der Übertragung von Massendaten (Bulk Transfers), wie z.B. File Transfer, oder Terminalanwendungen, wie z.B. „Remote Login".

Erweiterungen des COTS

Mögliche Erweiterungen des COTS sind:

- ISO definiert, daß eine zu übertragende Nachrichten (Transport Service Data Unit, TSDU) aus einer beliebigen Anzahl N von 8-Bit-Oktetts besteht (TSDU = N * 8-Bit-Oktett, N ist variabel). Da über eine TC meist mehrere Nachrichten übertragen werden, bedeutet dies für den Diensterbringer, daß er immer von Nachrichten variabler Länge ausgehen muß. Im Normalfall müssen also aufwendige Mechanismen bereitgestellt werden, die es ermöglichen, Nachrichten vor dem Versenden in Pakete aufzuteilen (segmenting) und diese beim Empfänger wieder zu Nachrichten zusammenzusetzen (reassembling). Es existeren aber auch Anwendungen, die ausschließlich Nachrichten fester Länge bzw. einer maximalen Länge austauschen. Beispiele dafür sind File-Transfers, die Dateiblöcke oder Bewegtbild-Anwendungen, die einzelne Bilder bzw. Halbbilder fester Länge übertragen. Durch die Angabe einer *festen bzw. maximalen Nachrichtenlänge* zum Zeitpunkt des Verbindungsaufbaus läßt sich die Speicherallokierung bzw. -Verwaltung in den kommunizierenden Transportinstanzen optimal auf die Nachrichtenlänge der Anwendung anpassen. Dies hat eine Vereinfachung der benötigten Transportmechanismen und damit letztendlich auch ein Leistungsgewinn für die Benutzer zur Folge.

- Weiterhin sollte die Definition einer Nachricht so verallgemeinert werden, daß neben einem Nachrichtenstrom auch Bit- und Oktettströme auf einer TC unterstützt werden können. Dies kann durch die Einführung einer *logischen Dateneinheit* (Logical Data Unit, LDU) geschehen, deren Länge aus einer festen Anzahl M von Bits besteht (LDU = M * Bit). Eine Nachricht besteht somit aus einer beliebigen Anzahl N von logischen Dateneinheiten fester Länge (TSDU = N * LDU), wobei für die Nachrichten einer TC der Wert N als fest oder variabel vereinbart werden kann.

- Durch den Aufbau einer TC wird nach ISO immer ein Nachrichtenaustausch in beiden Richtungen unterstützt, auch wenn Anwendungen nur eine dieser Richtungen nutzen. Da für eine TC immer Kommunikationsressourcen für beide Richtungen vom Diensterbringer reserviert werden, können die ungenutzten Ressourcen nicht von gleichzeitig existierenden TCs genutzt werden. Ist dem Diensterbringer die *unidirektionale Nutzung der TC* bereits zum Zeitpunkt des Verbindungsaufbaus bekannt, so ist auch eine entsprechende Reservierung für nur eine Richtung möglich.

- Für die isochrone Übertragung von Sprache und Bewegtbildern ist es notwendig die *Fehlererkennung und -behebung* für die Anwendung *optional* zu gestalten. Es erscheint z.B. beim Fernsehen sinnlos, verfälschte Bilder bzw. Halbbilder wiederholt zu übertragen, weil ein durch Verlust oder Verfälschung hervorgerufenes Rauschen durch die folgenden korrekt übertragenen Bildinformation beseitigt wird. Eine Fehlerbehebung durch Vorwärtskorrektur ist dagegen denkbar. Dies setzt jedoch eine Fehlererkennung voraus und muß dann in Realzeit erfolgen. Man geht i.a. von einem zuverlässigen Etablieren einer TC aus, besonders wenn eine Dienstgüte für die folgende Datentransferphase ausgehandelt und garantiert werden soll. Dagegen lassen sich zur Erkennung und Behebung von Übertragungsfehlern, wie Verlust, Verfälschung, Vervielfachung und Reihenfolgeveränderung von Nachrichten während der Datentransferphase die folgenden Strategien identifizieren.

Ungesichert	Es wird weder Fehlererkennung noch -behebung durchgeführt, d.h. es werden auch fehlerhafte Nachrichten dem Benutzer übergeben.
Gesichert	Beim Erkennen eines Fehlers wird die Nachricht dem empfangenden Benutzer mit einer entsprechenden Fehlerkennung übergeben. Mit einem zusätzlichen Parameter des T-DATA_indication-Dienstelements wird angezeigt, daß eine Nachricht entweder *korrekt* übertragen, vom Diensterbringer *verworfen bzw. verfälscht*, oder in ihrer *Reihenfolge verändert* wurde.
Zuverlässig	Beim Erkennen eines Fehlers wird versucht den Fehler zu beheben. Scheitert der Versuch, erfolgt ein Abbruch der TC durch den Diensterbringer.

Die Auswahl einer Fehlerstrategie kann, wie in „5. Dienstgüte" dargestellt, über die Angabe einer *Zuverlässigkeitsklasse* erfolgen.

- Bei der Unterstützung der Flußregelung wird davon ausgegangen, daß über eine TC Anwendungen auf heterogenen Rechnern kommunizieren, die unterschiedliche Verarbeitungsraten unterstützen, d.h., daß Daten mit einer höheren Rate gesendet werden, als sie empfangen werden können. Durch die Integration von Sprache und Bewegtbildern netz- und anwendungsseitig muß auch die Übertragung zwischen Endsystemen unterstützt werden, die isochron Daten erzeugen und verarbeiten (z.B. Bildschirmtelefon, Videokonferenz, Fernsehverteilung). Für solche Anwendungen ist die *Flußregelung im COTS* nicht akzeptabel und sollte daher *optional* vom Benutzer anforderbar sein.

- Der durch ISO definierte COTS erlaubt die Aushandlung einer Dienstgüte zwischen den Dienstbenutzern und dem -erbringer. Diese Dienstgüte bleibt dann für die Dauer der TC erhalten, wenn nicht der Diensterbringer aus netzinternen Gründen eine Reduzierung vornehmen muß. Eine solche Reduzierung sollte durch den Diensterbringer unter Nutzung eines *T-QOS-REPORT_indication*-Dienstelements angezeigt werden. Der Benutzer kann dann entscheiden, ob auch mit der reduzierten Dienstgüte eine sinnvolle Kommunikation möglich ist, oder ein Abbruch erfolgen muß.

4.3 Request/Response Transport Service (RRTS)

Zwischen Anwendungsinstanzen, die typischerweise in einer Client/Server-Beziehung (Remote Procedure Call [Birr84],[Lyon84], [NCS89]Network File System [Sand85] Remote Shell, etc.) stehen, werden oft kurze aber zuverlässige Request/Response-Nachrichten ausgetauscht. Ein CLTS unterstützt eine solche Kommunikationsbeziehung nicht besonders gut, weil der Client nicht entscheiden kann, ob eine Response-Nachricht ausbleibt, weil die Request- bzw. Response-Nachricht verworfen wurde, oder ob der Server die Verarbeitung des Requests noch nicht beendet hat und daher noch keine Response-Nachricht senden konnte. Daher muß die Client-Instanz den Request zeitüberwachen und nach deren Ablauf die Request-Nachricht wiederholt senden. Auf der Server-Seite muß somit erkannt werden können, ob eine eintreffende Request-Nachricht eine Wiederholung eines bereits empfangenen Requests ist, um sie dann entweder zu ignorieren, wenn der Request noch bearbeitet wird, oder um die Response-Nachricht wiederholt zu senden. Auf der Client-Seite muß ebenfalls erkannt werden, ob eine Response-Nachricht eine Wiederholung darstellt, die dann ignoriert werden muß. Die Anwendung muß also die Mechanismen für eine zuverlässige Übertragung selbst implementieren.

Nutzen Client/Server-Anwendungen den COTS, so kann der Client wie auch der Server davon ausgehen, daß die Request- bzw. Response-Nachricht zuverlässig übertragen wird. Nur beim Abbruch einer TC durch den Diensterbringer können Nachrichten verworfen werden. In diesem Fall muß der Client seinen eindeutig identifizierbaren Request erneut auf einer neu etablierten TC wiederholen, wobei davon ausgegangen wird, daß der Server seine Response-Nachricht solange behält bis die entsprechende TC korrekt durch den Client abgebaut wurde und damit die korrekte Beendigung anzeigt. Das Halten der Response-Nachricht durch den Server ist nicht erforderlich, wenn der Server keine Zustandsinformationen hält (idempotent). Dadurch können Requests beliebig oft durch den Client wiederholt werden, bis er korrekt vom Server empfangen und mindestens einmal ausgeführt wird. Nachteil für Client/Server-Anwendungen bei der Nutzung eines COTS ist die implizite Übertragung von zusätzlichen Quittungspaketen. Die Anzahl der zu übertragenen PDUs könnte optimiert werden, wenn der Diensterbringer Wissen über die Art der Kommunikationsbeziehung (Request/Response) besitzt. So wird durch die Synchronität einer Request/Response-Kommunikationsbeziehung die korrekte Übertragung der Request-Nachricht implizit durch das korrekte Eintreffen der Response-Nachricht beim Client quittiert, wie auch die korrekte Übertragung der Response-Nachricht durch das Eintreffen einer neuen Request-Nachricht beim Server implizit bestätigt wird.

Dienstelement	T-TRANSACTION			
Parameter	request	indication	response	confirmation
Source Address	X	X(=)		.
Destination Address	X	X(=)		
Quality of Service	X	X		
TS User Data	X	X(=)	X	X(=)

Tabelle 2. **Request/Response Dienst:** Parameterbenutzung

Da diese Request/Response-Kommunikationsbeziehungen häufig in verteilten Betriebssystemen genutzt werden, ist die Einführung eines optimierten Request/Response Transport Service (RRTS) sinnvoll, der aus folgenden Dienstelementen:

- T-TRANSACTION_request /indication /response /confirmation
- T-TRANSACTION-ABORT_indication

besteht. Die Parameter werden wie in Tabelle 2 gezeigt benutzt.

Beim Auftreten nicht-behebbarer Fehler wird vom Diensterbringer dem Initiator ein T-TRANSACTION-ABORT_indication-Dienstelement zugestellt und damit der Abbruch angezeigt.

Für die Realisierung eines solchen Dienstes existieren auch bereits Vorschläge für Transportprotokolle, wie z.B. Delta-t [Wats89], VMTP [Cher86] und XTP [Wayl89], die eine entsprechende Optimierung der zu übertragenden Pakete unterstützen.

5. Dienstgüte

Während früher die Anforderungen an den Transportdienst sehr homogen waren, werden in der Zukunft durch die Integration unterschiedlicher Informationstypen bzw. Datenströme auch sehr unterschiedliche Dienstgüten unterstützt werden müssen. Im ISO-Transportdienststandard [ISO8072] sind verschiedene Dienstgüte-Parameter (QOS-Parameter) festgelegt doch werden sie von heutigen Implementierungen in der Regel nicht unterstützt. Dies liegt einerseits an den Schwierigkeiten, die mit der Überwachung und Sicherstellung dieser Parameter verbunden sind, zum anderen aber auch daran, daß der Zusammenhang zwischen Protokoll, Dienstelementen und Netzmanagement durch die ISO-Standards nicht eindeutig festgelegt ist. Drittens entsprechen die dort festgelegten Parameter nur zum Teil den Anforderungen der Anwendungen. Durch die Einführung der o.a. *T-QOS_REPORT-indication* (s. „Erweiterungen des COTS") wird der Zusammenhang zum Netzmanagement für den COTS in einer sinnvollen und implementierbaren Weise geklärt.

Da die Dienstgüte eng mit dem jeweiligen Transportdienst verbunden ist, werden im folgenden die wichtigsten Dienstgüteparameter getrennt für die drei Diensttypen betrachtet.

5.1 QOS-Parameter für den CLTS

Im ISO 8072 Addendum 1 werden vier Dienstgüteparameter für den CLTS definiert:

1. Übertragungsverzögerung
2. Sicherheitsklassen
3. Restfehlerrate
4. Priorität

Da der CLTS keinen Mechanismus zur Ablehnung der angeforderten Dienstgüte besitzt, können diese Parameter nur unverbindlichen Charakter haben. In der Praxis kann auf eine Implementierung der ersten beiden Parameter wohl ganz verzichtet werden. Da der CLTS ein inhärent unzuverlässiger Dienst ist, erscheint die Angabe der Restfehlerrate nur sinnvoll, wenn sie auch zur Festlegung der Fehlerkontroll-, bzw. Fehlerkorrektur-Mechanismen herangezogen wird. Ein Prioritätenschema erscheint dagegen sehr nützlich. Insbesondere könnte es dazu benutzt werden, im Überlastfall wichtige von unwichtigen Daten zu trennen.

5.2 QOS-Parameter für den RRTS

Im Unterschied zum CLTS ist der RRTS ein zuverlässiger Transportdienst. Daher kommt den QOS-Parameters im RRTS eine höhere Bedeutung zu. Neben der Restfehlerwahrscheinlichkeit ist hier vor allem die maximale Antwortzeit eine wichtige Größe. Sie definiert, wie lange der RRTS-Benutzer bereit ist, auf das zu einem ausgesandten T-TRANSACTION_request gehörige T-TRANSACTION_confirm zu warten. Wird diese Zeit überschritten, so muß vom Transportsystem ein T-TRANSACTION_ABORT_indication Dienstelement generiert werden. Da die „Response" auf ein „Request" von einer einfachen Quittung bis zu einem langen Datenfile reichen kann, ist auch ein Parameter zur Charakterisierung der erwarteten Antwortlänge bzw. des benötigen Durchsatzes sinnvoll. Diese Information erlaubt es dem Transportsystem, entsprechende Kommunikationsressourcen auszuwählen, bzw. den „Request" sofort zurückzuweisen.

5.3 QOS-Parameter für den COTS

Eine wesentliche Bedeutung kommt den QOS-Parametern im COTS in der Beziehung zwischen den Benutzern und dem Diensterbringer zu. Erstens ist hier eine Verhandlung, d.h. Abstimmung über die QOS-Werte zwischen den Kommunikationspartnern möglich. Zweitens bieten die zugrunde liegenden verbindungsorientierten Protokolle Möglichkeiten zur Sicherstellung einiger der ausgehandelten Werte. Drittens können die angegebenen Parameter zur Verwaltung von Kommunikationsressourcen (z.B. Bandbreitenreservierung) durch das Transportsystem verwendet werden. Im ISO-Standard werden eine Reihe von QOS-Parametern definiert, die zum Teil nur von sehr untergeordneter Bedeutung sind (z.B. die TC Abbau-Fehlerwahrscheinlichkeit). Wir beschränken uns hier auf die Betrachtung der QOS-Parameter, die für die zukünftigen Anwendungen in Breitband-Netzen, insbesondere also multimediale Kommunikation, eine wichtige Rolle spielen werden.

Durchsatz (Throughput)

Dieser Parameter ist bereits heute vorhanden. Es wird der maximale und der durchschnittliche geforderte Durchsatz pro Kommunikationsrichtung angegeben. Obwohl die Richtungsabhängigkeit bisher praktisch nicht verwendet wird, kommt ihr mit Hinblick auf die Integration von Bewegtbildanwendungen eine wichtige Rolle zu. In der Zukunft wird zur besseren Ressourcen-Planung eine bessere Beschreibung der Durchsatz-Charakteristik (*Burstiness*) erforderlich sein. Wie dieser „Burstiness"-Parameter aussehen muß, ist zur Zeit noch offen.

Übertragungsverzögerung (Transit Delay)

Die richtungsabhängige Definition der maximalen und durchschnittlichen Übertragungsverzögerung reicht aus. Zusätzlich wird hier die Varianz (Delay Jitter) benötigt. Als Beispiel dient die Bewegtbildübertragung: es ist in der Regel kein Problem, wenn zwischen Senden und Empfangen eine kleine Verzögerung liegt. Nichtakzeptabel ist es allerdings, wenn die Bildwechselfrequenz starken Schwankungen unterworfen ist.

Zuverlässigkeitsklassen

Wie in „3. Anforderungen multimedialer Anwendungen" dargestellt haben die verschiedenen möglichen Übertragungsfehler für verschiedene Anwendungen unterschiedliche Bedeutung. Um nun die in „4.2 Connection-oriented Transport Service (COTS)" dargestellten Fehlerbehandlungsstrategien sinnvoll festlegen zu können sollte der Benutzer eine Zuverlässigkeitsklasse auswählen können. Denkbar wären die in Tabelle 3 dargestellten Klassen.

Klasse	Bitfehler	Paketfehler
1	*keine Sicherung*	*keine Sicherung*
2	*keine Sicherung*	*Sicherung mit Anzeige*
3	*Sicherung mit Anzeige*	*Sicherung mit Anzeige*
4	*keine Sicherung*	*Sicherung mit Behebung*
5	*Sicherung mit Behebung*	*Sicherung mit Behebung*

Tabelle 3. **Zuverlässigkeitsklassen:** zur Fehlerbehandlung

Restfehlerrate

Geht man davon aus, daß die verbleibende Rate nicht erkannter Fehler i.a. sehr gering ist, und berücksichtigt man weiterhin, daß auch oberhalb der Transportschnittstelle noch sporadische Fehler auftreten können, d.h., daß eine absolute Zuverlässigkeit von Benutzer zu Benutzer ohnehin nicht gewährleistet werden kann, so kann auf die explizite Angabe der Restfehlerrate verzichtet werden.

6. Unterstützung von Multimedia-Anwendungen

Neben der Kommunikation zwischen zwei Benutzern (Punkt-zu-Punkt- bzw. Individualkommunikation) erfordern verteilte Anwendungen, wie z.B. Computer- und Videokonferenzsysteme oder das Joint-Editing von Dokumenten, im zunehmenden Maße auch Kommunikationsbeziehungen zwischen einer größeren Anzahl von Benutzern (Punkt-zu- Mehrpunkt- bzw. Gruppenkommunikation). Diese Gruppenkommunikationsbeziehungen werden durch die heutigen standardisierten Transportdienste nicht unterstützt, so daß das Management solcher Kommunikationsbeziehungen den Anwendungen bzw. den Benutzern überlassen bleibt.

Benutzerfreundlichere und effizientere Lösungen sind erreichbar, wenn der Diensterbringer Kentnisse über die Art des Anwendungskontextes und der Kommunikationsbeziehungen besitzt und sie somit für das interne Management einzelner oder auch mehrerer TCs und für optimierte Verfahren zur Reservierung von Kommunikationsressourcen nutzen kann. Die Transportdienste müssen also durch Funktionen erweitert werden, die eine Absprache zwischen den Dienstbenutzern und dem Diensterbringer über die Art der Kommunikationsbeziehungen ermöglichen. Dabei kann zwischen zwei Funktionsklassen unterschieden werden.

In die erste Klasse gehören die Funktionen zur Erweiterung des Connection Managements, um neben den Punkt-zu-Punkt- auch Punkt-zu-Mehrpunkt-TCs unterstützt zu können, wodurch sich zunächst Gruppenkommunikationsbeziehungen für Monomedia-Anwendungen effizienter realisieren lassen. In Abschnitt 7 werden diese Erweiterungen des Connection Managements diskutiert.

Zur zweiten Klasse gehören die Funktionen des Call Managements, um mehrere TCs mit unterschiedlicher Dienstgüte und Optionen gemeinsam verwalten und damit Gruppenkommunikationsbeziehungen für Multimedia-Anwendungen unterstützen zu können. In Abschnitt 8 wird das Call Management vorgestellt.

7. Gruppenkommunikation

Kommunikation in einer Gruppe bedeutet zunächst, daß die durch einen Benutzer gesendeten Nachrichten gleichzeitig an mehrere Empfänger gesendet werden. Da solche Benutzergruppen auch über den Zeitraum der Existenz einer einzelnen Kommunikationsbeziehung hinaus Bedeutung haben können, wird eine Trennung zwischen Gruppenkommunikationsdiensten und Diensten zum Gruppenmanagement vorgenommen. Wir beschränken uns an dieser Stelle auf die Beschreibung der Erweiterungen der Transportdienste zur Unterstützung von Gruppenkommunikation, weil die Verwaltung von Gruppen mehr zu einem schichtenübergreifenden Management gehört. Die Adressierung einer Gruppe kann dabei entweder durch eine Liste von Teilnehmeradressen der einzelnen Mitglieder oder durch eine Gruppenadresse erfolgen, die zuvor unter Nutzung des Gruppenmanagementdienstes erzeugt wurde.

7.1 CLTS

Gegenüber dem unzuverlässigen Punkt-zu-Punkt-CLTS unterscheidet sich die Gruppenkommunikationsbeziehung nur dadurch, daß versucht wird ein Datagramm an mehrere Benutzer zu übertragen. Dabei ist es möglich, daß ein Datagramm von keinem oder nur einem Teil der Gruppenmitglieder empfangen wird.

In einer Gruppenkommunikationsbeziehung mit *Fehleranzeige* wird ein T-ERROR_indication-Dienstelement immer dann vom Diensterbringer initiiert, wenn mindestens einem Mitglied der Gruppe das Datagramm nicht korrekt zugestellt werden konnte. Die betroffenen Empfänger sind für den Sender i.a. aber nicht aus der Fehleranzeige erkennbar.

Wird vom Sender eine *Bestätigung* für den korrekten Empfang eines Datagramms angefordert, so initiiert der Diensterbringer ein T-DELIVER_indication-Dienstelement nur dann, wenn allen Mitgliedern der Gruppe das Datagramm korrekt zugestellt werden konnte.

Eine *zuverlässige* Übertragung ist beendet, wenn alle Mitglieder der Gruppe das Datagramm korrekt empfangen haben oder sie wird nach einer vorgegebenen Zeit abgebrochen. In dieser Zeit ist es möglich, daß ein Teil der Gruppenmitglieder das Datagramm korrekt empfangen haben.

7.2 RRTS

Eine Request/Response-Gruppenkommunikationsbeziehung zeichnet sich durch das Versenden einer Request-Nachricht von einem Client zu mehreren Servern aus, die ihrerseits jeweils eine Response-Nachricht an den Client zurücksenden. Die Übertragung der Nachrichten erfolgt zuverlässig, d.h. erkannte Fehler werden versucht zu beheben. Bei nicht-behebbaren Fehlern ist der Abbruch von der Erfüllung einer Erfolgsbedingung abhängig, die obligatorische und optionale Server unterscheidet bzw. eine Anzahl von Servern vorgibt, die mindestens erreichbar sein und antworten müssen. Da mehrere Server jeweils eine Response-Nachricht an den Client senden, werden auch mehrmals T-TRANSACTION_indication-Dienstelemente durch den Diensterbringer initiiert. Um zwischen einer Response-Nachricht, der noch weitere Nachrichten folgen, und der letzten Nachricht zu unterscheiden, wird eine zusätzlicher Parameter erforderlich, der eine entsprechende Kennzeichnung erlaubt.

7.3 COTS

Der auf Punkt-zu-Mehrpunkt-TCs erweiterte COTS beschränkt sich auf die Unterstützung der unidirektionalen Übertragung von Nachrichten zwischen einem Sender, der die TC etabliert (Initiator), und mehreren Empfängern. Sollte von einem oder mehreren Empfängern auch die Rückrichtung zum Initiator benötigt werden, so kann dies durch das gemeinsame Etablieren von entsprechenden in der Rückrichtung unidirektionalen TCs mit Hilfe des Call Managements (s. Abschnitt 8) realisiert werden.

Das Etablieren einer TC erfolgt immer zuverlässig, um sicherzustellen, daß die ausgehandelten Optionen sowie die Dienstgüte allen Mitgliedern der Gruppe bekannt sind. Weiterhin ist das Etablieren von der Erfüllung einer vom Initiator vorgegebenen Erfolgsbedingung abhängig. Diese kann z.B. durch die Angabe von obligatorisch oder optional erreichbaren Benutzern definiert werden. Eine TC ist also nur dann erfolgreich etabliert, wenn mindestens alle obligatorischen Mitglieder einer Gruppe erreicht werden konnten. Ein weiteres Kriterium könnte auch durch die Angabe einer Anzahl N von Mitgliedern definiert werden, die mindestens erreicht werden müssen ($1 < = N < =$ Anzahl der Gruppenmitglieder).

Bei einer *ungesicherten* Datentransferphase ist es möglich, daß Mitglieder der adressierten Gruppe eine Nachricht korrekt empfangen und dieselbe Nachricht anderen Mitgliedern fehlerhaft übergeben wird.

Ist die Übertragung in der Datentransferphase *gesichert*, so können Nachrichten eventuell nur von einem Teil der Gruppenmitglieder empfangen werden, wie auch die *Anzeige von Fehlern* durch den Diensterbringer nur bei einigen Mitgliedern erfolgen kann, auch dann, wenn die Nachricht den restlichen Mitgliedern korrekt übergeben werden konnte.

Wurde beim Etablieren einer TC eine *zuverlässige* Übertragung für die Datentransferphase angefordert, so sollten nicht-behebbare Fehler zwischen dem Sender und einem oder mehreren Empfängern nicht grundsätzlich zum vollständigen Abbruch der TC führen, sondern nur den betroffenen Pfad freigeben. Der Abbruch sollte dagegen vom Eintreten einer Bedingung abhängig gemacht werden, die mit der Erfolgsbedingung beim Etablieren einer TC identisch ist und zwischen obligatorische bzw. optionale Gruppenmitglieder unterscheidet oder durch eine Anzahl von Mitgliedern angegeben werden kann, die mindestens noch erreichbar sein müssen, damit die TC weiter existieren kann.

Wurde beim Etablieren einer Punkt-zu-Mehrpunkt-TC die Unterstützung einer Flußregelung angefordert, so steuert implizit der Empfänger mit der geringsten Verarbeitungsrate die Übertragungsrate des Senders.

8. Call Management

Multimedia-Anwendungen erfordern nicht nur die bereits beschriebenen Erweiterungen von Diensttypen und Dienstgüteparametern, sondern stellen auch neuartige Anforderungen an das gemeinsame Management mehrerer TCs. Ausgangpunkt für eine Diskussion ist dabei, daß die Dienstgüte einer TC beim Etablieren ausgehandelt und dann während ihrer gesamten Lebensdauer konstant bleibt und vom Benutzer nicht verändert werden kann. Dies bedeutet zunächst für Multimedia-Anwendungen, daß für jeden zu übertragenen Informationstyp eine getrennte TC existieren muß. Aus der Sicht der Anwendung steht die Übertragung der unterschiedlichen Informationstypen aber in einem gemeinsamen Kontext und daher müssen auch die entsprechenden TCs gemeinsam verwaltet werden.

Ein Beispiel für eine Multimedia-Anwendung und die daraus resultierenden Probleme ist der Zugriff auf eine Multimedia-Datenbank, aus der Datensätze abgerufen werden sollen, die z.B. aus den Informationstypen Text, Festbilder, Sprache- und Bewegtbildsequenzen bestehen. Zur Übertragung der unterschiedlichen Informationstypen muß also jeweils eine TC mit einer entsprechenden Dienstgüte existieren. Dabei muß zwischen TCs unterschieden werden, die gleichzeitig (parallel, z.B. Sprache und Bewegtbilder) oder zeitlich nacheinander (sequentiell, z.B. Text und Festbilder) genutzt werden. Da die parallel genutzten TCs zu Beginn der Kommunikationsbeziehung einzeln nacheinander durch die Anwendung etabliert werden müssen, kann dies zu Deadlock-Problemen führen, wenn mehrere Anwendungen gleichzeitig auf die begrenzten Kommunikationsressourcen zugreifen. Auch für die sequentiell übertragenen Informationstypen muß jeweils eine TC bereits zu Beginn der Kommunikationsbeziehung etabliert werden, wenn die Übertragung zu jedem Zeitpunkt der Kommunikationsbeziehung garantiert werden soll. Der Grund dafür ist, daß nur durch das Etablieren einer TC entsprechende Kommunikationsressourcen für den Benutzer durch den Diensterbringer reserviert werden. Für sequentiell genutzten TCs ist dieses Verfahren aber besonders nachteilig, da die reservierten Kommunikationsressourcen nur zu einem Teil genutzt werden und damit einerseits unnötige Kosten für den Benutzer anfallen, wie auch andererseits eine optimale Nutzung der Ressourcen aus der Sicht des Netzbetreibers nicht gewährleistet ist. Bei normaler Beendigung einer Multimedia-Anwendung bleibt es ihr selbst in einem aufwendigen Verfahren überlassen, alle zum Anwendungskontext gehörenden TCs aktiv abzubauen. Dies muß auch dann erfolgen, wenn eine oder mehrere TCs durch den Diensterbringer abgebrochen werden und damit die Kommunikation über die restlichen TCs im Anwendungskontext sinnlos geworden ist.

Weiterhin werden durch Multimedia-Anwendungen neben den TCs, die über die gesamte Lebensdauer einer Kommunikationsbeziehung existieren, auch nach Bedarf nachträglich TCs etabliert bzw. auch vorzeitig abgebaut. Dies ist immer dann der Fall, wenn zu Beginn einer Kommunikationsbeziehung noch nicht feststeht, ob überhaupt, zu welchem Zeitpunkt und wie lange die Kommunikation mit einem weiteren Informationstyp notwendig wird. Es kann dabei aber durchaus sinnvoll sein, die Dienstgüte dieser potentiellen erst zu einem späteren Zeitpunkt existierenden TCs bereits zu Beginn der Kommunikationsbeziehung zwischen den Benutzern und dem Diensterbringer auszuhandeln. Z.B. könnte damit einem Benutzer, der auf eine Multimedia-Datenbank zugreifen möchte, bereits zu Beginn der Kommunikation angezeigt werden auf welche Datensätze mit welchen Informationstypen er zugreifen kann und auf welche dies nicht möglich ist, weil z.B. der Netzanschluß seines lokalen Endsystems keine entsprechende Übertragungskapazitäten besitzt. Da die Aushandlung einer Dienstgüte aber ausschließlich beim Etablieren einer TC möglich ist, werden Multimedia-Anwendungen für solche Fälle nicht durch die heutigen Transportdienste unterstützt.

Betrachtet man das heutige Connection Management, so können auch keine Relationen von Dienstgüte zwischen verschiedenen TCs definiert werden, wie z.B. die Forderung nach einer abgestimmten Übertragungsverzögerung zwischen einer TC auf der Bewegtbilder und einer TC auf der der dazugehörige Ton übertragen wird, um damit Lippensynchronität zu gewährleisten. Dabei ist nicht der absolute Wert der Übertragungsverzögerung ausschlaggebend, sondern die auszuhandelnden Werte beider TCs müssen aufeinander abgestimmt sein.

Den aufgezeigten Problemen kann nur dadurch begegnet bzw. Multimedia-Anwendungen können nur besser durch die Transportdienste unterstützt werden, wenn der Diensterbringer Kenntnisse über die Art des Anwendungskontextes bzgl. der Kommunikationsaspekte besitzt und sie somit für das interne Management mehrerer TCs und für optimierte Verfahren zur Reservierung von Kommunikationsressourcen nutzen kann. Durch die Einführung eines Call Managements an der Transportdienstschnittstelle, das über das Connection Management hinausgeht, erhält der Benutzer die Möglichkeit, auch komplexere Kommunikationsbeziehungen, die sich auf die synchronisierte Nutzung mehrerer TCs beziehen, mit den entfernten Benutzern bzw. dem Diensterbringer auszuhandeln. Ansätze für die Definition eines Call Managements zur Unterstützung von Multimedia-Anwendungen sind bereits im Rahmen des RACE-Projektes 1044 [RACE89] erarbeitet worden. Die dort vorgeschlagenen Konzepte und Dienstelemente beziehen sich zwar auf die Anwendungsschicht, können aber auch mit entsprechenden Änderungen als Vorbild für die Erweiterung des Transportdienstes dienen.

Voraussetzung für die Einführung eines Call Managements ist die Erweiterung der Struktur eines Dienstzugangspunktes. Zur Zeit sieht das OSI-Referenzmodell zwischen den Instanzen der transport- und der anwendungsorientierten Schichten Transportdienstzugangspunkte (Transport Service Access Points, TSAP) vor, an denen Transportdienste bereitgestellt bzw. genutzt werden. Der Endpunkt einer TC innerhalb eines TSAPs wird als Transport Connection Endpoint (TCEP) bezeichnet. TCEPs werden durch eindeutige Kennungen identifiziert, da über einen TSAP mehrere TCs gleichzeitig existieren können. Um nun ein Call Management zu unterstützen, wird ein zusätzlicher Transport Call Endpoint (TAEP) eingeführt (s. Abb. 2), womit mehrere TCs eines TSAPs zusammengefaßt und über eine eindeutige Kennung identifiziert werden können. Die Elemente des verbindungsorientierten Transportdienstes zur Unterstützung des Call Managements sind:

T-CALL: ersetzt das T-CONNECT-Dienstelement. Durch die Initiierung können gleichzeitig mehrere TCs zu einem oder unterschiedlichen Partnern mit einem Call etabliert werden. Jede TC wird dabei durch die Angabe eines Parametersatzes beschrieben, der die Adressen der Kommunikationspartner, die vorgeschlagenen bzw. bestätigten QOS-Parameter, die Optionen und die Benutzerdaten definieren. Weiterhin werden die Relationen zwischen den in einem Call zusammengefaßten TCs definiert. Dies umfaßt z.B. die Parallelität bzw. Sequentialität von TCs oder die Übereinstimmungen bzw. die erlaubten Abweichungen zwischen QOS-Parametern. Schließlich wird zwischen obligatorischen und optionalen TCs unterschieden. Obligatorische TCs werden durch den Call etabliert und existieren bis zu seinem Abbau. Optionale TCs können dagegen zu einem beliebigen Zeitpunkt nach dem Etablieren und vor dem Beenden eines Calls durch Initiierung der entsprechenden Dienstelemente aktiviert bzw. deaktiviert werden. Bei der

Initiierung eines Calls können zusätzlich zu den Parametern der obligatorischen auch diejenigen der optionalen TCs angegeben werden, um damit bereits zu Beginn die Möglichkeit ihres späteren Etablierens mit den entfernten Kommunikationspartnern bzw. dem Diensterbringer abklären zu können. Nach dem Akzeptieren eines Calls ist jede TC durch einen eindeutigen TCEP identifizierbar. Die obligatorischen TCs werden gleichzeitig aktiviert, d.h. es können sofort Benutzerdaten übertragen werden. Im Gegensatz dazu müssen optionale TCs erst noch durch den Benutzer aktiviert werden, bevor Daten übertragen werden können. Auf aktiven parallelen TCs können zu jedem Zeitpunkt unabhängig voneinander vom Benutzer Daten übertragen werden. Auf aktiven sequentiellen TCs muß dagegen der Benutzer sicherstellen, daß Daten nur zeitlich nacheinander gesendet bzw. empfangen werden. Dabei können die beiden Übertragungsrichtungen von bidirektionalen sequentiellen TCs unabhängig voneinander bedient werden.

T-RELEASE: ersetzt das T-DISCONNECT-Dienstelement. Es wird ein Call beendet, indem alle noch aktiven TCs abgebaut werden. Beim Auftreten von nicht-behebbaren Fehlern, kann ein Call aber auch durch den Diensterbringer abgebrochen werden, was durch das Inititieren des T-RELEASE-Dienstelements dem Benutzer angezeigt wird.

T-ACTIVATE: eine oder mehrere optionale TCs werden aktiviert.

T-DEACTIVATE: eine oder mehrere optionale TCs werden deaktiviert.

T-REACTIVATE: eine oder mehrere optionale TCs werden deaktiviert und gleichzeitig eine oder mehrere TCs aktiviert.

T-DATA: normale TSDUs werden auf einer TC gesendet oder empfangen.

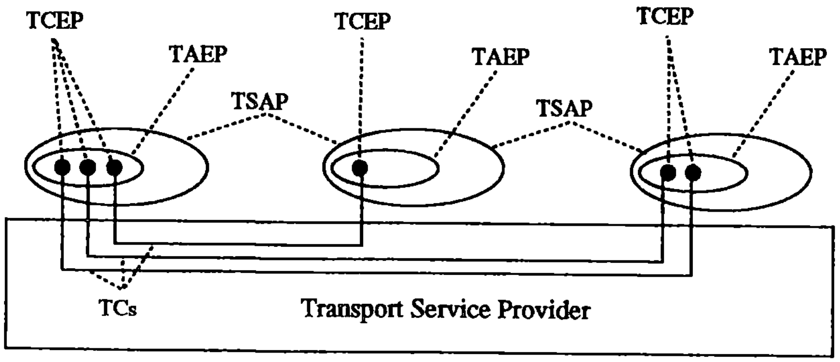

Abbildung 2. Call Management: Erweiterungen des OSI Referenzmodells

9. Ausblick

Die Definition neuer, erweiterter Transportdienste dient als Anforderungsspezifikation für zukünftige

- Netztechnologien,
- Protokolle,
- und Netzmanagementfunktionen.

Während die neuen Netztechnologien wie DQDB, FDDI-II und B-ISDN viele dieser Anforderungen bereits berücksichtigen, ist die Entwicklung im Bereich der Protokolle und noch mehr im Bereich Netzmanagement noch weit davon entfernt die beschriebenen Dienste zu unterstützen.

Im folgenden werden wir kurz umreißen, welche Aspekte davon am stärksten betroffen sein werden.

Die heute standardisierten Protokolle im Transportsystem sind ausschließlich für den zuverlässigen Datentransfer geeignet. Die Entwicklung von Protokollmechanismen zur gezielten Unterstützung verschiedener Informationstypen und ihrer speziellen Anforderungen ist zur Zeit erst am Anfang. Da der Verbindungsaufbau in der Regel zuverlässig sein muß, während in der Datentransfer andere Anforderungen gelten können, ist eine stärkere Trennung zwischen Verbindungsmanagement und Datentransfer zu erwarten, hier bieten sich besonders die „Out of Band"-Signalisierungstechniken an. Ihre Einbettung in die Protokollarchitektur ist ein zweiter, wichtiger Aspekt neuer Protokolle.

Im Bereich Netzmanagement müssen in der Zukunft Mechanismen zur Verwaltung von Netzressourcen entwickelt werden, die eine weitgehende Verfügbarkeit der angeforderten Ressourcen sicher stellen. Gleichzeitig müssen hier Konzepte zur Überwachung (Monitoring) der Dienstgüte von Transportverbindungen entwickelt werden. Auch die Verwaltung wechselseitiger Abhängigkeiten verschiedener Transportverbindungen (Call Management) ist ein völlig neuer Aspekt des Netzmanagements.

Literatur

[Birr84]   **Birrell, A.D., Nelson, B.J.** *Implementating Remote Procedure Calls* ACM Transactions on Computer Systems 2(1), February 1984, pp. 39-59.

[Cher86]   **D.Cheriton** *VMTP: A Transport Protocol for the Next Generation of Communication Systems* Proc. of ACM SIGCOMM'86, August 1986, pp. 406-415.

[ISO7498]   *Information Processing Systems - Open Systems Interconnection - Basic Reference Model* International Standard, ISO 7498, 1984

[ISO8072]   *Information Processing Systems - Open Systems Interconnection - Transport Service Definition* International Standard, ISO 8072, 1986

[I8072A1]   *Information Processing Systems - Open Systems Interconnection - Transport Service Definition - Addendum 1 : Connectionless-mode Transmission* International Standard, ISO 8072 Add.1, 1986

[Lyon84]   **Lyon, B.** *Sun Remote Procedure Call Specification* Sun Microsystems, Inc., Technical Report, 1984

[NCS89]   *The Network Computing System: A Technical Overview* Apollo Cumputer Inc., 1989, Chelmsford, MA, USA

[Paru90]   **G.Parulkar, J.Turner** *Towards a Framework for High-Speed Communication in a Heterogenous Networking Environment* IEEE Network, March 1990, pp. 19-27

[Sand85]   **Sandberg, R.** *Sun Network File System Protocol Specification* Sun Microsystems, Inc., Technical Report 1985

[Wats89]   **R.W. Watson** *The Delta-t Transport Protocol: Features and Experience* Proc. 14th Conference on Local Computer Networks, Oct. 1989, Minneapolis, USA

[Wayl89]   **A.D. Wayley** *The Xpress Transfer Protocol* Proc. 14th Conference on Local Computer Networks, Oct. 1989, Minneapolis, USA

[RACE89]   *IBC Development and Implementaion Strategies Customers Service Functions Workpackage, Service Specific Functionalities* RACE 1044 CFS, August 1989

Configuration Support for Distributed Applications

Martin Zimmermann

University of Frankfurt, Institute of Telematics
D-6000 Frankfurt / Main, Germany

Abstract

The advantages of distributed applications are well known and widely recognized. It has been accepted that in order to build a distributed application it is necessary to decompose an application into application components each of which can be separately specified, programmed and tested. The distributed application is then constructed from a set of interacting application components.

The paper presents an integrated approach to support and control the configuration of distributed applications regarding two aspects: first, the configuration of each application component according to user-defined properties, and second, the configuration of a distributed application from a set of application components. We outline new concepts for describing abstractly both the application components, especially focusing on the specification of the interaction behaviour, and their interconnections to form a distributed application. The interaction behaviour of an application component is expressed by an extended interface description language, distinguishing application interfaces, management interfaces and communication interfaces. Using this model, a designer of a distributed application is able to specify the features of each application component in terms of interface specifications. A set of interconnected application components can be described with a separate specification language to handle distributed programming in the large. In order to support the implementation of a distributed application we present a new approach for the derivation of an object-oriented implementation architecture from a descriptive specification of application components.

1 Introduction

The advantages of distributed applications are well known and widely accepted. However, there is still a need for supporting the design and implementation of distributed applications [Lori90]. The paper discusses the issues associated with the need to support and control the configuration of distributed applications. From the user's point of view the term configuration has two aspects. First, each application component has to be configured to meet the requirements of the user-defined properties of an application component. Second, a set of application components has to be configured to form a distributed application.

Section 2 outlines a specification technique to describe a distributed application by specifying their application components and by defining a configuration of application components to form a distributed application. The interaction behaviour of an application component is expressed by an extended interface description language, distinguishing application interfaces, management interfaces and communication interfaces. Using this model, a designer of a distributed application is able to specify the features of each application component in terms of interface specifications. Moreover, we introduce a separate specification language to specify the interconnections of application components.

In section 3 we present an object-oriented approach for the implementation of the introduced specification technique. In order to support the implementation of a distributed application we outline a concept for the derivation of an object-oriented implementation architecture from a descriptive specification of application components and their interconnections. For this purpose, we introduce a classification scheme for basic objects needed for distributed application implementation. As a result, the configuration of each application component consists of a set of interacting basic objects. The configuration of distributed applications is supported by configuration objects.

2 Distributed Application Specification

A *distributed application* is an application program consisting of several cooperating application components running on different physical nodes [Blac85]. The cooperation is realized by the use of communication services, such as a basic message passing service or a remote operations service [ISO9072-1].

The mapping of a distributed application onto a *distributed system* is performed by allocating the application components to the physical nodes of a distributed system. A classification scheme describing the allocation criteria is presented in [Schi90b].

It has been widely accepted that in order to build a distributed application it is necessary to decompose the application into application components each of which can be separately specified, programmed and tested. The distributed application is then constructed from a set of interacting application components.

2.1 Application Components

Each application component of a distributed application can be described by a set of interface specifications (Figure 1). The *application interface* consists of a set of application specific operations. The *management interface* support operations for the control, maintenance and monitoring of an application component. Especially, it provides operations for dynamic change management during runtime. The *communication interface* supports the interaction with remote application components and specifies the communication service offered by a communication system.

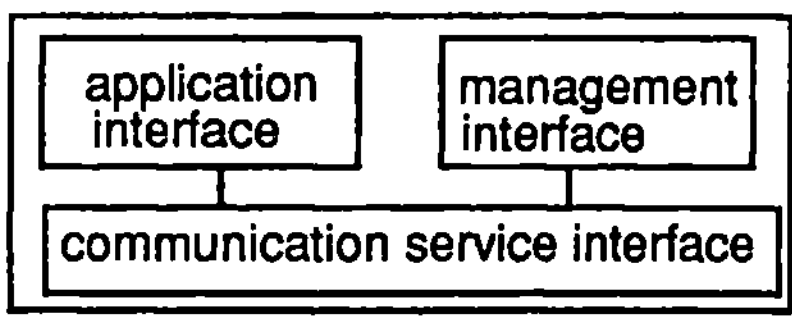

Figure 1: Interfaces of an application component

2.1.1 Application Interface

Interfaces are the points at which an application component interacts with other components. An interface specification requires an action specification and a data specification. The action specification defines the actions that one component may request another to perform. The data specification defines what types of data may be passed with each action request and reply. Actions are expressed naturally as operations and this approach is adopted for the following interface model. The defined interface specification technique does not only support the client-server paradigm but also provide support for general peer interactions. Moreover, an interface may be decorated additionally with some attributes, such as a role behaviour, an access protocol, and a set of rules which define the allowable sequence of operation invocations offered by an interface.

Roles

Our interface concept is based on a bidirectional interaction specification similar to the model introduced in [ISO10021-5] and describes what operation each of a pair of application components could request the other to perform. In this way, a component is able to act simultaneously as a consumer and as a supplier. According to their behaviour there are two types of interfaces namely symmetric and asymmetric ones. A symmetric interface acts as a provider as well as a requestor. Each instance of a symmetric interface type will be identical. For an asymmetric interface it has to be determined whether it acts mainly as a supplier or acts mainly as a consumer . Therefore the instance of an asymmetric interface type is one of two kinds, either consumer (C) or supplier (S). For a symmetric interface all operations can be invoked as well as performed at this interface. For an asymmetric interface it is specified for each operation whether this operation will be invoked by the supplier (SUPPLIER INVOKES) or by the consumer (CONSUMER INVOKES).

To illustrate the specification technique, the following figure outlines the application interface descriptions of a simple distributed factory automation system. The distributed application consists of several application components: a set of production control components, a production coordination component and a file server application component. There are three application component types: production control - which is responsible for controlling a specific part of a factory, production coordination - which coordinates several (remote) production control components and a file server application component - which stores process plans. Each application component provides a set of interfaces which, when interconnected, comprise the full capability of the distributed application.

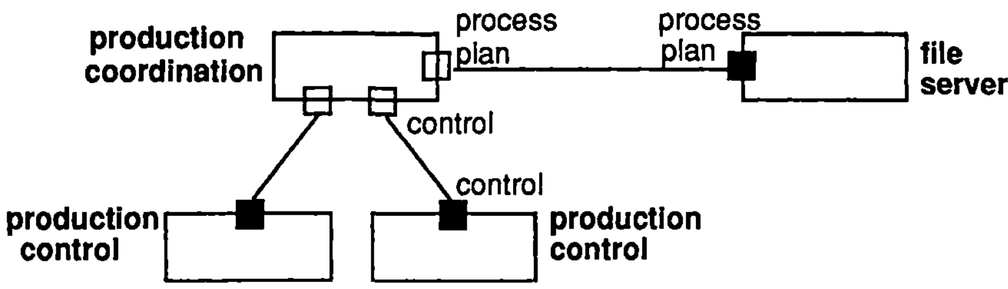

Figure 2: A simple distributed factory automation application

The consumer interfaces are represented by white boxes and the supplier interfaces are represented by black boxes (see Figure 2). For example, the production coordination component is represented by three application interfaces, each of them is asymmetric. The consumer interfaces define the interaction behaviour to a set of production control application components and a file server. The following figure lists the specification of the production coordination application component.

```
production coordination APPLICATION COMPONENT      control  INTERFACE
        INTERFACES     { control [C] (1..2),              CONSUMER INVOKES  {
                        processplan [C]  }                     StartProduction,
                                                               StopProduction,
                                                               StatusProduction }
production control APPLICATION COMPONENT            SUPPLIER INVOKES  {
        INTERFACES  {  control[S] }                        ProductionError }
```

Figure 3: Example of an application component specification

A relationship between two interfaces of different application components is only possible if the interfaces can be matched, i.e. either two related interfaces must both be symmetric or one of them must act as a supplier interface and the other one must act as a consumer interface. Therefore, the production coordination and the production control component have to provide matching interfaces i.e. the production control provides the same interface but with the complementary role (see Figure 2 and Figure 3). The following figure illustrates the invocation directions for operations of asymmetric interfaces.

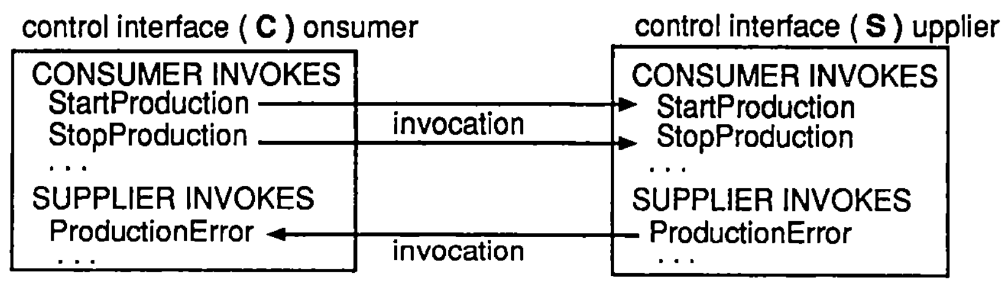

Figure 4: Interconnected interfaces

Operations

The operations of an interface are specified with an abstract definition language by means of an operation macro [ISO9072-1]. Each operation signature is defined in terms of a set of arguments, results and errors. The data specification is provided by the definition of the argument, result and error types using ASN.1 [ISO8824].

For example, the control interface provides an operation StartProduction:

```
StartProduction ::= OPERATION
        ARGUMENT      Argument List
        RESULT    Result List
        ERRORS    Errors
```

Sequence Control

The allowable sequence of operation invocations offered by an interface of an application component can be restricted optionally by defining a sequence control specification. A sequence control specification defines rules for the correct use of the operations offered by an interface, e.g. operations can be specified to be performed either as parallel or sequential activities. A consumer has to regard the allowed sequence of operations, which are specified for an interface providing a supplier functionality. The following rules can be distinguished:

- $op_1 \parallel op_2$ op_1 and op_2 can be performed concurrently
- $op_1 \lor op_2$ either op_1 or op_2 is performed exclusively
- $op_1 < op_2$ op_1 must be performed before op_2 can be invoked
- $op \{ n \}$ op can be performed concurrently n times
- $op+$ op must be performed at least once. The operation can be invoked repeatedly in a serial order.

For example, the following rule defines the allowed sequence of events for the operations of an application interface offered by a file server application component:

$$open < (read\{10\} \lor write)+ < close$$

First of all, an *open* operation has to be performed. Then either a *read* access or *write* access is allowed. A user may initiate the read operation concurrently up to 10 invocations. A read or write access can be invoked repeatedly (+ operator). The access to a file server is finished by a *close* operation.

In order to realize a descriptive sequence control specification a translation of a sequence control specification into a compntional representation is needed. Section 3.2 outlines a method for an object-oriented implementation of a sequence control specification.

Access Control

A user may define an interface acting in a supplier role with the property of an access control. This optional feature can be expressed by defining a set of access rights for other application components. Access control can be realized by different access control concepts.

In our approach, the granularity of access control can be defined in terms of interfaces (application interfaces, management interfaces) or in terms of operations. Moreover, the authorization of a consumer can be made statically or dynamically. In the static approach, the authorized consumers must be known at the application component's creation time, whereas in the dynamic approach an authorization and modification (definition, modification and deletion) can be performed at any time.

2.1.2 Management Interface

Our approach is based on a strict separation of application specific operations and management operations. Consequently, in addition to the application specific interfaces (e.g. an interface providing the operations of a file server) each application component may provide (according to user-defined requirements) a set of management interfaces. There are two predefined management interfaces, which can be selected: *status management interface* and *interconnection management interface*.

The status management interface provides operations to get a description of the application specific interfaces. Moreover, operations for the *initiation, passivation* and *termination* of an application component are offered, i.e. a modification of its state is performed. This way, a newly created application component can be initialized so as to be in a consistent state by invoking the initiation operation. For the termination of an application component the status management object offers clean up operations. In order to enable complex management operations, such as the dynamic exchange of an application component during runtime of a distributed application resulting from a new version or the migration of application components, an operation is offered to modify an application component's state into a quiescent state. An application component is said to be in a quiescent state if no further actions will occur [Kram88]. That means, an application component will neither receive nor initiate any new operations, i.e. all outstanding operations are completed and no new ones will be initiated. The needed activities to perform a dynamic change management are described in [Kram88]. A stop operation terminates an application component.

An interconnection management interface supports operations to *connect* and *disconnect* interfaces of an application component to and from other (remote) application components, respectively. These operations are invoked typically by a management component supporting the administrator of a distributed application.

2.1.3 Communication Service Interface

The application components of a distributed application may be located on different machines within a distributed system. Consequently, a communication service is needed to support the interaction between application components which reside on different nodes. There are different communication services, such as TCP, UDP or the communication services provided by the OSI application layer.

A distributed application should be runable on top of different communication services. In order to support several communication services, we define an abstract communication service interface and a mapping onto each specific communication service. As a consequence, the application is independent of a specific communication service.

The abstract communication service provides a connection-oriented and connectionless mode by the following operations, which are referred to as service primitives: *connect, disconnect, invoke, result* and *error*. The service primitives are immediately obvious from their names - opening and closing a connection, initiating a remote operation, and receiving the result or an error of a previous invoked operation. Dependent on the underlying real communication service, such as UDP or TCP, a mapping has to be defined.

The service primitives of a communication service interface can also be described by a role specification. However, the role behaviour can be derived from the role specification of the application and management interfaces provided by an application component. In the symmetric case, the service primitives can be invoked either by the underlying communication system (indication/confirmation to the application component) or by the application component (request/response to initiate a remote operation). In contrast to the symmetric case, an application component comprising a strict server functionality (supplier role with only consumer invoked operations) has only need for a communication service interface supporting a supplier role. Consequently, from the application's point of view, in this case it is sufficient for a communication service to provide the service primitives result and error.

An important part of a protocol standard is the exact specification of the allowable sequences of events in time. For example, in a connection-oriented remote operation protocol, the initiation of a remote operation request is only allowed after a connection has been established. An attempt to invoke a remote operation before establishing a connection results in an error. As a consequence, in difference to the application and management interface, sequence control of the communication service interface is performed by the corresponding protocol implementation.

2.2 Distributed Applications

In the previous section we have described the properties of application components by a set of interface specifications. In the following, a configuration language is described to form a distributed application consisting of interconnected application components. It is desirable that a configuration description be descriptive (declarative) rather than operational. This kind of specification technique is more amenable to analysis and manipulation, e.g. equivalence checks and consistency checks. The configuration language follows the concepts introduced in [Mage89] and [Schi90a]. The latter approach is based on the object-oriented paradigm for distributed application in contrast to the process-oriented CONIC system.

The interface concept provides configuration independence in that all references are to local interfaces and there is no direct naming of other application components. A separate configuration specification is useful as a description of a distributed application structure as well as to generate the executable distributed application. Moreover, a separate configuration language provides a concise configuration description and facilitates the reuse of application components and an evolutionary change of a configuration. The configuration of a distributed application can both specify the structure of the required application and describe the mapping (allocation) of the components onto specific machines. Configuration management should be performed dynamically without interrupting the running distributed application.

Recent work on distributed application construction clearly separates the application component specifications from those of distributed application configuration [Kram88]. Nevertheless, sometimes an application component may have need dynamic configuration support. This is necessary if an application component itself acts in a configuration role. For example, dependent on the nature of a distributed application, an application component has to create further application components during runtime. This kind of configuration must be defined and initiated by an application component and can not be expressed by a separate configuration description. In section 3 we outline a method for the initiation of a configuration action by an application component.

A complete configuration of a distributed application describes the types of application components, from which the distributed application is to be constructed; the instances, how these instances are interconnected and where they are located.

The configuration of the introduced example can be specified by an initial configuration description consisting of one production coordination component, two production control components, a file server application component and the required interconnections (Figure 5).

```
production_config1 CONFIGURATION
  APPLICATION COMPONENTS
      production-coordination: ProductionCoordination
      production-control1, production_control2: ProductionControl
      file-server: FileServer
  INTERCONNECTIONS
      production-coordination.control(1) -> production_control1.control
      production-coordination.control(2) -> production_control2.control
      production-coordination.processplan -> files-server.processplan
  LOCATIONS
      production_control1 at node_x

          . . . .
```

Figure 5: Example of a specification of an initial distributed application configuration

In addition to specifying initial configurations, the configuration language permits changes to running distributed applications. For example, the above distributed appliation can be extended by including an additional production control component.

3 Basic Objects for Distributed Application Configuration

3.1 Motivation

The object-oriented paradigm [Weg87] for software engineering has become popular recently, although the roots of object-oriented systems go back to the 60's, when Simula introduced the notation of a class describing similar objects. A language fulfills the object-oriented paradigm if it supports objects as a language feature.

Basically, an object consists of a typed data structure (private part) and a set of operations (public part). The operations of an object represent the visible and accessible interface to an object. Objects are autonomous components that respond to invoked operations and own a state which is responsible to remember the effects of invoked operations.

Common characteristics of similar objects can be described by the class concept. This means that a class defines which attributes its objects have and which operations are provided (interface of an object). A new class can be built by derivation from existing classes by extending or modifying attributes and operations of existing classes without the duty to modify the description of the base classes. So the derived class inherits the properties of one or more base classes. This class in turn can be a base class for other derived classes. The class derivation leads to a class hierarchy which may be specified incrementally by a single or a multiple inheritance mechanism.

The advantages of the object-oriented paradigm for software engineering are well known [Cox86]. Software reuse is improved by data abstraction and inheritance. Data abstraction hides the representation of data structures and the implementation of operations, whereas inheritance serves to classify classes by their shared behaviour.

3.2 Object-Oriented Model of Application Component Configuration

To this point we have discussed how an application component can be specified in terms of interfaces but we have not discussed how the various specifications are realized in an implementation environment. In the following, we outline an object-oriented approach for the realization of application components. In particular, we will show how an application component specification can be automatically mapped onto a set of objects. The object-oriented structure of an application component immediately after creation consists of a set of interacting basic objects. We have identified several major basic object types. Figure 6 illustrates the object-oriented structure of an application component. The upper part of each object represents the public visible operations, whereas the lower part defines the private hidden data.

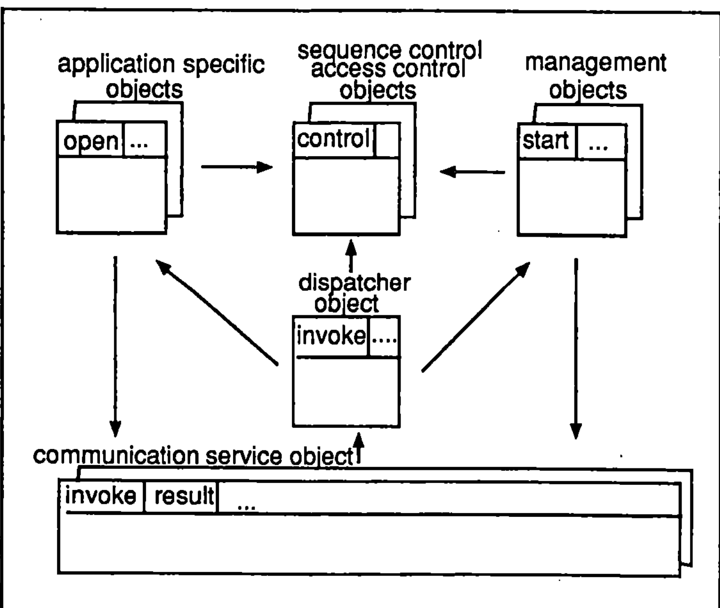

Figure 6: Object architecture of an application component

The features of an application component can be mapped naturally onto a set of interacting objects:

- each interface is mapped onto an object: application objects, management objects and communication service objects

- optional features (access control, sequence control) are represented by a set of basic objects realizing the user-defined specification

- the interaction behaviour between objects is coordinated by a dispatcher object, which needs knowledge about the overall object architecture of an application component

From the application designer's point of view, the implementation of the objects can be derived automatically from a related application component specification, only the operations of the application specific objects have to be implemented separately.

Each application component comprises at least the following objects: application objects, a status management object, a connection management object, a dispatcher object and a set of communication service objects. A sequence control object and/or an access control object is only configured if the related application component specification envolves an according specification of these properties.

Dispatcher Object

If an application component envolves a supplier role, a dispatcher object is needed for invoking the correct operations of an application component (an operation to be performed is indicated by a communication service object). For example, if an interface specification contains a sequence control description the dispatcher object has to interact first with a corresponding sequence control object and second has to initiate the needed operation of an application specific object or a management object. As a consequence, the dispatcher object needs some knowledge about the configuration of an application component. However, the configuration requirements can be derived from an interface specification. A dispatcher object interacts with a communication service object to obtain the next operation to be performed by an application specific object or a management object.

Sequence Control Object

In order to realize a descriptive sequence control specification (section 2.1) a translation of a sequence control specification into a computional representation is needed. A simple computional representation scheme is the mapping onto a finite state machine. However, a finite state representation is not suitable to represent concurrent activities (especially $op_1 \parallel op_2$ and op { n }).

In our approach, we model a sequence control specification in terms of petri nets. Petri nets are a promising tool for describing systems that are characterized as being concurrent, asynchronous, parallel and nondeterministic. For the sake of space, mapping details [Klem90] are omitted. In general, the following mapping rules are applied to get a petri net from a sequence control specification:

- each language element (e.g. $op_1 \parallel op_2$) is represented by a generic petri net representation (example see figure 7)

- a generic petri net contains exactly one source and one sink transition (black boxes)

- each operation is mapped onto a transition op_i (white boxes)

- additional places and transitions are introduced to represent the related sequence rules

- a transition op_i starts firing if there is an incoming operation event op_i indicated by the dispatcher object and transition op_i is enabled

- the dispatcher object invokes the operation op_i of the corresponding application or management object

- the end of the execution of an operation op_i is indicated to the sequence control object which completes the firing of transition op_i

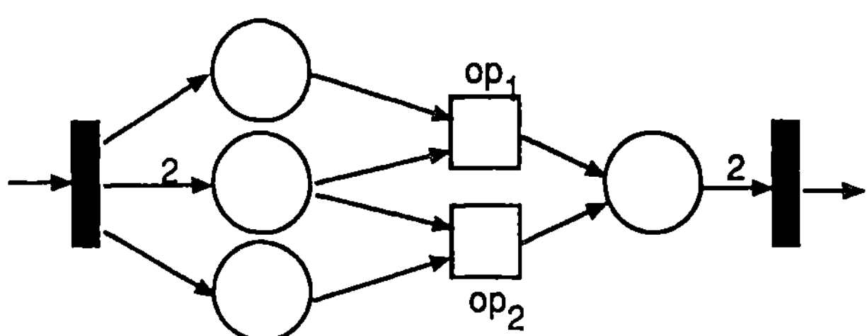

Figure 7: Mapping of $op_1 \parallel op_2$ onto a generic petri net

The private part of a sequence control object contains a petri net representation of a sequence control specification. The public part of the object provides operations for *creating* a petri net with an initial marking, for *initiating* (i.e. starting to fire) transitions and for *completing* transitions.

Access Control Object

The optional feature access control, which a user may select, can be represented in an object-oriented design as a basic object. The private part contains the data structures to represent authorization information. However, the operations of the access control object are defined independent of existing access control concepts. The public part of a base class (static approach) defines operations for initializing and checking the authorization information. A derived class is enhanced with the property of dynamic authorization.

Application Objects

The operations of a user-defined interface specification can be mapped onto an application object. The application objects are responsible for the realization of the application dependent interaction behaviour. For example, an application component providing a file server consists of an application object supporting file operations.

Management Objects

The intension is to provide an application independent management facility supported by a set of basic management objects. The management objects are responsible for the realization of the management interfaces.

A *status management object* provides operations to get and manipulate the actual state of an application component. The private part of such an object represents the actual state of an application component. The public part defines the management operations offered to an (authorized) user. A class hierarchy can be defined by a derivation mechanism. A basic status management object only consists of the data structures representing the main state of an application component. Dependent on the features of the application specific objects, the properties of an status management object can be extended through inheritance by defining additional state information.

An *interconnection management object* supports operations to connect and disconnect an application component to and from other (remote) application components, respectively. The private part represents the actual connections of an application component to other application components. The public part defines the management operations offered to an (authorized) user.

Management of an application component is performed by invoking a set of management operations provided by the management objects. For example, in order to change an interconnection of an application component during runtime, the application components must be first set into the quiescent state by initiating the appropriate operation of the status management object.

Communication Service Objects

A communication service interface is represented by a related communication service object. We distinguish two types of communication service objects: *connection management objects* and *remote operation management objects*. Dependent on the user-defined communication service requirements, either both objects are configured (connection-oriented mode) or only the remote operation management object is selected (connectionless mode). In more detail, each communication service object is composed of a set of interacting basic objects [Drob90], namely protocol objects, state objects and PDU objects. We have defined the mapping onto the connectionless and connection-oriented UNIX socket mechanisms [Coff87]. For an OSI environment we will define a mapping onto the application service elements ACSE [ISO8649] and ROSE [ISO9072-1].

The operations of a communication service object are invoked by the application specific objects and management objects to realize an interaction with remote application components. From the application component's point of view, in order to enable an interaction to a remote application component, the address specification of the remote application component is required. Address information can be obtained by interacting with the interconnection management object, which administrates the interconnections of an application component.

3.3 Object-Oriented Model of Distributed Application Configuration

An important part of the design of a distributed application is the means by which the distributed application can be established and initialized. In particular, application components must be located onto specific nodes and get into communication. In our approach it is assumed that an initial configuration description of a distributed application is represented as a (computional) configuration object.

The configuration object's private data represent a configuration description of a distributed application (application components, their interconnections and locations). The following public operations are offered by a configuration object: The *define/delete* operations support the definition and deletion of application components and interconnections. The *complete configuration* operation indicates the end of a configuration definition. This way a consistency check can be performed by a configuration object. A distributed application is established by initiating the *start* operation of the configuration object.

The object-oriented approach has several advantages. First of all, a descriptive configuration definition can be mapped onto the creation of a computional configuration object and a sequence of operation calls to represent a configuration description. Alternatively, an application component is able to create directly a new configuration object during runtime. The first alternative is used typically by an administrator of a distributed application to define an initial configuration of a distributed application or to perform management operations, such as the migration of application component to other physical nodes. The second alternative is needed, if an application component must create new application component instantiations and appropriate interconnections during runtime.

It is the responsibility of a configuration object to establish a distributed application by initiating the creation of application components and their interconnections. In order to realize an initial configuration of a distributed application, a configuration object interacts with the status management objects and interconnection management objects, which are part of each application component (predefined basic management objects).

However, in order to support the configuration process, the (remote) creation of application components must be provided by the system. Therefore specific system objects are needed, which must be installed on each physical node as permanent objects.

A set of configuration objects is managed by a configuration management object. It supports operations to find, delete and insert a configuration. Furthermore, there are operations to modify already existing configurations. Figure 8 illustrates the relationship between the basic objects introduced in the previous section. Each application component consists of a set of basic objects - namely application specific objects, management objects, access control objects, sequence control objects, communication service objects and a dispatcher object. Moreover, in order to support the administrator of a distributed application for establishment and modification of distributed applications, a configuration management object is part of a management application component.

However, the major contribution of the object-oriented configuration approach is the ability of an application component to act itself in a configuration role - that is to define and initiate a dynamic extension of a distributed application without the need of a separate configuration description. Consequently, providing configuration objects, there is no need to extend a programming language in order to support the configuration of distributed applications. From the application component's point of view, dynamic configuration during runtime is supported by creating and initializing a configuration object. For example, in Figure 8 one of the application components contains a configuration object. Therefore, it is able to modify a distributed appliation by creating dynamically further application components and their interconnections.

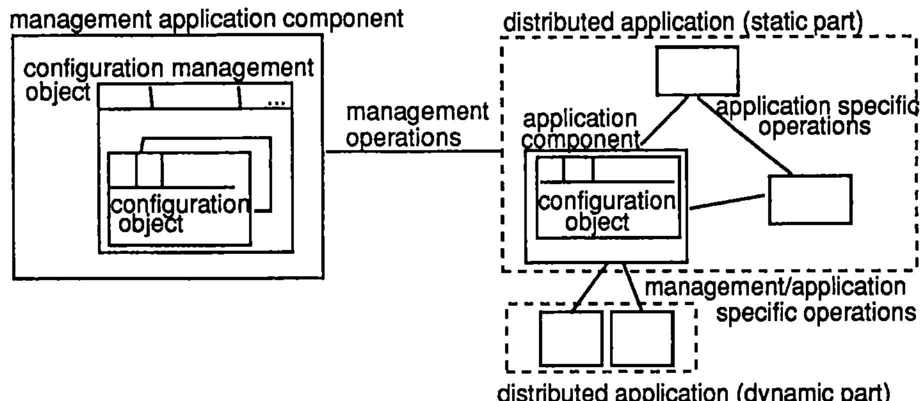

Figure 8: Overall structure of distributed application configuration management

4 Conclusion

In this paper we have developed a new approach to support and control the configuration of distributed applications regarding two aspects: first, the configuration of each application component according to user-defined properties, and second, the configuration of a distributed application from a set of application components. Furthermore, in order to support the implementation of a distributed application we have introduced a concept for the derivation of an object-oriented implementation architecture from a descriptive specification of distributed application.

The introduced approach has several advantages: A distributed application can be specified abstractly by its application components, which in turn can be defined by a set of interface specifications, distinguishing application specific interfaces, management interfaces and communication service interfaces. This separation leads to a high modularity, which is more flexible in the case of changes. From the user's point of view, the implementation of the related objects can be derived automatically from the application component specifications; only the application specific objects have to be implemented separately. Moreover, the object-oriented model of distributed application configuration allows both the mapping of a descriptive configuration specification onto an according configuration object and the direct creation of a configuration object by an application component.

At present, the implemention of the introduced specification language to describe the properties of application components and the mapping onto an appropriate configuration of objects have been implemented, based on C++ [Stro87]. We are currently working on a prototype of the mapping of the separate configuration language onto an object-oriented architecture in order to support the distributed application configuration [Beck90]. Future work will mainly focus on the refinement of the syntax and semantics of the introduced specification technique and on the development of appropriate tools in order to support the designer of a distributed application.

5 References

[Beck90]   Becker, T.: Ein flexibles Portkonzept zur Strukturierung verteilter Anwendungen, Diploma thesis, University of Frankfurt, Faculty of Informatics, 1990

[Blac85]   Black A.: Supporting Distributed Applications: Experiences with EDEN, Proc.10th ACM Symposium on Operating System Principles, 1985

[Cox86]   Cox, B. J.: Object Oriented Programming, Addison-Wesley 1986

[Coff87]   Coffield D.; Shepherd D.: Tutorial Guide to Unix Sockets for Network Communications, Computer Networks and ISDN Systems, Feb. 1987

[Drob90]   Drobnik, O.; Feldhoffer, M.; Zimmermann, M.: Configuration of Communication Software for Distributed Applications, Second IEEE Workshop on Future Trends of Distributed Computing Systems in the 1990s, Cairo, 1990

[ISO8649]   Information Processing Systems - Open System Interconnection - Service definition for the Association Control Service Element

[ISO8824]   Information Processing Systems - Open System Interconnection - Specification of Abstract   Syntax Notation One (ASN.1)

[ISO9072-1] Information Processing Systems - Text Communication - Remote Operations - Part 1: Model, Notation and Service Definiton

[ISO10021-5] Information Processing Systems - Text Communication - MOTIS - Part 5: Message Store: Abstract-service Definitions

[Klem90]   Klemm, R.: Ein objektorientierter generischer Server zur Unterstuetzung des Entwurfs verteilter Anwendungen, Diploma thesis, University of Frankfurt, Faculty of Informatics, 1990

[Kram88]   Kramer, J.; Magee, J.: A Model for Change Management, in Proceedings Workshop on the Future Trends of Distributed Computing Systems in the 1990s, Hong Kong, 1988

[Lori90]   Lorin, H.: Application Development, Software Engineering and Distributed Processing in Computer Communications, Vol. 13, No. 1, Jan/Feb 1990

[Mage89]   Magee, J.; Kramer M.; Sloman M.: Constructing Distributed Systems in Conic, IEEE Trans. on Software Engineering, Vol 15, No 6, 1989

[Mueh89]   Muehlhaeuser, M.; Schill, A.; Kienhoefer, J.; Frank, H.; Heuser, L.: A Software Engineering Environment for Distributed Applications in EUROMICRO, Cologne 1989

[Schi90a]   Schill, A.: Integrated Support for Distributed Object-Oriented Applications, IEEE Complan, San Francisco, Feb. 1990

[Schi90b]   Schill, A.: Distributed Application Development: Problems and Solutions, Proc. 3rd Intl. Conf. Information Network and Data Communication; INDC-90, IFIP, Lillehammer, Norway, March 26-29, 1990

[Stro87]   Stroustrup, B.: The C++ Programming Language,   Addison-Wesley 1987

[Weg87]   Wegner, P.: Dimensions of Object-Based Language Design, in OOPSLA '87, Proceedings, ACM 1987

Ortstransparenter Nachrichtenaustausch in verteilten Systemen

Werner Hoffmann
Siemens AG, Bereich Automatisierungstechnik, D-8520 Erlangen

Helmut Eisfeld
Siemens AG, Bereich Anlagentechnik, D-8520 Erlangen

Zusammenfassung:

In der Anlagentechnik werden zunehmend verteilte Automatisierungssysteme auf Basis von leistungsstarken PCs und Microcomputersystemen eingesetzt. Um in verteilten Systemen dem Anwender die Verteilung einzelner Funktionen auf die unterschiedlichen Rechner zu verdecken, werden Standarddienste wie z.B. Melden, Binär- Ein/Ausgabe, Bedienen+Beobachten netzweit und ortstransparent bereitgestellt. Für derartige Dienste wurde ein gemeinsames Kommunikationssystem entwickelt, das sog. Channel Management (CMT). Das CMT ist ein System zur ortstransparenten Nachrichten-Kommunikation und zur Nachrichten- oder Zeit-gesteuerten Synchronisation von Programmen auf mehreren Rechnerknoten. CMT ist ablauffähig auf Systemen SIMICRO SX, ein 32 Bit-Microcomputersystem, mit dem Echtzeit-Betriebssystem SORIX mit UNIX System V-Schnittstelle sowie auf UNIX-PC's.

1. Motivation

In der Anlagentechnik werden zunehmend verteilte Automatisierungssysteme auf Basis von leistungsstarken PCs und Mikrocomputersystemen eingesetzt. Sie decken dabei unterschiedliche Ebenen ab: von der Gruppenleitebene über die Prozeßleitebene hinauf bis zur Hauptleitebene. Nur die Einzelleitebene mit der Basisautomatisierung bleibt den Speicherprogrammierbaren Steuerungen (SPS) vorbehalten.

Bild 1./1 zeigt ein typisches Beispiel für ein verteiltes Automatiserungssystem in einem Walzwerk, und zwar die Systemkonfiguration einer Warmbreitbandstraße. Die Anlage besteht aus den drei Teilen Vorstraße, Fertigstraße und Kühlstrecke. Jeder "Straße" ist eine Basisautomatisierung, ein Vorverarbeitungsrechner und ein Prozeßrechner zugeordnet. Allen Systemen überlagert ist ein Betriebsrechner. Die Rechner, im gewählten Beispiel SIMICRO SX, sind über Local Area Network (LAN) miteinander verbunden.

Zur Lösung der Automatisierungsaufgabe werden Standarddienste wie z.B. Melden, Binär- Ein/Ausgabe, Bedienen + Beobachten usw. eingesetzt. In verteilten Systemen möchte der Anwender die Möglichkeit haben, diese Dienste weitgehend frei nach seinen Systemanforderungen auf die entsprechenden Rechnerknoten zu verteilen. Einschränkungen ergeben sich nur z.B. durch den Ausbau der Knoten bezüglich Peripherieanschluß, Single Board Computer-Ausstattung oder Speicherausbau. Daher werden diese Dienste durch eine spezielle Softwareschicht netzweit und ortstransparent bereitgestellt. "Ortstransparenz" bedeutet in diesem Fall, daß

Anwenderprogramme und Dienste nicht geändert werden müssen, wenn sie von einem Rechnerknoten zu einem anderen verlagert werden. Die Lage wird nur durch Projektierung festgelegt, eine Änderung wird durch Umprojektierung erreicht.

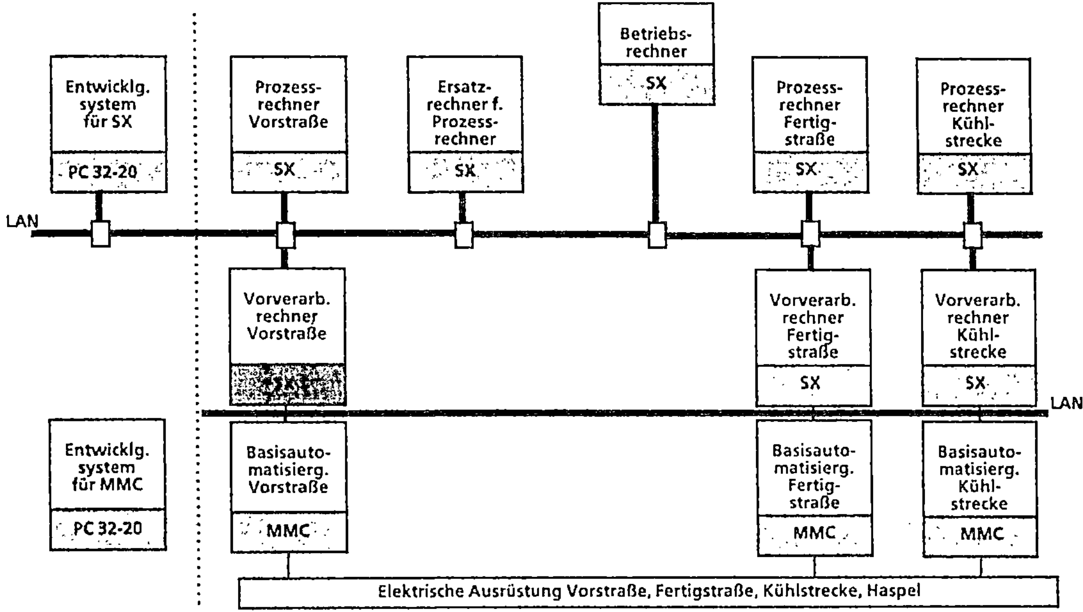

Bild 1.11   Systemkonfiguration einer Warmbreitbandstraße (schematischer Überblick)

Für die Realisierung von verteilten Diensten in der Prozeßautomatisierung wurde ein gemeinsames Kommunikationssystem entwickelt, das sogenannte Channel Management (CMT). Die Anwenderprozesse tauschen dabei ihre Nachrichten über "Kanäle" aus.

Kapitel 2 gibt nun eine Übersicht über das Channel Management. In Kapitel 3 wird die Anwenderschnittstelle beschrieben. Die Realisierung des CMT wird in Kapitel 4 genauer dargelegt. Kapitel 5 gibt einen Ausblick auf mögliche zukünftige Funktionserweiterungen von CMT: Anschluß von nicht CMT-fähigen "Systemen" (z.B. der Basisautomatisierung oder Fremdsysteme), ortstransparenter Zugriff auf Datenobjekte, "Image"-Funktionalität und datengesteuerte Ereignisse. In Kapitel 6 wird schließlich ein kurzes Resumee über die ersten Einsätze des CMT in Walzwerken gezogen.

2. Das Channel Management CMT

2.1. Aufgabenstellung

Das Programmsystem Channel Management ist ein System zur ortstransparenten Nachrichten-Kommunikation und zur Nachrichten- oder Zeit-gesteuerten Synchronisation von Programmen auf mehreren Rechnerknoten. Auf CMT aufbauend läßt sich ein Anwendersystem schreiben, das auf mehrere Rechnerknoten verteilt ist, ohne daß die Verteilung der Anwender-Programme auf die einzelnen Knoten zur Programmierzeit bekannt sein muß (Ortstransparenz). Die Anwenderprozesse tauschen dabei über "Kanäle" ihre Nachrichten aus. Programme auf beliebigen Rechnerknoten können eine Nachricht an einen Kanal schicken, an dem sich ein oder mehrere Anwenderprogramme als Empfänger für Nachrichten angemeldet haben. Die Nachrichten werden empfangsseitig in eine Warteschlange eingereiht und können daraus gemäß der FIFO-Strategie bzw. gemäß gemischter Strategien (siehe Abschnitt 3.1) entnommen werden. Es gibt die Möglichkeit, Nachrichten entweder mit oder ohne (Anwender-) Quittung zu schicken. Bei Nachrichten mit Quittung ist eine Zeitüberwachung (Timeout-Funktionalität) implementiert: Wenn die Quittung nicht innerhalb einer bestimmten, angebbaren Zeit eingetroffen ist, erfolgt eine Fehlermeldung an das aufrufende Anwenderprogramm.

Neben der Funktionalität des Nachrichtenaustausches beinhaltet das CMT auch zeitgesteuerte Ereignisse: ein Anwenderprogramm kann sich zu einem bestimmten Zeitpunkt benachrichtigen lassen. Die Angabe des Zeitpunktes kann absolut oder relativ zum Zeitpunkt der Auftragsanmeldung geschehen; auch eine zyklische Benachrichtigung ist möglich.

Für alle oben genannten Funktionen, die asynchron ablaufen, bietet das CMT einen allgemeinen Koordinierungsmechanismus mit selektivem, multi-selektivem oder zentralen Warten. Statt Warten ist auch ein "Polling" vorgesehen, d.h. der Anwenderprozeß fragt aktiv den Status des Auftrags ab. Auch die Koordinierung durch Interrupt ist konzeptionell und in der Anwenderschnittstelle vorgesehen, im Moment jedoch noch nicht implementiert.

2.2. Gesamtarchitektur

Die grundsätzliche Stellung von CMT zwischen Anwenderprogramm und unterlagerten Softwareschichten wird aus dem folgenden Architekturbild deutlich (Bild 2.2./1).

Das CMT macht einige Dienste des Betriebssystems (Zeitfunktionen) und der Kommunikation (Nachrichtentransfer) für das Anwenderprogramm auf einem höheren Abstraktionsniveau und in einer systemunabhängigen Weise verfügbar.

Der Monitor wickelt die eigentliche Kommunikation zwischen mehreren Rechnerknoten ab, die Schicht "Infrastruktur" stellt einen allgemeinen Synchronisationsmechanismus (Zentrale Wartestelle) sowie andere, vor allem für Fehlerdiagnose gedachte Dienste (Logbuchfunktion) zur Verfügung.

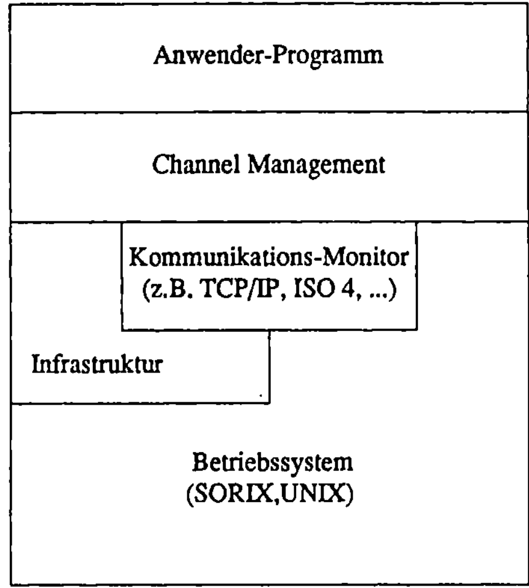

Bild 2.2.11 CMT-Architekturbild

2.3. Betriebssystembasis (SORIX)

Das CMT ist ablauffähig auf Systemen SIMICRO SX, ein 32 Bit-Microcomputersystem, mit dem Echtzeit-Betriebssystem SORIX. SORIX beinhaltet eine UNIX V-Schnittstelle und hat zusätzlich spezielle Erweiterungen für Realzeitaufgaben. Auf letztere wurde bei CMT an einigen wenigen Stellen zurückgegriffen, und zwar aus Gründen der Effizienz (Verwendung der "Quick Semaphores", die bei SIMICRO SX direkt von der Hardware unterstützt werden) oder der erweiterten Funktionalität (Zeitauflösung in Millisekunden statt Sekunden). Die Bereitstellung des CMT auf Betriebssystemen mit UNIX V-Schnittstelle ist mit geringem Aufwand möglich.

3. Die Anwenderschnittstelle des CMT

Das CMT wird vom Anwenderprogramm über eine prozedurale Schnittstelle angesprochen. Die Aufrufe lassen sich zusammenfassen in die Bereiche

- Organisation/Synchronisation

    CMT_Attach
    CMT_Detach
    CMT_Get_chan_id
    CMT_Wait_any
    CMT_Wait_request_id
    CMT_Wait_request_ref
    CMT_Poll_request_id
    CMT_Get_request_id
    CMT_Cancel_request_id

- Nachrichtenaustausch

      CMT_Attach_msg
      CMT_Detach_msg
      CMT_Send_msg
      CMT_Send-msg_rsp
      CMT_Send_rsp

- Zeitgesteuerte Ereignisse

      CMT_Enter_reltime
      CMT_Enter_abstime
      CMT_Enter_cyclic
      CMT_Cancel_reltime

3.1. Organisation/Synchronisation

3.1.1. CMT_Attach, CMT_Detach, CMT_Get_chan_id

Mit der Funktion *CMT_Attach* meldet sich ein Anwender beim Channel Management an. Damit wird das Shared Memory Segment, das vom CMT für Verwaltungsdaten usw. verwendet wird, an das Anwenderprogramm angebunden. Außerdem wird eine Semaphore als Wartestelle eingerichtet. Analog zum Anmelden ist beim Abmelden die Prozedur *CMT_Detach* zu benutzen. Kanäle werden im CMT über logische Namen adreßiert, die netzweit eindeutig sein müssen. Für lokale Zugriffe gibt es zur schnellen Adreßierung einen Kurznamen (Index). Durch Aufruf von *CMT_Get_chan_id* erhält ein Anwender zu einer Liste von vorgebbaren Namen die (lokalen) Kurznamen.

3.1.2. CMT_Wait_any, CMT_Wait_request_id, CMT_Wait_request_ref

Das Empfangen von Nachrichten/Quittungen oder von zeitgesteuerten Ereignissen sind für den Anwender asynchrone Ereignisse, auf die er mit den Aufrufen *CMT_Wait_any*, *CMT_Wait_request_id* bzw. *CMT_Wait_request_ref* warten kann. Bei allen drei Aufrufen wird das Anwenderprogramm so lange blockiert (an einer Semaphore), bis ein Ereignis eingetreten ist. Unterschiedlich ist bei den Aufrufen das Selektionskriterium, nach dem das Ereignis ausgewählt wird, auf das der Anwender wartet. Wait_any realisiert ein zentrales Warten. Der Anwender wird deblockiert bei Eintritt irgend eines Ereignisses. Mit Wait_request_id wartet der Anwender auf ein bestimmtes (oder eines von mehreren) Ereignis (Ereignissen), wobei die Request_Id angibt, welches Ereignis auszuwählen ist. Die Request_Id ist ein Kurzname für ein Ereignis (Auftrag), der vom System beim Anmelden für dieses Ereignis vergeben wird. Mit Wait_request_ref werden Ereignisse selektiert über eine Request-Referenz, die der Anwender vergibt. Damit kann eine Gruppenbildung von Ereignissen realisiert werden. Alle Wartefunktionen beinhalten eine Timeout-Funktionalität.

3.1.3. CMT_Poll_request_id, CMT_Get_request_id, CMT_Cancel_request_id

Der Aufruf *CMT_Poll_request_id* realisiert die Koordinierungsvariante "Polling". Mit Hilfe dieses Aufrufs kann der Anwender abfragen, ob eine Nachricht/Quittung eingetroffen oder ein zeitgesteuertes Ereignis bereits eingetreten ist oder nicht. Mit der Funktion *CMT_Get_request_id* übernimmt der Anwender angekommene

Nachrichten/Quittungen in seinen Adreßraum. Sie hat als Parameter optional einen Datenpuffer und seine Länge. Der Anwender kann also entweder einen allgemeinen Datenpuffer für seine Nachrichten/Quittungen haben, den er bereits beim Anmelden für den Empfang bereitstellt oder er kann spezifische Puffer für jede einzelne Nachricht benutzen. Der Aufruf *CMT_Cancel_request_id* dient zum Stornieren eines oder mehrerer Aufträge.

3.2. Nachrichtenaustausch

3.2.1. CMT_Attach_msg, CMT_Detach_msg

Mit dem Aufruf *CMT_Attach_msg* kann sich ein Anwender für den Empfang von Nachrichten über einen bestimmten Kanal anmelden. Dabei kann optional ein Empfangspuffer und seine Länge angegeben werden. Ein weiterer Parameter gibt an, wie der Anwender beim Eintreffen einer Nachricht koordiniert werden will. Wie oben bereits kurz erwähnt, gibt es die drei Koordinierungsvarianten Warten, Polling und Interrupt. Mit dem Aufruf *CMT_Detach_msg* kann sich ein Anwender von einem oder mehreren Kanälen "abhängen"; d.h. nach Abgabe dieses Aufrufs werden ihm keine Nachrichten mehr zugestellt, die Empfangsbereitschaft erlischt.

3.2.2. CMT_Send_msg, CMT_Send_msg_rsp, CMT_Send_rsp

Der Aufruf *CMT_Send_msg* dient zum (unquittierten) Senden einer Nachricht an einen oder mehrere Kanäle. Über zwei Parameter werden der Nachrichtenpuffer und seine Länge spezifiziert. In einem weiteren Parameter kann eine (relative) Zeit spezifiziert werden, nach deren Ablauf die Nachricht erst abgesandt werden soll. Mit dem Aufruf *CMT_Send_msg_rsp* kann ein Anwender eine Nachricht abschicken, für die er eine Quittung vom Empfänger erwartet. Die Empfangsbereitschaft dafür wird automatisch bei Abgabe des Auftrags aufgebaut. Ein Parameter steuert die Koordininierungsart (siehe *CMT_Attach_msg*). Ein weiterer Parameter realisiert eine Timeout-Funktionalität. Nach Ablauf dieser Zeit (Angabe in Millisekunden) erhält der Sender eine "Pseudo"-Quittung mit einer entsprechenden Fehlermeldung. Weitere Parameter sind vorgesehen für eine zyklische Auftragswiederholung und für die Eröffnung einer permanenten Empfangsbereitschaft (von Quittungen), die explizit wieder geschlossen werden muß. Mit *CMT_Send_rsp* übergibt der Empfänger einer Nachricht die zugehörige Quittung dem CMT zur Weiterleitung an den Nachrichtensender. Quittungen sind einzelnen Nachrichten zugeordnet (und nicht einem Kanal).

3.3. Zeitgesteuerte Ereignisse

3.3.1. CMT_Enter_reltime, CMT_Enter_abstime, CMT_Enter_cyclic, CMT_Cancel_reltime

Mit der Funktion *CMT_Enter_reltime* kann sich ein Anwender nach Ablauf einer relativen Zeit (Zeitspanne), die in Millisekunden angegeben wird, "wecken" lassen, d.h. mit einem CMT-Koordinierungsmechanismus auf den Ablauf der Zeit warten. Bei *CMT_Enter_abstime* wird das Anwenderprogramm zu einem absoluten Zeitpunkt (Angabe in Jahr, Monat, Tag, Stunde, usw.) "geweckt". Bei *CMT_Enter_cyclic* gibt der Anwender wie bei *CMT_Enter_reltime* eine relative Zeit an, nach der er koordiniert werden will, jedoch nicht einmalig, sondern zyklisch, d.h. nach Ablauf der Zeit wird die Uhr wieder aufgezogen und dann erneut geweckt usw. Die Prozedur *CMT_Cancel_reltime* storniert einen vorangegangenen Auftrag *"CMT_Enter_reltime"* und liefert die Restzeit bis zur vorgesehenen Ausführungszeit zurück.

4. Realisierung

4.1. Prozeßmodell

Das Programmsystem "Channel Management" (CMT) besteht aus einer Menge von Prozeduren, in Modulen zusammenfaßt, und den sogenannten Service-Prozessen. Die Anwenderschnittstelle ist eine Sammlung von (Schnittstellen-)Prozeduren (auch "Service-Prozeduren" genannt), die dem Anwenderprogramm zugebunden wird. Zur Kommunikation bedient sich das CMT des sog. "Monitor Host Interfaces", das die Kommunikations-Monitore (z.B. TCP/IP) zur Verfügung stellen.

Will ein Anwender eine CMT-Funktion ansprechen, so ruft er eine entsprechende Prozedur auf. Die eigentlichen Aufträge (Ausnahme: Anmeldungen für zeitgesteuerte Ereignisse) werden jedoch durch Prozesse ausgeführt, die über die Schnittstellenprozedur angesprochen werden. Solche Serviceprozesse existieren für die Bereiche "Nachrichtenaustausch" (Nachrichten-Prozeß) und "Zeitgesteuerte Ereignisse" (Zeit-Prozeß).

Der Nachrichten-Prozeß bearbeitet Aufrufe zum ortstransparenten Senden von Nachrichten (Messages) an einen oder mehrere Kanäle. Ein oder mehrere Empfänger, die sich dafür angemeldet haben, können diese Nachrichten entgegennehmen und verarbeiten. Mit einer Nachricht kann eine Quittung assoziiert werden, die vom Empfänger zu senden ist und auf die der Sender wiederum warten kann.

Der Zeit-Prozeß bearbeitet Aufrufe für zeitgesteuerte Ereignisse und Timeouts für Nachrichten. Mit zeitgesteuerten Ereignissen kann das Anwenderprogramm eine "Weckfunktion" (relativ zur Aufrufzeit, mit Absolutzeit oder zyklisch) realisieren.

Ein Kontrollprozeß und ein Administrationsprozeß sorgen für die Initialisierung, die anfängliche Synchronisation und das Beenden der "eigentlichen" CMT-Prozesse (Serviceprozesse). Ebenso sorgen sie für die nötige Synchronisation zum Anwenderprogramm in der Initialisierungsphase.

Bild 4.1./1 zeigt schematisch dieses CMT - Prozeßmodell[1], wobei nur die "Produktiv-Prozesse" dargestellt sind, also Kontroll- und Administrationsprozeß weggelassen wurden. Der Monitor ist in Bild 4.1./1 als *ein* Prozeß gezeichnet, obwohl sich in der Realisierung dahinter mehrere Prozesse verbergen.

---

[1] Ellipse: Prozeß; Rechteck: Modul/Prozedur, durchgezogene Linie: Prozeduraufruf; gestrichelte Linie: Prozeßkommunikation

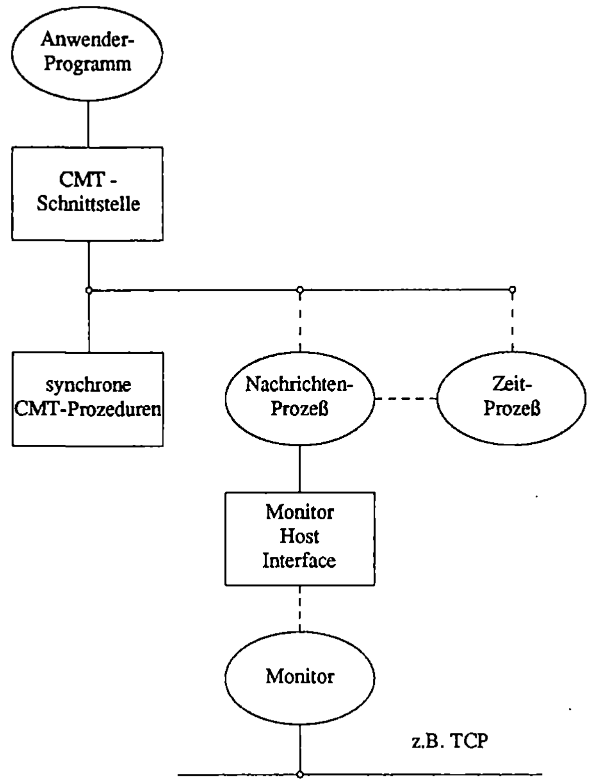

Bild 4.1./1   CMT-Prozeßmodell (Übersicht)

4.2. Modulgliederung

Die CMT-Prozeduren, die vom Anwenderprogramm oder von den CMT-Prozessen aufgerufen werden, sind in Module gegliedert.

Maßgeblich für die Gliederung von CMT in einzelne Module ist das Prinzip der Datenabstraktion (abstrakte Datentypen, "Information Hiding"), das im Software Engineering unbestritten eines der wichtigsten Design-Prinzipien ist [1, 6]; es ist auch eine der Grundlagen, auf denen objektorientierte Programmierung aufbaut [5].

Datenabstraktion bedeutet, daß Prozeduren, die auf gemeinsamen Datenstrukturen arbeiten (z.B. Request_Mgt auf Auftragsblöcken), in einem gemeinsamen Modul zusammengefaßt werden. Die Interna der Datenstrukturen werden nach außen verborgen (daher auch der Ausdruck "Information Hiding"), öffentlich zugänglich sind nur die Prozeduren.

In C ist die Datenabstraktion nicht mit derselben Konsequenz möglich wie etwa in Ada oder C++; zum Beispiel gibt es keine Möglichkeit, daß ein Modul Prozeduren nach außen zur Verfügung stellt, den Datentyp der

Parameter aber nur benennt und seine interne Definition nicht zugänglich macht ("private types" von Ada). Es wurde aber angestrebt, daß bei Benutzung eines Moduls durch einen anderen Modul (was sich in entsprechenden #include-Anweisungen widerspiegelt) im allgemeinen nur die in diesem Modul definierten Funktionen und nicht die ebenfalls definierten Typdefinitionen verwendet werden.

Da sich die Datenstrukturen, die durch die einzelnen Module verwaltet werden, jedoch oft auch einer bestimmten Programmschicht zwischen Anwenderprogramm und Betriebssystem zuordnen lassen, ergibt sich gleichzeitig auch ein Schichtenmodell im Sinne einer "Benutzungs-Hierarchie" [2]. Die Hierarchie ist jedoch keine strenge Hierarchie in dem Sinne, daß nur Aufrufe von oben nach unten möglich sind; es kommen auch einige wenige Aufrufe von "tieferen" zu "höheren" Schichten vor.

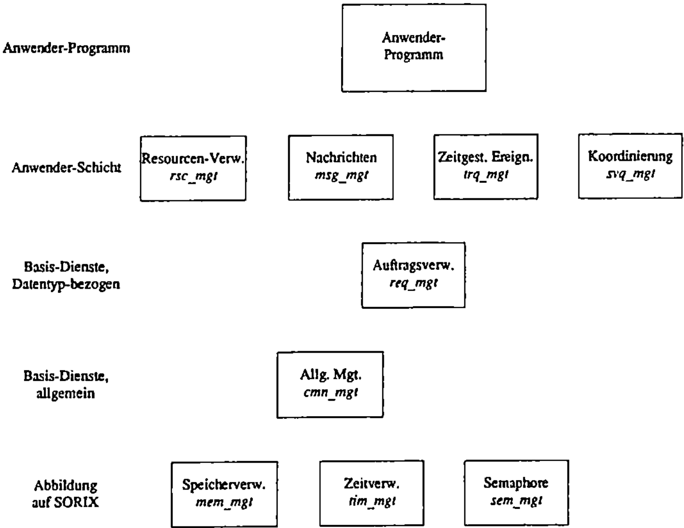

Bild 4.2./1 Schichten der wichtigsten CMT-Module (vom Anwenderprogramm aufgerufen)

Bild 4.2./1 zeigt, wie die wichtigsten Module im Sinne eines solchen Schichtenmodells aufeinander aufbauen:

Zum Beispiel gehören alle Prozeduren, die mit der Benutzung des "Shared Memory" zu tun haben, zum Modul "Speicherverwaltung"; die darüberliegenden Software-Schichten machen keine direkten Aufrufe an die Shared-Memory-Funktionen von SORIX. In ähnlicher Weise kapseln die Module "Zeitverwaltung" und "Semaphor-Management" die Abhängigkeit von den benutzten Zeit- bzw. Semaphor-Operationen des zugrundeliegenden Betriebssystems ab.

Aufrufe des Anwenderprogramms gehen an die Module der "Anwender-Schicht" von Bild 4.2./1; sie enthält die Bereiche Resourcen-Verwaltung, Nachrichten, zeitgesteuerte Ereignisse und Koordinierung.

4.3. Technische Angaben

4.3.1. Codeumfang

Der Umfang der Quellsprache-Dateien (nur C-Programme, ohne Cshell-Scripts und Makefile) geht aus Bild 4.3.1./1 hervor. Getrennt ausgewiesen sind die Module und Prozesse, die nur zu Testzwecken dienen.

	Einschl. Leerzeilen und Kommentarzeilen	*Ohne Leerzeilen und Kommentarzeilen*
CMT-Prozesse und -Module	32908	15621
Test-Prozesse und -Module	10876	7198
Summe	43784	22819

Bild 4.3.1./1   Umfang (Zeilenzahl) des CMT-Quellcodes

Aus den Zahlen ist erkennbar, daß der Quellcode in großem Umfang Kommentare enthält. Dies ist eine von mehreren Voraussetzungen für die Wartbarkeit des Systems.

4.3.2. Speicherbelegung

Die Speicherbelegung von CMT gliedert sich auf in die Anwenderschnittstelle und die CMT-Prozesse. Sie ist davon abhängig, wie die Compilation erfolgte. Über einen Compilerschalter können Codeteile, die eine Ablaufverfolgung (Trace) ermöglichen, erzeugt werden oder nicht. Zur Ermittlung des Speicherbedarfs von Anwenderprogrammen, die das CMT eingebunden haben, wurde ein minimales Anwenderprogramm 'main' geschrieben. Die Tabelle in Bild 4.3.2./1 zeigt dessen Größe (bei nicht eincompilierten Trace-Code) und wie sie sich zusammensetzt. Mit Trace-Code liegt der Speicherbedarf um ca. 35% höher. Dabei ist zu berücksichtigen, daß bei Einsatz von Shared Libraries der Codeanteil (von ca. 75 kBytes) für beliebig viele Anwenderprogramme nur einmal im Speicher gehalten wird, der Datenanteil (von ca. 8 kBytes) jedoch pro Anwenderprogramm einmal.

	Code	*Daten*	*insgesamt*
main	1168	16	1184
BS Aufrufe	23564	6720	30284
CMT	51232	1632	52864
gesamt	75964	8368	84332

Bild 4.3.2./1   Größe eines Anwenderprogramms ohne Trace

Der Speicherbedarf (virtueller Speicher) der CMT-Prozesse ist in der Tabelle von Bild 4.3.2./2 dargestellt. Nicht in der Tabelle enthalten sind die Prozesse zur Realisierung der Kommunikation (TCP-Monitor).

Außerdem kommen dazu die Hauptspeicherbereiche in den Shared-Memory-Segmenten und dynamisch während des Ablauf mit *malloc ()* angeforderte Speicherbereiche. Der Umfang der Shared-Memory-Bereiche ist abhängig von projektierbaren Parametern (Anzahl der Kanäle zwischen Rechnerknoten) und von der Konfigurierung des CMT. Mit Standard-Parametern werden zusammen 170 kBytes Speicher benötigt.

	Code	Daten	insgesamt
Steuerprozeß	108604	27756	136360
Nachrichtenprozeß	99708	19696	119404
Zeitprozeß	74332	14820	89152
gesamt	282644	62272	344916

Bild 4.3.2./2 CMT-Prozesse, Übersetzung ohne Trace-Funktionen

4.4. Performance

Zur Ermittlung der Performance im Bereich Nachrichtenaustausch wurde für drei "Szenarien" (siehe Bild 4.4./1) die Durchlaufzeit bzw. der Durchsatz gemessen, lokal und mit Nachrichtenaustausch über das Netz.

Scenario 1 (zwei getrennte Kanäle für Nachrichten und Quittungen):

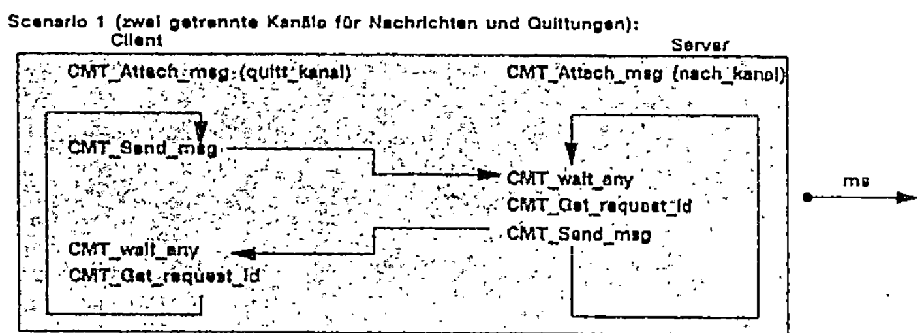

Scenario 2 (Nachrichtenaustausch mit Quittung über einen Kanal):

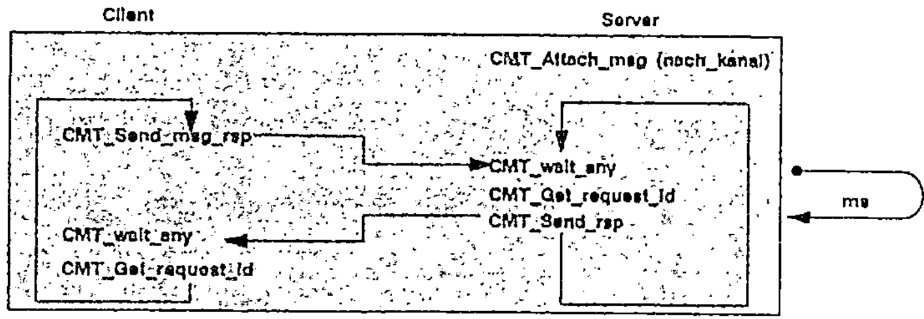

Scenario 3 ("reines" Senden und Empfangen):

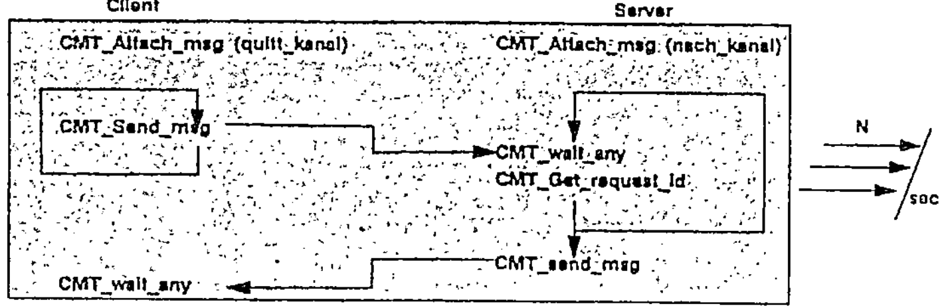

Bild 4.4./1 Szenarien

Bei Szenario 1 (Bild 4.4./1 oben) wird eine Nachricht ohne Quittung (bzw. mit Quittung über einen eigenen, nicht gemessenen Kanal) geschickt. Bei Szenario 2 (Bild 4.4./1 mitte) wird eine Nachricht mit Quittung gesendet, wobei die Quittung über denselben Kanal zurückkehrt. Bei Szenario 3 (Bild 4.4./1 unten) wird permanent, in so rascher Folge wie möglich, eine Nachricht ohne Quittung geschickt. Gemessen wird bei Szenario 1 und 2 die Zeit für eine Nachricht, bei Szenario 3 der Durchsatz.

Es ergeben sich die in den folgenden Tabellen angegebenen Durchlaufzeiten bzw. Durchsatz-Werte (gemessen auf SIMICRO SX mit SORIX ER2):

	Szenario 1		*Szenario 2*		*Szenario 3*	
	1 Byte	*980 Bytes*	*1 Byte*	*980 Bytes*	*1 Byte*	*980 Bytes*
Durchsatz [N/s]					200	181
Durchlaufzeit [ms]	5.4	5.8	11.6	12.4		

Bild 4.4./2 CMT lokal

	Szenario 1		*Szenario 2*		*Szenario 3*	
	1 Byte	*980 Bytes*	*1 Byte*	*980 Bytes*	*1 Byte*	*980 Bytes*
Durchsatz [N/s]					51	44
Durchlaufzeit [ms]	27.8	29.8	55.5	61.6		

Bild 4.4./3 CMT Netz

5. Ausblick

5.1. Multicomputing

Wie oben erwähnt ist das Channel Management auf Systemen SIMICRO SX mit dem Betriebssystem SORIX implementiert. Ab SORIX Version ER3 stellt das Betriebssystem Mechanismen zur Verfügung, um Programmsysteme in einer Multicomputing-Umgebung realisieren zu können. Multicomputing bedeutet dabei, daß Programme (Prozesse), die auf verschiedenen Single Board Computern (SBC) der SIMICRO SX in einem Rechnerrahmen ablaufen, auf Basis von SORIX miteinander kommunizieren bzw. sich synchronisieren und gemeinsame Betriebsmittel verwenden können.

Für das Channel Management bedeutet "Multicomputing-Fähigkeit" nun, daß die folgenden Fälle beherrscht werden müssen:

- Nachrichtenaustausch lokal auf einem SBC

- Nachrichtenaustausch zwischen Anwendungen auf verschiedenen SBCs in einem Knoten (Rechner)

- Zugang zum Netz (Ebene 4) von allen SBCs in einem Knoten aus

Die grundsätzliche Stellung von CMT zwischen Anwenderprogramm und unterlagerten Softwareschichten wurde im Bild 2.2./1 dargestellt.

Dabei laufen alle Schichten in einer Single Computing Umgebung auf einem SBC ab. Will man nun das Programmsystem "Multicomputing-fähig" machen, so heißt das, daß einzelne Softwareschichten in einem Rahmen mit mehreren SBCs nur auf einem SBC ablaufen und die Funktionaliät dieser Softwareschicht von allen anderen SBCs aus genutzt werden kann. Dazu muß zwischen den einzelnen Schichten eine Trennung vollzogen werden. Wo eine derartige Trennung möglich ist, zeigt das folgende Bild.

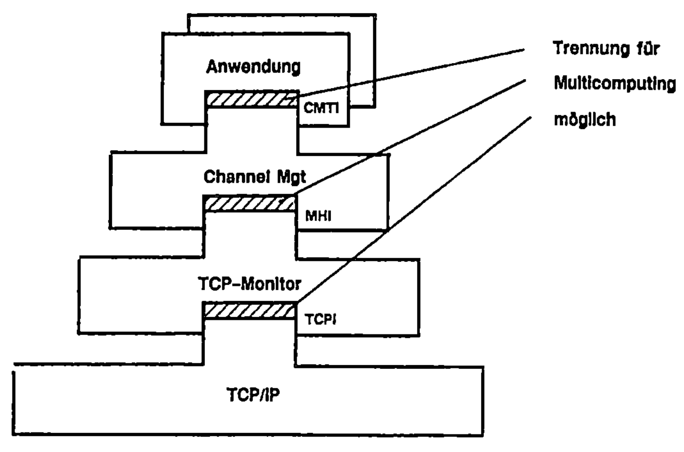

Bild 5.1./1   Schichtung des Channel Management

Insgesamt kann man drei Varianten erkennen. Die Trennung direkt oberhalb von TCP/IP ist bereits in der Realisierung von TCP/IP, das nach dem "Serverkonzept" von SORIX implementiert ist, enthalten. Aufgrund vorliegender Ergebnisse von Voruntersuchungen wird jedoch eine Trennung zwischen der Anwendung und dem CMT favorisiert.

5.2. Anschluß von nicht CMT-fähigen 'Systemen'

Für das bisher beschriebene "Kommunikationssystem" ist wesentlich, daß alle beteiligten (Rechner-) Knoten ein CMT (in Form eines Softwarepakets) besitzen. Dieses Kanalkonzepts wird nun erweitert um eine spezielle Art von Kanälen, um Systeme/Geräte, die kein CMT haben, einzubeziehen. Über einen derartigen Kanal kommuniziert ein Sender auf einem Knoten mit CMT mit einem Empfänger auf einem System ohne CMT. Über einen Sendeauftrag mit Quittung können - nach Anforderung durch den Auftraggeber auf einem CMT-Knoten -

über die Inhalte der Quittungen Nachrichten von einem System ohne CMT zu einem Knoten mit CMT übertragen werden. Es findet eine 1:1-Zuordnung statt zwischen Kanälen und Kommunikationsverbindungen. Der (Rechner-) Knoten, an dem das nicht CMT-fähige System physikalisch angeschlossen ist bzw. von dem aus Kommunikationsverbindungen zu dem System existieren, spielt dabei die Rolle eines Nachrichtenvermittlers.

5.3. Datenobjekte und datengesteuerte Ereignisse

Das Channel Management ist in seiner bisherigen Ausbaustufe auf den transparenten Nachrichtenaustausch beschränkt. Eine Erweiterung zielt in die Richtung, Datenobjekte einzuführen. Dabei wird von einem Datenmodell (siehe Bild 5.3./1) ausgegangen, das vorsieht, daß es in einem verteilten System eine Menge von globalen Daten gibt, die auf den einzelnen Rechnerknoten als "Originale" liegen und von jedem anderen Knoten aus gelesen und geschrieben werden können.

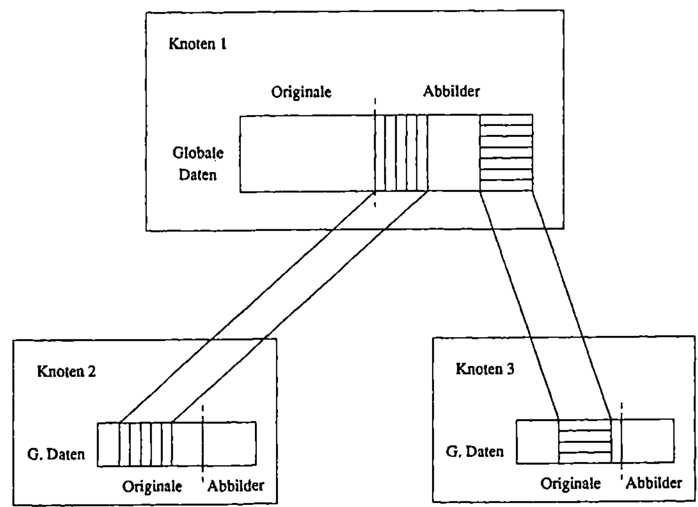

Bild 5.3./1 Datenmodell

Der Zugriff auf die Daten erfolgt mit Hilfe eines globalen Namens. Dabei erfolgt die Umsetzung eines Anwenderaufrufes in einen lokalen Zugriff oder in einen Aufruf von Transport-Diensten des Netzes für das Anwenderprogramm transparent. Neben den Originaldaten beinhaltet das Datenmodell noch Abbilder von Originalen, die auf verschiedenen Knoten liegen können. Über einen Export-/ Import-Mechanismus werden diese Abbilder automatisch (z.B. zyklisch) aktualisiert ("Image"-Funktionalität). Damit kann ein Anwenderzugriff auf ein Datum auf ein lokales Abbild führen, wenn die zeitlichen Anforderungen genügen, ansonsten kann er auf das Original (über Netz) gelenkt werden.

Das Konzept der datengesteuerten Ereignisse beinhaltet eine Überwachung von globalen Daten auf Änderungen hin oder auf das Überschreiten von Grenzwerten hin gemäß einer projektierten Bedingung. In den Fällen , daß die Bedingung erfüllt ist, werden alle Anwenderprogramme, sie sich für das Ereignis angemeldet haben, benachrichtigt.

6. Zusammenfassung

Für verteilte Dienste in Automatisierungssystemen wurde ein gemeinsames Kommunikationssystem vorgestellt, das im Auftrag eines Anlagenvertriebes entwickelt wurde und erste Einsätze in der Automatisierung von Walzwerkanlagen bereits hinter sich hat. Dabei stellten sich als wesentliche Vorteile für das CMT u.a. heraus:

- seine anwenderfreundliche Schnittstelle (in Form von Prozeduren mit Parameterübergabe),

- die Portabilität der Anwenderprogramme durch die systemneutrale CMT-Anwenderschnittstelle,

- die Flexibilität der Anwenderschnittstelle,

- die leichte Hantierbarkeit des CMT durch eigene umfangreiche Diagnosetools und ein eigenes maskenorientiertes Projektiertool, auf die in diesem Papier nicht näher eingegangen wurde.

7. Literatur

[1]   Denert, Ernst: Software-Modularisierung
        Informatik-Spektrum 2 (1979), 204-218

[2]   Habermann, A.N., et al: Modularization and Hierarchy in a Family of Operating Systems
        Communications of the ACM 24,5 (Mai 1982), 266-272

[3]   Oman, Paul W., und Cook, Curtis O.: The Book Paradigm for Improved Maintenance
        Software (IEEE) 7,1 (Jan. 1990), 39-45

[4]   Steig,k.-M., Wiegandt,R.: Ein Konzept für Programmkommunikation und Systemüberwachung in
        verteilten Rechnersystemen
        INTERKAMA Kongress '89, Düsseldorf 1989, R. Oldenbourg, München, Wien 1989, 263-272

[5]   Stoustrup, Björne: What is Object-Oriented Programming?
        IEEE Software, vol. 5, no. 3 (Mai 1988), 10-20

[6]   Zelkowitz, M.V., Shaw, A.C., und Gannon, J.D.: Principles of Software Engineering and Design
        Prentice-Hall, Englewood Cliffs (N.J.) 1979, 338 S.

Space Data Network— A Challenge in Space Communications

Klaus-Jürgen Schulz
European Space Agency (ESA)
European Space Operations Center (ESOC)
Robert-Bosch-Str. 5
D-6140 Darmstadt
e-mail: kschulz@esoc.bitnet

Space Data Network is a communication network which extends from ground via relay satellites to spacecraft. Due to the heterogeneity of the employed network technologies and the operational needs of spacecraft operation it provides a serious technological challenge in the fields of Distributed Systems, Network & Service Management, and Interconnection of High-Speed Networks. This paper gives an overview of the employed methods emphasizing on special modifications to terrestrial approaches to fulfill particular space related needs.

1 Introduction

Space Data Network (SDN) is the future communication network for the support of ESA manned and unmanned spacecraft missions. It extends the current communication capabilities which are provided by todays worldwide ground station network (ES-TRACK) [DHamjedi88, CBerg89] considerably. Whereas communication today is rather simple involving for the real time operation only the spacecraft, one or more ground stations and the control center (experimenters data is usually transferred in a non real time manner from the control center), see figure 1, future communication, see

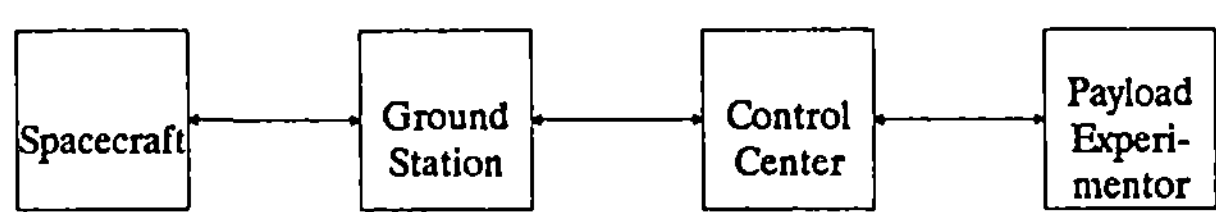

Figure 1: Todays Communication Facilities

figure 2, will additionally involve a Data Relay System (DRS) [ADickens87] and an Interconnection Ground Subnetwork (IGS) for the direct distribution of platform and

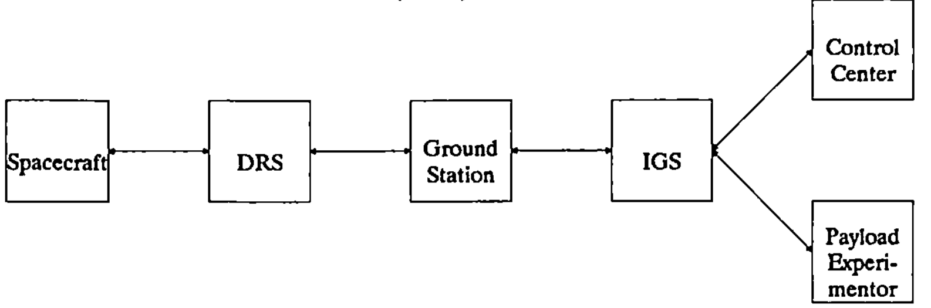

Figure 2: Future Communication Facilities

payload data to distributed facilities throughout Europe. The coverage (overall time at which communication contact to spacecraft is possible) especially for Low Earth Orbiting Spacecraft (LEOS) (orbit less than 300 km altitude) is considerably higher with DRS than with ESTRACK thereby allowing much higher volumes of data to be transferred. Although overall connectivity interruptions between space and ground are fewer with DRS the problem to handle this during operations remains the same.

Applications are nowadays supported between control centers and spacecraft by two unidirectional specialized protocols which are called Telemetry (space- > ground) and Telecommand (ground- > space). Future applications are most likely to require bidirectional data flow to allow for interactive platform and payload operation (telescience, teleoperation). One challenging problem here is "uplink data control" to ensure safe operation of the spacecraft even when experimenters have direct access to their experiment, so that energy and other resource margins are not exceeded by the experimenter. The traditional simple command validation scheme has to be extended to allow different classes of control of uplinked data.

The technology involved in the various subnetworks is rather heterogeneous thereby introducing considerable problems in the interconnection of these subnetworks. The most important question here is by which mechanisms the subnetworks should be interconnected, and which network layer services shall be provided end-to-end.

Today a Ground Station (GS) is at anyone time mainly devoted to the support of one spacecraft. This is expected to change in the future so that DRS and the adjacent ground subnetworks will have to support several spacecraft concurrently. Thus DRS and the ground subnetworks of SDN provide a shared resource which will need sophisticated resource allocation schemes to provide SDN communication services in a highly dependable manner. Therefore Network and reliable Service Management plays a major role in SDN.

For the support of international projects, e.g. International Space Station Freedom, or spacecraft in emergency, cross support between space agencies in communications is required. Therefore SDN must foresee means to provide and receive cross support in international cooperation. Cross Support is often carried out according to standardized protocols as defined by CCSDS (Consultive Committee for Space Data Systems). Therefore most space specific communication protocols employed stem from CCSDS.

To cope with the various aspects of SDN a Reference Model (RM) has been introduced which leans itself rather close to the OSI Reference Model. This will be introduced in chapter 2. Chapters 3 to 6 explain the components of the Reference Model: Applications, Communication Building Blocks, Subnetworks and Network & Service Management, respectively. Current Research and Development Activities are addressed in chapter 7.

2 Reference Model

The SDN Reference Model describes the functional decomposition of the end-to-end space data network to allow independent development of the constituent components. The glue to make these different development items work together will be provided by this reference model.

The reference model consists of the following components:

1. Applications

2. Communication building blocks (OSI layers 4-7)

3. Subnetworks (OSI layers 1-3)

4. Network and Service Management (System and layer management for OSI layers 1-3 and 4-7, including the provision of guaranteed services in a planned manner)

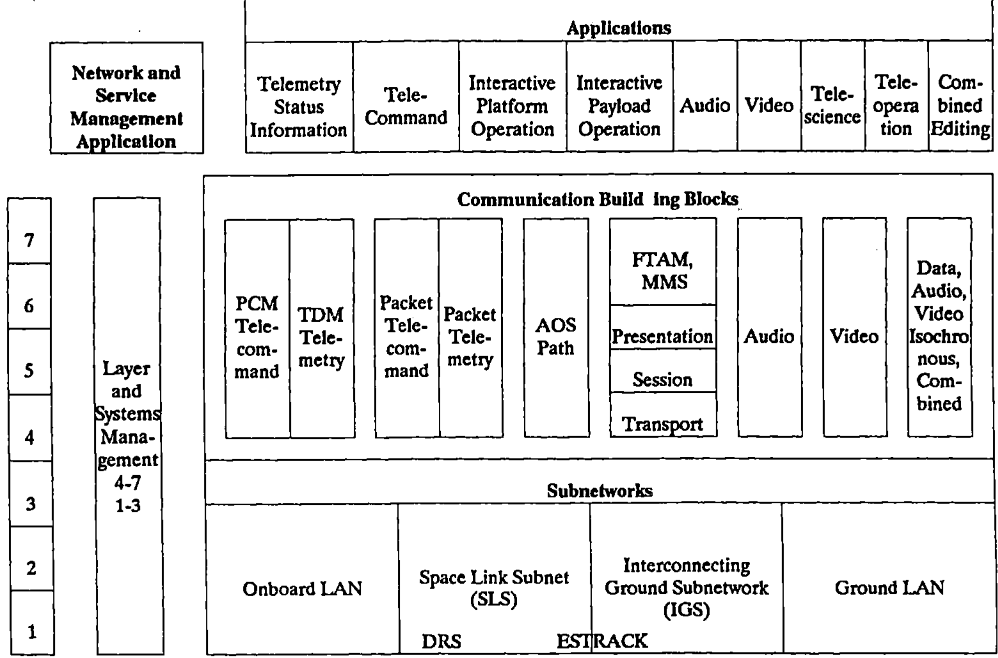

Figure 3: Space Data Network (SDN) Reference Model

From this decomposition the following interfaces can be derived:

1. Communication building blocks to applications (Application Layer Interface)

2. Network services to communication building blocks (Network Layer Interface)

3. From all systems and layers to network and service management (Network and Service Management Interface)

To allow independent development of the components these interfaces need to be defined. Components can be realized differently as long as the interfaces remain the same.

In the following the term **data** stands for non-audio and non-video type of data.

3 Applications

The list of envisaged applications only serves as examples but is meant to be comprehensive. The communication requirements for these applications varies considerably.

- Telemetry status information of platforms and payloads. This is introduced here for reasons of downward compatibility with nowadays (conventional) satellite operations. Telemetry is a unidirectional unreliable (loss of data possible) data flow from space to ground.

- Telecommand. This is also introduced here for reasons of downward compatibility with nowadays (conventional) satellite operations. Telecommand is a unidirectional reliable data flow from ground to space.

- Interactive Platform Operation. This is meant to be the future way of operating a spacecraft platform from ground. Instead of two distinct flows a bidirectional reliable dataflow is supported which allows interactive platform operation.

- Interactive Payload Operation. This is similar to Interactive Platform Operation however a procedure is necessary for the spacecraft control centers to control the data that is uplinked by the experimenter, so that he cannot do any harm to the spacecraft. This will typically work over OSI application service elements, e.g. FTAM, MMS, ROSE.

- Audio. This is absolutely necessary for manned space flight to allow voice contact between crew onboard and operators on ground. Conferencing with more than two people is implicit. Isochronicity and low transit delay must be preserved.

- Video. This is necessary for manned space flight to allow visual contact between crew onboard and operators on ground, but also experimenters require it to monitor the behavior of the experiment. A wide range of quality requirements need to be fulfilled for different purposes.

- Telescience. This is a very demanding highly interactive application for payload operation which requires data, audio and video to be transferred isochronously and the timing relationship between the three data types to be kept, i.e. synchronized. This application will lead to qualitatively new ways of operating experiments in space.

- Teleoperation. This also is a very demanding highly interactive application for the control of robots. It also requires data, audio and video to be transferred isochronously and the timing relationship between the three data types to be kept, i.e. synchronized. Also this application will lead to qualitatively new ways of operating experiments in space.

- Combined Editing. This is a controlled way for a group of people including crew onboard to generate a common document, e.g. a graphic explaining the repair of equipment to the crew. So it is mainly geared towards manned space flight. When combined with audio this can be a very powerful application to cope with unforeseen events.

4 Communication Building Blocks

Communication Building Blocks provide the application layer services to applications in the OSI sense. They provide the communication part of the application in a standardized way. They correspond roughly to OSI layers 4 to 7. There is a clear distinction between OSI building blocks which follow strictly a layering approach and other building blocks, e.g. telemetry, telecommand and isochronous audio and video protocols, which apply a different layering model or even none. The telemetry and telecommand protocols are complete protocol stacks (layers 2-7) in themselves. The building blocks are briefly described:

- PCM Telecommand. This Pulse Code Modulation Telecommand is the traditional protocol stack for telecommanding, which allows no reliability check in the protocol. It is currently outphased.

- TDM Telemetry. This Time Division Multiplexed Telemetry is the traditional protocol stack for telemetry, which only uses forward error correction techniques to secure the link but no retransmissions. It is currently outphased.

- Packet Telecommand. This is a reliable commanding protocol with authentication and segmentation. Acknowledgement information is transmitted in the packet telemetry stream in the "Command Link Control Word". The first spacecraft are flying with this protocol now.

- Packet Telemetry. This protocol is unreliable (forward error correction, but no retransmissions possible) but allows basically multiplexing and demultiplexing into "Virtual Channels" and "Applications (Sources)". The first spacecraft are flying with this protocol now.

- AOS Path. Advanced Orbiting Systems Path protocol provides downward compatibility to Packet Telecommand and Packet Telemetry by providing a unidirectional data flow over the AOS protocol stack. The AOS protocol stack is intended for use in all major future projects. e.g. International Space Station Freedom, Columbus and Hermes.

The above 5 protocols are defined for the Space Link Subnet (SLS). They are usually terminated in the ground station and interworked as Telemetry Delivery and Telecommand Reception Applications to the centrally located control center. This means the SLS datastructures are augmented with timing and quality of service information and sent to the control center. The control center may request selected data streams for direct transmission and others for later transmission.

- OSI Protocols. These are intended to work end-to-end, also over SLS, to provide the basic communication means for future interactive platform and payload operation. They will most likely depend on OSI network services.

- Audio, Video and Data. The provision of isochronous end-to-end services is currently addressed by CCSDS. It is intended to extend CCITT standards in this field also over SLS.

The following table gives an overview of SDN communication building blocks:

Building Block	Origin of Recommendation	Layers	Data Type	Data Flow	End-to-End
PCM Telemetry [PSS-46]	ESA	2-7	data	unidirectional	no
PCM Telecommand [PSS-45]	ESA	2-7	data	unidirectional	no
Packet Telemetry [CCSDS102, PSS-04-106]	CCSDS	2-7	data	unidirectional	no
Packet Telecommand [CCSDS200, CCSDS201, CCSDS202, CCSDS203, PSS-04-107]	CCSDS	2-7	data	unidirectional	no
Advanced Orbiting Systems (AOS) Path [CCSDS700, CCSDS701]	CCSDS	3-7	data, image with low demand on isochronocity	unidirectional	no
OSI: FTAM, MMS, ACSE, ROSE, ..., Presentation, Session, Transport	ISO OSI	4-7	data	bidirectional	yes
AOS: Audio,[CCSDSA&V]	CCSDS,CCITT	3-7	isochronous audio	bidirectional	yes
AOS: Video with various quality requirements, [CCSDSA&V]	CCSDS,CCITT	3-7	isochronous video	bidirectional	yes
Data, Audio and Video combined, [CCSDSA&V]	CCSDS	3-7	synchronized, isochronously transferred data, voice and video	bidirectional	yes

5 Subnetworks

Space Data Network (SDN) is an interconnection of at least 4 subnetworks:

1. Onboard LAN

2. Space Link Subnetwork (SLS)

3. Interconnection Ground Subnetwork (IGS)

4. Ground LAN (in control centers or at experimenters)

The LANs typically work connectionless, whereas SLS and IGS work connection oriented. The SDN network layer therefore offers the OSI ConnectionLess Network Service (CLNS) and the OSI Connection Oriented Network Service (CONS) as the end-to-end supported network services for data. Figure 4 shows a potential future protocol profile for interworking based on CLNS:

In the middle the 4 subnetworks and their interconnection is shown. The top part represents a potential protocol profile for internetworking based on ISO 8473 to provide the CLNS. The bottom part shows major implementation subsystems, i.e. User Space Terminal (UST) consisting of LAN Data Terminal Equipment (DTE), Interworking Function (IW) for 8473, the AOS Protocol Machine (PM), the Modulation

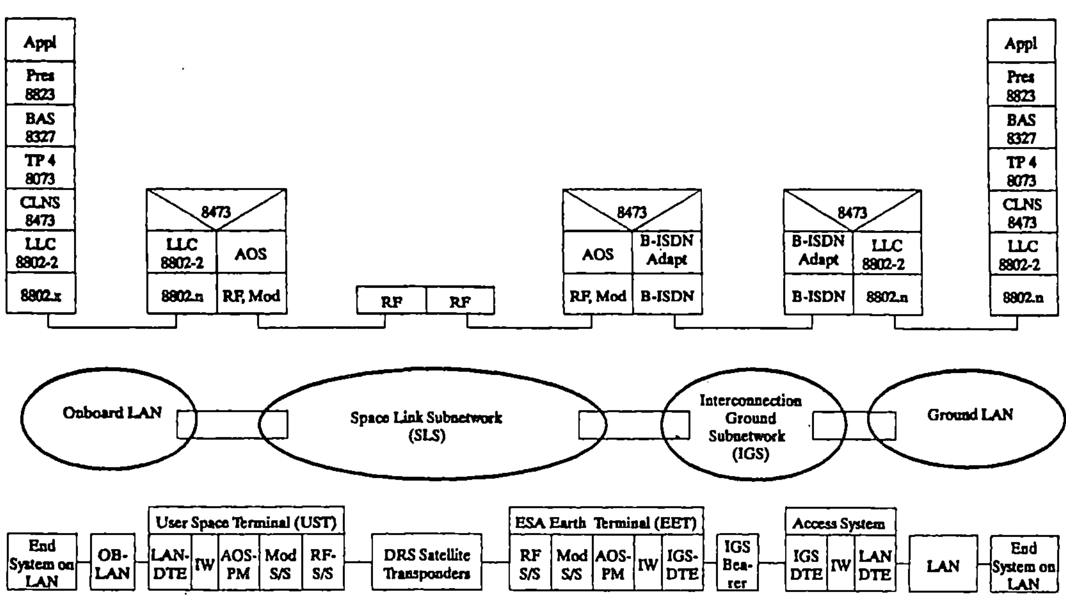

Figure 4: SDN Internetworking based on OSI CLNS (8473)

(Mod) Subsystem (S/S) for forward error correction and the RF Subsystem (S/S); the ESA Earth Terminal (EET) consisting basically of a mirror arrangement of the UST but interworking towards the IGS bearer network; the Access System consisting of DTE for IGS and LAN and the interworking function (IW). Please note that all these major communication subsystems need to be monitored and controlled. This will be addressed in chapter 6.

A similar interconnection scheme for CONS is currently under investigation, especially how to provide CONS over SLS in AOS. Currently the AOS Path service is also intended to provide an end-to-end connection oriented network service beside its function as a substitute for Packet Telemetry and Telecommand. This would however require Path network layer gateways in the employed terrestrial networks, which is most likely to become too expensive to implement since no off-the-shelf equipment would be available for this purpose.

In [LLenzini90] it is investigated how Packet Telemetry and Packet Telecommand could be used for internetworking. Two ways of internetworking: connection oriented (hop-by-hop enhancement approach) versus connectionless internetworking (internet approach) are discussed. It is concluded that the first approach is better suited. It is however doubtful that Packet Telemetry and Packet Telecommand would be used for this purpose, since AOS will most likely provide support for connectionless and connection oriented internetworking.

For Audio and Video the end-to-end network services will most likely be those defined by CCITT. In the AOS protocol definition there are already hooks to provide such services over SLS.

The support of isochronously combined Data, Audio and Video is currently under investigation. It is assumed that final service definitions will be based on B-ISDN characteristics. CCSDS currently tries to augment the AOS protocol definition to support such a multimedia service.

The following table gives an overview of the SDN network layer services:

Network Layer Service	Origin of Recommendation	QoS Description
CLNS (ISO8348-1)	ISO OSI, CCSDS	bidirectional data, unreliable (loss, duplication) connection-less network service
CONS (ISO8348)	ISO OSI	bidirectional data, reliable connection oriented network service
Path as network layer service [CCSDS700, CCSDS701]	CCSDS	unidirectional unreliable data
Audio [CCSDSA&V]	CCITT, CCSDS	see CCITT G.711
Video [CCSDSA&V]	CCITT, CCSDS	for cross support purposes, see CCITT H.261
Combined Data, Audio and Video [CCSDSA&V]	CCSDS	isochronously transferred and synchronized between all data types

To implement these network layer services end-to-end over a severe heterogeneity of network technologies a very good understanding of the various SubNet Dependent Access Protocols (SNAcP) is needed to define the SubNetwork Dependent Convergence Functions (SNDCF) and SubNetwork Independent Convergence Functions (SNICF) that are needed to provide the SDN network layer services. The approach outlined by OSI (Network Layer Structure) is followed here.

In the following the subnetworks of SDN are briefly described.

5.1 Onboard LAN

In the long term future Onboard LANs will most likely be completely integrated fiber optic based LANs, e.g. FDDI-2. In the near term future fiber optic based LANs for data, e.g. FDDI-1, enhanced with dedicated audio and video distribution networks, might be used. In the short term future well known LANs like Token Bus for data, enhanced also with special purpose audio and video distribution networks, will be used.

5.2 Space Link Subnet

The Space Link Subnet (SLS) [CCSDS701] is defined by CCSDS Advanced Orbiting Systems (AOS). It provides the following subnetwork dependent services:

- Encapsulation Service, for support of Internet Service (8473)
- Multiplexing Service, for support of Path Service and possibly CONS in the future
- Bitstream Service, for support of Video
- Virtual Channel Access Service, to provide hooks for special purposes, e.g. combined data, audio and video

- Virtual Channel Data Unit Service, also to provide hooks for special purposes
- Insert Service, for support of Audio

Although they are termed services they are mainly building blocks for network layer protocols.

For Advanced Orbiting Systems (AOS) currently two complementary network services are defined, which are meant to work end-to-end and not only over SLS:

- Internet Service (OSI CLNS)
- Path Service as network layer service
- OSI CONS might also be supported in the future, may be instead of Path Service

Since AOS will be used over relay satellites, special attention will be devoted to the handling of space link connectivity interruptions due to visibility limits of spacecraft.

First, the orderly link establishment and release by the two connected AOS protocol machines must be handled very reliable. Link establishment and release will be needed when longer periods of link outage are envisaged, e.g. during the Zone of Exclusion (a zone in which no contact to any of the two relay satellites is possible due to their location in space).

Second, the frequently occurring handover of the link from one relay satellite to the other, which takes approximately 120 seconds, must be handled very reliable and efficient. It has to be investigated if the two AOS protocol machines can be halted and restarted after this period and whether the data can be buffered in between.

Beside the AOS implementations of SLS additionally PCM Telecommand and TDM Telemetry, Packet Telecommand and Telemetry need to be provided for reasons of downward compatibility. This is necessary for the support of payloads designed for use in unmanned spacecraft.

The SLS will be realized in the AOS version by mainly those spacecraft using the Data Relay System (DRS). The older SLS implementations will be used mainly by those spacecraft using the ESA ground station network ESTRACK. However ESTRACK will also be augmented to be able to support low performance AOS mainly as a backup communication facility for use by the Hermes space plane.

Since the Space Link Subnet (SLS) is not controlled by 1 entity but 2, i.e. the spacecraft is controlled via its control center and the Data Relay System (DRS) is controlled via the DRS Mission Control Center (MCC), coordination mechanisms have to be included which allow highly reliable RF link acquisition and release.

5 .3 Interconnection Ground Subnet

The purpose of the Interconnection Ground Subnetwork (IGS) is to provide interconnection from ESA Earth Terminal (EET) Ground Stations to spacecraft control centers and experimenters (space <-> ground traffic); but also to provide interconnection between the various distributed ground facilities (ground <-> ground traffic), which are spread over Europe.

IGS is a private wide area network consisting of the following major parts:

1. Bearer Network

2. Interworking Functions for the various network layer protocols in EETs (SLS - IGS Gateway)

3. Interworking Functions for the various network layer protocols in Access Systems located e.g. at control centers, engineering centers and at experimenters premises (IGS - LAN Gateway or IGS - Public Networks Gateway)

The bearer network is most likely B-ISDN based. There are two implementation options possible: Either a private B-ISDN implementation consisting of privately owned switching equipment and leased PTT lines or leased PTT provided B-ISDN connectivity. The latter implementation option, which would be desirable from a cost point of view, is rather doubtful since B-ISDN connectivity would be required throughout Europe. However a migration from option 1 to option 2 in the envisaged 30 year lifetime of IGS would be possible. An alternative bearer network could also be satellite based. This however would add substantial transmission delay, which would be unacceptable for the support of key applications like Telescience.

The private B-ISDN implementation option will consist of a core network, which will remain stable over the 30 year lifetime, and a dynamic augmentation in transmission capacity according to experimenters needs for the duration of their experiments.

The interworking functions in the EETs are either layer 7 gateways, e.g. for the transmission of traditional telemetry and telecommand, or layer 3 gateways to support the SDN end-to-end network services. A recording function is foreseen to overcome temporary transmission outages in IGS. To support Telescience and Teleoperation efficiently some uplink data control is needed, so that not all of the experimenters data has to be verified in the control center.

The interworking functions in the Access Systems work on layer 3 only to support the SDN end-to-end network services. Access Control is exercised based on pre-planned service instance descriptions.

Since most services in IGS are provided on a scheduled basis, mechanisms have to be included, which allow connection setup and release by a controlling entity, e.g. the IGS Network Control Center (NCC). Since future B-ISDN systems might offer some intelligent network functions, it has to be evaluated, which of these can be used in order to make the implementation of these controlling function as simple as possible. The concept of Private Virtual Networks [WAmbrosc89] as probably offered by PTTs in the future could possibly be incorporated when migrating to implementation option 2.

5 .4 Ground LAN

Ground LANs located e.g. at control centers and payload operators premises will most likely be those found today, e.g. Ethernet, Token Ring, Token Bus or FDDI. The IGS Access Systems will provide interconnection to these LANs and to public networks in case experimenters are attached directly to the latter.

6 Network and Service Management

The planned operation of spacecraft and the planned execution of experiments leads also to a planned operation of the supporting communication system, i.e. SDN. Since the data transmitted over SDN carries the "scientific return" of the spacecraft mission, it is required that SDN must have a very high reliability.

In ESTRACK, which is implemented as a private X.25 network over leased PTT lines, this has lead to a strict pre-planning of the overall network resources, i.e. from the available bandwidth of the X.25 interconnection network, dedicated X.25 virtual channels or permanent virtual channels with certain throughput rates are allocated to various spacecraft projects. Ground stations are mainly allocated as a whole to one project. So communication resource sharing between concurrently running projects is hardly possible. A particular configuration is rather static and cannot be changed easily. However this system works satisfactory if only one or two spacecraft need to be supported concurrently.

In the future SDN this will change drastically because many spacecraft projects will be served via DRS concurrently, data transmission will be provided via IGS for a large user community spread over Europe. Therefore the goal is to design a highly reliable operational communication system that provides the flexibility to support many users at the same time.

The planned operation of SDN means that all major communication service instances to support a mission increment are known about 1 or 2 days before their execution. The controlling entities of the subnetworks need to carry out these service instances in a coordinated way. This is achieved with the following service management architecture, see figure 5:

The DRS-MCC controls the DRS relay satellites, the RF and Modulation subsystems and the AOS Protocol Machine. The IGS Network Control Center (NCC) controls the various interworking functions within the EETs, the IGS bearer network and the interworking functions performed in the Access Systems. These two subnetworks of SDN form the future ESA operational communication system. They are represented by the SDN Network Management Center (NMC). NMC coordinates all service requests from all supported spacecraft missions with the underlying subnetworks.

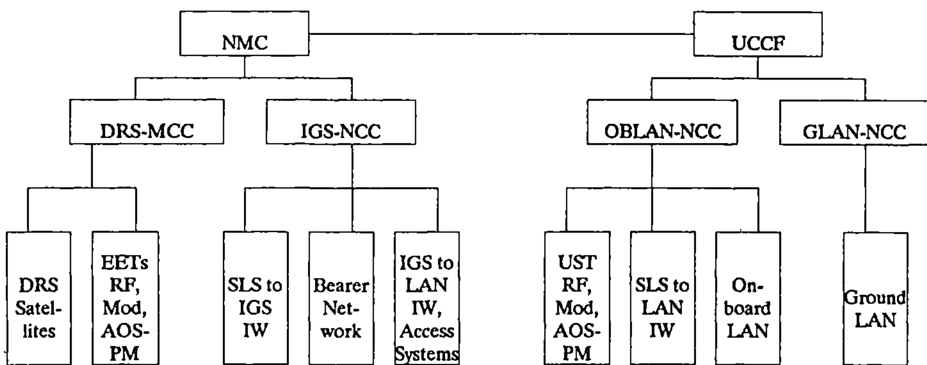

Figure 5: SDN Service Management Architecture

The Onboard-NCC controls the User Space Terminal (UST), which is the counterpart of the EET with similar subsystems: RF, Modulation and AOS Protocol Machine; the interworking functions into the onboard LAN and the onboard LAN itself. The Ground LAN (GLAN) NCC controls either the control center LAN, or represents any other LAN that is attached to IGS. These two subnetwork NCCs plus the coordination of experimenters for communication purposes are handled by the User Communication Coordination Function (UCCF), which is typically located in a spacecraft control center. It is assumed that service requests placed to the NMC can be supported by those networks that are under direct control of UCCF.

The two top level entities NMC and UCCF cooperate to initiate the service management of communication support for a spacecraft mission. The term "Service Management" means all procedures that are necessary to carry out the planned communication instances over SDN. In contrast "Network Management" refers to classical OSI network management of communication resources, i.e. systems and layers, which is usually not related to particular service instances.

Service Management for the various subsystems means the following:

- DRS Relay Satellites. Allocation, configuration and operation of transponders for link acquisition and release.

- EETs. Allocation of processing chains in EETs. Configuration, monitoring and control of service provisioning in the subsystems: RF, Modulation and AOS Protocol Machine.

- SLS-IGS Interworking Functions. Configuration of the various interworking functions. Providing data dissemination by mapping SLS data channels to IGS channels. Configuration of uplink data control to support interactive applications like Telescience or Teleoperation.

- IGS Bearer Network. Configuration of predetermined routes through the bearer network, similar to using permanent virtual channels in X.25. Monitoring of resource usage. In case of misuse policing.

- IGS Access Systems. Shielding the operational communication system (DRS and IGS) from unauthorized access coming through LANs and public networks. Dynamic reconfiguration of routing tables and access rights, connectivity setup and release according to service instance descriptions.

7 Current Research and Development Activities

Currently a Communication Testbed is being developed to proof the basic concepts outlined in this paper.

The service management concept concerning the IGS-NCC, the SLS-IGS Gateway and the Access Systems is prototyped in software. The assumed underlying IGS bearer is X.25 for this prototyping activity. OSI CMISE with its underlying application model of managed objects is used. First experience with conventional network management for the current ESA administrative network based on SNMP has already been gained [EDuato90].

The service management concept concerning the monitoring and control (M&C) of ground stations is studied. Emphasis is put on structuring of the M&C information to provide a comprehensive view about the RF, Modulation and AOS Protocol Machine subsystems. Within the ground station M&C is prototyped by using MMS with its underlying application model of virtual manufacturing devices. For the representation of the overall ground station towards the DRS-MCC OSI CMISE is used.

Software prototypes of the AOS Protocol Machines have been built and the protocols have been defined in the formal specification language LOTOS. Next hardware prototypes for high (100 Mbps) and low (3 Mbps) performance will be breadboarded.

The interworking functions SLS-IGS will also be prototyped, concentrating on all datatypes: data, audio and video. Since B-ISDN equipment is not yet available the IGS bearer network will be modeled with 3 separate networks. The concept of uplink data control needs to be developed further and verified, so that spacecraft control centers can rely on it.

It is expected that these prototyping efforts will lead to a sound technical definition of SDN, which will allow an operational lifetime in the order of 30 years.

8 Acknowledgement

I would like to thank Dr. H. Uhrig, Mr. G. Theis, Dr. G. Drewes , Mr. C. v. d. Berg and Dr. U. Christ for many fruitful discussions and the support for ongoing work.

9 References

Please note that all references to OSI standards are omitted.

[ADickens87] A. Dickinson, S. E. Dinwiddy, J. Sandberg: The European Data Relay System as part of the in-orbit infrastructure, ESA Bulletin 51, August 1987

[CBerg89] Chris van den Berg: The New ESTRACK Station at Maspalomas, ESA Bulletin 59, August 1989

[CCSDS102] Packet Telemetry, Recommendation CCSDS 102.0-B-2, Blue Book, Consultive Committee for Space Data Systems, January 1987

[CCSDS200] Telecommand, Summary of Concept and Service, Recommendation CCSDS 200.0-G-6, Green Book, Consultive Committee for Space Data Systems, January 1987

[CCSDS201] Telecommand, Part 1: Channel Service, Architectural Specification, Recommendation CCSDS 201.0-B-1, Blue Book, Consultive Committee for Space Data Systems, Jan 1987

[CCSDS202] Telecommand, Part 2: Data Routing Service, Architectural Specification, Recommendation CCSDS 202.0-B-1, Blue Book, Consultive Committee for Space Data Systems, January 1987

[CCSDS203] Telecommand, Part 3: Data Management Service, Architectural Specification, Recommendation CCSDS 203.0-B-1, Blue Book, Consultive Committee for Space Data Systems, January 1987

[CCSDS700] Advanced Orbiting Systems, Networks and Data Links: Summary of Concept, Rationale and Performance, Recommendation CCSDS 700.0-G-2, Green Book, Consultive Committee for Space Data Systems, October 1989

[CCSDS701] Advanced Orbiting Systems, Networks and Data Links: Architectural Specification, Recommendation CCSDS 701.0-B-1, Blue Book, Consultive Committee for Space Data Systems, October 1989

[CCSDSA&V] Advanced Orbiting Systems, Networks and Data Links: Audio and Video Communication Services, Recommendation CCSDS 70x.x-x-x, Draft White Book, Consultive Committee for Space Data Systems, March 1990, in preparation

[DHamjedi88] Dieter Hamjediers: ESA Operational Communications Network (ESTRACK) in: Existing Network Description, Issue 0, Green Book, Consultive Committee for Space Data Systems, June 1988

[EDuato90] E. Duato: Integration of Different Network Management Systems using Standard Protocols, 13th European Congress Fair for Technical Communications, FRG 1990

[LLenzini90] L. Lenzini, R. Popescu-Zeletin: From the Earth to the Sky and Back, IEEE Journal on Selected Areas in Communications, January 1990, Volume 8, Number 1

[PSS-04-106] Packet Telemetry Standard, ESA-PSS-04-106, Issue 1, European Space Agency, January 1988

[PSS-04-107] Packet Telecommand Standard, ESA-PSS-04-107, 2nd Draft of Issue 1, European Space Agency, May 1989

[PSS-45] PCM Telecommand Standard, ESA-PSS-45 (TTC.A.01), Issue 1, European Space Agency, April 1978

[PSS-46] PCM Telemetry Standard, ESA-PSS-46 (TTC.A.02), Issue 1, European Space Agency, April 1978

[WAmbrosc89] W. D. Ambrosch, A. Maher, B. Sasscer (Eds.): The Intelligent Network, Springer Verlag 1989

A Highly Reliable and Efficient Demand-Assigned Multiple Access Protocol (DAMAP) for Multihop Mobile Radio Networks

Shengzu Li

Data Processing Techniques
Dept. of Electrical and Electronics Engineering
Fern University of Hagen, Germany
Email: li@dhafeu52.bitnet

Abstract - Types of data to be transmitted have a great influence on the design of a packet radio network. A channel switching mechanism is needed for multipacket messages in a multihop mobile radio environment. In this paper we give a classification of data types and multiaccess protocols, thereby highlighting an area that has not been studied up to now. After thoroughly analysing the properties of presently developed multiaccess protocols, we propose the new multiaccess protocol DAMAP which gives an optimal solution to problems that have not been solved so far.

1 Introduction

Over the past decades Packet Radio Networks (PRNs) have drawn enormous attention due to their many-sided advantages. On the other hand, due to the broadcast nature of the radio medium, PRNs also pose difficult protocol design problems. Since the radio channel is the single transmission medium which must be shared by many independent contending users, the need for multiaccess protocols arises. Until 1980 the research of medium access protocols in PRNs is mainly concentrated on the protocols applied to single-hop environment [Toba80]. A few protocols were developed for multihop networks, but they dealt with (quasi-)fixed stations [ChPi87], [NeKl85]. In recent years, the possibility to increase safety and economy of road traffic through realizing a mobile PRN has risen intensive interest. Multiaccess protocols that have been developed previously cannot be directly used for new applications such as inter-vehicle information exchange. So we must investigate the features that distinguish road-traffic communication networks from other packet radio networks.

First of all, there are a huge number of vehicles on highways. The radio channel is really a scarce and therefore critical system resource. The radio channel must be shared as efficiently as possible and spatially reused.

With mobile stations like vehicles, which move quickly compared to their transmission ranges, system connectivity may change frequently. So it is important to design access schemes and system control mechanisms that allow the system to adapt itself to a continuously changing situation of radio connectivity.

For ease of communications among mobile users, it is advantageous to have all users share a single high-speed channel. A carrier in the GHz band is currently considered as a candidate to be used for road-traffic communication. Due to limited transmission range of such carrier, only limited direct connectivity can be achieved. This situation gives rise to a multihop system. The hidden station problem is associated with multiple access in multihop environments.Two stations are called hidden to each other if both are out of their respective transmission range, but within the receive range of a common third station. If both stations transmit data in the same frequency band simultaneously, they will cause collision at the third station. The problem becomes more sophisticated, when stations are mobile. The problem of collisions caused by hidden stations should be avoided by some mechanism.

Centralized control would cost too much to be established in the near future, because the transmission range of the GHz carrier considered is significantly small (about 0.5km to 1km) thus a substantial amount of roadside infrastructure such as beacons must be installed. In view of this fact, completely decentralized control must be used.

Clearly, such a decentrally organized multihop mobile PRN is much more complex than other PRNs and presents many new challenging problems. Due to complexity of the proplem there are so far very few access protocols which are designed specially for use in such a environment. Recently a new access protocol CSAP2 (Concurrent Slot Assignment Protocol) was specially developed in the context of road traffic [KRHW89]. This protocol fills in a gap in the fields of multiaccess protocols. But as we shall see in section 3, CSAP2 has its shortcomings as well. We need a new protocol which can efficiently and reliably assign a radio channel among users in road traffic environment.

The structure of the paper is as follows. After analysing data types and the presently developed suitable multiaccess protocols, in section 2 we give a classification of data types and multiaccess protocols, thereby highlighting an area which has not been studied up to now. Then we shortly consider the multiaccess protocols R-ALOHA [Lam80] and CSAP2 [KRHW89], which are closely interrelated with the proposed new protocol, and make a thorough investigation and study of their advantages and drawbacks (section 3). In Section 4 we propose the new Demand-Assigned Multiple Access Protocol (DAMAP). In parallel to develop DAMAP, another protocol proposal DMAR (Decentral Multiple Access protocol with Reservation) [HeWa90b] has been put forward. We shortly introduce this proposal and then compare performances of DAMAP and DMAR in section 5. Section 6 concludes the paper.

2   A Classification of Multiaccess Protocols

When going deep into interrelationship between access protocols and operational requirements of radio networks, we find out that the type of data to be transmitted plays an important role. We will analyse the relationship between data types and suitable multiaccess protocols. Whether a network is a single-hop or multi-hop network has great influence on the design of access protocols, so we consider single hop protocols and multihop protocols separately. Time division technique is well known for its many advantages over frequency division. Especially time division supports broadcast in that all stations are assigned to the same radio band which is not the case with frequency division. So we concentrate on sharing a single high-speed broadcast channel in the time domain. The physical radio channel is slotted in time, and the slots are synchronized into frames with N slots in each frame. Slots at the same position in consecutive frames are used for continuous transmission of messages. This forms logical (sub-)channels, just as in traditional TDMA (Time Division Multiple Access). Hereafter we will speak of channels, subchannels or slots without making distinction in case of not leading to confusion. In order to differentiate it from pure packet switching we call this kind of transmission **channel-oriented** transmission. Moreover, we concentrate on distributed multiaccess protocols.

2.1 Packet versus continuous transmission

If the data packet generating probability per time unit (frame) in every station is 1 or nearly 1 (we call this kind of data **infinite data stream**), the best appropriate scheme in single hop environment to use is synchronous TDMA. For transmission of infinite data stream in a multihop environment the appropriate protocol depends on the mobility of stations in a network. Fixed channel assignment such as that in [NeKl85] and [ChPi87] suited for system with low mobility, contention systems for stations having high mobility, and CSAP2 for stations like cars having limited mobility. The common feature of these protocols (except contention protocols) is that channel assignment is fixed as long as no collision is detected. From this point of view we call CSAP2 a **quasi-fixed assignment** protocol whereas traditional TDMA is a **permanently fixed assignment** protocol and [NeKl85] and [ChPi87] are **quasi-permanently fixed assignment** protocols.

If stations generate very short bursty messages, e.g. messages of one packet or a few packets in length, and the generating probability per frame is very small, then there is no advantage in reserving a channel. In this case, no matter what mobility the stations have, contention protocols (S-ALOHA, CSMA, etc.) using **packet switching** would be suitable for both one-hop and multihop environment.

If the mobility of stations is very high, a random distribution of stations on the plane can be observed in each instantaneous snapshot and any two sequential snapshots result in different situations. So radio connectivity may change during data transmission drastically, and any reservation technique would be senseless either. In this case, we can't choose but use contention protocols independent of which data types stations would generate.

2.2 Finite data stream and channel switching

Infinite data stream and single-packet messages are two extremes of data types. In between there is another type of data. In contrast to infinite data stream, it may be bursty. On the other hand, data may consist of multipacket sequences instead of single-packet. We call this kind of data (long) **multipacket message** or **finite data stream**. Another important property of multipacket messages might be that they require to be transmitted reliably. Once that the communication link has been established, the follow-up transmission in one message must be interference-free except the station is involved in a collision due to connectivity change. For this kind of data we need reliable continuous transmission and the ability to release the occupied slot for other stations to use after the owner has finished its usage. We call this kind of transmission **channel switching**. R-ALOHA is excellently suited for this kind of transmission in a one-hop environment. To the author's knowledge, however, no protocol has been developed for such an application in a multihop environment up to now.

2.3 A classification of data types and multiaccess protocols

From the considerations above, we derive the classification of table 1:

		Suitable channel access protocol			
		single hop	multihop		
Data type	transmission mode		mobility of stations		
			low	limited	high
infinite data stream	dedicated channel	fixed channel assignment	[NeKl85] [ChPi87]	CSAP2	rdm
multipacket message	channel switching	R-ALOHA	(DAMAP)		
single packet message	packet switching	random			access

Table 1. Classification of data types and the appropriate multiaccess protocols

It should be noted that the meaning of channel switching here is different from that in CSAP2. There, channel switching means that a new channel is selected to substitute the old one, in which a collision was detected. In the author's opinion it is better to be called **channel changing** or **channel switch-over** instead of channel switching. We would also like to differentiate two sorts of continuous transmissions or channel-oriented transmissions. One is (quasi-)**infinite continuous transmission** or (quasi-) **dedicated channel transmission**, the other is **finite continuous transmissio** or **channel switching**.

3 Protocols using Reservation

3.1 R-ALOHA

The well-known R-ALOHA was proposed to improve the throughput of a satellite channel beyond that of S-ALOHA at high channel loads [Lam80]. It is assumed there that each user is able to know the usage status of time slots one frame ago which is possible only in a single hop environment. The characteristics of R-ALOHA are that

1) it can't be used in multihop networks since each station is aware of the usage status of slots only depending on its own observation thus can't handle hidden stations;

2) it is a demand-assigned protocol (It acts like normal S-ALOHA at low channel loads and moves gradually over to some kind of TDMA as the burstiness decreased. In between it realizes channel switching);

3) it is applicable even when the number of stations is unknown or varying dynamically. It works well even when the number of stations is far more than the number of slots per frame.

3.2 CSAP

In order to meet the multihop transmission requirement, stations in CSAP not only monitor the usage status of slots, but also send this **observed information** in each packet by means of a bitmap of width N, in which one bit corresponds to one slot of a frame. If a station has observed that slot i (say) is 'idle', the station marks the corresponding bit i in the bitmap with '0', otherwise with '1'. Every station examines the bitmap contents of all received packets and thereby gets a so called **local information** by bitwise ORing all the bitmaps received in one frame. The local information gives a 2-hop view of the slot status. Reservation is performed by defining a fixed number of slots as the repetition period of an occupied slot throughout the network.

Fig. 1 illustrates how stations can get the local information by means of the bitmaps of packets 2, 3, 5. After detecting communication problems resulting from mobility of stations, a station has to select a new time slot. In this example with R-ALOHA station S_3 could select randomly among channels 1, 4, 6, 7 and 8, with CSAP, however, S_3 can only select either channel 4 or 8. We see that the hidden stations S_1, S_6, S_7 of station S_3 do no longer cause a problem with CSAP.

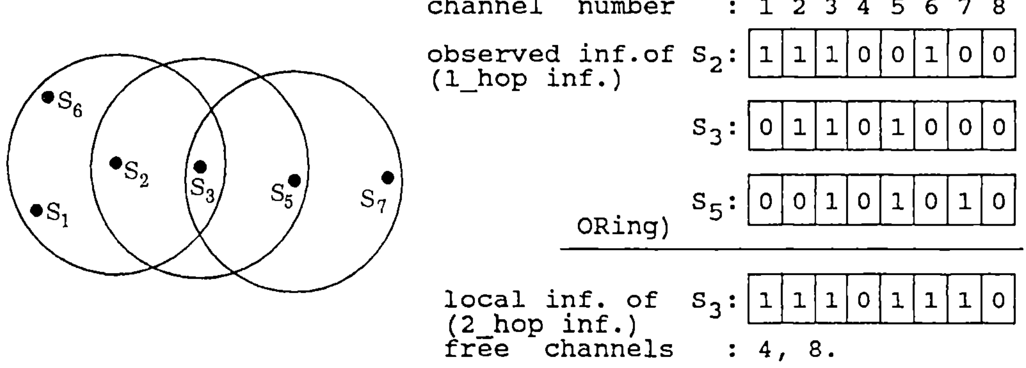

Fig.1 Local information calculation of station S_3 (Assumption: the number of a station defines the slot in the frame it is using)

The main drawback of CSAP is that it has entirely not concerned about adapting itself to the nature of the input traffic. Stations have to occupy their slots permanently only for the sake of sending the bitmap, even they have no data to send. The problem lies in that the observed information in CSAP is piggybacked on data packets. If stations switch off, stations would not send the bitmap either, resulting in an invalid local information at their receiver. But the local information must be reliable in order to handle hidden stations. Viewed from this aspect, CSAP gets bogged down in a dilemma. Figure 2 depicts the consequences resulting from stations, releasing their channels when not needed. Assume that stations A and B switched off some time ago. Now station A has data to send to station B. As the bitmap of station B is not available at A, station A does not know that channels 1 and 6 have been used by some stations neighboured to B, so A could possibly select channel 1 or 6 as its communication channel and lead to collision at B. We need a mechanism which can still guarantee for every station to obtain reliable local information when a station switches off.

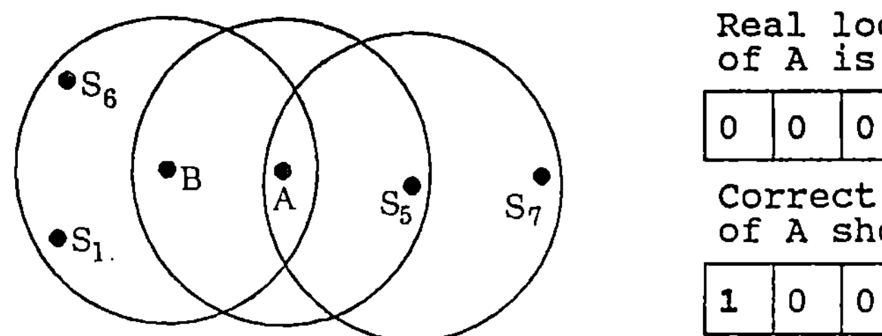

Fig. 2 The local information of A. CSAP becomes invalid if neighbor B of station A switches off.

The characteristics of CSAP are that

1) it can be used in a multihop environment and handle hidden stations;

2) it cannot dynamically assign channels on traffic demand and has no channel switching mechanism; This gives rise to two problems.

First, if the transmitted data isn't an infinite data stream but a multipacket message, some channel will be used only for transmitting the bitmap in certain time and the channel utilization will be low. The channel capacity consumed by including the bitmap in packets (we call it **explicit overhead**) isn't the only problem, the real problem is channel capacity consumed by sending nothing except the bitmap (we call it **implicit overhead**). For example, if data generating rate is 0.2, the static efficiency of CSAP (0.182) would be even much lower than the maximum possible throughput of S-ALOHA, although the available static channel capacity of CSAP is claimed in [MaRu88] to reach 0.909.

| N_bit bitmap | message | | N_bit bitmap | nothing |

explicit   explicit   &   implicit
overhead   overhead   overhead

Fig. 3 Packet format in CSAP and explicit & implicit overhead

Second, a much more serious problem is that

3) it ceases to be effective when the number of stations in 2 hop environments is more than the number of slots in one frame. Some stations would not find free channels as all the channels had already been occupied. The availability of the system suffers.

We see that the characteristics of R-ALOHA and CSAP are just opposite to each other. The required protocol should incorporate the advantages of both R-ALOHA and CSAP and avoid the shortcomings of both.

3.3 A realistic consideration

Before we go to solve above problems, another aspect which was considered in [HeWa90a] and led to development of DCAP is shortly mentioned here. CSAP assumes that the maximum transmit/receive (tx/rx) range and the maximum interference range are equal. Taking realistic transmission property of radio carrier into account, this isn't true. The signal strength of a radio signal is proportional to $1/r^z$, where r is the distance between sender and receiver and z is from two to four, depending on the morphology of the surroundings. We cannot imagine that the radio signal strength could suddenly attenuate to zero at the point just farther than the maximum tx/rx range. In figure 4, S and I' send data via the same channel. According to CSAP, E could receive data from S correctly, because the distance R' between I' and E is greater than R thus I' causes no interference at E, where R is the maximum tx/rx range to sustain a given bit error rate. In reality signals from S and I' have almost equal strength at E, they add up at the receiver E, reduce the signal-to-noise ratio and set off a collision.

It is known that for successful reception, the distance of any interfering transmitter I from a receiver E should be at least $D = n * R$, where n depends on the carrier frequency used. For some special frequencies the propagation attenuation of radio signals is substantially increased, resulting in a reduced value for n, e.g., at 60 GHz n=2 is believed to be sufficient [LBCD88]. This means that for spatial reuse of a channel, the distance between S and I should be at least $D+R=(n+1)*R=3*R$. We call D the **interference range** and D+R the **channel spatial reuse range**.

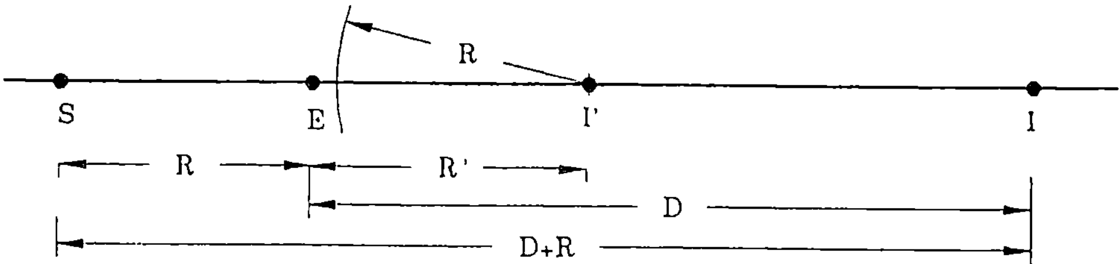

Fig. 4 The maximum tx/rx range R, the interference range D, and the channel reuse range D+R. R' > R.

3.4 CSAP2_option: DCAP

Another option of CSAP2: DCAP (Decentral Channel Assignment Protocol) presumes stations to be equipped to detect the signal-to-noise ratio in each slot or some derivative of it, e.g. the received bit error rate, and thus are able to detect the stations within interference range D. We call this observed information of DCAP **interference information**. Then, with the same mechanism of calculating the local information as in CSAP, stations can obtain the channel occupancy information within channel reuse range D+R. We call it channel spatial **reuse information**. But DCAP cannot overcome CSAP's primary shortcomings either.

4   DAMAP

4.1   The consideration of protocol design --- direction decoupled mobility

System design is a tradeoff between system performance and consumed overhead or hardware resources or both. Nevertheless, an elaborate design may achieve an optimal result at quite low costs. Why must stations in CSAP2 continuously transmit the bitmap is due to the need of informing their neighbours about status change of channels caused by radio connectivity change. If connectivity change could be substantially reduced, stations may be able to switch off their channels without damaging the reliability of the reuse ˉ information. The direction-oriented channel managment protocal ISMA (Integrated Services MAnagement) [HeWa90a] has been developed for reducing channel switch-over. In ISMA, a frame is subdivided into 4 subframes. Slots of every subframe are only dedicated to vehicles moving in one of four (logical) directions. Due to direction decoupled mobility of vehicles, radio interference of vehicles moving into different directions is completly impossible. In addition, relative velocity to each other among users in the same subframe is considerably low, so the radio connectivity change amongst stations caused by mobility would be substantially reduced. According to the calculation of [KRHW89], under realistic assumptions of typical highway traffic situation, the channel change probability of a station remains well below 0.000 21 and the collision probability below 0.ooo ooo 78. This fact points to the conclusion that it is not necessary to transmit the bitmap continuously, because the transmitted bitmap information would be perfectly identical for long duration. But we cannot simply and rashly drop the bitmap. Stations cannot simply switch off either. A technique to treat the channel switching problem must be developed.

4.2 The packet format in DAMAP and the bitmap block

We propose the DAMAP (Demand-Assigned Multiple Access Protocol) for media access control. Every station is to be assumed equipped with the same hardware as in DCAP. In DAMAP we use the packet format depicted in figure 5.

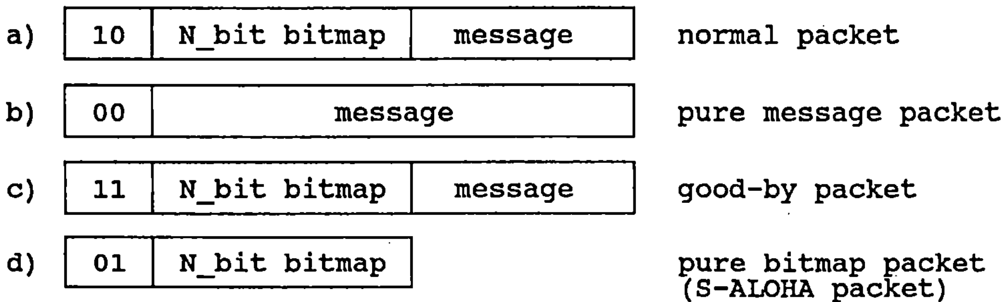

Fig. 5 Packet format in DAMAP

The packet format comprises in general 3 parts: 2_bit **status flag**, N_bit bitmap and message part. We distinguish 2 states of stations: **active and silent stations**. If a station uses a channel, we call it an active station. If a station has switched off, we call it a silent station. We distinguish active stations into 3 transmission types by means of the status flag. If the status flag is set to "10", the N_bit part of packets is used to indicate interference information. We call this packet format "normal packet". If the status flag is set to "00", the bitmap is dropped, the N bits of this part are free to be used to transmit message information ("pure message packet"). If the status flag is set to "11", the packet is one of final packets of the message ("good-bye packet"). We use several "11" packets instead of one in order to overcome a situation, where the last packet is not recognized due to a short interference burst. The "01" packets are used by silent stations to distribute the bitmap.

We assume that every station knows the existence of all stations within its receive range. In addition to the **bitmap unit** which is used to store the channel information observed in the current frame, every station opens in its memory an area, in which for each of its neighbors and also for itself a memory section of width N is reserved for storing corresponding bitmaps. We call this memory area the **bitmap block**. We call the memory sections, which comprise the bitmap block, retained-bitmap-words or **bitmap words** for short. We mark a bitmap word with 2 letters, e.g., the bitmap word XY is used to store the bitmap of a neighbor Y received by station X. The bitmap word XX is used to store the bitmap sensed by station X in the previous frame. If a station has K neighbors, its bitmap block will have K+1 bitmap words. In figure 6, stations A, B, and E have 2, 3, and 5 neighbors respectively, so their bitmap blocks have 3, 4, and 6 bitmap words respectively. Obviously, the size of bitmap blocks is easy to expand.

4.3 The DAMAP algorithm

The distributed DAMAP algorithm works as follows:

a) Operation of a station in switching-on stage

When a station wants to switch on, whether it tries a new channel access or to change its channel after involved in a collision (we call this period **switching-on stage**), the functioning of DAMAP is similar to that of DCAP. The station performs OR-operation and selects randomly a free channel (say i) according to the reuse information. In this stage the transmitted packets by DAMAP are of type "10". DAMAP does not perform bitmap OR-operation with packets received only in one frame as DCAP does, because there are packets of type "00" which have no bitmap part; and in DAMAP stations may switch off, they send no packets and thus no bitmap. So differing from DCAP, DAMAP performs the following additional functions: The station

1) (say X) stores the bitmap of types "10" and "11" packets (if received such a packet from one of its neighbors, say Y) into the corresponding bitmap word XY;

2) stores its newly observed bitmap in bitmap word XX;

3) performs OR-operation with bitmap words after the bitmap words have been up-dated according to 1) and 2);

4) sets the bit i of all the bitmap words in its bitmap block to '1' after selecting the free channel i.

Functions 3 and 4 are performed only by stations in switching-on stage. Functions 1 and 2 are carried out by all stations, whether they are active or silent.

b)Transmission of type "00" packets (switched-on stage)

After a station has successfully established a channel, thanks to very low collision probability within the framework of ISMA and the capability to maintain the bitmap information by means of the bitmap block, it is not necessary for the station to continuously transmit packets of type "10". Instead, the station transmits type "00" packets in which the bitmap is dropped. Once it finds out a difference between the newly observed bitmap and the old one stored in the bitmap word, it stores the new bitmap in the bitmap word to replace the old one and triggers the transmission of a type "10" packet.

So, in the course of the transmission of a message, the station possibly had need to change the transmitted packet type. We have mentioned above that this is a low probability event. Seeing that we consider long multipacket messages (e.g. 500 packets a message), most transmitted packets would be of type "00". This would substantially reduce the explicit overhead.

c) Transmission of type "11" packets

When a station has nothing more to send, it transmits one or more type "11" packets at last and then gives up its channel. Suppose the released channel is channel i, after having sent the last packet, the station resets bit i of all bitmap words in its bitmap block and then switches off thus enters the silent state. Consequently, the corresponding channel is set free and will be available for contention in the next frame. Switching-off of finished stations instead of keeping channel in idle mode would contribute substantially to an economic usage of the scarce radio channel resource.

d) Functioning of silent stations

In order to guarantee the correct reuse information, every station, whether active or silent, must keep sensing channels. If the channel occupancy situation has changed, whether a new channel communication has been established or a used channel has become free, the new interference information must be distributed. It is necessary for a silent station to transmit a packet only for the purpose of transmitting the new bitmap. This is just format d in figure 5. The problem is that channels would be overloaded if all stations, whether active or silent, transmit packets in their channel-switching subframe simultaneously. If so, DAMAP couldn't remove the limitation of CSAP2 that the number of stations within the reuse range must be less than the number of channels in one frame. As a single packet is enough for transmitting this bitmap information, it is not necessary for a silent station to switch on a channel. It can transmit the so-called "pure bitmap packet" in the S-ALOHA part of ISMA. We can reserve some ISMA S-ALOHA slots for preferably transmitting "01" packets and possibly devide an ISMA S-ALOHA slot into subslots for doing this. If at the moment the station fortunately wants to send a single packet message in a S-ALOHA slot, the bitmap can be piggybacked on this data packet. In this situation the implicit overhead would be reduced to zero. It is still more significant that this operational way of DAMAP can greatly increase the adaptability of DAMAP to the fluctuation of the number of stations. Because DAMAP shifts bitmap transmission of silent stations on to the S-ALOHA part, and the size of bitmap block can be almost boundlessly expanded except for memory capacity limit, the limits to CSAP2 do no longer exist for DAMAP. Provided the number of actively used channels within the channel reuse range of every station is less than N, no matter how many stations there are in this area, DAMAP will function well.

It should be stressed that under certain conditions not all of the silent stations, which detected a collision, must transmit type "01" packets. The transmission rate of silent stations can be substantially reduced, thus considerably reducing the protocol overhead further. This technique is currently under development.

The advantages of the protocol DAMAP are:
– all benefits of CSAP or DCAP (cf. [HeWa90a]);

- high efficiency of channel utilization; DAMAP has the capability of channel switching and has dropped the bitmap of type "00" packets. This would substantially reduce unneccessary consumption of transmission capacity.
- high reliability and robustness of system; Even when the number W of stations within the channel reuse range is far more than the number N of the slots in one frame, DAMAP functions well.
- fairness of channel sharing among users of network in the face of changing link conditions, mobility, and traffic loads; It cannot happen that some stations occupy channels for doing nothing and some stations cannot find free channels for sending data.
- the probability for a station to use several channels simultaneously; DAMAP allows a station to use no channel or several channels at a time.
- high flexibility and adaptability. The application scope of DAMAP has been broadened due to the above advantages. The only operational restriction of DAMAP is that the sum of the actively used channels within the channel reuse range of each station cannot exceed N.

In comparison to CSAP2, the major disadvantage of DAMAP is that the algorithm of DAMAP is slightly more complex than that of CSAP and DCAP.

4.4 A example

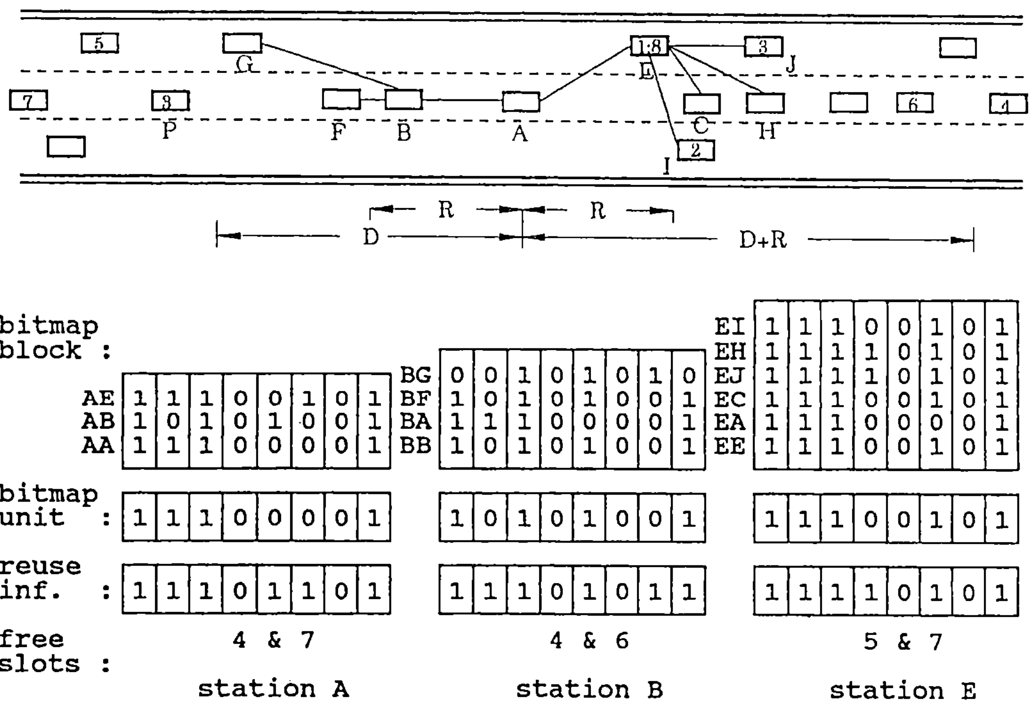

bitmap block:

station A

AE	1	1	1	0	0	1	0	1
AB	1	0	1	0	1	0	0	1
AA	1	1	1	0	0	0	0	1

bitmap unit:

1	1	1	0	0	0	0	1

reuse inf.:

1	1	1	0	1	1	0	1

free slots: 4 & 7

station B

BG	0	0	1	0	1	0	1	0
BF	1	0	1	0	1	0	0	1
BA	1	1	1	0	0	0	0	1
BB	1	0	1	0	1	0	0	1

bitmap unit:

1	0	1	0	1	0	0	1

reuse inf.:

1	1	1	0	1	0	1	1

free slots: 4 & 6

station E

EI	1	1	1	0	0	1	0	1
EH	1	1	1	1	0	1	0	1
EJ	1	1	1	1	0	1	0	1
EC	1	1	1	0	0	1	0	1
EA	1	1	1	0	0	0	0	1
EE	1	1	1	0	0	1	0	1

bitmap unit:

1	1	1	0	0	1	0	1

reuse inf.:

1	1	1	1	0	1	0	1

free slots: 5 & 7

Fig. 6   A scene of the operation of DAMAP in highway traffic

Fig. 6 depicts a three-lane highway traffic scenario. The Arabic numbers in a rectangle (denoting a station) indicate the channels used by this station, e.g. station E uses 2 channels: 1 and 8. In our example we assume that the number of slots in a frame is equal to eight (N=8), the number of stations within the channel reuse range of station A is 15

(W=15) and the number of active stations is 6. Obviously, with W > N the total system capacity under CSAP and DCAP is not sufficient. But DAMAP functions well, because the number of the actively used channels is 6, less than N. Station A has two neighbors (K = 2). So in the memory of station A, in addition to A's bitmap unit, there is a bitmap block which comprises K+1 = 3 bitmap words. Stations B and E have bitmap blocks which comprise 4 and 6 bitmap words respectively. The free channels for station A are 4 and 7. If station A has something to send, it can select a channel randomly between 4 and 7. Because the distance between stations P and J is larger than the reuse range D+R, they may use the same channel, realizing spatial reuse.

5 Comparison of DAMAP with DMAR

During the time of developing DAMAP, another multiaccess protocol DMAR (Decentral Multiple Access protocol with Reservation), which aims at dropping the bitmap of CSAP2, has been developed [HeWa90b]. In DMAR, a so-called channel Quality Status (QS) information, which needs two bits per channel, is used to provide the following information:
a) "00": no received signal energy above a predefined threshold is detected;
b) "01": signal energy is detectable, but demodulation is not possible;
c) "10": demodulation is possible, but with unsufficient quality;
d) "11": demodulation and decoding with high quality.

In contrast to the DAMAP approach, the DMAR protocol applies a explicitly requested quality information exchange procedure. The QS information is transmitted with DMAR only if it is needed, that is in cases where
(i) a new channel is required to access a service,
(ii) a received channel is observed to degrade unduely in quality.

Whenever a station, say T, wishes to access a new channel (case(i)), it transmits a status report request packet to all its neighbors either in a channel station T is already using or in the S-ALOHA part of the ISMA protocol. All of its neighbors transmit their observed QS-information using their own channels. After three frames delay T can select a free channel using the same ORing mechanism as in CSAP2 and DAMAP.

In case (ii) a station R observing decreasing receive quality of the channel used by station T, informs T by transmitting a handover request packet addressed to T. Here DMAR differentiates between point-to-point and point-to-multipoint (broadcast) communication. If the interfered channel is used for point-to-point connection, station T is required to combine only the QS information of R with its own local view. If the interfered channel is broadcast, station T then performs the procedure of case (i).

Comparing both protocols, we can draw the following conclusions:
1) DMAR is an explicit reservation protocol while DAMAP is an implicit reservation protocol.
2) for poit-to-point communication:
   DMAR and DAMAP follow different philosophy in this respect. DMAR exploits the capture effect intentionally and thus supports a better spatial reuse of the channel,

whereas DAMAP elaborates a technique to guarantee the reliability of the reuse information of every station.

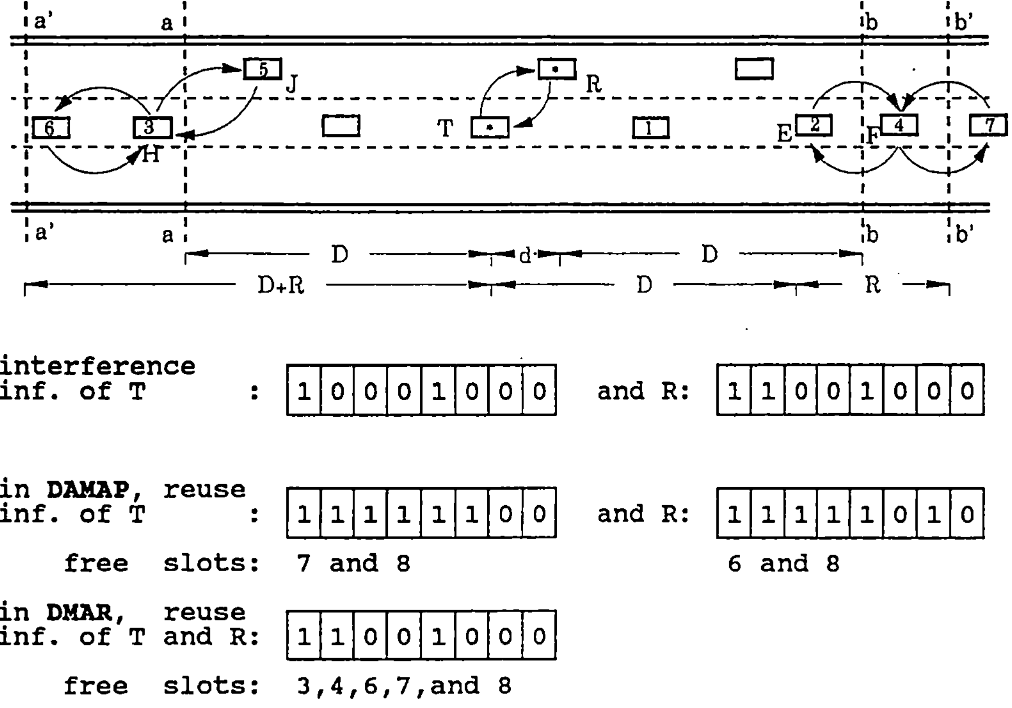

Fig. 7 The comparation of performance of DMAR and DAMAP for point-to-point communication

In order to be convenient for comparasion, in following example we use the interference information instead of the QS information. But this does not lose the generality of the question. Given d the distance between T and R (cf. Fig.7). Because each station can observe the channel occupancy status within the interference range D, T and R can get the channel occupancy information between aa and bb. DMAR can extra gain a range of

$$2 * (D + R) - (2 * D + d) = 2 * R - d$$

for channel reuse in comparison with DAMAP. In our example, T can select a channel among channels 3, 4, 6, 7, and 8. We assume that T selects channel 4. Because the distance between stations T and E is greater than D, the signal of T in slot 4 does not cause collision with signal of F at E. But, if T selects slot 3, signals from T and H will overlapped at J. In this situation, DMAR could still work only with the hope that station J may have the ability to capture the stronger (H) of two overlapping packets. In contrast to DMAR, station T in DAMAP cannot reuse channels 3, 4, or 6 within the channel reuse range (between a'a' and b'b'). T can select a slot only from slots 7 and 8 and avoid the hidden station problem.

3) For multi- and broadcast communication DMAR and DAMAP are similar in performance. In DAMAP stations always have correct and integrate channel occupancy

information in hand (stored in the bitmap block), so they can immediately and safely select a free channel whenever they want to communicate. Thus the delay at channel change or channel establishment phases is less than one frame, whereas DMAR needs up to three frames. In addition, DAMAP is able to handle point-to-point, multicast and broadcast communication in a simple and unified way.

On the other hand, DMAR and DAMAP have some common ground:
* Both operate on the assumption of direction decoupled mobility.
* Both use ISMA as communication capacity management protocol. DMAR makes status report requests in S-ALOHA section of ISMA. DAMAP shifts the transmission of the pure bitmap packets on to S-ALOHA part of ISMA. When all tranceivers involved in an existing communication relationship are requested to once transmit their local QS information (DMAR), or all silent stations are requested to once transmit the pure bitmap information (DAMAP), the S-ALOHA part may be overloaded. This might become a bottleneck for both DMAR and DAMAP if not carefully dimensioned. We must reduce this kind of transmission.
* Both drop the bitmap from packets.

6 Conclusion

We presented in this paper a classification of data types and multiaccess protocols. Then we defined the multiaccess protocol DAMAP for operation in a multihop mobile packet radio environment in which the number of stations in the network is assumed to be large and varying.

In case the transmitted data is multipacket message, DAMAP can achieve much higher efficiency than CSAP2 does due to that it has the capability to realize channel switching. Even though in case the transmitted data is infinite data stream, DAMAP is more efficient than CSAP2 due to that it has dropped the bitmap part of most packets. Due to introducing bitmap storage technique and shifting transmission of pure bitmap packets to the S-ALOHA part, the limit to the maximum number of stations within the reuse range has been removed. Owing to the ability of uninterruptedly updating the bitmap words, DAMAP can guarantee the reliability and integrity of the reuse information. DAMAP can avoid the hidden station problem for point-to-point communication in comparison to DMAR, thus significantly enhancing the reliability of the radio channels.

We have shown that DAMAP is full of promises. The study of the protocol is worth carrying on. We will further develop and refine the proposed protocol. Due to difficulties in modelling multihop packet radio networks we might be forced to rely more heavily upon simulation for performance evaluation.

Acknowledgement

I would like to express my sincere gratitude to professor B.Walke for the time, guidance and assistance given to me during the work.

REFERENCES

[ChPi87]I. Chlamtac, S. S. Pinter, "Distributed nodes organization algorithm for channel access in a multihop dynamic radio network," IEEE Trans. Comput., Vol. C-36, Jun. 1987

[HeWa90a]Th. Hellmich, B. Walke, "Highly reliable channels for short-range mobile radio networks," Proc. ICCC'90, New Dehli, Nov. 1990

[HeWa90b]Th. Hellmich, B. Walke, "A Decentral Multiple Access protocol with Reservation," 4th PROMETHEUS Workshop, Compiegne, Oct. 1990

[KRHW89]J. Kaltwasser, F. Reichert, Th. Hellmich, B. Walke, "CSAP2 - a mobile network media access protocol," 2nd PROMETHEUS Workshop, Stockholm, Oct. 1989

[Lam80] S. S. Lam "Packet broadcast networks — a performance analysis of the R-ALOHA protocol," IEEE Trans. Comput., Vol. C-29, Jul. 1980

[LBCD88]E. Lutz, A. Boettcher, D.Cygan, M. Dippold, "Kanalverhalten und Fehlersicherungsverahren," Aktuelle Forschung, PRO-COM Germany, 1988

[MaRu88]A. Mann, J. Rueckert, "A new concurrent slot assignment protocol for traffic information exchange", IEEE 38. Vehicular Technology Conference, Philadelphia, 1988

[NeKl85]R. Nelson, L. Kleinrock, "Spatial TDMA: A Collision-Free Multihop Channel Access Protocol," IEEE Trans. Commun., Vol. COM-33, Sept. 1985

[Toba80]F. A. Tobagi, "Multiaccess Protocols in Packet communication systems," IEEE Trans. Commun., Vol. COM-28, Apr. 1980

Concept and Performance of the
RelaX Reliable Broadcast Protocol

R. Kroeger, F. Lange, M. Mock

German National Research Center for Computer Science (GMD)
Schloss Birlinghoven
D-5205 St. Augustin 1, Germany
e-mail: kroeger@gmdzi.gmd.de

R. Schumann

University of Bonn
Department of Computer Science
Roemerstr. 164
D-5300 Bonn 1, Germany

Abstract

Reliable Broadcasting is a very important communication mechanism in fault-tolerant distributed systems. In the RelaX project, a reliable broadcast protocol has been developed and implemented, which uses only one acknowledgement in the fault-free case. It is resistent against site crashes and ensures that a broadcast message is transmitted to all operational sites. Moreover, it provides a global message ordering. An important point is that the protocol detects site faults, so that every site knows about all the other operational sites. The measured performance of the protocol shows its efficiency.

1. Introduction

Fault-tolerant systems provide continuous operation in spite of the occurence of faults [AnLe 81]. Considering distributed systems fault tolerance is one of the main aspects for developing these kind of systems. In the RelaX project a generalized transaction mechanism which optionally allows for the use of valid but still uncommitted information is made available as a means for reliable distributed programming [SKMN 89], [KMSL 90].

A transaction is said to be committed if its effects are irrevocable. In RelaX, this is achieved by running a decentralized commit protocol [ScKM 90]. Obviously, the sites involved in a commit protocol execution have to communicate with each other. Since a site has to transfer state information to all the other sites involved in the protocol execution, broadcasting is the appropriate communication mechanism [KTHB 89]. A number of broadcast protocols have been published in the literature [ChMa 84], [CASD 85], [KTHB 89], [MeMo 89], [GMSp 89]. They mainly differ in three aspects: First, the degree of reliability they provide, second, whether and how they provide a global message ordering, and third, whether they contribute to site fault detection, an important point in fault-tolerant distributed systems.

We adopted an idea described in [ChMa 84] as the base for the RelaX reliable broadcast protocol. The reasons are that this protocol is resistent against site faults, that it ensures the reception of a broadcast message by all operational sites and that it detects site faults. Nevertheless, in the fault-free case the protocol only uses one acknowledgement per broadcast message, thus implying two messages per broadcast request.

In section 2 the concept of the RelaX reliable broadcast protocol is presented. Section 3, the most important part of this paper, presents the performance evaluation of the protocol and a discussion of the experimental results. Finally, section 4 contains a conclusion.

2. The RelaX Reliable Broadcast Protocol

In general, broadcasting is considered as a powerful and useful means for communication in distributed systems. A reliable broadcast protocol guarantees that a broadcast message is transmitted to all receivers and that, furthermore, the sequence of received messages is the same at every receiver. This results in a total ordering among all broadcast messages. The RelaX Reliable Broadcast Protocol considerably contributes to the efficient implementation of the generalized transaction mechanism and serves as a means for detecting site faults.

2.1. Protocol Description

The protocol is implemented upon an unreliable, fast broadcast datagram service. It comprises the following fault model:

- if a site fails, it stops processing (fail-stop behavior).
- any number of messages may be lost, but all messages processed by the protocol are free from transmission errors.
- a site fault is recognized by the protocol and leads to a reformation of the remaining operational sites. It is possible, that a site is mistakenly assumed to have failed.

The basic idea of the protocol is to determine one site to be the so-called *token site*. A site transmits a broadcast message to all operational sites until it receives an acknowledgement from the token site, so that the system behaves as a positive acknowledgement system between a transmitter and the token site. The token site marks its acknowledgement, which is a broadcast message, too, with a sequence number. This sequence number defines a total ordering of the messages sent over the RBP protocol. Each site maintains a counter that indicates the next sequence number that is expected to be sent by the token site. Lost as well as duplicated messages can be detected this way.
While duplicated messages are ignored, the token site is requested to resend missing messages. Therefore, the system behaves as a negative acknowledgement system between the token site and the remaining receivers. Thus, only one acknowledgement is sent for each broadcast message.

To make sure that, in case the token site fails, the whole RBP protocol remains operational, the task of acting as the token site rotates among all operational sites which logically make up a ring structure, the so-called *token list*. The token site uses the token list to determine the next token site. To further increase the resistance of the protocol against site faults, it is required that at least L sites become token site before a message can be *committed*, i.e. before the message can be transferred to the user. Since a site only accepts the token if it received all messages acknowledged by the previous token site, L sites have to fail before a committed message gets lost. L is called the *resiliency parameter* of the protocol. The parameter W determines the number of messages that have to be acknowledged by the token site before a token transfer takes place in order to reduce the number of token transfers. The token is transferred as part of a normal acknowledgement message so that no additional messages have to be sent for a token transfer. Only if no broadcast requests from applications occur, explicit token transfer messages are sent, which serve also as "I´m alive" messages.

The token transfer mechanism ensures that only a limited number of messages must be retained in order to be able to satisfy possible resend requests from sites which missed some messages. When a certain site becomes token site again, it may discard all messages that had been acknowledged until the instant, when the site transferred the token the last time, i.e. when that site was token site before. This is due to the fact that any other site must have been token site in between. Because no site accepts the token without having received all messages that were acknowledged by the previous token site, no resend requests for those messages will be necessary and thus the messages need not to be stored any longer.

If a site fault is detected by the protocol or if a faulty site recovers, the protocol enters a *reformation phase*. As a result, a new token list is built. This token list is passed to the applications as a special RBP message. This message is put in its proper place in the global sequence of messages. Consequently, a normal RBP message is either received before or after the token list at every operational site. From the members of the token list the protocol elects a new token site and enters the *data phase*. Thus, the protocol alternates between the data phase and the reformation phase. In the following, both phases are described in more detail.

2.2. The Data Phase

Essentially, there are two kinds of messages in the data phase: *data broadcast messages* (data_msg) and *acknowledgements to data broadcast messages* (ack_msg). Acknowledgements to data broadcast messages are only sent by the token site. Each site maintains the following local information:

- exp_s (i): the sequence number of the next data_msg expected from site i
- exp_ts: the sequence number of the next ack_msg expected from the token site
- s: the sequence number of the next data_msg sent by this site

Each data_msg msg contains an identifier $(i, s)_{msg}$ which identifies the transmitting site i and the sender's sequence number s. A data_msg is broadcasted repeatedly with the same sequence number until an ack_msg from the token site is received. This is due to the positive acknowledgment scheme between senders and token site. The token site broadcasts an acknowledgement ACK(ts, $(i, s)_{msg}$), whereby ts is the system global sequence number which is assigned to the corresponding message by the token site and which determines the positioning of the data_msg in the global sequence of messages.

Next, the behavior of a receiver upon receiving a message is described. If a data_msg containing $(i, s)_{msg}$ is received, it is queued only if exp_s (i) = s. Thus, out of sequence messages are ignored. If an ack_msg with global sequence number ts is received from the token site, the receiver behaves as follows:

- if ts = exp_ts:
    - If the corresponding data_msg was already received then exp_s (i) and exp_ts are incremented and this message together with the corresponding acknowledgement are stored. After L succeeding token transfers this message becomes committed.
    - If the acknowledged message was not yet received it was lost and the site requests the token site to retransmit this message. The resend request contains the expected sequence number to specify the requested message.
- if ts < exp_ts: The acknowledgement has already been processed and is therefore ignored.
- if ts > exp_ts: Some acknowledgement messages sent by the token site have been lost. Missed acknowledgements and possibly also missing corresponding messages are requested from the token site.

Depending on W, ack_msgs also contain *token transfer requests*. The site which is requested to become the new token site is specified within the message together with the last assigned global sequence number. If the intended new token site received all messages up to the specified sequence number the token will be accepted. This is indicated by a corresponding acknowledgement which can be either explicit, i.e. a separate message, or implicit. Usually token transfers will be acknowledged implicitly by beginning to acknowledge data_msgs or to respond to resend requests. Upon each token transfer request every receiver increments the number of token transfers for each acknowledged but not yet committed message and checks wether some of these become committed for this reason. These are then given to the applications.

2.3. Site Fault Detection

Besides the reliable message transfer, the site fault detection constitutes the main task of the Reliable Broadcast Protocol. The protocol should detect any site fault as soon as possible. A site fault of a non-token site will be detected, if the token site tries to transfer the token and receives no acknowledgement from the next site. A site fault of the token site itself will be detected, if a sender gets no explicit acknowledgement for its message from the token site, or if a receiver gets no from the token site to a resend request. However, if no messages were send, a site fault of the token site and, therefore, a site fault of any succeeding site would not be detected. Therefore, any site expects to receive the token in a certain amount of time. If it did not receive the token before expiration of that interval, it requests an alive message from the token site. If it does not receive an alive message from the token site after a certain number of retries, it assumes that the token site failed and initiates a reformation. What still remains so far is the possibility that although a reformation took place the old and new token lists contain the same sites. This might happen if a crashed site is able to recover before the reformation is over. Nevertheless, the other sites should be able to detect that a site failed. Therefore, each site holds a so-called *restart number*. A site joining the RBP for the first time, e.g. after a site fault, will have restart number 0. Other sites, i.e. those that were members of the previous token list, have restart numbers larger than 0. By adding the restart numbers to the token list each site is able to detect any site fault.

2.4. The Reformation Phase

If a site fault is detected or a faulty site comes up again, the system enters the reformation phase and executes the reformation protocol in order to build a new token list. The protocol can deal with any number of lost messages and, furthermore, with site faults possibly occuring during the reformation. To distinguish between different token lists, a *version number* is attached to each token list. Version numbers indicate the sequence in which token lists were formed. To establish a new token list, three conditions must be fullfilled:

1) *Sequence Condition*: A site only can join a token list, if the version number of this list is higher than the version number of the token list the site previously belonged to. As a consequence, a site will not join a list that already became obsolete.

2) *Majority Condition*: A majority of all sites must belong to the new token list, i.e. only one token list can exist at any instant of time.

3) *Resiliency Condition*: Either the last token site or one of the L-1 preceeding sites with respect to the previous token list must belong to the new token list. This condition ensures that no message committed during the last data phase will be lost.

Henceforth, we call a site that detects the necessity for a reformation an *originator* of the subsequent reformation protocol. Any other participant of a reformation is called a *slave*. During a reformation more than one originator may exist. Except one, all originators will become slaves of the surviving originator during the reformation. To prevent the protocol from blocking due to originator site faults slaves may decide to become an originator on their own.

Essentially, the following message types are distinguished in the reformation protocol: *Reformation invitation messages* (ref_inv_msg) are broadcasted by originators to invite other sites to join a reformation. The slaves send positive or negative *invitation responses* (pos/neg_inv_resp). An *reformation abort message* (ref_abort_msg) is broadcasted by an originator to abort an initiated reformation. In both cases, the token list version number of the originator is part of the message. The reformation protocol is a three-phase protocol for the originator and a two-phase protocol for the slaves. First, the behavior of the originator will be described:

Phase 1: The originator increments the version number of the token list it belongs to and broadcasts an ref_inv_msg.

Phase 2: The originator waits for the responses from all slaves to his invitation. If the originator receives a neg_inv_resp from a slave, it sends an ref_abort_msg and increments its own version number. Otherwise, a tentative token list is built comprising all slaves that responded positively so far. This list is checked against the majority and resiliency conditions. If both conditions are fulfilled, the originator elects a new token site and broadcasts the new token list to his slaves.

If an originator receives an ref_inv_msg sent by another originator during phase 2, two possible cases arise: If the received version number is higher than its own one, the originator gives in and becomes a slave of the superior originator. Therefore it sends an ref_abort_msg for the reformation initiated by itself, and responds positively to the invitation. If the received version number is lower or equal, it responds negatively by sending its own version number along with the message thereby initiating the abort of the inferior originators reformation.

Phase 3: The originator waits for responses of all slaves to his tentative token list. If it receives at least one negative response, the invitation is aborted by broadcasting a ref_abort_msg. Otherwise, all slaves agreed with the proprosed token list and the protocol therefore enters the data phase.

Now, the behavior of a slave will be described after receiving an reformation invitation:

Phase 1: A slave sends a neg_inv_resp to the originator, if it is already member of a token list with a version number equal or higher than the received one. This version number is part of the response message. Otherwise, it responds positive and waits for the new token list to be announced by the originator.

Phase 2: After receiving the new token list, a slave checks wether it misses some messages which have been acknowledged within the preceeding data phase. If necessary a resend request for those message will be send. After their reception a positive response to the proposed token list is sent to the originator. Thereafter the slave enters the data phase.

If a slave does not receive a token list proposal within a certain amount of time, the slave itself becomes originator of the reformation. This is neccessary to ensure that the reformation protocol will not be blocked by a site fault of the originator.

3. Performance Evaluation

3.1. Environment

The RelaX RBP was implemented on top of of the UNIX 4.3BSD operating system. On each site of the distributed system a special process called *RBP Entity* resides that makes up a layer between the application programs on one hand and the underlying unreliable communication layer, in our case the user datagram protocol (UDP), on the other (see Fig. 1). Application programs communicate with their local RBP entity via RBP library routines which essentially make use of UNIX domain stream sockets. For details of the implementation the reader is referred to [Vont 87]. For measurement purposes a load generator is running on each node thereby replacing the corresponding application programs.

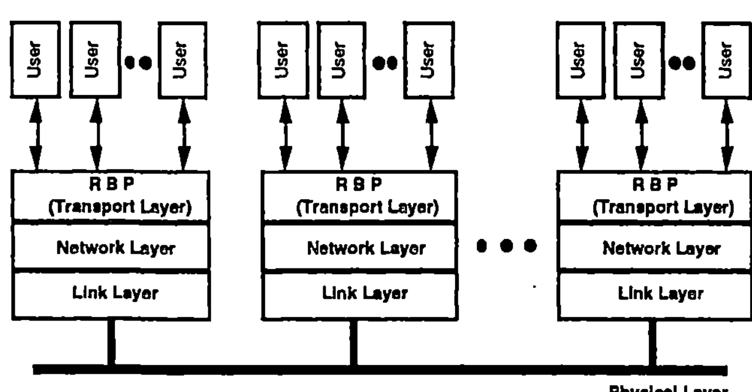

<u>Fig. 1:</u>   The RBP transport layer.

The experiments were conducted on a system consisting of three SUN-like Integrated Solutions workstations (MC68020, 16.67 MHz), each running in single-user mode. The sites are connected by a 10MBit/s-Ethernet. All sites have been equipped with high-resolution measurement clocks which are synchronized by special hardware in a way that the maximum divergence between any two clocks is less than 0,1 μs. These synchronized clocks form the basis for the comparability of timestamps of messages assigned at different sites. They are part of a distributed performance measurement system that has been developed within the RelaX project [KLMM 89]. Using the tools offered by the measurement system the RBP entities and the RBP library were instrumented to perform the measurements during protocol execution. Sensors inside the code notice relevant events, e.g. incoming messages, and determine corresponding measured quantities of interest, e.g. the time of arrival.

3.2. Experiments

Primarily, we were interested in the length of the time interval from reception of a broadcast request from one application by the RBP entity until delivery of that message to the applications after it had been committed. Henceforth, this interval will be termed *RBP transport time*. The relation between RBP transport times on the one hand and the protocol parameters L and W on the other should be clarified. Especially the following question should be answered: What are the costs for increased reliability of the protocol? Furthermore, the effect of varying message sizes was examined. To prove the statement 'two messages per broadcast request' the number and types of messages were counted during the experiments. The load generators were configured to produce broadcast requests in an infinite loop. A new request was initiated immediately after the preceeding one had been accepted. This causes the heaviest load that can be put onto the protocol. Whenever the protocol is ready to accept a new request, one will be available.

	W = 1	W = 2	W = 3
minimum	8.5 ms	9.6 ms	11.0 ms
average	12.6 ms	21.6 ms	33.7 ms
deviation	2.3 ms	8.5 ms	14.4 ms

Fig. 2:   RBP transport times (L = 1, length 128 bytes).

Fig. 2 presents the minimum and average transport times as well as the standard deviation for RBP messages with constant L = 1 and W varying from 1 to 3. In opposite to what was intended and perhaps one might have expected, the transport times increase while W is incremented, namely from 12.6 ms on the average for W = 1 to 33.7 ms for W = 3. The reason is that the token transfer, which is necessary for committing messages, gets delayed with increasing W. As described in chapter 2 the token is transferred only upon each W'th acknowledgement, thus exactly W messages will be acknowledged between two succeeding token transfers and consequently upon each token transfer W messages will be committed together. But these W messages have to wait different amounts of time from their acknowledgement until they become committed, the first acknowledged message after a token transfer waits most, the W'th waits least. The effect is made visible in Fig. 3 which shows the transport times for a typical sequence of RBP messages for different values of W.

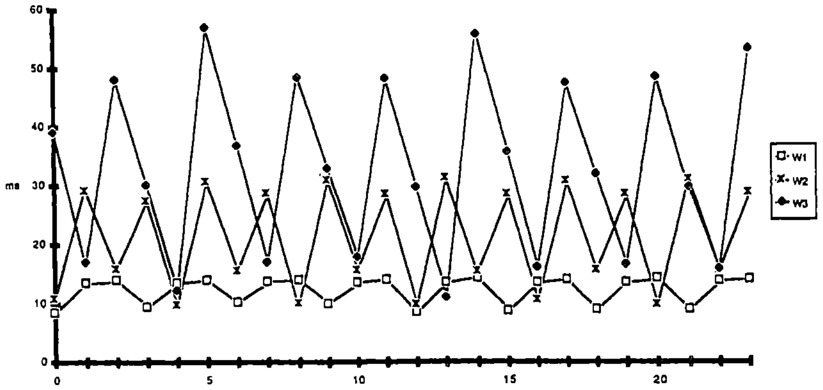

<u>Fig. 3:</u>   RBP transport times for a sequence of messages.

For W = 1 the transport times usually are about 13 ms. One notes that for W = 2 there are alternately RBP transport times about 10-11 ms on the one hand and 27-30 ms on the other. For W = 3 message transport times within even three ranges occur. This behavior is expressed, too, by the increasing standard deviation of the transport times compared to the average transport times as listed in Fig. 2. Due to an optimization in the protocol, the transport times are shorter at the token site, which causes a drop of the transport times below 10 ms on each third message (Note that with a three sites token list and W = 1 each site becomes token site after every three acknowledged RBP messages).

The purpose of introducing the W parameter into the protocol, namely to save communication bandwidth by sending less token transfer messages, did not come to effect, because during the experiments, which put a heavy load onto the protocol, the token could always be piggybacked by an acknowledgement so that no additional messages were needed. Explicit token transfers are required only if no RBP messages have to be acknowledged, i.e. in case of low protocol load. However, just in this situation the protocol is able to cope with the overhead of additional messages so that from this point of view reducing the number of token transfers is not necessary. On the contrary, as proved by the experiments this causes a performance penalty.

Let's summarize the results concerning W: The protocol performs best with W set to 1, i.e. when the token is transferred on each acknowledgement. Larger values of W lead to increased average transport times and result in a growing standard deviation at the same time. Furthermore, W = 1 is the optimal choice with respect to the number of messages that must be stored for possible retransmission.

	L1	L2	L3
minimum	8.5 ms	18.8 ms	35.5 ms
average	12.6 ms	32.6 ms	48.3 ms
deviation	2.3 ms	4.4 ms	8.1 ms

Fig. 4: RBP transport times (W = 1, length128 bytes).

According to the conclusion drawn from the experiments concerning W the following results stem from experiments with parameter W = 1. As described above, the protocol can be adjusted to provide several degrees of reliability with respect to site faults by parameterizing it with different values of L. With respect to L two extremes exist. If L is equal to the number of sites a message is committed only after a complete round of token transfers, i.e. after each site received the message. On the contrary, for L = 1 messages are delivered as soon as possible, i.e. directly after they have been acknowledged. If an application can tolerate that committed messages get lost in case of site faults this parameter value is appropriate. Of course, increased reliability is not for free. In Fig. 4 the results are shown from experiments with varying resiliency parameter L. The RBP transport times go up from 12.6 ms on the average to 48.3 ms for L = 3. This is the price one has to pay for the increased robustness of the protocol against site faults. While each acknowledgement for a message also implies that it becomes committed (recall that each acknowledgement transfers the token due to W = 1) as long as L = 1, larger values of L require that an acknowledged message has to wait for L - 1 further token transfers to become committed. These will happen when either the token site receives another data message from another site which must be acknowledged or the corresponding timer expires without having received any data message. Obviously, setting the timer appropriately is absolutely necessary in situations with low protocol load.

	L = 1	L = 2	L = 3
commit delay	0.0 ms	16.5 ms	33.8 ms

Fig. 5: Average commit delay (W = 1, length 128 bytes).

Fig. 5 lists the average commit delays during the experiments, i.e the time interval from acknowledgement of a message until its commitment. While with L = 1 each acknowledgement implies immediate commitment of that message, L > 1 requires L - 1 additional acknowledgements to be sent. These occured on the average every 16.5 ms during our experiments.

With respect to L the best performance is achieved with resiliency parameter value 1. Incrementing L by one causes increased RBP transport times due to additional commit delays. These are lower bounded by the network transport times for acknowledgements with implicit token transfers. An upper bound does not exist due to the unreliable datagram service beneath the RBP, but in the error-free case the explicit token transfer timer setting is decisive. In our experiments the maximum RBP transport time for a 128 bytes message was 73.5 ms in which case L's value was 3, that means in our environment that a broadcast message becomes committed only after every site acknowledged the reception of that message. Our measurements indicate that increasing L, i.e. the robustness of the protocol against site faults, causes a commit delay of about 16.5 ms per message.

We made some measurements sending messages of different sizes. Fig. 6 illustrates the results. The upper curve marks the average RBP transport times, the other the average network transport times for the same RBP messages.

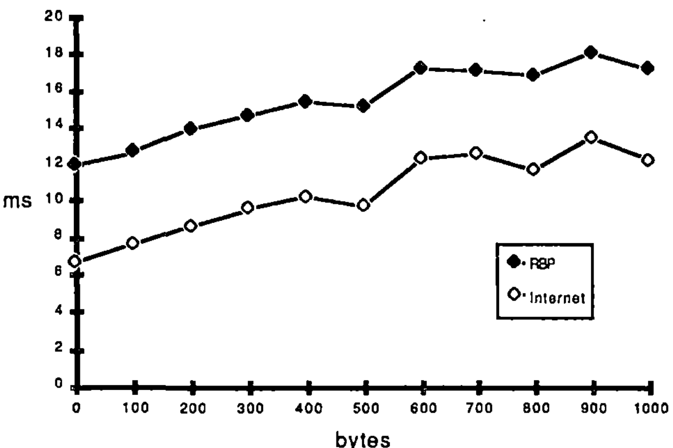

<u>Fig. 6:</u>   Transport times vs. message lengths.

As one expects, larger messages imply higher RBP transport times. The similarity of both curves suggest the conclusion that the increase of RBP transport times is caused by network transport times. Expressing this statement the other way round would be: The protocol does not produce any increase with respect to RBP transport times for larger messages that is not caused by increased network transport times.

Finally, some remarks about the number of messages. During almost every experiment with high protocol load exactly two datagram messages were send per broadcast request plus L explicit token transfer messages at the end of the experiment to commit the L last RBP messages. For these L messages the token could not be transferred implicitly as no further data messages had to be acknowledged. In very few cases some additional messages had to be send due to lost data or acknowledgement messages. In experiments which produce less protocol load some additional protocol messages, especially token transfer requests, were sent. Their number depends on the distribution of the interarrival times of broadcast requests and the explicit token transfer timer setting.

At least one remark concerning the frequency of reformations is advisable. During all experiments no unnecessary, spontaneous reformations were initiated. The reformation protocol had to be executed only at boot or shutdown time of RBP entities.

3.3. Discussion

Our experiments show the efficiency of the RBP. While guaranteeing that every application using the RBP service receives every message, providing a global message ordering and site fault detection, the protocol uses only two datagram messages per broadcast request. In its optimal configuration (W = 1, L = 1) a 128 bytes message is delivered to the applications in 12.6 ms on the average. The minimum RBP transport time for short messages is about 7.7 ms.

The RBP performs best if high load is put onto the protocol. Then no additional messages are required and the token circulates fast because many acknowledgements have to be sent with a token transfer request attached to it. As mentioned earlier the token transfer is performance critical. Therefore, it is desirable to ensure that the token is transferred fast even if the load is low. Thus, the explicit token transfer timer should be small. Although the number of additional messages per time unit then becomes high this can be handled because the usual load is low.

The measured numbers are especially remarkable considering the fact that the protocol is implemented on top of an operating system, namely UNIX 4.3BSD. The protocol described in [NaCN 88] which provides a comparable functionality and is running on top the V-kernel costs 24.8 ms per broadcast message showing the efficiency of our protocol.

A lot of overhead occurs that would be avoided by integrating the protocol into the operating system. As depicted in Fig. 7 the kernel interface is currently passed at least six times per message on its way from one application to another, in the course of which the message has to be copied between applications and kernel. If the protocol would have been integrated into the kernel only two interface crossings were necessary. Furthermore, the protocol implementation would have access to the more efficient kernel internal communication primitives and buffer management. In our environment local message transfers between applications using UNIX stream sockets take about 3 ms for 128 bytes messages. Exchanging these messages between sites via User Datagram Protocol (UDP) sockets takes at least 6 ms.

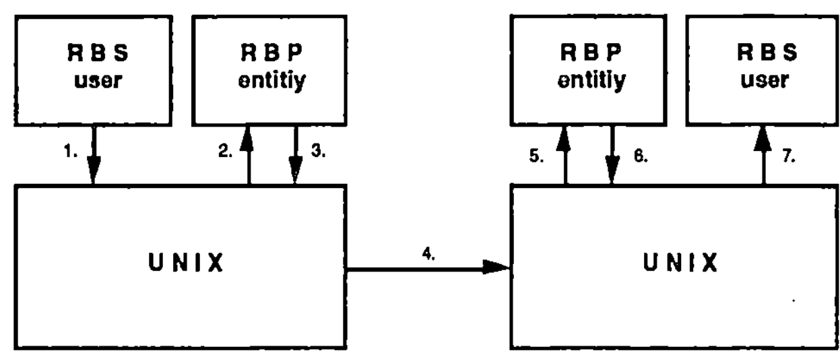

Fig. 7: RBP implemented on top of the UNIX operating system.

The performance gain of a kernel-level implementation becomes obvious in [KTHB 89]. They report on a broadcast protocol similar to ours. It also uses a primary receiver called *sequencer* which is responsible for determining a global message ordering and treatment of resend requests due to lost messages. As the sequencer is bound to a certain site in the system the protocol is prone to site faults. The sites use point-to-point messages to send broadcast requests to the sequencer which in turn assigns it a sequence number and broadcasts altogether. The protocol was integrated into the Amoeba operating system [ReST 89] which itself is implemented on bare hardware. Therefore, the protocol reaches transport times about 1.25 ms. The average message number is reported to be 2.5 messages per broadcast request due to some additional "I'm alive" messages sent frequently.

As mentioned above, our protocol usually needs exactly two messages per broadcast request. Reliability is achieved by rotating the token among all sites. Besides the fact that the protocol described in [KTHB 89] cannot deal with failures of the sequencer, fixing it at a certain location may cause a performance bottleneck. In our protocol the token site property is rather a logical than a physical one. Thus, the work to be performed by the token site is shared by all operational sites in a natural manner.

4. Conclusion

In this paper we presented a reliable broadcast protocol for communication in distributed systems. It provides atomicity of broadcast messages, global message ordering and site fault detection. Different degrees of robustness against site faults can be determined. The protocol performs best under high load. In this case only two datagram messages per reliable broadcast message are necessary. The minimal RBP transport time is about 7.7 ms. This shows its efficiency since the protocol is implemented on top of the UNIX operating system.

5. References

[AnLe 81]   T. Anderson, P.A. Lee: Fault-Tolerance - principles and practice, Prentice Hall, 1981.

[BeHG 87]   P.A. Bernstein, V. Hadzilacos, N. Goodman: Concurrency Control and Recovery in Database Systems, Addison Wesley, 1987.

[CASD 85]   F. Christian, H. Aghili, R. Strong, D. Dolev: Atomic broadcast: from simple message diffusion to Byzantine agreement, 15th FTCS, 1985.

[ChMa 84]   J.M. Chang, N.F. Maxemchuck: Reliable Broadcast Protocols, ACM Transactions on Computer Systems, Vol. 2, August 1984.

[GMSp 89]   H. Garcia-Molina and A. Spauster: Message Ordering in a Multicast Environment, 9th DCS, 1989.

[KLMM 89]   R. Kröger, F. Lange, M. Müller, A. Münzer, D. Paland: The Relax Concepts and Tools for Distributed Systems Evaluation, GMD-Studien Nr.168, Oktober 1989.

[KMSL 89]   R. Kröger, M. Mock, R. Schumann, F. Lange: RelaX - An Extensible Architecture Supporting Reliable Distributed Applications, to be presented at the 9th Symposium on Reliable Distributed Systems, 1990.

[KTHB 89]   M. F. Kaashoek, A. S. Tannenbaum, S. F. Hummel, H.E. Bal: An Efficient Reliable Broadcast Protocol, ACM SIGOPS Operationg System Review, Vol. 23, No. 4, October 1989.

[MeMo 89]   P.M. Melliar-Smith and L.E. Moser: Fault-Tolerant Distributed Systems Based on Broadcast Communication, 9th DCS, 1989.

[NaCN 88]   S. Navaratnam, S. Chanson, G. Neufeld: Reliable Group Communication in Distributed Systems, Proc. 8th DCS, San Jose 1988.
[ReST 89]   R. van Renesse, J.M. van Staveren, A.S. Tanenbaum: The Performance of the Amoeba Distributed Operating System, Software - Practice and Experience (19), March 1989.
[ScKM 90]   R. Schumann, R. Kröger, M. Mock: The Decentralized Non-Blocking RelaX Commit Protocol, 11. ITG/GI Architektur von Rechensystemen, 1990.
[SKMN 89]   R. Schumann, R. Kröger, M. Mock, E. Nett: Recovery Management in the RelaX Distributed Transaction Layer, 8th Symposium on Reliable Distributed Systems, 1989.
[Vont 87]   R. Vonthin: Spezifikation des PROFEMO-Reliable Broadcast Protokolls in Unix 4.2 BSD, GMD-Studie 127, Birlinghoven, 1987.

Unterstützung von Multicast-Strategien durch einen Hardware-kontrollierten Router in Message-Passing Netzwerken

R. Spurk *

Universität Saarbrücken, Fachbereich 14, Informatik VII

Zusammenfassung

Multicomputer, wie das iPSC/2 Hypercube-System von Intel, realisieren die Kommunikation zwischen ihren Knoten über ein (Message-Passing) Point-to-Point Interkonnektionsnetzwerk. Die Benutzung von Cut-Through Routing und seine Realisierung durch Hardware-Router haben in Multicomputern die Netzwerklatenzzeit für die Unicast-Nachrichtenübergabe auf wenige Mikrosekunden reduziert.

Multicast-Kommunikation ermöglicht es, eine Nachricht an eine Gruppe von Empfängern in einer einzigen Operation zu übergeben. Die Verwendung eines Kommunikationssystems ohne Multicast-Fähigkeit erfordert die Software-Simulation einer Multicast-Operation mit hoher Latenzzeit über mehrere physische Unicast-Nachrichtenübertragungen. Geeignete Hardware-Unterstützung kann die Kommunikationsabwicklung effizienter gestalten und damit die Attraktivität der Multicast-Kommunikation in Multicomputern erhöhen.

Der vorliegende Beitrag stellt zunächst den Kontext vor, in dem eine Hardware-gestützte Simulation von Multicast-Kommunikation betrachtet wird: Multicomputer und ihre Interkonnektionsnetzwerke, die Cut-Through Routingmethode und existierende Realisierungsmodelle in Hardware. Anschließend präsentiert der Beitrag die Multicast-artige Nachrichtenübertragung durch die DCS-Router eines Interkonnektionsnetzes in physikalischer 2WADE-Topologie. Die sich ergebende Netzwerklatenzzeit für Multicast-Nachrichtenübertragung ist identisch mit derjenigen der Unicast-Nachrichtenübertragung. Auftretende Probleme werden skizziert.

1. Message-Passing Multicomputer

Distributed-Memory MIMD-Parallelarchitekturen besitzen weder auf der physikalischen Ebene noch auf der Architekturebene einen gemeinsamen Speicher. Sind die einzelnen Knoten einer derartigen Parallelarchitektur durch physikalische Leitungen untereinander verbunden, so bezeichnet man sie als (Message-Passing) Multicomputer. Multicomputer realisieren deshalb Interknotenkommu-

---

* Es wird über Arbeiten berichtet, die im Rahmen des SFB124 "VLSI und Parallelität" (Saarbrücken/Kaiserslautern), Teilprojekt D3, durchgeführt wurden.

nikation, indem sie Nachrichten über ein (Message-Passing) Interkonnektionsnetzwerk austauschen. Wegen technischer Beschränkungen und aus Kostengründen kann die physikalische Interkonnektionstopologie nicht die Strukturen vollständiger Graphen annehmen.

Der Cosmic Cube [10], der am Caltech entwickelt wurde, war einer der ersten (experimentellen) Multicomputer. Sein Interkonnektionsnetzwerk kann durch einen n-dimensionalen Hypercube-Graphen für n=6 repräsentiert werden. Seine n-Grad Knoten korrespondieren zu den Prozessorknoten, seine Kanten zu den physikalischen Punkt-zu-Punkt Leitungen. Charakteristisch für den Hypercube-Graphen ist die Abhängigkeit seines Knotengrads n von der Dimension n. Ein Knoten des Cosmic Cube bestand aus Prozessor, Speicher, Floating-Point Coprozessor und einem LAN-Coprozessor, um jeden Link zu kontrollieren und über DMA-Kommunikationskanäle Nachrichten zu übergeben. Auf jedem Knoten residierte ein Betriebssystemkern, der die Routing- und Queueing-Mechanismen im Rahmen der Kommunikation kontrollierte. Diese Aufgabe nahm der Kern sowohl für die Knoten-lokale Kommunikation als auch für die "Vermittlung" von Nachrichten zwischen seinen Nachbarknoten wahr.

Offensichtlich muß die Kommunikation zwischen Knoten des Multicomputers, die in der physikalischen Topologie nicht unmittelbar benachbart sind, die dazwischen liegenden Knoten einbeziehen. Ohne zusätzliche Hardware-Einheit auf den Knoten, die sich dem Nachrichtentransport als Zwischenstation widmet, steigt die Latenzzeit von Nachrichten im Interkonnektionsnetz an. Die Übernahme und das anschließende Vorwärtsreichen einer Nachricht reduziert die Ablaufgeschwindigkeit der hier residierenden Verarbeitung.

Durch die erste Generation von *Cut-Through-artigen Routingmoduln* für Multicomputer wurde die Latenzzeit innerhalb des Netzwerks für die Nachrichtenübergabe auf wenige Microsekunden verringert. Ferner wurde die Mitbenutzung von Prozessor und Speicher auf den dazwischenliegenden Knoten beseitigt. Wegen der um 1-2 Größenordnungen höheren Softwarelatenzzeiten innerhalb der Betriebssoftware der Knoten kann 'medium-grain' parallelen Applikationen an der Systemschnittstelle eine Topologie in pseudo-vollständiger Graphstruktur präsentiert werden. Die zweite Generation dieses Routingmodultyps unterstützt End-to-End-Funktionen auf der Basis von Hardwareflußkontrolle, um die Latenzzeit innerhalb der Software auf den Knoten zu reduzieren. Softwarelatenz resultiert hier aus der Realisierung der Interknotenkommunikation in Form von aufwendigen Message-Passing Protokollen. So basiert z.B. die Nachrichtenübertragung im Cosmic Cube und seiner kommerziellen Variante iPSC/1 von Intel auf Paket-orientierter Nachrichtenübertragung. Das Nachfolgesystem, das Hypercube-System iPSC/2 [7], benutzt Cut-Through-artige Routermodule und Nachrichtenübertragung statt Paketübertragung.

Verfügbare Message-Passing Multicomputer wie das iPSC/2-System besitzen ein günstiges Preis/Leistungs-Verhältnis, sind aber von mäßiger Knotenanzahl, etwa einigen Hundert. Ihr skalierbarer Ansatz ermöglicht jedoch, daß Multicomputer mit einigen tausend Knoten aufgebaut und betrieben werden können.

2. Interkonnektionsnetzwerke für Multicomputer

Obwohl beim Entwurf einer Parallelarchitektur mit Interprozessor-Kommunikation die Wahl der Topologie eines Interkonnektionsnetzwerks von entscheidender Bedeutung ist, werden wir hier lediglich existierende oder vorgeschlagene Ansätze präsentieren, die Cuth-Through-Routing Hardware-kontrolliert durchführen.

2.1 Hardware-kontrolliertes Cut-Through-Routing

Cut-Through-Routing propagiert eine Nachricht von dem Quellknoten zu dem Zielknoten entlang der physikalischen Topologie in einer 1-, 4- oder ...-Bit-weisen Pipelining-Art (abhängig von der Datenbreite einer physikalischen Verbindung). Auf den dazwischenliegenden Knoten sollen sowenig wie möglich Prozessor- und Speicherzyklen in Anspruch genommen werden. Erreicht wird dies, indem zusätzlich sogen. Router-Module eingesetzt werden, die sich der Nachrichtenübertragung auf Zwischenknoten widmen. Die unten präsentierten Ansätze unterscheiden sich in einigen der folgenden Punkte:

- ob der Prozessor und/ oder der Speicher eines Knotens von der "Hilfestellung" befreit sind,
- im Grad, in dem der Router durch Hardware kontrolliert und gesteuert wird,
- in der physikalischen Topologie des Interkonnektionsnetzes (Komplexität des Routingalgorithmus, Netzdurchmesser, Wegredundanz, usw.),
- in der Art, wie Nachrichtenkollisionen behandelt werden,
- in dem Grad, in dem Flußkontrolle in die Router-Ebene integriert ist,
- in dem Grad, in welchem die Realisierung von End-to-End-Funktionen zwischen Quell- und Zielknoten unterstützt wird, um den Software-Overhead in der Betriebssoftware zu verringern,
- ob Multicast-Muster bei der Nachrichtenübertragung unterstützt werden.

Ein Konflikt tritt in einem Knoten auf, wenn die Header von (wenigstens) zwei Nachrichten gleichzeitig (über verschiedene Eingangsverbindungen) ankommen und den Knoten über dieselbe Ausgangsverbindung verlassen müssen. Die Latenzzeit auf der Softwareebene wird größer, wenn die Interknoten-Kommunikation in Form von komplexen Message-Passing Protokollen abgewickelt werden muß.

2.2 Die Virtual-Cut-Through Methode

Diese Methode wurde durch Kermani und Kleinrock [8] in Form eines theoretischen Kommunikationsmodells für Computernetze entwickelt. Konflikte werden aufgelöst, indem ein kollidierendes Nachrichten-Paket aus dem Netz genommen und lokal im entsprechenden Knoten zwischengespeichert wird. Treten Konflikte häufig auf, so verhält sich ein derartiges Netz wie ein übliches Store-and-Forward Packet-Switching Computernetz. Hardware-Unterstützung von End-to-End-Mechanismen wird nicht betrachtet.

2.3 Die Wormhole-Methode

Bei ihr werden Konflikte aufgelöst, indem das Pipelining einer der am Konflikt beteiligten Nachrichten angehalten wird; die "pipelined" Nachricht bleibt im Netzwerk stecken. Das Anhalten wird bewirkt, indem das Quittieren sukzessiv auf den zur Pipeline gehörenden Verbindungen bzw. Knoten verzögert wird. Während dieser Verzögerung stecken die "pipelined" Einheiten der Nachricht in einer Ausgangsqueue des Routingmoduls auf den involvierten Knoten. Varianten dieser Methoden, welche in Logik realisiert sind, sind der Torus Routing Chip [9], der am Caltech entwickelt wurde, und der Direct-Connected Routing-Modul [12] von Intel, der im iPSC/2 eingesetzt wird.

♦ *Torus-Routing-Chip*

Der *Torus-Routing-Chip* war die erste verfügbare Implementierung von Cut-Through-artigem Routing durch VLSI; es ist ein Chip für Deadlock-freies Cut-Through-Routing zur Paketübertragung in k-närem n-Würfel (Torus)-Netzwerk.

♦ *Direct-Connect-Routing Modul (DCM)*

Der *Direct-Connect-Routing Modul* von Intel bietet neben dem Routing noch weitere Funktionen an.

•• Nachrichtenübergabe-Protokoll auf der Ebene des Interkonnektionsnetzes:

Der DCM implementiert einen Hardware-kontrollierten Routing-and Forwarding-Algorithmus, um (Unicast-) Nachrichten beliebiger Länge ohne Paketisierung zu übertragen. Für die Übertragung einer Nachricht sendet dieser Algorithmus zunächst einen 32-Bit Nachrichten-Header in Richtung des Zielknotens. Jeder tracierte DCM-Router reicht in asynchroner, wormhole-artiger Weise diesen einlaufenden 32-Bit-Header in Richtung auf das Ziel weiter, koppelt aber zugleich den einlaufenden Kanal direkt mit dem selektierten ausgehenden Kanal, indem Gatter innerhalb des DCMs geeignet gesetzt werden. Sobald der Header den Zielknoten erreicht hat, existiert eine direkte, Hardware-kontrollierte Kanalkoppelung zwischen Quell- und Zielseite ('Direct-Connect'-Status), und hierüber wird der Quellseite stetig ein READY-Signal zugesandt. Mit dem ersten Eintreffen dieses Signals wird die Übertragung der eigentlichen Nachricht (von beliebiger Länge) mit voller Bandbreite der Kanal-Hardware in synchronem Übertragungsmodus ausgelöst. Ein End-Of-Message Bit, das an die eigentliche Nachricht angehängt wird, veranlaßt die sofortige Freigabe des jeweils passierten Kanals auf dem 'Direct-Connect' Pfad.

Das NX/2 Betriebssystem [11] des iPSC/2 unterscheidet zwischen dem Senden einer kurzen (<100 Byte) und dem Senden einer langen Nachricht. Damit wird einerseits die Komplexität der Speicherverwaltung auf der Zielseite gering gehalten. Andererseits ist es für die Quellseite nicht erforderlich, die Auflösung eines Speicherengpasses der Zielseite durch intervallmäßiges Wiederholen der Nachricht herauszufinden, Die tatsächliche Übertragung der langen Nachricht ist in ein 3-Schritt-Protokoll der Betriebssystemebene eingebettet. Jeder einzelne Schritt beinhaltet die Übertragung einer Nachricht in der obigen zunächst asynchronen, dann synchronen Weise. Über die ersten beiden kurzen Nachrichten wird der Quellseite durch die Zielseite erlaubt, im 3. Schritt die vollständige Nachricht (ohne Paketisierung) zu übertragen, sobald die gestellten Speicheranforderungen erfüllt werden können.

•• Physikalische Topologie und Route-Mapping:

Der DCM kann benutzt werden, um Interkonnektionsnetze nach dem n-Cube-Schema, dem in Abschnitt 1 vorgestellten Hypercube-Schema, mit n<=7 aufzubauen. Route-Mapping, also die Festlegung der Routing-Richtung pro Routing-Schritt, wird durch die tracierten DCMs anhand der aktuellen Position und der Zieladreßangabe der zu tracierenden Nachricht durchgeführt (am Quellknoten anhand dessen Adresse). Wir bezeichnen diesen Ansatz als *(Interkonnektionsnetz- oder Router-) internes Route-Mapping.*

2.4 Dynamische Leitungsvermittlung mit Emulation eines "Common Memory Interface", kurz DCS/CMI-Ansatz

In [4] wird eine Ausprägung der Cut-Through-artigen Routingmethode vorgeschlagen, die als *dynamische Leitungsvermittlung (Dynamic Circuit Switching (DCS))* bezeichnet wird und sich am Funktionsprinzip der Leitungsvermittlung von Telefonnetzen orientiert.

•• Nachrichtenübergabe-Protokoll auf der Ebene des Interkonnektionsnetzes:

Die führenden Bits der einlaufenden Nachricht werden von einem Routing-VLSI-Switch (*DCS-Router*) verwendet, um einen geeigneten ausgehenden physikalischen Kanal zu ermitteln und Gatter so zu setzen, daß der nachfolgende "pipelined" Nachrichtenteil ohne weitere Inspektion auf den selektierten ausgehenden physikalischen Kanal "fließt". Ein physikalischer Kanal besteht allerdings aus einem physikalischen Vorwärts- und einem assoziierten physikalischen Rückwärtskanal. Die Kopplung der assoziierten Rückkanäle zweier durch den Router gekoppelten Vorwärtskanäle geschieht ebenfalls durch Setzen von Gattern.

Von den geschilderten realen Vorgängen innerhalb der Router-Architektur wird durch den Begriff des *"Drehspiegelprinzips (turning mirror principle)"* abstrahiert. Die führenden Bits der "pipelined" Nachricht drehen beim Einlaufen einen Drehspiegel, um den "pipelined" Fluß der restlichen Nachricht in die gewünschte Richtung zu reflektieren. Die vorderen Bits, die für die Interpretation relevant sind, bezeichnen wir in den weiteren Ausführungen als *Turning-Block.*

Ein Konflikt an einem Router wird aufgelöst, indem die Router der dazwischenliegenden Knoten rückwärts über den assoziierten Rückkanal durch ein Breaksignal (Hardware-Signal) über den Konflikt informiert werden. Der Empfang dieses Breaksignals veranlaßt diese Router, die "pipelined" Übertragung abzubrechen. Nach einem nach oben begrenzten Zeitintervall wird die Übertragung durch die Hardware erneut versucht.

•• Physikalische Topologie und Route-Mapping:

Der DCS-Router kann benutzt werden, um Interkonnektionsnetze nach dem 2WADE-Schema beliebiger Dimension D aufzubauen. Knoten in einer 2WADE-Struktur besitzen - unabhängig von der Dimension D - stets zwei Eingangs- und 2 Ausgangslinks. Jeder DCS-Router besitzt zur Anbindung eines Verarbeitungsknotens einen Up-Link (Ausgangslink) und einen Down-Link (Eingangslink). Route-Mapping (Festlegung/Definition der Route im 2WADE-Interkonnektionsnetz) wird nicht durch die tracierten DCS-Router anhand der Quell- und Zieladreßangaben der zu tracierenden Nachricht festgelegt. Route-Mapping wird auf den anderen Ebenen durchgeführt, bevor eine Nachricht weggeschickt wird. Das Ergebnis dieses Route-Mappings ist eine Folge von Turning-Blöcken, die als Header der eigentlichen Nachricht vorangestellt werden. Konzeptuell besteht jeder Turning-Block aus 3 DIRECTION-Indikatoren: dem UP-, dem LEFT- und dem

RIGHT-Indikator, von denen jeder einen der beiden Routing-Zustände 'CONNECTING' oder 'NON-CONNECTING' annehmen kann. Jeder Turning-Block beschreibt einen Routingschritt, indem er denjenigen DIRECTION-Indikator mit 'CONNECTING' markiert, der mit dem geforderten Ausgangslink assoziiert ist; die restlichen Indikatoren sind mit 'NON-CONNECTING' markiert. Die Indikatoren beschreiben für jeden Routingschritt die Drehung des Spiegels.

Wir bezeichnen diesen Ansatz als *(Interkonnektionsnetz- oder Router-) externes Route-Mapping*. Die in den folgenden Abschnitten betrachtete Multicast-Kommunikation wird auf der Router-Ebene in analoger Weise behandelt.

Der DCS/CMI-Ansatz besitzt einige Besonderheiten:

A. Mehrere physikalische Kanäle zwischen zwei benachbarten Knoten

Um die Konfliktwahrscheinlichkeit an einem Knoten (Router) zu verringern, wurden mehrere physikalische Kanäle pro Verbindung der physikalischen Topologie eingesetzt.
Die Anzahl der Kanäle wurde anhand der Simulation eines analytischen Modells [3, 6] festgelegt. Sie ermöglicht, daß die Anzahl der Kanäle als eine Funktion der Topologie-Dimension, der erwarteten Last, der zulässigen restlichen Konfliktwahrscheinlichkeit und weiterer Parameter bestimmt wird.

B. Random-Routing

Ein Random-Routing-Verfahren kann als globale Routing-Methode unterstützt werden, um die Konfliktwahrscheinlichkeit an den Routern zu reduzieren. Die erneute Übertragung der Nachricht, die wegen Konflikt abgebrochen wurde, wird nun einen alternativen Weg von der Quelle zum Ziel im Interkonnektionsnetz wählen. Wir werden Random-Routing in den folgenden Ausführungen nicht mehr berücksichtigen. Allgemeine Aspekte des Random-Routings in 2WADE Netzstrukturen werden in [13] behandelt.

C. Unterstützung von Multicast-Kommunikation auf der Ebene der DCS-Router.

Eine Topologie-orientierte Multicast-Kommunikationsübertragung wird durch den DCS-Router unterstützt. Der zugehörige Mechanismus beruht auf einer sogen. Spread-Fähigkeit der eigentlichen Switching-Logik. Diese bewirkt, daß die nachfolgenden Bits der restlichen "pipelined" Nachricht auf mehrere Links (genauer: auf 1 physikalischen Kanal des jeweiligen Links) synchron kopiert werden. Analog dem Routing wird der Router-lokale Multicast-Mechanismus durch die Interpretation der führenden Bits der einlaufenden Nachricht gesteuert und über das externe Route-Mapping definiert. Ein Turning-Block darf zu diesem Zweck eine Teilmenge der DIRECTION-Indikatoren mit 'CONNECTING' markieren. Externes Route-Mapping gestattet somit der Quellseite, eine globale Multicast-Strategie festzulegen; die zugehörige Folge von Turning-Blöcken repräsentiert eine Multicast-Adresse.
Das Konzept und das zugehörige Realisierungsmodell einer Multicast-Nachrichtenübertragung werden in Abschnitt 4 im Rahmen eines 2WADE-Interkonnektionsnetzes detailliert behandelt.

D. Emulation eines "Common Memory Interface" (CMI)

Erreicht der Kopf der Nachricht den Zielknoten, so existiert nun einerseits der vollständige, auf

Gatterebene geschaltete Vorwärtskanal, über den die restlichen "pipelined" Bits der Nachricht zum Zielknoten fließen. Andererseits existiert ein auf der Gatterebene geschalteter assoziierter Rückkanal vom Ziel- zum Quellknoten. Dieser Rückkanal steht nun zur Verfügung, um Daten in der Gegenrichtung mit einer Rate zu übertragen, wie sie durch eine Gatter-geschaltete Leitungsverbindung erreichbar ist.

In [4] werden die assoziierten Rückkanäle benutzt, um Konsistenz-Signale vom Zielknoten zum Quellknoten hin zu übertragen. Konsistenzsignale werden von der Hardware auf der Zielseite als Resultat von Konsistenzprüfungen generiert. Eine Konsistenzprüfung vergleicht sogen. Zugriffs-recht-Daten, die am Kopf einer Nachricht plaziert sind, mit Zugriffsmodus-Daten, die sich in Registern befinden, welche innerhalb der den Switch umgebenden Hardware plaziert sind. So kann beispielsweise dieser Mechanismus benutzt werden, um den Schutz eines Multicomputer-Knotens gegen unberechtigten Zugriff schon auf der Hardware-Ebene sicherzustellen.

3. Multicast-Kommunikation und Multicomputer

Logische Multicast-Kommunikation, die vielfach auch als Gruppenkommunikation bezeichnet wird, ist eine Betriebssystemabstraktion. Sie bietet an, eine Nachricht, die an eine (evtl. anonyme) Gruppe von Empfängern adressiert ist, durch das Betriebssystem zu allen Mitgliedern der Empfängergruppe zu transportieren. Broadcast- und Unicast-Kommunikation sind spezielle Fälle der Multicast-Kommunikation: Unicast-Kommunikation übergibt eine Nachricht an genau einen Empfänger, Broadcast-Kommunikation an alle möglichen Empfänger im System. Fehlende Broad-cast- oder Multicast-fähige Kommunikationssysteme führen zur Software-dominierten Simulation von Multicast-Kommunikation, wozu mehrere physische Unicast-Nachrichten eingesetzt werden.

Eine physische Unterstützung in Form von geeigneten Kommunikationsmedien oder eine Hard-ware-Unterstützung für 'high-speed' Simulation von Multicast-Kommunikation, um den logischen Multicast geeignet abbilden zu können, würde die Kommunikationsabwicklung wesentlich effizienter gestalten. Am größten ist dieser Vorteil, wenn es möglich ist, den logischen Multicast unmittelbar auf den physischen Multicast eines Kommunikationsmediums abzubilden. Wybranietz [14] führt folgende Vorteile auf:

- Effizienzsteigerung bei der Kommunikationsabwicklung, weil nur eine einzige physische Nachricht erforderlich ist, um mehrere Empfänger zu erreichen

- Reduktion der Netzwerklast

- auf der Senderseite nur eine Multicast-Operation, somit weniger Codeabarbeitung

- Erhöhung der Parallelität, weil die Empfänger die Nachrichten gleichzeitig erhalten.

Gegenüber einem physisch Multicast-fähigen Kommunikationssystem stellt sich die Situation in Interkonnektionsnetzen von Multicomputern wesentlich differenzierter dar. Hier bauen Punkt-zu-Punkt-Leitungen und Knoten in diskreter Form das physische Kommunikationssystem auf. Somit liegt bei Multicomputern typischerweise kein physisch Multicast-fähiges Kommunikationsmedium vor.

Die Simulation eines logischen Multicasts mithilfe physischer Unicast-Übertragungen kann auf folgenden Ebenen stattfinden:

- Simulation auf der Prozeßebene, d.h. oberhalb eines knotenlokalen Betriebssystemkerns in Form einer applikations- oder systemorientierten Anwendung:
  Die Systemschnittstelle kann einen Kommunikationsmechanismus anbieten, der prinzipiell in der Lage ist, mit jeder Stelle im System zu kommunizieren. Dann kann die Simulation eine Baumstruktur benutzen, die alle Empfängerknoten aufspannt. Das iPSC/2-System ist eine solche Umgebung. Sonst muß i.a. eine Zwischenstruktur mittels Knoten aufgebaut werden, um alle Empfängerknoten zu erreichen. Das iPSC/1-System ist eine derartige Umgebung.

- Simulation auf der Protokollebene, die knotenlokal über ein dediziertes Subsystem (Prozessor und Speicher) verfügt, um Paket-orientierte Nachrichtenübertragung zu unterstützen:
  Die Simulation kann hier verfügbare Hardware und/oder Firmware ausnutzen, um eine Multicast-Kommunikation zu beschleunigen.

Die Einführung von Cut-Through Routern erlaubt nun eine weitere Realisierung der Simulation, die Hardware-kontrollierte Simulation des Multicasts durch die Router-Ebene:

Intuitiv steht die Idee dahinter, daß der einlaufende Bitstrom einer Nachricht durch den Router "on-the-fly" und synchron auf mehrere physikalische Ausgangskanäle reproduziert weiterfließt. Die Netzwerklatenzzeit für eine derartige Multicast-Nachrichtenübertragung sollte von gleicher Größenordnung sein wie die Latenzzeit einer Unicast-Nachrichtenübertragung.

Um logischen Multicast auch in Multicomputer-Architekturen effizient durchzuführen, wurde eine solche Multicast-Nachrichtenübertragung auf der Ebene der DCS-Router realisiert (siehe 2.4 und 4.).

Die verschiedenen Aspekte der logischen Multicast-Formen sollen hier nicht vertieft werden; existierende Hardware-Unterstützungen zur Realisierung von Broadcast- oder Multicast-fähiger Kommunikation in Systemen, deren Kommunikationssubsystem auf einem lokalen Netz basiert, sollen ebenfalls nicht betrachtet werden. Diese Aspekte werden ausführlich in [14] dargestellt. [2] enthält eine Bewertung und eine Klassifikation der Anforderungen an logische Multicast-Formen aus der Sicht von Applikationen. Allerdings wurden nur Applikationen von verteilten Systemen betrachtet, die auf LANs oder auf Internets basieren.

Im folgenden verweist der Begriff "logischer Multicast (Gruppenkommunikation) auf die Betriebssystemabstraktion, "Hardware-Multicast" auf die Interkonnektionsnetzwerk/Router-Abstraktion und "physischer Multicast" auf die Abstraktion eines Broadcast- oder Multicast-fähigen Kommunikationsmediums, um ein 1:VIELE Kommunikationsmuster zu realisieren.

4. Multicast-Unterstützung durch den DCS-Router

4.1 Multicast-Mechanismus des DCS-Routers und lokale Multicast-Strategien

Wie in Abschnitt 2.4 angedeutet wurde, setzt im Unicast-Fall ein DCS-Router nach der Interpretation des führenden Turning-Blocks des einlaufenden Headers Gatter so, daß der nachfolgende Bitstrom vom eingehenden auf den selektierten ausgehenden physikalischen Kanal fließt. Konzeptionell ist es nur konsequent, die Hardware-Simulation einer Multicast-Nachrichtenübertragung auch im "on-the-fly" Stil zu realisieren: Der DCS-Router selektiert nach der Interpretation des Turning-Blocks bei mehreren Ausgangslinks jeweils einen physikalischen Ausgangskanal und setzt Gatter derart, daß der nachfolgende Bitstrom der Nachricht ohne weitere Inspektion synchron auf alle assoziierten ausgehenden Kanäle reproduziert wird. Die Menge der Links, auf die der einlaufende Bitstrom synchron reproduziert wird, kann eine beliebige, nicht-leere Teilmenge aller ausgehenden Links des Routers sein (einschließlich dem Up-Link). Die Festlegung dieser Teilmenge bezeichnen wir als *(Router-) lokale Multicast-Strategie.*

Analog der Route-Auswahl wird der Router-lokale Multicast-Mechanismus durch die Interpretation des führenden Turning-Blocks der einlaufenden Nachricht festgelegt. Es wird synchron auf alle Ausgangslinks reproduziert, für welche die 'CONNECTING'-Marke im entsprechenden DIRECTION-Indikator gesetzt ist.

Folgende Operationsweisen sind für die (globale) Semantik der Multicast-Nachrichtenübertragung von Bedeutung:

(1) Die Gatter-gestützte Verbindung des physikalischen Eingangskanals mit allen selektierten physikalischen Ausgangskanälen kommt nur zustande, wenn in keiner Ausgangsrichtung ein Konflikt auftritt (siehe 2.4). Im Konfliktfall wird - dem Unicast-Fall analog - ein (Hardware) BREAK-Signal über den Rückwärtskanal dem Vorgänger-Router propagiert, der mit dem entsprechenden Eingangskanal assoziiert ist.

(2) Beim Eintreffen eines BREAK-Signals von einem der Nachfolger-Router wird das BREAK-Signal ebenfalls an den entsprechenden Vorgänger-Router propagiert (OR-Verknüpfung der BREAK-Signale); an die übrigen Nachfolger-Router dieser Multicast-orientierten Gatter-Verbindung wird das (Hardware) 'END-OF-MESSAGE (EOM)'-Signal gesendet und die Gatter-Verbindung gelöst.

(3) Ein vom Vorgänger eintreffendes EOM-Signal wird an alle Nachfolger-Router dieser Gatter-Verbindung propagiert und diese Verbindung gelöst.

Eine Beschreibung des Hardware-Modells des DCS-Routers kann in [4] gefunden werden.

4.2 Interkonnektionsnetzwerk in 2WADE-Topologie

Eine Multicast-Nachrichtenübertragung übergibt eine Nachricht von einem Quellknoten an eine Menge von Zielknoten (Empfängerknoten). Diese Relation, die in Form einer Hintereinanderschaltung von lokalen Multicast-Strategien spezifizierbar ist, kann nur im Kontext der Topologie des Interkonnektionsnetzes interpretiert werden, das durch DCS-Router und Punkt-zu-Punkt-Leitungen aufgebaut ist.

Wir entschieden uns für ein Interkonnektionsnetz [6, 4], dessen Struktur durch einen 2WADE (2-Way Digit Exchange) Graphen repräsentiert wird.

Ein *2WADE-Graph* [13] der Dimension m besitzt $N=m\cdot2^m$ Knoten mit den Nummern 0,..., N-1. Es werden Kanten in der folgenden Weise eingeführt:

Die Binärdarstellung einer Knotennummer wird in 2 Teile aufgespalten, die rechtesten m Bits (Cycle-Nummer) und die restlichen Bits (Cycle-Position). Sei K ein Knoten mit der 2WADE-Adresse $(\alpha\ ,\ b_0,...,b_\alpha,...,b_{m-1})$ mit $\alpha \in \{0,...,m-1\}$. Dann besitzt K zwei gerichtete ausgehende Kanten zu den Knoten mit den 2WADE-Adressen

$$(\alpha+1, b_0,..., \quad b_\alpha\ ,...,b_{m-1}) \qquad \text{(Cycle-Kante) und}$$

$$(\alpha+1, b_0,...,NEG(b_\alpha),...,b_{m-1}) \qquad \text{(Cross-oder Dimensions-Kante)},$$

wobei NEG(0)=1 und NEG(1)=0 gelten soll. Im Gegensatz zum Hypercube (siehe 1.) besitzen 2WADE-Knoten den Grad 2, unabhängig von der Dimension m. Beim DCS-Router ordnen wir dem LEFT-Link die Cross-Realisierung und dem RIGHT-Link die Cycle-Realisierung eines 2WADE-Knotens zu.

Um eine Unicast-Nachricht vom Knoten $(\alpha\ ,\ b_0,...,b_{m-1})$ zum Knoten $(\beta\ ,\ c_0,...,c_{m-1})$ zu transferieren, leiten wir aus dem 2WADE-Routingalgorithmus folgende Unicast-Strategie für die DCS-Router ab (Random-Routing aus [13] vernachlässigt):

Um zunächst die Nachricht $k=(\beta-\alpha)$ mod m Schritte in Cycle-Richtung zu transferieren, erzeuge k Turning-Blöcke mit 'CONNECTING'-markiertem RIGHT-Indikator. Um die Nachricht dann in m Schritten zum Zielknoten zu transferieren, erzeuge m Turning-Blöcke und markiere mit 'CONNECTING' beim i-ten (i=0,...,m-2) dieser Blöcke den RIGHT-(Cycle)-Indikator, falls $b_{\beta+i}=c_{\beta+i}$ gilt, und sonst den LEFT(Cross)-Indikator. Beim letzten Turning-Indikator markiere den Up-Indikator.

4.3 Globale Multicast-Strategien und Multicast-Bereiche

Durch externes Route-Mapping können *globale Multicast-Strategien* durch die Quellseite festgelegt werden, indem für jeden Schritt eine lokale Multicast-Strategie definiert wird. Für die weiteren Ausführungen nehmen wir an, daß sich die globalen Multicast-Strategien auf die 2WADE-Topologie beziehen.

Jede globale (korrekte) Multicast-Strategie definiert eine Knotenmenge des Multicomputers: die Menge der Knoten, denen durch diese Multicast-Übertragung (wenigstens) eine Kopie der Nachricht zugestellt wird. Diese Menge bezeichnen wir als den *Multicast-Bereich* dieser Strategie. Bereiche, in denen jedem Knoten höchstens eine Kopie einer Nachricht zugestellt wird, nennen wir singuläre Multicast-Bereiche. Sogenannte x-näre Multicast-Bereiche, in denen einem Knoten des Bereichs konzeptuell wenigstens x Kopien der Nachricht übergeben werden können, können bei "unsicherer" Multicast-Übertragung eingesetzt werden. Damit kann Wege-Ausfalltoleranz auf Kosten höherer Netzwerkbelastung und notwendiger Duplikatfilterung auf den Software-Ebenen realisiert werden. Wir wollen diesen Aspekt hier nicht weiter verfolgen und nehmen als Zielsetzung singuläre Multicast-Bereiche an. Weitere Charakteristiken sind die Kapazität und der Überdeckungsgrad eines Multicast-Bereichs. Kapazität beschreibt die Anzahl der Knoten, denen eine Kopie der Nachricht konzeptuell zugestellt wird. Der Überdeckungsgrad tritt im Zusammenhang mit der Knoten-allokierung im realen Betrieb auf: Im Multicast-Bereich einer Strategie können Knoten liegen, die nicht zur logischen Gruppe der Empfängerknoten gehören. Ohne besondere Vorkehrungen können Applikationen dadurch in unzulässiger Weise gestört werden.

Globale Multicast-Strategien mit singulären Bereichen sind in [6] für 2WADE Interkonnektions-netze untersucht worden. Wir wollen hier zwei charakteristische Strategien präsentieren:

(A) Die *Linien-Strategie* für Multicast-Nachrichtenübertragung

Gegeben sei eine Empfänger-Knotenmenge *EK* und ein gerichteter Pfad *P* in der 2WADE-Topologie, der alle Knoten K aus *EK* wenigstens einmal traciert. Davon ausgehend baut man beim externen Route-Mapping eine Folge von Turning-Blöcken als Nachrichten-Header wie folgt auf: Zu jedem Knoten im Pfad korrespondiere ein solcher Block; die Reihenfolge der Blöcke entspreche der Folge der assoziierten Knoten in *P*. Markiere die Turning-Blöcke, dem Unicast-Stil folgend, mit 'CONNECTING'-Werten. Betrachte *P* vom Anfang zum Ende hin und markiere in dem Turning-Block zusätzlich den UP-Indikator mit 'CONNECTING', wenn der assoziierte Knoten Empfängerknoten ist und zum ersten Mal auftritt.

Die Linien-Strategie hat einige relevante Nachteile:

- Durch die Multicast-Übertragung werden viele physikalischen Kanäle belegt (linear zur Pfadlänge). Knoten und sogar Links können mehrfach traciert werden.

- Für Multicast-Nachrichten geringer Länge könnte der Nachrichten-Tailer schon einige Knoten der Empfängergruppe passiert haben, wenn der Header der Nachricht bei einem Router auf einen Konflikt trifft. Es wird dann i.a. eine Teilgruppe geben, deren Knoten schon im Besitz einer Nachrichtenkopie sind; die anderen Knoten besitzen keine Kopie. Die Semantik einer atomaren Multicast-Nachrichtenübergabe wird dadurch gefährdet (siehe 4.4).

Die Linien-Strategie besitzt allerdings den Vorteil, daß der Multicast-Bereich die Gruppe der Empfänger exakt überdecken kann.

(B) Die Dimensions-flutende Strategie für Multicast-Nachrichtenübertragung

Bei dieser Strategie setzt man bei den ersten r<m (m Dimension) Turning-Blöcken sowohl den RIGHT(Cycle)- als auch den LEFT(Cross)-Indikator auf 'CONNECTING', um parallele Bitströme zu produzieren. Dann markiert man RIGHT- und/oder UP-Indikatoren mit 'CONNECTING'.

Im Gegensatz zum Fluten von Dimensionen wird man die Linien-Strategie anwenden, wenn die Anzahl der Empfängerknoten klein ist im Verhältnis zur Kapazität des kleinsten möglichen Multicast-Bereichs, welcher die Empfängergruppe überdeckt. Wegeoptimierungsverfahren können die oben genannten Probleme reduzieren.

4.4 Semantik der Multicast-Nachrichtenübertragung

Wir wollen annehmen, daß die Länge der Multicast-Nachricht hinreichend groß ist, so daß sichergestellt ist, daß ein BREAK-Signal, das von irgendeinem der 'aussströmenden' Header rückwärts propagiert wird, stets den Nachrichten-Tailer auf der Quellseite zeitlich noch antrifft. Wir betrachten einen DCS-Router in der Situation, in der ihm ein BREAK-Signal auf einem Rückwärtskanal eines assoziierten Vorwärtskanals propagiert wird, der für eine Multicast-Nachrichtenübertragung selektiert wurde. Sein operationelles Verhalten ist in 4.1 unter den Punkten (2) und (3) beschrieben.

Für jeden anderen selektierten Vorwärtskanal wird der bis zu diesem Zeitpunkt vorwärts propagierte Nachrichtenteil von seinem Rest getrennt. Ist z.B. einer seiner Nachfolger-Router mit einem Empfängerknoten verbunden, so ist bei diesem jener Nachrichtenteil schon eingelaufen. Analog dem Unicast-Fall wird dieser mit sehr hoher Wahrscheinlichkeit durch den (End-to-End) Übertragungsfehler-Checker als fehlerhafte Nachricht identifiziert; die Information wird vernichtet. Die sukzessive Rückpropagierung des BREAK-Signals bis zur Quellseite bewirkt, daß keinem Knoten im Multicast-Bereich eine Kopie der Multicast-Nachricht übergeben wurde. Trifft bis zum Zeitpunkt, an dem der Nachrichten-Tailer in den Router einfließt, kein BREAK-Signal bei der Quellseite ein, so hat die Multicast-Nachricht jeden Knoten im Multicast-Bereich erreicht.

Offensichtlich gewährleistet das Multicast-Protokoll auf der Ebene der DCS-Router die atomare Erreichbarkeit aller Knoten im Multicast-Bereich.

4.5 Effizienz des Hardware-Multicasts

Bei der Dimensions-flutenden Strategie ist jede Route im assoziierten 'Ausbreitungsgraphen', die sich von der Quellseite zu einem Knoten des Multicast-Bereichs erstreckt, auch eine Route, die prinzipiell im Unicast-Fall bei der 2WADE-Routingstrategie ausgewählt werden könnte. Offensichtlich gibt es Multicast-Strategien, deren zugehörige Nachrichtenübertragungen Netzwerklatenzzeiten in der Größenordnung der Latenzzeiten des Unicast-Falls besitzen.

5. Diskussion und Ausblick

Vorgestellt wurde eine Hardware-kontrollierte Realisierung einer Multicast-Nachrichtenübertragung in einem Message-Passing Interkonnektionsnetzwerk eines Multicomputers. Die Netzwerklatenzzeit für die Übergabe einer Multicast-Nachricht kann mit der Latenzzeit der Übergabe einer Unicast-Nachricht identisch sein. Die Realisierung kann eingesetzt werden, um einen logischen Multicast in Multicomputern effizient zu simulieren.

Abschließend wollen wir einige Aspekte ansprechen, die unser Realisierungsansatz offenlegt:

♦ *Semantische Formen von logischem Multicast und ihre Unterstützung im Multicomputer durch das Konzept des Hardware-Multicasts*

Unser bisher präsentiertes Konzept des Hardware-Multicasts umfaßt als semantische Eigenschaft die atomare Erreichbarkeit aller Empfängerknoten der Multicast-Strategie: die Multicast-Nachricht erreicht alle Empfänger- oder keinen Empfängerknoten. Neben dem atomaren logischen

Multicast identifizierte Liang [2] bei den Applikationsuntersuchungen als Anforderung auch den sogen. "unsicheren Multicast". Bei dieser semantischen Form müssen nicht alle Empfängerknoten eine Kopie der Multicast-Nachricht erhalten.

Es stellt kein prinzipielles Problem dar, im Entwurf und in der Realisierung den DCS-Router um eine AND-Verschaltung zu ergänzen, um einlaufende BREAK-Signale entsprechend zu verknüpfen und an den Vorgänger-Router zu propagieren. Zusätzlich ist die Operationsweise für den AND-Modus zu berücksichtigen: Haben alle Nachfolger-Router über die Rückkanäle der assoziierten Vorwärtskanäle ein BREAK-Signal propagiert, so sollte durch den erweiterten Router ein BREAK-Signal an den Vorgänger-Router propagiert werden und die Durchschaltung aufgelöst werden (zum Vergleich siehe 4.1). Ein Turning-Block müßte um einen entsprechenden AND/OR-Indikator erweitert werden; der erweiterte Router müßte in die Lage versetzt werden, diesen Indikator zu erkennen und entsprechend zu interpretieren. Das globale, Router übergreifende Protokoll führt dann zu der semantischen Eigenschaft der "wenigsten-einer-oder-keiner" Erreichbarkeit der Empfängerknoten der Multicast-Strategie. Das Eintreffen eines BREAK-Signals bei der Quellseite zeigt an, daß keiner der Empfängerknoten eine Kopie der Multicast-Nachricht erhalten hat.

Wybranietz [14] weist auf eine erforderliche Kontrolle des Nachrichtenflusses hin, um Pufferüberläufe bei der Realisierung von logischem Multicast zu vermeiden. Puffer-Resourcen und ihre Verwaltung liegen aber in einer Multicomputer-Architektur außerhalb der Router-Ebene. In [4] beschreiben wir, wie der 'Common-Memory-Interface (CMI)'-Mechanismus (siehe 2.4/D.) eingesetzt wird, um Pufferüberläufe, somit Informationsverlust, zu vermeiden. Die Integration eines Zugriffsmechanismus in das CMI, um ein BREAK-Signal über den Rückkanal des selektierten Up-Kanals zu propagieren, ist prinzipiell möglich. Das Eintreffen der Nachrichtenlängenangabe (als Präfix des Nachrichtenteils) bei der CMI-realisierenden Komponente eines Knotens im Multicast-Bereich löst bei Puffermangel die Propagierung des BREAK-Signals aus. Diese Propagierung bewirkt nun die "alle-oder-keiner"- bzw. die "wenigstens-einer-oder-keiner"-Semantik des Hardware-Multicasts hinsichtlich der Nachrichtenabspeicherung auf den Knoten des Multicast-Bereichs. Die beiden semantischen Bereiche "Erreichbarkeit" und "Nachrichtenabspeicherung" werden gleichzeitig durch ein und denselben Mechanismus integriert und kontrolliert.

Die beiden Semantikarten des Hardware-Multicasts hinsichtlich Erreichbarkeit und Nachrichtenablage können nun eingesetzt werden, um die in [2] geforderten semantischen Formen des logischen Multicasts in DCS/CMI-Router-basierten Multicomputern in direkter Weise auf den Hardware-Multicast abzubilden. Netzwerklatenzzeiten und Softwarelatenzzeiten einer logischen Multicast-Kommunikation und einer Unicast-Kommunikation sind von derselben Größenordnung.

Zur Zeit untersuchen wir die möglichen Realisierungen der notwendigen Erweiterungen an dem Prototyp des DCS-Routers und der in [4] skizzierten Architektur des Interkonnektionsnetzes.

♦ *Belastung des Interkonnektionsnetzes durch Hardware-Multicast*

Unser stochastisches Modell [6, 3] zur quantitativen Analyse unserer Cut-Through-basierten Kommunikation in einem 2WADE-Netzwerk berücksichtigt keine Multicast-Nachrichtenübertragung. Bevor wir versuchen werden, die allgemeine Netzwerkbelastung durch unseren Ansatz des Hardware-Multicasts auf der Basis eines stochastischen Modells zu analysieren, werden wir unseren Hardware-Multicast pragmatisch behandeln (siehe nachfolgender Teil).

◆ *Handhabung von Multicast-Strategien*

Die streng Topologie-abhängige Betrachtungs- und Behandlungsweise der Router-Ebene kann durch unser neu vorgeschlagenes Konzept der *Symbolischen Kommunikation* für Multicomputer [5] gemildert werden.

Dieses Konzept wurde ursprünglich eingeführt, um beliebige Kommunikationsstrukturen von Parallelapplikationen auf dem Multicomputer Topologie-unabhängig, aber in direkter Weise mit Hardware-Unterstützung zu versorgen, etwa bei symmetrischen Berechnungen. Ferner ermöglicht dieses Konzept, den Software-Overhead für Kommunikations-nahe Paradigmen innerhalb der Betriebs- und Applikationssoftware eines Knotens zu reduzieren.

Die konzeptuelle Idee und ihre Realisierung wollen wir nur sehr kurz andeuten, um eine Intuition für die anschließende Schlußfolgerung zu geben: Es wird ein Hardware-gestütztes Subsystem zwischen Router- und Verarbeitungs-Ebene im Multicomputer eingeführt, um die Abstraktionen *Symbolische Kommunikation*, *Logisches Netz* und *(Logischer-) Netz-Multicast* zu realisieren. Für diese neue Subebene werden Nachrichten durch eine Folge von *Symbolischen Adressen* angeführt. Pro Knoten ist die Ebene der Symbolischen Kommunikation mit einem Prozessor und einem Assoziativspeicher (Decision-Processor) ausgestattet, um den Knoten-lokalen *Symbolischen Kontext* zu realisieren. Ein Kontext ist ein Menge von Paaren *(Symbolische Adresse, Router-Strategie-Adresse)*. Eine *Router-Strategie-Adresse* beschreibt eine Unicast- oder Multicast-Strategie der Router-Ebene (im Sinne von 2.4 und 4.) und wird folglich durch eine Folge von Turning-Blöcken über externes Route-Mapping definiert. Ein *Match* von *Header-Symboladresse* und einer *Kontext-Symboladresse* einer 'pipelined' einlaufenden Nachricht in die Subebene (vom Router her oder von der Verarbeitungseinheit her) stellt als Resultat die assoziierte Router-Strategie-Adresse "on-the-fly" an den Kopf des Nachrichten-Headers und propagiert diesen unmittelbar wieder in die Router-Ebene ein. Sonst wird die einlaufende Nachricht im Speicher der Verarbeitungseinheit abgelegt. Der Decision-Processor kennt einen *"Listen-Mode"*: Die aktuell "pipelined" einlaufende Nachricht wird synchron in die Router-Ebene und zur Verarbeitungseinheit reproduziert (Simulation von Multicast).

Als Ergebnis können wir festhalten, daß wir sowohl auf Router-Ebene als auch auf der Ebene der Symbolischen Kommunikation Unicast- und Multicast-Strategien festlegen können. Die Strategie-Arten beider Ebenen können prinzipiell miteinander kombiniert werden.
Mächtigkeit, Beherrschbarkeit und geeignete Modellierungen beider Ebenen und ihr Zusammenwirken werden von uns zur Zeit untersucht.

◆ *Externes Route-Mapping: Trennung von Strategie und Mechanismus*

Der in diesem Beitrag beschriebene Ansatz eines externen Route-Mappings kann als ein erster Schritt hin zu einer *'Open Router Architecture'* angesehen werden: Dies ist ein VLSI-Router, mit dem eine große Klasse von relevanten Topologien aufgebaut werden kann. Und in der jeweiligen Topologie werden mehrere Routing- und Multicast-Strategien unterstützt, welche über externes Route-Mapping festgelegt werden können.

Viele Attribute einer Topologie haben Einfluß auf ihre Qualität. Daher sind weitere Untersuchungen für eine 'Open Router Architecture' erforderlich.

Referenzen

[1] Andre,F., Verjus,J.P. (Ed.): "Proceedings of the First European Workshop on Hypercube and Distributed Computers, Oct 1989, Rennes, France", Elsevier-Science Publishers (North-Holland), 1989

[2] Liang,L., Chanson, S.T., Neufeld, G.W.: "Process Groups and Group Communications: Classifications and Requirements", IEEE Computer, Feb. 1990

[3] Gerlach,L., Malowaniec,K., Scheidig,H., Spurk,R.: "The Distributed System POOL", in Experiences with Distributed Systems, LNCS 309, Springer, 1987

[4] Malowaniec,K., Scheidig,H., Schneider,M., Spurk,R.: "Efficient Communication in Polynode Systems", in [1]

[5] Scheidig,H., Schneider,M.F., Spurk,R.: "An Efficient Organization for Large, Network-Based Multicomputer Systems", Proc. 5th Jerusalem Conf. on Inform. Technology (JCIT), Oct 22.-25., 1990, Jerusalem, IEEE

[6] Malowaniec,K.: "Das dynamische Leitungsvermittlungsnetz für verteilte Systeme", Dissertation, Universität des Saarlandes, April 1990

[7] Intel: "iPSC/2" Order Number 28110-001, Intel Scientific Computers, 1988

[8] Kermani,R., Kleinrock,L.: "Virtual-Cut-Through: A new Computer Communication Switching Technique", Computer Networks, 1979

[9] Dally,W.J., Seitz,C.L.: "The Torus Routing Chip", Distributed Computing, Vol. 1

[10] Seitz,C.L.: "The Cosmic Cube", CACM, 1985

[11] Pierce,P.: "The NX/2 Operating System", ACM Proc. Third Hypercube Conf., 1988

[12] Nugent,S.F.: "The iPSC/2 Direct-Connect Communication Technology", ACM Proc. Third Hypercube Conf.,1988

[13] Upfal,E.: " Efficient Schemes for Parallel Communication", J. of ACM, 31(3), 1984

[14] D.Wybranietz: "Multicast-Kommunikation in verteilten Systemen", IFB 242, Springer Verlag, 1990

EIN KONZEPT ZUR VERTEILTEN DATENHALTUNG IN EINEM NETZ
MIT STANDARD-DATENBANKSYSTEMEN ALS ELEMENTAREINHEITEN

A. Jakoby, K. Degener-Boening, A. Gohlke, P. Schrott
Softlab GmbH, Zamdorferstr. 120, 8000 München 80

1. EINLEITUNG

Echte, verteilte Datenbanksysteme ohne redundante Datenhaltung mit Zugriffszeiten wie sie von kommerziellen Datenbanksystemen auf Zentralrechnern bekannt sind, existieren derzeit nicht.

Mit einem solchen "idealen" verteilten Datenbanksystem können Datenbestände, welche

- auf beliebig vielen Rechnern,
- unterschiedliche Betriebsysteme fahren,
- über unterschiedliche Kommunikationsprotokolle miteinander verbunden sind,
- mit verschiedenen lokalen Datenbanksystemen gehalten werden,

so verwaltet werden, daß jedes beliebige Anwendungsprogramm den Eindruck hat, die Daten würden

- an einer Stelle,
- in einem Datenbanksystem,
- und auf dem Rechner,

gehalten, wo das jeweilige Anwendungsprogramm abläuft.

Das wären die wesentlichen Merkmale eines "idealen" Systems /1/. Noch aber ist das nicht realistisch.

Es gibt viele Anwendungsbereiche, wo ein solches System zwar wünschenswert, aber mit diesen strengen Bedingungen nicht unbedingt notwendig ist. Reichen für eine verteilt zu arbeitende Anwendung auch weniger rigide Anforderungen als oben geschildert aus, so ist es durchaus möglich, ein Konzept für eine verteilte Anwendung zu entwickeln, das mit auf dem Markt befindlichen, für zentrale Anwendungen konzipierten, Datenbanksystemen auskommt. Ein solches Konzept wird in dieser Arbeit vorgestellt. Die Konzeption erfolgte im Rahmen eines Kundenprojektes. Ausgangspunkt ist die Forderung, daß für mehr als hundert Netzknoten, die jeweils mit einer relationalen Datenbank arbeiten, die Datenkonsistenz der zu realisierenden Anwendung bundesweit zu garantieren ist. Das bedeutet, daß Verteilung im folgenden nicht innerhalb lokaler, sondern über großflächige Netze zu verstehen ist. Die Kommunikation zwischen diesen Rechnern erfolgt über ein Netz, von dem für das folgende nur von Bedeutung ist, daß man Nachrichten zwischen zwei beliebigen Anwendungen mittels File-Transfer (FT) austauschen kann. Desweiteren spielt das speziell eingesetzte Datenbanksystem für das Konzept keine Rolle. Das Konzept basiert im wesentlichen auf folgenden vier Randbedingungen:

(1)   Die Datenkonsistenz wird nicht in Echtzeit, sondern zyklisch garantiert.
(2)   Die Daten werden gegebenenfalls redundant gehalten.
(3)   Es werden keine Daten, sondern Operationen verteilt.
(4)   Jedes Datum der Datenbank muß einem eindeutigen Besitzer sowie
       eindeutig einer Verteilklasse zugeordnet sein.

Für jede Anwendung, die diese Punkte erfüllt, ist das hier vorgestellte Konzept anwendbar. In den folgenden Kapiteln werden detailliert die fachlichen und technischen Anforderungen beschrieben, mögliche Netzkonfigurationen diskutiert und das vorliegende Verteilungsprinzip samt den Konsequenzen für den Entwurf der Datenbank und die Softwarearchitektur erläutert.

2.   AUSGANGSSITUATION

Im Rahmen eines Kundenprojektes besteht die Forderung die zu entwickelnde Anwendung so zu realisieren, daß diese Anwendung auf mehr als hundert über die Bundesrepublik verteilten Rechnern mit einer verteilten Datenhaltung läuft.

In der zu realisierenden Anwendung gibt es verschiedene Klassen von Daten, die zwar lokal erstellt, aber netzweit zur Verfügung stehen müssen. Da es derzeit keine Basissoftware auf dem Markt gibt, die eine solche echte verteilte, redundanzfreie Anwendung über ein WAN (Wide-Area-Network) ermöglicht, mußte ein anderer Weg eingeschlagen werden.

So wurde von Kundenseite ein Standarddatenbanksystem auf Standardbetriebssystem vorgegeben. Das führt zusammen mit der Forderung von netzweit zur Verfügung stehender Daten notwendigerweise dazu, daß die Datenbestände redundant vorhanden sein und gepflegt werden müssen. Der gesamte Datenbestand, mit der Ausnahme der lokalen Daten, muß auf jedem einzelnen Rechner vorhanden sein. Damit entsteht das Problem, diese redundanten Daten konsistent zu halten. Der Kernpunkt des hier vorgestellten Konzeptes ist somit die Pflege redundanter Datenbestände auf den im Netz vorhandenen Rechnern. Dabei ist zu gewährleisten, daß lokal völlig unabhängig gearbeitet werden kann. Die Anforderungen an die Datenkonsistenz bezüglich des Datenalters stellen sich anders als bei einer Zentralrechneranwendung. Die Benutzung eines auf Datex-P basierenden Netzes bringt Einschränkungen, ebenso wie die zu verwendende Basissoftware. Für das zu realisierende Kundenprojekt ist es erforderlich die Aktualität der Lesezugriffe für den nächsten Arbeitstag zu garantieren. Über ein zyklisches, zeitliches Verhalten von Bearbeiten und Versenden von Daten wird diese Anforderung an die Datenaktualität erfüllt. Im Prinzip spielt dabei die Dauer des Zyklus keine Rolle. In der vorliegenden Realisierung werden in der ersten Hälfte des Zyklus (tagsüber) die Daten bearbeitet und in der zweiten Hälfte (nachts) verteilt.

Als Netzstruktur gibt es zwei grundsätzlich verschiedene Möglichkeiten:

Einmal ein Sternnetz mit einem zentralen Referenzrechner (Bild (2.1)
und zum zweiten ein logisch dezentrales Netz (Bild (2.2).

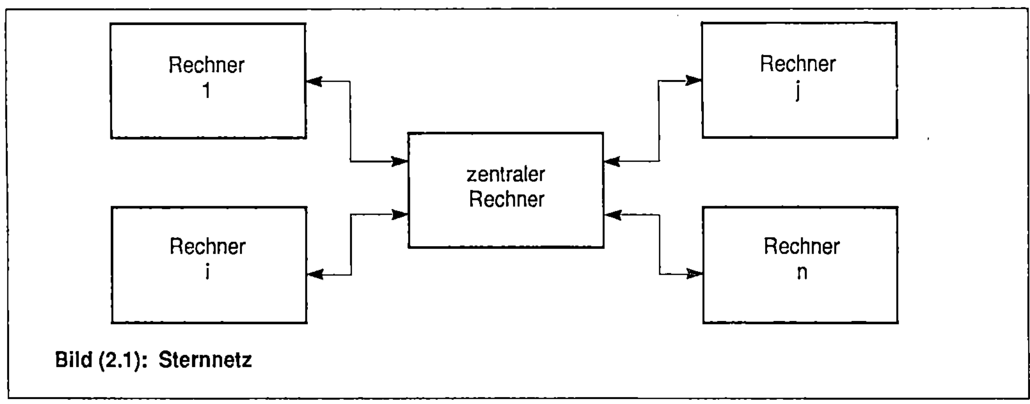

Bild (2.1): Sternnetz

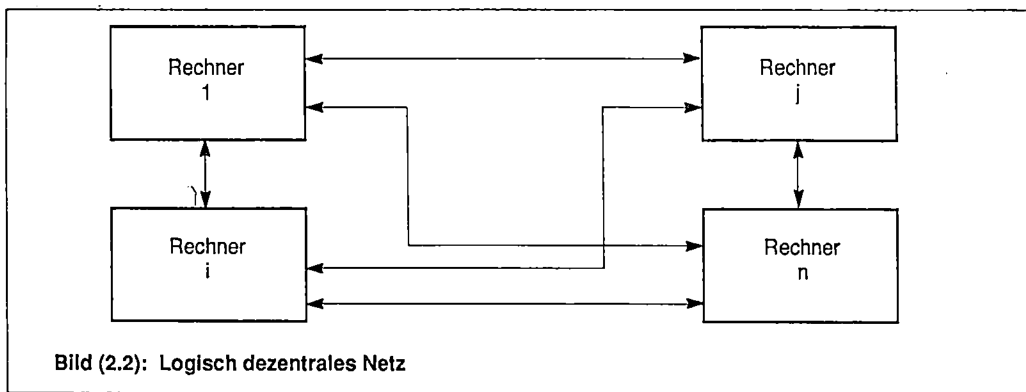

Bild (2.2): Logisch dezentrales Netz

Ein Sternnetz bietet den großen Vorteil eines zentralen, als Referenz dienenden Datenbestandes, und es vereinfacht auftretende Probleme der Verteilung erheblich, insbesondere dann, wenn aus irgendwelchen Gründen inkonsistente Datenbestände im Netz existieren. Wegen der zentralen Referenzdatenbank sind inkonsistente Datenbestände sehr viel einfacher zu korrigieren als in einem logisch dezentralen Netz.

Der Vorteil eines dezentralen Netzes im vorliegenden Fall ist zweifach. Zum einen sind die anfallenden Datenmengen so groß, daß wegen des Kommunikationsnetzes die Gefahr besteht, daß sich der zentrale Rechnerknoten als Engpaß erweist und die anfallende Datenmenge nicht mehr in vertretbarer Zeit verarbeitet und an die übrigen Netzteilnehmer versandt werden kann, die ihrerseits ihre Daten einarbeiten müssen.

In einem logisch dezentralen Netz fällt der Umweg über die zentrale Referenzdatenbank weg und es wird sofort von Sender zu Empfänger verschickt. Das bedeutet eine Zeitersparnis.

Ein zweiter Grund, das logisch dezentrale Netz im vorliegenden Falle zu favorisieren, ist der nicht unerhebliche betriebliche Mehraufwand, insbesondere organisatorisch und personell, der Eingriffe in bestehende Organisationsstrukturen bedeutet hätte, die nicht erwünscht sind.

Die Randbedingungen, nach deren Maßgabe die Anwendung für eine verteilte Datenhaltung zu konzipieren ist, lauten zusammengefaßt:

(1)   Logisch dezentrales Netz, Kommunikation mittels File-Transfer (FT),
(2)   Erlaubtes Datenalter in Normalbetrieb: 1 Tag,
(3)   Datenredundanz erlaubt,
(4)   Kommerzielles Standardbetriebssystem,
(5)   Kommerzielles Standard-Datenbanksystem.

In den folgenden Abschnitten werden detailliert folgende Problemkreise des Verteilkonzepts erläutert. Zunächst wird das Verteilprinzip und die Softwarearchitektur in Abschnitt (3) beschrieben. Abschnitt (4) diskutiert die Konsequenzen des Verteilprinzips auf den DB-Entwurf. Schließlich beinhaltet Abschnitt (5) die konkrete Realisierungsstrategie und eine Diskussion über Quittungsverfahren um die Datenkonsistenz bei redundanter Datenhaltung zu gewährleisten und eventuelle Fehler sicher zu beheben. Eine Zusammenfassung findet sich in Abschnitt (6).

3.   VERTEILPRINZIP und SOFTWAREARCHITEKTUR

3.1   Verteilklassen der Daten

Die fachliche Anforderung an die Verteilung verlangt, daß zentrale Informationen auf jedem Knoten im Netz aktuell vorliegen müssen, daß andererseits bestimmte Informationen, die lokal bearbeitet werden, netzweit zur Verfügung stehen müssen. Desweiteren kann es vorkommen, daß Informationen nur zwischen einigen bestimmten Teilnehmern ausgetauscht werden. Berücksichtigt man außerdem, daß es für bestimmte Datensätze erlaubt ist, daß sie nicht nur von einem einzigen Netzteilnehmer (Datenbesitzer), sondern von mehreren geändert werden können (Mehrfachbesitzer), so gibt es folgende Verteilungstypen für Daten:

Verteiltyp 1
(von genau einem Teilnehmer an sich selbst)

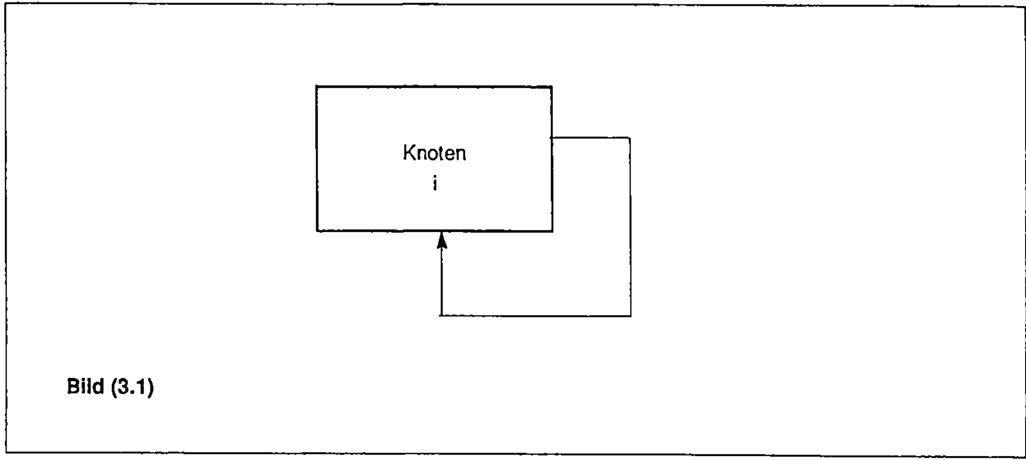

Bild (3.1)

*** *Verteiltyp 2***
(von mehreren oder allen Teilnehmern an mehrere oder alle Teilnehmer)

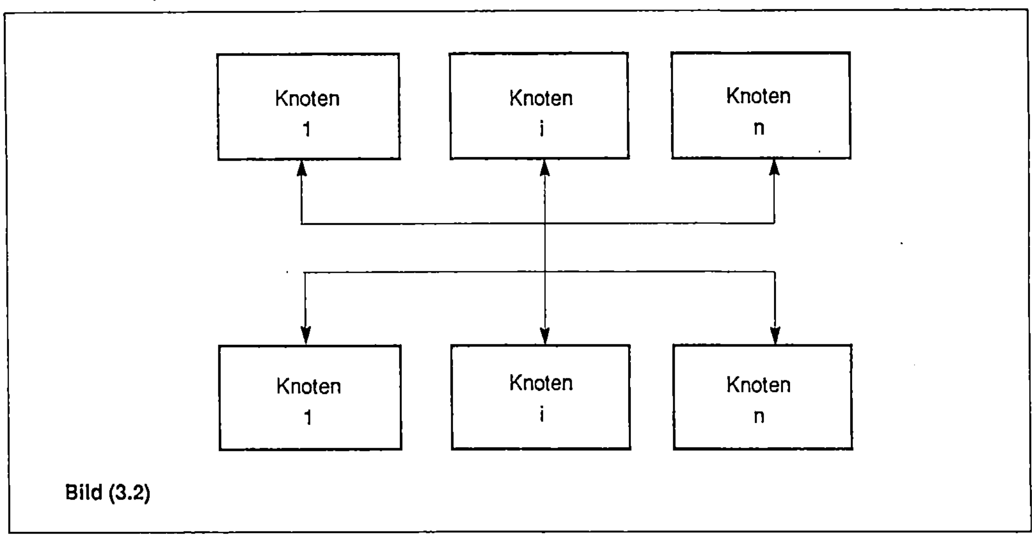

Bild (3.2)

*** *Verteiltyp 3***
(von genau einem Teilnehmer an genau einen Teilnehmer, wobei beide Teilnehmer Besitzer der Daten sind)

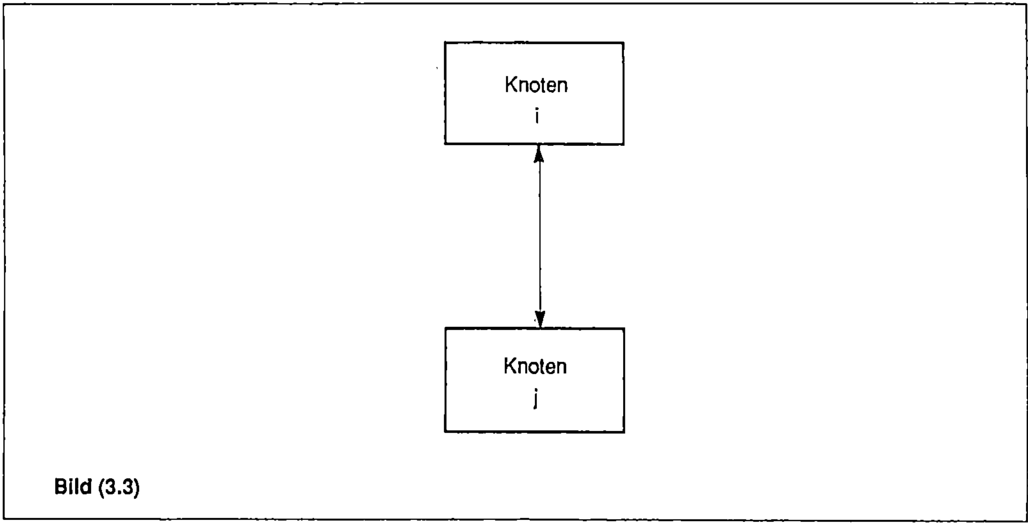

Bild (3.3)

Verteiltyp 1

sind lokale Daten, die nicht verteilt werden müssen und somit die geringste Aufmerksamkeit erfordern.

Verteiltyp 2

beinhaltet die Kommunikation zwischen verschiedenen Teilnehmern oder Gruppen, wobei allerdings gewährleistet ist, daß jedem Datensatz genau ein Besitzer zugeordnet ist, der das alleinige Schreibrecht besitzt. Die Daten sind auf mehreren oder allen Rechner vorhanden, können aber nur von _einem_ Teilnehmer geändert werden. Alle anderen haben nur Leserecht.

Verteiltyp 3

hingegen umfaßt Daten, auf die mehrere Teilnehmer Schreibrecht haben. Um die Datenkonsistenz zu garantieren, muß eine Hierachie dieser Rechte definiert werden. Das hat Auswirkungen für den Datenbankentwurf (Abschnitt 4) und auf die Realisierung (Abschnitt 5). Im Kundenprojekt, das dieser Arbeit zugrunde liegt, gibt es, wie in Bild (3.3) gezeigt, nur paarweises Schreibrecht. Die Verallgemeinerung ist einfach.

3.2   Softwarearchitektur

Die Softwarearchitektur sieht unter Vernachlässigung der Verteilanforderung, d.h. für eine Zentralrechneranwendung, wie folgt aus:

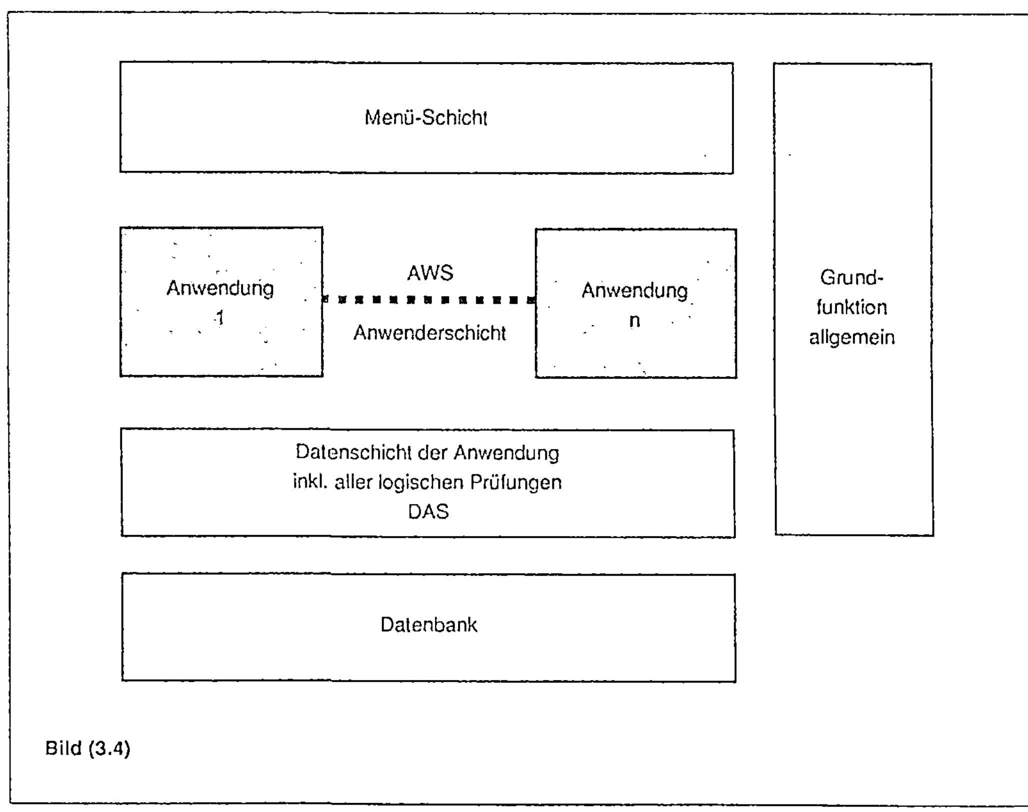

Bild (3.4)

Das ist ein strenges Schichtenmodell, in dem nur Aufrufe in streng hierarchischer Aufruffolge von oben nach unter möglich sind. Die Menüschicht ist die Schnittstelle zum Benutzer. Von dort wird die Anwenderschicht (AWS) aufgerufen und zwar eine Anwendung i, die immer eine fachliche und datentechnische Einheit bilden. Die von der Anwendung i benötigten Funktionen zum Lesen und Schreiben von Datenbanksätzen stellt die Datenschicht (DAS) zur Verfügung. Nur die Datenschicht kann auf die Datenbank zugreifen. Auf die allgemeinen Grundfunktionen können alle Schichten zugreifen. Sie beinhalten allgemeine Serviceleistungen. Um die Verteilanforderungen zu berücksichtigen, muß diese Architektur modifiziert werden. Es wird eine weitere Schicht, die Verteilschicht (VS), eingeführt.

3.3 Verteilprinzip

Die Frage stellt sich nun, auf welche Weise die notwendigen Informationen zu verteilen sind. Eine Verteilung von kompletten Datenbanktabellen oder Teilen davon kommt aus Mengengründen nicht in Frage. Bei einem solchen Verfahren wäre das Netz wegen des aufkommenden Datenvolumens nicht in der Lage, die Daten in einem akzeptablen Zeitrahmen zu verarbeiten. Der hier eingeschlagene Weg verfährt nach einem anderen Prinzip. Da auf jedem Rechner im Netz die gleiche Software installiert sein muß, werden die Aufrufe von Operationen samt ihrer Schnittstelle (AWS —> DAS) verteilt. Auf der Empfängerseite werden dann eben diese Operationen ebenfalls aufgerufen. Auf diese Weise werden die Änderungen der Datenbanken nachgezogen. Um das realisieren zu können, wird zunächst die Softwarearchitektur modifiziert.

Das Schichtenmodell (Bild (3.4)) wird um eine weitere Schicht, die Verteilschicht, erweitert:

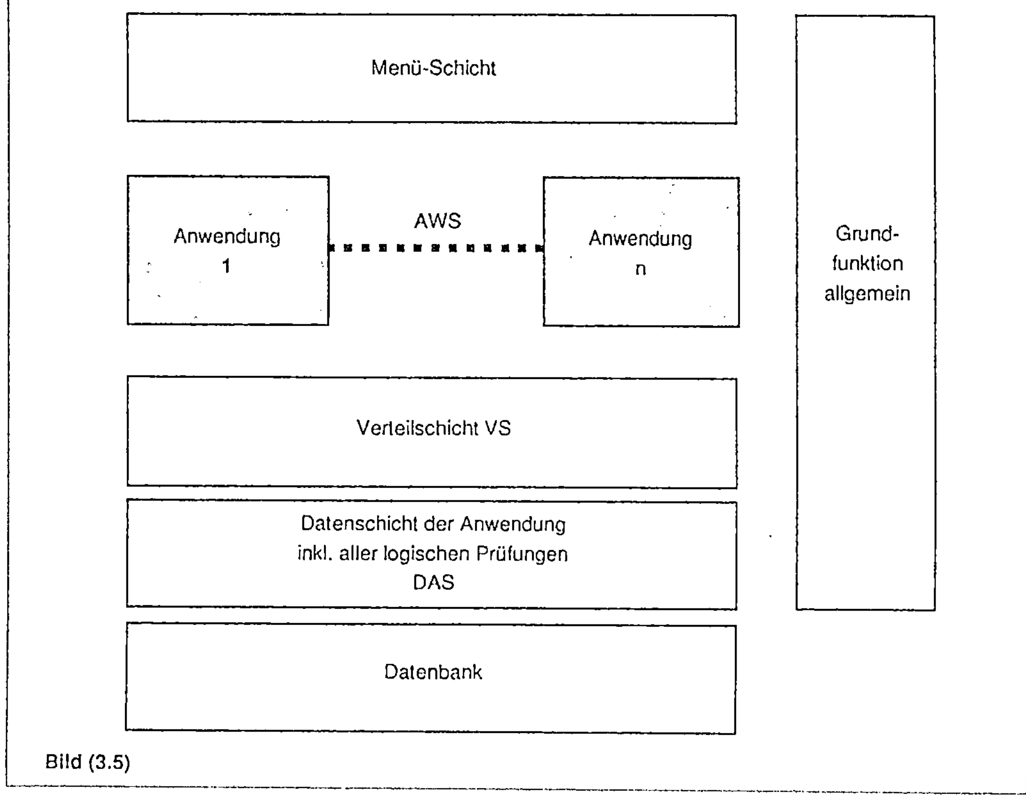

Bild (3.5)

Die Verteilschicht beinhaltet die gesamte Verteilfunktionalität. Da nicht Daten sondern Operationen samt Schnittstellen verteilt werden, müssen die aufgerufenen Datenschichtoperationen verteilt werden. Die Verteilschicht protokolliert alle Aufrufe von AWS —> DAS samt Schnittstellen und verschickt diese. Beim Empfänger werden die protokollierten Aufrufe interpretiert und die Verteilschicht dort ruft ihrerseits die Datenschicht auf. Auf der Empfängerseite ist dann in der Datenschicht nicht feststellbar, ob die DAS-Operation von der AWS, d.h. vom lokalen Benutzer oder vom Empfangsteil der Verteilschicht aufgerufen wird. Verteilte Daten werden genauso eingearbeitet als wenn sie über Menü und Anwenderschicht eingearbeitet würden.

Der große Vorteil dieses Konzeptes besteht darin. daß die Anwenderfunktionen nichts über die Verteilung wissen müssen. Das ist sehr vorteilhaft für die Softwareentwicklung, insbesondere für Entwurf, Realisierung und Wartung, da somit Anwendungs- und Verteilproblem weitgehend logisch getrennt sind und ein arbeitsteiliges Vorgehen möglich ist. Sind die Datenbanken von Sender und Empfänger konsistent, so wird das Einarbeiten auf Empfängerseite immer funktionieren, falls nur das verteilt wird, was auf Senderseite fehlerfrei verarbeitet werden konnte. Auf diese Weise kann die Konsistenz der Daten gewährleistet werden.

Die Verteilschicht besteht aus vier logischen Teilen:

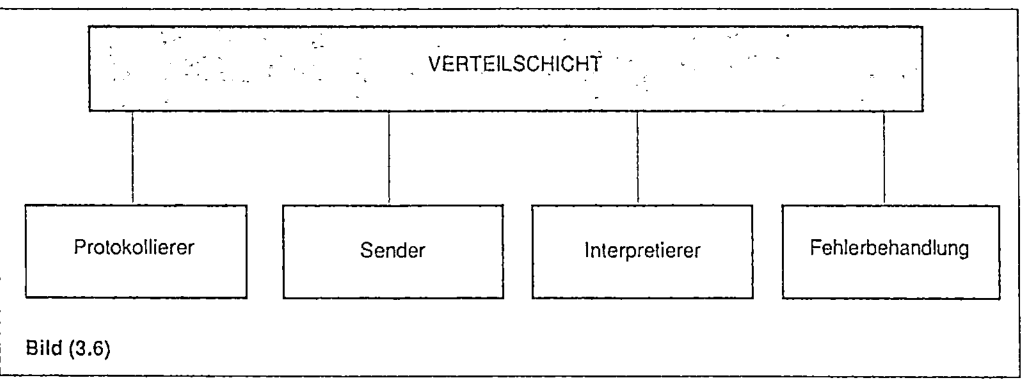

Bild (3.6)

Der Protokollierer hat folgende Aufgaben:

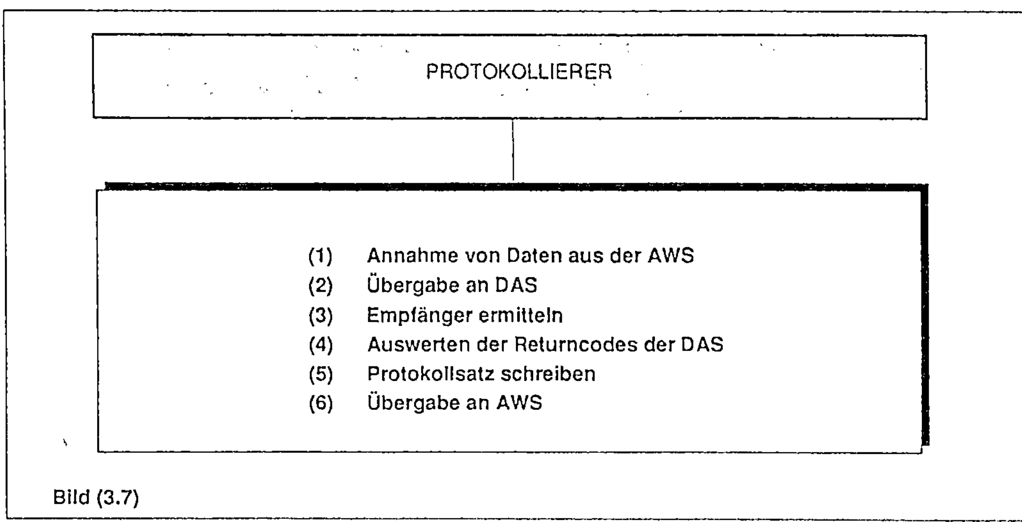

Bild (3.7)

Der Sender hat die Aufgabe, die protokollierten Sätze so aufzuarbeiten, daß sie über Netz verteilt werden können. Der Sender ist die Schnittstelle zur Netzsoftware. Die Aufgaben der Fehlerbehandlung sind evident.

Der Interpretierer ist wiederum etwas komplexer:

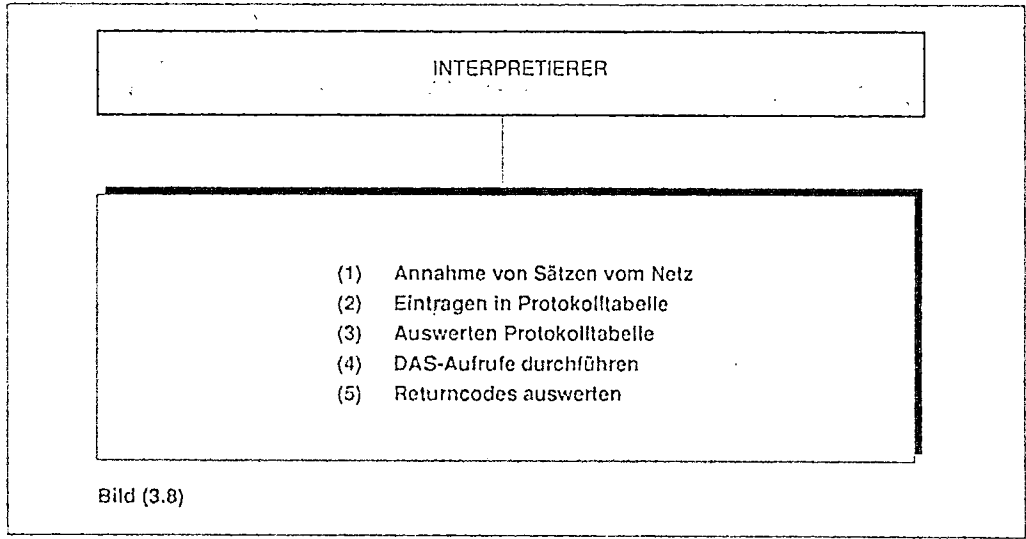

Bild (3.8)

Der Interpretierer schreibt alle über das Netz empfangenen Sätze in die gleiche Tabelle (mit anderer Kennung), in der die protokollierten Sätze stehen. Die Sätze werden gelesen, aufgearbeitet und dann über die Operationen der DAS eingearbeitet.

Aufarbeiten heißt mittels der protokollierten Informationen die Schnittstellen belegen und die Funktionsaufrufe an die DAS durchzuführen.

Damit ist deutlich, wie die notwendigen Informationen zu verteilen sind. Das Verteilprinzip "Operationen statt Tabellen" beruht also darauf, daß in jedem Falle der Informationsfluß über die DAS in die Datenbank fließt und keinerlei Ausnahmen möglich sind. An der Schnittstelle von VS zu DAS läßt sich nicht feststellen, ob der Aufrufer die Anwenderschicht oder der Interpretierer der Verteilschicht ist. Das garantiert, daß Änderungen in der Datenbank bei Sender und Empfänger identisch vorgenommen werden.

Der Protokollierer muß so viele Informationen protokollieren, daß nach dem Verteilvorgang der Interpretierer die DAS genauso aufrufen kann wie es über Menü-, Anwender- und Verteilschicht normalerweise geschieht. Alle protokollierten Datensätze müssen zeitlich streng hierarchisch geordnet sein.

Soweit das Verteilprinzip. Einzelheiten, die bei der Realisierung zu beachten sind, finden sich in Abschnitt (5). Zunächst werden grundsätzliche Konsequenzen dieses Prinzips erläutert.

4.   KONSEQUENZEN FÜR DAS E/R-SCHEMA UND DIE REALISIERUNG

4.1   E/R-Schema

Das in Abschnitt (3) vorgestellte Verteilprinzip hat einige Konsequenzen für das der Anwendung zugrunde liegende Entity/Relationship (E/R) -Schema. Es ist evident, daß die Tatsache verteilter Datenhaltung ihren Niederschlag auch dort finden muß. Aber es ist nun so, daß die technischen Gegebenheiten ihren Einfluß auf das E/R-Schema haben, obwohl die Modellbildung der Anwendung im E/R-Schema von technischen Details logisch unabhängig sein sollte. Im vorliegenden Fall läßt sich das nicht realisieren. Die Gründe allerdings die dazu führen, Konsequenzen technischer Realisierungsbedingungen im E/R-Schema zu finden, sind leicht auszumachen. Es sind im wesentlichen zwei Gründe:

(1)   Redundante Datenhaltung auf verschiedenen Rechern,
(2)   Kommunikation mittels File-Transfer (FT) nicht in Echtzeit.

Die Randbedingung eine verteilte Datenhaltung mit Standarddatenbanksystemen zu realisieren, führt zur Notwendigkeit redundanter Datenhaltung. In jeder Datenbank auf jedem Rechner sind jeweils alle Daten vorhanden. Alle Daten sind im Netz so oft vorhanden, wie Anwendungen im Netz vorhanden sind. Dieses Faktum muß im E/R-Schema berücksichtigt werden.

Eindeutig muß im E/R-Schema der Besitzer eines Datums festgelegt werden. Gibt es für ein Datum mehrere Besitzer, muß eine Hierarchie der Besitzer festgelegt sein, die bei konkurrierenden Schreibzugriffen dieser Besitzer die Prioritätsrechte regelt. In einer Zentralrechneranwendung könnte das zum Beispiel durch die zeitliche Reihenfolge der Zugriffe geregelt werden. Existiert der Datensatz nur ein einziges Mal und kann er nur für einen Schreibzugriff geöffnet werden, so treten konkurrierende Schreibzugriffe nicht auf. Anders in der hier beschriebenen Anwendung. Die Datensätze existieren mehrfach, eventuell auf jeder Datenbank im Netz. Da die Rechner nicht in Echtzeit kommunizieren, besteht keinerlei Möglichkeit, Datensätze auf anderen Rechnern zu sperren, falls ein Satz in irgendeiner Datenbank geändert wird. Konkurrierende Datenbankzugriffe sind somit nicht zu verhindern und eher die Regel als die Ausnahme.

Da jede Datenbank während eines festgelegten Zeitintervalles (tagsüber) völlig autonom einer Gruppe zur Verfügung steht, die protokollierten Änderungen aber zeitversetzt (nachts) verteilt und auf den anderen Datenbanken eingearbeitet werden, ist es wahrscheinlich, daß zum Zeitpunkt des Verteilens die Datenbanken des Netzes wegen dieser konkurrierenden Datenbankzugriffe einen inkonsistenten Datenbestand haben. Um solche Situationen durch den Verteilprozeß zu korrigieren, müssen diese Zustände im E/R-Schema berücksichtigt werden. Das geschieht wie folgt:

(1)   Jedes Datum der Datenschicht (Tabellen, Datensätze)
       muß eindeutig einem Besitzer oder einer Hierarchie von Besitzern zugeordnet werden können.

(2)   Für jedes Datum der Datenbank, das von konkurrierenden Zugriffen betroffen sein kann, muß in irgendeiner Form der Zeitpunkt der letzten Änderung bei jedem Zugriff mitaktualisiert werden. Dieser Punkt, der im E/R-Schema berücksichtigt werden muß, etwa in Form eines zusätzlichen Attributes, rührt von den technischen Gegebenheiten her und nicht von der logischen Modellierung der Anwendung mittels E/R-Schema.

Die Punkte (1) und (2) erlauben dann im Verteilprozeß Prüfungen konkurrierender Einträge, so daß entschieden werden kann, welche Einträge übernommen werden können, beziehungsweise welche Einträge überschrieben werden können. Die wegen des Verteilzyklus entstehenden Inkonsistenzen können somit korrigiert werden.

Zusätzlich zur Besitzerhierachie muß im E/R-Schema die Verteilklasse eines jeden Datums definiert werden. Auch das ist eine Frage der redundanten Datenhaltung und einer Verteilung ohne Echtzeitbedingungen. Dabei ist es nicht erforderlich, daß alle Spalten einer Tabelle in einer relationalen Datenbank die gleiche Verteilklasse wie die Tabelle selbst haben. Die Zuordnung von Verteilklasse zum Datum muß nur eindeutig sein und darf nicht zu fachlichen Fehlern führen.

Ist diese Zuordnung geschehen, so lassen sich zu jeder Tabelle Teilmengen (Cluster) bilden, denen ebenfalls eindeutig eine Verteilklasse zugeordnet werden kann. Diese Cluster stellen dann die maximale Datenmenge dar, die von einer Operation der Datenschicht bearbeitet werden darf (siehe Abschnitt (4.2)).

Erst durch die eindeutige Definition einer Besitzerhierachie und einer eindeutigen Zuordnung von Verteilklasse zu Datum, als zusätzliche Anforderung an das der Anwendung zugrunde liegenden E/R-Schemas, läßt sich die Datenkonsistenz trotz redundanter Datenhaltung und zeitlich versetzter Verteilung gewährleisten. Die Forderungen aus Sicht der verteilten Datenhaltung an das E/R-Schema lassen sich etwas abstakter wie folgt zusammenfassen:

Seien A, B, T, V folgende Mengen

$$A = \{ a \mid a \ \text{Tabellenattribut der DB} \}$$
$$B = \{ b \mid b \ \text{Besitzer} \}$$
$$T = \{ t \mid t \ \text{Tabelle der DB} \}$$
$$V = \{ v \mid v \ \text{Verteilklasse der Anwendung}, v = 1,2,3,4,5 \}$$

Dabei muß gelten

(1)   Die Zuordnung f_1 von $t \in T$ zu $v \in V$ muß eindeutig sein,

$$f_1 : t \in T \longrightarrow f_1(t) = v$$

und mit $t_1, t_2 \in T, v_1, v_2 \in V$ gilt

$$(i) \ t_1 = t_2 \Rightarrow v_1 = v_2$$
$$(ii) \ v_1 \neq v_2 \Rightarrow t_1 \neq t_2$$

(2)   Völlig analog verhält es sich mit f_2 als Zuordnung von $a \in A$ zu $v \in V$.

(3)   Die Zuordnung g_1 von $a \in A$ zu $b \in B$ muß nicht eindeutig sein, jedes a kann mehrere Besitzer haben.

(4)   Die Zuordnung g_2 von $t \in T$ zu $b \in B$ muß nicht eindeutig sein, jedes t kann mehrere Besitzer haben.

(5)   Wegen der Nichteindeutigkeit der Zuordnungen g_i, $i = 1,2$

$$g_i(a) = \{ b_n \}, i = 1,2, a \in A, T$$

$$\{ b_n \} = \text{Menge aller Besitzer von } a$$

$$\{ b_n \} \in B$$

muß eine Besitzerhierachie definiert werden:

$$b_1 > b_2 > \ldots > b_n , b_i \in B, i = 1, \ldots, n$$

so daß: b_1 überschreibt b_2
           b_2 überschreibt b_3

           .

           .

           .

           b_{n-1} überschreibt b_n .

Diese Besitzerhierachie muß eindeutig sein.

$b \geqslant b$ ist nicht erlaubt.

4.2   Realisierung

In Abschnitt (4.1) sind die Bedingungen für die Zuordnungen von Daten aus der Datenbank zu Verteilklassen und Besitzern erläutert worden. Da aber nach dem Verteilprinzip nicht Daten sondern Operationen samt Schnittstelle verteilt werden, muß unter allen Umständen gelten:

$$\text{Für OP} = \{ \text{op} \mid \text{op} = \text{Datenschichtoperation} \} \text{ gilt}$$

$$h : op \in OP \longrightarrow h(op) = v, v \in V$$

$$\text{mit} \quad (i) \quad op_1 = op_2 \Rightarrow v_1 = v_2$$
$$(ii) \quad v_1 \neq v_2 \Rightarrow op_1 \neq op_2 , op_i \in OP, i < 1,2, v \in V$$

Das bedeutet, daß jeder Operation der DAS ebenfalls eindeutig eine Verteilklasse zugeordnet werden muß.

Anhand der Softwarearchitektur wird deutlich, daß dies die Komplexität der Datenschichtoperationen einschränkt. Eine Operation darf nur auf Daten zugreifen, die alle zur gleichen Verteilklasse gehören. Anders ist keine konsistente Verteilung möglich.

Diese Forderung ist für die Realisierung von großer Bedeutung und von nicht zu vernachlässigender Schwierigkeit. Die mögliche Komplexität der Datenschichtoperationen ist eingeschränkt und dadurch ergeben sich ebenso Konsequenzen für die Anwenderschicht. So kann es vorkommen, daß es notwendig ist, eine große Zahl von Updates zu machen, es aber nicht möglich ist wegen unterschiedlicher Verteilklassen der Daten, dies mittels eines einzigen Operationsaufrufes zu tun. Es müssen mehrere Operationsaufrufe durchgeführt werden, was eine Steuerung in der Anwenderschicht bedeutet. Dieses Prinzip läßt sich nicht umgehen.

5.   REALISIERUNG

Bislang sind nur grundsätzliche Bedingungen für die Realisierung behandelt worden. Im folgenden wird erläutert, wie unter den diskutierten Nebenbedingungen die Verteilung realisiert werden kann.

5.1 Protokollierer

Wie bereits angedeutet hat der Protokolierer der Verteilschicht folgende Aufgaben:

(1)   Annahme der Daten aus der AWS,
(2)   Übergabe an die DAS,
(3)   Auswerten der Returncodes des DAS,
(4)   Empfänger ermitteln,
(5)   Protokollsatz in die Tabelle des DB schreiben,
(6)   Übergabe an die AWS.

Realisieren lassen sich die Anforderungen mit der vorliegenden Softwarearchitektur und dem Verteilprinzip aus Abschnitt (3), wenn der Protokollierer so gebaut ist, daß es für jede Exportoperation der Datenschicht eine namensgleiche Operation in der Verteilschicht gibt. Diese wird von der Anwenderschicht aufgerufen und ruft ihrerseits die namensgleiche Operation der Datenschicht auf. Aus solchen Operationen besteht der Protokollierer. Die Operationen leisten alle das gleiche und sind technisch sehr einfach zu realisieren. Um die Punkte (1) - (6) zu erfüllen, haben alle Protokolliereroperationen folgende Struktur und Ablauflogik:

```
READ            (Schnittstelle nach Aufruf)
WRITE           (Schnittstelle für Datenschicht)
CALL            (Namensgleiche DAS-Operation)
READ            (Schnittstelle der DAS-Operation)
IF              (Operation = INSERT / DELETE / UPDATE)
      THEN      (Empfänger ermitteln und Protokollsatz schreiben)
RETURN          (Aufruf)
```

Die Schnittstellen namensgleicher Operationen sind identisch. Für lesende Operationen sind die Operationen trivial, es wird nur die Schnittstelle beschrieben.

Für schreibende Operationen muß zusätzlich, falls sie nicht zur Verteilklasse 1 gehören, der Aufruf zwecks späteren Versendens protokolliert werden. Das geschieht in einer gesonderten Tabelle der Datenbank (TAB-N).
Protokolliert wird:

(1)   Typ des Satzes: Sendesatz,
(2)   Operationsname,
(3)   Schnittstelle (als Parameter zusammengefaßt),
(4)   Datum, Uhrzeit,
(5)   Empfänger (Netzknotennummer),
(6)   Empfängergruppe (Gruppenkennung).

Die Punkte (4) und (5) dienen ausschließlich dem korrekten Verteilen. Da zuerst die DAS aufgerufen wird, wird dann - und nur dann - protokolliert, wenn die DAS-Operation erfolgreich war. Das garantiert, daß nur korrekte Datenbankzugriffe verteilt werden.

5.2 Sender / Empfänger

Der Sender generiert aus jedem protokollierten Satz der Tabelle TAB-N eine Nachricht für die Netzsoftware, übergibt sie dem Netz und kennzeichnet diese Sätze als bearbeitet. Der Empfänger liest Nachrichten des Netzes in die Tabelle TAB-N ein und kennzeichnet diese Sätze als zu lesende Nachrichten.

5.3 Interpretierer

Der Interpretierer ist das Gegenstück zu Protokollierer. Auch der Interpretierer besteht aus Operationen, die namensgleich mit denen der DAS sind. Die Aufrufstruktur ist wie folgt.

```
READ      (TAB-N)
WRITE     (Schnittstelle für DAS)
CALL      (namensgleiche DAS-Operation)
READ      (Returncode)
```

Ist der Returncode = ok, dann wird der gerade gelesene Satz als bearbeitet gekennzeichnet, andernfalls als nicht bearbeitet quittiert und eine Fehlermeldung generiert. Beim nächsten Zyklus wird dann versucht, den Satz nochmals einzulesen.

Bei Daten, die mehrere Besitzer haben, ist eine Prüfung durchzuführen, die sicherstellt, daß Daten gemäß der Besitzerhierarchie eingearbeitet werden. Das kann bedeuten, daß Sätze nicht eingearbeitet werden, wenn sie der Besitzerhierarchie entgegenstehen. Sind die Datenbestände von Sender und Empfänger konsistent, so muß per Konstruktion der Satz eingearbeitet werden können. Nichteinarbeiten bedeutet Dateninkonsistenz und muß mit Hand- oder Neuverteilung behoben werden.

6. ZUSAMMENFASSUNG

In der vorliegenden Arbeit ist ein Konzept vorgestellt worden, das eine verteilte Datenhaltung quer über die ganze Bundesrepublik ermöglicht und für diese Aufgabe mit eingeführten Standarddatenbanksystemen auskommt. In Kauf nehmen muß man Datenredundanz und fehlende Echtzeitfähigkeit. Diese Einschränkungen sind aus prinzipieller Sicht vielleicht von Nachteil, insbesondere hat man wegen der Datenredundanz das Problem möglicher Dateninkonsistenzen.

Wird keine Echtzeitfähigkeit benötigt und kann aus fachlicher Sicht garantiert werden, daß Dateninkonsistenzen bemerkt und auch behoben werden können (oder höchstens lokale Auswirkungen haben), dann bietet das vorliegende Konzept ein mächtiges Werkzeug an, um auf relativ einfache und billige Weise ein verteiltes System mit erprobter Basissoftware zu realisieren. Ob für ein Problem das vorliegende Konzept in Frage kommt, entscheidet sich an zwei Fragen.

(1)   Wird Echtzeitbetrieb verlangt ?
(2)   Sind die Auswirkungen von zeitweisen Dateninkonsistenzen unter keinen Umständen tragbar ?

Müssen beide Fragen mit ja beantwortet werden, dann kommt das vorliegende Konzept nicht in Frage. Kann man die Fragen mit nein beantworten, dann ist das Konzept voll anwendbar. Dateninkonsistenzen können nach diesem Konzept nur lokal auftreten, so daß das Gesamtsystem dadurch nicht gefährdet ist und im Fehlerfall weiterarbeiten kann.

Desweiteren garantiert das Verteilprinzip die Versendung korrekter Daten, so daß Fehlerquellen, die zu Inkonsistenzen führen, minimiert werden. Trotz der hohen Datenredundanz ist die Datenkonsistenz durch die Konstruktion zu einem sehr hohen Grad garantiert. Das Verteilprinzip garantiert, daß durch die Verteilung als solche keine Inkonsistenzen erzeugt werden. Inkonsistenzen können somit nur durch Fehlbedienung, Übertragungsfehler oder Programmfehler entstehen oder sie sind schon beim Füllen der Datenbanken vorhanden gewesen. So gesehen ist das Konzept robust. Die großen Vorteile sind aber, daß eingeführte, langjährig bewährte Datenbanksysteme und

Betriebssysteme als Basissoftware verwendet werden können. Als Netz muß nur ein relativ elementares System zur Verfügung stehen. Keinerlei unerprobte Basissoftware (Datenbanksystem, Betriebssytem) ist notwendig. Das ermöglicht ein mächtiges, verteiltes System mit recht einfachen Mitteln.

LITERATUR

/1/ A. Reuter, Verteilte und Mehrprozessor-Datenbankysteme,
Tutorium der GI Deutsche Informatik-Akademie, Bonn 1990

Ein Client/Server-System als Basiskomponente für ein kooperierendes Datenbanksystem

Christoph Hübel, Wolfgang Käfer, Bernd Sutter
Universität Kaiserslautern
Fachbereich Informatik

Überblick

Konventionelle Datenbanksysteme besitzen erhebliche Leistungsschwächen bei der Abarbeitung aufwendiger Verarbeitungsalgorithmen auf komplexen Datenstrukturen. Ein Lösungsansatz wird in der "semantischen Dekomposition", also der Zerlegung einer einzelnen komplexen Datenbankoperation in logisch unabhängige Teilschritte, gesehen. Unter Berücksichtigung der Operationssemantik können die unabhängigen Teilschritte parallel abgewickelt werden, wodurch insgesamt eine Reduktion der Antwortzeit erwartet wird. Die praktische Erprobung und Validierung dieses Ansatzes erfordert die Entwicklung eines verteilten, kooperierenden Datenbanksystems.

Im vorliegenden Beitrag wird eine Basiskomponente, das sog. Remote-Cooperation-System, zur Realisierung asynchroner Auftragsbeziehungen als Ablaufumgebung eines kooperierenden Systems vorgestellt. Dabei stehen insbesondere Konzepte zur Beschreibung von Auftragsparametern, deren Übertragung zu anderen Systemkomponenten und die flexible Abbildung des verteilten Systems auf unterschiedliche Hardwareplattformen im Vordergrund. Das in einer ersten Version vollständig implementierte Remote-Cooperation-System dient derzeit als Implementierungsgrundlage bei der Realisierung eines kooperierenden Datenbank-Kernsystems.

1. Einleitung

Datenbanksysteme (DBS) für neuere Anwendungsbereiche, speziell für das Gebiet der Ingenieuranwendungen, bilden eine zentrale Herausforderung für die gegenwärtige Datenbankforschung. Neben dem Problem der Datenmodellierung, das sich im wesentlichen aus der strukturellen Vielfalt und der Komplexität der in diesen Anwendungsbereichen relevanten Objektstrukturen ergibt, ist ein Hauptproblem in der mangelnden Leistungsfähigkeit konventioneller DBS, insbesondere bei der Verarbeitung dieser komplexen Objektstrukturen, zu sehen. Das hieraus resultierende, überwiegend schlechte Antwortzeitverhalten führt bei den meisten interaktiven Anwendungen aus dem Ingenieurbereich zu einer Inakzeptanz solcher DB-gestützter Ingenieursysteme.

Einen vielversprechenden Ansatz zur Behebung dieses Mißstandes wird in der Nutzung von Parallelität bei der Bearbeitung einzelner Datenbankoperationen gesehen /HSS88/. Die auf eine Erhöhung des Durchsatzes ausgerichteten Konzepte für den Mehrbenutzerbetrieb bieten hierzu keinerlei Grundlage. Im Gegensatz zu dieser "konkurrierenden" Parallelität zwischen DB-Operationen verschiedener Benutzer, wie sie von konventionellen DBS angeboten wird, sind hier für die notwendige Reduktion der Antwortzeit Konzepte erforderlich, die eine "kooperierende" Parallelität innerhalb einzelner DB-Operationen unterstützen. Dies setzt ihre Zerlegung in einzelne Teilschritte voraus, die dann möglichst parallel abgewickelt werden können /AS83, Le89/.

Eine "zeitparallele" Abarbeitung der Teilschritte erfordert eine aus mehreren Prozessoren bestehende Hardware-Umgebung /HSS89/. Daher bilden die Modularisierung der DBS-Software und die Einbettung dieser Module in eine adäquate Mehrprozessor-Ablaufumgebung eine zentrale Vorausset-

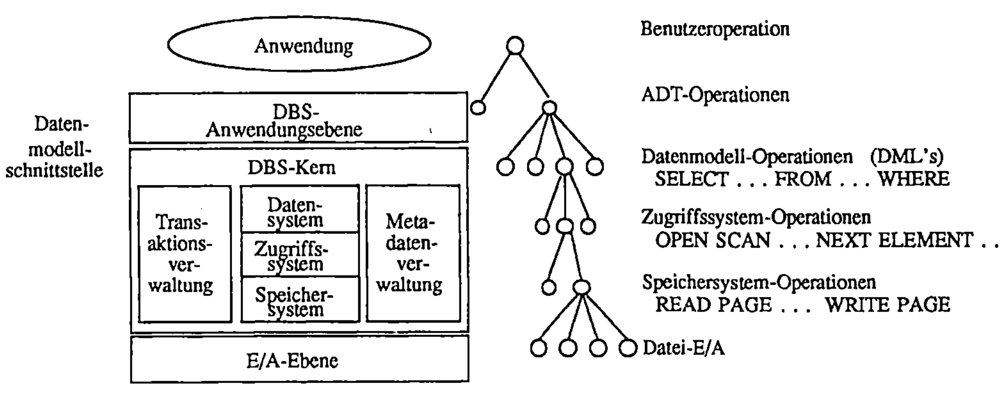

Bild1: Software-Architektur eines kooperierenden DBS

zung für die Nutzung von Parallelität bei der DB-Verarbeitung. /HMMS88/ enthält hierzu einen Vorschlag für die Architektur eines kooperierenden DBS, der gegenwärtig im Rahmen des PRIMA-Projektes /Hä88/ in einer Prototypentwicklung konkret umgesetzt wird. Das PRIMA-System bildet dabei eine Art Testumgebung u.a. für die Realisierung und Validierung verschiedener, paralleler DB-Verarbeitungsstrategien /HSS88/. Bild 1a skizziert hierzu die PRIMA-Grobarchitektur: Sie setzt sich aus der Ein-/Ausgabeebene, dem DBS-Kern und der sog. Anwendungsebene zusammen. Der auf den Zugriffsprimitiven der Ein-/Ausgabeebene aufsetzende DBS-Kern ist weiter unterteilt in Daten-, Zugriffs- und Speichersystem sowie in Transaktions- und Metadatenverwaltung. Die Transaktionsverwaltung besteht selbst wiederum aus Komponenten zur Durchführung der Synchronisation (Locking), der Protokollierung (Logging) und der Restauration (Recovery). Der DBS-Kern realisiert ein speziell entwickeltes Datenmodell /Mi88/, das die Beschreibung und die Handhabung komplexstrukturierter Objekte erlaubt. Auf diesem Kern aufbauend findet sich die Anwendungsebene, durch die das gesamte DBS auf die Unterstützung einer bestimmten Anwendungsklasse hin ausgerichtet wird. Hierzu bietet die Anwendungsebene an ihrer Schnittstelle bereits anwendungsnahe Objekte mit den entsprechenden Operationen an, was beispielsweise in Form Abstrakter Datentypen (ADT's) erfolgen kann.

Neben der Software-Architektur illustriert Bild 1b die hierarchische Zerlegung einer Benutzeroperation in einen Operationsbaum, dessen Ebenen das zugrundeliegende Architekturmodell widerspiegeln. Jeder Knoten entspricht einem Aufruf aus der übergeordneten Ebene und ist wiederum zerlegt in Suboperationen, die dann ihrerseits Aufrufe der darunterliegenden Ebene bewirken. Wie in /HHM86/ verdeutlicht, muß dieser Operationsbaum keineswegs strikt sequentiell abgearbeitet werden. Vielmehr können unter Ausnutzung der jeweiligen Operationssemantik die Suboperationen so zusammengefaßt werden, daß eine parallele Abwicklung möglich ist.

Die in unserem Fall vorherrschende Hardware-Umgebung ist insbesondere durch heterogene, leistungsfähige Arbeitsplatzrechner (Workstation) bestimmt, die über ein lokales Netz untereinander und mit einigen wenigen zentralen Dienstleistungsrechnern verbunden sind. Das Spektrum der zur Verfügung stehenden Rechner erstreckt sich von leistungsfähigen Einzelrechnern bis hin zu einem speicher-gekoppelten Mehrprozessor- bzw. Mehrrechnersystem mit einer hohen Speicher- und Verarbeitungskapazität. Neben der inhomogenen Hardware ist diese Umgebung durch die Heterogenität der vorhandenen Betriebssysteme bzw. Betriebssystemderivate bestimmt.

Die Erprobung paralleler DB-Verarbeitungsstrategien erfordert die Realisierung eines verteilten DBS bestehend aus kooperierenden Systemkomponenten. Eine wichtige Frage betrifft die Abbildung eines solchen verteilten Systems auf eine konkrete Hardware- und Betriebssystemumgebung. Aufgrund der Vielfalt und der Heterogenität dieses Umfeldes bietet sich eine zweistufige Abbildung an. Ein erster Schritt besteht hierbei in der Abbildung auf eine möglichst von Hardware und Betriebssystem unabhängige "Zwischenschicht", auf ein sog. **Basis-Kooperationssystem**. Dies bietet zum einen den Vorteil, daß die Programmierung eines kooperierenden Anwendungssystems weitestgehend unabhängig von der aktuellen Verteilung in einer realen Ablaufumgebung erfolgen kann, und daß zum anderen eine Ausrichtung der Zwischenschicht auf spezielle Kooperationsbedürfnisse möglich ist. In einem Basis-Kooperationssystem sollen damit wichtige Kooperationsfunktionen zusammgefaßt und dann in einem zweiten Schritt effizient auf die jeweils existierenden Hardware- und Betriebssystemgegebenheiten abgebildet werden.

Eine geeignete Unterstützung bei der Gestaltung verteilter Systeme muß eine Zuordnung der einzelnen Architekturbausteine eines Anwendungssystems (vgl. Bild 1a) zu Softwarekomponenten vorsehen. Darüber hinaus müssen Abhängigkeiten zwischen den Architekturbausteinen innerhalb des Basis-Kooperationssystems nachgebildet werden können. Eine der aus unserer Sicht vordringlichsten Aufgaben eines solchen Kooperationssystems ist darin zu sehen, eine für die *Realisierung des kooperierenden DBS möglichst transparente und flexible Abbildung* der benötigten *Systemkomponenten* auf die vorhandene *Hardware- und Betriebssystem-Umgebung* zu ermöglichen. Nur so können für die Evaluierung und die Erprobung paralleler DB-Verarbeitungsstrategien verschiedene Grade real möglicher Parallelität leicht eingestellt und die tatsächlich erreichte Parallelitätsausnutzung beobachtet und bewertet werden. Es sollte für die Anwendungsprogrammierung keinen Unterschied machen, ob nun ein einzelner Rechner oder ein ganzes Rechnernetz als reale Ablaufumgebung dient. Andererseits sollten aber auch die speziellen Eigenschaften der jeweils verwendeten Hardware (z.B. vernetzte Workstations, gemeinsamer Speicher in einem Rechner-Cluster, etc.) genutzt werden können.

Aufgrund allgemeiner Überlegungen aber auch spezieller Beobachtungen ergeben sich die im folgenden zusammengestellten Anforderungen (siehe auch /Schö90/):

- **Transparenz und Flexibilität** bzgl. der Zuordnung von Systemkomponenten zu Rechnern.
- Das Zusammenspiel der Komponenten, also deren Kooperation, erfolgt überwiegend nach dem **Client/Server-Prinzip**. Jede Systemkomponente kann dabei die Rolle eines Servers für die übergeordnete Komponente übernehmen und gleichzeitig als Client für weitere Systemkomponenten fungieren.
- Parallele Aktivitäten zwischen den Systemkomponenten setzen die Möglichkeit einer **asynchronen Auftragserteilung** voraus.
- Um die logische Zerlegung in Suboperationen (insbesondere deren genaue Anzahl) unabhängig von der real verfügbaren Hardware zu halten, sollte jeder Server in der Lage sein, eine prinzipiell

beliebige Anzahl von Aufträgen entgegenzunehmen und möglichst unabhängig voneinander zu bearbeiten. Im Zusammenhang hiermit ergibt sich die Forderung, die Auftragsabarbeitung durch eine entsprechende **Prioritätenvergabe** zu beeinflussen. Z.B. sollen Aufträge, die ein Transaktionsende einleiten, i. allg. vor Aufträgen bearbeitet werden, die den Beginn einer neuen Transaktion bewirken.

- Obwohl die Datenmodelloperationen in semantisch unabhängige Suboperationen zerlegt werden, können die durch sie ausgelösten Aufrufe auf tieferer Systemebene voneinander abhängig werden. Z.B. können aus Anwendungssicht unabhängige Daten auf zusammenhängende Datenstrukturen, beispielsweise eine gemeinsame Speicherseite, abgebildet werden, was zwangsläufig zu **wechselseitigen Abhängigkeiten** bei den entsprechenden Synchronisationsaufrufen führt. Ein geeigneter Kooperationsmechanismus muß daher die Handhabung solcher Abhängigkeiten zwischen Aufträgen erlauben.

- Die DB-Verarbeitung ist typischerweise äußerst datenintensiv. In der Regel werden große und komplex-strukturierte Datenmengen bearbeitet. Daher muß es möglich sein, neben dem Kontrollfluß in Form der Auftragserteilung, den Datenfluß in Form **komplex-strukturierter Parameter** zu beschreiben und möglichst effizient umzusetzen. In Anbetracht der anstehenden Parametergröße muß ein evtl. vorhandener gemeinsamer Hauptspeicher vom Kooperationssystem genutzt werden.

- Aufgrund der heute bereits vorherrschenden Heterogenität der Hardware- und Betriebssystem-Ausstattung und der allgemein sehr raschen Entwicklung neuer Systeme besteht ein vitales Interesse an der **Portabilität** des Basis-Kooperationssystems.

Die von komerziell verfügbaren Betriebssystemen angebotenen Kooperationsmöglichkeiten sind in aller Regel nachrichtenorientiert, bieten nur geringfügigen Programmierkomfort oder erlauben lediglich synchrone Auftragsbeziehungen; ein evtl. vorhandener gemeinsamer Speicher wird nicht konsequent für Kooperationszwecke genutzt. Neuere Betriebssysteme, die als Prototypen in zahlreichen Forschungseinrichtungen entstehen, bieten zumindest teilweise die geforderte Unterstützung, sind aber i. allg. nicht auf so heterogener Hardware-Plattform verfügbar und können, als Experimentalsysteme ausgelegt, nicht die Zuverlässigkeit und Stabilität kommerzieller Betriebssysteme erreichen, die für eine Neuentwicklung komplexer Anwendungssysteme erforderlich ist. Daher wurde im PRI-MA-Projekt eine Eigenentwicklung durchgeführt, die unter Ausnutzung möglichst allgemein verfügbarer Betriebssystemkonzepte den oben angesprochenen Randbedingungen genügt. Die generelle Zielsetzung dabei war, eine möglichst einfache zusätzliche Systemschicht auf bestehenden Betriebssystemen zu realisieren, die die geforderte Funktionalität bereitstellt. Obwohl für ein ganz spezielles Umfeld entwickelt, ist das im weiteren als **RCS** (Remote Cooperation System) bezeichnete Kooperationssystem durchaus von allgemeinerem Interesse. So sind die zentralen Anforderungen an Mechanismen zur parametrisierbaren auftragsbezogenen Kooperation und der parallelen bzw. asynchronen Auftragsabwicklung keineswegs exotisch; sie stellen vielmehr generelle Randbedingungen für die Gestaltung verteilter und parallel ablaufender Anwendungssysteme dar.

Der Aufsatz ist folgendermaßen gegliedert: In Kapitel 2 werden zunächst die grundlegenden Fragen der Abbildung und der Einbettung in eine konventionelle Betriebssystemumgebung diskutiert. In Kapitel 3 sind dann die Grobarchitektur und die einzelnen RCS-Bausteine beschrieben. Insbesondere werden die RCS-Anwendungsschnittstelle vorgestellt und die wichtigsten Realisierungskonzepte erläutert. Kapitel 4 enthält schließlich eine Zusammenfassung und einen Ausblick auf weitere Arbeiten.

2. RCS-Einbettung in eine existierende Betriebssystemumgebung

Entsprechend den oben aufgeführten Anforderungen stellt das RCS ein Hilfsmittel zur Realisierung verteilter Anwendungssysteme dar. Es unterstützt ortstransparente und asynchrone Auftragsbeziehungen zwischen einzelnen Komponenten eines verteilten Systems und erlaubt damit explizit eine zeitparallele Abwicklung von Aufträgen. Die Auftragsbearbeitung durch eine Systemkomponente kann durch die (parallele) Erteilung von Subaufträgen und das entsprechende Aufsammeln und Weiterverarbeiten ihrer Ergebnisse erfolgen. Die in Bild 1a skizzierte Software-Architektur unserer DBS-Entwicklung kann somit auf vielfältige Weise auf eine unterschiedliche Anzahl von kooperierenden Systemkomponenten abgebildet werden, wobei jede Systemkomponente jeweils die Funktionalität eines entsprechenden Architekturbausteins (z.B. Datensystem, Zugriffssystem, etc.) realisiert. Der in Bild 1b illustrierte Operationsbaum wird aus Sicht des RCS in einer Auftragshierarchie nachgebildet, die dynamisch zwischen den einzelnen Systemkomponenten entsteht.

Die hierbei unterstellte Systemsicht, insbesondere die damit verbundenen Aufgaben des RCS, üben einen wesentlichen Einfluß auf Aspekte der RCS-Einbettung in eine konventionelle Betriebssystemumgebung aus. So sind zunächst betriebssystemseitige Ablaufeinheiten erforderlich, in die Systemkomponenten eingebettet werden können. Aufgrund der generellen Verfügbarkeit und der relativ einfachen und flexiblen Verteilbarkeit auf unterschiedliche Rechner, bietet sich hierzu das Prozeßkonzept an. Prozesse bilden aus Betriebssystemsicht die Einheiten der Isolation und der Zuteilung von Ressourcen (Prozessorzeit, Speicherplatz) und können i. allg. eindeutig einem Prozessor als physische Ablaufumgebung zugeordnet werden; sie besitzen damit bereits die wesentlichen Eigenschaften, die den Komponenten eines verteilten Systems zuzuschreiben sind. Für Systemkomponenten, die auf **einem** Prozessor ausgeführt werden, kommt jedoch auch das Konzept der *Threads* oder *Lightweight Processes* /Sun89/ in Betracht. Hierbei würden die auf einem Prozessor ablaufenden Komponenten eines verteilten Systems auf verschiedene Threads eines einzigen Prozesses abgebildet werden. Da Threads keine Isolationseinheiten bilden und in einem gemeinsamen Adreßraum ausgeführt werden, ergeben sich sehr effiziente Kommunikationsmöglichkeiten. Daneben ist ein Wechsel bei der Thread-Ausführung mit weitaus weniger Overhead verbunden, als dies bei einem herkömmlichen Prozeßwechsel der Fall ist. Diesen Vorteilen steht allerdings der Nachteil gegenüber, daß in Abhängigkeit von der konkreten Rechnerzuordnung der Systemkomponenten unterschiedliche Betriebssystemeinbettungen vorzunehmen sind. Ein weiterer Nachteil ist in der heute noch geringen Verbreitung und Allgemeingültigkeit der erforderlichen Konzepte zu sehen. Im Rahmen der RCS-Entwicklung ist daher die Einbettung von Systemkomponenten in Betriebssystemprozesse realisiert.

Eine weitere wichtige Abbildungsfrage ergibt sich aus der Forderung nach der Entgegennahme und der **unabhängigen Bearbeitung mehrerer Aufträge durch eine einzige Systemkomponente**. Hierzu kommt das Konzept des *Multi-Processing* sowie das Konzept des *Multi-Tasking* in Frage. Im Falle des Multi-Processing wird die Funktionalität einer Server-Komponente nicht nur durch einen einzelnen Prozeß erbracht, vielmehr sind je nach Auftragseingang eine beliebige Anzahl von Server-Pro-

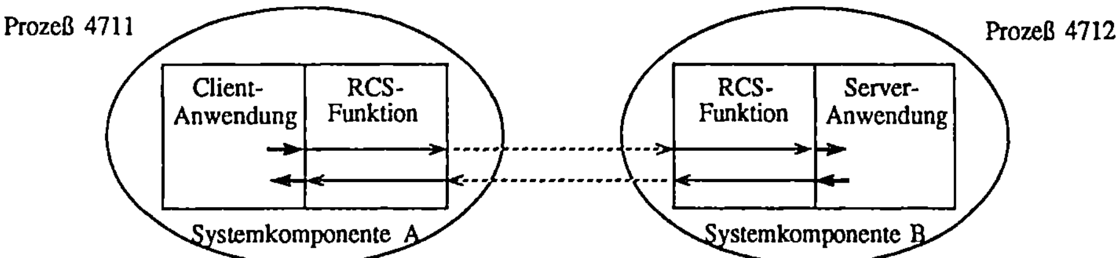

Bild 2: Abbildung der RCS-Systemkomponenten auf allgemeine Betriebssystemkonzepte

zessen zu erzeugen. Jeder Prozeß bearbeitet dabei nur einen Auftrag (Single Tasking), was sich ohne Zweifel positiv auf die Einfachheit und Natürlichkeit der Server-Programmierung auswirkt. Dem gegenüber steht allerdings der relativ hohe Verwaltungsaufwand durch das Betriebssystem, was sich insbesondere bei einer großen Anzahl von notwendigen Prozessen bemerkbar macht. Zudem wird bei auftretenden Abhängigkeiten zwischen einzelnen Aufträgen eine zusätzliche Kommunikation der jeweils zuständigen Server-Prozesse erforderlich. Wir haben uns daher bei der Realisierung des RCS für den Einsatz des Multi-Tasking-Konzeptes entschieden, bei dem ein einzelner Prozeß (Single Processing) mehrere unabhängige Aufträge verzahnt bearbeitet. Für jeden Auftrag wird dabei prozeßintern eine geeignete Datenstruktur angelegt, durch die der aktuelle Bearbeitungszustand des jeweiligen Auftrages festgehalten wird. Durch diese explizit durchgeführte Auftragsverwaltung wird zudem die Realisierung einer flexiblen und anwendungsorientierten Prioritätensteuerung bei der Auftragsabwicklung erleichtert.

Weniger durch die speziellen Anforderungen als aufgrund allgemeiner Effizienzüberlegungen bestimmt, besitzt das RCS selbst eine verteilte Systemstruktur. Es gibt keine zentrale Instanz des RCS, die quasi als "Kooperationszentrale" die Verwaltung der erforderlichen Systeminformationen übernimmt, vielmehr sind alle Verwaltungsdaten auf die entsprechenden Server-Prozesse verteilt. Zusammen mit den jeweils erforderlichen Daten sind alle RCS-Funktionen unmittelbar an die Client- oder Server-Anwendungsprogramme gebunden, sie werden also "inlinked" in einem gemeinsamen Adreßraum ausgeführt. Zwischen auftraggebender und auftragnehmender Systemkomponente besteht eine "direkte" Verbindung, wodurch in der Regel das durch die Kooperation verursachte Kommunikationsaufkommen reduziert wird. Allerdings tritt dabei eine Gefährdung sensitiver RCS-Daten durch fehlerhafte Anwendungsprogramme auf. Dies kann in dem von uns speziell betrachteten Fall eines kooperierenden DBS in Kauf genommen werden, da es sich bei den RCS-Anwendungsprogrammen um DBS-Module und damit um systemnahe und "vertrauenswürdige" Programme handelt.

Im folgenden sind die wichtigsten Einbettungsaspekte nochmals zusammengefaßt (vgl. Bild 2): Systemkomponenten werden auf Prozesse des Betriebssystems abgebildet und setzen sich aus einem anwendungsbezogenen Teil und einem RCS-spezifischen Teil zusammen. Der anwendungsbezogene Teil, das RCS-Anwendungsprogramm, erfüllt die eigentliche Aufgabe der betroffenen Systemkomponente. Der RCS-spezifische Teil realisiert die lokale RCS-Funktionalität und verwaltet alle die jeweilige Komponente betreffenden RCS-Daten. Hierzu zählen u.a. die durch das Multi-Tasking-Konzept bedingten auftragsbezogenen Verwaltungsdaten sowie weitere wichtige Systeminformationen, wie beispielsweise die Ansprechstellen und die Verbindungsinformation für die Nutzung der durch andere Server bereitgestellten Funktionen.

3. Das Remote-Cooperation-System

Im folgenden wollen wir nun das von uns realisierte System etwas genauer vorstellen. Bild 3 zeigt die Grobarchitektur des RCS. Neben der RCS-Anwendungsschnittstelle, über die den Komponenten eines verteilten Systems die RCS-Funktionalität bereitgestellt wird, besteht das RCS aus einer Auftragsverwaltung, einem Modul zur Auftrags- und Parameterübertragung sowie aus einer Speicherverwaltung und einem Kommunikationsdienst. Zunächst werden die RCS-Funktionen vorgestellt und an einem Beispiel erläutert. Insbesondere werden Aspekte des Datenaustausches über Auftragsparameter diskutiert. Dabei stehen die beschreibbare Parametersemantik und die Art der Parameterübertragung im Vordergrund. Im Anschluß daran werden dann die weiteren RCS-Module beschrieben.

3.1 Die RCS-Anwendungsschnittstelle

Die an der RCS-Schnittstelle zur Verfügung stehenden Operationen unterstützen eine auftragsbezogene Kooperation nach dem Client/Server-Konzept, wobei jede Komponente sowohl als Client als auch als Server auftreten kann. Die Kooperation zwischen den einzelnen Komponenten erfolgt dabei stets in den folgenden Schritten:

(1) Anstoßen einer Server-Funktion durch den Client (Auftragserteilung)

(2) Entgegennahme eines entsprechenden Auftrages durch den Server (Auftragsentgegennahme)

(3) Ausführung des Auftrages durch den Server (Auftragsabwicklung)

(4) Übermittlung von Ergebnissen an den Client (Antworterzeugung)

(5) Abholen der Ergebnisse durch den Client (Antwortentgegennahme)

Um die Möglichkeit einer parallelen Verarbeitung zwischen Client und Server zu bieten, erfolgt die Auftragserteilung asynchron nach dem Konzept des *Remote-Server-Invocation* /SE86/, d.h., Auftragserteilung und Antwortentgegennahme sind als unabhängige RCS-Funktionen konzipiert. Durch sukzessives Anstoßen von Server-Funktionen kann damit auch Parallelität zwischen der Auftragsabwicklung verschiedener Server erreicht werden. Für die Auftragsabwicklung auf Server-Seite wird wie oben begründet ein Multi-Tasking-Mechanismus angeboten, der eine verzahnte Abarbeitung von Aufträgen durch einen Server-Prozeß vorsieht. Im einzelnen ergibt sich auf Server-Seite das folgende schrittweise Vorgehen:

(1) Auftragsentgegennahme

(2) Aufschlüsselung des Bearbeitungskontextes

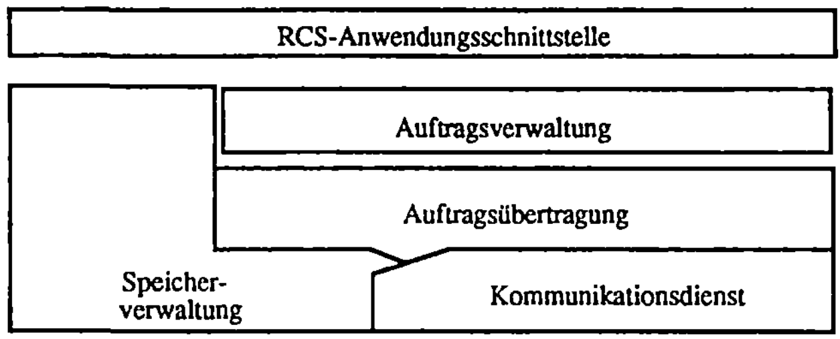

Bild 3: Grobarchitektur des Remote-Cooperation-Systems

(3) Ausführung weiterer Teilschritte zur Auftragsabwicklung

(4) Falls Auftrag vollständig bearbeitet: Antworterzeugung und Ergebnisübermittlung;
Sonst Sicherung des aktuellen Verarbeitungskontextes und Unterbrechung der momentanen Auftragsbearbeitung; Bearbeitung eines nächsten Auftrags.

Dabei sollten durch die Server-Komponente jeweils möglichst viele Teilschritte zur Auftragsabwicklung durchgeführt werden und eine Bearbeitungsunterbrechung nur dann eingeleitet werden,
wenn "externe" Abhängigkeiten auftreten, wenn also auf das Eintreten bestimmter Ereignisse gewartet wird, z.B. auf die Ergebnisübermittlung durch einen weiteren selbst beauftragten Server oder
auf die Änderung eines globalen Datums durch andere Aufträge des gleichen Servers (z.B. das Freigeben einer Sperre).

In Bild 4 sind die einzelnen RCS-Operationen im Überblick zusammengefaßt. Mittels "Rc_Init" bzw.
"Rc_Terminate" kann sich eine Anwendungskomponente jederzeit als Client und/oder als Server einem verteilten System hinzufügen bzw. sich daraus entfernen. Voraussetzung für eine Kooperation
zwischen einem Client und einem Server ist eine logische Verbindung zwischen den entsprechenden
Prozessen, die durch "Remote_Server_Start" und "Remote_Server_End" dynamisch auf- und abgebaut werden kann. Nach dem Aufbau einer solchen logischen Verbindung kann ein Client beliebige
Dienstleistungen eines Servers veranlassen ("Remote_Server_Initiation"). Die RCS-Client-Seite
übernimmt dabei den Auftrag und sorgt für dessen Weiterleitung an die entsprechende Server-Seite.
Unmittelbar anschließend an die Weiterleitung erhält die Client-Anwendung die Kontrolle zurück, so
daß es sich tatsächlich um eine asynchrone Auftragserteilung handelt.

Das Ergebnis eines derartigen Auftrags kann dann zu einem späteren Zeitpunkt über die RCS-Ope-
ration "Get_Result" abgerufen werden. Dabei können sowohl bei "Remote_Server_Initiation" als
auch bei "Get_Result" eine beliebige Anzahl komplex-strukturierter Parameter angegeben werden.
Der Aufruf von "Get_Result" setzt voraus, daß der betreffende Auftrag bereits beendet wurde. Daher
bietet die Operation "Look_For_Server_Termination" die Möglichkeit, den aktuellen Bearbeitungszustand eines Auftrags bzw. einer Liste von Aufträgen zu erfragen, während mit "Wait_For_Server_
Termination" explizit auf das Ende der Bearbeitung eines in einer Auftragsliste enthaltenen Auftrags
gewartet werden kann. Die Operation "Abort_Server_Processing" ermöglicht dem Client den Abbruch eines aus seiner Sicht noch aktiven Auftrags (d.h., er hat noch kein "Get_Result" ausgeführt).
Dies bewirkt, daß der Auftrag auf der entsprechenden Server-Seite entweder überhaupt nicht bearbeitet wird, oder aber, daß seine Bearbeitung zum frühest möglichen Zeitpunkt beendet wird. Die
eventuell durchgeführten Änderungen werden nicht automatisch revidiert, vielmehr kann anwendungsseitig eine spezielle Abortbehandlung definiert werden, die in den entsprechenden Fällen durch
das RCS aktiviert wird.

Fordert auf Server-Seite ein Auftragnehmer mittels "Accept_Task" einen Auftrag zur Bearbeitung an
und liegt aktuell kein Auftrag vor, wird er in einen Wartezustand versetzt. Ansonsten erhält er Informationen über den auszuführenden Auftrag. Dazu gehört insbesondere die sogenannte Kontext-Information, die bei einem Multi-Tasking-Betrieb den momentanen Bearbeitungskontext eines Auftrags
enthält. Diese Kontext-Information ist zu Beginn eines Auftrags zunächst undefiniert. Sie muß im
Verlaufe der Auftragsbearbeitung durch die jeweiligen Server-Anwendungen in geeigneter Weise ini-

Operation	Beschreibung
Rc_Init	macht eine Komponente, die als Client und/oder Server arbeitet, dem RCS bekannt.
Rc_Terminate	zeigt dem RCS an, daß ein Server nicht mehr zur Verfügung steht.
Remote_Server_Start	stellt eine logische Verbindung zwischen einem Client und einem Server her.
Remote_Server_End	beendet eine logische Verbindung zwischen einem Client und einem Server.
Remote_Server_Initiation	startet einen Auftrag, der vom betreffenden Server asynchron ausgeführt wird.
Get_Server_Result	ruft das Ergebnis eines beendeten Auftrags ab.
Wait_For_Server_Termination	blockiert einen Client bis einer der angegebenen Aufträge beendet ist.
Look_For_Server_Termination	liefert den aktuellen Bearbeitungszustand der angegebenen Aufträge.
Abort_Server_Processing	bricht die Bearbeitung eines Auftrags ab.
Accept_Task	übergibt einen Auftrag an einen Server.
Break_Task	unterbricht die Bearbeitung eines Auftrags, bis einer der angegebenen Subaufträge beendet ist.
Reply_Task	übergibt am Ende eines Auftrags das ermittelte Ergebnis an den betreffenden Client.
Wait_For_Event	blockiert einen Auftrag, bis ein bestimmtes Ereignis eingetreten ist.
Signal_Event	signalisiert das Eintreten eines bestimmten Ereignisses.

Bild 4: Die wichtigsten Operationen des RCS

tialisiert und gewartet werden. Mit "Break_Task" kann die Bearbeitung des aktuellen Auftrags unterbrochen werden. Dabei kann eine Liste von eigenen Subaufträgen angegeben werden. Der unterbrochene Auftrag wird in diesem Fall erst dann weiterbearbeitet, wenn mindestens einer dieser Subaufträge ein Ergebnis zurückgeliefert hat. Am Ende einer Auftragsbearbeitung kann das Resultat des Auftrags mittels "Reply_Task" an den Client weitergeleitet werden.

Für die Handhabung von wechselseitigen Abhängigkeiten zwischen Aufträgen werden zwei zusätzliche Operationen, "Wait_For_Event" und "Signal_Event", zur Verfügung gestellt. "Wait_For_Event" unterbricht dabei einen Auftrag solange, bis ein bestimmtes Ereignis eintritt, das von einem weiteren Auftrag mittels "Signal_Event" angezeigt wird. Als Beispiel für eine derartige Abhängigkeit zwischen Aufträgen kann der oben bereits angedeutete Fall der Synchronisation von Datenzugriffen dienen.

Zur Verdeutlichung der Wirkungsweise einzelner RCS-Operationen ist in Bild 5 das Zusammenwirken in einer einfachen Client/Server-Stuktur dargestellt. Die in Bild 5 grau hinterlegte Aufrufsequenz beschreibt eine parallel zur Client-Anwendung abgewickelte Auftragsbearbeitung durch eine Server-Anwendung. Sowohl bei der Auftragserteilung als auch bei dem Ergebnisabruf können Parameter übergeben werden. Durch die Übergabe wechselt die Kontrolle über den entsprechenden Parameter von der einen Systemkomponente zur anderen. Aufgrund der Systemverteilung und der parallelen Ab-

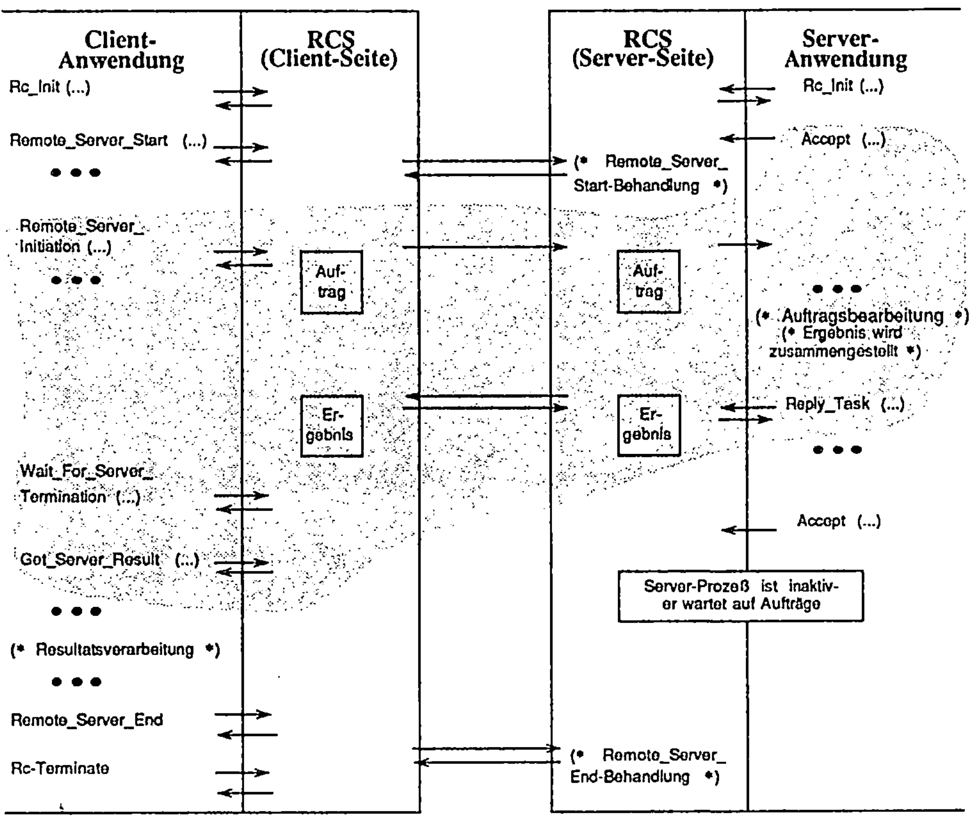

Bild 5: Beispielkooperation zwischen Client- und Server-Komponente

wicklung ergeben sich hierbei eine Reihe von Problemen, deren Lösung spezielle Absprachen bzgl. der Semantik der Parameterübergabe erforderlich machen.

3.2 Parametersemantik

Ähnlich wie im Fall synchroner Prozeduraufrufe können bei der asynchronen Auftragserteilung und Ergebnisübernahme mehrere Parametersemantiken unterschieden werden. Diese lassen sich analog zum synchronen Fall zunächst in die

- **Kontrollsemantik**

  (entspricht "call by reference"), d.h., die Kontrolle über den Parameter wird für die Dauer des Auftrags an den Auftragnehmer abgegeben, und die

- **Kopiersemantik**

  (entspricht "call by value"), d.h., der Parameterwert wird vom Auftraggeber zum Auftragnehmer kopiert,

unterteilen. Zusätzlich ergibt sich jedoch aufgrund der asynchronen Aufrufe und der damit verbundenen parallelen Verarbeitung zwischen Auftraggeber und Auftragnehmer eine weitere Parametersemantik, die

- **Behaltesemantik:**

  Die Aufteilung des Auftrags in zwei getrennte Aufrufe für Auftragserteilung und Ergebnisübermittlung erlaubt eine unterschiedliche Parametrisierung beider Operationen: ein Parameter, der bei der Auftragserteilung übergeben wurde, muß nicht notwendigerweise bei der Ergebnisübermittlung zurückgegeben werden; er dient dann lediglich als Eingabeparameter und kann damit vollständig in der Zuständigkeit des Auftragnehmers verbleiben, d.h., bei der Ergebnisübernahme erfolgt für diesen Parameter keine Angabe. Analoges gilt für Parameter, die nur bei der Ergebnisübernahme, nicht aber bei der Auftragserteilung auftreten.

Damit ergibt sich die in Bild 6 dargestellte Semantik der Parameterübergabe. Ein Parameter, der bei Auftragserteilung übergeben und bei Ergebnisübermittlung zurückgenommen wird (der "klassische" Fall), kann jeweils kopiert werden (**in-out** --> "call by value"), wenn der Parameter von Auftraggeber und Auftragnehmer gebraucht wird, oder es kann jeweils die Kontrolle über den Parameter übergeben werden (**exclusive** --> "call by reference"), wenn der Parameter nur vom Auftraggeber oder nur vom Auftragnehmer benötigt wird. Wird der Parameter nach der Auftragserteilung zwar weiterhin vom Auftraggeber benötigt, aber bei der Ergebnisübernahme nicht mehr zurückgenommen (-> Behaltesemantik), so muß er kopiert werden (**copy-in**), bzw., wenn er vom Auftraggeber nicht mehr benötigt wird, kann er unter die Kontrolle des Auftragnehmers gestellt werden (**control-in**). Analog sind bei der Ergebnisübernahme und der Behaltesemantik **copy-out** und **control-out** zu unterscheiden. Die Kombination der Kontroll- und Kopiersemantik (in Bild 6 durch * gekennzeichnet) ist nicht sinnvoll, da der Zusammenhang zwischen Eingabe- und Ausgabeparameter verlorengeht. Beispielsweise würde im Falle von **copy-in/control-out** die Kontrolle über die **Kopie** des Parameters zurückgegeben werden.

Zusätzlich zu diesen unterschiedlichen Parametersemantiken sind vom RCS auch umfangreiche und komplex-strukturierte Parameter (Bäume oder Netze) zu behandeln. Wird hierbei die Parametersemantik **copy-in** oder **copy-out** verwendet, so muß das RCS in der Lage sein, auch diese komplexstrukturierten Parameter zu kopieren. Da im RCS die Struktur des Parameters nicht bekannt ist, muß dem RCS anwendungsseitig eine entsprechende Prozedur übergeben werden, die den Kopiervorgang übernimmt.

Diese **naheliegendste** Lösung, nämlich eine Prozedur zum Kopieren des Parameters, löst zwar das geschilderte Problem, ist aber ungeeignet, um den Parameter über ein Netzwerk zu übertragen. Hierzu muß der Parameter **linearisiert**, d.h. zu einem zusammenhängenden Bytestring transformiert werden können. Zusammen mit einer Prozedur zum **Entlinearisieren** der Parameter, d.h. der Erzeugung der Verweisstruktur eines Parameters, ist damit auch das Kopieren des Parameters möglich. Aus

Ergebnisübergabe Auftragserteilung	keine Ergebnis- übergabe	Kopie	Kontrolle
keine Auftragspara- meterübergabe	—	copy-out	control-out
Kopie	copy-in	in-out	*
Kontrolle	control-in	*	exclusive

Bild 6: Mögliche Parameteroptionen bei Client/Server-Beziehungen

diesem Grund müssen beim Verbindungsaufbau zwischen zwei RCS-Komponenten dem RCS zwei Prozeduren übergeben werden, die das Linearisieren und das Entlinearisieren der für diese Verbindung definierten Parameter erlauben.

3.3 Parameterübertragung

Bild 7 zeigt die zur Parameterübertragung grundsätzlich notwendigen Schritte auf. Wenn die hierarchisch- bzw. netzwerkartig-strukturierten Parameter über ein Netzwerk übertragen werden sollen, so müssen sie linearisiert bzw. entlinearisiert werden (Schritte (1) und (5)). Bei der Linearisierung wird ein zusammenhängender Bytestring erzeugt, wozu in der Regel ein Kopiervorgang notwendig ist. Da die Übertragung der Parameter asynchron zur Anwendung erfolgen muß (Auftragserteilung und Ergebnisübernahme erfolgen asynchron zur eigentlichen Anwendung), ist eine zusätzliche Entkopplung der Anwendung vom RCS notwendig (Schritte (2) und (4)). Letztendlich beschreibt Schritt (3) die (physische) Übertragung der Nachricht. Prinzipiell bedeutet jeder dieser fünf Schritte das Kopieren der Nachricht.

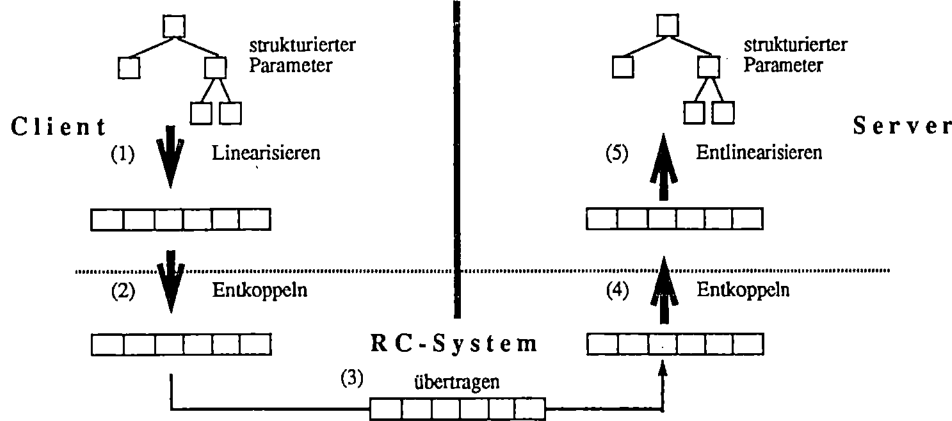

Bild 7: Allgemeines Szenarium der Parameterübertragung bei Auftragserteilung

Die Art und Weise, wie Parameter zwischen Auftraggeber und Auftragnehmer übertragen werden, hängt im wesentlichen von zwei Faktoren ab:

(1) der Parametersemantik und

(2) der Hardware-Umgebung.

Das RCS garantiert eine Übertragung der Parameter gemäß der angegebenen Semantik unabhängig von der zur Verfügung stehenden Hardware. Eventuell vorhandener gemeinsamer Hauptspeicher soll zur Parameterübertragung optimal ausgenutzt werden. Hierzu ist es notwendig, daß die Parameter bereits im gemeinsamen Speicher allokiert wurden. Dies ist automatisch erfüllt, wenn nur gemeinsamer Speicher zur Verfügung steht, wie dies üblicherweise bei speicher-gekoppelten Mehrprozessorsystemen der Fall ist. Häufig steht jedoch gemeinsamer Speicher nur in beschränkter Größe und mit erhöhten Zugriffskosten zur Verfügung (z.B. in SunOS 4.0 zwischen Prozessen eines Prozessors oder in speziellen Hardware-Architekturen /En89, Sy88/, bei nahe gekoppelten Rechnersystemen). Deshalb enthält das RCS eine Komponente zur Speicherverwaltung, die generell zwei Speicherkategorien unterscheidet:

- **Lokale Speicherbereiche** sind Bereiche, die nur in einer einzigen Anwendungskomponente verwendet werden und deren Kontrolle stets bei der jeweiligen Komponente verbleibt.

- Für **globale Speicherbereiche** kann dagegen die Kontrolle, also alle Rechte und Pflichten (Zugriffsrecht/Freigabepflicht entsprechend der Parametersemantik), an eine andere Komponente übergeben werden.

Das RCS garantiert, daß diese Speicherkategorien unabhängig von der zugrundeliegenden Hardware und vollständig transparent für die Anwendung realisiert werden. Die Anwendung muß alle Parameter zur Auftrags- oder Ergebnisübermittlung in globalem Speicher, alle sonstigen Daten in lokalem Speicher allokieren. Unter dieser Voraussetzung zeigt Bild 8 die Anzahl der notwendigen Kopiervorgänge bei der Auftragsübermittlung bzw. Ergebnisentgegennahme in Abhängigkeit von der Parametersemantik und der zur Verfügung stehenden Hardware.

Parametersemantik	copy-out	control-out	copy-in	control-in	in-out	exclusive
gemeinsamer Speicher	1+1	0	1+1	0	2+2	0
Netzwerk	2+1	2+1	2+1	2+1	4+2	4+2

Bild 8: Notwendige Kopier- bzw. Linearisierungs- und (+) Entlinearisierungsvorgänge bei der Parameterübertragung abhängig von der Parametersemantik und der Hardware-Umgebung

Im Falle der **Behaltesemantik** (der Parameter ist also nur in eine Richtung zu übertragen) muß ein Parameter nur einmal kopiert bzw. linearisiert und einmal entlinearisiert werden. Falls kein gemeinsamer Speicher vorhanden ist, muß zusätzlich eine Übertragung über ein Netzwerk erfolgen. Wenn im Falle der Kontrollsemantik (**control-***) kein gemeinsamer Speicher vorhanden ist, so muß dieser mittels eines Kopiervorganges über das Netzwerk simuliert werden. **In-out** und **exclusive** erfordern jeweils den doppelten Aufwand, da der Parameter hin und zurück übertragen werden muß.

3.4 Auftragsverwaltung

Die Auftragsverwaltung des RCS gliedert sich in die Verwaltung der abgesetzten Aufträge eines Clients und das Scheduling der erhaltenen Aufträge eines Server. Der Client erhält bei Erteilung eines Auftrages eine Auftragsnummer zurück, die bei weiteren Aufrufen des RCS zur eindeutigen Identifizierung des Auftrags verwendet wird. Die Auftragsnummern können in sogenannten Auftragslisten organisiert werden, zur deren Handhabung das RCS Funktionen zum Erzeugen, Konkatenieren und Löschen von Auftragslisten sowie das Einfügen und Löschen von Auftragsnummern in bzw. aus Auftragslisten bereitstellt.

Die Steuerung der Auftragsabwicklung auf der Server-Seite gestaltet sich ungleich schwieriger, da die Auswahl eines Auftrags zur Bearbeitung durch den Server das gesamte Systemverhalten maßgeblich beeinflußt. Dies wird besonders am Beispiel eines Synchronisations-Servers deutlich, der durch die Vergabe von Lese- bzw. Schreibsperren den Zugriff auf gemeinsame Daten serialisiert. Ein solcher Server muß bestrebt sein, die Aufträge zur Freigabe von Sperren immer zuerst zu bearbeiten, da dadurch sowohl die Blockierungszeiten als auch die Konfliktwahrscheinlichkeit positiv beeinflußt werden. Da die Scheduling-Strategie offensichtlich server-spezifisch ist (Freigabe von Sperren), muß sie von außen in das RCS eingebracht werden können.

Für jeden Auftrag wird durch das RCS eine Gesamtauftragspriorität ermittelt, nach der ein Auftrag beim Neu- bzw. Wiedereintritt in die Liste der bearbeitbaren Aufträge des Servers eingeordnet wird. Der Auftrag mit der höchsten Priorität wird als nächster Auftrag durch den Server bearbeitet. Die Gesamtpriorität eines Auftrags setzt sich aus fünf Bestimmungsgrößen zusammen, nämlich der auszuführenden Funktion, dem auftraggebenden Client, dem Zustand des Auftrags, die vom Auftraggeber mitgelieferte Priorität für den Auftrag und dem Verhältnis von Wartezeit und Verweilzeit des Auftrags.

3.5 Auftragsübertragung

Der Modul zur Auftragsübertragung stellt Primitive zur auftragsbezogenen Kommunikation zwischen RCS-Anwendungskomponenten zur Verfügung. Er verwaltet alle Daten bzgl. der laufenden Aufträge (und Ergebnisse) sowie alle Daten über bestehende Verbindungen zu anderen RCS-Anwendungskomponenten, insbesondere auch die Art der Verbindung (Netzwerk oder gemeinsamer Speicher). Zu den auftragsbezogenen Daten zählen der Zustand des Auftrags, der Kontext des Auftrags und die Priorität des Auftrags. Ein Auftrag kann neu, unterbrochen, abgebrochen oder beendet sein. Für unterbrochene Aufträge müssen der aktuelle Verarbeitungskontext und ggf. Ereignisse, auf die der Auftrag wartet, verwaltet werden. Weiterhin müssen nach jeder Auftragsbearbeitung die Priorität des Auftrags neu berechnet und die Aufträge anhand ihrer Priorität (und ihres Zustandes) neu geordnet werden. Die Auftrags- und Parameterübertragung zu anderen RCS-Komponenten erfolgt mit Hilfe des Kommunikationsdienstes bzw. der Speicherverwaltung.

3.6 Kommunikationsdienst

Wenn zwischen zwei Prozessen kein gemeinsamer Hauptspeicher zur Verfügung steht, so muß der Datenaustausch nachrichtenbasiert über ein Netzwerk erfolgen. Im Fall von UNIX-Betriebssystemderivaten stehen rechnerübergreifende Mechanismen zur Interprozeßkommunikation zur Verfügung. Die Kontaktstellen solcher Kommunikationspfade werden als *Sockets* bezeichnet /CS87/. Auf Sockets werden Operationen zum Senden und Empfangen von Daten mit einer ähnlichen Semantik wie das Schreiben und Lesen auf Dateien zur Verfügung gestellt. Es werden zwei Typen von Sockets unterschieden, Stream-Sockets und Datagram-Sockets (vgl. /Sun87/). Zur Realisierung des RCS wurden Datagram-Sockets gewählt, da sie die auftretenden Anforderungen besser erfüllen /HKS90/.

3.7 Speicherverwaltung

Die Aufgabe der Speicherverwaltung besteht in der Bereitstellung einer einheitlichen Schnittstelle zum Anfordern und Freigeben von lokalem bzw. von globalem Speicher, wobei letzterer zur Aufnahme von Auftragsparametern benötigt wird. Lokaler Speicher wird dabei stets innerhalb des lokalen Adreßraums desjenigen Prozesses beschafft, der die gerade anfordernde Systemkomponente ausführt. Bei Anforderung von globalem Speicher ist von der Speicherverwaltung zunächst zu klären, ob im konkreten Fall tatsächlich gemeinsamer Speicher vorhanden ist oder nicht, d.h., ob es von Betriebssystem- bzw. Hardware-Seite überhaupt die Möglichkeit gibt, prozeß- bzw. prozessorübergreifend auf gemeinsame Daten zuzugreifen. Ist dies der Fall, so kann die globale Speicheranforderung unmittelbar auf gemeinsamen Speicher abgebildet werden. Die entsprechend abgelegten Parameter können dann relativ einfach von einer Systemkomponente zur anderen übertragen werden (vgl. Abschnitt 3.3). Ist dagegen kein gemeinsamer Speicher verfügbar, so wird die Anforderung von globalem Speicher ebenfalls aus dem prozeßlokalen Adreßraum erfüllt. Parameter, die in diesem Bereich abgelegt sind, müsen dann allerdings bei einer Übertragung durch das RCS kopiert und ggf. linearisiert werden. Aus Sicht der RCS-Anwendung macht sich dies lediglich in einer weniger effizienten Parameterübertragung bemerkbar.

4. Zusammenfassung

In diesem Aufsatz haben wir das Remote-Cooperation-System vorgestellt, das als Basiskomponente zur Realisierung eines koopierenden Datenbanksystems entwickelt wurde und derzeit erfolgreich in der Implementierungs- und Testphase des PRIMA-Prototypsystems eingesetzt wird. Das RCS bietet eine Ablaufumgebung an, die die Gestaltung eines verteilten Systems, bestehend aus kooperierenden Systemkomponenten, ermöglicht und somit die Realisierung von parallelen DB-Abarbeitungsstrategien unterstützt. Das RCS ist in einer heterogenen Hardware-Umgebung lauffähig. Die Kooperation zwischen den Komponenten erfolgt überwiegend nach dem Client/Server-Prinzip durch asynchrone Auftragsbearbeitung. Jede Komponente kann gleichzeitig als Client- und als Server-Komponente auftreten. Die Ausführung paralleler Aktivitäten zwischen den Komponenten setzt die Fähigkeit von asynchronen Server-Aufrufen voraus. Jeder Server kann beliebig viele Aufträge im Multi-Tasking-Prinzip bearbeiten, so daß die Anzahl der Aufträge unabhängig von der konkreten Hardware-Umgebung ist.

Besonderes Interesse gilt der Parameterübergabe bei der asynchronen Auftragserteilung und Ergebnisübernahme. Dazu haben wir eine Parametersemantik für Client/Server-Beziehungen definiert. Das RCS garantiert eine Übertragung der Parameter gemäß der angegebenen Semantik unabhängig von der zur Verfügung stehenden Hardware.

Aus Gründen der Portabilität ist das RCS in der Sprache C unter ausschließlicher Verwendung von Standardfunktionen des Betriebssystems UNIX (BSD 4.2) entworfen und implementiert /Hu89/. Im Rahmen des PRIMA-Projektes wird gegenwärtig ein über die drei Rechnerarten (Siemens, Sun, Apollo) verteiltes Anwendungssystem erprobt. Dabei laufen Systemkomponenten mit der Funktionalität des Zugriffs- und Speichersystems auf dem Siemens-Mainframe, Systemkomponenten für die Transaktions- und die Metadatenverwaltung sowie das Datensystem auf Sun-Rechnern und schließlich die DBS-Anwendungsebene und die PRIMA-Anwendung selbst auf Apollo-Workstations.

Nachdem die Funktionalität des RCS durch den Einsatz im PRIMA-Prototypsystem weitestgehend validiert wurde, ist es in weiteren Arbeiten geplant, die generelle Leistungsfähigkeit des RCS zu untersuchen und zu verbessern. Von besonderem Interesse ist dabei die Frage, in welchem Maß der evtl. vorhandene gemeinsame Speicher zur Effizienzsteigerung bei der Auftrags- und Parameterübertragung genutzt werden kann. Aus Sicht der PRIMA-Prototypentwicklung liegt das Augenmerk auf einer Bewertung der mit Hilfe des RCS umgesetzten DB-Verarbeitungsstrategien. Daher wurde das

RCS um Werkzeuge zur Durchführung von Messungen und Analysen sowie zur Darstellung der Systemdynamik erweitert. Die bereits realisierten Analysewerkzeuge sollen es ermöglichen, Aussagen über den erzielten Paralleltätsgrad abzuleiten und die konkret durchgeführte Zerlegung von DB-Operationen in Suboperationen, insbesondere deren Granularität und Ausführungshäufigkeiten, zu bewerten /HKSS91/.

5. Literatur

AS83   Andrews, G.R., Schneider, F.B.: Concepts and Notations for Concurrent Programming, in: ACM Computer Surveys, Vol. 15, No. 1, March 1983.

CS87   Coffild, D., Shepard, D.: Tutorial Guide to Unix Sockets for Network Communications, in: Computer Communications, Vol. 10, No. 1, Feb. 1987.

En89   Encore Computer Cooperation: Multimax Technical Summary, 1989.

Hä88   Härder, T.: The PRIMA Project - Design and Implementation of a Non-Standard Database System, SFB-Bericht 26/88, Universität Kaiserslautern, 1988.

HHM86:   Härder, T., Hübel, C., Mitschang, B.: Use of Inherent Parallelism in Database Operations, in: Proc. of the Conference on Algorithms and Hardware for Parallel Processing, Springer-Verlag, Lecture Notes in Computer Science, Vol. 237, 1986.

HKS90   Hübel, C., Käfer, W., Sutter, B.: Ein Client/Server-System als Basiskomponente für ein kooperierendes Datenbanksystem (Langfassung), SFB-Bericht 26/90, Universität Kaiserslautern, Mai 1990.

HKSS91   Hübel, C., Käfer, W., Schöning H., Sutter, B. : Leistungsbewertung in einem kooperierenden Datenbanksystem - Anforderungen, Methoden, Analysewerkzeuge, (in Vorbereitung) Universität Kaiserslautern, 1991.

HMMS88   Härder, T., Meyer-Wegener, K., Mitschang, B., Sikeler, A.: PRIMA - A DBMS Prototype Supporting Engineering. Applications, in: Proceedings 13th International Conference on Very Large Databases, pp. 433-442, Brighton, 1987.

HSS88   Härder, T., Schöning, H., Sikeler, A.: Parallelism in Processing Queries on Complex Objects, in: Proc. of the International Symposium on Databases in Parallel and Distributed Systems, Austin, Texas, 1988.

HSS89   Härder, T., Schöning, H., Sikeler, A.: Evaluation of Hardware Architectures for Parallel Execution of Complex Database Operations, in: Proc. 3rd Annual Parallel Processing Symposium Fullerton, CA, USA 1989, pp 564-578.

Hu89   Huber, H.-P.: RCS - Ein Basissystem zur Realisierung verteilter Anwendungssysteme, Diplomarbeit, Universität Kaiserslautern, 1989.

Le89   Lee, P.-A.: Why Parallel Processing, Technical Report, Computing Laboratory, University of Newcastle upon Tyne, 1989.

Mi88   Mitschang, B. : Ein Molekül-Atom-Datenmodell für Non-Standard-Anwendungen - Anwendungsanalyse, Datenmodellentwurf und Implementierungsaspekte, Informatik-Fachberichte 185, Springer-Verlag, Berlin, 1988.

Schö90   Schöning, H.: Realisierung von Parallelität bei der Bearbeitung von Anfragen von komplexen Objekten, in: Härder, T., Wedekind, H., Zimmermann, G. (Hrsg): Entwurf und Betrieb verteilter Systeme, Informatik-Fachberichte, IFB264, Springer, September 1990.

SE86   Seifert, M., Eberle H.: Remote Service Call (RSC): A Network Operating System Kernel for Heterogenous Distributed Systems, in: NTG-Fachberichte Nr. 92, VDE-Verlag 1986.

Sun89   Sun Microsystems: verschiedene Benutzerhandbücher, 1989.

Sy88   Sequent Computer Systems, Inc.: Symmetry Technical Summary, 1988.

Analyse optimistischer Synchronisationsverfahren für verteilte Datenbanksysteme

Doris Schmedding
Universität Dortmund
Informatik 10, Postfach 50 05 00, 4600 Dortmund 50

Zusammenfassung:

In den letzten Jahren sind eine Reihe von Arbeiten erschienen, in denen die Leistungsfähigkeit optimistischer Synchronisationsverfahren untersucht wird und in denen diese insbesondere im Vergleich mit Sperrverfahren aufgrund wenig objektiver Testumgebungen eher negativ beurteilt werden. Hier soll der Nachweis erbracht werden, daß gerade für verteilte Datenbanksysteme eine bestimmte Variante eines optimistischen Synchronisationsverfahrens eine geeignete Alternative darstellt.

In dem optimistischen Synchronisationsverfahren für verteilte Datenbanksysteme von Ceri und Owicki [CeOw 83] findet die Validierung der Transaktionen in zwei Stufen statt. Bei der zunächst durchgeführten lokalen Validierung ergeben sich an den einzelnen Datenbankrechnern des Systems unterschiedliche Serialisierungsordnungen. Für globale Transaktionen folgt deshalb eine globale Validierung, in der die lokalen Serialisierungsordnungen auf Widersprüche hin untersucht werden müssen.

Diesem Verfahren wird ein optimistisches Synchronisationsverfahren gegenübergestellt, bei dem eine systemweit gültige Ordnung auf den Transaktionen festgelegt wird, bzgl. der alle Datenbankrechner die Synchronisation der Transaktionen vornehmen, so daß alle entstehenden lokalen Ablaufpläne äquivalent zur seriellen Ausführung der Transaktionen in dieser Ordnung sind und deshalb keine Widersprüche zwischen den lokalen Serialisierungsordnungen entstehen können.

In dieser Arbeit wird ein Leistungsvergleich dieser beiden optimistischen Synchronisationsverfahren für verteilte Datenbanksysteme durchgeführt.

Aufbauend auf ein detailliertes Warteschlangenmodell wird durch eine umfangreiche Simulationsstudie, in der das Zugriffsverhalten der Transaktionen, die Größe der Datenbank, die Last und die Redundanzstruktur der verteilten Datenbank variiert worden sind, nachgewiesen, daß es für verteilte Systeme sinnvoll ist, eine allgemein gültige Serialisierungsordnung vorzugeben.

1 Einleitung

Der Begriff "optimistisches Synchronisationsverfahren" wurde 1981 von Kung und Robinson geprägt [KuRo 81]. Damit sollte der Unterschied zu den als pessimistisch angesehenen Verfahren, wie zum Beispiel das Zwei–Phasen–Sperren, hervorgehoben werden, die sehr aufwendige Mittel einsetzen, um den einzelnen Benutzern eine konsistente Sicht auf die Daten zu gewährleisten. Bei den optimistischen Methoden geht man davon aus, daß Konflikte zwischen den Transaktionen sehr selten sind, so daß in den meisten Fällen der Aufwand für die Synchronisation eigentlich überflüssig ist.

Bei einem optimistischen Synchronisationsverfahren kann eine Transaktion in der sogenannten **Lesephase** zunächst völlig ungehindert die benötigten Datenbankobjekte lesen, Berechnungen durchführen und auf lokalen Kopien schreiben.

In der anschließenden **Validierungsphase** wird in einem einfachen Test geprüft, ob durch die Ausführung der Transaktion die konsistente Sicht anderer, gleichzeitig aktiver Transaktionen verletzt wird oder ob die Transaktion selbst inkonsistente Daten gelesen hat.

Falls der Validierungstest zu einem positiven Ergebnis führt, folgt die **Schreibphase**, in der die Änderungen der Transaktion in die Datenbank eingetragen werden.

Falls das Ergebnis negativ ist, wird die Transaktion abgebrochen und nach einer Verzögerung mit der Lesephase erneut gestartet.

Daraus ergibt sich der nachfolgend skizzierte Ablauf einer Transaktion, wobei die Abbruchwahrscheinlichkeit einer Transaktion mit π bezeichnet wird.

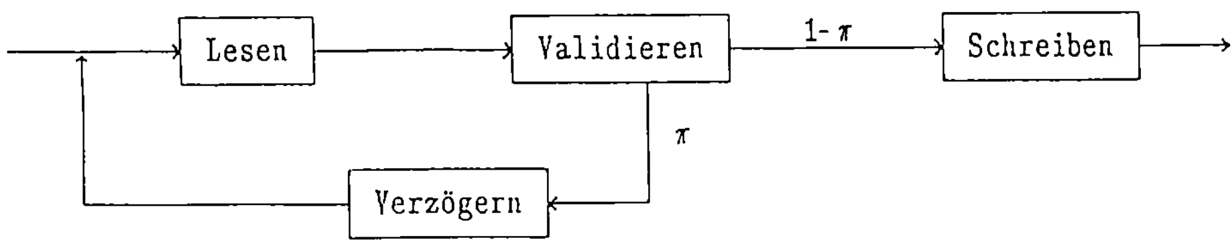

<u>Abb. 1</u>: Lebensphasen einer Transaktion

Der Vorteil des einfachen Validierungstest steht bei den optimistischen Synchronisationsverfahren dem Nachteil gegenüber, daß bei Abbruch einer Transaktion die bereits in der Lesephase geleistete Arbeit wiederholt werden muß.

Synchronisationsverfahren arbeiten korrekt, wenn sie nur Ablaufpläne erzeugen, die äquivalent zur seriellen Ausführung der Transaktionen sind. Die Ordnung, bezüglich der beim Kung–Robinson–Verfahren serialisiert wird, ist die Reihenfolge der Transaktionen beim Eintritt in die Validierungsphase.

Bei der Validierung einer Transaktion T muß eine Transaktion T_j berücksichtigt werden, wenn T_j zum Startzeitpunkt von T noch nicht beendet war und zum Validierungszeitpunkt von T bereits validiert ist. Die Menge derartiger Transaktionen nennt man **Validierungsmenge von T**, sie wird mit **VM(T)** bezeichnet.

Gleichzeitig aktive Transaktionen dürfen dann beliebig parallel ausgeführt werden, wenn keine Konflikte zwischen ihnen bestehen.

Ein **Lese–Schreib–Konflikt** zwischen T und $T_j \in$ VM(T) liegt vor, wenn gilt:
$$WS(T_j) \cap RS(T) \neq \{\},$$

wobei $WS(T_j)$ die Schreibmenge von T_j und RS(T) die Lesemenge von T bezeichnet.

Die Transaktion T muß abgebrochen werden, da die Gefahr besteht, daß T Daten gelesen hat, die T_j teilweise, aber noch nicht vollständig geändert hat.

Ein **Schreib–Schreib–Konflikt** zwischen T und $T_j \in$ VM(T) liegt vor, wenn gilt:
$$WS(T_j) \cap WS(T) \neq \{\}.$$

Die Konsistenz der Daten wird verletzt, wenn nach Ausführung von T und T_j nicht alle Objekte der Schnittmenge den von T erzeugten Wert besitzen.

Im ursprünglichen Verfahren von Kung und Robinson wird T auch bei Vorliegen eines Schreib–Schreib–Konflikts abgebrochen. Durch Anwendung der **Thomas–Write–Rule** [Thom 79], bei der aus der Schreibmenge der älteren Transaktion (hier T_j) die Objekte der Schnittmenge herausgenommen werden, kann der Abbruch von T vermieden werden,

$$WS(T_j) := WS(T_j) \setminus (\, WS(T) \cap WS(T_j) \,).$$

In den achziger Jahren sind eine Reihe von Arbeiten erschienen, in denen die Leistung optimistischer Synchronisationsverfahrenen sowohl in zentralen als auch in verteilten Datenbanksystemen untersucht wird. Zum Vergleich werden in der Regel die in zentralen Systemen zum Standard gewordenen Zwei–Phasen–Sperrverfahren herangezogen.

Der Leistungsvergleich wird meist in Umgebungen mit sehr hoher Konfliktwahrscheinlichkeit vorgenommen. Die Datenbank enthält dann nur wenige Einträge, während die Transaktionen im Verhältnis dazu auf sehr viele Daten zugreifen und viele Transaktionen gleichzeitig aktiv sind. Sperrverfahren, die unter diesen Bedingungen praktisch eine sequentielle Ausführung der Transaktionen erzwingen, liefern unter diesen Umständen bessere Ergebnisse als optimistische Verfahren, bei denen im Konfliktfall eine Transaktion abgebrochen und bereits in der Lesephase geleistete Arbeit wiederholt werden muß. Das führt sehr schnell zu einer Überlastung des Systems.
Insbesondere Sperrverfahren, bei denen keine Blockierungen auftreten können, [MeNa 82] [MoWo 85] bewirken bei sehr hoher Konfliktwahrscheinlichkeit eine rein sequentielle Ausführung der Transaktionen. Das ist zwar unter diesen Bedingungen sicher die beste Lösung, die allerdings auch ohne das aufwendige Führen einer Sperrtabelle erreicht werden kann. Eine rein sequentielle Ausführung der Transaktionen stellt auch eine (sehr einfache) Form der Synchronisation von Transaktionen dar, kann aber nicht als allgemeine Lösung akzeptiert werden, da, auch wenn keine Konflikte zwischen den Transaktionen bestehen, die Transaktionen nicht parallel abgearbeitet werden können.

Die Vorteile der optimistischen Verfahren können sich dagegen oft nicht auswirken, da in den Arbeiten stark vereinfachende Annahmen getroffen werden, um eine Leistungsbewertung mit mathematischen Methoden vornehmen zu können.
Wenn wie in [MeNa 82] und in [MoWo 85] der Synchronisationsaufwand völlig vernachlässigt wird, bleibt der Vorteil eines einfachen Validierungstests gegenüber dem aufwendigen Führen einer Sperrtabelle unberücksichtigt.
Einen weiteren Kritikpunkt liefern die Annahmen, die bezüglich der Transaktionsstruktur getroffen werden und durch die den Konkurrenzverfahren Vorteile verschafft werden.
In [MeNa 82] und in [MoWo 85] wird zum Beispiel nicht zwischen Lese– und Schreibmenge einer Transaktion unterschieden, so daß die Konfliktwahrscheinlichkeit höher als eigentlich nötig ist.
Wenn wie in [AgCl 85], [AgCl 87], [RyTh 87] und [ThRy 85] angenommen wird, daß die Schreibmenge einer Transaktion eine Teilmenge ihrer Lesemenge ist, kann die Thomas–Write–Rule nicht eingesetzt und kein Transaktionsabbruch verhindert werden, denn jeder Schreib–Schreib–Konflikt bringt einen Lese–Schreib–Konflikt mit sich.

Bei der Untersuchung verteilter Systeme ist zusätzlich zu kritisieren, daß meist nur aus wenigen Datenbankrechnern bestehende Systeme betrachtet werden (in [MoBe 86] zwei Rechner, in [Bha 82b] 3–6 Rechner), während in realen Anwendungen eher große Systeme zu erwarten sind. Da insbesondere bei voll redundanter Datenverteilung der Aufwand für Änderungstransaktionen sehr stark mit der Anzahl der Rechner im System anwächst, besitzen die Ergebnisse sehr kleiner Systeme nicht unbedingt allgemeine Gültigkeit.

Als Ergebnis der kritischen Literaturstudie ist festzuhalten, daß zur Leistungsbewertung eines Synchronisationsverfahrens ein Modell benötigt wird, das so detailliert ist, daß alle charakteristischen Eigenschaften des Verfahrens deutlich werden. Ein Vergleich verschiedener Verfahren scheint nur dann sinnvoll, wenn sie ähnlich sind, da sonst durch vereinfachende Annahmen Vorteile für ein bestimmtes Verfahren herbeigeführt werden.

Um eine objektive Leistungsbewertung zu ermöglichen, sollten möglichst verschiedenartige Lastprofile betrachtet werden. In einem verteilten System sollte auch die Anzahl der Rechner im System und die Redundanzstruktur des Datenbestands variiert werden.

In Kapitel 2 werden verschiedene Konzepte vorgestellt, wie sich die Idee der optimistischen Synchronisationsverfahren auf verteilte Datenbanksysteme übertragen läßt. Für zwei dieser Verfahren wird ein Leistungsvergleich mit Hilfe einer Simulation durchgeführt. Dazu werden zunächst in Kapitel 3 Warteschlangenmodelle aufgestellt, durch die die Ausführung der Transaktionen im verteilten Datenbanksystem modelliert wird.
In Kapitel 4 werden die Simulation und durchgeführten Experimente beschrieben. In Kapitel 5 werden einige wichtige Ergebnisse vorgestellt. Abschließend folgt in Kapitel 6 eine Zusammenfassung und die kritische Würdigung der Ergebnisse.

2 Optimistische Synchronisationsverfahren in verteilten Datenbanksystemen

Die Synchronisation von Transaktionen in verteilten Datenbanksystemen stellt eine sehr viel komplexere Aufgabe als in zentralen Systemen dar.
Die Transaktionen werden in Teiltransaktionen zerlegt, die an den einzelnen Datenbankrechnern des Systems ausgeführt werden. Wegen unterschiedlicher Übertragungsverzögerungszeiten treffen die Teiltransaktionen an den Rechnern in unterschiedlicher Reihenfolge ein. Jedem Rechner steht deshalb nur ein unvollständiges Abbild der Gesamtsituation im System bei der Validierungsentscheidung zur Verfügung. Seine Sicht des Systemzustands ist außerdem nicht unbedingt mit der anderer Rechner identisch.
Wenn mehrere Kopien eines Datums existieren, muß sichergestellt werden, daß alle Kopien konsistent mitgeändert werden. Das ist dann garantiert, wenn zwischen den an den einzelnen Rechnern lokal entstehenden Ablaufplänen kein Widerspruch besteht, sie also äquivalent zu einem globalen seriellen Ablaufplan sind.

Da gerade in verteilten Datenbanken viele zeitparallel ausgeführte Transaktionen auf disjunkten Datenmengen arbeiten, erscheint die Idee der optimistischen Verfahren, so wenig Synchronisationsaufwand wie unbedingt nötig zu betreiben, dafür aber im sehr seltenen Konfliktfall bereits geleistete Arbeit wiederholen zu müssen, für verteilte Systeme eine interessante Alternative zu sein.
Optimistische Synchronisationsverfahren zeichnen sich im Gegensatz zu Zeitstempelverfahren dadurch aus, daß sich zur Sicherstellung der Atomarität der Transaktionen das Zwei–Phasen–Commitprotokoll leicht integrieren läßt.
Gegenüber den Sperrverfahren besitzen die optimistischen Verfahren den Vorteil, daß die Thomas–Write–Rule zur Lösung von Schreib–Schreib–Konflikten eingesetzt werden kann. Außerdem ist,

insbesondere wenn die Datenbank eine hohe Redundanz besitzt und Schreibsperren auf alle Kopien gesetzt werden müssen, die Gefahr groß, daß Deadlocks auftreten, die nur mit hohem Aufwand erkannt bzw. verhindert werden können.

Im Prinzip läuft eine Transaktion in einem verteilten Datenbanksystem mit optimistischem Synchronisationsverfahren in den gleichen Phasen ab wie in einem zentralen System. Zusätzlich wird nur noch eine Abbruchphase benötigt, in der die beteiligten Datenbankrechner über den Abbruch einer Transaktion informiert werden.

Man unterscheidet bei der Ausführung der Transaktionen durch das verteilte Datenbanksystem zwei Funktionen, die ein Datenbankrechner übernehmen muß.
Als **Transaktionsmanager** steuert er die Ausführung der Transaktionen, die an ihm gestartet wurden. Er führt jeweils die Organisation der entsprechenden Phase durch, indem er Aufträge an andere Rechner erteilt, und wertet die Ergebnisse aus.
Als **Datenmanager** führt er die Aufforderungen anderer Datenbankrechner aus und sendet die Ergebnisse an den entsprechenden Transaktionsmanager zurück.

Der Ablauf einer Transaktion in einem verteilten Datenbanksystem wird in Abb. 2 dargestellt.

Die verschiedenen Vorschläge für optimistische Synchronisationsverfahren unterscheiden sich im Prinzip nur in der Durchführung der Validierung.

Beim Verfahren von Ceri und Owicki [CeOw 83] findet die Validierung der Transaktionen in zwei Stufen statt. Zunächst werden die Teiltransaktionen gemäß dem Verfahren von Kung und Robinson lokal validiert. Die zugrundeliegende Serialisierungsordnung ist die Reihenfolge der Teiltransaktionen beim Übergang in die Validierungsphase an den einzelnen Rechnern. Wegen der Übertragungsverzögerungszeiten im Netz kann diese Reihenfolge an den einzelnen Rechnern unterschiedlich sein. Falls eine Transaktion nur auf lokalen Objekten arbeitet, ist ihre Validierung damit beendet. Besteht sie aus mehreren Teiltransaktionen, folgt auf die lokale Validierung eine globale Validierung, in der geprüft wird, ob Widersprüche zwischen den lokalen Serialisierungsordnungen der beteiligten Rechner bestehen.

Die Widersprüche zwischen den lokalen Ablaufplänen werden mit Hilfe eines "Time–out"–Mechanismus erkannt. Für die globale Validierung werden alle Transaktionen bestimmt, die in der lokalen Serialisierungsordnung vor der betrachteten Transaktion stehen und in Konflikt zu ihr stehen. Von dieser Menge wird ihr transitiver Abschluß gebildet. Den Transaktionen in dieser Menge wird dann eine gewisse Zeit eingeräumt, in der sie beendet werden sollen. Wenn eine Transaktion T nach dem "Time–out" noch nicht beendet ist, wird angenommen, daß ein Widerspruch zwischen lokalen Ablaufplänen besteht und daß T an einem anderen Datenbankrechner auf die Beendigung der hier zu validierenden Transaktion wartet.

Mein Verbesserungsvorschlag besteht nun darin, von vornherein eine globale Validierungsordnung fest vorzugeben, nach der an allen Rechnern die Validierung der Teiltransaktionen vorgenommen wird. So kann die globale Validierung eingespart werden. Der Aufwand für die gesamte Validierung entspricht dann genau dem der lokalen Validierung bei Ceri und Owicki, mit dem Unterschied, daß jeweils eine andere Serialisierungsordnung zugrunde gelegt wird.

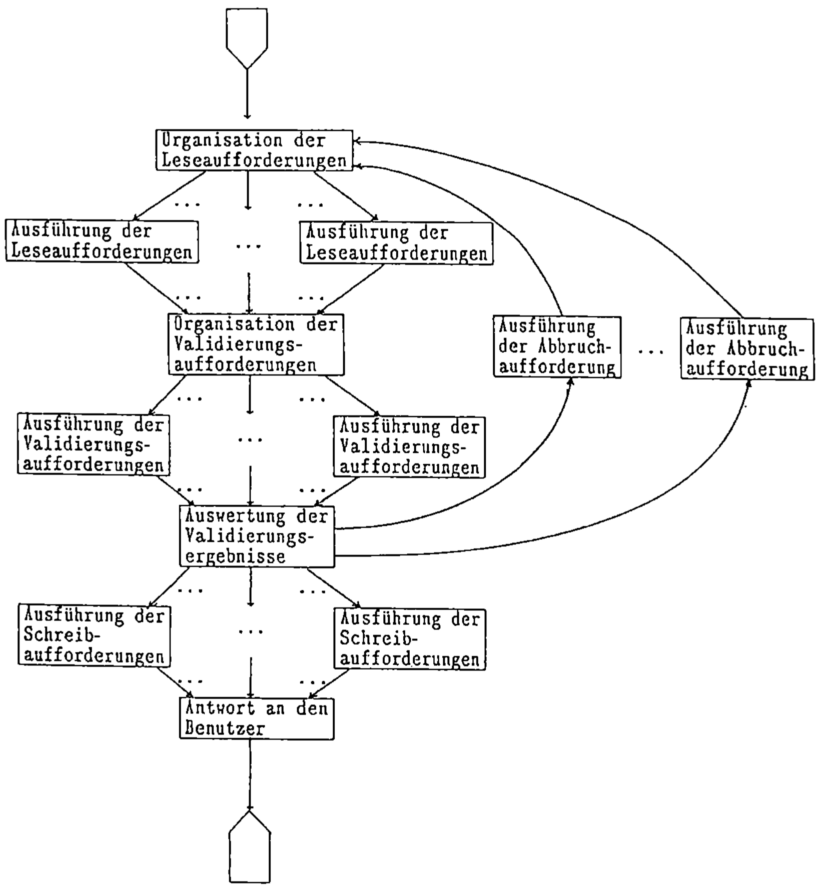

<u>Abb. 2:</u>   Ablauf einer Transaktion in einem verteilten Datenbanksystem mit optimistischen Synchronisationsverfahren

Die systemweit gültige, globale Ordnung wird mit Hilfe von Zeitstempeln auf den Transaktionen erzielt. Als Zeitstempel wird der Zeitpunkt des Eintritts in die Validierungsphase am Transaktionsmanager gewählt. Diesen Zeitstempel erhalten auch die Teiltransaktionen. Vorausgesetzt werden muß, daß im System synchron laufende Uhren existieren.

Zu den optimistischen Synchronisationsverfahren zählen Ceri und Pelagatti in [CePe 84, S. 233] außerdem das "Majority Consensus"–Verfahren von Thomas [Thom 79], das mit Zeitstempeln auf den Transaktionen und auf den Daten arbeitet. Dieses Verfahren soll hier nicht zum Vergleich herangezogen werden, da die volle Redundanz der Daten eine unabdingbare Voraussetzung ist. Außerdem ist für die Korrektheit notwendig, daß die Schreibmenge jeder Transaktion eine Teilmenge ihrer Lesemenge ist und daß die Schreibmenge nicht leer ist.

Daneben gibt es optimistische Synchronisationsverfahren, die zur Validierung Konfliktgraphen einsetzen, in denen die Konflikte zwischen den Transaktionen dargestellt werden. Ein Beispiel hierfür ist das Verfahren von Bhargava [Bha 82a]. Eine Transaktion muß abgebrochen und neu gestartet werden, wenn der globale Konfliktgraph einen Zyklus enthält.

Derartige Verfahren bieten zwar den Transaktionen den maximalen Grad an Parallelität, dafür ist ein derartiges Verfahren aber viel schwieriger zu realisieren als ein Zeitstempel oder ein Sperrverfahren, da ein globaler Test auf Konsistenz hin durchgeführt werden muß [Papa 86, S. 209]. Diese Algorithmen verursachen extrem hohe Kommunikationskosten, da der Austausch von Nachrichten unvermeidbar ist, denn die lokal zur Verfügung stehenden Informationen sind ungenügend und irreführend [Papa 86, S. 211]. Bernstein, Hadzilacos und Goodman führen aus, daß die Suche nach Zyklen im Konfliktgraph zwar im Prinzip das gleiche Problem darstellt wie die globale Deadlock–Erkennung beim Zweiphasensperren, da aber die Transaktionen im Wait–For–Graph sowieso aufeinander warten, wird durch eine verzögerte Zyklensuche nur das Erkennen des Deadlocks verzögert. Bei der Synchronisation von Transaktionen mit Hilfe von Konfliktgraphen dagegen kann ohne eine Zyklensuche kein Committ erfolgen. Deshalb sollte die Zyklensuche zumindest in der gleichen Rate wie die Ausführung der Transaktionen erfolgen, was sehr hohe Kosten verursacht [BeHG 87, S. 126].

3 Modellbildung

In diesem Kapitel werden für die beiden zu vergleichenden Verfahren Warteschlangenmodelle aufgestellt, die die Bearbeitung der Transaktionen durch einen Rechner des verteilten Datenbanksystems modellieren und die die Grundlage für die Simulationsstudie liefern.

Dazu werden zunächst einige vereinfachende Annahmen getroffen:

Das **verteilte Datenbanksystem** bestehe aus N gleich aufgebauten Rechnern, die alle miteinander verbunden sind. Die Übertragungsverzögerungszeit auf allen Verbindungen sei identisch und konstant. Die Übertragung der Nachrichten soll fehlerfrei erfolgen.
Bei einem **Datenbankrechner** soll es sich um ein Mehrplatzsystem mit einer CPU handeln, das die Transaktionen gemäß der Round–Robin–Bediendisziplin ausführt.
Die Bedienzeit für das Lesen eines Objekts, die Berechnung eines Werts und das Überschreiben eines Objekts in der Datenbank seien exponentiell verteilt.

Die **Datenbank** bestehe aus M Datenobjekten. Sie soll die feinstmögliche Granularität besitzen, d.h. daß sowohl der Zugriff als auch die Suche nach Konflikten zwischen den Transaktionen auf dieser Ebene erfolgt. So wird der höchste Grad an Parallelität zwischen den Transaktionen erzielt, verbunden mit dem höchsten Synchronisationsaufwand.

Die Größe der Lese– und Schreibmenge der Transaktionen sei geometrisch verteilt, wobei die Lese– und Schreibmenge jeweils nicht leer sein sollen.
Die Transaktionen seinen unabhängig voneinander.
Die Zwischenankunftszeit der von außen in das System hereinkommenden Transaktionen sei exponentiell verteilt mit Rate λ_0. Die Transaktionen seien gleichmäßig auf alle Rechner des Systems verteilt, $\lambda_s = \frac{1}{N} \cdot \lambda_0$, $\forall\, s \in \{1,...,N\}$.

Messungen, die Becker [Beck 85] an einem Transaktionsverwaltungssystem mit 70 Datenstationen in einem mittelgroßen Betrieb der metallverarbeitenden Industrie durchgeführt hat, legen das oben beschriebene Transaktionsmodell mit exponentiell verteilter Zwischenankunftszeit und geometrisch verteilter Größe der Lese- und Schreibmenge nahe.

Nach Abbruch wird eine Transaktion um eine konstante Zeit verzögert. Durch die Verzögerung wird der anderen am Konflikt beteiligten Transaktion die Chance gegeben, in dieser Zeit ihre Schreiboperationen zu beenden. Die Simulation des Verfahrens hat gezeigt, daß die mittleren Antwortzeiten minimal sind, wenn die Verzögerungszeit etwa der mittleren Antwortzeit entspricht.

Aus dem Lebenszyklusmodell für Transaktionen in verteilten Datenbanksystemen (Abb.2) läßt sich ablesen, daß eine Transaktion acht verschiedene Zustände annehmen kann. Da sie in jedem der Zustände eine andere Art der Bedienung erfahren muß, werden die Zustände durch acht Benutzerklassen modelliert, die nachfolgend in einer Tabelle beschrieben werden.

Klasse	Beschreibung
1	Ausführung einer Leseaufforderung, Lesen von Datenbankobjekten
2	Ausführung einer Validierungsauforderung, Validierung einer Transaktion
3	Ausführung einer Abbruchaufforderung
4	Ausführen einer Schreibaufforderung
5	Organisation der Lesephase
6	Organisation der Validierungsphase
7	Auswertung der Validierungsergebnisse und Organisation der Schreib- bzw. Abbruchphase
8	Antwort an den Benutzer

Tabelle 1: Übersicht über die Benutzerklassen

Zunächst wird das in Abb. 3 dargestellte Warteschlangenmodell für das Synchronisationsverfahren mit der vorgegebenen globalen Serialisierungsordnung aufgestellt. Das Modell für einen Datenbankrechner besteht aus zwei Knoten, von denen der eine die CPU des Rechners repräsentiert. Der andere Knoten des Warteschlangennetzes ist ein "Infinite-Server"-Knoten, durch den die Verzögerung der Transaktionen nach Abbruch modelliert wird. An einem derartigen Knoten stehen unendlich viele Bediener zur Verfügung, so daß ein eintreffender Benutzer ohne Wartezeiten bedient werden kann.

Da vom Transaktionsmanager Aufträge an andere Datenbankrechner erteilt werden müssen, wird eine Aufteilung einer Transaktion in Teiltransaktionen vorgenommen. Das wird durch sogenannte "Fission-Gates" modelliert.
Der Transaktionsmanager kann erst dann an einer Transaktion weiterarbeiten, wenn alle Ergebniss der erteilten Aufträge eingetroffen sind. Die Zusammenfassung der Teiltransaktionen wieder zu einer Transaktion wird durch "Fusion-Gates" modelliert.
Reiser und Sauer [ReSa 78] führen aus, daß Warteschlangennetze mit derartigen Komponenten keine Produktform besitzen.

Für das Verfahren von Ceri und Owicki, das ja zum Leistungsvergleich herangezogen werden soll, läßt sich ein sehr ähnliches Modell (Abb. 4) aufstellen, das sich nur in der Validierungsphase unterscheidet.

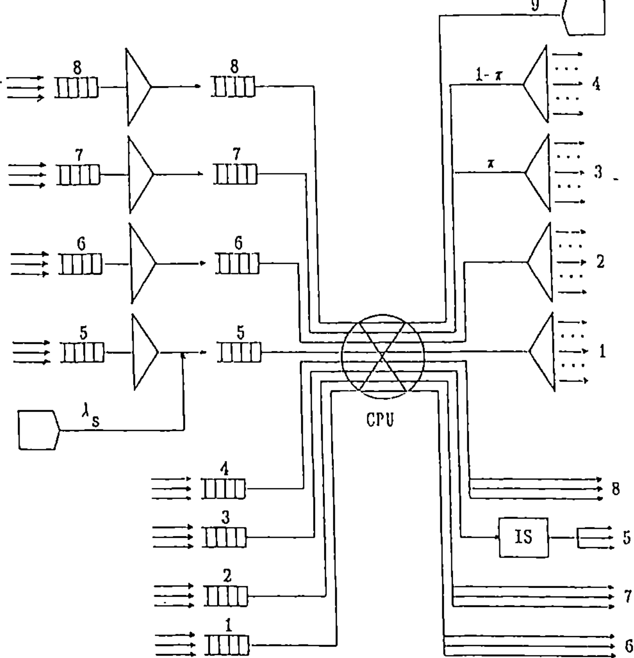

Abb. 3: Warteschlangenmodell für das neu entwickelte Verfahren

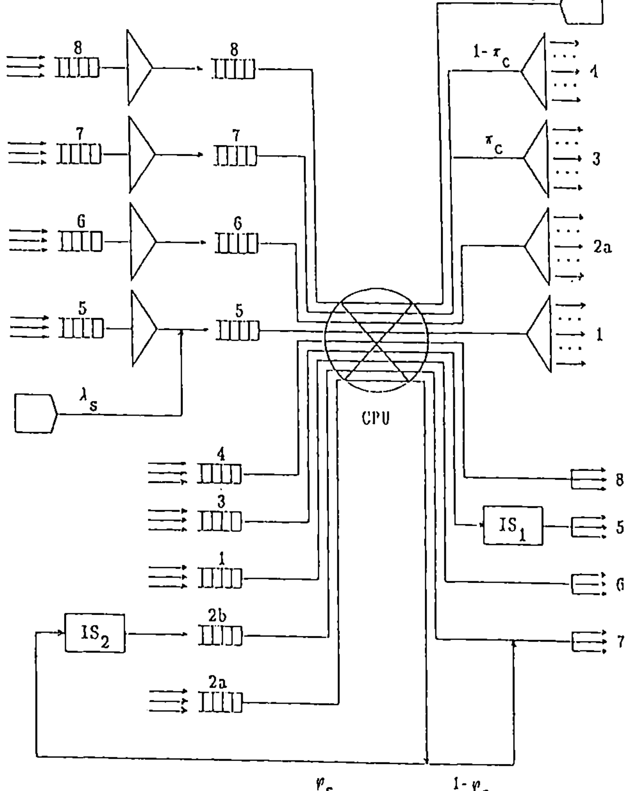

Abb. 4: Warteschlangenmodell für das Verfahren Ceri und Owicki

Da ein Bestandteil der globalen Validierung das Warten auf die Beendigung von Transaktionen ist, wird zusätzlich ein weiterer "Infinite–Server"–Knoten benötigt, durch den das Warten modelliert wird. Außerdem wird die Bedienklasse 2 in die Klassen 2a für die lokale und 2b für die globale Validierung aufgeteilt. φ_s bezeichnet die Wahrscheinlichkeit dafür, daß auf die lokale eine globale Validierung folgt.

4 Simulative Analyse

Da die Modelle keine Produktform besitzen und deshalb keine Untersuchung mit Hilfe von Methoden aus der Warteschlangentheorie möglich ist, sind aufbauend auf den in Abb. 3 und 4 dargestellten Warteschlangennetzen diskrete ereignisorientierte Simulationsprogramme in der Programmiersprache Pascal geschrieben worden. Ereignisse im Sinne dieser Programme sind die Generierung einer Transaktion, der Anfang und das Ende einer Bedienung und die endgültige Beendigung einer Transaktion.

Die verwendeten Simulationsparameter sind:

M	—	Größe der Datenbank
N	—	Anzahl der Rechner im Netz und
l	—	mittlere Lesezykluszeit
b	—	mittlere Berechnungszeit für einen neuen Wert
s	—	mittlere Schreibzykluszeit
t	—	die als konstant angenommene Übertragungsverzögerungszeit
v	—	Verzögerungszeit bei Abbruch
p_r, p_w	—	Parameter der geometrischen Verteilung der Größe der Lese– bzw. Schreibmenge

Für das Verfahren von Ceri und Owicki wird noch die Verzögerungszeit t_o bei der globalen Validierung benötigt.

Die durchgeführten Experimente werden anhand der folgenden Tabelle beschrieben.

Exp.	N	M	Datenverteil.	M_s	λ_s	$\overline{RS}$	$\overline{WS}$	Zugriffsw.k.
1	5	10000	Datenpart.	2000	var	25	9	∀ Obj. gleich
2	var	10000	Datenpart.	$\lceil M/N \rceil$	0,2	25	9	∀ Obj. gleich
3a	5	10000	volle Red.	2000	var	25	9	∀ Obj. gleich
3b	5	10000	volle Red.	2000	var	17	17	∀ Obj. gleich
4	var	10000	volle Red.	$\lceil M/N \rceil$	0,05	25	9	∀ Obj. gleich
5	5	10000	Datenpart.	2000	var	25	9	80 % der Zugr. auf lok. Daten

<u>Tabelle 2:</u> Beschreibung der durchgeführten Experimente

In den Experimenten wird die Ankunftsrate der Transaktionen in das System, die Transaktionsstruktur und die Anzahl der Datenbankrechner variiert. In den Experimenten 3 und 4 wird eine voll redundante Datenverteilung, in den anderen Datenpartitionierung angenommen. In Experiment 5 erfolgen 80 Prozent der Zugriffe auf die lokalen Daten. Ansonsten wird ein gleichmäßiger Zugriff auf die Daten angenommen.

5 Ergebnisse

In Experiment 1 wird in einem aus 5 Rechnern bestehenden System mit Datenpartitionierung die Ankunftsrate der Transaktionen variiert. Die Ergebnisse sind in Abb. 5a – 5d dargestellt, wobei wie in den anderen Abbildungen die Ergebnisse des Verfahrens von Ceri und Owicki durch "+" und die des neuen Verfahrens durch "·" gekennzeichnet sind.

Eine Erhöhung der Ankunftsrate λ_s bewirkt eine Steigerung der mittleren Auslastung U_s eines Rechners (Abb. 5b). Da immer mehr Transaktionen gleichzeitig vom System bearbeitet werden, wachsen die Wartezeiten auf die Bedienung durch die CPU, so daß die mittlere Lebensdauer der Transaktionen ansteigt (Abb. 5a). Mit der Anzahl der sich gleichzeitig im System befindenden Transaktionen steigt auch die mittlere Größe der Validierungsmenge (Abb. 5d), was wiederum zu einem Anstieg der Abbruchwahrscheinlichkeit führt (Abb. 5c). Da sich diese Effekte gegenseitig verstärken, zeigen die Kurven ein exponentielles Wachstum.
Der Vorteil des neuen Verfahrens wird insbesondere bei größerer Belastung des Systems deutlich, da dann die Wahrscheinlichkeit größer ist, daß für die Transaktionen globale Validierungen durchgeführt werden müssen.

Ein interessantes Ergebnis zeigt Experiment 2, bei dem die Anzahl der Rechner im verteilten Datenbanksystem erhöht wird. Da die Zugriffswahrscheinlichkeit auf alle Objekte gleich ist, verteilen sich die Lese– und Schreiboperationen mit wachsender Zahl von Rechnern im System auf immer mehr Rechner. Deshalb sinken zunächst die mittleren Antwortzeiten (Abb.6), obwohl die Last im Gesamtsystem mit jedem neu hinzukommenden Rechner ansteigt und Übertragungsverzögerungszeiten auftreten.

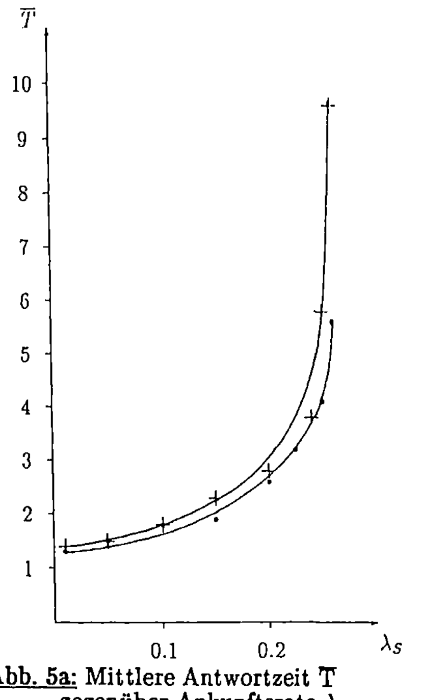

Abb. 5a: Mittlere Antwortzeit T
gegenüber Ankunftsrate λ_s

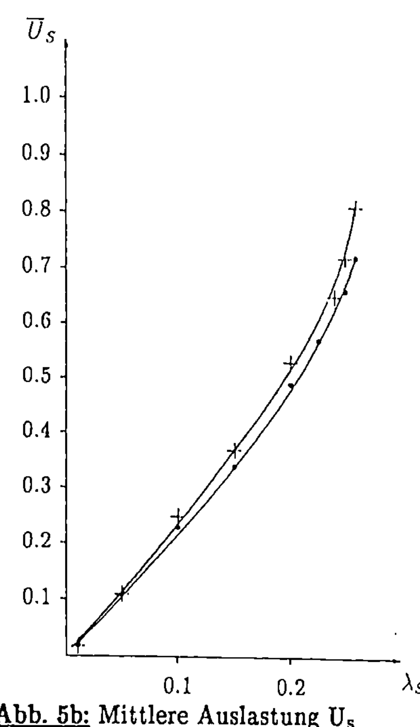

Abb. 5b: Mittlere Auslastung U_s
eines Rechners gegenüber λ_s

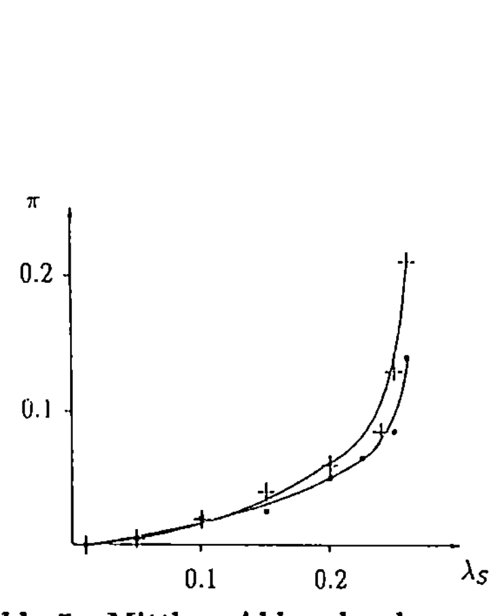

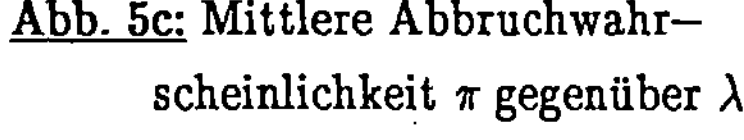

Abb. 5c: Mittlere Abbruchwahrscheinlichkeit π gegenüber λ_s

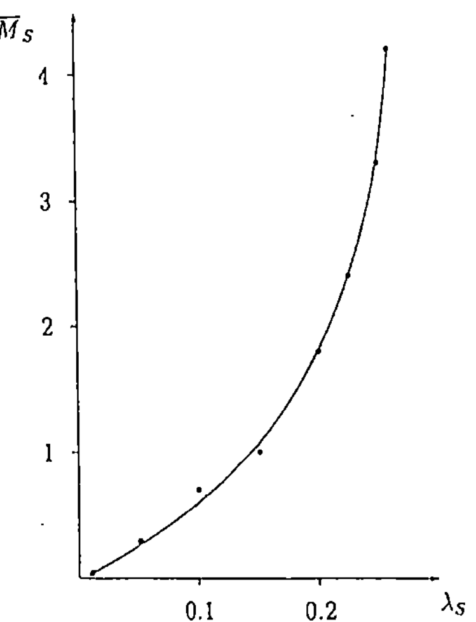

Abb. 5d: Mittlere Größe der Validierungsmenge $\overline{VM}_s$ gegenüber λ_s

Der Unterschied zwischen den beiden Verfahren wird in diesem Experiment sehr gut deutlich. Da die Transaktionen mit wachsender Anzahl von Rechnern im System in immer mehr Teiltransaktionen aufgeteilt werden, muß für jede Transaktion eine globale Validierung durchgeführt werden. Je länger die Antwortzeit ist und je mehr Rechner sich im System befinden, desto größer ist die Wahrscheinlichkeit, daß bei der globalen Validierung ein "Time–out"–Mechanismus eingesetzt werden muß.

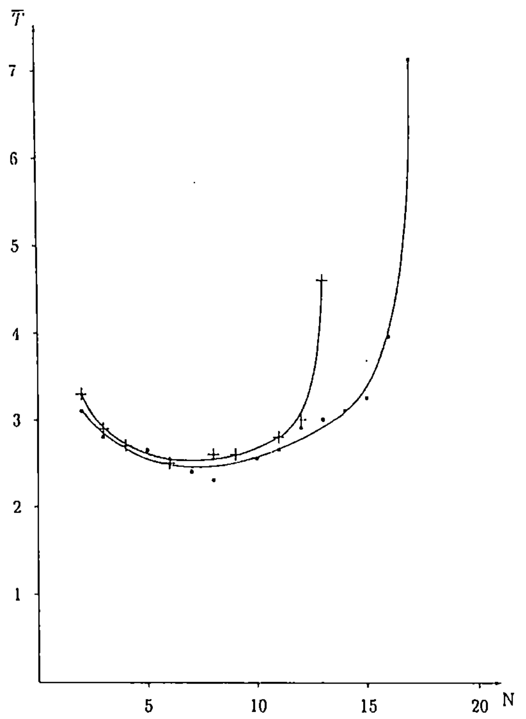

Abb. 6: Mittlere Antwortzeit T gegenüber N

Insbesondere bei voll redundanter Datenbank (Exp. 3 und 4) werden die Vorteile des neuen Verfahrens deutlich. Dargestellt sind in Abb. 7 die Ergebnisse von Experiment 3b und in Abb. 8 die von Experiment 4. Da bei voll redundanter Datenbank die Schreiboperationen einer Transaktion an allen Datenbankrechnern des Systems ausgeführt werden müssen, wird in einer derartigen Umgebung für jede Transaktion eine globale Validierung benötigt. Diese Experimente zeigen aber auch deutlich, daß eine derartige Datenverteilung eine ungeheuere Belastung des Gesamtsystems darstellt. Selbst in Experiment 5, bei dem die Mehrheit der Zugriffe auf die lokalen Daten erfolgt, zeigen sich geringfügig bessere Ergebnisse für das neue Verfahren.

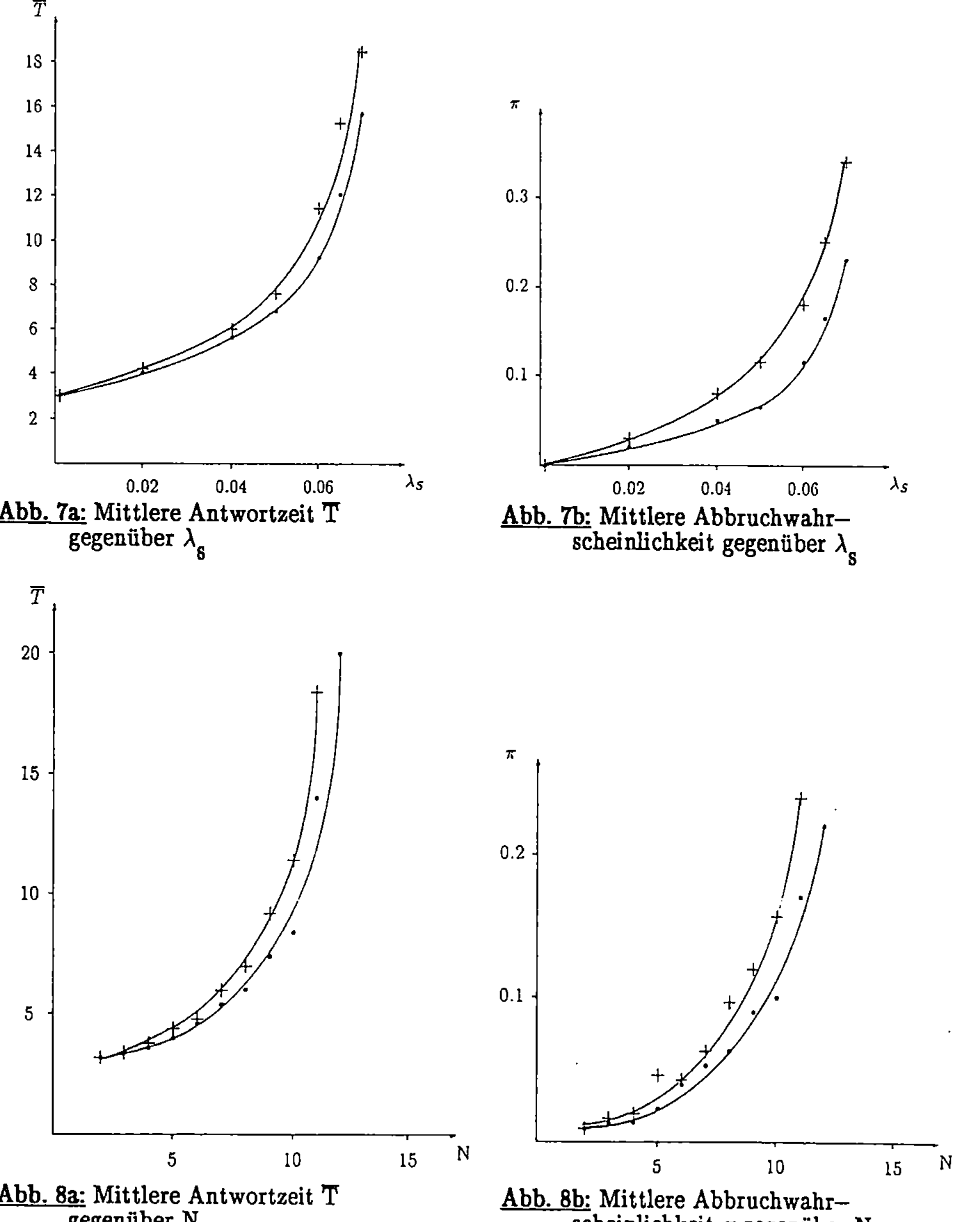

Abb. 7a: Mittlere Antwortzeit T gegenüber λ_s

Abb. 7b: Mittlere Abbruchwahrscheinlichkeit gegenüber λ_s

Abb. 8a: Mittlere Antwortzeit T gegenüber N

Abb. 8b: Mittlere Abbruchwahrscheinlichkeit π gegenüber N

6 Zusammenfassung und kritische Würdigung

In diesem Aufsatz ist ein neues optimistisches Synchronisationsverfahren für verteilte Datenbank-
systeme vorgestellt worden. In einem Leistungsvergleich mit dem Verfahren von Ceri und Owicki
[CeOw 83] zeigt das neue Verfahren in allen durchgeführten Experimenten bessere Ergebnisse.
Das Verfahren von Ceri und Owicki führt die Validierung der Transaktionen in zwei Stufen durch.
Auf die lokale Validierung bzgl. einer lokalen Validierungsordnung folgt für globale Transaktionen
eine globale Validierung, in der die lokalen Ablaufpläne auf Widersprüche hin untersucht werden.
Beim neuen Verfahren dagegen ist eine netzweit gültige globale Ordnung auf den Transaktionen
vorgegeben, nach der alle Rechner des Systems die Validierung der Transaktionen vornehmen, so
daß alle lokalen Ablaufpläne äquivalent zur vorgegebenen Serialisierungsordnung sind.
In den durchgeführten Experimenten wird versucht, ein breites Spektrum möglicher Konfigurationen verteilter Datenbanksysteme abzudecken. Es werden sowohl Systeme mit disjunkter Datenverteilung als auch mit voller Datenredundanz betrachtet. In den Experimenten wird die Ankunftsrate,
die Anzahl der Rechner im System und der Aufbau der Transaktionen variiert.
Da das neue Verfahren in allen Fällen bessere Ergebnisse liefert, muß abschließend festgestellt
werden, daß es für optimistische Synchronisationsverfahren in einem verteilten Datenbanksystem
sinnvoll ist, von vornherein eine Ordnung vorzugeben, bzgl. der alle Datenbankrechner des Systems
die Transaktionen validieren.

Literaturverzeichnis

[AgCL 85] Agrawal, R., Carey, M.J., Livny, M.: Models for Studying Concurrency Performance
Alternatives and Implications, in: Sham Navathe (Ed.): Proceedings of
ACM–SIGMOD 1985 International Conference on Management of Data, Austin,
Texas, pp. 108–121, 1985.

[AgCL 87] Agrawal, R., Carey, M.J., Livny, M.: Concurrency Control Performance Modeling
Alternatives and Implications, ACM Transactions on Database Systems, Vol. 12, No
4, 1987.

[Beck 85] Becker, A.: Wechselwirkungen zwischen Transaktionen in einem Datenbankverwaltungssystem mit Zweiphasensperrprotokoll, Dissertation, RWTH Aachen, 1985.

[BeHG 87] Bernstein, P.A.,Hadzilacos, V., Goodman, N.: Concurrency Control and Recovery in
Database Systems; Addison–Wesley Publishing Company, 1987.

[Bha 82a] Bhargava, B.: Resiliency Features of the Optimistic Concurrency Control Approach
for Distributed Database Systems; in: Proc. 2nd Symposium on Reliability in
Distributed Software and Database Systems, Los Angeles, 1982.

[Bha 82b] Bhargava, B.: Performance Evaluation of the Optimistic Approach to Distributed
Database Systems and its Comparison to Locking; in: Proc. 3rd International
Conference on Distributed Computing Systems, 1982.

[CeOw 83] Ceri, S., Owicki, S.: On the Use of Optimistic Methods for Concurrency Control in
Distributed Databases; Proc. 6. International Conference on Distributed Data
Management and Computer Networks, pp. 117– 129, 1983.

[CePe 84]   Ceri, S., Pelagatti, G.: Distributed Databases; Principles and Systems; McGraw–Hill, New York, 1984.

[KuRo 81]   Kung, H.T., Robinson, J.T.: On Optimistic Methods for Concurrency Control; ACM ToDS, Vol. 6, No. 2, pp. 213–226, 1981.

[MeNa 82]   Menasce, D.A., Nakanishi, T.: Optimistic versus Pessimistic Concurrency Control Mechanisms in Database Management Systems, Information Systems, Vol. 7, No. 1, pp. 13–27, 1982.

[MoBe 86]   Moon, S.C., Belford, G.G.: Performance Measurement of Concurrency Control Methods in Distrib. Database Systems, in: Abu El Ata, N. (Ed.): Modelling Techniques and Tools for Performance Analysis '85, North–Holland, pp. 273–287, 1986.

[MoWo 85]   Morris, R.J.T., Wong, W.S.: Performance Analysis of Locking and Optimistic Concurrency Control Algorithms, Performance Evaluation, Vol. 5, pp. 105–118, 1985.

[Papa 86]   Papadimitriou, C.: The Theory of Database Concurrency Control, Computer Science Press, Rockville, Maryland, 1986.

[ReSa 78]   Reiser, M., Sauer, C.H.: Queueing Network Models: Methods of their Solution and their Program Implementation, in : Chandy, K.M., Yeh, R.T. (Ed.): Current Trends in Programming Methodology, Volume III, Software Modeling, Prentice–Hall, Inc., Englewood Cliffs, 1978.

[RyTh 87]   Ryu, I.K., Thomasian, A.: Performance Analysis of Centralized Databases with Optimistic Concurrency Control; Performance Evaluation, Vol. 7, pp. 195–211, 1987.

[Thom 79]   Thomas, R.H.: A Majority Consensus Approach to Concurrency Control; ACM ToDS, Vol. 4, No. 2, pp. 180–209, 1979.

[ThRy 85]   Thomasian, A., Ryu, I.K.: Analysis of Some Optimistic Concurrency Control Schemes Based on Certification; in: Sham Navathe (Ed.): Proceedings of ACM–SIGMOD 1985 International Conference on Management of Data, Austin, Texas, pp. 192–203, 1985.

Towards Dynamically Adaptive Operating Systems

Bernd Freisleben and Andreas Heck
Technische Hochschule Darmstadt, Fachbereich Informatik
Alexanderstr. 10, D-6100 Darmstadt

Abstract

The highly dynamic nature of distributed processing in a network of computers is a major factor determining the overall system performance and therefore must be taken into consideration when the operating system algorithms for distributed resource management are designed. Such algorithms must be able to detect situations of dissatisfactory resource consumption and adjust the system behaviour in order to improve its performance. In this paper we propose a general framework for integrating such algorithms into an operating system which is then able to dynamically adapt itself to changing environments. The approach is based on the cooperative effort of three major entities, an observation base for collecting information, a knowledge base for detecting areas of improvement and an execution base for taking appropriate actions. The feasibility of our solution is demonstrated by presenting adaptive algorithms for distributed load sharing and replica assignment.

1 Introduction

The distribution of processing power within a set of autonomous computers interconnected by a fast communication network offers significant advantages over the traditional centralized approaches in terms of performance, reliability, availability and extensibility. In order to utilize the potential benefits of distributed computing systems without considerably increasing the size and complexity of the applications running on them, it is essential to provide new functionality in the underlying operating systems such that most of the distribution burden is removed from the application programmer.

Since a distributed computation involves several processes which cooperate and/or compete with each other for the use of resources located at geographically dispersed machines, efficient algorithms for distributed resource management are more difficult to design than those for centralized systems. The information needed to control the consumption of the available resources is spread over the different nodes, and much of this information, such as the location of data, the status of machines, the connection topology and the computational load, will change frequently, especially in very large networks. In addition, the overall performance of a distributed system is intimately related to the ability of the resource management algorithms to deal with such changes in a flexible manner. Thus, *dynamically adaptive algorithms* which adjust the system behaviour whenever performance problems arise are required.

Several such algorithms have already been proposed for particular problem areas, such as load balancing [7] and routing [15], and the idea of designing a *dynamically adaptive operating system* based on algorithms of that kind has attracted many reseachers. For example, the structural aspects of an adaptive control system with special emphasis on statistical methods to develop an adaptive CPU scheduling discipline are the focus of [4] and the conceptual design of an object–oriented operating system providing some support for adaptive type checking, version and configuration control is presented in [3]. DRAGON SLAYER [17] with its adaptive file system MELODY, CHAOS [9] and [6] are further examples of proposals to investigate the use of adaptive control structures in operating systems, but all of these approaches are either limited to dedicated application areas or require additional manual intervention from the system administrator. This aggravates the need for an operating system which treats adaptability in a more uniform manner in order to adjust its behaviour to different needs.

In order to realize this approach, the operating system must have *knowledge* about the utilization of the resources it controls. In this paper we therefore present a uniform approach to design a dynamically adaptive operating system which incorporates techniques to acquire the needed knowledge, process it and use it for adaptive decision making. Our solution can flexibly be applied to a large variety of resource management aspects.

The paper is structured as follows. In section 2 the model of our dynamically adaptive operating system is presented. The advantages of our solution are illustrated in section 3, both by presenting examples of adaptive techniques and initial experiments. Section 4 concludes the paper and discusses areas of future research.

2   A Dynamically Adaptive Operating System

The purpose of a dynamically adaptive operating system is to monitor, evaluate and dynamically optimize the overall performance of a computer system. It is defined as an integrated set of adaptive resource management modules which are intented to be an evolutionary extension of the traditional operating system.

According to the terminology of control theory an adaptive control system can be divided into three phases, identification, decision and modification [8]. During the *identification phase*, useful system statistics are collected and the performance is measured with respect to the current or predicted system state. The *decision phase* serves to investigate how the performance results relate to the present management policies and determines possible actions to improve the performance. The *modification phase* adjusts the management policies in order to optimize the behaviour of the system. These three adaptive control phases are functionally present in our design proposal: the adaptive operating system consists of three major components, an *observation base*, a *knowledge base* and an *execution base* (see figure 1).

The three components are described in the following sections. In a distributed environment each node is provided with all three components, and each of them may occasionally communicate with its counterpart on other machines in order to coordinate the individual decisions.

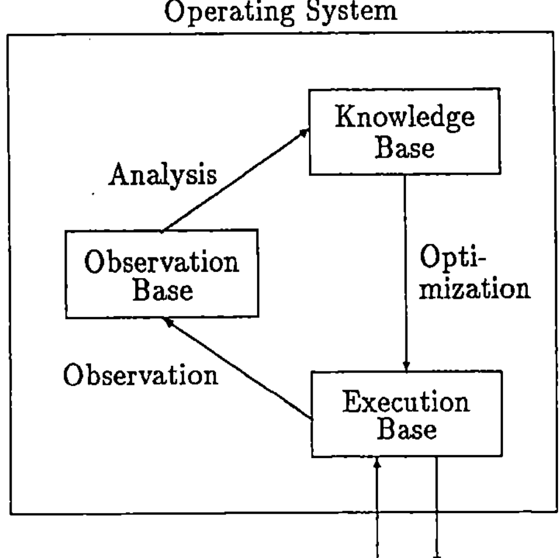

Figure 1: Structure of the Operating System

2.1 Execution Base

The execution base is simular to a traditional operating system as far as the resource management tasks are concerned. In contrast to a traditional operating system where a single (but to a limited degree tunable) strategy is provided for each resource management function, the execution base is designed to contain several different strategies. Since the object model [10] is used as a structuring technique within the whole system, the algorithmic details of each individual strategy are not visible to the outside. They are encapsulated as instances of certain object classes which are characterized by general semantic interface operations. The knowledge base determines which specific strategy will be selected by issuing a parameterized call to these interface operations depending on its analysis of the current system environment. The structure of the execution base is modular with different types of objects constituting the conventional resource control functions, such as memory management, process management, network management etc. Since the performance of a selected strategy is a crucial factor in assessing the run-time behaviour of the system, the execution base plays a major role in delivering measurement data to the observation base.

2.2 Observation Base

The observation base is used to gather system behaviour statistics and store the monitored events, values and parameters in order to provide a system description sufficient to support the associated decision and modification steps. There are two different kinds of observations in the system which are distinguished by the time when they need to be processed. Some observations, like insufficient paging behaviour, response time, queue length, availability of a resource, must be immediately reported to and analyzed by the knowledge base, since only a prompt adaptation can improve the system performance. A delayed analysis would seriously question the relevance of such an observation. We call this kind of observation a *real-time* observation.

Other observations do not require an immediate analysis or need a more elaborate evaluation which must possibly be based on experiences made over a longer period of time. An example is the remote access frequency on an object in a distributed system in order to decide if a local replica should be installed automatically. This kind of observation is called an *any-time* observation which may be evaluated at a suitable point in time, for instance during idle-time periods when the system load is low. (A simple analogy is human dreaming where "observations" are processed during sleep.)

The observations of the type *any-time* are recorded in the observation base until they are requested from the knowledge base. A set of *descriptors* which denote a measure of the behaviour of the system is used to store the observations. Each descriptor must be individually defined and its constraints specified. The complexity of the descriptors can range from simple binary indicators over counters to descriptions of object parameters. Binary descriptors, for example, can be used to denote the availability of particular resources. Counters denote the degree of multiprogramming, queue lengths, position of the disk head or the duration of a service burst. For each *any-time* observation one or several descriptors exist.

The observation base maintains the descriptors for all possible observation classes. Each descriptor contains the type (*any-time* or *real-time*) of the observation class and in the case of type *any-time* there is also a pointer to a data field. If an observation is made during system operation, the execution base reports this observation via the interface operation "observe" to the observation base. If "obsclass" is of type *real-time*, the observation will immediately be reported to the knowledge base via the interface operation "tell_information". In the case of type *any-time* the observation will be transferred to a descriptor. If such a descriptor does not yet exist, a new descriptor will be installed. Otherwise there are two possibilities: either each observation of this class is stored in a separate descriptor, resulting in a list of descriptors, or the descriptor is updated by the observation. The interface operation "deliver_information" is used by the knowledge base to obtain the descriptors for an *any-time* observation.

2.3 Knowledge Base

The knowledge base is used to store the facts of the system and the rules determining how to evaluate these facts. The facts in our approach are, for example, "printer x is ready", "page-fault-rate is y", "number of remote accesses to object o from node u is z" etc.

These facts are obtained from the observations recorded in the observation base. The rules are specified as logic relations, such as "if the service time is high then the number of processes is high or the scheduling strategy is bad", or empiric relations, like "if the last n pages have been referenced sequentially then the next pages will probably do so". Additionally, there are analytic rules for decision making, such as "if no strategy is proposed until now, take the simplest".

The representation of knowledge and the structure of the knowledge base does not strictly follow the techniques employed in the artificial intelligence area. Our knowledge base conceptually separates domain knowledge from general problem-solving knowledge which is found in expert systems with the inference engine [16]. We do not want to make any commitments to a uniform knowledge representation scheme, because we feel that several individually selected representation techniques will serve our purposes better. We do, however, borrow well-known representation schemes from artificial intelligence methods [1, 2, 5, 12, 13]. For example, rule-based techniques are used for adaptation with tuning rules, semantic nets for the representation of inter-object relationships etc. So the knowledge base is very flexible, because both simple facts and complex representations are regarded as knowledge.

As already mentioned, the facts of the knowledge base are dynamically obtained from the observations in the observation base. There are two possibilities to achieve this, either the observations are reported from the observation base or the knowledge base requests them explicitly. The particular rules to achieve adaptive behaviour must be determined by the system designer, usually by exploiting the knowledge inside an analysis program [14], but also by employing a rule-based technique or other inference mechanisms.

Reported observations of type *real-time* are immediately analyzed by the knowledge base, while *any-time* observations are explicitly requested and analyzed when the current system environment allows to do so. If the analysis results in a decision to adapt something, this decision will be performed inside the execution base. Such decisions may range from the modification of a tuning parameter over the selection of an alternative strategy to the invocation of a system program (for example, the creation of a replica).

The different knowledge bases in a distributed system may exchange data if necessary, for example, in order to acquire the current computational load of a node to perform adaptive load sharing.

3 Examples

In this section two examples are presented in order to demonstrate the functionality of our proposal. The examples have been selected to illustrate the evaluation of different types of observations (real-time and any-time), to show the simplicity of integrating already existing adaptive strategies and their possible benefits in distributed systems.

Although we do not present a complete system design to effectively prove the feasibility of constructing a dynamically adaptive operating system, the selected examples are sufficient to give a flavour of the potential possibilities to achieve this goal.

3.1 Load Sharing

This example has been selected to show how an observation of type *real-time* is used to perform adaptive load sharing in a distributed operating system. It also illustrates the possibilities of straightforwardly incorporating existing adaptive techniques in our approach.

A very simple, but nevertheless beneficial adaptive load sharing policy was introduced in [7]. This load sharing policy has two components: a transfer policy which determines whether to execute a process locally or remotely and a location policy determining to which node a process selected for transfer should be sent.

The transfer policy is a "threshold" policy which uses only local state information in each node. A process originating at a node is accepted for local processing if and only if the number of processes already in progress or waiting for service is less than some threshold. Otherwise, an attempt is made to transfer that process to another node. Only new processes are selected for transfer, since transferring an executing process poses considerable difficulties in most systems.

The location policy is also a threshold policy which acquires and uses a small amount of information about potential destination nodes. A node is selected at random and probed to determine whether the transfer of a process to that node would place it above the threshold. If not, then the process is transferred and the destination node must process it regardless of its load when the process actually arrives. If the threshold is exceeded then another randomly selected node is tested. This continues until either a suitable node is found or the number of probes exceeds a specified probe limit. In the latter case, the originating node must execute the process.

Although this approach to load sharing is very simple, the results in [7] suggest that it performs nearly as well as more sophisticated techniques. This policy can in fact be realized in a simple manner in our adaptive operating system.

The solution is based on three modules present in each node, a *load-dispatcher*, a *load-observer* and a *load-assigner*, which are part of the execution base, the observation base and the knowledge base, respectively (see figure 2).

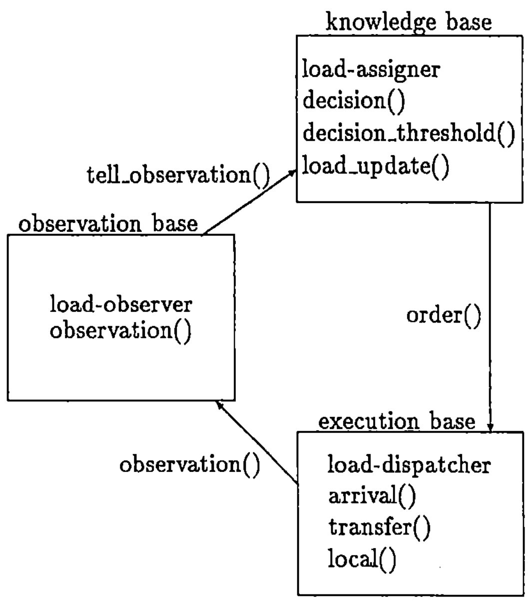

Figure 2: Structure of the Load Sharing Policy

The load-dispatcher receives the newly created processes and announces their arrival to the observation base. After it has been instructed to execute a process locally or remotely, the load-dispatcher inserts the process in the local ready queue or sends it to a remote node. When a process has terminated, it reports this event to the observation base.

The load-observer has the only duty to report the observation immediately to the knowledge base, since the type of the observation is real-time. The operation *tell-observation* is used for that purpose. The load-observer does not have to hold any data, because the observation will not be stored, but will directly be forwarded to the knowledge base.

The load-assigner decides if a process will be executed locally or remotely, whenever the observation base reports the creation of a process. In order to do so, it compares the actual load to the threshold and instructs the load-dispatcher to either insert the process into the ready queue or to transfer it to a remote node, which will also be determined by the load-assigner. If the termination of a process is reported, the load-assigner simply updates the load parameter. It periodically tries to optimize the threshold according to the load in the whole system. The interface operations are described in the following.

load-dispatcher

data: A list holds all newly created processes until a decision is made.

operations: arrival(pid)
Inserts the process with identification *pid* in the list *temp*. The arrival of the new process will be reported to the observation base.

transfer(pid, node)
The process *pid* in the list *temp* will be transferred to the node *node*.

local(pid)
The process *pid* will be inserted into the ready queue to execute locally.

load-observer

data: No data.

operations: observation(obsclass, pid, event)
The operation *observation* forwards the incoming observation directly to the load-assigner via the interface operation *tell_observation*. *Obsclass* is the class identification of the observation. *Pid* is the process identification and *event* indicates whether a process is created or deleted.

load-assigner

data: The variable *limit* holds the actual threshold. *Probe-limit* defines the number of nodes which are probed with respect to their load. The number of processes in the ready–queue is stored in *actual-load*. The variables *number-of-arrivals* and *number-of-rejects* are used for the number of originated processes and the number of processes which are executed locally despite the load is above the threshold. These two values are needed for the optimization of the threshold.

operations: load-update(event)
Updates the *actual-load* corresponding to the event.

decision(pid)
Decides if the process *pid* will be executed locally or remotely.

decision-threshold()
The operation *decision-threshold* tests the current threshold with respect
to the total system load and optimizes it when necessary.

When the observation of a newly created process arrives at the knowledge base, it tests the
length of the ready-queue against the threshold. If the length is smaller than the threshold,
the task is accepted for local processing and will be inserted into the ready-queue. This
is achieved by invoking the operation *local* inside the execution base. Moreover, the
actual-load will be incremented. Otherwise the process will become a candidate to be
transferred to another node using the location policy described above which is part of
the analysis performed inside the knowledge base. If a node is found with low load, the
operation *transfer* will be invoked. The observation of a terminating process leads to a
decrementation of the *actual-load*. It is easy to see that the system adapts itself with
respect to load sharing.

We simulated a distributed system with 9 nodes to test our model. It is assumed that
each node can communicate with each other node and that each process may be executed
on any node. The service and arrival times of the processes are exponentially distributed.
The mean values of these distributions are 10 and 20 time units. At the start of the
simulation each node had a load of 50%. The simulation had a duration of 100000 time
units during which 44787 processes were started.

Three simulations were conducted, one without any load balancing, one with the threshold
model (limit=1) and one with an optimal strategy, which places a process on the lowest
loaded node. The results are shown in figures 3–5.

The improvement of the response time between no load sharing and the threshold strategy
is obvious. The results of the optimal strategy are nearly reached with a smaller number of
transfers. During the simulation of the threshold strategy 23644 processes were executed
locally. From the other processes 9302 were transferred after one probe, 4368 after two
probes and 2532 after three probes. For 5121 processes no low loaded node had been
found after three probes, so that they had to execute locally.

node	without	optimal	threshold
0	0.98463	0.02341	0.11567
1	1.06140	0.01929	0.12846
2	1.07661	0.01998	0.13547
3	1.00808	0.02241	0.12308
4	1.01612	0.02672	0.14845
5	0.99959	0.03243	0.15186
6	0.98979	0.03169	0.14314
7	0.96200	0.03062	0.14691
8	1.01353	0.03736	0.15780
Avg.	1.01241	0.02710	0.13898

Figure 3: Average Number of Processes per Time Unit

node	without	optimal	threshold
0	20.09341	10.89300	11.58406
1	21.41223	10.90484	11.86095
2	20.98024	10.91683	11.74512
3	20.03579	10.73142	11.64690
4	20.29000	10.68469	11.98162
5	20.21430	10.53345	11.60411
6	20.06709	10.43204	11.92396
7	19.90481	10.47051	11.99959
8	20.67449	10.55918	11.90780
Avg.	20.40804	10.68066	11.80601

Figure 4: Average Response Times (Time Units)

node	optimal	threshold
0	0.02971	0.01818
1	0.02855	0.01849
2	0.02591	0.01753
3	0.02591	0.01833
4	0.02096	0.01797
5	0.01898	0.01722
6	0.01880	0.01863
7	0.01698	0.01796
8	0.01692	0.01771
Avg.	0.02252	0.01819

Figure 5: Transfer Rates per Time Unit

We also tested the approach with different total system loads, ranging from 40% to 90%. The results are shown in figure 6. The threshold strategy improves the average response time in all load stages.

load	without	optimal	threshold = 1	threshold = 2
40%	16.78	10.40	10.95	13.26
50%	20.41	10.68	11.81	14.34
60%	25.74	11.28	13.33	15.42
70%	35.58	12.36	15.99	17.17
80%	55.25	14.78	21.99	20.65
90%	110.04	21.51	41.52	31.54

Figure 6: Average Response Times (Time Units)

We have extended the strategy of [7] by periodically optimizing the threshold value. Each time the quotient of the number of compulsorily executed processes on the local node and the total number of processes is higher/lower than a limit, the threshold will be incremented/decremented. Figure 6 shows that in a lower and medium loaded period a lower threshold and in a higher loaded period a higher threshold leads to better response times. Thus, by adjusting the threshold the efficiency of the threshold strategy can further be improved.

3.2 Replication Management

This example has been selected to demonstrate the use of an *any-time* observation in order to dynamically determine the number and placement of replicated data objects in a distributed system. In general, increasing the number of replicas results in higher availability. On the other hand, a higher number of replicas incurres higher storage costs and also higher processing costs if the object changes on a frequent basis. A balance between the two diverging goals of maximizing the availability and minimizing the cost must be found. However, since the number and placement of replicas should consequently depend on the access frequencies at the different nodes, there is no single optimal stategy for assigning replicas to the nodes in the network [11]. It is definitely wrong to shift such a problem to the system administrator, because the large number of factors necessary to take into consideration would inevitably lead to dissatisfactory results. This problem should consequently be automatically handled by the system. In the sequel we describe how the replica assignment problem is solved in our approach.

Let us assume that our distributed system is based on the client/server model where the replica management functions are part of a distributed "file" server located at each node which is also responsible for performing the required adaptive control functions. In addition to its usual duties, such as servicing read or write requests for data objects, the file server reports each object access to the observation base. The observations are periodically requested from the knowledge base in order to analyze them with respect to one or more cost functions. These in turn determine the facts for deciding which replica assignment would yield the minimum cost. If the current setting needs to be changed, the execution base is instructed to create or delete a replica of an object.

There are three modules for the replica assignment problem, an *object-server*, an *object-access-observer* and an *object-assigner*, which are part of the execution base, the observation base and the knowledge base, respectively.

The *object-server* gets the requests from the users with respect to object accesses and satisfies them. It takes care that a read access is made at the replica with the most favourable costs. A write access has to be performed on every replica. For that purpose the object-server maintains information about the location and the number of replicas. Moreover, the object-server reports each access to a replica to the object-access-observer via the operation *observation*.

The *object-access-observer* is in charge of managing the observations received from the object-server. Since the analysis for replica assignment is done periodically, the observations have to be stored in the descriptors of the observation base. Consequently the type of these observations is *any-time*. The descriptor consists of o_j, n_i and two counters r_{ij} and w_{ij} which are incremented whenever a node n_i accesses object o_j in read or write mode. When the knowledge base demands information from the *replica-access* class, these descriptors are delivered and are subsequently removed from the observation base.

The *object-assigner* periodically requests the sampled data from the observation base. It analyzes the data with the help of a cost function which evaluates the facts as the basis of the decision. With the facts and several decision rules the possible modifications of the replica distribution are tested in order to reduce the costs. The object-assigner determines whether a new replica will be installed or an existing one will be deleted. It instructs the object-server to actually perform the required operations.

Figure 7 shows the three modules of the adaptive replica management and their main operations. Since we have described the interface operations for the first example in detail, we omit the description for the replica management. It is assumed that on each node in the system these three modules are implemented in their adaptive operating systems.

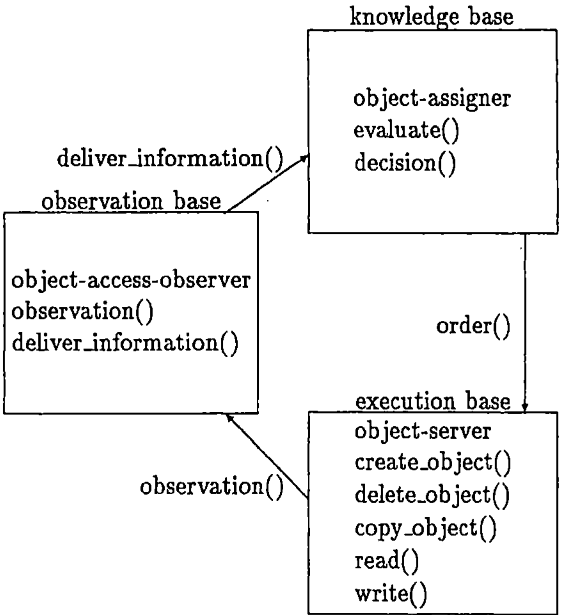

Figure 7: Structure of the Replica Management

There are several possibilities to assess the current replica assignment scenario, depending on how sophisticated the analysis should be. For example, the evaluation could be based on the information in the descriptors alone, the implicit assumption being that the communication cost (the time to transfer a message) between any pair of nodes is the same. If this assumption does not hold, some additional information is required to improve the accuracy of the evaluation.

In the following we assume that the knowledge base maintains information about the communication costs between any pair of nodes. This information is used in conjunction with the descriptors in order to determine the individual overhead involved in each (remote) access. The analysis is based on two decision values F_{ij} and D_{ij}. F_{ij} represents the cost savings which possibly result from creating a replica of object j at node i, i.e. the saved costs for remote read accesses minus the additional cost required for write accesses. D_{ij} denotes the possible cost savings arising from deleting a replica of object j at node i, i.e. the saved costs for write accesses minus the additional cost for remote read accesses.

Let

n	:	number of nodes in the network
$m(o_r)$	:	number of replicas of an object o_r
c_{ik}	:	communication cost between node i and node k (in time units)
r_{ij}	:	number of read accesses from node i to object j
w_{ij}	:	number of write accesses from node i to object j
I_j	:	set of nodes with a replica of object j
T	:	threshold

then

$$F_{ij} = (min_{k \in I_j} c_{ik}) * r_{ij} - \sum_{p=1}^{n} c_{pi} * w_{pj} \qquad (i = 1..n, j = 1..m)$$

and

$$D_{ij} = \sum_{p=1}^{n} c_{pi} * w_{pj} - (min_{(i \in I_j, k \neq i)} c_{ik}) * r_{ik} \qquad (i = 1..n, j = 1..m)$$

After having calculated F_{ij} and D_{ij} the knowledge base decides whether a replica of object j should be created or deleted:

IF $F_{ij} > T_F$ THEN create replica of object j at node i

IF $D_{ij} > T_D$ THEN delete replica of object j at node i

T_F and T_D are individually defined thresholds which may be dynamically calculated as some percentage of the total sum of all read and write costs.

If the above conditions hold, the knowledge base invokes the object-server inside the execution base to actually perform the required creation or deletion operation. The latter is only executed when the knowledge base has additionally checked that the number of replicas of an object is greater than 1.

We have performed some initial experiments to measure the overall cost reduction achieved by the adaptive replication management. We have simulated a system with 5 nodes and 10 data objects. The communication costs between the nodes are given in the cost matrix C shown in figure 8.

node	1	2	3	4	5
1	0	15	25	20	5
2	15	0	5	20	25
3	25	5	0	10	25
4	20	20	10	0	10
5	5	25	25	10	0

Figure 8: Cost Matrix

An element c_{ik} shows the time units to transfer a message from node i to node k. The probability of a *read-access* from node i to object j is listed in the matrix R (figure 9) and the probability of a *write-access* in matrix W (figure 10).

node/object	1	2	3	4	5	6	7	8	9	10
1	0.014	0.030	0.013	0.000	0.030	0.000	0.030	0.000	0.014	0.000
2	0.000	0.006	0.016	0.008	0.000	0.000	0.004	0.226	0.002	0.024
3	0.016	0.014	0.021	0.000	0.000	0.024	0.000	0.000	0.006	0.010
4	0.000	0.004	0.012	0.028	0.000	0.056	0.014	0.000	0.014	0.000
5	0.000	0.002	0.018	0.012	0.030	0.024	0.020	0.000	0.004	0.054

Figure 9: Probabilities of Read Accesses

n./o.	1	2	3	4	5	6	7	8	9	10
1	0.0040	0.001	0.00175	0.001	0.0025	0.006	0.0015	0.000	0.004	0.0035
2	0.000	0.0035	0.00075	0.003	0.000	0.002	0.0025	0.010	0.0005	0.0015
3	0.005	0.0015	0.0021	0.007	0.000	0.004	0.0025	0.000	0.021	0.008
4	0.000	0.0005	0.00175	0.002	0.007	0.014	0.001	0.000	0.008	0.001
5	0.000	0.0035	0.00025	0.0033	0.0016	0.014	0.0005	0.012	0.026	0.0035

Figure 10: Probabilities of Write Accesses

The total sum of *read-accesses* has a probability of 0.8 and the sum of *write-accesses* 0.2.

At the start of the simulation all 10 objects had been assigned to the same node. After 8 periods of time, each with 10000 object accesses, the overall costs were reduced to less than 50 percent. The overall costs are the costs of all reads and updates in one period, that is

$$c_0 = \sum_{i=1}^{5}\sum_{j=1}^{10} r_{ij} * \left(min_{(k \in I_j)} c_{ik}\right) + \sum_{i=1}^{5}\sum_{j=1}^{10}\sum_{k \in I_j} w_{ij} * c_{ik}$$

At the beginning of the simulation the overall costs of the first period were

$$c_0 = 126070.$$

After eight periods of time the overall costs were reduced to

$$c_0 = 49940.$$

We have also measured the overall cost reduction in relation to the probability of reads and writes in the system. The values for the probability of read access ranged from 0.45 to 1.0 in steps of 0.05 and $P(write) = 1 - P(read)$. The result is shown in figure 11.

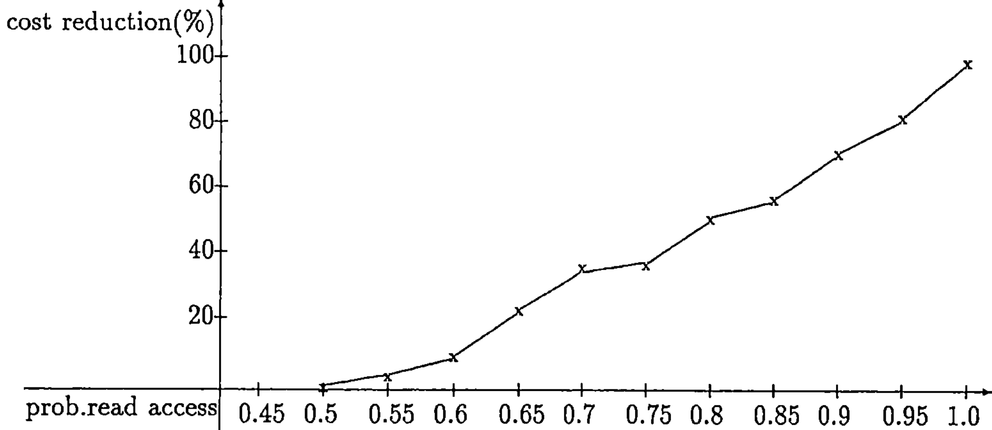

Figure 11: Cost Reduction vs. Probability of Read Access

The diagram shows that a cost reduction is achieved when the probability of read access is larger than 0.5, which is quite realistic in real systems. The reduction increases almost linearly from this point.

Another analysis was a comparison of our dynamic approach with a static approach introduced in [11]. The latter approach assumes that the access probabilities are known a priori in order to statically decide to which node a replica of an object will be assigned.

We have used the probabilities given in the above reference and have performed several measurements locating the object to different nodes at the start of the simulation. In each case the optimal solution presented in [11] was obtained within our adaptive approach. Furthermore this solution was reached after only two periods of time. This demonstrates that our approach adapts very quickly to different access profiles and has the same results as an optimal static strategy without requiring that the access probabilities are known before.

4 Conclusions

We have presented a general approach to design a dynamically adaptive operating system. The salient features of our proposal are:

- The operating system monitors the system state and records this information.

- These observations are either analyzed immediately or evaluated at a later point of time in order to determine the most suitable actions to adjust the behaviour of the system.

- The adapted strategy is executed until further observations lead to a change.

The possibility to dynamically adapt the behaviour of the operating system according to different resource management requirements leads to significant performance improvements. We have demonstrated the feasibility of our approach with several examples and initial measurements. Further research is needed to investigate more adaptive aspects of operating systems and incorporate them in a uniform manner into a practical realization of our approach.

References

[1] Avron Barr and Edward A. Feigenbaum. *The Handbook of Artificial Intelligence.* Addison–Wesley, Reading, Mass., 1981.

[2] W. Bibel, J. Schneeberger, and E. Elver. The Representation of Knowledge. In Adelig, editor, *Knowledge Engineering*, chapter 1. McGraw–Hill, 1989.

[3] G.S. Blair, J.A. Mariani, J.R. Nicol, and D. Shepherd. A Knowledge-based Operating System. *Computer Journal*, 30(3):193–200, 1987.

[4] P.R. Blevins and C.V. Ramamoorthy. Aspects of a Dynamically Operating System. *IEEE Transactions on Computers*, 25(7):713–724, 1976.

[5] Ronald J. Brachman and Hector J. Levesque, editors. *Readings in Knowledge Representation*. Morgan Kaufmann Publishers, 1985.

[6] C. Henry Chu, Edward J. Delp, Leah H. Jamieson, Howard Jay Siegel, and Francis J. Weil. A Model for an Intelligent Operating System for Executing Image Understanding Tasks on a Reconfigurable Parallel Architecture. *Journal of Parallel and Distributed Computing*, (6):598–622, 1989.

[7] D.L. Eager, E.D. Lazowska, and J. Zahorjan. Adaptive Load Sharing in Homogenous Distributed Systems. *IEEE Transactions on Software Engineering*, 12(5):662–675, 1986.

[8] V.W. Evezeigh. *Adaptive Control and Optimization Techniques*. McGraw–Hill, 1967.

[9] Prabha Gopinath and Karsten Schwan. CHAOS: Why One Cannot Have Only An Operating System for Real-Time Applications. *ACM Operating Systems Review*, 23(3):106–125, 1989.

[10] A.K. Jones. *The Object Model, a Conceptual Tool for Structuring Software*, volume 60 of *Lecture Notes in Computer Science*, pages 7–16. Springer–Verlag, 1978.

[11] J.G. Kollias and M. Hatzopoulos. Criteria to Aid in Solving the Problem of Allocating Copies of a File in a Computer Network. *Computer Journal*, 24(1):29–30, 1981.

[12] Joachim Laubsch. Einführung: Zum Gegenstand einer Theorie der Wissensdarstellung. *Informationstechnik it*, 31(2):95–101, 1989.

[13] John Mylopoulos and Hector Levesque. An Overview of Knowledge Representation. In *Proc. of the 7th German Workshop on Artificial Intelligence*, pages 143–157, 1983.

[14] Herbert Stoyan. Wissensrepräsentation oder Programmierung. *Informationstechnik it*, 31(2):120–133, 1989.

[15] W. T. Tsai, C. V. Ramamoorthy, Wei K. Tsai, and Osamu Nishiguchi. An Adaptive Hierarchical Routing Protocol. *IEEE Transactions on Computers*, 38(8):1059–1075, August 1989.

[16] Donald E. Waterman. *A Guide to Expert Systems*. Addison–Wesley, Reading, Mass., 1986.

[17] Horst F. Wedde, Ghasem S. Alijani, Willie G. Brown, Shengdong Chen, Gookhai Kang, and Bo-Kyung Kim. Operating System Support for Adaptive Distributed Real-Time Systems in DRAGON SLAYER. *ACM Operating Systems Review*, 23(3):126–140, 1989.

RELIABILITY SERVICE IN A LAN-BASED DISTRIBUTED SYSTEM

Rumen Stainov

Bulgarian Academy of Sciences

Center of Informatics and Computer Technology (CICT)

Sofia - 1113,"Acad. G.Bonchev" Str.,Bl.No 25A, Bulgaria

ABSTRACT

This paper proposes an approach to creating a reliability service (reliability service agent) in a LAN-based distributed system and focuses on the following features: (a) reconfiguration of an unreliable process to a reliable one without any changes in the process and (b) provision of an unified transparent interface to the service - an unreliable process after been reconfigurated as reliable is accessed in the same way (and on the same port). Furthermore the service agents can provide different reliability techniques and tools for achieving different degree of fault-tolerance. To allow this, special emphasis has been laid on the architecture of the operating kernel on the following two aspects: (1) provision of some management tools in DS allowing to control the interprocess communications via port attributes handling and (2) supporting the creation of service pool via a set of basic services access methods, which allows to add some functions to a process without intervening it.

1. INTRODUCTION

A common method for providing fault-tolerance in distributed systems (DS) is the replication of objects. In case of a failure the system can use a non-corrupted copy of the object to restore the correct state. Some software techniques, like n-version programming and shadowing, uses *physical replication* of passive objects (logging of data and messages on stable storage) or of active objects (running of two or more identical processes in parallel in the hope that at least one will work correctly). Another approaches realize *logical object replication* like checkpoint-rollback and restarting, where one program piece could be repeatedly executed in order to recover from transient failures. The later techniques also use some elements of physical replication for logging of checkpoints (the system state), data and messages on a stable storage.

The software fault-tolerance techniques are usually implemented inside the application program and the DS designers provide for the user appropriate language support [Liskov 83], or operating system support [Tripathi 86]. Thus, the fault-tolerant applications are therefore tightly connected to a specific programming environment and applying of a certain fault-tolerant technique to an application requires intervention inside the application program. In contrast fault-tolerance tools, which are loosely connected to the application, would bring about increased transparency and flexibility in using different techniques for fault-tolerance taking into account the user specific requirements. In our opinion this could be achieved by designing an autonomous and flexible port system in DS, where the communication ports are weakly connected to the process owner. Our basic idea is to introduce into the port system some functions for replication of communication links and messages as well as some basic control functions specifying the processes interactions (control of the information flow between the processes). On this way the fault-tolerance techniques could be implemented as DS services, which control the object replication and the recovery after failure in an appropriate manner. In order to do this, each service process (referred to as reliability agent) initializes the desired support functions of the process' port system. In his turn the port system controls in run-time the process' information flow in a transparent manner, i.e. the process remains unaware of becoming fault-tolerant. In general the reliability agent performs the following main functions:

(M1) It reconfigurates the system in order to provide the desired physical object replication;

(M2) It initializes the appropriate port attributes defining the communication configuration during the normal non-faulty system work. This involves replication of the communication links, suppressing of the processes input/outputs, providing atomic interactions, messages logging etc.;

(M3) It runs in case of failure a recovery procedure, which on his turn sets the appropriate port functions in order to control the information flow during DS recovery. This functions include suppressing of the processes input/outputs, messages recovery, messages serialization, port migration (redirecting of the communication links) etc.

This paper is organized as follows. Section 2 describes the main features of the DS we use for our experiments. Section 3 explains the notion of a service agent in our system, allowing adding of new services to the DS and a transparent access of the application processes to them. The design of two new reliability agents (implementing processes shadowing and asynchronous roll-back recovery techniques) and the necessary port system functions are described in section 4. A discussion on the characteristics of our approach in comparison with other techniques is presented in section 5, and concluding remarks - in section 6.

2. THE DISTRIBUTED SYSTEM ARCHITECTURE

The following features characterize the LAN-based DS (Fig.1):

(F1) The DS consists of a undefined number of relatively independent loosely coupled operating kernels running on each LAN station and managing the two basic objects: the processes and the ports.

(F2) The distributed application could consist of one or more autonomous processes, executed on different processors or network nodes. The process execution is determined by its own program and environment, and is deterministic (in the sense that identical inputs will produce identical outputs), unless the process interacts with other processes.

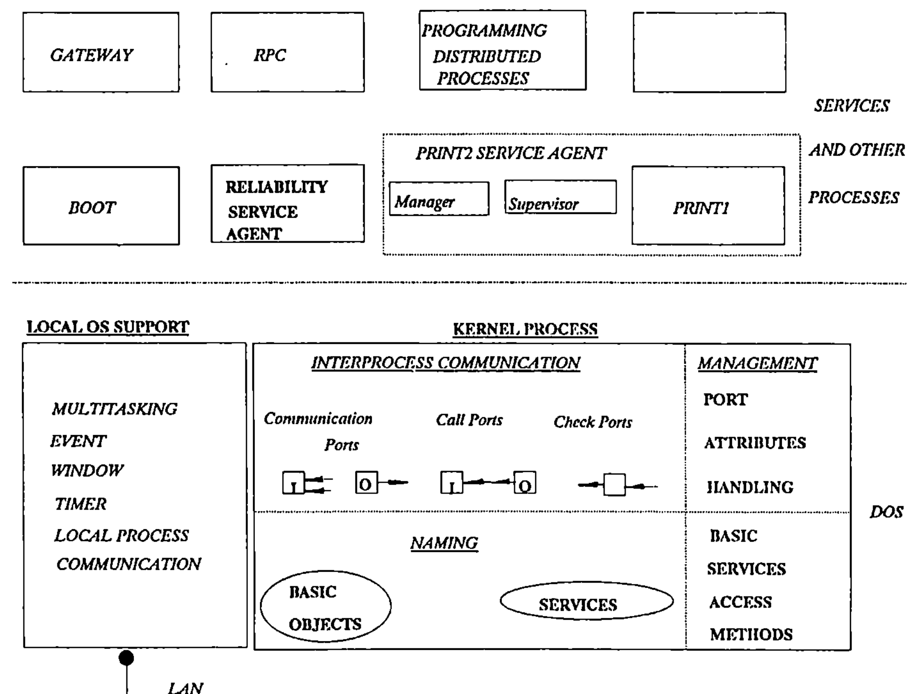

Fig.1 The DS Architecture

(F3) The DS implements the operating system services as specialized server processes. A client process receives access to a network resource by sending service request to one of the well-known server-process managing this resource. The server processes could be logically tied into so-called service pools, which can be managed by a service agent. The service agent represents the corresponded server-processes and is accessible by dedicated system addresses.

(F4) A failure in the process (or in the node where the process is executed) causes stopping its execution and starting a recovery procedure (fail-stop processes [Schlichting 83]).

(F5) The ports are divided into following classes: communication ports, call ports and check ports. The communication input and output ports are logically assigned to one process-owner and are accessible by all other processes in DS. The call input and output ports support the one-to-one (e.g. client-server) relationship and are restricted. The check ports try to compensate the lack of common system state information and are used on request to get state information about a particular process in DS. This state information includes committed, crashed, blocked and other parameters.

(F6) The port attributes correspond to the main programmable kernel functions:

- Attributes supporting the interaction protocol like, "multicast", "broadcast", "stable" (for saving the content on stable storage), "return of contents", "deferred delivery", "delivery notification", "non-delivery notification", which are passed to the kernel with a message;

- Attributes allowing a reliability agent to control the processes interaction (see section 4.2), like replication of the communication links (attribute "reflected"), suppressing of the processes input/outputs (attributes "inactive" and "dummy"), providing atomic interactions (attribute "atomic"), messages serialization (attribute "dummy"), messages logging and recovery (attribute "reliable");

- Attributes defining the access to a server from the service pool: (a) basic management methods - at random, multicast, unicast and broadcast and (b) composed management methods - addressing a service agent (see section 3), which implements an user defined access strategy (e.g. a load balancing algorithm).

(F7) The the port system functions are accessible by all processes through control messages for:
- creating, deleting and migrating ports;
- setting attributes;
- starting of immediately executable functions (e.g. resending messages from the port logs).

3. MANAGING SERVICES

The DS kernel supports four basic management methods describing the access to the system address space: random, multicast, unicast and broadcast. The service management method could be associated with the service call message or with the attributes of the ports through which the call is passed. For example the (non-transparent) service call PRINT1.RANDOM is identical with the (transparent) PRINT1 service call if in the second case the correspondent port attributes determinate a random access method. In both cases this will cause one print-server from the system address space PRINT1 to be chosen at random. Note that a management object could be applied only on a service name, defining a system address space or on an explicitly pointed server process.

The composed service agent consists of a set of processes realizing a specific kind of service. For example the service agent PRINT2 includes two additional processes: manager and supervisor (Fig. 1). The supervisor collects information about all print-servers belonging to the address space of PRINT1. This could include the current state of the server processes and the printers, the waiting queue length of the files to be printed, the files length etc. The manager receives the service requests and distributes them among the print-servers on the basis of some management algorithm - e.g. the minimal queue length. The manager uses a PRINT1.UNICAST message to resend the service call to the appropriate print-server. Note that the configuration of the service can change dynamically, i.e. the number of server processes, as well as their location and functionality.

This property could be used to organize a flexible reliability service in DS. The service manager in this case receives a request to apply a fault-tolerance technique to a process or group of processes, checks (on the basis of the supervisor information) if this request does not conflict with other already running agents and starts the appropriate reliability service agent, which performs the service.

4. RELIABILITY

The basic idea in the suggested reliability approach emphasizes on two aspects:

- To implement the fault-tolerance technique as a reliability service agent, interacting (in most cases) only with the port system of the application process in question;

- To install some basic fault-tolerance control functions into the port system, allowing the application process to become relatively independent from the fault-tolerance technique used.

4.1. Reliability Service Agent

The reliability service agent in DS builds a logical intermediate stage between the (unreliable) interacting processes. In contrast to the reliable server suggested in JASMIN [Uppaluru 87] the processes interaction during non-faulty process execution does not go through an intermediate supervisor process, but is controlled directly by the DS port system. The reliability agent initializes the ports of the reliable processes by reconfigurating the appropriate port attributes.

The reliability service agent usually implements the fault-tolerance technique and applies it to the unreliable process. We will explain this approach on the basis of the following example:

Let us create a reliable boot-service by applying the shadowing fault-tolerance technique to the (unreliable) boot-server process (Fig. 1).

The boot-server provides off-line restart of crashed processes. The detection of process crashing down is realized in this case by periodically sending "are you alive" messages to the boot-server clients. The boot-server is maintaining a data base on the disk with the clients information record, including client processes instances, their hardware dependencies, their ports and attributes, etc. When a process crash is detected, the boot-server creates a new client process.

A reliable boot-server could be configurated by a reliability service agent. In order to realize the shadowing technique the manager of the service agent has to perform the following steps (Fig.2):

(S1) Creating a new copy of the boot-server process (a shadow process) on an appropriate station in the network;

(S2)   Copying the clients information records to the shadow process;

(S3)   Setting "2-times reflected" attribute to the input ports of the active boot-server, so that the content of the reflected ports will be copied to the correspondent input ports of the shadow boot-server. Additionally the attribute "atomic" ensures, that all messages sent by this ports to the boot-server, will be received by both active and shadow processes (communication links duplication);

(S4)   Setting attribute "inactive" to the shadow process output ports suppressing in this way the reply messages;

(S5)   Creating a reliability agent supervisor, which supervises the state of both processes (active and shadow) and reconfigurates the boot service in case of failure.

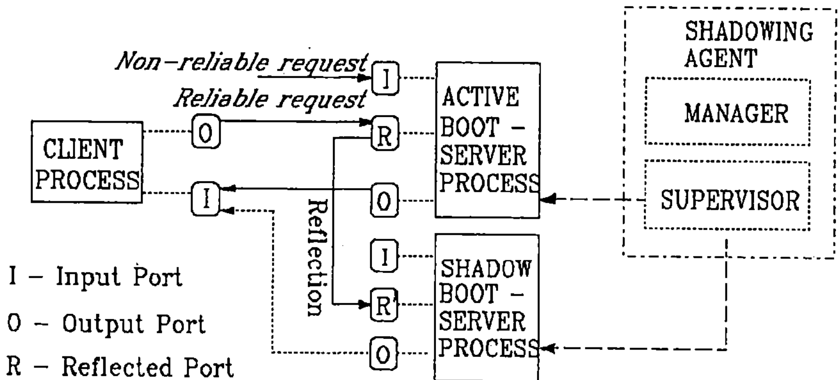

Fig. 2 Shadowing of the BOOT-SERVER

This approach allows for the clients to connect the boot-server without being aware it is duplicated, so that the active and the shadow boot-servers are always in the same state. Let us consider the active boot-server crashes or fails. The supervisor detects it and redirects the clients service connection to the shadow boot-server, so that it becomes the active one. The steps (S1), (S2), (S3) and (S4) will be performed by the agent manager, so that the new created process becomes the shadow.

4.2. Port Driven Reliability

The port control attributes of a given processes can be reconfigurated by a reliability agent only at two well-defined points: once, at the service initialization (e.g. checkpoint setting, restarting), and second at recovery starting after failure. In this way the port attributes correspond to the main programmable service functions. We explain here the functions supporting mainly the shadowing and the asynchronous roll-back/back-up techniques:

(P1) *Replication of the communication links* - the attribute "reflected" is used for atomic messages multicast.

(P2) *Logging (replication) and recovery of the messages for a "reliable" processes interaction* - The function of a "reliable" input port includes storing the incoming (and already executed by the process) messages in a process log. The "reliable" output ports store the outgoing messages which have passed trough them in the sender's port log. We implemented here additionally a mechanism for dynamically discarding from port logs of the messages already stored in the process log, i. e. already consumed by the destination process. These functions are provided during normal processes execution.

(P3) *Suppressing of the processes input/output points:*

- The "inactive" attribute causes the input or output port to become invisible for the process-owner;

- A "dummy" output port discards a given number of messages sent by the process-owner, hence it automatically becomes a real output port. This feature is used to suppress the output point of the process during rollback recovery and back-up recovery.

(P4) *Serialization of messages recovery* - The attribute "dummy" could be attached to a transient service input port. The semantic of a dummy input port is to represent all input ports of the process, i.e. while it exists all other input ports will be inactive and all RECEIVE operations in the process will cause sequential reading from the dummy port only. This port is used for messages recovery in exactly same order as executed in the original process. When all processes from the dummy port are read, it will be automatically deleted, thereby automatically restoring all other input ports to active condition.

A second example for using the fault-tolerance port functions is the asynchronous checkpointing [Jalote 89]. In our example the relibility agent reconfigurates the process Pr2 to a reliable one by:

- Setting of non-synchronized checkpoints (BPn) in the process Pr2;

- Logging of all interaction messages after the BPn by the port system. In order to provide it the input ports of Pr2 and the output ports of all other processes interacting with them have to be reliable (see P2);

- Starting in case of failure of a procedure, realizing the recovery method. Assuming this procedure implements a back-up recovery algorithm, then the following steps could be taken:

(C1) A back-up process Pr2' is created.

(C2) A "dummy" input port is created with the messages from process log recorded in it (according to P4). This port represents all input ports of Pr2', and while it is not empty all other input ports are inactive.

(C3) The "original" input ports of Pr2 are recovered from process log. In order to recover the messages in these ports a re-send request is sent to the correspondent output ports. The queue length in port log is used to indicate successful messages re-sending.

(C4) The output ports of Pr2 are recovered from process log with the number of "dummy" messages, which have to be suppressed.

(C5) If C2, C3 and C4 are successful, the passive copy of Pr2 stars into Pr2' from the last checkpoint. During the execution the port attributes control the recovery: first, re-executing of the messages before the last SEND-message, second, suppressing the corresponded number of output messages, third, restoring the ports and the messages in them in a normal state. The re-start of a process from a checkpoint is fully autonomous and performed in the same way as re-starting non-interacting processes.

The application of an autonomous flexible port system in DS shows some benefits in aspect of fault-tolerance:

(B1) The port system is distributed and weakly connected to the process owner. Failure in the processes slightly affects its functionality. Moreover, the port system allows easy recovery of the lost communications and system reconfiguration in a transparent for the processes way. Especially important role seems to play the so-called port migration, i.e.

redirecting of the communication links.

(B2) A reliable process is accessed in the same way (and on the some port) as before it ports are reconfigurated by the reliability agent, i.e. *reliability service transparency* is achieved.

5. DISCUSSION

The main problems in realizing of software fault-tolerance techniques in an DS is the ensuring of system consistency in spite of hardware/software failures and concurrency. The specifics of a loosely coupled (e.g. LAN-based) DS makes these problems more complicated:

- The dynamically software reconfiguration of the DS and the transparent interprocess communications could lead to an uncontrolled propagation of a process failure over the network;

- The unexpected delay or loss of messages may lead to DS inconsistency;

- The lack of common system state information complicates the error detection.

The todays fault-tolerance techniques try to compensate these problems by introducing communication tools for:

(T1) Restricting the interprocess communications by controlling the information flow in a group of interacting processes (e.g. atomic actions [Liskov 83], conversations [Randell 75], recovery block [Shin 84]);

(T2) Involving of communication mechanisms allowing logging and recovery of messages (e.g. in asynchronous rollback recovery [Strom 84], [Jalote 89]), atomic multicast (e.g. in back-up techniques [Borg 83], [Babaouglu 90]), messages ordering, synchronization etc.;

(T3) Periodically checking of processes and communications state.

Obviously T1 involves setting of a "session" between the interacting processes in appropriate points inside the application programs, e.g. the correspondent fault-tolerance technique cannot be implemented transparently to the application. In contrast techniques, not based on the tools T1 could become transparent. For example, in [Strom 83], in [Babaoglu 90] and in [Jalote 89] are suggested asynchronous rollback/back-up techniques implemented inside the DS kernel in an for the application transparent meaner.

The approach proposed in this paper differs from the above mentioned in following aspects:

(D1) A specific fault-tolerance technique is provided by a reliability agent, which could be attached dynamically and transparent to the process in consideration using the composed reliability service. On this way, several techniques could be applied sequential (or if not conflicting in parallel) to the process. This allows easily to experiment with different techniques in order to find the optimum between the degree of fault-tolerance needed and the cost paid for it (delay, consumed processing capacity etc.).

(D2) The reliability agent could consider the process in question as a black box. The control and supervision of the process' execution and recovery is realized by sending control messages to the node kernel. The kernel on its turn manages the process' control flow (creation, migration, checkpointing, deletion, replication) and the process' information flow (interaction with other processes). The later are, in fact, a means by which a reliability agent designer can specify the process interactions and can built a port level "transparent fault-tolerance session" (in sense of T1). This is addressed, however, to our future activities.

(D3) The DS kernel realizes a set of communication abstractions (information flow control functions) supporting the fault-tolerance, and do not implement complex techniques like in [Jalote 89] and [Babaoglu 90]. Thus, in our examples the same kernel could be used for implementing both - the shadowing and the asynchronous rollback techniques.

In the same time following problems in applying of our approach could be pointed out:

- The port attributes may be changed by any process, which could lead to faults in reliability actions. This problem is partially solved by the reliability service manager, which avoids any conflicting attribute settings by the reliability agents, but additionally lock mechanisms would be needed;

- Crashing of a network node leads to crashing of the port system of this node also. This causes the kernel state to be lost (respectively non-determinism in the information flow control may occur). In general this may lead to uncontrolled system inconsistency. In [Babaoglu 90] is recommended to move the critical functions out of the kernel into a server process. In contrast we suggest some kernel functions like atomic communications, notification of messages delivery, storing of messages on stable storage. They may be used by the reliability agent in order to recover the crashed process and his ports in a consistent state.

6. CONCLUDING REMARKS

The proposed reliability service was first experimental implemented on a DS, based on a 10 Mbit/s Ethernet local network, linking personal computers IBM PC, XT, AT and others compatible with them. Although the additional reliability functions considerably increase the kernel size, the performance of the communication system is decreased negligibly during the normal, non-reliable processes interaction. In the same time implementing of fault-tolerance communication tools at the lowest operating system level - the kernel - could avoid complex, costly and redundant mechanisms elsewhere. This property encourages us to experiment our approach on a system with very cheap communications - transputer based multiprocessor system for parallel computations [Bojanov 89].

REFERENCES

[Babaoglu 90]   O. Babaoglu, Fault-Tolerant Computing Based on Mach, ACM Operating Sys. Rev.. Vol.24 (1990)1.

[Bojanov 89]   K. Bojanov and K. Yanev, A Family of High Performance Parallel Computer Systems, Proc. of Workshop on Parallel Distributed Processing, Sofia, 1989.

[Borg 83]   Borg et al., A Message System for Supporting Fault Tolerance, Proc. of 9th Symposium on Operating Systems Principles, Bretton Woods, N.H., October 1983.

[Jalote 89]   P. Jalote, Fault Tolerant Processes, Distributed Computing (1989)3.

[Liskov 83]   B. Liskov and R. Scheifler, Guardians and Actions: Linguistic Support for Robust, Distributed Programs, ACM Trans. on Prog. Lang. and Sys., Vol.5, No.3, July 1983.

[Randell 75]   B. Randell, System Structure for Software Fault Tolerance, IEEE Trans. on Soft. Eng., Vol. SE-1 (1975)2.

[Schlichting 83] R. Schlichting and F. Schneider, Fail-Stop Processors: an Approach to Designing Fault-Tolerant Computing Systems, ACM Trans. Comput. Syst. (1983)1.

[Shin 84]   K. Shin and Y. Lee, Evaluation of Error Recovery Blocks Used for Cooperating Processes, IEEE Trans. on Soft. Eng. Vol. SE-10 (1984)6.

[Strom 84]   R. Strom and S. Yemini, Optimistic Recovery: an Asynchronous approach to Fault-Tolerance in Distributed Systems, Proc. of 14th International Fault-tolerant Computing Symposium, Florida, 1984.

[Tripathi 86]   Tripathi A., Silverman J.: System Level Primitives for Fault-tolerant Distributed Computing, Proc. of 16th Annual International Symposium on Fault-tolerant Computing Systems, IEEE 1986

[Uppaluru 87]   Uppaluru P. et al.: Reliable Servers in the JASMIN Distributed System, Proc of 7th International Conference on Distributed Computing Systems, Berlin/West, 1987

An On-Line Environment
For Future Broadband Telecommunication Systems

Bernd X. Weis
RACE Project IOLE
SEL Alcatel Research Centre
D-7000 Stuttgart 40

Abstract

This paper describes an on-line environment for future telecommunication systems. The architecture as well as the design of and the results from the prototype summarizes some aspects of the activities in the IBC On-Line Environment (IOLE) project within the RACE program launched by the EC in 1988. The on-line environment targets for the integrated broadband communications network - a network based on the asynchronous transfer mode and supporting a whole variety of services from low to very high bit rates.

The on-line environment provides a sound basis for the whole spectrum of application software performing e.g. basic call handling, maintenance functions or providing value added services. It is distributed and features

(i)   a general on-line interface,
(ii)   fault tolerance mechanisms,
(iii)   tools for on-line software replacement and extension,
(iv)   tools for on-line software testing,
(v)   a knowledge based man-machine interface.

1 Introduction

The integrated broadband communications network (IBCN) will offer a wide variety of narrowband and broadband services as for instance typical services supported by ISDN (e.g. voice, facsimile, low bit rate video, low speed data) [1] plus broadband services (high quality video, high quality tele-conference, high-speed data transmission). In addition to these services other services will emerge for the convenience of the customers. Value Added Services belong to this category (e.g. access to private data bases).

As the variety of services, supplementary services, and other features of a future telecommunication system increases, the complexity of the IBCN will be enormous. Considering the complexity in hard- and software of the now emerging ISDN, the complexity of the IBCN will be higher by some orders of magnitude. To handle the complexity of the IBCN system the system operator as well as the user need all the help they can get.

It is obvious that a suitable architecture for application software, which can cope with this complexity, is essential and this architecture must be powerful but not stringent. Further, the distributed nature of the IBCN must be taken into account [2, 3]. The structure of the IBC on-line environment is depicted in figure 1.1. The application software (shaded building block) is the user of the on-line environment and any software in the IBCN makes use of the on-line environment. Possible applications range from call handling to maintenance and value added services.

The on-line environment is accessed via the on-line interface (OLI). The OLI provides a set of very powerful primitives supporting all actions a user might wish to perform (details of distributed operating systems can be found e.g. in [4]). Further, the OLI hides the distributed nature from the user who has no longer to care about where in the IBCN his software is stored and executed. In essence, from the user's perspective the IBCN behaves like a single, very powerful processor. But, of course, the OLI provides primitives to restrict the storage and execution of application software to specified locations and devices.

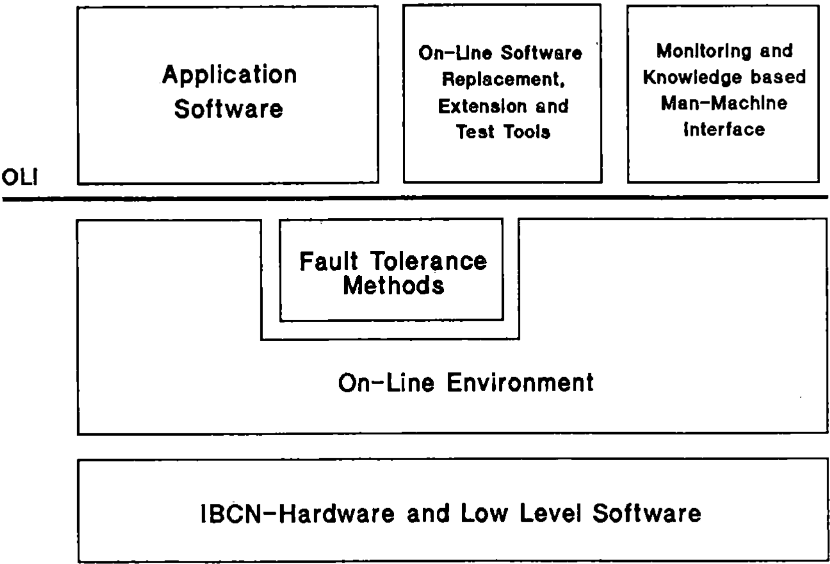

Figure 1.1: Structure of the On-Line Environment

Especially within telecommunications systems, the high expectations of subscribers on availability, quality of service and service delivery (e.g. waiting times for the service requested) lead to stringent performance requirements on the IBCN. On the other hand it is a fact that in a system of complexity such as the IBCN, hardware faults due to, for instance, limited life time of chips and primary and secondary memories, can not be avoided and will always be encountered. This requirement/fact contradiction is resolved in the on-line environment using advanced fault tolerance mechanisms. However, fault tolerance mechanisms can not replace proper maintenance (e.g. replacement of faulty boards) but can reduce to a great extent the effects of faulty hardware on system performance.

Now that hardware faults are taken care of, erroneous software is considered. Since there is no software without errors (at least software of such complexity) there is a need to replace erroneous application software and it must be replaced on-line, i.e. without service interruption and with minimum service degradation. In addition the introduction of new application software providing new services or additional features to existing services must be supported. As for example introducing a new service (like service 130 in the FRG), due to the variety of services offered it is impossible to shut down all exchanges, load a new software tape, start up the system again, test and release software. These tasks must be performed on-line. The provision of tools for on-line software replacement, extension and test is one of the most advanced features of the on-line environment presented in this paper.

Apparently, the driving force behind this approach is to sensibly handle on-line a very complex system while retaining quality of service as perceived by the user.

The outline of the paper is as follows. The software architecture which is essential to make use of the OLI is presented and discussed in section 2. The concept of logical processors which establishes the link between distributed software and localized hardware is explained. In addition, the objects subsystem, component and subcomponent and their scope are defined. The corresponding interfaces for peer to peer communication are described. Section 3 contains a brief description of the on-line interface. To the application software the on-line interface provides primitives to initiate and perform certain actions as for instance sending and receiving messages. The fault tolerance methods are discussed in section 4. These methods are essentially based on replication of executing units on different pieces of hardware. The most advanced features of this approach are on-line software replacement and extension which are described in depth in section 5. In section 6 the description of a prototype of the on-line environment is presented.

2 Architecture of the IBC On-Line Environment

2.1 Brief description of the IBCN

The IBCN is a set of interconnected IBCN nodes. An IBCN node essentially consists of two major building blocks, a switching unit and a control-and-service element (CSE). Obviously, the switching unit directs the incoming data to an outgoing trunk or line according to the control information received from the CSE. The CSE is constructed by a set of computing elements (CE) (compare figure 2.1), which are aggregates of various functional units, namely, computation, communication and storage resources, i.e processor, peripherals, and memory. CEs are controlled by the CE-kernel that manages hardware dependent functions. In addition, a logical grouping of CEs is supported by the CE-kernel to satisfy functional needs.

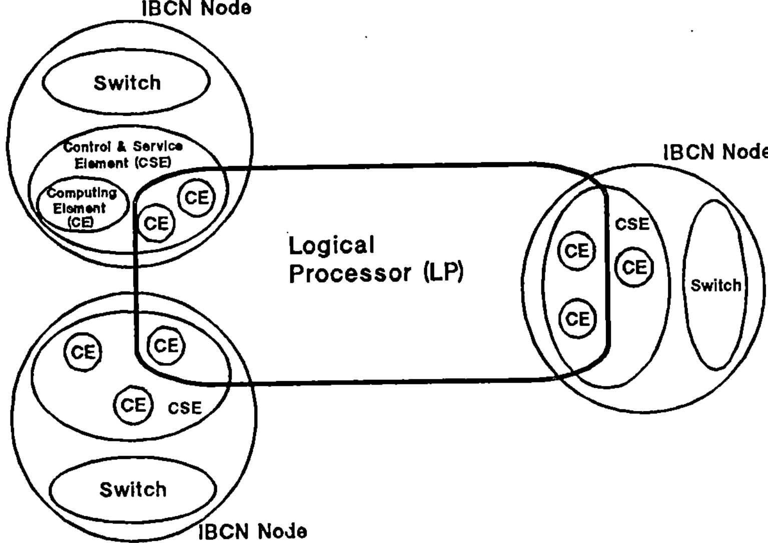

Figure 2.1: IBCN Nodes and Logical Processors

2.2 The Logical Processor and Logical Network

A logical group of CEs is termed a logical processor (LP). An LP is not necessarily bound to a single CSE (compare figure 2.1). Due to the high interconnection and transmission capabilities of the IBCN the individual CEs of an LP could be scattered within the entire IBCN. The reasons for constructing LPs are two-fold. First, there are the benefits of a physically distributed entity which are

(i)   exploitation of inherent parallelism,
(ii)   effective resource allocation,
(iii)   physical means for fault tolerance.

Second, there are the benefits of a single coherent entity which are
(i)   access transparency,
(ii)   flexibility for application software,
(iii)   effective resource management.

By introducing logical processors, the step towards a logical network rather than a network of physical devices in different sites is made. Locations of physical processors or data storage devices are no longer an issue to be considered in the application software as they are hidden behind LPs. Thus, the logical network is a set of logical processors and provides logically complete interconnection capabilities, since of course the IBCN can by no means be fully interconnected.

2.3 Software Architecture

The software architecture of the application software to be supported by the on-line environment consists of three levels of abstraction which are:

(i)   subsystem,
(ii)   component,
(iii) subcomponent.

In the telecommunication context according to CCITT I.310 [5], a component provides the functionality of an elementary function. An elementary function is the lowest level of functionality allocated to a functional entity involved in supporting a telecommunication service. A subsystem provides the functionality of a global function, which is defined as having global significance to the lower levels. Finally, a subcomponent is merely a component implementation constituent.

2.3.1 Subsystem

Subsystems are the only entities identifiable in the IBCN. They are abstractions incorporating IBC services which have to be network wide available. Thus, subsystems are not locateable in the IBCN and provide network wide access transparency. In general they are the building blocks for constructing any sort of complex IBC service. Subsystems provide services to their clients possibly by combining services of other subsystems.

Subsystems are based upon the global on-line environment (GOLE) platform. To be consistent with the notion of subsystems the GOLE platform is accessible everywhere throughout the IBCN. The GOLE platform provides the communication means between subsystems.

The way subsystems interact with the outside world is therefore extremely straightforward; it merely consists of receiving service requests, possibly issuing service requests to other subsystem necessary to service the own request.

As an example one subsystem in an IBCN could be MAINTENANCE and another STATISTICS. On complaints of some subscriber an operator may wish to check on some specific piece of hardware and ask the MAINTENANCE subsystem to do so. Before taking appropriate actions, MAINTENANCE will check the statistics of the subscriber and the piece of hardware by issuing a service-request to STATISTICS to receive information on e.g. unsuccessful call attempts of the subscriber and date of assembly of that hardware.

A subsystem itself is not executable. It is a collection of components each of which provides elementary functions necessary for the subsystem to fulfil the service the subsystem is responsible for.

2.3.2 Component

The notion of a component serves as a basis to benefit from the distribution at the local level of the on-line environment. Here, locality is understood in terms of the locality of LPs, as LPs provide the logical link to physical CEs. The distribution at the local level is managed and supported by the local on-line environment (LOLE) platform. The LOLE platform supports components and the communication between components. Components interact via message passing only. Since components have a strong architectural connection to LPs it is obvious that components are the units of resource allocation. Thus, a service-request to a subsystem comes down to components requesting resources from the corresponding LOLE platforms which manage the resources of the LPs.

The fact that components have this direct access to the resources via the LOLE satisfies the basic requirement - together with the restriction that components communicate only via message passing - to provide the following features:

(i)   Components are the constituents of subsystems,
(ii)   components are fault tolerant,
(iii) components are the minimum replaceable units.

As in the case of subsystems, components are not executable since they are supported by the LOLE platform on LPs but not by specific CEs. This leads to the definition of subcomponents. A component is a collection of executable units called subcomponents.

2.3.3 Subcomponent

Coming down the architecture we have not yet a constituent that is executable. This gap is filled by the subcomponents. Subcomponents are limited to the components they belong to.

There is no restriction on the means of communication between subcomponents of a component. The means of communication may include message passing, shared memory or both. However, subcomponents of different components may only interact via their owner components in which case interaction is restricted to message passing.

In addition subcomponents may freely move from one CE to another within an LP; the owner component does not perceive this type of subcomponent reconfiguration. Subcomponents, thus,

(i)   allow for software reuse,
(ii)   enable components to be distributed and support parallelism,
(iii)   are the key concept to enable fault tolerance methods.

2.4 Communication model

The communication model is based on the hierarchy as implied by subsystems, components and subcomponents. Accordingly there is a similar hierarchy of communication means. These are

(i)   subsystem interfaces for communication between subsystems,
(ii)   component interfaces for communication between components of the same subsystem,
(iii)   subcomponent interfaces for communication between subcomponents of the same component.

The sole usage of these interfaces allows the system designer to encapsulate objects as there are subsystems, components and to some extend subcomponents. Encapsulation then provides different transparencies as well as the means to perform dynamic modification of the behaviour of the object. This supports on-line software extension which is one of the major achievements of this work.

2.4.1 Subsystem Interface

The service of a subsystem is invoked by a Service_Request. Reference and identification of the destination of a Service_Request are solved by the component enhanced interface. The component enhanced interface is the interface of a component which was off-line identified as a component issuing or receiving Service_Requests.

Once a Service_Request has been issued, the invoking component receives as a parameter a reply reference. This information is handled in the component enhanced interfaces of both the Service_Request issuing component and the receiving component. Components attached to the subsystem interface will have component enhanced interfaces. The subsystem interface enables individual components to get service requests according to some policy applicable for the subsystem.

2.4.2 Component Interface

Interactions among components are regulated by the component interfaces and component enhanced interfaces making sole use of message passing via ports. These interfaces include rules (to-rules and from-rules) to control its usage.

When sending a message the identifier of the destination port may be either absent or present. In the case of a present identifier the actual destination is directly determined by the component interface (indirection). If the identifier is absent the destination is determined on the basis of the functional needs of that message by the management of the component interface (translation). But both, specific indirection and translation mechanisms, belong to individual component instances.

When receiving a message, a port may be created and allocated to component instances dynamically. The port identifier referred to by the receiving component is a symbolic reference which is solved at run-time by the component interface making use of interface tables. Software extension and system reconfiguration operate on the interface tables; these operations are transparent to the component which owns the port. Thus, there is no need for components to dynamically create ports. Dynamic creation of ports is only allowed to privileged components (e.g. components of the software extension facility) and not to components of the application. A default port is created automatically with the creation of a component instance. Reference to the default port is achieved using predefined symbolic names.

2.4.3 Subcomponent Interface

The subcomponent interface is not specifically restrictive and its definition is essentially left to the programmer. The communications means are defined in the subcomponent descriptor file containing the ports needed and their port references. Shared memory communication is possible.

3 The On-line Interface

In this section the main features of the on-line interface (OLI) are described. The OLI is the well defined interface between the OLI objects (subsystem, component, and subcomponent) and the underlying levels allowing for communication and resource access. These features come with the primitives supported by the OLI. The OLI-primitives include

(i)   the activation, maintenance and deactivation of subsystems as well as the creation, maintenance and deletion of subsystem interfaces,
(ii)   the activation, maintenance and deactivation of components as well as the creation, maintenance and deletion of component interfaces,
(iii) the creation, maintenance, deletion of subcomponents as well as of subcomponent interfaces in the case where subcomponents communicate via message passing,
(iv)   sending and receiving messages,
(v)   synchronization means for software extension and fault tolerance facilities.

4 Hardware Fault Tolerance

The work performed focuses on hardware faults rather than software faults, since an extensive handling of software faults is beyond the scope of a generic on-line environment and is a major subject in the design of the application software. It is obvious, that some specific hardware equipment to support fault tolerance, must be available more than once in the system. This requires a modular hardware architecture of the system where the degree of modularity is a trade-off between system performance and maintainability. Redundant provision of hardware modules is, thus, the key concept to provide hardware fault tolerance [6, 7].

LPs are conceptually very attractive as the foundation for the basic concepts of fault tolerance, since the LP concept represents the borderline between located hardware and location transparent software. Thus, since an LP represents the underlying hardware of a component, fault tolerance is supported on the component level. This requires that a component can be specified such that fault tolerance needs are taken care of.

The approach to provide hardware fault tolerance is based on the replication of subcomponents, i.e. instances of the same subcomponent execute in parallel on different hardware modules. This implies that the information accessed by the subcomponent instances is distributed, i.e. redundant, as well. When several instances of the same subcomponent execute on different hardware modules, inputs and outputs of these instances must be synchronized. The basic idea behind synchronizing these instances is the group [8].

In general, a group is a composite of subcomponents having common application semantics as well as the same group identifier. Each group is viewed as a single, logical entity without exposing its internal structure and interactions to users. For IOLE, however, a group consists of replicated instances of one subcomponent on different CEs (see figure 4.1). It is obvious that a group can tolerate hardware faults since faulty operation of a CE will not effect the outcome of the group. The requirements to be imposed onto a group are described in the following.

Communication transparency: Communication transparency is provided by two mechanisms. The first is atomic message delivery, i.e. a message to the group is received by either all group members or none. The second is absolute ordering, i.e. the messages are received by all group members in the same sequence.

Reply-handling transparency: On the reception of a message by the group, each group member may respond and in general these responses need not be equivalent (for instance, if some CE has a minor undetected hardware fault, e.g. the memory has a bit stuck-at-zero). The replies of the group members will be subjected to a weighted voting scheme and a single reply from the group will be delivered.

Naming transparency: Subcomponent instances are dynamically and transparently bound to a single group name. This allows the dynamic change of group membership which becomes important when a faulty piece of hardware is detected or the system is reconfigured.

Failure transparency: If a group member fails, the remaining members should continue service while the failed member is being recovered.

Real-time requirements: If a message is not received before some deadline it is considered obsolete and a timing fault is announced. This requires that the time difference between any two CEs where group members execute is bounded.

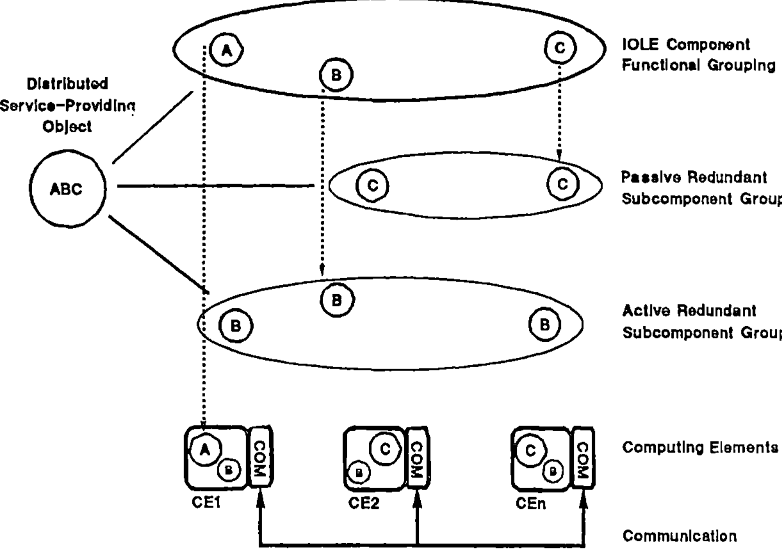

<u>Figure 4.1</u>: Fault Tolerance Mechanisms

When these requirements are fulfilled the system can easily cope with hardware faults, and service degradation should be only a minor issue. It is clear that in the IBCN, service quality requirements are stringent. These specifications, and some statistics of hardware faults, give guidelines on system design and configuration including the degree of hard- and software redundancy necessary to continue service within the specified parameter ranges even in the presence of faults.

5 On-line Software Extension

The IBCN is required to maintain a very high standard of availability. In practice however, systems of IBCN complexity provide a very rich source of design and implementation errors. In the case of erroneous software modules a system operator would not want to shut down the system to load new software. Instead, the erroneous software module should preferably be replaced on-line. Furthermore, the introduction of software with new features, or even software supporting new services should take place without degradation and interruption of the already existing features and services.

These requirements outline the domain for on-line software extension where extension is used synonymously for software replacement (bug fixes) and real software extension when new components enhancing existing services or providing new services are introduced. From the discussion of the architecture above, it is apparent that the minimum replaceable unit is a component since the component is the unit of resource allocation. It is implied that the replacement of a component results in the replacement of all its component instances.

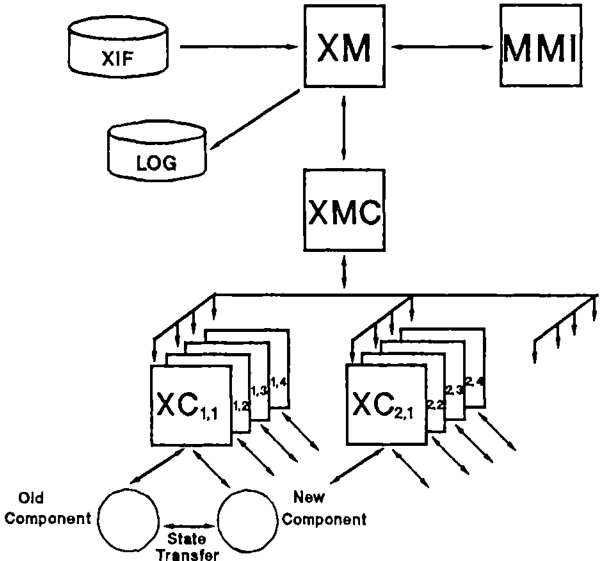

Figure 5.1: Structure of Extension Facilities

Because of the highly interactive nature between the extension facilities and the OLI, software extension is considered to be part of the on-line environment. In this respect the extension facilities must be to a very large extend generic, independent of a particular programming language. This is possible since all application software is tied to the on-line interface and its primitives. However, there are requirements on the application software to make it extendable. Extendable components of an application have the following characteristics:

(i)   There exists a state in which the component is extendable. When a component reaches an extendable state the OLE is informed.

(ii)   In addition, the new component provides a state transfer function which maps the state and corresponding state variables into the form needed by the new component.

For example, in a telephone network an extendable state could be either when the telephone is not operated or when a conversation is in progress. In the first case the state transfer function could be empty, but in the second case it requires the transfer of all call related data from the old to the new component.

Several off-line actions must be performed before an on-line software extension can be executed [9]. These actions can be grouped into five tasks as follows:

(i)   Task 1 produces extendable code. These actions are defined by the development methodology.

(ii)   Task 2 identifies all components affected by the specified extension. If component interfaces change, knowledge about component relationships has to be used to ensure function consistency of the system.

(iii)   Task 3 determines groups of components which must be extended in one step and plans the order in which individual components and one step component groups are extended. Rollback strategies are devised for the case the extension fails for some reason.

(iv)   Task 4 plans in detail the extension of a component or a one step component group. An extension strategy is devised which consists of a sequence of basic extension operations and facilitates a rollback to the old component.

(v)   Task 5 handles the execution details of the subcomponents of a component in conjunction with basic extension operations and rollback possibilities.

Most of these tasks can be automated; but some of them need the knowledge of a system expert especially to resolve problems as e.g. whether or not the subcomponents of the old and new component can execute in parallel.

During an extension, ports are dynamically allocated to component interfaces as outlined in section 2.4.2. Extension actions are synchronized using gates. The structure of the extension facilities is shown in figure 5.1.

The extension manager (XM) component is controlled by an operator via the man-machine-interface (MMI). The XM gets all the information from an extension information file (XIF). XIF contains essentially the outcomes of the tasks 1 to 5. The XM uses this information to start an extension meta control (XMC) component. The task of the XMC is essentially the supervision and synchronization of the extension control (XC) components and to initiate synchronized rollbacks in the case of extension failures. For each component instance there is a corresponding XC instance. The XC instances finally perform the extension actions. The XM logs all actions taken.

In future work it is foreseen that on-line testing facilities will be provided.

6 Description of the Prototype

6.1 Network

The network consists of a set of nodes (CEs) and a set of connections (links) between nodes. For the prototype the CEs are PCs interconnected by a standard bus. The network is modelled by software. The IBC on-line environment executes on the Pcs. The hardware setup is conventional as shown in figure 6.1.

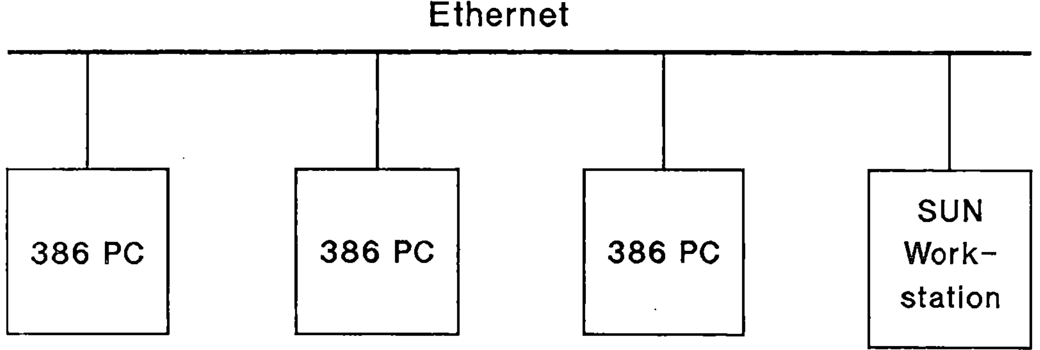

Figure 6.1: Hardware Setup for Prototype

The following technical choices have been made:
(i) Every CE will be a conventional 386-based PC. All CEs will be physically interconnected through a conventional Ethernet regardless of whether they belong to the same LP.
(ii) Every CE will run the CHORUS(1) kernel [10] as CE-kernel as required by this architecture. For the sake of simplicity the CHORUS kernel interface has been augmented with a Unix-compatible file system and a restricted set of related functions. The CHORUS architecture is claimed to be scalable and may range from the size of a local real-time executive to the scope of a complete distributed operating system kernel.

To test the powers and the suitability of the implementation, as well as proving the concepts which led to the approach an application is needed.

---

(1)   CHORUS is a trademark of CHORUS Systemes.

6.2 Description of the Application Software

The application software is called Bernd's Node. Bernd's Node is an experimental application for real-time, distributed, on-line extendable systems. The network devised is capable of providing virtual private network (VPN) facilities. A VPN makes use of the facilities and installations of a public network offering PABX facilities. In our context a VPN can easily be mapped onto an LP.

6.2.1 Services

The services supported by Bernd's Node are

(i)   route oriented datagram service,
(ii)   route oriented packet service,
(iii) virtual channel oriented packet service, and
(iv)   broadcast service.

Route oriented datagram service: A datagram is a message where all information to be transmitted from one subscriber to another is contained in one single datagram. A datagram source sends datagrams to a destination by specifying only the destination address, not the path through the network. The route oriented datagram service is similar to the datagram service. However, possible paths, the datagram may take through the network, are restricted. **The set of allowed paths from a specific origination to a specific destination through the network is called a route.** The datagram header contains the route number which uniquely determines the destination but not a specific path through the network. This service does not ensure datagram sequence integrity.

Route oriented packet service: A route oriented packet service provides the means to send information from one subscriber to another within several packets. The packets need not take the same path through the network. For each packet any path of a route is permissible. The packet header contains the route number which uniquely determines the destination but not a specific path through the network. Packet sequence integrity cannot be ensured.

Virtual channel oriented packet service: A virtual channel oriented packet service is a refinement of the route oriented packet service where between any two CSEs, there exists a single unique path. All packets from a specific source to a specific destination take the very same path through the network. This fact ensures packet sequence integrity.

Message broadcast service: A broadcast message is a message to be broadcasted from a subscriber to all other subscribers.

6.2.2 User-to-User Message Description

A user-to-user message consists of seven fields:
(i)   The message type field (MT) indicates the type of the message, e.g. a data message, a request message or any of the control messages.
(ii)   The service field (SF) contains the service.
(iii) The route field (RF) contains the route number of the message and thus the destination address.
(iv)   The call reference field (CR) which contains the call reference number. Essentially, the call reference number is the origination address appended by a small integer.
(v)   The sequence field (SQ) contains the message sequence number. This sequence number is necessary for sequence recovery and/or detection of datagram loss due to transmission errors or to switching errors such as for instance time-outs in an intermediate CE.
(vi)   The end-of-sequence field (ES) contains a single bit indicating the end of a specific packet sequence. If the ES-bit is set the call reference will be cleared. Further, the termination of the validity of a call reference is governed by a time out at the destination.
(vii) The information field (IF) carries all the user-to-user information.

Only MT, RF and SF are evaluated by the network, all other control fields are processed at the destination. The information field is transmitted transparently.

6.2.3 Implementation Issues

The implementation of Bernd's Node has one subsystem. Links are logically connected to data-ports-in and data-ports-out. Thus, when N is the number of links connected to a CE this CE has N data-ports-in and N data-ports-out. All user-to-user messages transfer via data-ports. Further each CE has a logical control-port-in and control-port-out via which all control messages from the network operator are transferred. The components of Bernd's node can be classified into two groups; managers which handle control operations from the operators and handlers or servers which handle the user-to-user communication.

Bernd's Node is designed to illustrate the features of the architecture.
(i)   It incorporates the IOLE architecture model and is composed of components and subcomponents.
(ii)   It incorporates the IOLE concurrence model; any component may be handling several tasks simultaneously.
(iii)   It incorporates the IOLE communication model where components communicate via message passing only.
(iv)   It incorporates the IOLE concept of distributed processing; the subcomponents of any given component will generally be running in different Ces.
(v)   It incorporates the IOLE shared memory model; in some components some or all subcomponents communicate via use of a shared memory space. In this instance, the subcomponents concerned are required to be co-located in a single CE.
(vi)   It is extensible; certain application components include procedures for freezing the component in a consistent state and transferring any state information to a successor component. To this end, certain components have been prepared in two forms to demonstrate the extension process (see component descriptions below for details).

The components which are globally available, i.e. accessible from every CE in the network are as follows:
System Console Manager (SCM): The SCM handles the interface to the operator. This is a truly distributed component.
Global Link Manager (GLM): The GLM handles the interconnections between CEs in the network. On operator request via the SCM, GLM adds and deletes links between CEs.
Global Route Manager (GRM): The GRM manages the routes within the network. On operator request via SCM, GRM creates, modifies or deletes routes.

The components which are available in any LP representing a VPN are the following:
VPN Route Manager (VRM) and VPN Link Manager (VLM): The tasks of the VRM and VLM are essentially the same as of the GRM and GLM, respectively, but restricted to the LP.
VPN Data-Port-In (VDPIM) and Data-Port-Out (VDPOM) Manager: VDPIM and VDPOM manage data-port-in and data-port-out when incoming and outgoing, respectively, user-to-user messages are detected.
VPN Message Handler (VMSGH): VMSGH handles messages in the CEs.
VPN User Service Handler (VUSH): VUSH manages the service requested. Each of the services available is processed by a dedicated subcomponent.
VPN User Terminal Server (VUTS): VUTS manages terminal in- and outputs.

Of course each component consists of several subcomponents which execute on specific CEs. The subcomponents can essentially be classified into control, server and guard subcomponents and, eventually, subcomponents with miscellaneous tasks.

6.3 Implementation of the On-Line Interface (OLI)

6.3.1 OLE Managers

The implementation of the LOLE is a software infrastructure that encapsulates the CHORUS kernels running on every CE. LOLE currently consists of four modules termed LOLE managers. These managers are
(i)   the **configuration manager (CFM)**, which is responsible for creating and controlling the configuration of the local level OLE by setting up the relevant LP and activating the other local managers; the CFM is also in charge of driving the installation of the trial application and the XM, XMC and XCs,
(ii)   the **execution manager (EM)** which is responsible for maintaining control over components and subcomponents created by the OLI users; this control extends over activation, deletion, stopping and resuming of the OLI objects,
(iii) the **communication manager (CMM)** which is responsible for implementing the IOLE communication model applicable to the OLI processing objects by creating and maintaining the control structures of the communication interfaces,

(iv) the **synchronization manager** (SM) which is responsible for providing the OLI user with timing and synchronization facilities.

The typical structure of each LOLE manager is as follows:
(i)   Each manager is implemented as a set of CHORUS actors, one actor per CE.
(ii)   The internal structure of these actors depends on the functionality of the relevant manager; in general, within every actor there are as many threads as adequate to perform in parallel the various management tasks needed on a site (e.g. one thread to carry out control-and-consistence operations; one thread to take care about the interactions with the other actors of the same manager; one optional thread specialized to interact with the local actors of the other managers).
(iii)   Cooperation of actors of the same manager which reside on different sites is normally achieved by providing them with one CHORUS port which forms part of a CHORUS port group that is known to all actors; since there exists one actor per site the correct addressing among actors will be granted by means of the CHORUS functional addressing, which allows location of one port on a certain site.
(iv)   All the OLI primitive calls result in a CHORUS message sent by the primitive caller to the actor of the concerned manager present on the site of the caller. The OLI primitives that are expected to report the caller about the completion of the execution of the primitive will incorporate a CHORUS return message sent by an actor of the concerned manager to the primitive caller. In the latter case the primitive caller gets suspended till the completion message arrives. The OLI user does not perceive this message exchange which is automatically provided when the appropriate files are included in the application software. This message exchange takes place between CHORUS ports automatically allocated at the time of configuration.

6.3.2 Implementation Aspects

Some specific implementation details are given below.
(i)   A single subcomponent which can communicate via message passing only has been mapped on a single-threaded CHORUS actor.
(ii)   A set of related subcomponents which communicate with each other via shared memory are mapped together on one and the same CHORUS actor which encapsulates as many CHORUS threads as there are subcomponents (one CHORUS thread per such IOLE subcomponent).
(iii)   The OLE communication ports are implemented by enhancing the CHORUS notion of ports and port-groups. Neither components nor subcomponents have direct access to the CHORUS ports. The LOLE CMM holds all these CHORUS ports on behalf of the owner (sub)components. Access rights and connections between (sub)components and CHORUS ports will be regulated by means of appropriate control structures. These control structures represent the "interfaces" of components and subcomponents as discussed in chapter 2. These structures are maintained by the CMM and distributed over the LP.

6.4 Implementation of Fault Tolerance

6.4.1 Subcomponent Groups

Application subcomponents, which are considered vital, are started in N-fold redundancy on different CEs, thus tolerating crashes of one or more redundant CEs with copies of one subcomponent. Fail silent CEs are assumed, a fail silent CE may produce either correct output or no output at all.

A subcomponent group is a series of equal subcomponents running in parallel on different CEs. This means that the same code is actually executed N-times, each execution on a different CE. A group is constituted during LP configuration according to the subcomponent entry in the configuration plan where the CFM creates the group and makes the replicas join the group. This is done via group manager (GM) primitives. Leaving a group is implied either by the crash of the CE where the considered group member is running or by the termination of the whole subcomponent group. In the first case, failure detection mechanisms inform the GM about group members leaving the group; in the second case, the group has to be destroyed by the CFM. The GM maintains a data base within the LP which contains information about groups and group members.

6.4.2 Atomic Multicast and Concentration

Atomic multicast of a message to a group is the basic mechanism which supports the group concept. It implies that either all or none of the group members receive the message and in the case of several consecutive messages receive them in the same order. The basics for sending a message to a group are implemented within the CMM MESSAGE_SEND primitive.

When sending a message to some destination, a comparator compares the potentially N outputs as produced by the N group members. In our case, where identical group members produce the same output messages, a propagate-before-validate strategy is used for the comparator. The subcomponent which reaches it's output statement first is the coordinator of the output action and simply does the output. It then waits for all other functioning members to synchronize themselves and to detect failures of replicas. In case the coordinator crashes during the protocol another member takes over and becomes coordinator itself.

In case replicas are missing in the waiting phase the coordinator sends a message to a failure monitor which has the overview of CEs belonging to an LP and can therefore initiate proper reaction like taking the replica out of it's group, taking the CE out of the LP, informing testers or maintenance personnel.

6.5 Software Extension Implementation

6.5.1 Considerations for Software Extension

As pointed out in section 5 the application must be capable of achieving 'state transfer' in either direction where necessary. That is to say that if the actions of a component or subcomponent are such that they need to hold real-time variable data, the code must be written in such a way that this data can be transferred to (or back from, in the case of rollback) a replacement (sub)component. A rider to this constraint, is that there must exist a stable state where such a state transfer can be achieved.

A software extension may consist of just one or many replacements, additions and/or deletions of components, changes of interface(s) and/or interconnectivity between components. By analysing its impact, an extension can be broken down into a sequence of synchronized actions some of which can be parallelized. These actions can then be assembled into a series of instructions and parameters which can be stored in a file to control the extension. Testing strategies can be worked out off line, along with analysis of the extension, and the triggering of automatic or operator controlled testing built into the extension strategy. In a first effort, all off line preparation has been conducted by hand, though it is envisaged that a suite of tools will be developed for this purpose.

As it is only occasionally necessary to carry out an extension, there should only be a minimal amount of system-resident code explicitly for XC. All other code should be in files which are loaded and run only when an extension is initiated by the operator. In this way impact upon system resources is kept to a minimum.

6.5.2 Synchronization of Extension

Synchronization of the extension is achieved by the use of gates. A gate is a system resource which can be dynamically created with a specified maximum and minimum number of participants. Any (sub)component knowing the identity of a gate may bind to the gate, subject to the maximum limit not being passed. Bound components may then issue a Wait_At_Gate command which will result in their being suspended until released by the gate. This release will occur when either the specified minimum number of participants has issued the Wait_At_Gate command, the gate has been aborted by one of the bound participants or a (specified) timeout has occurred.

Thus by selection of the correct number of participants for a gate, the execution of components can be held until the last participant of the gate waits there. The code for the XC's is written such that when they have reached a point where they may need to be synchronized, they will wait at a specified gate. The XMC can then synchronize the action by waiting at the gate when ready, at which point, if all the other participants are waiting there, they will all be released to continue their execution. If all participants do not join the gate within an acceptable time, or if a fault has been detected anywhere, the gate can be aborted by the XMC, whereupon the extension will go into rollback. Rollback is also controlled by the use of gates.

6.5.3 Extension of Bernd's Node

Figure 6.2a shows the initial application components and their interconnections. This application offers the user the datagram service. Although there are two LPs, each of which has a copy of the application running, only one LP is shown.

Figure 6.2b shows the application after a multi-component extension has been performed to add a broadcast message facility. One new component (VUSH) has been added while three further components

(VUTS, VDPIM and VMSGH) have been replaced with new versions (VUTS', VDPIM' and VMSGH' respectively). New interfaces have been added between VUSH and VDPIM', VUTS' and GRM, but all other interfaces remain unchanged.

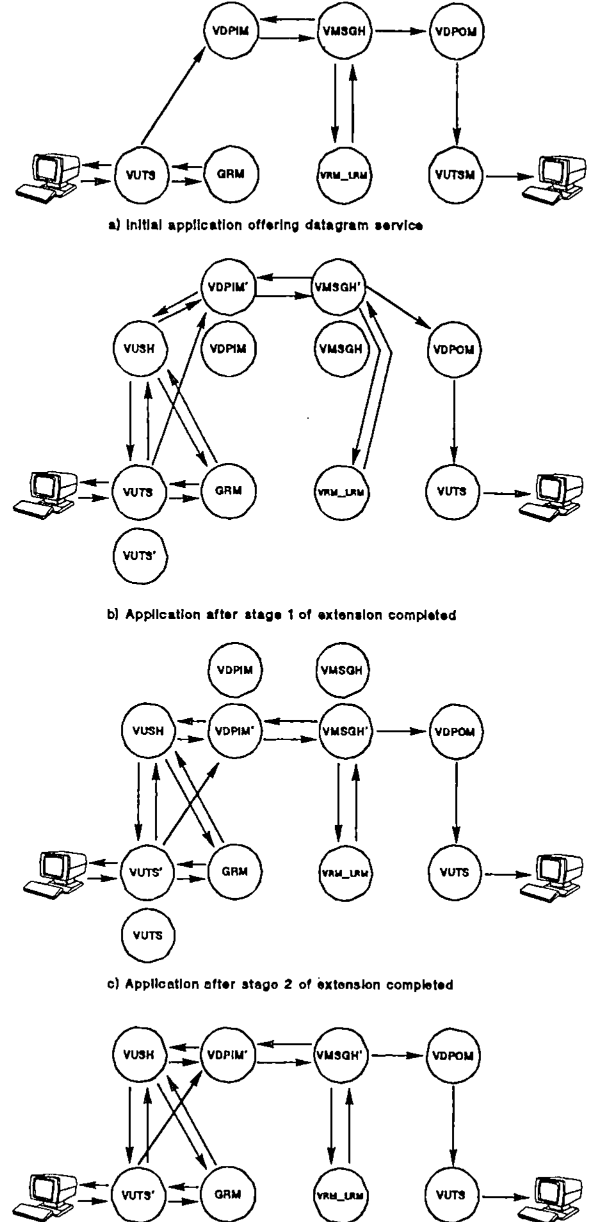

<u>Figure 6.2:</u> Extension of Bernd's Node from datagram to datagram plus broadcast service

Analysis of these two diagrams shows that in extending the software from the datagram service to the datagram service plus the broadcast service, the critical component is VUTS. Once VUTS has been replaced by VUTS' the application will accept user requests for broadcast service, so this must be the last component to be replaced. VDPIM and VMSGH can be replaced in parallel, and also, since it will receive no messages until VUTS is replaced, VUSH can be introduced at the same time. This will give the configuration as in figure 6.2c. The application is still handling datagrams, but is now using VDPIM' and VMSGH'. Tests can be carried out now to verify this, before continuing with the extension.

If all is still well with the application, VUTS' is now introduced as in figure 6.2d. The application is now fully extended, and tests can be carried out to check its performance. Note that the 'old' component instances (VUTS, VDPIM and VMSGH) have not been deleted from the system: they are kept in a held state until testing is complete in case it is necessary to rollback the extension due to problems with the new software. Assuming that the testing is satisfactory, the old component instances are deleted leaving the situation as in figure 6.2b.

6.6 Implementation of the MMI

The features offered by the MMI are
(i)   the command window with a remote login on CHORUS to control the system and the XM,
(ii)   the network window with a remote login on CHORUS that controls the application (Bernd's node),
(iii)   architecture windows with a view of the system in terms of CEs, LPs, components, subcomponents, and ports. Several options enable the operator to select the information he wants to see. A monitoring facility performs a selective data capture on the system.

7 Conclusion

In this paper an architecture for an on-line environment suitable for the integrated broadband communication network was presented. It was shown that key concepts as system modularity, scalability and flexibility, fault tolerance, real time requirements and software extendability are supported. The feasibility of this approach was proven with the implementation of a prototype.

Acknowledgements

This work was partially financed by the Commission of the European Communities as project R1017 (IOLE) of the RACE (Research of Advanced Communication in Europe) program. This paper is the result of the collective efforts of the IOLE consortium: SEL-Alcatel RC (Stuttgart, FRG), Alcatel Austria ELIN RC (Vienna, Austria), Alcatel FACE RC (Pomezia, Italy), Alcatel SESA (Madrid, Spain), Cap Gemini Innovation (Paris, France), Intecs Sistemi (Pisa, Italy) and Teknon (Darmstadt, FRG).

References

[1]   P. Bocker: "ISDN", Springer, New York, 1987
[2]   M. Schwartz:" Telecommunication Networks", Addison-Wesley, Reading, Mass., 1987
[3]   D. Bertsekas and R. Galleger: "Data Networks", Prentice Hall, Englewood Cliffs, NJ, 1987
[4]   M. Maekawa, A. Oldehoeft and R. Oldehoeft: "Operating Systems", Benjamin/Cummings, Melno Park, Cal., 1987
[5]   CCITT Blue Book, Volume III, Geneva 1989
[6]   A. Avizienis and Jean-Paul Laprie: "Dependable Computing: From Concepts to Design Diversity", Proc. of IEEE, Vol. 74, No. 5, pp. 629-638, May 1986
[7]   K. P. Birman and T. A. Joseph: "Reliable Communication in the Presence of Failures", ACM Trans. on Computer Systems, Vol. 5, No. 1, pp. 47-76, February 1987
[8]   L. Liang, S.T. Chanson and G.W. Neufeld: "Process Groups and Group Communications: Classification and Requirements", IEEE Computer, pp. 56-66, February 1990
[9]   M. Ashby, I. Glasner-Schapeler and B. Weisgerber: "The Automatic Deduction Strategies for On-line Software Extension", Proc. SETSS 1989 Conference, pp. 21-28, July 1989
[10]   M. Rozier et al.: "CHORUS Distributed Operating System", CHORUS Systemes, Technical Report CS/TR-88-7.8, February 1989

Optimale Dateiallokation und Auftragsbearbeitung: Modellierungsaspekte eines verteilten Dateisystems

Uwe M. Borghoff [*]
Institut für Informatik, Technische Universität München
Postfach 20 24 20, D–8000 München 2, Germany

Zusammenfassung

Verteilte Dateisysteme spielen eine wichtige Rolle, wenn es darum geht, dezentral gespeicherte Daten gemeinsam zu nutzen. Die Entwicklung sowie die Modellierung solcher Systeme erfordert die Berücksichtigung vieler Einzelaspekte. In dieser Arbeit werden zwei wichtige Aspekte näher untersucht:

Optimale Dateiallokation ist ein seit langem bekanntes Konzept, das die Leistungsfähigkeit eines verteilten Dateisystems erhöhen kann. Wir stellen hierfür ein Optimierungsmodell vor, das dynamisch sowohl die Lokalität als auch den Replikationsgrad der Dateien im System bestimmt. Es genügt dabei den folgenden Kriterien: Die globalen Kommunikationszeiten im System sind minimal, die Anzahl der Dateikopien fällt nicht unter ein gefordertes Mindestmaß, und eine vordefinierte Verfügbarkeitsmarke wird überschritten. Selbstverständlich ist eine optimale Dateiallokation speicherbar. Die hohe Komplexität der Optimierung wird reduziert durch die Einführung einer für die Optimierung relevanten Dateimenge.

Der zweite Aspekt, der näher untersucht werden soll, ist die kommunikationszeitminimale Abwicklung individueller Auftragsbearbeitungen **ohne** die Dateiallokation zu verändern. Wir stellen hierfür ein Optimierungsmodell vor, das abhängig von der aktuellen Dateiallokation den Ausführungsort eines Programms optimal bestimmt und diese Ausführungslokation zu einem wesentlichen Leistungskriterium macht.

1 Einleitung

Optimale Dateiallokation kann die Leistung eines verteilten Dateisystems erhöhen. Führt man die notwendigen Optimierungen dynamisch durch, so kann das verteilte Dateisystem auf Veränderungen der Optierungsparameter reagieren. Ziel dieser dynamischen Optimierung ist die Minimierung der globalen Kommunikationszeiten im System. Dabei sollen die Dateikopien nicht unter ein gefordertes Mindestmaß fallen, eine vordefinierte Verfügbarkeitsmarke soll mindestens erreicht werden, und die Dateikopien sollen speicherbar sein.

Ein zweiter Aspekt, der in Hinblick auf die Leistungserhöhung eines verteilten Dateisystems eine wichtige Rolle spielt, ist die optimale Auftragsbearbeitung. Hierbei wird aufgrund der aktuell vorliegenden, quasi-statischen Dateiallokation der Ausführungsort eines zu startenden Programms optimal bestimmt. Ziel dieser statischen Optimierung ist die Minimierung der Kommunikationszeiten eines einzelnen Auftrags.

In dieser Arbeit stellen wir für beide Zielsetzungen ein Modell vor.

Der folgende Abschnitt beschreibt das Rechnernetzmodell und liefert die Begriffsbildungen für die beiden Optimierungen. Abschnitt 3 befaßt sich mit der Auftragsabwicklung im verteilten Dateisystem. Dabei spielt die Votierungsstrategie für Zugriffe auf die möglicherweise replizierten Daten eine zentrale Rolle. Es wird erläutert, was unter einem Auftrag verstanden wird und gezeigt, wie die Bestimmung des optimalen Ausführungsorts eines zu startenden Programms vorgenommen wird. Die zugehörige statische Optimierung zusammen mit sämtlichen Zeitkostenfunktionen wird in Abschnitt 4 vorgestellt. Abschnitt 5 erläutert die dynamische Optimierung, also diejenige Optmierung, die die Lokalität und den Replikationsgrad der Dateien ändert. Der letzte Abschnitt faßt die Ergebnisse zusammen.

---

[*]e-mail: borghoff@lan.informatik.tu-muenchen.dbp.de

2 Vorstellung des Rechnernetzmodells

In diesem Abschnitt wird zunächst das Rechnernetzmodell für ein LAN-Internet vorgestellt, das auf der einen Seite die realistischen Ansätze, die in bisherigen Veröffentlichungen gemacht wurden, übernimmt, auf der anderen Seite aber zu sehr vereinfachende Darstellungen der Gegebenheiten in einem Rechnernetz verallgemeinert. Zu diesen realistischen Modellannahmen gehören möglicherweise unterschiedliche mittlere Übertragungsraten auf Teilkommunikationsverbindungen zwischen den Rechnern sowie die Berücksichtigung und Einführung von Kommunikationsrechnern und ihrer Charakteristika, wie etwa Transferraten oder Zuverlässigkeit.

Unser Rechnernetzmodell beinhaltet eine Menge von Rechnern $\mathcal{R}$ mit unterschiedlichen Zuverlässigkeitswerten $rel\_node(r)$. Die Zuverlässigkeit wird über einen längeren Zeitraum gemessen und repräsentiert das Verhältnis zwischen betriebsbereiten Zeiten des Rechners und der Gesamtzeit, die der Rechner am Netz angeschlossen ist. Der Begriff *betriebsbereit* umfaßt auch die Software, die auf einem Rechner läuft. Dies bedeutet, daß ein betriebsbereiter Rechner auch korrekt arbeitet. Der marginale Unterschied zwischen hardware- und softwarespezifischer Betriebsbereitschaft wird nicht betrachtet. Die robuste Architektur und die hohe Fehlertoleranz heutiger Rechensysteme läßt es zu, die Zuverlässigkeit der Rechner nahe 1 zu modellieren. Zum Zeitpunkt t sei der freie Hintergrundspeicherplatz $hgsp\_node_t(r)$ der Rechner bekannt.

Direkte Kommunikationsverbindungen

Die Konfiguration sowie die Topologie des Rechnernetzes sei bekannt. Insbesondere wissen wir, für welche Rechnerpaare $(r_i, r_j) \in \mathcal{R} \times \mathcal{R}$ eine *direkte Kommunikationsverbindung* existiert. Eine direkte Kommunikationsverbindung muß nicht für alle möglichen Rechnerpaare existieren. Es gilt $directlink(r_i, r_j)$ genau dann, wenn $r_i = r_j$ oder r_i und r_j gehören zum selben LAN.

Jede direkte Kommunikationsverbindung sei charakterisiert durch die folgenden zwei Größen:

1. Mittlere Übertragungsrate: Die mittlere Übertragungsrate ist eine hersteller- und hardwareabhängige Größe, die in *Blöcken pro Sekunde* angegeben wird. Sie beschreibt die Bandbreite der direkten Kommunikationsverbindung.

2. Zuverlässigkeit: Die Zuverlässigkeit ist eine hersteller- und hardwareabhängige Größe, die äußeren Einflüssen unterliegt. Die äußeren Einflüsse sind z. B. die Temperatur oder metereologische Gegebenheiten allgemein. Wir wollen hier nicht analysieren, wie sich diese Einflüsse auswirken. Vielmehr sei die Zuverlässigkeit einer direkten Kommunikationsverbindung zu jedem Zeitpunkt bekannt.

Im folgenden definieren wir die zugehörigen Modellparameter und nehmen erste Festlegungen vor.

Mittlere Übertragungsrate: Unsere Definition einer direkten Kommunikationsverbindung schließt die rechnerlokale Kommunikationsverbindung (d. h. $directlink(r, r)$) mit ein. Diese wird auch als *intern* bezeichnet. Die interne Kommunikationsverbindung ermöglicht den Datenaustausch zwischen dem Arbeitsspeicher und dem Hintergrundspeicher eines Rechners. Die mittlere Übertragungsrate über die internen Kommunikationsverbindungen wird entsprechend der mittleren Übertragungsrate, die rechnerübergreifend (*extern*) erreicht werden kann, modelliert. Beide Kommunikationsverbindungen sind in einer LAN-Umgebung größenordnungsmäßig gleich.

Definition 2.1 *(Mittlere Übertragungsrate direkter Kommunikationsverbindungen)*

$$rate\_direct\_link(r_i, r_j) = \begin{cases} 0, \text{ falls } \neg directlink(r_i, r_j) \\ \text{mittlere Übertragungsrate in Blöcken pro Sekunde, sonst } \square \end{cases}$$

Zuverlässigkeit: Die interne Kommunikationsverbindung zwischen Arbeitsspeicher und Hintergrundspeicher eines Rechners wird als extrem zuverlässige Verbindung modelliert. Ihr Zuverlässigkeitswert sei 1. Die Zuverlässigkeit sämtlicher externen Kommunikationsverbindungen (d. h. $directlink(r_i, r_j)$, $r_i \neq r_j$) sei kleiner als 1. Die Zuverlässigkeit sei für alle direkten Kommunikationsverbindungen zu jedem Zeitpunkt t bekannt. Wir wissen, daß die Bestimmung der aktuellen Zuverlässigkeit aller direkten Kommunikationsverbindungen unmöglich ist. Selbst wenn die exakten Werte nicht bestimmt und nur ungenaue Schätzungen durchgeführt werden können, sind die Zuverlässigkeitswerte Schwankungen unterworfen. Dieses Phänomen wird entscheidend sein, wenn es darum geht, die Dateien und ihre Kopien so im Netz zu plazieren, daß eine vorgegebene Verfügbarkeitsschranke erreicht oder überschritten wird. Die Schwankungen der

Zuverlässigkeitswerte bedingen u. U. eine Verlagerung von Dateien und erfordern evtl. das Anlegen von weiteren Kopien einer Datei.

Definition 2.2 *(Zuverlässigkeit direkter Kommunikationsverbindungen)*

$$rel\_direct\_link_t(r_i, r_j) = \begin{cases} 1, & \textit{falls } r_i = r_j \\ 0, & \textit{falls } \neg directlink(r_i, r_j) \\ \textit{Zuverlässigkeit zum Zeitpunkt } t, \textit{ sonst} \end{cases} \square$$

Indirekte Kommunikationsverbindungen und Kommunikationsrechner

Alle Rechner $r \in \mathcal{R}$ seien in der Lage, paarweise miteinander zu kommunizieren. Dies bedeutet, daß für jedes beliebige Rechnerpaar $(r_i, r_j) \in \mathcal{R} \times \mathcal{R}$ eine — u. U. indirekte — *Kommunikationsverbindung* zwischen r_i und r_j existiert. Es gilt $link(r_i, r_j)$ genau dann, wenn $directlink(r_i, r_j)$ oder $\exists r_k \in \mathcal{R}, r_k \neq r_j$: $directlink(r_i, r_k) \wedge link(r_k, r_j)$. Die link-Relation ist somit die transitive Hülle der (direkten) Kommunikationsverbindungen. Ein Rechner r_k heißt *Kommunikationsrechner*. Eine Kommunikationsverbindung zwischen r_i und r_j ist entweder eine direkte Kommunikationsverbindung oder eine Folge von direkten Kommunikationsverbindungen über die Kommunikationsrechner.
Die Kommunikationsrechner unterscheiden sich von allen übrigen Rechnern des Rechnernetzes nur insofern, daß sie eine zusätzliche Aufgabe, nämlich zwei direkte Kommunikationsverbindungen zu verbinden und den Nachrichtenfluß weiterzureichen, erfüllen. Es wird vorausgesetzt, daß zwischen je zwei Rechnern r_i und r_j genau eine ausgezeichnete Kommunikationsverbindung existiert, d. h. es gibt zwischen r_i und r_j entweder nur genau eine direkte Kommunikationsverbindung oder nur genau eine mögliche Folge von direkten Kommunikationsverbindungen über die entsprechenden Kommunikationsrechner. Sind mehrere Kommunikationswege zwischen zwei Rechnern vorhanden, so wird eine derjenigen Kommunikationsverbindungen *ausgezeichnet*, die über die höchste mittlere Übertragungsrate verfügen. Die gesamte Kommunikation zwischen zwei Rechnern laufe nur über die ausgezeichneten Kommunikationsverbindungen. Dieses Vorgehen wurde gewählt, weil Wegwahlalgorithmen typischerweise die ausgezeichneten Kommunikationsverbindungen wählen, da über sie die besten mittleren Übertragungszeiten zu erwarten sind. Andere wichtige Kriterien zur Wegwahl, wie z. B. Kosten, Sicherheit oder Zuverlässigkeit, wollen wir hier nicht betrachten. Dieses vereinfachte Rechnernetzmodell ermöglicht die korrekte Zuordnung von Belastungen zu direkten Kommunikationsverbindungen, ohne stochastische Verteilungen oder Wegwahlstrategien zu verwenden. Die Zuordnung von Belastungen zu direkten Kommunikationsverbindungen wird benötigt, um zu bewerten, welcher Kommunikationsverkehr in Nachrichtenblöcken zwischen den einzelnen Rechnerpaaren fließt und v. a. welche direkten Kommunikationsverbindungen und Kommunikationsrechner er belastet. Ebenso ermöglicht diese Vereinfachung den Verzicht auf die kombinatorische Analyse der Zuverlässigkeitswerte aller möglichen Folgen von direkten Kommunikationsverbindungen, um auf die Zuverlässigkeit einer Kommunikationsverbindung zu schließen. Im folgenden werden die Modellgrößen definiert, mit denen man eine (indirekte) Kommunikationsverbindung beschreiben kann.

Mittlere Übertragungszeit: Wir argumentieren im folgenden nicht mit mittleren Übertragungsraten, sondern mit mittleren Übertragungszeiten. Die mittlere Übertragungszeit einer (indirekten) Kommunikationsverbindung ist eine Größe, die abhängig ist von der mittleren Übertragungsrate und der aktuellen Belastung. Die aktuelle Belastung ergibt sich aus der Anzahl der Nutzer dieser Verbindung und der Datenmenge, die diese Nutzer über die Verbindung übertragen. Je größer die Datenmenge ist, die über eine Kommunikationsverbindung übertragen werden soll, und je höher die Anzahl der Nutzer dieser Verbindung steigt, desto höher ist die mittlere Übertragungszeit der Kommunikationsverbindung. Die Zeit zur Übertragung eines Blocks steigt, da die mittlere Wartezeit bis der Block übertragen werden kann mit der Länge der Warteschlange vor den Teilkommunikationsverbindungen wächst. Unter Belastung entsteht darüberhinaus eine Warteschlange vor den Kommunikationsrechner. In die Warteschlange reihen sich alle Blöcke ein, die der Kommunikationsrechner transferieren soll.
Die mittlere Transferzeit des Kommunikationsrechner setzt sich zusammen aus der der *mittleren Wartezeit* der Blöcke in der Warteschlange und der *mittleren Blocktransferzeit* selbst.
Die Bestimmung der mittleren Übertragungszeit einer Kommunikationsverbindung gestaltet sich insofern schwierig, da eine Vielzahl von Kommunikationskomponenten involviert sein können, wenn es gilt, einen Datenblock von einem Rechner r_i zu einem Rechner r_j zu übertragen. Gegeben sei o. E. d. A. die nachfolgende ausgezeichnete Kommunikationsverbindung zwischen den Rechnern r_i und r_j.

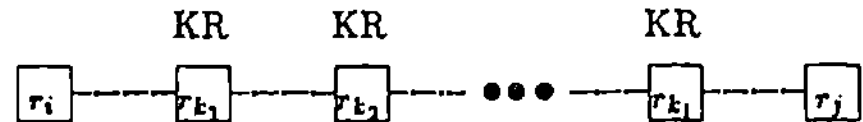

Die *mittlere Übertragungszeit* eines Blocks, der von r_i nach r_j übertragen werden soll, setzt sich zusammen aus den mittleren Übertragungszeiten des Blocks über die beteiligten direkten Kommunikationsverbindungen und den mittleren Transferzeiten an den Kommunikationsrechnern KR. Wir formulieren für die mittlere Übertragungszeit einer Kommunikationsverbindung auch Wartezeiten des Blocks. Diese Wartezeiten entstehen, sobald mehrere Blöcke über dieselbe Kommunikationsverbindung übertragen werden. Es bilden sich Warteschlangen sowohl vor den direkten Kommunikationsverbindungen als auch vor den Kommunikationsrechnern. Sämtliche Wartezeiten sind im folgenden den Übertragungs- und Transferzeiten zugeschlagen. Die mittleren Übertragungs- und Transferzeiten wollen wir nachfolgend detaillierter formulieren:

- $\ddot{U}Z_{r_i,r_{k_1}}$: mittlere Übertragungszeit des Blocks von r_i zum ersten Kommunikationsrechner r_{k_1}.

- $TZ_{r_{k_1}}$: mittlere Transferzeit des Blocks am ersten Kommunikationsrechner r_{k_1}.

- $\ddot{U}Z_{r_{k_1},r_{k_2}}$: mittlere Übertragungszeit des Blocks vom ersten Kommunikationsrechner r_{k_1} zum zweiten Kommunikationsrechner r_{k_2}.

- $TZ_{r_{k_2}}$: mittlere Transferzeit des Blocks am zweiten Kommunikationsrechner r_{k_2}.

- •
- •

- $TZ_{r_{k_l}}$: mittlere Transferzeit des Blocks am letzten Kommunikationsrechner r_{k_l}.

- $\ddot{U}Z_{r_{k_l},r_j}$: mittlere Übertragungszeit des Blocks vom letzten Kommunikationsrechner r_{k_l} zu r_j.

Definition 2.3 *(Mittlere Übertragungszeit einer Kommunikationsverbindung)*
Wir unterscheiden zwei Fälle:

1. *Für die Rechner r_i und r_j existiert eine direkte Kommunikationsverbindung, d.h. $directlink(r_i, r_j)$. Es gilt:*

$$time\_link_t(r_i, r_j) = \ddot{U}Z_{r_i,r_j}$$

2. *Für die Rechner r_i und r_j existiert eine (indirekte) Kommunikationsverbindung. Beide Rechner können über eine Folge von l Kommunikationsrechnern, $r_{k_1} \ldots r_{k_l}$, miteinander kommunizieren. Dabei gilt: $directlink(r_i, r_{k_1}) \wedge \left(\forall \xi \in \{2, \ldots, l\}, l \geq 2 : directlink(r_{k_{\xi-1}}, r_{k_\xi}) \right) \wedge directlink(r_{k_l}, r_j)$. Für die mittlere Übertragungsrate der Kommunikationsverbindung gilt:*

$$time\_link_t(r_i, r_j) = \ddot{U}Z_{r_i,r_{k_1}} + TZ_{r_{k_1}} + \sum_{\xi=2}^{l} \left(\ddot{U}Z_{r_{k_{\xi-1}},r_{k_\xi}} + TZ_{r_{k_\xi}} \right) + \ddot{U}Z_{r_{k_l},r_j}$$

Für $l = 1$ gilt trivialerweise: $time\_link_t(r_i, r_j) = \ddot{U}Z_{r_i,r_{k_1}} + TZ_{r_{k_1}} + \ddot{U}Z_{r_{k_1},r_j}$ □

Zuverlässigkeit: In die Bestimmung der Zuverlässigkeit einer Kommunikationsverbindung fließen die Zuverlässigkeitwerte der beteiligten direkten Kommunikationsverbindungen und der beteiligten Kommunikationsrechner ein. Die Zuverlässigkeit der Kommunikationsverbindung ist dabei — Unabhängigkeit vorausgesetzt — das Produkt der Zuverlässigkeitswerte aller Kommunikationskomponenten der Kommunikationsverbindung.

Dieser Ansatz ist realitätsnah, da ein Block nur dann korrekt über die Kommunikationsverbindung übertragen werden kann, wenn **alle** Kommunikationskomponenten der Kommunikationsverbindung den Block korrekt übertragen und weil die korrekten Einzelübertragungen unabhängige Zufallsgrößen sind.

Definition 2.4 *(Zuverlässigkeit einer Kommunikationsverbindung)*

$$rel\_link_t(r_i, r_j) = \begin{cases} rel\_direct\_link_t(r_i, r_j) \times rel\_node(r_j), & falls\ directlink(r_i, r_j) \\[2mm] rel\_direct\_link_t(r_i, r_k) \times rel\_node_t(r_k) \times rel\_link_t(r_k, r_j), \\ falls\ directlink(r_i, r_k) \wedge link(r_k, r_j) \end{cases}$$ □

3 Auftragsabwicklung im verteilten Dateisystem

Die Zugriffe auf die Dateien dürfen die Konsistenz der Dateien nicht gefährden [13]. Wir diskutieren aus diesem Grunde zunächst die grundsätzlichen Eigenschaften im verteilten Dateisystem:

Das verteilte Dateisystem beinhaltet Dateien mit ausführbaren Programmen und Dateien mit gewöhnlichen Daten. Die Benutzer greifen auf die Dateien über die Programme zu. Hierfür rufen die Benutzer das gewünschte Programm auf. Dieses wird in den Arbeitsspeicher eines Rechners geladen und dort gestartet. Hierfür muß der Programmcode vom Hintergrundspeicher eines Rechner geholt und in den Arbeitsspeicher eines u. U. anderen Rechners, des sogenannten optimalen Rechners zur Programmausführung, geladen werden. Ist der Programmcode vollständig geladen, beginnt der Programmlauf.

Das gestartete Programm führt während des Laufs Zugriffe auf die Dateien aus. Die kleinste Einheit, mit der ein laufendes Programm auf die Dateien zugreift, ist ein *Block*. Ein Programm greift während seiner Laufzeit u. U. auf mehrere Dateien zu. Es werden die Zugriffsarten Lesen und Schreiben auf Blockebene unterschieden.

Nachdem die Wahrscheinlichkeit von Rechner- bzw. Kommunikationsverbindungsausfällen mit der Größe des Rechnernetzes steigt, müssen Vorkehrungen getroffen werden, die solche Ausfälle so weit wie möglich maskieren. Eine häufig verwendete Methode, um die Weiterarbeit im Rechnernetz trotz Ausfällen zu ermöglichen, ist die *Replikation*. Dabei werden Kopien von Programmen und Dateien angelegt und auf verschiedenen Rechnern des Rechnernetzes gespeichert. Dies führt zu einer Erhöhung der Verfügbarkeit, da die Wahrscheinlichkeit, keine Kopie eines Programms bzw. einer Datei zu erreichen, sinkt, sobald man die Kopienzahl erhöht [15].

Replikation vs. Konsistenz: Unglücklicherweise erschwert die Replikation von Dateien die Beibehaltung der Konsistenz [6, 7]. In einem zentralen System sowie in einem verteilten System ohne Replikation ist jeweils ein einzelner Rechner verantwortlich für die Konsistenz seiner Dateien.

In einem verteilten System mit Replikation sind mehrere Rechner für die gleiche Datei verantwortlich. Die Schwierigkeiten entstehen aus folgenden Gründen: Das Replikationsmanagement erfordert zusätzlichen Programmieraufwand, um den Benutzern Replikationstransparenz zur Verfügung zu stellen. Replikationstransparenz bedeutet, daß der Benutzer trotz der Replikation von Dateien eine sogenannte *Ein-Kopie-Sicht (logical single-copy image)* auf die Menge aller physischen Dateikopien hat. Ohne diese Replikationstransparenz würde der zusätzliche Programmieraufwand innerhalb jeder Benutzerapplikation zu weit steigen und wäre zu fehleranfällig.

Die gegenseitige Konsistenz (*mutual consistency*) aller physischen Kopien einer Datei muß gewährt werden trotz möglicher Nebenläufigkeit von konkurrierenden Zugriffen auf die Datei und der Gegenwart von Rechner- und Kommunikationsverbindungsausfällen. Insbesondere darf die Partitionierung des Netzes die gegenseitige Konsistenz aller Dateikopien nicht gefährden.

Definition 3.1 *(Partition, partitioniertes Netz, Partitionierungspunkte)*
Das Rechnernetz heißt partitioniert, *falls es zwei oder mehrere disjunkte Rechnermengen gibt, für die gilt: Kein Rechner aus einer der disjunkten Rechnermengen kann mit einem Rechner aus einer der anderen Rechnermengen kommunizieren [14]. Jede dieser disjunkten Rechnermengen heißt* Partition. *Partitionierungspunkte sind ausgefallene Kommunikationskomponenten, die eine Kommunikation zwischen den Partitionen verhindern.* □

Der inhärente Zeitbedarf für den Nachrichtenaustausch zwischen Rechnern, die eine Kopie der gleichen Datei besitzen, verhindert die Zusicherung, daß **alle** Kopien der Datei zu jedem Zeitpunkt identisch sind. Das Ziel aller Zugriffsalgorithmen muß vielmehr sein, daß die Kopien einer Datei nach Veränderungen gegen einen gemeinsamen Zustand konvergieren. Dieser Zustand muß konsistent sein [20]. Während des Zeitraums, in dem die Dateikopien gegen den gemeinsamen Zustand konvergieren, darf auf die inkonsistenten Dateien nicht erfolgreich zugegriffen werden.

Replikation vs. Leistung: Die Replikation von Dateien kann die Leistung des Systems absenken. Dies trifft in aller Regel für schreibende Zugriffe zu. Die Zeitdauer für schreibende Dateizugriffe steigt mit der Anzahl der Dateikopien, die konsistent gehalten werden müssen. Ruan und Tichy analysieren die Leistung eines verteilten Dateisystems bei verschiedenen Replikationsschemata [19].

3.1 Auftragsbegriff

Ein Auftrag umfaßt den Vorgang, der mit einem Programmaufruf beginnt und mit dem Programmlaufende seinen Abschluß findet. Ruft ein laufendes Programm ein weiteres Programm auf, so wird der Vorgang, der mit diesem erneuten Programmaufruf beginnt und mit dem Ende des entsprechenden Programmlaufs endet, ebenso als Auftrag bezeichnet. Beide Aufträge sind wohlunterschieden und werden individuell betrachtet. Nicht behandelt werden Auftragshierarchien und damit zusammenhängende Fragen (Abhängigkeiten innerhalb der Auftragshierarchie, optimale Abarbeitung), da dies den Rahmen dieser Arbeit sprengen würde. Da ein Auftrag unmittelbar mit einem einzelnen Programmaufruf zusammenhängt, kann jeder einzelne Auftrag in zwei Phasen unterteilt werden:

Die sogenannte *Auftragsinitialisierungsphase* beginnt zum Zeitpunkt des Programmaufrufs und endet unmittelbar zum Zeitpunkt des Programmstarts. Innerhalb der Auftragsinitialisierungsphase findet die statische Optimierung statt. Sie berechnet den optimalen Ausführungsort des Programms. Nachdem der Programmcode im Arbeitsspeicher geladen ist, wird das Programm gestartet. Die Zeitdifferenz zwischen Aufruf-Zeitpunkt und Start-Zeitpunkt eines Programms wird als *Latenzzeit* des Auftrags bezeichnet.

Die sogenannte *Auftragsbearbeitungsphase* beginnt unmittelbar zum Zeitpunkt des Programmstarts und endet mit dem Programmlaufende. Innerhalb der Auftragsbearbeitungsphase greift das Programm auf Dateien zu und tritt u. U. in Interaktion mit dem Aufrufer. Beides, die Dateizugriffe als auch die Interaktionen mit dem Aufrufer, werden als *Aktivitäten* des Programms bezeichnet.

Die Zeitdifferenz zwischen Start-Zeitpunkt und Beendigungs-Zeitpunkt eines Programmlaufs wird als *Programmlaufzeit* bezeichnet. Die Programmlaufzeit ist die Summe aller Zeitdauern, die die einzelnen Programmaktivitäten benötigen.

Die sogenannte *Auftragslaufzeit* umfaßt die Latenzzeit des Auftrags sowie die Programmlaufzeit.

3.2 Mittleres Programmprofil

Die Aktivitäten eines Programms können sehr unterschiedlich sein. Rein interaktionsorientierte Programme werden sich durch andere Aktivitäten auszeichnen als z. B. zugriffsorientierte Programme. Jedes Programm besitze ein typisches *Aktivitätenmuster*, das durch die Reihenfolge der Eingabe-, Ausgabe-, Lese- und Schreib-Zeitpunkte gekennzeichnet ist. Das sogenannte *mittlere Programmprofil MPP* des Auftrags entsteht aus dem Aktivitätenmuster des Programms, falls man die Reihenfolge der Zeitpunkte vernachlässigt und nurmehr deren Häufigkeitswerte berücksichtigt. Folgende Definition beschreibt das mittlere Programmprofil.

Definition 3.2 *(Mittleres Programmprofil)*
Das mittlere Programmprofil eines Programms p zum Zeitpunkt t $(MPP_t(p))$ enthält die gemittelte Information darüber, wie sich das Programm p während seines Laufs verhielt. Die Mittelung erfolgt über alle Programmläufe von p, die bis zum Zeitpunkt t bereits beendet sind.
$MPP_t(p)$.input sei die mittlere Anzahl an Eingabedaten in Blöcken, die p vom Aufrufer angefordert hat.
$MPP_t(p)$.output sei die mittlere Anzahl an Ausgabedaten in Blöcken, die p an den Aufrufer abgeliefert hat.
$MPP_t(p)$.hfg_lesen(d) und $MPP_t(p)$.hfg_schreiben(d) seien die mittlere Anzahl an lesenden resp. schreibenden Datenblockzugriffen auf die Datei d, die p initiiert hat. □

3.3 Votierungsstrategie

In unserem Modell, das Partitionierungen im Netz zuläßt, verwenden wir eine einfache *Votierungs*-Strategie. Wir wollen zunächst auf deren Charakteristika eingehen: Für die Abwicklung eines Zugriffswunsches auf einen Block einer replizierten Datei sind nur diejenigen Rechner von Belang, die ein Exemplar der Datei besitzen. Die Gesamtzahl dieser Rechner ist der Replikationsgrad der Datei. Jeder dieser Rechner besitzt für seine Dateien ein *Stimmrecht*. Unter dem *Votum* eines Zugriffswunsches versteht man die Stimmenanzahl derjenigen Rechner, die den Zugriff gestatten, die also über die Kommunikationsverbindung erreichbar sind und bei denen keine Sperre bezüglich Block und Zugriffsart vorliegt. Der Zugriffswunsch wird genau dann erfüllt, wenn das Votum eine vorgegebene untere Schranke, das sogenannte *Quorum*, erreicht oder übertrifft.

Die einschlägige Literatur [9, 10, 12, 16, 17, 18, 21, 22] unterscheidet zwischen Lesequorum und Schreibquorum, die verschiedene Werte aufweisen dürfen. Sie müssen allerdings folgende zwei Bedingungen erfüllen: Die Summe aus Lesequorum und Schreibquorum ist größer als die Gesamtstimmenzahl für die Datei. Hat jeder Rechner genau eine Stimme, entspricht dies dem Replikationsgrad. Dadurch wird konkurrierendes Lesen und Schreiben verhindert. Das Zweifache des Schreibquorums ist größer als die Gesamtstimmenzahl für die Datei. Dadurch wird konkurrierendes Mehrfachschreiben verhindert. Es ist garantiert, daß bei einem erfolgreichen Votum, das also das Quorum erreicht oder übertrifft, sich unter den Rechnern, die den Zugriff gestatten, wenigstens einer befindet, der die neueste Versionsnummer der Zugriffseinheit besitzt.

Die Vorschrift, ein erfolgreiches Votum zu bilden, bewirkt zweierlei:

Bei Netzpartitionierungen wird verhindert, daß sich parallel fortentwickelnde Teilkonsistenzen innerhalb der Partitionierungen bilden, und bei Kommunikationsverbindungsausfällen und Rechnerabstürzen ist wenigstens eine eingeschränkte Weiterarbeit möglich. Dieser Umstand wird als *Fehlertoleranz* bezeichnet.

Mehrheitsvotierungsstrategie: Innerhalb einer vollständig replizierten Datenbank stellt Thomas erstmals eine Votierungsstrategie vor, die auf einer Mehrheitsentscheidung (*majority consensus*) beruht [21]. Thomas gibt jedem Rechner das gleiche Stimmrecht, sofern er ein Exemplar der vom Zugriff betroffenen Datei besitzt. Sobald die Mehrheit aller stimmberechtigten Rechner einem Zugriff zustimmt, kann dieser durchgeführt werden. Dies kann aufgefaßt werden als Votierungsstrategie mit dem gleichen Wert q für Lesequorum und Schreibquorum. Dabei ist $q = \lfloor \frac{n}{2} \rfloor + 1$, falls n der Replikationsgrad der Datei ist. Diese Strategie wird in der vorliegenden Arbeit benutzt.

Die Lokalisierungsinformation der Dateien und Programme werde zentral gehalten.

Es gelte: $ACd_t(d, r) = 1$, falls der Rechner r d-besitzend ist (0, sonst). $ACp_t(p, r)$ analog.

Für Datenblockzugriffe auf eine Datei d werden alle Rechner mit $ACd_t(d, c) = 1$ gezielt angesprochen. Alle Rechner votieren individuell. Eine positive Votierungsantwort wird abgegeben, falls dem Zugriff zugestimmt werden kann. Dabei haben alle Rechner das Stimmrecht 1.

3.4 Grundstruktur elementarer Dateizugriffe

Es ist notwendig festzulegen, von welchem der von der Votierungsanfrage betroffenen Rechner ein Datenblock gelesen wird, da möglicherweise mehrere Rechner den geforderten aktuellen Datenblock besitzen. Die Festlegung beeinflußt die Zeitkostenanalyse innerhalb der Optimierungen.

Kann das notwendige Votum für einen Zugriff erreicht werden, so wird folgendermaßen vorgegangen: Bei einem **Lese-Zugriff** wird der gewünschte Datenblock von demjenigen an der Votierungsanfrage beteiligten Rechner gelesen, der die neueste Version besitzt. Ist dieser Rechner nicht eindeutig bestimmt, so wird von demjenigen Rechner mit der neuesten Version gelesen, der am schnellsten antwortete. Ist kein solcher Rechner vorhanden, so kann der Lesezugriff nicht durchgeführt werden und wird abgebrochen.

Bei einem **Schreib-Zugriff** wird der neue Datenblockinhalt allen an der Votierungsanfrage beteiligten Rechner mitgeteilt. Ein Schreibzugriff ist genau dann erfolgreich, wenn die Mehrheit der datei-besitzenden Rechner den Schreibzugriff erfolgreich durchgeführt haben. Die Forderung, die Mehrheit der dateibesitzenden Rechner zu beschreiben, ist aus Konsistenzgründen notwendig [1, 2]. Es handelt sich hierbei um ein Broadcast-Problem, welches nicht trivial gelöst werden kann. In der vorliegenden Arbeit verwenden wir daher bei der Zeitkostenfunktion für schreibende Zugriffe eine optimistische Betrachtungsweise.

4 Statische Optimierung

Die statische Optimierung findet während der Auftragsinitialisierung statt, mit dem Ziel, den optimalen Rechner zur Programmausführung, den sogenannten *Executerechner*, zu finden. Die Bestimmung des Executerechners verwendet das mittlere Programmprofil des Programms, das zur Ausführung kommen soll, und minimiert die Kommunikationszeiten, die das Programm bei erwartetem Verhalten und unter der aktuell vorliegenden Dateiallokation hätte. Die Kommunikationszeiten setzen sich zusammen aus der Summe der Kommunikationszeiten für den Programmstart, für die erwarteten Datenblockzugriffe und für den erwarteten Interaktionskommunikationsverkehr. Zunächst definieren wir diejenigen Modellgrößen, mit denen der Kommunikationsverkehr quantitativ beschrieben werden kann. Da die Kommunikationszeiten aufgrund der Leitungs- und Kommunikationsrechnerbelastungen minimiert werden sollen, ist eine Zerlegung in einzelne Nachrichten und deren Analyse unnötig. Interessant ist vielmehr die Summe der Nachrichtenlängen, die über die Kommunikationsverbindungen übertragen werden müssen.

Definition 4.1 *(Nachrichtenaustausch (quantitativ))*

b_r_length bzw. b_w_length seien die Anzahl an Informationseinheiten in Blöcken, die während eines lesenden resp. schreibenden Datenblockzugriffs zwischen den beteiligten Rechnern ausgetauscht wird.

In b_r_length sind Anfrage, Antwort, der Datenblock selbst und sämtliche Bestätigungen (Acks) enthalten.

In b_w_length sind alle Informationseinheiten enthalten, die zur Transaktionssteuerung innerhalb des Mehrkopienschreibzugriffs notwendig werden, sowie der Datenblock selbst und sämtliche buchhalterischen Nachrichten.

p_length sei die Anzahl an Informationseinheiten in Blöcken, die während eines Programmladevorgangs zwischen den beteiligten Rechnern ausgetauscht wird. In p_length sind Anfrage und sämtliche Bestätigungen enthalten. Nicht enthalten sind die Datenblöcke des Programmcodes.

v_length sei die Anzahl an Informationseinheiten in Blöcken, die während einer Votierungsanfrage zwischen den beteiligten Rechnern ausgetauscht wird. In v_length sind Anfrage, Antwort und sämtliche Bestätigungen enthalten. □

Die Ausführungsortzuordnung findet einmalig beim Programmstart statt und wird während der gesamten Programmlaufzeit nicht verändert. Die für jeden Programmstart individuell durchgeführte Optimierung verändert die Dateizuordnung nicht (daher "statische" Optimierung). Es müssen dabei die Kommunikationszeiten während der *Latenzzeit* ermittelt werden. Diese werden in erster Linie durch das Übertragen des Programmcodes in den Executerechner geprägt. Die Kommunikationszeiten während der *Programmlaufzeit* resultieren aus Datenblockzugriffen und aus Interaktionen des Programmlaufs mit dem Aufrufer. Es müssen die Vor- und Nachteile der Latenzzeit- resp. Programmlaufzeitreduktionen gegeneinander abgewogen werden. Dies erfordert eine Optimierung, bei der folgende Zeitkosten minimiert werden.

4.1 Zeitkosten für den Programmstart

Die Zeitkosten für den Programmstart seien Null, falls der Programmcode executerechnerlokal beschafft, geladen und gestartet werden kann. Falls der Programmcode von einem programm-besitzenden Rechner r_p über eine Kommunikationsverbindung in den Executerechner r_x geladen werden muß, entsteht ein Kommunikationsverkehr, der abhängig ist von der Länge des Programmcodes $|\mathcal{KP}(p)|$ und von p_length.

Für alle denkbaren Executerechner r_x gibt es mindestens einen optimalen programm-besitzenden Rechner $r_p = optrp(r_x, ACp_t)$. D.h. r_x wird, falls er zum Executerechner bestimmt werden sollte, den Programmcode des Programms p aus dem dafür am besten geeigneten Rechner r_p laden. Dabei ist *optrp* folgendermaßen definiert: $optrp = r_p^* : time\_link_t\left(r_x, r_p^*\right) = \min_{r_p \in \mathcal{R}:ACp_t(p,r_p)=1} time\_link_t\left(r_x, r_p\right)$.

Für einen beliebigen Executerechner r_x ergibt sich folgende Zeitkostenfunktion für den Programmstart:

$$plz_t = (|\mathcal{KP}(p)| + p\_length) \times time\_link_t\left(r_x, optrp\left(r_x, ACp_t\right)\right) \tag{1}$$

4.2 Zeitkosten für die lesenden Datenblockzugriffe

Gemäß mittlerem Programmprofil führt ein Programmlauf von p im Mittel zu $MPP_t(p).hfg\_lesen(d)$ Lese-Zugriffe auf Datenblöcke der Datei d. Diese Häufigkeit ist für alle $d \in \mathcal{D}$ bekannt. Jeder einzelne Lese-Zugriff ist geprägt von den Kommunikationszeitkosten für die Lese-Votierungsanfrage und für den lesenden Datenblockzugriff. Die **Lese-Votierungsanfrage** benötigt den Austausch von v_length Informationseinheiten. Die Anfragen werden vom Executerechner r_x an alle Rechner r_d gestellt, die die Datei d besitzen. Die Votierung ist zeitüberwacht. Die Timer sind so gesetzt, daß auch der am schlechtesten zu erreichende Rechner noch die Möglichkeit besitzt, bei Erreichbarkeit rechtzeitig zu votieren. Dies bedeutet, daß die Zeitkosten für die Lese-Votierungsanfrage nach unten beschränkt sind durch die Zeit, die der Executerechner benötigt, um die v_length Informationseinheiten mit dem am schlechtesten zu erreichenden datei-besitzenden Rechner auszutauschen. In die Zeitkostenbestimmung für den **lesenden Datenblockzugriff** fließt eine optimistische Betrachtungsweise ein. Es wird davon ausgegangen, daß der am besten zu erreichende Rechner die aktuelle Version des geforderten Datenblocks besitzt und einem Zugriff zustimmte. Auf diesen Rechner wird zugegriffen. Während des Zugriffs werden b_r_length Informationseinheiten ausgetauscht. Dies ist durchaus zu vertreten, da ein erfolgreicher Schreib-Zugriff alle erreichbaren Kopien einer Datei beschreibt. Es ergibt sich folgende Zeitkostenfunktion:

$$\sum_{d \in \mathcal{D}} MPP_t(p).hfg\_lesen(d) \times$$

$$lkz_t = \quad \times \left(\begin{array}{l} v\_length \times \max_{r_d \in \{r \in \mathcal{R}: \; ACd_t(d,r)=1\}} \; time\_link_t(r_x, r_d) \\[2ex] + \; b_r\_length \times \min_{r_d \in \{r \in \mathcal{R}: \; ACd_t(d,r)=1\}} \; time\_link_t(r_x, r_d) \end{array} \right) \qquad (2)$$

4.3 Zeitkosten für die schreibenden Datenblockzugriffe

Gemäß mittlerem Programmprofil führt ein Programmlauf von p im Mittel zu $MPP_t(p).hfg\_schreiben(d)$ Schreib-Zugriffe auf Datenblöcke der Datei d. Jeder einzelne Schreib-Zugriff ist geprägt von den Kommunikationszeitkosten für die Schreib-Votierungsanfrage und für den schreibenden Datenblockzugriff. Die **Schreib-Votierungsanfrage** erzeugt gleiche Zeitkosten wie eine Lese-Votierungsanfrage. In die Zeitkostenbestimmung für den **schreibenden Datenblockzugriff** fließt eine optimistische Betrachtungsweise ein. Es wird davon ausgegangen, daß alle datei-besitzenden Rechner erreichbar waren und dem Schreib-Zugriff zugestimmt haben. Es werden alle an der Votierung beteiligten Rechner beschrieben. Während des Zugriffs werden b_w_length Informationseinheiten ausgetauscht. Alle Kopien einer Datei werden simultan beschrieben. Der am schlechtesten zu erreichende datei-besitzende Rechner beschränkt die Zeitkosten nach unten. Die optimistische Annahme ist durchaus zu vertreten, da die Nichterreichbarkeit eines Rechners die Zeitkosten schlimmstenfalls senken würde. Es ergibt sich folgende Zeitkostenfunktion:

$$\sum_{d \in \mathcal{D}} MPP_t(p).hfg\_schreiben(d) \times$$

$$skz_t = \qquad\qquad\qquad\qquad\qquad\qquad\qquad\qquad\qquad\qquad (3)$$

$$\times \; (v\_length + b_w\_length) \times \max_{r_d \in \{r \in \mathcal{R}: \; ACd_t(d,r)=1\}} \; time\_link_t(r_x, r_d)$$

4.4 Zeitkosten für den Interaktionskommunikationsverkehr

Gemäß mittlerem Programmprofil fordert das Programm p während seiner Laufzeit $MPP_t(p).input$ Eingaben vom Benutzer an und liefert $MPP_t(p).output$ Ausgaben an den Benutzer aus. Diese Ein-/Ausgabeanforderungen erzeugen genau dann Kommunikationsverkehr wenn gilt: $r_a \neq r_x$, d. h. der Executerechner ist nicht der Aufruferrechner. Sind Aufruferrechner und Executerechner identisch, so kann der Kommunikationsverkehr rechnerlokal abgewickelt werden. Es ergibt sich folgende Zeitkostenfunktion:

$$ioz_t = (MPP_t(p).input + MPP_t(p).output) \times time\_link_t(r_a, r_x) \qquad (4)$$

4.5 Optimierung und Komplexität

Die gesamte Zeitkostenfunktion ergibt sich aus der Summe der einzelnen Zeitkostenanteile. Die Zeitkostenfunktion umfaßt die Zeitkosten während der Latenzzeit und während der Programmlaufzeit gleichermaßen. Die Angaben über "Zugriffs- und Interaktionsverhalten" des noch nicht gestarteten Programms werden aus dem mittleren Programmprofil entnommen. Ein zu startendes Programm erhält somit die entsprechenden gemittelten Angaben früherer Programmläufe (adaptierendes Vorgehen). Es ergibt sich folgende Zeitkostenfunktion:

$$plsiz_t = plz_t(p, r_x, ACp_t) + lkz_t(p, r_x, MPP_t, ACd_t) + skz_t(p, r_x, MPP_t, ACd_t) + ioz_t(p, r_a, r_x, MPP_t)$$

Die statische Optimierung bestimmt den optimalen Rechner zur Programmausführung r_x^* wie folgt: Zu einem Zeitpunkt t liefert die statische Optimierung für einen gewünschten Programmstart folgende drei Ergebnisse:

1. $r_x^* \in \mathcal{R}: \; plsiz_t(p, r_a, r_x^*, MPP_t, ACp_t, ACd_t) = \min_{r_x \in \mathcal{R}} \; plsiz_t(p, r_a, r_x, MPP_t, ACp_t, ACd_t)$

2. $r_p^* = optrp(r_x^*, ACp_t)$

3. $plsizcost = plsiz_t(p, r_a, r_x^*, MPP_t, ACp_t, ACd_t)$

Zum einen liefert die Optimierung den optimalen Rechner zur Programmausführung r_x^*. Zum anderen liefert die Optimierung den bzgl. dieses Rechners günstigsten programm-besitzenden Rechner r_p^* zum Laden des Programmcodes und schließlich die zugehörigen, erwarteten Zeitkosten $plsizcost$ für die gesamte Auftragsbearbeitung.

Komplexitätsanalyse: Die Funktion plz_t hat aufgrund von $optrp$ eine Komplexität von $O\left(|\mathcal{R}|\right)$. Die Funktion lkz_t hat eine Komplexität von $O\left(2|\mathcal{D}||\mathcal{R}|\right)$. Die Funktion skz_t hat eine Komplexität von $O\left(|\mathcal{D}||\mathcal{R}|\right)$. Die Funktion ioz_t hat eine konstante Komplexität.

Die gesamte statische Optimierung hat somit eine Komplexität von: $O\left(|\mathcal{R}|^2 + 3|\mathcal{D}||\mathcal{R}|^2\right)$

5 Dynamische Optimierung

Die Aufgabe der dynamischen Optimierung ist die dynamische Bestimmung der optimalen Dateiallokationen mit dem Ziel, die globalen Auftragsbearbeitungen im System kommunikationszeitminimal abzuwickeln. Die dynamische Optimierung löst diese Aufgabe in mehreren Teilschritten:[1]

Während des (T-1)-ten Beobachtungsintervalls werden Auftragsbearbeitungsprofildaten in ABP_{T-1} akkumuliert:

Definition 5.1 *(Auftragsbearbeitungsprofil)*
Das Auftragsbearbeitungsprofil des T-ten Beobachtungsintervalls (ABP_T) enthält die Information darüber, welcher Rechner welche Aufträge initiierte und wie oft dies während des T-ten Beobachtungsintervalls geschah.
$ABP_T(p).\mathcal{R}$ ist die Menge aller Rechner, die während des T-ten Beobachtungsintervalls mindestens einmal Aufruferrechner bzgl. des Programms p waren.
$ABP_T(p).hfg\_aufruf(r)$ ist die Häufigkeit, mit der der Rechner r während des T-ten Beobachtungsintervalls Aufruferrechner bzgl. des Programms p war. $\square$

Am Ende des (T-1)-ten Beobachtungsintervalls, zum Zeitpunkt t_T, wird das Auftragsbearbeitungsprofil für das nächste Beobachtungsintervall $E(ABP_T)$ durch ABP_{T-1} abgeschätzt. Im nächsten Beobachtungsintervall entstünden bei unverändert bleibender Allokation ACp_{t_T} resp. ACd_{t_T} und unter dem bis zum aktuellen Zeitpunkt gemittelten Programmprofil MPP_{t_T} sowie unter dem erwarteten Auftragsbearbeitungsprofil $E(ABP_T)$ folgende Zeitkosten:

$$PLSIZ_T = \sum_{p \in \mathcal{P}} \sum_{r_a \in E(ABP)_T(p).\mathcal{R}} E(ABP)_T(p).hfg\_aufruf(r_a) \times plsizcost(p, r_a, MPP_{t_T}, ACp_{t_T}, ACd_{t_T})$$

Das Ansteigen der Zahl der Dateien und Programme, die einer Optimierung unterworfen werden, führt — selbst bei geringem $|\mathcal{R}|$ — zu einem explosionsartigen Anstieg der Rechenzeit. Aus diesem Grunde führen wir in diesem Abschnitt eine wesentliche Reduktion der Komplexität der Optimierungsalgorithmen durch. Diese Reduktion befaßt sich mit der Zahl der Dateien und Programme, die einer konkreten Optimierung unterworfen werden sollen. Es werden nicht mehr alle Dateien und Programme berücksichtigt und deren optimale Allokation bestimmt, sondern es wird eine Teilmenge ausgewählt. Nur für die Elemente dieser Teilmenge wird die optimale Allokation errechnet.

Definition 5.2 *(Relevante Dateien und Programme für die Optimierung)*
$\mathcal{P}_T = \{p \in \mathcal{P} : E(ABP_T(p).\mathcal{R}) \neq \emptyset\}$ sei die Menge aller zur Optimierung relevanten Programme.
$\mathcal{D}_T(p) = \{d \in \mathcal{D} : MPP_{t_T}(p).hfg\_lesen(d) > 0 \vee MPP_{t_T}(p).hfg\_schreiben(d) > 0\}$
$\mathcal{D}_T = \bigcup_{p \in \mathcal{P}_T} \mathcal{D}_T(p)$ sei die Menge aller zur Optimierung relevanten Dateien.
Relevant sind Programme also genau dann, wenn es im erwarteten Auftragsbearbeitungsprofil Aufruferrechner bzgl. dieser Programme gibt. Dateien heißen relevant, wenn es relevante Programme gibt, die gemäß ihres mittleren Programmprofils auf diese Dateien zugreifen. $\square$

Für die PLSIZ-Auswertung sind nur die Programme $p \in \mathcal{P}_T$ relevant — also Programme, die im erwarteten Auftragsbearbeitungsprofil $E(ABP_T)$ gestartet werden — und die von diesen Programmen erwartungsgemäß benutzten Dateien $d \in \mathcal{D}_T$. Jede PLSIZ-Auswertung hat somit eine Komplexität von

$$O\left(|\mathcal{P}_T||\mathcal{R}|^3 + 3|\mathcal{P}_T||\mathcal{D}_T||\mathcal{R}|^3\right)$$

Diese obere Komplexitätsschranke tritt genau dann ein, wenn jeder Rechner bzgl. aller Programme $p \in \mathcal{P}_T$ mindestens einmal Aufruferrechner ist.

---

[1] Da beobachtungsintervallspezifisch gleichartige Aufgabenstellungen vorliegen, betrachten wir nur den Übergang vom (T-1)-ten Beobachtungsintervall zum T-ten.

5.1 Optimierungsaufgabe

Da das Auftragsbearbeitungsprofil ständigen Veränderungen unterworfen ist, kann eine einmal gewählte Allokation nicht immer optimal sein in dem Sinne, daß die globalen Auftragsbearbeitungen kommunikationszeitminimal abgewickelt werden können. Gesucht ist eine optimale Allokation für das nächste Beobachtungsintervall. Hierfür werden $ACp^*_{t_T}$ bzw. $ACd^*_{t_T}$ mit Hilfe der folgenden Optimierung errechnet:[2]

$$PLSIZ_T(MPP_{t_T}, ACp^*_{t_T}, ACd^*_{t_T}, E(ABP_T)) = \min_{\forall ACp, \forall ACd} PLSIZ_T(MPP_{t_T}, ACp, ACd, E(ABP_T))$$

Die optimale Allokation der Programme $ACp^*_{t_T}$ ist so gewählt, daß sie sich von ACp_{t_T} nur in den Programmen $p \in \mathcal{P}_T$ unterscheidet. Die optimale Allokation der Dateien $ACd^*_{t_T}$ unterscheidet sich ihrerseits von ACd_{t_T} nur in den Dateien $d \in \mathcal{D}_T$. Beide Allokationen müssen den folgenden Nebenbedingungen genügen:

5.1.1 Nebenbedingung Mindestkopienzahlen

Die Benutzer können für Programme und Dateien deren Mindestkopienzahl bestimmen, die im gesamten Rechnernetz nicht unterschritten werden darf. $min\_rep(d)$ sei die geforderte Mindestkopienzahl der Datei d. Die Voreinstellung sei 1. $min\_rep(p)$ analog. $ACp^*_{t_T}$ und $ACd^*_{t_T}$ müssen so beschaffen sein, daß die geforderten Mindestkopienzahlen der Programme und Dateien erfüllt sind, d. h.

$$\forall p \in \mathcal{P}_T : \quad min\_rep(p) \leq rep_{t_T}(p) \equiv \sum_{r \in \mathcal{R}} ACp^*_{t_T}(p, r) \tag{5}$$

$$\forall d \in \mathcal{D}_T : \quad min\_rep(d) \leq rep_{t_T}(d) \equiv \sum_{r \in \mathcal{R}} ACd^*_{t_T}(d, r) \tag{6}$$

5.1.2 Nebenbedingung Verfügbarkeit

Ein wesentlicher Parameter unseres verteilten Dateisystems ist min_avail. min_avail ist ein Wahrscheinlichkeitsmaß, das angibt, wie verfügbar die Dateien im gesamten Rechnernetz mindestens sein müssen. Die Verfügbarkeit einer Datei wird dabei auftragsspezifisch betrachtet, d. h. sie hängt ab von der erwarteten Benutzung. Die erwartete Benutzung wird $E(ABP_T)$ und MPP_{t_T} entnommen. Es wird gefordert, daß ACp^*_T und ACd^*_T so beschaffen sind, daß gilt: Die Verfügbarkeit für alle gemäß $MPP_{t_T}(p)$ erwarteten Datenblockzugriffe auf die Dateien d aus allen möglichen Aufruferrechnern $r_a \in E(ABP_T(p).\mathcal{R})$ muß größer sein als min_avail. Dabei sei die Verfügbarkeit definiert als das Produkt der Wahrscheinlichkeiten *mindestens eine Programmkopie von r_a zu erreichen* und *mindestens das Quorum an Dateikopien von r_a zu erreichen.*

Beispiel für die Verfügbarkeitsberechnung:
Die Kopien des Programms p liegen in 4 Rechnern, die Kopien der Datei d liegen in 3 Rechnern.
Die Wahrscheinlichkeit, die i-te p-Kopie von r_a zu erreichen, sei p_i, $i \in \{1, \ldots, 4\}$
Die Wahrscheinlichkeit, die j-te d-Kopie von r_a zu erreichen, sei q_j, $j \in \{1, \ldots, 3\}$
Die Wahrscheinlichkeit $prob_p$, mit der mindestens eine p-Kopie von r_a zu erreichen ist, errechnet sich wie folgt:

$$prob_p = 1 - \prod_{i=1}^{4}(1 - p_i)$$

Das Quorum Q für Zugriffe auf d-Kopien ist 2. Die Wahrscheinlichkeit $prob_q$, mit der mindestens Q d-Kopien von r_a zu erreichen sind, errechnet sich wie folgt:

$$prob_q = q_1 \times q_2 \times (1 - q_3) + q_1 \times q_3 \times (1 - q_2) + q_2 \times q_3 \times (1 - q_1) + q_1 \times q_2 \times q_3$$

oder äquivalent dazu $prob_q = q_1 \times q_2 + q_1 \times q_3 + q_2 \times q_3 - 2 \times q_1 \times q_2 \times q_3$.
Sei $p_i = 0.8$, $i \in \{1, \ldots, 4\}$, und $q_j = 0.9$, $j \in \{1, \ldots, 3\}$, so gilt für die Verfügbarkeit
$avail = prob_p \times prob_q = 0.9984 \times 0.972 \approx 0.97$.

---

[2]Die dynamische Optimierung ist in der Literatur unter *file assignment problem* bekannt [8, 11].

Im vorhergehenden Beispiel wurde die Verfügbarkeit für ein Aufruferrechner r_a und eine triviale p-/d-Konstellation erläutert. Wir können jetzt die allgemeine Verfügbarkeitsformel aufstellen. Dabei sei Q das notwendige Quorum für einen Zugriff auf die Datei d, S_p resp. S_d die — gemäß optimaler Allokation — programm- bzw. datei-besitzenden Rechnermengen, sowie

$$prob_p = 1 - \prod_{r_p^* \in S_p} \left(1 - rel\_link_{t_T}\left(r_a, r_p^*\right)\right)$$

$$prob_q = \sum_{l=Q}^{|S_q|} \binom{l-1}{Q-1} (-1)^{l-Q} \sum_{i_1 < ... < i_l} \prod_{j=1}^{l} rel\_link_{t_T}\left(r_a, r_{d_{i_j}}^*\right)$$

Es ergibt sich somit folgende Nebenbedingung:

$$\forall p \in \mathcal{P}_T, \ \forall r_a \in E(ABP_T(p).\mathcal{R}), \ \forall d \in \mathcal{D}_T(p) : \ prob_p \times prob_q > min\_avail \tag{7}$$

Die Wahrscheinlichkeit, mit der eine Programmkopie p bzw. eine Dateikopie d vom Rechnern r_a zu erreichen ist, hängt von der Zuverlässigkeit der Kommunikationsverbindung rel_link_t zwischen dem Rechner r_a und dem Rechner r_p resp. r_d ab. Die Erreichbarkeit einer einzelnen Programmkopie p ist unabhängig von der Erreichbarkeit der anderen Programmkopien p. Dies trifft in dieser allgemeinen Form in einem Rechnernetz nicht zu. Da jedoch die Größen rel_link auf topologischen Gegebenheiten basieren, ist die Unabhängigkeit der erwähnten Erreichbarkeiten zwar nicht gegeben, die Formel aber dennoch brauchbar, da typischerweise immer höhere Verfügbarkeiten errechnet bzw. erzwungen werden als aufgrund der jeweiligen topologiebedingten Zuverlässigkeiten der Kommunikationsleitungen nötig wären. Diese Nebenbedingung führt also zu einer pessimistischen Abschätzung. Die gleiche Argumentation gilt auch für $prob_q$.

5.1.3 Nebenbedingung Speicherplatz

Eine sehr wesentliche Nebenbedingung für die optimal berechnete Allokation der Programme, $ACp_{t_T}^*$, und der Dateien, $ACd_{t_T}^*$, ist die Fähigkeit die zugeteilten Kopien in den Rechnern speichern zu können, d. h.

$$\forall r \in \mathcal{R} : \ hgsp\_node_{t_T}(r) \ > \ \sum_{p \in \mathcal{P}} |\mathcal{KP}(p)| \left(ACp_{t_T}^*(p,r) - ACp_{t_T}(r,p)\right) +$$

$$\sum_{d \in \mathcal{D}} |\mathcal{KD}_{t_T}(d)| \left(ACd_{t_T}^*(d,r) - ACd_{t_T}(r,d)\right) \tag{8}$$

5.2 Komplexität der Optimierung

Die Optimierung ist NP-vollständig, d. h. es werden die Kosten $PLSIZ_T$ für alle möglichen Allokationen errechnet.

Es gibt prinzipiell $\sum_{rep(p_1)=1}^{|\mathcal{R}|} \cdots \sum_{rep(p_{|\mathcal{P}|})=1}^{|\mathcal{R}|} \sum_{rep(d_1)=1}^{|\mathcal{R}|} \cdots \sum_{rep(d_{|\mathcal{D}|})=1}^{|\mathcal{R}|} \prod_{p_i=1}^{|\mathcal{P}|} \binom{|\mathcal{R}|}{rep(p_i)} \times \prod_{d_j=1}^{|\mathcal{D}|} \binom{|\mathcal{R}|}{rep(d_j)}$ verschiedene Allokationen. Diejenige Allokation, die die geringsten Kosten erzeugen würde, wird als optimal bezeichnet. Bevor es zur Kostenbestimmung einer Allokation kommt, wird geprüft, ob diese Allokation alle Nebenbedingungen erfüllt. Durch folgendes Vorgehen kann die hohe Komplexität weiter gesenkt werden:

Zunächst wird versucht, $ACp_{t_T}^*$ und $ACd_{t_T}^*$ so zu bestimmen, daß die Kopienzahlen für die Programme $p \in \mathcal{P}_T$ und die Dateien $d \in \mathcal{D}_T$ den von den Benutzern geforderten Mindestkopienzahlwerten exakt entsprechen, d. h. es werden nur Allokationkandidaten betrachtet, die die Nebenbedingung Mindestkopienzahl gerade erfüllen. Eine Mindestkopienzahlprüfung kann somit trivialerweise entfallen. Diese Allokationen werden kombinatorisch erzeugt. Da $|\mathcal{P}_T| \ll |\mathcal{P}|$ und $|\mathcal{D}_T| \ll |\mathcal{D}|$ gelten, ist eine exhaustive Suche nach der besten Allokation durchaus zu vertreten. Die Allokation der nicht-relevanten Programme und Dateien wird beibehalten. Es ergeben sich somit $\prod_{p_i=1}^{|\mathcal{P}_T|} \binom{|\mathcal{R}|}{min\_rep(p_i)} \times \prod_{d_j=1}^{|\mathcal{P}_T|} \binom{|\mathcal{R}|}{min\_rep(d_j)}$ verschiedene Allokationen. Für jede dieser Allokationen wird nun geprüft, ob die Nebenbedingungen Verfügbarkeit und Speicherbarkeit erfüllt werden. Nur wenn dies der Fall ist, wird überhaupt eine Kostenermittlung durchgeführt.

Es sei $REP = \max\left(\max_{p \in \mathcal{P}_T} min\_rep(p), \max_{d \in \mathcal{D}_T} min\_rep(d)\right)$ und typischerweise $|\mathcal{R}| \gg REP$. Unter der für die Komplexität ungünstigen Annahme, daß alle Allokationskandidaten alle Nebenbedingungen korrekt erfüllen, besitzt die Optimierung bei obigem Vorgehen folgende Komplexität:

$$O\left(\left(\frac{|\mathcal{R}|}{REP}\right)^{|\mathcal{P}_T|+|\mathcal{D}_T|}\left((|\mathcal{P}_T|+3|\mathcal{P}_T||\mathcal{D}_T|)\,|\mathcal{R}|^3 + 2|\mathcal{P}_T||\mathcal{D}_T||\mathcal{R}|^2 + (|\mathcal{P}|+|\mathcal{D}|)\,|\mathcal{R}|\right)\right)$$

Der letzte Summand $(|\mathcal{P}|+|\mathcal{D}|)\,|\mathcal{R}|$ umfaßt den Aufwand für die gesamten Mengen $\mathcal{P}$ resp. $\mathcal{D}$, da er die Komplexität der Speicherbarkeitsprüfung beinhaltet und diese **alle** Programme und Dateien miteinbezieht. Die Linearität in $|\mathcal{R}|$ zeigt, daß die Komplexität der Speicherplatzprüfung durch die Kardinalität der Programm- resp. Dateimenge geprägt ist. Dies unterstreicht die Forderung, bereits die Grundmenge der Programme und Dateien, die einer Optimierung unterworfen werden, klein zu halten.

Versuchte man die Allokation bzgl. aller $p-/d$-Varianten zu optimieren, würde ein Faktor $\left(\frac{|\mathcal{R}|}{REP}\right)^{|\mathcal{P}|+|\mathcal{D}|}$ bei moderaten $\mathcal{P}$- und $\mathcal{D}$-Mengen die Laufzeiten bereits unvertretbar hoch werden lassen. Es ist also durchaus vernünftig, nur die sogenannten relevanten Programme und Dateien in die Optimierung einzubeziehen. Eine weitere mögliche Einschränkung läge darin begründet, daß man bestimmte Objekte aus $\mathcal{P}_T$ bzw. $\mathcal{D}_T$ nicht optimal zuordnen kann, weil Speicherengpässe vorliegen. Diese Speicherengpässe würden u. U. durch eine Wegverlagerung der nicht-relevanten Dateien oder Programme beseitigt. Diese Einschränkung muß zugunsten eines vertretbaren Aufwands in Kauf genommen werden.

Es gibt mindestens einen Allokationskandidaten, der die Nebenbedingungen Mindestkopienzahl und Speicherplatz erfüllt. Die aktuell vorliegende Allokation ist ein solcher, wenn davon ausgegangen wird, daß die Ausgangslage sämtliche Nebenbedingungen erfüllte. Wenn also keine einzige Allokation gefunden werden kann, die alle Nebenbedingungen erfüllt, so liegt dies an der Nebenbedingung Verfügbarkeit. Da damit zu rechnen ist, daß einige Allokationen existieren, die mit den geforderten Mindestkopienzahlwerten **alle** Nebenbedingungen erfüllen, gibt es darunter auch eine bzgl. der dynamischen Optimierung kostengünstigste. Diese wird als optimale Allokation abgeliefert.

Es wird aus Komplexitätsgründen nicht versucht, die Kopienzahlwerte über die geforderten Mindestkopienzahlwerte anzuheben und die daraus resultierenden neuen, kombinatorisch denkbaren Allokationskandidaten zu überprüfen, außer wenn keine einzige Allokation die Nebenbedingung Verfügbarkeit erfüllt. Der Wunsch, die Kopienzahlen über die geforderten Mindestkopienzahlwerte anzuheben, würde die Komplexität um einen Faktor $|\mathcal{R}|^{|\mathcal{P}_T|+|\mathcal{D}_T|}$ erhöhen. Innerhalb der Verfügbarkeitsprüfung erkennt man, welche p/d-Zuordnung bzgl. welchem Aufruferrechner scheiterte. Für diese Programme p resp. Dateien d werden die Kopienzahlen erhöht. Für die jetzt kombinatorisch neu zu erzeugenden Allokationen läuft obiges Vorgehen erneut ab. Schlimmstenfalls kommt es zum Abbruch, wenn die Kopienzahl nicht mehr erhöht werden kann.

6 Schlußbemerkungen

Diese Arbeit stellte eine Modellierung eines verteilten Dateisystems vor und berücksichtigte eine Reihe von Charakteristika:

Die Rechner sind über Kommunikationsverbindungen verbunden, die unterschiedliche mittlere Übertragungszeiten und Zuverlässigkeiten aufweisen dürfen.

Die Kommunikation zweier Rechner geschieht entweder über eine direkte Kommunikationsverbindung oder über eine Folge von direkten Kommunikationsverbindungen und Kommunikationsrechnern. Abhängig von dieser Kommunikationsfähigkeit entstehen rechnerpaarspezifische mittlere Übertragungszeiten und Zuverlässigkeitswerte.

Rechner besitzen Programme und Dateien auf ihrem Hintergrundspeicher. Rechner ohne Hintergrundspeicher sind zulässig.

Benutzer greifen auf die Dateien über Programme zu. Die kleinste Zugriffseinheit ist ein Block.

Dateien sind repliziert. Replikationsgrad und Speicherort der Dateien können sich dynamisch ändern. Aus diesem Grunde wird ein Votierungs-Verfahren für den konsistenzerhaltenden Zugriff verwendet.

Programme sind während ihrer Laufzeit interaktiv. Sie fordern Eingaben vom Benutzer an und/oder liefern Ausgaben an den Benutzer ab.

6.1 Dynamische Optimierung

Die wichtigsten Ergebnisse der dynamischen Optimierung werden nachfolgend vorgestellt:

Es wurde gezeigt, daß die Einführung der (für die Optimierung) relevanten Datei- und Programmengen den Aufwand der Optimierungsalgorithmen auf ein Maß reduzieren, das den Einsatz der vorgestellten

Verfahren für sehr viele Umgebungen erlaubt.

Dennoch wird deutlich, daß es ausgewählte Szenarien gibt, für die auch diese Reduktion unzureichend ist. Zu diesen Szenarien gehören solche, bei denen in kurzer Zeit eine Vielzahl von verschiedenen Programmen, die für eine Optimierung relevant sind, aufgerufen werden und bei denen die Programme auf eine Vielzahl von unterschiedlichen Dateien zugreifen. Insbesondere greifen gleiche Programme auf unterschiedliche Dateien zu.

Es wurden zwei neuartige Nebenbedingungen der Optimierung formuliert: Zum einen können die Benutzer Mindestkopienzahlen für spezielle Dateien fordern, die nicht unterschritten werden dürfen. Zum anderen wurde erstmals die Nebenbedingung Verfügbarkeit derart definiert, daß sie für den nichttrivialen Fall der orts- und gradveränderlichen Replikationsschemata verwendet werden kann.

Die dynamische Optimierung kann nicht oder nur bedingt Verwendung finden, wenn keinerlei Korrelation zwischen Programmen und Dateien existiert und aus der Vergangenheit nicht auf die Zukunft extrapoliert werden kann, d. h. wenn während eines Programmlaufs auf beliebige Dateien zugegriffen wird, sich dieses Dateizugriffsverhalten ständig ändert und aus dem vergangenen Dateizugriffsverhalten nicht auf das zukünftige Dateizugriffsverhalten geschlossen werden kann. Jede errechnete Allokation wird unter diesen Voraussetzungen nur zufälligerweise die Zielsetzung der dynamischen Optimierung erfüllen. Sie ist somit unnötig und belastet nur das System.

Fazit: Nicht unter allen Umständen kann eine optimale Allokation der Dateien errechnet werden. Manchmal muß eine timer-überwachte suboptimale Allokation von der dynamischen Optimierung ausgeliefert werden. Dies ist insbesondere dann der Fall, wenn $|\mathcal{R}|$ sehr groß ist.

6.2 Optimaler Ausführungsort eines Programms: Statische Optimierung

Die Arbeit untersuchte weiterhin den optimalen Ausführungsort eines Programms und machte diese Ausführungslokation zu einem wesentlichen Leistungskriterium.

Es ist wenig erstaunlich, daß die vollständige Replikation von Programmen die Latenzzeit der Aufträge erheblich reduziert. Oftmals begrenzt der Hintergrundspeicherplatz allerdings solche Bestrebungen. Der Benutzer muß dann einen Kompromiß zwischen Hintergrundspeicherplatz und Leistung suchen.

Dies bedeutet allerdings nicht, daß die statische Optimierung unnötig wird. Die Bestimmung des Executerechners ist selbst bei vollständiger Replikation von Programmen ein wesentlicher Faktor, um die individuellen Auftragslaufzeiten zu minimieren.

Die vorgeschlagenen Optimierungsalgorithmen wurden einer Simulation unterworfen, bei der eine zweistufige Rechnerhierarchie (Cluster und Rechner innerhalb eines Clusters) zugrundegelegt wurde. Die entsprechenden Ergebnisse finden sich in [3].

6.3 Mögliche Erweiterungen

Die dynamische Dateiallokation innerhalb eines verteilten Dateisystems war motiviert durch die erzielbaren Leistungsgewinne und durch die Erhöhung der Verfügbarkeit. Zu den möglichen Erweiterungen zählen:

Weitere Reduktion der Komplexität der Algorithmen: Die Einführung der für die Optimierung relevanten Dateimengen reicht alleine nicht aus, die Komplexität der Optimierungsverfahren soweit zu reduzieren, daß unter allen Umständen eine optimale Dateiallokation errechnet werden kann. Weitere Reduktionen der Komplexität bzw. geeignete Heuristiken sind notwendig.

Berücksichtigung von Auftragshierarchien: Es erscheint günstig, die Abhängigkeiten innerhalb einer Auftragshierarchie zu analysieren und eine optimale Abarbeitung aller Aufträge innerhalb der Auftragshierarchie zu bestimmen.

Die Laufzeit aller Aufträge innerhalb der Auftragshierarchie könnte dadurch reduziert werden.

Berücksichtigung der Transitionszeiten und der Relokation: Im Rahmen dieser Arbeit war es nicht möglich, die Transitionszeiten mit ins Kalkül zu ziehen. Die Transitionszeiten entstehen, sobald man Dateien im Rechnernetz reloziert. Sie belasten ihrerseits die Kommunikationsverbindungen.

Außerdem muß das Votierungsverfahren von Thomas [21] modifiziert werden, da mit dynamischen Veränderungen des Quorums *während* eines Zugriffs gerechnet werden muß [4]. In [5] stellt der Autor hierfür eine Lösung vor.

Danksagung

An dieser Stelle danke ich Herrn Prof. H.-J. Siegert für zahlreiche Diskussionen während der Entstehung der vorliegenden Fassung. Herrn Prof. E. Jessen danke ich für seine Anmerkungen im Modellierungsabschnitt.

Literatur

[1] D. Barbara, H. Garcia-Molina, and A. Spauster. Policies for dynamic vote reassignment. In *Proc. 6th Int. Conf. on Distributed Computing Systems*, Seiten 37–44, Cambridge, MA, Mai 1986.

[2] D. Barbara, H. Garcia-Molina, and A. Spauster. Increasing availability under mutual exclusion constraints with dynamic vote reassignment. *ACM Transactions on Computer Systems*, 7(4):394–426, November 1989.

[3] U.M. Borghoff. Dynamische Dateiallokation innerhalb eines volltransparenten verteilten Dateisystems. Technischer Bericht TUM–I9027, Inst. für Informatik, Techn. Univ. München, Germany, August 1990.

[4] U.M. Borghoff. A priority-driven, consistency-preserving strategy for the relocation problem of replicated files. In *Proc. 11. ITG/GI-Fachtagung — Architektur von Rechensystemen*, Seiten 365–375, München, Germany, März 1990. VDE-Verlag.

[5] U.M. Borghoff. Voting and relocation strategies preserving consistency among replicated files. In *Proc. 3rd Int. Conf. on Database Theory*, Paris, France, Dezember 1990. Springer Verlag.

[6] D. Davčev and W.A. Burkhard. Consistency and recovery control for replicated files. In *Proc. 10th ACM Symp. on Operating Systems Principles*, Seiten 87–96, Orcas Islands, Dezember 1985.

[7] S. Davidson, H. Garcia-Molina, and D. Skeen. Consistency in partitioned networks. *ACM Computing Surveys*, 17(3):341–370, September 1985.

[8] L.W. Dowdy and D.V. Foster. Comparative models of the file assignment problem. *ACM Computing Surveys*, 14(2):287–313, Juni 1982.

[9] H. Garcia-Molina. Reliability issues for fully replicated distributed databases. *IEEE Computer*, 15(9):34–42, September 1982.

[10] H. Garcia-Molina and R.K. Abbott. Reliable distributed database management. *Proc. of the IEEE*, 75(5):601–620, Mai 1987.

[11] B. Gavish and O.R.L. Sheng. Dynamic file migration in distributed computer systems. *Communications of the ACM*, 33(2):177–189, Februar 1990.

[12] D.K. Gifford. Weighted voting for replicated data. In *Proc. 7th Symp. on Operating Systems Principles*, Seiten 150–162, Dezember 1979.

[13] M. Herlihy. Dynamic quorum adjustment for partitioned data. *ACM Transactions on Database Systems*, 12(2):170–194, Juni 1987.

[14] S. Jajodia. Managing replicated files in partitioned distributed database systems. In *Proc. 3rd Int. Conf. on Data Engineering*, Seiten 412–418, Los Angeles, Ca., Februar 1987.

[15] D.D.E. Long and J.-F. Pâris. On improving the availability of replicated files. In *Proc. 6th Symp. on Reliability in Distributed Software and Database Systems*, Seiten 77–83, März 1987.

[16] J.-F. Pâris. Voting with witnesses: A consistency scheme for replicated files. In *Proc. 6th Int. Conf. on Distributed Computing Systems*, Seiten 606–620, Cambridge, MA, Mai 1986.

[17] J.-F. Pâris. Efficient management of replicated data. In *Proc. 2nd Int. Conf. on Database Theory*, Seiten 386–409. LNCS #326, Springer Verlag, 1988.

[18] J.-F. Pâris and D.D.E. Long. Efficient dynamic voting algorithms. In *Proc. 4th Int. Conf. on Data Engineering*, Seiten 268–275, Los Angeles, Februar 1988.

[19] Z. Ruan and W.F. Tichy. Performance analysis of file replication schemes in distributed systems. In *Proc. of the 1987 ACM SIGMETRICS Conf. on Measurement and Modeling of Computer Systems*, Seiten 205–215, 1987.

[20] D. Skeen. A quorum-based commit protocol. In *Proc. 6th Berkeley Workshop on Distributed Data Management and Computer Networks*, Seiten 69–80, Berkeley, Ca., Februar 1982.

[21] R.H. Thomas. A majority consensus approach to concurrency control for multiple copy databases. *ACM Transactions on Database Systems*, 4(2):180–209, Juni 1979.

[22] R. van Renesse and A.S. Tanenbaum. Voting with ghosts. In *Proc. 8th Int. Conf. on Distributed Computing Systems*, Seiten 456–462, San Jose, Ca., Juni 1988.

A Consistency Condition
Supporting Design and Verification
of Byzantine Adaptive Agreement Protocols

Birgit Baum-Waidner

Institut für Rechnerentwurf und Fehlertoleranz

Universität Karlsruhe, Zirkel 2, Postfach 6980
D-7500 Karlsruhe, F. R. Germany
Tel. 0721 - 608 - 3963, Fax: 0721 - 370455, CSnet: baum@ira.uka.de

Abstract: In order to achieve consistency among m nodes involved in a distributed system, and thereby dealing with up to t faulty nodes, Byzantine agreement protocols are employed. Such protocols provide a reliable, complete exchange of values. We are only concerned with protocols using digital signatures. We concentrate mainly on so-called *Byzantine adaptive agreement protocols* which use a minimum number of messages in the faultless case. Compared to usual Byzantine agreement protocols, the design and verification of these protocols is much more complex and requires new techniques. In this paper some new aids are presented.

As a new approach to examine the consistency of values, we extract the *transfer topology* from a given protocol. The transfer topology represents all possible paths a value may be forwarded from one node to another, according to the protocol. A new condition *suffeq* is presented which is sufficient to show that two messages, having been received by different nodes during protocol execution, contain the same value due to the transfer topology. *suffeq* takes into account that faulty nodes may behave arbitrarily, e. g. use their signatures jointly, or may even send values signed by faultless nodes intended for another protocol context. For a particular type of protocol, *suffeq* is both necessary and sufficient.

suffeq supports *protocol verification* as well as the *design of appropriate topologies* for distribution of a single value, thereby avoiding malicious Byzantine faults and using a minimum number of messages.

Keywords: Byzantine agreement, distributed system, protocol design, protocol verification, consistency condition, digital signature, transfer topology.

1 Introduction

Byzantine agreement protocols (*BAPs*) [LSPe 82, PSLa 80] provide consistency among m nodes involved in a distributed system, thereby dealing with up to t faulty nodes. In usual *BAPs* [DoSt 83, StDo 83, SrTo 87], using signatures [DiHe 76, GoMR 88, RSAd 78], values are distributed by broadcast and thereby may cause inconsistency (so-called *Byzantine faults*) which is tolerated by use of broadcast again. The advantages of each of those *BAPs* are a low number of phases, a very compact description of the protocol which may be realized for *any m* and t, $t<m$, and short proofs. The disadvantage is a high number of messages even in the faultless case.

In contrast to usual *BAPs*, another class of *BAPs* has been developed [Echt 87, Echt 89]: the so-called *Byzantine adaptive agreement protocols* (*BAAPs*) which in the faultless case need *the minimum number of messages* only. If faults occur, protocol execution is adapted to the fault situation, thereby aiming to use as few messages as possible. (*Early stopping protocols* [DoRS 82, Ezhi 87, GGGS 87] adapt protocol execution to the fault situation, too, in order to minimize the number of phases.) *BAAPs* aim at *avoidance* of *malicious* Byzantine faults (i. e. inconsistency caused by different values) as far as possible *instead of tolerating* them, in order to save messages. They can be employed efficiently even in switching networks.

In [Baum 89], for the first time *BAAP*s are designed for the same specification (per transmitter) as the *BAP*s in [DoSt 83]. (Echtle's *BAAP*s [Echt 89] are restricted to the so-called distance decision which requires the definition of a metrics.) In this work, *BAAP*s specified to provide consistency on the values of *n* transmitters ($1 \leq n \leq m$), use $m+n-2$ messages in the faultless case. There is not *any* protocol using less. Moreover, these *BAAP*s provide *eventual agreement* [DoRS 82]. They aim to let nodes compute their final results as early as possible (for most nodes much earlier than the protocol terminates).

These *BAAP*s are based on tree-like *topologies* (Section 6) along which a value is transferred in one protocol part for distribution without enabling malicious faults *within this protocol part*. Nodes which do not obtain an expected value in time will ask other nodes for the missing information, using *diagnostic information*. Hence they may initiate — in a predetermined order — a further protocol part each to eventually obtain the value (or the information "node is faulty") in order to tolerate so-called *benign* Byzantine faults (i. e. inconsistency caused by a value not being sent to *all* nodes).

*BAAP*s are much more complex to describe than *BAP*s *solely tolerating* Byzantine faults: Each node has its individual protocol instructions (in most of the usual *BAP*s nearly all nodes have the same). Therefore, each individual set of *t* faulty nodes has to be considered for separate verification. Moreover, during most state transitions of a node, messages are not broadcast to all nodes but sent to one node only. Therefore, compared to usual *BAP*s, many more different states are defined for *BAAP*s. In usual *BAP*s [DoSt 83] values must be signed before each sending or forwarding, and signatures of nodes having signed earlier must not be removed. In contrast to those *BAP*s, such signatures *may be removed* in *BAAP*s if subsequent nodes will not need them. Consequently, both message length and time for checking signatures can be reduced as far as possible.

This paper deals with the following problem, which is typical for *BAAP*s:

Suppose, in your newly designed, but not yet verified *BAAP*, node *A* has to create a value which is to be distributed consistently to all other nodes. You know that in a certain protocol execution node *B* takes value a_b and node *C* takes value a_c as the value said to be created by *A*, on the basis of the messages received (depending on the protocol execution). In order to obtain the final value from transmitter *A*, each *B* and *C* have copied a_b and a_c, respectively, from the respective fields of the transferred messages. *How do you know that a_b and a_c are identical for any protocol execution?* You have to take into consideration that some nodes which forward a value may have removed some signatures, according to the protocol. Therefore, even values created by faultless nodes may undetectably be forged by faulty nodes. Moreover, a value which has been signed by a faultless node could have been taken from the wrong context, e. g. it has been copied from a field which carries the value of another transmitter.

In this paper, we solve this particular problem universally (and not restricted to *BAAP*s): First, we extract from a given protocol its *transfer topology* (Section 3) which represents all possible paths a value may be forwarded from one node to another, according to the protocol. Based on this transfer topology, we give a condition *suffeq* (Section 4) which is *sufficient* (and necessary for a special kind of protocols) to garantee that in a certain protocol execution two values, each having been copied from certain positions of received messages, are equal.

Sections 5 and 6 demonstrate how *suffeq* can support the design and verification of *BAAP*s.

2 Definitions and presumptions

Let *Nod* be a given set of *m* nodes. At most *t* of them may be faulty, and each node of a subset *Transmitter* $\subseteq$ *Nod* plays the role of a transmitter. Each faultless transmitter creates a value out of a set *All-values*. *Text* is the set of all text strings which are contained by messages (and signed by the sender), and are not values nor signatures. Elements from *Text* are used as context information in the protocol, e. g. a node may claim that another node is faulty, and *Text* $\cap$ *All-values* = { }.

By saying "Node *y* decides for a final result on transmitter *x*", we mean that *y* either takes a value of *All-values* as that value being created by *x*, or "no value" as result on *x*. This result is irreversible for *y*.

The specification of a *BAP* (or *BAAP*)is as follows:

After a limited protocol execution time,

* each faultless node eventually decides for a result on each transmitter. In each faultless node, the set of final results forms the consistency vector.
* The consistency vector is the same in all faultless nodes.
* The value created by each faultless transmitter is equivalent to the corresponding final result in the consistency vectors.

2.1   Structure of messages

In the remainder of the paper, we presume that the protocol instructions of each node is represented by an acyclic automaton.

We identify all messages as elements from $(Nod \times Nod \times Expr\text{-}list) \times (\mathbb{N}_0 \times \mathbb{N}_0)$ where $(s,r,mes).[z_1, z_2]$ $\in (Nod \times Nod \times Expr\text{-}list) \times (\mathbb{N}_0 \times \mathbb{N}_0)$ means that during its local state transition $z_1 \to z_2$, sender s sends information *mes* to receiver r.

Expr and *Expr-list* are defined recursively as the smallest sets so that the following holds:

Expr-list consists of nil and all lists which can be assembled using elements of *Expr* as list elements.

Expr consists of *All-values* $\cup$ *Text* united with all signed lists X(L), where $L \in$ *Expr-list* again, and X(...) means the signature of any node $X \in Nod$. List elements are separated by commata.

As an example, we assume that $A, B, C \in Nod$, a, b, c $\in$ *All-values*, and Bfy $\in$ *Text* (which means"B faulty"). Then A(C(Bfy,c),a) $\in$ *Expr-list* (we do not write nil).

We define relations $\approx$ and $\sim$ to say that two elements of *Expr* or *Expr-list*, respectively, do not differ from each other except in values (elements of *All-values*). As an example, A(C(Bfy,2),5) $\sim$ A(C(Bfy,1),7).

We define relation *in* to say whether $e \in Expr$ appears anywhere in $L \in Expr\text{-}list$ or not.

We also define the relation $\stackrel{pos}{\approx}$ so that $(\,e_1, L_1\,)\;\stackrel{pos}{\approx}\;(\,e_2, L_2\,)$ is satisfied iff e_1 *in* L_1 and e_2 *in* L_2 and $L_1 \sim L_2$ holds, and e_1 appears at the *same position* in L_1 as e_2 in L_2. As an example, $(\,2, A(C(Bfy,2),5)\,)$ $\stackrel{pos}{\approx}\;(\,1, A(C(Bfy,1),7)\,)$

Next we define the projection *inf* which returns for each message the message information sent actually.

Definition 1:

$$inf:\qquad (Nod \times Nod \times Expr\text{-}list) \times (\mathbb{N}_0 \times \mathbb{N}_0)\quad \to Expr\text{-}list\ ;$$
$$inf((x,y,mes).[z_1, z_2])\quad := \quad mes\ .$$

2.2   Building new information aided by previously received information

Each protocol gives exact instructions to node x which information is to be assembled and sent to other nodes, depending on information (and timeouts) received before. On building message information, node x is restricted to the following actions which can be executed recursively:

* Node x may create any value $v \in$ *All-values* and any text $t \in$ *Text*.
* From any message information *mes* which node x has received directly from any sender s, x may copy any expression e *in* *mes* (namely a value, context information, or any list signed by a node).
* Node x may assemble any list $L \in Expr\text{-}list$ from any elements of *Expr* which it is able to assemble.
* Node x may sign any list L thereby assembling x(L).

We only consider protocol designs where faultless nodes create message information solely according to these actions.

2.3   Network presumptions and fault model

In the remainder of the paper we presume that after having assembled a message information, node x signs it completely if the information has not the form x(L). Faultless senders will then be identified correctly by the receiver. (Fautly senders need not be identified correctly.)

We assume that faulty nodes are not able to read messages sent directly from one faultless node to another. This can simply be satisfied using a cryptosystem [Denn 82] if it is not already garanteed by the network.

A faulty node need not behave according to the protocol. It behaves arbitrarily but it does not prevent faultless nodes from communicating with each other, or forge signatures of faultless nodes.

For instance, faulty nodes may behave according to the protocol, omit sending messages, communicate and cooperate with other faulty nodes in any way (perhaps "in order to" confuse faultless nodes), create any value or context information, use their signatures jointly, and assemble and send any message information which they can assemble jointly using message information received from faultless nodes before.

We assume that each faultless node ignores messages not expected.

Furthermore, we presume that if y receives a message as the message $(x,y,mes).[z_1, z_2]$, it must not expect another message $(x,y,mes').[z_3, z_4]$ in the same protocol execution where $mes \sim mes'$ and values at the same position belong to different transmitters. We also assume that each message is sent or received at most once in one protocol execution.

2.4   Protocol executions

In the remainder of this paper, we assume that a protocol is given (which is not necessarily correct).

P denotes the set of all possible executions of this protocol. Any protocol execution $p \in P$ is defined depending on

* which messages are transferred at which time and carrying which values $\in$ *All-values*

* which nodes are faultless and which are faulty.

Two protocol executions $p_1, p_2 \in P$ are identical if, and only if, the same messages are transferred at the same time with the same values, and the same nodes are faulty or faultless, respectively.

For any $p \in P$, the set of faulty nodes is called $F(p)$.

Because of the fault assumption, for any $p \in P$, $|F(p)| \leq t$ holds. We define $\overline{F}(p)$ as *Nod* $\setminus F(p)$.

We will define the set of messages transferred during protocol execution $p \in P$ as subset M^p of (*Nod* $\times$ *Nod* $\times$ *Expr-list*) $\times$ ($\mathbb{N}_0 \times \mathbb{N}_0$). M^p contains only such messages which are or seem to be sent according to the protocol. However, messages from one faulty node to another are not contained in M^p since they are not restricted to messages as specified by the protocol.

Definition 2:

$M^p := \{ (s,r,mes).[z_1, z_2] \in (\textit{Nod} \times \textit{Nod} \times \textit{Expr-list}) \times (\mathbb{N}_0 \times \mathbb{N}_0):$

$\qquad\qquad s \in \overline{F}(p) \wedge s$ sends mes to r during p and the state transition z_1, z_2

$\qquad\qquad \vee \ r \in \overline{F}(p) \wedge s \in F(p) \wedge r$ receives and accepts mes as the expected message

$\qquad\qquad\qquad\qquad (s,r,mes).[z_1, z_2]$ during p from $any\ f \in F(p).\}$

2.5   Some simplifying assumptions

For simplicity we assume in this paper that messages carry a value, (said to) be created by any transmitter, in *not more than one* position, i. e. the value must not be duplicated or copied out of different messages. Moreover, we only consider such protocols where nodes do not compare any received value with any other received values. The protocol given in Section 2.6 satisfies both assumptions.

In [Baum 89] all considerations can be found without these restrictions.

Next we introduce the relation *sim* which says that two protocol executions are *similar*.

Definition 3:

We define $sim \subset P \times P$ so that $\forall\ p, p' \in P$:

$\quad sim(p, p') : \Leftrightarrow \quad [\quad F(p) = F(p')$

$\qquad\qquad\qquad\qquad \wedge$ apart from the values (e. g. if all values were the same), $M^p = M^{p'}$ holds,

$\qquad\qquad\qquad\qquad\quad$ and all faultless nodes send or receive each message

$\qquad\qquad\qquad\qquad\quad$ in p at the same time as in p'.]

sim is an equivalence relation. In the following we denote the equivalence class $[p]_{sim}$ by $[p]$.

2.6 A protocol example

We give an example *BAAP* [Baum 89] und extract its transfer topology in Section 3.5. In our *BAAP*, *Nod* = *Transmitter* = {A, B, C}, and *t*=1. The behavior of each node as specified by the protocol is given as an acyclic and finite automata (Figures 1a, 1b, 1c). Input and output are denoted as " input / output ". For each state transition, the possible input is either a message (*mes$_i$*) or a timeout which says that none of the expected messages actually arrived (denoted by "*eto*" which means "else timeout"). If a message arrives before it is expected then it is buffered (provided it may be expected in a later state). Outputs are messages to other nodes *X* (denoted as " → *X* "). In each state, the temporary consistency vector is written as (r_a, r_b, r_c), where each component denotes the result computed up to that state. As an example, (a, -, ?) at node *A* means that the final result on transmitter *A* is *a*, the final result on transmitter *B* is "no value", and *A* has not decided yet for a result on transmitter *C*. Elements of *All-values* are a, a_1, a_2, b, c, and elements of *Text* are "Afy", "Bfy", and "Cfy". Any "Xfy" means "X is faulty", and, together with a signature, builds *diagnostic information* (Section 6, and [Baum 89]). The correctness of this protocol can be shown without knowing the meaning of diagnostic information.

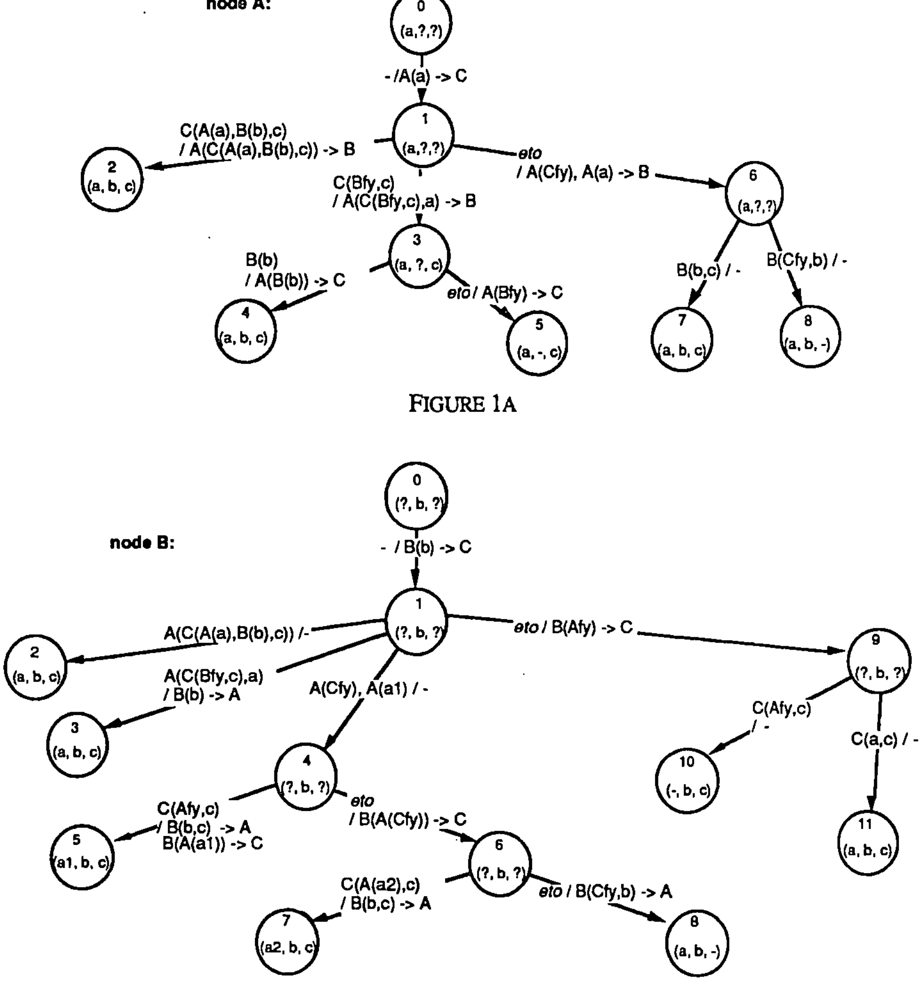

FIGURE 1A

FIGURE 1B

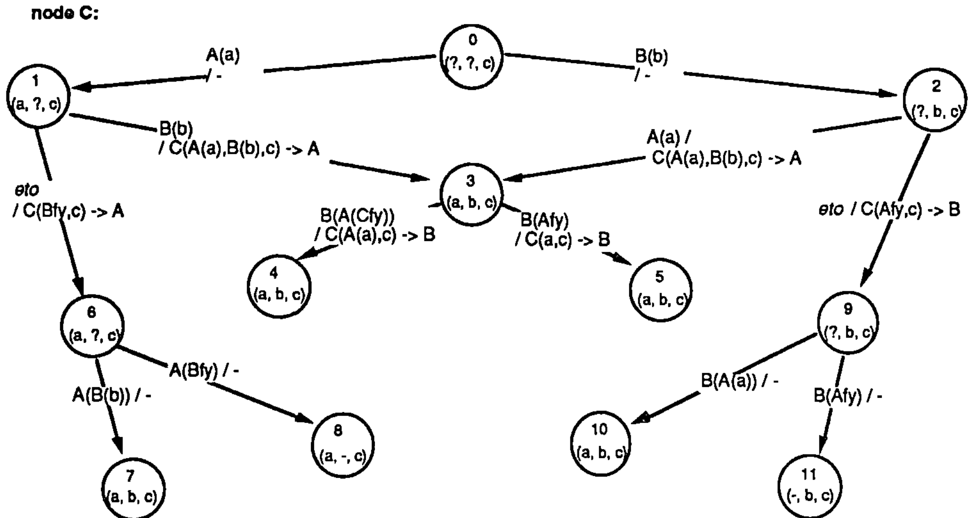

FIGURE 1C

In the faultless case (all nodes behave according to the protocol), this *BAAP* uses 4 messages (termination states of *A, B, C*: (2,2,3)). In the worst case, it uses 7 single (not broadcasted) messages only (*A* is faulty, termination states of *B, C*: (7,4)). These are only a few messages compared with the best *BAP* of [DoSt 83] which uses 12 single messages even in the *faultless* case (for a much more complicated example where n=1, m=5, t=2, and only 14 messages are used in the worst case, see [Baum 89]).

3 Transfer topologies

In this section we only consider messages which carry values. Our approach is to extract a graph from the protocol. This graph is called *transfer topology*. It defines for each value all ways along which it may be distributed to the other nodes, according to the protocol (as an example see Figure 2 which depicts the transfer topology of the example protocol in Section 2.6). For each transmitter the transfer topology contains an individual tree-like sub-graph.

3.1 On vertices of the transfer topology

Since a value is forwarded from one node to one or more other nodes, and from the receiver again to one or more other nodes ...), we will define transfer topologies as trees (Definition 5). This implies that we cannot take nodes as vertices since they could appear more than once in the topology.

For this purpose, we need a new set $V \subset Nod \times (Transmitter \times \mathbb{N}_0)$ which will contain all vertices of the transfer topology.

We define the following projections:

<u>Definition 4:</u>

$$node: \quad Nod \times (Transmitter \times \mathbb{N}_0) \rightarrow Nod \ ;$$
$$node(x_{r,i}) \ := \ x \ .$$
$$transm: \quad Nod \times (Transmitter \times \mathbb{N}_0) \rightarrow Transmitter \ ;$$
$$transm(x_{r,i}) := \ r \ .$$
$$index: \quad Nod \times (Transmitter \times \mathbb{N}_0) \rightarrow \mathbb{N}_0;$$
$$index(x_{r,i}) \ := \ i \ .$$

If $x_{r,i}$ is vertex in our topology, there exists a path (a sequence of directed edges) from r to x along which the value of transmitter r may be forwarded. Index i is needed only for distinguishing two vertices which correspond to a single node from each other. Vertices of our topology will be defined in Definition 5.

3.2   On edges of the transfer topology

For each edge of our topology there exists a message (specified by the protocol) which carries the value considered. Since the topology consists of tree-like graphs, we will relate a message to its receiver only. So our topology will comprise a function

$$messto: \quad V \rightarrow (Nod \times Nod \times Expr\text{-}list) \times (\mathbb{N}_0 \times \mathbb{N}_0)$$

which returns for each $Y \in V$ the corresponding message $(s, node(Y), mes).[z_1, z_2] \in Expr\text{-}list$ where mes contains the value said to be created by $transm(Y)$. Edges of our topology will be defined in Definition 5.

3.3   Pointer on values

For convenience, instead of a *value* being contained in any *mes* we use in most cases a pointer to this value for our considerations, to describe [p] instead of p: It is called $val_{X,w}$ if $node(X)$ takes the value being read from $inf(messto(X))$ as the value said to be created by transmitter w. (We can consider it as a local register of $node(X)$ where $node(X)$ will store that value.) Therefore, if in our topology, $node(X)$ creates a new message containing $val_{X,transm(X)}$ and sends it to $node(Y)$, then the latter takes it as $val_{Y,transm(Y)}$. Nevertheless, we consider the sent and the received messages as identical messages. This imperfections will simplify the considerations rather than cause misunderstandings.

If we need the actual value explicitly, we will use the interpretation $I(p, val_{X,w}) \in All\text{-}values$ which also depends on the protocol execution p. But in messages, we will use $val_{X,w}$ instead of $I(p, val_{X,w})$ (though real messages will carry $I(p, val_{X,w})$ in fact), to obtain $M^{[p]}$. Obviously, $\mathcal{F}(p) = \mathcal{F}([p])$.

3.4   Definition of transfer topologies

If we would assume that faulty nodes do not behave worse than to omit sending any messages (and not to bring multiple values into play, nor communicate via unspecified messages), the transfer topology would contain all paths a value can be forwarded in any protocol execution.

The transfer topology as defined in Definition 5 consists of n trees. Each tree belongs to exactly one transmitter and represents the distribution of its value. Each value containing message specified by the protocol appears at least once as $messto(X)$ in the tree of the corresponding transmitter. Messages which do not contain values do not appear in the transfer topology.

As an example, edge $(B_{C,3}, A_{C,5})$ of the transfer topology in Figure 2 means that the protocol enables at least one protocol execution where node B copies value c, said to be created by node C, out of $messto(B_{C,3}) = C(Afy,c).[2,9]$ and sends it to node A by message $messto(A_{C,5}) = B(b,c).[4,5]$.

<u>Definition 5:</u>

We define V, E, *messto* so that $V \subset Nod \times (Transmitter \times \mathbb{N}_0)$, and $E \subset V \times V$, and V, E are smallest sets each so that V, E, *messto* satisfy the following properties:

$$\forall w \in Transmitter : \exists W \in V \quad \exists z_1, z_2 \in \mathbb{N}_0$$
$$(\quad node(W) = w \; \wedge \; transm(W) = w \; \wedge \; messto(W) = (w, w, val_{W,w}.nil).[z_1, z_2]$$
$$\wedge \; \forall X \in V \; : [\; (X, W) \notin E \;] \quad)$$
$$\wedge \; \forall X \in V$$
$$\forall (x, y, mes).[z_1, z_2] \in (Nod \times Nod \times Expr\text{-}list) \times (\mathbb{N}_0 \times \mathbb{N}_0) \; \forall e \in Expr \; \forall tr \in Transmitter :$$
$$[\quad node(X) = x \; \wedge \; transm(X) = tr \; \wedge \; e \; \underline{in} \; inf(messto(X)) \; \wedge \; val_{X,tr} \; \underline{in} \; e.nil$$
$$\wedge \; \text{according to protocol instructions for } node(X), \text{ during its state transition}$$
$$z_1 \rightarrow z_2, \; node(X) \text{ has to send } mes \text{ to } y \text{ after having built it by copying}$$
$$e \text{ completely from } inf(messto(X)) \text{ and using } e \text{ completely to build } mes$$
$$\Rightarrow \; \exists \; Y \in V \; ((X, Y) \in E \; \wedge \forall (Z, Y) \in E \; : [\; Z = X \;]$$
$$\wedge \; node(Y) = y \; \wedge \; transm(Y) = transm(X)$$

$$\wedge\ messto(Y) = (node(X),y,mes).[z_1,\ z_2]$$
$$\wedge\ e\ \underline{in}\ mes\ ]$$

Both V and E are minimum relations (not proved here). Since the automata are finite, E and V are finite sets.

Next we define some relations for two vertices $X,Y \in V$ which say whether one is an ancestor / descendant of the other or not. The symbols chosen can be understood intuitively by imagining a tree.

<u>Definition 6:</u>

$$\forall\ X,Y \in V: \quad X \bbslash Y \quad :\Leftrightarrow \quad X = Y \quad \vee \quad \exists Z \in V\ (\ (X,Z) \in E \quad \wedge \quad Z \bbslash Y\ ).$$
$$\forall\ X,Y \in V: \quad X \searrow Y \quad :\Leftrightarrow \quad X \bbslash Y \quad \wedge \quad X \neq Y$$
$$\forall\ X,Y \in V: \quad X \bbslashup Y \quad :\Leftrightarrow \quad Y \bbslash X$$
$$\forall\ X,Y \in V: \quad X \nearrow Y \quad :\Leftrightarrow \quad Y \searrow X$$
$$\forall\ X,Y \in V: \quad X \not\bbslash Y \quad :\Leftrightarrow \quad \neg\ (\ X \bbslash Y\ )$$
$$\forall\ X,Y \in V: \quad X \not\bbslashup Y \quad :\Leftrightarrow \quad \neg\ (\ X \bbslashup Y\ )$$

3.5 An example transfer topology

Figure 2 shows the transfer topology extracted from the protocol in Section 2.6. Thereby in each message $messto(X)$, $val_{X,transm(X)}$ is underlined, e. g. $\underline{a}$, $\underline{b}$, $\underline{c}$, $\underline{a1}$, $\underline{a2}$. Senders and receivers of messages are not mentioned explicitly since they are clear.

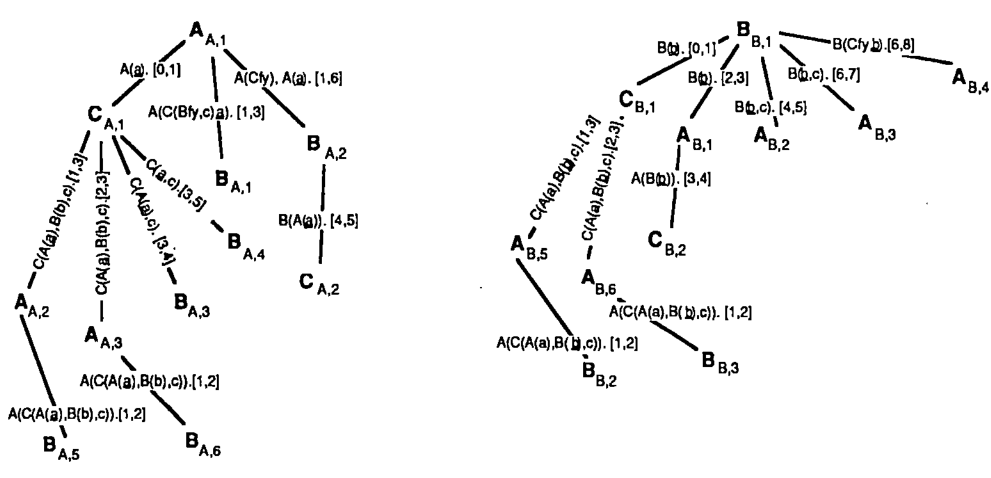

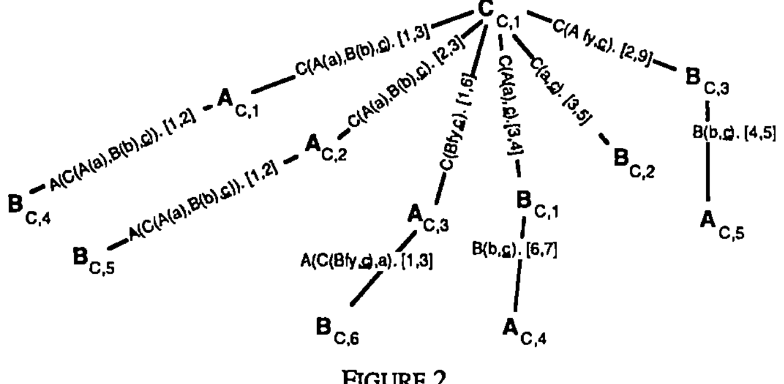

FIGURE 2

3.6 How faulty nodes may cause malicious faults universally

In a single protocol execution faultless nodes will forward messages correctly, as specified by the protocol (and therefore by the transfer topology). However, faulty nodes (whose corresponding vertices are marked by a dot in Figures 3, 4, 5) may use additional unspecified messages and cause inconsistency among values of messages:

1. According to the protocol, a node has to forward a value to more than one node. In Figure 3, assume that $A, B \in \mathcal{F}(p)$, and $C, D \in \overline{\mathcal{F}}(p)$. Then B may use its own and A's signature to build both $B(A(a_1))$ and $B(A(a_2))$, where $a_1 \neq a_2$. B may send $B(A(a_1))$ to C and $B(A(a_2))$ to D. Therefore, two faultless nodes receive inconsistent values.

2. According to the protocol, a node has to remove signatures. In Figure 4, assume that $A, C \in \mathcal{F}(p)$, and $B, D \in \overline{\mathcal{F}}(p)$. Then A may send $A(a_1)$ to B. C may use its own and A's signature to build $C(A(a_2))$ and send it to D. Therefore, two faultless nodes B and D receive inconsistent values.

3. The protocol defines messages which, apart from the values, contain the same expression. However, these expressions have different meanings. In Figure 5, assume that $H, F \in \mathcal{F}(p)$, and $A, B, C, K \in \overline{\mathcal{F}}(p)$. Nodes A, B, C forward the value correctly. H receives $C(a)$ from C. In another context (here: a further tree) of the same protocol execution, C creates its own value c and sends $C(c)$ to F correctly. F, which is faulty, sends $C(c)$ to H, via an unspecified message (faulty nodes may communicate arbitrarily). Now, H signs $C(c)$ and sends $H(C(c))$ as a "cuckoo's egg" to K instead of $H(C(a))$, and K will accept it without recognizing the fraud. Therefore, faultless nodes K and C receive inconsistent values for the value of A.

4. Generally (also including 1,2,3): A faulty node h may build any message which can be put together
   * from parts which are each signed by any faultless node if *any* faulty node f has received it (f may send it to h), and
   * from parts which do not contain signatures of faultless nodes.
   Thereby h may use signatures of other faulty nodes to assemble a message.

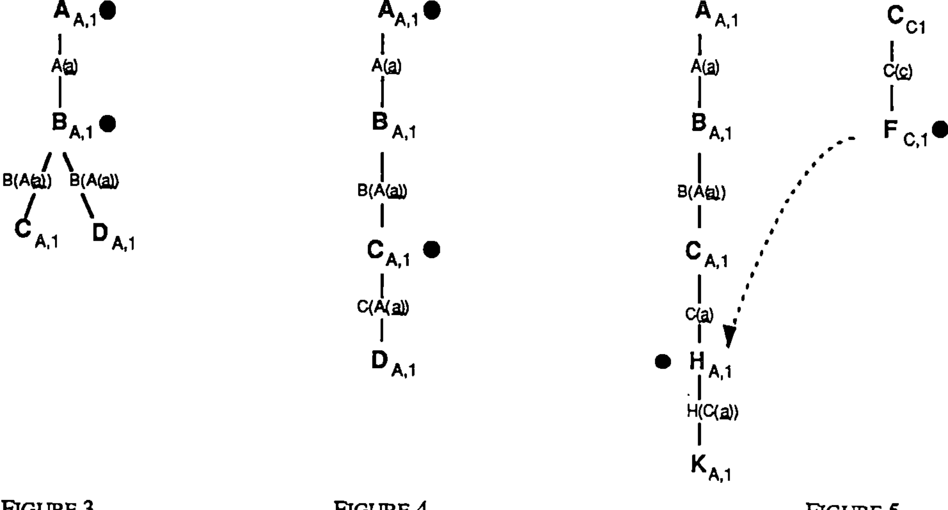

FIGURE 3   FIGURE 4   FIGURE 5

3.7 On values received by faultless nodes

For deducing consistency, we are only interested in values received by *faultless* nodes. Next we define the predicate *exval* which says that a value (exists and) appears during the protocol execution in the transfer topology at a faultless node.

<u>Definition 7:</u>

$\forall X \in V \ \ \forall \ p \in \mathcal{P}: \ \ exval([p], X) : \Leftrightarrow node(X) \in \overline{\mathcal{F}}([p]) \ \wedge \ messto(X) \in M^{[p]}.$

We define the corresponding concrete value:

<u>Definition 8:</u>

We presume that $X \in V$, $p \in \mathcal{P}$, and that $exval([p],X)$ holds.
Then $value(p,X) := I(p, val_{X,transm(X)})$

We need another predicate *first*: $first([p], y(w), K)$ means that y is the <u>first</u> faultless node whose signature is to be removed from the outside, to obtain w (and therefore the last faultless node which has signed w).

<u>Definition 9:</u>

$\forall \ K \in V \ \ \forall \ p \in \mathcal{P} \ \ \forall y \ \in Nod \ \ \forall \ w \ \in Expr\text{-}list:$

$first([p], y(w), K) \ : \Leftrightarrow \quad y(w) \ \underline{in} \ \ inf(messto(K)) \ \wedge \ y \in \overline{\mathcal{F}}([p])$

$\qquad\qquad\qquad\qquad \wedge \ \forall \ w' \ \in Expr\text{-}list \ \forall y' \in Nod:$

$\qquad\qquad\qquad\qquad\quad [\ y'(w') \ \underline{in} \ \ inf(messto(K)) \ \wedge \ y(w) \ \underline{in} \ w' \ \Rightarrow \ y' \in \mathcal{F}([p])]$

If a faulty node is able to send $inf(messto(K))$ to faultless $node(K)$, where $first([p], y(w), K)$, then it is obvious that *any* faulty node must have received $y(w)$ completely from any faultless node, since a faulty node cannot assemble it itself. Just this causes the difficulty to decide whether the consistency is preserved, as we will see in the next section.

4   A sufficient and necessary condition to garantee consistency

This section presents relation *suffeq* which depends on the transfer topology and on the messages contained in $M^{[p]}$ (i. e. *without* considering their values). *suffeq* will be given in Definition 10. The core of this paper is Theorem 1 which says that $suffeq([p],X_1,X_2)$ is sufficient to prove $value(p,X_1) = value(p,X_2)$. Moreover, Theorem 2 says that $suffeq([p],X_1,X_2)$ is even necessary to prove $value(p,X_1) = value(p,X_2)$ if the protocol satisfies the assumptions made in Section 2.5.

4.1   Definition of *suffeq*

$suffeq([p],X_1,X_2)$ says (Definition 10):
Either the value is forwarded, from any faultless node (not necessarily a root), along one or two chains of faultless nodes only, to both $node(X_1)$ and $node(X_2)$ (in this case $(X_1, X_2) \in Suff([p],0)$.
Or there exists an edge (H,K) (see Figure 6) where $node(H)$ is faulty, $node(K)$ is faultless and $suffeq([p], K, X_j)$ for any $\{i,j\} = \{1,2\}$. In this case any faulty node h may exist which tries to build a "cuckoo's egg" message which will be received and accepted as $messto(K)$ by $node(K)$. In this case, $node(K)$ thinks h to be $node(H)$. However, for every such faulty h, $(suffeq([p],X_1, X_2)$ requires that) at least *one* part $y(w)$ of this message exists so that $first([p], y(w), K)$, which prevents h from building $messto(K)$ arbitrarily:
<u>Case 1</u>: w contains a value: For any (C,F) where $node(C)$ is faultless and has sent $messto(F)$ containing $y(w')$ to faulty $node(F)$ where $w' \sim w$, so that $node(F)$ has enough time to send it to h so that $node(K)$ will receive pretended $messto(K)$: $(suffeq([p],X_1, X_2)$ requires that) $val_{K,transm(K)}$ is contained in w.
<u>Case 1.1</u>: $val_{C,transm(C)}$ is at the same position in w' as $val_{K,transm(K)}$ in w: In this case $(suffeq([p],X_1, X_2)$ requires that) $suffeq([p],X_i, C)$.
<u>Case 1.2</u>: $val_{C,transm(C)}$ is **not** at the same position in w' as $val_{K,transm(K)}$ in w: In this case there exists (due to the construction of the transfer topology) another edge (C', F') where $messto(F)=messto(F')$ and Case 1 is satisfied for (C', F').
<u>Case 2</u>: w does not contain any value: In this case $(suffeq([p],X_1, X_2)$ requires that) h will not obtain $y(w)$ in time to be able to send $messto(K)$.
In all cases, $suffeq([p],X_1, X_2)$ garantees that **either** h cannot assemble the cuckoo's egg because $y(w)$ cannot be obtained in time, **or** $y(w)$ cannot be stolen except from messages coming from such nodes

$node(C)$ where $suffeq([p],X_i, C)$, and carrying $val_{C,transm(C)}$ at the same position within w where $node(K)$ expects to read $val_{K,transm(K)}$.

Definition 10:

$suffeq$ is defined recursively, by use of relation $Suff \subset \mathcal{P} \times \mathbb{N}_0$:

We presume that $exval([p],X_1) \wedge exval([p], X_2)$.

We define $\forall p \in \mathcal{P} \ \forall X_1,X_2 \in V : suffeq([p],X_1,X_2) : \Leftrightarrow (X_1,X_2) \in Suff([p],k^*)$ where $k^* :=$ smallest $k \in \mathbb{N}_0$ so that $Suff([p],k) = Suff([p],k-1)$ where

$$Suff([p],0) := \{ (X_1, X_2) \mid X_1, X_2 \in V \ \wedge transm(X_1) = transm(X_2)$$
$$\wedge \ \forall \{i,j\} = \{1,2\} \ \forall (H,K) \in E :$$
$$[X_i \not\!\!\to K \wedge X_j \not\!\!\to K \wedge node(K) \in \overline{\mathcal{F}}([p]) \Rightarrow node(H) \in \overline{\mathcal{F}}([p])] \}$$

$$\forall k > 0: Suff([p],k) := Suff([p],k-1) \cup Su([p],k) \quad \text{where}$$

$$Su([p],k) := \Big\{ (X_1, X_2) \mid \exists \{i,j\} = \{1,2\} \ \exists (H,K) \in E$$
$$(node(H) \in \mathcal{F}([p]) \wedge node(K) \in \overline{\mathcal{F}}([p])$$
$$\wedge \ exval([p],K) \wedge (K, X_j) \in Suff([p],k-1)$$
$$\wedge \ \forall \ h \in \mathcal{F}([p])$$
$$\exists y \in Nod \ \exists w \in Expr\text{-}list$$
$$(first([p], y(w), K)$$
$$\wedge [\quad [w \text{ contains a (pointer of a) value}]$$
$$\wedge \ \forall (C,F) \in E \ \ \forall w' \in Expr\text{-}list :$$
$$[\quad node(C) \in \overline{\mathcal{F}}([p]) \wedge node(F) \in \mathcal{F}([p])$$
$$\wedge \ messto(F) \in M^{[p]}$$
$$\wedge \ w' \sim w \wedge y(w') \ \underline{in} \ inf(messto(F))$$
$$\wedge \ node(F) \text{ receives } messto(F) \text{ in time to help } h$$
$$\text{building } messto(K) \text{ using } y(w') \text{ instead of } y(w)$$
$$\Rightarrow \ val_{K,transm(K)} \ \underline{in} \ w \ \wedge$$
$$[\ val_{C,transm(C)} \ \underline{in} \ w' \wedge$$
$$((val_{C,transm(C)},w') \overset{pos}{=} (val_{K,transm(K)},w))$$
$$\Rightarrow \ (X_i, C) \in Suff([p],k-1) \ ]]$$
$$\vee \quad [w \text{ does not contain a (pointer of a) value}]$$
$$\wedge \ \forall c,f \in Nod \ \forall z_1, z_2 \ \forall mes, w' \in Expr\text{-}list :$$
$$[\quad c \in \overline{\mathcal{F}}([p]) \wedge f \in \mathcal{F}([p])$$
$$\wedge \ (c,f,mes).[z_1, z_2] \in M^{[p]}$$
$$\wedge \ w' \sim w \wedge y(w') \ \underline{in} \ mes$$
$$\Rightarrow f \text{ does not receive } y(w') \text{ in time to help } h$$
$$\text{building } messto(K) \text{ using } y(w') \text{ instead of }$$
$$y(w) \quad] \quad]) \ ) \ \}$$

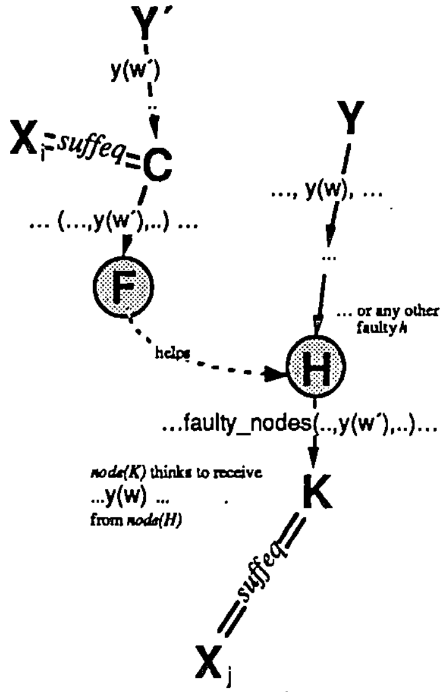

FIGURE 6

Since V and E are finite sets, $k^* \in \mathbb{N}_0$ as defined above will exist.

It is easy to see that $suffeq$ is reflexive and symmetrical. Because of the assumptions made in Section 2.5, $suffeq$ is transitive, too. (Without those assumptions, we would have to make it transitive explicitly [Baum 89].) Consequently, $suffeq$ defines an equivalence relation.

In the example protocol in Section 2.6, $suffeq([p],C_{A,1}, B_{A,5})$ holds for all p where $exval([p],C_{A,1})$ and $exval([p]),B_{A,5})$. Remark that $suffeq([p],X_i,X_j)$ may be satisfied even if $transm(X_i) \neq transm(X_j)$: For such $[p]$ $node(K)$ cannot receive the "expected" $messto(K)$ containing $y(w)$, e. g. because of $\neg exval([p],Y)$. It receives a cuckoo's eggs containing $y(w')$.

4.2 The theorems

<u>Theorem 1:</u>

$\forall\ p \in P\ \forall X_1, X_2 \in V\ :$

$[\ exval([p],X_1) \wedge exval([p],X_2) \wedge suffeq([p],X_1,X_2)\ \Rightarrow\ value(p,X_1) = value(p,X_2)\ ]$

Theorem 1 says that for each protocol, $suffeq([p],X_1,X_2)$ is sufficient to garantee consistency among $value(p,X_1)$ and $value(p,X_2)$ where $exval([p],X_1) \wedge exval([p],X_2)$.

$suffeq$ does not depend on values but only on which messages are exchanged at which time.

<u>Theorem 2:</u>

$\forall\ p \in P\ \forall X,Y \in V\ :\ [\ exval([p],X_1) \wedge exval([p],X_2) \wedge \neg\ suffeq([p],X_1,X_2)$

$$\Rightarrow\ \exists\ p' \in P\ (sim(p,p') \wedge value(p', X_1) \neq value(p', X_2)\ )\ ]$$

Theorem 2 says that $suffeq([p],X_1,X_2)$ is even necessary to garantee consistency among values. Otherwise it would exist a protocol execution similar to p with different values. (Remark: Theorem 2 would not hold without the assumptions made in Section 2.5.) Both Theorems 1 and 2 are proved by induction on k in [Baum 89]. The proofs need many pages and therefore are omitted here.

5 How to use *suffeq* for verification

For each protocol execution p, *suffeq* is sufficient to garantee consistency among $value(p,X)$ and $value(p,Y)$ where $exval([p],X) \wedge exval([p],Y)$. That means, for any two messages $messto(X), messto(Y) \in M^{[p]}$ which have to carry the value of the same transmitter $transm(X) = transm(Y)$ and may be received by faultless nodes x and y, respectively, in the same $[p]$, using *suffeq* we are able to decide whether they carry necessarily the same value or not. If $suffeq([p],X,Y)$ is satisfied, then $value(p,X) = value(p,Y)$.

In order to show that the complete protocol is correct, the following considerations have to be made for each set $\overline{F}$ of $m-t$ faultless nodes, $\overline{F} = \{x_1, \ldots, x_{m-t}\}$, and for each transmitter tr (Remark: if $m \geq 3$ and $t=m-1$, then we have to consider $m-t+1= 2$ faultless nodes instead, since the sets of faultless nodes must overlap each other):

We define $P(\overline{F}) := \{p \in P:\ \overline{F}(p) = \overline{F}\ \}$.

First we have to show that $P(\overline{F}) = P_{\text{value}}(\overline{F}, tr) \cup P_{\text{novalue}}(\overline{F}, tr)$ where

$P_{\text{value}}(\overline{F}, tr) = \{p \in P(\overline{F}):$ During p, each node of $\overline{F}$ takes a *value* as the final result for transmitter $tr\}$,

$P_{\text{novalue}}(\overline{F}, tr) = \{p \in P(\overline{F}):$ During p, each node of $\overline{F}$ takes *"no value"* as the final result for transmitter

$$tr, \text{ and } tr \notin \overline{F}\ \}.$$

This can be shown, considering only $[p]$'s, by computing all global stopping states by first building communication trees [Miln 80, Miln 83] from each automat and then building the composition tree of the automatas of all nodes in $\overline{F}$. Thereby timeouts are possible inputs, too. A composition tree can be restricted since some inputs cannot come from faulty nodes (since the latter cannot forge signatures of faultless nodes) and, if a timeout is accepted as input, the corresponding messages are not read as inputs.

If we have done this so far, we have shown that the final results for all $p \in P_{\text{novalue}}(\overline{F}, tr)$ are consistent for tr, and we are left to show that the same holds for $P_{\text{value}}(\overline{F}, tr)$.

For each $p \in P_{\text{value}}(\overline{F}, tr)$, we can define a set $D([p]) = \{m_1, \ldots, m_{m-t}\} \subset M^{[p]}$ of decision messages where $D([p]) := \{m_i:$ during $[p]$, x_i computes its final value by copying it from $inf(m_i)\ \}$.

Now, we have to show that

$\forall p \in P_{\text{value}}(\overline{F}, tr)\ \forall \{i,j\} \subset \{1, \ldots, m-t\}\ \forall X_i, X_j \in V\ \forall m_i, m_j \in D([p])\ :$

$[\ node(X_i) = x_i \wedge messto(X_i) = m_i \wedge transm(X_i) = tr$

$\wedge\ node(X_j) = x_j \wedge messto(X_j) = m_j \wedge transm(X_j) = tr$

$\Rightarrow suffeq([p],X_i,X_j)\ ]$

Since *suffeq* is an equivalence relation, in this step $suffeq([p],X_i,X_j)$ needs only to be proved for $m-t-1$ pairs of vertices.

6 Using *suffeq* in the design of single distribution actions

In this section, our aim is to use the knowledge about *suffeq* to deduce hints on how to design the distribution of a single value in a certain fault situation so that malicious faults are avoided within this distribution. At the beginning of any protocol, nothing is known about $\mathcal{F}(p)$ except that $|\mathcal{F}(p)| \le t$. If the protocol uses **diagnostic information** [Baum 89], our knowledge of $\mathcal{F}(p)$ will increase during protocol execution (unless the protocol terminates). Diagnostic information is a certain kind of signed context information, e. g. "X(Y is faulty)" is used if node X does not receive an expected message from Y due to a fault of Y. Any node which receives "X(Y is faulty)" knows that either X is faulty (because it lies), or Y is really faulty, or both X and Y are faulty. So we know that not both X and Y are faultless. The more diagnostic information is available, the more we know about $\mathcal{F}(p)$ and therefore are able to control protocol execution, by designing the protocol in an appropriate way [Baum 89].

6.1 Some definitions and simplifying assumptions

In contrast to previous sections, we concentrate here on topologies which are used to distribute a single value to other nodes, so-called **single topologies**. We are only interested in consistency within such a single topology. For simplicity we presume that V only contains such elements which belong to the considered single topology. We assume that our single topology is given by V,E, *messto* according to Defini-tion 5. We know that E is a connected graph, and therefore $\forall X,Y \in V : transm(X) =transm(Y) =:tr$. Furthermore, we presume that for each $X \in V$, $inf(messto(X))$ contains exactly one value.

For convenience, we define for any E and any element $X \in V$ the subtree *tree-from(X,E)* :

tree-from(X,E) := the largest subtree of E which has the root X. Furthermore, we define $V.X$:

$V.X$:= the smallest subset $V.X \subset V$ so that *tree-from(X,E)* $\subset V.X \times V.X$.

6.2 Single topologies avoiding malicious Byzantine faults

In [Baum 89] it has been deduced from Theorem 1 that a single topology defined by V,E, *messto*, with root R, avoids any Byzantine faults within itself if a vertical condition $VER(R,E)$ and a horizontal condition $HOR(R,E)$ are satisfied:

$VER(R,E)$ says that for all faulty nodes in a row, enclosed by faultless nodes, there must exist a signature of a faultless node which has to "bridge" those faulty nodes.

$HOR(R,E)$ says that a value must not be forwarded to ≥ 2 nodes at once except if it has already passed at least one faultless node, or will not be received by any two faultless nodes in parallel.

<u>Definition 11:</u>

$VER(R,E) : \Leftrightarrow$
$\forall\, C, K \in V :$
$\quad [K \prec C \,\wedge\, (\exists\, S \in V : [K \prec S \prec C\,])$
$\qquad\qquad \wedge\, [\,\forall\, S \in V : [\,K \prec S \prec C \Rightarrow node(S) \in \mathcal{F}(p)]] \wedge exval(p,K) \,\wedge\, exval(p,C)$
$\qquad \Rightarrow \exists\, Y \in V \;\exists w \in Expr\text{-}list\ (C \not\prec Y \wedge node(Y) \in \overline{\mathcal{F}}(p) \wedge val_{K,tr}\ \underline{in}\ w \wedge S_{node(Y)}(w)\ \underline{in}\ inf(messto(K)))]$

$HOR(R',E) : \Leftrightarrow\ node(R') \in \overline{\mathcal{F}}(p) \,\vee\, (\forall\, X : [X \prec R' \Rightarrow node(X) \in \mathcal{F}(p)\,]\,)$
$\qquad\qquad\qquad\qquad \vee\ \exists X\ (\,(R', X) \in tree\text{-}from(R',E)\,\wedge\, HOR(X,E)$
$\qquad\qquad\qquad\qquad\qquad\quad \wedge\ \forall\, Y : [Y \prec R'\ \wedge\ Y \not\prec X\ \Rightarrow node(Y) \in \mathcal{F}(p)\,]\ )$

We give two examples:

<u>Example 1:</u>
Assume that nodes A, B, C, D, E, F, G are given, $t=3$, and we know nothing about $\mathcal{F}(p)$.
Then VER and HOR are satisfied by the single topology depicted in Figure 7: VER is satisfied since each node adds its own signature, and no signatures are removed at all. HOR is satisfied as the value is multicast only if it has passed at least one faultless node (since t=3, one of A, B, C, D is faultless). Protocols in

[Baum 89] use just this topology for the protocol part to which the protocol is restricted in the faultless case: Each value is signed and forwarded sequentially until the $(t+1)$st node has signed it. Then the value is multicast.

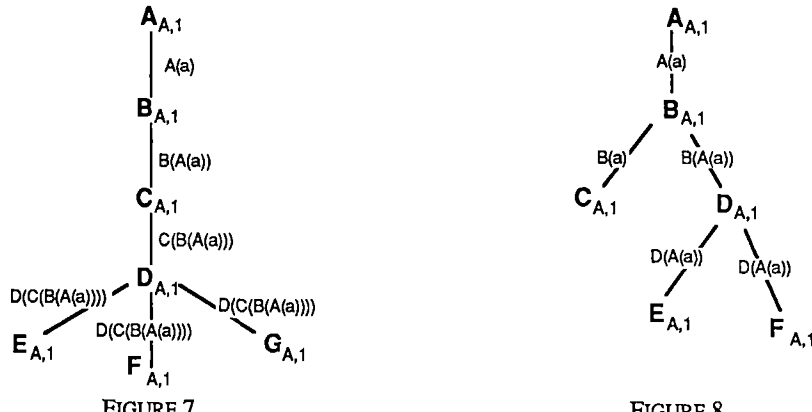

FIGURE 7   FIGURE 8

<u>Example 2:</u>

We assume that nodes A, B, C, D, E, F, and a single topology are given according to Figure 8.

First we compute HOR, without knowledge about t.

$HOR(A_{A,1}, E)$

$\Leftrightarrow$ $A \in \overline{\mathcal{F}}(p) \vee B \in \overline{\mathcal{F}}(p) \vee D, E, F \in \mathcal{F}(p) \vee C \in \mathcal{F}(p) \wedge [\, D \in \overline{\mathcal{F}}(p) \vee E \in \mathcal{F}(p) \vee F \in \mathcal{F}(p) \,]$.

If the protocol designer ensures that this single topology is used purely in those fault situations, this topology will not cause malicious faults. We assume that $t=3$ and the following diagnostic information is available in the system: "C(Dfy)", "C(Efy)", "F(Cfy)", "E(Ffy)". Then it follows that

$D, E, F \in \mathcal{F}(p) \vee C, E \in \mathcal{F}(p) \vee C, F \in \mathcal{F}(p)$. This implies $HOR(A_{A,1}, E)$.

If we furthermore assume that $t=3$, $VER(A_{A,1}, E)$ is satisfied, too:

If A is faultless, its signature "bridges" all faulty nodes up to the next faultless node, except if B is faulty and C faultless. But this case cannot happen: If C is faultless, $D, E,$ and F are faulty and therefore B cannot be faulty.

If A is faulty, C is faulty, too, and therefore it is sufficient to consider *tree-from($B_{A,1}, E$)*. The only problem is: what happens if B is faultless, D is faulty and one of E, F is faultless, too. But in this case, A, C, and D are faulty, and therefore both E and F must be faultless, which is impossible.

In [Baum 89] it has been shown that

$HOR(R, E) \Leftrightarrow$

$[\forall\, X_1, X_2 \in V.R : [(X_1 \not\!\!K X_2 \wedge X_2 \not\!\!K X_1) \Rightarrow [node(X_1) \in \mathcal{F}(p) \vee node(X_2) \in \mathcal{F}(p)$

$\vee\, \exists\, V \in V.R\; (X_1 \not\!\!K V \wedge X_2 \not\!\!K V \wedge node(V) \in \overline{\mathcal{F}}(p)\,)]]]$

From the latter we can deduce practical hints for the design of single topologies satisfying HOR:

1. We cannot violate HOR if we construct a single topology in such a way that for each two $X_1, X_2 \in V.R$ where $X_1 \not\!\!K X_2 \wedge X_2 \not\!\!K X_1$, diagnostic information is available saying that $node(X_1)$ accuses $node(X_2)$ of being faulty or vice versa.

   This condition is satisfied in Example 2.

2. If we know that at least one faultless node has signed the value before it reaches node V, node V is allowed to broadcast the value. It is not possible to guarantee this independently of t.

   Example 1 is a simple example, of course.

It is advisable to use these two rules in combination (as done in Example 2) and construct single topologies which satisfy HOR, to obtain as flat trees as possible, thereby prescribing that each node signs the value and no node is allowed to remove a signature, to satisfy *VER*. Afterwards one should try to find as many removable signatures as possible to just satisfy *VER*.

The more we know about the fault situation, the more the distribution of a value can be parallelized (trees become flat), phases may be saved this way, and the more nodes receive their final values earlier (e. g. node *C* in Example 2).

Remember that single topologies designed in this way avoid malicious faults *within* those topologies only. It is the protocol designer's job to embed them in the protocol so that the *complete* protocol is correct.

7 Summary

In this work, the problem of how to show consistency among the values of two messages has been universally solved. As a new approach to examine consistency of values, transfer topologies have been extracted from protocols. Theorem 1 says that the equivalence relation *suffeq* garantees consistency among values of two messages and therefore for an equivalence class of messages. From Theorem 2, it follows that *suffeq* is also necessary for protocols where messages are accepted and processed without considering their values. *suffeq* provides new aids for both the verification (Section 5) and design (Section 6) of *BAAP*s which are much more complex compared to usual *BAP*s, and for which general techniques have been missing up to now. Depending on the fault situation (e. g. which is implied by diagnostic information), appropriate single topologies can be found which avoid malicious faults (and therefore save messages). Thereby also phases and signatures can be saved. *HOR* and *VER* have been deduced from Theorem 1 as special cases to garantee consistency *within* a single topology. *suffeq* supports protocol verification: It must be shown that all existing messages which determine the value of a certain transmitter must belong to the same equivalence class of *suffeq*. Either for all or for no faultless node, one such message must correspond to a vertex of this equivalence class.

I am pleased to thank Dr. Klaus Echtle, Prof. Dr. Winfried Görke, and Michael Waidner for useful comments and hints.

8 References

Baum 89	B. Baum-Waidner: Byzantine Agreement Protocols with a Minimum Number of Messages in the Faultless Case; Internal Report 06/89, Universität Karlsruhe.
Denn 82	D. Denning: Cryptography and data security, Addison-Wesley Publishing Company, London. 1982.
DiHe 76	Whitfield Diffie, Martin E. Hellman: New Directions in Cryptography; IEEE Transactions on Information Theory 22/6 (1976) 644-654.
DoSt 83	D. Dolev, H. R. Strong: Authenticated algorithms for Byzantine Agreement; SIAM J. Comp. 12 (1983), pp. 656-666.
DoRS 82	D. Dolev, R. Reischuk, H. Raymond Strong: 'Eventual' is earlier than 'Immediate'; 23th IEEE Symposium on Fundations of Computation Theory (FOCS), 1982, 196–203.
Echt 87	K. Echtle: Fault masking and sequence agreement by a voting protocol with low message number; 6th symposium on reliability in distributed software and database systems, conf. proc., IEEE, 1987, S. 149-160.
Echt 89	K. Echtle: Distance Agreement Protocols; FTCS-19, conf. proc., IEEE, 1989, S.191-198.
Ezhi 87	P. Ezhilchelvan: Early stopping algorithms for distributed agreement under fail-stop, omission, and timing fault types; 6th symposium on reliabiliby software and database systems, conf. proc., IEEE, 1987, pp. 201-212.
GGGS 87	F. DiGiandomenica, M. L. Guidotti, F. Grandoni, L. Simoncini: A graceful degradable algorithm for byzantine agreement; 6th symposium on reliability in distributed software and database systems, conf. proc. IEEE, 1987, S. 188-200.
GoMR 88	S. Goldwasser, S. Micali, R. L. Rivest: A Digital Signature Scheme Secure Against Adaptive Chosen-Message Attacks; SIAM J. Comput. 17/2 (1988) 281-308.
LSPe 82	L. Lamport, R. Shostak, M. Pease: The byzantine generals problem; Transactions on programming languages and systems, vol. 4, no. 3, acm, 1982, S. 382 - 401.
Miln 80	R. Milner: A Calculus of Communicating Systems; LNCS 92, Springer-Verlag, Berlin 1980.
Miln 83	R. Milner: Calculi for synchrony and asynchrony; Theoretical Computer Science 25, 1983, pp. 267-310.
PSLa 80	M. Pease, R. Shostak, L. Lamport: Reaching agreement in the presence of faults; Journal of the acm, vol. 27, no. 2, 1980, S. 228 - 234.
RSAd 78	R. L. Rivest, A. Shamir, L. Adelman: A Method For Obtaining Digital Signatures and Public Key Cryptosystems; Communications of the ACM, vol.21, no.2, Feb. 1978, pp. 120-126.
SrTo 87	T. K. Srikanth, Sam Toueg: Simulating authenticated broadcasts to derive simple fault-tolerant algorithms; Distributed Computing, Springer-Verlag, 1987 (2), S. 80-94.
StDo 83	H. R. Strong, D. Dolev: Byzantine agreement; Compcon 83, conf. proc., IEEE, 1983, S. 77 - 81.

Deadlocks in einem verteilten System mit zentraler Datenhaltung: Vergleich von Auflösungsstrategien und Abschätzung der Deadlockrate

C. Breitenbach, G. Hasslinger, P. Herold
Technische Hochschule Darmstadt
Fachbereich Informatik
Institut für theoretische Informatik
Alexanderstr. 10, 6100 Darmstadt

Abstract: Im Blickpunkt steht die Synchronisation der Zugriffe von Benutzern in einem lokalen Rechnernetz auf gemeinsame Daten. Unter Anwendung des Zwei-Phasen-Sperrprotokolls werden verschiedene Vorgehensweisen zur Behandlung von Zugriffskonflikten im Hinblick auf die Vermeidung oder Erkennung und Beseitigung von Deadlocksituationen verglichen, basierend auf Simulationen in einem lokalen File-Server-Workstation-Netz mit zentraler Datenhaltung und verteilter Rechenleistung.

Anhand eines allgemein gefaßten stochastischen Modells der dynamischen Sperrvergabe in Mehrbenutzersystemen werden obere Schranken für die Konflikt- und Deadlockrate hergeleitet. Sie lassen übereinstimmend mit den Simulationsergebnissen erkennen, ob Deadlocks zu wesentlichen Leistungseinbußen führen und welchen Einfluß einzelne Systemparameter dabei haben.

Einleitung

In den letzten Jahren wurden Personal Computer zunehmend in lokale Netze integriert. Ziel der Integration war zunächst die Kommunikation der Benutzer bislang isolierter Einplatzsysteme und die gemeinsame Nutzung teurer Ressourcen über das Netz.
Eine weit verbreitete Architektur solcher Netze ist das *Server-Workstation-Konzept*, in dem ein leistungsstarker Rechner den Zugriff zu den gemeinsam benutzten Ressourcen steuert. Werden auf dem Server auch zentrale Daten gespeichert und beschränkt sich die Aufgabe des Servers nicht nur auf die Koordination der Zugriffe, so spricht man von einem File-Server-System. Dieses Konzept zeichnet sich durch große Flexibilität bei der Konfiguration der Komponenten und gleichzeitig weitgehender Autonomie der einzelnen Workstations aus.

Die zunehmende Verwendung von Datenbanken in den verschiedensten Bereichen und die steigende Leistungsfähigkeit von Kleinrechnern wirft die Frage nach geeigneten Datenbankarchitekturen in solchen lokalen Netzen auf.
Obwohl sich die gemeinsam benutzten Dateien auf dem File-Server befinden, ist es sinnvoll, die Verarbeitung der Daten möglichst auf die Workstations zu verlagern, um den Server zu entlasten. Auch das Datenbankverwaltungssystem kann - zumindest teilweise - auf die Workstations verlagert werden. Überlegungen zur Datenbankkooperation zwischen Server und Workstation finden sich z.B. in [DGKOW] oder [DBDZ].
Die Synchronisation der Zugriffe von mehreren Benutzern auf die gemeinsamen Daten des File-Servers wird durch Vergabe von Sperren im Zusammenwirken mit einem Trans-

aktionssystem geregelt. Im vorliegenden System wird das *strikte 2-Phasen-Sperrprotokoll* verwendet, das bei jedem erfolgten Datenzugriff eine Sperre des Objekts für den Benutzer vorsieht, die bis zum Abschluß der aktuellen Transaktion bestehen bleibt. Das 2-Phasen-Sperrprotokoll gewährleistet die Datenkonsistenz sowie die Serialisierbarkeit und die Möglichkeit der isolierten Zurücksetzung von nicht abgeschlossenen Transaktionen, die auch für die Deadlockbehandlung wichtig ist.
Ein alternatives Sperrverfahren ist das *Preclaiming*, wobei alle benötigten Sperren zu Beginn einer Transaktion angefordert und bis zu ihrem Abschluß gehalten werden. Allerdings ist die Anwendbarkeit dieses statischen Sperrverfahrens eingeschränkt durch die Voraussetzung, daß alle benötigten Objekte zu Beginn bekannt sein müssen.

Im 2-Phasen-Sperrprotokoll besteht andererseits die Gefahr von Deadlocks, die ganz allgemein durch die gegenseitige Blockierung mehrerer Prozesse bei der Anforderung von gemeinsamen Betriebsmitteln zustandekommt, wenn jedem Prozeß eine dynamisch wachsende Zahl exclusiver Nutzungsrechte zugestanden wird. Selbst wenn Deadlocks sehr selten vorkommen, so sind dennoch Maßnahmen für solche Situationen erforderlich, um ein System uneingeschränkt verfügbar zu halten.
Zur Häufigkeit solcher Deadlocks liegen neben Erfahrungsberichten von Simulationen [GHKO, Ha] nur Näherungsformeln vor [TGS, Be], die aus detaillierten Datenbankmodellen hervorgehen. Der zweite Teil der vorliegenden Arbeit befaßt sich mit der Herleitung einer oberen Schranke für die Deadlockrate unter Berücksichtigung der Einflußfaktoren Parallelitätsgrad, Anzahl der Datenzugriffe pro Transaktion bei beliebiger Verteilung, Anzahl sperrbarer Objekte bei beliebiger Zugriffsverteilung auf die Objekte, sowie Art der Sperren (Lese-, Schreibsperren). Es zeigt sich, daß hohe Parallelität, eine ungleichmäßige Streuung der Zugriffe und vor allem die Bearbeitung von komplexen Transaktionen eine hohe Konflikt- und Deadlockrate verursachen können, die eine leistungsfähige Deadlockbehandlung erforderlich macht.

Die Leistungseinbußen durch Wartezeiten infolge von Zugriffskonflikten werden in zahlreichen Analysen untersucht, teils mit Markoff'schen Zustandsmodellen [Be, BHG, SS, TGS] oder durch umfassende Warteschlangen-Modelle (z.B. BCMP-Netzwerke) [Ha, RT, YDR]. Letztere beziehen auch andere Ressourcen ein, die zu Engpässen führen und die Parallelität von Transaktionen verringern können, wie z.B. die CPU in zentralen Datenbanksystemen.
Dagegen wurde die Parallelität der aktiven Workstations im hier untersuchten System mit weitgehend verteilter Rechenleistung weder durch die Warteschlange für Anforderungen am File-Server, noch durch die Kommunikation über das gemeinsame Übertragungsmedium nennenswert beeinträchtigt.
Die Leistungsfähigkeit der Alternativen zur Deadlockbehandlung wurden nach unserer Kenntnis bisher in nur wenigen Simulationsstudien untersucht, z.B. in [ACV] für zentrale Datenbanken. Die erwähnten analytischen Modelle klammern die Deadlockbehandlung aus oder machen dazu vereinfachende Annahmen. Es gibt große Leistungsunterschiede zwischen den verschiedenen Varianten, wobei vor allem der Gefahr der wiederholten Zurücksetzung einer Transaktion aufgrund desselben Konflikts bis hin zu zyklischen Zurücksetzungen (*Lifelocks*) begegnet werden muß. Zunächst werden nun einige der wichtigsten Methoden mit ihren Leistungsmerkmalen durch Simulationen im verteilten System gegenübergestellt mit besonderer Beachtung der Deadlockerkennung.

1. Deadlock-Behandlung in einem Server-Workstation-System

1.1 Die Server-Workstation-Architektur

Die Server-Workstation-Architektur setzt sich in der Regel aus einem Fileserver zur Datenhaltung und Workstations für jeden Benutzer zusammen. Sämtliche Verarbeitungen der Daten laufen unter der Kontrolle des jeweiligen Benutzers auf den Workstations ab. Der Fileserver stellt auf Anforderung nur die entsprechenden Daten zur Verfügung. Auch in Konfigurationen mit mehreren Fileservern in einem Netzwerk spricht man trotzdem von zentraler Datenhaltung, falls alle Daten einer Anwendung (Datenbank) zusammen auf nur einem Fileserver liegen. Verwendet der Fileserver eine eigene Datenbank, welche Abfragen auf einem höheren Niveau als auf Dateiebene unterstützt, spricht man von einer *Client/Server*-Konfiguration. Die Nutzung der verteilten Rechenleistung bietet gegenüber zentralen Systemen andere Möglichkeiten der Implementierung von Datenbanksystemen, indem einige, für zentrale Systeme zeitkritische Arbeitsschritte verlagert werden.

Das bei den Simulationen betrachtete lokale Rechnernetz besteht aus einem leistungsstarken PC (2×300 MB Plattenkapazität und 8 MB Hauptspeicher) für den Server und einer Reihe von PCs als Workstations. Als Übertragungsmedium wurde Ethernet mit einer Übertragungsrate von 10 MBit/s eingesetzt. Als Server-Betriebssystem wurde Netware von Novell und auf den Workstations das Betriebssystem DOS verwendet. Normalerweise wird das System zur Verwaltung des Datenbestandes eines mittleren

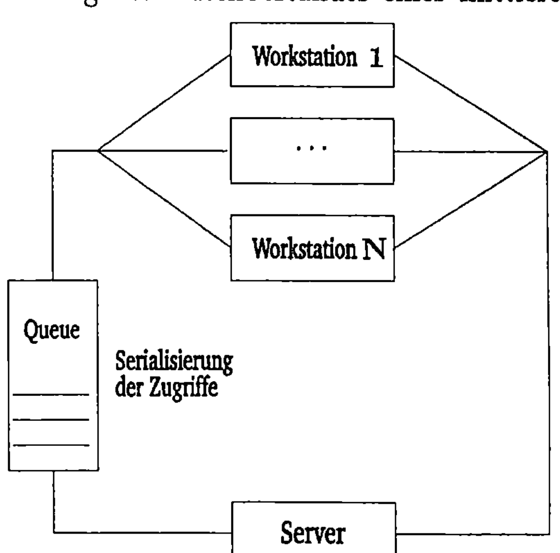

Abb. 1: Server-Workstation-Konzept

Unternehmens genutzt. Im folgenden wird die Behandlung von Datenbankzugriffen und dabei auftretenden Konflikten im verwendeten Netzwerk näher erläutert.

Das Datenbankmanagementsystem (Clipper) läuft vollständig auf den Workstations ab. Nach dem Start eines Programmes auf der Workstation finden sporadisch Zugriffe auf die Daten des Fileservers statt. Diese Zugriffe werden durch das physikalische Netzwerk und die sequentielle Bearbeitung der Anfragen im Server in einer First-Come-First-Served-Warteschlange serialisiert. Das Server-Betriebssystem übernimmt die Sperr- und Transaktionsverwaltung mit Logging- und Recovery-Maßnahmen. Die Sperren werden dabei auf Satzebene vergeben. Die Datenanforderungen der Workstations an den Server erfolgen ebenfalls satzweise.

Nach der Bearbeitung einer Anfrage werden entweder die geforderten Daten oder bei Vorliegen einer Sperre der Sperrstatus an die Workstation zurückgeliefert. Das Anwendungsprogramm wird danach ordnungsgemäß fortgeführt oder muß eine Konflikt- bzw. Deadlockbehandlung durchführen. Dies führt entweder zu einem Abbruch der Transaktion, oder nach dem Warten auf eine Freigabe der Sperren zu einem Weiterarbeiten des Programms. Die hier verwendeten Deadlockbehandlungsverfahren wurden eigens implementiert [BH] und laufen – bis auf die physische Verwaltung der Sperrinformation – vollständig auf den Workstations ab.

1.2 Strategien zur Deadlock-Behandlung

Ein Deadlock entspricht einer zyklischen Wartebeziehung zwischen mehreren Transaktionen mit abgewiesenen Zugriffsanforderungen. Alle Methoden zur Deadlockbehandlung benutzen das Mittel der Zurücksetzung von Transaktionen, um nach dem Wegfall von Sperren Anforderungen einer konkurrierenden Transaktion erfüllen zu können.
Die Verfahren können danach eingeteilt werden, ob Zurücksetzungen schon im Konfliktfall erfolgen und die völlige *Vermeidung* von Deadlocks erreichen, oder erst nach der *Erkennung* von Deadlocks. In beiden Fällen gibt es mehrere Varianten, die nach unterschiedlichen Auswahlregeln entscheiden, welche Transaktion zurückzusetzen ist (Wahl des Opfers). Eine dritte Klasse bilden die *Timeout*-Verfahren, bei denen eine blockierte Transaktion nach Ablauf einer bestimmten Wartezeit zurückgesetzt wird.
Die Implementierung von Timeout-Verfahren kommt ohne Kommunikation zwischen den konkurrierenden Benutzern aus. Bei den Deadlockerkennungsverfahren werden zunächst die Wartebeziehungen unter den Transaktionen registriert und in einer Datei auf dem File-Server protolkolliert. Ein Zyklus im daraus entstehenden *Wartegraphen* zeigt einen Deadlock an und läßt sich mit geringem Aufwand erkennen [Ji].

$$T_1 \longleftarrow T_4 \longleftarrow T_5 \qquad T_6$$
$$\downarrow \qquad \uparrow \qquad \qquad \downarrow$$
$$T_2 \longrightarrow T_3 \qquad\qquad T_7$$

Abb. 2: Wartegraph für Transaktionen

Im vorliegenden verteilten System bietet es sich an, eine Deadlock-Überprüfung *bei jeder* auftretenden *Blockierung* vom betroffenen Benutzer selbst vornehmen zu lassen, so daß aktive Teilnehmer durch den Deadlockerkennungs-Algorithmus nicht beeinträchtigt werden. Die Alternative einer Deadlockprüfung in *periodischen Zeitabständen* hat demgegenüber den Nachteil, daß Deadlocks nicht sofort erkannt werden, wobei eine Verkürzung der Zeitintervalle zwischen den Überprüfungen eine zunehmende Systembelastung mit sich bringt. Der Wartegraph kann dann auch mehrere Zyklen enthalten. So schneidet diese Methode auch in Untersuchungen eines zentralen Systems [ACV] ungünstiger ab.
Es folgt eine kurze Beschreibung der wichtigsten Varianten für die Deadlockbehandlung.

1. Deadlock-Vermeidung
1.1: Wound-Wait: Trifft eine Anforderung der Transaktion I auf eine Sperre der Transaktion J, so wird die Transaktion J zurückgesetzt, wenn die Transaktion I die ältere von beiden ist; sonst wartet die Transaktion I auf J.

1.2: *Wait-Die:* Trifft eine Anforderung der Transaktion I auf eine Sperre der Transaktion J, so wartet die Transaktion I auf J, wenn sie älter ist; sonst wird die Transaktion I zurückgesetzt. Anstelle von "älter als" können hier beliebige *andere Ordnungsrelationen* die Priorität unter den Transaktionen regeln.

1.3: *unbedingte Zurücksetzung:* Eine Transaktion wird immer zurückgesetzt, sobald eine ihrer Anforderungen abgewiesen wird.

2. Deadlock-Erkennung
Wenn eine Anforderung zu einer Blockierung führt, so wird überprüft, ob ein Deadlock eingetreten ist. Die Transaktion wartet, wenn kein Deadlock vorliegt.

2.1: Rücksetzung des *Verursachers:* Es wird die Transaktion zurückgesetzt, die die letzte Anforderung gestellt und damit den Wartezyklus geschlossen hat.

2.2: Rücksetzung der *'kürzesten' Transaktion:* Wenn ein Deadlock vorliegt, so wird die Transaktion zurückgesetzt, die bisher die wenigsten Zugriffe durchgeführt hat. Auch hier sind eine Reihe anderer Prioritätskriterien denkbar.

3. Timeout-Verfahren
Eine Transaktion wird nach einer festen Timeout-Zeit beim Warten auf eine Sperre abgebrochen. Für die Timeout-Zeit 0 geht das Verfahren in eine unbedingte Zurücksetzung über. Das Timeout-Intervall kann z.B. in Abhängigkeit von der Anzahl der Zurücksetzungen einer Transaktion verändert werden.

Für alle Verfahren kann zudem der Zeitpunkt des Neustarts von abgebrochenen Transaktionen nach Bedarf variiert werden. Ein *Wiederanlaufen* der zurückgesetzten Transaktion kann sofort erfolgen, oder um ein Zeitintervall bzw. bis zum Ende einer Transaktion verzögert werden. Es ist auch möglich, bei wiederholten Rücksetzungen derselben Transaktion etwa eine Wartezeit-Vervielfachung vorzunehmen.
Die Auswahlkriterien der Rücksetzung bedeuten eine Prioritätenregelung unter den Transaktionen. Die Rücksetzung des Verursachers benachteiligt Transaktionen mit vielen Zugriffen, die häufig an Konflikten beteiligt sind. Umgekehrt werden diese bevorzugt bei der Rücksetzung der jüngsten oder kürzesten Transaktion.

Durch die in allen Verfahren angewandte Rücksetzung in bestimmten Konflikt- oder in Deadlocksituationen wird ein Konflikt noch nicht endgültig bereinigt, sondern tritt vor allem bei sofortigem Neustart zurückgesetzter Transaktionen mit großer Wahrscheinlichkeit erneut auf. Einige der Verfahren schließen nicht aus, daß Transaktionen in endlose **zyklische Rücksetzungen** aufgrund derselben Konflikte verstrikt werden. In solchen Lifelock-Situationen kommen die Transaktionen ebensowenig zum Abschluß wie im Fall von Deadlocks, so daß Instabilitäten des Systems auftreten. Man kann Lifelocks durch einen verzögerten Neustart verhindern, wenn man Wartezeit-Vervielfachung vornimmt oder auf das Ende einer der in Konflikt stehenden Transaktion wartet.
Bei sofortigem Wiederanlauf sind die *unbedingte Rücksetzung,* die *Deadlockerkennung mit Rücksetzen des Verursachers* und das *Timeout*-Verfahren mit konstanter Timeout-Zeit nicht gegen Lifelocks gesichert. Dies läßt sich durch Beispiele mit 2 Transaktionen und nur 2 oder 3 in Konflikt stehenden Zugriffen belegen.
Die drei anderen Verfahren sind nicht von Lifelocks gefährdet. Hier kann stets eine von den an einem Konflikt oder Deadlock beteiligten Transaktionen (bei *Wound-Wait*

und *Wait-Die* die älteste; bei Erkennung mit Rücksetzen der kürzesten Transaktion die Transaktion mit den meisten bereits durchgeführten Zugriffen) ohne Zurücksetzung zum Abschluß kommen, was schließlich zur Auflösung der Konflikte führt. Selbst bei einer Häufung von Konflikten ist dann sichergestellt, daß wenigstens eine Transaktion Fortschritte machen kann.

1.4 Vergleich von Leistungsmerkmalen durch Simulation

Es wurden Simulationen für die Deadlockerkennungsmethoden und das Timeout-Verfahren durchgeführt, das auch die *unbedingte Rücksetzung* einschließt (Timeout = 0). In [ACV] wurden auch andere Varianten in einem System mit zentraler Rechenleistung bei hohem Multiprogrammierungsgrad untersucht, mit dem Ergebnis, daß neben der *Deadlockerkennung mit Rücksetzung der kürzesten Transaktion* vor allem das *Wound-Wait*-Verfahren in bestimmten Konstellationen favorisiert wird.

Für die hier aufgeführten Messungen gelten folgende Parameterwerte:
- eine feste Anzahl sperrbarer Datensätze ($M = 2000$) bei Gleichverteilung der Zugriffe auf diesen Objekten;
- eine konstante Anzahl aktiver Benutzer ($N = 4$ bzw. $N = 8$);
- eine identisch verteilte Anzahl T von Zugriffsanforderungen für jede Transaktion (geometrisch verteilte bzw. konstante Anzahl);
- Die Zwischenzeiten zwischen zwei Zugriffen sind exponentiell verteilt mit dem Mittelwert 0.5 s.

Bei allen Experimenten wurde die mittlere Anzahl von Zugriffen für jede Transaktion schrittweise verändert. Die Konfliktwahrscheinlichkeit (siehe Abb. 3) eines Zugriffs, die proportional ist zur mittleren Anzahl von fremden Sperren, wächst zunächst linear mit der mittleren Zugriffszahl pro Transaktion, bis die Zunahme von Blockierungen und Rücksetzungen den Parallelitätsgrad herabsetzt und bei Konflikthäufungen ein deutliches Absinken des Durchsatzes von Transaktionen erfolgt.
Die Verteilung der Anzahl der Zugriffe einer Transaktion bei gleichem Mittelwert hat für sich allein genommen großen Einfluß auf die Deadlockwahrscheinlichkeit (siehe Abb. 4 im Vergleich mit den Abschätzungen gemäß G(2.6)) mit sehr unterschiedlichen Auswirkungen auf die Deadlockbehandlungsverfahren. Die obere Schranke G(2.6) der Deadlockwahrscheinlichkeit für eine Transaktion hängt von den ersten drei Momenten der Verteilung der Zugriffszahl ab und wächst für eine bestimmte Verteilung größenordnungsmäßig mit der 4. Potenz der mittleren Zugriffszahl. In den Simulationen wird dieses Wachstum durch die Verringerung der Parallelität bei hoher Konfliktrate gebremst (Abb. 4). Die Abschätzung berücksichtigt dies ebensowenig wie die Auswirkungen der Deadlockbehandlung. Sie ist daher nur für Deadlockraten von etwa $\leq 5\%$ brauchbar.

Beim Vergleich der Deadlockbehandlungsmethoden zeichnet sich wegen des Zusammenwirkens von mehreren Einflußfaktoren meist kein generell einheitliches Bild in allen Parameterbereichen ab. Dennoch zeigt sich, daß die Deadlockerkennungs-Methode bei *Rücksetzung der kürzesten Transaktion* durchweg am günstigsten und das Timeout-Verfahren am ungünstigsten abschneidet (Abb. 5-7).

Der Vergleich der mittleren Transaktionsdauer (Abb. 5) zeigt die gesamten Auswirkungen der Zugriffssynchronisation mit den beschriebenen Varianten der Deadlockbehandlung. Bei der mittleren Zwischenzugriffszeit von 0.5 s ist die erwartete Transaktionsdauer ohne Verzögerungen halb so groß wie die mittlere Zugriffszahl (in Sekunden). Dieser Wert wird von allen Strategien mit wachsender Konfliktrate um ein Mehrfaches überschritten. Es ist daher sinnvoll, den Parallelitätsgrad zu begrenzen, um einer zu hohen Konfliktrate vorzubeugen (siehe auch [TGS] *'Data Contention Thrashing'*).

Beim *Timeout*-Verfahren ist zunächst eine optimale Timeout-Zeit festzulegen. Die Simulationen zeigten jedoch, daß zumeist eine möglichst kleine Timeout-Zeit optimal ist und daß eine Timeout-Zeit > 0 den Durchsatz bestenfalls geringfügig erhöht, so daß die einfache Variante einer *sofortigen Rücksetzung* in der Regel vorzuziehen ist.
Die *Deadlockerkennung* hat den Vorteil, daß keine unnötigen Rücksetzungen vorkommen, während alle anderen Methoden in Konflikten auch ohne nachfolgenden Deadlock vorsorglich Rücksetzungen betreiben. Dabei ist die *Rücksetzung der kürzesten Transaktion* einer *Rücksetzung des Verursachers* deutlich überlegen. Dies ist in der Bevorzugung von weiter fortgeschrittenen Transaktionen und dem damit einhergehenden geringeren Verlust an ausgeführten Zugriffen der rückgesetzten Transaktionen begründet.
Bei der *Rücksetzung des Verursachers* wird zur Vermeidung von zyklischen Rücksetzungen das Wiederanlaufen abgebrochener Transaktionen verzögert. In den Abbildungen 5-7 sind die beiden Varianten mit einer Wartezeit bis zur Freigabe der erforderlichen Sperre bzw. mit Wartezeit-Vervielfachung bei wiederholtem Neuanlauf gegenübergestellt. Für die letztgenannte Methode werden Transaktionen allerdings häufig mehrfach in eine Deadlocksituation verstrickt (siehe Abb. 7), da erst nach mehrmaliger Wartezeitvervielfachung eine der in Konflikt stehenden Transaktionen genügend lange zurückgehalten wird. Die *Rücksetzung der kürzesten Transaktion* führt dagegen zur geringsten mittleren Anzahl wiederholter Deadlockbeteiligungen einer Transaktion. Abschließend sei nochmals erwähnt, daß die Durchführung der verschiedenen Deadlockbehandlungsstrategien selbst praktisch keinen Einfluß auf die Leistungsfähigkeit in der Server-Workstation-Architektur hat.

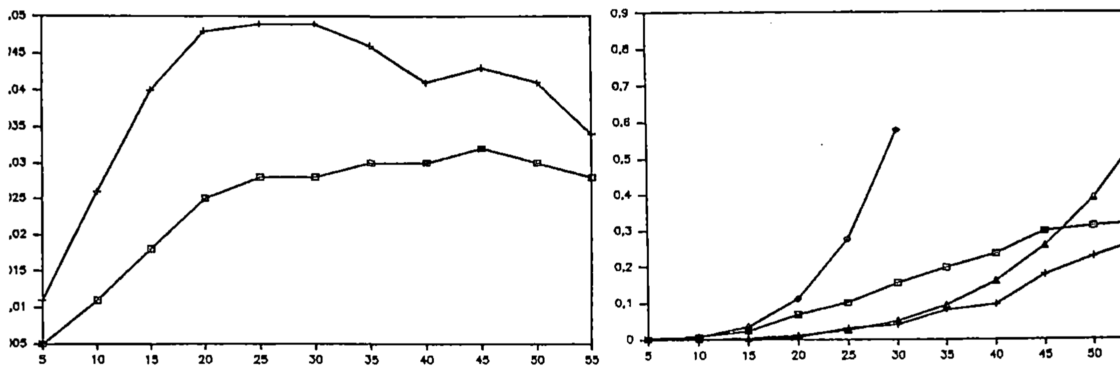

Abb. 3: Konfliktwahrsch. eines Zugriffs
   □ *4 Stationen*
   + *8 Stationen*

Abb. 4: Deadlockwahrscheinlichkeit
   ○ *Abschätzung, geom. vert. Zugriffszahl*
   □ *Simulation, geom. vert. Zugriffszahl*
   △ *Abschätzung, konstante Zugriffszahl*
   + *Simulation, konstante Zugriffszahl*

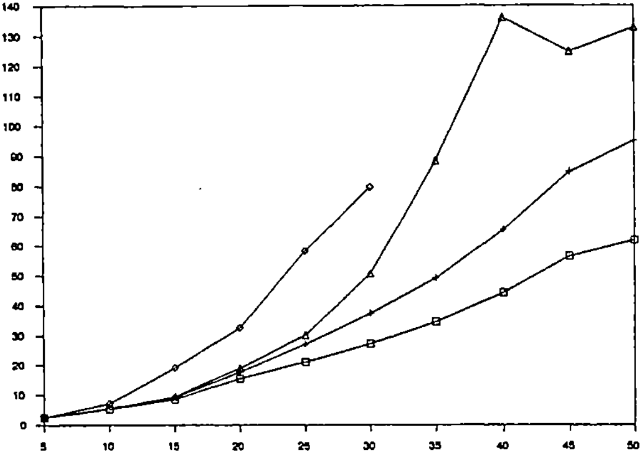

Abb. 5: Mittlere Transaktionsdauer

Abb. 5-7: 4 Stationen /
geom. vert. Zugriffszahl

◇ *Timeout-Verfahren*

△ *Erkennung mit Rücksetzen*
des Verursachers und
Wartezeitvervielfachung

+ *Erkennung mit Rücksetzen*
des Verursachers und
Warten auf Transaktionsende

□ *Erkennung mit Rücksetzen*
der kürzesten Transaktion

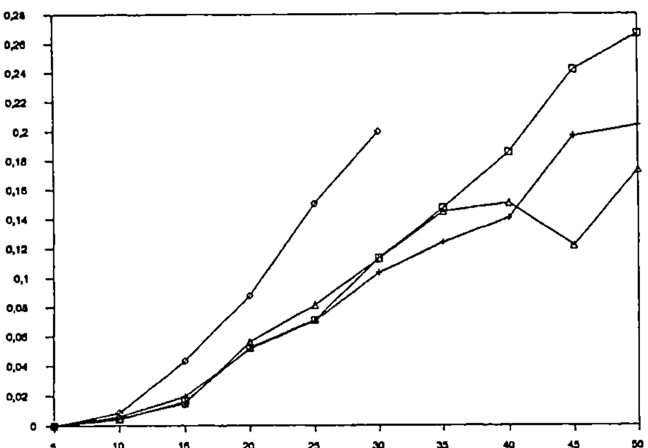

Abb. 6: Anteil der Transaktionen mit Deadlockbeteiligung

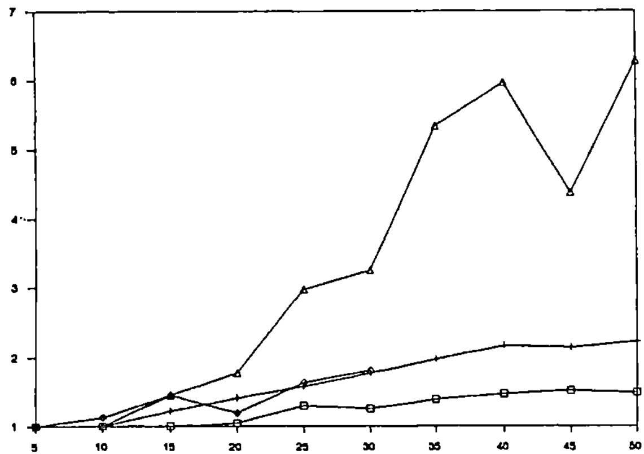

Abb. 7: Mittlere Anzahl von Deadlocks für Transaktionen
mit Deadlockbeteiligung

2. Abschätzung der Konflikt- und Deadlockrate

Bisher wurden Methoden erörtert, um der Deadlockproblematik in einem verteilten System zu begegnen. Im folgenden Teil wird ein Kriterium erstellt, das anhand vorgegebener Systemgrößen einschätzt, in welchem Ausmaß Konflikt- und Deadlocksituationen zu erwarten sind. Die Ermittlung von Deadlockraten für dynamische Sperrverfahren erscheint einer exakten Analyse unzugänglich. So müssen vereinfachende Annahmen gemacht werden, wobei realitätsnahe Analysen nach unserer Kenntnis nur mit Hilfe von aufwendigen markoff'schen Modellen erstellt wurden z.B. in [Be, RT, SS, TGS].
Wir präzisierten zunächst die Voraussetzungen des stochastischen Modells für die Datenbankzugriffe im betrachteten Mehrbenutzersystem und leiten auf dieser Basis eine obere Schranke für die Deadlockwahrscheinlichkeiten her. Die in [GHKO, Be] und [TGS] genannten Näherungsformeln weisen Gemeinsamkeiten mit Spezialfällen dieser Schranke auf ($\rightarrow$ § 2.4).

2.1   Das stochastische Datenbankmodell

(1)   Die Datenbank besitzt M sperrbare Dateneinheiten.

(2) N Teilnehmer (bzw. Benutzerprozeße) arbeiten gleichzeitig an der Datenbank.

(3)   Die Tätigkeit eines Benutzers ist in eine Folge von Transaktionen aufgeteilt, die jeweils mehrere Datenzugriffe umfassen können.

(4)   Ein Zugriff erfolgt mit Wahrscheinlichkeit $\frac{1}{M}$ auf irgendeine Dateneinheit, unabhängig von allen anderen Zugriffen, auch denen in derselben Transaktion.

(5)   Jeder Zugriff zieht eine exclusive Sperre der Dateneinheit durch die Transaktion bis zu ihrem Ende nach sich. Will eine Transaktion auf ein von einer anderen Transaktion gesperrtes Objekt zugreifen, so muß sie zunächst auf deren Beendigung warten. Während solcher Wartezeiten ist auch der zugehörige Benutzer blockiert. Der Parallelitätsgrad, der maximal N ist, wenn alle Benutzer aktiv sind, wird dabei vorübergehend reduziert.

(6)   Alle Transaktionen werden als stochastische Prozesse aufgefaßt, die in einheitlicher Weise durch die Wahrscheinlichkeiten $p_i^T = Prob(T = i)$ $(i \in \mathcal{N}_0)$ für die Anzahl T der Zugriffe einer Transaktion und durch die Verteilung $F_S(t) = Prob(S \leq t)$ der Zwischenzugriffszeiten S beschrieben werden.

(7)   Die Zugriffszeitpunkte der aktiven Benutzer sollen durch voneinander unabhängige Erneuerungsprozesse beschrieben werden, was ebenfalls für die Anfangszeitpunkte der Transaktionen von verschiedenen Benutzern gelten soll. Dazu wird angenommen, daß eine Transaktion unmittelbar nach ihrem letzten Zugriff beendet ist und, daß die Zeitspanne bis zum ersten Zugriff der nächsten vom Benutzer durchzuführenden Transaktion ebenfalls die Verteilung $F_S(t)$ hat. Damit die geforderte Unabhängigkeit der Zugriffe auch nach einer Blockierung erhalten bleibt, soll ein blockierter Benutzer in Zeitabständen mit der Verteilung $F_S(t)$ überprüfen, ob die Blockierung noch besteht. Wird dabei die Freigabe der angeforderten Sperre festgestellt, so fährt der Benutzer unmittelbar mit dem bisher abgewiesenen Zugriff fort.

Das Modell kann später ($\rightarrow$ § 2.5) auf recht einfache Weise in den Punkten (4), (5) und teilweise in (7) erweitert werden.

2.2 Deadlocks zwischen zwei konkurrierenden Benutzern

Wir betrachten zunächst ein System mit zwei parallel arbeitenden Benutzern A und B und analysieren den Fall, daß eine Transaktion T_A des Benutzers A einen Deadlock verursacht. Eine Transaktion T_A wird als Verursacher eines Deadlocks bezeichnet, wenn sie zunächst eine gleichzeitig ablaufende Transaktion T_B blockiert und anschließend auf eine von T_B gesperrte Dateneinheit zugreifen will.
Bei der Abschätzung der Wahrscheinlichkeit p^D, daß die betrachtete Transaktion T_A einen Deadlock in dieser Weise verursacht, wird vorausgesetzt, daß T_A nicht an einer umgekehrten, durch einen Zugriff des Benutzers B herbeigeführten Deadlocksituation beteiligt ist. Dieser Fall kann offenbar mit derselben Wahrscheinlichkeit p^D eintreten.

Sei $p^K_{i \mapsto i+1}$ die Wahrscheinlichkeit, daß zwischen dem i.-ten und $(i+1)$.-ten Datenzugriff der Transaktion T_A eine Blockierung des Benutzers B eintritt, wenn B zu Beginn dieser Zwischenzugriffszeit noch aktiv gewesen ist. Wir klammern zunächst auch den Sonderfall aus, daß der i.-te Zugriff von T_A zu einer vorübergehenden Blockierung von T_A ohne Deadlock führt, und erörtern ihn am Ende des Abschnitts.
Ansonsten ist $p^K_{i \mapsto i+1}$ einerseits durch die Anzahl Z der Zugriffe des Benutzers B in der Zwischenzugriffszeit von T_A mit der Verteilung $p^Z_j = Prob(Z = j)$ $(j \in \mathcal{N}_0)$ bestimmt und andererseits durch die Wahrscheinlichkeit, daß ein Zugriff auf ein von T_A gesperrtes Objekt erfolgen soll. Diese Wahrscheinlichkeit beträgt höchstens $\frac{i}{M}$, da T_A nicht mehr als i Dateneinheiten reserviert hat. Es folgt:

$$p^K_{i \mapsto i+1} \leq 1 - \sum_j p^Z_j \left(1 - \frac{i}{M}\right)^j \leq 1 - \sum_j p^Z_j \left(1 - \frac{i \cdot j}{M}\right) = \sum_j p^Z_j \cdot \frac{i \cdot j}{M} \qquad \text{G}\langle 2.1\rangle$$

$$p^K_{i \mapsto i+1} \leq i \sum_j j\, p^Z_j / M = i/M. \qquad \text{da } \forall x \in \Re_0^+,\ j \in \mathcal{N} : (1-x)^j \geq 1 - x \cdot j$$

Dabei gilt für den Erwartungswert $E(Z) = \sum_j j\, p^Z_j = 1$, da ein aktiver Benutzer im Mittel genau einen Zugriff während der Zwischenzugriffszeit eines unabhängigen und gleichartigen Benutzers durchführt. Dies führt zu einer einfachen Abschätzung der Wahrscheinlichkeit $p^K_{0 \mapsto i}$ (p^K), daß der Benutzer B im Verlauf der ersten i Zugriffe (im gesamten Verlauf) der Transaktion T_A von dieser blockiert wird:

$$p^K_{0 \mapsto i} \leq \sum_{j=0}^{i-1} p^K_{j \mapsto j+1} \leq \sum_{j=0}^{i-1} \frac{j}{M} = \frac{i\,(i-1)}{2\,M}; \quad p^K = \sum_i p^T_i\, p^K_{0 \mapsto i} \leq \frac{E(T^2) - E(T)}{2\,M} \qquad \text{G}\langle 2.2\rangle$$

Nachdem T_A eine fremde Transaktion T_B blockiert hat, können weitere Zugriffe von T_A zum Deadlock führen. Die Wahrscheinlichkeit dafür hängt wesentlich von der Anzahl der Dateneinheiten ab, die die blockierte Transaktion T_B gesperrt hält. Da die Anfangszeitpunkte von Transaktionen verschiedener Benutzer im Modell unabhängig sein sollen, kann eine Blockierung bei jedem Zugriff mit gleicher Wahrscheinlichkeit eintreten. Wird eine Transaktion mit insgesamt j durchzuführenden Zugriffen blockiert, so ist die **Anzahl R der vor der Blockierung erfolgten Zugriffe** gleichverteilt zwischen 0 und $j-1$ mit dem Mittelwert $\frac{j-1}{2}$. Zur vorgegebenen Verteilung $p^T_j = Prob(T = j)$ der Zugriffszahl T einer Transaktion erhält man den Mittelwert $E(R)$:

$$E(R) = \sum_j j\, p^T_j\, E(R|T = j) / \sum_j j\, p^T_j = \sum_j j\, p^T_j \left(\frac{j-1}{2}\right) / \sum_j j\, p^T_j = \frac{E(T^2) - E(T)}{2\, E(T)}$$

$$\text{G}\langle 2.3\rangle$$

Die Wahrscheinlichkeit, daß ein Zugriff der Transaktion T_A nach einer Blockierung der parallelen Transaktion T_B zum Deadlock führt, ist höchstens $\frac{R}{M}$, da T_B in seinen bisherigen R Zugriffen nicht mehr als R Dateneinheiten gesperrt hat. Unter Berücksichtigung der Verteilung $p_j^R = Prob(R = j)$ erhält man für die Wahrscheinlichkeiten p_i^D, daß der i.-te Zugriff von T_A einen Deadlock verursacht:

$$p_i^D \leq p_{0 \hookrightarrow i}^K \sum_j p_j^R \frac{j}{M} = \frac{p_{0 \hookrightarrow i}^K E(R)}{M} \leq \frac{E(T^2) - E(T)}{4\,M^2\,E(T)}\, i(i-1) \qquad G\langle 2.4\rangle$$

Es ergibt sich folgende obere Schranke der Wahrscheinlichkeit p^D für die Verursachung eines Deadlocks während des gesamten Verlaufs einer Transaktion:

$$p^D \leq \sum_j p_j^T \sum_{i=1}^{j} p_i^D \leq \sum_j p_j^T \sum_{i=1}^{j} \frac{E(T^2) - E(T)}{4\,M^2\,E(T)}\, i(i-1)$$

$$p^D \leq \frac{E(T^2) - E(T)}{4\,M^2\,E(T)} \sum_j p_j^T \frac{j^3 - j}{3} = \frac{(E(T^2) - E(T))\,(E(T^3) - E(T))}{12\,M^2\,E(T)} \qquad G\langle 2.5\rangle$$

Im zunächst ausgeklammerten Fall einer vorübergehenden Blockierung der Transaktion T_A durch den Benutzer B wartet T_A auf das Ende der blockierenden Transaktion T_B'. Die mittlere Anzahl von Sperren, die der Benutzer B hält, ist dann während solcher vorübergehenden Blockierungen in jedem Fall größer als $E(R)$ und damit andererseits in den Phasen, in denen T_A nicht blockiert ist, geringer. Gemäß den Modellannahmen überprüft T_A in Zeitabständen mit Verteilung $F_S(t)$, ob die Blockierung noch besteht, so daß nach dem Ende von T_B' eine Restzeit R_S bis zum nächsten Zugriff von T_A verstreicht. Wenn die auf T_B' folgende Transaktion des Benutzers B in dieser Zeit im Mittel nicht mehr als einen Zugriff durchführt, kann $p_{i \hookrightarrow i+1}^K$ nach wie vor durch $G\langle 2.1\rangle$ abgeschätzt werden und die obere Schranke für p^D bleibt gültig. Nur bei großer Varianz der Zwischenzugriffszeit S ist im Mittel mehr als ein Zugriff in der Restzeit R_S zu erwarten.

2.3 Erweiterung auf N parallele Prozesse

Für eine beliebige Anzahl N von Benutzern der Datenbank sollen die bisherigen Voraussetzungen, insbesondere die Unabhängigkeit aller parallel ablaufenden Transaktionen weiterhin in Kraft sein.
Beschränkt man sich auf Deadlocksituationen mit nur zwei beteiligten Transaktionen, so können die bisherigen Abschätzungen unverändert verallgemeinert werden. So ist die mittlere Anzahl von Zugriffen eines Benutzers B in einer Zwischenzugriffszeit des Benutzers A nach wie vor $E(Z) = 1$, auch wenn nun A und B durch andere Benutzer vorübergehend blockiert werden können, was aber beide im selben Ausmaß betrifft.
Für die Wahrscheinlichkeit p^{D_2}, daß eine Transaktion T_A in einem ihrer Zugriffe einen Deadlock verursacht, an dem genau einer der übrigen $N - 1$ Benutzer beteiligt ist, gilt:

$$p^{D_2} \leq (N - 1)\frac{(E(T^2) - E(T))\,(E(T^3) - E(T))}{12\,M^2\,E(T)} \qquad G\langle 2.6\rangle$$

Bei einer geringen Deadlockrate treten überwiegend Deadlocks mit nur zwei beteiligten

Transaktionen auf, was auch die Simulation bestätigt. Die Abschätzung G⟨2.6⟩ ist daher im Bereich mit wünschenswert kleiner Deadlockrate weitgehend anwendbar. Schließlich kann man auch Dealocks mit mehr als zwei beteiligten Transaktionen in die Abschätzung einbeziehen. Wir geben der Vollständigkeit halber folgende obere Schranke für diesen Fall an, auf deren Herleitung im Rahmen dieser Arbeit verzichtet wird:

$$p^D \leq E(T)\, b^* / (N-1) - (E(T^2) - E(T))/(2\,M) \qquad \text{G⟨2.7⟩}$$

wobei $b^* \in (0,1)$ die kleinste reellwertige Nullstelle der Gleichung

$$\mathcal{G}_R((1-b^*)^{-1}) = \sum_i p(R=i) \cdot (1-b^*)^{-i} = 1 + M\,(b^*)^2/(N-1) \qquad \text{ist.} \quad \text{G⟨2.8⟩}$$

2.4 Geometrisch verteilte und konstante Zugriffszahl

Die Schranken der Deadlockwahrscheinlichkeit werden für die beiden Spezialfälle von Transaktionen mit geometrischer und konstanter Verteilung der Anzahl der Zugriffe bei gegebenem Mittelwert $E(T)$ ausgewertet.

- Für die **geometrische Verteilung** gilt:

$$p_i^T = (1-\rho)\rho^i \;\; (0 < \rho < 1); \quad \mathcal{G}_T(z) = \mathcal{G}_R(z) = (1-\rho)\sum_{i=0}^{\infty} (\rho z)^i = (1-\rho)/(1-\rho z);$$

$$E(T) = \rho/(1-\rho); \quad E(T^2) = 2\,E^2(T) + E(T); \quad E(T^3) = 6\,E^3(T) + 6\,E^2(T) + E(T);$$

Man erhält für die Abschätzungen

$$\text{G⟨2.6⟩}: \quad p_{geom.}^{D_2} \leq (N-1)\,E^3(T)(E(T)+1)/M^2$$

$$\text{G⟨2.7⟩}: \quad p_{geom.}^{D} \leq E(T)\,(b^*/(N-1) - E(T)/M) \quad \text{mit} \quad (\text{falls } b^* \in \Re^+)$$

$$\text{G⟨2.8⟩}: \quad b^* = \left(1 - \sqrt{1 - 4\,(N-1)E(T)(1+E(T))/M}\,\right) / \left(2\,(1+E(T))\right)$$

Im Vergleich dazu wurde die Näherungsformel $p_{geom.}^{D_2} \approx (N-1)\,E^4(T)/M^2$ in [Be] aus einem detaillierten Zustandsmodell hergeleitet.

- Bei **konstanter Anzahl** $c = E(T)$ von Zugriffen pro Transaktion gilt:

$$p_i^T = \begin{cases} 1 & \text{für } i = c \\ 0 & \text{sonst;} \end{cases} \quad \mathcal{G}_R(z) = \sum_{j=0}^{c-1} \frac{z^j}{c} = \frac{1}{c}\frac{1-z^c}{1-z}; \quad E(T^i) = E^i(T) = c^i.$$

Die Abschätzungen der Wahrscheinlichkeit der Deadlockverursachung ergeben:

$$\text{G⟨2.6⟩}: \quad p_{konst.}^{D_2} \leq (N-1)E(T)\,(E(T)-1)\,(E^2(T)-1)\,/(12\,M^2)$$

$$\text{G⟨2.7⟩}: \quad p_{konst.}^{D} \leq E(T)\,(b^*/(N-1) - (E(T)-1)/(2\,M)) \quad \text{mit}$$

$$\text{G⟨2.8⟩}: \quad (1-b^*)\,((1-b^*)^{-E(T)} - 1)\,/(E(T)\,b^*) = 1 + M\,(b^*)^2/(N-1)$$

Dazu sind Näherungsformeln genannt in [GHKO] bzw. in [TGS] (Gleichung 12.7):

$$p_{konst.}^{D_2} \approx \frac{(N-1)\,E^4(T)}{4\,M^2} \quad \text{bzw.} \quad p_{konst.}^{D} \approx \frac{N\,E^2(T)\,(E(T)-1)(E^2(T)-1)}{9\,M^2\,(E(T)+\frac{1}{2})}.$$

Hier ist zwar eine größenordnungsmäßige Übereinstimmung mit der oberen Schranke festzustellen, doch liegen die Näherungen ca. um den Faktor 3 bzw. 4/3 über der Schranke für p^{D_2}. Die oberen Schranken setzen die Unabhängigkeit von Transaktionen voraus, die bei hoher Konfliktrate und damit aufkommenden langen Deadlockzyklen gestört wird.

Insgesamt zeigt der Vergleich einen erheblichen Einfluß der Verteilung der Anzahl von Zugriffen. Bei gleichem Mittelwert $E(T)$ unterscheiden sich die Wahrscheinlichkeiten p^{D_2} gemäß G⟨2.6⟩ in den beiden Beispielen um einen Faktor > 12.

In der Abbildung 4 ist die Abschätzung G⟨2.6⟩ den Simulationsergebnissen gegenübergestellt. Die obere Schranke ist erwartungsgemäß durch zunehmende Abweichung mit wachsender Deadlockrate gekennzeichnet. Für geringe Deadlockraten, wie sie für die Anwendungen fast generell angestrebt werden, ist die Schranke asymptotisch genau.

2.5 Verallgemeinerungen des Modells
2.5.1 Nicht gleichverteilte Zugriffswahrscheinlichkeiten

Wir gehen davon aus, daß die Wahrscheinlichkeiten q_i für eine Sperranforderung an die i.-te Dateneinheit bekannt sind ($1 \leq i \leq M$), wobei statt der bisherigen Annahme $q_i = \frac{1}{M}$ nun beliebige Wahrscheinlichkeitsverteilungen zugelassen sind. Nach wie vor seien verschiedene Datenzugriffe auch innerhalb derselben Transaktion voneinander unabhängig. Diese Modellerweiterung erfaßt eine ungleichmäßige Referenzierung der Dateneinheiten bis hin zu Hot-Spot-Data-Effekten.

Die Wahrscheinlichkeit, daß zwei unabhängige Zugriffe sich auf dieselbe Dateneinheit beziehen ist dann $q = \sum_i q_i^2$. Ersetzt man die in den bisherigen Herleitungen angenommene Konfliktwahrscheinlichkeit $1/M$ zweier Zugriffe durch q, so kann man offenbar sämtliche Ergebnisse für die vorliegende Verallgemeinerung übertragen.[1]

Als Spezialfall erhält man die in [TGS] hergeleitete Formel (Theorem 5) für die sogen. b-c-Zugriffe, wo sich ein Anteil von b Zugriffen auf den Anteil c der Dateneinheiten bezieht ($0 \leq b \leq 1$, $0 \leq c \leq 1$). Dabei gilt $q = b^2 \frac{1}{cM} + (1-b)^2 \frac{1}{(1-c)M} = \frac{1}{M}(1 + \frac{(b-c)^2}{c(1-c)})$.

Zur Minimierung der Konfliktwahrscheinlichkeit q für eine feste Anzahl M von Dateneinheiten ist allerdings eine Gleichverteilung der Zugriffe auf die Sperrgranulate anzustreben, denn es gilt $q \geq 1/M$.

2.5.2 Nicht exclusive Sperren

Es werden nun auch selbstverträgliche Sperren (Lesesperren) in der Weise mit einbezogen, daß jeder Zugriff auf eine Dateneinheit mit Wahrscheinlichkeit α eine Lesesperre und sonst eine exclusive Schreibsperre nach sich zieht.

Wir nehmen an, daß die Art der angeforderten Sperre nicht vom derzeitigen Zustand der Transaktion oder des Gesamtsystems abhängt.[2] Die Wahrscheinlichkeit für einen Konflikt zweier Zugriffe verringert sich dann gegenüber dem exclusiven Sperrmechanismus um den Faktor $1 - \alpha^2$, da mit Wahrscheinlichkeit α^2 beide Zugriffe lesen wollen, was ohne Blockierung möglich ist (vergl. [Be] und mit aufwendiger Herleitung [TGS]).

---

[1] Die Anzahl M der Dateneinheiten geht in den Abschätzungen nur als Kehrwert der Konfliktwahrscheinlichkeit mit ein.

[2] Dies schließt allerdings eine adäquate Modellierung von Transaktionen aus, wenn diese z.B. zu Beginn überwiegend Lese- und gegen Ende vorwiegend Schreibsperren anfordern.

Die Wahrscheinlichkeit eines Deadlocks zwischen n beteiligten Benutzern verringert sich um den Faktor $(1-\alpha^2)^n$, da eine solche Situation durch n Konflikte hervorgerufen wird. Die Abschätzungen für p^{D_2} verringern sich also um den Faktor $(1-\alpha^2)^2$ und für mehr als zwei Beteiligte tritt eine noch größere Reduktion der Deadlockwahrscheinlichkeit ein.

2.5.3 Pausenzeiten zwischen den Transaktionen

Bisher wurden keine Bearbeitungszeiten für das Starten und Beenden von Transaktionen oder Untätigkeitsphasen eines Benutzers zwischen Transaktionen beachtet. Dazu führt eine einfache Modellerweiterung die zusätzliche Zeitspanne S^* ein zwischen dem letzten Zugriff einer Transaktion und dem Beginn der nächsten. Die Zeitspannen S^* seien wiederum unabhängig und identisch verteilt.

Die Startzeitpunkte der Transaktionen eines Benutzers sind auch im erweiterten Modell durch unabhängige Erneuerungsprozesse beschrieben. Die Unterbrechungszeit S^* wirkt sich auf Blockierungen und Deadlocks wie eine zeitweilige Verringerung des Parallelitätsgrades aus. Der Zeitanteil $1 - \gamma$, den ein Benutzer in den Unterbrechungsphasen verbringt, beträgt im stationären System $E(S^*)/(E(S^*) + E(T)E(S))$. Die in den Abschätzungen auftretende mittlere Anzahl $E(Z)$ von Zugriffen, die ein anderer Benutzer während einer Zwischenzugriffszeit S einer laufenden Transaktion tätigt, verringert sich demnach auf $E(Z) = \gamma = \frac{E(T)\,E(S)}{E(T)\,E(S) + E(S^*)}$.

In die Zeitspanne S^* fällt auch die Freigabe der von der Transaktion gehaltenen Sperren. Zwar kann eine Transaktion noch bis zur endgültigen Abgabe aller Sperren andere Transaktionen blockieren, doch führen solche Blockierungen nicht zu einem Deadlock, da die Transaktion keine weiteren Sperren anfordert.

Zusammenfassend wirken sich die drei Erweiterungen des Modells in der Abschätzung der Deadlockwahrscheinlichkeit p^{D_2} mit zwei beteiligten Transaktionen wie folgt aus:

$$p^{D_2} \leq \frac{\left(E(T^2) - E(T)\right)\left(E(T^3) - E(T)\right)}{12\,E(T)} \cdot (N-1) \cdot \gamma \cdot q^2 \cdot (1-\alpha^2)^2 \quad \text{mit} \qquad \text{G}(2.9)$$

γ: relativer Zeitanteil, den ein Benutzerprozeß bei der Bearbeitung von Transaktionen zwischen ihrem ersten und letzten Zugriff verbringt;

q: $(= \sum_{i=1}^{M} q_i^2)$ Konfliktwahrscheinlichkeit zweier Zugriffe mit exclusiven Sperren;

α: Anteil von selbstverträglichen Lesesperren.

Fazit:
Unter der Voraussetzung stochastischer Unabhängigkeit von Transaktionen und Datenzugriffen wurde eine obere Schranke der Deadlockwahrscheinlichkeit für dynamische Sperrverfahren in Mehrbenutzer-Datenbanksystemen hergeleitet ($\rightarrow$ G(2.6-9)), aus der der Einfluß einzelner Systemparameter deutlich ablesbar ist.
Bei den Deadlockbehandlungsmethoden schneiden auch in einer Server-Workstation-Konfiguration solche Verfahren am besten ab, die gegen zyklische Rücksetzungen abgesichert sind. Vor allem in Situationen mit hoher Belastung zahlen sich z.B. eine dezentral durchführbare Deadlockerkennung mit Rücksetzen der kürzesten Transaktion oder das Wound-Wait-Verfahren gegenüber einfacheren Varianten aus.

LITERATUR

[ACL]   R. Agrawal, M. Carey, M. Livny, "Concurrency Control Performance Models: Alternatives and Implications", ACM Trans. on Database Systems 12, pp. 609-654, 1987

[ACV]   R. Agrawal, M. Carey, L. McVoy, "The Performance of Alternative Strategies for Dealing with Deadlocks in Database Management Systems" IEEE Trans. on Software Engeneering, SE-13 pp. 1348-1363, 1987

[Be]   A. Becker, "Wechselwirkungen zwischen Transaktionen in einem DB-System mit Zweiphasen-Sperrprotokoll", Dissert. RWTH Aachen, 1985

[Be]   A. Becker, "Leistungseinbußen in einem DB-System mit Zweiphasen-Sperrprotokoll", Informatik Fachber. IFB 110, Springer, pp. 217-32, 1985

[BHG]   P. Bernstein, V. Hadzilacos, N. Goodman, "Concurrency Control and Recovery in Database Systems", Addison-Wesley, 1987

[BH]   C. Breitenbach, P. Herold, "Implementierung und Vergleich von Deadlockerkennungs- und Behandlungsmethoden in einem File Server System", Studienarbeit an der TH Darmstadt, Fachbereich Informatik, 1990

[DGKOW]   U. Deppisch, J. Grünauer, K. Küspert, V. Obermeit, G. Walch, "Überlegungen zur Datenbank-Kooperation zwischen Server und Workstations", IFB 126, pp. 565-72,1986

[DBDZ]   A. Diener, R. Brägger, A. Dudler, C. Zehnder, "Database Services for Personal Computers linked by a Local Area Network", Proc. ACM Sigsmall-SigPC Conf., S. Diego, 1983

[GHOK]   J. Gray, P. Homan, R. Obermarck, H. Korth, "A Straw Man Analysis of the Probability of Waiting and Deadlock in a Database System", Techn. Report RJ 3066, IBM Research Lab., San Jose, California, 1981

[HR]   T. Härder, E. Rahm, "Mehrrechner-DB-Systeme für Transaktionssysteme hoher Leistungsfähigkeit", Informationstechnik it 28/4, pp. 214-225, 1986

[Ha]   C. Hartzman, "The Delay Due to Dynamic Two-Phase Locking", IEEE Trans. on Software Engineering SE-15, pp. 72-82, 1989

[HS]   C. Hübel, B. Sutter, "Aspekte der DB-Anbindung in workstationorientierten Ingenieuranwendungen", GI-Jahrestg. '89, IFB 222, pp. 259-73, 1989

[Ji]   B. Jiang, "Deadlock Detection is Really Cheap", ACM Sigmod Record 17, pp. 2-13, 1988

[Pe]   P. Peinl, "Synchronisation in zentralisierten DB-Systemen", IFB 161, 1987

[Ra]   E. Rahm, "Synchronisation in Mehrrechner-DB-Systemen", IFB 186, 1988

[RT]   I. Ryu, A. Thomasian, "Analysis of Database Performance with Dynamic Locking", Journal of the ACM, Vol. 37/3, pp. 491-523, 1990

[SS]   A. Shum, P. Spirakis, "Performance Analysis of Concurrency Control Methods in Database Systems" Performance '81, F. Kylstra Ed., Elsevier North-Holland pp. 1-18, 1981

[TGS]   Y. Tay, N. Goodman, R. Suri, "Locking Performance in Centralized Databases", ACM Trans. on Database Systems 10/4 pp. 415-462, 1985

[We]   G. Weikum "Transaktionen in Datenbanksystemen", Addison-Wesley, 1988

[YDR]   S. Yu, D. Dias, J. Robinson, "Modelling of Central. Concurrency Control in a Multi-System Enviroment" ACM Proc. Sigmetrics pp. 183-191, 1985

[ZK]   D. Zöbel, C. Koch, "Resolution Techniques and Complexity Results with Deadlocks. A Classifiing and Annotated Bibliography", ACM Sigops 22/1, pp. 52-72, 1988

Computergestütztes Telefonieren - ein aussichtsreiches Konzept verteilter DVA-PBX-Systeme

Peter Pawlita

Siemens Nixdorf Informationssysteme AG

München

Zusammenfassung

Computergestütztes Telefonieren, englisch "CST $\hat{=}$ computer supported telephony" ermöglicht eine Integration von Sprachkommunikation und Datenverarbeitung auf Anwendungsebene. Der Begriff "CST" bezeichnet einen **Funktionsverbund** einer DVA (Datenverarbeitungsanlage) mit einer Telefonvermittlungsanlage, primär einer PBX (Nebenstellenanlage, Private branch exchange). Dabei können DVA-Anwendungen - sog. CSTAs $\hat{=}$ CST applications - Vermittlungsfunktionen in der PBX über einen geeigneten CSTA-Koppelkanal ansprechen bzw. DVA-Anwendungen von Telefonapparaten via PBX angesprochen werden.
Vorliegender Beitrag führt in CSTA ein und beschreibt Konzept, Realisierung und Anwendungen des computergestützten Telefonierens. CSTA ermöglicht integrierte Telefonbedienung durch eine DV-Anwendung, Anrufe "nach Liste", gesprächsbegleitende Dokumentbereitstellung, usw..
Als konkretes Beispiel dient der Verbund des Telephone Application System TELAS in SINIX-Computern mit Hicom-PBX. Die Realisierung beinhaltet eine Anwendungsplattform und beruht auf Techniken der Rechnerkopplung und verteilter Systeme. Auf Aspekte des DVA-PBX-Verbundes als verteiltes System wie Funktionsverteilung, Schnittstellen, Protokolle, Ablauf- und Betriebsaspekte wird eingegangen.

1. Einführung: CST als eine Form der Sprach-/Daten-Integration

Integration von Sprachkommunikation und Datenverarbeitung ist zum einen ein lang gehegter Wunschtraum, zum anderen ein evolutionärer und mühsamer Prozeß; bei jedem Integrationsansatz sind technische Hürden und Einführungs-probleme beim Anwender zu überwinden und komplexe Nutzenbetrachtungen anzustellen.Technische Hürden bei Integration von DVA und Telefonie erklären sich unter anderem daraus, daß sich Datenverarbeitung/-kommunikationsnetze und Telefonvermittlungssysteme in der Vergangenheit als aufgabenoptimierte Systeme weitgehend unabhängig voneinander entwickelt haben. Die unterschiedlichen Optimierungsziele bei DVA und PBX sind:

bei DVA	bei PBX
- effektive Ausführung unterschiedlicher simultaner Anwendungen ("Durchsatz")	- Unterstützung möglichst vieler simultaner Tel.-verbindungen
- rasche Reaktion bei Dialog	- schneller Tel.-verbindungsaufbau
- einfache Erstellung von Anwendungen	- einfaches Umkonfigurieren von Teilnehmern
- optimale Unterstützung von Bildschirmbenutzern	- optimale Unterstützung von Telefonbenutzern
- hohe Verfügbarkeit von System und Daten	- sehr hohe Verfügbarkeit von System und Anschlüssen

---

Häufig genannte Integrationsformen und -ansätze sind:
- Endgeräteintegration ("Box-Integration"); dabei steht dem Benutzer ein Endgerät für alle Dienste zur Verfügung
- Leitungs(netz)verbund; dabei nutzen DV-Endgeräte und Telefone jeweils die beiden B-Kanäle einer Anschlußleitung an ISDN bzw. ISDN-PBX für die Verbindung zur DVA, als "low-traffic"-Alternative zu dedizierten Datennetzen
- Netzmanagementverbund; hierbei werden PBX- und DVA-Netz einheitlich von einer DVA administriert
- Anwendungsintegration ($\hat{=}$ CST). Statt CST werden auch Begriffe wie CIT (computer integrated telephony), CAT (computer aided telephony) verwendet.

Nachteilig erweisen sich - insbesondere bei den beiden ersten Integrationsansätzen - notwendige Neuinvestitionen des Anwenders, Schnittstellenprobleme, sowie mangelnde Verbreitung oder Verfügbarkeit geeigneter Endgeräte. Der CST-Ansatz vermeidet derartige Nachteile.

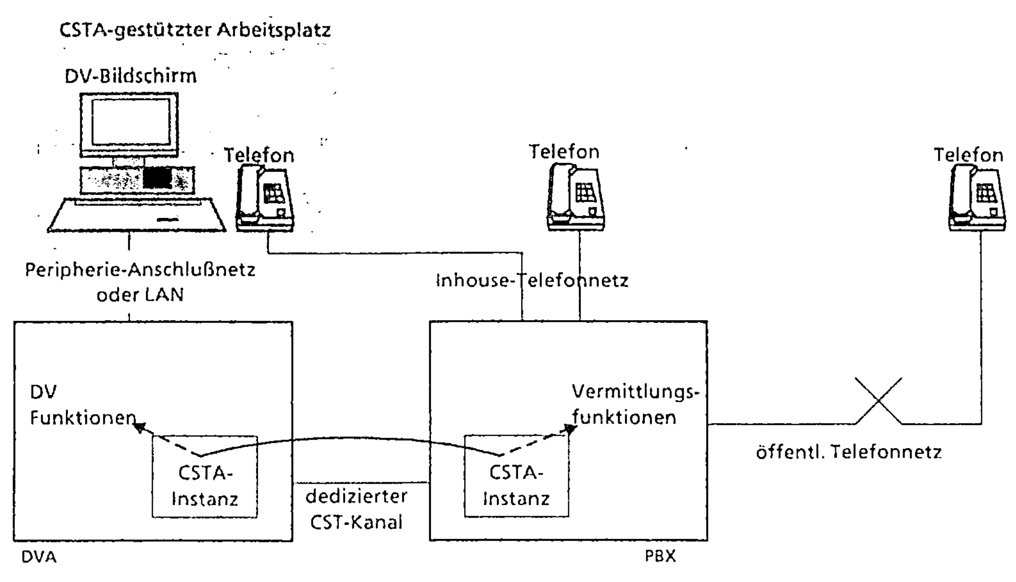

Bild 1: Funktionsbausteine bei CST mit DVA und PBX

Die Integrationslandschaft bei CST in **Bild 1** setzt sich zusammen aus
- DVA und PBX,
- den Arbeitsplätzen mit jeweils Bildschirm und Telefon
- den beiden Inhousenetzen zum Anschluß der Bildschirme an die DVA und der Telefone an die PBX, sowie dem öffentlichen Telefonnetz

Beim CST-Ansatz sollen am Arbeitsplatz nutzbare DVA-Anwendungen direkt auf Vermittlungsfunktionen in der PBX zugreifen (und umgekehrt), unter Nutzung bestimmter CSTA-Instanzen.

Wie realisiert man nun den "missing link" zwischen DVA und PBX? Welche technischen Komponenten sind für einen CSTA-Verbund von DVA und PBX erforderlich, welche grundsätzlichen Probleme sind zu lösen?

Lösungsansatz, vgl. **Bild 2:**
1. Bereitstellung einer DVA <--> PBX-Koppelverbindung, zweckmäßigerweise zur Datenübertragung in beiden Richtungen und auf Basis heute üblicher Rechnerkopplungen mit geschichteten Kommunikationsarchitekturen und genormten bzw. proprietären Protokollen.
2. Öffnung der PBX in Form eines "Direktzugriffs" auf ausgewählte Leistungsmerkmale der PBX, damit über die Koppelverbindung **direkt** Kommandos, Meldungen und Nettodaten zwischen DVA und Vermittlungsinstanzen (z.B. Call Handling Software) ausgetauscht werden können. Die direkte Koppelverbindung bietet dabei eine wesentlich größere Funktionalität als etwa die Verwendung der PBX-Teilnehmeranschlüsse.
3. Bereitstellung einer für DV-Anwendungsprogrammierer geeigneten Anwendungsschnittstelle in der DVA,damit Anwendungen die genannten Funktionen in der PBX ansprechen bzw. via PBX angesprochen werden können.
4. Adaption vorhandener Anwendungen an die über die Anwenderschnittstelle gebotenen neuen Möglichkeiten, bzw. Erstellung neuer Anwendungen.

Das "Interconnection system" in Bild 2 umfaßt grob gesehen die Lösung der Aufgaben 1 bis 3 und stellt den "missing link" bereit.

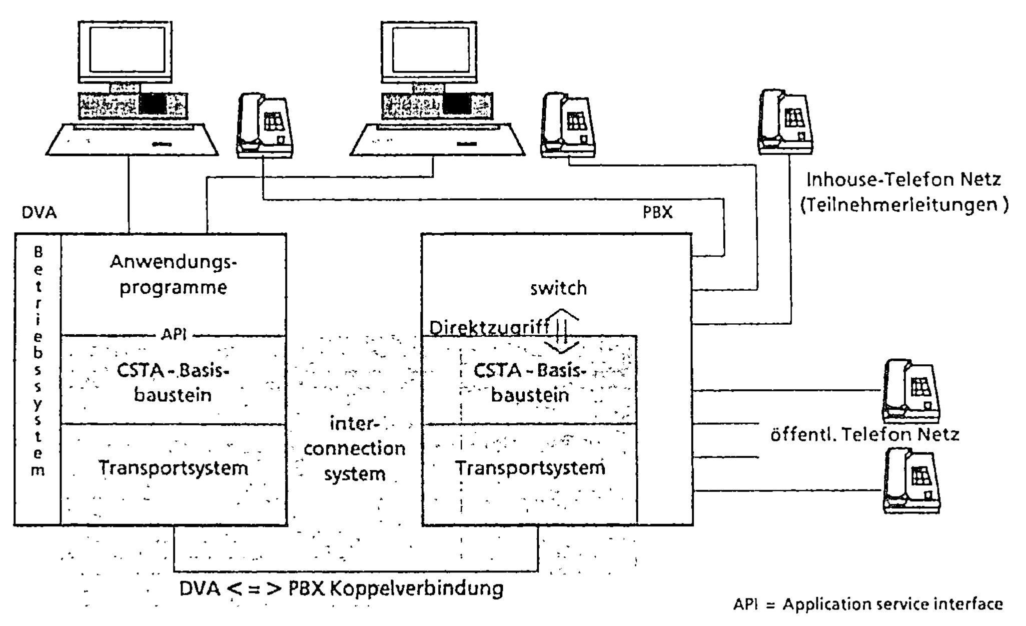

Bild 2: CSTA - Integrationsaufgabe und generelle Architektur

Bewertung: Eine erste Bewertung des CST-Ansatzes ergibt - insbesondere im Vergleich zu den anderen genannten Integrationsformen:
• Natürlicher und naheliegender Integrationsansatz, der die technisch-ökonomischen Hürden bei Herstellern und Kunden gering hält. Bewährte Kernstrukturen werden dabei beibehalten.

- Nutzung vorhandener Investitionen und Potentiale, im Falle der DVA von vorhandenen Bildschirmen, Daten und Anwendungen, im Falle einer PBX von vorhandenen Telefonen und Anschlußeinheiten.
- Synergieeffekte: der Funktionsverbund von DVA und PBX verspricht Synergieeffekte, dh., daß der Verbund die Stärken beider aufgabenorientierter Systeme zu einem neuen Ganzen vereinigt und mehr Nutzen als zwei unabhängige Systeme bringt.
- Zusammenarbeit (im Falle einer PBX) über spezielle Datenkanäle. Dadurch kann eine DVA (mit einer steuernden Anwendung als "Teilnehmer A") **transparente Telefonverbindungen** zwischen zwei beliebigen PBX-Teilnehmern B und C aufbauen.
- Unabhängigkeit der Daten-/Sprachintegration von ISDN und ISDN-Terminals.

Andere technische Realisierungsmöglichkeiten für einen Funktionsverbund sind: dedizierte Wähleinheiten (im Prinzip fallen auch PC-Telefonkarten plus Dienstleistungsprogramm mit Telefondirectory und Wahl über Bildschirm darunter), spezielle Branchenlösungen mit in die PBX integrierten Wähleinheiten, sowie Schnittstellenboxen zwischen DVA und PBX / ONLI 90 /.

2. SINIX-Hicom-Verbund als Beispiel einer CST-Realisierung

TELAS-Konzept für CST in SINIX
Die hier beschriebene CST-Realisierung beruht auf dem **Telephone Application System** TELAS auf SINIX-Systemen und dem **Advanced Connectivity Link** ACL der Hicom-PBX. Die SINIX-Systeme bilden eine einheitliche und durchgängige Systemfamilie vom Einplatz- bis zum großen Multiprozessorsystem, ergänzt durch die Workstationfamilie WX200. Hicom - Kommunikationsanlagen sind ISDN-fähige digitale Nebenstellenanlagen von Siemens.

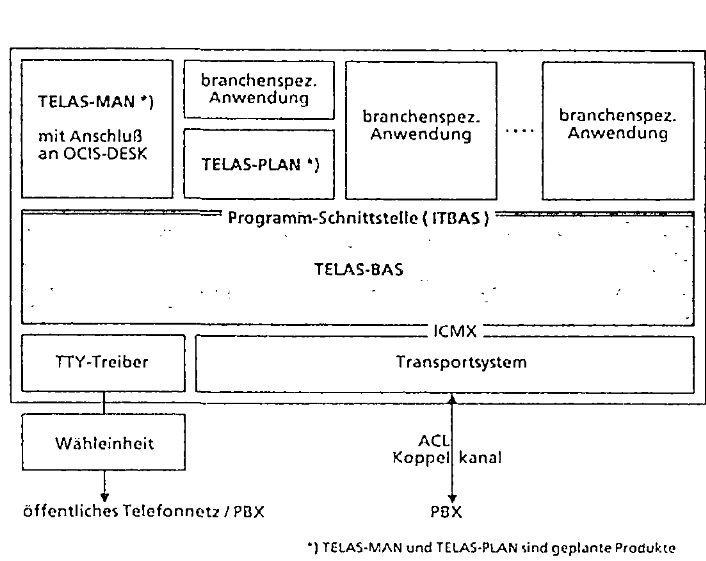

Bild 3: Bausteinkonzept von TELAS

Das TELAS-Konzept in SINIX beruht auf folgenden Prämissen, vgl. **Bild 3:**
- Realisierung als Bausteinkonzept mit Aufteilung in
  - Basisbaustein (TELAS-BAS), der als **Anwendungsplattform** dient
  - aufsitzende Standardprodukte
  - integrierbare branchen- oder kundenspezifische Lösungen.

- Einbettung in SINIX-Kommunikationsbaukasten /PAWL 89/, dh. insbesondere Nutzung hierfür geeigneter Standardprodukte für Rechnerkommunikation, wie z.B. das einheitliche Transportzugriffssystem CMX (**Bild 4**)
- Realisierung auf SINIX als offenem System (mit Zertifizierung als "Plus XPG3" nach X/OPEN), u.a. zwecks leichter Portierbarkeit
- Netzfähigkeit, dh. Ablauffähigkeit auf singulärem Mehrplatzsystem, oder in LAN-gekoppelten Client-/Server- Konfigurationen. Grundsätzlich möglich wäre auch eine Verlagerung von Clients auf einen Verarbeitungsrechner mit dem Betriebssystem BS2000.
- prinzipielle Unabhängigkeit vom Vermittlungssystem. Bei SINIX-Hicom-Kopplung wird auf Hicom-Seite der Koppelkanal "ACL" ($\hat{=}$ Application Connectivity Link) vorausgesetzt.

Hicom-Seite:
Der Hicom-Koppelkanal "ACL" (= Application Connectivity Link) /BAUM 89/ bietet u.a. die Funktionen
    DVA-gesteuerter Verbindungsaufbau,
    Dateneingabe über Telefon
    Gebührenübertragung.
Beispielsweise stehen bei DV-gesteuertem Verbindungsaufbau direkt am ACL von den Hicom-Teilnehmeranschlüssen bekannte Leistungsmerkmale wie Verbinden (make call), Umkoppeln, Auslösen, Makeln, usw. zur Verfügung.
Basis des Koppelkanals ist der Anschluß an eine Line Control Unit mit V.24-Schnittstelle (9600 bit/s) des Hicom Administrations- und Daten-Servers ADS.
Zukünftige Protokollbasis (in SINIX unterhalb CMX) wird in Zukunft die standardkonforme ISO 8072 Class 2 sein, dzt. wird noch MSV1 verwendet.

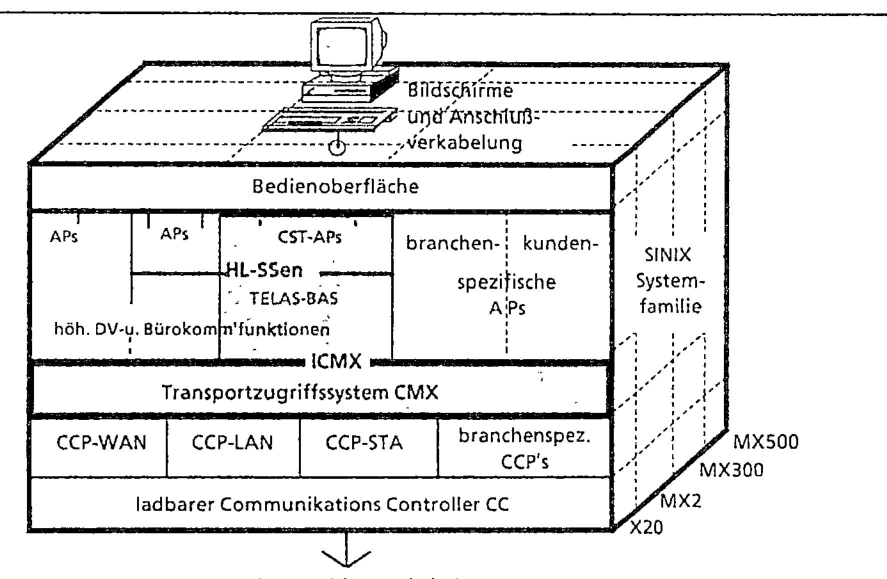

Bild 4: Einbettung von TELAS im SINIX Kommunikationsbaukasten

3. TELAS als Anwendungsplattform

Zentraler Baustein im TELAS-Produktkonzept ist TELAS-BAS (=TELAS Basic Services). Er bietet Anwendungen alle wichtigen Dienstleistungen, um PBX-Funktionen ansprechen und steuern zu können und insbesondere alle wichtigen Dienstleistungen für das Verbindungsmanagement. Hierfür steht eine mächtige Programmschnittstelle für Anwendungen in C zur Verfügung.

Eigenschaften von TELAS-BAS:
- komfortable Anwenderprogrammschnittstelle ITBAS in C, für DV-Programmierer geeignet, mit asynchronen und synchronen Aufrufen
- Schnittstellenfunktionen:
  - organisatorische Aufrufe, z.B. Aufbau und Unterhaltung von logischen Kommunikationskanälen (CSTA-Sessions)
  - DVA-gesteuerter Verbindungsaufbau
  - Teilnehmeranschlußüberwachung
  - Ein-/Ausgabe von Daten am Telefon
  - Abfrage von Daten der PBX, z.B. Teilnehmerstatus
  - Aufrufe bzgl. Verwaltungsfunktionen der PBX
- Bedienung der Hicom-ACL-Koppelkanalfunktionen bzw. (im Falle eines Anschlusses an öffentliches Netz) einer Telefon-Wähleinheit
- Netzfähigkeit von TELAS: Verteilbarkeit des in TELAS-BAS vorhandenen Schnittstellenbausteins auf mehrere SINIX-Endsysteme im DV-Netz.
- Die TELAS-BAS "Server-Software" (Bild 5) setzt sich zusammen aus
  - CSTA-Server-Kern: dieser ist die zentrale Instanz zur Koordination der abgehenden Kommandos und Rückmeldungen sowie zur Zuordnung zu den jeweiligen Anwendungen; hierzu führt er ein Auftragsbuch. Ferner zur Umsetzung der ITBAS-Aufrufe in ein oder mehrere CSTA-Basisfunktionsaufrufe.
  - Basisfunktionen: sie bilden die logischen ITBAS-Kommandos auf vermittlungssystemspezifische Kommandos ab
  - Administrationsfunktionen: sie dienen der Verwaltung und Steuerung von TELAS-BAS
  - Server-IH: Interface-Handler für Zugang zu Transportsystem und Koppelkanal.

Die Client-Software besteht aus der Schnittstelle ITBAS, einem Kernteil (dieser enthält u.a. einen Receive-Prozeß, der die Verbindung zum Server empfangsseitig überwacht) und einem optionalen Interface Handler IH zum Transportsystem.
Die Schnittstelle zwischen Client und Server ist dzt. über die in UNIX bekannten Sockets realisiert. Bei verteilter Konfiguration (Abschnitt 5) erfolgt dzt. Transport über TCP/IP, in der nächsten Stufe über CMX mit beliebigen Transportprofilen.
Die wichtigsten Funktionen der Anwenderschnittstelle sind in Tab.1 dargestellt. Im Falle eines abgehenden Rufes als Beispiel ergibt sich grob gesehen folgender technischer Ablauf: Die Anwendung setzt an der Schnittstelle ITBAS das Kommando "make call" ab.TELAS-BAS quittiert in Form einer Auftragskennung und setzt das Kommando in einen Protokollblock um. Der Protokollblock wird über den Interface handler (plus ein optionales Transportsystem, sofern eine vernetzte Konfiguration besteht) an den CSTA Server-Kern übermittelt. Zwischenzeitlich kann die Anwendung fortfahren. Der CSTA Server-Kern trägt alle relevanten Daten in sein Auftragsbuch ein und ruft die zu einem "make call" zugehörigen "basic functions" auf. Der Auftrag wird in einen entsprechenden Protokollblock umgeformt und letzterer über CMX zur PBX gesandt. Return-Parameter werden im Auftragsbuch festgehalten. Komplexere Aufträge werden in Form mehrerer Teilaufträge ausgeführt. Ein Programmierbeispiel ist in Abschnitt 5 / Bild 7 dargestellt.

Aufgrund der Konzeption und der Stellung im SINIX-Kommunikationsbaukasten bietet TELAS-BAS dem Anwender folgende Vorteile:
- Entlastung der Anwendungen vom Interconnection system
- Unabhängigkeit der Anwendungen von Protokollen, Diensten und Koppelkanal der Vermittlungsanlage sowie (durch TELAS-interne Virtualisierung) vom Ziel- Vermittlungssystem
- Entkopplung der Anwendungsprogrammierung von der "Physik" der Telefon-technik
- Ablauffähigkeit auf allen Modellen der SINIX-Familie
- simultane Ablauffähigkeit mehrerer Anwendungen auf TELAS-BAS
- funktionelle Orientierung am derzeitigen Stand der CSTA-Normung bei ECMA.

- **Organisatorische Aufrufe**
  - **attach- / detach-session**
  - **read-channel-info**
  - **zusätzliche Abfragen**

- **DVA-gesteuerter Verbindungsaufbau**
  - **make-call**
  - **hangup**
  - **make-consultation**
  - **reconnect**
  - **redirect**
  - **transfer**
  - **alternate**
  - **conference-call**
  - **answer-call**
  - **set- / clear-forwarding**

- **Ein- / Ausgabe von Daten am Telefon**
  - **acivate- / deactivate-phone-io**
  - **read-data-from-phone**
  - **write-data-to-phone**

Tab.1: Wichtigste Funktionen der Programmschnittstelle ITBAS

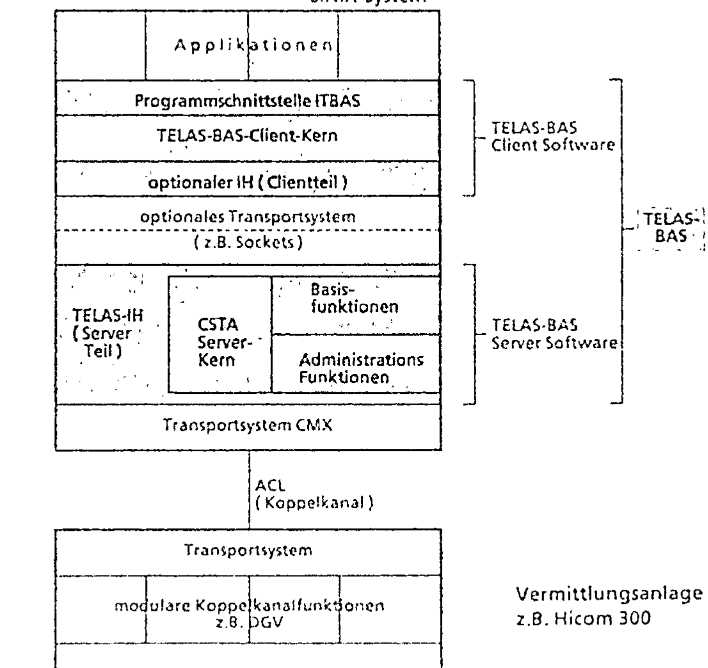

Bild 5: Funktionsmodell von TELAS-BAS in Zusammenarbeit mit Hicom

4. Typische Anwendungen

Durch den Funktionsverbund von SINIX- und Hicom-Systemen mittels TELAS ergeben sich eine Reihe neuartiger telefonbezogener Kommunikationsan-wendungen. Beispiele (ohne Anspruch auf Vollständigkeit):

- Individueller "telephone agent" support ("Komforttelefon" per Bildschirm): Telefon-verbindungen werden dabei über den Bildschirm direkt aus Anwendungen heraus automatisch hergestellt; Wahlinformation kann dabei aus einem speziellen Telefondirectory oder aus einer Datenbank entnommen werden. Ein weitergehender Schritt ist die Einbettung des Telefonierens in eine Vorgangsbearbeitung, insbesondere die wichtige
- gesprächsbegleitende Bereitstellung von Dokumenten: z.B. werden Kundendaten auf dem Bildschirm bei Beginn oder während eines Telefon-gespräches bereitgestellt, in zwei Varianten:
  - "aktiv" bei abgehendem Ruf
  - "passiv" bei ankommendem Ruf (insbesondere, wenn der Anrufende per Nummer identifizierbar ist)
- Telemarketing mit abgehendem Ruf: diese sehr telefon-intensive Tätigkeit erfordert im Regelfall einen
  - "programmierten Anrufplan", d.h. Herstellen von Sprechverbindungen "nach Liste". Etwa kann der gleiche Teilnehmerkreis regelmäßig per Telefonanrufe bedient werden (Beispiel Vermarktung von Frischdienst-Angeboten, Angeboten an Sammler, ...)
- Telemarketing mit ankommendem Ruf; dabei werden per Nummer des Anrufenden und Zugriff auf vorhandene Stammdaten die Art des Anrufs festgestellt und geeignete Dokumente bereitgestellt; sehr nützlich für die Realisierung ist die - wegen Schutz der Privatsphäre allerdings umstrittene - Verfügbarkeit von ANI (automatic number identification)
- "Message center"-Anwendungen, wie
  - Kundendienst-Beratungszentren /BAUM 89, ONLI 90/; dabei werden "service requests" an den unbekannten "besten Fachmann" gerichtet ("help desk", häufig mit Nutzung von ACD ("automatic call distribution")). Zwei Varianten existieren:
    - . ankommende Rufe werden computergestützt und gezielt zum jeweils besten Fachmann "geroutet", z.B. mittels Nachwahl einer "Problemkenn-ziffer". Wesentlicher Nutzen ist die Ausschaltung des sog. "Buchbinder Wanninger-Effekts"; automatischer Rückruf des besten Fachmanns.
  - integriertes "message handling", z.B. durch automatisches Senden von "message waiting"-Nachrichten zu den Bildschirmen, durch automatisches Senden derartiger Nachrichten über alternative Routen bzw. Mailsysteme (z.B. bei Abwesenheit), routing service für mobile Endgeräte, usw.
- Datentransferservice für Terminals, z.B.
  - unbedienter Abruf von bei Kunden gespeicherten Daten, z.B. täglicher Bestelldaten in Apotheken
  - einfache Datenerfassung über Tastwahlfernsprecher, z.B. Bestellung, einfache Gleitzeiterfassung, Betriebsdatenerfassung (BDE), Aktenan-forderung, Materialfluß-steuerung, ...
- DVA <--> PBX-Kopplung zwecks PBX-Administration, z.B. Gebührenüber-tragung mit Gebührenverarbeitung in der DVA, DVA-Nutzung für Teilnehmeranschlußdaten / Konfiguration, weitere Steuerungsvorgänge (z.B. Sperren von Anrufen)
- Notrufanwendungen, z.B. Industrie-, Feuer- oder Krankenhaus-Alarm-management; dabei übernimmt die DVA die telefonische Benachrichtigung wichtiger Personen und die Alarmplanbereitstellung im Alarmfall)
- gemischte Anwendungen im Hotel (Weckdienst, Roomstatus, Abrechnung /BAUM 89/), Krankenhausorganisation (Telefonberechtigung, Notrufschaltung, Bettenstatus, Bereitstellung von Dokumenten über Krankheitsgeschichten...)

Weitere Anwendungen sind Netzmanagement, Telefonauskunft (hier wäre zusätzliche Sprachausgabe zweckmäßig), Credit verification (bei point-of sales), übergreifende Koordinierung von Beratern, usw..

Tab. 2 klassifiziert und bewertet mögliche Anwendungen. Festzuhalten ist, daß die meisten Anwendungen sich auf ankommende Rufe beziehen, daß häufig Dokumentbereitstellung benötigt wird, und daß individueller "Telefon agent support", Telefonmarketing und Message Center als wichtigste Anwendungen einzuschätzen sind. Ein Teil der An-

wendungen wird wirkungsvoller durch computergesteuertes Einblenden von Sprachkon
serven oder synthetischer Sprache in Telefonverbindungen, Verfügbarkeit geeigneter
Sprachausgabeeinheiten ("voice response systems") vorausgesetzt.

Die Realisierung derartiger Anwendungen ist entscheidend einfacher, wenn - wie Siemens
Nixdorf mit ITBAS - der DVA-Hersteller eine (im Schichtenmodell) möglichst "hohe"
Anwendungsplattform zur Verfügung stellt. Plattform bedeutet: Eignung für alle
wichtigen (z.B. oben genannten) Anwendungen, und, daß die Plattform bei
Hardwaremodellwechsel portabel bzw. invariant ist.

Die Softwareerstellung des CSTA-Anteils o.g. Anwendungen besteht üblicherweise in der
Programmierung einer Sequenz von Kommandos entsprechend Tab. 1 plus Bedienung von
Kommandorückmeldungen. Ein einfaches Programmierbeispiel ist in **Bild 6** dargestellt:
DVA-gesteuerter Verbindungsauf-/ abbau mit Suche nach einer Teilnehmernummer
("extension number") in einer DB und zwischenzeitlicher Rückruf. Errorcodes (z.B.
"Teilnehmer belegt") /Quittungen sind nicht dargestellt. Für die Programmierung genügen
einfache telefontechnische Grundkenntnisse.
Die Anwendungsplattform TELAS-BAS ist bereits bei mehreren Anwendern im Einsatz.
Siemens Nixdorf wird Standard- bzw. Branchenanwendungen anbieten, die viele der o.g.
Anwendungsfälle abdecken und entsprechend Bild 3 TELAS-BAS als Plattform verwenden. In
Vorbereitung befinden sich u.a. ein " Telefon-Manager" für computergestütztes Telefonie-
ren über SINIX-Bildschirme im Sinne eines o. g. "Telephone agent" sowie Bausteine für com-
putergestützte Störungs- und Notrufaufnahme in der Hausleittechnik und Zeiterfassung
über Hicom-Telefone.

Eigenschaften von TELAS-MAN:
- Funktionen für den SINIX-Bildschirmbenutzer
  - Verbindungsmanagement für z.B.
    . Aufbau von Zweiergesprächen
    . Aufbau von Konferenzschaltungen
    . Weiterverbinden/Makeln von Gesprächen
    . Abspeichern von anrufenden Teilnehmernummern und/oder Notizen
  - Verknüpfung von Telefonieren und Dokumentzugriff: gesprächsbegleitende
    Bereitstellung von Dokumenten
  - Statusmeldungen auf dem Bildschirm
  - persönliches Adreßbuch, symbolische Wahl, Erinnerungsfunktionen
- Anwendungsneutralität: Aufrufmöglichkeit aus Anwendungen, u. a. standardmäßig aus
  OCIS® (= Office communications and information services) ,
- Ablauffähigkeit unter SINIX-Mehrplatz-Fenstertechnik alphanumerisch/grafisch.

Nutzen
Je nach o.g. Anwendungsfall in Abschnitt 3 ergeben sich ein oder mehrere unterschiedliche
Nutzeffekte folgender Art:
- Produktivitätssteigerung am Arbeitsplatz, Entlastung der Benutzer von
  Routinevorgängen (zB. entfällt bei Integration des Telefonierens in DV-Verfahren, d.h.
  "telefonintegrierende Vorgangsbearbeitung", das umständ-liche Suchen nach
  Telefonnummern plus das (fehlerbehaftete) Wählen; Wartezeiten bei Besetztfällen
  können vermieden werden)
- Rationalisierung/Kosteneinsparung: zB. durch Nutzung vorhandener Telefonapparate für
  einfache Erfassungsfälle, Nutzung vorhandener Bildschirme für Directoryabfrage und
  Dokumentbereitstellung
- Nutzung des Rechners zur konsequenten Abarbeitung von Vorgängen: Telefonlisten
  werden zum festgelegten Zeitpunkt abgearbeitet, nicht erfolgte Verbindungen werden
  wie eine "Wiedervorlage" verzögert ausgeführt
- Realisierung bisher praktisch nicht realisierbarer Anwendungen, z.B. Service Request bei
  "Message center"-Anwendungen
- organisatorischer Nutzen: Erhöhung der Transparenz durch Protokollierungs- und
  Abrechnungsmöglichkeiten
- Mehrfachnutzung durch simultane Unterstützung mehrerer der genannten
  Anwendungen auf **einer** DVA.

Bild 6

ITBAS-Aufruf	E/A-Parameter	Funktion
Ablauf:		
attach session	(service name / session id)	Anmeldung des AP beim Server des Service
ds bind (ds id) ext b: = ds search (attr 1, attr 2, attr 3) ds unbind (ds id)		Session zu DB-Server mit Search auf Teiln.-Nr.
make call	(session id / ext a, ext b)	Aufbau Telefonverbindung
make consultation	(session id, ext a, ext c)	Aufbau einer Rückfrageanforderung von a zu c. Verbindung a <-> b in Wartestellung
alternate	(session id, ext a)	Makeln zwischen c und b: Auflösen Verbindung a <-> c, Wiederaufnehmen Verbindung a <-> b
disconnect	(session id, ext a, ext c)	Trennen der Verbindung zu c. Verbindung a <->b bleibt
hangup	(session id, ext a)	Auflösen Verbindungen von a
detach session	(session id)	Abmelden beim Server

ext a/b = Nr. des anrufenden / angerufenen Teilnehmers
ext c   = Nr. des Teilnehmers bei Rückfrage

E/A-Parameter = Parameter zum / vom Server

Bild 6: Programmierbeispiel: Aufbau Zweiergespräch mit zwischenzeitlicher Rückfrage

Tab.2

Anwendung	ein-/ausgehend	Funktionen (Beispiele)	erzielbare Vorteile
individuelles Telefonieren (Sachbearbeiter, Sekretariat)	A/(E)	Tel-nr. Übernahme, Erinnerung, Wahlwiederholung, Notizen / Dokument	Zeitersparnis, konsequentes Telefonieren, Büroproduktivität
Telemarketing	A/(E)	Anrufplan, Dokument bereitstellen	Zeitersparnis, keine Fehlversuche, Absatzsteigerung
Service Center	E	Kunden- und Problemidentifikation, weiterleiten an Fachberater	flexibel und schnell reagieren, zufriedene Kunden
Message Center	E	ACD, Sprachspeicherung, Voice-Mail	bessere Erreichbarkeit, autom.Kopplung zu Pager
Datenerfassung	E	Telefon als Eingabeterminal, autom.Abfragen von Stationen	kostengünstige Terminals, einfache Vernetzung
Gebührendaten		Kostenzuordnung, Kostenabrechnung	Kostentransparenz, Abrechnungsintegration
Gebäudeleittechnik, Alarmmeldung	A/E	Kopplung von Meldern mit Sprachausgabe, Ausgabe von Alarmplänen	schnell reagieren, bessere Überwachungsmöglichkeit, Fehlervermeidung
gemischte Anwendungen (Hotel, Krankenhaus, . . .)	E/(A)	Melden der Zimmer-/ Bettenverfügbarkeit, Amtsberechtigung Umschalten, Sonderleistungen	effizienter Service, schnelle Verfügbarkeit, schnelle Abrechnung

Tab.2: Einteilung der Anwendungen

5. Aspekte des CST-Verbundes als verteiltes System

Der beschriebene CST-Verbund von DVA und PBX soll hier in seiner Eigenschaft als verteiltes System näher untersucht werden. In der üblichen Klassifizierung verteilter Systeme handelt es sich um einen Funktionsverbund. Der Begriff "Anwendungsverbund" gilt streng genommen nur dann, wenn Anwendungen in DVA **und** PBX im Sinne des ISO-Referenzmodells zusammenarbeiten. Korrekt ist der Begriff "Anwendungsintegration", weil die Sprach-/daten-Integration in einer DV-Anwendung liegt. Einzelaspekte als verteiltes System:

Netzfähigkeit
Durch die Aufteilung in Server- und Client-Software kann die Schnittstelle ITBAS auch auf beliebige inhouse-gekoppelte Endsysteme der SINIX-Familie ausgelagert werden (verteiltes DV-System), vgl. **Bild 7**. Auf Bildschirmanwendungen oberhalb TELAS-BAS können auch andere Endsysteme, wie zB. PCs per Emulation, zugreifen. Denkbar ist, daß in Zukunft auch auf der PBX-Seite CSTA-Leistungsmerkmale (wie bei ACL) netzweit, d.h. für verteilte inhouse-gekoppelte PBX, zur Verfügung gestellt werden.

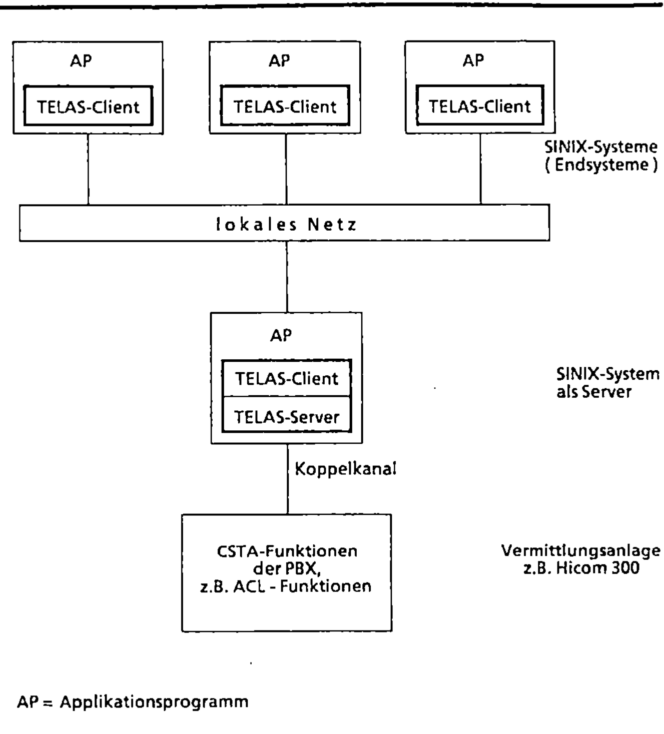

Bild 7: Netzfähigkeit mit TELAS als verteiltes System

Funktionsverteilung
Im Sinne der Rechnerkopplung sind DVA und PABX gleichwertige Partner. Im Sinne der Auftraggeber/Auftragnehmerverhältnisse ergeben sich unterschiedliche Client-/Server-Beziehungen:
In den meisten der o.g. Anwendungsfälle stellt HICOM bzw. ein anderes Vermittlungssystem aus Sicht der DVA einen "PBX-Server" dar; die Programmschnittstelle von TELAS-BAS läßt sich wie eine über den Koppelkanal in ein SINIX-System "exportierte" und für DV-Anwendungen zugeschnittene Hicom-Schnittstelle interpretieren.
In anderen Fällen wie zB. der Datenerfassung stellt die DVA für Hicom bzw. Hicom-Teilnehmer einen "DV-Server" dar.

Durch die Netzfähigkeit von TELAS ergibt sich eine mehrstufige Server-Hierarchie: die SINIX-Endsysteme bedienen sich der Dienste eines ausgezeichneten SINIX-Server-Systems (in dem TELAS-BAS abläuft); die Aufträge werden durch SINIX-Server plus HICOM (als PBX-Server) ausgeführt (mehrstufiger Funktionsverbund).

Weitere Aspekte
Weitere Aspekte bzgl. CST als verteiltes System betreffen z.T. komplexe Problemstellungen und können daher nur kurz dargestellt werden:
- Verfügbarkeit:
  ·Es ist sichergestellt, daß Störungen auf SINIX- bzw. Hicom-Seite die Betriebsfähigkeit des Partnersystems nicht beeinträchtigen, insbesondere ist normaler Telefonbetrieb bei Ausfall der DVA gewährleistet.
- Schutz gegen unberechtigten Zugriff:
  - Mißbrauch der mit ACL gegenüber Teilnehmeranschluß erweiterten Leistungsmerkmale; z.B. ist zu verhindern, daß ein nichtberechtigter Teilnehmer A zwei Teilnehmer B und C miteinander verbindet. Derartiger Mißbrauch ist mit den Sicherheitsmechanismen der DVA, ggfs. durch weitere organisatorische Maßnahmen des Anwenders, zu verhindern
  - Schutz gegen unberechtigte Nutzung des Servers bei verteilter Konfiguration; Abhilfe zB. durch Sicherstellen, daß der Name eines berechtigten Benutzers nur in Verbindung mit "seinem" Client-Rechner auftritt.
- organisatorische und Betriebsaspekte:
  Configuration und Netz-Management:
  Beim Konfigurieren werden auf DVA-Seite die TELAS-Benutzer und auf PBX-Seite die Zuordnung Benutzer (dh. dessen Tel.-Nr.) zu einem Teilnehmeranschluß festgelegt. Ortsunabhängige Nutzung: Der Benutzer kann von einem anderen als seinem persönlichen Arbeitsplatz die CST-Funktionen nutzen, wenn er dort die PBX-Funktionen für "mobile Teilnehmer" und einen ebenfalls mit dem SINIX-System verbundenen Bildschirm zur Verfügung hat. Das Zusammenführen von Netz- und Configuration Management von DVA und PBX, zB. auf einer DVA, ist Gegenstand längerfristiger Entwicklungen bei verschiedenen Herstellern.
  Praktisches Einführungshemmnis für CST:
  Als solches erweist sich insbesondere bei vielen großen Anwendern die unterschiedliche organisatorische Zuständigkeit für DV- und PBX-Belange.
- Performance:
  Wichtige Kenngrößen sind z.B. Zahl simultaner aktiver TELAS-BAS-Nutzer, mittlere Dauer eines "Make Call" (hieraus läßt sich die Zeiteinsparung gegenüber manueller Suche in Telefonbuch errechnen), usw.
- Protokolle und Schnittstellen:
  DVA- und PBX-Hersteller haben natürlich tragfähige Absprachen über Protokolle und Schnittstellen zu treffen.
  Einige DVA- und PBX-Hersteller kooperieren derzeit biliteral, um einen CST-Verbund zu realisieren /ROES 90/. Siemens als DVA- **und** PBX-Hersteller bietet verständlicherweise besonders günstige Voraussetzungen und realisiert neben CST auch alle weiteren in Abschnitt 1 genannten Integrationsformen; dabei versprechen Kombinationen der Verbundformen auf Basis einer DVA einen besonderen Integrationsnutzen.
- Standardisierung:
  Wichtigste dzt. CSTA-Standardisierungsaktivität ist diejenige von ECMA TC 32. An ihr sind mehrere europäische und US-Hersteller beteiligt. Ziele des vermutlich mehrjährigen Standardisierungsprozesses sind: Definition eines Application layer protocols und funktionelle Festlegung eines Application layer service.

6. Ausblick

CSTA ist ein aussichtsreiches Konzept für eine Integration von DV und Sprachkommunikation, weil
  - zum ersten Mal die DV-Anwendungswelt mit Telefonbenutzung über DV-Bildschirm in größerem Umfang einbezogen wird
  - der Integrationsansatz der Sprach-/Daten-Integration naheliegend und natürlich ist, und

- die zu überwindenden technisch-wirtschaftlichen Hürden bei Herstellern und Kunden nicht zu groß sind. Insbesondere bleiben die wesentlichen Inves-titionen in DV- und PBX-Welt erhalten und CST setzt weder ISDN noch ISDN-Endgeräte voraus.

Denkbare Weiterentwicklungen des CSTA-Ansatzes liegen im Ausbau des Spektrums koppelbarer Systeme, auch verschiedener Hersteller (auf PBX- **und** DV-Seite), Ausdehnung auf andere Dienste (zB. Fax, TEMEX, ...), ISDN (wobei ISDN mit Mehrdienstefähigkeit, Anrufernummeridentifikation, usw. zusätzliche Vorteile erschließen kann), CSTA-Nutzung im Rahmen von Value Added Services, sowie Ausbau der Netz- und Verteilungsfähigkeit.

Ein Funktionsverbund im Sinne von CSTA kann dem Anwender überall da be-sonderen Nutzen bringen, wo Datenverarbeitungsleistungen, Bürokommuni-kation und persönliche oder unbediente Kommunikation über Telefon gleichsam wichtig sind. Bei CSTA handelt es sich um ein evolvierendes Gebiet, auf dem eine Vielzahl neuer Anwendungen denkbar sind, auf dem aber auch, wie die derzeitige Entwicklung zeigt, rasch vollständige Lösungen entstehen. Erfahrungen mit ersten praktischen Einsätzen sollten zeigen, inwieweit sich die Erwartungen in die Nutzenpotentiale von CSTA verwirklichen lassen.

Mit dem Beispiel eines Verbunds SINIX-Hicom ist die technische Machbarkeit von CST nachgewiesen. Auf einem **offenen UNIX-System** ist nunmehr eine tragfähige Anwendungs-plattform vorhanden, auf der neben Standardprodukten Lösungen von Anwendern und Softwarehäusern entstehen.

Literatur

BAUM 89   Baum,G., Fazel,A., Anwendungsverbund im ISDN-Kommunikationssystem
           Hicom: Computerintegriertes Telefonieren, Online '89, Kongreßband III-30 -
           02 ÷ 13
JENK 89   Jenkins,A., Giving Voice to Applications, Datamation, Int. Ed.,
           Vol. 35, No. 17, Sept 1,1989, 57 ÷ 59
ONLI 90   Session über "computergestütztes Telefonieren/PACT", Online '90, Hamburg
           1990, Proc. Online 90, Band IV
PAWL 89   Pawlita,P., Schulz,W., Der SINIX-Kommunikationsbaukasten an der Schwelle der
           neunziger Jahre, Save Aktuell, 1989, H.1/2, Mai 1989, 56 ÷ 64

Telefax-Kommunikation
über Lokale Netze

Bernd Heinrichs*, Peter Martini**

*Lehrstuhl für Informatik IV; RWTH Aachen
Ahornstraße 55; D-5100 Aachen
Tel.: 0241/80-21410; FAX: 0241/80-6295; e-mail: ...heibe@informatik.rwth-aachen.de

**Universität - GHS - Paderborn; Fachbereich 17
.   Warburger Straße 100; D-4790 Paderborn
Tel.: 05251/60-3337; e-mail: ...martini@uni-paderborn.de

Kurzfassung:

In diesem Artikel wird die Integration des Gruppe 4 - Telefaxdienstes in Lokale Netze mit CSMA/CD-Medienzugang untersucht. Eine simulative Analyse liefert Leistungskenngrößen wie z.B. Verzögerungszeiten für Nachrichten bzw. Pakete, Wartezeiten auf Zugang zum Netz und den mittleren Durchsatz je Telefax- bzw. Grundlaststation. Der Verkehr auf dem Netz wird durch saturierte Telefax Gruppe 4 - Lastgeneratoren und sogenannte „Grundlastgeneratoren" generiert. Letztere werden zum einen durch den klassischen und zum anderen durch einen unterbrochenen Poisson-Prozeß modelliert. Zusätzlich wird eine Sensitivitätsanalyse bzgl. der Intensität der angebotenen Telefax- und Grundlast, sowie der eingesetzten Flußkontrollmechanismen durchgeführt.

0 EINLEITUNG

Schnelle Informationsverarbeitung und rascher Datenaustausch gehören zu den Schlüsselfunktionen vieler Wirtschaftszweige. Die Vielfalt der Informationsarten nimmt rapide zu. Nicht nur alphanumerische Texte, sondern auch Grafiken, Skizzen oder handschriftliche Mitteilungen werden versandt. Mit der Vielfalt der Informationsarten steigt auch die Anzahl der Endgerätetypen. Was ist da vorteilhafter als ein einzelnes Endgerät oder ein Kommunikationsdienst, mit dem jede beliebige Vorlage übertragen werden kann? **Telefax-Geräte** (auch **Fernkopierer** oder **Faksimile-Terminals** genannt) sind dazu in der Lage.

Faksimile-Übertragung über das Fernsprechnetz existiert bereits seit den sechziger Jahren. Damals legte der **CCITT** erstmals Standards für das Fernkopieren über Fernsprechleitungen fest. Bis heute wurden insgesamt vier Gerätetypen mit unterschiedlichen Leistungsmerkmalen genormt. Die neuesten Empfehlungen definieren den Gruppe 4 - Telefaxdienst, der primär zum Einsatz über digitale Netze wie dem ISDN konzipiert worden ist. Benutzerfreundlichkeit, Vielseitigkeit und zunehmend niedrigere Preise machen Telefaxgeräte auch interessant für private Teilnehmer. Mit beitragen zur weiteren Marktdurchdringung werden in Zukunft **rechnergestützte Telefaxlösungen.** Durch Einbau einer "*Faxkarte*" in einen mit Drucker und Scanner ausgestatteten Rechner (sei es ein PC oder eine Workstation) oder durch Anschluß eines Rechners über eine Schnittstelle an ein herkömmliches Telefaxgerät ergeben sich vollwertige Telefaxstationen, die zusätzlich die Vorteile aus den Möglichkeiten der internen Weiterverarbeitung (mit hohen Rechenleistungen) und des Anschlusses an Lokale Netze aufweisen.

Welche Auswirkungen die Lastcharakteristik des Telefaxdienstes auf Komponenten und Kenngrößen Lokaler Netze hat, soll in diesem Beitrag erläutert werden.

1 DER TELEFAX-DIENST

Hauptunterscheidungsmerkmal zwischen den Fernkopierergruppen ist die Übertragungszeit einer Nachricht. Nach [Ohm 83] benötigen **Gruppe 1** und **2** - Telefaxgeräte, die aufgrund der eingesetzten Modulationsverfahren unabhängig vom Aufbau der Schwarz-Weiß-Muster des zu übertragenden Dokumentes arbeiten, konstante Zeiten (5 bzw. 3 Minuten je DIN A4 - Seite). Die Umsetzung der durch Abtaster erzeugten analogen Basisbandsignale durch einen Quellencodierer in zeit- und wertdiskrete Signale, ermöglicht **Gruppe 3** und **4** - Terminals, die abgetastete Vorlage vor der Übertragung zu komprimieren. Beträgt die Datenmenge der DIN A4-Seite nach erfolgter Codierung und Komprimierung 1 Mbit, so benötigen Gruppe 3 und 4 - Geräte bei optimaler Leitungsqualität zumindest folgende Zeiten (100 bzw. 15 Sekunden). Nach der CCITT-Empfehlung T.563, [T.563 88], werden Gr. 4 - Geräte zusätzlich in drei Klassen unterteilt, die sich aufgrund ihrer Empfangs- und Sendefähigkeiten unterscheiden.

Da Telematikdienste wie Teletex, Videotex und Telefax nicht nur auf gleiche Transportsysteme, sondern auch viele Gemeinsamkeiten im Aufbau, der Darstellung und der Bearbeitung von Informationen aufweisen, hat der CCITT im Jahre 1988 Richtlinien über die Architektur von Telematikdokumenten (**ODA** = open document architecture) und deren Übertragung bzw. Bearbeitung (**DTAM** = document transfer and management) in den T.400 - und T.500 - Serien von Empfehlungen herausgegeben (s. z.B. [T.6 84], [T.501 88], [T.503 88], [T.521 88], [T.522 88] und [T.561 88]). Einbezogen wurden auch die bereits im Jahre 1984 in der Empfehlung [T.73 84] festgelegten Austauschformate (**ODIF** = open document interchange format) für Telefax- und Mixed-Mode - Dokumente. Die angeführten CCITT-Empfehlungen und diesbezügliche Veröffentlichungen (z.B. [Bod 85], [Bod 86], [Yas 85]) geben einen umfassenden Überblick über die Funktionalität von Faksimile-Terminals. Beispielsweise zeigt Abb. 1.1 den T.400-Baukasten und die für Faksimile-Gruppe 4 Klasse 1 relevanten CCITT-Empfehlungen.

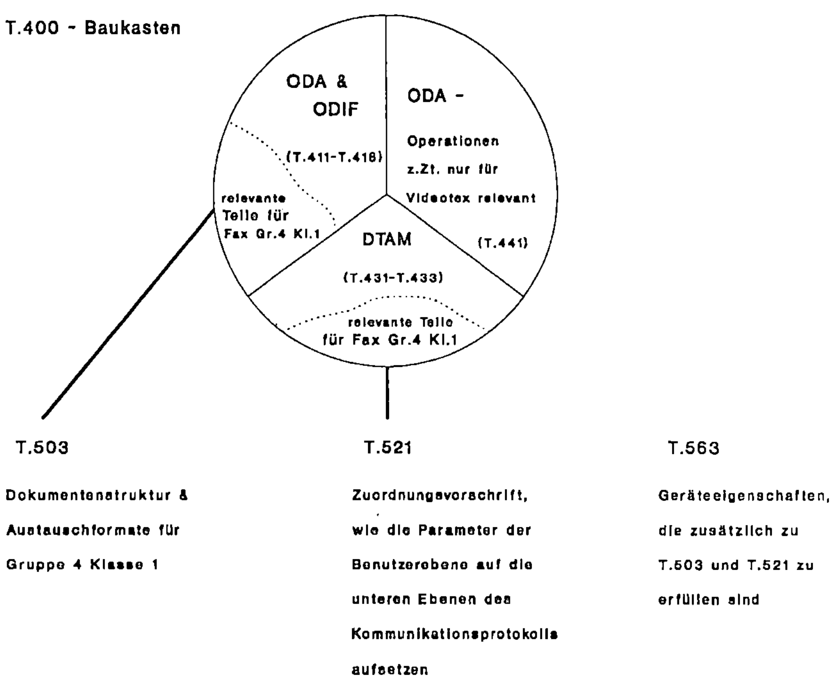

Abb. 1.1: Telefax Gruppe 4 Klasse 1 basierend auf ODA/DTAM

2 TELEFAX IN LANs

In vielen Büros wird die Geschäftskorrespondenz bereits mit dem PC erledigt und schon länger ein Telefaxgerät benutzt. Doch der Ausdruck eines Briefes und das anschließende Einlesen in einen evtl. weit entfernten Fernkopierer sind recht umständlich. Ein mit einer Faxkarte ausgerüsteter PC nimmt diesen Umweg ab. Eine Kombination PC/Faxkarte bietet außerdem eine Vielzahl PC-spezifischer Vorteile (nur von sehr komfortablen und teuren Stand-alone-Faxern erbracht) wie der Versand einer Mitteilung an mehrere Teilnehmer oder zu gebührengünstigen Zeitpunkten, die Möglichkeit der Weiterverarbeitung empfangener Dokumente im PC, die Weiterleitung vom öffentlichen Netz kommender oder eigener Nachrichten in ein Lokales Netz, die Mehrfachnutzung peripherer Geräte (Drucker, Scanner), dadurch Kostenersparnis, sowie die Integration der Bürokommunikation in einem Gerät (Multifunktionalität). In diesem Artikel soll ausschließlich Telefax Gruppe 4 - kompatible Kommunikation untersucht werden, da sie aufgrund gehobener Leistungsmerkmale (wie z.B. Datenrate, Auflösung, Datenvolumen) die höchsten Anforderungen an PCs und zugrundeliegende Netze stellt. Da uns bis jetzt noch keine Gr. 4 - kompatiblen Faxkarten vorliegen, werden die Leistungsmerkmale herkömmlicher Gr. 4 - Geräte übernommen. Neben Möglichkeiten der reinen PC-Verarbeitung ergeben sich weitere Vorteile für PC/Faxlösungen aus ihrer Netzwerkfähigkeit. Mit einer einzigen Karte, ggfls. einem Drucker und/oder Scanner bzw. einem integrierten Scanner-Printer wird ein PC zu einem *Telefax-Server*. Ausgestattet mit entsprechender Software, die ein Telefax-Verteilsystem auf dem LAN realisiert, wird dann jeder andere ans Netz angeschlossene PC einer Abteilung oder eines ganzen Unternehmens faxfähig und kann Faxnachrichten versenden und empfangen. Die gesendeten Nachrichten sind dabei Grafikfiles mit sehr großem Datenvolumen, die vom Faxserver in Faxformat konvertiert und anschließend übertragen werden. Durch den Faxverkehr wird somit der File-Transfer-Anteil in LANs erhöht. Außer an das Lokale Netz sollte der Faxserver auch an das öffentliche Fernsprechnetz, öffentliche Datennetze oder das zukünftige ISDN angeschlossen werden und somit Aufgaben eines Gateways übernehmen können.

3 DAS SIMULATIONSMODELL

Da Ethernet-LANs die zur Zeit am weitesten verbreiteten Lokalen Netze im Bürobereich sind, haben wir uns zunächst auf die Untersuchung von CSMA/CD-LANs beschränkt. Aufgrund der Vielzahl bereits existierender Grundlagenartikel über Ethernetsysteme wird hier auf detailliertere Erläuterungen verzichtet (s. z.B. [Tan 89] oder [Sta 89]). Da zur Abschätzung des Systemverhaltens von Ethernetkonfigurationen bei den hier gewählten Lastquellen mathematische Analysen nur eingeschränkt möglich sind, wird eine Leistungsbewertung mittels Simulation durchgeführt. Sensitivitätsanalysen bzgl. herkömmlicher Ethernetsystemparameter (wie z.B. Segmentlänge, Overheadgröße, Backoffalgorithmen usw.) sind nur in der Validierungsphase des Simulationsprogramms durchgeführt worden, da dazu bereits eine Vielzahl mathematischer und simulativer Analysen vorliegt (s. z.B. [Bux 81], [Rei 84], [Gon 87] oder [Akh 89]). Implementiert worden ist das Simulationsprogramm mit dem am Lehrstuhl für Informatik IV der RWTH Aachen entwickelten Simulationspaket ATLAS (Analysis Tool for Local Area Network Simulation, [Dav 89]).

3.1   Lastquellen

3.1.1   Grundlast

Wie eine Vielzahl von Messungen der Lastcharakteristik von Ethernetkonfigurationen ergaben (s. z.B. [Bog 88], [Gon 87] oder [Gih 89]), sind die meisten Einsatzumgebungen durch eine näherungsweise bimodale Paketlängenverteilung mit einer großen Anzahl sehr kurzer und wenigen extrem langen Paketen charakterisiert. Eine derartige Paketlängenverteilung (basierend auf [Wel 85]) liegt dem Generator der Grundlast zugrunde, wie die folgende Tabelle 3.1 mit Angabe der Paketinformationsfeldlängen und der zugehörigen relativen Häufigkeiten zeigt.

Informationsfeldlänge [Bytes]	relative Häufigkeit
5	0.38
15	0.15
25	0.10
35	0.03
45	0.04
55	0.02
65	0.03
75	0.01
85	0.01
95	0.01
150	0.01
250	0.01
350	0.01
450	0.01
550	0.01
1024	0.08
1484	0.09

Tab. 3.1: Informationsfeldlängenverteilung für Grundlastpakete

Der Grundlastgenerator wird auf zwei verschiedene Arten modelliert, zum einen wie herkömmlich, als *klassischer Poisson-Prozeß* und zum anderen wie in [Gih 87] vorgeschlagen, als *unterbrochener Poisson-Prozeß*. Werden die Zwischenankunftszeiten von Paketen an Warteschlangen als voneinander stochastisch unabhängige Zufallsvariablen mit derselben negativ exponentiellen Verteilung gewählt, so ist der Ankunftsprozeß ein Poisson-Prozeß. Durch diese exponentiell verteilten Zwischenankunftszeiten wird ein quasi-gleichmäßiger Paketstrom erzeugt, der nur unzureichend die zumeist unregelmäßige Verkehrscharakteristik auf Lokalen Netzen mit kurzzeitigen Phasen reger Aktivität und darauffolgenden längeren Pausen der einzelnen Quellen (**Burst**-Quellen), widerspiegelt. Der unterbrochene Poisson-Ankunftsprozeß dagegen besteht aus einer *aktiven* Phase, in der Pakete mit negativ exponentiell verteilten Zwischenankunftszeiten ankommen (Poisson-Prozeß) und einer *passiven* Phase, in der kein Paket eintrifft (s. Abb. 3.1).

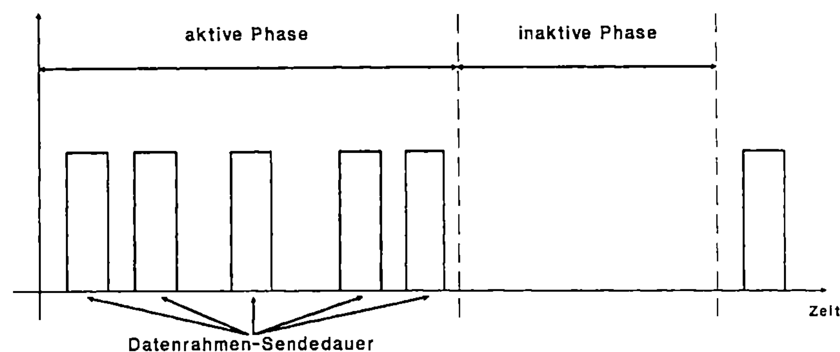

Abb. 3.1: Modellierung einer Grundlastquelle mittels unterbrochenem Poisson-Prozeß

3.1.2 Telefaxlast

Im Anschluß an die vollständige Übertragung einer Telefaxnachricht oder einer in ein Grafikfile konvertierten Nachricht wählt der Telefaxlastgenerator eine neue Nachrichtenlänge und eine betreffende Zielstation aus. Die Nachricht wird entsprechend einer vorgegebenen Paketlänge und mit einer maximalen Datenrate von 1 Mbit/s segmentiert. Der Generator setzt wahlweise oberhalb der LLC- bzw. der Transport-Ebene auf. Bei Aufsatz des Generators auf Transportebene werden die Pakete gemäß den in [Hea 89] angegebenen Bearbeitungszeiten (je Byte 0.0013 msec, je Paket 3.14 msec, je Nachricht 4.86 msec) vom Transportsystem abgefertigt. Die daraus resultierende Datenrate μ_{hea} hängt zusätzlich ab von der auf Transportebene vereinbarten Fenstergröße und der Wartezeit auf Quittungspakete. Die mittlere Verweildauer (Wartezeit plus Bedienzeit) der Pakete im Bediensystem auf MAC-Ebene hängt ab vom auf LLC-Ebene implementierten Quittungsmechanismus und den Wartezeiten auf Netzzugang. Für die im Simulationsprogramm repräsentierten Telefaxsender wurde nach [Hei 90] die in Tab. 3.2 angegebene Nachrichtenlängenverteilung ausgewählt.

Filelänge (kbyte)	relative Häufigkeit
15	0.1
50	0.15
100	0.175
250	0.15
500	0.15
750	0.1
1000	0.07
2000	0.065
3000	0.035
5000	0.005

Tab. 3.2: Telefaxnachrichten-längen-Verteilung

3.2 Lastsenken

Empfangene Pakete werden zunächst auf LLC-Ebene bearbeitet und bei fehlender Transportebene mit einer Datenrate μ_{LLC} abgefertigt. Ist außer der LLC-Ebene auch die Transportebene implementiert, so werden die Pakete an die auf Transportebene befindliche Warteschlange mit der Datenrate μ_{hea} weitergeleitet und anschließend von der Transportebeneninstanz mit der Rate $\mu_{trans} = 1$ Mbit/s bedient. Sind Quittungsmechanismen implementiert, so folgt die Generierung von Quittungspaketen (vgl. Kap. 3.3).

Als Basis für die Bestimmung der Leistungskenngrößen der zu untersuchenden Ethernetkonfigurationen dienen die in den Abbildungen 3.2a und b dargestellten Stationsmodelle mit bzw. ohne Berücksichtigung der Transportebene.

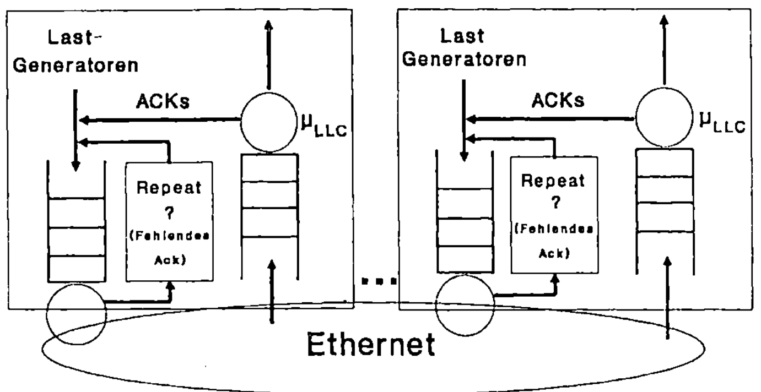

Abb. 3.2a: Simulationsmodell ohne Transportebene

3.3 Medienzugang und LLC-Ebene

Das Verhalten des CSMA/CD-Protokolls (Zufallseigenschaft, Kollisionserkennung und -behebung, Backoffalgorithmus) läßt sich nicht ohne Manipulation der herkömmlichen Ereignislistensteuerung nachbilden. Es müssen nicht nur asynchrone Stationsaktivitäten, sondern auch Zugriffe auf den gemeinsam benutzten Bus (500 m langes Koaxialkabelsegment) und deren Rückwirkungen auf die Stationsaktivitäten modelliert werden.

Die **LLC-Ebene** ist im Simulationsprogramm auf zwei verschiedene Arten realisiert (als LLC Typ 1 oder verbindungsloser Dienst mit akkumulierten Quittungen nach Empfang einer bestimmten Anzahl Frames). Bei letzterer Methode wählen die beiden Kommunikationspartner eine Fenstergröße aus, die angibt, wieviele unbestätigte Frames zu einem Zeitpunkt unterwegs sein dürfen. Wird eine geeignete Fenstergröße (> 6) gewählt, so liegt die mittlere Übertragungszeit der mit dem quellengesteuerten akkumulierten Quittungsmechanismus übertragenen Telefaxnachrichten nur um knapp 5 % über der bei Nichtberücksichtigung des Quittungsmechanismus, wobei letzteres Verfahren nicht den erfolgreichen Empfang der Pakete garantiert. Da der Einsatz eines Sliding-Window - Verfahrens (senkengesteuert) in den hier untersuchten Szenarien bis auf minimale Durchsatzgewinne für die Telefaxsender keinen Vorteil gegenüber akkumuliertem Quittieren aufweist, ist letztere Flußkontrollmethode im Simulationsprogramm implementiert. Außerdem führt dies zu einer erheblichen Beschleunigung der Simulationen.

Die **Transportebene** arbeitet in Abhängigkeit von der beim Verbindungsaufbau ausgehandelten Fenstergröße, die angibt, wieviele Pakete der Empfänger, ohne zu quittieren, entgegennehmen kann (ebenfalls mittels quellengesteuertem akkumulierten Quittungsmechanismus). Ist das Sendefenster auf Transportebene voll, so wird der sogenannte "*Retransmission Timer*" gestartet. Läuft dieser ab, ohne daß ein Quittungspaket ankommt, werden die unquittierten Pakete erneut gesendet und der Timer zurückgesetzt. Daraufhin wartet der Sender wieder. Bleibt auch dann die Quittung aus, so wird diese Prozedur wiederholt. Um eine an das jeweilige Lastszenario angepaßte Retransmission-Timer-Dauer zu erzielen, wird der Timer bei mehrmaligem (Anzahl als Eingabeparameter festlegbar, hier: 5) Ablaufen vor Erhalt einer Quittung um ein entsprechendes Zeitintervall verlängert. Die Sender der Faxnachrichten verfügen im Simulationsprogramm über eine zusätzliche Warteschlange auf Transportebene (retransmit queue), in der die Pakete zwischengespeichert werden, die schon abgesendet wurden (*retention until acknowledgement*), aber noch nicht quittiert worden sind (in Abb. 3.2b umrandet).

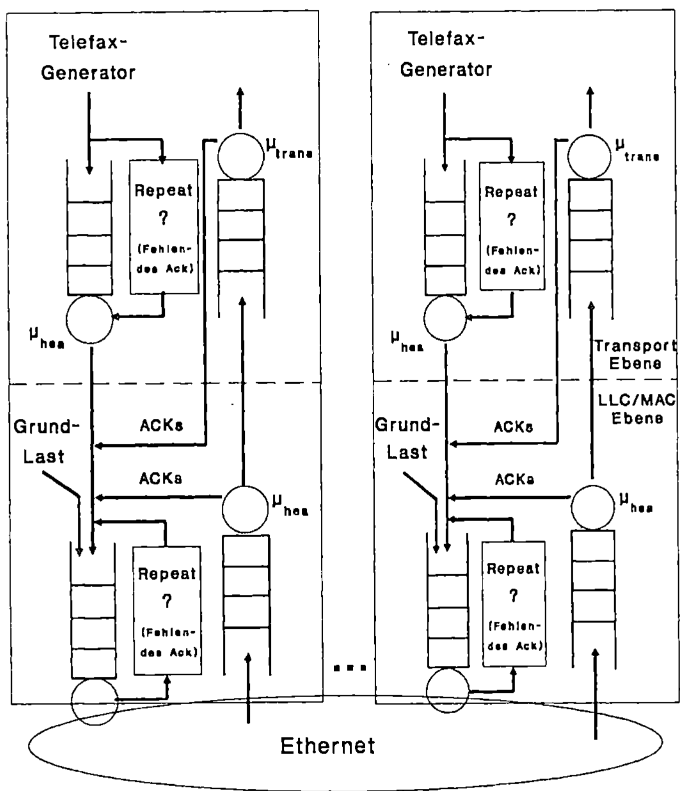

Abb. 3.2b: Simulationsmodell mit Transportebene

4 VALIDIERUNG

Das Simulationsprogramm ist mittels einer Vielzahl von Testhilfen verifiziert und validiert worden. Zudem wurde eine Vielzahl von Simulationsreihen zum Vergleich mit Meßergebnissen durchgeführt. D.R. Boggs veröffentlichte in [Bog 88] u.a. Untersuchungsergebnisse über mittlere Paketübertragungszeiten, die an einer realen Ethernetkonfiguration durch Messung ermittelt wurden. Dazu belastete er ein Netz derart, daß die Kapazität des Netzes bei weitem überschritten wurde. Die den Messungen zugrundeliegende Konfiguration hatte den folgenden Aufbau. An einem 3000 Fuß (910 m) langen Koaxialkabel-Segment waren über vier Multiport-Repeater, die gleichverteilt im Abstand von 1000 Fuß voneinander angeordnet waren, jeweils sechs Hosts angeschlossen. Die Anzahl aktiver Hosts wurde während der Meßreihe zwischen 1 und 24 variiert (Paketlänge: 1024 Byte). Nach der Adaptierung des Simulationsmodells auf

354

diese Versuchsumgebung sind die in der Abb. 4.1 angegebenen Werte ermittelt worden, deren
95 % - Konfidenzintervalle die entsprechenden Meßergebnisse einschließen und somit die Güte
der Simulationsergebnisse dokumentieren.

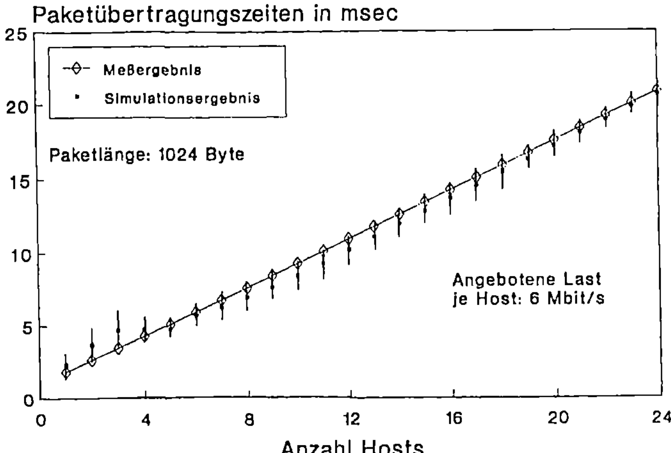

Abb. 4.1: Mittlere Paketübertragungszeiten nach [Bog 88] bzw. gemäß Simulation
(Simulationsergebnisse mit 95 % - Konfidenzintervallen)

5 EXPERIMENTE UND ERGEBNISSE

Die durchgeführten Simulationsläufe basieren auf zwei Simulationsstrategien, die sich aufgrund
des Aufsatzpunktes des Telefax-Lastgenerators auf LLC- oder Transportebene unterscheiden.

5.1 Simulationsergebnisse ohne Berücksichtigung der Transportebene

5.1.1 Variation der LLC-Flußkontrollparameter

Das erste Untersuchungsziel ist die Bestimmung des Einflusses verschiedener LLC-Fenstergrö-
ßen zwischen 1 und 16 auf die Übertragungsleistung der Telefaxserver und Grundlaststationen.
Aus diesem Grund wird eine feste Netzkonfiguration (3 Telefaxserver, 20 Grundlaststationen
auf einem 500 m langen Koaxialkabelsegment) mit physikalisch äquidistanten Stationen gewählt.
Die oberhalb der LLC-Ebene angebotene Last basiert auf den folgenden Datenraten:

maximale Telefaxdatenrate je Server: 1 Mbit/s

mittlere Datenrate je Grundlaststation: 60 kbit/s

Datenrate einer Grundlaststation in der aktiven Phase
bei Modellierung mittels unterbrochenem Poisson-Prozeß: 1 Mbit/s

Die Abfertigungsrate μ_{LLC} der auf Empfängerseite ankommenden Pakete beträgt unabhängig
vom Stationstyp 1 Mbit/s. Die Abbildungen 5.1a und b geben einen Überblick über die Mittelwerte des Gesamtdurchsatzes auf dem Netz und des Durchsatzes je Telefaxserver bei Telefaxpa-
ket-Informationsfeldlängen (IFL) von 512, 1024 und 1484 Bytes (zuzüglich 42 Bytes Overhead
des gesamten Transportsystems), gemessen auf LLC-Ebene. Die beiden Abbildungen zeigen,
daß der Gesamtdurchsatz direkt vom Telefaxdurchsatz abhängt. Die Steigung der Kurven
nimmt jeweils mit zunehmender LLC-Fenstergröße ab. Der Durchsatz stagniert also allmäh-
lich. Grundlaststationen werden kaum beeinträchtigt. Die Differenzen zwischen den jeweils in
den Abbildungen 5.1a und b dargestellten Kurven resultieren aus der unterschiedlichen Anzahl
übertragener Quittungspakete pro Sekunde und dem Warten der Telefaxserver auf diese Quittungspakete bzw. aus dem erhöhten prozentualen Overheadanteil je Datenpaket bei kürzerer Informationsfeldlänge.

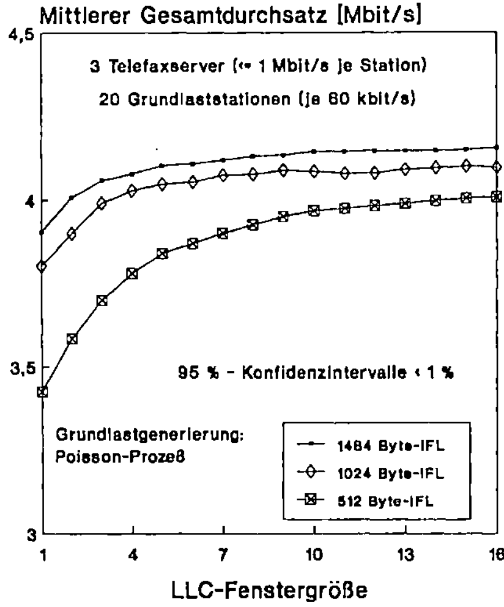
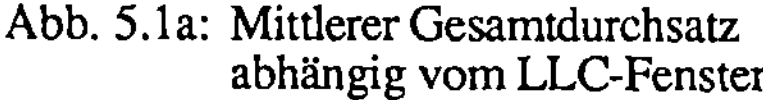

Abb. 5.1a: Mittlerer Gesamtdurchsatz
abhängig vom LLC-Fenster

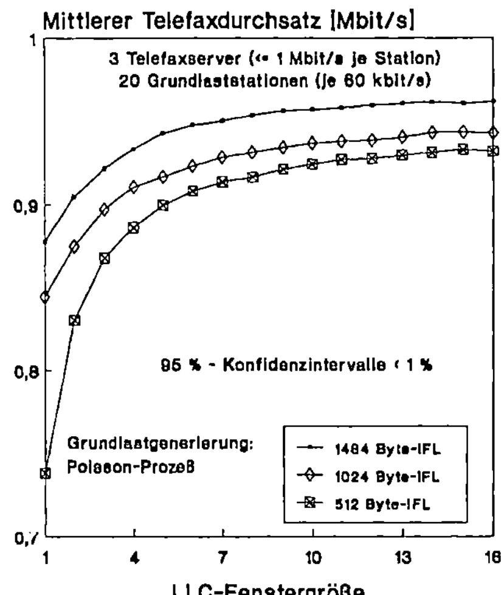

Abb. 5.1b: Mittlerer Telefaxdurchsatz je Station
abhängig vom LLC-Fenster

Messungen der Wartezeit auf Quittungspakete ergeben eine Abnahme bei kürzeren Informationsfeldlängen; da jedoch bei einer Telefaxinformationsfeldlänge von z.B. 512 Bytes weitaus mehr Quittungspakete pro Sekunde übertragen werden als bei Informationsfeldlängen von 1024 oder 1484 Bytes, ist der Anteil der Gesamtwartezeit an der Gesamtsimulationszeit entsprechend größer. Die Abbildungen 5.2a bzw. b zeigen die mittlere Wartezeit auf ein Quittungspaket bzw. den durchschnittlichen Anteil an der Gesamtsimulationszeit, den eine Telefaxstation mit Warten auf diese Acknowledgements verbringt. Für beide Größen ergeben sich 95 % - Konfidenzintervalle, die kleiner als 4 % der dargestellten Werte sind.

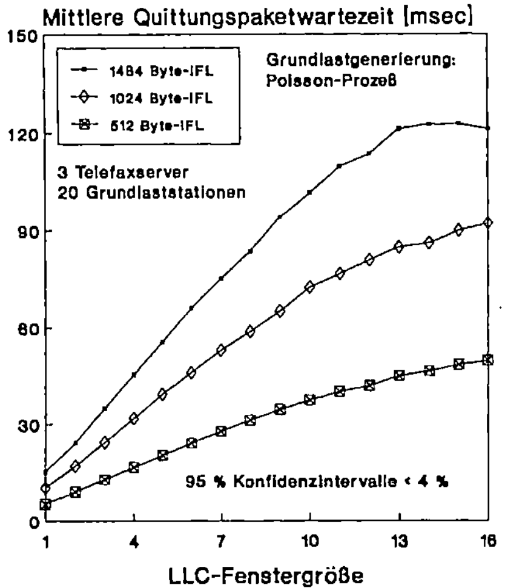

Abb. 5.2a: Wartezeit eines Faxservers auf
Quittungspakete

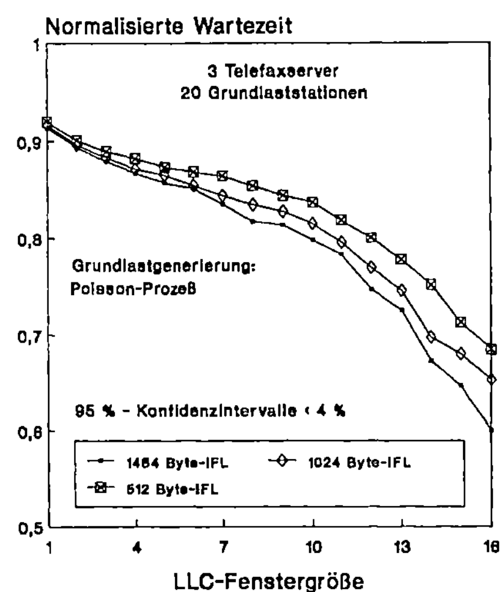

Abb. 5.2b: Anteil der Gesamtwartezeit an der
Simulationszeit

Die Unterschiede zwischen den Kurven in Abb. 5.2a resultieren aus dem unterschiedlichen Gesamtdurchsatz auf dem Bus, der bei einer größeren Informationsfeldlänge infolge des vermehrten Telefaxdurchsatzes höher ist und längere Wartezeiten auf den Netzzugang, in den Empfangswarteschlangen, sowie zunehmende Übertragungszeiten zur Folge hat. Schon bei dieser geringen Netzbelastung (< 43 %) ist der Zeitanteil, den Telefaxserver insgesamt inaktiv mit dem Warten auf Quittungspakete verbringen, sehr hoch. Zur Verdeutlichung der bereits er-

wähnten Auswirkungen auf die Modellobjekte, verursacht durch die unterschiedlichen Grundlastgeneratoren (*Poisson, unterbrochener Poisson*), zeigen die Abbildungen 5.3a und b Kurven
der Mittelwerte und 99.00 - Percentilen der Empfangswarteschlangenlängen, die in zwei verschiedenen Simulationsreihen mit ansonsten gleichen Parametern gewonnen worden sind (be-
achte unterschiedliche Skalierung der y-Achsen). Die Auswirkungen des burstartigen Verkehrs
zeigen sich vor allem in den hohen 99.00 - Percentilen in Abb. 5.3b, die bereits bei Fenstergröße 1 auf vergleichsweise hohem Niveau beginnen. Der Vergleich mit Abb. 5.3a zeigt, daß die
Ursache dafür in der Charakteristik des Grundlastverkehrs zu finden ist (95 % - Konfidenzintervalle der jeweiligen Mittelwerte liegen unter 1 % der angegebenen Werte und sind daher
nicht eingetragen).

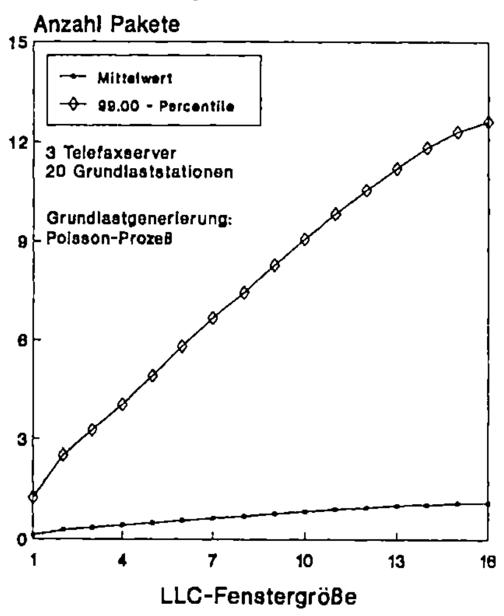

Abb. 5.3a: Länge der Empfangswarteschlange
(Poisson)

Abb. 5.3b: Länge der Empfangswarteschlange
(unterbrochener Poisson)

Der unterbrochene Poisson-Prozeß verursacht ähnliche Auswirkungen auf andere in dieser Simulationsreihe bestimmte Kenngrößen. Beispielsweise liegt der Durchsatz der Telefaxserver
infolgedessen im Mittel um 10 bis 20 Prozent unter dem Wert, der bei Modellierung mittels
klassischem Poisson-Prozeß gewonnen worden ist (s. Abb. 5.4).

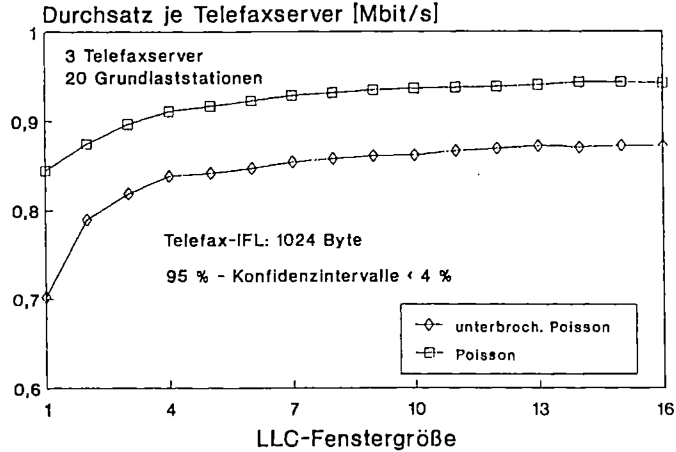

Abb. 5.4: Mittlerer Durchsatz je Telefaxserver (abhängig von der Art der
Grundlastgenerierung)

5.1.2 Variation der Grundlast

Nach der Vorstellung von Ergebnissen, die bei Variation der LLC-Fenstergröße festgestellt worden sind, soll nun der Einfluß der angebotenen und übertragenen Grundlastmenge auf die Leistungskenngrößen analysiert werden. Pro Simulationslauf wird nur jeweils ein Telefaxserver (am Busende oder in der Mitte) in Abhängigkeit von einer durch 30 Grundlaststationen produzierten Last getestet. Neben den bekannten Ethernetsystemparametern werden die folgenden Größen festgelegt: Die Telefaxlastgeneratoren bieten oberhalb der LLC-Ebene maximal eine Last von 1 Mbit/s an. Die gewählte Informationsfeldlänge ist 1484 Bytes, die Größe des LLC-Fensters 10. Die Grundlastgeneratoren produzieren jeweils den gleichen Lastanteil, der von Simulationslauf zu Simulationslauf um 0.05 Mbit/s erhöht wird. Die Empfangsbitrate der Stationen beträgt jeweils 1 Mbit/s. Es werden ausschließlich Ergebnisse vorgestellt, die bei Modellierung der Generierung der Grundlastpakete durch den klassischen Poisson-Prozeß erzielt worden sind, da sich für das hier untersuchte Lastszenario bei Modellierung durch einen unterbrochenen Poisson-Prozeß aufgrund der hohen Grundlast kaum Unterschiede zwischen den beiden Generierungsprozessen ergeben. Der Grund dafür ist, daß bei hoher Last unabhängig von der Modellierungsart ständig Pakete warten und keine Sendelücken entstehen.

In Abhängigkeit von der angebotenen Grundlast je Station zeigt die Abbildung 5.5 bei logarithmischer Einteilung der y-Achse Kurven des Gesamtdurchsatzes und des tatsächlichen mittleren Durchsatzes der Grundlaststationen, gemessen auf LLC-Ebene. Es wird die logarithmische Darstellung gewählt, um die Abhängigkeit des Gesamtdurchsatzes vom mittleren Durchsatz einer einzelnen Grundlastquelle zu verdeutlichen. Da die Positionierung der Telefaxserver kaum Auswirkungen auf das Verhalten der Grundlaststationen hat, ist nur der mittlere Durchsatz der Grundlaststationen bei der Installation des Telefaxservers in der Mitte des Ethernetsegmentes angegeben. Der Gesamtdurchsatz stagniert erwartungsgemäß wegen der völligen Auslastung des Übertragungsmediums ab einer Gesamtlast über 9.2 Mbit/s. Der mittlere Durchsatz je Grundlaststation verzeichnet zwar auch bei Überlast noch leichte Zuwächse, doch bleibt der Durchsatz je Station unabhängig von der angebotenen Last unterhalb von 0.304 Mbit/s. Die geringen Zuwächse resultieren aus der gleichzeitigen Reduzierung des Telefaxdurchsatzes, die sich wiederum aus dem Anwachsen der Längen der Übertragungswarteschlangen der Stationen ergibt, in denen Quittungspakete auf Übertragung warten.

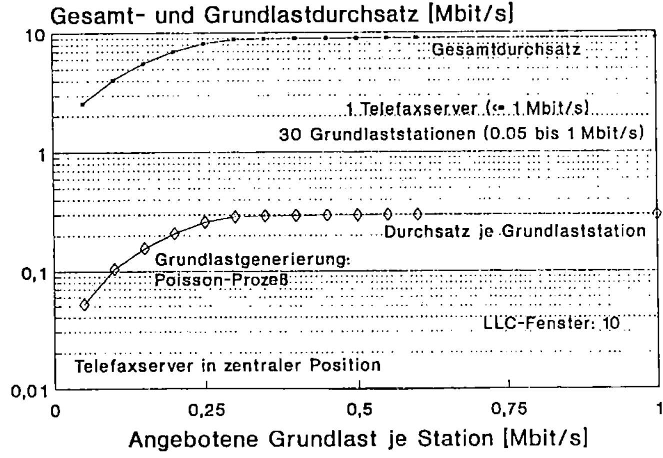

Abb. 5.5: Mittlerer Gesamtnetzdurchsatz und Durchsatz je Grundlastquelle abhängig von der angebotenen Grundlast (95 % - Konfidenzintervalle < 2 %)

Die folgende Abb. 5.6 zeigt den Vergleich des Paketdurchsatzes zweier Telefaxserver in Abhängigkeit von ihrer Anordnung, zentral oder am Rand eines 500 m langen Ethernetsegmentes.

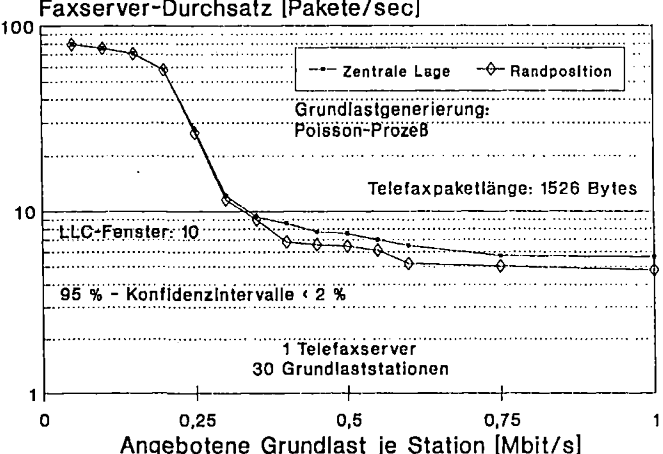

Abb. 5.6: Mittlerer Durchsatz der Telefaxserver bei unterschiedlicher Anordnung

Aus der Abbildung ist eine gewisse Bevorzugung eines im Zentrum des Ethernetsegmentes angeordneten Telefaxservers erkennbar (bis zu 10 % höhere Übertragungsrate). Da die Signale sich auf dem Bus in beide Richtungen ausbreiten, müssen Pakete eines zentral angeordneten Servers nur den halben Weg zurücklegen, um in die sichere Phase einer Übertragung zu gelangen. Infolgedessen sind die Kollisionshäufigkeit und somit die Übertragungszeit eines solchen Paketes niedriger als für ein Paket von einer am Ende des Busses installierten Telefaxquelle. Zum Abschluß der Vorstellung der Ergebnisse dieser Simulationsreihe geben die Abbildungen 5.7a und b einen Überblick über die Nachrichtenübertragungsdauern von Telefaxnachrichten mit einer Länge von 500 kbyte.

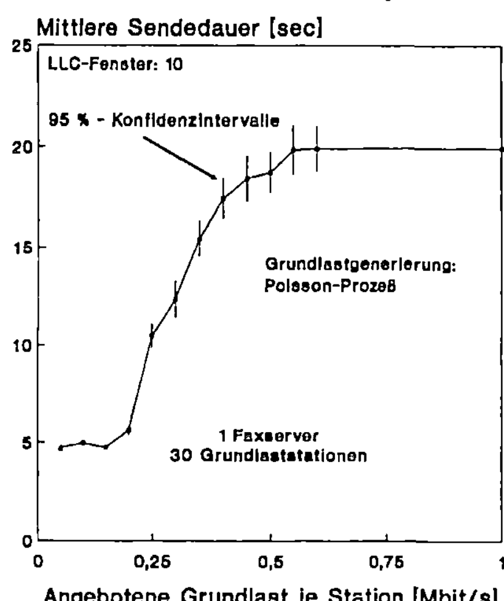

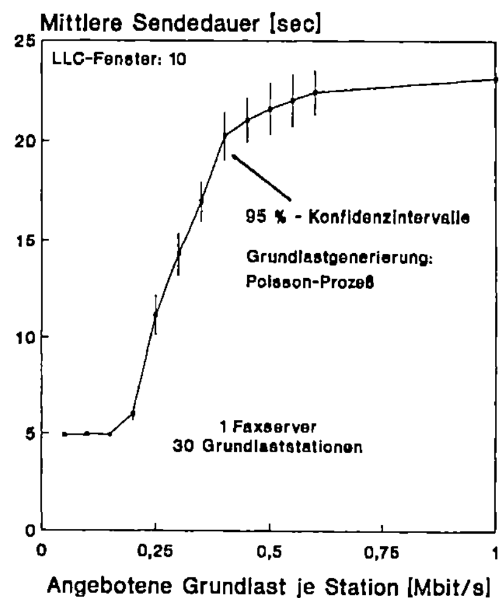

Abb. 5.7a: Sendedauer einer 500 kbyte
            Nachricht (Randposition)

Abb. 5.7b: Sendedauer einer 500 kbyte
            Nachricht (zentrale Lage)

Da infolge der Zufallseigenschaft des CSMA/CD-Verfahrens erhebliche Schwankungen, insbesondere in den Übertragungszeiten kurzer Nachrichten, auftreten, ist eine Nachrichtenlänge von 500 kbyte als Vergleichswert ausgewählt worden. Bis zu einer Gesamtnetzlast von ca. 5 Mbit/s (ca. 0.15 Mbit/s je Grundlaststation) liegen die Sendezeiten nur aufgrund der Wartezeiten auf Quittungspakete um ca. 1 sec oberhalb der Übertragungszeiten von ca. 4 sec bei lastfreiem Netz. Bei zunehmender Grundlast steigen jedoch die Kollisionszahlen und Wartezeiten auf den Netzzugang und somit die Nachrichtenübertragungszeiten an. Erst bei vollständiger Auslastung des Netzes stabilisieren sich die Übertragungszeiten. Dann sendet ein Server in zentraler Lage seine 500 kbyte langen Nachrichten bei dem zugrundeliegenden Lastszenario um ca. 15 % schneller als eine entsprechende Station in Randposition.

5.1.3 Quittungspakete mit höherer Priorität

Von Vorteil für eine schnelle Telefaxkommunikation ist die Vergabe einer höheren Priorität für zu sendende Quittungspakete, die dann nicht mehr am Ende von Übertragungs- oder Empfangswarteschlangen eingereiht werden müssen, sondern direkt abgefertigt werden. Dadurch wird die Abhängigkeit der Telefaxserver von der durch die Grundlaststationen angebotenen Last stark reduziert. Das Simulationsprogramm bietet die Möglichkeit, Quittungspakete mit drei verschiedenen Prioritätsstufen zu belegen. Sollen sie in gleicher Weise wie Datenpakete behandelt werden, erhalten sie die *Priorität 0*. Werden sie beim Sender nicht an das Ende der Übertragungswarteschlangen eingereiht, sondern an den Kopf gesetzt, so besitzen sie die *Priorität 1*. Werden sie zusätzlich von der auf das Quittungspaket wartenden Station an die führende Position der Empfangswarteschlange gesetzt, so sind sie mit *Priorität 2* versehen. Welchen Einfluß eine Prioritätsvergabe der Stufe 2 auf Quittungspaketwartezeiten und daher auch auf den Telefaxdurchsatz hat, zeigen die Abbildungen 5.8a und b. Das untersuchte Szenario entspricht der im letzten Kap. 5.1.2 vorliegenden Anordnung mit einem Telefaxserver in zentraler Lage. Wie die Abbildungen verdeutlichen, ergibt die Wahl einer höheren Priorität für einen Server in zentraler Lage bei hoher Last Durchsatzsteigerungen bis zu 70 Prozent (das sind ca. 50 kbit/s) bei gleichzeitiger Verkürzung der Quittungspaketwartezeiten um ca. 100 Prozent. Wichtig ist, daß Grundlaststationen dabei kaum beeinträchtigt werden (ca. minus 2 kbit/s je Station bei einem mittleren Durchsatz von fast 0.3 Mbit/s).

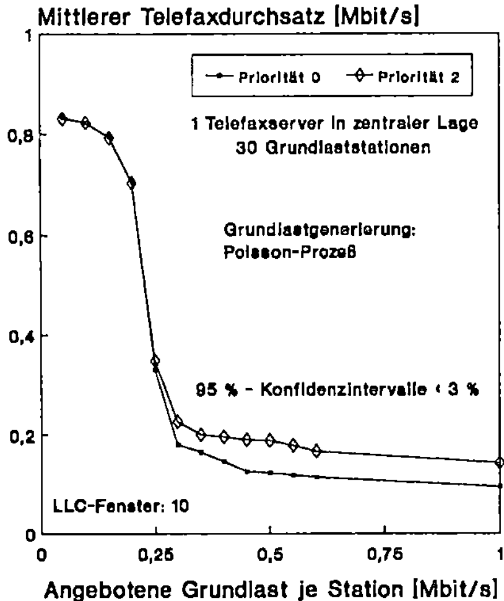

Abb. 5.8a: Durchsatz je Telefaxserver

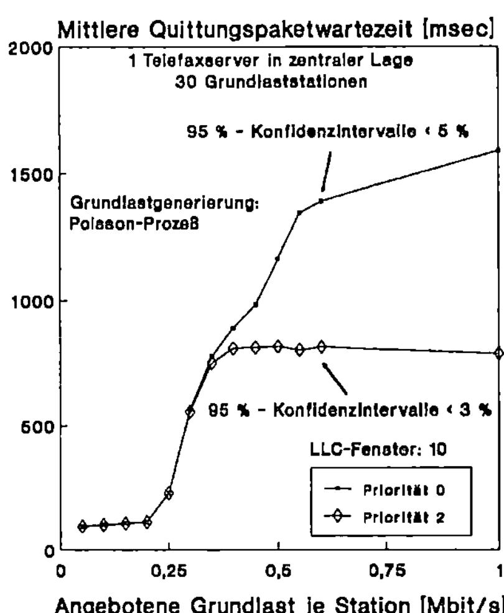

Abb. 5.8b: Wartezeit je Telefaxserver auf Quittungspakete

5.2 Simulationen des gesamten Transportsystems

Der zweite große Simulationskomplex umfaßt die Bestimmung des Einflusses eines verbindungsorientierten Transportprotokolls der Klasse 4 auf die Leistungskenngrößen verschiedener Ethernetkonfigurationen. Die Ebene 2 arbeitet verbindungslos (LLC Typ1 oder 3). Der Telefaxlastgenerator setzt in diesen Simulationsreihen im Unterschied zum vorigen Kapitel oberhalb der Ebene 4 gemäß des ISO-Referenzmodells auf und produziert dabei Daten mit der gleichen Rate wie der auf Ebene 2 aufsetzende Generator (s. Abb. 3.2b). Die Auswirkungen der Wahl des Grundlastgenerierungsprozesses auf die untersuchten Kenngrößen sind ähnlich den in Kap. 5.1 beschriebenen. Messunen des mittleren Gesamtdurchsatzes und des mittleren Durchsatzes je Telefaxserver, die an der Konfiguration der ersten Simulationsreihe (3 Telefaxserver je 1 Mbit/s, 20 Grundlaststationen je 60 kbit/s), bei Variation der Transportebenen-Fenstergröße anstelle des LLC-Fensters, durchgeführt worden sind, ergeben kaum Unterschiede zu den in Kap 5.1.1 angegebenen Ergebnissen. Nur wegen des hier stattfindenden Durchlaufs durch jeweils zwei Warteschlangen auf Sender bzw. Empfängerseite sind der mittlere Telefax- und Gesamtdurchsatz etwas niedriger. Aufgrund der Ähnlichkeit der Ergebnisse wird daher in der Abb. 5.9 die Zusammensetzung der Systemzeit eines Telefaxpaketes, die nur bei Implementierung des gesamten Transportsystems ermittelt werden kann. Daran wird deutlich, welche Größen vor allem die Nachrichtenübertragungsdauern prägen. Im Simulationsprogramm wird die Anzahl der Telefaxserver (1 Mbit/s) am Ethernetsegment von 1 bis 12 variiert, während die Anzahl der Grundlaststationen (100 kbit/s) konstant gleich 30 ist. Die Transportebenen-Fenstergröße hat den Wert 10.

Die Systemzeit eines Telefaxpaketes beginnt bei der Entnahme aus der Warteschlange oberhalb der Transportebene beim Sender und endet bei der Abfertigung durch die Transportebene des Empfängers. Darin enthalten sind

- die Wartezeit auf den ersten Netzzugang in der MAC-Warteschlange,
- die Übertragungszeit inklusive Kollisionsbehebungszeiten,
- die Verweildauer im Puffer unterhalb der LLC-Ebene in der Empfangsstation und
- die mittlere Bedienzeit durch das Transportsystem des Empfängers.

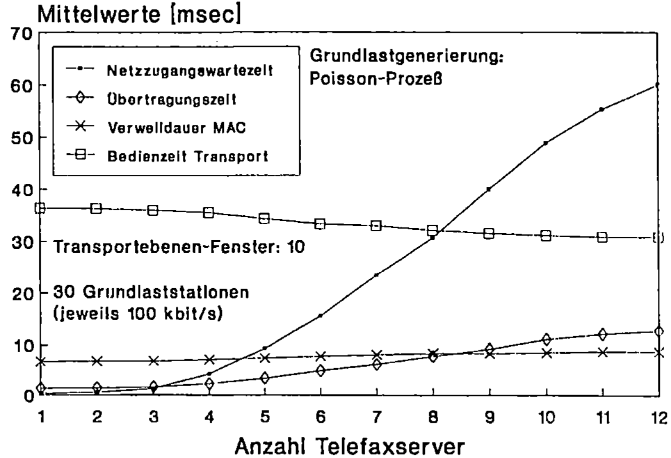

Abb. 5.9: Zusammensetzung der Systemzeit eines Telefaxpaketes

Wie erwartet, nimmt die Wartezeit auf den Netzzugang bei wachsender Anzahl aktiver Faxserver zu und stellt schließlich den Hauptbestandteil der Systemzeit. Interessant ist die relativ kurze Verweildauer in den Puffern unterhalb der LLC-Ebene auf Empfangsseite. Aus diesen Puffern werden die Pakete gemäß den in [Hea 89] angegebenen Bearbeitungszeiten entnommen. Die Zunahme der Übertragungszeiten ergibt sich aus der höheren Kollisionsanzahl je Paket bei wachsender Telefaxlast. Kollidierte bei nur einem aktiven Telefaxserver jedes dritte Telefaxpaket, so wurden bei einer Anzahl von 12 aktiven Telefaxservern knapp 3 Kollisionen pro Paket gezählt. Die Verweildauern in den Puffern auf Transportebene nehmen ab, da bei Zunahme der Anzahl der Telefaxserver im Mittel weniger Telefaxpakete (nur Telefaxpakete werden bis zur Ebene 4 weitergeleitet) aufgrund der hohen Netzlast am gleichen Ziel ankommen. Die Summe all dieser Zeiten, also die Systemzeit je Telefaxpaket, wird aufgrund der zunehmenden Anzahl gleichzeitig aktiver Faxstationen ungefähr verdreifacht. Messungen des mittleren Durchsatzes je Telefaxstation ergeben eine Reduzierung um den Faktor 3.

6 SCHLUSSBEMERKUNGEN UND AUSBLICK

In den umfangreichen Simulationsreihen wurden Ethernetkonfigurationen bei Integration eines rechnergestützten Telefax-Dienstes untersucht. Die wesentlichen Aussagen lassen sich folgendermaßen zusammenfassen und auf andere file-transfer-artige Telekommunikations- und LAN-Anwendungen übertragen:

- Der mittlere Durchsatz je Telefaxserver wird bei Zunahme der Anzahl gleichzeitig aktiver Telefaxstationen reduziert. Dagegen beeinträchtigt vermehrte Telefax-Nachrichtenübertragung den Durchsatz anderer am gleichen Ethernetsegment angeschlossener Stationen, die bis zu 100 kbit/s unquittiert übertragen, nicht wesentlich (s. [Hei 90]).

- Für die Auswirkungen des Grundlastverkehrs auf die Telefaxstationen ist die Modellierung der Paketankunft an den Übertragungswarteschlangen der Grundlaststationen wesentlich.

- Neben der Telefaxrahmenlänge wird die Telefaxnachrichtenübertragung vor allem durch die LLC- bzw. Transportebenen-Flußkontrollmechanismen geprägt. Die zur Erlangung der maximalen Leistung notwendigen optimalen Fenstergrößen müssen anwendungs- und umgebungsabhängig bestimmt werden. Dabei verursachen Flußkontrollmechanismen auf LLC-bzw. Tranportebene ähnliche Auswirkungen auf den Telefaxdurchsatz.

- Wartezeiten auf Quittungspakete können durch Vergabe einer höheren Priorität, insbesondere bei hohem Lastaufkommen erheblich reduziert werden.

- Bei den betrachteten Lastszenarien bleibt auch bei Überlast das Netzverhalten stabil.

- Ein quellengesteuerter Quittungsmechanismus verursacht zwar lange Wartezeiten auf Quittungspakete, beeinträchtigt aber bei geeigneter Fenstergröße kaum den Durchsatz der davon betroffenen Telefaxstationen. Auswirkungen auf andere Stationen konnten ebenfalls nicht festgestellt werden.

- Die Positionierung von Telefaxservern an einem Ethernetsegment ist nicht unbedeutend für den erzielbaren Durchsatz. Eine zentrale Lage ist vorzuziehen. Die Positionswahl hat kaum Einfluß auf die anderen angeschlossenen Stationen.

- Derzeitige öffentliche Netze und auch das zukünftige ISDN (64 kbit/s) können zu Übertragungszeiten für Gruppe 4 - Telefaxnachrichten von über einer Minute und mehr führen (Faktor 15 bis 100 länger als auf einem Ethernet, s. [Hei 90]). In diesem Zusammenhang ist zu berücksichtigen, daß im Gateway (Faxserver) zwischen lokalem und öffentlichem Netz umso mehr Speicherraum zur Verfügung stehen muß, je größer die Diskrepanz der Übertragungszeiten auf beiden Seiten ist. Ein direkter Anschluß an öffentliche Netze mit höheren Übertragungsraten (Breitband-ISDN) kommt für einen privaten Teilnehmer z.Z. aufgrund fehlender Verfügbarkeit und der erheblichen Anschlußkosten nicht in Frage.

Als problematisch bei der Durchführung der Simulation erwies sich der gleichzeitige Einsatz von Flußkontrollmechanismen auf Transport- und LLC-Ebene. Vor allem ein festgelegter Retransmission-Timer-Wert auf Transportebene ist ungeeignet, die aufgrund der wechselnden Wartezeiten auf Quittungspakete der LLC-Ebene stark variierenden Wartezeiten auf Transportebene in effizienter Weise abzudecken. Hier kann neben der bereits im Simulationsprogramm implementierten dynamischen Timeranpassung (d.h. die Timergröße wird nach mehrmaligem vorzeitigen Ablaufen des Retransmission-Timers beim Warten auf eine Quittung verlängert) z.B. eine in [Bux 85] vorgestellte dynamische Fenstergrößen-Anpassung helfen. Die Entwicklung und der Test geeigneter Algorithmen, die den gleichzeitigen Einsatz beider Flußkontrollmechanismen ermöglichen, wäre ein Ziel weiterer Untersuchungen. Insbesondere bei Erweiterung des Simulationsmodells auf ein weitvermaschtes über Bridges verbundenes Netzwerk (z.B. bei Integration des Telefaxdienstes in MANs und Breitband-ISDN) wäre das in [Bro 89] vorgestellte „*Block Acknowledgement*" zu untersuchen.

Im gesamten Telekommunikationsbereich, insbesondere dem Telefaxdienst, sind z.Z. und in naher Zukunft eine Vielzahl von Neuerungen und Modifikationen zu erwarten. Angefangen bei besseren Bildcodierungsverfahren, sowie der Übertragung von Graustufen- und Farbvorlagen, bis hin zur Kopplung an Nachrichtenübermittlungssysteme (Message Handling System, MHS), die eine Alternative zur Ende-zu-Ende-Kommunikation darstellen, werden eine Vielzahl neuer Anforderungen an Lokale Netze und Hochgeschwindigkeitsnetze entstehen, die durch intensive Simulationen im voraus getestet werden können.

Literaturverzeichnis

[Akh 89] S. Akhtar, A.K. Sood: *Semi-Markov performance model of CSMA/CD networks*, Computer Communications, vol. 12. no.3, pp. 131-140, 1989

[Bod 85] D. Bodson, S.J. Urban, A.R. Deutermann, C.E. Clarke: *Measurement of Data Compression in Advanced Group 4 Facsimile Systems*, Proceedings of the IEEE, no.4, pp. 731-739, 1985

[Bod 86] D. Bodson, N.C. Randall: *Analysis of Group 4 Facsimile Throughput*, IEEE Transactions on Communications, vol. COM-34, no.9, pp. 849-861, 1986

[Bog 88] D.R. Boggs, J.C. Mogul, C.A. Kent: *Measured Capacity of an Ethernet: Myths and Reality*, SIGCOMM '88: Symposium Communications Architectures & Protocols, Stanford, California, August 16-19, pp. 222-234, 1988

[Bro 89] G.M. Brown, M.G. Gouda, R.E. Miller: *Block Acknowledgement: Redesigning the Window Protocol*, SIGCOMM '89: Symposium Communications Architectures & Protocols, Austin, Texas, September 19-22, pp. 128-135, 1989

[Bux 81] W. Bux: *Local-Area Subnetworks: A Performance Comparison*, IEEE Transactions on Communications, vol. COM-29, no. 10, pp. 1465-1473, October 1981

[Bux 85] W. Bux, D. Grillo: *Flow Control in Local-Area Networks of Interconnected Token Rings*, IEEE Transactions on Communications, vol. COM-33, no. 10, pp. 1058-1066, 1985

[Dav 89] P. Davids: *ATLAS: Analysis-Tool for Local Area Network Simulation Version 2*, Lehrstuhl für Informatik IV, RWTH Aachen, 1989

[Gih 87] O. Gihr:*Vergleich der Kanalzugriffsverfahren: CSMA/CD, Token-Bus, Token-Ring und Slotted-Ring für Poisson- und unterbrochene Poisson-Ankunftsprozesse*, 4. GI/ITG-Fachtagung Erlangen, September/Oktober 1987, Informatik-Fachberichte 154, S. 222-235, 1987

[Gih 89] O. Gihr, M. Weixler: *Messung der Datenverkehrsprofile in Lokalen Netzen*, ITG/GI-Fachtagung, Stuttgart, Februar 1989, Informatik-Fachberichte 205, S. 861-877, 1989

[Gon 87] T.H. Gonsalves: *Measured Performance of the Ethernet*, Advances in Local Area Networks, Editors: K. Kümmerle, F.A. Tobagi, J.O. Limb, IEEE Press, pp. 383-409, 1987

[Hea 89] S. Heatley, D. Stokesberry: *Analysis of Transport Measurements Over a Local Area Network*, IEEE Communications Magazine, pp. 16-22, June 1989

[Hei 90] B. Heinrichs:*Telefax in Lokalen Netzen*, Diplomarbeit, Lehrstuhl für Informatik IV, RWTH Aachen, 1990

[Ohm 83] F. Ohmann (Hrsg.): *Kommunikationsendgeräte*, Springer Verlag Berlin Heidelberg New York Tokio 1983

[Rei 84] P. O'Reilly, J.L. Hammond: *An Efficient Simulation Technique for Performance Studies of CSMA/CD-Local Networks*, IEEE Journal on Selected Areas in Communications, vol.2, pp. 238-249, January 1984

[Sta 89] W. Stallings: *Handbook of Computer Communications Standards Volume II: Local Network Standards*, Howard W. Sams & Company, 1989

[T.6 84] Facsimile Coding Schemes and Coding Control Functions for Group 4 Facsimile Apparatus, 1984

[T.73 84] Document Interchange Protocol for the Telematic Services

[T.501 88] Document Application Profile MM for the Interchange of Formatted Mixed Mode Documents

[T.503 88] Document Application Profile for the Interchange of Group 4 Facsimile Documents

[T.521 88] Communication Application Profile BT0 for Document Bulk Transfer based on the Session Service

[T.522 88] Communication Application Profile BT1 for Document Bulk Transfer

[T.561 88] Terminal Characteristics for Mixed Mode of Operation MM

[T.563 88] Terminal Characteristics for Group 4 Facsimile Apparatus

[Tan 89] Andrew S. Tanenbaum: *Computer Networks*, Second Edition, Prentice Hall International, Inc. 1989

[Wel 85] T. Welzel: *Analyse technisch-wissenschaftlicher Programmentwicklungsumgebungen unter dem Aspekt einer Workloaderstellung für lokale Netze im Rahmen eines Stufenmodells für verteilte Systeme*, Diplomarbeit, Lehrstuhl für Informatik IV, RWTH Aachen, 1985

[Yas 85] Y. Yasuda, Y. Yamazaki, T. Kamae, K. Kobayashi:*Advances in FAX*, Proceedings of the IEEE, no.4, pp. 706-730, 1985

ISDN-Netzdienst und terminalinternes Management im

Architekturkonzept für mehrfunktionale ISDN-Terminals (ISDN-MFT)

W. Rommel[1], W. Blume[1], M. Perlt[2], D. Carl[2]

Institut für Informatik und Rechentechnik
ehem. Akademie der Wissenschaften
Rudower Chaussee 5
Berlin, 1199

Zusammenfassung

Mehrfunktionale ISDN-Terminals (ISDN-MFT) müssen Sprach- und Datenkommunikation unterstützen. Bei der Datenkommunikation sind OSI-Standards anzuwenden. Deshalb müssen OSI- und ISDN-Konzepte harmonisiert
werden. Dabei ist es wesentlich, einen günstigen Übergang zwischen
Inband- und Outband-Signalisierung zu finden. Die Netzschicht ist
dafür am besten geeignet. Um für OSI-Anwendungen die Netzspezifik zu
verbergen und trotzdem die ISDN-Vorteile dem Anwender verfügbar zu
machen, wird ein ISDN-Netzdienst vorgeschlagen, der den OSI-Netzdienst
als Untermenge enthält. Die Definition des ISDN-Netzdienstes basiert
einerseits auf Anforderungen der Anwendungen und andererseits auf den
Möglichkeiten, die die Digitale Teilnehmersignalisierung (DSS1)
bietet. Das Terminal-Management unterstützt die Netzdienst-Funktionen
und die Nutzung von Zusatzdiensten (Supplementary Services). Bei den
Zusatzdiensten und den Aktionen zu ihrer Nutzung ist abzugrenzen,
welche Funktionen vom ISDN-Netzdienst und welche durch das Management
zu leisten sind.

1. Einführung

Ein Dienstintegrierendes Digitalnetz (ISDN) bietet an der Teilnehmer-/
Netz-Schnittstelle mehrere Kanäle für die Nutzinformationsübertragung.
Bei der primär für den Endgeräteanschluß vorgesehenen S0-Schnittstelle
(bzw. Up0) sind es zwei B-Kanäle (je 64 kbit/s) und der als D-Kanal
bezeichnete Signalisierungskanal (16 kbit/s). Ein Endgerät kann damit
gleichzeitig mehrere Kommunikationsbeziehungen eingehen, unterhalten
und dabei simultan mehrere Telekommunikationsdienste nutzen. Entsprechende Geräte werden oft als Mehrdienstgeräte bezeichnet [2]. Diese
Bezeichnung spiegelt eher die Sicht des Dienstanbieters als die des
Endnutzers (des Anwenders im Büro) wider. Da bei der Nutzung integrierter Bürosysteme die Verfügbarkeit verschiedener Anwendungs- und
Kommunikationsfunktionen unabhängig von ihrer Abbildung auf einen
Telekommunikationsdienst im Vordergrund steht, wird von den Autoren
der Begriff **mehrfunktionales Terminal (MFT)** definiert. Damit ist auch
der Aspekt berücksichtigt, daß die Komponenten des Systems für unterschiedliche Funktionen genutzt werden.

----

1) jetzt: Standard Elektrik Lorenz AG
2) jetzt: Siemens AG

Unter einem mehrfunktionalen ISDN-Terminal (ISDN-MFT) wird ein integriertes Gerät mit einer ISDN-gerechten Schnittstelle (SO, UpO,..)
verstanden, das für den Anwender unterschiedliche Anwendungsfunktionen
liefert und dazu verschiedene Telekommunikationsdienste nutzt. Mehr-
dienstanwendungen und Dienstwechsel sind typisch.

Obwohl bei der Kommunikationsarchitektur für ISDN das OSI-Referenz-
modell (OSI-RM) zugrunde gelegt [18] wurde, weisen ISDN- und OSI-
Architektur gravierende Unterschiede auf:
Die ISDN-Architektur wurde aus Betreibersicht definiert und hat damit
eine vom OSI-RM verschiedene Dienstsicht [5]. So ist der vom Betreiber
an der Nutzer-Netz-Schnittstelle gebotene Telekommunikationsdienst im
OSI-RM nicht relevant, sondern der an der abstrakten Dienstschnittstelle der Netzschicht (Vermittlungsschicht) bereitgestellte Dienst.
Dieser ist im ISDN-Konzept nicht genormt.
Andererseits wird durch das OSI-RM eine Reihe von ISDN-Funktionen
nicht abgedeckt, z.B. [3]:

- Schichtdienst-Definitionen für Nicht-Datendienste,
- Auswahl von verbindungsbezogenen Zusatzdiensten (Supplementary
  Services),
- Deaktivieren und Reaktivieren von Verbindungen,
- Zusammenarbeit mit dem Netz-Management.

Es ist jedoch notwendig, für die Datenkommunikation OSI-gerechte
Anwendungen in mehrfunktionalen ISDN-Terminals zu unterstützen. Einerseits wird dadurch der Übergang zu paketvermittelten Datennetzen
wesentlich vereinfacht, bei dem lediglich die unterschiedlichen
Schichten 1 bis 3 aufeinander abzubilden sind. Andererseits kann eine
Reihe bereits vorhandener Software-Pakete mit nur geringfügigen Modifikationen weiter genutzt werden. Die Migration von dedizierten Netzen
zu ISDN wird damit erleichtert.

Diese Ausgangssituation zwingt zu einer Harmonisierung der OSI-Archi-
tektur mit dem ISDN-Konzept in mehrfunktionalen ISDN-Endsystemen. Von
besonderer Bedeutung sind dabei der an der Dienstschnittstelle der
Netzschicht gebotene Netzdienst (Vermittlungsdienst) und die Realisierung des terminalinternen Managements. Das Terminal-Management
ermöglicht die flexible Nutzung der Zusatzdienste (Supplementary
Services, Dienstmerkmale).

Die Bedeutung eines ISDN-Netzdienstes wurde auch im Rahmen eines GMD-
Projektes [1] erkannt und untersucht. Unser Ansatz [6] stimmt in einigen grundsätzlichen Fragen mit dem der GMD überein, weist jedoch auch
wesentliche Unterschiede auf (s. Abschn. 4 und 7).

Die Tragfähigkeit unseres Ansatzes wurde in einer Entwurfsspezifika-
tion eines ISDN-MFT (PC mit ISDN-Erweiterungskarte) überprüft [8,17].

2. Anwendungsklassen in ISDN-MFT und ihre Anforderungen an einen
   Netzdienst

ISDN-MFT werden vorwiegend in der Bürowelt (im weitesten Sinne) eingesetzt werden. In diesem Bereich hat die Sprachkommunikation einen
sehr hohen Anteil. Es ist davon auszugehen, daß ein ISDN-MFT simultan
Sprach- und Datenkommunikation (Text, Daten, Grafik, Bild) ermöglichen
muß. Damit ist es nötig, sowohl "stream"-orientierte (isochrone) als
auch blockorientierte Informationsübertragung zu unterstützen. Das
Architekturkonzept für ein ISDN-MFT führt so zwangsläufig zu einer
Synthese der aus der Nachrichtentechnik kommenden ISDN-Ansätze mit dem

OSI-Konzept der ISO, wobei die Forderung nach Aufwärtskompatibilität zu beachten ist. Das bedeutet u.a., daß Datenanwendungen den Standards im OSI-Umfeld entsprechen sollten, sobald diese Normen ausreichend stabil sind.

Tabelle 1 zeigt eine Übersicht von Anwendungsklassen, die im Architekturkonzept von ISDN-MFT zu berücksichtigen sind.

Tab. 1: Anwendungsklassen für ISDN-MFT

Klasse	Übertragung	Übertr.-raten
Sprachkommunikation	isochron	64 kbit/s
Normengerechte Datenkommun.		
nach ISO-Normen (z.B. FTAM)	blockorient.	2.4-64 kbit/s
nach CCITT-Empf. (z.B. MHS)	blockorient.	2.4-64 kbit/s
ISDN-Teledienste (Telefax)	blockorient.	64 kbit/s
nicht/noch nicht genormte Daten-		
kommun. (z.B. DB-Zugriff)	blockorient.	<1-64 kbit/s
langsame Bewegtbildkommun.	isochron	64 kbit/s
ISDN-Zusatzdienstanwendungen		
(Supplementary Services)	blockorient.	< 16 kbit/s

Aus dem breiten Anwendungsspektrum ergeben sich Anforderungen an die unteren Schichten (1 bis 4) des OSI-RM:

- Sowohl "stream"- als auch blockorientierte Übertragung ist zu unterstützen.
- Es sind unterschiedliche Übertragungsraten in unterschiedlichen Nutzkanälen gefordert.
- Es müssen die Signalisierungsanforderungen der Sprachkommunikation (Fernsprechen), der ISDN-Teledienste und der OSI-Normen erfüllt werden.
- Die Möglichkeiten des ISDN (z.B. Zusatzdienste) müssen dem Nutzer verfügbar sein.

3. Probleme des Übergangs zwischen ISDN- und OSI-Signalisierungskonzepten

Das OSI-RM und die darauf aufbauenden Standards gehen davon aus, daß Steuerungs- und Nutzinformationen im gleichen Kanal (bzw. auf einer Verbindung) ausgetauscht werden (Inband-Signalisierung). Die übertragenen Protokolldateneinheiten können aus Steuerungsinformationen oder aus Steuerungs- und Nutzinformationen bestehen. Die Steuerungsinformationen dienen dem Verbindungsaufbau, dem Betreiben und dem Verbindungsabbau und der Zuordnung der Nutzinformationen zu hergestellten Verbindungen.
ISDN arbeitet mit Outband-Signalisierung. Die Steuerungsinformationen werden in einem getrennten Kanal blockorientiert ausgetauscht, unabhängig davon, ob Nutzinformationen "stream"- oder blockorientiert übertragen werden. Als Digitale Teilnehmersignalisierung (DSS1) sind die Signalisierungsprotokolle der Schichten 2 und 3 in den Empfehlungen der I-Serie (bzw. Q-Serie) genormt. Ein Netzdienst im OSI-Sinne wird nicht definiert.
Die DSS1 berücksichtigt besonders die fernsprechtypischen Funktionen (z.B. Overlap Sending), den Austausch von Kompatibilitätsinformationen und die Nutzung der Netzfähigkeiten (z.B. Supplemantary Services). Die

Funktionalität der ISDN-Signalisierung geht damit deutlich über die der OSI-Standards hinaus.

Bei der Anwendung von OSI-normengerechten Diensten und Protokollen über einem ISDN-Übertragungsdienst (Bearer Service) muß von der Inband- auf die Outband-Signalisierung übergegangen werden und umgekehrt. Die anwendungsorientierten Schichten (5 bis 7) scheiden für diesen Übergang aus, da sie netzunabhängig sein sollen. Aus folgenden Gründen ist die Netzschicht besser für den Übergang geeignet als die Transportschicht:

- Die Aufnahme der ISDN-Signalisierungsmöglichkeiten würde eine beträchtliche Erweiterung der Transportprotokolle bedeuten. Es wären "Pass-through"-Dienste nötig. Die Transportschicht wäre subnetzabhängig.
- Die Hauptfunktion der Transportschicht, der gesicherte Transfer von Nutzinformationen, wird von "stream"-orientierten Anwendungen nicht benötigt.
- Der OSI-Netzdienst hat schon End-zu-End-Signifikanz. Für ISDN als Netz hoher Güte bietet die Transportschicht für paketorientierte Anwendungen nur eine minimale Funktionsanreicherung.
- Die ISDN-Teledienste sind so definiert, daß sie in den Schichten 4 bis 7 OSI-Protokolle (soweit überhaupt nötig) und in den Schichten 2 und 3 die DSS1 für die Signalisierung verwenden.

Es wird deshalb vorgeschlagen, einen ISDN-Netzdienst zu definieren, der den OSI-Netzdienst als Untermenge enthält. Das ermöglicht die aufwärtskompatible Nutzung OSI-gerechter Anwendungen.

4. ISDN-Netzdienst als Dienstschnittstelle der Übertragungsebene

Eine Dienstdefinition im OSI-Sinne stellt die Funktionalität einer bestimmten Architekturebene für den Dienstnutzer in Form von abstrakten Operationsaufrufen dar, den Dienstprimitiven (Service Primitives). Die Mittel zur Bereitstellung des Dienstes sind in den dienstleistenden Schichten (Service Provider) lokalisiert, dem Dienstnutzer sind die entsprechenden Signalisierungs- und Übertragungsverfahren verborgen.

Der verbindungsorientierte OSI-Netzdienst [20] definiert Mittel für den Verbindungsaufbau und -abbau und eine gesicherte Datenübertragung mit wahlweiser Empfangsbestätigung. Ein ISDN-Netzdienst auf der Basis der DSS1 muß darüber hinaus auch die Besonderheiten der Nicht-Datenkommunikation berücksichtigen. Da der OSI-Netzdienst mit X.25-Protokollen als Hintergrund definiert wurde [7], gibt es einige Probleme bei seiner Unterstützung durch die DSS1.

Die aus den Anwendungen abgeleiteten Anforderungen, die sich in den durch die DSS1 für die Schicht 3 definierten Funktionen widerspiegeln, können nicht alle mit den in [22] definierten Diensttypen (bestätigter oder unbestätigter Dienst) dargestellt werden [1]. Folgende wesentliche Probleme treten auf:

- Für das Fernsprechen ist ein verzögerter Verbindungsaufbau typisch (menschliche Reaktionszeit), deshalb müssen dem Rufenden Informationen über den Aufbaufortschritt gegeben werden (z.B. ALERTING). Außerdem müssen Wählziffern oft einzeln übermittelt werden (Overlap Sending), da bei der Verbindungsanforderung die Adreßinformation unvollständig sein kann.

- Die DSS1 des ISDN bietet die Möglichkeit, Verbindungen zeitweise zu
  deaktivieren und zu reaktivieren (SUSPEND/RESUME, HOLD/RETRIEVE).
  Dieses wird als lokale Angelegenheit zwischen DTE und DCE angesehen.
  Der Partnernutzer wird nur benachrichtigt, wenn der Dienstleistende
  (Service Provider) den Dienst ausführen kann (s. Abschn. 6).
- Bestimmte verbindungsbezogene Dienstanforderungen können zurück-
  gewiesen werden, ohne daß die Verbindung abgebrochen werden darf
  (z.B. Dienstleistender weist Hold-Anforderung zurück).
- Für die Nutzung von Zusatzdiensten sind Signalisierungsverbindungen
  zu "anonymen" Einrichtungen im Netz (z.B. Dienstserver, die als OSI-
  Endsysteme angesehen werden können) nötig. Beim Dienstaufruf ist
  keine Adreßinformation verfügbar.

Von Apfelauer u.a. [1] wird ein Teil der Schicht-3-Funktionen der DSS1
dem Management zugeordnet. Es wird dafür eine Schnittstelle mit
Dienstprimitiven (Network Facilities) definiert, ohne einen Bezug zum
OSI-Management-Konzept [19] herzustellen. Für das Zurückweisen von
Dienstanforderungen wird ein negatives "Confirm" verwendet. Als Haupt-
kriterium zur Abgrenzung von Netzdienst und Management dient die
Signifikanz. Als Netzdienstfunktion wird bezeichnet, was Signifikanz
zwischen Terminals hat. Dieses Kriterium überzeugt nicht, da auch
Einrichtungen im Netz (Dienstserver) OSI-Endsysteme sein können. Die
zusätzliche Management-Dienstschnittstelle vereinfacht den ISDN-Netz-
dienst nur unwesentlich.
Von den Autoren wird nur eine Netzdienstschnittstelle vorgeschlagen.
Für die Zusammenarbeit mit dem Management gilt das Management-Konzept
lt. Q.940 [15] (s. auch Abschn. 7). Ein spezieller Dienstzugangspunkt
(NFSAP lt. [1]) ist dafür nicht erforderlich.

Über den OSI-Netzdienst hinaus werden folgende Erweiterungen vorgeschlagen:

- Ein Teildienst, wie der Verbindungsaufbau, kann durch "informative"
  Dienstprimitive ergänzt werden, z.B. für Ruffortschrittsinforma-
  tionen (Alerting mit Dienstprimitiv INFORMATION).
- Dienstanforderungen können vom Dienstleistenden ohne Abbruch einer
  Verbindung abgewiesen werden. Dazu wird das Primitiv "REJECT
  indication" vorgeschlagen.
- Für Dienste, bei denen der Partnernutzer zwar informiert aber keine
  Antwort von ihm erwartet wird, gibt es einen "rudimentären" bestä-
  tigten Dienst (ohne "Response"). Ist der Dienst ausführbar, dann er-
  zeugt der Dienstleistende ein "Confirm", anderenfalls weist er mit
  "REJECT" die Anforderung zurück. Dem Partnernutzer wird mit
  "Indication" die Aktion gemeldet.
- Bei der Zusammenarbeit mit anonymen Partnern können Dienstanforderungen ohne Zieladresse gestellt werden. Der Dienstleistende
  bestimmt das Ziel.
- "Informative" Dienstprimitive sind in allen Kommunikationsphasen
  möglich. Für sie gibt es kein "Confirm". Auf ein "Indication" kann
  aber ein "Response" gefordert sein (z.B. zum Nachfordern von Wahl-
  ziffern, s. Abb. 1).

Tabelle 2 zeigt die vorgeschlagenen Dienstprimitive ohne Parameter.
Vom OSI-Netzdienst sind zunächst nur die Funktionen berücksichtigt,
die für die Transportprotokollklasse 0 benötigt werden. Für die Funktionen zum Halten und Suspendieren von Verbindungen sind getrennte
Primitive definiert (anders als in [1]), da sich das Halten nur auf
die Schicht 3 bezieht. Dagegen ist beim Suspendieren, das u.a. für das
Umstecken am Bus vorgesehen ist, auch ein Abbau der Verbindung in der
Schicht 1 zu erwarten. Das Suspendieren ist außerdem zeitüberwacht
[13]. Bei ISDN-MFT wirkt das Suspendieren auf alle bestehenden Netz-

Tabelle 2: Vorgeschlagene ISDN-Netzdienstprimitive

Primitiv	Phase	Diensttyp
N-CONNECT	Verb.-aufbau	bestätigt
N-DISCONNECT	Verb.-abbau	unbestätigt
N-DATA	Übertragung	unbestätigt
N-INFORMATION	alle	Anmerk. 1
N-RESET	Übertragung	Anmerk. 2
N-USER-INFO	Übertragung	unbestätigt
N-HOLD	Übertragung	rud.-bestätigt
N-RETRIEVE	gehalten	rud.-bestätigt
N-SUSPEND	Übertragung	rud.-bestätigt
N-RESUME	suspendiert	rud.-bestätigt
N-REJECT	alle	Anmerk. 2
N-SUPPL-SERVICE	alle	bestätigt

Anmerk. 1: Es sind die Primitivfolgen "request - indication" und
           "indication - response" möglich.
Anmerk. 2: Nur als Anzeige durch Dienstleistenden ("indication").

schichtverbindungen. Es ist also problematisch, das Suspendieren auf
Anforderung einer einzelnen Anwendung zuzulassen.
Es ist noch zu untersuchen, ob beim Halten für bestimmte Anwendungen
nicht das Einverständnis des Partnernutzers nötig ist ("echter"
bestätigter Dienst).

Abb.1 zeigt ein vereinfachtes Zeitablaufdiagramm für den Verbindungsaufbau.

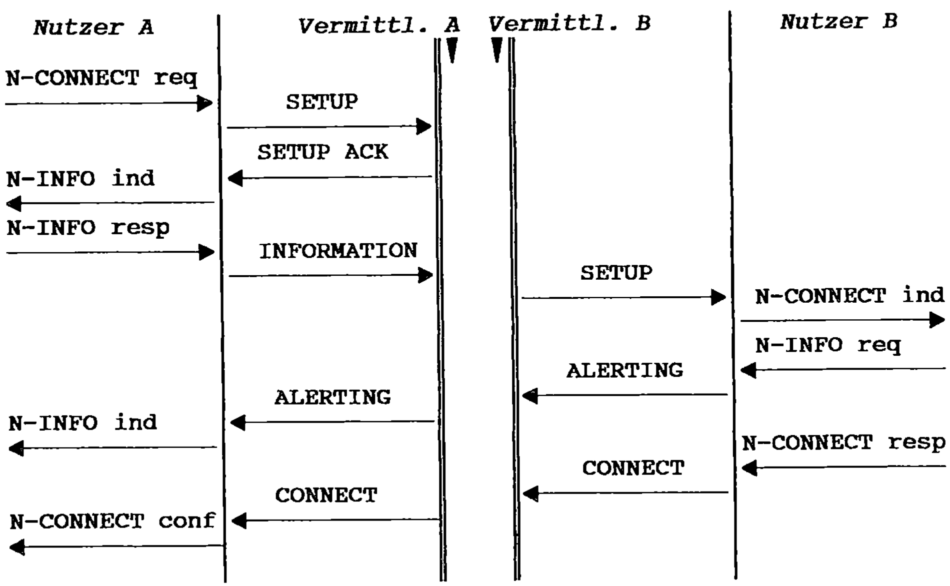

Abb. 1: Vereinfachtes Zeitablaufdiagramm eines Verbindungsaufbaus mit
        Abbildung der Dienstprimitive auf DSS1-Nachrichten

In den I-Empfehlungen wird die Bezeichnung Ruf (Call) benutzt, die
sich auf Telekommunikationsdienste bezieht (z.B. Fernsprechruf). Ein
Ruf kann im OSI-Sinne als eine Beziehung zwischen Anwendungen angesehen werden. Ein Ruf wird auf eine Verbindung der Netzebene abgebildet. Diese wird durch die Outband-Signalisierung in der Schicht 3
in Teilverbindungen für Signalisierung und Nutzinformationsübertragung
aufgetrennt. Zu jedem Ruf gehört mindestens eine Signalisierungs-
verbindung. Für "stream"-orientierte Übertragung wird ein B-Kanal
geschaltet, der sich in den Schichten 2 und 3 nicht als Nutzinformationsverbindung widerspiegelt. Bei Paketmodus-Übertragung muß eine
Nutzinformationsverbindung aufgebaut werden (in einem B-Kanal oder D-
Subkanal). Für die Nutzung von Zusatzdiensten genügt eine reine Signa-
lisierungsverbindung. Die Signalisierungsinformationen haben nur z.T.
Signifikanz zwischen Terminals, teilweise werden sie im Netz verarbeitet. Signalisierungsverbindungen sind auch zwischen Terminals und
"anonymen" Einrichtungen im Netz möglich, z.B. bei der Nutzung von
Zusatzdiensten, die in einem Dienstserver abgewickelt werden. Die
Dienstabwicklung ist nicht Teil der Schicht 3, sondern liegt in der
Anwendungsebene.

Die verschiedenen, simultanen Teilverbindungen und ihre Zuordnung zu
Rufen und Kanälen müssen in der Schicht 3 verwaltet werden. Das
Betreiben der unterschiedlichen Verbindungen und der Übergang zwischen
Inband- und Outband-Signalisierung erfordert koordinierende Funktionen
im oberen Teil der Schicht 3, die u.a. die geeigneten Protokolle
auswählen und nutzen (s. Abb. 2).

5. Protokolle zur Unterstützung des ISDN-Netzdienstes

Das in I.320 definierte Protokollreferenzmodell berücksichtigt die
Outband-Signalisierung durch getrennte Protokollsäulen für Signalisierung und Nutzinformationen (Control Plane und User Plane). Für den
ISDN-Netzdienst sind beide Säulen zu beachten, d.h. in den Schichten 2
und 3 gibt es potentiell unterschiedliche Protokolle für Signalisierung und Nutzinformationstransfer.
Die Signalisierungsprotokolle für die Schicht 2 (LAPD) und die Schicht
3 sind in I.441 (Q.921) und I.451 (Q.931) als Digitale Teilnehmersignalisierung (DSS1) spezifiziert. Eine wesentliche Funktion des
Schicht-3-Protokolls ist das Durchschalten eines Nutzkanals, der im
"Circuit-mode" (B-Kanal) oder im "Packet-mode" (B-Kanal oder D-Sub-
kanal) benutzt werden kann. Dabei sind auch Protokolle mit Inband-
Signalisierung anwendbar (z.B. X.25-PLP).

Für den Nutzinformationstransfer sind zu unterscheiden:

- "stream"-orientierte Übertragung, ohne Kommunikationsprotokolle nach
  dem Durchschalten des B-Kanals,
- blockorientierte Übertragung in einem durchgeschalteten B-Kanal
  (Circuit-mode), mit einem Sicherungsprotokoll in der Schicht 2
  zwischen Endgeräten (z.B. SLP nach X.75 für Teledienste),
- Zugang zu Paketbehandler (Packet Handler) mit X.25-Protokollen (LAPB
  u. PLP) im B- oder D-Kanal,
- ISDN-integrierte Paketmodus-Übertragung im B- oder D-Kanal nach
  neuen Paketmodus-Diensten [9] (Frame Relaying usw.) mit LAPD-Kern in
  der Schicht 2 und dem Datentransferteil des PLP in der Schicht 3.

Abb. 2 zeigt die vorgeschlagene Protokollarchitektur für ISDN-MFT.

Zusatzdienst-anwendung	OSI-gerecht / Teledienst				Fern-sprechen		
leer	X.400 ISO8571 T.500 X.500 RDA				leer		7
	ISO8825 / X.226 / T.61						6
	ISO8327 / T.62						5
	ISO8073 / T.70						4
coordination functions							3
X.25/3	ISO8208 (DTP)	I.451	ISO8208 (DTP)	leer	leer		3
LAPB	LAPD (Core)	I.441 (LAPD)	LAPD (Core)	HDLC (X.75)	leer		2
I.430							1
B packet mode		D signal- ling	packet mode	B circuit mode			

Abb. 2: Protokollarchitektur für mehrfunktionale ISDN-Terminals

In der Schicht 3 ist beim Verbindungsaufbau zu entscheiden, welche Art der Nutzinformationsübertragung gefordert wird und welche Protokolle zu nutzen sind. Bei ankommenden Rufen muß außerdem die Kompatibilität (auch für die geforderte Anwendung) geprüft werden. Teilweise liefern die Parameter der Netzdienstprimitive die benötigten Informationen (z.B. Quality of Service). Wenn die Netzschicht anwendungsbezogene Informationen (z.B. den Anwendungstyp) benötigt, können diese durch Schicht- und System-Management geliefert werden (s. Abschn. 7).

Um einen Dienst zu leisten, müssen die Dienstprimitive und ihre Para-meter in den Schichtprotokollen abbildbar sein. Diese. Abbildbarkeit ist zwischen OSI-Netzdienst und DSS1 nicht gewährleistet. Sie kann nur durch Ergänzungen der Standards erreicht werden.
Probleme der Abbildung von Dienstprimitiven und ihren Parametern auf DSS1-Nachrichten und ihre Informationselemente gibt es:

- für N-RESET als bestätigtem Dienst, d.h. mit End-zu-End-Signifikanz zwischen Endgeräten (RESET indication für Ausfallmeldung durch den Dienstleistenden erfordert keine Abbildung),
- für die "Antwort"-Parameter beim Verbindungsaufbau (fehlende Infor-mationselemente in der CONNECT-Nachricht),
- beim Aushandeln von Optionen (z.B. Data Acknowledge),
- bei der Signifikanz der Paketmodus-Parameter beim Verbindungsaufbau und dem damit verbundenen Verhandlungsmechanismus.

Nutzt man in der Schicht 4 die Protokollklasse 0 (oder 2), dann ent-fallen diese Probleme teilweise. Es ist zu untersuchen, ob die Klasse 4 über ISDN als Netz von hoher Güte (Typ A) benötigt wird. Das könnte bei "Interworking" der Fall sein.

6. Nutzung von Zusatzdiensten (Supplementary Services)

Typisch für ISDN ist das große Angebot an Leistungsmerkmalen. Diese lassen sich in zwei Gruppen einteilen. Zur ersten Gruppe gehören jene, die vom Endgerät allein geboten werden können, z.B. Wahlwiederholung und Direktruf. Die zweite Gruppe sind die mit Netzunterstützung gebotenen Zusatzdienste (Supplementary Services).

In der I.250-Serie wird eine Basismenge von Zusatzdiensten, die ein öffentliches ISDN unterstützen sollte, verbal und mit informalen SDL-Diagrammen aus Sicht des Netzes beschrieben. Die Empfehlungen enthalten noch keine Aussagen über die entsprechenden D-Kanal-Protokoll-Nachrichten in der Schicht 3.
Von den in der CCITT-Empfehlung Q.932 [14] definierten allgemeinen Prozeduren für die Steuerung von Zusatzdiensten wird ein ISDN-MFT nur das besonders leistungsfähige funktionale Protokoll unterstützen.

Einige Zusatzdienste, die an der Nutzer-Netz-Schnittstelle des ISDN angeboten werden, werden vollständig in der Netzschicht als Dienstleistendem (Service Provider) ausgeführt, andere erfordern Aktionen oberhalb der Netzschicht bzw. im Management.

In der CCITT-Empfehlung Q.932 werden Aktionen zur Steuerung von Zusatzdiensten unterteilt in jene, die eine Synchronisation von Ressourcen (z.B. B-Kanäle) erfordern, und andere Aktionen.
Ressourcensynchronisation ist z.B. beim Halten von Verbindungen nötig (Zusatzdienst Hold). Zum Halten und zum Wiederherstellen einer Verbindung wird die Gruppe der Primitive N-HOLD und N-RETRIEVE eingeführt und das Primitiv N-REJECT zur Ablehnung durch den Dienstleistenden. In der DSS1 werden diese Primitive des ISDN-Netzdienstes auf die HOLD-, RETRIEVE- und NOTIFY-Nachrichten abgebildet. Die beim Halten/Wiederherstellen einer Verbindung notwendige Zuordnung von B-Kanal, Rufreferenz (Call Reference) und CEPI (Connection Endpoint Identifier) im ISDN-MFT erfolgt durch das Management.

Aktionen der Zusatzdienste, die oberhalb der Netzschicht von einer anonymen Einrichtung im Netz auszuführen sind, werden nach dem Prinzip der Entfernten Operation (RO - Remote Operation) definiert. Die benötigten Datenstrukturen sind mittels ASN.1-Datentypdefinitionen zu spezifizieren. Eine solche Spezifikation ist in Q.931 für die Nutzer-zu-Nutzer-Signalisierung enthalten. Hier folgt als Beispiel die Spezifikation für die Aktivierung des Zusatzdienstes Rufweiterleitung (Call Forwarding):

```
    Rufweiterleitung_Aktivierung
    OPERATION
      ARGUMENT SEQUENCE (Typ, Ziel, Basic_service)
      RESULT Empty
      ERRORS { Aktivierungsfehler }
    Typ ::= [1] IMPLICIT INTEGER ( Bei_besetzt (1),
                                   Keine_Antwort (2),
                                   Immer (3)              )
    Ziel ::= [2] IMPLICIT OCTETSTRING
    Basic_service ::= [3] IMPLICIT INTEGER ( Alle (1),
                                             Sprache (2), ... )


    Aktivierungsfehler
    ERROR
    PARAMETER INTEGER ( Dienst_nicht_abonniert (1),
                        Ziel_nicht_bekannt (2), ... }
```

Beim ISDN-Netzdienst werden für die Steuerung dieser Zusatzdienste die Primitive N-SUPPL-SERVICE als bestätigter Dienst eingeführt. Eine Zurückweisung einer Zusatzdienstanforderung durch den Dienstleistenden (z.B. wegen nicht vorhandener Ressourcen) erfolgt mit dem Primitiv N-REJECT. Parameter des N-SUPPL-SERVICE werden in DSS1 auf das Facility-Informationselement [14] abgebildet. Dieses kann folgende Komponenten enthalten:

- Die Komponente "Invoke" zur Anforderung eines Zusatzdienstes bzw. einer Teilaktion, welche durch "Operation Value" identifiziert wird.
- Die Komponente "Return Result" für die Meldung des Ergebnisses bei erfolgreichem Verlauf.
- Die Komponente "Return Error" für Fehlermeldungen.
- Die Komponente "Reject" zur Meldung eines Protokollfehlers.

Die Komponenten sind im folgenden mit ihren Elementen aufgeführt:

Invoke component	Return result component	Return error component	Reject component
Invoke identifier M	Invoke identifier M	Invoke identifier M	Invoke identifier M
Linked identifier O	Operation value O(*)	Error value M	Problem M
Operation value M	Result O	Parameter O	
Argument O			

M - Pflichtelement
O - optionales Element
(*) Pflicht, falls ein Ergebnisparameter vorliegt

Abb. 3 zeigt die Signalisierung im D-Kanal-Protokoll und entsprechende Aktionen beim Zusatzdienst "Rufweiterleitung, falls keine Reaktion" (CFNR - Call Forwarding No Reply).

Eine Aktion bezogen auf einen Zusatzdienst kann sich in einer Signalisierung widerspiegeln, die in Beziehung zu einer (oder mehreren) bestehenden Verbindung(en) im Netz erfolgt (call related) oder unabhängig von existierenden Verbindungen (call independent).

Rufbezogene Aktionen sind z.B.:

- Verbot der Anzeige der Nummer des rufenden bzw. des verbundenen Teilnehmers bei vereinbartem temporären Modus (CLIR - Calling Line Identification Restriction und COLR - Connected Line Identification Restriction),
- Aktivierung von Nutzer-zu-Nutzer-Signalisierung (UUS - User-to-User Signalling),
- Anzeige der Gebühren (AOC - Advice of Charge),
- Rufweitergabe (= Umlegen) (CT - Call Transfer),
- Verbindungsaufbauwunsch innerhalb einer geschlossenen Benutzergruppe (CUG - Closed User Group).

Eine rufunabhängige Aktion ist z.B. die Aktivierung und Deaktivierung der Rufweiterleitung (CF - Call Forwarding).

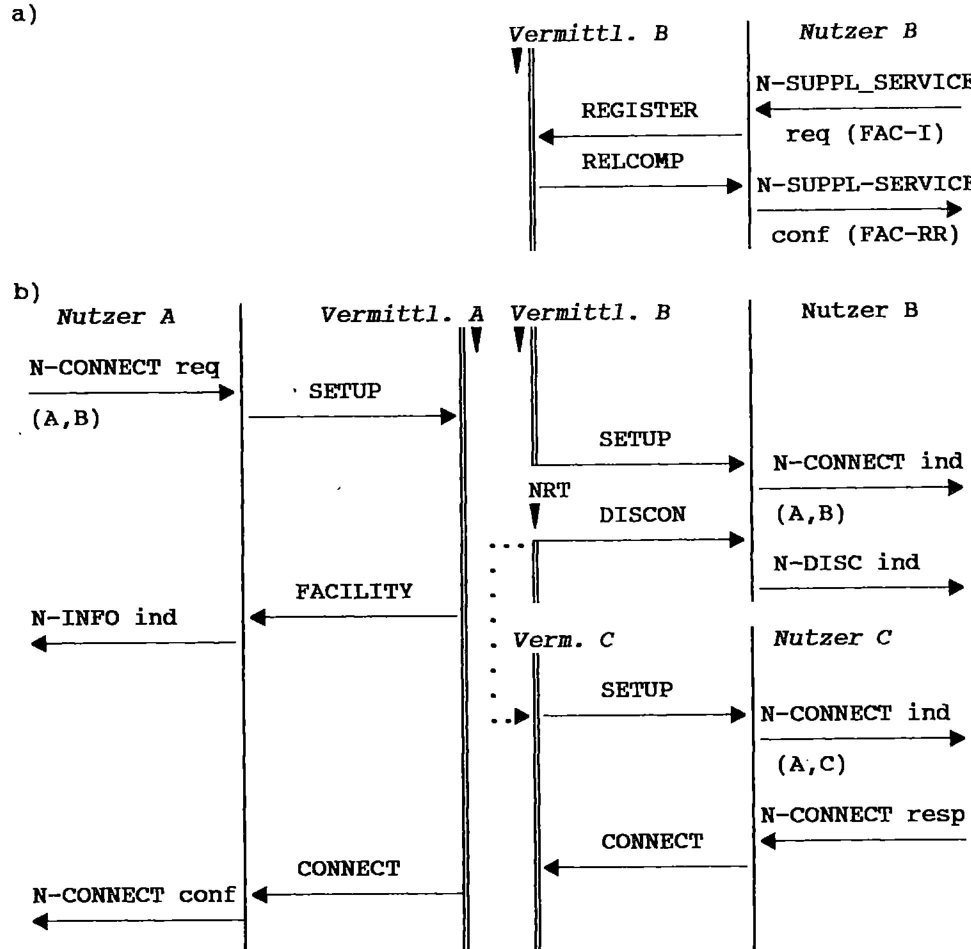

NRT   - No Reply Timer
FAC-I   - Facility, Komponente "Invoke"
FAC-RR - Facility, Komponente "Return Result"

Abb. 3: Vereinfachtes Zeitablaufdiagramm mit Abbildung der Dienstprimitive auf DSS1-Nachrichten
a) Aktivierung der bedingten Rufweiterleitung (CFNR)
b) Rufweiterleitung zu C, da keine Rufübernahme durch B

Für rufbezogene Zusatzdienstfunktionen kann das Facility-Informationselement in verschiedenen Rufsteuerungs-Nachrichten oder in einer
eigenen FACILITY-Nachricht stehen, die die Rufreferenz (Call Reference) der Verbindung besitzt, auf die sie bezogen ist. Nach Q.932
sind Zusatzdienstaktionen, die mehrere Verbindungen betreffen (z.B.
3PTY - Three Party Service), in verschiedenen FACILITY-Nachrichten mit
unterschiedlicher Rufreferenz zu signalisieren. Eine notwendige Koordinierung im ISDN-MFT ist Aufgabe des Managements. Bei der rufunabhän-
gigen Signalisierung wird mit der REGISTER-Nachricht eine Signalisie-
rungsverbindung zu einer Netzeinrichtung aufgebaut und nach dem notwendigen Informationsaustausch mittels FACILITY-Nachricht(en) wieder
abgebaut (RELEASE COMPLETE).

Durch die oben beschriebene Signalisierung zwischen den Partnernutzern (zwei Terminals oder Terminal und Netzeinrichtung) mit dem Facility-Informationselement zur Steuerung von Zusatzdienstaktionen wird das D-Kanal-Protokoll stabil gegenüber der Einführung weiterer Basiszusatzdienste. Es wird möglich, ein Intelligentes Netz auf das ISDN aufzusetzen, das durch Kombination von Zusatzdiensten neue Dienste bereitstellt.

Unter den in der I.250-Serie beschriebenen Zusatzdiensten im ISDN gibt es eine große Anzahl von Diensten (vorwiegend informationsliefernde) die generell allen Nutzern bzw. auf der Grundlage von Vereinbarungen während der Einrichtung eines Anschlusses (Subscription Option) diesem Nutzer gewährt werden. Dadurch entsteht eine Verzerrung des Prinzips der Entfernten Operation (ohne Invoke). Der Dienstbehandler liefert Ergebnisse an einen Nutzer, der die Operation nicht aufgerufen hat, z.B. Übergabe der Nummer des Anrufenden (CLIP), oder es erfolgt eine Fehlermeldung, z.B. wird bei Verbot der Anzeige der Nummer des anrufenden Teilnehmers (CLIR) ein Fehler bei CLIP gemeldet. In diesen Fällen ist für die Meldungen mit dem Facility-Informationselement (s. oben) kein "Invoke Identifier" verfügbar. Für die Interpretation des Fehlers ist bei fehlendem "Invoke Identifier" der "Operation Value" notwendig. Diese Mängel sind durch Umbewertung von Elementen als optional ("Invoke Identifier") und eine Neustrukturierung der Komponente "Return Error" (mit "Operation Value") zu beheben.

Andere Aktionen, bei denen Probleme bei der Abbildung auf DSS1 auftreten, sind informative Meldungen über den Verlauf der weiteren Ausführung eines geforderten Zusatzdienstes, u.a. auch noch nach Abbau der entsprechenden Netzverbindung im ISDN-MFT.
Die Einführung von neuen DSS1-Informationselementen ist aus Gründen der geforderten Stabilität des D-Kanal-Protokolls nicht sinnvoll. Wie jedoch die Darstellung in dem allgemeinen Facility-Informationselement erfolgen könnte, ist weiter zu untersuchen.

Einige Aktionen erfordern bestimmte Management-Funktionen. Eine Netzverbindung im OSI-Sinne ist mit einem N-DISCONNECT request (Abbildung auf DISCONNECT-Nachricht) bzw. einem N-DISCONNECT indication (abgeleitet von der ersten den Verbindungsabbau einleitenden Nachricht) am NSAP beendet, jedoch nicht notwendig die Signalisierung im D-Kanal-Protokoll. Die Zuordnung von noch im weiteren Verlauf der verbindungsbezogenen Signalisierung empfangenen Informationen (z.B. Gebühren nach Verbindungabbau) zur entsprechenden Anwendung erfolgt durch das terminalinterne Management, das auch schon bei der Kompatibilitätsprüfung derartige Koordinierungen zwischen Anwendung und Netzschicht unterstützt.

7. Terminalinternes Management

Integraler Bestandteil der ISDN-MFT-Architektur sind leistungsfähige Management-Komponenten. Eine Grundforderung ist dabei in Übereinstimmung mit der Ausprägung des ISDN-MFT als Offenem System, daß sich das Terminal-Management in die OSI-Management-Architektur einordnet [19]. Bedingt durch die im ISDN gegebenen neuen Möglichkeiten kann diese Anpassung nicht schematisch durchgeführt werden.

Grundlegende Aspekte des Terminal-Managements werden in der vorläufigen CCITT-Empfehlung Q.940 behandelt [15]. Sie definiert System-Management-Entitäten (SME) als abstrakte, kommunizierende Management-Einheiten. Diese können sowohl in ISDN-Terminals als auch in lokalen Vermittlungszentralen, in entfernten Management-Zentren oder in Netz-

Management-Zentren lokalisiert sein. Die zur Bereitstellung der geforderten Funktionalität notwendige Kommunikation zwischen ihnen wird durch das Management-Kommunikations-Modell geregelt. Des weiteren wird ein Modell der SME angegeben, das von besonderer Bedeutung für die Festlegung der Aufgaben des Terminal-Managements ist.
Zwischen den Schicht-Management-Entitäten ist keine direkte Kommunikation zulässig [15]. Die Kommunikation zwischen Schicht-Management-Entitäten wird entweder mittels Informationsaustausch über die MIB realisiert oder unter Einbeziehung des System-Managements.

Die Aufgaben des terminalinternen Managements betreffen im Zusammenhang mit der Definition des ISDN-Netzdienstes besonders die Funktionalität des Schicht-Managements in der Schicht 3. Qualitativ neue Anforderungen ergeben sich vor allem durch die Outband-Signalisierung und durch die Behandlung der Zusatzdienste.
Gemäß [15] werden durch das Schicht-Management folgende Funktionen ausgeführt:

- Koordinierung der Aktivitäten der Schicht-Entitäten,
- Realisierung des Zugangs zum System-Management,
- Verwaltung der Schicht im Zusammenwirken mit dem System-Management und den Management-Partner-Entitäten.

Für die Zusatzdienste ist eine einfache Zuordnung zur Funktionalität des ISDN-Netzdienstes bzw. zum Management nicht möglich. Das wird durch folgendes Beispiel verdeutlicht: Ein Nutzer beantragt die Weiterleitung eines ankommenden Rufes, falls er selbst nicht erreichbar sein sollte (nicht antwortet). Die _Aktivierung_ der bedingten Rufweiterleitung ist eine zum Zusatzdienst gehörende Aufgabe, die an keine Endsystem-Verbindung gebunden ist. Oben wird vorgeschlagen, das N-SUPPL-SERVICE-Primitiv zu nutzen. Denkbar wäre jedoch auch, diese Funktion durch das Terminal-Management auszuführen. Die Weiterleitung eines unbeantwortet gebliebenen Rufes ist dagegen an der Schnittstelle des ISDN-Netzdienstes sichtbar und in jedem Fall durch diesen zu behandeln.

Es ist also für **jeden Zusatzdienst und für jede separierbare Aktion zur Ausführung eines Zusatzdienstes** konkret zu entscheiden, ob er (sie) an der Netzdienstschnittstelle geboten wird oder als Management-Funktion einzuordnen ist. Dabei ist zu berücksichtigen, daß das Schicht-Management mittelbar über das System-Management vom Nutzer angesprochen werden kann und für die Nutzer-Nutzer-Kommunikation irrelevante Aktionen problemlos ausführen kann.

Es kommt darauf an, das Terminal-Management geeignet in die Architektur eines ISDN-MFT zu integrieren. Von E. Gießler u. R. Prinoth wurde dazu ein Architekturvorschlag ausgearbeitet [4]. Dabei wird _parallel_ zur Schnittstelle des ISDN-Netzdienstes eine sogenannte NF-Schnittstelle (Network Facility) mit einem NFSAP genannten Dienstzugangspunkt definiert, um einen direkten Zugang zum Schicht-3-Management zu haben. Anliegen dieses Vorschlages ist es, gegenüber möglichen neuen Zusatzdiensten oder eventuellen Änderungen so flexibel zu sein, daß unterhalb der gemeinsam vom ISDN-Netzdienst und dem Schicht-3-Management gebildeten Schnittstelle (d.h. im D-Kanal-Protokoll der Schicht 3) keinerlei Änderungen vorgenommen werden müssen. Dieser Intention ist aus funktioneller Sicht ohne Einschränkungen zuzustimmen.

Aus architektureller Sicht ist dieser Lösungsvorschlag problematisch. Durch die Einführung eines Dienstzugangspunktes zwischen Schicht-Management-Entitäten wird ein ursprünglich rein lokales Konzept erweitert. Der entfernte Zugang zum NFSAP ist aber aus gegenwärtiger Sicht nicht erforderlich. Im Widerspruch zum Konzept von [15] wird auf diese Weise die explizit ausgeschlossene Kommunikation zwischen benachbarten Schicht-Management-Entitäten unterstützt.

Für die Einordnung des terminalinternen Managements in die ISDN-MFT-Architektur schlagen wir deshalb vor, das Management-Konzept gemäß [15] zu integrieren.
Das bedeutet u.a. für die Kommunikation zwischen den Management-Entitäten der Netz- und der Transportschicht nur die mittelbare Kommunikation über die MIB zu benutzen. Die Umsetzung dieses allgemeinen Ansatzes kann hier nur beispielhaft dargestellt werden.

Als Beispiel wird die Zusammenstellung bzw. die Verarbeitung der Kompatibilitätsinformation im ISDN-MFT benutzt. Aus Akzeptanz-Gründen wird gefordert, eine Nutzinformationsverbindung nur dann aufzubauen, wenn ein ankommender Ruf vom ISDN-MFT auch bearbeitet werden kann (d.h. kompatibel zu den Endgerätefähigkeiten ist). Das erfordert die Kompatibilitätsprüfung zum Zeitpunkt des Empfangs der SETUP-Nachricht durchzuführen. Entsprechend muß diese Information auf Initiatorseite bereits vor dem Senden der SETUP-Nachricht erzeugt werden.
Ausgangspunkt sei ein vom ISDN-MFT abgehender Ruf. Nach Empfang eines N-CONNECT request durch die D3-Protokoll-Entität wird eine SETUP-Nachricht erzeugt. Die Kompatibilitäts-Information kann aber nicht unmittelbar abgeleitet werden, da die NSAP-Adresse nach den Prinzipien für ihre Bildung [21] anwendungstyp-unabhängig ist. Die notwendige Information kann unter Nutzung des Schichten-Managements bereitgestellt werden. Durch das Schicht-Management des ISDN-Netzdienstnutzers wird in der MIB die Assoziation zwischen dem ihr bekannten Anwendungstyp und der NSAP-Adresse abgelegt. Das Schicht-3-Management kann diese Information anhand des NSAP identifizieren und durch eine entsprechende Abbildung die Kompatibilitätsinformation für die SETUP-Nachricht zusammenstellen.
In diesem Zusammenhang sei darauf hingewiesen, daß eine Erweiterung des "High Layer Compatibility"-Informationselements notwendig ist, um eine möglichst allgemeingültige Umsetzung dieses Herangehens zu sichern.

8. Schlußbemerkungen

Mehrfunktionale ISDN-Terminals müssen OSI- und ISDN-Konzepte unterstützen, um den Anwendungsanforderungen zu genügen. Eine Möglichkeit der Harmonisierung ist ein ISDN-Netzdienst mit dem OSI-Netzdienst als Untermenge. In der Schicht 3 wird zwischen Inband- und Outband-Signalisierung gewechselt, und es werden den Anforderungen entsprechende Protokollsäulen ausgewählt.

Die Harmonisierung erfordert Änderungen und Erweiterungen von Standards und Empfehlungen. Bei der DSS1 werden z.B. als nötig gesehen:

- Unterstützung von Paketmodus-Verbindungen zwischen Endgeräten (SETUP mit globaler Signifikanz) und Mechanismen zum Aushandeln von Parametern.
- Erweiterung des Informationelements "High Layer Compatibility" zur Kennzeichnung unterschiedlicher Anwendungen und von OSI-Profilen.
- Abgrenzung von Funktionen zum Leisten von Zusatzdiensten (Supplementary Services), die den ISDN-Netzdienst betreffen, von solchen, die dem Management zuzuordnen sind.
- Abgrenzen von Funktionen des Schichtmanagements.

Das Konzept eines ISDN-Netzdienstes ist weiter zu präzisieren und muß auf seine Anwendbarkeit auch in einer Breitbandumgebung überprüft werden. Dabei muß erreicht werden, daß dieser Netzdienst funktionell unabhängig von den benutzten Übertragungsraten und -verfahren bleibt.

Literaturverzeichnis

[1] Apfelauer,G. u.a.: Das Verhältnis von OSI-Vermittlungsdienst und ISDN-D-Kanalprotokoll, GMD-Studie Nr. 154, 1988

[2] Bocker,P.: ISDN. Das diensteintegrierende digitale Nachrichten-netz. Konzepte, Verfahren, Systeme,
Springer-Verlag Berlin-Heidelberg-New York, 1986

[3] Brunn, D.: Network Management for Open Systems Connected Through ISDN, in: "Kommunikation in verteilten System",
Informatik-Fachberichte 205, Springer-Verlag Berlin, 1989

[4] Gießler, E., Prinoth, R.: Vermittlungsdienst und OSI-Management im ISDN, Arbeitspapiere der GMD Nr. 407, August 1989

[5] Köhler, B., Swoboda, J.: Zur Verträglichkeit von ISDN mit dem OSI-Modell, in: "ISDN in der Einführung", ITG-Fachtagung, Berlin 1988, ITG-Fachberichte 100, VDE-Verlag, Berlin-Offenbach, 1988

[6] Rommel, W.: Architektur mehrfunktionaler ISDN-Endgeräte mit einem ISDN-Netzdienst, Dissertation A, AdW/Berlin, 1990

[7] Trudgett, P.A.: ISDN - Its impact on OSi data communications, "International Open Systems '88", London 1988, Online Publications, London, 1988

[8] Carl, D. u.a.: Konzeption für ein Multifunktionales ISDN-End-gerät, Interner Arbeitsbericht, AdW/IIR, 1989

[9] Rec. I.122: Framework for providing additional packet mode bearer services, Doc. AP IX-143-E, June 1988

[10] Rec. I.250: Definition of supplementary services,
Doc. AP IX-144-E, June 1988

[11] Rec. I.320: ISDN Protocol Reference Model,
Doc. AP IX-145-E, June 1988

[12] Rec. Q.921 (=I.441): ISDN user-network interface - Data Link layer specification, Doc. Ap IX-122-E, June 1988

[13] Rec. Q.931 (=I.451): ISDN user-network interface - layer 3 spec. for basic call control, Doc. AP IX-123-E, June 1988

[14] Rec. Q.932 (=I.452): Generic Procedures for the control of ISDN supplementary services, Doc. AP IX-123-E, June 1988

[15] Rec. Q.940: User-network Interface Protocol for Management, Doc. Ap-IX-127-E, June 1988

[16] Rec. X.31: Support of packet mode termianl equipment by an ISDN, Doc. AP IX-50-E, April 1988

[17] Rec. Z.100: CCITT Specification and Description Language SDL, Blue Book, COM X-R15-E, 1988

[18] Open Systems Interconnection - Basic Reference Model,
ISO 7498, 1984

[19] OSI Reference Model - Part 4: Management Framework,
DIS 7498-4, 1988

[20] Network Service Definition
DIS 8348, 1984

[21] Addendum to the Network Service Definition Covering Network Layer Addressing, DIS 8348/2

[22] Service Conventions, ISO TR 8509, 1987

Composite Managed Objects:

Ein Konzept zur praktischen Umsetzung des Informationsmodells von OSI-Management

Andreas Dittrich
Gesellschaft für Mathematik und Datenverarbeitung (GMD)
Forschungszentrum für Offene Kommunikationssysteme (FOKUS)
Hardenbergplatz 2, D - 1000 Berlin 12

1 Einleitung

Im Rahmen des BERKOM-Projektes (BERliner KOMmunikationsnetz), welches in Zusammenarbeit von Deutscher Bundespost und dem Land Berlin die Entwicklung von Anwendungen und Endsystemen für ein künftiges Breitband-Glasfasernetz (B-ISDN) untersuchen und fördern soll, beschäftigt sich das BERMAN-Teilprojekt mit dem Management für Verteilte Anwendungen im B-ISDN. Neben der Bearbeitung konzeptioneller Aufgaben soll von BERMAN auch ein *Basic Management Support System* (BMSS) realisiert werden, welches den Austausch von Managementinformationen und die Initiierung von Managementoperationen sowohl auf lokal als auch auf entfernt existierenden Anwendungskomponenten erlaubt.

Das BMSS basiert auf OSI-Management, so daß auch die Zusammenarbeit mit anderen, die OSI-Standards unterstützenden Managementsystemen möglich sein wird. Wesentlicher Bestandteil von OSI-Management ist ein spezielles Informationsmodell, dessen Grundbausteine *Managed Objects* (MO) sind. Im Rahmen der konzeptionellen Überlegungen für die Realisierung des BMSS wurde dieses Modell von BERMAN durch das Konzept von *Composite Managed Objects* (CMO) verfeinert, denn im Informationsmodell von OSI-Management werden die Relationen zwischen einem (logischen) Managed Object und der konkreten Realisierung der zugrunde liegenden Ressource nicht berücksichtigt. Das CMO-Konzept versucht diese Lücke zu schließen, indem Managed Objects so strukturiert werden, daß bestehende Relationen zwischen Managed Objects und Ressourcen durch Beziehungen zwischen den bei der Dekomposition von MOs in Composite MOs entstehenden Teilen dargestellt werden können.

Bevor in Kapitel 3 dieses Konzept dargestellt wird, werden in Kapitel 2 die Grundlagen des Informationsmodells von OSI-Management erläutert. In Kapitel 4 wird dann die Verwendung von Composite Managed Objects (CMO) am Beispiel der *Dienstvermittlung* verdeutlicht.

2 Diskussion des Informationsmodells von OSI-Management

Das Informationsmodell von OSI-Management ist in dem (zukünftigen) ISO-Standard 10165 (*Structure of Management Information*, SMI) beschrieben, der sich in drei Teile gliedert:

- Teil 1 (*Management Information Model*) [1] enthält die grundlegenden Konzepte.

- Teil 2 (*Definition of Management Information*) [2] ist ein Register der bisher für OSI-Management definierten Managementinformationen.

- Teil 4 (*Guidelines for the Definition of Management Information*) [3] beschreibt, in welcher Form Managementinformationen zu definieren sind.

Da SMI den Status eines Draft International Standards Mitte 1990 erreicht hat und Mitte 1991 dann als International Standard festgeschrieben werden soll, können die wesentlichen, im Rahmen dieses Beitrags interessierenden Konzepte des Teils 1 als stabil angesehen werden, so daß sie als Grundlage für die angestrebte Verfeinerung dienen können. Im folgenden werden zuerst die Basiskonzepte des Managementinformationsmodells vorgestellt und anschließend einige der bei der Anwendung des Modells auftretenden Probleme beschrieben, die zur Entwicklung des CMO-Konzeptes geführt haben.

2.1 Vorstellung des OSI-Konzeptes

Das Informationsmodell von OSI-Management beruht auf einem objektorientierten Ansatz, dessen Grundbausteine die Managed Objects (MOs) sind. Ein MO repräsentiert eine abstrakte, auf Managementaspekte beschränkte Sicht der Eigenschaften einer von Managementerfordernissen u. U. unabhängig existierenden realen oder logischen Ressource. Allerdings werden die Relationen zwischen der Ressource und ihrem MO nicht modelliert.

Ein MO ist charakterisiert durch die an seiner *Managed Object Boundary* sichtbaren *Attribute* und ausführbaren Managementoperationen sowie der *Notifications*, die das MO aussenden kann. Die Bedeutung der

- Attribute,

- Operationen und Notifications,

- Reaktion auf Operationen, die auf einem MO ausgeführt werden,

- Umstände, unter denen Notifications ausgesendet werden,

- Abhängigkeiten zwischen Werten bestimmter Attribute sowie

- Auswirkungen von Beziehungen zu anderen MOs

sind durch das *Verhalten* eines MO definiert. MOs, die die gleichen Attribute, Managementoperationen, Notifications und das gleiche Verhalten besitzen, gehören zu derselben *Managed Object Class*.

In den Attributen eines MO sind Eigenschaften einer Ressource in Form eines *Attributwertes* repräsentiert, wobei sich bei *set-valued* Attributen der Attributwert aus einer beliebig großen (auch leeren) Menge von Elementen, die alle vom gleichen Datentyp sein müssen, zusammensetzt. Managementoperationen wirken nicht direkt auf die Attribute, sondern werden vom MO, das sie enthält, ausgeführt, so daß durch das MO die Synchronisation von Attributzugriffen und die Erhaltung der internen Konsistenz, d. h. die Berücksichtigung von Abhängigkeiten zwischen Werten verschiedener Attribute, sichergestellt werden kann.

Als mögliche attributorientierte Operationen sind

- das Lesen eines Attributes (*Get attribute value*),
- das Schreiben eines Attributes (*Replace attribute value*),
- das Initialisieren eines Attributes (*Replace-with-default value*) sowie
- für set-valued Attribute das Hinzufügen (*Add member*) bzw.
- das Entfernen von Elementen (*Remove member*)

festgelegt. Neben den attributorientierten Operationen sind auch objektorientierte Managementoperationen definiert, die auf ein MO als Ganzes wirken. Zu dieser Klasse zählen die Operationen zum Erzeugen (*Create*) und Löschen (*Delete*) von MOs sowie die *Action*-Operation, mit der objektspezifische Mechanismen ausgelöst werden können (z. B. Selbsttest).

Ein MO sendet Notifications aus, wenn ein internes oder externes Ereignis eingetreten ist. Auf welches Ereignis mit dem Aussenden einer *Notification* reagiert und welche Information dabei mitgeschickt wird, ist in der Klassendefinition des MO spezifiziert.

Alle auf einem Endsystem vorhandenen MOs werden konzeptionell zu einer *Management Information Base* (MIB) zusammengefaßt. Innerhalb der MIB werden die einzelnen MOs durch die *Containment*-Relation zueinander in Beziehung gesetzt. Diese Relation spiegelt nicht unbedingt die physikalische Zusammensetzung von Ressourcen wider, sondern dient auch zur Modellierung von organisatorischen (z. B. Directory, File, Record, Field) und logischen (z. B. Anwendung, Anwendungsinstanzen, Anwendungskomponenten) Hierarchien. Ein übergeordnetes (*superior*) MO kann mehrere untergeordnete (*subordinate*) MOs enthalten, während ein untergeordnetes MO immer nur in genau einem übergeordneten MO enthalten sein kann.

Mit Hilfe der Containment-Beziehung erfolgt die Benennung von MOs mit einem *Distinguished Name*: Ein untergeordnetes MO wird benannt durch die Kombination des Namens seines übergeordneten MO mit dem Wert eines Attributs, der das untergeordnete MO eindeutig im Kontext seines übergeordneten MO bezeichnet. Welches Attribut für diesen Zweck herangezogen wird, wird abhängig von der Klasse des übergeordneten MO bei der Klassendefinition des untergeordneten MO durch ein *Name Binding* festgelegt.

2.2 Unzulänglichkeiten des OSI-Konzeptes

Durch den Verzicht auf die Modellierung der möglichen Relationen zwischen Managed Objects und den assoziierten Ressourcen kann das Informationsmodell von OSI-Management Managed Objects auf einem hohen Abstraktionsniveau beschreiben, so daß unabhängig von Implementierungsaspekten eine einheitliche logische Sicht auf eine Ressource möglich ist. Dies erleichtert die Definition von MO-Klassen.

Den Implementierer eines MO dagegen interessieren auch die Relationen zwischen einem MO und der (oder den) zugehörige(n) Ressource(n), weil diese möglicherweise Auswirkungen auf seinen Realisierungsentwurf haben. Da die meisten Betriebssystem-Architekturen auf dem Prozeßkonzept basieren, wird im weiteren davon ausgegangen, daß logische Ressourcen durch einen oder mehrere Prozesse repräsentiert werden bzw. der Zugriff auf physikalische Ressourcen ebenfalls nur über entsprechende Prozesse möglich ist. Der Hauptunterschied zwischen der Sicht eines Spezifizierers von MO-Klassen und dem Implementierer eines MO ist dann, daß ersterer ausschließlich eine Ressource in Form eines MO sieht, während letzterer auch die konkreten Applikationsprozesse betrachtet und sich überlegen muß, welche Beziehungen zwischen MO und den assoziierten Prozessen bestehen.

Beispielsweise kann angenommen werden, daß zur Überwachung und Steuerung eines Message Handling Systems gemäß X.400 jeweils eine MO-Klasse für die Komponenten Message Transfer Agent (MTA) und User Agent (UA) definiert wird. Bei einer konkreten Implementierung können jedoch MTA und UA durch mehrere Prozesse realisiert sein, so daß auch die Informationen, die in den Attributen eines MO repräsentiert sind, auf verschiedene Prozesse verteilt sein können. Der MO-Implementierer benötigt Hilfsmittel, um zu entscheiden, welche Attribute und Notifications in einen Prozeß zusammengefaßt sein müssen und wie er bei der Aufsplittung eines MO für die Außenwelt trotzdem die Fiktion eines atomaren MO aufrechterhält.

Neben diesem *Verteilungsaspekt* können weitere Relationen zwischen MOs und den assoziierten Prozessen identifiziert werden. Die *Lebensdauer* eines MO bzw. bestimmter Teile eines MO dürfen in manchen Fällen nicht an die Lebensdauer der (des) zugrunde liegenden Applikationsprozesse(s) gekoppelt sein. Diese Anforderung stellt sich z. B. dann, wenn Fehler zur Termination eines Prozesses geführt haben. Im Rahmen des Fault Management ist es aber sicherlich notwendig, daß noch nach Auftreten eines Fehlers auf in einem MO gespeicherte Informationen, die Auskunft über die Ursachen geben, zugegriffen werden kann.

Neben dem Fall, daß Teile eines MO Prozesse überleben, ist es auch denkbar, daß Teile eines MO existieren, bevor die zugehörigen Prozesse erzeugt werden. Das bedeutet, daß die Ausführung einer Create-Operation nicht immer automatisch neben der Generierung eines MO auch die Erzeugung eines assoziierten Prozesses einschließen muß, sondern daß der Prozeß erst später, z. B. als implizite Folge der Ausführung einer speziellen Action-Operation auf dem MO, bei Bedarf gestartet wird. So kann aus Optimierungsgründen ein Prozeß nicht immer vorhanden sein, aber durch die Existenz eines entsprechenden MO ist erkennbar, daß der Prozeß (und die durch ihn bereitgestellte Funktionalität) prinzipiell verfügbar ist. Außerdem können in diesem Fall schon Informationen über die Ressource für das Management bereitgestellt werden.

Der Aspekt der Lebensdauer impliziert, daß Teile eines MO, die nur schwach an die Existenz eines Prozesses gekoppelt sind, nicht in diesem Prozeß selbst vorhanden sein können, sondern separat vorliegen müssen. Dementgegen steht der

Aspekt der *Änderungsdynamik* von Attributen. Attribute mit sich schnell verändernden Werten eignen sich nicht für die "Herauslösung" aus den Prozessen, die die Änderungen verursachen, weil man dadurch implizit eine Kopie des Attributs schafft, die außerhalb des Prozesses liegt und für deren Aktualisierung deswegen ein unakzeptabler Aufwand erforderlich ist.

3 Das Konzept der Composite Managed Objects

Im folgenden soll nun gezeigt werden, wie die oben beschriebenen Relationen zwischen Managed Objects und den assoziierten Prozessen durch das Konzept der Composite MOs (CMO) modelliert werden können. Um den objektorientierten Ansatz, der von OSI beim Konzept der Managed Objects verfolgt wurde, für die Darstellung der Relationen zwischen MOs und Prozessen beibehalten zu können, ist es erforderlich, auch Prozesse durch Objekte zu modellieren.

Da Prozesse als Realisierungen von Ressourcen aufgefaßt werden, sollen sie als *Resource Objects* modelliert werden. Dabei soll ein Prozeß durch genau ein Resource Object repräsentiert werden. Zwischen MOs und Resource Objects können dann m-zu-n-Relationen bestehen: Einerseits kann ein MO mit mehreren Resource Objects (=Prozessen) assoziiert sein (vgl. MHS-Beispiel); andererseits kann ein Prozeß den Zugriff auf mehrere (abstrakte) Betriebsmittel ermöglichen, so daß ihm mehrere MOs zugeordnet werden müssen. Letzteres ist z. B. der Fall, wenn die Funktionalität der unteren vier Schichten des OSI-Referenzmodells durch einen Prozeß implementiert sind. Dann sind dem entsprechenden Resource Object die MOs der vier Layer Entities sowie evtl. weitere MOs zuzuordnen, die Verbindungen auf den verschiedenen Ebenen repräsentieren.

Zuerst sollen nun die Komponenten, aus denen sich Composite MOs zusammensetzen, beschrieben werden. Anschließend erfolgt eine Betrachtung der Relationen zwischen diesen Bestandteilen.

3.1 Bestandteile des CMO-Konzepts

Die Grundidee des CMO-Konzeptes besteht darin, ein im Informationsmodell von OSI-Management als atomar angesehenes Managed Object derart in disjunkte *Parts* zu zerlegen, daß die Modellierung der oben beschriebenen Beziehungen zwischen MOs und Ressourcen auf *Composite*-Relationen zwischen diesen Parts zurückgeführt werden können. Ein Part ist genauso wie ein MO durch Attribute, Notifications und Managementoperationen definiert. Die Ebene der Atomarität wird beim CMO-Konzept vom ganzen MO auf diese charakteristischen Bestandteile eines MO verlegt. Das heißt, daß jedes für ein MO definierte Attribut, jede Notification und jede Action-Operation genau einem Part zugeordnet wird.

Durch die Parts wird die Modellierung des Verteilungsaspektes sehr erleichtert, weil dadurch die Zuordnung von Attributen, Managementoperationen und Notifications zu einem Resource Object unterstützt wird. Um auch den Aspekt der Lebensdauer zu berücksichtigen, sieht das CMO-Konzept genau einen ausgezeichneten Part vor, genannt *Systems Part*, der getrennt von Resource Objects in einer speziellen Komponente des Managementsystems gehalten wird. Dadurch kann er unabhängig vom Vorhandensein eines Resource Objects existieren und diejenigen Teile eines MO beinhalten, die auch vor oder nach der Existenz der assoziierten Resource Objects verfügbar sein sollen.

Diejenigen Bestandteile eines MO, deren notwendige Lebensdauer sich mit der Existenz der zugehörigen Resource Objects decken, können auf *Application-integrated Parts* verteilt werden. Jedes Resource Object, das mit dem ursprünglichen MO in Relation steht, kann einen Application-integrated Part dieses MO enthalten. Auf Application-integrated Parts müssen diejenigen Attribute verteilt werden, die aufgrund ihrer hohen Änderungsdynamik nicht für eine Zuordnung zum Systems Part geeignet sind.

Der Systems Part stellt für eine Managementanwendung den Zugang zum CMO her, d. h., an der Schnittstelle zum Systems Part stehen alle für das ursprüngliche MO definierten Attribute, Operationen und Notifications zur Verfügung, so daß durch den Systems Part das OSI-Managementkonzept eines atomaren MO für die Managementanwendung gewahrt bleibt. Daraus folgt, daß jedes CMO einen Systems Part beinhalten muß.

Intern verwaltet der Systems Part, welche Attribute in welchem Application-integrated Part liegen, so daß er Lese- und Schreiboperationen (Get, Replace, Replace-with-default, Add, Remove) auf diese Attribute entsprechend weiterleiten kann. Im Extremfall enthält der Systems Part nur das Namens- und Objektklassenattribut, welche ja beide laut OSI-Definition unveränderlich sind und damit besonders für die Speicherung im Systems Part geeignet sind, während alle anderen Attribute in Application-integrated Parts angesiedelt sind. Der Systems Part dient dann hauptsächlich zur Kopplung der verschiedenen Application-integrated Parts.

Auch für auszuführende Action-Operationen ist dem Systems Part bekannt, in welchem Application-integrated Part die entsprechende Funktionalität vorhanden ist. Bei der Ausführung einer Create-Operation wird zuerst der Systems Part erzeugt, welcher dann die Generierung der Application-integrated Parts veranlassen kann. Auch Delete-Operationen werden vom Systems Part bearbeitet, der zuerst das Löschen der Application-integrated Parts bewirkt, bevor er selbst terminiert. Der Systems Part wird von den Application-integrated Parts über das Eintreten interner Ereignisse informiert und sendet die von ihnen erzeugten Notifications an das lokale Managementsystem, welches dann über die weitere Verarbeitung (z. B. Weiterleiten an eine spezielle Managementapplikation) entscheidet.

Application-integrated Parts beinhalten die notwendige Funktionalität, um den Zugriff auf die in ihnen vorhandenen Attribute sicherzustellen und das Eintreten interner Ereignisse zu signalisieren. Ihre Anbindung an das zugehörige Resource Object bleibt weiterhin Aufgabe des MO-Implementierers und muß individuell gelöst werden; nur die Zusammenarbeit zwischen den Parts eines Composite MO kann unterstützt werden.

3.2 Das Konzept des Managed Object Repository

Mit dem bisher vorgestellten CMO-Konzept können nur 1-zu-n-Relationen zwischen MOs und Resource Objects repräsentiert werden. Es fehlt also noch die Möglichkeit, m-zu-1-Beziehungen zwischen MOs und Resource Objects zu modellieren. Dies soll durch den Ansatz des *Managed Object Repository* (MOR) unterstützt werden. Durch Kombination des CMO- und des MOR-Konzeptes sind dann auch beliebige m-zu-n-Relationen zwischen MOs und Resource Objects darstellbar (siehe Abbildung 1).

Ein MOR beinhaltet eine Menge von MOs und verwaltet die Containment-Relation zwischen diesen, d. h., die Menge aller MORs auf einem System ist die Realisierung des MIB-Konzeptes. Ein MOR stellt außerdem Operationen zur Manipulation der in ihm gespeicherten MOs zur Verfügung, deren Funktionalität sich an den Dienstelementen von CMIS [4] orientiert. Das heißt, es gibt Operationen

- zum Lesen und Verändern von Attributen,

- zur Erzeugung und Löschung von MOs,

- zum Initiieren von Actions sowie

- zum Aussenden von Notifications.

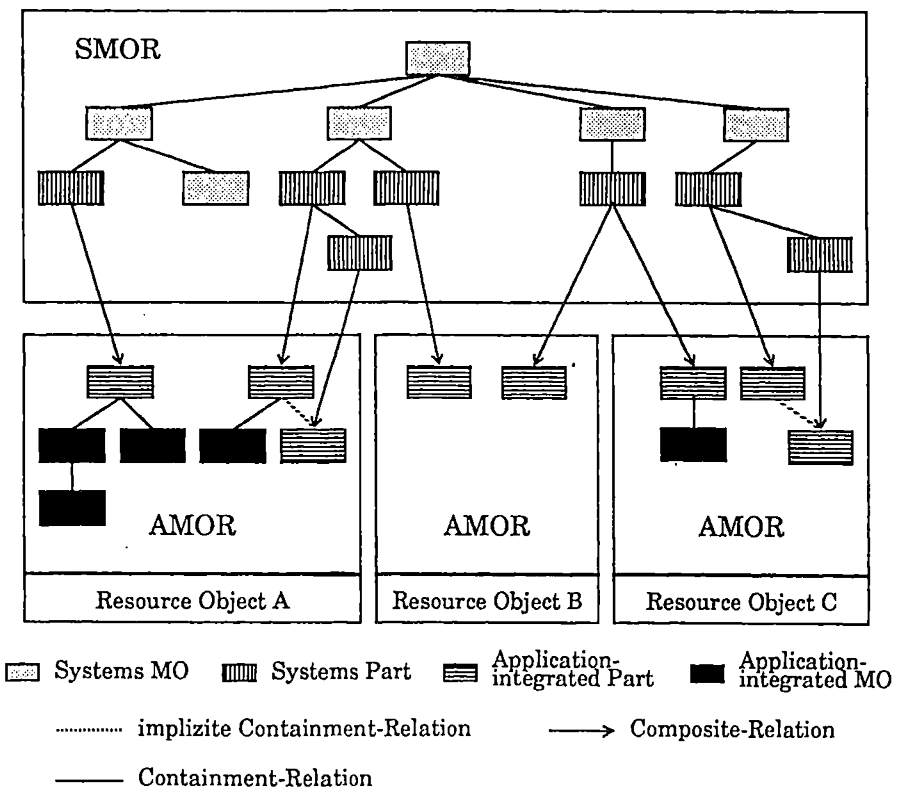

Abbildung 1: Kombination des CMO- und des MOR-Konzeptes

Ein MOR unterstützt die Selektion bestimmter MOs durch *Scoping* und *Filtering* und sorgt für die Umsetzung seiner Operationen auf entsprechende MO-Operationen. Er kann den Zugriff auf die MOs kontrollieren und für die Synchronisation von Operationen auf mehreren MOs sorgen. Ein MOR erbringt somit, abgesehen von der Abwicklung der Kommunikation mit einer Managementanwendung, die Funktionalität des bei OSI-Management vorgesehenen *Agent* eines *Managed Open System*.

Wenn man den MOR-Ansatz mit dem CMO-Konzept kombiniert, erhält man zwei Typen von MORs: das *Systems Managed Object Repository* (SMOR) und das *Application-integrated Managed Object Repository* (AMOR). Während ein SMOR die Systems Parts von CMOs enthält, ist ein AMOR für die Application-integrated Parts von CMOs verantwortlich. Daraus läßt sich ableiten, daß ein AMOR in einen Prozeß integriert ist, wohingegen ein SMOR getrennt von den Applikationsprozessen Bestandteil eines speziellen Managementsystems ist.

In einem MOR können nicht nur Parts eines CMO gespeichert werden, sondern auch Managed Objects in ihrer Gesamtheit. Derartige MOs, die im SMOR abgelegt sind, heißen *Systems* MOs. MOs, die vollständig in genau einen AMOR integriert sind, heißen *Application-integrated* MOs.

Zur Vereinfachung wird im Rahmen des BERMAN-Projektes davon ausgegangen, daß auf einem Endsystem genau ein SMOR, aber beliebig viele AMORs existieren. Dieser SMOR dient als zentraler Zugangspunkt zu den MOs eines Systems. Wenn die durch Managementoperationen angesprochenen MOs bzw. Teile davon nicht im SMOR selbst vorhanden sind, leitet der SMOR die Operation an den entsprechenden AMOR weiter.

Dies wirkt sich auch darauf aus, welche Typen von MOs bezüglich der Containment-Relation einander untergeordnet sein können. Die Wurzel des durch die Containment-Relation gebildeten Baumes bilden Systems MOs im SMOR. Unterhalb eines Systems MO können andere Systems MOs oder Systems Parts von CMOs eingeordnet werden. Die Anbindung eines AMOR an den SMOR geschieht durch wenigstens ein CMO bzw. genauer durch die Composite-Relation zwischen dem Systems Part im SMOR und dem Application-integrated Part im AMOR. Einem Application-integrated Part können nur Application-integrated MOs bzw. weitere Application-integrated Parts untergeordnet sein.

4 Dienstvermittlung

Die Bedeutung der Dienstvermittlung im Rahmen der Etablierung von verteilten Anwendungen wird mittlerweile immer stärker erkannt und ist auch Gegenstand internationaler Standardisierungsaktivitäten (siehe [5]). Im BERKOM-Rahmen erstellt das Projekt BERCIM [6] u. a. eine Komponenteninfrastruktur [7], [8], deren Hauptbestandteile ein Dienstvermittler und ein Informationssystem sind. Beide Elemente werden in Zusammenarbeit mit BERMAN unter Einbeziehung von Directory- und Management-Diensten konzeptioniert. Im folgenden wird zuerst das Dienstvermittlungsszenarium beschrieben und danach wird aufgezeigt, wie das CMO-Konzept in diesem Zusammenhang benutzt werden kann.

4.1 Szenarium

Das Vermittlungsszenarium beruht auf der Annahme, daß eine Menge von Dienstanbietern ihre Dienste in einem durch die Kopplung verschiedener lokaler Netze mit einem Breitbandnetz entstandenen Netzwerk zur Verfügung stellen. Eine Person oder eine Applikation (*Dienstanforderer*) steht vor der Aufgabe, den für die beabsichtigte Nutzung geeignetsten Dienstanbieter zu finden. Da dies eine komplexe Aufgabe ist, die umfangreiches Wissen über Existenz, Lokalität und Eigenschaften spezifischer Dienste erfordert, erscheint es vorteilhaft, die Dienstanforderer durch eine spezielle Managementanwendung, den *Dienstvermittler*, zu unterstützen. Dieses Vorgehen bietet der Administration des Netzwerkes auch die Gelegenheit, durch Modifikation der Auswahl- und Betriebskriterien des Dienstvermittlers Einfluß auf die Nutzung der vorhandenen Dienste zu nehmen, um z. B. die Auslastung der Einzelsysteme einander anzugleichen und die Leistungsfähigkeit des Gesamtsystems zu erhöhen.

Die Auswahl eines *Diensterbringers* aus einer Menge von potentiellen Dienstanbietern erfolgt auf der Basis von *Leistungsmerkmalen*. Dabei wird unterschieden zwischen *statischen* Leistungsmerkmalen eines Dienstes, deren Wert in der Regel unverändert bleibt, solange der Dienst verfügbar ist, und *dynamischen* Leistungsmerkmalen, die sich während der Lebensdauer eines Dienstanbieters ständig ändern können. Für einen Druckdienst könnten beispielsweise als statische Leistungsmerkmale die Auflösung, die unterstützten Papierformate sowie die Graphik- und Farbfähigkeit definiert sein. Dynamische Leistungsmerkmale wären der augenblickliche Status des Druckdienstes (z. B. wartend, laufend, kein Papier etc.) und die Anzahl der Jobs, die noch bearbeitet werden müssen.

Statische Leistungsmerkmale eignen sich zur Speicherung im Directory [9], während die dynamischen Leistungsmerkmale besser direkt durch ein Managementsystem beim Dienstanbieter erfragt werden. Unter diesen Prämissen soll der Vermittlungsvorgang in folgenden Schritten ablaufen:

1. Der Dienstanforderer wendet sich an den Dienstvermittler und spezifiziert dabei den gewünschten Diensttyp und erwünschte Werte einiger statischer und dynamischer Leistungsmerkmale.

2. Der Dienstvermittler startet eine Directory-Anfrage und sucht nach Dienstanbietern, die die spezifizierten statischen Leistungsmerkmale besitzen.

3. Als Resultat erhält der Dienstvermittler eine Liste von in Frage kommenden Dienstanbietern. Für jeden der geeigneten Dienstanbieter erfragt der Dienstvermittler über das Managementsystem die dynamischen Leistungsmerkmale.

4. Anhand der Antworten kann der Dienstvermittler bestimmen, welcher Dienstanbieter die vom Dienstanforderer spezifizierten dynamischen Leistungsmerkmale erfüllen könnte. Falls mehrere Dienstanbieter in Frage kommen, wählt der Dienstvermittler aufgrund einer internen Strategie einen aus.

5. Da sich die dynamischen Leistungsmerkmale während der Selektionsphase schon wieder geändert haben könnten, verlangt der Dienstvermittler über das Managementsystem nochmal eine Aktualisierung ihrer Werte vom Dienstanbieter. Fällt die Antwort zufriedenstellend aus, schließt der Dienstvermittler

mit Hilfe des Managementsystems mit dem Dienstanbieter einen Kontrakt, der für einen bestimmten Zeitraum eine Verschlechterung der dynamischen Leistungsmerkmale ausschließt und auch die Reservierung der notwendigen Ressourcen beinhaltet.

6. Der Dienstvermittler liefert den Namen des ausgewählten Dienstanbieters an den Dienstanforderer zurück. Dieser tritt mit dem Dienstanbieter in Verbindung und übergibt seinen Auftrag. Damit ist der Dienstanbieter zum Diensterbringer geworden.

Welche Daten im Directory abgelegt sein müssen, damit der Dienstvermittler seine Aufgaben erledigen kann, soll hier nicht weiter erläutert werden. Dies kann in [10] nachgelesen werden. Im folgenden werden nur die Schritte betrachtet, die einen unmittelbaren Bezug zum Management Verteilter Anwendungen haben (Schritte 3 und 5).

4.2 Managementaspekte der Dienstvermittlung

Damit die dynamischen Leistungsmerkmale eines Dienstanbieters durch ein Managementsystem abgefragt werden können, muß für den Dienstanbieter ein MO definiert sein, in dem u. a. die dynamischen Leistungsmerkmale in Form von Attributen repräsentiert sind. Außerdem wird davon ausgegangen, daß für jeden Auftrag, den der Dienstanbieter gerade bearbeitet oder der zur Bearbeitung ansteht, ein weiteres MO (*Job*-MO) existiert, welches bezüglich der *Containment*-Relation dem Dienstanbieter-MO untergeordnet ist.

Ein generisches *Dienstanbieter*-MO könnte folgende Attribute besitzen:

- *serviceId*: Dies ist das Namensattribut des Dienstanbieter-MO. Deswegen ist auf dieses Attribut nur die Get attribute value-Operation erlaubt.

- *operationalState*: Dieses Attribut ist ebenfalls nur lesbar. Es kann die Werte *Enabled* (der Dienst ist arbeitsbereit, aber hat im Augenblick keinen Job zu bearbeiten), *Active* (der Dienst bearbeitet gerade einen oder mehrere Jobs und hat noch Kapazität für weitere Jobs), *Busy* (der Dienst kann keine weiteren Jobs mehr bearbeiten) und *Disabled* (der Dienst ist aufgrund von Fehlern nicht arbeitsfähig) annehmen.

- *administrativeState*: Für dieses Attribut sind die Werte *Unlocked* (der Dienst kann benutzt werden), *ShuttingDown* (der Dienst bearbeitet nur noch bereits angenommene Jobs und akzeptiert keine neuen Aufträge mehr) und *Locked* (der Dienst hat alle Jobs abgearbeitet und nimmt keine neuen mehr an) definiert. Dieses Attribut ist für eine Managementanwendung sowohl lesbar als auch mit Replace attribute value veränderbar.

- *serviceRequestsPending*: Dieses Attribut gibt an, wieviele Jobs der Dienst zu bearbeiten hat. Es ist nur lesbar.

- *serviceRequestOrder*: Dieses set-valued Attribut enthält die Namen der MOs, die die vom Dienst zu bearbeitenden Jobs repräsentieren. Die Reihenfolge, in der sie gespeichert sind, legt fest, in welcher Abfolge die Jobs bearbeitet werden. Auf dieses Attribut können die Operationen Get attribute value, Replace attribute value, Add member und Remove member angewendet werden.

Außerdem sei für das generische Dienstanbieter-MO die Action *AcceptJob* definiert, mit der per Managementsystem beim Dienstanbieter angefragt werden kann, ob er einen bestimmten Job zur Bearbeitung akzeptieren würde.

Ein generisches Job-MO, welches die von einem Dienstanbieter zu bearbeitenden Aufträge repräsentiert, soll aus Vereinfachungsgründen nur die folgenden drei Attribute besitzen, die alle für das Managementsystem nur lesbar sind:

- *jobId*: Dies ist das Namensattribut für das MO.

- *jobState*: Dieses Attribut zeigt an, ob der entsprechende Job gerade bearbeitet wird (*Active*) oder noch zur Bearbeitung ansteht (*Pending*).

- *serviceUser*: Dieses Attribut gibt an, wer der Auftraggeber für diesen Job ist.

Daneben erben beide Objektklassen noch Attribute von der bezüglich der Vererbungshierarchie obersten Objektklasse *top*. Von diesen Attributen wird in diesem Beispiel nur das Attribut *objectClass* berücksichtigt. Bezüglich der Containment-Relation sollen Dienstanbieter-MOs direkt unter die Wurzel der Containment-Hierarchie, einem Objekt der Klasse *ManagedSystem* eingeordnet werden können.

Von den beiden generischen Objektklassen Dienstanbieter und Job können dienstspezifische Objektklassen abgeleitet werden, in denen weitere dynamische Leistungsmerkmale definiert werden. Im folgenden Beispiel (siehe Abbildung 2) wird zwar angenommen, daß für einen Druckdienst auf diese Weise die Objektklassen *PrintService* und *PrintJob* definiert wurden; aber nur die oben aufgeführten Attribute werden bei den Erläuterungen berücksichtigt.

Um nun zu entscheiden, welche MOs als Composite MOs realisiert werden sollen, müssen Aspekte der Implementierung berücksichtigt werden. In diesem Fall sei als Randbedingung gegeben, daß ein Prozeß, der den Druckdienst realisiert, nur dann existieren soll, wenn wirklich Aufträge zu bearbeiten sind. Das bedeutet aber, daß die dynamischen Leistungsmerkmale (Status, Anzahl der zu bearbeitenden Druckaufträge) abfragbar sein müssen, ohne daß der Druckprozeß existiert. Daraus folgt, daß MOs der Klasse PrintService als CMOs realisiert werden sollten, wobei die Attribute operationalState, administrativeState und serviceRequests-Pending im Systems Part abgelegt sein müssen, da dieser Bestandteil eines CMOs unabhängig von der Existenz eines assoziierten Applikationsprozesses ist.

Damit das CMO überhaupt von einer Managementanwendung angesprochen werden kann, müssen außerdem die Attribute objectClass und das Namensattribut serviceId im Systems Part abgelegt sein. Da für alle diese Attribute keine häufigen Änderungen zu erwarten ist, spricht auch der Aspekt der Änderungsdynamik von Attributen nicht gegen ihre Speicherung im Systems Part.

Das Attribut serviceRequestOrder ist dagegen nur von Interesse, wenn Aufträge vorhanden sind und eine Managementanwendung die Reihenfolge der Bearbeitung manipulieren will. Da ja davon ausgegangen wird, daß ein Druckprozeß existiert, wenn Druckaufträge eingegangen sind, und deshalb auch ein AMOR innerhalb des Druckprozesses vorhanden ist, kann dieses Attribut in einem Application-integrated Part gespeichert werden.

Für MOs der Klasse PrintJob sind bezüglich der Implementierung keine Randbedingungen vorgegeben. Deswegen können sie vollständig im AMOR des Druckprozesses als Application-integrated MOs realisiert werden. Soll unterstützt werden, daß Druckaufträge im Falle des Auftretens eines Fehlers, der zum Verschwinden des Druckprozesses führt, von einem anderen Druckdienst übernommen werden, empfiehlt es sich, diese MOs als Systems MOs zu realisieren, die bezüglich der Containment-Relation unter den Systems Part des PrintService-MO eingeordnet werden. Damit würde die Information über die Aufträge unabhängig von der Existenz des Druckprozesses erhalten bleiben.

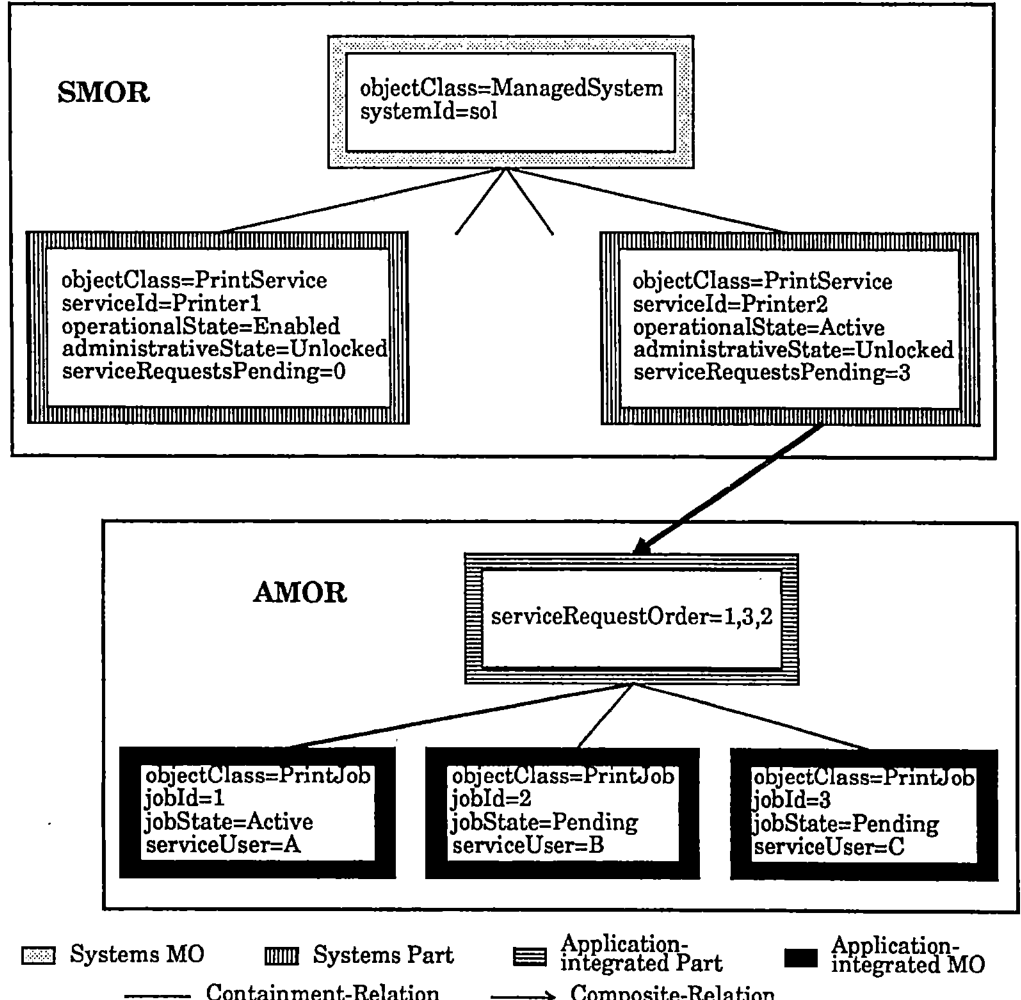

Abbildung 2: Verwendung von CMOs für das Management von Dienstanbietern

Wenn ein Druckdienst installiert wird, so müssen Eintragungen im Directory vorgenommen werden, um den Dienstanbieter bekanntzumachen, und auf dem System, auf dem er seinen Dienst erbringt, muß ein MO erzeugt werden. Da bei der Installation eines Dienstes noch keine Aufträge vorhanden sein können und deswegen auch kein Druckprozeß existieren muß, braucht nur der Systems Part des CMOs erzeugt zu werden.

Im Rahmen des hier vorgestellten Beispiels soll sich ein Dienstanforderer an den Dienstvermittler mit dem Verlangen wenden, daß eine Graphik nur möglichst schnell auf einem PostScript-Drucker ausgegeben werden soll. Über das Directory bekommt der Dienstvermittler heraus, daß zwei Dienstanbieter PostScript-Dokumente verarbeiten können und daß diese durch die MOs {*systemId=sol; serviceId=Printer1*} und {*systemId=sol; serviceId=Printer2*} repräsentiert werden (siehe Abbildung 2).

Durch eine Anfrage über ein Managementsystem kann der Dienstvermittler bei den beiden in Frage kommenden Dienstanbietern die dynamischen Leistungsmerkmale abfragen. Weil der Druckauftrag möglichst schnell ausgeführt werden soll, wird nach dem Dienstanbieter gesucht, der die wenigsten Aufträge zu bearbeiten hat, indem für den Wert des Attributs serviceRequestsPending eine obere Schranke angegeben wird. Für genauere Methoden zur Bestimmung der Auslastung eines Druckdienstes müßten weitere Informationen wie z. B. die Gesamtgröße aller zu bearbeitenden Jobs in den MOs gespeichert werden. Da es außerdem nicht sinnvoll ist, Druckdienste bei der Vermittlung zu berücksichtigen, die gerade nicht lauffähig sind, sollen nur Dienstanbieter befragt werden, deren operationalState den Wert Active oder Enabled besitzt und deren administrativeState Unlocked ist. Unter Verwendung der Selektions- und Auswahlmöglichkeiten von CMIS könnte also folgende Anfrage gestellt werden:

M-Get (BaseManagedObject:objectClass=ManagedSystem; systemId=sol,
        Scope: *first level subordinates,*
        Filter: *objectClass=PrintService &*
                                 administrativeState=Unlocked &
                                 (operationalState=Active | operationalState=Enabled) &
                                 serviceRequestsPending< =2,
    AttributeIdList: *serviceRequestsPending)*

Als Ergebnis dieser Anfrage erhält der Dienstvermittler über das Managementsystem zurück (vgl. Abbildung 2):

        ManagedObject: *objectClass=PrintService; serviceId=Printer1,*
        AttributeList: *serviceRequestsPending=0*

Falls mehrere geeignete Dienstanbieter gefunden worden wären, hätte der Dienstvermittler aufgrund des Wertes des serviceRequestsPendings-Attributs einen ausgewählt. Anschließend erfragt der Dienstvermittler über die auf dem MO definierte Action-Operation AcceptJob, ob die übermittelten Werte der dynamischen Leistungsmerkmale noch gültig sind und ob der Dienstanbieter einen zusätzlichen Auftrag übernehmen will.

Die AcceptJob-Operation wird vom Managementsystem an den Systems Part übergeben. Dieser stellt fest, ob ein Druckprozeß existiert. Wenn nicht, veranlaßt der Systems Part die Erzeugung des Druckprozesses, wodurch implizit die Generierung des entsprechenden AMORs initiiert wird, und leitet dann diese Action an den AMOR weiter. Der Druckprozeß überprüft anhand der mitgelieferten Auftragsparameter (z. B. Größe des Auftrags) nun, ob er den Job übernehmen kann, und teilt seine Entscheidung als Resultat der Action-Operation mit. Akzeptiert er den Auftrag, sorgt er für die Reservierung der notwendigen Betriebsmittel, was im Falle eines Druckdienstes durch einen vorsorglichen Eintrag in seine Drucker-Queue erfolgen kann.

Der Dienstvermittler gibt den Directory-Namen des ausgewählten Dienstes an den Dienstanforderer zurück, so daß dieser dann seinen Auftrag an den Dienstanbieter übergeben kann. Wenn der Dienstanbieter den Job entgegennimmt, erzeugt er ein entsprechendes PrintJob-MO. Dieses wird wieder gelöscht, wenn der Job erledigt ist. Wenn kein Auftrag mehr zu bearbeiten ist, terminiert der Druckprozeß und nur der Systems Part im SMOR bleibt erhalten.

5 Zusammenfassung

CMOs entstehen durch Dekomposition eines MO in einen Systems Part und eine beliebige Anzahl von Application-integrated Parts. Dadurch soll die Modellierung der Relationen zwischen Ressourcen und den sie repräsentierenden MOs erleichtern werden. Das CMO-Konzept ist ein Ansatz, den fehlenden Bezug zwischen dem OSI-Managementmodell und den Randbedingungen einer konkreten Implementierung herzustellen. Dabei werden folgende Abhängigkeiten zwischen MOs und Ressourcen betrachtet:

- *Verteilung* der MO-Funktionalität auf mehrere Ressourcen,

- unterschiedliche *Lebensdauer* von MOs und Ressourcen sowie

- unterschiedliche *Änderungsdynamik* von Attributen.

Aus der Berücksichtigung dieser Aspekte folgt, daß die Anwendung des CMO-Konzeptes auf ein konkretes MO nicht realisierungsunabhängig erfolgen kann, sondern daß bei bereits existierenden Anwendungen das Design eines CMO stark von den Vorgaben der Implementierung beeinflußt wird. Andererseits gibt das CMO-Konzept bei Entwicklung einer neuen Anwendung Hinweise, wie die Anwendung so implementiert werden kann, daß sie für das Management Verteilter Anwendungen effizient zugänglich ist.

Das CMO-Konzept ist noch nicht in allen Einzelheiten ausgearbeitet. In Hinblick auf eine Realisierung des CMO-Konzeptes liegt ein weiterer zukünftiger Arbeitsschwerpunkt des BERMAN-Projektes auf der Definition der Schnittstellen eines MOR und der beiden Part-Typen sowohl untereinander als auch gegenüber dem Anwendungsprozeß.

6 Referenzen

[1]   -   ISO 10165-1. *Information Processing Systems - Open Systems Interconnection - Management Information Services - Structure of Management Information - Part 1: Management Information Model.*

[2] - ISO 10165-2. *Information Processing Systems - Open Systems Interconnection - Management Information Services - Structure of Management Information - Part 2: Definition of Management Information.*

[3] - ISO 10165-3. *Information Processing Systems - Open Systems Interconnection - Management Information Services - Structure of Management Information - Part 4: Guidelines for the Definition of Management Information.*

[4] - ISO 9595. *Information Processing Systems - Open Systems Interconnection - Common Management Information Service Definition.*

[5] - ISO/IEC JTC1/SC21/WG7 N4885. *Working Document on Topic 4.3 - Function and Interface Definitions.* Juli 1990.

[6] - BERCIM. *Spezifikation für eine verteilte, fehlertolerante CIM-Struktur im Berliner Kommunikationssystem (BERKOM). Bericht zum fünften Meilenstein. Band 1: Übersicht.* September 1990.

[7] - BERCIM. *Feinarchitektur für eine verteilte, fehlertolerante CIM-Struktur im Berliner Kommunikationssystem (BERKOM). Bericht zum vierten Meilenstein. Band 2: Die BERCIM-Komponenteninfrastruktur.* Dezember 1989.

[8] - V. Tschammer, A. Wolitz, J. Hall. *Support for cooperation and coherence in an open services environment.* Proceedings of the 2nd Workshop on the Future Trends of Distributed Computing in the 1990's. September 1990. Cairo, Egypt.

[9] - ISO 9594. *Information Processing Systems - Open Systems Interconnection - The Directory.*

[10] - BERMAN. *Management für Verteilte Anwendungen im ISDN-B, Anforderungen an eine Architektur Verteilter Anwendungen, Nutzungshandbuch und Realisierungskonzept für die BERKOM Administration Infrastructure.* Version 2.0, August 1990.

Die Einbettung des OSI-Netzmanagements in das
TRANSDATA-Netzmanagement CNM

Karl Beschoner

Siemens Nixdorf Informationssysteme AG München
Systemtechnische Entwicklungen Open Systems

Zusammenfassung

Die zunehmende Komplexität von Rechnernetzen und die
dadurch steigenden Anforderungen an das Netzmanagement
machten die Einführung eines neuen Konzeptes für das
Netzmanagement von SNI-TRANSDATA®-Netzen erforderlich.
Besonderes Ziel war es hierbei, neben SINIX®*-,
BS2000- und PDN-Systemen auch OSI-Systeme fremder Hersteller in einem TRANSDATA-Verbund zu unterstützen.
Der Vortrag geht von einer Übersicht über die Architektur des Communications Network Management (CNM) aus
und zeigt, durch welche Maßnahmen in CNM die von ISO
in den OSI Management Standardisierungsdokumenten
getroffenen Festlegungen bezüglich Architektur, Services, Protokolle, NM-Objekte, Mechanismen und Regeln
berücksichtigt werden.

1 Einleitung

Durch den verstärkten Trend zur Zusammenarbeit von Kommunikations-
und Datenverarbeitungssystemen im Verbundbetrieb werden die zugrundeliegenden Rechnernetze immer größer. Gleichzeitig nimmt in der
Praxis die Heterogenität der Rechnernetze immer mehr zu, da Systeme
verschiedener Hersteller oder unterschiedliche Systeme eines Herstellers vernetzt werden. Aufgrund dieser wachsenden Komplexität der
Netze steigen die Anforderungen an Effizienz, Verfügbarkeit und
Sicherheit dieser Netze, so daß immer umfangreichere und schwierige-
re Netzmanagement-Aufgaben anfallen.

Das neue TRANSDATA-Netzmanagement CNM (Communications Network
Management) ist eine Antwort auf die Herausforderung, die diese Anforderungen darstellen:

1. Als Grundlage für die verschiedenen NM-Aufgaben wird eine gemeinsame konsistente Informationsbasis eingeführt, in der alle
   für das Netzmanagement relevanten Informationen über
   Netzmanagement-Objekte mit ihren Attributen und Beziehungen ab-
   gespeichert sind.

2. Zur Formulierung komplexer Netzmanagementaufträge und zur
   Definition von Reaktionen auf Netzereignisse, die Voraussetzung
   für ein automatisches Netzmanagement ist, steht eine objektorientierte Programmschnittstelle zur Verfügung.

---

3. Heterogene Systeme werden auf der Basis von OSI-Netzmana-
gement-Standards berücksichtigt.

4. Zur Lösung der wichtigsten Netzmanagementaufgaben stehen
Standardanwendungen zur Verfügung.

5. Dem Netzadministrator wird eine einfache graphik- und objektorientierte Bedienoberfläche angeboten.

Der vorliegende Vortrag geht vor allem auf das unter Punkt 3 angegebene Ziel ein. Kapitel 2 gibt zunächst eine Übersicht über die konzeptionellen Grundlagen von CNM. Nach der Erläuterung des zugrundeliegenden Netzmanagement-Prinzips wird ausgehend von einem Architekturbild die Funktionalität der einzelnen Architekturelemente
beschrieben. Kapitel 3 stellt die Managementkonzepte von CNM und OSI
gegenüber und zeigt, welche Maßnahmen erforderlich sind, um die
ISO-Festlegungen zum Netzmanagement in CNM zu berücksichtigen.

2 Konzept CNM

2.1 Netzmanagement-Prinzip

Jede Netzmanagement-Aktivität läßt sich in allgemeinster Form so
darstellen, daß der eine am Netzmanagement (NM) Beteiligte (Auftraggeber) einem anderen Beteiligten (Auftragnehmer) einen Auftrag erteilt. Mit dem Auftrag formuliert der Auftraggeber im allgemeinen
den Wunsch, an einem zu steuernden bzw. zu überwachenden NM-Objekt
oder den zugehörigen Attributen Operationen auszuführen oder Informationen abzurufen. NM-Objekte (Hardware und Software) können z.B.
Systeme, Datenübertragungs-Leitungen, Datenstationen, Protokollma-
schinen sein.

Der Auftragnehmer führt die gewünschte Operation aus oder beschafft
die angeforderten Informationen und liefert anschließend dem
Auftraggeber das Ergebnis. Dieses Ergebnis ist entweder die Quittung
über die ordnungsgemäße bzw. nicht ordnungsgemäße Ausführung der
Operation oder die angeforderte Information.

Beim Auftreten besonderer Ereignisse (Fehler erkannt, Zustandsänderung eines NM-Objektes festgestellt, Schwellwert überschritten usw.)
kann der Auftragnehmer eine Ereignismeldung erzeugen und diese dem
Auftraggeber zustellen. Ereignismeldungen sind spontane NM-Informationen, die unabhängig (asynchron) von NM-Aufträgen an den Auftraggeber übergeben werden.

Auftraggeber sind im allgemeinen NM-Anwendungen. Ein typischer
Auftraggeber ist z.B. die Anwendung, mit der die Mensch-Maschine-
Schnittstelle realisiert ist. Andere Anwendungen könnten z.B.
komplexe NM-Aufgaben wahrnehmen und dabei in einem vorgegebenen Rahmen auch autonom, d.h. unabhängig vom Netzbediener tätig sein
(Netzspiegel, Performance-Analyse, Expertensystem für Fehlerdiagnose
usw.). Beispiele für Auftragnehmer sind die Layermanager.

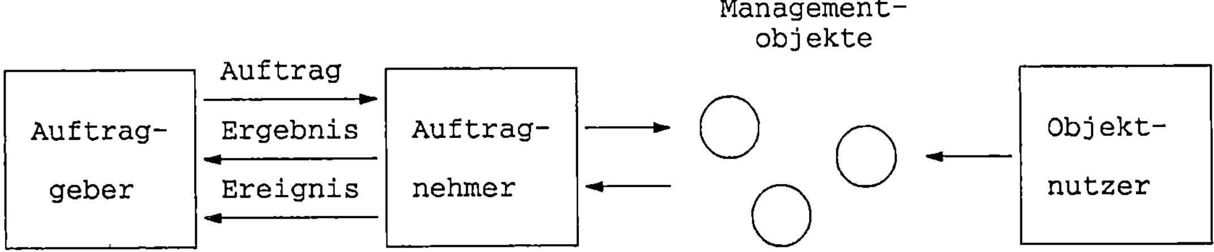

Bild 1: allgemeines NM-Prinzip

Dieses hier in allgemeiner Form erläuterte NM-Prinzip, das in Bild 1
veranschaulicht wird, ist die konzeptionelle Basis dafür,
NM-Aufgaben für unterschiedlichste Einsatzfälle und Anwenderwünsche
zu lösen. Es gilt sowohl unabhängig davon, ob das NM zentralisiert,
dezentralisiert oder verteilt ist, als auch unabhängig davon, auf
welche Art und Weise die NM-Aufgaben auf Anwendungen verteilt sind.

2.2 Architekturmodell CNM

Das für das Projekt CNM entwickelte Architekturmodell basiert auf
diesem allgemeinen NM-Prinzip. Zur Übermittlung der Aufträge, Ergebnisse und Ereignisse dienen hierbei die Network Management Services
(NMS). Als weiterer wichtiger Gesichtspunkt kommt hinzu, daß alle
für das Management von NM-Objekten relevanten Informationen eine
einheitliche und konsistente Informationsbasis bilden.

Die wesentlichsten Komponenten in der Architektur von CNM sind:

1. die NM-Anwendungen zur Lösung der Managementaufgaben in einem
   TRANSDATA-Netz.

2. die Network Management Information Base (NMIB) zur Speicherung
   der CNM-relevanten Managementinformationen.

3. das Network Management Information Service Element (NMISE) zum
   Zugriff auf den lokal gespeicherten Teil der NMIB.

4. das Network Management Communication Service Element (NMCSE)
   zum Zugriff auf die entfernt gespeicherten Teile der NMIB.

5. das Network Management Event Forwarding Element (NMEFE) zur
   Filterung und Weiterleitung von Ereignissen.

6. der Network Management Kernel (NMK) zur Verteilung von
   CNM-Aufträgen und -Ereignissen.

Bild 2 zeigt die Architekturelemente und die Kommunikationsbeziehungen zwischen ihnen. Da aus Sicht einer NM-Anwendung das Erteilen von
Aufträgen an andere NM-Anwendungen ebenso wie der Zugriff auf Informationen aus dem Netz Zugriffe auf Managed Objects in der NMIB sind
und die Realisierung der NMIB (Datenbank, NM-Anwendung, Layer) sowie
deren Lokalisierung verborgen bleibt, umfaßt dieses Architekturmodell alle Arten von Auftragsbeziehungen.

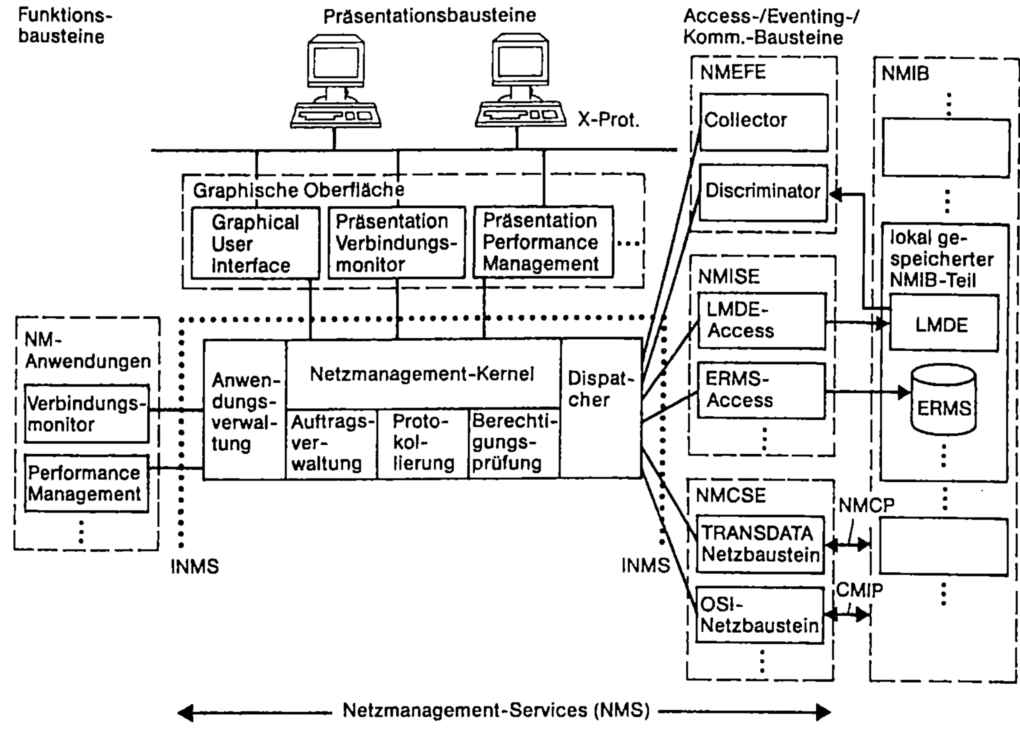

Bild 2: Architektur von CNM

2.3 NM-Anwendungen

NM-Anwendungen unterstützen den Netzbetreiber bei der Lösung seiner vielfältigen Steuerungs- und Überwachungsaufgaben. Mit ihnen werden vor allem diejenigen Aufgaben abgedeckt, die sich mit der Auswertung, Aufbereitung und Präsentation von NM-Informationen und der Automatisierung von NM-Aktivitäten befassen. Hierzu werden mit CNM systemseitig Standard-NM-Anwendungen für allgemein nutzbare Anwendungsfälle zur Verfügung gestellt. Beispiele für solche Standard-NM-Anwendungen sind der Netzspiegel zur Präsentation und Aktualisierung der Informationen über die Zustände von Anwendungen, Systemen, Leitungen und Routen, der Verbindungs-Monitor zur Überwachung von Transportverbindungen und das Performance Management. Darüber hinausgehende Anwendungen können von den Anwendern entsprechend den Bedürfnissen ihrer speziellen Einsatzfälle selbst erstellt werden, und zwar mit Hilfe der Anwenderschnittstelle INMS. Die Funktionalität, die mit NM-Anwendungen geboten werden kann, hängt in entscheidendem Maß von der Realisierung entsprechender Funktionen in den zu steuernden und zu überwachenden Teilen des Systems (z.B. Kommunikationslayer) ab.

2.4 Network Management Information Base (NMIB)

Sie enthält in ihrer Gesamtheit alle statischen und dynamischen Informationen, die im Zusammenhang mit NM-Objekten stehen und die für
das Management dieser Objekte relevant sind, und bietet so in Form
der globalen Netzsicht eine übergeordnete Sicht von NM-Objekten, die
über Systemgrenzen hinausgeht.

Statische NM-Informationen sind vor allem Konfigurationsdaten und
solche Informationen über NM-Objekte, die im allgemeinen nur selten
geändert werden (z.B. Liste der im Netz betriebenen Systeme, Beziehungen dieser Systeme zu anderen NM-Objekten). Die statischen Informationen können zentralisiert, an mehreren Systemen verteilt und
mehrfach im Netz physisch vorhanden sein (Originale – Replikate).
Dies ermöglicht z.B. den unmittelbaren Zugriff zu diesen NMIB-Infor-
mationen von einem zentralen System aus (Original) bei gleichzeitiger direkter Zugriffsmöglichkeit zur gleichen Information von einem
anderen System (Replikat). Durch entsprechende Mechanismen wird die
netzweite Konsistenz dieser Informationen gewährleistet.

Die dynamischen NM-Informationen sind Informationen über NM-Objekte
und Attribute, die im allgemeinen nur innerhalb eines relativ kurzen
Zeitraums aktuell sind. Beispiele sind Transportverbindungen, Ereig-
niszähler und operationale Zustände von NM-Objekten.

2.5 Network Management Information Service Element (NMISE)

Der Zugang zu allen lokal gespeicherten statischen und dynamischen
Informationen in der NMIB erfolgt über das (logische) Architekture-
lement NMISE, das gegenüber den NM-Anwendungen die Rolle des
Auftragnehmers spielt und die Realisierung des angesprochenen
Managed Objects verborgen hält. Es beschafft die gewünschten Infor-
mationen oder stößt die Ausführung der verlangten Operationen an den
Objekten an.

NMISE besteht aus mehreren Access-Bausteinen, und zwar aus

1. einem Access-Baustein zum Zugriff auf statische Informationen.
   Da dieser Zugriff durch einen Zugriff auf das Data-Dic-
   tionary-System Entity Relationship Management System (ERMS)
   realisiert wird, ist dieser Access-Baustein in Bild 2 als ERMS-
   -Access bezeichnet.

2. Accessbausteinen zum Zugriff auf die dynamischen Informationen.
   Dieser Zugriff wird durch eine Abbildung der NM-Aufträge auf
   Aufträge derjenigen Komponenten realisiert, die den Zugang auf
   die jeweiligen dynamischen Informationen ermöglichen. So erfolgt z.B. der Zugriff auf die in den Layern lokalisierten Informationen über die sog. Layer Management Distribution Entity
   LMDE. Der entsprechende Access-Baustein ist deshalb in Bild 2
   als LMDE-Access bezeichnet.

Diese Trennung in verschiedene Accessbausteine ermöglicht eine Entkopplung von CNM von Layerspezifika und eine schrittweise Anpassung
der Komponenten zum Zugang zu den Layern.

2.6 Network Management Communication Service Element (NMCSE)

Über das (logische) Architekturelement NMCSE erfolgt der Zugriff auf entfernt gespeicherte Informationen in der NMIB. Es ist für die Abwicklung des jeweils verwendeten NM-Protokolls und die Verpackung der Aufträge, Auftragsergebnisse und Ereignismeldungen in Protocol Data Units zuständig.

Je nachdem, über welche NM-Protokolle die entfernten Systeme erreichbar sind, besteht NMCSE aus mehreren Netzbausteinen. Beispiele für Netzbausteine sind der TRANSDATA-Netzbaustein, der das im homogenen TRANSDATA-Verbund verwendete Network Management Communication Protocol (NMCP; frühere Bezeichnung S3-Protokoll) abwickelt, und der OSI-Netzbaustein, der das im OSI-Verbund verwendete Common Management Information Protocol (CMIP) abwickelt.

2.7 Network Management Event Forwarding Element (NMEFE)

Das (logische) Architekturelement NMEFE ist für die Verarbeitung und Verteilung von Ereignismeldungen verantwortlich. Es besteht aus den Eventing-Bausteinen Diskriminator und Kollektor.

Der Diskriminator empfängt alle am lokalen System entstehenden Ereignismeldungen. Anhand von über die INMS einstellbaren Filterobjekten entscheidet er, welche dieser Ereignismeldungen er weiterleitet, welche er protokolliert und welche er unbeachtet läßt. Ferner wird durch die Filterobjekte für die weiterzuleitenden Ereignismeldungen bestimmt, welche Kollektoren sie bekommen. Vor der Weiterleitung bzw. Protokollierung formt der Diskriminator die Ereignismeldungen in ein einheitliches Format (Event Report, Event Record) um.

Der Kollektor ist stellvertretender Event-Report-Empfänger für alle NM-Anwendungen eines Systems. Er erhält vom lokalen Diskriminator und von den entfernten Diskriminatoren alle für NM-Anwendungen des lokalen Systems bestimmten Event Reports und verteilt sie an diese. Durch den Kollektor wird der Aufwand zur Übertragung eines Event Reports minimiert, da die Mehrfachübertragung eines Event Reports an ein System vermieden werden kann.

Aus Sicht der NM-Anwendungen tritt NMEFE wie NMISE und NMCSE als Auftragnehmer auf.

2.8 Network Management Kernel (NMK)

Der NMK stellt den NM-Anwendungen an der Schnittstelle INMS die Network Management Services (NMS) zur Verfügung. Er wirkt innerhalb CNM als Plattform. Im einzelnen besitzt er folgende Funktionalität:

-    Anwendungsverwaltung zum Starten, Beenden und Konfigurieren von NM-Anwendungen und zum Abfragen ihres Zustands.

-    Auftragsverwaltung zur Gewährleistung der Asynchronität der INMS.

-    Protokollierung von Aufträgen und Auftragsergebnissen.

-   Berechtigungsprüfung der Aufträge.

-   Dispatcher zum Zustellen von Aufträgen, Auftragsergebnissen und
    Ereignismeldungen an den jeweiligen Empfängerbaustein.

3 Einbettung des OSI-Netzmanagements in CNM

Ziel von CNM ist es, daß SINIX-Systeme im Verbund mit Systemen anderer Hersteller sowohl die Rolle des Managing Systems als auch die des Agent Systems einnehmen können. Aus diesem Grund werden in CNM die Festlegungen berücksichtigt, die von der ISO in den NM-Standards und von Herstellervereinigungen wie OSI/Network Management Forum (O-SI/NM Forum), Open Systems Foundation (OSF) und National Institute of Standards and Technologie Special Interest Group Network Management (NIST SIGNM) in ergänzenden Arbeiten getroffen wurden. Das folgende Kapitel zeigt für die von diesen Festlegungen betroffenen Architekturelemente NMIB, NMCSE und NMK und für die Anwenderschnittstelle INMS, welche Maßnahmen hierzu notwendig sind.

3.1 Gegenüberstellung der Managementarchitekturkonzepte

Die Einbettung des OSI-Netzmanagements wird wesentlich dadurch erleichtert, daß sich CNM und OSI-NM bezüglich der wesentlichen Architekturkonzepte und -elemente (bezüglich ISO s. /1/, /2/) weitgehend entsprechen. So wird das in Abschnitt 2.1 beschriebene allgemeine NM-Prinzip bei ISO in gleicher Weise angewendet wie bei CNM.

An der Anwenderschnittstelle stehen bei OSI die OSI Systems Management Functions (OSI-SMF) (/3/, /4/) zur Verfügung. Sie werden vom Systems Management Application Service Element (SMASE) erbracht, die sich zur Übermittlung der NM-Aufträge und -Ereignismeldungen auf das Common Management Information Service Element (CMISE) /5/ und die unterlagerten Protokollschichten abstützt. Die OSI-SMF entsprechen bei CNM von der "Lage" im Architekturmodell und von der Funktionalität der Schnittstelle INMS, während NMK und NMCSE die Funktionalität von SMASE bzw. CMISE übernehmen.

Die für das Netzmanagement relevanten Informationen enthält im OSI-NM die Management Information Base (MIB). Sie entspricht somit der NMIB in CNM. Allerdings geht das Konzept der NMIB über das der MIB hinaus, da die MIB nur die NM-Informationen bezogen auf ein OSI-System beinhaltet, die NMIB hingegen dem Betreiber eine über Systemgrenzen hinausgehende globale Sicht auf das Netz bietet.

3.2 Einbettungsmaßnahmen bezüglich der NMIB

Die Einbettungsmaßnahmen bezüglich der NMIB betreffen zum einen die Anwendung der von der ISO festgelegten Regeln zur Definition von Objekten und ihren Attributen /6/ bei der Aufstellung des TRANSDATA-NM-Objektkatalogs. Dadurch ist es möglich, über die gleiche Anwenderschnittstelle sowohl auf private als auch auf OSI-Objekte zuzugreifen.

Zum anderen werden in CNM die Festlegungen von ISO bezüglich der NM-Objekte und ihrer Attribute berücksichtigt. Diese Festlegungen und deren Realisierung in entsprechenden Systemkomponenten sind unabdingbare Voraussetzungen zur Lösung von Managementaufgaben in OSI-Systemen. Ohne das Vorhandensein solcher Objekte und der Möglichkeit, auf die Objekte und ihre Attribute einzuwirken oder sich über sie zu informieren, ist eine Realisierung von Management-funktionen in NM-Anwendungen nicht vorstellbar. Die Arbeiten bei ISO konzentrieren sich derzeit auf die Definition von Objekten im Transport Layer /7/ und Network Layer /8/, auf die Definition von Support Objekten (z.B. Event Forwarding Discriminators) und auf die Definition spezieller objektübergreifender Attribute (z.B. administrativer und operationaler Zustand eines Managed Object).

Die genannten Festlegungen gehen in CNM ein, indem

1. bei Weiterentwicklungen die in SINIX-Systemen vorhandenen OSI--Layer durch eine an OSI-Gesichtspunkten orientierte Struktur der jeweiligen Systemkomponenten um die OSI-Objekte und ihre Attribute erweitert werden. Dadurch werden SINIX-Systeme mit-telfristig die Rolle von OSI Agent Systemen übernehmen, d.h. von anderen OSI-Systemen aus überwacht und gesteuert werden können.

2. wesentliche OSI-Verfahren und -Konzepte für CNM übernommen wer-den. So werden Logging und Event Reporting über OSI-gemäße Diskriminatoren gesteuert. Ferner werden zu den derzeit in der NMIB enthaltenen Objekten soweit wie sinnvoll OSI-Zustandsin-formationen gehalten. Für Weiterentwicklungen ist geplant, von vorneherein die OSI-Zustände zu unterstützen.

Eng verbunden ist diese Berücksichtigung von Objekt- und Attribut-festlegungen sowie die Übernahme von Konzepten und Verfahren mit der Übernahme der OSI-Funktionalität an der Anwenderschnittstelle INMS. Hierdurch können SINIX-Systeme auch die Rolle von OSI Managing Systemen übernehmen. Siehe hierzu Abschnitt 3.5.

3.3 Einbettungsmaßnahmen bezüglich des NMCSE

In homogenen TRANSDATA-Netzen wird zum Austausch von NM-Informatio-nen ein Siemens-eigenes NM-Protokoll, das sog. Network Management Communication Protocol (NMCP), verwendet, das sich direkt auf die Transportschicht unter SINIX abstützt. Um auch OSI-Fremdsysteme in einem TRANSDATA-Netz durch CNM mitverwalten zu können, wird parallel zu NMCP das von der ISO standardisierte Common Management Informa-tion Protocol (CMIP) (/9/, /10/) unterstützt. Hierzu wird die entsprechende Protokollsoftware (CMIP, ROSE, ACSE) entwickelt und auf die unter SINIX verfügbare Implementierung des Session Layer aufgesetzt. Koexistenzprobleme aufgrund der parallelen Abwicklung beider Protokolle bestehen nicht.

Eine Verwendung von CMIP auch im homogenen TRANSDATA-Verbund, die die Alternative zur parallelen Verwendung beider NM-Protokolle ist, wurde nicht in Betracht gezogen, da die Integration des gesamten CMIP-Protokollstacks in bestehende TRANSDATA-Systeme technisch zu aufwendig würde. Allerdings ist geplant, daß künftige Systeme über CMIP erreicht werden können.

3.4 Einbettungsmaßnahmen bezüglich des NMK

Während die Anwendungsverwaltung und der Dispatcher im wesentlichen unverändert bleiben, wird bezüglich der anderen Aufgaben des NMK die Einbettung des OSI-NM wie folgt erreicht:

1. Auftragsverwaltung

   Wichtige Teile der bisherigen Auftragsverwaltung (Vergabe einer Auftragsnummer, Aufbau von Verwaltungsstrukturen, Verwaltung interner NMS-Nutzer, Zeitüberwachung, Weitervermittlung eines Auftrags) können auch von OSI-NM-Aufträgen genutzt werden. Um jedoch die im homogenen TRANSDATA-NM-Verbund gebotene Asynchronität der Auftragsbearbeitung (Erteilung mehrerer Aufträge, ohne auf Ergebnisse warten zu müssen; parallele Bearbeitung von Aufträgen mehrerer NM-Anwendungen) auch bei Verwendung des CMIP-Protokolls beibehalten zu können, muß das abstrakte Bild der Struktur des Application Layer modifiziert werden (s. Bild 3). Dabei kann weiter von einer Application Entity ausgegangen werden. Diese kooperiert jedoch mit einem Verteilerbaustein, der den Anschluß einer oder mehrerer NM-Anwendungen ermöglicht. Bezogen auf das OSI Application Layer Modellbild repräsentiert der Verteiler zusammen mit den angeschlossenen NM-Anwendungen den Systems Management Application Process.

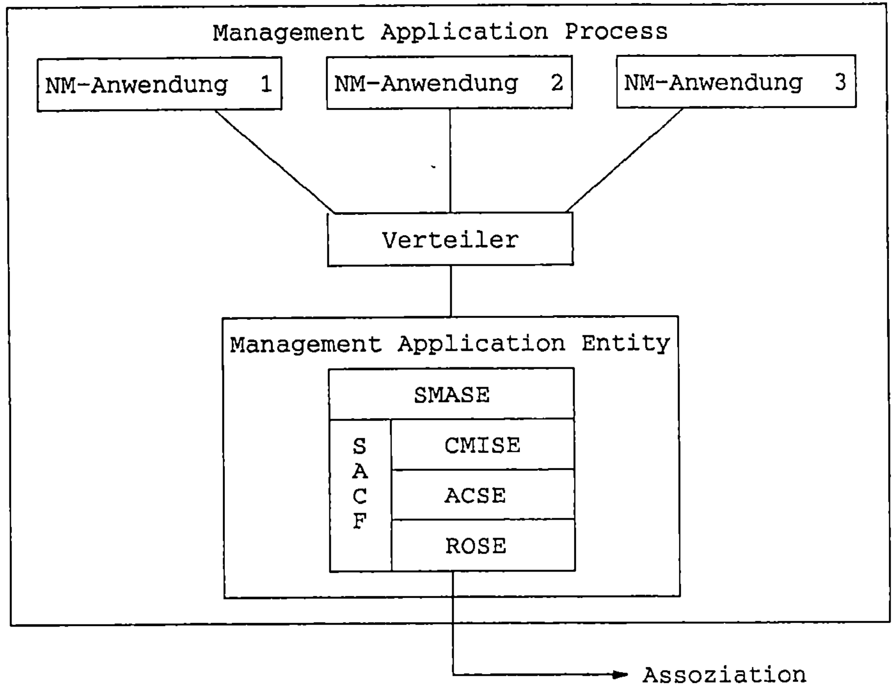

Bild 3: modifizierte Struktur des Application Layer

Voraussetzung für diese Modifikation ist, daß die mit Hilfe von
ACSE aufgebauten Assoziationen im heterogenen Verbund ebenso
wie die Transportverbindungen im homogenen Verbund mehrfach genutzt werden können. Die Auftragsverwaltung wird deshalb um
eine Assoziationsverwaltung erweitert. Verbunden mit diesem
"Assoziationsmultiplex" ist eine Minimierung der für das
Netzmanagement benötigten Kommunikationsressourcen.

2. Berechtigungsprüfung

Die bisherige Berechtigungsprüfung des TRANSDATA-NM ist auf die
funktionsorientierte Ausprägung der heutigen NM-Kommandos ausgerichtet. Sie kann wie folgt charakterisiert werden:

-   Die zur Verfügung stehenden NM-Kommandos sind in Komman-
    doklassen eingeteilt.

-   Jedem Benutzer ist ein Berechtigungsprofil zugeordnet, in
    dem verzeichnet ist, welche Kommandoklassen er an den ein-
    zelnen Systemen ausführen darf. Dieses Berechtigungsprofil
    wird dem Auftrag als Parameter mitgegeben.

-   Der Auftragnehmer ermittelt die Klasse des Kommandos und
    prüft das mitgelieferte Bererchtigungsprofil gegen die
    Kommandoklasse.

Demgegenüber trägt der OSI-Berechtigungsschutz der Objektorientierung des OSI-NM Rechnung, indem für jedes NM-Objekt über
Attribute des jeweiligen Objekts und über spezielle NM-Objekte,
die sog. Service Access Discriminators, festgelegt ist, wer
welche Operationen unter welchen Randbedingungen ausführen
darf.

Die Einbettung dieses Berechtigungsschutzkonzeptes in CNM macht
eine entsprechende Neuentwicklung im Rahmen der Entwicklung des
NMISE erforderlich, da von hier aus auf die NM-Informationen
zugegriffen wird. Um ein effizientes und effektives
Netzmanagement sicherstellen zu können, müssen hierbei die sehr
umfangreichen Möglichkeiten bei OSI, ein Zugriffsregelwerk zu
erstellen, auf ein sinnvolles Maß beschränkt werden.

Trotz dieser Neuentwicklung ist das bisherige Verfahren nicht
überflüssig. Vielmehr stellt es eine sinnvolle Ergänzung dar,
da eine funktionsorientierte Berechtigungsprüfung im Gegensatz
zur objektorientierten schon beim Auftraggeber stattfinden
kann. Die Möglichkeit der Bildung von Kommandoklassen ist dabei
aufgrund der Objektorientierung des OSI-NM begrenzt. Bei einem
derartigen parallelen Einsatz müssen beide Verfahren
koordiniert werden, damit sich ihre Prüfungsergebnisse nicht
widersprechen.

3. Auftragsprotokollierung

Die im heutigen TRANSDATA-NM durchgeführte Protokollierung
ermöglicht das Ablegen von ankommenden und abgehenden
NM-Aufträgen, zugehörigen Ergebnissen und Quittungen sowie von
Ereignismeldungen (News) in Protokollierungsdateien. Eine Steuerung des Protokollierungsvorganges ist nur eingeschränkt

möglich. Demgegenüber sieht OSI umfangreiche Steuerungsmöglich-
keiten vor, indem über spezielle NM-Objekte, die sog. Log
Discriminators, unter anderem festgelegt werden kann, in welchem Zeitraum protokolliert wird, was protokolliert wird und
welche Reaktion bei Erreichen der Kapazitätsgrenze einer Proto-
kollierungsdatei erfolgen soll. Allerdings zielen die OSI-Vor-
stellungen derzeit vor allem darauf ab, Ereignis- und Fehlerin-
formationen abzulegen, die evtl. noch als Event Reports verteilt werden. Insofern ergänzen sich die beiden Verfahren
bezüglich ihrer Einsatzgebiete, können also zusammen verwendet
werden. Hierzu wird im Rahmen der Neuentwicklung von NMEFE auch
eine OSI-gerechte Protokollierung von Events und deren Steuerung entwickelt.

Sobald das OSI-Logging auch auf das Protokollieren von
Managementoperationen angewendet wird, muß das heute im NMK
verwendete Protokollierungsverfahren gegen das OSI-gemäße
Logging-Verfahren ausgetauscht werden. Grund dafür ist, daß
aufgrund der unterschiedlichen Steuerungsmechanismen für die
beiden Verfahren eine Koordinierung nicht möglich ist.

3.5 Einbettungsmaßnahmen bezüglich der INMS

Was die Anwenderschnittstelle INMS betrifft, zeigt sich die Einbettung des OSI-NM dadurch, daß als Dienste zum objektorientierten
Zugriff auf die NMIB die von ISO standardisierten OSI-SMF (in Form
der Schnittstelle IOSMF) und CMIS (in Form der Schnittstelle ICMIS)
angeboten werden. Damit steht an der INMS die gesamte OSI-Funktionalität zur Verfügung. Daneben umfaßt die INMS einige über den
ISO-Standard hinausgehende und damit TRANSDATA-spezifische System
Management Functions zur Replikatverwaltung und Transaktionssteuerung (in Form der Schnittstelle ITSMF) und aus Migrationsgründen
auch die bestehenden TRANSDATA-NM-Kommandos, wie sie bisher an der
Schnittstelle zum Administrationszentrum (IAC) angeboten wurden.

Die Schnittstelle INMS läßt sich somit wie folgt veranschaulichen:

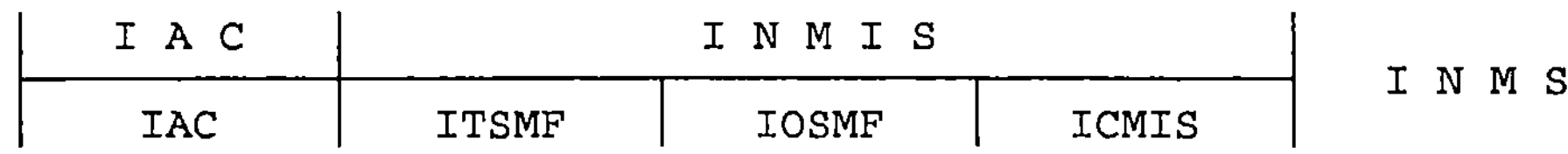

Bild 4: INMS-Schnittstelle

Das Anbieten von OSI-SMF an der Anwenderschnittstelle INMS hat zur
Folge, daß der NMK zusätzlich zu den bereits genannten Aufgaben
OSI-SMF auf CMIS abbilden muß. Dies macht die Entwicklung und In-
tegration eines entsprechenden Bausteins erforderlich.

Durch die Einheitlichkeit der für neue NM-Anwendungen zur Verfügung
gestellten Dienste und die bereits erwähnte parallele Unterstützung
von NMCP- und CMIP-Protokoll ist somit gewährleistet, daß in den
NM-Anwendungen NM-Aufträge unabhängig davon erteilt werden können,

wie das angesprochen System zu erreichen ist. Gleichzeitig bietet das Konzept einer umfassenden Anwenderschnittstelle die Möglichkeit, durch Aufnahme von Migrationsmodulen in den NMK auch für bisherige TRANSDATA-NM-Aufträge die Updates in der NMIB vorzunehmen, die zur Erhaltung ihrer Konsistenz notwendig sind. Somit sind sowohl alle TRANSDATA-Systeme als auch alle OSI-Fremdsysteme in CNM einbezogen (s. Bild 5).

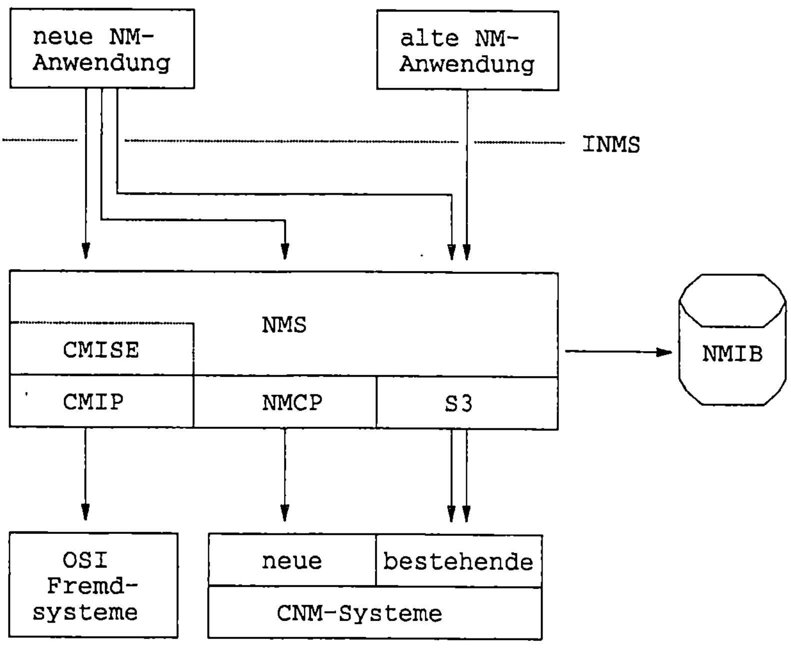

Bild 5: NM-Anwendungen und verwendetes NM-Protokoll

4 Zusammenfassung

Der Vortrag stellte im Überblick die konzeptionellen Grundlagen des Communication Network Management (CNM), dem zukünftigen TRANSDATA-NM, vor. Gleichzeitig sollte deutlich gemacht werden, daß hierin in vielerlei Hinsicht die von ISO in den OSI Management Standardisierungsdokumenten getroffenen Festlegungen bezüglich Architektur, Strukturen, Regeln, Mechanismen und NM-Objekte eingegangen sind. Da diese Festlegungen auf Erfahrungen und Erkenntnissen weltweit anerkannter Experten führender Hersteller von Datenverarbeitungs- und Kommunikationssystemen basieren, ist deren Berücksichtigung bei der Realisierung von CNM nicht nur unter dem Aspekt des OSI-Verbundes zu sehen, sondern vielmehr auch unter dem Aspekt der Umstellung veralteter Verfahren im Bereich des Netzmanagements auf den Stand der Technik. Die mit der Umstellung verbundene generelle Effizienzsteigerung bei der Lösung komplexer NM-Aufgaben kommt somit auch dem homogenen Verbund von TRANSDATA-Systemen voll und ganz zugute.

5 Literaturverzeichnis

/1/ ISO DIS7498-4, Information Processing Systems – Open Systems
     Interconnection – Basic Reference Model Part 4: Management Fra-
     mework.

/2/ ISO DIS10040, Information Processing Systems – Open Systems In-
     terconnection – Systems Management Overview.

/3/ ISO DIS10164, Information Processing Systems – Open Systems In-
     terconnection – Systems Management.

/4/ OSI/Network Management Forum – Application Services.

/5/ ISO 9595, Information Processing Systems – Open Systems Inter-
     connection – Common management information service definition.

/6/ ISO DIS10165, Information Processing Systems – Open Systems In-
     terconnection – Structure of Management Information .

/7/ ISO/IEC JTC1/SC6 N5532, Working Draft Specification of the
     Elements of Transport Layer Management Information.

/8/ ISO/IEC JTC1/SC6 N5457, Working Draft Specification of the
     Elements of Network Layer Management Information.

/9/ ISO 9596, Information Processing Systems – Open Systems Inter-
     connection – Common management information protocol specifica-
     tion.

/10/ OSI/Network Management Forum – Protocol Specification.

Rechnergestützte Administration von heterogenen Netzen
- eine Anforderungsanalyse -

Volker Bohn[1], Ruth Scheel[1], Brian Worden[2]

[1]) Fachbereich Informatik, [2]) Regionales Hochschulrechenzentrum

Universität Kaiserslautern,
Postfach 3049, D-6750 Kaiserslautern

Kurzfassung

In diesem Aufsatz werden grundlegende Anforderungen an Administrationssysteme für heterogene Netzwerke untersucht und daraus ein Modell für ihre Systemarchitektur entwickelt. Es wird gezeigt, daß die Anforderungen an die verschiedenen Benutzerschnittstellen eines solchen Systems (Netzbenutzer, Operateure, Geschäftsführung, Administrator) sowohl dessen Architektur als auch die Modellierung der über das Netz gespeicherten Daten prägen: Da in weitverzweigten heterogenen Netzen eine dezentrale Administration schon aus historischen Gründen unvermeidlich ist, hängt die Aktualität der über das gesamte Netz zu speichernden Information stark davon ab, daß trotz dezentraler Administration - quasi implizit - ein zentraler Datenbestand verwaltet wird (Akzeptanzproblem). Außerdem ist für Administrationssysteme heterogener Netze ein modularer, für zukünftige Erweiterungen offener Systemaufbau wichtig. Es wird untersucht, warum heutige Datenbankverwaltungssysteme (DBVS) hinreichend mächtig sind, die Beschreibungs- und Verwaltungsdaten eines heterogenen Netzes als 'Netzmodell' zu verwalten. Allerdings ergeben sich aus der Forderung nach systemgewährleisteter Konsistenz zwischen diesem Modell und dem tatsächlichen Zustand des Netzes einige besondere Forderungen an das DBVS und die übrigen Komponenten eines Administrationssystems.

1. Einleitung

Ein Rechnernetz ist, allgemein betrachtet, ein System von Verbindungen zwischen autonomen Rechnern und Ein-/Ausgabegeräten. Es stellt Übertragungsmedien und -dienste zur Verfügung, die eine Kommunikation zwischen den angeschlossenen Geräten ermöglichen.

Da in den letzten Jahren der Bedarf an sicherer und effektiver Kommunikation enorm gewachsen ist und gleichzeitig die technische Entwicklung auch in vielfältigster Weise neue Möglichkeiten bot, wurden Rechnernetze immer komplexer und dadurch weniger gut administrierbar. Dies ist insbesondere dort festzustellen, wo viele 'homogene Insellösungen' auf relativ engem Raum sehr schnell zusammenwuchsen, wie beispielsweise an Universitäten und Forschungseinrichtungen. So sind an der Universität Kaiserslautern derzeit mehr als 300 verschiedene Rechner (Apollo, Hewlett-Packard, Siemens, Sun) in 10 Subnetzen miteinander verbunden; darüber hinaus existieren mehrere Zugänge zu Weitbereichsnetzen (wide area networks, WAN). Einen Eindruck davon, wieviele Geräte an dieser Konfiguration beteiligt sind, gibt Tabelle 1.1. Eingesetzt wird diese Hardware von sehr unterschiedlichen Benutzerklassen (Laien bis Experten) in verschiedenartigen Anwendungsbereichen (einfaches Durchwählen einer Terminalverbindung bis hin zur Verarbeitung von graphischen Daten).

Die technische Heterogenität der großen Zahl der ans Netz angeschlossenen Geräte und die Heterogenität im Anwendungs- und Anwenderbereich rufen eine Reihe von Problemen hervor, die zur Forderung nach einer rechnerunterstützten Verwaltung solcher Netze führt:.

Geräteklasse	Gerätetyp	Anzahl
Repeater		10
Sernkoppler	Hirschmann	10
Bridge	Retix	12
Router/Gateway	BR2000	3
	Cisco (AGS+)	2
	Cisco FDDI (AGS+)	3
Terminal-Server	CS/200	100
Workstation	Apollo	108
	Apple (MAC II)	24
	HP	8
	Iris	3
	Nixdorf	8
	Siemens (Mx)	7
	Sun	78
	Symbolics	8
	DEC	49
Mini-Rechner	HP (9000)	10
	ISI	7
	Apple	1
PC	IBM	53
	NCS/AT	3
	Tek	5
Terminal	X-Windows	40

Tabelle 1.1: Installierte Geräte auf dem Campus der Universität Kaiserslautern
(Auszug, Stand 8/90)

- Die zur Pflege des Netzes notwendige Datenmenge ist ohne Rechnerunterstützung nicht (zumindest nicht mit hinreichendem Aktualitätsgrad) handhabbar.

- Die Suche nach Fehlern jeglicher Art wird durch den geringen Aktualitätsbezug der vorhandenen Listen erschwert.

- Unvollständige oder gar falsche Fehlerbeschreibungen der Benutzer sind schwer identifizierbar, wenn Informationen z.B. über die auf bestimmten Rechnern verfügbare Kommunikationssoftware usw., fehlen.

- Netze in Forschungseinrichtungen unterliegen häufigen Konfigurationsänderungen (z.B. Umstecken von Terminalverbindungen im Schaltschrank der Arbeitsgruppe). Solche (teilweise) notwendige, traditionell arbeitsgruppen- oder projektbezogenen Eingriffe in die Netzstruktur führen zum Problem der 'dezentralen Administration' gewisser Anschlußpunkte oder gar von Subnetzen. Dadurch treten häufig einfach behebbare Fehler auf, nach denen aber lange gesucht werden muß, wenn die notwendige Information fehlt (Terminalverbindung im Zimmer vorhanden - aber nicht im Schaltschrank ...).

- Bei Planungen für den Kauf von neuen Netzkomponenten oder bei Ersatzbeschaffungen liegt ad hoc keine Information über die Zuverlässigkeit und die Wartungskosten bestimmter Gerätetypen (neben vielen weiteren sinnvollen Informationen) vor.

Selbstverständlich sind nicht alle Probleme durch den einfachen Einsatz eines rechnergestützten Administrationssystems lösbar; insbesondere bei der dezentralen Administration von Teilnetzen ist eine gewisse Disziplin der jeweiligen Benutzer erforderlich, um den Datenbestand aktuell zu erhalten. Aber gerade in der Möglichkeit, einen in wichtigen Aspekten alle Benutzer gleichermaßen betreffenden Datenbestand dezentral verwalten zu können, liegt eine der großen Stärken eines solchen Systems.

Der folgende Text stellt zunächst einen Anforderungskatalog an ein rechnergestütztes Administrationssystem für heterogene Netze vor; dabei werden auch die verschiedenen Benutzerklassen berücksichtigt. Anschließend wird gezeigt, daß für die Verwaltung des Datenbestandes ausschließlich der Einsatz eines Datenbanksystems sinnvoll ist. Dann werden die Auswirkungen der Anforderungen sowohl auf die Strukturierung des in die Datenbank (DB) aufzunehmenden Datenbestandes (Entwurf des Datenbankschemas) als auch auf die Architektur eines Netzadministrationssystems diskutiert.

2. Anforderungen

Angelehnt an ISO-Vorschläge existieren für 'Network-Management' folgende Aufgabenbereiche /3COM89, Ka89/:

- <u>Netzsteuerung</u> (operational management) zur Verwaltung und Bereitstellung von Betriebsmitteln im laufenden Betrieb,

- <u>Fehlermanagement</u> (fault management) zur Fehlervermeidung, -erkennung und -behebung,

- <u>Konfigurationsverwaltung</u> (configuration management) zur Planung, Erweiterung und Änderung der Netzkonfiguration,

- <u>Netztuning</u> (performance management) zur Überwachung und Verbesserung des Leistungsverhaltens und

- <u>Benutzerverwaltung</u> (accounting management, security management) zur Zugangsverwaltung, Verbrauchskontrolle und Abrechnung sowie für Informationsdienste.

Diese grundlegenden Funktionsbereiche müssen von einem Netzverwaltungssystem abgedeckt werden. Bei der Realisierung eines solchen Systems sind drei Aspekte zu berücksichtigen:

- Das System muß offen sein in Bezug auf <u>weitere Entwicklungen</u> in Richtung zukünftiger Standards, Technologien, Produkte und Anwendungen.

- Das System muß für <u>unterschiedliche Benutzergruppen</u> verwendbar sein: dispositive Benutzung in der Verwaltung, abgestufte operationale Benutzung in der Netzadministration und Informationsdienste für alle potentiellen Benutzer des Netzes.

- Das System muß die <u>dezentrale Verwaltung</u> eines aktuellen Datenbestandes ermöglichen. Dies geschieht am sinnvollsten durch eine zentrale Verwaltung der Daten durch das System, denn dadurch wird prinzipiell der Zwang zu ihrer redundanten Speicherung, die zu unterschiedlichen Änderungsständen und Inkonsistenzen führt, aufgehoben /LS87/. Der Datenbestand kann mit wesentlich verringertem Aufwand konsistent und 'aktuell' gehalten werden.

Folglich muß das System einen sicheren Mehrbenutzerbetrieb durch automatisierte Zugriffskontrolle und geeignete Synchronisationsmaßnahmen erzwingen, um eine kontrollierte Benutzung der Daten zu gewährleisten.

Heutige Datenbankverwaltungssysteme (DBVS) zielen genau auf die zuletzt genannten Forderungen hinsichtlich der konsistenten Speicherung der Daten und des parallelen Zugriffs ab. Für die Belange der Netzadministration sind aktuell auf dem Markt befindliche DBVS hinreichend mächtig, um dafür eingesetzt zu werden, wie im folgenden erläutert wird. Allerdings gibt es eine Reihe besonderer zusätzlicher

Anforderungen wie die Fähigkeit, geschachtelte Transaktionen verarbeiten zu können, die von kommerziellen DBVS bisher nicht befriedigt wird.

2.1 Benutzeroberflächen

Entsprechend den verschiedenen Benutzerklassen wurden nach eingehenden Befragungen an der Universität Kaiserslautern vier verschiedene Benutzeroberflächen identifiziert, die in ihrer Mächtigkeit einander überlappen (Bild 2.1).

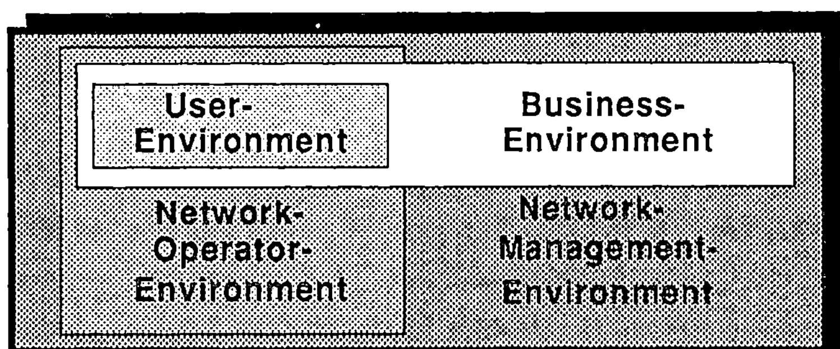

Bild 2.1: Überlappende Benutzeroberflächen

Die Oberflächen stellen ihre Leistungen über vordefinierte, maskengesteuerte Programme zur Verfügung (vordefinierte Transaktionen, siehe Kap. 2.3). Die Masken müssen leicht verständlich und selbsterklärend sein. Die Maskenaufrufe führen zur Ausführung der (Transaktions-) Programme und sind normalerweise die einzige Interaktionsmöglichkeit der Benutzer mit dem System. Dadurch werden fehlerhafte oder unvollständige Operationen der Benutzer vermieden. Da der Benutzer aber keine Möglichkeit hat, auf Fehler (z.B. System Crash) selbst zu reagieren, hat das System die alleinige Verantwortung bei der Fehlerbehebung. Systeme mit einer derartigen Benutzerschnittstelle nennt man auch Transaktionssysteme /HM86a/. Ihre aus der kommerziellen Datenverarbeitung bekannte Aufgabenstellung ist, wie später deutlich wird, teilweise auf Netzadministrationssysteme übertragbar.

- **Oberfläche für Netzbenutzer (User Environment)**

  Sie soll jedem Teilnehmer im Netzwerk zur Verfügung stehen. Sie gibt Hinweise zur Handhabung des Netzes und zur Verfügbarkeit von Hard- und Software im Netz. Man kann die Funktionalität dieser Oberfläche auch mit dem Begriff 'Information Server' umschreiben. Die Benutzung dieser Oberfläche sollte nur von sehr wenigen Zugriffsrechten abhängig gemacht werden, d.h. relativ uneingeschränkt möglich sein, da sie auch als Auskunftsmedium von potentiellen Netzbenutzern (was ist möglich?) verwendet werden kann. Typische Anfragen, die eine solche Oberfläche bewältigen soll, sind in Tabelle 2.1 aufgelistet.

- **Oberfläche für Operateure (Network-Operator Environment)**

  Diese Oberfläche erleichtert die Arbeit des das Netz betreuenden Personals. Ein Netzwerk-Operateur ist (meistens) die erste Anlaufstelle eines Netzbenutzers, der Fragen zur Netzhandhabung oder zu Fehlersituationen hat. Daraus leiten sich die Hauptfunktionen dieser Oberfläche ab: sie soll im wesentlichen der Fehlerverfolgung und -diagnose dienen (Tab. 2.2).

In dieses Aufgabenspektrum läßt sich eine Art permanente Netzüberwachung einordnen, wo Fehlfunktionen oder Zusammenbrüche automatisch erkannt werden und eine Alarmierung des für solche Fälle zuständigen Personals erfolgt.

- **Oberfläche für Verwaltungsaufgaben (Business-Management Environment)**

Die Verwaltung (im kaufmännischen Sinne) eines Netzes erfordert völlig andere Information, als sie beispielsweise ein 'normaler' Netzbenutzer oder -operateur benötigt. Es werden spezielle Daten meist statistischer Natur gesucht, wie zum Beispiel durchschnittliche Wartungskosten für bestimmte Gerätetypen, Listen von Geräten bestimmter Arbeitsgruppen oder Projekte (Tabelle 2.3). Diese Schnittstelle muß auch die Möglichkeit bieten, neben den vordefinierten Programmen auch Ad-hoc-Anfragen mit Sprachen wie SQL auszuführen, da der benötigte Informationsbedarf im kaufmännischen Bereich nicht vorhersehbar ist.

- **Oberfläche für den Netzadministrator (Global-Network-Management Environment)**

Der Ausbau und die Modifikation des Netzwerkes darf nur privilegierten Benutzern möglich sein. Der Netzadministrator stellt eine Art 'Superuser' für das gesamte Netz dar. In seiner Verantwortung liegt die Funktionsfähigkeit aller Netzkomponenten. Eine Auswahl von Funktionen dieser Schnittstelle findet sich in Tabelle 2.4.

Die sehr mächtigen Änderungsfunktionen des Netzadministrators müssen für von Projekten oder Arbeitsgruppen selbst verwalteten Teile des Netzes benutzbar sein. Allerdings muß der Funktionsumfang der Benutzeroberfläche für solche aus Sicht des Netzadministrators 'dezentral' verwalteten Bereiche eingeschränkt werden. Das bedeutet, daß das Administrationssystem sehr fein abgestufte Rechte für verschiedene Benutzer (des Systems) anbieten muß. Dies gilt analog für die anderen Benutzeroberflächen.

- Anleitung zur #LAN-Benutzung !
- Welche Software ist am Netz verfügbar ?
- Gibt es für das Softwareprodukt x eine Campuslizenz ?
- Wer ist der Ansprechpartner für das Softwareprodukt x ?
- Gibt es Info-Server am Netz? Wenn ja, wo und welche.
- Welche Rechner sind am Netz verfügbar ?
- Wer vergibt für den Rechner x eine Benutzerkennung ?
- Gibt es einen Rechner von Typ x mit dem Betriebssystem y am Netz ?
- Wer ist für die Wartung des Gerätes x zuständig und wie erreicht man diese Kontaktperson ?
- Wann sind die Wartungszeiten für den Rechner x ?
- Welche Drucker sind auf dem gesamten Netz bzw. auf dem aktuellen Segment für mich ansprechbar und wo befinden sich diese ?
- Welche Services werden am Netzwerk angeboten ?
- Welche Rechner bieten Mail und/oder News ?
- In welchem Netzbereich befinde ich mich momentan ?
- Wie sieht die geografische Ausdehnung des Netzes aus ?
- Zu welchen WANs gibt es einen direkten Zugang ?
- Zu welchen anderen Universitäten bzw. Institutionen gibt es einen direkten Zugang ?

Tabelle 2.1: Anforderungen User-Environment

- Bei einem Netzteilnehmer ist ein Fehler aufgetreten. Dem Netzwerk-Operateur werden die Symptome geschildert. Es ergibt sich die Anfrage: Wie ist die Verbindung von x nach y über das Netz realisiert ?
- Über welche Geräte und Medien ist die Verbindung von x nach y geschaltet ?
- Wann ist das letzte Mal am Schaltschrank x eine Modifikation vorgenommen worden?
- Wo steht das Gerät x ?
- Ist der Fehler x schon einmal zu einem früheren Zeitpunkt aufgetreten ? Wenn ja, woran hat es gelegen und durch welche Maßnahmen wurde er behoben.
- Grafische Darstellung der an einer Verbindung beteiligten Geräte und Medien .
- Wer ist die Kontaktperson für das Gerät x ?
- Über welche LAN-Segmente läuft die aktuelle Verbindung ?
- Beim Filetransfer kann es beispielsweise passieren, daß die Daten in Form von Paketen transportiert werden. Dabei müssen die Datenpakete nicht auf demselben Weg von x nach y laufen. Daraus ergibt sich die Anfrage: Über welche möglichen Wege können die Daten geflossen sein ?
- Ein Verbindungsweg ist nicht aktiv. Welche Alternativen stehen noch zum Verbindungsaufbau zwischen den Punkten x und y zur Verfügung?
- Schnittstelle zu SNMP!

Tabelle 2.2: Anforderungen Netz-Operator-Environment

<table>
<tr><td valign="top" width="50%">

- Welche Geräte befinden sich in Gebäude x ?
- Wieviele Rechner vom Typ x sind am gesamten Netzwerk ?
- Was hat der Drucker vom Typ x im Fachbereich y gekostet ?
- Welche Inventar-Nummer hat der Rechner vom Typ x im Fachbereich y ?
- Wieviele Geräte vom Typ x hat das Institut y ?
- Wieviele Geräte vom Typ x hat der Fachbereich y ?
- Welche Software hat das Institut x ?
- Welche Software hat der Fachbereich y ?
- Was hat das Softwareprodukt x bei seiner Anschaffung gekostet ?
- Wann ist das Gerät x angeschafft worden ?
- Wann ist die Software x angeschafft worden ?
- Wieviel ist im Jahr x für Software ausgegeben worden ?
- Wieviel ist im Jahr x für Hardware ausgegeben worden ?
- Wie ist das Verhältnis der Ausgaben für Software im Vergleich zur Hardware prozentual gesehen (grafische Darstellung z.B. durch Tortengrafik) ?
- Wie stark ist das Netzwerk momentan ausgelastet ?
- Grafische Darstellung der momentanen Netzlast .
- Grafische Darstellung gebäudespezifischer Daten .
- Grafische Darstellung institutsspezifischer Daten .
- Grafische Darstellung fachbereichsspezifischer Daten
- Grafische Darstellung des gesamten lokalen Netzwerks .
- Grafische Darstellung einzelner LAN-Segmente .

</td><td valign="top" width="50%">

- Welches Gerät verbirgt sich hinter dem logischen Namen x ?
- Welche Internet-Adresse hat das Gerät x ?
- Welche Ethernet-Adresse hat das Gerät x ?
- Welche Protokolle werden auf dem Segment x auf ISO-Ebene 2 benutzt ?
- Welche Protokolle werden auf dem Segment x auf ISO-Ebene 3 benutzt ?
- Wie ist der Port x am Server y konfiguriert ?
- Gibt es eine Bridge x, die beim Ausfall der Bridge y deren Aufgaben mit übernehmen kann ?
- Welcher Name-Server x dient als Backup-Server für den Name-Server y ?
- Sind die LAN-Segmente x und y miteinander gekoppelt und wenn ja, wie ?
- Umkonfiguration von Ports an Terminal-Servern .
- Vergabe von Internet-Adressen .
- Zuordnung von Internet-Adressen und ggf. logischen Namen .
- Installation von neuen Geräten am Netz und Eintragung der zugehörigen Daten in die Netzdatenbank .
- Über diese Oberfläche soll es möglich sein, Daten am Netz direkt zu verändern. Ist die Modifikation erfolgreich durchgeführt worden, so soll die Netzdatenbank automatisch aktualisiert werden .
- Schnittstelle zu SNMP .

</td></tr>
<tr><td align="center" valign="top">

Tabelle 2.3: Anforderungen Business-
Environment

</td><td align="center" valign="top">

Tabelle 2.4: Anforderungen Netz-Manager-
Environment

</td></tr>
</table>

2.2 Datenmodellierung

Modularität

Eine der in der Einleitung genannten wesentlichen Forderungen an das System ist seine Erweiterbarkeit hinsichtlich zukünftiger technischer Entwicklungen. Auch zum gegenwärtigen Zeitpunkt ist es wenig sinnvoll, unbedingt die sofortige Integration (nicht Integrierbarkeit!) aller herstellerspezifischen Netze zu fordern, die zudem sicherlich nicht alle gleichzeitig eingesetzt werden. Ein System, das in der Lage sein soll, heterogene Netzstrukturen zu verwalten, muß deshalb modular aufgebaut sein; je nach Anwendungsfall sind bestimmte herstellerspezifische Komponenten (TRANSDATA, DECNET, usw.) vorhanden oder können weggelassen werden.

Modularität bedeutet deshalb, daß eine möglichst genaue Abgrenzung mit klar definierten Übergängen zwischen den einzelnen herstellerspezifischen Anwendungsmoduln gefunden werden muß. Wie eine hierarchische Strukturierung des Datenbestandes aussehen kann, ist in Bild 2.2 dargestellt (besonders die oberen drei Ebenen der Hierarchie). Die dargestellte Hierarchie ist nur eine logische Strukturierung des Netzes aus Anwendersicht, woraus sich ein modular strukturiertes Netzadministrationssystem aufbauen läßt. Die Kanten können mit der Semantik "besteht aus" bzw. "verwendet" belegt werden. Es existiert keinesfalls für jeden Typ von Teilnetz ein eigenes Datenbankschema mit ausschließlich 'eigenen' Daten. Dies würde eine nur sehr schwer wartbare Redundanz einführen, denn beispielsweise wären bestimmte physisch nur einmal vorhandene Übertragungsmedien mehrfach zu speichern, sobald sie gemeinsam in verschiedenen Typen von Teilnetzen eingesetzt werden.

Der Entwurf des Datenbankschemas hat also so zu erfolgen, daß die Netztypen nicht herstellerspezifisch modelliert werden; das Schema muß so allgemein sein, daß prinzipiell jeder Netztyp (aktuell existierende und zukünftige) mit seinen Datenstrukturen darauf abgebildet werden kann. Diese Forderung impliziert jedoch, daß das Schema der Datenbank keine Abhängigkeiten von speziellen Geräten/Herstellern aufweisen darf. Nur dann hat man die Freiheit, Netzkomponenten (z.B. Bridges in einer Ethernet-Umgebung) eines finanziell günstigeren Herstellers ohne modellierungsbedingten Informationsverlust einzusetzen, auch wenn diese Geräte nicht völlig identisch mit den bisher eingesetzten sind.

Unabhängigkeit des Datenbankschemas von bestimmten Netztypen und von bestimmten Geräten erfordert, daß die Datenbank (letztlich das gesamte Netzadministrationssystem) nach einem Modell von heterogenen Netzen entworfen wird, das nur von der Funktionalität (und nicht dem Hersteller oder Gerätetyp) der Netzkomponenten Gebrauch macht. Zur Orientierung wurde ein bereits existierendes Modell verwendet: das ISO/OSI-Schichtenmodell /Sup86/).

Ebenenstruktur

Die Ebenen des ISO/OSI-Modells bieten zwar eine Geräteunabhängigkeit, jedoch ist eine Zuordnung konkreter Geräte zu den einzelnen Schichten nicht ganz einfach, denn

- es gibt Geräte, die mehrere Ebenen des ISO/OSI-Schichtenmodells überdecken (z.B. Router in Ethernet-Umgebungen) und

- es gibt Geräte mit enorm unterschiedlicher Funktionalität, die zumindest teilweise die selben Schichten abdecken (Workstations und Drucker mit Internet-Adressen). So müssen druckertypische Eigenschaften (z.B. Zeichensätze) getrennt von workstation-spezifischen Eigenschaften (z.B. FTP-Software) gespeichert werden.

Es gibt demnach mindestens zwei orthogonale Klassifikationskriterien für Netzkomponenten/Geräte:

- die Ebenen des ISO/OSI-Modells mit ihren spezifischen Parametern, die eine Netzkomponente abdeckt und

- ganz allgemein die Funktion des Gerätes im Netz.

Die Darstellung einer Netzkomponente hat also einen der Funktion des Gerätes zugeordnete Bestandteil (ein Datenbank-Satz mit einer vollständigen, allgemeingültigen (d.h. nicht hersteller-orientierten) Sammlung von Attributen) und einen, der für jede berührte ISO-Ebene alle Eigenschaften beschreibt (eine Gruppe von Attributen für jede ISO-Ebene). Als Anhaltspunkt für Klassen von Gerätefunktionen kann man die im mittleren Bereich von Bild 2.2 angegebenen Geräteklassen verwenden. Bild 2.3 zeigt (Darstellung als Entity/Relationship-Diagramm), wie man sich eine an Funktionen orientiertes Datenbankschema zur Modellierung von Geräten vorstellen kann. Trotz ihrer Relevanz ist die Strukturierung in ISO-Ebenen hier nicht direkt sichtbar, da selbst innerhalb einer Ebene Geräteklassen unterschieden werden müssen; an den ISO-Ebenen orientierten Beschreibungen sind nicht 'flach' in jeweils ein Entity pro Ebene sinnvoll zu beschreiben. In Bild 2.2 ist dies an der Vielzahl der verschiedenen Schnittstellen/Protokolle zu erkennen. Jede davon beansprucht wegen ihrer großen Zahl von Attributen eine eigene Darstellung in der Datenbank. Bei der Modellierung des Netzes ist der Einsatz von Abstraktionskonzepten wie Generalisierung und Spezialisierung wahrscheinlich hilfreich, um Geräte hinreichend genau und trotzdem allgemein (hersteller- und gerätetypunabhängig) zu beschreiben.

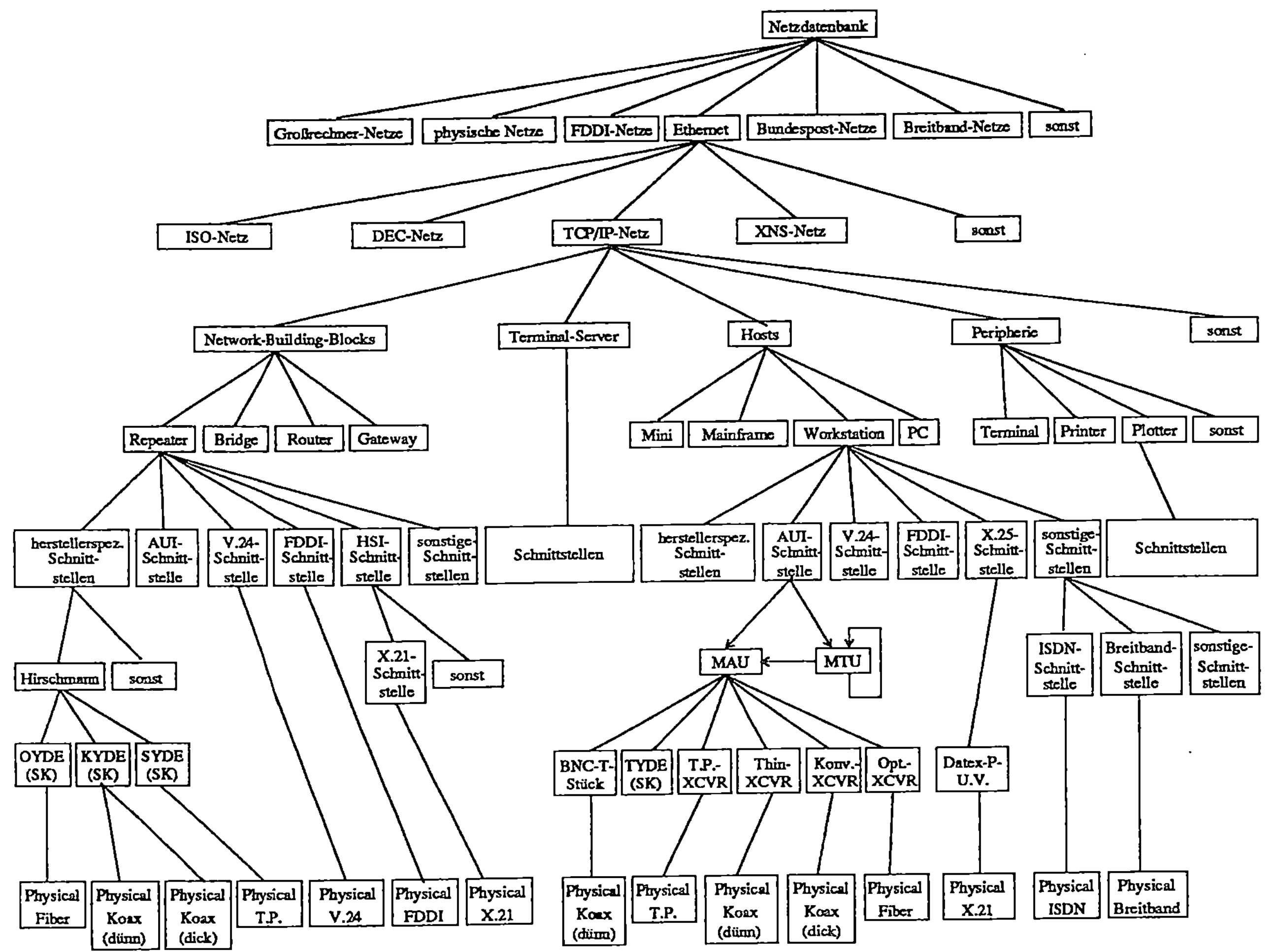

Bild 2.2: Hierarchische Struktur eines heterogenen Netzes (Auszug)

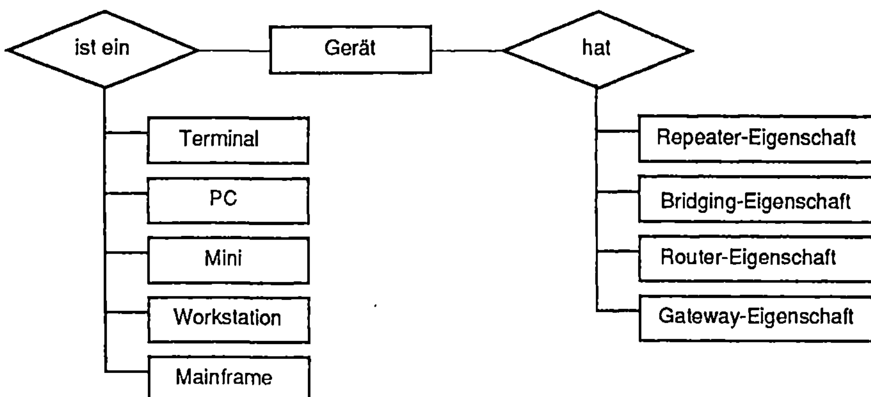

Bild 2.3: An Funktionen orientiertes Datenbankschema (Ausschnitt)

2.3 Einbettung des Administrationssystems ins Netz

Die vorangestellte Skizze der Benutzerschnittstellen zeigt, daß das Netzwerkverwaltungssystem als Verwalter aller Daten über das Netz am sinnvollsten mit Hilfe eines Datenbankverwaltungssystem zu realisieren ist, weil damit bereits wichtige Grundfunktionen für den Mehrbenutzerbetrieb zur Verfügung gestellt werden (Autorisierung, Synchronisation) und zentrale Datenbestände redundanzfrei und konsistent verwaltet werden können. Diese rein datenbankspezifischen Argumente gelten allgemein in allen Produktions- und Verwaltungsbereichen, wo die reale Welt auf eine Datenbank mit wohldefinierten Operationen (z.B. Auftragsannahme) abgebildet wird. Derartige rein kommerzielle Anwendungen zeichnen sich vor allem dadurch aus, daß sie nicht direkt steuernde Funktionen gegenüber irgendwelcher Hardware wahrnehmen müssen.

Dies jedoch ist, wie aus Kapitel 2.1 abzuleiten ist, bei der rechnergestützten Administration eines Rechnernetzes unbedingt notwendig. Es ist also nicht sinnvoll, das heterogene Netz auf eine 'Datenbank-Miniwelt', ein 'Netzmodell' abzubilden, um darin alle in der realen Welt (dem Netz) durchgeführten Aktionen wie Umkonfigurationen durchzuführen. Vielmehr soll das Netzadministrationssystem dafür sorgen, daß die 'reale Welt' administriert wird und daß zwischen der Realität und dem Netzmodell keine Inkonsistenzen entstehen. Das System muß das reale Netz administrieren helfen, nicht den bloßen Datenbestand aktualisieren. Aus der geforderten Fähigkeit des Systems, die von der ISO genannten Funktionsbereiche zu unterstützen, ergeben sich folgende Fragen:

- Wie genau wird die reale Welt des Netzes in der Datenbank modelliert (Datenmodellierung)?

  Will man beispielsweise in einer Bridge einen Filter berücksichtigen, soll der Filter detailliert in der Datenbank modelliert werden, oder genügt seine summarische Darstellung (Existenz, Zustand aktiv)? Die zusätzliche Darstellung in der Datenbank könnte bei Fehlerfällen dazu dienen, das Gerät wieder richtig einzustellen. Andererseits muß die Darstellung in der Datenbank mit dem Ist-Zustand im Netz automatisch in Einklang gehalten werden.

  Es gibt sogar Information über den aktuellen Zustand des Netzes, bei der es noch problematischer ist, festzustellen, ob diese Daten langfristig in der Datenbank gespeichert werden sollen. Es handelt sich dabei um Information über jede aufgebaute Verbindung. Einerseits ist es nicht notwendig, jede lokal aufgebaute Verbindung zu registrieren; außerdem spielen hierbei auch Datenschutzaspekte eine Rolle. Andererseits muß zumindest über diejenigen Verbindungen Buch geführt werden, bei denen Kosten anfallen, die abgerechnet werden müssen.

- Wie wird die <u>Konsistenz</u> zwischen dem Netz und seinem Modell gewährleistet?

Im allgemeinen erfordern Umkonfigurationen im Netz mehrere Schritte, d.h. Befehle an diverse Geräte des Netzes, die jedoch nur dann sinnvoll sind und keinen Schaden anrichten, wenn alle zusammen und zwar erfolgreich durchgeführt werden. Hinsichtlich der reinen Datenhaltung für das Netzmodell existieren keine Probleme: man faßt die auszuführenden Operationen auf dem Datenbestand zu einer Transaktion zusammen, die sich durch die sogenannte ACID-Eigenschaft auszeichnet /HR83/:

- <u>Atomicity</u> (Ununterbrechbarkeit)
  Eine Transaktion wird entweder vollständig oder gar nicht ausgeführt, und der Benutzer kann Erfolg oder Mißerfolg jederzeit erkennen ('Alles oder Nichts').

- <u>Consistency</u> (Konsistenzerhaltung):
  Eine Transaktion, die ihr normales Ende (EOT = End Of Transaction) erreicht, dadurch ihre Ergebnisse festschreibt und gleichzeitig für andere Transaktionen (Benutzer) sichtbar macht, führt die DB in einen neuen, konsistenten Zustand über. Demnach wickeln erfolgreiche Transaktionen nur 'legale' Operationen auf der DB ab.

- <u>Isolation</u> (isolierter Ablauf):
  Die Änderungen einer Transaktion gelten bis zu ihrem EOT als vorläufig, da sie jederzeit zurückgenommen werden können. Das Rücksetzen einer Transaktion ist erforderlich, wenn sie ihr reguläres Ende durch Programmfehler, Deadlock oder Systemausfall nicht erreicht bzw. durch den Aufruf "Abort" explizit das Beseitigen ihrer bisherigen Änderungen fordert und sich beendet. Deshalb müssen ihre Änderungen vor allen anderen gleichzeitig ablaufenden Transaktionen verborgen werden. Geschieht dies nicht, so kann eine Transaktion nicht mehr isoliert zurückgesetzt werden. Zur Sicherstellung des isolierten Ablaufs werden verschiedene Synchronisationsmechanismen eingesetzt; meistens handelt es sich dabei um Sperrverfahren.

- <u>Durability</u> (Dauerhaftigkeit der Ergebnisse):
  Wenn eine Transaktion ihre Arbeit beendet hat und korrekt beendet wurde (EOT), muß das System garantieren, daß die von der Transaktion auf der DB durchgeführten Änderungen jeden im System auftretenden Fehlerfall überleben.

Das ACID-Prinzip erfordert vom Datenbankverwaltungssystem bestimmte Maßnahmen. Eine häufig verwendete Möglichkeit zur Realisierung der Atomicity besteht im Schreiben von Log-Information, die den alten Zustand vor der ändernden Operation sicherstellen. Diese Information wird ausgenutzt, um den Zustand vor Ablauf der Transaktion wiederherzustellen, sobald diese scheitert (z.B. wegen eines Programmierfehlers). Die Eigenschaften Konsistenzerhaltung, Isolation und Dauerhaftigkeit wollen wir hier mangels verfügbarem Raum zunächst nicht betrachten. Im Kontext dieses Aufsatzes ist vor allem die Kapselung komplexer Operationen, die aus mehreren das Netzmodell manipulierenden Schritten bestehen, in 'atomaren' Transaktionen wichtig.

Bei der Administration des Netzes selbst gilt, analog der Pflege des Netzmodells, daß sinnvolle Operationen, z.B. Umkonfigurationen, aus mehreren Einzeloperationen zusammengesetzt sind. Die einzelnen Schritte müssen <u>alle</u> erfolgreich ausgeführt werden, damit die Gesamtheit ihrer Ausführung einen Sinn ergibt. Scheitert eine der Operationen, sind auch die anderen zuvor erfolgreich ausgeführten von zumindest zweifelhaftem Wert. Es ist deshalb notwendig, Operationen zur Pflege des Netzes in einer Art von Netztransaktionen zu kapseln, die ein 'Alles-oder-Nichts'-Prinzip gewährleisten.

Ein ähnlicher Mechanismus, wie er in DBVS eingesetzt wird, um nur teilweise ausgeführte Veränderungen rückgängig zu machen (Hinweis: Isolation kann bei einer solchen Modifikation des Netzes vermutlich nicht vollständig gefordert werden, weil die Änderungen sofort für das Netz wirksam werden), muß also auch in das Netzadministrationssystem integriert sein. Dies unterstützt den Netzadministrator bei seiner Arbeit, weil er die 'Rücksetzfunktion' (Herstellung des alten Zustandes für einen neuen Versuch) nicht mehr selbst ausführen muß. Darüber hinaus ist die Sicherstellung eines Atomaritätsprinzips bei der Modifikation des Netzes unbedingt erforderlich, um das Netzmodell (Daten) mit der Realität (Netz) im Einklang zu halten (Kap. 3.1).

- Wie wird die <u>automatische Kontrolle</u> des Netzes realisiert?

Konfigurationsmanagement, Fehlererkennung/-behandlung und Netztuning sind eng miteinander verknüpft, z.B. wenn man Standardreaktionen auf bestimmte Fehler automatisch auslösen will. Dazu muß das Administrationssystem nicht nur passiv auf Anforderungen des Administrators oder anderer Benutzer warten, sondern eine <u>aktive Rolle</u> spielen, indem es statistische Daten aus dem Netz mit Grenzwerten vergleicht. Hierfür sind Prozesse erforderlich, die in periodischen Abständen oder angestoßen durch bestimmte Ereignisse selbst aktiv werden.

Als eine besonders für <u>heterogene Netzstrukturen</u> wesentliche Forderung wurde die <u>dezentrale Administration</u> durch mehrere Anwender des Netzadministrationssystems genannt, denn nur dadurch ist ein jederzeit zugreifbarer, den aktuellen Zustand des Netzes beschreibender Datenbestand zu erhalten. Während das durch das DBVS angebotene Transaktionskonzept durch geeignete Mechanismen dafür sorgt, daß Manipulationen des <u>Netzmodells</u> erst nach erfolgreichem Ende der Transaktion für die anderen Benutzer sichtbar werden (Isolation, logischer Einbenutzerbetrieb aus Anwendersicht) und durch Synchronisationsmechanismen (meist Sperrverfahren) gleichzeitige, fehlerhafte Veränderungen der Daten durch verschiedene Benutzer vermieden werden, sind analoge Mechanismen zur Administration des <u>Netzes</u> explizit zu realisieren. Die Realisierung von Atomarität wurde bereits kurz diskutiert. Zusätzlich muß dafür gesorgt werden, daß der Zugriff auf Netzkomponenten z.B. besonders bei Umkonifgurationen streng kontrolliert abläuft, d.h., die potentiell parallelen Zugriffe auf Geräte sind durch einen Synchronisationsmechanismus explizit zu verwalten. Dazu kann das DBVS herangezogen werden, indem man immer vor Änderungen am Gerät die entsprechenden Daten sperrt. Das impliziert jedoch, daß konsistente Umkonfigurationen des Netzes mehrere 'Transaktionen' zur Modifikation der Daten und der Geräte braucht, die koordiniert werden müssen.

3. Realisierung

3.1 Architektur

Die Vielfalt und Komplexität der Anforderungen an das Netzadministrationssystem legt es nahe, das System auf einen am Netz angeschlossenen Rechner, am besten einer mit Grafik-Display ausgerüsteten Workstation mit hinreichender Rechenleistung und Plattenkapazität, zu installieren. Das System muß von jedem beliebigen Punkt im Netz erreichbar/benutzbar sein, um seinen Aufgaben gerecht werden zu können. Im vorangegangenen Text wurde gezeigt, daß das System hierfür mit einer Benutzerverwaltung (des Administrationsystems!) mit fein abgestuften Rechten ausgestattet sein muß.

Bild 3.1 zeigt, wie die verschiedenen Benutzerschnittstellen realisiert werden können, ohne daß einzelne Funktionen mehrfach zu implementieren sind. Auf den unteren Ebenen besteht das System aus zwei Komponenten. Eine dient zur Pflege des Netzmodells, die andere dient zur Pflege des Netzes:

Die Komponente zur Pflege des Netzmodells dient ausschließlich zum Lesen und Ändern des in der Datenbank abgelegten Datenbestandes. Diese sog. Datenbank-Anwendungsprogramme werden von den darüberliegenden Schichten des Administrationssystems aufgerufen und sind traditionell als Transaktionen nach dem ACID-Prinizip implementiert (DB-Transaktionen).

Die zweite Komponente übernimmt die Verwaltung des Netzes. Auf ihrer untersten Ebene befinden sich 'administrative Gerätetreiber', die die genauen Befehlsformate der verwendeten Netzhardware (und -software) kennen und nach oben eine universellere, weitestgehend geräteunabhängige Schnittstelle bieten. Darauf werden dann - analog zur Datenverwaltungskomponente - eine Reihe von Programmen implementiert, die die Basisfunktionen zur Verwaltung des Netzes darstellen. Sie sind, in Anlehnung an die Datenbanktransaktionen, so implementiert, daß sie keine inkonsistenten Zustände auf dem Netz hinterlassen: sie 'wirken' vollständig oder gar nicht (ggf. wird zurückgesetzt), und der Zugriff auf Netzkomponenten erfolgt wegen des prinzipiell notwendigen Mehrbenutzerbetriebes kontrolliert durch Synchronisationsmechanismen (Netztransaktionen).

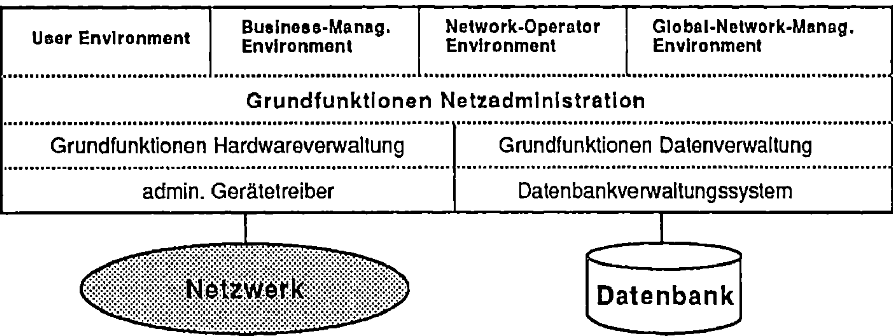

Bild 3.1: Architektur eines Netzadministrationssystems

Die Verwendung eines Transaktionskonzeptes dient in jeder der beiden Komponenten vor allem der Zusammenfassung aus mehreren Schritten bestehender Operationen zu einem atomaren Ganzen. Dabei besteht das Problem, daß das Netzmodell den wirklichen Zustand des Netzes nicht widerspiegelt, wenn miteinander assoziierte Netz- und DB-Transaktionen nicht koordiniert werden. Die Koordination hat so zu erfolgen, daß die Netztransaktionen alle gemeinsam mit den DB-Transaktionen entweder erfolgreich oder gar nicht ausgeführt werden. Änderungen im Netz müssen sich im Datenbestand widerspiegeln und umgekehrt. Bereits erfolgreich ausgeführte Transaktionen sind deshalb ggf. zurückzusetzen. Hier wird deutlich, welche wichtige Rolle der in Kapitel 2.3 geforderte Rücksetzmechanismus für Netztransaktionen für die Vermeidung von Inkonsistenzen im System spielt. Die Koordination von Transaktionen beider Komponenten bedeutet letztlich, daß diese zu einer Übergeordneten Transaktion zusammengefaßt werden müssen, deren 'Sub-Transaktionen' dem Atomaritätsprinzip unterworfen werden. Das Netzadministrationssystem muß also geschachtelte Transaktionen ausführen können. Während einel zweifache Schachtelungstiefe ausreichend erscheint, ist eine größere Schachtelungstiefe zur besseren Strukturierung des Systems zumindest wünschenswert. Auf die notwendigen Basismechanismen wie das Zwei-Phasen-Commit-Protokoll (2PC) /LS87,HM86b/ wird hier wegen der begrenzten Seitenzahl nicht eingegangen. Allerdings ist es notwendig, daß das vom Administrationssystem verwendete Datenbankverwaltungssystem tatsächlich die Möglichkeit bietet, ein verteiltes 2PC mit dem Administrationssystem als Koordinator durchzuführen. Diese Forderung wird von heute erhältlichen DBVS nicht erfüllt.

Bei den Grundfunktionen zur Netzadministration handelt es sich also um geschachtelte Transaktionen, die gegenüber den Basisfunktionen eine gar nicht oder kaum erweiterte Funktionalität zur Verfügung stellen und ausschließlich dazu dienen, die Aktivitäten auf dem Netz und dem Netzmodell so zu koordinieren, daß keine Inkonsistenzen auftreten. Darauf aufbauend können Dienste wie Netzsteuerung, Fehlermanagement, Konfigurationsverwaltung, Netztuning und Benutzerverwaltung realisiert werden. Die Benutzerverwaltung ist beim Entwurf des Datenbankschemas einzubringen, was keine Probleme erwarten läßt. Die Grundfunktionen zur Netzadministration werden von den in Kap. 2.1 vorgestellten Benutzeroberflächen benutzt, ohne daß sie für jede einzelne Benutzerschnittstelle separat implementiert werden müssen.

Eine derartige Vorgehensweise minimiert den Implementierungs- und vor allem den späteren Wartungsaufwand und unterstützt durch die schrittweise Abstraktion von physisch vorhandenen Geräten unterschiedlicher Typen hin zu 'Funktionsträgern' im Netz den klaren, modularen Aufbau des Systems (Kap. 2.2).

3.2 Probleme

In der bisherigen Diskussion wurden eine Reihe sehr grundlegender Probleme angesprochen und Lösungsansätze beschrieben. Bisher unbehandelt sind folgende Problembereiche, für die bis jetzt noch keine Lösungen angeboten werden können, aber Gegenstand aktueller Überlegungen sind.

Akzeptanzprobleme durch heterogene Administrationsschnittstellen

Jeder Hersteller verwendet eine eigene Begriffswelt und bietet oft sogar für die eigenen Netzstrukturen sehr mächtige Administrations- und Überwachungswerkzeuge an. Der Versuch, für das gesamte heterogene Netz eine einzige homogene Administrationsschnittstelle zu schaffen, führt zwangsläufig zu Akzeptanzproblemen, denn

- die Entwicklung heterogener Netze verläuft oft durch das Zusammenwachsen bereits existierender Teile, deren Administration bereits an eine eigene Begriffswelt oder gar an Administrationsschnittstellen gewöhnt ist, und

- herstellerspezifische Teilnetze kommen ohne eine eigene Begriffswelt nicht aus, denn diese ist in einer Vielzahl von Handbüchern über alle System- und Anwendungsebenen hinweg festgeschrieben und nicht veränderbar.

Es ist demnach zur Verbesserung der Akzeptanz des Administrationssystems notwendig, bestimmte Benutzerschnittstellen so zu gestalten, daß sie die herstellerspezifische Begriffswelt verwenden. Wie bereits mehrfach angedeutet, ist die Aktualität des verwalteten Datenbestandes entscheidend davon abhängig, daß das Administrationssystem tatsächlich von allen heterogenen Teilbereichen des Netzes benutzt wird. Administrationsschnittstellen wie SNMP oder CMOT (/RFC1098/, /RFC1095/) bieten zwar Anhaltspunkte, eine Adminstrationsschnittstelle auf Ethernet-basierten Netzen zu entwerfen, sind aber für die Gesamtheit der in diesem Aufsatz genannten Forderungen nicht mächtig genug und helfen nicht bei der Lösung des Akzeptanzproblems in einer allgemein heterogenen Umgebung.

Integration bestehender Schnittstellen

Die reine Gestaltung von existierenden heterogenen Schnittstellen interferiert mit dem Problem der Integration bestehender Softwareprodukte. Bisher wurde nicht untersucht, ob und wieweit existierende Produkte wie IBM-Netview, HP-Open-View usw. die Möglichkeit eines Anschlusses an ein Administrations-system der in Kapitel 3 vorgeschlagenen Struktur zulassen.

Komplexität der Anwendungsprogramme

Die auf der Grundlage der Netz- und Datenverwaltungs-Basisfunktionen zu realisierenden Anwendungen sind komplex und schwierig zu implementieren: Der Implementierungsaufwand ist hoch sowohl aufgrund der Anforderungen an Benutzerschnittstellen (Planungsunterstützung oder Fehleranalyse durch 'Expertenkomponenten' bzw. Ausgabe von Netzplänen am Graphikbildschirm) als auch der Funktionalität von Netzkomponenten. Will man beispielsweise herausfinden, auf welchen Wegen eine Verbindung in einer komplex aufgebauten Ethernet-Umgebung mit Routing Bridges aufgebaut werden kann, so sind (unter Berücksichtigung der herstellerspezifischen Varianten) diverse Spanning-Tree-Algorithmen /Bo89/ zu implementieren. Gerade der hohe Entwicklungsaufwand der Anwendungsprogramme legt jedoch eine möglichst wirtschaftliche also mehrfache Nutzung in verschiedenen Benutzeroberflächen nahe. Die Möglichkeit, mehrfache Nutzung von Transaktionsprogrammen in verschiedenen Benutzeroberflächen zuzulassen, ist eine der wesentlichen Fähigkeiten von sogenannten TP-Monitoren, die in der kommerziellen Datenverarbeitung zur Realisierung von Transaktionssystemen herangezogen werden /HM86a/.

Begriffliche und semantische Probleme

Bei den Überlegungen zu einem konkreten Schemaentwurf stößt man sehr schnell an Probleme, die mit der Klassifikation von Netzkomponenten zu tun haben: Welche Rolle spielt ein angeschlossenes Gerät für das Netz? Ist es eher in einer Teilnehmerrolle oder wesentlicher Bestandteil des Netzes selbst. Für eine Workstation ist diese Frage nicht einfach beantwortbar; sie kann neben beliebigen für das Netz irrelevanten Berechnungen auch Routing oder Gateway-Funktionen übernehmen. Selbst Begriffe wie 'Gateway' oder 'Router' sind nicht allgemein und begrifflich klar spezifiziert. Sogar bei Geräten, die eindeutig Bestandteile des Netzes selbst sind, fallen saubere Unterscheidungen schwer (z.B.: Bridge, Routing Bridge, Bridging Router, Router). Es ist deshalb wichtig, bei der Datenmodellierung darauf zu achten, daß jede Funktion eines Gerätes dargestellt werden kann und einem Gerät je nach Bedarf bestimmte Eigenschaften (z.B. die 'Routing-Eigenschaft') zugeordnet werden können.

Die Erfahrung der letzten Jahre zeigt, daß Begriffe wie lokale Verbindung und entfernte Verbindung an Bedeutung verlieren. Es ist leicht möglich, durch eine einzige Anweisung Verbindungen aufzubauen, an deren Leistungsfähigkeit man zunächst nicht merkt, ob man auf einer 1m entfernten Workstation oder einem 100km entfernten Rechner arbeitet. Die Tatsache beispielsweise, daß bestimmte Netzkomponenten miteinander verknüpft sind (z.B. aus der Datenbank ablesbar) läßt keine zwingenden Schlüsse mehr zu, ob es sich um eine Verbindung 'nach außen' handelt oder nicht. Derartiges Wissen ist deshalb explizit in der Datenbank zu hinterlegen und nicht einfach aus den Daten 'ableitbar'.

4. Zusammenfassung und Ausblick

Ganz allgemein ist es für Netzadministrationssysteme zur Vermeidung von Inkonsistenzen zwischen Datenbank und Netz notwendig, alle Operationen (vor allem Änderungsoperationen) durch ein Transaktionskonzept zu schützen. Dabei kann auf existierende Software wie Datenbankverwaltungssysteme zurückgegriffen werden. Für die Realisierung eines Transaktionskonzeptes bei Operationen auf dem Netz sind Basismechanismen (Logging, Synchronisation) ggf. explizit auszuprogrammieren. Die Kapselung aller Operationen in Transaktionen ist vor allem hinsichtlich der Realisierung eines Mehrbenutzerbetriebes wichtig. Zur Vermeidung von Inkonsistenzen zwischen dem Netz und seinem Modell muß das System geschachtelte Transaktionen verarbeiten können.

Vor allem bei Administrationssystemen für heterogene Netze ist die Möglichkeit eines modularen Aufbaus wichtig, der das System offen für zukünftige technische Änderungen hält. Es wurde gezeigt, daß deshalb bei der Auswahl und Strukturierung der abzuspeichernden Daten (Datenbank-Schemaentwurf) zum Erreichen eines hohen Grades an 'Geräteunabhängigkeit' (bzgl. Netzhardware) größte Umsicht geboten ist; nur Gerätefunktionen spielen eine Rolle und nicht speziellen Typen.

Die Möglichkeit, ein heterogenes Netz dezentral verwalten zu können, trägt entscheidend zu Aktualität der Informationen über den Zustand des gesamten Netzes bei. Allerdings erfordert dezentrale Verwaltung sehr fein abstufbare Benutzerrechte für das Administrationssystem.

Die Akzeptanz des Systems hängt auch davon ab, wie gut bereits existierende Administrationsoberflächen verschiedener Hersteller integriert werden können.

Die Grundfunktionen zur Realisierung der Benutzeroberflächen sind so komplex, daß es aus Kostengründen sinnvoll und aus Wartungsüberlegungen notwendig ist, diese Funktionen in möglichst vielen Oberflächen zu verwenden. Eine Systemarchitektur, die dieses konsequent über alle Ebenen hinweg berücksichtigt, wurde in Kapitel 3 dargestellt.

Die in diesem Aufsatz vorgestellten grundsätzlichen Überlegungen wurden im Rahmen einer an der Universität Kaiserslautern durchgeführten Diplomarbeit /Sch90/ entwickelt. Wegen des hohen Implementierungsaufwandes wurde dort zunächst das stark eingeschränkte Ziel verfolgt, einen vollständigen DB-Schemaentwurf für TCP/IP-Netze zu erhalten um darauf aufbauend einige sehr dringlich erscheinende Funktionen zu realisieren. Für laufende Erweiterungen ist der modulare Aufbau des Systems von Vorteil.

Literaturverzeichnis:

Bo89   Borowka, P.: Netzstrukturierung - Brücken versus Router, Teil 1, in: DATACOM, Heft 6, 1989, S. 76-80.

HM86a   Härder,T.; Meyer-Wegener,K.: Transaktionssysteme und TP-Monitore - Eine Systematik ihrer Aufgabenstellung und Implementierung, in: Informatik - Forschung und Entwicklung, Vol. 1, No. 1, 1986, S. 3-25.

HM86b   Härder,T.; Meyer-Wegener,K.: Die Zusammenarbeit von TP-Monitoren und Datenbanksystemen in DB/DC-Systemen- Existierende Systeme und zukünftige Entwicklungen, in: Informatik - Forschung und Entwicklung, Vol. 1, No. 3, 1986, S. 101-122.

HR83   Härder, T., Reuter, A.: Principles of Transaction-Oriented Database-Recovery, ACM Computing Surveys, Vol. 15, No. 4, 1983, S. 287-317.

Ka89   Kauffels,F.-J.: Netzwerk-Management Teil 1: Einführende Bestandsaufnahme und Ausblick, in: DATACOM, Heft 3, 1989, S. 98-104.

LS87   Datenbank-Handbuch, in: Informatik-Handbücher, (Hrsg.: Lockemann,P.C.; Schmidt,J.W.) Springer-Verlag, Berlin Heidelberg New York Tokyo, 1987.

RFC1095 Warrier, U., Besaw, L.: "Request For Comments 1095, The Common Management Information Service an Protocol over TCP/IP (CMOT)", Network Working Group, April 1989.

RFC1098 Case, J., Fedor, M., Schoffstall, M., Davin, C.: " Request For Comments 1098, A Simple Network Management Protocol (SNMP)", Network Working Group, April 1989.

Sch90   Scheel, R.: "Systemanalyse und Konzeption eines Netzwerk-Informations- und -Administrations-Systems für heterogene Rechnernetze", Universität Kaiserslautern, Fachbereich Informatik, 1990.

Sup86   Suppan-Borowka, J., Simon, T.: "MAP Datenkommunikation in der automatisierten Fertigung", DATACOM Buchverlag, Pulheim 1986.

3COM89   3COM-Corporation, "3COM's Network Management Strategy", 1989.

Die Problematik des Quality of Service aus der Sicht des Performance Management

Bernhard Neumair

Institut für Informatik, Technische Universität München

Postfach 20 24 20, D-8000 München 2

e-mail: neumair@informatik.tu-muenchen.dbp.de

Zusammenfassung

Das Konzept des Quality of Service (QoS) wurde im Rahmen des OSI–Referenzmodells entwickelt, um einerseits dem Benutzer eines Kommunikationsdienstes zu erlauben, seine Anforderungen dem Erbringer des Dienstes mitzuteilen und andererseits dem Diensterbringer ein Mittel zur Verfügung zu stellen, mit dessen Hilfe er die Charakteristika des von ihm erbrachten Dienstes erschöpfend beschreiben kann.

Im Laufe der Standardisierung von Kommunikationsdiensten und –protokollen wurde die Definition des QoS allerdings nur wenig beachtet. Dies führte auf den einzelnen Schichten des OSI–Modells zur Definition von QoS–Parametern mit unklarer Semantik und von Parametern, deren Überwachung problematisch bzw. unmöglich ist. Besonders deutlich wird dies an den QoS–Parametern, die (wie z. B. Übertragungszeit und Durchsatz) vom Performance-Management überwacht werden sollen.

Im vorliegenden Beitrag werden deshalb die Spezifikationen performance-relevanter QoS–Parameter untersucht und mögliche Lösungen zu den aufgezeigten Probleme diskutiert.

1 Einführung

Bei der Entwicklung des Konzepts „Quality of Service (QoS)" wurde das Ziel verfolgt, einerseits dem Benutzer eines Kommunikationsdienstes zu erlauben, dem Erbringer des Dienstes seine Anforderungen mitzuteilen und andererseits dem Diensterbringer zu ermöglichen, die Charakteristika des von ihm erbrachten Dienstes erschöpfend zu beschreiben.

Die Definition des QoS wurde in den Anfängen der Standardisierung der Open Systems Interconnection (OSI) als wichtiges Thema angesehen, trat bei der weiteren Normungsarbeit allerdings zunehmend in den Hintergrund, obwohl in Zukunft im Zusammenhang mit Breitbandnetzen und verstärkter Diensteintegration ein wachsender Bedarf für dieses Konzept bestehen wird. Es wurde kein allgemeines, umfassendes Modell für den QoS entwickelt, sondern bei der Definition von Diensten und Protokollen isoliert für die einzelnen Schichten eine nicht weiter strukturierte Menge von Dienstgütemerkmalen spezifiziert. Dies führte zum einen dazu, daß in den Dienstdefinitionen der Schichten 2 bis 5 an sich gleiche Dienstmerkmale unterschiedlich festgelegt wurden, zum anderen die Semantik bestimmter Dienstmerkmale ungeklärt blieb. Neben der Festlegung von Merkmalen, die wie z. B. „Connection Establishment Delay" oder „Connection Establishment Failure Probability" a priori für jede Verbindung gelten, beschränkte man sich auf statische Merkmale, die zum Beginn einer Verbindung für deren gesamte Dauer ausgehandelt werden. Mechanismen, die die Modifikation von Dienstmerkmalen während einer laufenden Verbindung oder zumindest die Signalisierung einer Verschlechterung der Dienstgüte durch den Erbringer an den Dienstnutzer ermöglichen, wurden nicht eingeführt.

Weiterhin wurde im Laufe der Standardisierung des OSI-Netzmanagements zwar festgelegt, daß die Überwachung des QoS durch Management–Funktionsbereiche wie z. B. Performance Management (PM) bzw. Fault Management (FM) erfolgen soll. Dabei wurde aber außer acht gelassen, daß sich einige Dienstmerkmale auf der Grundlage ihrer derzeitigen Spezifikation für eine Überwachung nur schlecht eignen.

Im folgenden wird deshalb in Kapitel 2.1 ein allgemeines, schichtenübergreifendes Modell für den QoS angegeben. Ferner soll die in Kapitel 2.2 behandelte Klassifikation der QoS–Parameter eine Einordnung der folgenden Arbeit ermöglichen. Anschließend werden in Kapitel 3 für den Teilbereich Quality of Timeliness, dem aus Sicht des PM die größte Bedeutung zukommt, die Probleme der bestehenden QoS–Definitionen aufgezeigt und mögliche Lösungen diskutiert. Die Dienstgütemerkmale für verbindungslose Dienste sind i. a. Teilmengen der Merkmale der entsprechenden verbindungsorientierten Dienste und werden deshalb hier nicht gesondert behandelt.

2 Definition des Quality of Service (QoS)

2.1 QoS–Modell

Bei der OSI–Standardisierung wurde bisher versäumt, neben der konkreten Auflistung von QoS–Parametern für die Dienste ein Modell für den QoS zu entwickeln, das für alle Schichten des OSI–Modells gültig ist. Im folgenden werden die für eine sinnvolle Verwendung des Konzepts QoS wesentlichen Kriterien aufgezeigt.

QoS–Spezifikation
Folgende Anforderungen müssen von der Spezifikation der QoS-Parameter erfüllt werden:

- Dienstnehmer und Diensterbringer müssen ihre Anforderungen an den Kommunikationsdienst bzw. die Charakteristika des erbrachten Dienstes vollständig und adäquat beschreiben können. (Im Kapitel 3.1.3 wird gezeigt, daß diese Forderung momentan nicht durchgehend erfüllt ist.)

- Die Semantik der QoS-Parameter muß entweder formal spezifiziert sein oder hinreichend eindeutig sein, um ein gleiches Verständnis durch die beiden Dienstnehmer an den Endpunkten einer Verbindung und den Diensterbringer zu gewährleisten. (Hierzu finden sich in den Kapiteln 3.1.1 und 3.1.2 Beispiele.)
- Die Parameter sollten so einfach und intuitiv wie möglich sein. (Siehe Kap. 3.1.4.)
- Die Spezifikation muß eine möglichst einfache Überwachung durch den Diensterbringer (und ev. auch durch den Dienstnehmer) ermöglichen. (Siehe Kap. 3.2.2).

Verhandlung des QoS

An die Mechanismen zur Verhandlung des QoS sind folgende Forderungen zu stellen:

- Grundsätzlich sind Verfahren notwendig, die es den drei beteiligten Parteien (die beiden kommunizierenden Dienstnehmer und der Diensterbringer) zum Zeitpunkt des Verbindungsaufbaus erlauben, korrekte QoS-Parameter für diese Verbindung auszuhandeln. In den Dienstspezifikationen der Schichten 3 – 7 ist der Verhandlungsablauf dafür bereits festgelegt.
- Es sollte für den Diensterbringer möglich sein, dem Dienstnutzer eine Veränderung der Dienstgüte während einer laufenden Verbindung zu signalisieren und ihm die Entscheidung über Abbruch oder Aufrechterhaltung der Verbindung zu überlassen.
- Um eine optimale Vergabe von Kommunikationsressourcen zu gewährleisten muß das Systems Management als vierte Partei bei der Verhandlung der Dienstgüte beteiligt werden.

Überwachung des QoS

Hinsichtlich ihrer Überwachung können die QoS-Parameter in zwei Gruppen eingeteilt werden. Zur einen Gruppe gehören Parameter, die nur als Grundlage für die Auswahl bestimmter Kommunikationsmechanismen dienen. Mit einer adäquaten Wahl ist dann die Einhaltung des entsprechenden Teils des QoS sichergestellt und muß nicht mehr überwacht werden. Die zweite Gruppe besteht aus Parametern, deren Einhaltung i. a. nicht allein durch eine derartige Auswahl garantiert werden kann. Voraussetzung für die Aufrechterhaltung dieses Teils des QoS bzw. die Signalisierung einer Verschlechterung ist dann eine effiziente Überwachung durch das PM und das FM. Dies ist teilweise im lokalen System möglich, oft werden dafür aber auch Management-Protokolle oder Funktionen der entsprechenden Schichten-Protokolle benötigt, die beide Partnerinstanzen betreffen.

Wie im folgenden gezeigt wird, müssen bereits bei der Definition der Dienstgütemerkmale und der Schichten-Protokolle Überwachungsaspekte berücksichtigt werden.

Aufrechterhaltung des QoS

Die Analyse der Daten, die vom PM bzw. FM bei der QoS-Überwachung geliefert werden, ist Grundlage für die kurz-, mittel- und langfristige Aufrechterhaltung der Dienstgüte (z. B. durch Umverteilung oder Neueinrichtung von Ressourcen).

Wie oben ist dies z. T. lokal möglich, z. T. werden dafür aber auch OSI-Management-Protokolle benötigt.

Die obigen Forderungen beziehen sich auf die Definition und die Realisierung von Dienst-schnittstellen innerhalb eines offenen Systems und unterliegen deshalb im Sinne des OSI–Modells nicht der Standardisierung, sondern werden als „local matter" betrachtet. Da aber die von der ISO (siehe [ISO N4981]) geforderte Überwachung des QoS durch das PM in vielen Fällen nicht innerhalb des lokalen Systems durchgeführt werden kann, sondern eine Interaktion mehrerer Systeme erfordert und bei der Verhandlung des QoS ebenfalls mehrere offene Systeme beteiligt sind, muß zumindest die Semantik der QoS–Parameter exakt definiert sein.

2.2 Klassifikation der QoS–Parameter

Wie in der Einführung bereits erwähnt, wurde bei der Normung bisher versäumt, eine allgemeine Klassifizierung der Dienstgütemerkmale vorzunehmen. Bei der Wahl der Kri-terien für eine Klassifikation muß berücksichtigt werden, daß die Verantwortung für die Aufrechterhaltung des QoS aufgrund von Abhängigkeiten zwischen den Schichten und zwi-schen verschiedenen Systemen beim Systems Management liegen wird. Momentan bleibt die Zuständigkeit für den QoS größtenteils dem Layer Management und den Layer Opera-tions vorbehalten, da die Einwirkung des Systems Management auf die QoS–Verhandlung nicht vorgesehen ist (siehe Kapitel 2.1).

In [Whi 87] wird die Dienstgüte wohl auch deshalb in die vier Bereiche

- Quality of Addressing,
- Quality of Message,
- Quality of Timeliness und
- Quality of Confidentiality

unterteilt, die sich den Management–Funktionsbereichen Configuration–, Fault–, Performance– und Security Management zuordnen lassen.

Quality of Addressing bezieht sich auf die Korrektheit der Zuordnung von Adressen zum Absender und zum Empfänger einer Übertragungseinheit, die korrekte Codierung und die einwandfreie Übertragung der Adresse.

In [NATO 88] wird verlangt, die Güte der Adressierung zu unterscheiden von der korrek-ten Vermittlung der Nachricht durch das Netz, die neben Merkmalen wie Datenverlust, Veränderung von Daten, Fehlzustellung, Verdoppelung und Veränderung der Reihenfolge der Daten unter **Quality of Message** eingeordnet wird.

Quality of Timeliness beschreibt die Verzögerung bei der Übertragung der Nachricht durch das Netz und legt bestimmte obere Grenzen dafür fest. Hierunter fallen unter anderem Merkmale wie Übertragungszeit, Durchsatz und Dauer eines Verbindungsaufbaus bzw. –abbaus.

Die Fähigkeit des Kommunikationssystems, Ressourcen und Nachrichten vor unbefugten Einwirkungen zu schützen, und die Anforderungen an die Vertraulichkeit und Authentifizierung bei der Übertragung einer Nachricht werden mit Hilfe der **Quality of Confidentiality** spezifiziert.

In [ISO 8886, ISO 8348, ISO 8072, ISO 8326] werden für die Sicherungs-, Vermittlungs-, Transport- und Kommunikationssteuerungsschicht u. a. „Performance QoS-Parameter" definiert, die in der obigen Klassifikation zum Quality of Message (Fehlerwahrscheinlichkeit beim Verbindungsaufbau, Restfehlerrate, Robustheit der Verbindung, Übertragungsfehlerwahrscheinlichkeit, Fehler beim Verbindungsabbau) und zum Quality of Timeliness (Verbindungsaufbauzeit, Übertragungszeit, Durchsatz, Verbindungsabbauzeit) zu rechnen sind.

Derzeit enthält keine weitere ISO-Dienstdefinition wesentlich andere oder neue QoS-Parameter, die für das PM relevant sind. In der „Presentation Service Definition" ([ISO 8822]) wird nur auf die Parameter in [ISO 8326] verwiesen und in der „Service Definition for the Association Control Service Elements" ([ISO 8649]) werden wiederum die Parameter von [ISO 8822] übernommen. Auch die „Physical Service Definition" ([ISO 10022]) nennt zwar einige QoS-Parameter, gibt aber keine Definitionen. Die von der CCITT in [CCITT E.800] und [CCITT I.350] vorgenommene Unterscheidung in „Layer Service" und „Bearer Service" wurde im Rahmen der OSI-Standardisierung nicht übernommen. Im folgenden Kapitel sollen deshalb nur die oben genannten Parameter des Quality of Timeliness untersucht werden.

3 Problematik der Spezifikation des Quality of Timeliness

Die problematischen QoS-Definitionen können in zwei Gruppen unterteilt werden:

(1) Parameter, deren Semantik entweder unklar oder nicht adäquat für eine Beschreibung des Dienstes durch Dienstnutzer bzw. Diensterbringer ist und

(2) Parameter, deren Überwachung schwierig bzw. unmöglich ist.

Zur ersten Gruppe sind die diversen Definitionen des Durchsatzes zu zählen, zur anderen z. B. Übertragungszeit und Verbindungsabbauzeit.

3.1 Spezifikation des Durchsatzes

Eine genaue Analyse der in den obigen ISO-Standards gegebenen äußerst umfangreichen, informellen Durchsatzdefinitionen zeigt, daß sie zum einen nicht mit dem intuitiv Erwarteten übereinstimmen und zum anderen zur Beschreibung realistischer Verkehrscharakteristiken nur schlecht geeignet sind.

In den Kapiteln 3.1.1 bis 3.1.3 werden die in den Standards vorhandenen Definitionsprobleme gezeigt und in Kap. 3.1.4 bis 3.1.6 eine mögliche Lösung diskutiert.

3.1.1 Durchsatzdefinition der OSI-Schicht 2

In [ISO 8886] wird der Durchsatz i. w. wie folgt eingeführt:

> Throughput is defined as the total number of DLSDU bits successfully transferred by a DL-DATA request/DL-DATA indication primitive sequence divided by the input/output time for that sequence.
>
> . . .
>
> The input/output time for a DL-DATA request/DL-DATA indication primitive sequence is the greater of the two times in the following list:
> a) the time between the first and the last DL-DATA request in the sequence;
> b) the time between the first and the last DL-DATA indication in the sequence.
>
> . . .

Diese Definition ist problematisch, da die „Bearbeitungszeit" der letzten Service Data Unit (SDU) in der Folge bei der Berechnung des Durchsatzes nicht berücksichtigt wird. (vgl. Abb. 1)

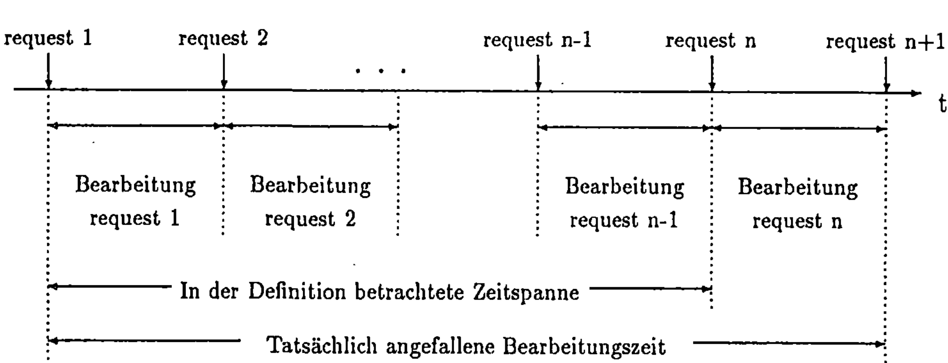

Abbildung 1: Bearbeitung einer SDU–Sequenz

Die Bearbeitung der letzten SDU der Folge ist abgeschlossen, wenn ein weiterer request akzeptiert werden kann. Dies ist der Zeitpunkt des request $n+1$, da vorausgesetzt wird, daß während der Ermittlung keine Flußsteuerung durch die Dienstnutzer erfolgt. Zur Berechnung des Durchsatzes sollte entweder statt der Zeitspanne zwischen request 1 und request n die Zeit zwischen request 1 und request $n+1$ verwendet oder nur die user data der *ersten n-1* SDUs einbezogen werden.

3.1.2 Durchsatzdefinition der OSI-Schichten 3, 4 und 5

Bei der Definition des Durchsatzes für die OSI-Schichten 3, 4 und 5 in [ISO 8348], [ISO 8072] und [ISO 8326] sind die in Kapitel 3.1.1 diskutierten Probleme offensichtlich berücksichtigt worden, das Ziel einer korrekten Definition wurde allerdings trotzdem nicht erreicht.

Durchsatz wird hier wie folgt definiert:

> Throughput is defined, for each direction of transfer, in terms of a sequence of at least two successfully transferred SDUs. Given such a sequence of n SDUs, where n is greater or equal to two, the throughput is defined to be the smaller of:
> a) the number of service user data octets contained in the last $n-1$ SDUs divided by the time between the first and last DATA request in the sequence; and
> b) the number of service user data octets contained in the last $n-1$ SDUs divided by the time between the first and last DATA indication in the sequence.
>
> . . .

Wichtigster Unterschied gegenüber der Durchsatzdefinition der Schicht 2 ist, daß hier, wie in Kapitel 3.1.1 gefordert wird, nur n-1 SDUs zur Berechnung herangezogen werden. Vergleicht man allerdings diese Definition mit Abbildung 1, wird offensichtlich, daß für eine korrekte Definition nicht die *letzten n-1* SDUs, sondern die *ersten n-1* SDUs der Folge berücksichtigt werden sollten.

3.1.3 Maximaler und durchschnittlicher Durchsatz

In [ISO 8072] und [ISO 8326] werden für den Transport– und Kommunikationssteuerungsdienst zwei Durchsatzgrößen – maximaler und durchschnittlicher Durchsatz – festgelegt, die pro Verbindung und Richtung auszuhandeln sind.

> The *average throughput* value represents the expected transfer rate on a connection including the effects of expected user–attributable delays (e. g. non-continuous SDU input, receiving service user flow control).
>
> The *maximum throughput* value represents the maximum rate at which the service provider can continuously accept and deliver SDUs, in the absence of sending service user input delays or flow control applied by the receiving service user.

Beide Definitionen werden den Anforderungen des Diensterbringers an eine für ihn adäquate Spezifikation des QoS nicht gerecht.

Bei der Definition des **mittleren Durchsatzes** fehlt jeglicher Hinweis darauf, über welchen Zeitraum dieser Durchschnittswert zu bilden ist. An anderen Stellen wird davon ausgegangen, daß es sich um den Mittelwert für die gesamte Dauer der Verbindung handelt. Ein solches Vorgehen ist aber im allgemeinen für den Diensterbringer nicht akzeptabel, da damit über die Verkehrscharakteristik der Verbindung wenig ausgesagt ist. Ein Dienstnehmer könnte ohne Verletzung der ausgehandelten Größen z. B. am Beginn einer Verbindung die Übertragung einer beliebigen Datenmenge fordern und anschließend durch entsprechend langes Halten der Verbindung ohne weitere Datenübertragung die ausgehandelte mittlere Datenrate erreichen.

Ein ähnliches Problem ergibt sich für den **maximalen Durchsatz**, da hier der Begriff „continuously" nicht näher erläutert wird. Die Formulierung läßt zu, von einer Zeitspanne auszugehen, die in der Größenordnung der Verbindungsdauer liegt. Folge einer solchen Festlegung ist aber, daß vom Diensterbringer Ressourcen entsprechend dieser maximalen Rate reserviert werden müssen, um den Kontrakt einzuhalten. Dies ist im allgemeinen unbefriedigend, da damit kein Gewinn durch das Multiplexen mehrerer Verbindungen mit jeweils variablen Datenraten auf eine Verbindung der nächstniedrigeren Schicht erzielt werden kann.

3.1.4 Lösungsmöglichkeiten

Wie die oben dargestellten Probleme zeigen, enthält das derzeitige QoS–Konzept der ISO kein geeignetes Mittel, den Durchsatz einer Verbindung mit variabler Datenrate in einer für Dienstnehmer *und* Diensterbringer akzeptablen Weise zu spezifizieren.

Eine sehr ähnliche Problematik wird gegenwärtig im Zusammenhang mit Breitbandnetzen und ATM-Verfahren[1] ausführlich diskutiert. Auch dort ist letztlich das Ziel, die Verkehrs-charakteristik von Verbindungen mit Burstverkehr unter Beachtung der Forderungen in Kapitel 2.1 zu beschreiben. Für ATM–Netze mußte unbedingt ein Verfahren gefunden werden, mit dem die Charakteristik von Burstverkehr flexibel beschrieben und einfach überwacht werden kann, da im Moment natürlich noch nicht alle zukünftigen Anwendungen dieser Netze bekannt sind und wegen der geplanten hohen Datenraten von 140 Mbits/s, 600 Mbits/s und mehr eine *effiziente* „Online–Überwachung" besonders wichtig ist. Die Möglichkeit der „Online–Überwachung" am Netzzugang ist notwendig, da Verletzungen der ausgehandelten Dienstgütemerkmale durch einen Dienstnutzer zu Stau-situationen im Netz führen können und damit die Dienstgüte vieler anderer Verbindungen beeinflussen.

Da die Fragestellungen verwandt sind, darf man durchaus erwarten, daß die zahlreichen Arbeiten auf diesem Gebiet auch für die QoS–Spezifikation der höheren Schichten des OSI–Modells angewandt werden können.

Diverse Untersuchungen (siehe z. B. [Boye 87], [Hui 88] und [Scho 88]) haben sich mit der Frage beschäftigt, mit welchen *statistischen* Parametern (darunter z. B. Burstdauer, Burstfaktor, maximale Bitrate, mittlere Bitrate ...) sich Burstverkehr möglichst einfach, aber ausreichend genau beschreiben läßt. Ausreichend mächtige statistische Beschrei-bungstechniken sind allerdings in der Regel sehr komplex, was sowohl ihre Eignung für den Dienstnutzer einschränkt als auch ihre Überwachung erschwert. Es ist z. B. fraglich, ob dem Designer einer Anwendung zugemutet werden sollte, seine QoS–Anforderungen in Größen wie „Autokorrelation der Bitraten" oder „Varianz der Burstlängen" zu spezifi-zieren. Außerdem beziehen sich statistische Größen in der Regel auf die Gesamtheit der Daten, nicht auf Teilmengen, was ihre Online–Überwachung ausschließt.

Die in Kapitel 3.1.3 angesprochenen Probleme zeigen, wie schwierig es ist, den Datenstrom einer Verbindung mit statistischen Methoden einfach und trotzdem aussagekräftig zu

---

[1] Asynchronous Transfer Mode – ein statistisches Paketmultiplex-Verfahren; siehe z. B. [Gold 89]

beschreiben.

Eine derzeit vieldiskutierte Alternative zu statistischen Verkehrsbeschreibungen besteht in der Angabe eines Kontrollmechanismus, der den zu beschreibenden Verkehr akzeptiert. Eine Aufstellung der wichtigsten bis jetzt entwickelten und untersuchten Verfahren findet man z. B. in [Deni 90]. In den beiden folgenden Kapiteln werden die Vorteile von Verkehrsbeschreibungen mit Kontrollmechanismen am Beispiel des sogenannten „Leaky Bucket" herausgearbeitet, da dieser Mechanismus in der Literatur derzeit am häufigsten untersucht wird.

3.1.5 Der „Leaky Bucket"

Bei dem als „Leaky Bucket" bekannten Konzept dient der Füllstand eines *virtuellen* Puffers zur Überwachung des Datenstrom einer Verbindung. Ein Zähler wird mit jeder Dateneinheit inkrementiert, die der Dienstnutzer an den Diensterbringer übergibt. In regelmäßigen Abständen, die durch die sogenannte Ausleserate festgelegt werden, wird er dekrementiert, falls sein Inhalt nicht Null ist. Überschreitet der Zähler einen festen, einstellbaren Schwellwert, wird der Zähler nicht inkrementiert und die Annahme der Dateneinheit verweigert[2]. Der Leaky Bucket verhält sich also wie ein Puffer oder – wie der Name andeutet – ein lecker Eimer, der durch die beiden Parameter *Schwellwert* und *Ausleserate* spezifiziert wird.

Der Leaky Bucket enthält nur einen *Zähler*, der den Füllstand eines Puffers nachbildet. Da kein realer Puffer vorhanden ist, wird der Datenstrom nicht beeinflußt, solange der Schwellwert nicht überschritten ist, sondern nur überwacht.

Er ist einfach und effizient zu implementieren und theoretisch gut fundiert (siehe z. B. [Butt 90]). Eine Verallgemeinerung des Verfahrens von fester Paketlänge auf variable Paketlängen ist problemlos möglich.

3.1.6 Durchsatzspezifikation mit Hilfe des Leaky Bucket

Bis jetzt wurde davon ausgegangen, daß der Leaky Bucket ausschließlich als Kontrollinstrument am *Zugang zu ATM–Netzen* eingesetzt wird. Man könnte nun aber in *allen Schichten des OSI–Modells* auf statistische Verkehrsbeschreibungen bei der Verhandlung des QoS–Parameters Durchsatz verzichten und den Durchsatz einer Verbindung an der Dienstschnittstelle spezifizieren durch die Parameter eines (oder mehrerer) Leaky Bucket, die diesen Durchsatz akzeptieren.

Bei der Festlegung auf ein Modell, das auf die Lösung aktuell anstehender Probleme ausgerichtet ist, muß überprüft werden, ob diese Festlegung eine wesentliche Einschränkung gegenüber zukünftigen Anforderungen bedeutet oder der Übergang zu anderen Modellen erschwert wird. Da für den Leaky Bucket eine theoretische Fundierung (siehe z. B. [Butt 90]) gewährleistet ist, scheint dies hier nicht problematisch zu sein.

---

[2]Es sind natürlich auch andere Reaktionen wie z. B. Einstufung in eine andere „Tarifgruppe" oder Priorität denkbar

Außerdem muß kontrolliert werden, ob dieses Modell die in Kapitel 2.1 aufgestellten Forderungen erfüllt. Dabei sind nur die Anforderungen an die Spezifikation detailliert zu untersuchen, da die Verhandlung des QoS nicht berührt wird und eine effiziente Überprüfung ohnehin gesichert ist, da die Definition über einen Kontrollmechanismus erfolgt. Außerdem ist der Leaky Bucket selbstverständlich nicht nur für die Überwachung der Einhaltung der vereinbarten Parameter durch den Dienstnehmer, sondern auch durch den Diensterbringer geeignet und liefert damit die Grundlage für Maßnahmen zur Aufrechterhaltung des QoS bzw. der Signalisierung einer Verschlechterung.

Gleiches Verständnis durch Dienstnehmer und Diensterbringer ist bei der Spezifikation des QoS–Parameters Durchsatz durch die Parameter eines Leaky Bucket sicher gewährleistet, da sich der Mechanismus sehr einfach formal beschreiben läßt. Die Definition ist auch einfach und intuitiv, da sich der Leaky Bucket mit dem wohlbekannten Konzept eines Puffers beschreiben läßt.

Es müßte nun noch der Nachweis erbracht werden, daß sowohl Dienstnehmer als auch Diensterbringer ihre Anforderungen an den Kommunikationsdienst bzw. die Charakteristik des erbrachten Dienstes hinsichtlich des Durchsatzes vollständig und adäquat beschreiben können, was in dieser Allgemeinheit wohl nicht möglich ist. Hier soll deshalb nur gezeigt werden, daß sich mit Hilfe des Leaky Bucket der Durchsatz einer Verbindung mit variabler Datenrate besser beschreiben läßt als mit den bisher in den ISO–Normen enthaltenen Mitteln.

Die **mittlere Bitrate** für die gesamte Verbindungsdauer läßt sich mit Hilfe des Leaky Bucket nicht überprüfen, da der Zähler laut Definition nicht unter Null dekrementiert wird und deshalb Information in lang anhaltenden Übertragungspausen verlorengeht. Wie in Kapitel 3.1.3 bereits diskutiert wurde, ist die mittlere Bitrate in ihrer gegenwärtigen Festlegung für den Diensterbringer allerdings nicht von Nutzen und auch für den Dienstnutzer wohl kaum notwendig.

Demgegenüber läßt sich eine obere Grenze für die mittlere Bitrate über einen bestimmten Zeitraum sehr einfach spezifizieren. Dazu wird die Ausleserate etwa gleich der gewünschten mittleren Rate gewählt. Der Zeitraum, über den die Mittelung erfolgen soll, kann durch die Größe des Schwellwerts weitgehend frei gewählt werden. Detaillierte Untersuchungen dazu findet man in [Butt 90].

Die **maximale Bitrate** einer Verbindung läßt sich mit dem Leaky Bucket ebenso einfach definieren. Dazu ist die Ausleserate auf diese Bitrate einzustellen und der Schwellwert sehr klein zu wählen.

Wesentliche neue Freiheitsgrade gegenüber den in den Kapiteln 3.1.1 und 3.1.2 genannten Definitionen gewinnt man, indem man bei der Spezifikation der maximalen Bitrate den Schwellwert höher ansetzt. Dadurch wird dem Dienstnehmer erlaubt, die vereinbarte Datenrate kurzfristig zu überschreiten, gleichzeitig braucht der Diensterbringer aber nicht die volle Bandbreite zu reservieren, wenn mehrere Verbindungen „gemultiplext" werden. Wie hoch konkret der Schwellwert gesetzt werden kann, hängt u. a. ab von der Anzahl der zu multiplexenden Verbindungen, den zur Verfügung stehenden Puffern und den zu ga-

rantierenden Verlustraten. Detaillierte Untersuchungen (z. B. in [Regl 89] und [Cold 90])
zeigen, daß je nach Verkehrscharakteristik ein erheblicher Gewinn gegenüber der Reservierung nach maximaler Rate erreicht werden kann.

Insgesamt würde die Spezifikation des Durchsatzes der OSI–Schichten 2 – 7 mit Hilfe des
Leaky Bucket folgende Vorteile bringen:

- An den Dienstschnittstellen des OSI–Modells und am Zugang zu ATM–Netzen wird
  nur ein Konzept benutzt. (Die Verwendung des Leaky Bucket am Dienstzugang zu
  ATM–Netzen, im OSI–Modell also in Schicht 1 bzw. „1.5"[3], kann wohl als sicher
  gelten.)

- Die Durchsatzdefinition wird aufgrund der oben erwähnten neuen Freiheitsgrade flexibler und damit für Dienstnehmer und Diensterbringer sinnvoller verwendbar.

- Bestehende Unklarheiten in der Semantik der aktuellen Definitionen entfallen.

- Die Überwachung wird wesentlich erleichtert. Dies gilt auch für den Dienstnehmer,
  der aufgrund der einfachen Implementierbarkeit die Kontrolle quasi vorwegnehmen
  und drohenden Vertragsverletzungen (und damit ev. Paketverlusten) durch geeignete
  Maßnahmen (z. B. Verkehrsglättung) entgegenwirken kann.

3.2 Übertragungszeit, Verbindungsaufbau– und –abbauzeit

Im folgenden soll dargelegt werden, daß sich für die noch nicht betrachteten Parameter
des Quality of Timeliness die Probleme teilweise nicht wie vorher nur durch die Wahl
einer anderen Definition lösen lassen.

3.2.1 Verbindungsaufbau– und –abbauzeit

Der QoS–Parameter **connection establishment delay**, wie er in [ISO 8348], [ISO 8072]
und [ISO 8326] für die OSI–Schichten 3, 4 und 5 definiert ist, dürfte der einzige Quality–of–
Timeliness–Parameter sein, der in seiner momentanen Definition problemlos überwachbar
ist.

> Connection establishment delay is the maximum acceptable delay between a
> CONNECT request and the corresponding CONNECT confirm primitive.

Da sich die Definition auf die Zeitspanne zwischen dem Auftreten von Dienstprimitiven
innerhalb *eines* offenen Systems bezieht, stehen einer exakten Überwachung keine prinzi-
piellen Schwierigkeiten entgegen. Einschränkungen treten nur durch die Genauigkeit der
Systemuhren und bestimmte lokale Ressourcen auf. Zu nennen ist dabei die Beschränkung
auf einen Timer pro Prozeß in einigen Systemen (siehe [Mump 88]).

Für den Parameter **connection release delay** gelten die gleichen grundlegenden Probleme wie für das Transit–Delay, auf die im folgenden Kapitel eingegangen wird. Da in

---

[3]Die Einordnung von ATM–Netzen in das OSI–Modell ist noch nicht vollständig geklärt

der Praxis der Verbindungsabbauzeit aber nur eine untergeordnete Rolle zufallen wird, soll hier auf eine nähere Betrachtung verzichtet werden.

3.2.2 Der QoS–Parameter Transit–Delay

Der QoS–Parameter Transit–Delay, der in Zukunft wohl zunehmend wichtig[4] sein wird, ist in [ISO 8072] und [ISO 8326] wie folgt definiert:

> Transit–Delay is the elapsed time between a DATA request and the corresponding DATA indication.
>
> . . .
>
> Transit–Delay is specified independently for each direction of transfer.
>
> . . .

Wie in Kapitel 2.1 erwähnt dienen einige QoS–Parameter nur als Grundlage für die Wahl bestimmter Kommunikationsmechanismen und müssen deshalb nicht überwacht werden. Dies wird in einigen Fällen auch für das Transit–Delay gelten, mit dessen Hilfe z. B. die Verwendung von Medienzugriffsverfahren wie CSMA/CD ausgeschlossen werden könnte. Weiterhin muß z. B. das Transit–Delay auf festgeschalteten Leitungen nicht überwacht werden, da es aufgrund der technischen Voraussetzungen feststeht. Andererseits werden in Zukunft im Zuge zunehmender Diensteintegration auch von Paketnetzen in bestimmten Fällen Übertragungszeiten garantiert werden müssen, die aber u. a. von der Verkehrscharakteristik vieler Verbindungen und daraus resultierender Pufferfüllstände abhängen. Ohne die Möglichkeit der Überwachung muß bei der Garantie von worst–case Betrachtungen ausgegangen werden, was z. B. zu einer unbefriedigenden Auslastung des Netzes führen kann.

Prinzipielles Problem bei der Überwachung des Transit–Delay ist, daß sich die Definition auf eine ev. sehr kurze Zeitspanne zwischen Dienstprimitiven in u. U. weit entfernten Systemen bezieht. I. a. wird man nicht davon ausgehen können, daß die Systemuhren ausreichend genau synchronisiert sind, da dies oft extrem schwierig[5] ist oder aus Kostengründen unterbleiben muß. Die in der Literatur vorhandenen Verfahren zur Synchronisation von Uhren gehen entweder von aufwendigen Zusatzeinrichtungen aus (z. B. [Ofek 89]) oder treffen Annahmen über die Laufzeit von Signalen über das Kommunikationsnetz (z. B. [Cris 89]), die hier ja gerade ermittelt werden soll.

Selbst wenn die Systemuhren hinreichend genau synchronisiert[6] sind, ist die Überwachung des Transit–Delay für eine spezielle Verbindung meist unmöglich, da die wenigsten der momentan genormten Protokolle die Möglichkeit von Zeitstempeln in den Protocol Data Units (PDUs) vorsehen. Im Augenblick bleibt nur der Weg über den Aufbau einer zusätzlichen Verbindung, über die ein spezielles Meßprotokoll gefahren wird. Die so gewonnenen

---

[4]Bei der Übertragung von digitalisierter Sprache muß z. B. ein Transit–Delay von 20 ms garantiert werden, wenn man auf sogenannte Echosperren verzichten will.

[5]z. B. bei mobilen Systemen

[6]bei weniger zeitkritischen Anwendungen wird dies häufig der Fall sein

Meßdaten sind allerdings nur sehr beschränkt auf die eigentlich zu überwachende Verbindung übertragbar, da durch eine weitere Verbindung die Messungen i. a. verfälscht werden und oft über die Konfiguration der tieferen Schichten (z. B. das Routing) zu wenig bekannt ist.

3.2.3 Das Roundtrip–Delay

In [ISO N4981] wird vorgeschlagen, ersatzweise das Roundtrip–Delay zu messen, falls die Messung des Transit–Delay nicht möglich ist. Dieses Vorgehen ist einerseits in der Praxis wohl oft nicht zu umgehen, andererseits aber auch unbefriedigend, da aus dem Roundtrip–Delay nur in Ausnahmefällen Rückschlüsse auf die Einhaltung des Transit–Delay für beide Richtungen gezogen werden können und bei manchen Anwendungen die Charakteristik für Hin– und Rückrichtung nicht identisch ist. Außerdem ist es oft nicht sinnvoll, Dienstgütemerkmale auszuhandeln, deren Einhaltung prinzipiell nicht kontrolliert werden kann.

Für eine große Zahl von Anwendungen ist es allerdings nicht notwendig, die Übertragungszeit getrennt für beide Richtungen zu definieren. Bei reinen Datenübertragungen reicht es i. a. aus, die Zeit vom Absenden eines Pakets bis zum Eintreffen der zugehörigen Quittung zu kennen, um korrektes und effizientes Arbeiten der üblichen Mechanismen (z. B. Fenstertechniken, Sequenznumerierung etc.) zu gewährleisten. Aus der Sicht des Kommunikationsdienstes müßte dann nur ein Maximalwert für das Roundtrip–Delay festgelegt werden, der dann aber lokal innerhalb eines Systems überwacht werden könnte. Deshalb sollte bei der Spezifikation des Quality–of–Timeliness die Möglichkeit vorgesehen werden, alternativ zur Definition des Transit–Delays getrennt nach Richtungen (die notwendig ist für asymmetrische oder unidirektionale Verbindungen) die Definition des Roundtrip–Delay zu verwenden, da dies den Anforderungen der Dienstnehmer an den Kommunikationsdienst oft besser entspricht und zudem einfacher zu kontrollieren ist.

Ohne Erweiterung vieler bis jetzt standardisierter Schichtenprotokolle kann aber auch das Roundtrip–Delay in den relevanten Schichten des OSI–Modells nicht effizient überwacht werden. Eine Messung der Zeit zwischen Absenden eines Datenpakets und dem Eintreffen der zugehörigen Quittung unterliegt Verfälschungen durch unterschiedliche Quittierungsstrategien wie z. B. Piggy–backing der Quittungen oder gemeinsame Quittierung mehrerer Pakete.

Als Lösung bietet sich die Einführung einer speziellen „Test–PDU" an, wie sie im LLC–Protokoll (siehe [ISO 8802/2]) bereits vorgesehen ist. Diese PDU wird von einer Protokollinstanz auf Anforderung der Layer–Management–Instanz ev. auch über eine laufende Verbindung abgeschickt und muß von der Partnerinstanz sofort mit einer entsprechenden PDU beantwortet werden. Damit läßt sich einfach das Roundtrip–Delay der Schicht 2 in lokalen Netzen feststellen. Ein derartiger Mechanismus ist aber in den wenigsten Protokollen vorgesehen, insbesondere nicht im X.25–PLP([CCITT X.25]), in den Schicht–4–Protokollen TP0 bis TP4 ([ISO 8073]) und im Session–Protokoll ([ISO 8327]), sollte aber bei der Weiterentwicklung und Spezifikation neuer Protokolle berücksichtigt werden.

4 Zusammenfassung

In der ISO werden die Spezifikationen des Quality–of–Service für die einzelnen Schichten von mehreren verschiedenen Gruppen behandelt. Beteiligt sind Gremien, die für die Normung der Schichtenprotokolle zuständig sind, und inzwischen auch die Gruppe, die die Standardisierung des Netzmanagements betreibt.

Abstimmungsprobleme zwischen diesen Gruppen sind wohl letztlich der Grund dafür, daß die Beschäftigung mit dem QoS nur am Rande erfolgt ist und einige Parameter in den Schichten mit unterschiedlichen Methoden definiert wurden. Momentan besteht eine erhebliche Unsicherheit darüber, wie das Konzept des QoS im ISO–Sinne in der Praxis eingesetzt werden kann.

Anhand von Beispielen aus dem Umfeld des Performance Management ist hier gezeigt worden, wie durch Verwendung geänderter Konzepte bei der Definition des QoS einige bestehende Probleme beseitigt werden könnten. Die Akzeptanz des Konzepts QoS in der Praxis könnte sicher verbessert werden, wenn über alle (oder zumindest einige wichtige) Schichten des OSI–Modells einheitliche Spezifikationsmittel verwendet würden, deren Semantik eindeutig ist und die vom Diensterbringer und den Dienstnutzern gleichermaßen einfach umgesetzt und kontrolliert werden können.

Danksagung

Die beschriebenen Arbeiten wurden erstellt im Rahmen des Projekts „Netzmanagement in offenen, heterogenen Systemen", das an der Technischen Universität München in Zusammenarbeit mit der Siemens AG durchgeführt wird. Beim Leiter des Projekts, Prof. Dr. H.-G. Hegering, und seinen Mitarbeitern möchte ich mich für wertvolle Anregungen während der Entstehung der Arbeit bedanken. Mein Dank gilt auch den Gutachtern für einige wichtige Hinweise.

Literatur

[Boye 87]   P. Boyer, J. Boyer, J.-R. Louvion und L. Romoeuf, „Modelling the ATD transfer technique", *Proc. of the ITC Seminar, Lake Como, Italy*, Mai 1987.

[Butt 90]   M. Butto, E. Cavallero und A. Tonietti, „Effectiveness of the Leaky–Bucket Policing Mechanism in ATM Networks", *submitted to JSAC Teletraffic Issue.*

[CCITT E.800] CCITT, *Quality of Service and Dependability Vocabulary*, 1988.

[CCITT I.350] CCITT, *General Aspects of Quality of Service and Network Performance in Digital Networks, including ISDN*, 1988.

[CCITT X.25] CCITT, *Interface between Data Terminal Equipment (DTE) and Data Circuit–Terminating Equipment (DCE) for Terminals operating in the Packet Mode and connected to Public Data Networks by Dedicated Circuit*, 1988.

[Cold 90]   Jens Coldewey, „Untersuchung von Methoden zur Datenflußsteuerung in ATM-Netzen", Diplomarbeit, Technische Universität München, 1990.

[Cris 89]   Flaviu Cristian, „A Probabilistic Approach to Distributed Clock Synchronization", *Proc. of the 9th International Conference on Distributed Computing Systems, Newport Beach, California*, S. 288 – 296, 1989.

[Deni 90]   F. Denissen, E. Desmet und G. H. Petit, „The Policing Function in an ATM

Network", *Proc. of the International Zurich Seminar on Digital Communications*, S. 131 – 144, März 1990.

[Gold 89]   G. Goldacker, „Breitband–ISDN – Grundlagen, Entwicklung, Anwendungen", *Tutorium zur ITG/GI–Fachtagung Kommunikation in verteilten Systemen, Stuttgart*, Februar 1989.

[Hui 88]   Joseph Y. Hui, „Resource Allocation for Broadband Networks", *IEEE Journal on Selected Areas in Communications*, 6(9):1598 – 1608, December 1988.

[ISO 10022]   ISO, *Information Processing Systems – Open Systems Interconnection – Physical Service Definition.*

[ISO 8072]   ISO, *Information Processing Systems – Open Systems Interconnection – Transport Service Definition*, 1986.

[ISO 8073]   ISO, *Information Processing Systems – Open Systems Interconnection – Connection Oriented Transport Protocol Specification*, 1986.

[ISO 8326]   ISO, *Information Processing Systems – Open Systems Interconnection – Basic Connection Oriented Session Service Definition*, 1987.

[ISO 8327]   ISO, *Information Processing Systems – Open Systems Interconnection – Basic Connection Oriented Session Protocol Specification*, 1987.

[ISO 8348]   ISO, *Information Processing Systems – Data Communications – Network Service Definition*, 1987.

[ISO 8649]   ISO, *Information Processing Systems – Open Systems Interconnection – Service Definition for the Association Control Service Elements*, 1988.

[ISO 8802/2] ISO/IEEE, *Information Processing Systems – Open Systems Interconnection – Logical Link Control.*

[ISO 8822]   ISO, *Information Processing Systems – Open Systems Interconnection – Connection Oriented Presentation Service Definition*, 1988.

[ISO 8886]   ISO, *Information Processing Systems – Data Communications – Data Link Service Definition for Open Systems Interconnection.*

[ISO N4981]   ISO/IEC JTC 1/SC 21, *Information Processing Systems – Open Systems Interconnection – Systems Management – Performance Management Working Document – Sixth Draft*, N 4981, Juli 1990.

[Mump 88]   E. Mumprecht, D. Gantenbein und R. Hauser, „Timers in OSI–Protocols – Specification versus Implementation", *Proc. of the International Zurich Seminar on Digital Communications*, S. 93 – 98, 1988.

[NATO 88]   TSGCEE Sub Group 9 Ad hoc Working Group on OSI Management, „NATO Requirements for Open Systems Management", Revised Working Group Output, Protocols Standards and Communication Inc., Juni 1988.

[Ofek 89]   Yoram Ofek, „Generating a Fault Tolerant Global Clock in a High Speed Distributed System", *Proc. of the 9th International Conference on Distributed Computing Systems, Newport Beach, California*, S. 218 – 226, 1989.

[Regl 89]   Hans Regler, „Charakterisierung von Burstverkehr in Breitbandvermittlungen zur Bestimmung notwendiger Puffergrößen", Diplomarbeit, Technische Universität München, 1989.

[Scho 88]   Frits C. Schoute, „Simple Decision Rules for Acceptance of Mixed Traffic Streams", *Proc. of the 12th International Teletraffic Congress*, Juni 1988.

[Whi 87]   I. White, „Quality of Service in the Military Use of Open Systems Communications", März 1987.

Eine Methodik zur Gewinnung
von Fehlerinformation aus OSI-Protokollen

Sebastian Abeck *
Institut für Informatik, Technische Universität München
Postfach 20 24 20, D-8000 München 2

Zusammenfassung

Einen wichtigen Teil der OSI-Managementkonzepte, die von der ISO entwickelt wurden,
bildet das Informationsmodell, durch das Beschreibungs- und Strukturierungsprinzipien
von offener Managementinformation vorgegeben werden. Auf dieser Grundlage muß in
Zukunft untersucht werden, welche Information für das Management eines OSI-Netzes
aus den einzelnen Schichten der offenen Systeme bereitzustellen ist. Die vorliegende Arbeit zeigt hierzu für den Funktionsbereich des Fehlermanagements einen Lösungsweg auf.
Ausgehend von den Normenbeschreibungen zu einer Schicht wird ein Vorgehen entwickelt,
dessen Ergebnis eine zur Festlegung von offener Fehlerinformation geeignete Funktionalitätsbeschreibung der Protokollinstanz ist. Die Funktionalitätsbeschreibung umfaßt dabei auch interne in der Instanz ablaufende Verarbeitungsvorgänge, da in diesen die für eine
Diagnose wichtigen Fehlersymptome auftreten. Ausgehend von der Funktionalitätsbeschreibung werden die verschiedenen Arten von Fehlerinformation, die im Zusammenhang
mit einer Protokollinstanz auftreten, identifiziert. Abschließend wird ein Diagnoseansatz
auf der Grundlage der mittels dieser Methode festgestellten offenen Fehlerinformation
grob skizziert.

1 Einleitung

Auf die Notwendigkeit eines leistungsfähigen, zuverlässig arbeitenden Netzmanagements
zur Erbringung einer Vielzahl von Funktionen für den Netzbetreiber, die dann letztendlich
dem Netzbenutzer zugute kommen, soll an dieser Stelle nicht weiter eingegangen werden.
Arbeiten, die sich hiermit umfassend auseinandersetzen, sind z.B. [HEGE 89], [VALT 90],
[GORA 89].

Die Einsicht, daß das Thema „Netzmanagement" auch von den auf dem Kommunikationsgebiet stark engagierten Normungsgruppen, wie z.B. ISO, CCITT, ECMA oder IEEE

---

*Mitarbeiter der von Prof. Hegering geleiteten Gruppe „Netzmanagement in offenen, heterogenen
Systemen" (Kooperationsprojekt zwischen der TU München und der Firma Siemens).

bearbeitet werden muß, hat sich erst mit gewisser Verzögerung durchgesetzt. Das Ziel ist ein <u>offenes</u> Netzmanagement, in dem sich Systeme verschiedener Hersteller aufgrund standardisierter Managementprotokolle und einem gemeinsamen Verständnis bezüglich der austauschbaren Managementinformation integrieren lassen.

In der vorliegenden Arbeit wird von den Konzepten der ISO, die unter dem Begriff „OSI-Management" zusammengefaßt sind, ausgegangen. Im OSI-Management werden fünf Funktionsbereiche unterschieden. Einer dieser Bereiche ist das Fehlermanagement, dessen Aufgaben die Erkennung, Diagnose und Behebung von Fehlern ist. Der maßgebende Ansatz für diese Arbeit ist, daß zur Diagnose auf die Informationen der einzelnen OSI-Systeme zurückgegriffen wird.

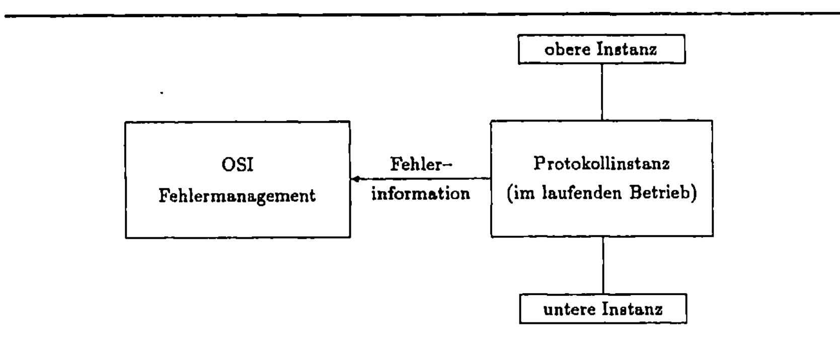

Abbildung 1: Schnittstelle zwischen Fehlermanagement und Protokollinstanz

Ausgehend von der Schichtung als dem wesentlichen Strukturierungsmittel in OSI-Systemen steht die Protokollinstanz als konzeptioneller Anbieter von Diensten und Funktionen hier im Mittelpunkt der Untersuchung (siehe Abb. 1). Für die Belange der Festlegung offener Fehlerinformation, die dem Schichtenmanagement verfügbar zu machen ist, ist das „Innenleben" einer Protokollinstanz zum Zwecke der Fehlerinformations-Festlegung transparent zu machen.

Das Ergebnis nachfolgender Arbeit besteht in dem Aufzeigen einer Methodik zur systematischen Gewinnung und Beschreibung von Fehlerinformation zu einer Schicht eines OSI-Systems. Nicht behandelt werden Fragen des Zugriffs und der Weiterverarbeitung dieser Information innerhalb des schichtenübergreifenden *Systems Management.*

2 Ansätze zur Festlegung von offener Fehlerinformation

Offene Fehlerinformation muß der Anforderung gerecht werden, daß sie von jedem an der Kommunikation beteiligten offenen System auch bereitgestellt und gemäß einem gemeinsamen Verständnis interpretiert werden kann. Diese Anforderung hat zur Konsequenz, daß nur der implementierungs- und systemunabhängige Anteil der für eine Fehlerbehandlung nützlichen Managementinformation einem offenen Fehlermanagement zugrundegelegt werden darf.

Die Fragestellung, welche offene Fehlerinformation eine Protokollinstanz für das Fehlermanagement bereitstellen soll, läßt sich von zwei Seiten angehen:

- Bottom-up-Ansatz
  Ausgangspunkt ist die Instanz und die von ihr erbrachten Funktionen, in deren Zusammenhang die Fehlerinformation entsteht.
- Top-down-Ansatz
  Ausgangspunkt ist das Ziel des Fehlermanagements, gewisse Fehlerursachen mit Hilfe der bereitgestellten Fehlerinformation zu diagnostizieren.

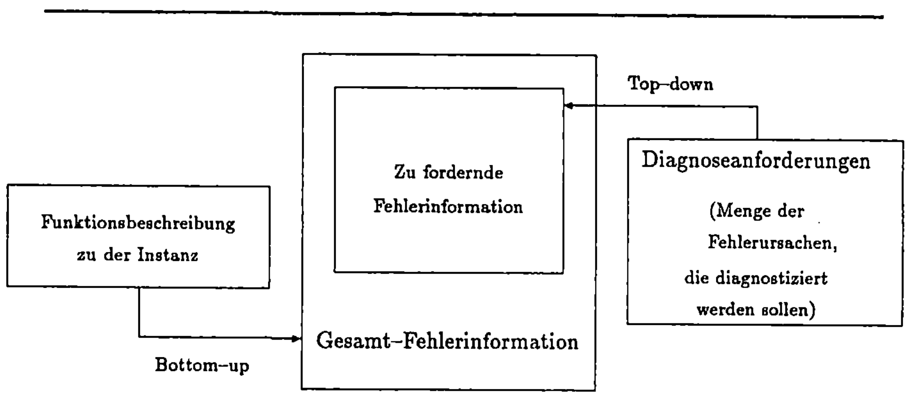

Abbildung 2: Bottom-up und Top-down

Wie Abb. 2 zeigt, wird durch den Bottom-up-Ansatz ein Gesamtverzeichnis der von einer Protokollinstanz potentiell lieferbaren Fehlerinformation zu erstellen versucht, während durch den zielbasierten Top-down-Ansatz nur der Fehlerinformations-Teil herausgegriffen wird, der für das Erreichen des jeweiligen Diagnoseziels notwendig ist.

Im Zusammenhang mit der Festlegung offener Fehlerinformation muß die Aufgabenstellung von beiden Seiten her angegangen werden. Den Ausgangspunkt bildet die Funktionalitätsbeschreibung, die in Form von Normenpapieren zu der Instanz vorliegen. Die Funktionalitätsbeschreibung wird in eine für die Fehlerinformations-Gewinnung geeignete Form gebracht. Hierzu ist es notwendig, interne in der Instanz ablaufende Verarbeitungsvorgänge zu untersuchen und geeignet zu modellieren, d.h. die Abläufe innerhalb der Instanz transparent zu machen. Die Auflösung der Black-Box-Sicht auf die Instanz ist notwendig, da Fehlerinformation im Zusammenhang mit den oben erwähnten Verarbeitungsvorgängen entsteht.

Mit der Modellbildung, durch die eine hierarchische Verfeinerung der Gesamtfunktionalität einer Protokollinstanz in Funktionseinheiten vorgeschlagen wird (Abschnitt 3), werden zwei Ziele verfolgt:

- Sie stellt die Grundlage für eine Systematisierung der Ableitung von Fehlerinformation aus der Funktionalität dar und unterstützt somit direkt den Bottom-up-Ansatz (Abschnitt 4).
- sie liefert einen Rahmen zur Beschreibung und Einordnung von Fehlerinformation, die für die Diagnose einer gewissen Fehlerursache gefordert wird. Somit wird (indirekt) auch der Top-down-Ansatz unterstützt (Diagnoseaspekt, Abschnitt 5).

3 Darstellung von Protokollinstanz-Funktionalität

Ziel ist es, die von einer Protokollinstanz zu erbringende Funktionalität transparent zu machen. Hierzu wird in einer operationellen Zerlegung der Protokollablauf aus der Sicht der Instanz dargestellt, indem zu jedem von der Instanz an der oberen Dienstgrenze bereitgestellten Dienst die Folge der zu erbringenden Dienstschritte definiert wird. In jedem dieser Dienstschritte werden von der Instanz Verarbeitungsvorgänge, die hier als Aktivitäten bezeichnet werden, ausgeführt. Den Ausgangspunkt zur Isolierung von Aktivitäten bilden die durch die kooperierenden Instanzen zu erbringenden Instanzenfunktionen, die in einer funktionellen Zerlegung ermittelt werden.

Insgesamt ergibt sich durch obiges Vorgehen eine hierarchische Verfeinerung der betrachteten Protokollinstanz in die Funktionseinheiten Instanz, Dienst, Dienstschritt und Aktivität (siehe Abb. 3).

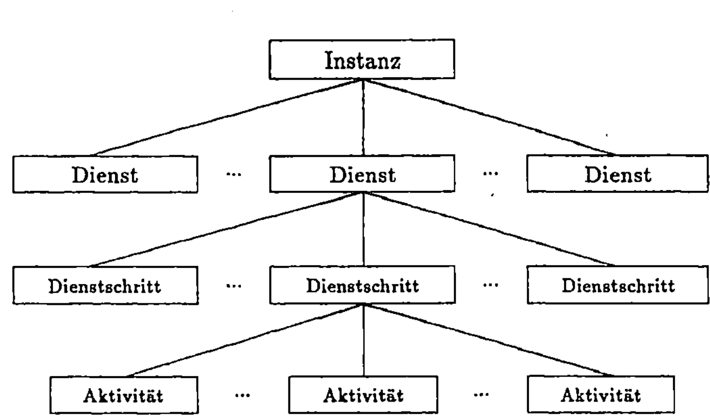

Abbildung 3: Strukturierung des Beschreibungsrahmens

Zur Aufschreibung der Funktionseinheiten wird eine Notation eingeführt. Durch die Notation muß beschreibbar sein

- die Söhne der Funktionseinheit („organisatorische" Information)
- die für das Fehlermanagement relevante Information, die der Funktionseinheit zuzuordnen ist (Fehlerinformation, siehe Abschnitt 4).

Es sei bemerkt, daß sich die vorgeschlagene Notation von ihrer Zielsetzung und ihrem Aufbau deutlich von Sprachen, die zur Spezifikation von Protokollen (z.B. Estelle [LINN 84]
oder Lotos [BRIN 85]) eingesetzt werden, unterscheidet. Mittels solcher Spezifikationssprachen wird versucht, das korrekte Protokollverhalten einer Instanz vollständig zu beschreiben; interne Verarbeitungsabläufe, die für die hier vorliegende Aufgabenstellung von
besonderer Bedeutung sind, bleiben unberücksichtigt.

3.1   Operationelle Zerlegung

Häufig (aber nicht immer) existiert zu einer Protokollnorm die Beschreibung des Protokol-
lablaufs in Form eines erweiterten, endlichen Automaten. Dieser gibt das an unterer und
oberer Dienstgrenze einer Instanz feststellbare E/A-Verhalten wieder. Die hier verwendete Protokollablauf-Darstellung basiert darauf, neben der Trennung zwischen korrekten
und nicht korrekten Protokollabläufen auch zwischen erwünscht / nicht erwünscht in der
Menge der korrekten, d.h. normenkonformen Protokollabläufe unterscheiden zu können.
Diese Unterscheidung ist gerade für das Fehlermanagement von großer Bedeutung.

Die Funktionseinheiten Dienst und Dienstschritt

Die Aufgabe einer Instanz besteht darin, der nächsthöheren Instanz Dienste bereitzustellen, wobei sie sich dabei auf Dienste der unterliegenden Schicht abstützt. Gemäß dem
im ISO-Referenzmodell eingeführten Dienstmodell wird ein Dienst durch ein *Request*-
Dienstelement in Anspruch genommen und auf der Partnerseite durch ein *Indication*-
Dienstelement angezeigt. Handelt es sich um einen bestätigten Dienst, antwortet die
Partnerseite mit einem *Response*-Dienstelement, was ein *Confirmation*-Dienstelement auf
der Seite, die den Dienst initiiert hat, zur Folge hat.

Durch das Dienstmodell werden die bei der Erbringung des Dienstes an der oberen Dienstgrenze auftretenden Dienstelemente der kooperierenden Instanzen beschrieben. Das Ziel
hier besteht darin, die bei der Dienstausführung auftretenden Folgen von Dienstelementen
aus der lokalen Sicht einer Instanz zu beschreiben. Es ergeben sich verglichen mit dem
Dienstmodell zwei wesentliche Unterschiede:

(1) Es ist für jeden Dienst zu unterscheiden, ob die Instanz die Rolle des Initiators oder
    die des Antworters übernimmt, da durch die Rolle das zur Erbringung des Dienstes
    geforderte Verhalten der Instanz bestimmt wird.

(2) Die Ausführung eines Dienstes aus der Sicht einer Instanz besteht aus der Abfolge
    von Dienstelementen an oberer und unterer Dienstgrenze. Zwei aufeinanderfolgende
    Dienstelemente bilden dabei einen Dienstschritt.

Im folgenden ist für jeden der so ermittelten Dienste die Dienstschrittfolge zu beschreiben, die von der Instanz zur Erbringung des Dienstes auszuführen ist. Dabei ist folgendermaßen vorzugehen:

(1) Feststellen einer Dienstschrittfolge, durch die der Dienst „am direktesten" ausgeführt wird (Direktschritte).

(2) Untersuchung, an welchen Stellen innerhalb der Direktschrittfolge „Ausnahmesituationen" auftreten können, die zu einer Störung der Direktschrittfolgen führen (Ausnahmeschritte).

(3) Hinzufügen von möglichen Alternativschritten zur Direktschrittfolge. Durch die Alternativschritte können Variationen in der Abfolge der erwarteten Dienstschritte dargestellt werden.

Beispiel: HDLC LAP B

Die von einer HDLC LAP B - Instanz der nächsthöheren Instanz bereitgestellten Dienste sind als organisatorische Information in der Funktionseinheit entity zusammengefaßt:

```
entity HDLC_LAP_B
{  services
   {  DL-CON-INIT, DL-CON-ANTW         /* Verbindungsaufbau (Initiator und Antworter) *
      DL-DATA-INIT, DL-DATA-ANTW       /* Datenuebertragung (Initiator und Antworter) *
      DL-RESET-INIT, DL-RESET-ANTW     /* Verb.ruecksetzen (Initiator und Antworter) */
      DL-DISCON-INIT, DL-DISCON-ANTW   /* Verbindungsabbau (Initiator und Antworter) */

   <Fehlerinformation zu HDLC_LAP_B>
}
```

Zu jedem Dienst, der in der entity-Funktionseinheit angegeben ist, existiert im Beschreibungsrahmen eine service-Funktionseinheit. In dieser wird die Dienstschrittfolge beschrieben, die aus der Sicht der Instanz zur Erbringung des Dienstes auszuführen ist. Exemplarisch wird anhand des Dienstes DL-DATA-INIT oben beschriebenes Vorgehen zur Ermittlung der Dienstschrittfolge gezeigt (siehe Abb. 4).

Notiert wird die Dienstschrittfolge zu DL-DATA-INIT als organisatorische Information innerhalb der service-Funktionseinheit:

```
service DL-DATA-INIT
{  direct_steps
   {  DL-DATA-REQ→ PH-DATA-REQ(I)
      PH-DATA-REQ(I)  → PH-DATA-IND(I) }

   alternative POSITIVE_BESTAETIGUNG
   {  PH-DATA-REQ(I)  → PH-DATA-IND(RR) }

   exception NEGATIVE_BESTAETIGUNG
   {  PH-DATA-REQ(I)  → PH-DATA-IND(REJ) }

   exception KEINE_BESTAETIGUNG
```

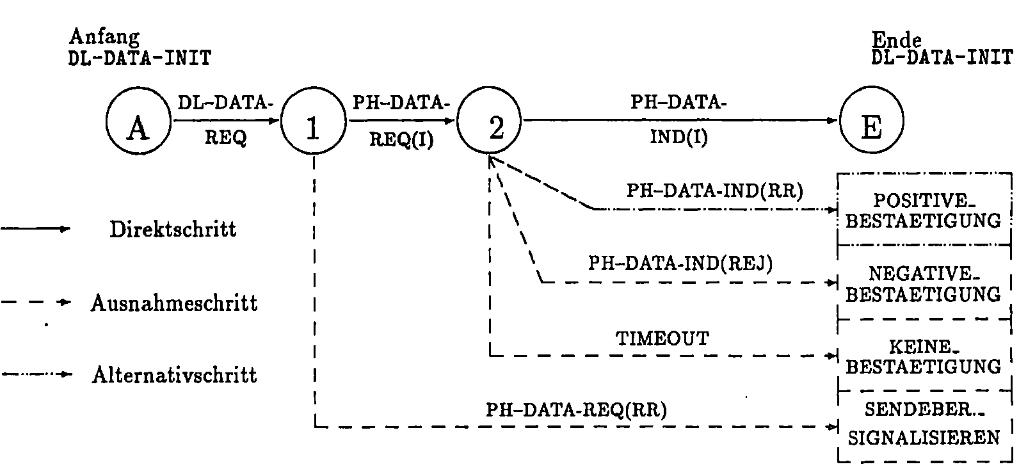

Abbildung 4: Dienstelementfolge beim Dienst DL-DATA-INIT

```
{   PH-DATA-REQ(I)  →  PH-DATA-REQ(I) }

exception SENDEBEREITSCHAFT_SIGNALISIEREN
{   DL-DATA-REQ  →  PH-DATA-IND(RR) }

    <Fehlerinformation zu DL-DATA-INIT>
}
```

Zu jedem der angegebenen Dienstschritte existiert im Beschreibungsrahmen eine **step**-Funktionseinheit, in der die von der Instanz in diesem Schritt auszuführenden <u>Aktivitäten</u> aufgeführt sind.

3.2   Funktionelle Zerlegung

Durch die operationelle Zerlegung wurde aufgrund der Einführung der verschiedenen Dienstschrittfolgen eine für das Fehlermanagement geeignete Darstellung des E/A-Verhaltens einer Protokollinstanz gefunden. Um die in den Dienstschritten zu erbringenden Aktivitäten isolieren zu können, müssen die im Zusammenhang mit der Protokollerbringung von einer Instanz geforderten Funktionen näher untersucht werden.

Durch die funktionelle Zerlegung als Basis zur Ermittlung der Aktivitäten wird das Innenleben einer Protokollinstanz transparent gemacht. Die Notwendigkeit, die Funktionalität einer Protokollinstanz transparent zu machen, findet sich in gleicher Form, allerdings mit einer anderen Zielsetzung, bei der Entwicklung von **Implementierungsreferenzmodellen** ([HEGE 88]), die für die verschiedensten Bereiche der Kommunikation (z.B. 88-er

Normen zu *Message Handling Systems* [X.400] oder das LAN-Modell) aufgestellt wurden. Bei der Untersuchung von Instanzenfunktionen eines konkreten Protokolls wäre es wünschenswert, einen Katalog von typischen Instanzenfunktionen, die häufig in Protokollen auftreten, vorliegen zu haben. Eine erste Quelle zur Aufstellung eines solchen Katalogs liefern die im ISO-Referenzmodell [ISO 7498] aufgeführten *Elements of Layer Operation*. Im wesentlichen dieselben, allerdings systematischer dargestellte Instanzenfunktionen legt [BIER 88] im Zusammenhang mit der Untersuchung von Gatewayproblematiken zugrunde.

3.3 Isolierung von Aktivitäten aus den Instanzenfunktionen

Im folgenden muß untersucht werden, welche Verarbeitungsvorgänge zur Erbringung von den zuvor festgestellten Instanzenfunktionen in den Dienstschritten durchgeführt werden müssen. Bei diesem Vorgang der Isolierung von Aktivitäten besteht ein Zielkonflikt in bezug auf den zu wählenden Granularitätsgrad:

- Einerseits wird mit den Aktivitäten das Ziel verfolgt, die innerhalb der Instanz potentiell entstehende Fehlerinformation möglichst präzise zu erfassen. Je höher der Granularitätsgrad der Aktivitäten gewählt wird, umso besser kann dieses Ziel erreicht werden.

- Andererseits muß bei der Aktivitätenfestlegung ein genügend hoher Abstraktionsgrad eingehalten werden, da ansonsten die sich aus den Aktivitäten ergebende Fehlerinformation nicht mehr dem Anspruch der Offenheit genügen würde. Offene Fehlerinformation heißt, daß jede die Protokollinstanz realisierende normenkonforme Implementierung diese Fehlerinformation auch bereitstellen kann, was obige Anforderung an die Aktivitäten als „Träger" offener Fehlerinformation zur Folge hat.

Als Beispiel sind in Tabelle 2 Aktivitäten zu Instanzenfunktionen aufgeführt, die im Dienstschritt DL-DATA-REQ → PH-DATA-REQ(I) zu erbringen sind.

Instanzenfunktion	*Aktivität zu der Funktion in* DL-DATA-REQ → PH-DATA-REQ(I)
Explizite Flußsteuerung	ueberpruefen_busy_flag Überprüfung, ob die Partnerinstanz ihr BUSY-Flag auf true gesetzt hat.
Implizite Flußsteuerung	ueberpruefen_fenster_fuellung Überprüfung, ob das Sendefenster voll ist (gdw. v(s) - vsu = windowsize).
Reihenfolgesicherung	bestimmen_sende_sequnr Bestimmung der in den I-Frame einzutragenden Sendesequenznummer.
Implizite Quittierung	bestimmen_empfangs_sequnr Bestimmung der in den I-Frame einzutragenden Empfangssequenznummer.
Zeitüberwachung	starten_zeitueberwachung Setzen eines Timers zur Überwachung des Sendevorgangs.

Tabelle 2: Aktivitäten

4 Zuordnung von Fehlerinformation zu den Funktionseinheiten

Ziel ist es im folgenden, eine Systematisierung der in einer Protokollinstanz auftretenden Fehlerinformation zu erreichen und ein Vorgehen für die Fehlerinformations-Zuordnung zur Funktionalität zu entwickeln. Die Basis hierzu stellt die zuvor beschriebene Modellierung der Protokollausführung durch die Instanz dar. Durch die Modellierung werden (hierarchisch gestufte) Typen von Funktionseinheiten eingeführt, durch die folgende Aufteilung der gesamten Fehlerinformation nahegelegt wird:

- In der Funktionseinheit `entity` wird die Konfigurationsinformation zu der Instanz beschrieben.

- In der Funktionseinheit `step` wird die Fehlerinformation beschrieben, die von der Instanz an den Dienstgrenzen bereitgestellt wird.

- In der Funktionseinheit Aktivität wird die interne, d.h. innerhalb der Instanz entstehende Information beschrieben.

Momentan stehen verschiedene Objekttypen als Träger managementrelevanter Information in der Diskussion ([ISO 10165]). Für die Darstellung der im folgenden identifizierten offenen Fehlerinformation werden hier die Objektklassen `ENTITY` und `PROTOCOL_MACHINE` ausgewählt. Zur Beschreibung einer Klasse von *Managed Objects* sieht die Norm folgende Möglichkeiten vor:

- Attribute
  Die Attribute ermöglichen eine detaillierte Beschreibung der für das Management relevanten Eigenschaften des Objekts und der Beziehungen zu anderen *Managed Objects*. Zur Aufschreibung der zur Aufnahme von Fehlerinformation ermittelten Attribute wird folgende einfache Notation verwendet:

  `att(`*<Name des Managed Objects>*`,`*<Attributname>*`,`*<Attributtyp>*`)`

- Operationen des Managements und Reaktionen durch das *Managed Object*.
  Grundsätzlich wird unterschieden, ob eine Operation das ganze Objekt (z.B. `create_object`) oder nur einzelne Attribute eines Objekts (z.B. `get_attribute_value`) betrifft.

- Meldungen
  Bei Auftreten gewisser Ereignisse, die innerhalb des *Managed Objects* entstehen, kann eine Meldung durch das Objekt erzeugt werden. Meldungen sind für das Fehlermanagement relevant, da solche Ereignisse unter anderem auch Fehlersymptome sein können. Zur Aufschreibung der als Fehlersymptome identifizierten Ereignisse wird folgende einfache Notation verwendet:

  `event(`*<Name des Managed Objects>*`,[`*<Eventbezeichnung>*`,`
  <Eventspezifische Zusatzinformation>`])`

4.1 Konfigurationsinformation

Die Konfigurationsinformation zu einer Protokollinstanz setzt sich zusammen aus
- der Strukturinformation, die Auskunft über die „Lage" der Instanz im Gesamtnetz
  gibt.
  Eine nähere Beschreibung der Strukturinformation von Protokollinstanzen auf der
  Grundlage des *Managed Object* - Konzepts findet sich in [KLOT 89].
- der Information über Voreinstellungen von Parametern (z.B. Zähler, Timer), die
  für die Instanz getroffen werden müssen.

Wie erwähnt, wird die Konfigurationsinformation im Fehlerinformations-Beschreibungsrahmen innerhalb der Funktionseinheit **entity** beschrieben. Da es sich hierbei um Managementinformation handelt, die für alle von der Instanz betriebenen Verbindungen
gültig ist, wird sie als Attributinformation zu dem die HDLC-Instanz darstellenden *Managed Object* ENTITY geführt. Im folgenden Beispiel erhält dieses *Managed Object* die
Bezeichnung hdlc_entity.

```
entity HDLC_LAP_B
{   services
    {   <siehe Abschnitt 3>  }

    structural_information
    {   att(hdlc_entity,contained_in,<System, in dem die Instanz liegt>)
        att(hdlc_entity,uses,<Schicht-1-Instanz, deren Dienste genutzt werden>)
        att(hdlc_entity,used_by,<Schicht-3-Instanz, die die Dienste nutzt>)    }

    parameter_configurations
    {   att(hdlc_entity,retrans_count_config,counter)
            * max. Anzahl von Wiederholungsversuchen
        att(hdlc_entity,t2_config,timer)
            * Response Timer
        att(hdlc_entity,t1_config,timer)
            * Checkpointing Timer
        att(hdlc_entity,max_window_config,integer)
            * max. Fenstergroesse                         }
}
```

4.2 Dienstgrenzeninformation

Die Dienstgrenzeninformation beschreibt die Abfolge von ein- und ausgehenden Dienstelementen an der unteren und oberen Dienstgrenze der betrachteten Protokollinstanz.
ISO sieht für die Beschreibung der Dienstelemente, die jeweils in einem *Service Definition
Part* zu jedem Protokoll aufgeführt sind, eine bestimmte Beschreibungskonvention vor
(beschrieben z.B. in [GIES 85]).

Dienstgrenzeninformation entsteht dann, wenn von der Instanz ein Dienstschritt ausgeführt wird. Die Information ist somit als Fehlerinformation zur Funktionseinheit **step**
zu führen.

Zur Beschreibung der Dienstgrenzeninformation wird innerhalb von **step** ein Abschnitt

io_trace eingeführt, in dem die aktuellen an dem Dienstschritt beteiligten Dienstelemente angegeben werden.

Als Beispiel soll hier wiederum der Dienstschritt DL-DATA-REQ → PH-DATA-REQ(I) dienen, der von einer HDLC LAP B - Instanz beim Senden von Daten ausgeführt wird. Die Dienstgrenzeninformation läßt sich im Gegensatz zu der zuvor behandelten Konfigurationsinformation jeweils einer gewissen in der Instanz ablaufenden Protokollmaschine zuordnen. Im folgenden Beispiel erhält dieses *Managed Object* aus der Klasse PROTOCOL_MACHINE die Bezeichnung hdlc_pm. Zur Angabe der an oberer / unterer (up_, low_) Dienstgrenze ein- / ausgehenden (in_, out_) Dienstelemente werden entsprechende Attribute eingeführt.

```
step DL-DATA-REQ → PH-DATA-REQ(I)
{   io_trace
    {   att(hdlc_pm,up_in_service_element,[dl,data,req,data,data_length])
        att(hdlc_pm,low_out_service_element,[ph,data,req,i,address,i(r),i(s),data,fcs])}

    <Aktivitäten>
}
```

4.3 Intern in der Instanz entstehende Information

Durch die Einführung der Aktivitäten wurde die Black-Box-Sicht auf die Instanz aufgegeben, um die intern auftretenden Fehlersymptome und sonstige fehlermanagementrelevante Information systematisch untersuchen zu können.

Zwei Fragen sind bei der Untersuchung von Aktivitäten im Hinblick auf Fehlerinformation in den Vordergrund zu stellen:

(1) Auf welche intern in der Protokollinstanz gehaltene Daten wird zugegriffen und welche Daten werden durch die Aktivität erzeugt bzw. verändert?
Zu diesen Daten zählen:
- einfache Zählergrößen, wie z.B. Sequenznummern im HDLC-Protokoll.
- komplexere Datenstrukturen, wie z.B. die Routingtabelle einer Schicht-3-Protokollimplementierung.
- dynamisch beim Verbindungsaufbau ausgetauschte Statusinformation wie z.B. eine dynamisch festlegbare Fenstergröße.

(2) Welche Fehler- und Ausnahmesituationen können bei Ausführung der Aktivität auftreten?
Unter anderem ist hierbei zu untersuchen, welche Betriebsmittel zur Erbringung der Aktivität notwendig sind und welche Fehler bei deren Nutzung auftreten können.

Interne Information entsteht in den Aktivitäten, wobei eine Aktivität im Fehlerinformations-Beschreibungsrahmen innerhalb von den step-Funktionseinheiten auftritt.

Von den im Zusammenhang mit Aktivitäten stehenden Daten sind die Konfigurationsinformation und die externen Daten bereits an anderer Stelle im Beschreibungsrahmen aufgeführt und müssen daher in den Aktivitäten nicht mehr als Attributinformation zu *Managed Objects* beschrieben werden. Ihre Angabe ist somit ausschließlich für Diagnosezwecke bedeutsam.

Wirklich neue Fehlerinformation stellen somit nur die internen Daten und die dem Fehlermanagement als Fehlersymptome zu meldenden Fehler- und Ausnahmeereignisse dar.

5 Diagnose auf der Grundlage der festgelegten offenen Fehlerinformation

Das Ergebnis der vorangegangenen Untersuchungen besteht darin, offene Fehlerinformation zu einer Schicht eines OSI-Systems systematisch beschreiben zu können. In welcher Art und Weise diese Fehlerinformation innerhalb eines Diagnosesystems zur Fehlerursachenanalyse benutzt werden kann, soll in diesem Abschnitt skizziert werden.

5.1 Verwendungsmöglichkeiten der identifizierten Arten von offener Fehlerinformation in einem Diagnosesystem

Durch die in der Konfigurationsinformation enthaltene Strukturinformation erhält das Diagnosesystem das notwendige Wissen über den Aufbau des OSI-Netzes. Bei den bisher entwickelten Diagnosesystemen besteht das Strukturwissen immer aus den das Netz bildenden Komponenten ([YUDK 88]). Aufgrund des verfolgten OSI-Ansatzes wird hier vom OSI-Objektmodell ausgegangen. Die wichtigsten Komponenten und Beziehungen sind die offenen Systeme, die in einer „verbunden mit" - Beziehung stehen, und die Instanzen, die in einer „stützt sich ab auf" - Beziehung stehen.

Konfigurationsinformation, die die Voreinstellung von Parametern betrifft, kann von einem Diagnosesystem dazu benutzt werden, eventuelle Inkonsistenzen festzustelllen (z.B. unterschiedliche Einstellung von Fenstergrößen, nicht verträgliche Timereinstellungen). In [VALT 90] wird innerhalb einer vorgeschlagenen Netzbeschreibungssprache vorgesehen, solche Konsistenzüberprüfungen von Protokollinstanzen, die miteinander kommunizieren möchten, in Regelform zu formulieren.

Bei der Nutzung von Dienstgrenzeninformation zur Aufdeckung von fehlerhaft arbeitenden Protokollinstanzen könnte auf Wissen zurückgegriffen werden, das bei Konformitätsüberprüfungen mit Hilfe von *Observern* ([DSSO 87]) gesammelt wurden. Die Durchführung einer solchen sehr aufwendigen Konformitätsüberprüfung innerhalb des Fehlermanagements wird hier nicht weiter untersucht, zumal davon ausgegangen werden kann, daß in Zukunft alle OSI-Protokollimplementierungen auf Konformität getestet sein müssen, bevor sie zum Einsatz kommen.

Dienstgrenzeninformation ist vielmehr im Zusammenhang mit der internen Fehlerinformation für ein offenes Fehlermanagement von Bedeutung: Zwischen den intern in der Instanz gehaltenen Arbeitsdaten und den externen, an den Dienstgrenzen beobachtbaren Dienstelementen mit den enthaltenen Parametern lassen

sich Zusammenhänge aufstellen, die bei einem korrekten Verhalten einer Instanz erfüllt sein müssen. Das Wissen über solche Zusammenhänge kann in einem Diagnosesystem dazu verwendet werden, „lokal" innerhalb eines Dienstschritts (d.h. ohne Kenntnis von den zuvor erfolgten Dienstschritten) Überprüfungen zu machen.
In [KLOT 89] wurden am Beispiel des HDLC-Sequenznummern-Mechanismus die Beziehungen zwischen den internen Sende- und Empfangsvariablen und den extern in den HDLC-Frames auftretenden Sequenznummern in Form von PROLOG-Regeln formuliert.

Eine für die Fehlerdiagnose sehr wichtige Information stellen die von einer Protokollinstanz zu meldenden Fehler- und Ausnahmesituationen dar, die intern bei der Ausführung einer Aktivität auftreten. Diese Fehlerinformation bildet die Menge der Fehlersymptome, auf deren Grundlage das Diagnosesystem Beziehungen zu den möglichen Fehlerursachen herstellen muß. In einem folgenden Abschnitt wird darauf eingegangen, wie ein solches Expertenwissen über den Zusammenhang zwischen Fehlersymptomen und Fehlerursachen erhoben werden kann.

5.2 Einführung von Diagnosekomponenten

Im folgenden wird aufgezeigt, welche Komponenten zur Diagnose innerhalb eines OSI-Netzes gebraucht werden und wie diese miteinander kooperieren. Auf die Einbettung der Komponenten in die OSI-Managementarchitektur ([ISO 7498-4]) wird jeweils hingewiesen.

(D1) System- $\oplus$ schichtbegrenzte Diagnosekomponente
Diese dem *Layermanagement* zuzuordnende Komponente ist in jeder Schicht eines offenen Systems vorhanden. Sie behandelt die in dieser Schicht auftretenden Symptome und hat die Aufgabe, ausschließlich mit Hilfe der lokal zu dieser Schicht verfügbaren Fehlerinformation Vermutungen über eine möglicherweise bestehende Fehlerursache anzustellen.

(D2) Systemübergreifende $\oplus$ schichtbegrenzte Diagnosekomponente
Diese dem *Layermanagement* zuzuordnende Komponente korreliert die Ursachenvermutungen, die von den D1-Diagnosekomponenten, die jeweils zu einer Schicht gehören, geäußert werden. Die Übertragung der Ursachenvermutungen könnte mittels eines *Layermanagement*-Protokolls erfolgen.

(D3) System- $\oplus$ schichtübergreifende Diagnosekomponente
Diese Komponente ist innerhalb des *Systems Management* als Teil eines *Systems Management Application Process* (SMAP) realisiert. Sie erhält über ein *Systems Management* - Protokoll von den (systemübergreifenden $\oplus$ schichtbegrenzten) D2-Komponenten die ermittelten Fehlerursachen-Vermutungen zu den einzelnen Schichten und hat die Aufgabe, diese system- und schichtübergreifend zu korrelieren.

Die oben beschriebenen hierarchisch gestuften Typen von Diagnosekomponenten unterscheiden sich bezüglich der von ihnen zu verarbeitenden Fehlerinformation und dem ihnen dazu zur Verfügung stehenden Diagnosewissen. Vorteile, die sich durch die Einführung dieser Hierarchie ergeben, sind:
- Modularisierung des komplexen Gesamtdiagnosewissens.

- Verminderung der zu kommunizierenden Managementdaten dadurch, daß ausschließlich „verdichtete" Fehlerinformation (vermutete Fehlerursachen) zwischen den Diagnosekomponenten ausgetauscht wird.

6 Ausblick

Der Schwerpunkt der angestellten Untersuchungen lag darin, einen Rahmen zur Festlegung offener Fehlerinformation, die aus einer OSI-Schicht dem Fehlermanagement bereitzustellen ist, zu schaffen. Das Vorgehen zur Aufstellung des Rahmens war dabei geprägt von einer operationellen und funktionellen Zerlegung der innerhalb einer OSI-Schicht zu erbringenden Funktionalität.

Mit Hilfe des Rahmens wurden die für ein Fehlermanagement relevanten Arten von Managementinformation (Konfiguration, Dienstgrenzen, interne Daten) identifiziert und deren Verwendungsmöglichkeiten aufgezeigt. Ein Diagnosesystem, das auf der Grundlage der mittels obigem Vorgehen ermittelten offenen Fehlerinformation arbeitet, wurde skizziert.

Die vorgestellten Konzepte wurden durch Beispiele aus dem Bereich des HDLC LAP B - Protokolls verdeutlicht. Die Anwendbarkeit der beschriebenen Methode zur Fehlerinformations-Gewinnung wurde in anderen Arbeiten auch für das X.25-Ebene 3-Protokoll und Protokolle, die in der Anwendung *Message Handling Systems* eingesetzt werden, nachgewiesen.

Danksagung

Für die konstruktive Kritik während der Entstehung der vorliegenden Arbeit möchte ich mich bei Prof. Hegering und seinen Mitarbeitern bedanken.

Literatur

[BIER 88]   Ernst Biersack, *Techniken zum Zusammenschluß von Rechnernetzen und deren Anwendung auf Protokolle des Transportsystems*, Doktorarbeit, TU München - Institut für Informatik, Februar 1988.

[DSSO 87]   Rachida Dssouli und Gregor v. Bochmann, "Conformance Testing with Multiple Observers", IFIP, 1987.

[BRIN 85]   Ed Brinksma, "A tutorial on LOTOS", Department of Computer Science, Twente University, 1985.

[X.400]   CCITT, *Message Handling Systems - System and Service Overview*, August 1987.

[GIES 85]   E. Giese, K. Goergen, E. Hinsch, G. Schulze und K. Truoel, *Dienste und Protokolle in Kommunikationssystemen*, Springer Verlag, 1985.

[GORA 89]   Walter Gora, *Konzept, Methoden und Werkzeuge für ein universelles Netzmanagement*, Doktorarbeit, Universität Erlangen, Institut für Mathematische Maschinen und Datenverarbeitung, Februar 1989.

[HEGE 88]   Heinz-Gerd Hegering, "Open Systems Interconnection - Eine kritische Würdigung", In *GI-Jahrestagung*, GI, Oktober 1988.

[HEGE 89]   Heinz-Gerd Hegering und Robert F. Valta, "Netzmanagement - Aufgaben und Architekturkonzepte", GI/ITG - Fachtagung, Februar 1989.

[ISO 10040]   ISO, *Information Processing Systems - Open Systems Interconnection - Systems Management Overview*, April 1988.

[ISO 10165]   ISO, *Information Processing - Open Systems Interconnection - Management Information Services - Structure of Management Information (Working Draft)*, April 1988.

[ISO 7498]   ISO, *Information Processing Systems - Open Systems Interconnection - Basic Reference Model*, 1984.

[ISO 7498-4]   ISO, *Information Processing Systems - Open Systems Interconnection - Basic Reference Model Part 4: Management Framework*, 1988.

[ISO 9595-2]   ISO, *Information Processing Systems - Open Systems Interconnection - Management Information Service Definition - Part 2: Common Management Information Service (Editor's Draft)*, Mai 1989.

[ISO 9596-2]   ISO, *Information Processing Systems - Open Systems Interconnection - Management Information Protocol Specification - Part 2: Common Management Information Protocol, (Editor's Draft)*, Juni 1988.

[ISO LOG]   ISO, *Information Processing Systems - Open Systems Interconnection - Systems Management - Log Control Function*, Mai 1989.

[KLOT 89]   Peter Klotzner, "Entwicklung eines Diagnosekonzeptes für das Fehlermanagement des Transportsystems", Diplomarbeit, TU München, Institut für Informatik, November 1989.

[KNIG 88]   Graham Knight, George Pavlou und Simon Walton, "An OSI Network Management System", University College London, Oktober 1988.

[KOES 88]   Rüdiger Köster, "Die Protokollsoftware - Implementierungsumgebung PROSIE", In *Kommunikation in verteilten Systemen*, S. 70 - 83, GI, Februar 1989.

[LINN 84]   Richard J. Linn, "The Features and Facilities of ESTELLE", National Bureau of Standards, Gaithersburg, 1984.

[SCHI 82]   S. Schindler, "Open Systems Management - A Tutorial Elaboration on the ISO Approach", In *Management of Distributed Data Processing*, S. 65 - 82, 1982.

[SOBO 88]   H. Sobotta, "Generierungsprinzipien für die Systemsoftware der oberen Schichten lokaler Rechnernetze", In *IZ des Hochschulwesens an der TU Dresden*, Band 3, S. 32 - 40, TU Dresden, Februar 1988.

[VALT 90]   Robert F. Valta, *Entwicklung einer Methodik zur Beschreibung von offenen Rechnernetzen als Grundlage für integriertes betreiberorientiertes Netzmanagement*, Doktorarbeit, TU München - Institut für Informatik, Januar 1990.

[WANG 89]   Zheng Wang, "Model of network faults", In *Integrated Network Management I*, S. 345-352, Department of Computer Science, University College London, 1989.

[YUDK 88]   Roman O. Yudkin, "On Testing Communication Networks", In *IEEE Journal on Selected Areas in Communications*, Band 6, S. 805-812, IEEE, Juni 1988.

ISDN-MIXes:
Untraceable Communication with Very Small Bandwidth Overhead

Andreas Pfitzmann, Birgit Pfitzmann, Michael Waidner

Institut für Rechnerentwurf und Fehlertoleranz, Universität Karlsruhe
P.O.Box 6980, D-7500 Karlsruhe 1, Federal Republic of Germany
Phone: ++49-721-608-4218, Fax: ++49-721-370455
E-mail (CSnet): WAIDNER@IRA.UKA.DE

Abstract

Untraceable communication for services like telephony is often considered infeasible in the near future because of bandwidth limitations. We present a technique, called ISDN-MIXes, which shows that this is not the case.

As little changes as possible are made to the narrowband-ISDN planned by the PTTs. In particular, we assume the same subscriber lines with the same bit rate, and the same long-distance network between local exchanges, and we offer the same services.

ISDN-MIXes are a combination of a new variant of CHAUM's MIXes, dummy traffic on the subscriber lines (where this needs no additional bandwidth), and broadcast of incoming-call messages in the subscriber-area.

1 Introduction

The need to keep communication untraceable, i.e. to keep secret who communicates with whom, has been discussed, e.g., in [Chau_81, Cha8_85, PfWa_86, PfPW_88]. Untraceable communication for services like telephony is often considered infeasible in the near future because of bandwidth limitations. We present a technique which shows that this is not the case.

Requirements: The bandwidth limitation one must deal with is that of the twisted pairs of copper wires connecting most subscribers to local exchanges, since these wires are a major investment and cannot be replaced very quickly. We presuppose that transmission on them is digitalized, and the net bit rate offered at the interface to the participant is 144 kbit/s duplex, as in CCITT's ISDN-standards [Tane_88, Kah2_85, Bock_88]. This digitalization is planned by the PTTs anyway and, in most cases, needs no additional signal regenerators.

We take for granted that two independent, bit-transparent, duplex 64-kbit/s channels are to be offered to the subscriber. Each channel can, e.g., be used for PCM-coded telephony. The remaining 16 kbit/s are available for signalling, including error control. (Like, e.g., the Deutsche Bundespost Telecom, we do not consider additional packet-switched services in the signalling channel.)

Our technique also respects that almost no additional delay can be tolerated on an established channel, and we will set the limit on the establishment of a channel to 3 seconds.

We need no changes in the long-distance network between local exchanges.

Basic technique: MIXes [Chau_81] are the only known basic mechanism for untraceable communication which offers any chance of being adaptable to this situation. In particular, in the DC-net [Chau_88] (which offers better untraceability than MIXes and has other advantages, too), each station must transmit at least half as many bits as all participants together want to send [Pfit_90 p. 98f]. Thus it is not adaptable.

Overview: ISDN-MIXes are a combination of
- a new variant of MIXes,
- dummy traffic on the subscriber lines (where this needs no additional bandwidth),
- broadcast of incoming-call messages in the subscriber-area.

Of course, we assume that the data itself is already end-to-end encrypted, if it is confidential.

In Ch. 2, we sketch MIXes as far as we need them, and introduce notation. In Ch. 3, we introduce MIX-channels, a MIX-technique that can handle a continuous stream of data almost without delay. We also explain the remaining problem with MIX-channels. This is mainly the delay in releasing connections. In Ch. 4 we present the complete technique of ISDN-MIXes. Ch. 5 contains results of a performance evaluation, and Ch. 6 a summary and the remaining problems.

For shortness, we describe most actions as those of the subscribers, although most of them would be performed by their network terminations or terminal equipment.

Most of the following is described in more detail in [PfPW1_89].

2 MIXes

MIXes are a cryptographic technique for untraceable communication, originally introduced for electronic mail [Chau_81] (cf. Fig. 1). MIXes tolerate that all lines may be tapped.

Idea of MIXes and assumptions: Each message is sent over a series of independent stations, called MIXes. A MIX collects a number of messages, called batch, discards repeats, changes the outlooks of the remaining messages, and outputs them in a different order. The change of outlook is a cryptographic operation. Since the recipient must be able to read the message, the sender and/or the recipient must perform cryptographic operations inverse to those of the MIXes.

Outsiders can only observe the path of a message if
- they can break the cryptographic operations
- or they have the cooperation of all the MIXes on the path (or, instead of any of the MIXes, all other participants who contributed a message to the same batch at this MIX).

Also, if only the sender performs cryptographic operations inverse to those of the MIXes, he knows all the different outlooks of the message, and can thus follow its path to the recipients; and vice versa.

The specific scheme needed in the following is slightly different from those in [Chau_81].

Cryptosystems needed: We need a symmetric and an asymmetric cryptosystem. The latter must be secure against active attacks. Hence at present, RSA should be used [RSA_78]; and before encryption, a random part should be added and well mingled with the message [PfPf_89].

The symbol k_x with some subscript x will always denote a key of the symmetric cryptosystem, c_x and d_x public and private keys of the asymmetric cryptosystem; en- and decryptions of a message N are denoted by $k_x(N)$, $k_x^{-1}(N)$, $c_x(N)$, and $d_x(N)$, resp. The subscript denotes the owners of the key.

We will use **hybrid encryption of minimal length:** Assume A (Alice) wants to send a message N to a recipient B (Bob). A chooses a key k_{AB}, encrypts k_{AB}, and as much of N as fits into the same block, with c_B, and encrypts the rest of N with k_{AB}. This will be denoted by $c_B^*(N)$.[1]

---

[1] For concreteness, and for the performance evaluation, we assume that the symmetric cryptosystem is a DES-variant [DES_77] with 128-bit-keys. In hybrid encryption, the randomly chosen key k_{AB} also serves as the random part for the encryption with c_B. Mingling k_{AB} and the part N' of N that fits into the RSA-block is performed by encryption with DES with a fixed and globally known key.

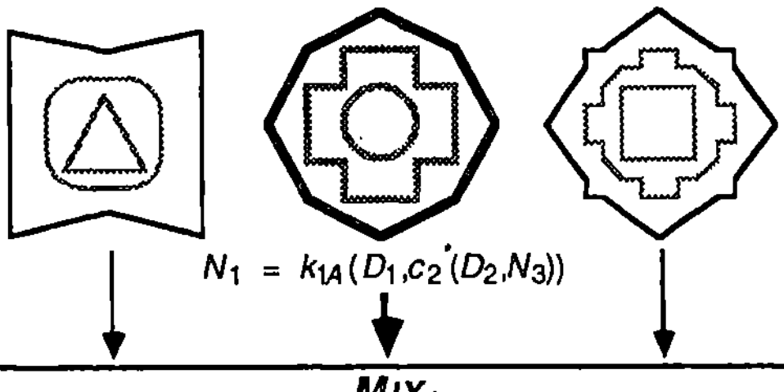

MIX₁

- Collects a number of messages into a batch and discards repeats,
- changes the outlooks, e.g. decrypts $N_1 = k_{1A}(D_1, N_2)$ with k_{1A} and obtains data D_1 and an unreadable message $N_2 = c_2^{*}(D_2, N_3)$,
- evaluates the data, such as D_1, and places the messages, such as N_2, into its output batch,
- reorders the output batch, and outputs it to MIX_2.

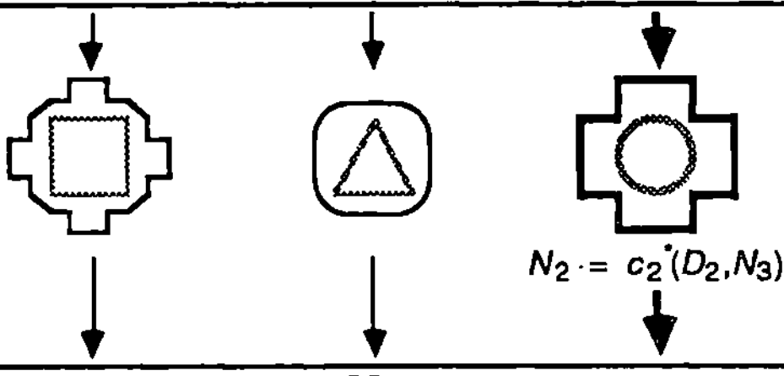

MIX₂

- Collects a number of messages into a batch and discards repeats,
- changes the outlooks, i.e. decrypts them with d_2, and obtains data and unreadable messages, e.g., D_2 and N_3 from N_2
- evaluates the data, such as D_2, and places the messages, such as N_3, into its output batch,
- reorders the output batch, and outputs it to the final recipients.

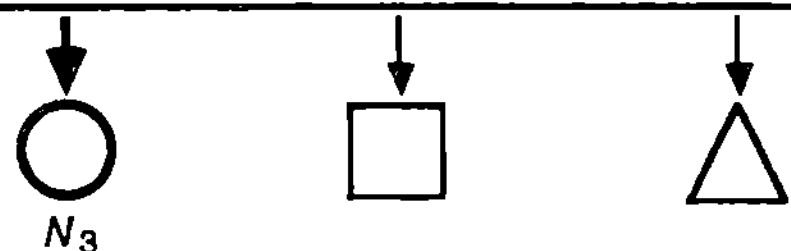

Fig. 1 Example of the basic MIX-scheme, with a cascade of two MIXes and a batch of three messages. Encryption is represented by packing into boxes.

A basic MIX-scheme: Assume A wants to send a message N to B. We prescribe that the sequence of MIXes which A must use for this purpose is fixed, say $MIX_1, ..., MIX_m$.[2] Such a sequence will be called a **MIX-cascade.** Each MIX_i, $i \geq 2$, has initially chosen a key pair (c_i, d_i) and published c_i; and A shares a key k_{A1} with MIX_1.

In a basic MIX-scheme, A encrypts the message several times, and each MIX decrypts it once (cf. Fig. 1). We provide for the case that A additionally wants to pass data D_i to each MIX_i. Thus A recursively forms the following encrypted messages, where N_i is the message which MIX_i will receive:

$$
\begin{aligned}
N_{m+1} &:= N \\
N_i &:= c_i^{*}(D_i, N_{i+1}) \quad \text{for } i = m, m\text{-}1, ..., 2, \\
N_1 &:= k_{1A}(D_1, N_2)
\end{aligned}
\tag{1}
$$

and sends N_1 to MIX_1. N_1 is called a MIX-**input-message.**

---

[2] This does not reduce untraceability, rather the contrary [Pfit_90]. It also reduces the problem that all messages of a batch must be of equal length, and timing problems between the MIXes. (Both are critical factors for performance.)

If one already wants to see the basic MIX-scheme (and also the MIX-channels in Ch. 3) in an ISDN-context, suppose A and B live in the same subscriber area and the MIXes are situated at the local exchange.

Each MIX_i receives the message N_i from MIX_{i-1} or A, resp.; it decrypts N_i with k_{1A} or d_i, resp., and strips D_i off. One purpose of D_i is to include a time-stamp; this eliminates the need to compare messages of different batches for repeats.

Note that the length of N_1 only grows linearly with m.

Protection of the recipient: The basic MIX-scheme does not prevent A from tracing B. In principle, there are two possibilities to protect the recipient. Variants of both will be needed in the following:

1. N is **broadcast.** For B to identify N as addressed to him, N must contain an **implicit address** (cf., e.g., [PfWa_86]). This can be provided together with end-to-end encryption: The unencrypted message inside N must fulfil a redundancy predicate; and B decrypts each message and tests this predicate. This is called an **invisible implicit address.** If A and B have communicated before, they may have exchanged a **visible implicit address:** This is just a random number, which A prefixes to the message like a normal address.

2. An untraceable return address may have been constructed by B in advance and passed to A [Chau_81]. For use with channels, we change this idea so much that we need not repeat the original scheme here.

3   MIX-Channels

In this chapter, we adapt MIXes so that they can handle a continuous stream of data almost without delay.

We only consider simplex channels, since a duplex channel can be constructed as two independent simplex channels. MIX-channels will only serve as building-blocks for ISDN-MIXes. Hence we omit some details which would have to be changed in Ch. 4.

A MIX-channel will consist of two parts (Fig. 2): a MIX-sending-channel from the sender A to MIX_m (Sect. 3.1), and a MIX-receiving-channel from MIX_m to the recipient B (Sect. 3.2). The connection is described in Sect. 3.3.

3.1   MIX-sending-channels

In most MIX-variants, N is assumed to be a single message, or even only a message block. But the basic MIX-scheme from Ch. 2 can also be used if N is a stream of data of arbitrary length, if the symmetric cryptosystem is a streamcipher.[3]

However, there are two problems at the beginning of the data:

- There is some bandwidth expansion.
- Each MIX must wait for a whole block of data to arrive before it can start decrypting it using the asymmetric cryptosystem. This causes considerable delay.

They imply that this scheme cannot be used directly for the data in the 64-kbit/s-channels in an ISDN.

Therefore, we will take the asymmetrically encrypted part of the MIX-input-message out into the signalling channel. There, it is sent as a sending-channel establishment message (**SendEstab-message**) before the user data start. The innermost part, N, of the SendEstab-message only contains information which MIX_m needs to identify the corresponding MIX-receiving-channel to B (Sect. 3.3).

---

[3] The streamcipher should not propagate transmission errors. Then the channels offered by the MIXes to the subscribers have similar error characteristics as the channel offered in a normal ISDN. If necessary, errors can be treated in higher layers in the normal way.

    If the streamcipher is constructed from a blockcipher like DES, ECB-mode (electronic codebook mode, where each block is encrypted individually) should not be used for cryptographic reasons [PfPf_89].

    A suitable choice is OFB-mode (output-feedback mode). There, each arriving bit can be decrypted at once [DaPr_89].

In addition to the normal mix operations, each MIX_i, upon receiving the N_i-part of a SendEstab-message, makes provisions for the following user data in the 64-kbit/s-channel (Fig. 2):[4]

- MIX_i reserves an outgoing 64-kbit/s-channel C_i to MIX_{i+1} for the following data.[5]
- It tells the position of C_i to MIX_{i+1}, together with the decrypted SendEstab-message N_{i+1}.
- It stores the correspondence between C_i and the incoming channel C_{i-1}. (C_{i-1} is the channel which MIX_{i-1} has reserved for the same data, and MIX_{i-1} has just told MIX_i about it, together with N_i.)
- It stores the private key k_i which it has found in N_i, as belonging to this correspondence.

Now MIX_i can immediately decrypt each bit of data arriving on C_{i-1} with k_i, and send it out on C_i. This is called a **MIX-sending-channel**.

3.2   MIX-receiving-channels

Of course, with the assumed bandwidth limitations, it is impossible to broadcast the user data of a MIX-sending-channel, even in a small area containing B. Thus, so far, only A is untraceable by B (and, as always, their relation is untraceable by outsiders). Therefore we need the second half of the MIX-channel, a **MIX-receiving-channel**, to protect B from A.

To establish a MIX-receiving-channel, the recipient B sends a <u>receiving-channel</u> <u>establishment</u> message (**RecEstab-message**) through the MIX-cascade. The RecEstab-message is formed just like a SendEstab-message; i.e., it mainly delivers a key k'_i to each MIX_i.

However, the channel is established and used in the reverse way: Channels C'_i from MIX_{i+1} to MIX_i are reserved. In particular, C'_0 leads from MIX_1 to B. When user data arrive on C'_i, MIX_i encrypts them (not "decrypts") and forwards it to MIX_{i-1} on C'_{i-1}. Thus B receives multiple-encrypted data and decrypts it with all his keys k'_i.[6]

3.3   Connecting the two halves

Each half of a MIX-channel protects only the participant who has established it. Thus, to prevent both A and B from being able to trace each other, we connect the halves at MIX_m. The resulting channel is called a **MIX-channel**.[7]

Hence, MIX_m must know which channels to connect. Hence it must receive some common information in the N-parts of both the SendEstab- and the corresponding RecEstab-message. We will call it a **label** l_{AB}. The label, in its turn, must be known to both A and B; e.g., it may have been chosen by one of them and told to the other one in a short normal MIX-input-message (cf. Ch. 2) which was broadcast on the signalling channel.

---

[4] Small deviations from this procedure for MIX_1 and MIX_m are not described, since they will be changed in the following sections.

[5] This may, e.g., be a position in a PCM-frame. It is sensible to sort the outgoing channels in the same way as the corresponding SendEst-messages in the output batch.

[6] This is a variant of the untraceable return addresses in [Chau_81], cf. Ch.2. The difference is that we do not pass the 'return address' to A at all, but that B himself establishes a return channel. This will foil active attacks on B by A in Sect. 4.3.

[7] This resembles an idea in [Chau_81 p. 85], but there, one message would be sent containing parts formed by A and B, whereas here, two different channel establishment messages are actually sent.

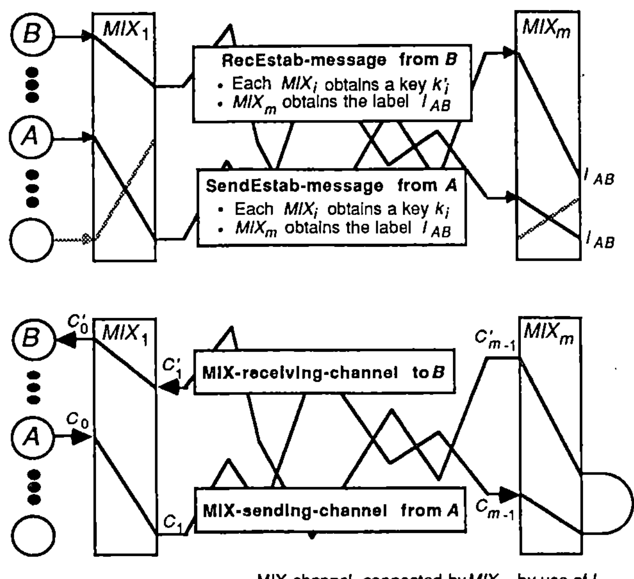

Fig. 2 MIX-channel: First A and B send SendEstab- and RecEstab-messages, resp., in the signalling channel (upper picture); later they have a MIX-sending- and a MIX-receiving-channel, resp., in the 64-kbit/s-channel (lower picture). The latter are mixed with the keys delivered in the former, and connected according to their common label.

3.4 Problems with pure MIX-channels: Releasing connections

If MIX-channels were used directly in the narrow-band ISDN, users might have to wait a very long time for the release of their channels. The reason for this is that messages mixed together must be of equal length. In the case of channels, this means: A sufficiently large number of channels must be established with the same batches of SendEstab- and RecEstab-messages; and the user data on them must start at the same time and end at the same time. Otherwise, an observer who sees the user data on A's MIX-sending-channel end, and a moment later the data arriving on B's MIX-receiving-channel end, too, could guess that these channels are connected.

It might be difficult enough to obtain enough connections starting at the same time, if call-establishment is bounded by 3 seconds, and it seems highly unlikely that enough of them end at the same time by themselves. Therefore, some users would have to wait for others before being allowed to release their channels (of course, this would not mean that the people must keep talking, but that the terminal equipment must send encrypted nonsense afterwards). However, each user only has two channels. Thus it cannot be tolerated that they are blocked.

4 ISDN-MIXes

In this chapter, we present the complete technique of ISDN-MIXes. It is based on the MIX-channels from Sect. 3, and it solves the problem described in Sect. 3.4.

4.1 Remarks on the network hierarchy

The following sections are simplified if we make some choices concrete now, although they could (more or less) be derived from the performance considerations at the end:

There will be one MIX-cascade at each local exchange L. Each subscriber A has a personal subscriber line with a local exchange L_A, and A will use the MIX-cascade at L_A. Thus we can assume that A has exclusive access to a 144-kbit/s duplex channel with the first MIX at L_A. The MIXes only have the function of mixing, and the local exchange keeps its normal functions. Functionally (not locally), such a local exchange has two halves (Fig. 3): The first half administers the communication between the subscribers and MIX_1, the second half the communication between MIX_m and the long-distance network.

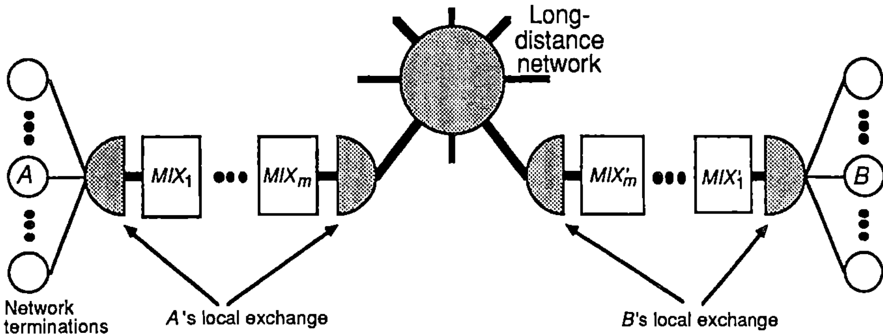

Fig. 3 Functional positions of ISDN-MIXes

Complete untraceability will be achieved within the set of all subscribers at one local exchange. This means that calls can be traced to a local exchange, but an observer obtains no additional information about which specific subscriber the call belongs to (as long as the assumptions mentioned in Ch. 2 hold). This set is called an **untraceability set.**[8]

ISDN-MIXes need no changes in the long-distance network between the local exchanges.

4.2 Solution: Time-slice channels + dummy traffic + incoming-call broadcast

The solution to the channel-release problem is to divide a connection between A and B into a sequence of **time-slice channels**, which look completely unrelated to everybody except for A and B. With each new time-slice, participants can release connections and/or establish new ones.

The time-slices also help us to solve the problem that enough channels must start at the same time: Each participant who does not use a channel during a time-slice establishes a dummy time-slice channel instead. This costs no additional bandwidth, since this channel is on the subscriber line only.

Time-slice channels: More precisely, during each time-slice, each subscriber A maintains two MIX-sending-channels and two MIX-receiving-channels, cf. Ch. 1. Each of them leads through $MIX_1, ..., MIX_m$ at the local exchange L_A, and ends at L_A. They are called **time-slice sending-channels** and **time-slice receiving channels**, resp.

Thus, before each time-slice, A must send two SendEstab-messages and two RecEstab-messages. MIX_m passes the innermost part, N, of these messages to L_A. One part of N is the label which L_A needs to

---

[8] In any case, it is good to have fixed untraceability sets, since otherwise someone who exchanges several messages with the same partner could eventually trace him by intersecting the untraceability sets.

connect the channels. (Thus, in contrast to Ch. 3, MIX_m does not evaluate N itself, because connecting channels is no MIX-function.)

If A has a real connection with B, A's SendEstab-message contains the address of B's local exchange L_B, i.e., the area code, and the same label as B's RecEstab-message and vice versa.

If A has no real connection on one of the two 64-kbit/s channels, the corresponding SendEstab- and RecEstab-messages carry the same label, i.e., A sets up a simplex MIX-channel with herself. Hence these dummy-channels look exactly like local calls. This makes local calls completely unobservable.

The data in the SendEstab- and RecEstab-messages is summarized in Fig. 4.

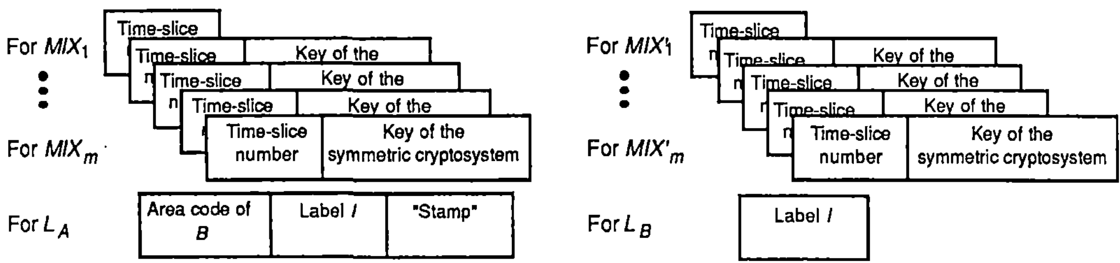

Fig. 4 Data needed by the MIXes and the local exchanges for establishing a time-slice channel from A to B. The data in the SendEstab-message from A are shown on the left, those in the RecEstab-message from B on the right. The "stamp" will be explained in Sect. 4.5.

The local exchanges should not release an established channel in the long-distance network automatically after each time-slice. Instead, they wait to see if a SendEstab-message with the same area code for the next time-slice arrives. Thus for each call, a channel through the long-distance network needs to be switched at most once.

Establishing calls: Of course, some coordination between A and B is needed. In particular, if A wants to call B, A needs a way of telling B that B must stop setting up dummy-channels with himself and set them up to meet A's channels instead. Since B does not know about the arrival of such messages, he cannot make provisions for them in the same way as for channels. Thus these **incoming-call messages** are broadcast in B's untraceability set.

Apart from, or rather within, the implicit address, an incoming-call message contains the number t_0 of the time-slice where the call is to start.

A and B must also use the same labels in the corresponding SendEstab- and RecEstab-messages. This can be achieved efficiently if A includes a **seed** s for a pseudo-random number generator in the incoming-call message. From s, all the labels are derived. Denote the i-th label derived from s by l_i. For example, the labels with even index i can be used for the simplex time-slice channels from A to B, and those with odd i for the channels from B to A. The labels of different time-slices look totally unrelated to everybody except for A and B.

The incoming-call message may also contain a key k_{AB} for fast end-to-end-encryption; but to keep the message short, k_{AB} can also be derived from the seed s.

Of course, A sends this incoming-call message as N in a MIX-input-message, called **call-establishment message**. It must be possible to send two call-establishment messages every time-slice, and A should be untraceable in her whole untraceability set for call-establishment messages. Hence every subscriber must send two dummy call-establishment messages every time-slice, if they have no real ones. Dummy call-establishment messages are marked so that L_A can discard them (Fig. 5). Thus they do not go out into the long-distance network and are never broadcast.

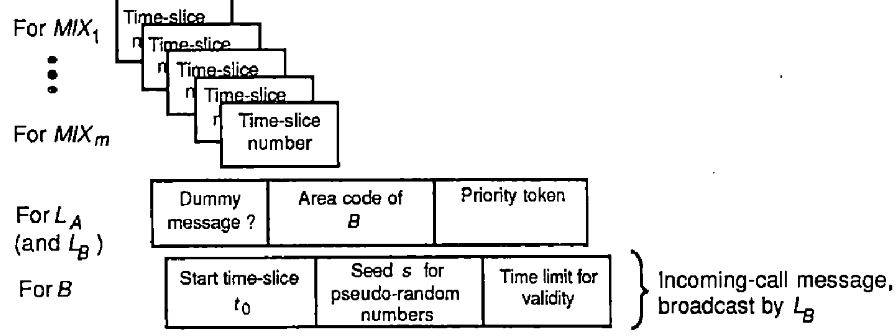

Fig. 5 A call-establishment message. The priority token and the time limit will be explained in Sect. 4.3.

A successful call-establishment is shown in Fig. 6.

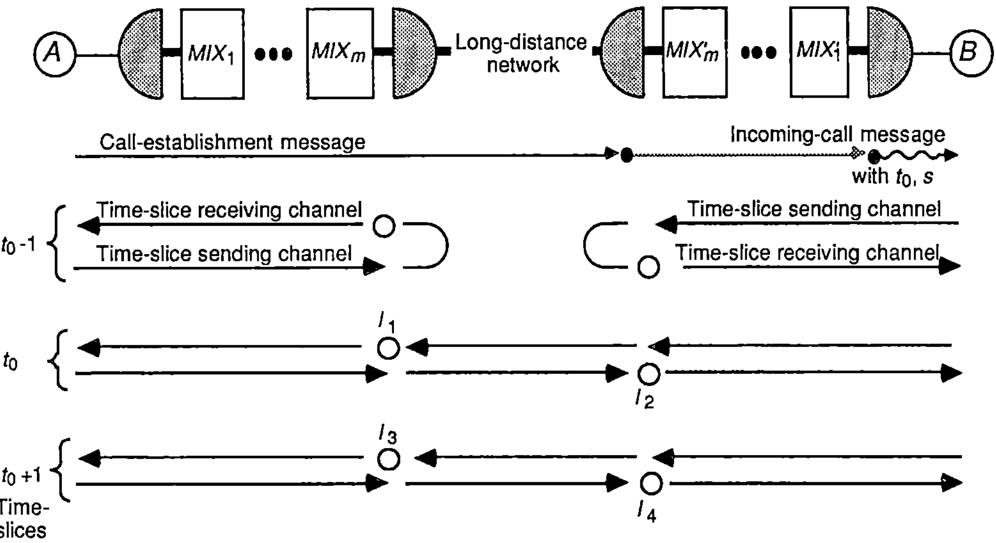

Fig. 6 Call-establishment in the easiest case. The incoming-call message does not pass the MIX-cascade at L_B. Instead, it is broadcast by L_B. The SendEstab- and RecEstab-messages corresponding to each time-slice channel are not shown.

4.3   Rejected calls and active attacks

Rejected calls and a related attack: So far, A would be traceable if B cannot accept the call, since in that case, no data would arrive on A's time-slice receiving-channel. This can easily be corrected: MIX_m (at L_A) must fill up all time-slice receiving-channels for which no time-slice sending-channel with the same label exists (e.g., with zeroes).

Now B can also accept the call some time-slices later than previewed; of course, he must then use a different starting label.[9] A starting signal within the (still unused) 64-kbit/s channel is provided by MIX_m to tell A when the connection has been established. The signal is recognized by the terminal equipment of A after decryption with all the keys k_i. To avoid that B accepts the call when A has already given up waiting (i.e., she uses different labels for her time-slice channels again), A may include a time-limit in the incoming-call message.

Any MIX could use the same idea of leaving a channel empty for an active attack to see where this channel leads to; hence each MIX_i, not just MIX_m, must fill up all empty channels (in either direction).

Some more difficult active attacks, however, cannot be prevented completely. They all exploit situations where an attacker knows that an anonymous participant X should react in some way. The attacker then prevents a real participant A from reacting, e.g., by cutting her line. Then, if X reacts, $X \neq A$ has been proved, and if X does not react, it is probable that $X = A$:

Attack on A as a sender: If MIX_1, or an active attacker on A's subscriber line, changes the content of A's channel and colludes with B, they can test whether A is B's current communication partner, because B will receive nonsense in this case. However, since this attack needs the collusion of B and one must disturb lots of participants to carry it out, this seems acceptable in practice.[10]

Attack on the broadcast of incoming-call messages: A second attack is to disturb the broadcast of incoming-call messages: Assume L_A, or an active attacker on the subscriber lines, causes an incoming-call message to be handed to A only. Then, if the call is accepted, A must be the recipient. This attack can be detected: Each network termination sends a digital signature [GoMR_88] of all messages received back to each MIX, e.g., once per time-slice. If a MIX detects an inconsistency, one can try to localize the attacker. To prevent A from falsely claiming that she received wrong messages, the MIXes, too, should sign the messages which are broadcast. However, if A claims that she does not receive any correctly signed messages, and no fault can be localized, one cannot do anything in practice.

Blocking A's ressources: An attacker may, e.g., establish two calls with A. If he can then establish a call with X, too, then $X \neq A$. This kind of attack cannot be prevented. However, it needs the collusion of the communication partner of X again; and as long as A's ressources are not fully used, she knows that she is not a victim of such an attack.

Since an attacker could particularly easily clog the signalling-channel by sending large numbers of senseless call-establishment messages, we introduce priority tokens for them (cf. Fig. 5). The local exchange of the recipient broadcasts incoming-call messages according to their priorities. For the lowest priority, no token is needed. Each participant only obtains a limited number of high-priority tokens from the PTT. They are signed by the PTT, using blind signatures (like in an untraceable payment system [Cha8_85, Chau_89], but free of charge).

4.4 Additional practical considerations

Here we just make some remarks:

Synchronization: Of course, the technique needs global synchronization. This is provided in the ISDN planned by the PTTs, anyway. Note, however, that time-slices start at different times everywhere in the

---

[9] If B accepts in time-slice t_0+t, he must start with the labels l_{2t+1}, l_{2t+2}. B need not compute all the intermediate labels, if pseudo-random functions are used instead of pseudo-random generators [GoGM_86], or a key of a symmetric block cipher is exchanged. The pseudo-random function or the block cipher is applied to the time-slice number (concatenated with a bit for even/odd, cf. Sect. 4.2). The result (or part of it) is taken as the label.

[10] This attack, and the following one, could be prevented in principle by measures which imply that such an attack leads to an immediate end of the communication in the whole network. But then, participants could prevent all members of their untraceability set from communicating. Such techniques for the DC-network are described in [Waid_89, WaPf_89].

network. E.g., time-slices for time-slice sending-channels at MIX_i start shortly after they started at MIX_{i-1}, whereas MIX_i can only start decrypting SendEstab-messages after MIX_{i-1} has sent the first complete block of them. Also, time-slices for receiving-channels at MIX_m only start when data from time-slice sending-channels everywhere in the long-distance network has had time to arrive. Hence local calls must be buffered during this time.

Releasing connections: Calls could be released by messages similar to incoming-call messages. Because of bandwidth-limitations, one should use a very long in-band pattern instead, or reserve a channel of 1 bit per time-slice in the signalling-channel for this purpose. The same holds, e.g., for signalling a change of service.

User signalling: If an end-to-end connection has been established, and before there is user data, the connection can be used for signalling. For example, the caller may receive a sign when the recipient picks up the receiver. This does not disturb transparency while sending user data.

Large subscriber-areas: In Ch. 5, we will see that the use of only 16 kbit/s for signalling limits untraceability sets to about 5000 participants. In subscriber areas with more participants, the participants must therefore be virtually partitioned into several fixed untraceability sets. The same local exchange, and the same physical MIX-cascade, can be used. However, each incoming-call message is only broadcast within one untraceability set, and only messages from the same untraceability set are mixed together.

Avoiding call-repetition and unused connections in the long-distance network: The number of incoming-call messages is critical for performance. It is reduced if call-repetition is avoided, e.g. if A's terminal equipment waits for B's to answer, even if B's channels are both busy (cf. Sect. 4.3). In this case, two further changes are needed: First, one cannot expect A personally to wait at her phone. Thus she must receive a signal when the connection is established. Secondly, A's MIX-sending channels would unnecessarily use the long-distance network. This can be avoided with a very small decrease in untraceability, if the same label is used for all time-slice channels belonging to one call. Then the channel in the long-distance network need only be established by L_B when B has accepted the call.

Connecting subscribers with and without MIXes: A and B can also communicate, with restricted untraceability, if just one of their local exchanges has a MIX-cascade [PfPW1_89]. If L_A has a MIX-cascade, but L_B has not, this is easy: L_A (or MIX_m at L_A) serves as a gateway. In the call-establishment message, A includes a normal address of B and the start time-slice t_0. From then on, L_A connects A's MIX-sending- and -receiving-channels with a normal channel to B. Hence A is untraceable.

If L_B has a MIX-cascade, but L_A has not, the channels can be connected at L_B in the same way. However, this only makes sense if A can use an implicit address of B in the call-establishment message. If A and B can use a visible implicit address, it can be coded as a normal telephone number, after the area code. 15 decimal digits should be enough. Thus it could even be used if A has a normal telephone. To use an invisible implicit address, A needs some computing power, and the address is so long that it must be transmitted in the data channel of a connection between A and L_B.

Billing: To bill untraceable connections, local counters in network terminations or an untraceable payment system [Cha8_85, Chau_89] can be used. In the latter case, the subscribers buy so-called stamps from the PTT from time to time, which are special messages signed by the PTT using blind signatures. These stamps can be included, e.g., in the SendEstab-messages [PfPW1_89], cf. Fig. 4.

5   Performance

The main bottleneck is the bandwidth of the signalling channels in both directions. (The second strictest requirement is the number of time-slices one may have to wait to establish a channel.)

Length of a time-slice: From the subscriber to the MIXes, there are 7 messages per time-slice: 2 SendEstab-, 2 RecEstab-, and 2 call-establishment messages (Sect. 4.2), and 1 broadcast-check message (Sect. 4.3). We assume the following field lengths (cf. Fig. 4, 5) in bits:

- Time-slice number: 30
- Area code: 22
- Stamp: 670
- Label: 28

- Dummy message?: 1
- Seed for pseudo-random numbers: 128
- Time limit: 20
- Priority token: 670

Let m be the number of MIXes per cascade, n_{sym} the key length of the symmetric cryptosystem, and b_{asym} the block length of the asymmetric cryptosystem, and also the length of a signature. For the total length of the 7 messages, we obtain (cf. [PfPW1_89])

$$Len7 = (m\text{-}1) \bullet 180 + (6m\text{-}8) \bullet n_{sym} + 5 \bullet b_{asym} + 2946.$$

(Note that the keys depicted in Fig. 4 are the same which are used for hybrid encryption.)

The total bandwidth of the signalling channel, in each direction, is 16 kbit/s. Since some of it must be used for error control, we assume that 12 kbit/s are available for these messages. Thus a lower bound on the length z of a time-slice (in seconds) is $z \geq Len7 / 12000$.

For $n_{sym} = 128$, $b_{asym} = 660$, and $m = 10$, we obtain
$$z \geq 1.22 \text{ s}.$$

Size of an untraceability set: The bandwidth from the MIXes to the subscriber is needed to distribute the incoming-call messages to the subscriber's untraceability set. To evaluate this, data about busy-hour call-establishment is needed. Let λ be an upper limit on the average arrival rate of incoming-call messages for one user. From some PTT-data, we derived $\lambda = 1/300$ (in s^{-1}) as a very conservative assumption. For the acceptable busy-hour system time, i.e. the average time an incoming-call messages needs from L_B to B, we used $T = 0.5$ s. Using an M/D/1-model, we obtain an upper limit on the size of untraceability sets of about 5000, if all incoming-call messages use invisible implicit addresses (cf. Ch. 2) [PfPW1_89]. The sets can be larger if some of the implicit addresses are visible, and thus shorter.

Call-establishment time: The time needed for the computations, both at the terminal equipment and at the MIXes, is almost negligible (cf. [PfPW1_89]), we take an upper limit as 0.01 s per MIX. Thus time until a call from A to B has been established mainly consists of the following parts, if B accepts this call at once:

- Waiting until A's MIX-cascade mixes call-establishment messages ($\leq z$).
- Call-establishment in the long-distance network (≤ 0.2 s).
- Waiting until the incoming-call message is broadcast to B (in peak hours T on average).
- Waiting until B can establish a MIX-channel with A ($\leq z$).

With the values from the previous paragraphs, we obtain a time of 3.34 s. On average, the call-establishment will take about half as long.

6 Summary

We have shown that telephony with MIXes is feasible under the technical assumptions made by the PTTs for narrow-band ISDN. Participants are untraceable within fixed untraceability sets of about 5000 subscribers, i.e. calls can only be traced to such a group. Local calls are completely unobservable.

Some problems remain: It seems difficult to organize the responsibility for the MIXes, so that every participant trusts at least one MIX. Of course, ISDN-MIXes are based on cryptographic assumptions. Finally, it seems impossible to take countermeasures against some specific active attacks on untraceability, since that would enable participants to prevent all members of their untraceability set from communicating (see Sect. 4.3). For practical purposes, however, the security achieved seems quite satisfactory.

As usual, note that untraceable communication does not complicate identification on higher layers, e.g. by digital signatures, where that is needed.

Also note that if optical fibers are introduced as subscriber lines, DC-nets can be used and offer many advantages [Cha8_85, Chau_88, WaPf_89, BoBo_89, Waid_89, Pfit_90].

Acknowledgement

We are pleased to thank *Manfred Böttger* and Prof. Dr. *Winfried Görke* for helpful discussions, and the *German Science Foundation* (*DFG*) for financial support.

References

BoBo_89   Jurjen Bos, Bert den Boer: Detection of Disrupters in the DC Protocol; Eurocrypt '89; Houthalen, 10.–13. April 1989, Abstracts; Proc. to appear in the series LNCS, Springer-Verlag Heidelberg.

Bock_88   Peter Bocker: ISDN – The Integrated Services Digital Network; Concepts, Methods, Systems; In collaboration with G. Arndt, V. Frantzen, O. Fundneider, L. Hagenhaus, H. J. Rothamel, L. Schweizer; Springer-Verlag, Heidelberg 1988.

Cha8_85   David Chaum: Security without Identification: Transaction Systems to make Big Brother Obsolete; Communications of the ACM 28/10 (1985) 1030-1044.

Chau_81   David Chaum: Untraceable Electronic Mail, Return Addresses, and Digital Pseudonyms; Communications of the ACM 24/2 (1981) 84-88.

Chau_88   David Chaum: The Dining Cryptographers Problem: Unconditional Sender and Recipient Untraceability; Journal of Cryptology 1/1 (1988) 65-75.

Chau_89   David Chaum: Privacy Protected Payments – Unconditional Payer and/or Payee Untraceability; SMART CARD 2000: The Future of IC Cards, Proceedings of the IFIP WG 11.6 International Conference; Laxenburg (Austria), 19.-20. 10. 1987, North-Holland, Amsterdam 1989, 69-93.

DaPr_89   D. W. Davies, W. L. Price: Security for Computer Networks, An Introduction to Data Security in Teleprocessing and Electronic Funds Transfer; (2nd ed.) John Wiley & Sons, New York 1989.

DES_77   Specification for the Data Encryption Standard; Federal Information Processing Standards Publication 46 (FIPS PUB 46), January 15, 1977.

GoGM_86   O. Goldreich, S. Goldwasser, S. Micali: How to construct random functions; Journal of the ACM 33/4 (1986) 792-807.

GoMR_88   Shafi Goldwasser, Silvio Micali, Ronald L. Rivest: A Digital Signature Scheme Secure Against Adaptive Chosen-Message Attacks; SIAM J. Comput. 17/2 (1988) 281-308.

Kah2_85   Peter Kahl (Hrsg.): ISDN, Das künftige Fernmeldenetz der Deutschen Bundespost; R. V. Decker's Taschenbuch Telekommunikation (TTK), R. V. Decker's Verlag G. Schenk, 1985.

Pfit_90   Andreas Pfitzmann: Diensteintegrierende Kommunikationsnetze mit teilnehmerüberprüfbarem Datenschutz; IFB 234, Springer-Verlag, Heidelberg 1990.

PfPf_89   Birgit Pfitzmann, Andreas Pfitzmann: How to Break the Direct RSA-Implementation of MIXes; Eurocrypt '89; Houthalen, 10.–13. April 1989, Abstracts; Proc. to appear in the series LNCS, Springer-Verlag Heidelberg.

PfPW_88   Andreas Pfitzmann, Birgit Pfitzmann, Michael Waidner: Datenschutz garantierende offene Kommunikationsnetze; Informatik-Spektrum 11/3 (1988) 118-142.

PfPW1_89   Andreas Pfitzmann, Birgit Pfitzmann, Michael Waidner: Telefon-MIXe: Schutz der Vermittlungsdaten für zwei 64-kbit/s-Duplexkanäle über den (2•64+16)-kbit/s-Teilnehmeranschluß; Datenschutz und Datensicherung DuD /12 (1989) 605-622.

PfWa_86   Andreas Pfitzmann, Michael Waidner: Networks without user observability -- design options; Eurocrypt '85, LNCS 219, Springer-Verlag, Berlin 1986, 245-253; Extended version in: Computers & Security 6/2 (1987) 158-166.

RSA_78   Ronald L. Rivest, Adi Shamir, Leonard Adleman: A Method for Obtaining Digital Signatures and Public-Key Cryptosystems; CACM 21/2 (1978) 120-126, reprinted in: CACM 26/1 (1983) 96-99.

Tane_88   Andrew S. Tanenbaum: Computer Networks; 2nd ed., Prentice-Hall, Englewood Cliffs 1988.

Waid_89   Michael Waidner: Unconditional Sender and Recipient Untraceability in spite of Active Attacks; Eurocrypt '89; Houthalen, 10.–13. April 1989, Abstracts; Proc. to appear in the series LNCS, Springer-Verlag Heidelberg.

WaPf_89   Michael Waidner, Birgit Pfitzmann: Unconditional Sender and Recipient Untraceability in spite of Active Attacks – Some Remarks; Fakultät für Informatik, Universität Karlsruhe, Interner Bericht 5/89, March 1989.

Ein Unterstützungssystem für Gruppenarbeit in verteilten Systemen

T. Rüdebusch*, M. Mühlhäuser°

*Institut für Telematik, Universität Karlsruhe
Zirkel 2, D-7500 Karlsruhe
°Arbeitsgruppe Telematik, Universität Kaiserslautern
Erwin-Schroedinger-Str., D-6750 Kaiserslautern

Zusammenfassung. Der Beitrag führt einen flexiblen, allgemeinen Ansatz für die 'computerunterstützte Gruppenarbeit' (CSCW) ein. Zunächst wird die Motivation für die stark steigende Bedeutung dieses Feldes beschrieben, vor allem im Zusammenhang mit dem zunehmenden Einsatz verteilter DV-Systeme. Dann wird eine umfassende Systematik für CSCW eingeführt, existierende CSCW-Ansätze und ein exemplarisches Anwendungsfeld werden entsprechend analysiert. Anforderungen an ein allgemeines CSCW-Unterstützungssystem werden abgeleitet. Die Architektur eines Systems mit Namen GROUPIE, welches diese Anforderungen erfüllt, wird vorgestellt, der Stand der Arbeiten wird beschrieben. Die vorliegende Arbeit ist Teil eines überregionalen Projektes zum Einsatz vernetzter, multimedialer Arbeitsstationen im computerunterstützten Unterricht; dieses Szenario dient daher als exemplarisches Anwendungsfeld.

1 Einführung

1.1 Allgemeine Bedeutung von CSCW

Das Gebiet der computerunterstützten, gemeinschaftlichen Arbeit wird allgemein mit dem Namen *Computer Supported Cooperative Work (CSCW)* [Gre88] bezeichnet. Der Begriff 'Support' ist dabei sehr weit gefaßt und reicht vom einfachen (unsynchronisierten) Bereitstellen gemeinsamer Datenstrukturen bis zur Modellierung und Unterstützung gruppeninterner Interaktionsabläufe.

Während CSCW das Forschungsgebiet und den Vorgang als solchen bezeichnet, werden unter *Groupware* [Com87, Byt88] die entsprechenden Software-Systeme zusammengefaßt (siehe [EGR88] für eine gute Übersicht). [Gib89b] stellt als Charakteristikum von Groupware das Vorhandensein einer *gemeinsamen Umgebung* für die Benutzer heraus. Wir wollen von 'Groupware' nicht nur allgemein die Sichtbarkeit von Aktionen eines Benutzers bei allen anderen Benutzern innerhalb einer 'group' fordern, sondern die explizite Unterstützung von Gruppen und Rollen (existierende Systeme, auch die in der Folge vorgestellten, erfüllen diese Forderung allerdings meist nicht).

Computerunterstützte Gruppenarbeit gewinnt in der Arbeitswelt der modernen Industriegesellschaften immer stärkere Bedeutung:

- Die zu bearbeitenden Aufgaben werden immer komplexer,

- die direkt (produktiv) handelnden Mitarbeiter sind immer stärker spezialisiert,

- die zu handhabende Informationsmenge wächst immer schneller und kann nur noch computergestützt bewältigt werden,

- mit der Globalisierung der Wirtschaft sind zusammenarbeitende Personen immer öfter räumlich getrennt,

- die Computer werden einerseits immer stärker personalisiert (PCs, Arbeitsstationen), anderseits immer besser vernetzt und bieten sich als Vehikel der Kommunikation auch von dieser Seite her an,

- Computer als Hilfsmittel für 'Routine'-Arbeiten sind geeignet, um die mit der Koordination von Gruppenarbeit verbundene, vielfältige unkreative Arbeit zu übernehmen und die Synergie der individuellen Leistungen zu fördern.

Gerade die neuesten Generationen hochleistungsfähiger Arbeitsstationen mit ihren leistungsfähigen graphischen Dialogschnittstellen, Einbindung in lokale und Weitverkehrs-Netze, und zukünftig auch Multimedia-Fähigkeit (Integration z. B. von Sprache und Bewegtbild) eignen sich als technologische Basis hervorragend für CSCW.

Der Einsatz von CSCW wird sich also mehr und mehr in — zunehmend multimedialen — *verteilten Systemen* abspielen; umgekehrt sollten CSCW-Ansätze auch die Verteilung der Benutzer in einem verteilten DV-System als Standard-Szenario annehmen.

Neben der Verteilung kristallisieren sich zwei weitere zentrale Elemente der computerunterstützten Gruppenarbeit heraus, *Interaktion* und *Koordination*.

Interaktion verläuft sicherlich am effektivsten im direkten Gespräch. Computerunterstützung von Interaktion ist aber dennoch in den meisten Fällen hilfreich oder gar notwendig: erstens kann Interaktion durch Computerunterstützung oftmals vereinfacht werden, z. B. durch die graphische, skizzenhafte Veranschaulichung eines komplexen Vorgangs (wobei heute schon rechnergestützt Skizzen und Handschrift in vorlagenreife Graphiken gewandelt werden können); zweitens ist es in der Wirtschaft fast immer notwendig, wichtige Bestandteile und Ergebnisse eines Dialoges festzuhalten; und drittens sind die interagierenden Partner, wie erwähnt, oft räumlich getrennt, und zur Unterstützung audiovisueller Kommunikation über Distanzen gewinnt der multimediale Computer zunehmend an Bedeutung.

Koordination mit wechselseitig akzeptierten Regeln ist spätestens für Gruppen von mehr als zwei Personen für effektives Handeln unabdingbar. Maschinen- und Menschen-lesbare Beschreibungen von Arbeitsplänen, Rollen, Interaktionsregeln etc. und deren Zuordnung zu Personen erlauben einerseits eine eindeutige Arbeits- und Koordinationsbeschreibung und andererseits die Unterstützung und Überwachung durch den Rechner.

Der Blick auf die große Zahl existierender Arbeiten im Bereich CSCW (als Überblick können z. B. [CSC86, CSC88, ECS89] dienen) zeigt, daß viele, wenn nicht alle existierenden Ansätze in der Breite der Möglichkeiten zur Interaktion und Koordination, ja sehr oft sogar hinsichtlich der Anwendungsdomäne sehr stark beschränkt sind. Der übliche Weg einer schichtenartigen Struktur — von allgemeinen Unterstützungs-Schichten hin zu dedizierten, den speziellen Anforderungen hinsichtlich Interaktion, Koordination und Anwendungsdomäne angepaßen Schichten — wird bisher im Bereich CSCW nur rudimentär beschritten. Die hier beschriebene Arbeit hat genau diesen schichtenartigen Ansatz zum Ziel; angestrebt wird allerdings auch ein effizientes konstruktives Prinzip, mit dem die üblichen Leistungseinbußen schichtenstrukturierter Systeme minimiert werden.

1.2 Anwendungsdomäne computerunterstützter Unterricht

Die vorliegende Arbeit entstand im Rahmen des Projektes NESTOR [BCD⁺89, Mue89b] der Universitäten Karlsruhe und Kaiserslautern und des Digital Forschungszentrums CEC in Karlsruhe. NESTOR beschäftigt sich mit dem Einsatz vernetzter multimedialer Arbeitsstationen im computerunterstützten Unterricht und setzt einen Schwerpunkt im Bereich der Gruppenarbeit von Autoren und Lernenden [RR89].

Allerdings dient diese Anwendungsdomäne in der vorliegenden Arbeit nur als 'Lieferant' für Anforderungen und konkrete Anwendungsfälle und als Möglichkeit, die entwickelten Konzepte konkret zu erproben. Das entwickelte Konzept und System dagegen erheben den Anspruch der Unabhängigkeit von einer speziellen Anwendungsdomäne.

2 Systematik für computerunterstützte Gruppenarbeit

2.1 Klassifikation

2.1.1 Interaktion

Von zentraler Bedeutung für die *Effektivität* der Zusammenarbeit von Gruppenmitgliedern ist, wie erwähnt, der Charakter der *Interaktionen*, die genutzt werden können. Wir unterscheiden

- **explizite** Interaktionen, wenn die Partner durch Nachrichtenaustausch kommunizieren, und

- **implizite** Interaktionen bei der Kooperation an gemeinsamen Dokumenten. Relevante implizite Interaktionen sind hierbei nicht nur Änderungen — die i. allg. bei allen involvierten Partnern sichtbar werden sollen — sondern ggf. auch das Lesen und die Kenntnisnahme eines Dokumentes durch einen Benutzer, da auch dies für andere Teammitglieder von Interesse sein kann.

Weiter unterscheiden wir als Ausprägungen der Interaktion:

- **synchron**, wenn sie, von einem Benutzer initiiert, in Echtzeit, d. h. unter Einhaltung vorgegebener oberer Zeitschranken, bei allen Adressaten sichtbar werden, bzw.

- **asynchron**, wenn sie dieser Forderung nicht genügen.

Es ist jede der vier Kombinationen explizit/implizit mit synchron/asynchron sinnvoll und ggf. wünschenswert.

Da alle Aktionen von einzelnen Benutzern in einer CSCW-Umgebung potentiell für alle Gruppenmitglieder sichtbar sind, bietet es sich an, jede Art von *Aktion* grundsätzlich als *Interaktion* zu modellieren, unabhängig davon, ob ein oder mehrere Benutzer (direkt oder indirekt durch Sichtbarkeit) beteiligt sind. So wird die Orthogonalität der Modellierung verbessert, und bei Bedarf kann eine 'triviale Interaktion' (Ein-Benutzer-Aktion) leicht zu einer echten Interaktion erweitert werden. Im folgenden wird daher meist von Interaktionen die Rede sein, der Begriff der Aktion in einer CSCW-Umgebung ist synonym zu verstehen.

2.1.2 Koordination

Ohne eine *Koordination* der Interaktionen von Gruppenmitgliedern im Hinblick auf die Lösung einer gemeinsamen, komplexen Aufgabe ist eine verteilte Teamarbeit kaum möglich. Sie ist entscheidend für die *Effizienz* der gemeinschaftlichen Arbeit. Dennoch wird von verschiedenen System sehr unterschiedliche Unterstützung geboten. In vielen Fällen ist

- **keine** Unterstützung vorhanden, und zum Teil wird die Koordination von Aktivitäten ausdrücklich auf die

- **mündliche** Absprache der Teammitglieder verlagert (Treffen, Konferenzschaltung der Telefone an den jeweiligen Arbeitsplätzen etc.).

- **Elementare** Koordination bezieht sich direkt auf den Benutzer (z. B. Vergabe der 'Rede'-Berechtigung bei einer Computer-Konferenz), ist i. allg. unabänderbar in der Implementierung der CSCW-Anwendung festgelegt und ist typisch für Anwendungen, welche die Bearbeitung spezieller (Teil-)Aufgaben unterstützen. Als notwendiges Kriterium für das Merkmal 'elementare Koordination' soll gelten, daß nicht jede mögliche Interaktion zu jedem Zeitpunkt ausführbar ist, sondern anwendungsspezifische Randbedingungen erfüllt sein müssen.

- **Komplexe** Koordination setzt die Modellierung mehrerer Abstraktionsstufen voraus, wie beispielsweise 'komplexe Aufgabe' / 'Teilaufgabe', 'Gruppe' / 'Untergruppe', 'Rolle' / Benutzer, Begriffe, die weiter unten ausgeführt werden. Erst ein durch die Beschreibung der jeweiligen Ausprägungen dieser Abstraktionen erreichtes Aufgaben- und Gruppen-'Verständnis' der koordinierenden Instanz ermöglicht die effiziente Lösung einer gemeinsamen, komplexen Aufgabe. (Als Beispiel sei das Software-Engineering genannt. Siehe hierzu [Gib89a].) Charakteristisch für Systeme mit komplexer Koordination ist die Anpaßbarkeit an verschiedene Aufgaben- bzw. Gruppenstrukturen.

Die Unterscheidung zwischen elementarer und komplexer Koordination ist zwar recht deutlich, innerhalb dieser Klassen sind aber sehr unterschiedliche Grade der Systemunterstützung zu beobachten (z. B. 'elementare Koordination' als Vergabe von einfachen Zugriffsrechten auf ganze Dokumente versus aufwendige Verfahren zur Konfliktbehandlung bei gleichzeitigem Zugriff).

Für die komplexe Koordination unterscheiden wir weiter die Merkmale:

- **Überprüfend** soll eine komplexe Koordination heißen, wenn sie im Hinblick auf die Interaktionen der Benutzer und deren Fortschritt in der Bearbeitung die Einhaltung verschiedener Randbedingungen sicherstellt (z. B. Zugriffsrechte oder vorgegebene Bearbeitungsreihenfolgen von Teilaufgaben).

- **Führend** soll eine komplexe Koordination genannt werden, wenn sie aktiven Charakter hat, also z. B. dem Benutzer Alternativen seines weiteren Vorgehens anbietet.

Überprüfende und führende Koordination schließen sich natürlich nicht aus, sondern sollten sich ergänzen.

Modelliert man — wie oben eingeführt — jede Art von Aktion als Interaktion, so läßt sich 'Koordination' als Schale um den Begriff 'Interaktion' darstellen. Überprüfende Koordination wird dabei realisiert durch Überprüfung jeder Interaktion von Gruppenmitgliedern, führende Koordination durch Interaktion einer verantwortlichen Systeminstanz mit den Gruppenmitgliedern.

2.1.3 Verteilung

Die unterstützte *Verteilung* der Standorte der verschiedenen Gruppenmitglieder bestimmt die Einsatzmöglichkeiten einer Groupware:

- **zentral:** Im einfachsten Fall wird ein zentraler Raum für Systeme zum Einsatz bei Gruppentreffen ('Face-to-Face Meetings') zugrundegelegt. Hier ist die nicht mit Hilfe des Rechners abgewickelte Interaktion im allgemeinen vorherrschend. Für den Arbeitsfortschritt wesentliche Schritte müssen dem Rechner, z. B. in Form einer 'Aktennotiz', bekannt gemacht werden, um Koordinationsunterstützung zu ermöglichen.

- **lokal:** Weitergehend kann die Teamarbeit in lokal verteilten Gruppen auf der Basis von lokalen Netzen unterstützt werden. Die Verteilung ist dabei auf die Abmessungen z. B. eines Firmengeländes oder Universitätskampus begrenzt, geographisch oder politisch bedingte Unterschiede zwischen den Benutzern (Zeitzonen, Gesetze/Normen/Maße, große Übertragungsverzögerung etc.) spielen keine Rolle. Dies dürfte die zur Zeit üblichste Verteilung (entsprechend einer eng zusammenarbeitenden Projektgruppe) sein.

- **global:** Das größte Potential scheint in der Realisierung global (landesweit bis international) verteilter Gruppenarbeit zu liegen. Durch Systeme zur Unterstützung von Interaktion und Kooperation über die Grenzen von Städten, Staaten und Kontinenten hinweg kann eine signifikante Intensivierung und Effizienzsteigerung der Zusammenarbeit von weit entfernten Partnern erreicht werden. Eine gewisse Einschränkung für die synchrone Zusammenarbeit kann sich allerdings durch Zeitzonen (Arbeitszeiten) und ggf. große Übertragungsverzögerungen ergeben.

2.1.4 Anwendungsklasse

Die Klassifikation von existierenden CSCW-Systemen nach Einsatzgebieten oder Anwendungsklassen wurde in ähnlicher Form bereits in der Literatur vorgenommen [EGR88, KK88, Opp88].

- **Mehrbenutzer-Spiele** erlauben den Mitspielern Aktionen mit privaten 'Spielsteinen' (im weitesten Sinn, z. B. Raumschiffen) und Hilfsmitteln auf einem gemeinsamen Spielfeld.

- **Konferenz-Systeme** gliedern meist in Themen (Konferenzen) und Unterthemen ('Subject') und erlauben allen Teilnehmern, Diskussionsbeiträge zu liefern und zu lesen.

- **Group Decision Support Systems** (GDSS, [KK88]) haben das Ziel, Entscheidungsprozesse in Gruppen zu optimieren. Im allgemeinen unterstützen sie zentrale Gruppenarbeit in einem gemeinsamen Konferenzraum ('Face-to-Face Meeting Support'). Es steht jeweils ein persönlicher sowie ein öffentlicher Rechner mit Großbildschirm zur Verfügung. Durch die vom System geregelte Kommunikation sollen charakterliche Unterschiede der Teammitglieder ausgeglichen und die Möglichkeit zur Anonymität gegeben werden. Außerdem kann der Entscheidungsprozeß mit Hilfe von Datenbankabfragen und der Durchführung von Simulationen unterstützt werden.

- **Hypertext-Strukturen** [HCL89, Con87, Mue89a] bestehen aus elementaren oder zusammengesetzten Informationseinheiten (Knoten) sowie Verweisen zwischen diesen (Links). Sie werden häufig als besonders geeignete Organisationsform für gemeinsam bearbeitete Dokumente beschrieben. Dies liegt insbesondere an der prinzipiell vorhandenen Möglichkeit für Benutzer eines solchen Systems, Annotationen an bestehenden Knoten anbringen zu können, sowie an der Unterstützung von verschiedenen Sichten und Strukturierungen derselben Informationsmenge [Hal88].

- **Mehrbenutzer-Editoren** erlauben das Bearbeiten desselben Dokumentes durch mehrere Personen zu einer Zeit; sie ermöglichen die enge Zusammenarbeit verschiedener Autoren. Obwohl existierende Prototypen sich zumeist auf Textdokumente beschränken, gilt dies grundsätzlich auch für Medien wie Graphik und Animationen.

- **Koordinations-Systeme** haben im Gegensatz zu den vorgenannten Klassen das Ziel, recht komplexe Arbeitsabläufe zu koordinieren. Sie bieten als einzige Klasse in nennenswertem Umfang Möglichkeiten zur Beschreibung individueller Koordinationsmuster oder -regeln.

2.2 Anwendung auf Systeme aus der Literatur

Hier sollen exemplarisch für jede Anwendungsklasse einige Systeme genannt und klassifiziert werden. Tabelle 1 stellt die Charakteristika der besprochenen Systeme in einer Übersicht dar.

Das Computerspiel *xtrek* legt Benutzer mit eigenen Arbeitsplatzrechnern in einem lokalen Netzwerk zugrunde. Jeder Spieler steuert sein eigenes Raumschiff in einem allen Mitspielern gemeinsamen Spielfeld, das jeder der Spielpartner in identischer Weise auf seinem Rechner sieht. Die Interaktionen finden implizit durch das Steuern des eigenen Raumschiffes statt. Sie sind synchron bei jedem involvierten Partner sichtbar. Alle Spielaktionen sind jederzeit möglich und unterliegen keiner Koordination.

Die sogenannten *Relays* im EARN/BITNET-Netzwerk realisieren ein Computer-Konferenz-System, das auch internationale Diskussionen von akzeptabler Flüssigkeit mittels hochprioren Kurznachrichten ermöglicht. Die Interaktionen finden also explizit/synchron statt. Es wird keine Koordinationsunterstützung (Vergabe von Redeberechtigungen o. ä.) angeboten, ein Teilnehmer kann seine Meinung jederzeit äußern.

Die (vielgenutzte) Gelegenheit zur asynchronen Diskussion der verschiedensten Themen durch expliziten Nachrichtenaustausch bietet das international verteilte *USENET-News* System. Durch die hierarchische Strukturierung in Interessensgebiete und das optionale Einsetzen von Moderatoren wird eine elementare Koordination erreicht.

Ein Feldversuch zur Nutzung eines einfachen GDSS (hier: Meeting Support System) wird in [RE89] beschrieben. Ein weiteres Beispiel ist *Colab* [SFB$^+$87], das am Xerox PARC entwickelt wurde. Zur Unterstützung von Treffen in einem mit mehreren Arbeitsplatzrechnern und einem Großbildschirm ausgestatteten, zentralen Raum stehen die Werkzeuge 'Cognoter' und 'Argnoter' zur Verfügung. Während Cognoter das Organisieren von Ideen für eine Präsentation in den Phasen Brainstorming, Organisierung und Bewertung der Präsentationsform unterstützt, dient Argnoter der Evaluierung alternativer Vorschläge (z. B. für in Angriff zu nehmende Aufgaben) mit den Phasen Vorschlag-Einbringen, Diskutieren und Bewerten der Alternativen. Die rechnergestützte Interaktion findet synchron und implizit durch das für alle Teilnehmer sichtbare Aufschreiben von Ideen, Argumenten und Verbindungsstrukturen statt. Eine elementare Koordination wird durch das Schattieren in Bearbeitung befindlicher Textelemente geboten, hauptsächlich verläßt man sich jedoch auf mündliche Kommunikation zur Konfliktlösung bei gleichzeitigem Zugriff (sog. 'voice locks').

Ein verbreitetes Hypertext-System ist *Intermedia* [YHMD88, GSM]. Es unterstützt die Zusammenarbeit mehrerer Autoren in einem lokalen Netz durch Mehrbenutzerzugriff auf einen gemeinsamen Datenbestand. Interaktionen finden also implizit durch das Editieren von Knoten oder Links statt. Da einzelne Knoten jeweils nur von einem Benutzer gleichzeitig bearbeitet werden können und Änderungen erst beim nächsten Öffnen eines Dokumentes durch einen anderen Benutzer für diesen sichtbar werden, ist keine echt synchrone Zusammenarbeit möglich. Durch die Vergabe von Schreib-, Lese- und Annotationsrechten und ein darauf aufbauendes, einfaches Verfahren zur Behandlung von Zugriffskonflikten wird eine elementare Koordination realisiert.

GROVE [EGR89] ist ein Gruppen-Editor für Textdokumente. Mehrere Personen mit eigenen, lokal vernetzten Arbeitsplatzrechnern interagieren implizit und synchron durch das Bearbeiten des gemeinsamen Dokumentes. Eine elementare Koordination wird durch die Vergabe von Zugriffsberechtigungen auf Textstücke verwirklicht. Außerdem spielt aber die mündliche Absprache bei der Arbeit in einem Raum oder über eine Konferenzschaltung der Telefone am Arbeitsplatz eine wesentliche Rolle.

The Coordinator [Win88] ist ein Beispiel für ein Koordinations-System (genauer: 'Action-Coordination-System') und basiert auf Konversationsdiagrammen mit Interaktionstypen wie 'Anfordern', 'Zurückweisen' und 'Akzeptieren'. Das System weist den Benutzer auf ausstehende Interaktionen hin und führt ihn so durch die Konversation. Das Ergebnis ist eine inkrementelle, benutzergesteuerte Automatisierung komplexer Abläufe. Interaktionen werden durch den Austausch von Electronic Mail zwischen lokal vernetzten PCs realisiert und sind explizit/asynchron. Da der Benutzer bei jeder von ihm initiierten Konversation den Typ der zu verschickenden Nachricht und eventuelle Terminbedingungen selbst angeben muß, ist die Unterstützung der komplexen Koordination allerdings recht gering.

Zur regelbasierten Beschreibung von Gruppenkommunikation dient das Activity Model im *AMIGO Advanced*-Projekt [PB89, PBP89, DPB88]. Der zentrale Begriff ist das 'Activity Model', das die folgenden Komponenten umfaßt: eine Anzahl von Rollen, welche die Teilnehmer einnehmen können, Nachrichten-Objekte, die ausgetauscht werden können, Funktionen, welche durch eine Rolle oder die koordinierende Instanz ausgeführt werden können, und Regeln, die den Rahmen für eine Aktivität beschreiben. Die auf eine Aktivität bezogene Kommunikation zwischen Partnern läuft über eine zentrale Stelle (den sog. 'Mediator'), in der das Regelwerk zur Laufzeit evaluiert wird und die daraus die zu ergreifenden Aktionen (wie z. B. 'leite Nachricht an alle Instanzen der Rolle 'Angestellter' weiter') ableitet. Die technische Basis von AMIGO ist ein Message Handling System, das explizite/asynchrone Interaktionen durch internationalen Electronic Mail-Austausch ermöglicht.

System	Interaktion	Koordination	Verteilung	Anwendung
xtrek	implizit/synchron	keine	lokal	Mehrbenutzer-Spiel
EARN-Relays	explizit/synchron	keine	global	Konferenz-System
Usenet-News	explizit/asynchron	elementar	global	Konferenz-System
Colab	implizit/synchron	elementar, mündlich	zentral	Group Decision Support
Intermedia	implizit/asynchron	elementar	lokal	Hypertext-System
GROVE	implizit/synchron	elementar, mündlich	lokal	Mehrbenutzer-Editor
The Coordinator	explizit/asynchron	komplex	lokal	Koordinations-System
AMIGO	explizit/asynchron	komplex	global	Koordinations-System

Tabelle 1: Klassifikation existierender Systeme

3 Anforderungen

Aus der Systematik und Analyse des vorangegangenen Kapitels lassen sich eine Reihe von Anforderungen extrahieren, die ein universelles CSCW-Unterstützungssystem erfüllen sollte.

- **verteilt:** Lokal und global verteilte, multimediale Systeme sollten — soweit kommunikationstechnisch unterstützt — die technische Basis bilden. Das CSCW-Unterstützungssystem sollte den aus dieser Verteilung resultierenden systemtechnischen Besonderheiten durch softwaretechnische Basismechanismen entsprechen. (Möglichkeiten zur Berücksichtigung von Randbedingungen der Ressourcen, Verfügbarkeit, Kommunikationsverzögerungen, etc.).

- **adaptiv:** funktionelle Anforderungen und operationale Randbedingungen des unterliegenden verteilten DV-Systems sollten möglichst benutzertransparent einander angepaßt werden können.

- **Interaktions-orientiert:** Das grundlegende Beschreibungsmittel und damit die feinste Granularität der Zusammenarbeit in Gruppen sollte die Interaktion sein, wie sie in Kapitel 2.1.1 eingeführt wurde.

- **konstruktiv:** Mechanismen zur Kombination und Restriktion von Interaktionen sollten verfügbar sein, um — z. B. auf Teilaufgaben-Klassen — spezialisierte Interaktions-Strukturen konstruieren zu können.

- **koordinierend:** Zur Beschreibung der Koordination innerhalb und zwischen Interaktions-Strukturen sowie zur Beschreibung von Gruppen, Rollen und komplexen Aufgaben und deren Bezug zu Interaktions-Strukturen sollte ein mächtiges Instrumentarium geschaffen werden. Insbesondere sollten Aufgaben- und Gruppen-Beschreibungen zunächst unabhängig voneinander sein, um Wiederverwendbarkeit und einfache Anpaßbarkeit sicherzustellen.

- **dynamisch:** Veränderungen zur Lebens-, ja zur Laufzeit von Interaktions- und Koordinationsstrukturen sind in mehrerer Hinsicht zu berücksichtigen: zum einen kann es notwendig sein, komplexe Aufgaben-Beschreibungen während deren Bearbeitung zu ergänzen oder zu modifizieren; zum anderen wechseln in der Realität häufig Rollen und deren Zuordnungen dynamisch, was von einem CSCW-Unterstützungssystem ebenfalls berücksichtigt werden sollte.

- **benutzerfreundlich:** Aufgaben- und Gruppen-Beschreibungen sowie die daraus abgeleiteten Interaktions- und Koordinations-Strukturen sollten in einer dem Benutzer verständlichen Weise präsentiert und spezifiziert werden können. Selbstverständlich sollte auch das (durch vordefinierte Basis-Klassen vereinfachte) Erstellen und Inspizieren dieser Beschreibungen wieder gemeinschaftlich geschehen können. Die Möglichkeiten moderner, interaktiver Software, insbesondere starke Graphikunterstützung und individualisierbares Layout und Dialogverhalten, sollten genutzt werden, um eine homogene Integration in den Arbeitsplatz sicherzustellen.

Insgesamt wurde aus Kapitel 2 schon deutlich, daß ein CSCW-Unterstützungssystem so flexibel sein sollte, alle beschriebenen Merkmale der Systematik annehmen zu können. Tabelle 1 macht dabei deutlich, daß bei bekannten Systemen diese Forderung nicht befriedigend erfüllt ist.

4 Architektur von GROUPIE

4.1 Verteiltes Basis-System

Wie bereits in Kapitel 3 erwähnt, sollte die technische Basis für ein CSCW-Unterstützungssystem verteilt sein. Die CSCW-spezifischen Aspekte des verteilten Basis-Systems in GROUPIE lassen sich wieder in Teilbereiche aufteilen. (Auf die Integration multimedialer Daten soll an dieser Stelle nicht näher eingegangen werden. Siehe [Bla90] für eine Diskussion der Problematik.)

Kommunikation: In internationalen Umgebungen haben die zugrundeliegenden Netzwerke komplexe Topologien. Untereinander verbundene LANs, MANs und WANs, basierend auf Technologien wie Ethernet, FDDI, DQDB oder ISDN müssen optimal genutzt werden. Die Funktionalität und Leistungsfähigkeit des unteliegenden Kommunikations-Subsystems sollte durch 'Quality-of-Service'-Parameter beschrieben werden; diese Information wird von der Verteilungs-Management-Komponente ausgenutzt (siehe Abschnitt 4.2).

Ausführungsknoten: GROUPIE selber wird verteilt auf mehreren Ausführungsknoten ausgeführt (diese Verteilung auf einer höheren Ebene wird ebenfalls in Abschnitt 4.2 erläutert). Es nutzt die

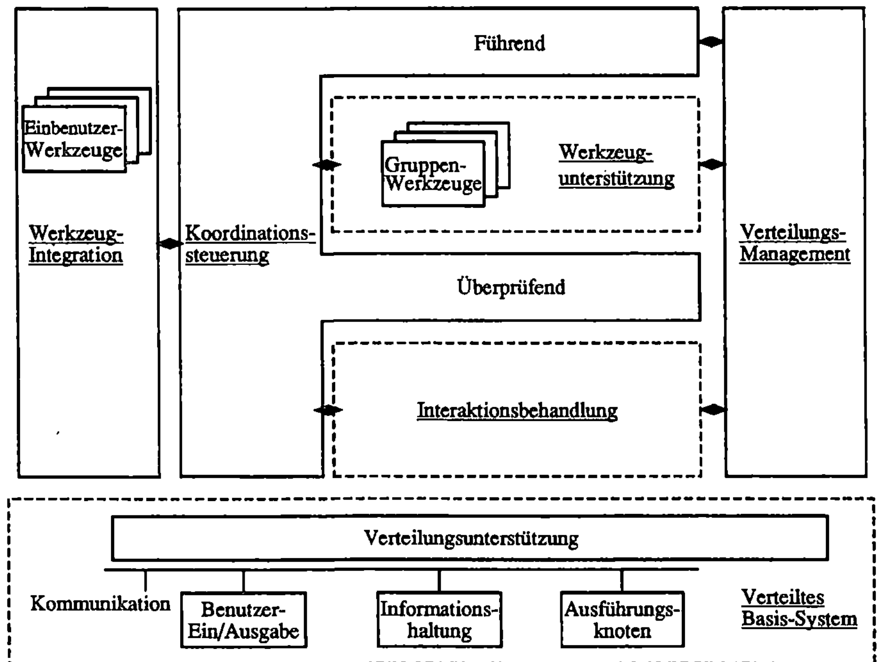

Abbildung 1: GROUPIE Architektur

weiteren Basis-System-Komponenten nach dem Client/Server-Ansatz. Eine abstrakte Beschreibung der Rechenleistung eines Knotens bietet die Voraussetzung für einen von der Verteilungs-Management-Komponente gesteuerten, GROUPIE-spezifischen Lastausgleich.

Informationshaltung: Informationsspeicherung und -retrieval betreffen sowohl die im Rahmen einer komplexen Aufgabe bearbeiteten Dokumente, als auch Gruppen- oder Aufgaben-Zustandsinformationen. Letztere sind z. B. die Basis für Koordinationsentscheidungen. DBMS-Server stellen hier die benötigte Funktionalität zur Verfügung. Traditionelle Verfahren, z. B. der Nebenläufigkeitskontrolle durch einfaches Sperren, sind in kollaborativen (gemeinschaftlichen) Umgebungen jedoch nicht ausreichend. (Erweiterte Mechanismen zur Zugriffs- und Nebenläufigkeitskontrolle werden in [GS88, Mad89] diskutiert.) Funktionalität und Leistung eines DB-Servers werden wieder durch 'Quality-of-Service'-Parameter beschrieben, um dem Verteilungs-Management eine Grundlage für Adaptionsentscheidungen zu geben.

Benutzer-Ein/Ausgabe: Jeder Bentzer interagiert mit dem System über ein Ein/Ausgabe-Gerät. Ein solches Gerät ist dem Benutzer natürlich nicht statisch zugeordnet, vielmehr wird er verwenden was an seinem aktuellen Aufenthaltsort zur Verfügung steht. Die Funktionalität eines Ein/Ausgabe-Gerätes kann von der eines einfachen, zeichenorientierten Terminals bis zu einer hochauflösenden, farbigen Graphikdarstellung mit Tastatur- und Maus-Eingabe reichen. (Letztere Funktionalität stellt den Stand der Technik dar und wird im Rahmen unseres Systems ausgenutzt; einfachere Geräte werden jedoch ebenfalls unterstützt.) Die Idee der verteilten Graphik-Stationen für Benutzer-Ein/Ausgaben, unabhängig vom Ort der Applikationsausführung, wurde durch das X-Windows-System einer breiten Öffentlichkeit zugänglich gemacht ([You89]). Wieder muß die vom Ein/Ausgabe-Gerät zur Verfügung gestellte Funktionalität als Grundlage für Adaptionsentscheidungen beschrieben werden.

Es soll betont werden, daß die Unterscheidung von Ausführungsknoten, Informationshaltung und Benutzer-Ein/Ausgabe notwendig ist als konzeptionelle Grundlage für eine maximale Verteilung. Es ist natürlich möglich, alle drei Funktionalitäten in einem modernen Arbeitsplatzrechner zu vereinen.

Verteilungsunterstützung: Um bereits auf einer niedrigen Ebene eine gewisse Verteilungstransparenz zu erreichen, ist eine Komponente zur Verteilungsunterstützung notwendig. Sie ist verantwortlich für das Weiterleiten von Datenbasis-Operationen, Benutzer-Ein/Ausgaben und der Kommunikation zwischen GROUPIE-Subsystemen und damit für die Umsetzung von Dokumentnamen, Benutzernamen und Bezeichnungen von Subsystem-Instanzen auf die Lokationen von DB-Servern, Ein/Ausgabegeräten und Ausführungsknoten. In Kooperation mit der Verteilungs-Management-Komponente werden Quality-of-Service-Informationen aktualisiert, dynamisch Leistungsdaten gesammelt und Relokationen von Datenbeständen durchgeführt.

4.2 Verteilungs-Management

Diese Komponente ist für alle GROUPIE-spezifischen Verteilungsaspekte verantwortlich. Auf dieser höheren Ebene sind die folgenden Funktionalitäten verteilt:

Mensch-Maschine-Schnittstelle: Die Verteilung dieser Funktionalität wurde z. B. im Spiel 'xtrek' (siehe Abschnitt 2.2) realisiert, um eine Mehrbenutzer-Bedienung zu ermöglichen. Insbesondere kann eine nachträgliche Verteilung der MMS die Erweiterung von bestehenden Einbenutzer-Applikationen um eine einfache Mehrbenutzer-Bedienung ermöglichen. Für Unix-Tools wie 'vi' oder 'more' wurde dies bereits vor einiger Zeit durchgeführt [AWGN88], und vor kurzem wurde auch das X-Windows-Protokoll um eine Unterstützung für sogenannte 'shared windows' erweitert [Pat90]. Die Erweiterung von bestehenden Applikationen um Mehrbenutzer-Manipulation ist von einiger Bedeutung und wird in Kapitel 4.6 noch einmal aufgegriffen.

Dokumente: Alle Dokumente, die im Rahmen der Bearbeitung einer komplexen Aufgabe relevant sind, können verteilt gespeichert werden. Die Relokation von Dokumenten, die gerade von einem Gruppenmitglied bearbeitet werden, zu dessen Ausführungsknoten hin kann die Antwortzeiten verbessern und den Kommunikationsaufwand minimieren.

Werkzeuge: Ein Werkzeug zur Benutzung durch Gruppen könnte als eine Instanz implementiert werden, die mit allen ihren Benutzern kommuniziert. In GROUPIE sind jedoch auch die Gruppen-Werkzeuge verteilt implementiert. Ein Werkzeug ist durch mehrere Instanzen realisiert, von denen jeweils eine jedem ihrer Benutzer zugeordnet ist und die miteinander über ein Intra-Werkzeug-Protokoll kooperieren. Da ein Teil der Kommunikation einer Werkzeug-Instanz mit ihrem Benutzer lokal durchgeführt werden kann, lassen sich wieder Verbesserungen von Antwortzeiten und Kommunikationskosten erreichen.

Koordinationssteuerung: Die Koordinationssteuerung, die für die Überwachung aller Interaktionen und das Evaluieren von Koordinationsregeln zuständig ist (s. Kapitel 4.4), könnte zwar als zentrale Komponente realisiert werden, wie dies z. B. in AMIGO mit seinem zentralen 'Mediator' beschrieben ist (vgl. Kapitel 2.2); wegen der starken Einbindung in jede Interaktion sind jedoch Probleme bei Kommunikationsaufwand und Fehlertoleranz (Ausfall des Koordinationsknotens) zu erwarten. In GROUPIE ist die Koordination durch mehrere Instanzen realisiert, die über ein Koordinations-Protokoll kooperieren. So können ein Teil der relevanten Koordinationsregeln bereits lokal evaluiert und Interaktionen bereits im Ausführungsknoten des initiierenden Benutzers überprüft werden. Gruppen- und Aufgaben-Beschreibungen sowie Gruppen- und Aufgaben-Zustandsinformationen, welche die Grundlage für Koordinationsentscheidungen sind, können ebenfalls verteilt gespeichert werden, und Relokations-/Replikationsmaßnahmen können sinnvoll sein.

Verteilungs-Management: Auch diese Komponente ist selber wieder verteilt durch mehrere Instanzen und ein Management-Protokoll realisiert. Begründet ist dies durch die häufige Kommunikation mit den Systemkomponenten 'Interaktionsbehandlung', 'Koordinationssteuerung' und 'Werkzeugunterstützung' (siehe hierzu die entsprechenden Unterkapitel), die für sämtliche Adaptionsmaßnahmen notwendig ist.

4.3   Interaktionsbehandlung

Entsprechend der Bedeutung, die in GROUPIE der Interaktionsabstraktion als *dem* Beschreibungsmittel von Zusammenarbeit in Gruppen zugemessen wird, ist auch die Systemkomponente 'Interaktionsbehandlung' von zentraler Bedeutung für unser CSCW-Unterstützungssystem. Anders als
bei den anderen Komponenten muß die volle Funktionalität der Interaktionsbehandlung auf jedem
Ausführungsknoten vorhanden sein, auf dem auch Werkzeuge ablaufen. Sie hat zwei wesentliche
Aufgaben zu erfüllen.

Zunächst ist die *Adreßumsetzung* zu nennen. Interaktionen sind mit Zieladressen versehen, die auf
unterschiedlichen Abstraktionsstufen liegen können, wie z. B. Gruppenname, Rollenname oder Be-
nutzername. Ein Gruppenname wird dann im allgemeinen in eine spezifische 'Repräsentantenrolle'
umgesetzt, und ein Rollenname wird. auf einen ihr zugeordneten Benutzer abgebildet. Außerdem
kann die Umsetzung einer abstrakten Zieladresse in mehrere explizite Zieladressen notwendig sein,
z. B. wenn jedes Mitglied einer bestimmten Gruppe informiert werden soll. Es muß also ein dy-
namisches Demultiplexen für N-Party-Kommunikation stattfinden. Um diese Adressumsetzung
bewältigen zu können, muß eine Kommunikation mit der Koordinationssteuerungs-Komponente
erfolgen, da letztere über die aktuellen Informationen zu Gruppen-Status und -Struktur verfügt.

Die zweite wesentliche Aufgabe ist die *Interaktionsadaption.* Da dieses Subsystem in der Schichten-
struktur unter der Adreßumsetzung angesiedelt ist, sind Interaktionsadressen hier Benutzernamen
oder — für implizite Interaktionen — Dokumentennamen. Abhängig von den Qualitäten der aktuell
verfügbaren Dienste des Basissystems ist es jedoch eventuell nicht möglich eine bestimmte Interaktionsanforderung zu erfüllen. Eine solche Interaktion wird dann, entsprechend festgelegten Strategien
für jeden Interaktionstyp und für den Interaktionsinitiator transparent, in eine Interaktion mit geringeren Anforderungen an das Basissystem umgesetzt. (Z. B. könnten einzelne Tastatureingaben,
die eigentlich voll synchron übermittelt werden sollten, gesammelt und als kompletter Satz verschickt werden.) Die der Adaption zugrunde liegenden Umgebungsinformationen werden von der
Verteilungs-Management-Komponente erfragt. Erst wenn eine Interaktion überhaupt nicht sinnvoll durchgeführt werden kann, wird dies dem auslösenden Werkzeug (das der Benutzer bedient)
als *technische Einschränkung* mitgeteilt. Dort können dann entsprechende Maßnahmen (wie im
äußersten Fall die Information des Benutzers) getroffen werden.

Auf der untersten Eben innerhalb der Komponente Interaktionsbehandlung werden Interaktionsanforderungen in *Dokumentenzugriffe, Ausgabeoperationen* an den Benutzer oder eine Kommunikation
über das *Intra-Werkzeug-Protokoll* umgesetzt. Letzteres ist notwendig, wenn eine Interaktion nicht
nur oder nicht direkt in einer Dokumentänderung oder Ausgabeoperation resultiert, sondern weitere Bearbeitung durch die Werkzeug-Partnerinstanz erfordert (siehe Abschnitte 4.2 und 4.5 für die
verteilte Realisierung der Werkzeuge). Die physikalischen Adressen der von Benutzern bedienten
Sichtgeräte und der Dokumente werden erst durch die Verteilungsunterstützung eingesetzt.

4.4   Koordinationssteuerung

Wie bereits erwähnt, ist eine Koordination essentiell für das gemeinschaftliche Bearbeiten komplexer Aufgaben. So ist auch diese Systemkomponente von zentraler Bedeutung innerhalb von
GROUPIE. Die Anforderung einer umfassenden Koordinationsunterstützung (vgl. Kapitel 3) wird
durch zunächst getrennnte Gruppen- und Aufgaben-Beschreibungen gelöst.

Gruppen-Beschreibungen bestehen aus Strukturen von Untergruppen, möglichen Rollen von Mitgliedern, potentiellen Interaktionsrelationen sowie Regeln, die einen Rahmen für Interaktionen vor-
geben. Sie entsprechen Klassenbeschreibungen und werden erst mit der Bildung einer Gruppe durch
Zuordnung von Benutzern instantiiert. Die aktuellen Zuordnungen werden im Gruppen-Status festgehalten. Einzelne Benutzer können mehreren Rollen und Gruppen zugeordnet sein.

Aufgaben-Beschreibungen komplexer Aufgaben (z. B. eines Software-Entwicklungsprozesses) bestehen aus Beschreibungen von Teilaufgaben, *generischen Aufgabenoperationen*, Typen von Dokumenten, die zu bearbeiten sind, und Regeln zur Darstellung von Abhängigkeiten und Abläufen bei der Bearbeitung. Generische Aufgabenoperationen sind atomar für die Beschreibung komplexer Aufgaben und korrespondieren zu den verschiedenen Werkzeug-Kategorien wie Gruppen-Editor oder Konferenzsystem. Auch hier wird die Aufgaben-Beschreibung erst instantiiert, wenn eine konkrete Aufgabe der jeweiligen Klasse zu bearbeiten ist. Der Aufgaben-Status hält den Zustand der involvierten Dokumente und den Fortschritt in der Bearbeitung von Teilaufgaben fest.

Aufgaben- und Gruppen-Beschreibungen sind zunächst voneinander unabhängig, um Wiederverwendbarkeit und Anpaßbarkeit sicherzustellen. Erst in einem weiteren Schritt werden sie unter Angabe von aufgaben- und gruppenbezogenen Regeln (z. B. 'Teilaufgabe A darf nur von einem Benutzer der Rolle B bearbeitet werden') zu einer aufgaben- und gruppenangepaßten, komplexen Interaktionsstruktur vereinigt.

Während der Bearbeitung einer komplexen Aufgabe evaluiert die Koordinationssteuerung Aufgaben- und Gruppen-Beschreibungen sowie verbindende Regelstrukturen auf der Basis von Aufgaben- und Gruppen-Zustandsinformationen. Die *überprüfende* Teilkomponente fängt jede Interaktionsanforderung ab und leitet sie, abhängig vom Ergebnis obiger Evaluierung, an die Interaktionsbehandlung weiter oder meldet eine *Koordinations-Einschränkung* zurück. Auf diese Weise wird die komplexe Koordination mit der Granularität einer einzelnen Interaktion realisiert. Den einzelnen Werkzeugen werden Implementierungen einer elementaren Koordination abgenommen, indem diese Beschreibungen Werkzeug-spezifischer Restriktionen zur Verfügung stellen, die dann ebenfalls von der Koordinationssteuerung berücksichtigt werden. *Führende* Koordinationsunterstützung wird von einer Teilkomponente erbracht, die, ausgelöst durch das Zutreffen vordefinierter Bedingungen, entsprechende Interaktionen an einen Benutzer über ein geeignetes Werkzeug durchführt.

Da die Koordinationssteuerung eng in jede Interaktion involviert ist, wird sie in GROUPIE verteilt realisiert, und oben genannte Evaluierungen werden soweit wie möglich lokal vorgenommen. Ein Koordinationsprotokoll erlaubt die Kooperation von Koordinations-Partnerinstanzen. Von der Verteilungs-Management-Komponente erfragte Umgebungsinformation läßt auch die Durchführung von Koordinationsevaluierungen auf besonders geeigneten Ausführungsknoten zu.

4.5 Werkzeugunterstützung

Jede Interaktion eines Benutzers wird mit Hilfe eines Werkzeuges ausgeführt. Wie in Abschnitt 4.4 bereits beschrieben, wird jede komplexe Aufgabe auf generische Aufgabenoperationen zurückgeführt. Zur Durchführung einer generischen Aufgabenoperation steht jeweils ein geeignetes Werkzeug zur Verfügung. Neben dem oben erwähnten Gruppen-Editor können dies auch eine 'Werkbank' zur Darstellung verfügbarer Werkzeuge oder ein Status-Werkzeug zur Veranschaulichung des aktuellen Zustandes der Gruppenarbeit sein. Natürlich ist jedes dieser Werkzeuge ein Gruppen-Werkzeug, das die Bedienung durch einen Benutzer als trivialen Fall unterstützt. Wir werten die Funktionalität der 'Gruppen-Bedienung' höher als die der 'Mehrbenutzer-Bedienung', da letztere kein Gruppen-'Verständnis' der Applikation voraussetzt.

Da ein solches Gruppen-Verständnis kaum nachträglich in eine bestehende Applikation eingebracht werden kann, ist es notwendig, neue Werkzeuge zu implementieren, die von vornherein Benutzergruppen berücksichtigen. Um die Konstruktion von Werkzeugen für bestehende und neu identifizierte, generische Aufgabenoperationen zu vereinfachen wird eine *Sprachunterstützung* zur Verfügung gestellt, welche die Implementierung auf einem höheren Abstraktionsniveau erlaubt und aus der auch ein einheitliches 'Look-and-Feel' der verschiedenen Werkzeuge resultiert.

Die Sprachunterstützung umfaßt zunächst Mechanismen für Interaktionsanforderungen ('Anforderungen', da Interaktionen — unter Berücksichtigung technischer und koordinierender Einschränkungen — erst in Kooperation mit niedrigeren Ebenen unseres Systems durchgeführt werden). Weiter werden mehrere Interaktionsklassen, eine für jede *generische Gruppeninteraktion*, zur Verfügung gestellt, die technische Anforderungen und 'Fallback'-Strategien beschreiben und applikationsspezifisch verfeinert werden. Interaktionen können mit Adressen auf der Basis von Gruppen, Rollen, Benutzern oder Dokumenten versehen werden; solche Adressen können auch 'Multicast'-Interaktionen spezifizieren. Da eine Interaktionsanforderung nicht notwendigerweise von tiefer liegenden Schichten erfüllt werden muß, werden Mechanismen zur Berücksichtigung von Rückmeldungen über technische oder koordinierende Einschränkungen angeboten. Schließlich finden auch führende Interaktionen von der entsprechenden Teilkomponente der Koordinationssteuerung Berücksichtigung.

Methoden, die eine Kooperation mit der Koordinationssteuerung auslösen, geben Zugriff auf Status- und Strukturinformationen über Gruppen und Aufgaben. Dies erlaubt komplexe Anfragen, z. B. über alle Benutzer einer spezifischen Rolle, die gerade an einer bestimmten Teilaufgabe arbeiten.

Ein weiteres, wesentliches Merkmal unserer Sprachunterstützung sind Mechanismen zur Kooperation von Partnerinstanzen, die gemeinsam die Funktionalität eines Werkzeuges realisieren, über ein Intra-Werkzeug-Protokoll. Diese verteilte Realisierung der Werkzeuge erlaubt die flexible Anpassung an verschiedene Umgebungen.

Schließlich werden Methoden zur Beschreibung von Werkzeug-spezifischen Restriktionen, die durch die Koordinationssteuerungs-Komponente ausgewertet und berücksichtigt werden, zur Verfügung gestellt. Dies reduziert die Werkzeug-Implementierung um entsprechende Koordinationsmaßnahmen und erlaubt die Ausnutzung der vollen, überprüfenden und führenden Koordinationsfunktionalität.

4.6 Werkzeug-Integration

Es wurde bereits erwähnt, daß echte Gruppen-Werkzeuge neu implementiert werden müssen. Es existiert jedoch in den verschiedensten Anwendungsgebieten eine große Anzahl von Einbenutzer-Werkzeugen, die sehr weit fortgeschritten in der Unterstützung einer speziellen Teilaufgabe sind (z. B. CAD-Systeme, die hohen Ansprüchen genügen). Auch unter Berücksichtigung der Forderung nach einer homogenen Integration in den Arbeitsplatz (vgl. Kapitel 3) ergibt sich also die Notwendigkeit einer Einbindung existierender Einbenutzer-Applikationen in unser CSCW-System. Das zentrale Problem hierbei ist die Integration in die Verfahren zur Koordinationssteuerung. Verschieden enge Einbindung eines bestehenden Werkzeuges erfordert verschieden starke Adaption desselben. Der Bereich der Applikationsmodifikationen erstreckt sich von keinen Änderungen über erneutes Binden bis zu Änderungen im Code.

Betrachtet man asynchrone Gruppenarbeit, bei der nur ein Benutzer gleichzeitig mit einem Werkzeug arbeitet, so beschränkt sich die Koordinationseinbindung auf den Aufruf des Werkzeuges und den Zugriff auf die bearbeiteten Dokumente. Während die Überwachung des Aufrufes kein Problem darstellt, müssen Dokumentzugriffe abgefangen und der Koordinationssteuerungs-Komponente mitgeteilt werden.

Aber auch die Erweiterung existierender Werkzeuge um Mehrbenutzer-Manipulation kann erreicht werden, indem eine nachträgliche Verteilung auf der Ebene der Mensch-Maschine-Schnittstelle realisiert wird (siehe auch Kapitel 4.2). Als Beispiel soll wieder die große Gruppe der X-Windows-Applikationen dienen, bei denen eine nachträgliche Erweiterung um Mehrbenutzer-Manipulation durch Erweiterungen des X-Protokolls erreicht wurde, zum Teil sogar ohne daß ein neues Binden erforderlich wurde [Alt90].

5 Zusammenfassung

Es wurde eine neue Systematik für Groupware eingeführt, und Anforderungen für ein umfassendes und universelles CSCW-Unterstützungssystem wurden vorgestellt. Unter Berücksichtigung dieser Anforderungen wurde eine Architektur eines solchen Systems zur Unterstützung von Gruppen-Interaktionen entwickelt.

GROUPIE wird in einer Netzwerktopologie von mehreren Ethernet-Segmenten, einem kampus-weiten FDDI-Backbone und einem ISDN-Anschluß implementiert werden. Eine Validierung wird zunächst in der Domäne computerunterstützter Unterricht im Projekt NESTOR stattfinden.

Literatur

[Alt90]   Michael Altenhofen, "Erweiterung eines Fenstersystems für Tutoring-Funktionen". Master's thesis, Institut für Telematik, Universität Karlsruhe, January 1990.

[AWGN88] Hussein M. Abdel-Wahab, Sheng-Uei Guan, and Jay Nievergelt, "Shared Workspaces for Group Collaboration: An Experiment Using Internet and UNIX Interprocess Communications", *IEEE Computer*, pages 10–16, November 1988.

[BCD+89] Gerold Blakowski, Kathy Coyle, Josef Dirnberger, Martin Dürr, Max Mühlhäuser, Burkhard Neidecker-Lutz, Martin Richartz, Tom Rüdebusch, Joachim Schaper, Florin Spanachi, Paul Tallett, and Igor Varsek, "NESTOR Requirements and Architecture", Technical Report 13/89, University of Karlsruhe, Zirkel 2, 7500 Karlsruhe, West Germany, August 1989.

[Bla90]   Gerold Blakowski, "Supporting Multimedia Information Presentation in a Distributed, Heterogeneous Environment", in *2nd IEEE Workshop on Future Trends of Distributed Computing Systems*, September 1990.

[Byt88]   "BYTE, Special Issue on Groupware", December 1988.

[Com87]   "Communications of the ACM, Special Issue on Groupware", January 1987.

[Con87]   Jeff Conklin, "Hypertext: An Introduction and Survey", *IEEE Computer*, pages 17–41, September 1987.

[CSC86]   *CSCW'86 Conference on Computer-Supported Cooperative Work*, Austin, Texas, December 1986. MCC/ACM.

[CSC88]   *CSCW 88 Conference on Computer-Supported Cooperative Work*, Portland, Oregon, September 1988. ACM.

[DPB88]   Thore Danielsen and Uta Pankoke-Babatz, "The AMIGO Activity Model", in R. Speth, editor, *Research into Networks and Distributed Applications*, *EUTECO'88*, pages 227–242, Vienna, Austria, April 1988. The European Action in Teleinformatics COST 11ter, North Holland, Amsterdam, New York, Oxford.

[ECS89]   *EC-CSCW'89 First European Conference on Computer Supported Cooperative Work*, London, UK, September 1989.

[EGR88]   Clarence A. Ellis, Simon J. Gibbs, and Gail L. Rein, "Groupware: The Research and Development Issues", Technical Report STP-414-88, Microelectronics and Computer Technology Corp., Austin, Texas, December 1988.

[EGR89]   C. Ellis, S. J. Gibbs, and G. Rein, "Design and Use of a Group Editor", Technical Report STP-263-88, Microelectronics and Computer Technology Corp., Austin, Texas, June 1989.

[Gib89a]   S. Gibbs, "CSCW and Software Engineering", Technical report, University of Geneva, 1989.

[Gib89b]   S. J. Gibbs, "LIZA: An Extensible Groupware Toolkit", in Ken Bice and Clayton Lewis, editors, *CHI '89, Wings for the Mind*, pages 29–35, Austin, Texas, May 1989. Association for Computing Machinery, ACM Press.

[Gre88]   Irene Greif, editor, *Computer-Supported Cooperative Work: A Book of Readings*. Morgan-Kaufmann Publishers, Inc., San Mateo, CA, 1988.

[GS88]   Irene Greif and Sunil Sarin, "Data Sharing in Group Work", in Irene Greif, editor, *Computer-Supported Cooperative Work: A Book of Readings*, chapter 17, pages 477–508. Morgan-Kaufmann Publishers, Inc., San Mateo, CA, 1988.

[GSM]   L. Nancy Garret, Karen E. Smith, and Norman Meyrowitz. "Intermedia: Issues, Stategies, and Tactics in the Design of a Hypermedia Document System". Institute for Research in Information and Scholarship, Brown University.

[Hal88]   Frank G. Halasz, "Reflections on Notecards: Seven Issues for the Next Generation of Hypermedia Systems", *Communications of the ACM*, 31(7):836–852, July 1988.

[HCL89]   M. Hofmann, R. Cordes, and H. Langendörfer, "Hypertext/Hypermedia", *Informatik-Spektrum*, 12(4):218–220, August 1989.

[KK88]   Kenneth L. Kraemer and John Leslie King, "Computer-Based Systems for Cooperative Work and Group Decision Making", *ACM Computing Surveys*, 20(2):115–146, June 1988.

[Mad89]   Christian Murmann Madsen, "Using Persistent Objects to Implement an Environment for Cooperative Work", in *TOOLS '89 - Technology of Object-Oriented Languages and Systems*, pages 243–252, CNIT Paris, France, November 1989.

[Mue89a]   M. Mühlhäuser, "Hyperinformation Requirements for an Integrated Authoring/Learning Environment", in *Intl. Workshop 'Hypermedia in Education'*, Rottenburg, W. Germany, July 1989. To be published in the NATO Advanced Research book series.

[Mue89b]   M. Mühlhäuser, "Requirements and Concepts for Networked Multimedia Courseware Engineering", in H. Maurer, editor, *ICCAL, Intl. Conf. on Computer Aided Learning*, pages 400–419, Dallas, Texas, May 1989. Springer-Verlag, Berlin, Heidelberg, New York, London, Paris, Tokyo.

[Opp88]   Susanna Opper, "A Groupware Toolbox", *Byte*, pages 275–282, December 1988.

[Pat90]   John Patterson, "The Good, the Bad, and the Ugly of Window Sharing in X", in *4th Annual X Technical Conference*, Boston, Massachusetts, January 1990.

[PB89]   Uta Pankoke-Babatz, editor, *Computer Based Group Communication - the AMIGO activity model*. Ellis Horwood Limited, Chichester, 1989.

[PBP89]   Uta Pankoke-Babatz and Wolfgang Prinz, "Support for Coordinating Group Activities", in Einar Stefferud, Ole J. Jacobsen, and Pietro Schicker, editors, *Message Handling Systems and Distributed Applications*, pages 345–358, Costa Mesa, California, U.S.A, October 1989. IFIP TC 6/WG 6.5, North Holland, Amsterdam, New York, Oxford.

[RE89]   Gail L. Rein and Clarence A. Ellis, "The Nick Experiment Reinterpreted: Implications for Developers and Evaluators of Groupware", Technical Report STP-018-88, Microelectronics and Computer Technology Corp., Austin, Texas, June 1989.

[RR89]   Martin Richartz and Tom D. Rüdebusch, "Collaboration in Hypermedia Environments", in *Intl. Workshop 'Hypermedia in Education'*, Rottenburg, W. Germany, July 1989. To be published in the NATO Advanced Research book series.

[SFB+87]   Mark Stefik, Gregg Foster, Daniel G. Bobrow, Kenneth Kahn, Stan Lanning, and Lucy Suchman, "Beyond the Chalkboard: Computer Support for Collaboration and Problem Solving in Meetings", *Communications of the ACM*, 30(1):32–47, January 1987.

[Win88]   Terry Winograd, "Where the Action Is", *Byte*, pages 256a–258, December 1988.

[YHMD88]   Nicole Yankelovich, Bernard J. Haan, Norman K. Meyrowitz, and Steven M. Drucker, "INTERMEDIA: The Concept and the Construction of a Seamless Information Environment", *IEEE Computer*, pages 1–14, January 1988.

[You89]   Douglas A. Young, *X Window Systems*. Prentice Hall, Englewood Cliffs, N.J., 1989.

Kooperationsvorgänge in offenen Kommunikationssystemen : Darstellung und Abwicklung

Henning Maaß, Martin Elixmann
Philips GmbH Forschungslaboratorium Aachen
Weißhausstraße, 5100 Aachen

Zusammenfassung. Der ISO–Standard 8613 *"Office Document Architecture" (ODA/ODIF)* definiert ein Austauschformat für Verbunddokumente. ODA beschreibt die Strukturierung, Formatierung und den Austausch von Verbunddokumenten, bietet dem Benutzer aber keine Unterstützung bei deren Bearbeitung. In diesem Beitrag wird eine "Bearbeitungsstruktur" für ODA vorgestellt, die sowohl die Bearbeitungsregeln als auch den aktuellen Bearbeitungsstand eines Dokuments beschreiben kann. Die neue Bearbeitungsstruktur ermöglicht die Definition von arbeitsteiligen Kooperationsvorgängen in offenen Kommunikationssystemen. Bei der Abwicklung dieser Vorgänge wird die Struktur automatisch interpretiert und steuert so die Dokumentbearbeitung.

Summary. The *Office Document Architecture (ODA/ODIF)* established as ISO 8613 defines a standardized document interchange format. ODA describes the structure, the editing, and the formatting of multimedia documents but it does not support the user in processing them. This paper presents a "procedural structure" for ODA in order to describe the rules of processing office documents and the actual status of the document processing procedure. This new procedural structure allows the definition of collaborative office procedures in open communication networks. The procedural structure is interpreted automatically, thereby controlling the office procedure.

1. Einleitung

Hinter der Abkürzung *CSCW (Computer–Supported Cooperative Work)* verbirgt sich ein aufstrebendes Forschungsgebiet der Informatik, in dessen Mittelpunkt die menschlichen Arbeitstechniken der Gruppenarbeit [1] stehen. Ziel ist es, Modelle und Konzepte zu entwikkeln, die die organisatorische Zusammenarbeit fördern [2].

Parallel dazu berichten kritische Benutzergruppen [3], daß die heute verfügbaren Bürokommunikationssysteme (kurz: BK–Systeme) dieses Ziel oft nicht befriedigend erreichen. Ein Hauptgrund ist, daß sich die Systeme einzelner Hersteller nicht zu benötigten Gesamtlösungen kombinieren lassen, weil sie keine übergreifenden internationalen Kommunikationsstandards benutzen. Kommunikationsfähigkeit ist jedoch eine notwendige Voraussetzung, um den bei arbeitsteiligen Bearbeitungsvorgängen stattfindenden Informationsaustausch zu ermöglichen.

Kann man dieses Problem nun einfach dadurch lösen, daß man für Bürokommunikationssysteme auf existierende Daten–Austauschformate wie z.B. EDIFACT [4] zurückgreift ?

Dies ist in der Regel nicht möglich, denn Standards wie EDIFACT wurden zum Austausch "*verarbeitungsorientierter*" Informationen entwickelt [5]. Diese Art von Information fällt z.B. im Bestell- und Rechnungswesen in Form von Datensätzen (z.B. "Bestellnummer", "Menge" und "Preis" eines bestimmten Artikels) an, die dann automatisch ohne weitere Benutzerentscheidungen verarbeitet werden können.

Im Bürobereich sind die ausgetauschten Informationen dagegen "*benutzerorientiert*", weil ihre Bearbeitung stark interaktiv und nicht voll-automatisierbar ist. Daher fordern die Anwender von Bürokommunikationssystemen den Informationsaustausch über "elektronische Dokumente". Diese Dokumente sollen alle vorgangsrelevanten Informationen zwischen den einzelnen Bearbeitungsstationen übertragen und damit die Integration der verteilten Arbeitsplätze zu einem Gesamtsystem ermöglichen.

Dieser Beitrag stellt einen neuen Ansatz zur Unterstützung von verteilten, arbeitsteiligen Büroprozeduren in offenen Kommunikationssystemen vor, der sich auf den Austausch solcher elektronischer Dokumente stützt. Dabei wurden bisher nur solche Vorgänge betrachtet, bei denen die einzelnen Bearbeiter asynchron, d.h. nicht in Echtzeit, kooperieren. Im Abschnitt 8 wird der im Rahmen unseres Projekts "CHIOS" entwickelte Prototyp eines BK-Systems beschrieben, das auf diesen neuen Konzepten basiert.

2. Kommunikation in verteilten Bürosystemen

Im Bürobereich findet ein großer Teil der Kommunikation und Kooperation über Bürodokumente in Form von Formularen, Anleitungen und Anlagedokumenten (Quittungen und Belege) statt [6]. Diese Dokumente sind in der Regel komplexe Verbunddokumente und sind in einen Verarbeitungskontext eingebettet.

Der heutige Umgang mit Bürodokumenten innerhalb benutzerorientierter Bearbeitungsvorgänge kann folgendermaßen charakterisiert werden :

- Viele Bürovorgänge sind arbeitsteilig und zwingen die einzelnen Bearbeiter (z.B. Steuerpflichtiger und Finanzbeamter), über Verbunddokumente zu kommunizieren.

- Ein großer Teil der täglichen Büroarbeit wird mit dem Lesen von Anleitungen, Ausfüllen von Formularen und Auswerten von zusätzlichen Informationen wie z.B. Akten, Belegen und Tabellen verbracht.

- Ein Ungeübter wird von der Komplexität der Dokumente oft verwirrt und überfordert :

  - Da viele Formulare von mehreren Personen arbeitsteilig ausgefüllt werden, ist für den einzelnen Bearbeiter nur ein Teil des Formulars von Interesse.

  - Ein Formular muß so allgemein sein, daß alle denkbaren Fälle berücksichtigt werden.

- Beim Ausfüllen von Formularen müssen die Bearbeiter eine Reihe von sich wiederholenden *Standardoperationen* durchführen, die zeitaufwendig und fehlerträchtig sind :

  - *Eintragen von Angaben* : Der Benutzer muß eine Reihe von Angaben machen, von denen einige aus festgelegten Quellen stammen (z.B. aus einer Lohnsteuerkarte), einige konstant (z.B. Name, Adresse usw.) und einige aktuell sind.

  - *Ermitteln und Auswerten von Angaben* : Eine Reihe von Angaben wird rechnerisch aus vorhandenen Werten ermittelt. Entscheidungen werden aufgrund vorgegebener Bedingungen getroffen (z.B. Steuerfreibeträge gewähren).

- *Prüfen und Belegen von Angaben* : Alle Eintragungen müssen auf Vollständigkeit und Richtigkeit überprüft und evtl. durch Beifügen von Anlagedokumenten belegt werden.

Dieser Beitrag beschreibt die Ergebnisse unseres CHIOS-Projekts mit dem Ziel, den oben geschilderten Ablauf von Büroprozeduren in offenen Kommunikationssystemen nicht nur zu ermöglichen, sondern durch Verwirklichung folgender Forderungen auch erheblich zu vereinfachen :

1. Elektronische Dokumente sollen einen *Rahmen für den vorgangsbezogenen Informationstransport* zwischen den einzelnen Bearbeitungsstationen eines Büroablaufs liefern. Über die Dokumente werden die einzelnen Stationen zu einem Gesamtsystem integriert.

2. Die Dokumente sollen sowohl die *Bearbeitungsregeln* einer Büroprozedur als auch deren aktuellen *Bearbeitungsstand* so beschreiben, daß diese Informationen automatisch interpretiert werden können. Ein solches erweitertes Dokument soll im folgenden auch "*elektronische Akte*" genannt werden, weil es alle vorgangsrelevanten Informationen enthält. Je nach Anwendung steuern diese Regeln den Dialog mit dem Bearbeiter und/ oder aktivieren Funktionen wie z.B. Berechnungsvorschriften und Datenbankanfragen.

3. Besonders wichtig ist, daß sich die BK-Produkte verschiedener Hersteller beliebig kombinieren und damit in *offenen Kommunikationssystemen* betreiben lassen. Dazu ist es notwendig, das Austauschformat der Dokumente auf internationale Standards aufzubauen und die Kommunikation nach den OSI-Prinzipien zu strukturieren [7].

4. Da viele Mitarbeiter mehrere verschiedene Vorgänge abwickeln, muß die *Bedienung der BK-Anwendungen vereinheitlicht* werden. Dies kann z. B. dadurch erreicht werden, daß verschiedene Büroprozeduren mit einem universellen – sich dem jeweiligen Vorgang anpassenden – Bearbeitungssystem unterstützt werden.

5. Die Bearbeitung von Büroabläufen soll folgendermaßen unterstützt werden :

    a) *Dokumentverteilung*: Die automatische Verteilung der Dokumente zu den relevanten Bearbeitungsstellen eines Büroablaufs muß gesteuert und nachgeprüft werden können (vergleichbar mit einem "Laufzettel" heutiger Akten und Dokumente).

    b) *Dokumentbearbeitung* : Der Bearbeitungskomfort für die Vorgangsbearbeiter soll durch folgende Maßnahmen verbessert werden :

    - *Steuerung der Bearbeitung durch Dialoge und Fehlermeldungen.* Bearbeitungsreihenfolge und -bedingungen von Dokumentteilen werden dem Bearbeiter über Dialoge, Menüs u.ä. vermittelt. Unzulässige Angaben werden erkannt und mit Fehlermeldungen angezeigt.

    - *Verbergen von irrelevanter Information* durch verschiedene Vorgangssichten für die einzelnen Bearbeiter. Jede Vorgangssicht kann ein eigenes Layout besitzen, so daß dem Bearbeiter nur die für ihn relevanten Teile eines Dokuments angezeigt werden.

    - *Anleitungstexte (Richtlinien) in das elektronische Dokument integrieren* und dem Bearbeiter als Help-Text anbieten.

    - *Verwalten von Anlagen.* Alle zusätzlich zum Dokument anfallenden Papiere (z.B. Belege, Quittungen) werden elektronisch abgetastet und als Rasterbild in das Dokument eingefügt. Sie können wie Hilfetexte wieder angezeigt werden.

In den folgenden Abschnitten werden die wichtigsten CHIOS-Konzepte beschrieben, die die Verwirklichung der oben genannten Forderungen ermöglichen.

3. Beschreibung von Bearbeitungsregeln mit Dokumenten

Zwei der Forderungen, die wir an ein Bürokommunikationssystem stellen, sind :

1. Alle Informationen eines Vorgangs sollen über Verbunddokumente zwischen den Bearbeitungsstationen und Anwendungssystemen ausgetauscht werden.

2. Die Bearbeitung des Vorgangs soll in einem offenen Kommunikationssystem erfolgen.

Um diese beiden Forderungen zu erfüllen, müssen neben den eigentlichen Kommunikationsprotokollen (über OSI–konforme Standards, [7]) sowohl der strukturelle Aufbau der Dokumente als auch das Austauschformat für deren Übertragung standardisiert werden. Diese Standardisierungen sind bereits von mehreren internationalen Normungsgremien vorgenommen worden [8], [9]. So wurde zuletzt im Mai 1989 von der ISO der Standard ISO 8613 *"Office Document Architecture and Interchange Format"* (ODA) verabschiedet. Das Austauschformat für ODA–Dokumente wird ODIF genannt. Eine Einführung in den ODA–Standard findet man z.B. in [10].

Der aktuelle ODA–Standard – "ODA–89" genannt – beschreibt zur Zeit nur den strukturellen Aufbau und die Formatierung von Verbunddokumenten mit Inhalt aus Text, Grafik und Bildern. Erweiterungen für die Einbindung von zusätzlichen Inhaltstypen (z.B. Sprache) sind in Vorbereitung, daher kann man mit ODA alle heute und künftig üblichen Bürodokumente beschreiben und darstellen. Wir fordern jedoch zusätzlich, daß Bürodokumente sowohl Bearbeitungsregeln als auch Bearbeitungsstand einer Büroprozedur beschreiben können sollen. Hierzu sind Dokumente nach dem aktuellen ODA–Standard jedoch nicht in der Lage. In den folgenden Abschnitten wird gezeigt, wie wir diese zusätzlichen Informationen in den ODA–Standard eingebunden haben und welche Erweiterungen des aktuellen Standards dafür entwickelt werden mußten.

Die wesentliche Erweiterung einer "elektronischen Akte" gegenüber einem herkömmlichen "elektronischen Dokument" ist, daß Mittel zur Beschreibung der Bearbeitungsregeln eines Vorgangs, d.h. der *Semantik eines Bürodokuments*, verwaltet werden müssen. Im folgenden werden zwei verschiedene Ansätze zur Beschreibung dieser Semantik vorgestellt.

In Bild 1 sind die Informationen, die die Dokumentbearbeitung beschreiben, in einem Applikationsprogramm untergebracht. Dieses Applikationsprogramm benutzt ein "Interface", um Daten mit dem elektronischen Vorgang auszutauschen. Dieses Interface besteht aus nicht–standardisierten – d.h. applikationsspezifischen – Strukturen. Die Schnittstelle ist daher applikationsabhängig und kann nur von dem entsprechenden Anwendungsprogramm, also z.B. von einem Programm zur Formularbearbeitung, richtig interpretiert werden. Dies bedeutet, daß die Semantik des Bürodokuments nicht durch das Interface selbst, sondern durch das Applikationsprogramm festgelegt wird. Erste Ansätze zur Beschreibung von Regeln nach dieser Variante wurden z. B. in [11] und von der CCITT in [12] veröffentlicht. Der Leistungsumfang der dort beschriebenen Regeln entspricht aber bei weitem nicht den hier gestellten Forderungen.

Bild 2 zeigt den Fall, daß die Regeln der Vorgangsbearbeitung vollständig durch standardisierte Sprachmittel deklariert werden können. Diese Deklarationen werden durch einen geeigneten "Interpreter" ausgewertet und steuern so die Formularbearbeitung.

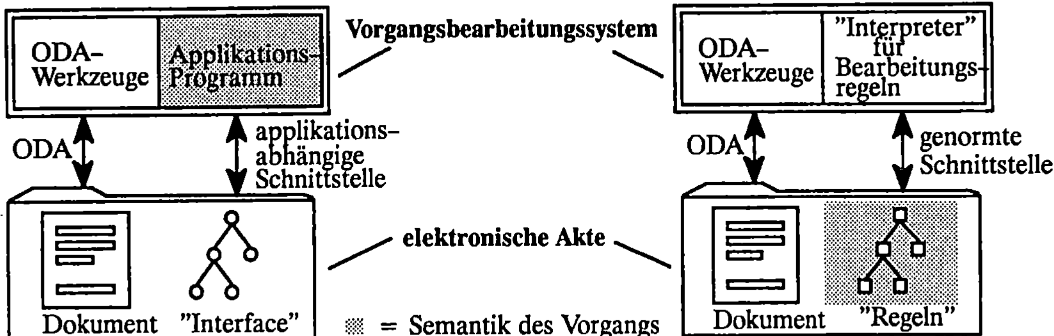

Bild 1 : Applikationsabhängige Akte   **Bild 2 : Vollständig standardisierte Akte**

Der Interpreter ist ein universelles Werkzeug, das alle Anwendungen, die sich mit den standardisierten Strukturen beschreiben lassen, bearbeiten kann. Dabei wird allerdings nicht ausgeschlossen, daß der Interpreter in verschiedenen Modi arbeitet und die Bearbeitungsregeln evtl. nur teilweise interpretiert, etwa nur Überprüfungen (Wertebereich, Vollständigkeit der Angaben) aber keine automatischen Bearbeitungsschritte (Aktionen) durchführt.

Der in Bild 2 gezeigte Ansatz besitzt gegenüber dem in Bild 1 eine Reihe von Vorteilen :

- Alle Informationen eines Büroablaufs sind in der elektronischen Akte enthalten, zusätzliche Absprachen zwischen den Bearbeitungsstationen sind nicht notwendig.

- Alle Vorgänge lassen sich mit einem universellen Werkzeug bearbeiten. Dadurch haben alle Büroabläufe ein einheitliches Bedienungsschema und Benutzer-Interface.

- Bei Änderungen eines Bearbeitungsablaufs müssen nicht alle einzelnen Bearbeitungsstationen, sondern nur der Inhalt einer elektronischen Akte geändert werden.

- Es ist sichergestellt, daß alle Mitarbeiter eines kooperativen Bürovorgangs stets die gleichen und die neuesten Bearbeitungsregeln befolgen. Konsistenzprobleme infolge auf das System verteilter Bearbeitungsregeln treten nicht auf.

Dieser Beitrag verfolgt aufgrund der oben aufgeführten Vorteile ein Konzept gemäß Bild 2. Dabei wird jedoch nicht ausgeschlossen, daß zusätzlich applikationsabhängige Informationen in der elektronischen Akte übertragen werden. Dadurch können sehr selten geforderte Bearbeitungsfunktionen, die nicht standardisiert werden sollten, beschrieben werden.

4. Verwandte Forschungsarbeiten

Zur besseren Orientierung wollen wir in diesem Kapitel unsere CHIOS-Konzepte in das Umfeld der aktuellen CSCW-Forschung einordnen.

Es gibt verschiedene Ansätze zur Klassifizierung von CSCW-Systemen. In [13] wird eine Klassifizierung in Abhängigkeit von der im System enthaltenen Menge formalen Wissens über die zu unterstützende Applikation vorgeschlagen.

1) *Großes formales Wissen über die Applikation im System enthalten.* Darunter fallen z.B. Systeme zur Formularbearbeitung und Kalenderverwaltung (z.B. [14]).

2) *Kein formales Wissen über die Applikation im System enthalten.* Hierunter fallen elektronische Mitteilungssysteme und *Hypertext*-Systeme (z.B. [15]).

3) *Systeme mit variablem Anteil formalen Wissens über die Applikation.* Hierunter werden elektronische Mitteilungssysteme verstanden, deren Mitteilungen sowohl strukturierte als auch unstrukturierte Informationen enthalten ([13], [16]).

Andere Veröffentlichungen benutzen die zeitliche Synchronisation der Gruppenarbeit und die räumliche Distanz der Gruppenmitglieder zur Klassifizierung ([2]) :

4) *Systeme, die eine Zusammenarbeit in Echtzeit an einem Ort unterstützen (z.B. [17]).*

5) *Systeme, die eine asynchrone Zusammenarbeit an einem Ort unterstützen.*

6) *Systeme, die eine asynchrone Zusammenarbeit an getrennten Orten unterstützen (z.B. [2]).*

Ein auf unseren CHIOS-Konzepten basierendes BK-System läßt sich in die Kategorie 1) einordnen, weil dem BK-System die Semantik einer Büroprozedur vollständig bekannt ist. Andererseits läßt es sich auch in die Kategorie 6) einordnen, da wir die Zusammenarbeit räumlich getrennter Personen, die asynchron kooperieren, unterstützen wollen.

5 Die Office Document Architecture (ODA)

Bild 3 zeigt die Bestandteile eines ODA-Dokuments in einer Übersicht. Das Dokument besteht aus einem Dokumentprofil (*"document profile"*) und einem Dokumentrumpf (*"document body"*). Der Dokumentrumpf besteht aus den Dokumentstrukturen und den *"styles"*.

Das Dokumentprofil beschreibt das Dokument als Ganzes. Es besteht aus einem Satz von Attributen, der allgemeine Angaben über das Dokument enthält, z.B. Autor, Herausgabedatum, Revisionsgeschichte. Das Profil dient der Dokumentverwaltung und kann zu diesem Zweck auch getrennt vom Dokumentrumpf übertragen und bearbeitet werden.

ODA definiert zwei verschiedene Sichten eines Dokuments, für die jeweils Dokumentstrukturen existieren. Die logische Struktur (*"logical structure"*) gliedert das Dokument in logische Einheiten wie z.B. Titel, Kapitel, Unterkapitel, Bild usw. Die Layoutstruktur (*"layout structure"*) unterteilt das Darstellungsmedium (Papierseiten, Bildschirmseite) in rechteckige Bereiche wie Seiten und Blöcke und beschreibt die Anordnung des Dokumentinhalts in diesen Bereichen. Von jedem Dokumentstrukturtyp kann ein Dokument sowohl eine "generische Struktur" (*"generic structure"*) als auch eine "spezifische Struktur" (*"specific structure"*) besitzen. Die generischen Strukturen werden durch eine Hierarchie von Objektklassen, die spezifischen Strukturen aus einer Hierarchie von Objekten gebildet.

In vielen Fällen enthält ein Dokument Objekte mit gleichen Eigenschaften. Um Redundanz in der Beschreibung der Dokumentstrukturen zu vermeiden, wurde das Konzept der Objektklasse (*"object class"*) in den Standard aufgenommen. Gleichartige Objekte werden durch eine gemeinsame Objektklasse beschrieben, die ihre Eigenschaften den Objekten vererbt.

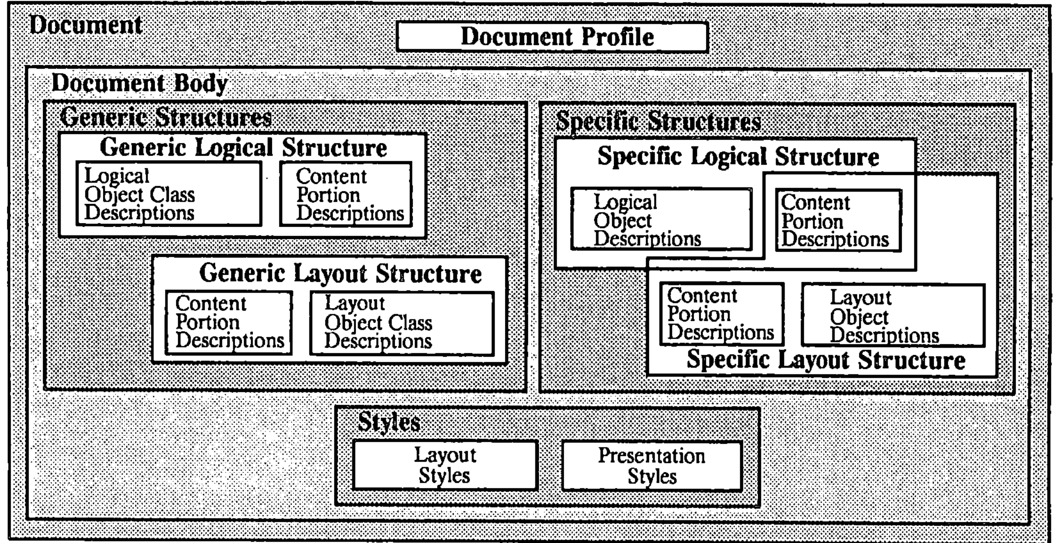

Bild 3 : Bestandteile eines ODA–Dokuments

Die Objekte der Dokumentstrukturen können selbst keinen Inhalt besitzen. Inhalt kann nur in sogenannten *"content portions"* definiert werden, die der untersten Hierarchieebene beider Dokumentstrukturen zugeordnet sind. Der Inhalt selbst ist über sogenannte Inhaltsarchitekturen (*"content architecture"*) strukturiert, die einen Satz von Inhaltselementen, Kontrollfunktionen, Attributen und die dazugehörigen Anwendungsregeln festlegen. Zur Zeit definiert der ODA–Standard drei verschiedene Inhaltsarchitekturen (Text, Raster– und geometrische Grafik), die aus vorhandenen Standards abgeleitet wurden.

Die Objekte der Dokumentstrukturen werden durch Sätze von Attributen und dazugehörigen Attributwerten, sogenannten *"object descriptions"*, beschrieben. Nicht alle Attribute müssen explizit bei den Objekten bzw. Objektklassen angegeben werden. ODA definiert die Ableitung der Attributwerte von Objektklassen, hierarchisch höheren Objekten und Attributsammlungen (sogenannten *"styles"*). *"Layout styles"* geben Attributwerte für logische Objekte an. Sie steuern die Dokumentformatierung. *"Presentation styles"* geben Attributwerte für beide Strukturen an und steuern die Darstellung des Dokuments.

6. Definition einer "Bearbeitungsstruktur" für ODA

Im folgenden wird beschrieben, wie wir unsere Anforderungen an BK–Systeme durch Erweiterung des aktuellen ODA–Standards realisieren konnten [18].

Der Entwicklung unseres Lösungskonzepts liegen folgende Prinzipien zugrunde :

– *Kompatibilität zu bestehenden Standards.* Der erweiterte Standard soll möglichst aufwärts–kompatibel zum ODA–89–Standard sein, damit existierende ODA–Werkzeuge weiterbenutzt werden können. Neue Strukturen und Attribute sollen sich eng an ODA–89–Konventionen orientieren, um ein einheitliches Gesamtkonzept zu erhalten.

- *Einführung einer zusätzlichen Dokumentstruktur.* Die Erweiterungen sollen nicht durch Erweitern der ODA–89–Strukturen erfolgen, um die Strukturierung der Bearbeitungsregeln unabhängig vom strukturellen Aufbau des Bürodokuments gestalten zu können und die Kompatibilität zu ODA–89 zu ermöglichen. Unsere neue Struktur haben wir "*Bearbeitungsstruktur*" ("*procedural structure*") genannt, weil sie die Regeln der Dokumentbearbeitung beschreiben soll.

- *Trennung von Bearbeitungsregeln und Bearbeitungsstand.* Der Aufbau der zusätzlichen Dokumentstruktur soll so entworfen werden, daß sich die (konstanten) Regeln der Dokumentbearbeitung getrennt von den (variablen) Informationen über den aktuellen Bearbeitungsstand verwalten und übertragen lassen.

- *Applikationsabhängige Attribute.* Alle Erweiterungsvorschläge sollten so entwickelt werden, daß alle zusätzlich benötigten Informationen über standardisierte Attribute beschrieben werden. Die Zusatzstruktur kann dadurch die Semantik eines Vorgangs vollständig nach Bild 2 deklarieren.

Die Bestandteile unserer Bearbeitungsstruktur (siehe Bild 4) haben folgende Aufgaben :

- *Bearbeitungsprofil* : Das Bearbeitungsprofil ("*procedural profile*") enthält allgemeine Angaben über Aufbau und Anwendung der Bearbeitungsstruktur und wird in das ODA–89–Dokumentprofil integriert. Es kann auch ohne den Bearbeitungsrumpf ausgetauscht werden und beschreibt u.a. die Namen und den Zustand des Gesamtvorgangs und der einzelnen Vorgangssichten.

- *Generische Bearbeitungsstruktur* : Diese Struktur ("*generic procedural structure*") legt Typ und Aufbau von Datenspeichern fest und beschreibt die Regeln der Dokumentbearbeitung. Sie enthält die eigentliche Semantik der Dokumentbearbeitung, die von dem Interpreter der Bearbeitungsstruktur in Aktionen umgesetzt werden muß.

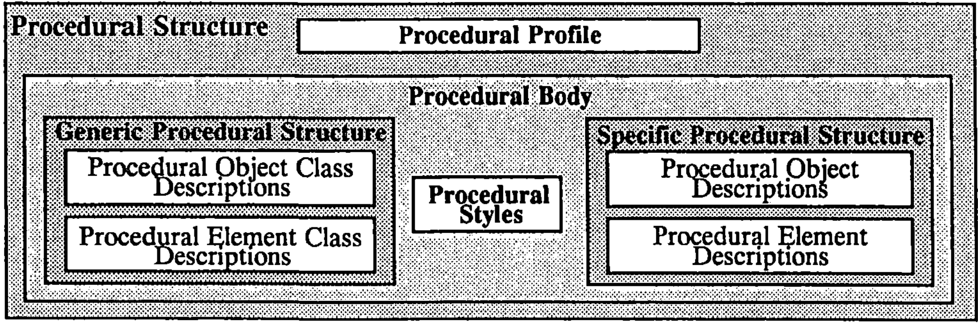

Bild 4 : Aufbau der Bearbeitungsstruktur

- *Spezifische Bearbeitungsstruktur* : Diese Struktur ("*specific procedural structure*") enthält die aktuellen Werte von Datenspeichern und den aktuellen Stand der Dokumentbearbeitung. Sie wird vom Interpreter der generischen Bearbeitungsstruktur erzeugt bzw. manipuliert. Das bedeutet, daß ein unbearbeitetes Dokument noch keine spezifische Bearbeitungsstruktur besitzt (!).

- *Bearbeitungs–Styles* : Viele Datenfelder und Aktionen eines Formulars haben gleiche bzw. ähnliche Eigenschaften. Deshalb haben wir Attributsammlungen in Form von "Bearbeitungs–Styles" *("procedural styles")* eingeführt. Diese Attributsammlungen beschreiben die gemeinsamen Eigenschaften beliebig großer Gruppen von Elementklassen. Dadurch läßt sich eine generische Bearbeitungsstruktur wesentlich effizienter erstellen, ändern und übertragen.

Für die Deklaration der generischen und spezifischen Bearbeitungsstruktur mußten eine Reihe von neuen *Komponenten* definiert werden, deren Hierarchie und Aufgaben in Bild 5 dargestellt sind. Für alle Komponenten existieren sowohl *Objektklassenbeschreibungen* als auch *Objektbeschreibungen* (bzw. Elementklassen– und Elementbeschreibungen), wie in Bild 4 gezeigt wurde. Die Objekte bzw. Elemente enthalten Informationen über den aktuellen Bearbeitungsstand der generischen Bearbeitungsstruktur. Außerdem werden alle veränderlichen Werte (variable Datenwerte, Zeiger auf bearbeitete Dokumentstrukturen) in den Elementbeschreibungen untergebracht.

Die neu definierten Komponenten haben folgende Aufgaben :

- *"case root class"* : Diese Objektklasse bindet die Einzelsichten eines Vorganges zusammen. Sie enthält einen Verzweigungsmechanismus, mit dem jeweils eine der Sichten ausgewählt und bearbeitet wird. Das entsprechende Objekt stellt die Wurzel des Baumes der spezifischen Struktur dar.

- *"procedural root class"* : Jede Vorgangssicht besitzt als hierarchisch höchste Objektklasse eine "procedural root class". Sie besitzt einen Verweis auf die Layoutstruktur dieser Sicht. Über diesen Verweis werden eine Layoutstruktur und Teile der spezifischen logischen Struktur aus dem Gesamtdokument ausgewählt. Bei Vorgängen mit nur einer Sicht kann diese Komponente entfallen.

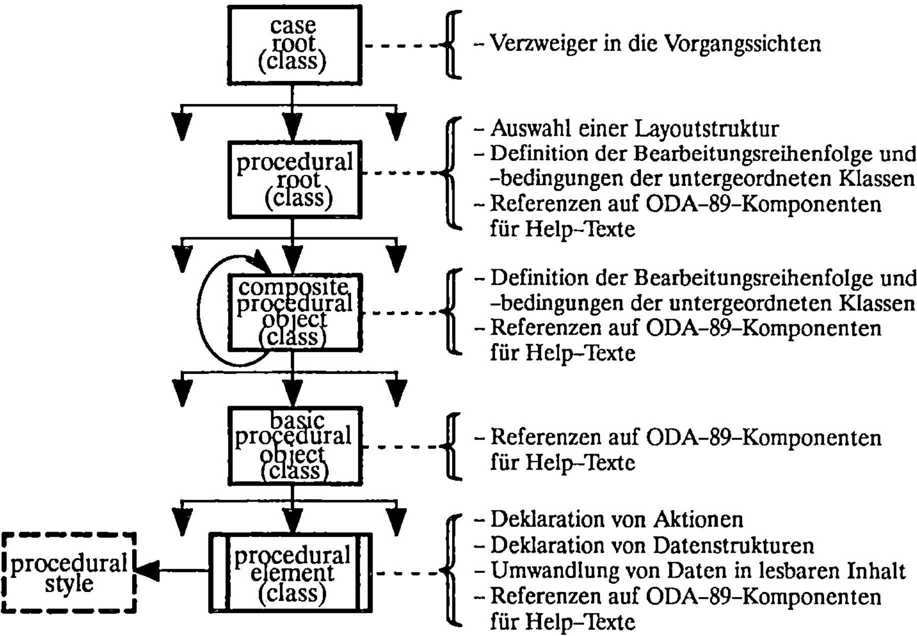

Bild 5 : Komponenten der Bearbeitungsstruktur und deren Aufgaben

- *"composite procedural object class"* : Diese Objektklassen dienen der hierarchischen Strukturierung der Dokumentbearbeitung. Als untergeordnete Objektklassen kommen "composite procedural object classes" und "basic procedural object classes" in Frage.

- *"basic procedural object class"* : Diese Objektklassen stellen die Verbindung zwischen der hierarchischen Struktur und den Elementklassen dar. Sie besitzen als Nachfolger nur Elementklassen.

- *"procedural element class"* : Elementklassen beschreiben die Bearbeitungsschritte ("Aktionen") eines Dokuments und den Aufbau der darin enthaltenen Datenspeicher (bzw. Datenfelder im Dokument). Die zugehörigen Elemente enthalten die Werte der Datenspeicher.

Die Deklaration der Objektbeschreibungen für ein konkretes Dokument erfolgt durch die Angabe von Attributen. Für unsere Bearbeitungsstruktur mußten wir daher ca. 30 zusätzliche Attribute definieren [18], von denen die meisten der Identifizierung von Komponenten, der Deklaration von Referenzen und hierarchischen Beziehungen zwischen Komponenten, der Deklaration von Datenwerten und Aktionen sowie der Beschreibung des aktuellen Bearbeitungsstandes der Bearbeitungsstruktur dienen.

7. Vorgangsbearbeitung mit erweiterten ODA–Dokumenten

In den vorangegangenen Kapiteln wurde gezeigt, wie sich Bearbeitungsregeln mit erweiterten ODA–Dokumenten beschreiben lassen. Zusätzlich mußten wir ein Modell entwickeln, das die Bearbeitung dieser Dokumente und damit die Abwicklung von Büroprozeduren beschreiben kann. Dieses Modell, das in Bild 6 dargestellt ist, haben wir "Vorgangsbearbeitungsmodell" genannt, weil es die Bearbeitung eines arbeitsteiligen Bürovorgangs auf die Zustandsänderungen eines ODA–Dokuments zurückführt. Durchgezogene Linien kennzeichnen die Zustandsänderung von Dokumentteilen, gestrichelte Linien stellen einen Informationsfluß dar. In der oberen Ebene des Modells wird der Zustand des *aktiven Dokumentteils* (entspricht der Bearbeitungsstruktur) dargestellt. Sein Zustand ändert sich durch die erfolgenden Bearbeitungsschritte, die in das Anwenden von internen Berechnungsvorschriften und in das Auflösen von Referenzen auf externe Quellen (dazu gehört auch die Benutzereingabe) unterteilt werden.

In der unteren Modellebene wird der Zustand des *passiven Dokumentteils* (entspricht den ODA–89–Dokumentstrukturen) dargestellt. Sein Zustand ändert sich nur durch Manipulation (Ändern der Dokumentstruktur, wobei die Initiative vom Vorgangsbearbeitungsprozeß ausgeht) und durch die Layout– und Darstellungsprozesse des ODA–89–Standards.

Die Dokumentbearbeitung nach diesem Modell beginnt damit, daß dem Benutzer das unbearbeitete Dokument dargestellt wird. Bei jedem Bearbeitungsschritt wird eine neue Version des Gesamtdokuments erzeugt. Ein Bearbeitungsschritt kann u.a. eine Dateneingabe, ein Zugriff auf externes Datenmaterial oder die Anwendung einer Berechnungsvorschrift sein. Initiiert wird ein Bearbeitungsschritt von dem aktiven Dokumentteil, der durch die Ausführung dieses Schrittes in einen neuen Zustand übergeht. Bei jedem Schritt wird der passive Dokumentteil manipuliert und eine neue Version dieses Teils erzeugt, die den Bearbeitungsschritt für den Benutzer (evtl. nach einer Formatierung) sichtbar macht.

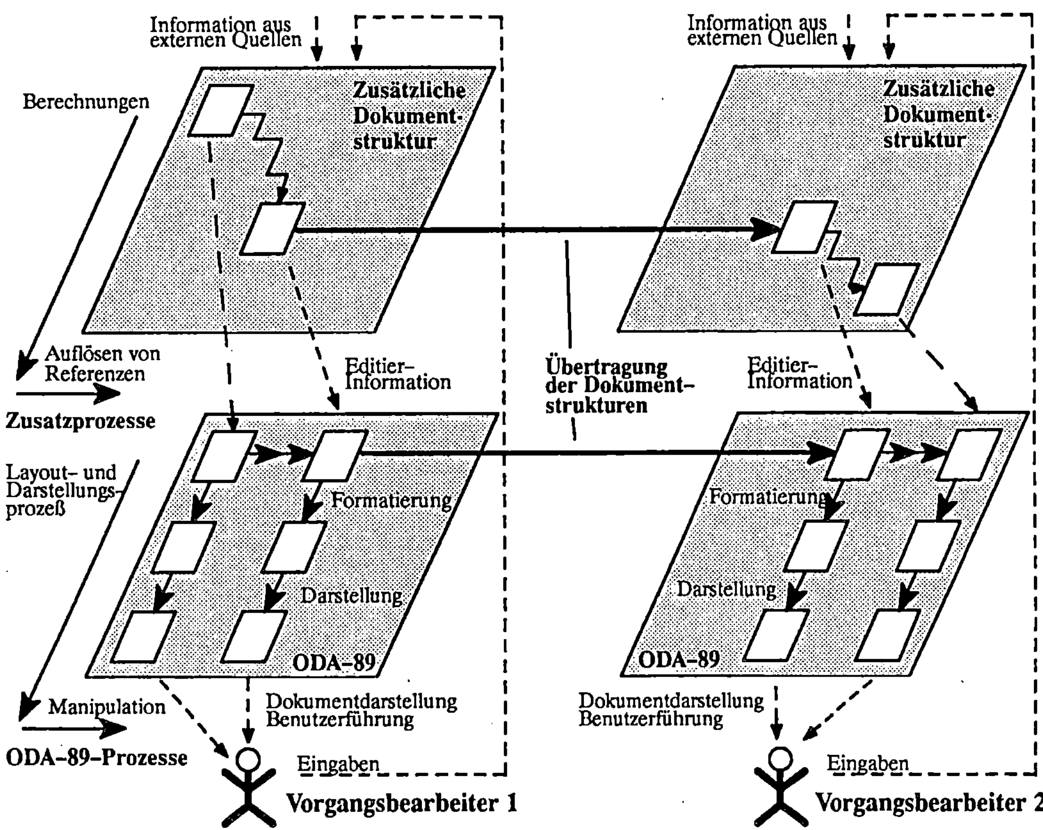

Bild 6 : Modell der Vorgangsbearbeitung mit elektronischen Dokumenten

Über den Benutzer erfolgt u.U. eine Rückmeldung, wenn er die Information, die er aus dem dargestellten Dokument erhält – z.B. einen Prompt –, benutzt, um aktuelle Daten in das Formular einzugeben. Diese Rückmeldung kann auch als Regelung des Bearbeitungsprozesses aufgefaßt werden, da bestimmte Bearbeitungsschritte erst dann ausgeführt werden, wenn der Bearbeiter ihnen zustimmt. Nachdem der erste Bearbeiter seinen Teil des Vorgangs fertig bearbeitet hat, werden die Dokumentstrukturen an den nächsten Vorgangsbearbeiter weitergeleitet, um die nächste Vorgangssicht zu bearbeiten. Der letzte Bearbeiter überführt die Dokumentstrukturen schließlich in ihren Endzustand; der Vorgang ist damit fertig bearbeitet.

8. Modell und Implementierung eines Vorgangsbearbeitungssystems

Herkömmliche ODA–Dokumentbearbeitungssysteme unterstützen nur das Editieren, Formatieren und Darstellen von ODA–89–Dokumenten. Sie sind daher nicht in der Lage, Vorgänge mit erweiterten ODA–Dokumenten zu bearbeiten. Hierfür benötigt man ein Vorgangsbearbeitungssystem, das im folgenden beschrieben werden soll.

Im vorangegangenen Kapitel wurde ein Vorgangsbearbeitungsmodell vorgestellt, das aus zwei Teilen besteht. Einem aktiven Teil, der die Bearbeitungsstruktur enthält, und einem passiven Teil, der die ODA-89-Strukturen enthält. Analog dazu besteht das Vorgangsbearbeitungssystem zur Bearbeitung dieser Dokumente ebenfalls aus zwei Komponenten :

- *ODA-89-Werkzeuge :* Diese Programme dienen dem Editieren, Formatieren und Darstellen von ODA-89-kompatiblen Dokumenten. Erste Produkte solcher Werkzeuge sind kürzlich vorgestellt worden.

- *Interpreter für die Bearbeitungsstruktur :* Dieses Programm interpretiert bzw. erzeugt die Bearbeitungsstruktur, siehe auch Bild 2.

Wie die Programmkomponenten eines Vorgangsbearbeitungssystems funktional zusammenhängen, ist in Bild 7 dargestellt. Um die Dokumentstrukturen bearbeiten zu können, werden sie durch einen Konverter vom seriellen ODIF-Format [9] in eine interne Datenstruktur umgewandelt. In Bild 7 erkennt man, daß der Interpreter die zentrale Komponente des Vorgangsbearbeitungssystems ist. Er interpretiert die generische Bearbeitungsstruktur, wodurch die Bearbeitungsschritte des Dokuments gesteuert werden. Die Berechnung bzw. Ermittlung von Datenwerten wird ebenfalls vom Interpreter ausgeführt. Die Ergebnisse werden in der vom Interpreter erzeugten spezifischen Bearbeitungsstruktur gespeichert.

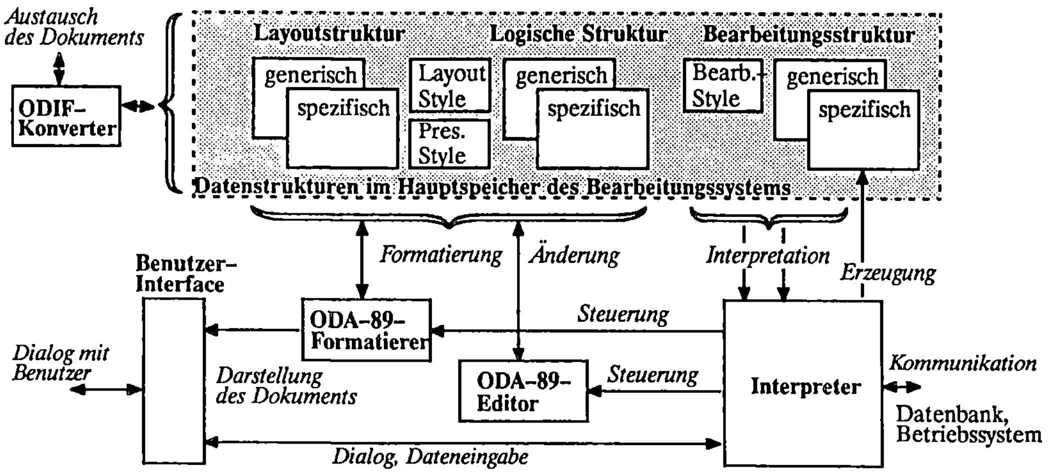

Bild 7 : Informationsfluß im Vorgangsbearbeitungssystem

Viele Bearbeitungsschritte führen zu einer Änderung der spezifischen logischen Dokumentstruktur und zu einer teilweisen Neu-Formatierung des Dokuments, wobei die Steuerung der ODA-Werkzeuge "Formatierer" und "Editor" durch den Interpreter erfolgt. Die Kommunikation mit dem Benutzer erfolgt über ein gemeinsames Benutzer-Interface, über das auch die Dokumente dargestellt werden. Nachdem die Dokumentstrukturen fertig bearbeitet sind, werden sie vom ODIF-Konverter wieder in das genormte Austauschformat übersetzt und können dann weiter ausgetauscht und bearbeitet werden.

Im *Philips Forschungslaboratorium Aachen (PFA)* wurde der Prototyp eines Vorgangsbearbeitungssystem auf Basis der objekt-orientierten Programmiersprache $C++$ und dem Window–System *NeWS* (*Network extensible Window System* von *SUN Microsystems* [19]) entwikkelt, das auf einem ebenfalls im *PFA* entwickelten ODA–Editor basiert [20]. Das Programmsystem läuft auf *SUN*–Workstations unter dem Betriebsystem *UNIX*.

Die Bilder 8 und 9 zeigen Bildschirmausdrucke eines "Lohnsteuer–Jahresausgleichs", der mit unserem Prototypen bearbeitet wird. Man erkennt deutlich, daß jede der beiden Vorgangssichten nur die Informationen darstellt, die für den jeweiligen Bearbeiter relevant sind. In Bild 8 ist die Sicht des Finanzbeamten dargestellt. Es wird das Benutzer–Interface und die Ermittlung der einzelnen Formulareinträge beschrieben. Dabei ist zu beachten, daß die Angaben der linken Hälfte vom Steuerpflichtigen stammen. Der Finanzbeamte bearbeitet nur die rechte Hälfte des dargestellten Formulars. Die elektronische "Lohnsteuerkarte" in Bild 9 ist ein eigenständiges Dokument mit einer eigenen Bearbeitungsstruktur. Aus diesem Dokument werden automatisch Angaben in den Vorgang Lohnsteuer–Jahresausgleich übernommen.

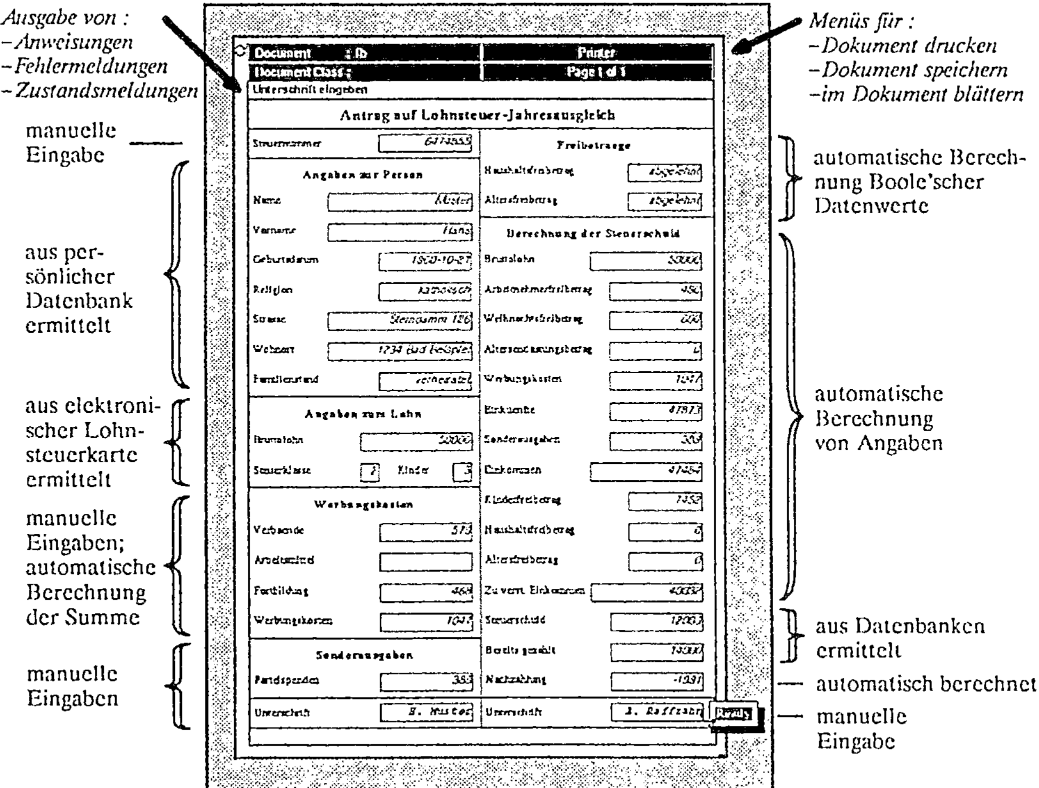

Bild 8 :   Beispielvorgang auf dem Prototypen, Sicht des Finanzbeamten

Die Erfahrungen mit der ersten Ausbaustufe des Prototypen haben gezeigt, daß das entwikkelte Konzept eine leistungsfähige und flexible Beschreibung von Bearbeitungsvorgängen – auch für bereits existierende ODA–89–Dokumente – erlaubt. Da nicht die volle Funktionalität der Bearbeitungsstruktur implementiert wurde, eignete sich diese erste Version des Vorgangsbearbeitungssystems noch nicht für einen realistischen Einsatz.

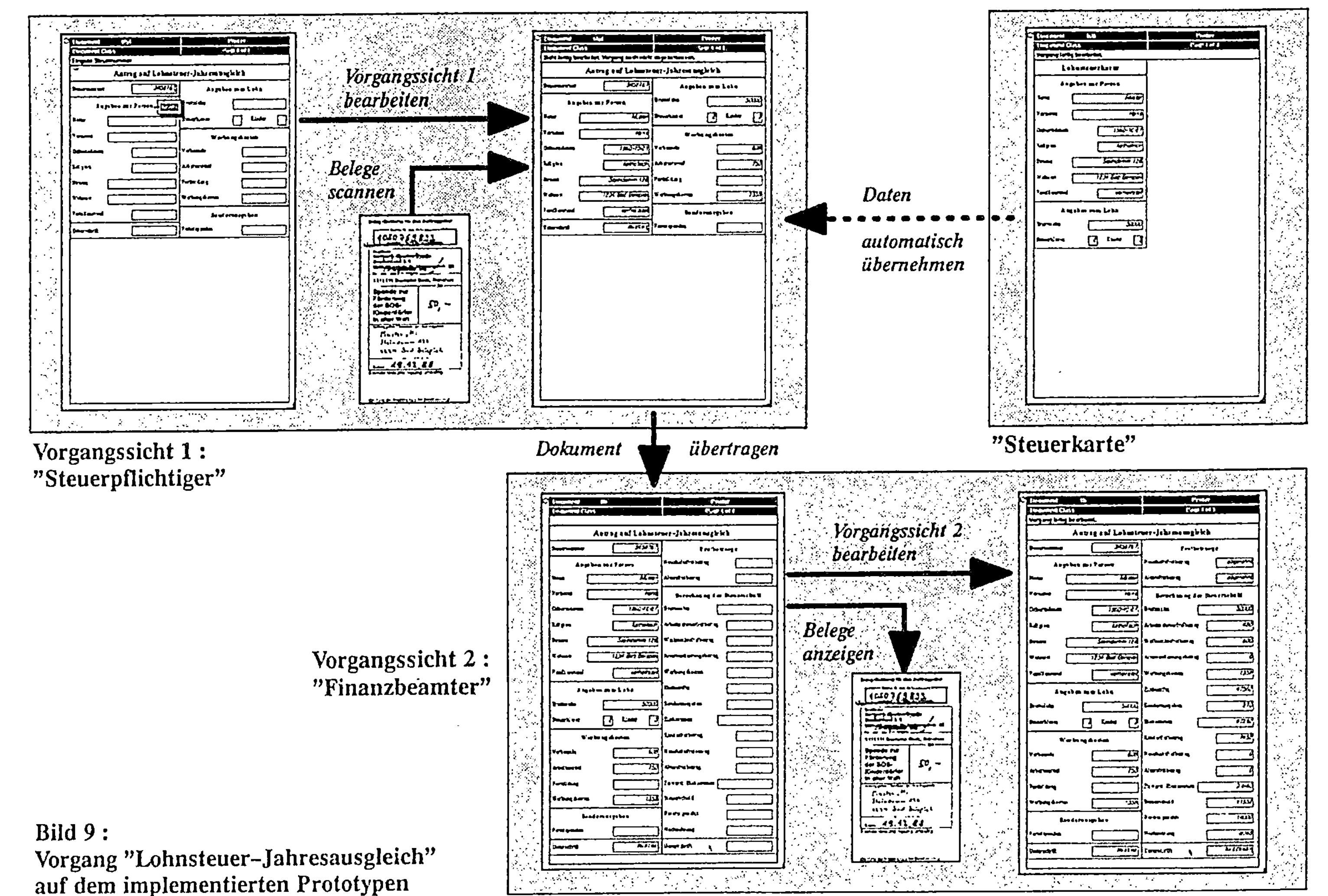

Bild 9 :
Vorgang "Lohnsteuer–Jahresausgleich"
auf dem implementierten Prototypen

Zur Zeit wird die zweite Ausbaustufe des Prototypen implementiert. Sie umfaßt das Einbinden und Anzeigen von Belegen und Hilfetexten, sowie die automatische Texterkennung von Anlagedokumenten. Auf dieser zweiten Version des Systems wird u.a. der Bürovorgang "Reiseanmeldung und Reisekostenabrechnung" implementiert werden.

An unserem Vorgangsbearbeitungssystem fällt besonders angenehm auf, daß alle Bürodokumente multimedial und äußerst realistisch dargestellt werden können und daß gescannte Originaldokumente in die Bearbeitung mit einbezogen werden. Durch diese realitätsnahe Modellierung der Bürowelt können Hemmschwellen der Benutzer zusätzlich abgebaut werden. Als relativ aufwendig hat sich bisher die Deklaration einer generischen Bearbeitungsstruktur erwiesen, da dies nur sehr umständlich durch Angabe einzelner Attribute im Klartextformat möglich ist. Hier müssen künftig Konzepte entwickelt werden, um die Bearbeitungsregeln grafisch interaktiv erstellen, editieren und simulieren zu können.

Literatur

[1]   Winograd, T.: Guest Editor's Introduction of ACM Trans. Off. Inf. Syst., Vol. 6, No. 2, Oktober 1988, S. 83–86

[2]   Engelbart, T. et al.: "Working Together", BYTE, Dezember 1988, S. 245–252

[3]   Anwenderkooperation Bürokommunikation (Allianz AG, BASF AG, Bausparkasse Wüstenrot, BHW–Bausparkasse, Daimler–Benz AG, Deutsche Bundesbahn, Energieversorgung Schwaben, Staatsministerium Baden–Würtemberg): "Anforderungen an integrierte Bürokommunikation"

[4]   ISO 9735 : "Electronic Data Interchange for Administration, Commerce and Transport (EDIFACT)",1988

[5]   Beyschlag, U.: "ODA/ODIF und EDIFACT", in "OSI in der Anwendungsebene", S.44–55, DATACOM, 1988

[6]   Wißkirchen,P. et al.: "Informationstechnik und Bürosysteme", Stuttgart, Teubner 1983

[7]   Effelsberg, W., Fleischmann, A.: "Das ISO–Referenzmodell für offene Systeme und seine sieben Schichten", Informatik Spektrum 1986(9), S. 280–299, 1986

[8]   CCITT Recommendations in the T.410 series: "Open document architecture (ODA) and interchange format", 1988

[9]   ISO 8613 : "Information Processing – Text and Office Systems – Office Document Architecture (ODA) and Interchange Format", 1989

[10] Krönert, G.: "Genormte Austauschformate für Dokumente", Informatik Spektrum 1988(11), S. 71–84, 1988

[11] Yang, J.: "A Proposal for Incorporating Rules in ODA–documents", Proc. IFIP WG 8.4 Work. Conf. "Office Information Systems: The Design Process", 1988, S. 131–147

[12] CCITT Study Group VIII: Recommendation T.441: "Document Transfer and Manipulation (DTAM) Operational Structure", CCITT, Document AP IX–23–E, 1988

[13] Malone, T. et al.: "Semistructured Messages Are Surprisingly Useful for Computer–Supported Coordination", ACM Trans. Off. Inf. Syst., Vol. 5, No. 2, April 1987, S. 115–131

[14] Lum, V.Y. et al.: "OPAS: An office procedure automation system", IBM Systems Journal, Vol. 21/3, 1982, S. 327–350

[15] Winograd, T.: "Where the Action is", BYTE, Dezember 1988, S. 256A–258

[16] Lai, K.-Y. et al.: "Object lens: A 'Spreadsheet' for Cooperative Work", ACM Trans. Off. Inf. Syst., Vol. 6, No. 4, Oktober 1988, S. 332–353

[17] Stefik, M. et al.: "WYSIWYS revised: Early Experiences with Multiuser Interfaces", ACM Trans. Off. Inf. Syst., Vol. 5, No. 2, April 1987, S. 147–167

[18] Maaß, H.: "Entwicklung von Erweiterungen für die Office Document Architecture zur arbeitsteiligen Vorgangsbearbeitung in offenen Systemen", Philips Forschungslabor Hamburg, MS–H 4725/90, 1989

[19] SUN Microsystems Inc., NeWS Manual, 1987

[20] Muscate, H.-A.: "ODA Document Editing in Office Systems", Proc. of Workshop on Object-Oriented Document Manipulation, BIGRE 63–64, Rennes, S. 68–78, 1989

Graphische Unterstützung der Entwicklung verteilter Anwendungen

Torsten Leidig, Max Mühlhäuser
FB Informatik, AG Telematik
Universität Kaiserslautern
Erwin-Schrödinger-Str., D-6750 Kaiserslautern
[+49]-631-205-2803, leidig@informatik.uni-kl.de

Abstract:

Der ständig zunehmende Einsatz verteilter DV-Systeme führt zu einem stark steigenden Bedarf an *verteilten Anwendungen*. Deren Entwicklung in den verschiedensten Anwendungsfeldern wie Fabrik- und Büroautomatisierung ist für die Anwender bislang kaum zu handhaben. Neue Konzepte des Software Engineering sind daher notwendig, und zwar in den drei Bereichen 'Sprachen', 'Werkzeuge' und 'Umgebungen'. Objekt-orientierte Methoden und graphische Unterstützung haben sich bei unseren Arbeiten als besonders tauglich herausgestellt, um in allen drei Bereichen deutliche Fortschritte zu erzielen. Entsprechend wurde ein *universeller objektorientierter graphischer Editor, ODE*, als eines unserer zentralen Basis-Werkzeuge ('tool building tool') entwickelt. ODE basiert auf dem objekt-orientierten Paradigma sowie einer leicht handhabbaren funktionalen Sprache für Erweiterungen; außerdem erlaubt ODE die einfache Integration mit anderen Werkzeugen und imperativ programmierten Funktionen. ODE entstand als Teil von DOCASE, einer Software-Produktionsumgebung für verteilte Anwendungen. Grundzüge von DOCASE werden vorgestellt, Anforderungen an ODE abgeleitet. Dann wird ODE detaillierter beschrieben. Es folgt eine exemplarische Beschreibung *einer* Erweiterung von ODE, nämlich der für die DOCASE-Entwurfssprache.

1 Einführung

Schnelle Netze, integrierte Telematik-Dienste und Multimedia-Kommunikation bringen nicht nur neue Bewegung in die Welt der Kommunikationsprotokolle, sie lassen vor allem in der Anwendungsschicht den Ruf adäquater *Softwaretechnik für verteilte Anwendungen* noch lauter werden: in den Bereichen CIM und Büroautomation sind verteilte Systeme Stand der Technik, aber Anwender haben noch immer keine geeignete Hilfsmittel, um verteilte Anwendungen zu erstellen.

DOCASE, ein Projekt der Universitäten Kaiserslautern und Karlsruhe und des Digital Equipment CEC Forschungszentrums in Karlsruhe, hat zum Ziel, eine prototypische Softwareproduktionsumgebung für verteilte Anwendungen zu erstellen; die erste Version von DOCASE ist in der Implementierung weit fortgeschritten. Eines der zentralen Ziele von DOCASE war eine umfassende graphische Unterstützung auf der Basis des hier vorgestellten erweiterbaren objekt-orientierten graphischen Editors ODE. ODE soll in dieser Arbeit vorgestellt werden. In Kapitel 2 werden die wesentlichen Charakteristika der Software-Produktionsumgebung DOCASE vorgestellt; daraus werden Anforderungen an den Graphikeditor ODE abgeleitet. In Kapitel 3 wird ODE dann detailliert dargestellt. Kapitel 4 verdeutlicht die Erweiterbarkeit von ODE und beschreibt die Anpassung des Graphikeditors an die in DOCASE verwendete objekt-orientierte Entwurfssprache DODL (DOCASE Design Langugage)[1, 2].

2 DOCASE Grobarchitektur

Abb. 2-1 zeigt grob die wichtigsten Funktionsblöcke der Softwareproduktionsumgebung.

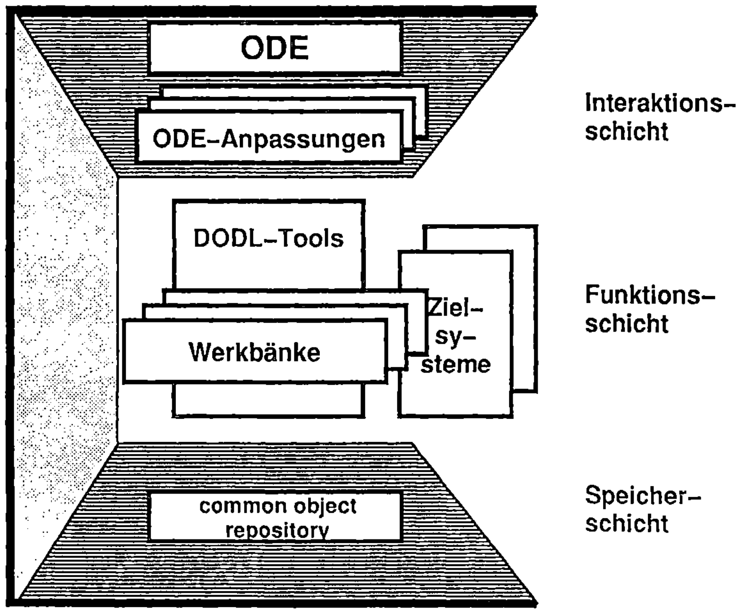

Abbildung 2-1 DOCASE und ODE

DODL-Tools: Der sematische Kern von DOCASE ist die objekt-orientierte Weitbereichs-Sprache DODL (DOCASE Design-oriented Language). Sie zeichnet sich im wesentlichen aus durch

- spezielle Unterstützung der Besonderheiten verteilter Anwendungen (Komplexität, Parallelität, Dynamik und Laufzeit, Asynchronität...)

- Verwendung des objekt-orientierten Paradigmas, welches sich für verteilte Programmiersprachen zunehmend durchsetzt aufgrund seiner besonderen Eignung für strukturierte netztransparente Programmierung

- Überwindung wesentlicher Nachteile des objekt-orientierten Paradigmas: durch Anbieten eines hierarchischen Strukturierungskonzeptes (welches anders als die übliche Vererbungshierarchie nicht "verwandte" sondern "zusammengehörende" Objekte zu gruppieren gestattet), sowie durch Festlegen einer allgemein akzeptierten, allen Werkzeugen bekannten Grundtypisierung von Objekten ("Subsysteme", "Ablaufobjekte", "dynamische "Fluß"-Objekte", "semantische Relationen" etc.)

- Weitbereichscharakteristik: Tauglichkeit als Entwurfs- *und* Implementierungsprache. Als Entwurfssprache durch Abstraktionen, Zulassen unvollständiger Spezifikationen, *graphische Repräsentation* (s. Kap. 4). Als implementierungsnahe Sprache durch Vollständigen Sprachumfang für verteilte Programmierung.

Es wird davon ausgegangen, daß sich auf verschiedenen Zielumgebungen verschiedene (verteilte objekt-orientierte) Programmiersprachen durchsetzen werden. DODL und DO-CASE sind so angelegt, daß unterschiedliche derartige Zielumgebungen eingebunden werden können. Von einer implementierungsnahen DODL-Repräsentation wird also i.a. nicht in Maschinencode, sondern in Zielsprach-Code übersetzt. Als erstes wird eine verteilte Version Trellis [3] angeboten.

Die wichtigsten Werkzeuge zur Verarbeitung von DODL sind

- in der Interaktions-Schicht: die DODL-Erweiterung von ODE (s. Kap. 4)

- in der Funktionsschicht: Übersetzer, Interpretierer und Animationswerkzeug (dieses ist eng mit dem Graphikwerkzeug gekoppelt).

Werkbänke: Ein wichtiger Teil von DOCASE ist die Extraktion und Integration von Entwicklungsaspekten. Die Komplexität verteilter Anwendungen macht es erforderlich, eine Vielzahl von Aspekten, wie 'Leistungsoptimierung mittels Simulation', 'Kommunikationskostenoptimierung mittels Objekt-Migrations-Heuristiken', 'Einbringen von Fehlertoleranz' u.v.m. detailliert zu betrachten. Zwei Probleme erschwerten traditionell die Betrachtung solcher Aspekte:

A. Die Aspekt-spezifischen Teile der verteilten Anwendung waren oft im Entwurf und Quellcode mit dem eigentlichen funktionalen Entwurf völlig durchmischt (z.B. Konfiguration, Fehlertoleranz); eine isolierte Betrachtung eines Aspekte oder der funktionalen Elemente der Anwendung war nicht möglich. Oder aber die Aspekte wurde völlig separat behandelt (z.B. simulative Leistungsbewertung) und waren fast nicht mit den laufenden Veränderungen der in Entwicklung befindlichen Anwendung konform zu halten.

B. Bei vielen Aspekten existierten verschiedene Werkzeuge und damit oft verschiedene Modelle, Sprachen etc. für verschiedene Phasen des Software-Lebenszyklus (z.B. Formulierung interessierender Leistungshemmgrößen oder operationaler Randbedingungen bei der simulativen Modellierung: in der Entwurfsphase oft völlig anders als bei der direkten Leistungsmessung in der Betriebsphase).

Um diese Nachteile zu beseitigen, wurde in DOCASE das Werkbank-Konzept eingeführt. Eine Werkbank

- besteht aus einem Satz von Werkzeugen für denselben Aspekt

- wird über eine einheitliche (graphische) Oberfläche bedient

- isoliert einerseits die aspektbezogenen Anforderungen an die verteilte Anwendung, bringt sie andererseits mit den Anforderungen anderer Aspekte sowie mit dem funktionalen Kern der Anwendung in Beziehung; dies geschieht unter Ausnützung besonderer Strukturierungshilfsmittel der Sprache DODL (insbesondere der "semantischen Relationen", welchen für jeden Aspekt einige Klassen zur Verfügung stellen).

Neue Werkbänke werden eingebracht, indem die Werkzeuge entwickelt werden, mittels ODE die graphische Oberfläche implementiert wird, DODL - insbesondere um geeignete Klassen semantischer Relationen - erweitert wird und ggf. die Laufzeitumgebungen angepaßt werden (z.B. über Feedback von Monitoring-Daten).

DOCASE-Schale: diese enthält zum einen eine Portierungs-Schnittstelle mit der in der Interaktionsschicht an verschiedene Benutzerschnittstellen-Standards (derzeit X-Windows), in der funktionalen Schicht an verschiedene Betriebssysteme und Netzwerkarchitekturen (derzeit UNIX und TCP/IP) und in der Speicherschicht an verschiedene Datenverwaltungssysteme (s.u.) angepaßt weren kann. Zum anderen enthält sie Toolbuilding-Tools wie ODE, aus denen andere Werkzeuge generiert bzw. die an unterschiedliche Bedürfnisse angepaßt werden können.

Common object repository: in der Speicherschicht wird durch die Abstützung eines Standards für die Speicherung von Entwicklungs-Artifakten ("CATIS", beinhaltet gleichzeitig Modelle für Ressourcen- und Code/Versionmanagement) Portierbarkeit erreicht.

3 ODE: ein universeller objektorientierter graphischer Editor

3.1 Anforderungen an den graphischen Editor

Die Anforderungen lassen sich grob in verschiedene Gruppen einteilen. Zunächst sind die Anforderungen an den graphischen Editor als *Tool* relevant:

- Erweiterbarkeit

- Flexibilität

- Ausdrucksstärke

Wie im vorherigen Kapitel dargelegt, wird im Projekt DOCASE versucht, der Komplexität der Entwicklung verteilter Anwendungen durch die klare Abgrenzung eines Spektrums von Aspekten zu begegnen sowie durch die Entwicklung entsprechender 'Werkbänke'. Darüberhinaus sollen die Entwicklungsschritte grafisch unterstützt werden, wobei eine möglichst einheitliche graphische Oberfläche sehr wichtig ist. Ein zentraler Ansatz hierbei ist der, ein generisches Werkzeug zur Verfügung zu stellen, mit dem die spezifischen graphischen Werkzeuge für die Werkbänke erstellt werden. Für derartige Werkzeuge hat sich der Term 'tool building tool' eingebürgert. Mit diesem Ansatz wird eine einheitliche Oberfläche geschaffen und darüberhinaus die Integration von Werkzeugen erleichtert. Jedoch muß der zugrunde liegende generische Editor flexibel und mächtig genug sein, um für alle gewünschten Erweiterungen tauglich zu sein.

Eine zweite Menge von Anforderungen betrifft den *Software-Engineering Aspekt:*

- Unterstützung von speziellen Entwurfsmethoden, z.B. 'Schrittweise Verfeinerung'

- Zulassen von unvollständiger Spezifikationen

- Unterstützung hierarchischer Strukturierung

- Lokalität von wesentlichen Informationen, dargeboten in speziellen Sichten auf das System

Speziell die erste Anforderung bedeutet insbesondere, daß Methoden vom Ersteller vorgegeben werden können, nach denen der Benutzer des Editors sich in bestimmten Grenzen richten muß. Dies geht über die übliche Unterstützung von einem bestimmten methodischem Vorgehen wesentlich hinaus. Ein (schlechtes) Beispiel wäre etwa die Erzwingung von Top-down-Entwurf.

Der letzte Punkt berührt eine wichtige Grundidee des Editors: die Zentralisierung und ggf. Isolation von Informationen zu einem bestimmten Aspekt der Entwicklung verteilter Anwendungen. Als Beispiel sei hier der Aspekt "Kommunikation" genannt, durch dessen Zentralisierung es möglich wird, *Muster und Abläufe* von Komunikationsbeziehungen zwischen Objekten an einer zentralen Stelle zu beschreiben, anstatt - wie heute üblich - die Kommunikation zwischen Objekten (in Form von in den Objektcode eingestreuten Datenaustauschoperationen) über alle beteiligten Objekte zu 'verwischen'.

Der Begriff *Lokalität* bedeuted in diesem Zusammenhang, daß alle zur Untersuchung eines Aspektes benötigten Eigenschaften (Daten) möglichst zentral vorliegen sollten und nicht über das gesamte System verstreut oder gar nur implizit vorhanden. Für den graphischen Editor heißt das, daß es möglich sein muß, solche Daten zu Aspekten zusammenzuführen, die auch in einem graphischen Zusammenhang dargestellt werden können (etwa in einem Fenster, auch 'Sicht' genannt). Die Darstellungsattribute der Objekte und Eigenschaften in einer speziellen Sicht sind dabei aspektspezifisch.

Die unreflektierte Entgegennahme eingegebener Informationen wird für interaktives graphische Werkzeuge schon lange Zeit nicht mehr als adäquat betrachtet. Üblich ist hier Computerunterstützung, d.h. das Werkzeug prüft Eingabedaten und leitet ggf. selbstständig resultierende Daten ab. Außerdem sollten über das gesamte System semantische Analysen - z.B. Konsistenz- und Vollständigkeitsüberprüfungen als auch domänenspezifische Analysen - durchgeführt werden können. Wir spezifizieren daher folgende detailliertere Anforderungen:

- Syntax- und Semantik- gesteuertes Editieren

- Semantische Analysen

- Animation

Animation steht hier für die Visualisierung von Abläufen im System. Sie ist nützlich, um dem Entwickler eine bessere Vorstellung und ein besseres Verständnis für das komplexe Systemverhalten zu geben. Dabei sind eine Vielzahl verschiedener interessierender Parameter vorstellbar, die sich in einer grafischen Repräsentation im Editor widerspiegeln.

Speziell für die DOCASE Umgebung, in der Objektbeziehungen eine wesentliche Rolle spielen, ist deren adäquate Darstellung notwendig. Aus diesem Grund wurde für den graphischen Editor ein Schwergewicht auf gerichtete Graphen gelegt.

3.2 State of the Art

In diesem Abschnitt soll kurz der aktuelle Stand der Forschung auf dem Gebiet der graphischen Tools umrissen werden. Mit dem Aufkommen komfortabler graphischer Benutzeroberflächen für die standard 'Desktop'-Systeme (Arbeitsstationen, z.T. auch PCs mit Fenster-Oberflächen) wurden vermehrt graphische Tools im Software Engineering Bereich entwickelt. Die Benutzeroberfläche von Smalltalk [4, 5] ist Vorbild vieler nachfolgender Fenstersysteme: eines der jüngsten und vielversprechendsten Beispiele ist das X-Window System [6]. Im wesentlichen sind deren Eigenschaften und Mechanismen ähnlich. Im folgenden soll daher die besondere Problematik von graphischen Editoren und Programmiersprachen stehen.

Durch die parallele Darstellung in mehreren 'Fenstern' entstand insbesondere das Problem der Teilung gemeinsamer interner Daten und der Konsistenz der Darstellung (z.B. müssen alle Instanzen einer Klasse 'ClassBrowser' müssen eine interne Veränderung der Klassenhierarchie in ihrer Darstellung berücksichtigen). Das Smalltalksystem behandelt derartige Abhängigkeiten mit Hilfe des Model-View-Controller (MVC) Ansatzes.

Ein anderer Ansatz zur Behandlung dieser Problematik ist der 'Daemon'-Ansatz [7]. Daemons sind Prozesse im Hintergrund, die bestimmte Aktivitäten des Systems überwachen. Bei auftreten eines bestimmten Ereignisses 'feuern' sie, d.h. sie werden aktiv und führen ihrerseits eine Reihe von Aktionen aus um das ganze System zu aktualisieren.

In dem 'Frame'-basierten System KEE [8] werden sogenannte 'active values' eingesetzt. Wann immer auf den Wert eines 'Slots' (Eintrag in einem 'Frame') zugegriffen wird oder der Slot anderweitig aktiviert wird, wird eine benutzerdefinierte Aktion gestartet. Bemerkenswert ist, daß aus dieser Technik ein neuer Programmierstil entstanden ist ('data driven programming'). Dabei werden Methoden (=Funktionen) ausgeführt, wenn bestimmte Datenfelder geändert werden. In KEE werden über diese Technik z.B. auch Regeln eines Regelinterpreters getriggert.

Eine weitere Formalisierung der Behandlung von Objektabhängigkeiten bringen die 'constraint-based' Sprachen bzw. Systeme. Constraints sind Abhängigkeiten zwischen Objekten, welche zu erfüllen sind. Man kann den Begriff Constraint als 'Randbedingung' auffassen. Die Einhaltung der Constraints zu überwachen ('constraint satisfaction') obliegt dem sog. 'Constraint-Resolver'. Es wird unterschieden zwischen unidirektionalen Constraints, bei denen die Abhängikeit eines Wertes von anderen Werten (nur in einer Richtung) angegeben wird, und 'mehrdirektionalen' Constraints, welche wechselseitige Abhängigkeiten ausdrücken. Auch muß es nicht immer eine eindeutige Lösung der Constraints geben. Je nach Art der Constraints sind keine, eine, mehrere oder unendlich viele Lösungen möglich. Der Vorteil bei der Verwendung von Constraints liegt darin begründet, daß der Algorithmus zur Auflösung der Constraints unabhängig von den Constraints ist (etwa 'dependency-directed backtracking' [9] oder Waltzalgorithmus [10]) und von einer abstrakten Maschine durchgeführt werden kann. Der Programmierer kann sich theoretisch auf die Formulierung der Constraints beschränken. Ein recht beeindruckendes graphisches Constraint-System ist ThingLab [11, 12] von Alan Borning. ThingLab gestattet die graphische Spezifikation von Constraints. Die Ergebnisse der Constraint-Auswertung werden direkt auf dem Bildschirm dargestellt. Die Auswertung eines komplexen nicht-symbolischen Constraint-Netzwerkes ist sehr rechenintensiv, so daß die Zeitanforderungen für interaktive Systeme nicht immer erfüllt werden können. Die Verwendbarkeit hängt wesentlich von der schnellen Auswertung des Constraint-Netzwerkes ab. Andererseits stellen Constraints einen uniformen, mächtigen und geschlossenen Ansatz zur Behandlung von Objektabhängigkeiten dar. Neuere visuelle Programmierumgebungen wie z.B. 'ThinkPad' [13], 'Fabrik' [14] und 'Rehearsal World' [15] wurden stark von ThingLab beeinflußt.

3.3 Konzepte von ODE

Nachfolgend sollen die zentralen Konzepte des ODE-Editors vorgestellt werden, mit deren Hilfe versucht wurde, die in Abschnitt 3.1 genannten Anforderungen so weit wie möglich zu reflektieren.

3.3.1 Datenmodell

Eine zentrale Eigenschaft von ODE ist seine Erweiterbarkeit. Die beiden wesentlichen Ansätze, mit denen diese Erweiterbarkeit in ODE erreicht wird, sind ein *einfach zu handhabendes internes Datenmodell* sowie eine *eingebettete Lisp-ähnliche funktionale Spra-*

che. Letztere enthält die üblichen Datentypen wie z.B. Integer, Character, Boolean, String, Real, Symbole und als zusammengesetzte Datentypen Listen und Felder. Daneben bietet sie als universelle Erweiterung einen Objekt-Typ an, der als Basis-Baustein für objektorientierte Techniken dient. Das Objekt-Modell ist elementar, d.h. die Basiseigenschaften aller üblichen objektorientierten Systeme sind erfüllt und eine Anpassung an die Besonderheiten individueller Systeme ist möglich. Die Lisp-ähnliche *funktionale Sprache* dient aussschließlich der 'tool-building'-Funktion von ODE, d.h. der Anpassung ('customization'), mit der ein spezielle Editor für eine spezielle Entwurfsmethode oder Technik aus ODE erzeugt wird. Für den Endbenutzer (des angepaßten Editors) ist diese Ebene nicht mehr sichtbar, so daß er insbesondere die funktionale Sprache *nicht beherrschen muß!*

Mit dem Einsatz einer funktionalen Programmiersprache werden die folgenden, konkreten Ziele verfolgt:

- Die Sprache dient der *Modellierung* der Struktur (Daten) und des funktionalen Verhaltens eines Systems abhängig von der spezifischen Anwendung.

- Sie ermöglicht die Programmierung extensiver *semantischer Überprüfungen* der Eingabe.

- Sie ermöglicht die Implementierung von *Simulationen* und *Animationen* des Modells.

3.3.2 Objektmodell

Bei der Entwicklung des ODE-Objektmodelles wurden zwei wesentliche Leitlinien verfolgt: zum einen sollte der Objekttyp an die Bedürfnisse des graphischen Editors angepaßt sein; zum anderen wurde wie erwähnt versucht, einen elementaren Objekttyp zu schaffen, der jedoch zu verschiedenen objektorientierte Techniken, wie sie z.B. auch im Softwareentwurf zum Einsatz kommen, erweitert werden kann. Letzterer Aspekt hat wiederum Einfluß auf die Erweiterbarkeit des graphischen Editors.

Ein Objekt in ODE ist gekennzeichet durch seine Klasse und die daraus resultierenden Eigenschaften, sowie durch seine Beziehungen zu anderen Objekten. Ein Objekt gehört genau einer Klasse an. Die Eigenschaften werden durch Symbole benannt und können von einem beliebigen Typ sein. Klassen sind spezielle Objekte, die das Verhalten einer Objektklasse festlegen; diese Verhaltensbeschreibung erfolgt durch die Angabe der gemeinsamen Eigenschaften jeder Instanz der Klasse, sowie der für die Klasse gültigen Operationen. Klassen stehen durch eine Vererbungshierarchie zueinander in Beziehung, 'multiple inheritance' ist hierbei zulässig. Die Vererbungshierarchie wird über einen speziellen Beziehungstyp 'is-subclass' realisert.

3.3.3 Objektbeziehungen

Beziehungen zwischen Objekten werden als Objekte (Instanzen) einer speziellen Beziehungsklasse realisiert, die ihrerseits in einer Vererbungshierarchie steht. Es ist damit eine

Typisierung von Beziehungen möglich. Durch die Instanzenvariablen von Beziehungen können diese attributiert werden, durch die Methoden der Beziehungsklasse bekommen sie eine operationale Semantik.

Beziehungen sind in ODE Primitive der Sprache. Diese Vorgehensweise hat eine Reihe von Vorteilen, wie bereits andere Autoren [16, 17] feststellten:

- mächtige uniforme Funktionen über Relationen, wie etwa Hüllenbildung, Traversierungsstategien, usw. können unabhängig von der speziellen Semantik der Relation angewendet werden;

- Beziehungen machen Eigenschaften des Systems explizit, die sonst im Programmcode 'versteckt' sind;

- speziell für graphische Editoren ist von Bedeutung, daß Graphen, welche von Objektbeziehungen aufgespannt werden, standardmäßig durch verschiedene Graph-Layout-Algorithmen aufbereitet und dargestellt werden können.

Wie im vorangegangenen Abschnitt erwähnt, ist die Klassenhierarchie mit Hilfe des Beziehungstyps 'is-subclass' realisiert. Dies ist ein Beispiel für das zentrale Konzept von ODE, mit wenigen aber mächtigen Primitiven auszukommen. Dies führt zu einer Selbstbezüglichkeit, welche bei ODE beabsichtigt ist. Diese Eigenschaft wird auch mit *'self-contained'* oder *'reflective'* bezeichnet. Sie hat den Vorteil, daß man mit den Funktionen und Tools des Editors den Editor selbst verändern kann. Bezogen auf die Klassenhierarchie bedeutet das z.B., daß man durch Veränderung der 'is-subclass'-Klasse eine völlig andere Vererbungssemantik z.B. in Bezug zur Mehrfachvererbung erzielen kann. Die Klassenhierarchie besitzt z.B. in der generischen Version von ODE nur eine Metaklasse, nämlich die Klasse 'Class', die eine Instanz von sich selbst ist. Smalltalk kennt dagegen eine zur eigentlichen Klassenhierarchie parallele Metaklassenhierarchie. Durch eine Veränderung der 'is-subclass'-Methoden kann der ODE-Programmierer nun auf einfache Weise ein Smalltalk-ähnliches Verhalten erzeugen, wenn seine Anwendung das erfordert. Darüberhinaus kann man zur Änderung der Klassenhierarchie die entsprechenden ODE-Tools für Objektbeziehungen (also z.B. den Grapheneditor) unverändert benutzen.

3.3.4 Abbildung Datenmodell in graphische Repräsentationen

Eines der Hauptprobleme graphischer Editoren liegt in der Auswahl einer geeigneten *visuellen Repräsentation*. In der 2-dimensionalen Ebene heutiger Ausgabegeräte, lassen sich eine Reihe von Größen und Qualitäten angeben, die für die Kodierung von Informationen genutzt werden können, wie z.B. x/y-Position, absolute/relative Größe, Dicke, Ausdehnung, Linienarten, Formen, räumliche Beziehungen, Symbolik etc.. Gute graphische Techniken des Entwurf nutzen aber meistens nur eine beschränkte Auswahl dieser Größen. Dennoch werden aber bei verschiedenen Techniken sehr verschiedene graphische Möglichkeiten genutzt, sodaß ein generisches Werkzeug wie ODE ein verallgemeinertes Modell der Abbildungstechniken anbieten sollte.

Ein wichtiges Prinzip in ODE ist die *explizite* Unterscheidung von Modell und graphischer Repräsentation (s. Abb. 3-1), ähnlich dem MVC-Paradigma in Smalltalk. Der Sinn dieser Trennung liegt in den folgenden Punkten begründet:

- Ein Objekt des Modells kann mehrere und je nach dem Kontext in dem es erscheint verschiedene graphische Repräsentationen besitzen.

- Das Modell wird unabhängig von den Views und den darin enthaltenen grafischen Repräsentationen entworfen.

- Views mit verschiedenen graphischen Repräsentationen können flexibel auf beliebige Teile des Modells erzeugt werden.

ODE bedient sich der Abstraktion von graphischen Dialogobjekten, wie sie im X-Window-System und seinen Toolkits (z.B. OSF-Motif) unter der Bezeichung *Widget* Verwendung findet. Im Gegensatz zu den Primitiven auf der untersten X-Window-Ebene (Fenster, Linien, Schrift) sind Widgets graphische Objekte mit einer vorgegebenen Bedeutung und einem vorgegebenen Verhalten gegenüber dem Benutzer. Widgets sind z.B. Buttons, ListBoxes, editierbare Textfelder, Rollbalken, Schieberegler, also Dialogelemente auf einer höheren Abstraktionsstufe. Ihr visuelles Erscheinungsbild und ihr Verhalten ist im wesentlichen festgelegt und kann in den verschiedenen Instanzen parametrisiert werden.

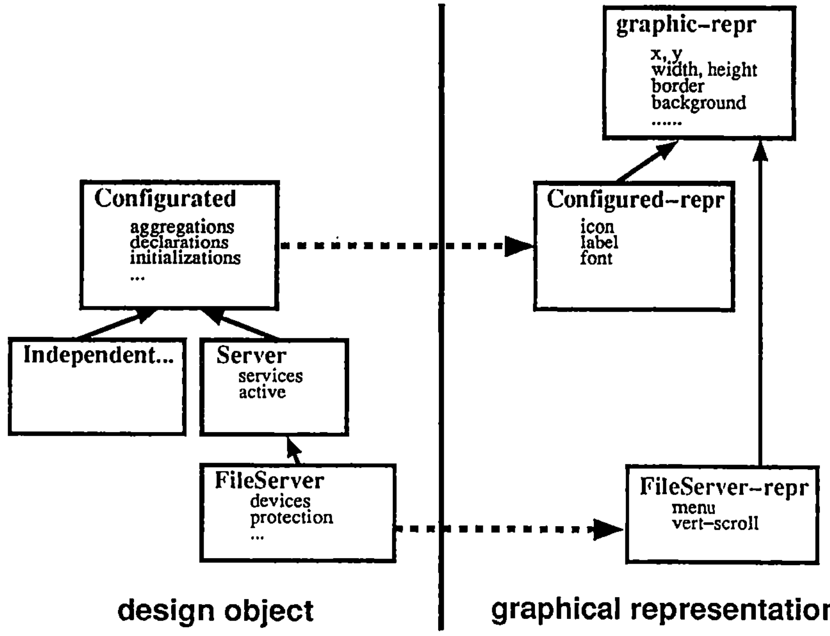

Abbildung 3-1 Beziehung zwischen Modell und graph. Repräsentation

3.3.5 Views

Der Begriff 'View' hat in ODE seine eigene Bedeutung. Ein View ist eine Sicht auf einen bestimmten Ausschnitt des Systems unter einem bestimmten Modellaspekt. Ein *atomarer* View ist eine graphische Repräsentation *eines* ODE-Datenobjektes, erweitert um seine spezifische Reaktion auf Benutzeraktionen. Ein *zusammengesetzer* View besteht dagegen aus mehreren graphischen Repräsentationen von ODE-Datenobjekten, z.B. eine Liste von Objekten. Mehrere Views können in einem Fenster miteinander kombiniert werden.

ODE bietet ein Kollektion von verschiedenen View-Typen, die je nach Typ der darzustellenden Daten eingesetzt werden können. Als atomare Views stehen u.a. editierbare Textfelder und Buttons zur Verfügung. Als Vertreter von zusammengesetzten Views ist der *List-View* zu nennen, der eine Liste von ODE-Datenobjekten zeigt.

Der zentrale zusammengesetzte View ist der *Graph-View*. Dieser View kann den Graphen, der durch die Beziehungen zwischen Objekten aufgespannt wird, darstellen. Objekte im Graphen werden durch rechteckige Kästen (Boxen) graphisch repräsentiert. Die Boxen enthalten einen Label und ein optionales Icon. Die Beziehungen zwischen Objekten werden graphisch als Kanten zwischen den Objektrepräsentationen dargestellt.

Die dargestellten Beziehungen lassen sich vom Typ her einschränken. Man kann sich auf einen Beziehungtyp beschränken oder beliebig viele Beziehungstypen zulassen. Der Graphenumbruch (Layout) geschieht dabei automatisch, wobei verschiedene Algorithmen angeboten werden. Das Layoutprogramm ist eine eigenständige Arbeit [18], die hier in ODE als Modul eingebunden wurde. Die Layoutalgorithmen sind austauschbar, es lassen sich jederzeit neue Algorithmen implementieren.

Der Graph-View ist darüber hinaus in der Lage einen konkreten Beziehungstyp als Abstraktionsbeziehung zu benutzen, d.h. Beziehungen von diesem Typ zwischen Objekten werden nicht in der üblichen Weise als Kante gezeichnet sondern zur Bildung von Untergraphen verwendet.

3.3.6 Behandlung von Constraints

Die Abhängigkeiten zwischen graphischen Repräsentationen und Teilen des Modells wurden bereits in Abschnitt 3.2 erläutert. In ODE wurde zunächst der Active-Value-Ansatz ähnlich zu KEE verfolgt. Dieser Ansatz hat den Vorteil schnell zu sein, da die Lösungsstrategie vom Programmierer im Einzelfall vorgegeben wird und daher optimiert werden kann. (Die Antwortzeiten spielen bei einem interaktiven Editor eine große Rolle, so sind Antwortzeiten von wenigen Sekunden oft schon nicht mehr akzeptabel.) Der Nachteil liegt jedoch darin, daß die Programmierung der Lösung in dieser Art recht kompliziert werden kann und deshalb auch fehleranfälliger ist. Für die Zukunft wird zusätzlich eine mehr deklarative Spezifizierung von Constraints und die Bereitstellung verschiedener allgemeiner Lösungsstrategien wie etwa 'dependency-directed backtracking' angestrebt. Ein weiterer Ansatz der verfolgt wird, ist die Formulierung von Constraints in Form von Regeln und die Verwendung eines Regelinterpretierers zur Auflösung der Constraints. Abschließend ist zu bemerken, daß die Active-Values bzw. Constraints nicht nur zur Behandlung der Abhängigkeiten zwischen Modell und graphischer Repräsentation genutzt werden können, sondern auch zur Beschreibung von Abhängigkeiten innerhalb des Modells. Davon wird in der DODL-Anwendung auch Gebrauch gemacht.

4 Die Anpassung von ODE an die Sprache DODL

Die Anwendung von ODE als Entwurfseditor für die Sprache DODL wird im folgenden mit *DODE* bezeichnet.

4.1 Anwendungsgebiet 'Visuelle Entwurfssprachen'

Diese spezielle Aufgabe des graphischen Editierens von Programmen geht in die Richtung der visuellen Programmierung, wie sie in Abschnitt 3.2 dargestellt wurde.

Während Programme in textuellen Sprachen als eine sequentielle Aneinanderreihung von Wörtern der Sprache zu verstehen sind, sind Programme visueller Sprachen eine Anordnung von graphischen Repräsentationen von Programmelementen auf einer Darstellungsfläche. Die räumliche Anordnung und die Verbindung von graphischen Objekten ist dabei Träger von syntaktischer und semantischer Information.

DODL ist eine objekt-orientierte Entwurfssprache mit einer Typhierarchie, generischen Typen, Vererbung, Methoden, Beziehungstypen und anderen Elementen die aus objektorientierten Sprachen bekannt sind. Es gibt eine Reihe von Vorschlägen für graphische Notationen im objekt-orientierten Entwurf. Der Prozeß der Bildung von etablierteKonventionen ist jedoch keineswegs abgeschlossen. Bekannte Techniken sind beispielsweise OOSD [19, 20], HOOD [21], Boochs Diagramme [22] und OMT [23]. Diese Techniken werden in diesem Artikel nur in sofern angesprochen, indem sie in DODE Eingang fanden.

Wir entwarfen eine Kollektion von experimentellen Diagrammtechniken für DODE, die in einigen Punkten an obengenannte Techniken angelehnt sind. Jeder einzelne Diagrammtyp von DODE bezieht sich auf einen bestimmten Aspekt des Entwurfs verteilter Anwendungen.

4.2 Diagramme in DODE

Die DODE-Bezeichnungen für die einzelnen Diagramme heißen *Typendiagramm, Objektdiagramm, Methodendiagramm und Konfigurationsdiagramm.*

Die graphische Repräsentation von DODL Sprachelementen besteht zunächst aus einem Satz von Icons für die verschiedenen generischen Typen. Allerdings soll es auch möglich sein, in Erweiterungen von DODL (etwa auf den Bereich Büroautomatisierung), die sich durch Spezialisierungen der generischen Typhierarchie äußern, jederzeit neue Icons einzuführen. Die mehrstelligen Beziehungen, die DODL anbietet, werden ebenfalls durch Icons dargestellt. Ein Diagrammtyp wird dann durch entsprechende Views realisiert.

Das *Typendiagramm* zeigt die Typhierarchie der DODL-Typen. Der Benutzer kann mit Hilfe des Diagrammes die Hierarchie anschauen und verändern. Der Graph der Typhierarchie ist hierarchisch und frei von Zyklen, somit ein Idealfall für den Graphenumbruchsalgorithmus von ODE. Das Typendiagramm kann darüberhinaus dazu benutzt werden, um andere Beziehungen zwischen Typen als die der Subtypbeziehung zu beschreiben. Das Typendiagramm von DODE hat somit eine ähnliche Funktion wie das 'class diagram' von Booch [22], verwendet jedoch eine andere Darstellung der Grundelemente.

Die Objekttypen werden durch das *Objektdiagramm* (alternativ auch mit Matrixdiagramm bezeichnet) definiert. Es zeigt die Instanzenvariablen des Objekttypes sowie die Operationen (Methoden) des Objekttyps, wobei die nach außen sichtbaren Operationen hervorgehoben sind. Außerdem zeigt es auch die Komposition des Objekttyps aus Teiltypen. Diese Kompositonsbeziehung bildet eine baumartige Hierarchie, die im Objektdiagramm als Graph-Untergraph-Hierarchie dargestellt wird, in die der Benutzer beliebig ab- und auftauchen kann (zoomen).

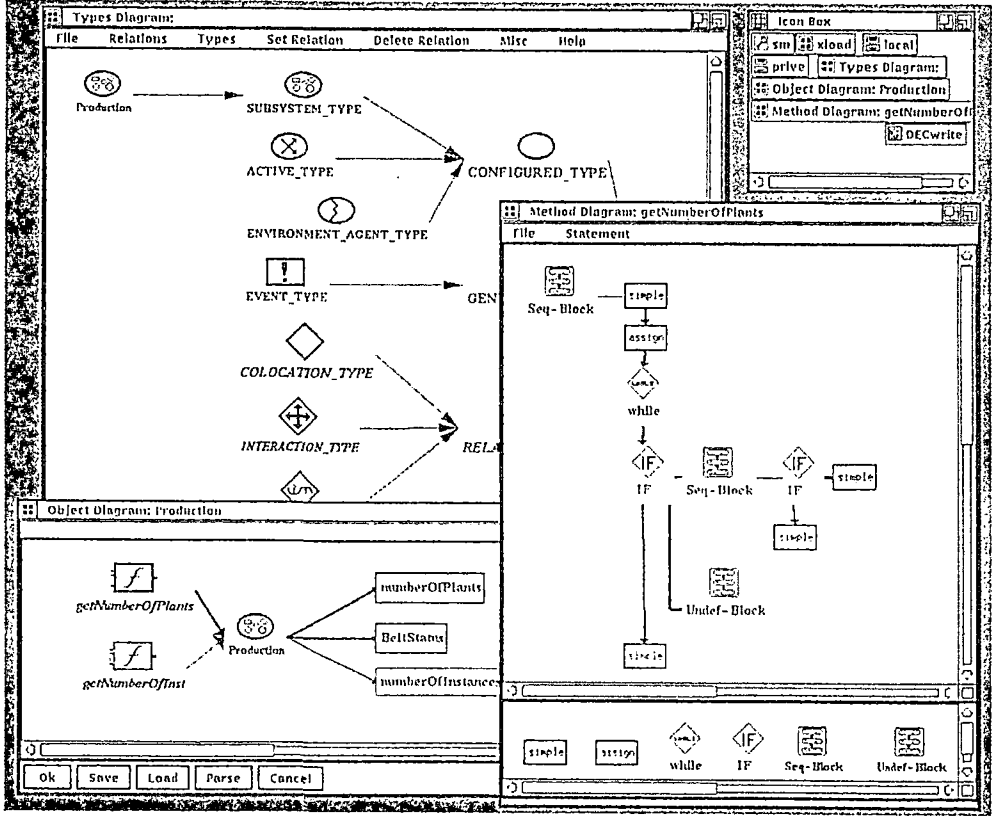

Abbildung 4-1   Beispiele für DODE Diagramme

Das *Methodendiagramm* wird benutzt, um den Ablauf innerhalb einer Methode zu definieren. Die Anweisungen sind als eine Mischform zwischen Kontrollflußdiagramm und Strukturdiagramm dargestellt. Das *Konfigurationsdiagramm* dient zum Erfassen der initialen Konfiguration der Objekte der verteilten Anwendung. In diesem Diagramm sind reale Instanzen von Typen der Gegenstand der Betrachtung.

Mehr spezialisierte Diagramme, die auf bestimmte Aspekte der verteilten Anwendungssystementwicklung eingeht, sind in Entwicklung. So z.B. das Kolokationsdiagramm, das zur Beschreibung von generischen *Kolokationen* von Objekten (Kolokationsdefinitionen) dient. Eine (temporäre) Kolokation von Objekten auf einem Knoten des Rechnernetztes kann sinnvoll sein, um z.B. die Kommunikationskosten zu minimieren, da lokale Kommunikation i.A. weniger Zeit in Anspruch nimmt als Entfernte und außerdem keine Belastung für das Netz darstellt. Die Erzeugung von Kolokationen wird durch *Objektmigrationen* erreicht, bei denen wiederum Kosten zu berücksichtigen sind. Nicht alle Kollokationen sind auch technisch machbar, es kann hierbei zu Konflikten kommen. Ein graphisches Kolokationsdiagramm kann helfen, die Kolokationen zu definieren und ihre Beziehungen untereinander zu analysieren. Es kann auch die aktuellen Kolokationen in einem bestimmten Zustand der Simulation graphisch anzeigen.

4.3 Praktische Erfahrungen

Die Entscheidung, ein graphisches Editortool zu entwickeln, hat sich für die DOCASE-Umgebung bezahlt gemacht. Es konnten in kurzer Zeit einige spezielle Prototypen von graphischen Editoren erstellt werden, die sonst wesentlich längere Entwicklungszeiten erfordert hätten. Natürlich wurden bei der Entwicklung der Editoren einige Schwächen von ODE festgestellt, die jedoch die Verwendbarkeit für den speziellen Zweck nicht grundsätzlich in Frage stellten. Vielmehr werden die Erfahrungen zur weiteren Verbesserung von ODE genutzt, dessen Entwicklung beileibe noch nicht abgeschlossen ist.

5 Literatur

[1] W. Gerteis, A. Schill, L. Heuser, M. Mühlhäuser, *"DODL: A Design Language for Distributed Object-Oriented Applications"*, unpublished, University of Karlsruhe, Institute of Telematics

[2] A. Schill, L. Heuser, M. Mühlhäuser, "Using the Object Paradigm for Distributed Application Development", In: P.J. Kühn (Hrsg.), *"Kommunikation in verteilten Systemen"*, Proceedings : ITG/GTI-Fachtagung, Grundlagen, Anwendungen, Betrieb, Stuttgart, Feb 1989, Springer-Verlag

[3] C. Schaffert, T. Cooper, B. Bullis, M. Kilian, and C. Wilpolt, "An Introduction to Trellis/Owl", *OPSLA '86 Proceedings*, ACM, Oct. 1986

[4] A. Goldberg, *"Smalltalk-80: The Interactive Language Environment"*, Addison-Wesley, 1984

[5] A. Goldberg, D. Robson, *"Smalltalk-80: The Language and its Implementation"*, Addison-Wesley, 1983

[6] R.W. Scheifler, J. Gettys, "The X Window System", *ACM Transactions on Graphics*, Vol. 5, No. 2, Apr. 1987, pp. 79-109

[7] Makoto Murata and Koji Kusumoto, "Daemon: Another Way of Invoking Methods", *JOOP*, Jul/Aug 1989.

[8] Renate Kempt, "Teaching object-oriented programming with the KEE system", *ACM SIGPLAN Notice*, 22(12), pp. 11-25, Dec. 1987

[9] R. Stallman and G.J. Sussman, "Forward Reasoning and Dependency-directed Backtracking in a System for Computer-aided Circuit Analysis, *Artificial Intelligence*, 9(2), 1977

[10] D. Waltz, "Understanding Line Drawings of Scenes with Shadows", In: Patrick H. Winston, editor, *The Psychology of Computer Vision*, McGraw-Hill, New York, 1975

[11] A. Borning, "Defining Constraints Graphically", *Proc. CHI 86*, Conf. Human Factors in Computing Systems, Apr. 86, ACM, pp. 137-143.

[12] A. Borning, R. Duisberg, B. Freeman-Benson, A. Kramer, M. Woolf, "Constraint Hierarchies", *OPSLA'87 Proceedings*, ACM, pp. 48-60

[13] R.V. Rubin, E.J. Golin, and S.P. Reiss, "ThinkPad: A Graphical System for Programming by Demonstration", *IEEE Software*, Vol. 2, No. 2, Mar. 1985, pp. 73-79.

[14] D. Ingalls, s. Wallace, Y-Y Chow, F. Ludolph, K. Doyle, "Fabrik - A Visual Programming Environment", *OOPSLA'88 Proceedings*, ACM, pp. 176-190

[15] W. Finzer and L. Gould, "Programming by Rehearsal", *Byte*, Vol. 9, No. 6, June 84, pp. 187-210.

[16] H. Boley, "RELFUN: A Relational/Functional Integration with Valued Clauses", SIGPLAN Notices 21(12), Dec. 1986, pp. 87-98

[17] J. Rumbaugh, "Relations as Semantic Constructs in an Object-Oriented Language", *OOPSLA'87 Proceedings*, ACM, pp. 466-481

[18] Walter F. Tichy, Frances J. Newbery, "Knowledge-based Editors for Directed Graphs", In Howard K. Nichols and Dan Simpson, editors, *1st European Software Engineering Conference*, pp. 101-109, Springer, 1987

[19] A. I. Wasserman, P. A. Pircher, R. J. Muller, "An Object-Oriented Structured Design Method", ACM SIGSOFT, *Software Engineering Notes*, Vol. 14, No. 1, 1989, pp. 32-55

[20] A. I. Wasserman, P. A. Pircher, R. J. Muller, "Concepts of Object-Oriented Structured Design", *Proceedings of Tools'89*, Paris, Nov. 1989

[21] M. Heitz, *"HOOD Reference Manual"*, CISI Ingenierie, Midi Pyrénées, Sep. 1989

[22] Grady Booch, "Object Oriented Design with Applications", Benjamin/Cummings, 1991

[23] M. R. Blaha, W. J. Premerlani, and J. E. Rumbaugh, "Relational Database Design using an Object-Oriented Methology", *Communications of the ACM*, Vol. 31, No. 4, Apr. 1988, pp. 414-427

[24] Frances J. Newbery, "An Interface Description Language for Graph Editors", *Proceedings of the IEEE Workshop on Visual Languages*, Pittsburg, PA, October 10-12, 1988

Zielorientierter Entwurf korrekter Kommunikationssoftware

Peter Beyer
Institut für Telematik
Universität Karlsruhe
Zirkel 2
7500 Karlsruhe 1

Kurzfassung

Ausgehend von einer formalen Spezifikations- und Transformationstechnik, die es erlaubt, mittels schrittweiser Verfeinerung aus abstrakten Protokollspezifikationen korrekte, implementierungsnahe Programmspezifikationen zu erstellen, wurde ein Entwurfswerkzeug entwickelt, das den Transformationsvorgang steuert und den Programmierer aktiv dabei unterstützt, sein Implementierungsziel zu erreichen.

Schlüsselwörter

Kommunikationsprotokolle, Kommunikationssoftware, formale Spezifikation, Experten-systeme, schrittweise Verfeinerung, Programmtransformation.

1. Einleitung

Seit der Einführung von Rechnernetzen steigt der Bedarf an softwaremäßigen Protokoll-implementierungen im Bereich verteilter Rechensysteme und deren Anwendungen stetig. Die zunehmende Integration von Rechnerkomponenten in Telekommunikationssysteme trägt zusätzlich zu diesem Bedarf bei, der durch wachsende Anforderungen an Funktionsumfang und Leistungsfähigkeit der Protokollimplementierungen verschärft wird. Um der hohen Komplexität der Kommunikationssoftware gerecht zu werden, müssen in der Praxis rechnergestützte Entwurfsmethoden bereitgestellt werden. Herkömmliche Programmierung hat eine zu geringe Produktivität, um den steigenden Bedarf bei hohen Qualitätsanforderungen insbesondere hinsichtlich Effizienz und Korrektheit decken zu können. Als Voraussetzung für die rechnergestützte Programmentwicklung werden Verfahren zur formalen Beschreibung von Kommunikationssoftware und darauf abgestimmte Methoden zum Entwurf von Kommuni-kationssoftware benötigt.

Formale Beschreibungsverfahren für Kommunikationsprotokolle sind seit über einem Jahrzehnt in Entwicklung. Eingang in die Praxis haben dabei insbesondere die von Normungsgremien unterstützten Spezifikationssprachen SDL [CCITT Z.100], Estelle [ISO 9074] und LOTOS [ISO 8807] gefunden.

Zur Automatisierung der Kommunikationssoftwareentwicklung können Übersetzer verwendet werden, die formale Protokollspezifikationen in entsprechende Programme überführen [SiBl 90, CiDe 88, BoGe 87, SmWe 83, Dupo 86, Kräm 86, TaSN 88]. Ihnen liegen allgemeine Abbildungskonzepte zugrunde, und es entstehen deshalb Softwaremodule, die kaum auf ein konkretes Protokoll und eine spezielle Systemumgebung zugeschnitten sind. So wird im allgemeinen nicht ein Optimum an Effizienz erreicht und zur Anpassung der Module an die Umgebung entsteht zusätzlicher Entwicklungsaufwand.

Im Gegensatz dazu bleiben bei der Methode der Quellcodetransformation [BaWo 84] die kreativen Entwurfsmöglichkeiten und damit auch die Möglichkeiten Eigenschaften konkreter Protokolle und spezieller Systemumgebungen zu berücksichtigen erhalten. Ausgehend von der formalen Spezifikation wird in einem Verfeinerungsprozeß Schritt für Schritt das endgültige Programmsystem durch Anwendung korrektheitssichernder Transformationsregeln abgeleitet. Ein Regelanwendungswerkzeug kann dabei Ausgangsspezifikationen und Zwischenstadien verwalten und die Zulässigkeit der gewählten Regelanwendungen überprüfen [Herm 86, Freu 90].

Eine Steuerung des Verfeinerungsprozesses ist bei der direkten Codeerzeugung nicht möglich. Die Verfeinerung vollzieht sich entweder bei der Codeerzeugung nach einem vorgegebenen Muster automatisch oder viele Implementierungsdetails werden schon in der Ausgangsspezifikation festgelegt. Dies ist aber nicht der Sinn einer Protokollspezifikation, in der die funktionellen Eigenschaften eines Protokolls beschrieben werden sollen, ohne Implementierungsdetails festzulegen. Anderenfalls müßte schon der Entwerfer der Protokollspezifikation Effizienzgesichtspunkte berücksichtigen, wobei er dann Wissen über die Systemumgebung und über den Abbildungsmechanismus des zugrundeliegenden Codeerzeugungsverfahrens haben muß.

Bei dem Verfahren der Quellcodetransformation ist eine Steuerung des Verfeinerungsprozesses durch den Programmierer möglich. Für ihn stellt sich hierbei das Problem, die Verfeinerungsschritte zu bestimmen, mit welchen er sein Implementierungsziel erreichen kann. Eine Möglichkeit, diesen kreativen Bereich des Entwurfs zu unterstützen, bietet das im folgenden beschriebene zielorientierte Entwurfswerkzeug.

Grundlage für dieses Entwurfswerkzeug ist die im zweiten Kapitel kurz beschriebene Entwurfstechnik CDM. In Kapitel 3 werden die für die Transformationssteuerung grundlegenden Strategien dargestellt. Kapitel 4 beschreibt die Werkzeugkomponenten und Kapitel 5 ihre Umsetzung in ein Expertensystem. Die Erprobung des Entwurfswerkzeugs wird in Kapitel 6 erläutert.

2. Entwurfstechnik CDM

Die Entwurfstechnik CDM (Constructive Design Method) [Freu 87, Freu 90] besteht aus der Spezifikationssprache CSM (Constructive Specification Method) und einer Menge von Transformationsregeln zur Durchführung von Verfeinerungen.

Die Spezifikationssprache CSM basiert wie Estelle und SDL auf dem Konzept der erweiterten endlichen Automaten. Mit CSM können Systeme endlicher Automaten definiert werden, die um Variablen, Bedingungen, Zuweisungen sowie um Möglichkeiten zur Strukturierung des Zustandsraums und zur Kopplung von Automaten erweitert wurden.

Bei abstrakten Protokollspezifikationen in CSM werden Protokollinstanzen durch Schnittstellenprozeduren (upper-procedures) und Protokollfunktionen (lower-procedures) beschrieben. Zur Beschreibung von implementierungsnahen Programmspezifikationen stehen zusätzliche Konstrukte (process, sequence, select, while) zur Verfügung, die eine Strukturierung und Verteilung sowie eine Steuerung der Bearbeitung von Protokollfunktionen ermöglichen.

Die Softwareentwicklung mit CDM veranschaulicht Bild 2.1. CSM-Spezifikationen können mit einem syntaxgesteuerten Editor erstellt werden. Außerdem wurden Transformatoren von SDL, bzw. Estelle nach CSM entwickelt. Die Überprüfung der Protokollspezifikation erfolgt mit einem Simulations- und Testwerkzeug.

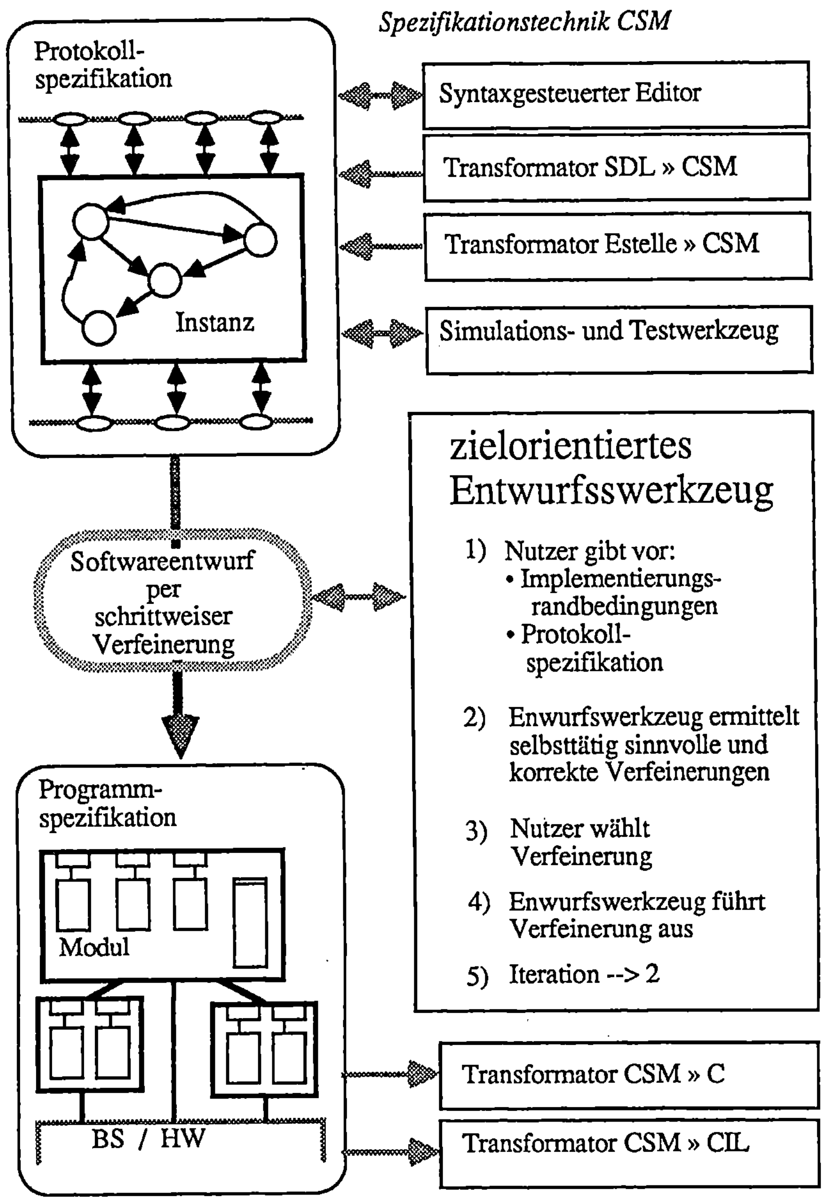

Bild 2.1: Softwareentwicklung mit CDM

Mit Hilfe des hier beschriebenen Entwurfswerkzeugs wird der Softwareentwurf schrittweise durchgeführt. Das Werkzeug steuert den gesamten Entwurf, indem es nicht nur auf noch zu verfeinernde Konstrukte in der Spezifikation aufmerksam macht, sondern auch eigenständig Verfeinerungen vorschlägt, die den Nutzer zur beabsichtigten Implementierungsarchitektur führen.

Das Ergebnis der Transformation ist eine implementierungsnahe Programmspezifikation, die automatisch in C-Code oder CIL-Programme [KrDr 83] umgesetzt werden kann. Sie beschreibt die Zusammensetzung der Software aus Modulen, Prozessen und Prozeduren und die detaillierten Schnittstellen zur Ablaufumgebung sowie zur sequenziellen Ablaufsteuerung in Prozeß- und Prozedurrümpfen.

3. Regeln und Strategien

Für den Softwareentwurf stehen Transformationsregeln zur Verfügung, die es erlauben, die Protokollspezifikation schrittweise in eine Programmspezifikation umzuformen, die gegenüber der Protokollspezifikation korrekt ist. Der Programmierer steht jetzt vor dem Problem, welche Transformationsregel er an welcher Stelle und mit welchen Parametern anwenden soll. Hierfür wurden Strategien entwickelt und in das Entwurfswerkzeug integriert.

3.1 Regeln

Eine Transformationsregel besteht aus einem Eingangsschema, einer Anwendbarkeitsbedingung und einem Ausgangsschema. Das Eingangsschema legt fest, auf welche Teile der Spezifikation sich die Regel bezieht. Die Anwendbarkeitsbedingung muß erfüllt sein, damit die Regel korrekt ausgeführt wird. Das Ausgangsschema gibt die Änderungen an, die sich bei der Regelanwendung ergeben.

Die angebotenen Transformationsregeln haben folgende Funktionen:

- Erzeugung von Konstrukten (Prozessen, Prozeduren, Variablen, Zuweisungen),
- Integrieren von Protokollfunktionen (lower-procedure) in Prozesse und Schnittstellenprozeduren (upper-procedure),
- Strukturierung (Schleifen, Fallunterscheidungen, Sequenzen),
- Vereinfachungen, Verschiebungen, Löschen von Konstrukten.

3.2 Strategien

Transformationsregeln dienen zwei Zwecken:

- Verfeinerung,
- Vereinfachung.

In der Verfeinerung liegt der Kern der kreativen Transformation. Sie stellt für den Programmierer den Entwurfsspielraum dar, seine Software nach Effizienzgesichtspunkten zu erstellen. Die Vereinfachung betrifft hauptsächlich das Löschen nicht mehr benötigter Konstrukte, wie Protokollfunktionen, Anweisungen, Ausdrücke und Variablen. Vereinfachungen ändern nichts an der eigentlichen Programmstruktur, sondern dienen der Optimierung.

Bei der Untersuchung der meisten Transformationsregeln stellt man fest, daß je nachdem, wie die Parameter gewählt werden, eine Regel sowohl Komponenten zur Verfeinerung als auch zur Vereinfachung besitzt. Analysiert man weiterhin den Einfluß dieser beiden Komponenten auf die Komplexität der Anwendbarkeitsbedingungen, so ergibt sich, daß oft der Vereinfachungsanteil für aufwendige Berechnungen verantwortlich ist. Sie können während des kreativen Entwurfs zu unangenehmen Wartezeiten führen.

Es ist deshalb sinnvoll, Regeln und Parameter so zu wählen, daß eine Trennung von Verfeinerung und Vereinfachung möglich ist. Letztere haben zudem die Eigenschaft, daß sie unabhängig von anderen Transformationen zu einem späteren Zeitpunkt ausgeführt werden können. Dies führt zu einer zeitlichen Trennung in die eigentliche Entwurfsphase und eine Optimierungsphase, die sogar größtenteils automatisch durchgeführt werden kann.

Die hier beschriebenen CSM-Transformationsregeln konzentrieren sich auf die Verfeinerung der Programmstruktur. Auf die Behandlung der Datenstrukturen wird in diesem Papier nicht näher eingegangen.

Die Konstrukte einer CSM-Spezifikation sind hierarchisch geordnet. Für die Auswahl einer Regel sollte folgende Grundregel nicht verletzt werden: "Ein Konstrukt soll erst dann bearbeitet werden, wenn es nicht mehr durch ein übergeordnetes Konstrukt geändert wird." Bei Einhaltung der Grundregel, hat man bei jeder Transformation die Sicherheit, daß die Funktionen des Konstrukts vollständig integriert sind. Somit werden die Entwurfsphasen durch die Hierarchie der CSM-Konstrukte (Spezifikation, Instanz, Prozess und Prozedur, Steuerkonstrukt, Zuweisungen, Ausdrücke) festgelegt. Da die Kommunikation zwischen Instanzen über untere Dienste abgewickelt wird, setzen die ersten Transformationen auf der Instanzebene ein. Verschiedene Instanzen derselben Spezifikation werden unabhängig voneinander bearbeitet.

Instanzebene

Betrachtet man eine Instanz, so besteht diese zunächst nur aus den Schnittstellenprozeduren (upper-procedures) und gleichberechtigten Protokollfunktionen (lower-procedures). Entsprechend den Zielvorstellungen des Programmierers muß zuerst eine Grobstruktur festgelegt werden. Hierzu muß der Programmierer angeben, wieviele eigenständige Prozesse die Instanz besitzen soll, und wie diese Prozesse heißen sollen. Das Entwurfswerkzeug führt die entsprechenden Transformationsregeln aus und erzeugt die gewünschten Prozesse.

In einem nächsten Schritt wird der Programmierer aufgefordert anzugeben, welche Protokollfunktionen mehrmals benötigt werden, d.h. in mehreren Prozessen bzw. Schnittstellenprozeduren benötigt werden. Gegebenenfalls können neue Aufrufparameter für die mehrfach benötigten Protokollfunktionen angegeben werden, welche die alten ersetzen. Das Transformationssystem kopiert die angegebenen Protokollfunktionen. Falls neue Aufrufparameter gewählt wurden, die nicht den Anwendbarkeitsbedingungen entsprechen, wird dies dem Programmierer angezeigt und die gewünschte Transformation nicht durchgeführt.

Nachdem die Protokollfunktionen in Anzahl und Art den Vorstellungen des Programmierers entsprechen, muß für jede Protokollfunktion angegeben werden, in welchen Prozeß oder welche Schnittstellenprozedur sie integriert werden soll. Das Transformationssystem führt nach Prüfung der Anwendbarkeitsbedingungen die gewünschten Transformationsschritte durch.

Nach einer eventuell möglichen Integration von Variablendefinitionen als private Variablen in Prozesse, die automatisch erfolgen kann, sind die Transformationsschritte auf der Instanzebene abgeschlossen. Nun können die direkt untergeordneten Konstrukte bearbeitet werden.

Prozeß- und Schnittstellenprozedurebene

Die Verfeinerung von Prozessen und Schnittstellenprozeduren erfolgt nach gleichem Muster. Auf dieser Ebene und auf der Steuerkonstruktebene wird die Feinstruktur der Programmspezifikation erzeugt. Ziel ist es, die Abarbeitungsreihenfolge der integrierten Protokollfunktionen festzulegen. Dies geschieht durch das Erzeugen von Steuerkonstrukten, wie Schleifen-, Auswahl- und Sequenzkonstrukten und der Einbindung der Protokollfunktionen in diese Steuerungsstruktur.

Beim Erzeugen von Steuerkonstrukten erhalten diese eine Aufrufbedingung. Beim Integrieren in Steuerkonstrukte können die Aufrufbedingungen der Protokollfunktionen geändert werden. Die eingegebenen Bedingungen sind zusätzliche Parameter für die Transformationsregeln. Für diese zusätzlichen Parameter werden Default-Werte vorgeschlagen, so daß die Anwendbarkeitsbedingung erfüllt ist. Werden diese geändert, so kann es zu aufwendigen Berechnungen kommen, die zum jetzigen Zeitpunkt nicht nötig sind. Sie können später beim Vereinfachen von Ausdrücken nachgeholt werden.

Als erstes sollten die in der Zielarchitektur vorgesehenen While-Schleifen erzeugt werden und die entsprechenden Protokollfunktionen integriert werden. Hierzu wird der Programmierer aufgefordert, die Protokollfunktionen anzugeben, die innerhalb eines While-Konstrukts abgearbeitet werden sollen. Der Programmierer muß als Parameter neben den Protokollfunktionen zusätzlich die Bedingung der While-Schleife angeben und, falls erwünscht, geänderte Aufrufbedingungen für die integrierten Protokollfunktionen. Eine Besonderheit besteht darin, daß für diesen Schritt mehrere Transformationsregeln ausgeführt werden müssen ('Erzeugung des While-Konstrukts' und evtl. mehrfach 'Integration einer Protokollfunktion'). Die gewünschte Transformation wird nur dann ausgeführt, wenn alle Anwendbarkeitsbedingungen erfüllt werden können. Anderenfalls wird keine Transformation ausgeführt und dies angezeigt.

Als nächstes werden die verbleibenden Protokollfunktionen und die gerade entworfenen While-Konstrukte in neu zu erzeugende Auswahlkonstrukte integriert. Falls auf Prozeßebene noch mehrere Protokollfunktionen, Auswahl- und While-Konstrukte nebeneinander existieren, müssen die Konstrukte in ein neues Sequenz-Konstrukt integriert werden, um die Reihenfolge ihrer Abarbeitung festzulegen. Dies erfolgt ebenfalls durch mehrere Transformationsschritte (Erzeugung, Integration).

Nach diesen Schritten hat der Prozeß bzw. die Schnittstellenprozedur auf oberster Ebene genau ein Steuerkonstrukt und kann dort nicht weiter verfeinert werden. Es kann nun genau das eine vorhandene direkt untergeordnete Steuerkonstrukt verfeinert werden.

Steuerkonstruktebene

While- und Auswahlkonstrukt werden nach dem gleichen Verfahren verfeinert, wie es bei den Prozessen angewandt wurde. Sequenzkonstrukte können nicht mehr weiter verfeinert werden. Sind alle While- und Auswahlkonstrukte verfeinert, so ist diese Phase abgeschlossen.

Zuweisungs- und Ausdrucksebene

Auf der Zuweisungsebene selbst sind, läßt man Datentypen-Wechsel außer acht, keine Verfeinerungen möglich, sondern nur Vereinfachungen. Auch auf der Ausdrucksebene sind Verfeinerungen von vergleichsweise geringerer Bedeutung. Es kann hier nur noch die Auswertungsreihenfolge festgelegt werden. Lediglich bei Case-Ausdrücken stellt dies noch eine echte Verfeinerung dar.

3.3 Transformationssteuerung

Die oben beschriebenen Hauptphasen, aber auch die Unterphasen bei der Bearbeitung eines Konstruktes, sind nur teilweise zeitlich voneinander abhängig. Es können sehr willkürliche Konstruktwechsel vorgenommen werden, wobei es dann aber schwerfällt den Überblick zu bewahren. Durch eine Strategie bei der Konstruktauswahl werden die Entwurfsmöglichkeiten nicht beschnitten, sie fördert aber die Ordnung der Transformationen in sinnvolle Reihenfolgen.

Entsprechend der Grundregel ist es nur sinnvoll mit der Bearbeitung eines Konstruktes zu beginnen, wenn es in sich abgeschlossen ist, d.h. von Transformationsregeln über einem Oberkonstrukt nicht mehr verändert wird.

Dies kann sehr einfach dadurch erreicht werden, daß ein Konstrukt nur dann bearbeitet werden darf, wenn alle seine Oberkonstrukte vollständig bearbeitet sind. Ein Wechsel zu einem Teilkonstrukt ist erst möglich wenn das Konstrukt nicht mehr verfeinert werden kann. Diese Strategie hat den Vorteil, daß sie relativ einfach zu implementieren ist. Sie bietet sich als Defaultstrategie für das Entwurfswerkzeug an. Es läßt sich weiterhin einfach feststellen, wie weit der Entwurf fortgeschritten ist. Der Nachteil dieser Strategie ist, daß der Benutzer in seiner Bewegungsfreiheit eingeschränkt wird.

Prinzipiell soll die freie Konstruktwahl nicht beschnitten werden. Es werden hierfür Mittel bereitgestellt, die auf nicht vollständig bearbeitete Konstrukte aufmerksam machen sowohl beim Wechsel des Konstrukts als auch auf Wunsch des Programmierers.

Beim Integrieren von Protokollfunktionen gibt es die Möglichkeit, den Programmierer auch in der Wahl des Integrationszieles zu unterstützen, falls seine Vorstellungen von der Programmstruktur noch nicht feststehen. Die Protokollfunktionen werden auf gemeinsame Datenbereiche untersucht und gruppiert. Durch die gemeinsame Integration der entstandenen Gruppen kann die Anzahl globaler Datenbereiche einer Instanz verringert werden. Durch eine Abhängigkeitsanalyse können Rückschlüsse auf die Bearbeitungsreihenfolgen von Protokollfunktionen gezogen werden. Hieraus ergeben sich Hinweise zur Kontrollfluß-Festlegung.

4. Werkzeugkomponenten

Das Entwurfswerkzeug besteht aus statischen und dynamischen Komponenten. Bild 4.1 skizziert die Wechselwirkungen der Werkzeugkomponenten. Statische Komponenten sind die Ein/Ausgabe-Komponente, eine feste Anzahl von Transformationsregeln und die Regeln zur Transformationssteuerung. Die dynamischen Komponenten sind die Spezifikation, die mit jeder Ausführung einer Transformationsregel sofort geändert wird, und die Erklärungskomponente, welche alle wichtigen Daten während der Transformation mitprotokolliert und verwaltet. Als externe Komponente sind CSM-Dateien und der Benutzer vorhanden.

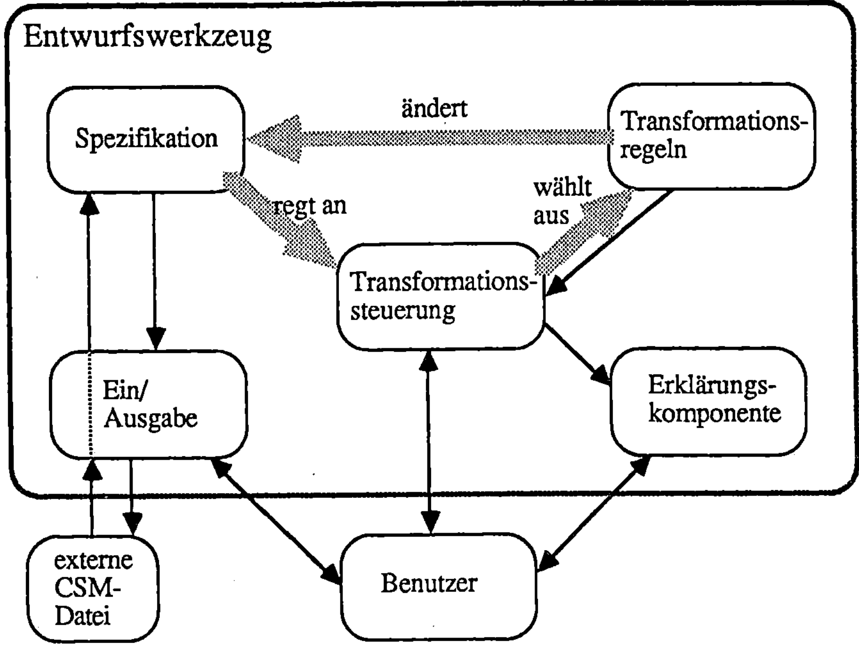

Bild 4.1: Komponenten des Entwurfswerkzeugs

Die Ein/Ausgabe realisiert die Schnittstelle zu den anderen vorhandenen Werkzeugen über CSM-Textdateien. Sie gibt dem Benutzer während des Entwurfs die Möglichkeit, sich jederzeit die Spezifikation bzw. Teile davon zu betrachten.

Die Spezifikation, die Transformationssteuerung und die Transformationsregeln bilden grobgesehen eine Transformationsschleife, die mit dem Einlesen einer externen Spezifikation gestartet wird. Jede Änderung der Spezifikation regt die Transformationssteuerung an, die veränderte Spezifikation zu analysieren. Die Transformationssteuerung wählt dann eine Transformationsregel aus, die als nächstes angewendet werden soll. Dies kann automatisch oder im Dialog mit dem Benutzer geschehen. Die Anwendung der Transformationsregel ändert wiederum die Spezifikation, was eine erneute Analyse durch die Transformationssteuerung auslöst , usw. Die Transformationsschleife ist durch die breiten Pfeile in Bild 4.1 dargestellt. Die Transformationsschleife wird beendet, wenn die Transformationssteuerung nach Analyse der Spezifikation erkennt, daß eine implementierungsnahe Programmspezifikation erreicht wurde.

Die Spezifikation kann nach dem Einlesen nur durch die Ausführung von Transformations-regeln geändert werden. Da vor jedem Ausführen einer Transformationsregel die Anwend-barkeitsbedingung überprüft wird, ist eine korrekte Umformung der Spezifikation gewähr-leistet. Aus diesem Umstand folgt, daß der Benutzer die Spezifikation nicht über die Ein/Ausgabekomponente ändern darf. Anderenfalls wäre es für den Benutzer möglich zusätzliche Transformationen durchzuführen, deren Korrektheit vom Werkzeug nicht überprüft wird. Dies würde dem Ziel des korrektheitserhaltenden Entwurfs widersprechen.

Die Erklärungskomponente hat die Aufgabe, alle Transformationsdaten zu protokollieren, so daß der Entwurf Schritt für Schritt nachvollzogen werden kann. Im Dialog werden die gespeicherten Informationen genutzt, um dem Benutzer eine Warum-Erklärungskomponente bereitzustellen.

5. Implementierung

Das Entwurfswerkzeug ist als Expertensystem implementiert. Für die Erstellung auf einer VAXstation 3100 stand ein Expertensystemwerkzeug (Shell) zur Verfügung, das neben dem Regel-basierten Schließen auch einen objektorientierter Ansatz unterstützt. Die Darstellung von Objekten und Objektklassen erfolgt über Frames.

Fakten werden durch Objekte dargestellt. Jedes Objekt besitzt verschiedene Attribute, die das Objekt beschreiben. Jedes Attribut hat neben möglichen Werten für die Attribute, noch weitere Einträge, die unter anderem den Typ und die Anzahl der Werte eingrenzen, die Vererbungseigenschaft festlegen und auf vorhandene Darstellungsformen oder Überwachungsfunktionen verweisen.

Es können Objektklassen erzeugt werden, die hierarchisch geordnet werden können. Attribute und Werte können über Vererbungsmechanismen an untergeordnete Objekte bzw. Objektklassen vererbt werden.

Für den Regel-basierten Ansatz können If-Then-Regeln erstellt werden. Sowohl die Vorwärtsverkettung als auch die Rückwärtsverkettung stehen als Inferenzmechanismen zu Verfügung. Es wird eine Regelsprache angeboten, die es ermöglicht, Regeln in englischähnlicher Sprache zu formulieren.

Neben allgemein üblichen Werten können für Attribute beliebige Wertebereiche definiert werden. Besonders unterstützt werden neben Verweisen auf andere Objekte auch selbst definierte Prozeduren, sogenannte Methoden. Diese Methoden können von anderer Stelle aufgerufen werden, indem eine Nachricht an das Objekt gesendet wird, das diesen prozeduralen Eintrag enthält.

Bild 5.1 gibt einen Überblick, wie die Werkzeugkomponenten aus Kapitel 4 (vgl. Bild 4.1) in die Wissensbasis des Expertensystems umgesetzt wurden. Die Wissensbasis gliedert sich in Fakten und Regeln. Die Regeln folgern über die Fakten und ändern bei Erfolg die Fakten. Die Fakten der Wissensbasis sind die Spezifikation, die Transformationsregeln, und die Protokollierung. Die Ein/Ausgabe und Teile der Transformationsregeln wurden in die Spezifikation aufgenommen. Die Regeln des Expertensystems sind für die Steuerung der Transformation und des Benutzerdialogs zuständig.

Bild 5.2 zeigt ausschnittweise die Darstellung von Protokollspezifikationen. Hierbei wurden zunächst für alle Spezifikationskonstrukte Objektklassen erzeugt und hierarchisch geordnet (durchgezogene Verbindung in Bild 5.2). Die so entstandene statische Spezifikationsgrundstruktur enthält neben der CSM-Syntax auch Informationen über die Semantik der einzelnen Konstrukte. Die eigentlichen Spezifikationskonstrukte werden dann als Objekte der dazugehörigen Objektklasse angelegt (gestrichelte Verbindung). Die notwendigen Attribute werden von der Objektklasse an das Objekt vererbt.

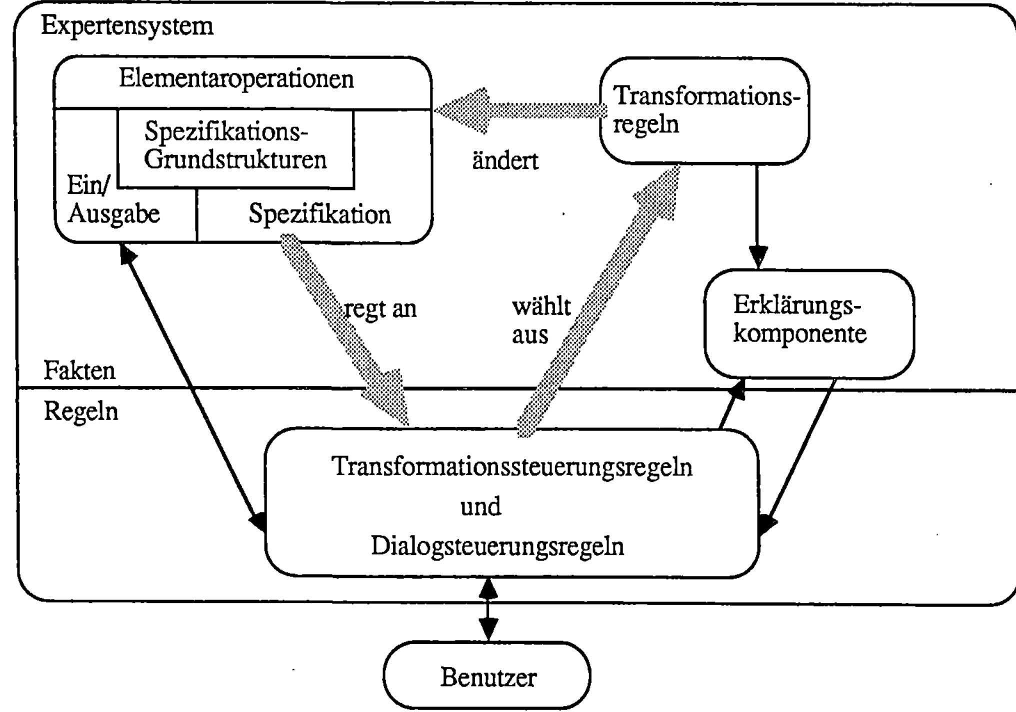

Bild 5.1: Komponenten des Expertensystems

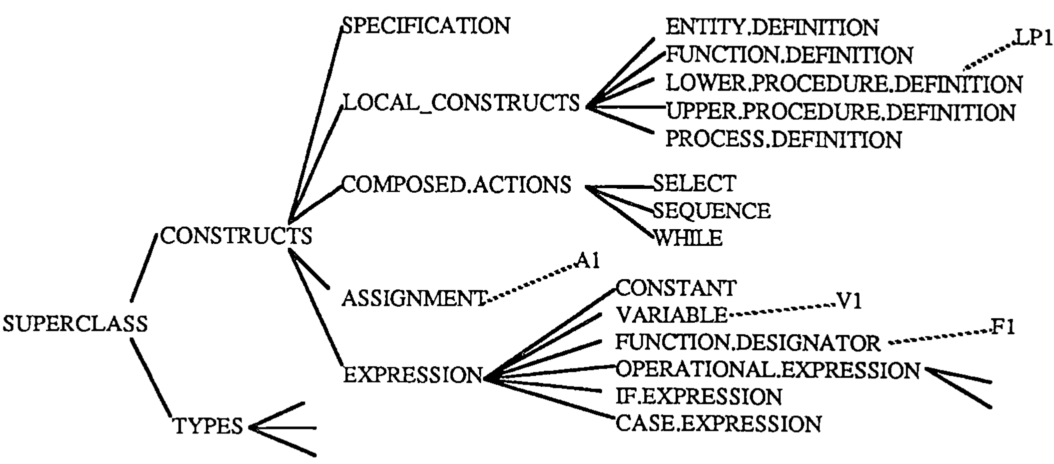

Bild 5.2: Objektklassen und Objekte einer CSM-Spezifikation

Der Strukturbaum der Spezifikation wird durch Einträge von Verweisen auf Teilkonstrukte in entsprechende Attribute festgelegt. Verweise auf ein Oberkonstrukt werden in das Attribut UPPER.CONSTRUCT eingetragen.

Zur Realisierung der Ein/Ausgabe-Komponente wurde ein objektorientierter Ansatz gewählt. So enthält jede Objektklasse Methoden zur Eingabe und Ausgabe der entsprechenden Konstrukte. Bild 5.3 zeigt die Attribute der Objektklasse ASSIGNMENT und des Objekts A1 an.

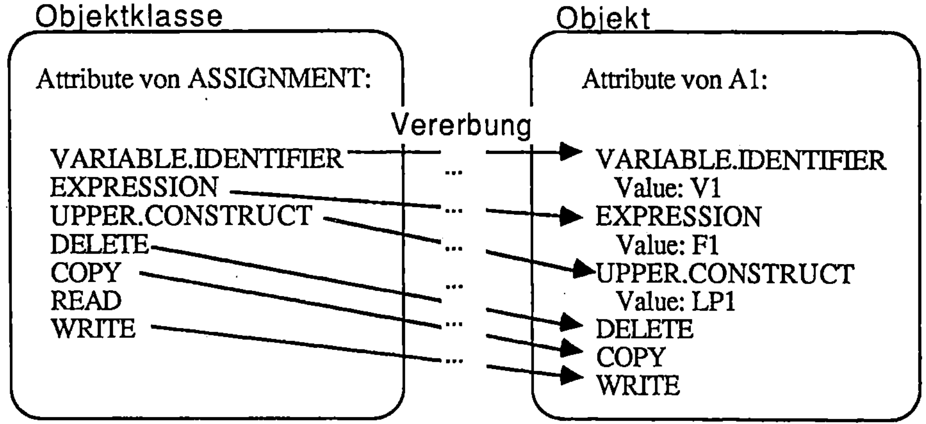

Bild 5.3: Beispiel Zuweisung

Die Eingabe eines Konstrukts muß über die Objektklasse erfolgen, da das Objekt noch nicht existiert. Die Ausgabe hingegen erfolgt über das Objekt, das das Konstrukt beschreibt. Die entsprechende Methode wird von der Objektklasse vererbt.

In den Objekten sind weiterhin Elementaroperationen wie Löschen oder Kopieren von Konstrukten durch Methoden realisiert. Hierbei treten Konsistenzprobleme auf, da z.B. nach dem Löschen eines Objekts, die Objekte der untergeordneten Konstrukte auf das gelöschte Objekt zeigen. Es muß dann entschieden werden, ob die untergeordneten Objekte auch gelöscht werden, oder ob nur der Verweis gelöscht werden soll.

Jede Transformationsregel entspricht einem Objekt. Diese haben zwei wichtige Attribute in denen jeweils Methoden enthalten sind.

Ein Attribut prüft die Anwendbarkeitsbedingung der Transformationsregel. Das zweite wichtige Attribut ist der Ausführungsteil, der die Spezifikation ändert. Er kann aber nur dann ausgeführt werden, wenn die Anwendbarkeitsbedingung erfüllt ist. Um die Überprüfung zu garantieren, wird die Anwendbarkeitsbedingung immer vor dem Ausführen einer Regel überprüft. Der Ausführungsteil ändert die Spezifikation, indem er hauptsächlich auf die in den betroffenen Objekten vorhandenen Methoden zurückgreift. Dadurch wird die Darstellung der Regeln weniger komplex, und die Regeln werden von der Konsistenzerhaltung der internen Spezifikationsdarstellung entlastet.

Fehlen wichtige Parameter, die nicht durch Defaultwerte belegt werden können, so wird der Benutzer befragt. Durch ein weiteres Attribut besteht die Möglichkeit, sich die Defaultparameter anzeigen zu lassen.

Die Transformationssteuerung ist durch If-Then-Regeln realisiert. Zur Abarbeitung der Regeln wird die Vorwärtsverkettung angewendet. Es wird die Möglichkeit genutzt, die Regeln in hierarchisch angeordneten Regelklassen zu ordnen (Bild 5.4). Das ergibt den Vorteil, sich bei der Suche nach anwendbaren Regeln auf die Regeln einer Regelklasse beschränken zu können.

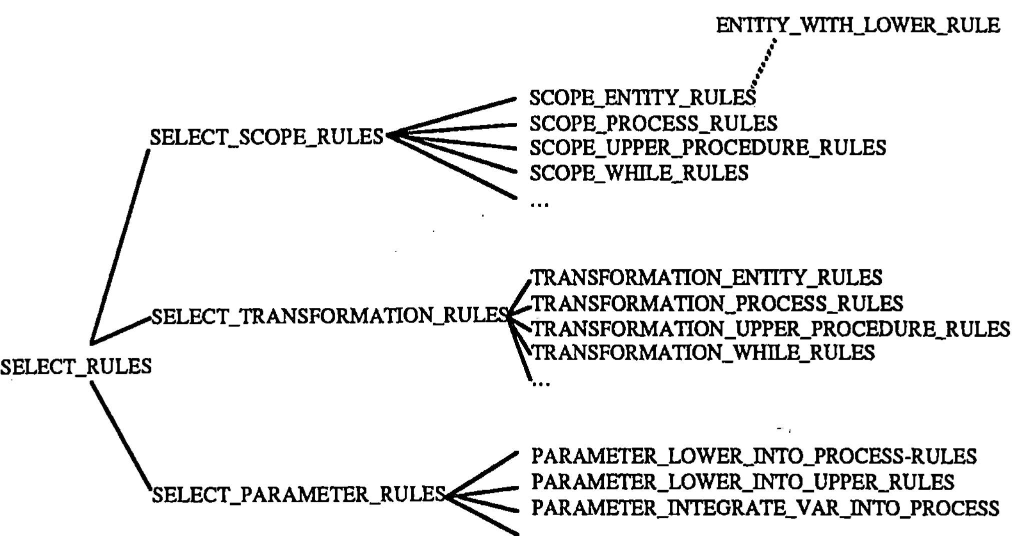

Bild 5.4: Regelklassen

Die Steuerungsregeln untergliedern sich in 3 Hauptklassen:

- Auswahl eines Konstrukts (SELECT_SCOPE_RULES)

- Auswahl einer Transformationsregel (SELECT_TRANSFORMATION_RULES)

- Bestimmen der Parameter (SELECT_PARAMETER_RULES)

SELECT_SCOPE_RULES enthalten weitere Regelklassen, die den einzelnen Konstrukten entsprechen (z.B. SCOPE_ENTITY_RULES). Diese Regelklassen enthalten dann die eigentlichen Regeln. Im If-Teil der Regel stehen die Bedingungen, die erfüllt werden müssen, damit das Konstrukt, das im Then-Teil steht, ausgewählt werden kann. Im weiteren gibt der Then-Teil noch an, mit welcher Regelklasse in der Schlußfolgerung fortgefahren werden soll.

Am Beispiel der ENTITY_WITH_LOWER_RULE soll die Vorgehensweise verdeutlicht werden (Variablen beginnen hierbei mit einem "?") :

```
IF      (?entity is member of ENTITY.DEFINITION)
     AND (the LOWER.PROCEDURE of ?entity is ?lower)
   THEN (CHANGE.TO (the SCOPE of ACTUAL_GLOBAL_VALUES is ?entity)
                    USING TRANSFORMATION_ENTITY_RULES)
```

In der ersten Bedingung wird die Variable ?entity an eine vorhandene Instanzdefinition (das Objekt, das die Instanz beschreibt) gebunden. In der zweiten Bedingung wird untersucht, ob unter dem Attribut LOWER.PROCEDURE ein Wert eingetragen ist, und dieser wird dann an die Variable ?lower gebunden. Ist kein Wert eingetragen, so schlägt die zweite Bedingung fehl, und es wird auf die erste Bedingung zurückgesetzt. Dort wird, wenn möglich die Variable ?entity an eine andere Instanz gebunden, um anschließend zu überprüfen, ob für diese Instanz die zweite Bedingung erfüllt ist.

Findet das Expertensystem eine Instanz, für die beide Bedingungen erfüllt sind, wird der Then-Teil ausgeführt. Hierbei wird in das Attribut SCOPE des Objekts ACTUAL_GLOBAL_VALUES ein Verweis auf das Objekt eingetragen, das an die Variable

?entity gebunden ist. Die Regelklasse TRANSFORMATION_ENTITY_RULES gibt an, welche Regeln im folgenden bearbeitet werden sollen. Das Objekt ACTUAL_GLOBAL_VALUES wird benutzt, um Zwischenergebnisse abzuspeichern, auf die andere Regeln zugreifen können.

Kann für den If-Teil keine gültige Belegung gefunden werden, so wird die nächste Regel in der gültigen Regelklasse bearbeitet.

Wie die SELECT_SCOPE_RULES besitzen auch SELECT_TRANSFORMATION_RULES untergeordnete Regelklassen. Sie gehen davon aus, daß das zu bearbeitende Konstrukt (SCOPE) schon feststeht und müssen nach einer anwendbaren Regel für dieses Konstrukt suchen. Die untergeordneten Regelklassen sind auch nach den verschiedenen Konstrukten geordnet und werden im allgemeinen von den entsprechenden Regeln der SELECT_SCOPE_RULES-Unterklassen aktiviert. (im Beispiel aktiviert eine Regel der SCOPE_ENTITY_RULES die Regeln TRANSFORMATION_ENTITY_RULES). Ist die Suche nach einer anwendbaren Regel erfolgreich, so wird diese in das Objekt ACTUAL_GLOBAL_VALUES eingetragen, und die der Regel entsprechende Unterklasse von den SELECT_PARAMETER_RULES aktiviert.

Zu jeder vorhandenen Regel existiert eine entsprechende Regelklasse, die bei gegebenem Konstrukt und gegebener Regel nach anwendbaren Parametern sucht. Ist eine Regel erfolgreich, so wird die entsprechende Regel ausgeführt.

Im Anschluß wird nach weiteren sinnvollen und anwendbaren Parameterbelegungen gesucht. Erst wenn die Suche erfolglos bleibt, wird eine Stufe zurückgesetzt, um dort eine neue Regel auszuwählen. Schlagen auch hier irgendwann alle Regeln fehl, wird noch eine Stufe zurückgesetzt, um ein neues Konstrukt zu bestimmen. Die Transformation ist abgeschlossen, wenn kein Konstrukt mehr gefunden wird.

6. Erprobung

Für die Erprobung des Entwurfswerkzeugs wurden bereits mehrere Arbeiten durchgeführt, die sich hauptsächlich auf die unteren Schichten des ISO/OSI-Basisreferenzmodells beziehen. Im folgenden wird eine Implementierung [Lang 90] des 3c-Protokolls der Netzwerkschicht näher beleuchtet.

Das unter dem Namen 3c-Protokoll bekannte 'Protocol for Providing the Connectionless-mode Network Service' [ISO 8473] wird zur Realisierung verbindungsloser Dienste der Netzwerkschicht eingesetzt. Die Aufgabe des Dienstes ist es, Datagramme über eine Reihe von Subnetzen zu übertragen.

Die Implementierung erfolgte auf einem IBM-AT unter dem speziellen Mehrprozeßbetriebssystem CP/88. Dadurch bestand die Möglichkeit, verschiedene Aktivitäten jeweils verschiedenen Prozessen zuzuordnen. Die Implementierung wurde in der Programmiersprache C durchgeführt.

Eine Besonderheit dieser Protokollimplementierung liegt darin, daß sie ein schon vorhandenes im Rahmen einer früheren Arbeit auf konventionelle Art erstelltes Programm ersetzt. Die Schnittstellen der Implementierung waren somit fest vorgegeben. Beide Implementierungsarbeiten wurden im Rahmen von Diplomarbeiten vergeben und benötigten etwa die gleiche Zeit, wobei bei der konventionellen Implementierung ein Korrektheitsnachweis nicht durchführbar war.

Mit der CDM-Methode ist die Korrektheit der Programmspezifikation gegenüber der Protokollspezifikation implizit bewiesen, da nur korrekte Transformationen vorgenommen werden. Deshalb ist bei dieser Methode beim Erstellen, Überprüfen und Testen der Ausgangsbasis, der formalen Protokollspezifikation, zeitlich gesehen die Hauptarbeit zu leisten.

Nach Verfügbarkeit der formalen Protokollspezifikation, konnten leicht und ohne großen Mehraufwand verschiedene Implementierungsvarianten entworfen werden. Das hat den Vorteil, daß für verschiedene Umgebungen darauf zurechtgeschnittene Implementierungen angeboten werden können. Aus demselben Grund ist es leicht, eine Neuimplementierung durchzuführen, wenn sich ein Entwurf als ineffizient erweist. Es konnten mit überraschend geringem Zeitaufwand Varianten mit einem und mit zwei Prozessen implementiert werden. Bei der Zwei-Prozeß-Lösung wurden die Sende- und Empfangsfunktionen auf je einen Prozeß verteilt. Bei der Implementierung in einem Prozeß wurden in zwei weiteren Varianten die Protokollfunktionen so strukturiert, daß entweder Sende- oder Empfangsaufträge bevorzugt abgearbeitet werden.

7. Zusammenfassung und Ausblick

Es wurde ein Entwurfswerkzeug vorgestellt, das aufbauend auf der CDM-Entwurfsmethode den kreativen Entwurf von Kommunikationssoftware unterstützt und dabei die Korrektheit des Entwurfsergebnisses, der implementierungsnahen Programmspezifikation, garantiert. Diese Programmspezifikation kann automatisch in C-Code umgesetzt werden.

Der Zusammenhang zwischen Spezifikation und Transformationsregeln wurde untersucht und führte auf eine Gliederung des Entwurfsprozesses in mehrere Phasen. Die einzelnen Phasen wurden beschrieben. Sie waren die Grundlage für die aufgezeigten Strategien zur Steuerung des Entwurfsprozesses. Hierbei wird der Nutzer dadurch unterstützt, daß er auf noch zu verfeinernde Konstrukte aufmerksam gemacht wird und ihm Transformationen angeboten werden, die eine sinnvolle und korrekte Verfeinerung darstellen.

Die Aufgaben der verschiedenen Werkzeugkomponenten wurden festgelegt, und die Implementierung durch ein Expertensystem dargestellt.

Die zukünftige Entwicklung kann in die drei Bereiche Erprobung, Erarbeiten neuer weitergehender Konzepte und der entsprechenden Weiterentwicklung des Entwurfswerkzeugs aufgeteilt werden.

Zur Zeit sind Implementierungen von Kommunikationsprotokollen höherer Schichten in Arbeit. Für die nähere Zukunft ist auch die Implementierung von Kommunikationsprotokollen auf Spezialhardware wie Transputernetzen oder Vermittlungsrechnern geplant.

Die Steuerung stützt sich bisher hauptsächlich auf Fakten, die bei der Analyse der Spezifikation anfallen. Eine Erweiterung der Wissensbasis um systemspezifische Effizienzgesichtspunkte beim Entwurf, wie sie z. B. in [Clar 85, LaLB 84, MeJS 85, Svob 86, WaMa 84] beschrieben werden, kann zusätzlich als Entscheidungshilfe dienen, um zu einem effizienten

Entwurf zu gelangen. Werden dem Werkzeug zu Beginn eines Entwurfs neben der Protokollspezifikation auch eine Beschreibung der angestrebten Grobarchitektur der Zielsoftware und Angaben über die Ablaufumgebung (vorhandene ablaufunterstützende Dienste) zur Verfügung gestellt, so können die vom Werkzeug vorgeschlagenen Transformationen nach diesen Kriterien noch enger eingegrenzt werden [KrBe 89]. Zur Zeit laufende Arbeiten befassen sich mit entsprechenden Werkzeug-Erweiterungen.

Literatur

[BaWo 84]   F. L. Bauer, H. Wössner; "Algorithmische Sprache und Programmentwicklung", Springer, Heidelberg, 1984.

[BoGe 87]   G. v. Bochmann, G. Geber.; "Semiautomatic implementaion of communication protocols", IEEE Transactions on Software Engineering, 13,9(1987), S. 989-1000.

[CCITT Z.100]   CCITT SG X; "Rec. Z.100: Specification and Description Language SDL", Blue Book, 1988.

[CiDe 88]   L. Cimineral, C. Demartini.; "A Practical Study of Semi-Automatic OSI Protocol Implementation", Software: Practice and Experience, 18,3(1988), S. 255-277.

[Clar 85]   David D.Clark; "The Structuring of Systems Using Upcalls", Proc. of 10th ACM SIGOPS Symposium on Operating Systems Principles, Orcas Island, Washington, Dezember 1985, S. 171-180.

[Dupo 86]   R. Dupont; "Ein Werkzeug zur automatischen Implementierung von ESTELLE-Spezifikationen auf VAX/VMS", Diplomarbeit, Universität Karlsruhe, 1986.

[Freu 87]   J. Freudenmann; "Development of Communication Software by Stepwise Refinement", in Protocol Specification, Testing and Verification VII, North Holland, Amsterdam, 1987, S. 391-404.

[Freu 90]   J. Freudenmann; "Transformation von Protokollspezifikationen in Kommunikationssoftware", Dissertation, Universität Karlsruhe, 1990.

[Herm 86]   B. Herm; "Entwicklung eines Programmentwurfswerkzeugs für Kommunikationssoftware auf der Basis der Programmtransformation", Diplomarbeit, Universität Karlsruhe, 1987.

[ISO 8807]   ISO; "LOTOS: Language for the temporal ordering specification", International Standard ISO/IS 8807, 1987.

[ISO 8473]   ISO; "Protocol for Providing the Connectionless-mode Network Service", Draft International Standard ISO/DIS 8473, 1985.

[ISO 9074]   ISO; "Estelle: A formal description technique based on an extended state transition model", International Standard ISO/IS 9074, 1987.

[Kräm 86]   E. Krämer; "Automatische Generierung von CIL-Programmodulen aus detaillierten CSM-Protokollspezifikationen", Diplomarbeit, Universität Karlsruhe, 1986.

[KrBe 89]   H. Krumm, P. Beyer; "Architektur von Kommunikationssoftware", internes Arbeitspapier, 1989.

[KrDr 83]   H. Krumm, O. Drobnik; "CIL - Eine Sprache zur Implementierung von Kommunikationsdiensten", in Kommunikation in Verteilten Systemen '83, S. Schindler, O. Spaniol (Hrsg), Informatik-Fachberichte 60, Springer-Verlag, Berlin, 1983.

[LaLB 84]   V. Lasker, M. Lien, E. Benhamou; "An Architecture for High Performance Protocol Implementations", Proc. IEEE INFOCOM 84, San Francisco, Calif., April 1984, S. 156-164.

[Lang 90]   H. Lang; "Entwurf eines 3c-Protokolls nach dem CSM-Verfahren - Vergleich mit herkömmlichem Entwurf", Diplomarbeit, Universität Karlsruhe, 1990.

[MeJS 85]   B. Meister, P. Janson, L. Svobodova; "Connection-Oriented Versus Connectionless Protocols: A Performance Study", IEEE Transactions on Computers, 34,12(1985), S. 1164-1173.

[SiBl 90]   D. P. Sidhu, T. P. Blumer; "Semi-automatic Implementation of OSI Protocols", Computer Networks and ISDN Systems, 18,(1989/90), S. 221-238.

[SmWe 83]   F. Smith, C. West; "Technologies for Network Architecture and Implementation", IBM J. Res. Develop., 27,1(1983), S. 68-78.

[Svob 86]   L. Svobodova; "Communication Support for Distributed Processing: Design and Implementation Issues", Symposium Networking in Open Systems, Oberlech Österreich, August 1986, Müller, Blanc.

[TaSN 88]   K. Takahashi, N. Shiratori, S. Noguchi; "An Intelligent Support System for Protocol and Communication Software Development", IEEE Journal on Selected Areas in Communications, 6,5(1988), S. 842-849.

[WaMa 84]   R.W. Watson, S. Mamrak; "Special or General Purpose End-to-End Transport Mechanisms in Distributed Systems: One View", Proc. 4th International Conference on Distributed Computer Systems, San Francisco, Calif., Mai 1984, S. 154-165.

Konformitätstesten basierend auf formalen Spezifikationen

Dieter Hogrefe
Universität Bern
Institut für Informatik
Länggassstrasse 51
CH-3012 Bern

Abstract

In dieser Arbeit wird das Konformitätstesten von Protokollen auf der
Basis von formalen Spezifikationen diskutiert. Während herkömmlicherweise die Protokolltests basierend auf, teils standardisierten, Testspezifikationen durchgeführt werden, strebt man neuerdings das Testen
direkt basierend auf der Protokollspezifikation an. Es werden einerseits bekannte Resultate aus jüngster Zeit präsentiert und andererseits neue Erkenntnisse insbesondere betreffend der Architektur der
formalen Spezifikationen vorgestellt und einige ungelöste Probleme
und Fragestellungen angesprochen.

1. Formale Spezifikation von Protokollen

Protokolle regeln die Kommunikation zwischen Rechnern in einem Rechnernetz, u.z. auf allen Ebenen, von der physikalischen Bitüber-
tragungsebene bis zur Anwendungsebene. Es ist klar, daß solche
Protokolle hinreichend präzise spezifiziert sein müssen, damit Rechner verschiedener Hersteller miteinander kommunizieren können. Die
Kommunikation zwischen Produkten verschiedener Hersteller ist heute
bereits Standardanwendung, insbesondere dann, wenn man über öffentliche Weitverkehrsnetze kommuniziert.

Die natürliche Sprache ist für solche präzisen Beschreibungen nur bedingt geeignet. Komplizierte Sachverhalte sind umgangssprachlich oft
schwer eindeutig zu beschreiben, und es gibt viele Möglichkeiten von
Mißverständnissen. Diese Problematik führte zu Überlegungen in
Richtung auf einheitliche und eindeutig interpretierbare Beschreibungsmittel für Protokolle; eindeutig interpretierbar im Sinne
einer formalen Sprache mit formaler Syntax und Semantik.

Solche formalen Spezifikationssprachen bieten insbesondere die folgenden Vorteile:

- Ermöglichung eindeutiger, präziser und vollständiger Spezifikationen

- Basis für die Analyse auf Korrektheit und Vollständigkeit

- Basis für die Überprüfung auf Konformität

- Unterstützung durch Software-Werkzeuge in der Spezifikationsphase

Es wurden in den letzten Jahren spezielle formale Sprachen im Rechner-
netzbereich entwickelt. Drei Sprachen sind zur Zeit am weitesten ver-
breitet: Estelle, LOTOS und SDL [Hog89]. Die Sprachen werden auch als
FDTs (Formal Description Techniques) bezeichnet.

Die drei Sprachen basieren im wesentlichen auf der Idee der Zustand-
maschine, die auch Daten empfangen, speichern und verarbeiten kann.
Damit ist eine solche Zustandsmaschine nicht immer endlich. Im Fall
von Estelle und SDL spricht man daher auch vom erweitertern endlichen
Automaten (extended finite state machine, EFSM). Für die Zwecke des
Konformitätstesten ist es jedoch oft notwendig, mit endlichen Automaten (FSM) zu arbeiten. Zumindest basieren die in Abschnitt 4.3 erwähnten Methoden auf dieser Annahme. Wir werden dieses Thema im
Abschnitt 4 noch eingehender diskutieren.

2. Konformitätstesten gemäß ISO 9646

Spezifizieren ist im Bereich der Protokolle nur dann sinnvoll, wenn
es Methoden und Verfahren gibt, mit denen man die Konformität einer
Implementation mit einer Spezifikation überprüfen kann.

Die ISO (International Organization for Standardization) beschäftigt
sich mit dem Fragenkomplex des Protokollstestens seit Anfang der 80-
er Jahre. Damals wurde die Entwicklung eines Rahmens für die Spezifikation standardisieter Testfälle für Protokolle begonnen. Die
Arbeit hat zur Zeit den Status des Draft International Standard [ISO
9646].

Der Rahmen weist die folgenden Charakteristiken auf:

- Testarchitekturen

- Notation zur Beschreibung von Testreihen (TTCN)

- Anforderungen an Testlaboratorien

- Zertifizierung eines Produkts

Es soll hier nicht weiter auf den Testrahmen eingegangen werden.
Detailliertere Information findet sich in der entsprechenden Literatur [ISO 9646] und [Stol89].

Das Ziel des Testrahmens ist jedenfalls die Standardisierung von
Testfällen mit TTCN.

Die verteilte Einzelschicht-Testarchitektur

Zur Illustration der wesentlichen Aspekte sei hier die verteilte Ein-
zelschicht-Testarchitektur (Distributed Single-layer Test Method, DS)
herausgegriffen. Das hierzu später beschriebene läßt sich jedoch völlig analog auf die anderen Testarchitekturen, auch die mehr-
schichtigen, übertragen.

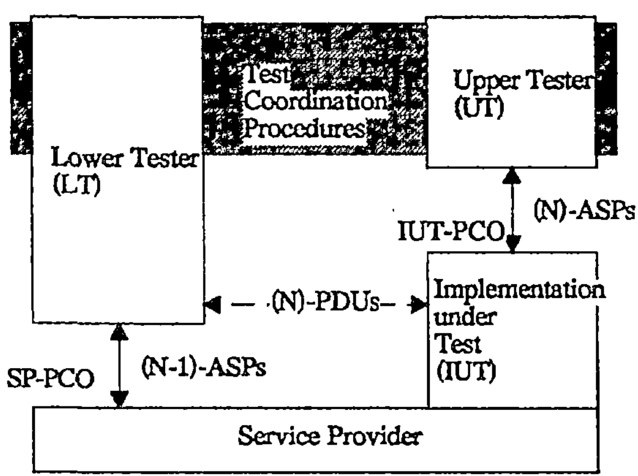

Fig. 1 DS-Architektur

Fig. 1 zeigt die die Anordnung der am Test beteiligten Komponenten,
Unterer Tester (Lower Tester, LT), Oberer Tester (Upper Tester, UT),
(N-1)-Diensterbringer (Service Provider) und die Implementation Unter
Test (Implementation Under Test, IUT).

Die IUT ist dabei eine Implementation eines OSI-Protokolls der
Schicht N.

Die Beobachtungspunkte (Points of Observation and Control, PCOs) der
DS-Architektur liegen gemäß [ISO 9646] an der Dienstschnittstelle
über der IUT, im folgenden IUT-PCOs genannt, und über dem (N-1)-
Diensterbringer, extern von dem zu testenden System, im folgenden SP-
PCOs genannt. Die Testereignisse, also Teststimuli und beobachtete
Ereignisse, finden oberhalb der IUT in Form von abstrakten (N)-Dien-
stelementen ((N)-Abstract Service Primitives, (N)-ASPs) statt. Ober-
halb des Diensterbringers am entfernten Ende finden sie in Form von
(N-1)-ASPs und (N)-Protokolldateneinheiten ((N)-Protocol Data Units,
(N)-PDUs) statt.

Für weitere Erklärungen und mehr Information über die standardisierte
Testarchitekturen sei hier auf [ISO 9646] verwiesen.

3. Das Problem der Testfallerzeugung

An einigen Punkten des Testrahmens [ISO 9646] gibt es in jüngster
Zeit Kritik, die mit der Erzeugung der zu standardisierenden Testfäl-

len zusammenhängt. Die Kritik läßt sich in drei Punkten zusammenfassen.

Zunächst ist da das Problem der Validierung von Tests. Das betrifft
die Fragestellung, wie man Testfälle erhält, die mit einem entsprechenden Standard konform sind, für den sie Implementationen auf Konformität testen sollen.

Ein zweites Problem betrifft die Testüberdeckung. Es gibt bisher
keine praktikablen Methoden, herauszufinden, ob durch eine Anzahl
Testfälle tatsächlich alle Funktionen, die in einem Protokollstandard
festgelegt sind und getestet werden sollen, überdeckt werden.

Ein drittes Problem ergibt sich aus dem Wartungsaufwand, der bei Pro-
tokolländerungen entsteht. Protokolle sind nämlich nie über lange
Zeit unverändert. Es gibt immer wieder Verbesserungen, die in die
Standards eingebracht werden oder Fehlermeldungen, die zu einer
Änderung des Standards führen.

Zusätzlich, oder als Ursache, zu den drei erwähnten Problemen gibt es
ein prinzipieles Problem. Mit Testfallspezifikation und Protokollspezifikation gibt es nun zwei verschiedene Verhaltens-
beschreibungen derselben Sache, nämlich des Protokolls. Fig. 2
verdeutlicht diesen Tatbestand.

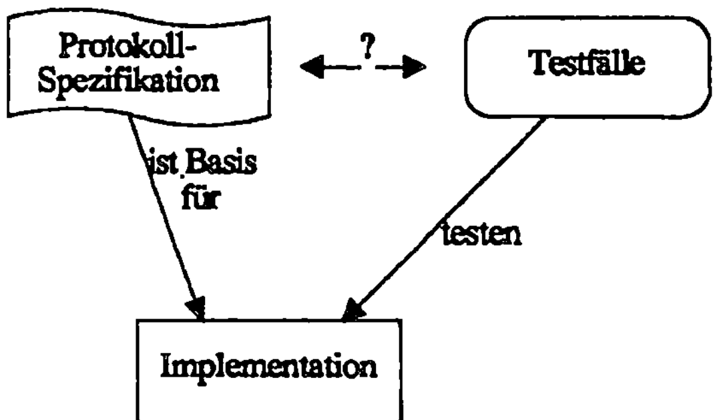

Fig. 2 Beziehungen zwischen Spezifikation, Testfällen und Implementation

Diese Problematik wird umso deutlicher, wie FDTs zur Spezifikation
von Protokollen benutzt werden. Denn nun gibt es zwei formale Beschreibungen, die mit der FDT und die mit TTCN, und Konflikte treten
umso deutlicher hervor.

Es gibt bereits eine große Anzahl formalisierter Protokollstandards,
40 mit SDL beschriebene allein im CCITT. Das ist gut so, wie weiter
oben argumentiert wurde. Nun herrscht natürlich großes Interesse,
z.B. seiten Hersteller und Telekommunikationsverwaltungen, zu erfahren, wie die standardisierten Testfälle genau in Beziehung stehen
mit der formalen Protokollspezifikation.

Eine Lösung der oben genannten Probleme kann dadurch erreicht werden,
daß man den Konformitätstest nicht auf den standardisierten Testfäl-

len sondern auf der formalen Protokollspezifikation direkt basieren läßt.

Im Rahmen der Standardisierung sind aus den Erkenntnissen neue Projekte entstanden. Während [ISO 9646] einen Testrahmen definiert ohne die spezielle Berücksichtigung der Existenz formaler Spezifikationen, gehen die neuen Projekte Q.58 in der ISO [ISO N 4215] und Q.10/X im CCITT [CCITT Q.10] von der Existenz solcher Spezifikationen aus.

4. Konformitätstest basierend auf formalen Spezifikationen

Beim Testen basierend auf formalen Spezifikationen gibt es zur Zeit zwei Richtungen, die verfolgt werden:

- automatische Generierung von Testfällen

- automatische Generierung von Referenzimplementierungen

Wir wollen uns zunächst hier zunächst mit dem ersteren befassen. Die Generierung von Referenzimplementierungen ist dann ein eigener Unterabschnitt gewidmet.

Bei der automatischen Generierung von Testfällen geht man von zwei Annahmen aus:

- es gibt eine FSM-Spezifikation des Protokolls

- die Spezifikation ist korrekt

Beide Annahmen sind nicht immer zutreffend, aber wir wollen uns im folgenden etwas genauer damit beschäftigen.

FSM-Spezifikation des Protokolls

Spezifikationssprachen wie Estelle, LOTOS und SDL erlauben höchst komplexe Spezifikationen. In den meisten Fällen sind die Spezifikationen alles andere als endlich. Das ist z. B. schon dann der Fall, wenn in einer SDL-Spezifikation mehr als ein Prozeß vorkommt. Der Signalweg, der zwei Prozesse miteinander verbindet, hat eine unendliche Speicherkapazität. Das Gesamtsystem, also alle Prozesse zusammen, besitzt dadurch potentiell unendlich viele Zustände, je nachdem wieviele Signale "en route" sind. Gleiches gilt für Estelle.

Eine weitere Quelle der Unendlichkeit entsteht durch die Verwendung von Daten innerhalb der Prozesse, mit denen die Zustandsübergänge beeinflußt werden. Bekanntlich handelt es sich bei den zugrundeliegenden Modellen für die erwähnten Spezifikationssprachen um Erweiterte FSMs (EFSMs), [Hog89]. Wenn hier Datentypen mit unendlichem Wertebereich benutzt werden (z.B. Integer), ist der resultierende Zustandsraum der Spezifikation ebenfalls unendlich.

Im Fall von LOTOS bereitet neben dem Gebrauch von unendlichen Datentypen die Möglichkeit der rekursiven Prozeßdefinition Schwierigkeiten,
weil dadurch ebenfalls unendliche Zustandsräume entstehen können.

Die oben erwähnten Schwierigkeiten sind in bisherigen Anwendungen
durch geeignete Spezifikation des Protokolls umgangen worden, e.g.
[CVM90], [GuLo90], wobei die Spezifikationen dort nicht einmal dem
OSI-Referenzmodell entsprechen. Auch wird empfohlen eine ungeeignete
Spezifikation zunächst in eine Normalform zu bringen [TrSa90],
[BoSa85], [AhSa87], und dann die Testgenerierung durchzuführen.
Jedoch ist noch unklar, welche Art von Spezifikationen in eine solche
Normalform gebracht werden können.

Es ist wahrscheinlich, daß für die meisten Anwendungen im Protokoll-
bereich eine Spezifikation mit endlich vielen Zuständen ausreicht.
Aber auch hier ist sicherlich weitere Forschung notwendig.

Korrektheit der Spezifikation

Neben der Existenz einer formalen FSM-Spezifikation muß man von der
hinreichenden Korrektheit dieser Spezifikation ausgehen können. Wären
nämlich Fehler in der Spezifikation, dann würden aus dieser Spezifikation Testfälle generiert, die nur solche Implementationen als "korrekt" erkennen können, die die gleichen Fehler enthalten.

Es gibt Mittel und Wege diese Korrektheit zu untersuchen. Bekannte
Verfahren sind die Zustandsgraphenanalysen, mit denen verschiedene
Dinge wie Deadlocks und unerreichbare Zustände erkannt werden können.
Arbeiten hierzu sind [Holz87], [Holz90], [West82], [West87], um nur
einige zu nennen. Hier wollen wir uns schwerpunktmäßig nicht mit der
wichtigen Thematik Protokollverifikation befassen, sondern nur darauf
hinweisen daß es einen Zusammenhang zwischen der Testfallgenerierung
und der Protokollverifikation gibt.

Es soll hier auch darauf hingewiesen werden, daß während der Testfal-
lerzeugung durchaus Fehler in der Spezifikation festgestellt werden
können, indem der Generator in einen Deadlock gerät, oder Testfälle
erzeugt werden, die bei genauer Betrachtung sinnlos erscheinen. Diese
und ähnliche Erfahrungen wurden bereits in der Praxis gemacht
[BrHo89a].

4.1 Architekturen für die automatische Generierung

Wesentlich für die automatische Generierung von Testfällen ist die
Berücksichtigung der in [ISO 9646] festgelegten Testarchitekturen.
Diese Architekturen, in [ISO 9646] "Testmethoden" genannt, haben sich
in der Praxis als sinnvoll erwiesen und, noch wichtiger, sind international standardisiert. Durch die Berücksichtigung der [ISO 9646] Architekturen wird es möglich, Testfälle im Rahmen der [ISO 9646] zu
erzeugen.

Zum Zweck der automatischen Generierung von Testfällen, die auf einer
FSM-Spezifikation des zu testenden Gegenstands basiert, müssen die Architekturen jedoch präzisiert werden.

Automatische Testfall-Generierung gemäß der DS-Architektur

Da die Generierung der Testfälle von einer FSM-Spezifikation ausgehend erfolgen soll, müssen zunächst die Grenzen dieser FSM festgelegt
werden. Diese Grenzen ergeben sich aus den Punkten, an denen
stimuliert und beobachtet werden kann. Fig. 3 zeigt die so entstandene FSM. Die FSM besteht hier aus der IUT, also der implementierten
(N)-Protokollinstanz, und dem (N-1)-Dinesterbringer. Erst wenn diese
komplette FSM-Spezifikation vorliegt, können Testfälle generiert werden.

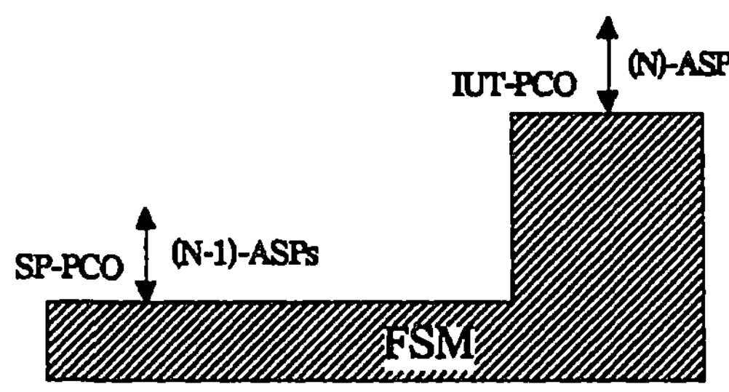

Fig. 3 FSM für Testfall-Generierung gemäß DS

Hier ergibt sich bereits die erste Schwierigkeit. Herkömmlicherweise
wird in Testspezifikationen, e.g. [CCITT COM XI], stets mit PDUs ex-
perimentiert. Ein entferntes Testsystem sendet dem zu testenden System (N)-PDUs und testet, ob die Reaktion auf die PDUs korrekt ist.

Diese Art zu testen, obwohl nicht mit der zugrundeliegenden Idee der
Schichtschnittstellen kompatibel, hat auch Einzug in [ISO 9646] genommen, indem an dem SP-PCO ASPs und PDUs auftreten können.

Die Begründung für dieses etwas unsaubere Vorgehen ist wohl in der
Tatsache zu sehen, daß die bekanntesten Protokollspezifikationen,
e.g. X.25, LAPD, Q.931,..., nicht exakt dem OSI Basis-Referenzmodell
folgen, insbesondere nicht die Schnittstelle zum benutzten Diensterbringer im Sinne von OSI definieren.

Strenggenommen können jedoch gemäß OSI-Referenzmodell an dem (N-1)-SP-
PCO keine (N)-PDUs beobachtet und kontrolliert werden, sondern nur (N-
1)-ASPs. Die (N)-PDUs befinden sich in den (N-1)-SDUs, die an der
Schnittstelle zwischen (N-1)-Diensterbringer und (N)-Instanz (in unserem Fall der LT) ausgetauscht werden.

Durch Segmentierung können die PDUs dabei zerlegt sein, d.h. in einem
einzelnen ASP ist möglicherweise gar keine vollständige PDU vorhanden
(Fig. 4a). Umgekehrt können sich durch Konkatenation mehrere PDUs in
einem einzelnen ASP befinden (Fig. 4b).

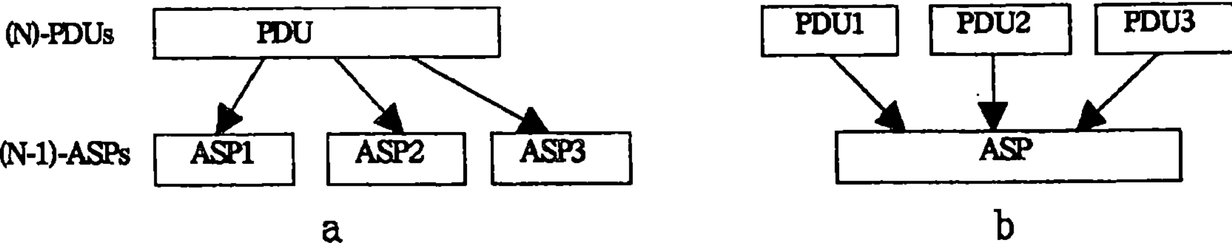

Fig. 4 Segmentieren einer PDU und Konkatenation mehrerer PDUs

Es ist ein wesentliches Merkmal des OSI-Referenzmodells, daß die (N)-PDUs für den (N-1)-Diensterbringer nicht interpretierbar also nichts weiter als eine Bitkette sind. Wie können dann an der Schichtenschnittstelle PDUs beobachtet und kontrolliert werden?

Es gibt zum Zweck der Generierung von Testfällen aus einer FSM zwei Lösungen zu der Problematik:

- eine Lösung, in der unter Beibehaltung des PCOs auf die direkte Beobachtung und Kontrolle von PDUs verzichtet wird

- eine weniger saubere (im OSI- und 9646-Sinne) aber vieleicht praktikablere und elegantere Lösung, in der der PCO etwas nach oben verschoben wird.

Beibehaltung des PCOs

Wenn der PCO an der Schichtenschnittstelle belassen wird, können keine (N)-PDUs direkt beobachtet und kontrolliert werden, sondern nur (N-1)-ASPs. Die FSM zur Testfall-Generierung ist dann exakt die aus Fig. 3.

Diese Sicht bedeutet bedeutet allerdings, daß die Information in den generierten ASPs nur unter Kenntnis der Kodierungsregeln von (N)-PDU nach (N-1)-ASP interpretierbar ist. Die Testfälle, die dabei generiert werden, sind also möglicherweise für den Menschen unverständlich. Das ist insbesondere dann der Fall, wenn Segmentierung oder Konkatenation an der Schichtenschnittstelle stattfindet.

In der Praxis findet jedoch oft eine 1:1-Umsetzung von PDUs nach ASPs statt, sodaß in solchen Fällen mit Hilfe von geeigneter Darstellung, nicht unbedingt als Bitfolge, die (N)-PDUs erkennbar sind.

Experimente mit dieser Art der Testfall-Gernerierung wurden mit dem LAPD-Protokoll (ISDN Schicht 2) gemacht [BrHo89a]. Ausgangspunkt war dabei eine SDL-Spezifikation des Protokolls. Ein entsprechendes Werkzeug, das aus einer beliebigen SDL-Spezifikation die zugehörigen Testfälle automatisch generiert, wurde dabei im Auftrag der Deutschen Bundespost entwickelt [BrHo89b].

Verschiebung des PCOs nach oben

Wenn PDUs die Testereignisse sein sollen, kann sich der PCO aus oben
erwähnten Gründen nicht direkt an der Schichtenschnittstelle zwischen
Schicht N-1 und Schicht N befinden. Eine Verschiebung des PCOs in die
Schicht N hinein nach dem folgenden Konzept ist empfehlenswert.

Meist läßt sich eine (N)-Protokollinstanz konzeptionell in zwei Unterschichten einteilen, Fig. 5. Beispiele dazu finden sich in [ISO
10167], [Hog88], [BHS90].

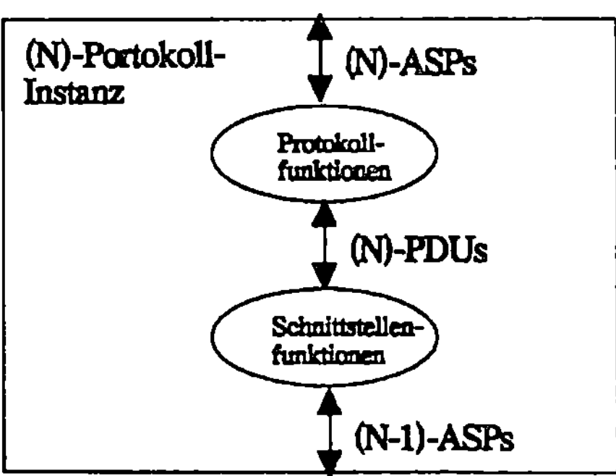

Fig. 5 Architektur einer Protokollinstanz

Die untere Unterschicht bildet die Schnittstelle zur Schicht N-1.
Hier findet die Umwandlung von (N)-PDUs in die (N-1)-SDUs statt. Die
SDUs (Service Data Units) repräsentieren das Datenformat, das der (N-
1)-Diensterbringer für die transparente Übertragung von (N)-Benutzer-
daten anbietet. Diese Unterschicht ist für die Kontrolle der
Schnittstelle verantwortlich, z.B. Auf- und Abbau von Verbindungen
der Schicht N-1. Überdies kann hier Multiplexing auf eine Verbindung
der Schicht N-1 durchgeführt werden.

Die obere der beiden Unterschichten führt die eigentlichen (N)-Pro-
tokollfunktionen aus. Sie sendet an und empfängt von der unteren Unterschicht (N)-PDUs.

Ist die Spezifikation einer (N)-Protokollinstanz in dieser Art aufgeteilt, läßt sich für die Testfallgenerierung eine FSM wie in Fig.
4.5 spezifizieren, die als Stimulus/Response-Ereignisse die gewünschten (N)-PDUs erzeugt.

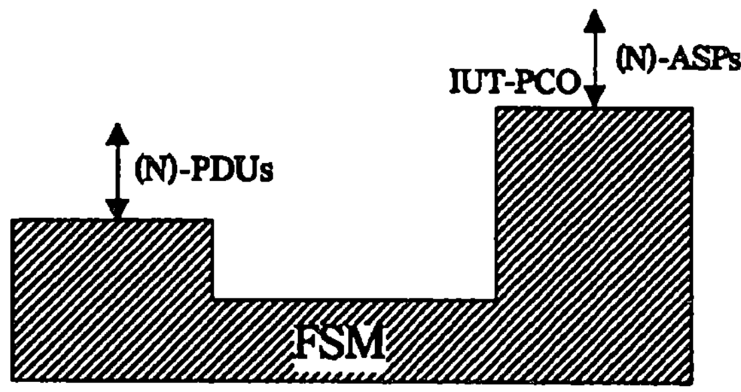

Fig. 4.5 FSM für Testfallgenerierung mit verschobenem PCO

4.2 Das Problem des Nicht-Determinismus

In allen Fällen, also ob der PCO an der Schichtenschnittstelle liegt
oder nicht, ist der (N-1)-Diensterbringer Teil der FSM-Spezifikation.

Der Diensterbringer hat in der Regel ein nichtdeterministisches Verhalten, das aus der Unzuverlässigkeit der Datenübertragung auf den unteren Schichten resultiert.

Dieser Nichtdeterminismus bringt gewisse Probleme mit sich, wenn es
um die Ausführung der generierten Testfälle geht. Mit Hilfe der automatische Generierung wird es sicher möglich sein, alle nur denkbaren
Verhaltensweisen inklusive der nichtdeterministischen zu erzeugen.
Jedoch wird es in der Regel nicht möglich sein, die Implementation
auch jede dieser Verhaltensweisen durchführen zu lassen.

Da das System gemäß der Architekturen in [ISO 9646] nur an den PCOs
stimuliert und kontrolliert werden kann, kann es passieren, daß bestimmte Alternativen, die im Verhalten möglich sind, beim Testen
nicht vorkommen. So könnte es z.B. sein, daß ein Scheitern des Verbindungsaufbaus im (N-1)-Diensterbringer nicht vorkommt, und die entsprechenden (N)-Protokoll-Reaktionen darauf nicht getestet werden können.

In [ISO 9646] gibt es hierfür das "ergebnislos" Urteil ("inconclu-
sive" verdict), welches aussagt, daß durch den Test weder die Konformität mit der Spezifikation noch die Nicht-Konformität nachgewiesen
werden konnte. Der Umgang mit Testfällen, die aus nichtdeterministischen Spezifikationen erzeugt wurden, ist noch nicht zufriedenstellen gelöst und erfordert noch weitere Untersuchungen.

4.3 Erzeugung von Testfällen aus FSMs

Zur Erzeugung von Testfällen aus FSMs gibt es mittlerweile eine Menge
Literatur. Die wesentlichen Methoden sind dabei:

- Transition Tours [NaTs81]

- W-Methode [Chow78], [WaHu87]

- Checking sequences [Koha78]

- UIO Methode [Aho89], [CVM90]

Sämtliche oben genannten Methoden basieren auf der Annahme, daß eine
FSM-Beschreibung des zu testenden Protokolls vorliegt. Es gibt in der
Literatur einige gute Überblicks- und Vergleichsdarstellungen dieser
Automaten-Methoden, e.g. [Stoll89], [WaHu87], daher soll hier auf
weitere Ausführungen dazu verzichtet werden.

4.4 Der kanonische Tester

Ein sehr rigoroser Weg, eine Implementation basierend auf ihrer formalen Spezifikation zu testen, wurde in [Brin87] und [Tret90] vorgestellt. Die dort vorgestellte Theorie basiert auf der Prozeßalgebra, [Hoar85], [Miln80], [Glab86], und den damit verbundenen Äquivalenzrelationen zwischen Spezifikationen.

In [Brin87] wird gezeigt, daß es zu bestimmten Spezifikationen sogenannte kanonische Tester gibt und daß man diesen algorithmisch erzeugen kann. Ein kanonischer Tester zu einer Spezifikation ist dann in der Lage zu testen, ob eine beliebige andere Spezifikation zu der ersteren äquivalent bezüglich der sogenannten Testing-Äquivalenz ist.

Wenn man nun das beobachtete Verhalten einer Protokollimplementation als Verhaltensspezifikation interpretiert, kann man mit Hilfe des kanonischen Testers feststellen, ob diese konform mit der ursprünglichen Spezifikation ist, wobei die Konformität hier als Testing-Äquivalenz zu interpretieren ist.

Positiv ist zu bemerken, daß der Begriff der Konformität, der üblicherweise nur recht halbherzig definiert wird, in [Brin87] sehr exakt festgelegt ist. Es ergibt sich dadurch die Möglichkeit, absolut exakt entscheiden zu können, ob eine Implementation konform mit ihrer Spezifikation ist oder nicht.

Leider hat die Anwendung dieser Theorie noch einige Schwachstellen. Der Algorithmus zur Erzeugung des kanonischen Testers bricht nicht immer in endlicher Zeit ab. Und selbst wenn er in endlicher (und ertragbarar) Zeit abbricht, ist nicht gewährleistet, daß der Tester in endlicher Zeit die Konformität überprüfen kann.

Bislang ist die Theorie um den kanonischen Tester noch eine Theorie und es bedarf noch einiger Anstrengung, zu zeigen, daß sie praxisrelevant ist.

4.5 Automatische Generierung von Referenzimplementierungen

Eine völlig andere, aber auch auf formalen Spezifikationen basierende Testmethode ist die automatische Generierung von Referenzimplementierungen. Die in [Linn89] beschriebene Methode wurde z.B. im NBS (National Bureau of Standards, USA) erfolgreich zum Testen eines FTAM/FTP-Gateways [FLN89] eingesetzt.

Im wesentlichen basiert die in [Linn89] beschriebene Methode auf der oben beschriebenen DS-Testarchitektur, allerdings Multilayer. Da der untere Tester ähnliche Funktionen ausführen muß wie die Protokollinstanzen der entsprechenden Schichten, liegt es nahe, deren Spezifikationen zur Ereugung des unteren Testers heranzuziehen.

In [Linn89] wird die Estelle-Protokollspezifikation von FTAM [ISO 8571] in C-Code übersetzt und mit gewissen Zusätzen, z.B. zur Erzeugung von Fehlersituationen, angereichert. Zusammen mit verschiedenen Schnittstellenmoduln entsteht so der Untere Tester, der

von einem gedachten Benutzer stimuliert und von einem Monitor
beobachtet wird.

5. Zusammenfassung und offene Fragen

Ein Überblick über den gegenwärtigen Stand im Bereich der formalen
Methoden im Konformitätstesten wurde präsentiert. Darüberhinaus wurden einige neue Überlegungen hinsichtlich der Architektur der FSMs,
aus denen Testfälle erzeugt werden sollen, diskutiert.

Offen ist nach wie vor die Frage des Nichtdeterminismus in den FSMs
und die Konsequenzen für die Anwendung von aus solchen FSMs generierten Testfällen auf Protokollimplementationen. Hiermit zusammen hängt
die Frage der formalen Definition von Konformität: welche Testfälle
muß eine Implementation genau "können"?

Noch nicht zufriedenstellen gelöst ist weiterhin die Spezifikation
der FSMs. Der Gebrauch herkömmlicher Spezifikationssprachen, wie
Estelle, LOTOS und SDL, führt aufgrund verschiedener Sprachkonstrukte
zum teil zu problematischen Spezifikationen im Sinne der Testfaller-
zeugung, insbesondere wegen des nicht endlichen Zustandsraums.

Ein ständiges Problem im Zusammenhang mit formalen Methoden ist die
Komplexität. Die Anzahl der Testfälle die aus einer mittelgroßen formalen Protokollspezifikation erzeugt werden können, ist astronomisch.
Hier wird es in der Zukunft wesentlich darauf ankommen, Testfälle
sinnvoll automatisch selektieren zu können.

Literatur

[Aho89] Aho, A.V., et. al.: An Optimization Technique for Protocol Con-
formance Test Generation Based on UIO Sequences and Rural Chinese
Postman Tours, Protocol Specification, Verification and Testing 8,
North-Holland, 1989.

[AhSa87] Ahooja, R., Sarikaya, B.: Comparing Normal Forms Obtained
from Estelle and LOTOS Specifications, Protocol Specification, Verification and Testing 6, North-Holland, 1987.

[BHS90] Belina, F., Hogrefe, D., Sarma, A.: SDL with applications from
protocol specification, Prentice-Hall, 1990.

[BoSa85] Bochmann, G.v., Sarikaya, B.: A test design methodology for
protocol testing, IEEE-SE, vol. 13, 1985.

[BrHo89a] Brömstrup, L., Hogrefe, D.: TESDL: Experience with Generating Test Cases from SDL Specifications (in O. Faergemand: SDL'89),
North Holland, 1989.

[BrHo89b] Brömstrup, L., Hogrefe, D.: Automatische Testfallgenerierung
aus SDL-Spezifikationen, Abschlußbericht Forschungsprojekt "Pro-
spect", Universität Hamburg, 1989.

[Brin87] Brinksma, E.: On the existence of canonical testes, memorandum INF-87-5, University of Twente, Niederlande, 1987.

[CCITT COM XI] CCITT: ISDN User-Nework Interface Data Link Layer (LAPD) Abstract Conformance Test Suite, Contribution to Q.22/XI, August 1989.

[CCITT Q.10] CCITT: Working draft on Formal Methods in Conformance Testing, Meeting Report of the CCITT Experts meeting on Q.10/X, Uni Bern, 12-16.März 1990 (vom Autor erhältlich).

[Chow78] Chow, T.S.: Testing Software Design Modelled by Finite State Machines, IEEE-SE, Vol. 4, Nr. 3, S.178-187, 1978.

[CVM90] Chan, W.Y.L., Voung, S.T., Ito, M.R.: On test sequence generation for protocols, Protocol Specification, Verification and Testing 9, North-Holland, 1990.

[FLN89] Favreau, J.-P., Linn, R.J., Nightingale, S.: A formal multi-layer test methodology and its application to OSI (in S. Vuong: FORTE'89), 1990.

[Glab86] van Glabbeek, R.J.: Notes on the methodology of CCS and CSP, Centrum voor Wiskunde en Informatica, Bericht CS-R8624, Amsterdam, 1986.

[GuLo90] Gueraichi, D., Logrippo, L.: Derivation of test cases for LAPB from a LOTOS specification (in S. Vuong: FORTE'89), 1990.

[Hoar85] Hoare, C.A.R.: Communicating sequential processes, Prentice-Hall, 1985.

[Hog88] Hogrefe, D.: Protocol and service specification with SDL: the X.25 case study, Bericht Nr. FBI-HH-B-134/88, Universität Hamburg, 1988.

[Hog89] Hogrefe, D.: Estelle, LOTOS und SDL, Springer Compass, 1989.

[Holz87] Holzmann, G.: On Limits and possibilities of automated Protocol analysis, Protocol Specification, Verification and Testing 7, North-Holland, 1987.

[Holz90] Holzmann, G.: Validating SDL specifications: an experiment, Protocol Specification, Verification and Testing 9, North-Holland, 1990.

[ISO 9646] ISO/IEC: Information Technology - OSI conformance testing methodology and framework, DIS 9646, 1989.

[ISO 8571] ISO/IEC: Information Technology - Open Systems Interconnection - File Transfer, Access and Management, IS 8571.

[ISO 10167] ISO/IEC: Information Technology - Open Systems Interconnection - Guidelines for the application of Estelle, LOTOS and SDL, DTR 10167, 1990.

[ISO N 4215]   ISO/IEC: Proposal for a new work item on formal methods in conformance testing of OSI protocols, ISO/IEC JTC1/SC21/WG1 N 4215, 1990.

[Linn89] Linn, R.J.: Conformance Evaluation Methodology and Protocol Testing, IEEE Journal on Selected Areas in Communications, Vol.7, No.7, September 1989.

[Miln80] Milner, R.: A calculus for communicating systems, Springer, 1980.

[NaTs81] Naito, S., Tsumonyama, M.: Fault-Detection for sequential Machines by Transition Tours, Proceedings of IEEE Fault Tolerant Computing Conference, S. 238-243, 1981.

[Stol89] Stoll, W.: Test von OSI-Protokollen, Springer, 1989.

[Tret90] Tretmans, J.: Test Generation from LOTOS Specifications (in S. Vuong: FORTE'89), North-Holland, 1990.

[TrSa90] Tripathy, P., Sarikaya, B.: Test Generation from Protocol Specification (in S. Vuong: FORTE'89), North-Holland, 1990.

[WaHu87] Wang, B., Hutchison, D.: Protocol testing techniques, Computer Communivations, vol. 10, no. 2, April 1987.

[West82] West, C.H.: Applications and limitations of automated protocol validation, Protocol Specification, Verification and Testing 2, North-Holland, 1982.

[West87] West, C.H.: Protocol validation by random state exploration, Protocol Specification, Verification and Testing 6, North-Holland, 1987.

Formal Description of X.25 Applying a Rule-based Approach

Jürgen M. Schneider
University of Kaiserslautern (Germany)

Udo Bär
University of Mannheim (Germany)

Jean Monnery
Ecole Nationale Supérieur des
Télécommunications de Bretagne (France)

Thibault Mangold
University of Nancy (France)

Roelof J. Velthuys
University of Twente (The Netherlands)

Georg Zörntlein
IBM European Networking Center

IBM European Networking Center
Tiergartenstr. 8
D-6900 Heidelberg
Tel. 06221-404-205
Fax. 06221-404-450

Abstract

Formal description techniques (FDTs) are used to cope with problems of misinterpretation and ambiguity in informal specifications of communication protocols and distributed systems. FDTs also offer support for the design, implementation, and testing of complex systems, if they come with a suitable development methodology and a set of powerful tools. In this paper, we report on our experiences in applying FDTs to the X.25 packet level protocol and present basic parts of the specification. For X.25 packet type descriptions, the *Abstract Syntax Notation One (ASN.1)* was used. Behavior of an X.25 DTE was modelled using *Communicating Rule Systems (CRS)*, a rule-based specification technique. The motivations for choosing these techniques and the way they have been applied are explained. We conclude by giving an outlook on the intended use of the formal description for deriving and validating X.25 test cases.

1 Introduction

Worldwide standardization of communication protocols facilitates the interworking of heterogeneous computer systems in order to accomplish distributed information processing. For several years, standardization bodies like ISO and CCITT have worked on providing international standards for all kinds of communication systems. In spite of these efforts, protocol implementations may not be able to interoperate although they have been implemented according to the same standard. The basic problem recognized by ISO and CCITT is a lack of preciseness within their natural language standards leading to ambiguities and different interpretations by different implementers. To overcome this problem, ISO and CCITT have developed and standardized formal description techniques (FDTs), namely LOTOS [ISO8807], Estelle [ISO9074], and SDL [CCZ100] and intend to provide formal descriptions of protocol standards in the future.

Several requirements on FDTs can be identified (compare [Brin88]). Formal definition by means of formal syntax and semantics is required to exclude the possibility of misinterpretation. Expressive language constructs for specification of complex distributed systems at an abstract level should be provided. Abstraction is needed to focus on functional requirements instead of describing implementation details. Since formal descriptions of complex systems tend to get very large (so do their natural language counterparts), powerful mechanisms for structuring specifications must exist in FDTs. The possibility of composing individually developed specification parts in various ways to form a larger system should be provided in order to support distributed system design. Unfortunately, the standardized FDTs do not adequately meet all these requirements.

If the requirements are adequately met, FDTs can be of enormous help for the development of protocols and distributed systems [Nehm85]. Formal definition of syntax and semantics facilitates the provision of powerful tools supporting different development activities. These development activities are defined and interrelated by an underlying formal methodology (see for example [Drob89]). Despite these advantages, experience has shown that a lack of acceptance of FDTs and formal protocol specifications is related to the complexity of both the FDT and the protocol. Although the argument holds that current FDTs just reflect the complexity of the protocols they are applied to and proper application is just a matter of education [Viss86], it is a matter of fact that the easier the language constructs are, the greater the chance that people are willing to use them.

In the following, we present a formal description of the X.25 packet level protocol (X.25 PLP), using the rule-based FDT CRS (Communicating Rule Systems). It is shown that specifications in CRS are intuitively understandable even for large protocols. The reasons why neither LOTOS, Estelle, nor SDL were used are given in a comparative introduction of CRS constructs. For the description of data structures, the type definition language ASN.1 (Abstract Syntax Notation One), as standardized by ISO, is integrated into CRS. The application of ASN.1 for specifying X.25 packet formats is illustrated. The structure of the rest of the paper is as follows: CRS and ASN.1 are briefly introduced in section 2. In section 3, selected parts of the formal description of X.25 packet formats and examples from each phase of the X.25 PLP are presented. We conclude by elaborating on future work: using the specification developed as the basis for derivation and validation of X.25 test cases.

2 The FDTs used

Formal description of a protocol is concerned with behavioral aspects and data-related parts of the protocol. Possible behavior of a protocol entity is defined by the set of possible interactions with the environment in terms of service primitives (SPs) and protocol data units (PDUs), the ordering of interactions, and parameter dependencies. Several models exist for specifying behavior (e.g. state machines, process algebras etc.) and are the basis of FDTs (e.g. ESTELLE,

LOTOS). For the description of protocol data structures (SPs, PDUs), programming language type constructs are used (e.g. PASCAL), as well as abstract data type languages (e.g. ACT ONE). More recently, ISO and CCITT developed ASN.1 specifically for the description of data structures used in communication systems.

In our specification of the X.25 PLP we used ASN.1 to define the structure of X.25 PDUs (packets) and network SPs. By adding operations for selecting and accessing data fields, as well as manipulating data objects, ASN.1 was integrated into CRS. CRS is a rule-based technique employing a state machine model and was used for specification of X.25 PLP behavior. In the following, we give very brief overviews of ASN.1 and CRS.

ASN.1

The *Abstract Syntax Notation One (ASN.1)* [ISO8824] developed by ISO and CCITT meets the special requirements for a data description technique in the area of communication systems. ASN.1 offers constructs that cannot be found in conventional programming languages, but are particularly useful for SP and PDU definitions. By using ASN.1, the structure of data can be described in a way that is independent from local representations, programming languages, and implementation strategies employed in different protocol entities. ASN.1 specifications just define the **abstract structure** of data objects and one can think of various forms of representing and manipulating them in different systems. The notion of 'type' is used for ASN.1 just to summarize a set of values. Besides the type notation, the ASN.1 standard also defines how values of the different types shall be denoted (ASN.1 value notation).

Like most of the typing facilities known from programming languages, ASN.1 provides a basic set of predefined types, called **simple types**, and a set of mechanisms for constructing **structured types**. New types may also be defined as **subtypes** of existing ones. Among the simple types provided by ASN.1 are BOOLEAN, INTEGER, REAL, BIT STRING, and OCTET STRING. Especially the last two types are often required in SP and PDU definitions. Given a number of existing types, type constructors SEQUENCE and SET can be used to define compound types *(records)*. Whereas the order of components is fixed with the SEQUENCE constructor, no specific order is defined if the SET constructor has been employed. Consequently, components of actual data values may be transmitted in either order, which is allowed by some protocols. Types that are similar to *variant records* can be defined in ASN.1 with the CHOICE constructor. Data values of types constructed that way are instances of one of the alternatives given in the type definition. Given a single base type, an ASN.1 type describing unbounded sequences of values from that base type can be defined by using the SEQUENCE OF and SET OF constructors. Again, no order is defined on values constructed with SET OF. Types constructed with SEQUENCE OF are similar to dynamic *arrays* in conventional programming languages.

Several other constructs of the ASN.1 notation are especially interesting in the field of communication protocols. They allow specification of size restrictions (SIZE), declare fields as optional (OPTIONAL), or name numbers and bits. In addition, each ASN.1 defined type is associated with a **tag**, serving as a unique identification to be supplied in each encoded form of values from that type. Together with a set of encoding rules for ASN.1, tags facilitate the conversion of an abstract syntax to transfer syntax. In the opposite direction, tags and encoding rules determine the decoding of values. Different sets of encoding rules may exist for different protocols. Currently, ISO has standardized the so-called *Basic Encoding Rules* for ASN.1 in [ISO8825]. A more elaborate tutorial on ASN.1 and encoding/decoding can be found in [Gora87].

As already mentioned, ISO and CCITT never intended to use ASN.1 as a type definition language within programming or specification languages. However, this is a fairly interesting idea especially for languages or specification techniques used in protocol design and implementation. For an embedded use of ASN.1 in the specification technique CRS, we defined the following extensions:

- **selector functions**, which serve for accessing components of complex structures. The dot notation is employed to denote the access to components of types constructed with SEQUENCE, SET, and CHOICE. Elements of types constructed with SEQUENCE OF and SET OF are accessed via an integer index in brackets, beginning with number 1 for the first element.

- **manipulation functions**, which allow comparing, manipulating, and assigning ASN.1 values. To achieve proper use, the relationship between the structure on the left hand side and the structure on the right hand side must be clear. It was defined that both must be values of the same type (name equivalence).

- **dynamic functions**, which serve for handling dynamic structures. For optional fields, the two operations SET ABSENT and IS ABSENT were invented to explicitly leave out optional fields or to ask for their presence. For dynamic data objects, the functions LENGTH and SET ELEMENTS allow to explicitly set the number of elements or to ask for the actual size.

The resulting type definition language is called X-ASN.1 (*eXtended ASN.1*) in the following. X-ASN.1 has considerable advantages over PASCAL and ACT ONE (employed in Estelle and LOTOS) as a data type specification technique for communication protocols. Only the abstract structure of data objects is being defined instead of concrete data types, which is essential on the specification level. Predefined types and constructors are provided that simplify the practical application of the technique, whereas such aids have to be created individually by specifiers if general purpose algebraic techniques are used. The value notation is much more compact than representing values as terms in an algebraic style. X-ASN.1 semantics can still be defined algebraically as shown in [Thom90].

CRS

Communicating Rule Systems (CRS) is a technique for formal description of concurrent, distributed systems, employing **rules** to model the behavior of communicating system components. Basic ideas of the technique have been introduced in [Mack87], a full language definition was given in [Neum88]. A CRS specification defines a hierarchy of **rule systems** that execute in parallel and communicate at common **gates**. An extended finite state machine (EFSM) model is employed for rule systems similar to Estelle. The state of a rule system is given by values of objects that are represented as state variables. Possible modifications of the objects during transitions are described by a set of rules. Rules may request and offer communication events at gates. These events may happen synchronously or asynchronously between two rule systems.

CRS rules are much different from Estelle transition specifications (see Figure 1). The *start condition* of a rule is a first order logic formula over state variables, input events, and event parameters. Similarly, *effects* of a rule are described by a formula relating before-state and after-state, specifying output events, and characterizing output parameters. Effects are atomic, but separate from the start condition. After accepting input in the start condition, output may be delayed until synchronous communication occurs. This way, the underlying state machine of a rule system is defined in an abstract way, instead of being described by a concrete implementation. On the other hand, states are explicit in CRS. They are used to remember part of the execution history of a rule system and simplify specifying possible subsequent behavior. Behavior of a rule system is determined by the events occurring at external gates, focussing on external observability like LOTOS. However, possible event sequences are more difficult to describe without internal states, especially if event occurrence depends on parameter values. LOTOS behavior expressions use a lot of recursion, which makes them hard to read.

Powerful structuring mechanisms have been invented in CRS, facilitated by semantical properties of the logical connectives [Velt90]. After decomposing a complex system into separate components modelled by rule systems, behavior of the individual components can be structured in various ways. Rules describing possible behavior can be grouped into **contexts,** or separated in different **views.** Whereas contexts define common conditions and effects of all rules comprised in the context, views contain only those parts of rules focussing on some specific aspect. Both concepts rely on commutativity and idempotence of the logical-$\wedge$. Semantics of both contexts and views are defined by construction of a 'flat' rule system, i.e., a rule system without contexts and views, which is obtained if context conditions and all parts of rules in different views are simply $\wedge$-connected. Complex predicates that are used several times in the specification can be put into a **definition** that is referenced at appropriate places. Rules may be given priority, or may be allowed to run in parallel in a rule system specification.

As shown in the following section, rules are excellent means to represent knowledge about a protocol. They are more abstract than Estelle transition descriptions and more readable than LOTOS behavior expressions. The set of structuring mechanisms provided in CRS is beneficial for creating specifications of complex real-world protocols. The state machine concept is an intuitive way of modelling protocol behavior and has been successfully applied in the past. It facilitates a constructive approach to protocol engineering, supported by a variety of development tools [Schn90b]. Analytical methods and observational equivalence theories can be based on CRS semantics given in terms of high-level Petri nets and labelled transition systems in [Schn90a].

```
<rule_name>;
COND:     <start condition>   ;
EFFECTS:  <effects>           ;
```

Figure 1. CRS rule paradigm

3 X.25 packet level specification

X.25 represents a collection of standards defining network access protocols for layer 1, 2, and 3 of the OSI Reference Model. These standards define the interface between user equipment (hosts, workstations etc.), called **Data Terminal Equipment (DTE)**, and packet-switched data network equipment, called **Data Circuit-terminating Equipment (DCE)** in the X.25 terminology. The layer 3 protocol is called the X.25 **packet level protocol (PLP)** [ISO8208] and is widely used as the connection-oriented network layer protocol by many national carriers and private institutions. Two forms of connections are supported by the protocol, namely **switched virtual calls (SVCs)** and **permanent virtual circuits (PVCs)**. SVCs need to be setup before data transfer and are cleared afterwards. PVCs are similar to a leased line and require neither setup nor clearing. A **logical channel** is associated with each SVC and PVC by the protocol. Use of the X.25 PLP to provide the OSI connection-oriented network service (OSI-CONS) is standardized in [ISO8878]. A good overview of both X.25 PLP and its use for providing the OSI-CONS is given in [Tane88].

In this section, we present the overall structure and some selected details from the specification of a rule system modelling an X.25 DTE (see Figure 2). The rule system is designed to handle a single logical channel that can be used for establishing SVCs according to the X.25 PLP. The OSI-CONS is provided to a higher layer entity that behaves like a network service user. The problem of connection management, insufficiently treated in most protocol standards, is further addressed in [Mang90]. For each new connection, a new instance of rule system X_25_DTE is created and associated with a logical channel. Mapping of connection endpoint identifiers to logical channel numbers and vice versa is done by a special rule system Connection_manager. The X.25 PLP procedures and formats regulating the flow of packets

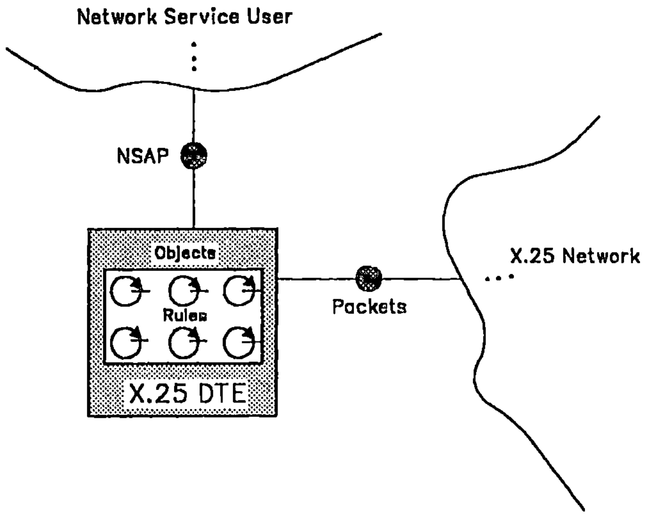

Figure 2. CRS rule system modelling an X.25 DTE

between a DTE and a DCE, or between two DTEs respectively, are the same for each logical channel. Since it is our intention to illustrate how these procedures and formats can be formally described, and what kind of problems have been encountered in the formalization process, the focus is on a single logical channel. Further simplification is achieved by regarding DCE and the packet-switched network like an underlying service provider, as depicted in Figure 2. In a refined approach, it would be necessary to describe the X.25 packet encoder/decoder and pass the encoded packets as user data to the lower layer (data link layer) and vice versa. However, the simplified view suffices for the purpose of this paper.

X.25 packet types

Although ASN.1 was originally conceived to be used in higher layer protocols, the notation is as well applicable to lower layer PDUs. The separation of structure information and bitwise representation facilitates the description of the abstract structure of data objects without being concerned with coding aspects. One can work with the components of an abstract data structure from a functional point of view and describe how SP parameters and PDU fields have to be interpreted and processed. Encoding/decoding can be treated as a separate issue. However, applying ASN.1 for lower layers in the OSI reference model, or for another communication architecture, may require different encoding rules; basic encoding rules may no longer be used. Similar experiences are reported in [Velt90].

The ASN.1 specification of the X.25 packet formats presented in this section abstracts from the encoding of packet fields. Some information about encoding is given in form of comments (starting with "--"). All ASN.1 types for X.25 packets are summarized in an ASN.1 module and specific X.25 encoding rules have been defined for that module [Sche90]. For every X.25 packet format, there is a corresponding ASN.1 type describing the structure and ordering of the different data fields in the packet. The ASN.1 type for the CALL REQUEST packet is shown in Figure 3. The SEQUENCE constructor has been used to indicate that fields of the

```
CALL_REQUEST   ::=  [11] IMPLICIT SEQUENCE {
        header                      PACKET_HEADER,
        calling_dte_address_length  INTEGER,                       --SIZE: 4 BITS
        called_dte_address_length   INTEGER,                       --SIZE: 4 BITS
        called_dte_address          BCD_STRING (SIZE(0..15))  OPTIONAL,
        calling_dte_address         BCD_STRING (SIZE(0..15))  OPTIONAL,
        facility_length             INTEGER,                       --SIZE: 1 OCTET
        facilities                  FACILITIES                OPTIONAL,
        user_data                   OCTET STRING (SIZE(0..128)) OPTIONAL
    }

PACKET_HEADER ::= SEQUENCE {
        q_bit                        BOOLEAN,
        d_bit                        BOOLEAN,
        modulo_indicator             ENUMERATED { modulo_8 (1), modulo_128 (2) },
        logical_channel_group_number INTEGER,                      --SIZE: 4 BITS
        logical_channel_number       INTEGER,                      --SIZE: 1 OCTET
        packet_type_identifier       BIT STRING (SIZE(8))
    }
```

Figure 3. ASN.1 type describing the X.25 CALL REQUEST packet

```
FACILITIES ::= SET {
     [ 66] FLOW_CONTROL_PACKET_SIZE_NEGOTIATION     OPTIONAL,
     [ 67] FLOW_CONTROL_WINDOW_SIZE_NEGOTIATION     OPTIONAL,
     [  1] FAST_SELECT_AND.REVERSE_CHARGING         OPTIONAL,
     ...
}


FLOW_CONTROL_PACKET_SIZE_NEGOTIATION ::= SEQUENCE {
     from_called_dte          INTEGER,            --SIZE: 1 OCTET
     from_calling_dte         INTEGER             --SIZE: 1 OCTET
}
```

Figure 4. ASN.1 type describing the facilities field

packet have to be transmitted in the order given in the type definition. The first field is a packet header that is present in every X.25 packet. The header is further substructured as described by the type PACKET_HEADER. The last header field is the packet_type_identifier consisting of 8 bits that uniquely identify each X.25 packet (for DATA packets, this field is defined differently: only 1 bit is used and set to zero to identify the packet, the other bits hold flow control information). The ASN.1 tag mechanism has been used to describe the value of the packet_type_identifier for each packet (e.g. '00001011'B corresponding to number 11 for CALL REQUEST). Packet fields following the header field in CALL REQUEST packets contain address information, facilities, and user data. Use of some of these fields is optional. Facilities can be present in CALL REQUEST (and some other) packets and are used to request or negotiate specific features of the logical channel to be established. Due to the variety of special features that can be requested with X.25 PLP facilities, the corresponding ASN.1 type is rather complicated. Only a small excerpt of the type definition is shown in Figure 4. The structure of each facility is described by a corresponding type (e.g. FLOW_CONTROL_PACKET_SIZE_NEGOTIATION); each facility is identified by an individual bit pattern preceding it. ASN.1 tags have been used for specifying these bit patterns similar to the packet_type_identifier. Facilities may be transferred in any order and their use is optional.

In order to describe the mapping from network SPs to X.25 packets and vice versa, and the relation between parameters and packet fields, ASN.1 types have been defined for network SPs [ISO8348] in a separate ASN.1 module. In Figure 5, the ASN.1 type describing parameters of the N_CONNECT_request primitive is shown. The SET constructor has been employed, because no order is defined on SP parameters. We don't detail type Network_Quality_of_Service.

```
N_CONNECT_request ::= SET {
     called_address                    OCTET_STRING,
     calling_address                   OCTET_STRING,
     receipt_confirmation_selection    BOOLEAN,
     expedited_data_selection          BOOLEAN,
     quality_of_service                Network_Quality_of_Service,
     user_data                         OCTET_STRING
}
```

Figure 5. ASN.1 type describing the N_CONNECT_request primitive

Summarizing, we experienced that ASN.1 offers appropriate constructs for describing the structure of X.25 packets and network SPs. Different constructors can be used, various string types are provided, bits and integers can be associated with names, and tags are perfect means to represent identifying bit patterns. The complete ASN.1 modules can be found in [Monn89]. The most complex types in the ASN.1 module for X.25 packets are those for facilities and registration fields, due to the variety of possibilities included in the X.25 PLP. Concentrating on the structure of the different fields facilitated complete type definitions for facilities and registration fields. However, X.25 encoding rules become difficult and sometimes even awkward. Tags have to be put into the third byte of an encoded packet for packet type identification and into the first byte of each encoded facility for facility identification. Some integers are encoded in 8 bits and 4 bits, for others only 2 bits have to be used. Binary coded digits require 4 bits and all booleans are just one bit. Considering today's high transmission rates and low memory costs, this optimized bit-level representation has become unnecessary.

Specification structure

Behavior of an X.25 DTE handling one logical channel is modelled by a single rule system X_25_DTE. Several X_25_DTE rule systems can be created and controlled by a parent rule system Connection_manager to handle several logical channels in parallel. By declaring two instances of rule system Connection_manager and one instance of a rule system modelling the network on the next hierarchy level, the whole network layer can be described as a configuration of communicating rule systems. Such a specification describes how the network service is provided by a number of distributed components that exchange messages according to the X.25 PLP. Distributed control, possible parallelism, and data distribution is indicated on a logical level. With such a global configuration in mind (see [Mang90]), rule system X_25_DTE is parameterized by a logical channel number (LC), a set of initial values (Inits), and the two gates connecting it to the network service user and the network (Nsap, Packets), as shown in Figure 6. The logical channel number ranges from 1 to 4095 (logical channel number 0 is reserved). Initial values comprise window and packet sizes used, optional features supported by the DTE (interrupts, delivery confirmation etc.), subscriptions, values of retransmission counters, and a lot of other static information about the particular DTE to be modelled. For the gate parameters, CRS gate specifications detail the set of admissible events and individual event parameters (see Figure 7).

State variables of rule system X_25_DTE are declared following the keyword **STATE** in the rule system specification. Only a few declarations are shown in Figure 6. Variables r_state, p_state, and d_state can be considered *major state variables* holding values of the "restart state", "logical channel state", and "data transfer state" of the DTE according to the state diagrams given in [ISO8208]. Initial values r1, p1, d1 of the variables correspond to the abbreviations used in the standard for "packet level ready", "logical channel ready", and "flow control ready". Several *minor state variables* are used to hold window information, to memorize logical channel characteristics etc.. In order to describe fragmentation and reassembly of large strings of user data transferred in several packets, two abstract data type variables (send_queue, receive_queue) have been declared. Their type is given by an abstract data type specification in CRS (DataQueue) allowing usual queue operations on these variables (see [Mang90]). Some auxiliary variables that are not part of the state of rule system X_25_DTE, but are required as local variables in rule specifications, are given following keyword **DECLARATIONS**. In the

```
RULE_SYSTEM X_25_DTE (LC      : Logical_channel_number;
                      Inits   : Initial_values;
                      Nsap    : Network_service_access_point;
                      Packets : X25_network_access_point);

   STATE                                   DECLARATIONS
   r_state        : R_STATE_TYPE INITIALLY r1;   N_CR_SP : N_CONNECT_request;
   p_state        : P_STATE_TYPE INITIALLY p1;   CR_PDU  : CALL_REQUEST;
   d_state        : D_STATE_TYPE INITIALLY d1;   ...
   send_queue     : DataQueue;
   receive_queue  : DataQueue;
   ...
   RULES

      CONTEXT Call_setup ...                CONTEXT Data_transfer ...

         VIEW Main_state_and_events ...        CONTEXT Normal_data ...
         VIEW User_data_handling ...              VIEW Main_state_and_events ...
         VIEW Addresses ...                       VIEW User_data_handling ...
         VIEW Facility_handling ...               VIEW Receipt_confirmation_service ...
         VIEW Expedited_data_service ...          VIEW Flow_control ...
         VIEW Receipt_confirmation_service ...    VIEW Retransmission ...
         VIEW Quality_of_service ...           CONTEXT Expedited_data ...
         VIEW Timers_and_counters ...          CONTEXT Reset_service ...

      CONTEXT Call_clearing ...             CONTEXT Restart ...

END_RULE_SYSTEM X_25_DTE;
```

Figure 6. CRS specification structure of rule system X_25_DTE

RULES section shown in Figure 6, we included the internal structure of rule system X_25_DTE in terms of contexts and views. In each context, there are a set of logically related rules describing the behavior of an X.25 DTE in different phases of the X.25 PLP. These rules may be split into several parts contained in different views. Note that CRS contexts and views may be arbitrarily nested. A top-level structure in terms of contexts has been chosen for specification of rule system X_25_DTE, corresponding to the main phases of the protocol, and rule specification examples from each context are presented in the following sections.

```
GATE SYNCHRONOUS Network_service_access_point;   GATE SYNCHRONOUS X25_network_access_point;
   DECLARATIONS                                     DECLARATIONS
   N_CR_SP : N_CONNECT_request;                     CR_PDU : CALL_REQUEST;
   N_CI_SP : N_CONNECT_indication;                  IC_PDU : INCOMING_CALL;

   ...                                              ...
   EVENTS                                           EVENTS
   N_CONNECT_req (N_CR_SP);                         Call_request  (CR_PDU);
   N_CONNECT_ind (N_CI_SP);                         Incoming_call (IC_PDU);
   ...                                              ...
END_GATE Network_service_access_point;           END_GATE X25_network_access_point;
```

Figure 7. CRS specification of X.25 gates

```
CONTEXT Call_setup;
 COND: rstate = r1;

  VIEW Main_state_and_events;
   n_con_req;
      COND:         pstate = p1  ∧  Nsap.N_CONNECT_req   (N_CR_SP);
      EFFECTS:      pstate = p2  ∧  Packets.Call_request (CR_PDU);
      ...
  END_VIEW Main_state_and_events;

  VIEW Receipt_confirmation_service;
   n_con_req;
      COND:         TRUE;
      EFFECTS:      CR_PDU.header.d_bit = N_CR_SP.receipt_confirmation_selection;
    ...
  END_VIEW Receipt_confirmation_service;
  ...
END_CONTEXT Call_setup;
```

Figure 8. CRS specification of X.25 PLP call setup initiation

Call Setup

Establishment of an SVC is initiated either by the DTE sending a CALL REQUEST packet,
or by the DCE signalling an INCOMING CALL. We would like to illustrate how the DTE
taking the initiative is specified in CRS (see Figure 8). Rule n_con_req accepts an
N_CONNECT_request primitive from the network service user (event N_CONNECT_req at gate
Nsap) in the start condition, provided the state of rule system X_25_DTE is appropriate. This is
specified in view Main_state_and_events. Note that state requirements are given on variable
p_state, as well as on variable r_state through the context condition. No constraints are
imposed on event parameters (N_CR_SP). The effects formula of rule n_con_req describes the
new state reached and the event Call_request offered at gate Packets with the CALL
REQUEST packet as a parameter (CR_PDU). Additional constraints on state variables or event
parameters may be present in other views for rule n_con_req. Similarly, additional effects may
be given that mainly describe the mapping between SP parameters and packet fields. This
mapping is illustrated for view Receipt_confirmation_service in Figure 8. The d_bit field in
the header of the CALL REQUEST packet is used to indicate receipt confirmation selection
by the user, as expressed in the corresponding parameter of the N_CONNECT_request primitive. Additional aspects of the mapping are contained in other views as listed in Figure 6.

Figure 9 illustrates how a call collision situation in the X.25 PLP call setup phase is described
in the specification. The logical channel state is p2 ("DTE call request") and the DCE offers an
Incoming_call event at gate Packets for the same logical channel.

```
   call_collision;
      COND:         pstate = p2  ∧  Packets.Incoming_call (IC_PDU);
      EFFECTS:      pstate = p5;
```

Figure 9. CRS specification of X.25 PLP call collision

Data Transfer

During the data transfer phase of the X.25 PLP, data is transferred in DATA packets of limited size. Data to be transferred is passed by the network service user with an N_DATA_request, fragmented into pieces according to the packet size used, and inserted into the send_queue. Data fragments are removed from the send_queue by rule send_data (see view Main_state_and_events in Figure 10) and put into a DATA packet (DATA_PDU). Rule send_data may start as soon as there are data fragments in the queue (symbol '@' indicates an operation on an abstract data type variable). Incoming data fragments are inserted into the receive_queue as described by rule receive_data and removed from the queue for reassembly. The queues are just means to model data fragmentation and reassembling; they do not imply a specific implementation. A flow control mechanism in form of a sliding window is maintained separately for sending and receiving data. Flow control aspects are specified in view Flow_control (see Figure 10) for rules send_data and receive_data. Lower and upper edges of the transmission and the reception window are stored in state variables next_to_send, last_ack_received, next_to_receive, last_ack_sent. These variables are used to supply

```
CONTEXT Data_transfer;
 COND: pstate = p4;

  CONTEXT Normal_data;
   COND: dstate = d1;

    VIEW Main_state_and_events;
     send_data;
        COND:    ¬ (send_queue@empty);
        EFFECTS: Packets.Data (DATA_PDU) ∧ DATA_PDU.user_data = send_queue@remove;

     receive_data;
        COND:    Packets.Data (DATA_PDU);
        EFFECTS: receive_queue@insert (DATA_PDU.user_data);
     ...
    END_VIEW Main_state_and_events;

    VIEW Flow_control;
     send_data;
        COND:    transmission_window_open ();
        EFFECTS: DATA_PDU.p_s = 'next_to_send
                 ∧ next_to_send = ('next_to_send + 1) MOD Inits.cycle_size
                 ∧ DATA_PDU.p_r = 'next_to_receive
                 ∧ last_ack_sent = 'next_to_receive;

     receive_data;
        COND:    reception_window_open ()
                 ∧ DATA_PDU.p_s = next_to_receive
                 ∧ p_r_valid (DATA_PDU.p_r);
        EFFECTS: last_ack_received = DATA_PDU.p_r
                 ∧ next_to_receive = ('next_to_receive + 1) MOD Inits.cycle_size;
     ...
    END_VIEW Flow_control; ...
  END_CONTEXT Normal_data; ...
END_CONTEXT Data_transfer;
```

Figure 10. CRS specification of X.25 PLP data transfer

```
DEFINITIONS
transmission_window_open () ⇔
IF next_to_send >= last_ack_received
THEN (next_to_send - last_ack_received) < transmission_window_size
ELSE (next_to_send + Inits.cycle_size - last_ack_received) < transmission_window_size
FI

SYN
send_data               ||       receive_data;
send_expedited_data     <    .   send_data;
receive_expedited_data  <        receive_data;
```

Figure 11. CRS specification of X.25 flow control, duplex and expedited data transfer

values for the p_s and p_r fields of the DATA_PDU (send sequence number of the packet and piggybacked information about the number of packets received) and have to be updated according to the modulo numbering scheme used (modulo 8 or modulo 128 as indicated by Inits.cycle_size). Primed variables refer to the value before execution of the effects. Auxiliary predicates transmission_window_open, reception_window_open, and p_r_valid have been used to express flow control constraints. How such predicates are defined in the **DEFINITIONS** section of rule system X_25_DTE is illustrated in Figure 11. In the **SYN** section, rules send_data and receive_data are allowed to run in parallel (||-operator), and rules describing expedited data transfer are given priority (operator <). Other aspects that are important during data transfer deal with the receipt confirmation service, packet retransmission, expedited data etc. and are included in [Mang90].

Call Clearing

Connection release may be initiated by either side if the logical channel state is neither "DTE clear request" (p6) nor "DXE clear request" (p7). Rule n_disc_req in context Call_clearing describes the mapping of an N_DISCONNECT_request primitive onto a CLEAR REQUEST packet (see Figure 12). Contents of the CLR_PDU is described in other views. This last specification example has been included, because few stories are complete without an ending and open ends are not attractive for good old communication protocols. However, it should be clear that we could only give an impression how the full specification looks. Readers interested in more details are referred to [Monn89] and [Mang90].

```
CONTEXT Call_clearing;

 VIEW Main_state_and_events;
  n_disc_req;
     COND:       p_state ≠ p6 ∧ pstate ≠ p7 ∧ Nsap.N_DISCONNECT_req (N_DISCR_SP);
     EFFECTS:    p_state = p6 ∧ Packets.Clear_request (CLR_PDU);
  ...
 END_VIEW Main_state_and_events;
 ...
END_CONTEXT Call_clearing;
```

Figure 12. CRS specification of X.25 PLP call clearing initiation

Experiences

Although the CRS rule paradigm and powerful structuring mechanisms facilitate the specification of complex protocols, creating a formal specification of the X.25 PLP was a substantial effort. Whereas the basic protocol mechanisms could be described in a rather short time, we were surprised about the enormous amount of protocol details and the time it took to model them correctly (subscriptions, handling of facilities, quality of service, retransmission, etc.). We were not surprised to hear from X.25 experts that many of the features that complicated the specification task have never been implemented. It was more astonishing that even people working on X.25 for years could not clarify ambiguities in the standard (for example optional address fields: the calling address may be absent in CALL REQUEST packets, the called address may be absent in INCOMING CALL packets, but may both be absent as suggested by [ISO8208], figure 11 ?). Formalization often revealed such ambiguities. We are still working on two questions that may require defect reports. Finally, our specification is filled up with rules describing alternative protocol behavior. The amount of different admissible choices and specifically all the valid error reactions to be included in the specification of an X.25 DTE is overwhelming. For example, erroneous packets may cause a reset or clearing, may be rejected, or simply be ignored. Diagnostic packets may contain nearly everything. Although we respect that X.25 tried to integrate a lot of existing implementations, achieving interoperability that way is very expensive.

4 Conclusions and Future Work

Ambiguities in international standards and design specifications of communication protocols jeopardize the goal of interoperability in heterogeneous environments. By the use of formal description techniques these ambiguities are avoided. Moreover, suitable formal descriptions can be processed by tools to automate development steps and master the complexity of todays communication systems. Tools have been built for CRS and X-ASN.1 that analyze specifications and allow their simulated execution in a specialized runtime environment [Schn89]. The execution mechanisms form the kernel of an integrated tools environment supporting different protocol engineering tasks [Schn90b]. Interactive validation can be conducted via a window-driven user interface. The X.25 PLP specification serves us as a testbed for two other running projects dealing with conformance testing of communication protocols. The existing X.25 packet level test suite standard [ISO8882], which was manually developed, is going to be validated against our formal specification using the tool described in [Mack88]. Another tool currently being developed aims at supporting test derivation from a formal protocol specification [Velt89].

Acknowledgements

The opportunity to discuss our formal specification with X.25 experts working on the subject for several years was invaluable help for achieving a result which we can feel comfortable with. We like to thank Vladimir (Walt) Yanoschak and Ron Winston from IBM Raleigh, N.C., for giving us this opportunity and for their generous support. Special thanks go to Walt for reviewing the document. Finally, we are grateful to Günter Müller and Lothar Mackert for providing an environment at the IBM European Networking Center where researchers from all over Europe can investigate problems in a stimulating atmosphere.

References

[Brin88] E. Brinksma *On the Design of Extended LOTOS* Doctoral Dissertation, University of Twente, 1988

[CCZ100] Committee Consultativ International Telegraphique et Telephonique *Specification and Description Language SDL* CCITT SG X Recommendation Z.100, Com X-R15-E, 1987

[Drob89] O. Drobnik *Spezifikation, Verifikation und Testen. von Protokollen* Tutorial, GI/ITG Fachtagung Kommunikation in verteilten Systemen, University of Stuttgart (FRG), 1989 (in German)

[Gora87] W. Gora, R. Speyerer *Abstract Syntax Notation One* DATACOM, No. 4, 1987, pp. 78-85 (in German)

[ISO8208] International Standards Organization (ISO) *X.25 Packet Level Protocol* IS 8208

[ISO8348] International Standards Organization (ISO) *Network Service Definition* IS 8348

[ISO8807] International Standards Organization (ISO) *LOTOS - A Formal Description Technique Based On The Temporal Ordering of Observational Behaviour* IS 8807

[ISO8824] International Standards Organization (ISO) *Specification of Abstract Syntax Notation One* IS 8824

[ISO8825] International Standards Organization (ISO) *Specification of Basic Encoding Rules for ASN.1* IS 8825

[ISO8878] International Standards Organization (ISO) *Use of X.25 to provide the OSI connection-mode Network Service* IS 8878

[ISO8882] International Standards Organization (ISO) *X.25 DTE conformance testing - Part 3: Packet level conformance test suite* IS 8882-3

[ISO9074] International Standards Organization (ISO) *ESTELLE - a Formal Description Technique Based On An Extended State Transition Model* IS 9074

[Mack87] L.F. Mackert, I.B. Neumeier-Mackert *Communicating Rule Systems* Proc. 7th Int. Symp. on Protocol Specification, Testing and Verification, H. Rudin, C.H. West (editors), North-Holland, 1987, pp.77-88

[Mack88] L.F. Mackert, R. Meyer, U. Scheere, J.M. Schneider, R.J. Velthuys, J. Burmeister, J. de Meer, I. Schrör *A Generalized Conformance Test Tool for Communication Protocols* Proc. Int. Conf. on Distributed Computing Systems, San Jose CA., 1988

[Mang90] T. Mangold *Formal Specification of the X.25 Packet Level in CRS* D.E.S.S. Thesis, University of Nancy, 1990

[Monn89] J. Monnery *A Rule-based Executable Specification of the X.25 Network Layer* Masters Thesis, Ecole Nationale Supérieur de Télécommunications de Bretagne, 1989

[Nehm85] J. Nehmer *Softwaretechnik für verteilte Systeme* Springer, 1985 (in German)

[Neum88] I. B. Neumeier-Mackert *Modellierung und Implementierung kommunizierender Systeme mit Hilfe von Regeln.* Doctoral Dissertation, University of Erlangen-Nürnberg (FRG), 1988 (in German)

[Sche90] U. Scheere *X.25 Encoding Rules* Internal Report, IBM ENC, 1990

[Schn89] J.M. Schneider, I.B. Neumeier-Mackert, L.F. Mackert, R.J. Velthuys *Executable Communicating Rule Systems* Proc. 2nd Int. Conf. on Formal Description Techniques for Communication Protocols and Distributed Systems, S.T. Vuong (editor), North-Holland, 1990, pp. 421-436

[Schn90a] J.M. Schneider, H. Müller, L.F. Mackert, G. Zörntlein *Transition System Semantics for Communicating Rule Systems* Technical Report No.43.9005, IBM ENC, 1990

[Schn90b] J.M. Schneider, L.F. Mackert, G. Zörntlein, R.J. Velthuys, U. Bär *An Integrated Environment for Developing Communication Protocols* Computer Networks and ISDN Systems (to be published)

[Tane88] A.S. Tanenbaum *Computer Networks* Prentice-Hall, 1988

[Thom90] M. Thomas *From 1 Notation to Another One: An ACT-ONE Semantics for ASN.1* Proc. 2nd Int. Conf. on Formal Description Techniques for Communication Protocols and Distributed Systems, S. Vuong (editor), North-Holland 1990, pp. 517-531

[Velt89] R.J. Velthuys, J.M. Schneider, L.F. Mackert *Protocol Conformance Testing with Communicating Rule Systems* Proc. 2nd Int. Workshop on Protocol Test Systems, W. Effelsberg, L. Mackert, J. de Meer (editors), North-Holland 1990, pp.231-252

[Velt90] R.J. Velthuys, L.F. Mackert, J.M. Schneider, G. Zörntlein *Structuring Mechanisms for the Formal Description Technique CRS* Technical Report, IBM ENC, Heidelberg (to be published)

[Viss86] C. Vissers, G. Scollo *Formal Specification in OSI* Proc. Int. Seminar on Networking in Open Systems, Oberlech, Austria, August 1986, Lecture Notes in Computer Science 248, Springer 1987, pp 338-359

Die Verteilung paralleler Programme auf Transputer

Klaudia Dussa-Zieger *
Dep. of Computer Science, University of Maryland
College Park, MD 20740

Zusammenfassung

Parallele Programme werden durch ihr Speedup-Verhalten charakterisiert. Je mehr Prozessoren einem Programm zugeordnet werden, desto (potentiell) schneller wird das Programm ausgeführt. Oft tritt jedoch der Effekt auf, daß ab einer bestimmten Anzahl die Prozessoren nicht mehr effizient genutzt werden können. In einem solchen Fall könnten die über diese Anzahl hinaus zugeteilten Prozessoren besser von einem anderen Programm genutzt werden. Berücksichtigt man diesen Sachverhalt, so entsteht bei einer gegebenen Anzahl von Prozessoren und parallelen Programmen das Problem der optimalen Prozessoraufteilung.

Das Thema dieser Arbeit ist die dynamische Prozessoraufteilung. Wenn sich die Anzahl der parallelen Programme ändert, so verändert sich auch die optimale Prozessoraufteilung und damit die Größe der einzelnen Prozessorpartitionen. Dynamische Prozessoraufteilung reagiert auf jede Veränderung der Arbeitslast. Im Falle einer Programmterminierung oder eines neu eintreffenden Programmes wird eine neue Prozessoraufteilung ausgelöst, wobei ein nicht zu vernachlässigender Aufteilungsaufwand entsteht. In Abhängigkeit von der spezifischen Systemumgebung kann dieser zusätzliche Aufwand den Nutzen einer dynamischen Prozessoraufteilung zunichte machen.

Um einen Einblick in die Problematik der dynamischen Prozessoraufteilung zu gewinnen, wird ein bestimmtes Multiprozessorsystem mit einer speziellen Arbeitslast untersucht und ein diesen Sachverhalt beschreibendes analytisches Modell entwickelt. Bei dem Multiprozessorsystem handelt es sich um einen Ring bestehend aus neun Transputern. Die ausgewählte Arbeitslast setzt sich aus der parallelen Version des N-Körper-Problems und einem Such-Problem zusammen. Das analytische Modell ist ein Markov-Modell.

1 Einleitung

Multiprozessorsysteme bestehen typischerweise aus einer Anzahl gleichartiger Prozessoren. Parallele Programme nutzen diese Systeme, indem sie auf so viele Prozessoren wie möglich gleichzeitig zugreifen (und diese produktiv nutzen). Je mehr Prozessoren man einem parallelen Programm zuweist, desto schneller wird es. Überschreitet man jedoch eine bestimmte Anzahl an zugeteilten Prozessoren, so können diese Prozessoren nicht mehr effizient genutzt werden. Die zusätzlich zugeteilten Prozessoren könnten besser von einem anderen Programm genutzt werden. Wenn eine Anzahl von Prozessoren und

---

*Dieser Vortrag beruht auf der Diplomarbeit [Duss 89] und deckt sich in weiten Teilen mit [DCDP 90]

parallelen Programmen vorgegeben ist, so erhebt sich nun die Frage, wieviele Prozessoren den Programmen zugeordnet werden sollen [Bokh 88, Nico 89, NS 88, PD 89].

Die Prozessoraufteilung kann entweder statisch oder dynamisch erfolgen. Statische Prozessoraufteilung bedeutet, daß das Multiprozessorsystem in feste Partitionen aufgeteilt wird. Die Größe und Anzahl der Prozessorpartitionen hängt von der erwarteten Arbeitslast ab und wird während der Generierung des Systems bestimmt und danach nicht mehr verändert. Einem Programm wird eine Prozessorpartition zugeteilt und es kann über die zugeteilten Prozessoren während der gesamten Programmlaufzeit verfügen. Die Vorteile der statischen Prozessoraufteilung sind die einfache Prozessoraufteilung und der geringe Mehraufwand. Sie ist besonders dann geeignet, wenn die Arbeitslast bekannt und statisch ist.

Dynamische Prozessoraufteilung ergibt sich als Funktion der spezifischen Arbeitslast. Die Anzahl und Größe der Prozessorpartitionen wird nicht bei der Systemgenerierung festgelegt, sondern bei jeder Veränderung der Arbeitslast neu bestimmt. Wenn das Multiprozessorsystem unbenutzt ist, erhält ein neu eintreffendes Programm alle Prozessoren zugewiesen. Trifft ein weiteres Programm ein, so muß das sich in Berechnung befindende Programm eine bestimmte Anzahl von Prozessoren freigeben, um dem neuen Programm die Ausführung zu ermöglichen. Wenn ein Programm terminiert, werden alle freigewordenen Prozessoren den verbleibenden Programmen zugeteilt. Die Anzahl der Neuaufteilungen des Multiprozessorsystems hängt von der Arbeitslast ab. Abhängig von den Charakteristika der Arbeitslast kann eine dynamische Prozessoraufteilung zu signifikanten Leistungssteigerungen führen. Der zusätzliche Implementierungsaufwand, der mit der dynamischen Prozessoraufteilung (Schrumpfen und Expandieren der Prozessorpartitionen) verbunden ist, ist potentiell jedoch sehr hoch, z.B. werden Compiler benötigt, um Unterbrechungspunkte in den Programmcode einzufügen. Diese Unterbrechungspunkte definieren Stellen im Programm, an denen es unterbrochen und wieder neu gestartet werden kann. Im Falle einer Neuaufteilung setzen alle Programme ihre Berechnungen bis zum nächsten Unterbrechungspunkt fort. Unter Berücksichtigung der neuen Arbeitslast wird die neue optimale Prozessoraufteilung berechnet und die einzelnen Programme werden den neuen Partitionen zugeordnet und fortgesetzt. Der Aufwand, der durch die Neuaufteilung der Prozessoren entsteht, hängt von der Anzahl der Unterbrechungspunkte, dem Algorithmus zur Bestimmung der optimalen Prozessorpartitionen und von der Neuverteilung der Programme ab. Dieser Aufwand kann den Nutzen der dynamischen Prozessoraufteilung zunichte machen.

Das Ziel dieser Arbeit ist es, die Anwendbarkeit der dynamischen Prozessoraufteilung auf Multiprozessorsysteme mit einem Multiprogramminglevel (MPL) größer als 1 zu untersuchen. Ein bestimmtes Multiprozessorsystem mit einer speziellen Arbeitslast wird betrachtet und dafür ein Markov-Modell entwickelt und untersucht.

Das zweite Kapitel beschreibt die allgemeinen Charakteristika von parallel ausführbaren Programmen, die während der Ausführung unterbrochen werden können. Eine genaue Beschreibung der für die Experimente benutzten Programme wird in Kapitel 3 gegeben. Das benutzte Multiprozessorsystem wird in Kapitel 4 beschrieben. Kapitel 5 enthält eine Zusammenfassung der Versuchsergebnisse. In Kapitel 6 wird das Markov-Modell vorgestellt und eine Vergleich mit den experimentell gewonnenen Daten durchgeführt. Ein Ausblick auf weitere Arbeiten erfolgt in Kapitel 7.

2 Allgemeiner Aufteilungsablauf

Die Arbeitslast eines Multiprozessorsystems besteht aus einer Anzahl unabhängiger, parallel ausführbarer Programme. Jedes dieser Programme kann als eine Anzahl unabhängiger oder miteinander kommunizierender Programmteile angesehen werden.

Die kleinste Arbeitseinheit (Programmteil), die einem Prozessor zugeteilt werden kann, wird im folgenden Task genannt. Jede Task hat zumindest einen Unterbrechungspunkt im Programmcode. Nur an diesen Punkten kann eine Task zum Zweck einer Prozessoraufteilung unterbrochen werden. Nach der Unterbrechung der Task wird ihr Zustand festgehalten und zum Kontrollprozessor (Host) transferiert. Eine Neuaufteilung des Multiprozessorsystems geschieht erst, wenn die Daten aller Tasks den Host erreicht haben. Der Zeitaufwand, der sich bei einer Prozessoraufteilung ergibt, berechnet sich von dem Zeitpunkt, zu dem eine Neuverteilung gewünscht wird, bis zu dem Zeitpunkt, an dem die einzelnen Tasks ihre Berechnungen wieder aufgenommen haben.

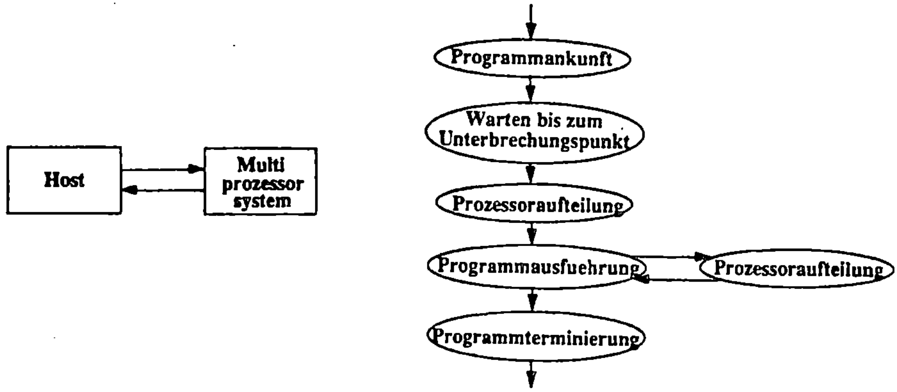

Abbildung 1: Allgemeiner Hardware-Überblick und Aufteilungsablauf

Abbildung 1 gibt einen Überblick über das Multiprozessorsystem und den allgemeinen Aufteilungsablauf. Parallele Programme treffen am Host ein. Der Host bereitet die Programme für das Multiprozessorsystem vor, d.h. er compiliert sie, organisiert die Ein-/Ausgabe, usw. Nachdem ein Programm fertig zur parallelen Ausführung auf dem Multiprozessorsystem ist, wird eine Prozessoraufteilung ausgelöst. Der Host, der die aktuelle Arbeitslast kennt, bestimmt die neuen Prozessorpartitionen und ordnet die Programme den neuen Prozessorpartitionen zu. Während seiner gesamten Laufzeit kann ein Programm beliebig oft unterbrochen werden. Nach seiner Terminierung verläßt ein Programm das Multiprozessorsystem und kehrt zum Host zurück, um dort falls notwendig abschließende Berechnungen oder Ein-/Ausgaben durchzuführen.

3 Arbeitslast

Für die Experimente ist eine Arbeitslast, bestehend aus zwei unterschiedlichen Programmen, entwickelt worden. Das N-Körper-Programm besitzt einen hohen Kommunikationsanteil, das Genetische-Funktions-Programm hat einen großen Berechnungsanteil.

3.1 Das N-Körper-Programm

Das N-Körper-Problem beschäftigt sich mit dem Einfluß der Schwerkraft auf die Bewegungen von Planeten und Galaxien [Mill 77,Seit 85]. In dieser Version des N-Körper-Problems wird die Position von fiktiven Galaxien berechnet, wobei jede Galaxie aus vier Planeten besteht. Innerhalb einer Galaxie wird die Bewegung der Planeten simuliert. Nach einer bestimmten Anzahl von Simulationsschritten werden Masse und Massenschwerpunkt der Galaxie berechnet und an die anderen Galaxien weitergereicht. Aus der Masse und Position aller anderen Galaxien und der eigenen Masse, Position, Richtung und Geschwindigkeit ergibt sich die neue eigene Position, Geschwindigkeit und Richtung. Die Daten werden entlang eines logischen Ringes, bestehend aus den N Galaxien, weitergereicht. $\mathcal{O}(N)$ Nachrichten werden von jeder Galaxie ausgesendet und empfangen. Insgesamt werden $\mathcal{O}(N^2)$ Nachrichten pro Berechnung der Position und Masse einer Galaxie ausgetauscht.

Die Anzahl der Galaxien wir durch den Parameter NumGal bestimmt. Jeder Galaxie-Prozeß wird durch zwei Parameter gesteuert: InnerLoop und OuterLoop. InnerLoop bestimmt die Anzahl der Simulationsschritte für die Bestimmung der Planetenpositionen in einer Galaxie . OuterLoop kontrolliert, wie oft die Position und Masse jeder Galaxie berechnet und weitergereicht wird. Die Unterbrechungspunkte im N-Körper-Programm befinden sich nach jeder vollständigen Simulation der Planetenposition, wobei eine vollständige Simulation der Planetenposition aus |InnerLoop|-Simulationsschritten besteht. Abbildung 2 zeigt die Ausführungsrate[1] des N-Körper-Programms als eine Funktion der zugeordneten Prozessoren. Die Ausführungsrate des N-Körper-Programms wird durch den Prozessor beschränkt, der die meisten Galaxien berechnet, wodurch sich der Stufen-Charakter der Ausführungsrate ergibt.

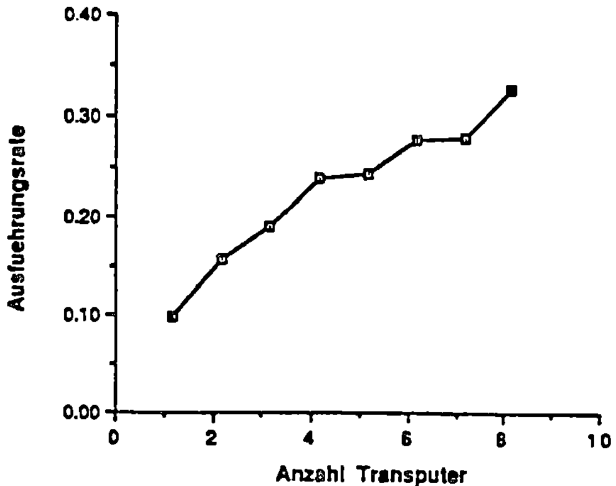

Abbildung 2: Ausführungsrate des N-Körper-Programms

Im Falle einer Prozessoraufteilung entstehen beim N-Körper-Programm erhebliche Kosten. Unter Kosten verstehen wir die Anzahl der zu verschickenden Daten und der dadurch entstehende Zeitaufwand. Jeder Planet in einer Galaxie wird durch vier Werte beschrieben (x-, y-, z-Koordinate, Masse). Daraus ergeben sich bei N Galaxien $4^2 N$

---

[1] In dieser Arbeit wird die Ausführungsrate [Dowd 88] zur Charakterisierung der Arbeitslast benutzt. Alternative Möglichkeiten zur Charakterisierung paralleler Arbeitslast sind Vorranggraphen [Coff 76] und Parallelitäts-Profile [Sevc 89].

Daten, die an den Host geschickt werden. Nach der Bestimmung der optimalen Prozessoraufteilung sendet der Host diese Daten an die entsprechenden Prozesse.

3.2 Das Genetische-Funktions-Programm

Die genetische Funktion ist eine Funktion mit einem sehr irregulären Verhalten [DeJo 75]. Das Programm, welches das Minimum der genetischen Funktion in einem gegebenen Definitionsbereich sucht, wird im folgenden Genetisches-Funktions-Programm genannt. Durch die Irregularität der genetischen Funktion versagen Standard-Suchverfahren, wie z.B. das Gradienten-Verfahren. Die einzige effektive Suchstrategie ist, jeden Punkt im Definitionsbereich einzeln zu untersuchen. Wegen der unendlichen Anzahl von Punkten ist diese Strategie jedoch nicht anwendbar. Eine realisierbare Suchmethode ist die zufällige Suche, d.h. Punkte des Definitionsbereichs werden mit Hilfe eines Zufallsgenerators ausgewählt und berechnet und das soweit gefundene Minimum wird gespeichert.

Es ist einfach, das Genetische-Funktions-Programm zu parallelisieren. Stehen N Prozessoren zur Verfügung, so werden N unabhängige Tasks geschaffen, die alle auf dem gleichen Definitionsbereich suchen und nicht miteinander kommunizieren müssen. Zu Beginn der Berechnungen erhält jeder Prozeß alle benötigten Informationen: Definitionsbereich und Anzahl der Funktionsaufrufe. Der Parameter NumIt bestimmt die Anzahl der Funktionsaufrufe. Am Ende der Berechnungen werden die N lokalen Minima miteinander verglichen und das globale Minimum bestimmt. Im Falle einer Prozessoraufteilung sendet jede Task das bisher gefundene Minimum an den Host, der das globale Minimum berechnet. Im Genetischen-Funktions-Programm befindet sich ein Unterbrechungspunkt nach jedem Funktionsaufruf.

Abbildung 3 zeigt die Ausführungsrate für das Genetische-Funktions-Programm. Da die Suchprozesse gleichmäßig auf die Prozessoren verteilt werden können, ist der Speedup linear. Im Vergleich zum N-Körper-Programm ist der Aufwand zur Neuverteilung des Genetischen-Funktions-Programms geringer. Bei N Tasks werden $4N$ Daten gesendet.

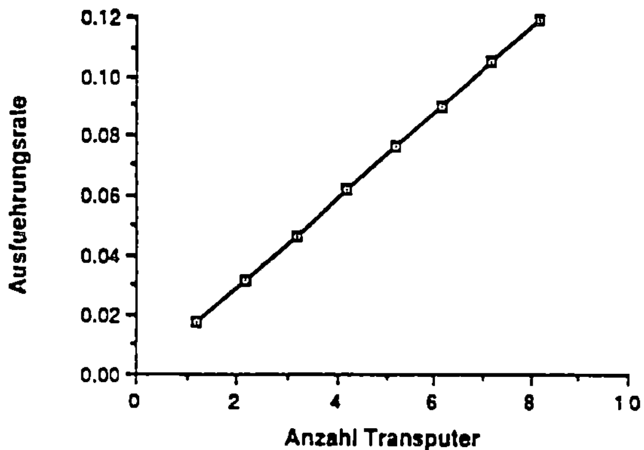

Abbildung 3: Ausführungsrate des Genetischen-Funktions-Programms

4 Versuchsumgebung

4.1 Das Multiprozessorsystem

Vom einem HP-Vectra-PC werden die parallelen Programme auf ein Transputersystem geladen. Das Transputersystem besteht aus acht T800-Transputer und einem T414-

Transputer, die zu einer Ringtopologie verbunden sind. Die Ringtopologie wurde gewählt, um eine einfache Adressierung der Prozessoren und Weiterleitung der Daten zu ermöglichen. Der T414-Transputer simuliert den Host, während die T800-Transputer die Programme berechnen.

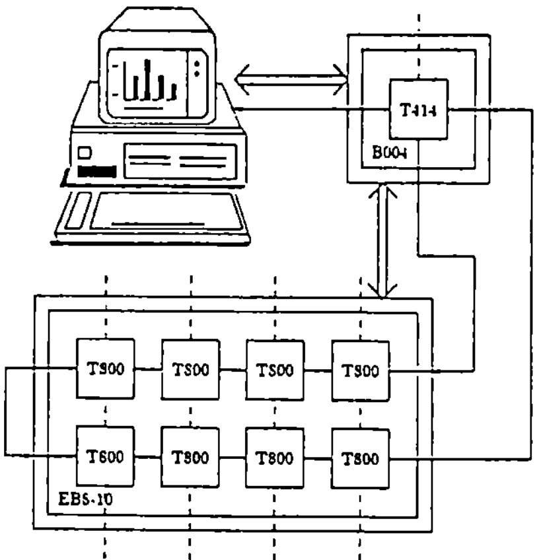

Abbildung 4: Transputer Architektur

Um die Kommunikation zwischen Tasks zu ermöglichen, ist ein Kommunikationsprogramm entwickelt worden, welches das Konzept der Paket-Vermittlung benutzt. Dies erlaubt einen maximalen Grad an Unabhängigkeit und Parallelität zwischen den einzelnen Tasks.

4.2 Die Abbildung der Arbeitslast auf das Multiprozessorsystem

Wenn sich nur ein Programm auf dem Transputerring befindet, so werden ihm alle Transputer zugewiesen. Wenn beide Programme auf dem Ring anwesend sind (MPL=2), dann werden n Transputer dem Genetischen-Funktions-Programm und $8 - n$ Transputer dem N-Körper-Programm zugeordnet. Die unterschiedlichen Konfigurationen werden durch Nummern gekennzeichnet. Konfiguration 0 steht für eine Aufteilung 0GF/8NK, d.h. kein Transputer für das Genetische-Funktions-Programm und acht Transputer für das N-Körper-Programm. Die Aufteilung 0GF/8NK realisiert eine verdrängende Priorität für das N-Körper-Programm, d.h. wenn sich das Genetische-Funktions-Programm auf dem Multiprozessorsystem befindet und das N-Körper-Programm trifft ein, so wird das Genetische-Funktions-Programm verdrängt und in einen Wartezustand versetzt. Konfiguration 1 ist Synonym für die Aufteilung 1GF/7NK. Wenn beide Programme auf das Multiprozessorsystem zugreifen, wird ein Transputer dem Genetischen-Funktions-Programm und sieben Transputer dem N-Körper-Programm zugeteilt. Die Konfigurationen 2-8 sind analog definiert. Konfiguration 8 gewährt dem Genetischen-Funktions-Programm eine verdrängende Priorität gegenüber dem N-Körper-Programm.

Jeder Transputer berechnet nur Tasks eines Programms. Es können sich somit nie Tasks von zwei verschiedenen Programmen gleichzeitig auf einem Transputer befinden.

5 Versuchsergebnisse

Das Ziel der Experimente ist es, Erfahrungen über das Konzept der dynamischen Prozessoraufteilung, dessen Anwendbarkeit und Sensitivität gegenüber verschiedenen Parametern zu gewinnen. Die Laufzeit jedes Experiments beträgt fünf Minuten.

5.1 Parameter der Sensitivitäts-Analyse

Der Einfluß der folgenden Eingabe-Parameter auf die dynamische Prozessoraufteilung wurde untersucht:

- Anzahl der Berechnungen
- Zwischenankunftszeit von Programmen (Mean Arrival Time = MAT)
- Zusätzliche Zeit zur Prozessoraufteilung (Additional Partitioning Time = APT)
- Anzahl von Unterbrechungspunkten

Mit Hilfe der vier Parameter OuterLoop, InnerLoop, NumGal und NumIt läßt sich der Anteil von reinen Berechnungen an der gesamten Arbeitslast kontrollieren. InnerLoop bestimmt die Anzahl der Simulationsschritte der Planeten innerhalb einer Galaxie. Outer-Loop legt fest, wie oft Masse und Massenschwerpunkt einer Galaxie berechnet werden, während NumGal die Anzahl der zu simulierenden Galaxien entscheidet. NumIt bestimmt die Anzahl der Funktionsaufrufe im Genetischen-Funktions-Programm.

Der Parameter MAT kontrolliert die Ankunftsrate von Programmen am Multiprozessorsystem. MAT bestimmt die Zeit, die ein Programm durchschnittlich im Host verbringt, bevor es zum Multiprozessorsystem kommt. Die Ankunftsrate der Programme beeinflußt und kontrolliert die Rate der Neuaufteilungen des Multiprozessorsystems. Die zusätzliche Zeit zur Prozessoraufteilung, APT, wird zur benötigten Aufteilungszeit addiert. Wenn eine Prozessoraufteilung eintritt, dann erfährt jedes Programm diese zusätzliche Verzögerung. Mit Hilfe des APT-Parameters wird die Sensitivität der dynamischen Prozessoraufteilung gegenüber der benötigten Ausführungszeit untersucht.

Die Anzahl der Unterbrechungspunkte, die Rate ihres Auftretens, wird im N-Körper-Programm durch das Verhältnis zwischen den Parametern InnerLoop und OuterLoop kontrolliert. Da die Anzahl der Unterbrechungspunkten einen direkten Einfluß auf die dynamische Prozessoraufteilung hat, werden unterschiedliche Parametersätze von Inner-Loop und OuterLoop daraufhin untersucht.

Für die Experimente wird ein Basis-Parametersatz mit den folgenden Werten gewählt :
- InnerLoop=5, OuterLoop=50, NumGal=16, NumIt=400000
- MAT=1.0 Sekunden, APT=0.0 Sekunden

Jeder der erwähnten Parameter ist in den Versuchen variiert und untersucht worden. Es werden im weiteren nur einige repräsentative Ergebnisse vorgestellt.

Als Ausgabeparameter der Versuche ist der Durchsatz gewählt worden. Der Durchsatz ist definiert als die Rate, mit der das N-Körper-Programm und das Genetische-Funktions-Programm terminieren. Dabei wird zwischen den beiden Programmen nicht unterschieden. Jede Terminierung eines der beiden Programme trägt gleichwertig zum Durchsatz bei. Der Durchsatz wird in unterschiedlichen Konfigurationen gemessen und graphisch in Abhängigkeit von den Konfigurationen dargestellt.

5.2 Analyse des OuterLoop-Parameters

Der maximale Durchsatz für kleine Werte von OuterLoop (OuterLoop $\leq$ 400) befindet sich in Konfiguration 0. Von einem lokalen Minimum in Konfiguration 1 steigt der Durchsatz langsam bis zum lokalen Maximum in Konfiguration 6. Konfiguration 6, d.h. die Aufteilung 6GF/2NK ist die beste Konfiguration, wenn jedem der beiden Programme mindestens ein Transputer zugeteilt werden soll. Von Konfiguration 6 an fällt der Durchsatz, bis er in Konfiguration 8 das Minimum erreicht.

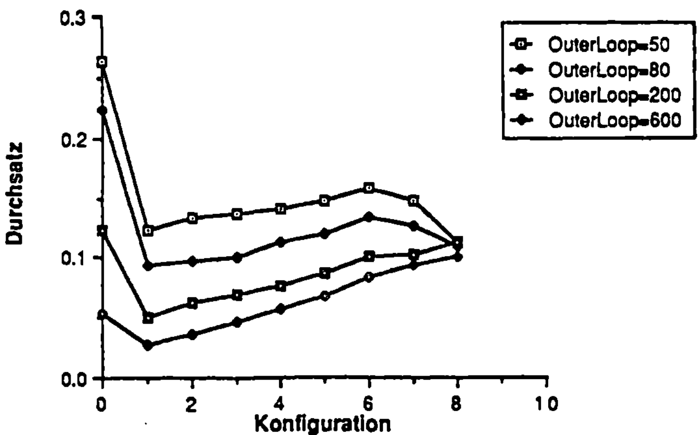

Abbildung 5: Analyse des OuterLoop-Parameters

Erhöht man OuterLoop, so wird das Genetische-Funktions-Programm im Vergleich zum N-Körper-Programm schneller. Das globale und lokale Maximum verschiebt sich zu Konfigurationen, in denen das Genetische-Funktions-Programm favorisiert wird. Mit den letzten zwei Parametersätzen (OuterLoop = 400, 600) befindet sich der maximale Durchsatz in Konfiguration 8.

5.3 Analyse des NumIt-Parameters

Betrachtet man die Durchsatz-Kurven für unterschiedliche NumIt-Werte, so gelten im Allgemeinen dieselben Beobachtungen wie für Abbildung 5.

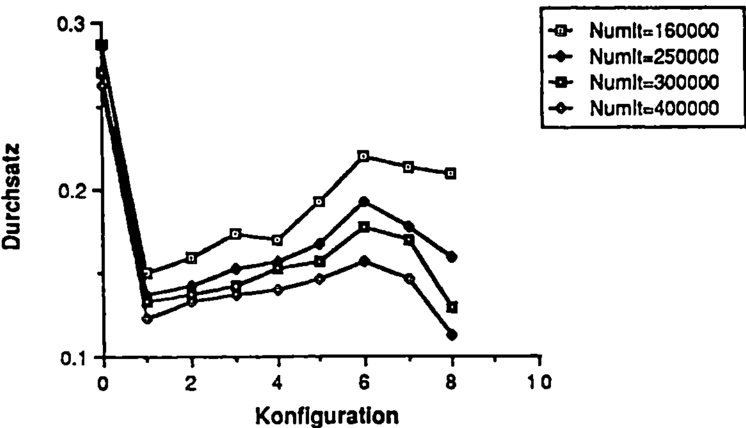

Abbildung 6: Analyse des NumIt-Parameters

Erhöht man den Wert für NumIt von 160000 auf 400000, so wird das N-Körper-Programm im Vergleich zum Genetischen-Funktions-Programm schneller. Der Durchsatz erreicht sein globales Maximum in Konfiguration 0 und ein lokales Maximum in Konfiguration 6. Vergleicht man Abbildung 5 und 6, so ist der Durchsatz in Abbildung 5 in der Konfiguration 8 'verankert' (der Durchsatz in Konfiguration 8 ist unabhängig vom OuterLoop-Parameter). In Abb. 6 ist der Durchsatz hingegen in Konfiguration 0 'verankert' (der Durchsatz in Konfiguration 0 ist unabhängig vom NumIt-Parameter).

5.4 Analyse des MAT-Parameters

Für alle Werte des MAT-Parameters wird der maximale Durchsatz in Konfiguration 0 erreicht. Von dem lokalen Minimum in Konfiguration 1 steigt der Durchsatz langsam bis zum lokalen Maximum in Konfiguration 6. Das globale Minimum befindet sich in Konfiguration 8.

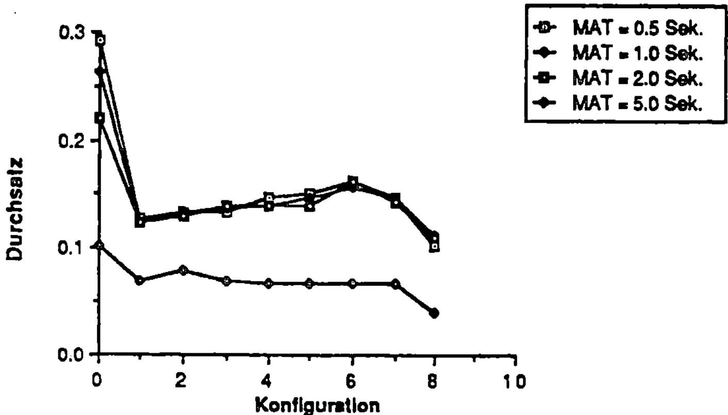

Abbildung 7: Analyse des MAT-Parameters

Erhöht man den Wert für die Zwischenankunftszeit von 0.5 Sek. auf 2.0 Sek., so verändert sich der Durchsatz nur minimal. In diesem Bereich ist das Multiprozessorsystem immer noch ausgelastet und der Durchsatz ist unabhängig von der Zwischenankunftszeit. Eine Veränderung des MAT-Parameters in diesem Bereich zeigt den größten Effekt in Konfiguration 0. In dieser Konfiguration hat das N-Körper-Programm verdrängende Priorität. Da das N-Körper-Programm eine kürzere Laufzeit als das Genetische-Funktions-Programm hat (dies ist ersichtlich aus den Ausführungsraten), beeinflußt eine Veränderung der Zwischenankunftszeit den Durchsatz in allen Konfigurationen, in denen das N-Körper-Programm Priorität hat.

Wenn man die Zwischenankunftszeit auf 5.0 Sekunden erhöht, sinkt der Durchsatz dramatisch. Mit dem gegebenen Parametersatz wird die Zwischenankunftszeit größer als die Ausführungszeit des N-Körper-Programms in den meisten Konfigurationen. Wenn man die Zwischenankunftszeit auf 5.0 Sekunden erhöht, überschreitet man einen Schwellwert, ab dem das Multiprozessorsystem nicht mehr ausgelastet ist und der Durchsatz fällt deutlich ab.

5.5 Analyse des APT-Parameters

Wie in den vorherigen Kurven befindet sich der maximale Durchsatz in Konfiguration 0, das lokale Minimum in Konfiguration 1 und ein lokales Maximum in Konfiguration 6.

Erhöht man den APT-Parameter auf 4.0 Sekunden, verändert sich die Form der Durchsatz-Kurven eklatant. Der Durchsatz sinkt und die Kurve flacht ab. Die Erklärung hierfür ist dieselbe wie in 5.4. Mit 4.0 Sekunden ist die zusätzliche Verzögerung bei einer Prozessoraufteilung größer als die Ausführungszeit des N-Körper-Programms in den meisten Konfigurationen. Ein Schwellwert wird überschritten, ab dem das Multiprozessorsystem nicht mehr mit produktiver Arbeit ausgelastet ist; der Durchsatz fällt. Ist der Aufteilungsaufwand so hoch, dann sollte eine Prozessoraufteilung vermieden werden.

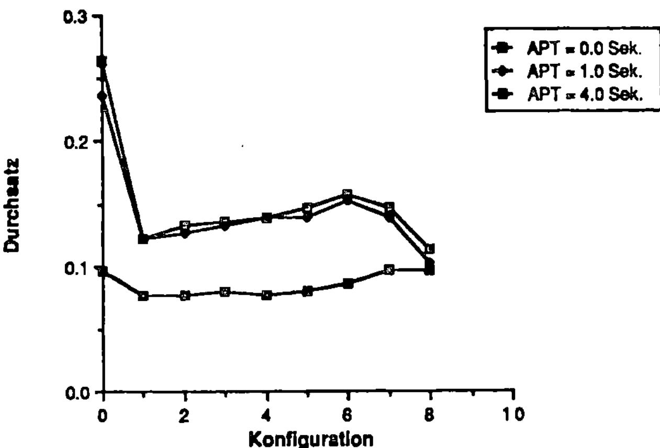

Abbildung 8: Analyse des APT-Parameters

Mit diesen Parametersätzen verlagert sich das Maximum von Konfiguration 0 zu Konfiguration 8, da die genetische Funktion wesentlich unempfindlicher gegenüber Veränderungen des APT-Parameters ist. Diese Eigenschaft der genetischen Funktion ergibt sich aus den folgenden zwei Punkten: (1) Die Ausführungszeit der genetischen Funktion ist sehr groß, welches den Effekt des APT-Parameters einschränkt, und (2) Die Zeit zur Prozessoraufteilung bei der genetischen Funktion ist vernachlässigbar klein.

5.6 Analyse bezüglich der Anzahl der Unterbrechungspunkte

Erhöht man die Anzahl der Outerloops im N-Körper-Programm, so erhöht man auch die Anzahl der Unterbrechungspunkte. Die Rate, mit der Unterbrechungspunkte auftreten, hängt von dem Verhältnis zwischen OuterLoop und InnerLoop ab und kann durch diese beiden Parameter beeinflußt werden. Die beiden folgenden Parametersätze demonstrieren diesen Einfluß sehr deutlich.

Parametersatz A: InnerLoop=5, OuterLoop=100, NumGal=16, NumIt=400000

Parametersatz B: InnerLoop=100, OuterLoop=5, NumGal=16, NumIt=400000

Die Gesamtanzahl der Berechnungen für das N-Körper-Programm ergibt sich aus dem Produkt von InnerLoop und OuterLoop und ist somit für beide Parametersätze gleich. Der Unterschied zwischen Parametersatz A und B liegt in der Anzahl der Unterbrechungspunkte. Bei der Ausführung mit Parametersatz A verfügt das Programm über 100 Unterbrechungspunkte, bei der Ausführung mit Parametersatz B nur über 5. Die Tasks in Parametersatz B werden länger ohne Unterbrechung berechnet, da der Abstand zwischen zwei Unterbrechungspunkten sehr groß ist. Mit anderen Worten, die benötigte Aufteilungszeit für Parametersatz B ist im Mittel länger als für Parametersatz A.

Abbildung 9 zeigt die Ergebnisse der beiden Experimente. In beiden Experimenten befindet sich der maximale Durchsatz in Konfiguration 0. Betrachtet man die Durchsatz-Kurve von Parametersatz A, so kann man erkennen, daß der Durchsatz zwischen Konfiguration 0 und Konfiguration 1 stark abfällt. Da die Anzahl der Unterbrechungspunkte in Parametersatz A sehr hoch ist, tritt nur eine kurze Verzögerung bis zur Neuaufteilung des N-Körper-Programms auf. Eine Neuaufteilung des N-Körper-Programms ist wegen der vielen Tasks und des hohen Kommunikationsanteils sehr (zeit-) aufwendig. Dieser hohe Zeitaufwand zur Prozessoraufteilung bewirkt den geringen Durchsatz in Konfiguration 1. Von Konfiguration 1 bis Konfiguration 6 verbessert sich der Durchsatz langsam,

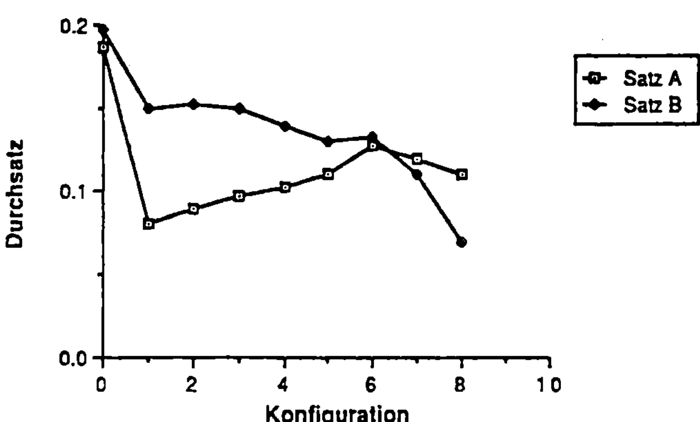

Abbildung 9: Analyse bezüglich der Anzahl der Unterbrechungspunkte

hauptsächlich da die Prozessoraufteilung jetzt die genetische Funktion favorisiert. Wegen dem verschwindend geringen Aufteilungsaufwand für das Genetische-Funktions-Programm steigt der Durchsatz wieder an.

Betrachtet man die Durchsatz-Kurve von Parametersatz B, so ist der Unterschied zwischen dem Durchsatz in Konfiguration 0 und Konfiguration 1 nicht so eklatant. Da es weniger Unterbrechungspunkte gibt, tritt eine Neuaufteilung des N-Körper-Programms nur selten auf. Der Durchsatz nimmt monoton ab, wenn mehr Transputer dem Genetischen-Funktions-Programm zugeteilt werden. Je größer die Prozessorpartition für das Genetische-Funktions-Programm ist, desto schneller wird es berechnet und desto häufiger wird eine neue Prozessoraufteilung ausgelöst.

Bei der Betrachtung dieser Ergebnisse drängt sich folgender Vergleich auf: Mit Parametersatz A wird am Anfang ein hoher Preis für die Prozessoraufteilung gezahlt, aber von diesem Punkt an verbessert sich der Durchsatz ständig. Mit Parametersatz B wird am Anfang nur ein kleiner Preis gezahlt. Dafür muß aber kontinuierlich immer ein wenig mehr bezahlt werden und der Durchsatz fällt monoton ab. Der Kreuzungspunkt für die beiden Strategien befindet sich in Konfiguration 6, dem lokalen Maximum aller vorherigen Experimente.

6 Das analytische Modell

Ein Markov-Modell ist für die dynamische Prozessoraufteilung entwickelt und analytisch gelöst worden. Der theoretische Durchsatz wurde bestimmt und ein Vergleich zwischen dem theoretischen und experimentellen Durchsatz angestellt.

6.1 Das Markov-Modell

Notation:

- H_A: Programm A befindet sich am Host. A steht entweder für 'NK', das N-Körper-Programm, oder für 'GF', das Genetische-Funktions-Programm.
- M_A: Prog. A ist auf dem Multiprozessorsystem und benutzt alle Prozessoren.
- m_A: Prog. A ist auf dem Multiprozessorsystem und benutzt einen Teil der Prozessoren, d.h. Programm A arbeitet auf einer Prozessorpartition.
- w_A: Prog. A trifft am Multiprozessorsystem ein und wartet bis eine Prozessoraufteilung

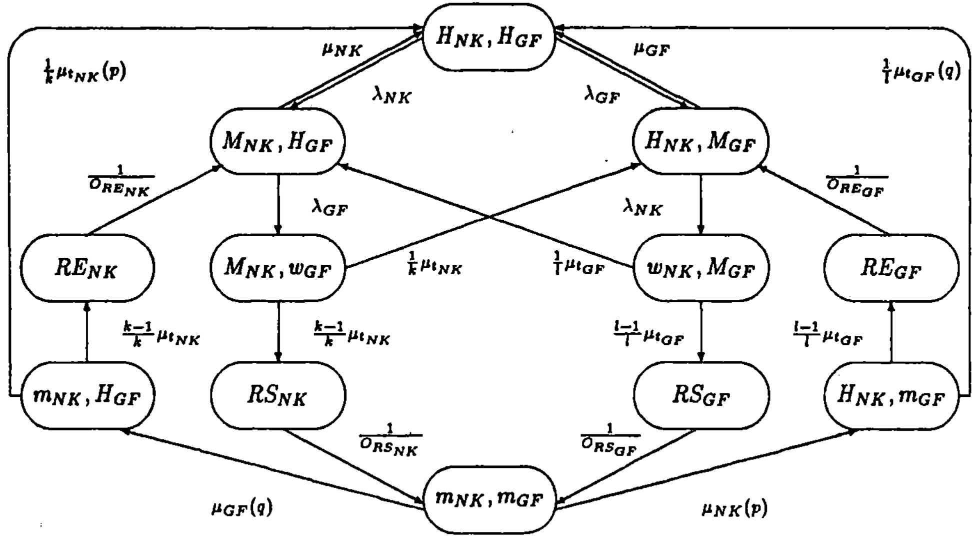

Abbildung 10: Markov-Modell für die dynamische Prozessoraufteilung

durchgeführt werden kann.

- RE_A: Eine Prozessoraufteilung findet statt, da ein Programm das Multiprozessorsystem verläßt. Wenn sich zwei Programme, A und B, auf dem Multiprozessorsystem befinden und Prog. B terminiert, dann wird die Prozessorpartition von Prog. A vergrößert.

- RS_A: Eine Prozessoraufteilung findet statt, da ein Programm am Multiprozessorsystem eintrifft. Wenn Prog. A auf dem Multiprozessorsystem berechnet wird und Prog. B trifft am Multiprozessorsystem ein, dann wird die Prozessorpartition von Prog. A verkleinert.

- λ_A: Ankunftsrate von Prog. A am Multiprozessorsystem.

- μ_A: Bedienrate vom Prog. A, wenn alle Prozessoren zugeteilt sind.

- $\mu_A(p)$: Bedienrate von Prog. A, wenn nur p Prozent der Prozessoren zugeteilt sind.

- k: Anzahl der Unterbrechungspunkte im N-Körper-Programm.

- l: Anzahl der Unterbrechungspunkte im Genetischen-Funktions-Programm.

- $\frac{1}{O_{RE_A}}$: Aufteilungs-Aufwand, um die Prozessorpartition vom Prog. A zu expandieren.

- $\frac{1}{O_{RS_A}}$: Aufteilungs-Aufwand, um die Prozessorpartition vom Prog. A zu verkleinern.

Die Interpretation von Abbildung 10 ist einfach. Beide Programme sind am Anfang auf dem Host (Zustand H_{NK}, H_{GF}). Das N-Körper-Programm trifft mit Rate λ_{NK} am Multiprozessorsystem ein. Es beginnt seine Berechnungen unter Benutzung aller Prozessoren (Zustand M_{NK}, H_{GF}). Mit Rate λ_{GF} trifft das Genetische-Funktions-Programm am Multiprozessorsystem ein und wird gezwungen zu warten, bis der nächste Unterbrechungspunkt im N-Körper-Programm erreicht wird (Zustand M_{NK}, w_{GF}). Unter der Voraussetzung, daß das N-Körper-Programm seinen nächsten Unterbrechungspunkt erreicht und noch nicht terminiert, wird eine Prozessoraufteilung durchgeführt. Das N-Körper-Programm muß einen Teil seiner Prozesoren der genetischen Funktion zur Verfügung stellen, seine Prozessorpartition schrumpft (Zustand RS_{NK}). Nach der Prozessoraufteilung führen beide Programme ihre Berechnungen auf ihrem Teil des Multiprozessorsystems aus (Zustand m_{NK}, m_{GF}). Die verbleibenden Zustände in Abbildung 10 lassen sich analog entwickeln und erklären. Die Zeit, welche die Programme in den einzelnen Zuständen verbringen, hängt von der Ausführungsrate der Programme ab.

6.2 Vergleich zwischen dem theoretischen und experimentellen Durchsatz

Aus dem Markov-Modell ist der Durchsatz für die Prozessoraufteilung theoretisch hergeleitet worden. Die Parameter, die benötigt werden um das Markov-Modell zu lösen, sind alle bekannt. Sie sind entweder Eingabeparameter oder können durch Messungen der Experimente bestimmt werden.

Nachdem man alle benötigten Werte erhalten hat, kann das Markov-Modell mit Hilfe der allgemeinen Zustandsgleichungen gelöst werden [Klei 75]. Die Lösung des Markov-Modells berechnet die Zustandswahrscheinlichkeiten für alle Zustände in Abbildung 10. Den Durchsatz des Multiprozessorsystems erhält man dadurch, daß man die Flußraten der entsprechenden Pfeile aufsummiert. Abbildung 11 zeigt den theoretischen Durchsatz, der durch Lösung des Markov-Modells ermittelt wurden, und den experimentell bestimmten Durchsatz für den Basis-Parametersatz.

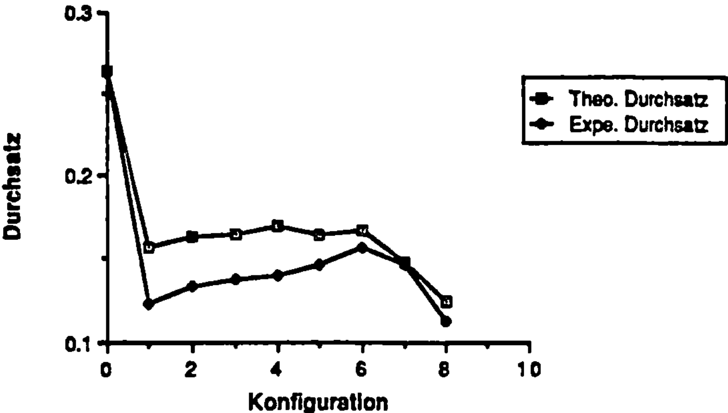

Abbildung 11: Vergleich zwischen dem theoretischen und dem experimentellen Durchsatz

Der allgemeine Trend ist in beiden Durchsatz-Kurven derselbe. Der maximale Fehler des Modells beträgt 22%, der minimale Fehler beträgt 10%.

7 Zusammenfassung und Ausblick

Aus den Graphen in Abbildung 6-11 kann man erkennen, daß zwei Konfigurationen im Zusammenhang mit der dynamischen Prozessoraufteilung und der gegebenen Arbeitslast wichtig sind: Konfiguration 0 und Konfiguration 6 .

In Konfiguration 0 wird allgemein der beste Durchsatz erreicht. Beim ersten Ansehen führt das zur Schlußfolgerung, daß mit den verwendeten Programmen in dieser Versuchsumgebung eine dynamische Prozessoraufteilung vermieden werden sollte. Diese Schlußfolgerung wird noch von der Tatsache unterstützt, daß das N-Körper-Programm sehr kommunikationsintensiv und der Aufwand zur Prozessoraufteilung sehr hoch ist. Dennoch ist diese Schlußfolgerung falsch.

Konfiguration 0 ist ein Spezialfall für die dynamische Prozessoraufteilung. Dynamische Prozessoraufteilung in Konfiguration 0 entspricht einer verdrängenden Priorität für das N-Körper-Programm. Trotz verdrängender Priorität wird jedoch immer noch eine dynamische Prozessoraufteilung durchgeführt. Abbildung 12 zeigt einen Vergleich zwischen dynamischer Prozessoraufteilung und keiner Prozessoraufteilung.

Die Durchsatz-Kurve, die mit 'keiner Prozessoraufteilung' erreicht wird, entspricht einem Ein-Benutzer-FIFO-Scheduling des Multiprozessorsystems, d.h. das auszuführende Programm wird auf allen Prozessoren berechnet und der Durchsatz ist unabhängig von der Konfiguration. Abbildung 12 verdeutlicht, daß eine verdrängende Priorität bedeutende Leistungssteigerungen ermöglicht.

Die gewählte Zielfunktion (Gesamtdurchsatz der beiden Programme) trägt auch zu der Sonderstellung von Konfiguration 0 bei. Das N-Körper-Programm und die genetische Funktion wurden wegen ihres unterschiedlichen Kommunikationsverhaltens ausgewählt, nicht aufgrund ihrer Programmlaufzeit. Das N-Körper-Programm ist viel schneller als die genetische Funktion. Wird das N-Körper-Programm auf acht Transputern berechnet, dann ist es 50% schneller als die genetische Funktion. Wenn beide Programme auf dem Multiprozessorsystem sind, ist es daher natürlich, alle Transputer dem Programm zuzuordnen, welches als erstes terminiert und daher am meisten zur Zielfunktion beiträgt. Die Sonderstellung von Konfiguration 0 verschwindet, wenn die Ausführungszeiten beider Programme vergleichbar sind. Dies wird deutlich in Abbildung 6, wenn OuterLoop sehr groß ist.

Die Zeit, die zur Neuaufteilung des N-Körper-Programms benötigt wird, ist sehr groß im Vergleich zur gesamten Programmlaufzeit. Konfiguration 0 ist die einzige Konfiguration, in der dieser Zeitaufwand minimiert wird. Wenn die genetische Funktion schon auf dem Multiprozessorsystem berechnet wird und das N-Körper-Programm trifft ein, so muß nur der Zustand der genetischen Funktion gespeichert werden. Wird das N-Körper-Programm auf dem Multiprozessorsystem berechnet und die genetische Funktion trifft ein, so findet keine Neuverteilung statt, da das N-Körper-Programm verdrängende Priorität hat.

Die zweite wichtige Konfiguration ist Konfiguration 6. In dieser Konfiguration erfahren die genetische Funktion und das N-Körper-Programm mehrfach eine Neuaufteilung. Trotz

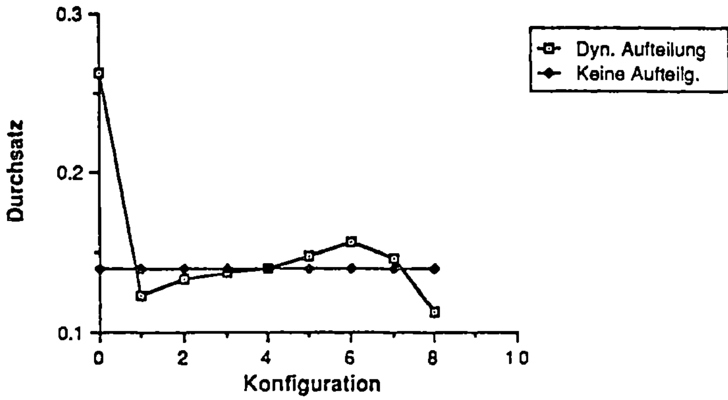

Abbildung 12: Dynamische vs. keine Prozessoraufteilung

des hohen Aufteilungsaufwandes des N-Körper-Programms ist eine dynamische Prozessoraufteilung immer noch lohnend. In den Abbildungen 5-9,11 befindet sich das lokale Maximum in Konfiguration 6. In dieser Konfiguration wird mit dynamischer Prozessoraufteilung auch ein besserer Durchsatz erzielt als ohne Prozessoraufteilung, siehe Abbildung ·12.

Durch die Experimente und das Markov-Modell ist Einblick in die Problematik der dynamischen Prozessoraufteilung gewonnen worden. Es wird deutlich, daß trotz hoher Kommunikationskosten und Aufteilungsaufwand dynamische Prozessoraufteilung lohnenswert ist. Faktoren, die die dynamische Prozessoraufteilung stark beeinflussen, sind die Charakteristika der Arbeitslast, d.h. die Anzahl der Unterbrechungspunkte und der Aufteilungsaufwand. Wenn ein Programm einen hohen Aufteilungsaufwand benötigt und eine relativ geringe Programmlaufzeit hat, dann führt das Konzept der verdrängenden Priorität zur Erhöhung des Durchsatz.

Die Arbeit kann in unterschiedliche Richtungen fortgesetzt werden: Genaue Parameteranalyse, Erhöhung des MPL (Multiprogramminglevel), Veränderung der Zielfunktion, unterschiedliche Prozessortopologien, heterogene Multiprozessorsysteme und Voraussagen über das Durchsatzverhalten anhand des Markov-Modells.

Literaturverzeichnis

[Bokh 88] S.H. Bokhari, "Partitioning problems in parallel, pipelined, and distributed computing," *IEEE Trans. Computers 37*, 1 (Jan. 1988), pp. 48–57.

[Coff 76] E.G. Coffman Jr., Ed., *Computer and Job-Shop Scheduling Theory*, John Wiley & Sons, New York, 1976.

[DCDP 90] K. Dussa, B. Carlson, L. Dowdy, K.-H. Park, *Dynamic Partitioning in a Transputer Environment*, Proceedings of the ACM SIGMETRICS conference, Boulder, 1990, Vol. 18, No.1, pp. 203-214.

[DeJo 75] K.A. DeJong, *An Analysis of the Behavior of a Class of Genetic Adaptive Systems*, Ph.D. Thesis, Department of Computer and Communication Sciences, University of Michigan, 1975.

[Dowd 88] L.W. Dowdy, "On the partitioning of multiprocessor systems," (submitted). Also, Dept. of Computer Sci. Tech. Rep. 88-06, Vanderbilt Univ., Nashville, TN 37235 (July, 1988).

[Duss 89] K. Dussa, *Die Verteilung Paraller Programme auf Transputer*, Diplomarbeit, 2. Oktober 1989, IMMD VII, Universitä Erlangen-Nürnberg.

[Klei 75] L. Kleinrock, *Queueing Systems, Vol. 1: Theory*, John Wiley & Sons, New York, 1975.

[Mill 77] F. Miller, Jr., *College Physics*, 4th ed., Harcourt, Brace and Janovich Inc., 1977.

[Nico 89] D.M. Nicol, "Optimal partitioning of random programs across two processors," *IEEE Trans. S.E. 15*, 2 (Feb. 1989), pp. 134–141.

[NS 88] D.M. Nicol and J.H. Saltz, "Dynamic remapping of parallel computations with varying resource demands," *IEEE Trans. Computers 37*, 9 (Sept. 1988), pp. 1073–1087.

[PD 89] K.H. Park and L.W. Dowdy, "Dynamic partitioning of multiprocessor systems," (to appear) *Intl. Journ. of Parallel Programming*, (1989).

[Seit 85] C.L. Seitz, "The cosmic cube," *Comm. ACM 28*, 1 (Jan. 85), pp. 26.

[Sevc 89] K.C. Sevcik, "Characterizations of parallelism in applications and their use in scheduling," *Performance Evaluation Review 17*, 1 (May 1989), 171–180.

Analyse und Optimierung von Protokoll-Spezifikationen

Bernd Hofmann
Lehrstuhl für Praktische Informatik IV
Universität Mannheim

Kurzfassung

Bei der Verwendung erweiterter endlicher Automaten zur Spezifikation verteilter DV-Systeme gibt es mehrere Möglichkeiten, Zustandsinformation auf Zustände und Variable zu verteilen. Dabei besteht die Gefahr, daß die Spezifikation durch eine ungeschickte Wahl unübersichtlich wird, was eine erhöhte Fehlerrate beim Entwurf und bei der Implementierung zur Folge haben kann. Außerdem soll die Spezifikation in einer Form vorliegen, die für die Anwendung weiterer Werkzeuge, wie z. B. zur Verifikation, am besten geeignet ist. In diesem Beitrag werden daher formale Kriterien vorgestellt, um zu Spezifikationen zu gelangen, bei denen das Verhältnis zwischen Zuständen und Variablen konsistent ist.

1. Einleitung

Formale Spezifikationstechniken für verteilte DV-Systeme wie z.B. ESTELLE, LOTOS und SDL [3, 4, 6, 9, 15, 22] bieten gegenüber informellen Methoden mehrere Vorteile. Zum einen erzwingt eine formale Spezifikationssprache eine exakte und lückenlose Beschreibung eines Systems und somit eine eindeutige Implementierungsvorgabe. Zum anderen erlauben formale Spezifikationstechniken die Verwendung von Werkzeugen z. B. zum Testen [7, 20, 21], insbesondere aber auch zur Verifikation von Spezifikationen [2]. Einigen der formalen Spezifikationsmethoden wie ESTELLE und SDL liegt das Modell der *erweiterten endlichen Automaten* (extended finite state machine, EFSM) zugrunde. Erweiterte endliche Automaten verfügen gegenüber endlichen Automaten zusätzlich noch über Variable, deren Werte bei Zustandsübergängen verändert werden können. Zustandsübergänge hängen nicht mehr von Eingabezeichen allein, sondern auch von Variablenwerten ab.

Der detaillierte Zustand eines erweiterten endlichen Automaten ist also sowohl durch ein Element seiner Zustandsmenge als auch durch die aktuelle Variablenbelegung bestimmt. Es stellt sich nun die Frage, wie das Verhältnis dieser beiden Komponenten zueinander gewichtet werden soll. Die Wahl dieses Verhältnisses hat grundlegende Auswirkungen auf die Struktur einer Spezifikation und beeinflußt damit sowohl ihre Lesbarkeit als auch ihre Eignung für eine automatische Verifikation. In diesem Beitrag werden daher Kriterien vorgestellt, anhand deren eine optimale Gewichtung gefunden werden kann. Zur Unterstützung dieses Vorgangs wurde ein Werkzeug entwickelt, das Spezifikationen nach diesen Kriterien analysiert und so eine rechnergestützte Optimierung ermöglicht. Das Werkzeug wurde für PASS [11] in Zusammenarbeit mit dem EUROPEAN NETWORKING CENTER (ENC) der Firma IBM in Heidelberg entwickelt und mit dort erstellten Spezifikationen getestet.

Während sich bisherige Arbeiten überwiegend mit endlichen Automaten beschäftigten und das Problem der Verteilung von Zustandsinformation auf Zustände und Variable wenig Beachtung fand, will dieser Beitrag hierfür unter Verwendung von formalen Hilfsmitteln Lösungswege vorschlagen.

Im nächsten Kapitel werden anhand eines Beispiels die Auswirkungen unterschiedlicher Verhältnisse zwischen Zuständen und Variablen dargestellt. In Kapitel 3 werden dann die formalen Kriterien für eine optimale Gewichtung eingeführt. Das Werkzeug wird in Kapitel 4 beschrieben und seine prinzipielle Anwendung mit Hilfe des Beispiels aus Kapitel 2 vorgestellt. Im fünften Kapitel wird auf die Erfahrungen durch die Anwendung des Werkzeugs im ENC eingegangen und Kapitel 6 schließt mit einer Zusammenfassung.

2. Problematik

Bei der Spezifikation miteinander kommunizierender Instanzen unter Verwendung erweiterter endlicher Automaten wird jede Instanz durch einen Automaten dargestellt. Dabei werden die internen Zustände der Instanz und ihre Zustandsübergänge modelliert. Der detaillierte Zustand eines erweiterten endlichen Automaten ist aber nicht nur durch ein Element seiner Zustandsmenge bestimmt, sondern auch durch die aktuellen Werte seiner Variablen. Das bedeutet, daß der Zustandsraum eines erweiterten endlichen Automaten das Kreuzprodukt aus Zustandsmenge und den Wertebereichen aller Variablen ist. Zur Unterscheidung werden die Elemente der Zustandsmenge *Hauptzustandskomponenten* genannt, während die Zustände, die sich aus den Variablenbelegungen ergeben, als *Nebenzustandskomponenten* bezeichnet werden.

Da nun jeder Zustand einer Instanz durch eine unterschiedliche Aufteilung zwischen Haupt- und Nebenzustandskomponenten modelliert werden kann, gibt es mehrere äquivalente Möglichkeiten, eine Instanz mit einem Automaten darzustellen.

Ein einfaches Beispiel soll das verdeutlichen:

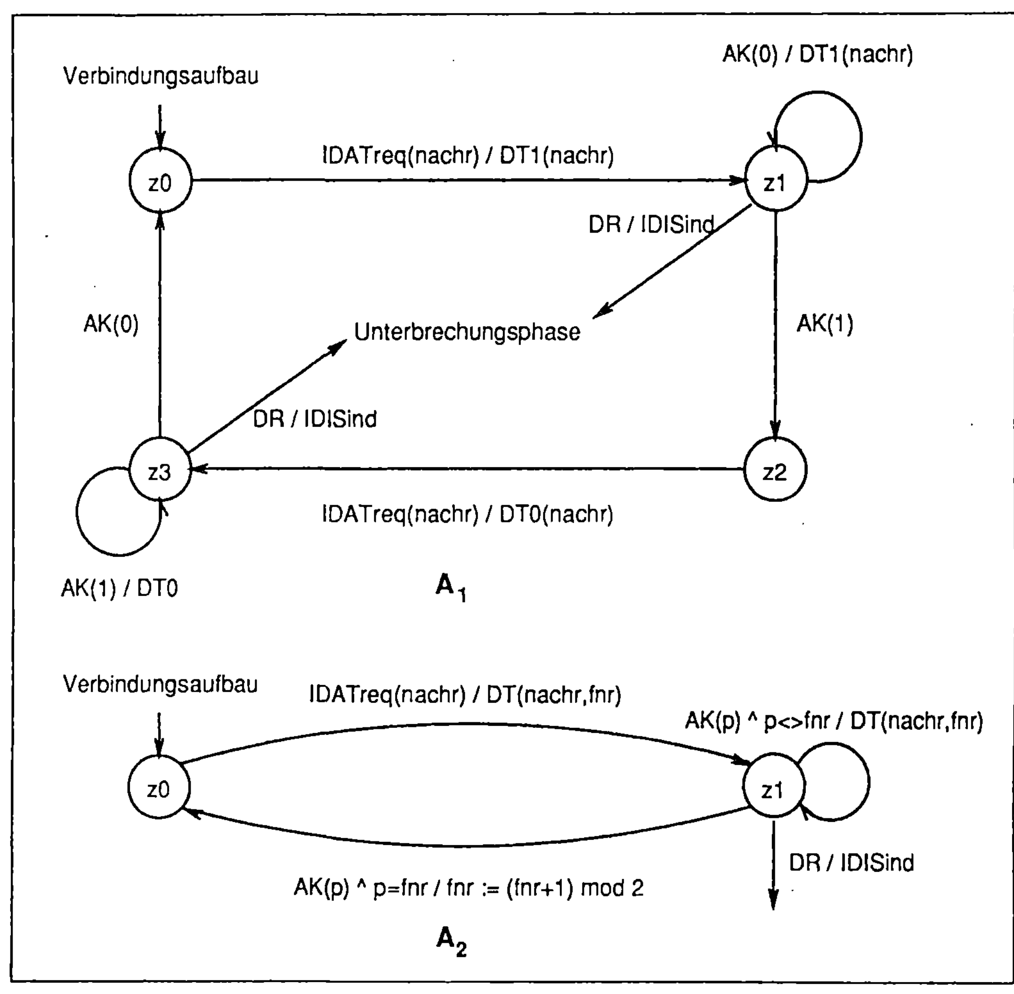

Abb. 1: Zwei Versionen der Sendeinstanz des Abracadabra-Protokolls

Die Automaten A_1 und A_2 in Abb. 1 stellen jeweils einen Ausschnitt der Sendeinstanz des in [15] vorgestellten Abracadabra-Protokolls während der Datenübertragungsphase dar. Zur Vereinfachung wurden die Mechanismen zur Behandlung verlorengegangener Nachrichten nicht berücksichtigt. Der Zustandsraum umfaßt vier Zustände, die bei A_1 durch vier Hauptzustände, bei A_2 durch zwei Haupt- und zwei Nebenzustände gebildet werden. Dabei werden die Nebenzustände in A_2 durch eine zweiwertige Variable *fnr* (Folgenummer) gebildet.

Ihrer Umgebung gegenüber verhalten sich beide Automaten identisch, d.h. sie zeigen dasselbe Ein-/Ausgabeverhalten und sind in diesem Sinne äquivalent. Der Unterschied zeigt sich nur in ihrer internen Struktur. Am auffälligsten ist die Tatsache, daß sich die Anzahl der Hauptzustände durch die Einführung einer Variablen verkleinern ließ. Tatsächlich gibt es auch eine extreme Variante mit nur einem Haupt- und vier Nebenzuständen. Das andere Extrem stellt der Automat A_1 dar, der lediglich über Hauptzustände und keine Variablen verfügt. Die Frage ist nun, welche Variante innerhalb dieses Spektrums am besten geeignet ist, eine Instanz zu spezifizieren.

Man ist natürlich bestrebt, eine solche Form zu wählen, die für den menschlichen Leser am besten geeignet ist. Besonders bei komplexen Instanzen verringert sich die Fehlerrate beim Entwurf und bei der Implementierung, wenn die Spezifikation übersichtlich und gut strukturiert ist. Die Unterteilung des Zustandsraums in Haupt- und Nebenzustände kann für eine hierarchische Darstellung der zu modellierenden Instanz verwendet werden. Die obere Ebene, bestehend aus Hauptzuständen, beschreibt das grobe Kommunikationsverhalten. Details wie z.B. das Verarbeiten von Nachrichtenparametern würden in dieser Sicht nur stören und bleiben deshalb verborgen. Sie werden in der unteren Ebene, die von den Nebenzuständen gebildet wird, beschrieben.

Analog zu der Aufteilung des Zustandsraums in Haupt- und Nebenzustände existieren Gliederungen sowohl des Eingabe- als auch des Ausgabealphabets. Hier besteht die Möglichkeit, zwischen Nachrichtentypen und Nachrichtenparametern zu wählen, d. h. auch hier existiert eine zweistufige Hierarchie. Zum Beispiel könnte die in A_1 vorkommende Kombination $AK(0)$ durch einen neuen Nachrichtentyp AK_0 und das Auftreten von $AK(1)$ durch einen weiteren Typ AK_1 ersetzt werden. Für eine in sich stimmige Darstellung wäre es wünschenswert, wenn nun diese beiden Hierarchien zueinander passen würden, d. h. wenn eine „Niveaukonsistenz" zwischen Zustandsraum, Eingabe- und Ausgabealphabet herrschen würde. Dies ist dann der Fall, wenn bei den Zustandsübergängen zwischen Hauptzuständen ausschließlich Nachrichtentypen eine Rolle spielen und Nachrichtenparameter nur mit Nebenzuständen in Beziehung treten.

In diesem Fall sind die Parameter für das grobe Kommunikationsverhalten irrelevant. Dadurch können die Nebenzustände, die die verschiedenen Parameterwerte in einem Hauptzustand darstellen, mit diesem zu einem einzigen Zustand zusammengefaßt werden. In [16] wird ein ähnliches Verfahren beschrieben, mit dem eine Spezifikation auf eine weniger komplexe „projeziert" wird. Einem Zustand dieser „Bildspezifikation" entsprechen i. allg. mehrere Zustände der Originalspezifikation, deren Unterschiede aber für den Beweis bestimmter Eigenschaften ohne Bedeutung sind. Dadurch vereinfacht sich die automatische Verifikation, da nur ein kleinerer Zustandsraum betrachtet werden muß.

Auch in [17] wird auf die Dualität von Haupt- und Nebenzuständen und ihre Auswirkungen auf die Verifikation und Lesbarkeit einer Spezifikation eingegangen. Dort wird die in LOTOS gegebene Möglichkeit beschrieben, Instanzen mehr daten- oder zustandsorientiert zu spezifizieren. Durch eine geeignete Wahl des Verhältnisses dieser beiden Spezifikationsstile wird eine Isolation der Datentypen von der Prozeßbeschreibung erreicht.

Die Wahl des Verhältnisses zwischen Haupt- und Nebenzuständen hat auch Auswirkungen auf den von Codegeneratoren erzeugten Code. Ein in [11, 12] vorgestellter Codegenerator für PASS erzeugt für jeden Hauptzustand ein Stück Code, das mit einem Label versehen wird. Der Code beschreibt für jede der von diesem Hauptzustand ausgehenden Transitionen die erforderlichen Aktionen, an deren Ende ein Sprungbefehl zu dem Label steht, das mit dem jeweiligen Nachfolgezustand assoziiert ist. Veränderungen im Zustandsraum haben also Strukturänderungen des erzeugten Codes zur Folge.

Es zeigt sich also, daß für das Erstellen einer optimalen Spezifikation der Konsistenzbegriff eine wichtige Rolle spielt. Er soll daher im folgenden näher erläutert werden.

3. Kriterien

In Anlehnung an die in [1, 5, 19] verwendeten Definitionen endlicher Automaten wird im folgenden auf ein in [14] vorgestelltes Modell für indeterministische erweiterte endliche Automaten Bezug genommen. Es ist in Abb. 2 kurz erläutert.

Erweiterter endlicher Automat

Ein indeterministischer erweiterter endlicher Automat ist ein Tupel endlicher Mengen

$$A = (Z, E, A, V, B, C, T, i)$$

mit
- Z = Zustandsmenge
- E = Eingabealphabet
- A = Ausgabealphabet
- V = Menge der Variablen
- B = Menge der Bedingungen
- C = Menge der Aktionen
- $T \subset Z \times E \times B \times C \times A \times Z$ Menge der Transitionen
- $i \in Z$ Startzustand.

Dabei stellen die Bedingungen boole'sche Funktionen über den Variablen dar, während die Veränderungen Wertzuweisungen zwischen den Variablen bewirken. Das Fehlen einer der Komponenten aus E, B, C oder A in einer Transition wird durch Einsetzen von ε an der entsprechenden Stelle dargestellt. Zustandsübergänge ohne Angabe eines Eingabezeichens werden Spontanübergänge genannt.

$$z_1, w, b \rightarrow z_2, a$$

$z_1, w, b \rightarrow z_2, a$ steht für (z_1, w, b, a, z_2), ein Element der Relation $R \subset Z \times E^+ \times B \times A \times Z$ mit

$$(z_1, w, b, a, z_2) \in R \Leftrightarrow \begin{cases} (1) & w = e, e \in E: \\ & \exists\, b \in B\ \exists\, c \in C\ [(z_1, e, b, c, a, z_2) \in T] \\ \\ (2) & w = ev, e \in E, v \in E^+: \\ & \exists\, z' \in Z\ \exists\, b' \in B\ \exists\, c \in C\ \exists\, a' \in A\ [(z_1, e, b, c, a', z') \in T \wedge (z', v, b', a, z_2) \in R] \end{cases}$$

Abb. 2: Definition des Automatenmodells

Bei der Verwendung endlicher Automaten zur Spezifikation von Kommunikationsprotokollen wird ein System von Automaten gebildet, die sich über Kanäle Nachrichten schicken können. Dabei besteht das Eingabealphabet eines Automaten aus den Nachrichtentypen, die er empfangen kann, das Ausgabealphabet aus denen, die er senden kann. Beide Alphabete können parametrisiert sein, wobei die Parameterwerte einer empfangenen Nachricht Variablen des Automaten übergeben werden können und umgekehrt Parameter zu sendender Nachrichten Werte von Variablen übernehmen können.

Um die drei Räume Eingabealphabet, Zustandsraum und Ausgabealphabet aufeinander abstimmen zu können, werden zwei Kriterien benötigt: Eines für Inkonsistenzen zwischen Eingabe- und Ausgabealphabet, das andere für Inkonsistenzen zwischen Eingabealphabet und Zustandsraum. Erstere werden im folgenden Inkonsistenzen bezüglich der Ausgabe genannt, letztere Inkonsistenzen bezüglich der Zustände.

3.1 Inkonsistenz bezüglich der Ausgabe

Es besteht Niveaukonsistenz zwischen Ein- und Ausgabealphabet, wenn der Typ einer ausgegebenen Nachricht nicht von den Parametern einer zuvor akzeptierten Nachricht, sondern nur von deren Typ abhängt. Der Automat in Abb. 3 beispielsweise läßt beim Eintreffen einer Nachricht des Typs e im Zustand z_0 die Ausgabe zweier verschiedener Nachrichtentypen a_1, a_2 zu. Welches dieser Zeichen gesendet wird, hängt ausschließlich von dem Parameter p des Nachrichtentyps e ab.

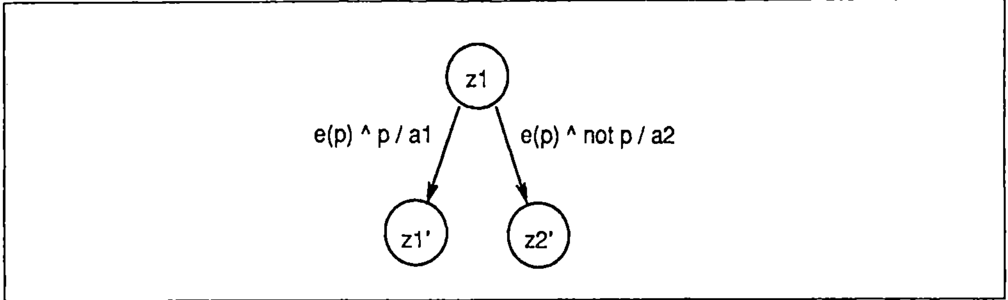

Abb. 3: Inkonsistenz bzgl. der Ausgabe, Länge der Eingabefolge = 1

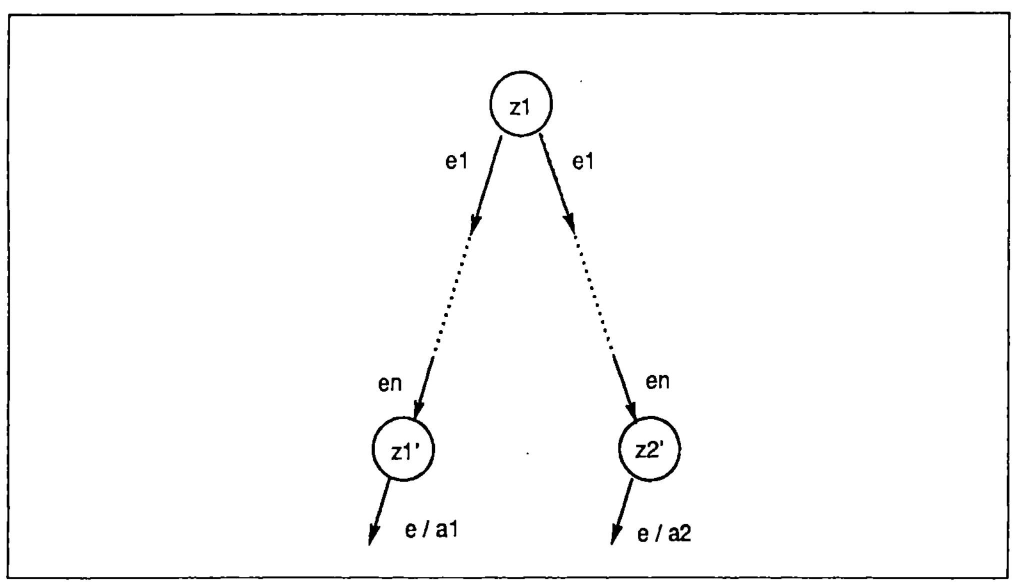

Abb. 4: Inkonsistenz bzgl. der Ausgabe, Länge der Eingabefolge > 1

Zwei Transitionen, die von demselben Zustand ausgehen, werden daher **inkonsistent bezüglich der Ausgabe** genannt, wenn sie zwar denselben Nachrichtentyp akzeptieren, jedoch verschiedene Typen ausgeben. In diesem Fall hängt die Entscheidung, welches Zeichen letztlich ausgegeben wird, nur von einem Parameter oder einer Variablen ab.

Da sich ein Parameter auch erst nach der Akzeption weiterer Nachrichten auswirken kann, müssen auch solche Transitionenpaare betrachtet werden, die über dieselbe Folge von Eingabezeichen erreichbar sind (s. Abb. 4). Weil indeterministische Transitionenpaare ebenfalls dieser Definition genügen, sofern sie sich mindestens in ihren Ausgabezeichen unterscheiden, müssen sie ausgeschlossen werden. Der Indeterminismus unterscheidet sich von der Inkonsistenz durch die Gleichheit der Bedingungen. Im indeterministischen Fall sind zwei Transitionen durch das Vorliegen derselben Ausgangssituation, bestehend aus Zustand, Eingabezeichen und Bedingungen möglich. Eine Inkonsistenz dagegen stellt keinen Indeterminismus dar, weil die Transitionen lediglich in ihren Eingabezeichen übereinstimmen, aber von unterschiedlichen Variablenbelegungen abhängen, also verschiedene Bedingungen erfüllen. Die vollständige Definition für die Inkonsistenz bezüglich der Ausgabe steht in Abb. 5.

Inkonsistenz bezüglich der Ausgabe

Seien $r_1, r_2 \in R$ mit $r_1 = (z_1, w_1, b_1, a_1, z_1')$, $r_2 = (z_2, w_2, b_2, a_2, z_2')$ und $r_1 \neq r_2$. Dann gilt

$$\text{inkons}_A(r_1, r_2) \Leftrightarrow z_1 = z_2 \;\wedge\; w_1 = w_2 \;\wedge\; b_1 \neq b_2 \;\wedge\; a_1 \neq a_2.$$

Abb. 5: Definition Inkonsistenz bzgl. der Ausgabe

Diese Inkonsistenzen lassen sich auf zwei Arten beseitigen. Eine Möglichkeit besteht darin, Parameter aufzulösen, indem für jeden Parameterwert ein neuer Nachrichtentyp eingeführt wird (Abb. 6). Umgekehrt werden zwei Transitionen konsistent, wenn verschiedene Ausgabenachrichtentypen zu einem mit entsprechenden Parametern zusammengefaßt werden (Abb. 7).

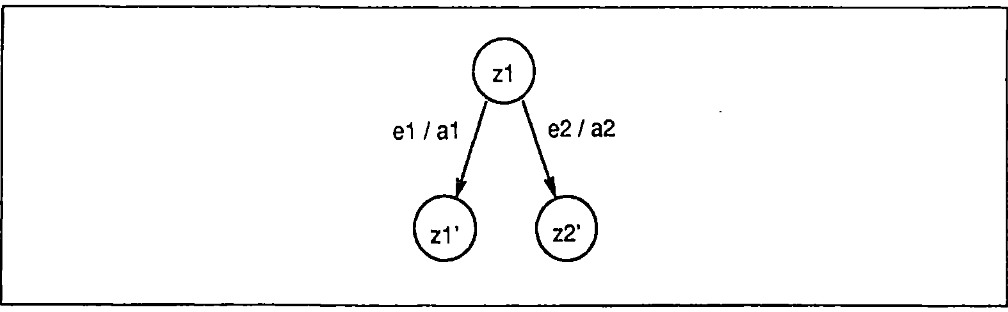

Abb. 6: Konsistenz durch Auflösung von Parametern

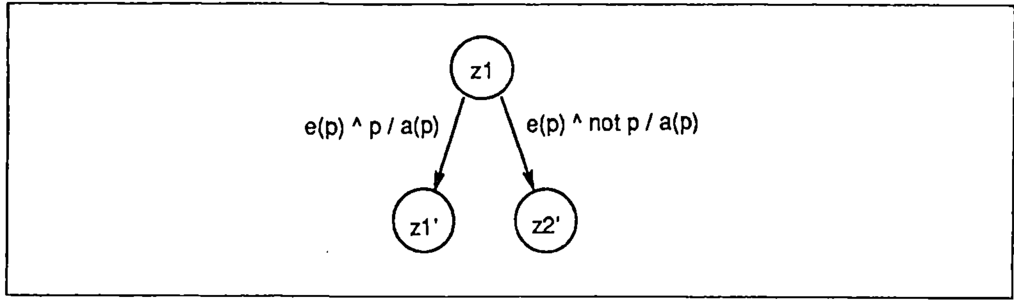

Abb. 7: Konsistenz durch Einführung von Parametern

3.2 Inkonsistenz bezüglich der Zustände

Analog zum vorigen Kapitel herrscht Niveaukonsistenz zwischen Eingabealphabet und Zustandsraum, wenn Zustandswechsel zwischen Hauptzuständen lediglich durch Nachrichtentypen, nicht aber durch deren Parameter bestimmt werden. Dies ist genau dann der Fall, wenn es keinen Zustand gibt, von dem aus mit einer Nachricht desselben Typs in zwei verschiedene Nachfolgezustände übergegangen werden kann. In Abb. 8 beispielsweise kann vom Zustand z_0 beim Eintreffen einer Nachricht des Typs e sowohl in den Zustand z_1 als auch in den Zustand z_2 übergegangen werden. In welchen Zustand letztlich übergegangen wird, hängt von dem Wert des Parameters p des Nachrichtentyps e ab.

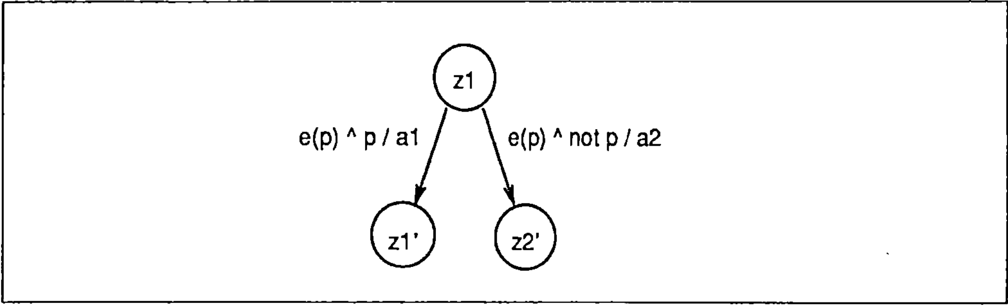

Abb. 8: Inkonsistenz bezüglich der Zustände, Länge der Eingabefolge = 1

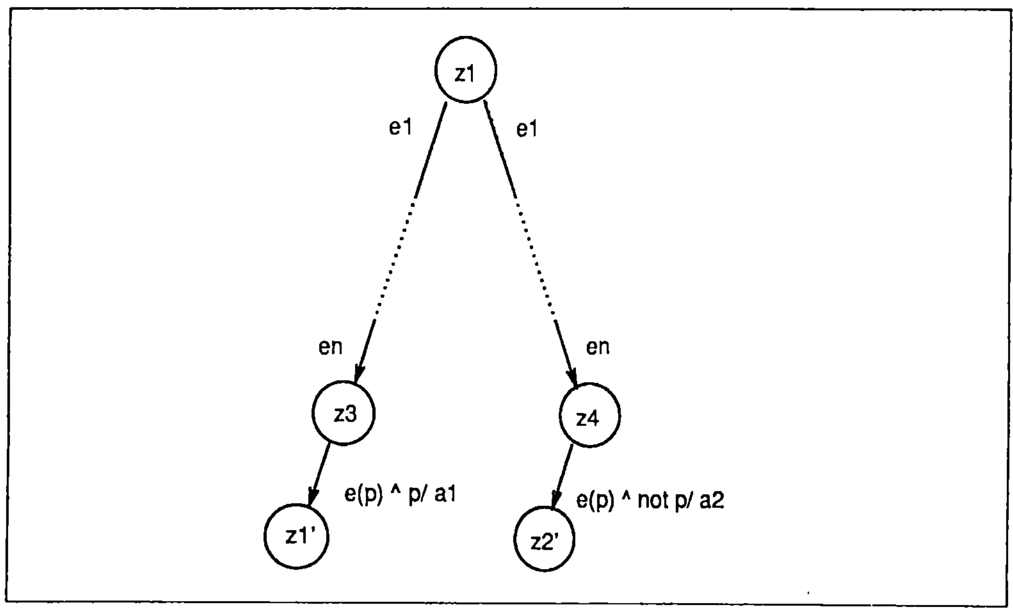

Abb. 9: Inkonsistenz bezüglich der Zustände, Länge der Eingabefolge > 1

Daher werden zwei Transitionen **inkonsistent bezüglich der Zustände** genannt, wenn sie denselben Nachrichtentyp akzeptieren und in verschiedene Nachfolgezustände übergehen. Dann entscheidet nämlich nicht der Nachrichtentyp allein über den Nachfolgezustand, sondern ein Parameter oder eine Variable.

Auch hier müssen – wie in 3.1 – Auswirkungen eines Parameters über den Empfang mehrerer Nachrichten hinweg erfaßt werden. Deshalb müssen auch solche Transitionenpaare betrachtet werden, die über dieselbe Folge von Eingabezeichen erreichbar sind (s. Abb. 9). Da indeterministische Transitionenpaare ebenfalls dieser Definition genügen, sofern sie sich mindestens in ihren Nachfolgezuständen unterscheiden, müssen sie ausgeschlossen werden. Für die Beziehung zwischen indeterministischen und inkonsistenten Transitionen gilt das in 3.1 Gesagte analog. Die vollständige Definition steht in Abb. 10:

__Inkonsistenz bezüglich der Zustände__

Seien $r_1, r_2 \in R$ mit $r_1 = (z_1, w_1, b_1, a_1, z_1')$, $r_2 = (z_2, w_2, b_2, a_2, z_2')$ und $r_1 \neq r_2$. Dann gilt

$\quad$ $\mathrm{inkons}_Z(r_1, r_2) \Leftrightarrow z_1 = z_2 \;\wedge\; w_1 = w_2 \;\wedge\; b_1 \neq b_2 \;\wedge\; z_1' \neq z_2'$.

Abb. 10: Definition Inkonsistenz bzgl. der Zustände

Ähnlich wie Inkonsistenzen bezüglich der Ausgabe (vgl. 3.1) lassen sich Inkonsistenzen bezüglich der Zustände auf zwei Arten beseitigen. Das Auflösen von Parametern durch die Einführung neuer Nachrichtentypen ist auch hier möglich (Abb. 11). Unterscheiden sich hingegen die beiden Nachfolgezustände so geringfügig, daß sie durch verschiedene Variablenwerte dargestellt werden können, so können sie zu einem neuen Zustand zusammengefaßt werden (Abb. 12). Dies hat i. allg. weitere Änderungen zur Folge.

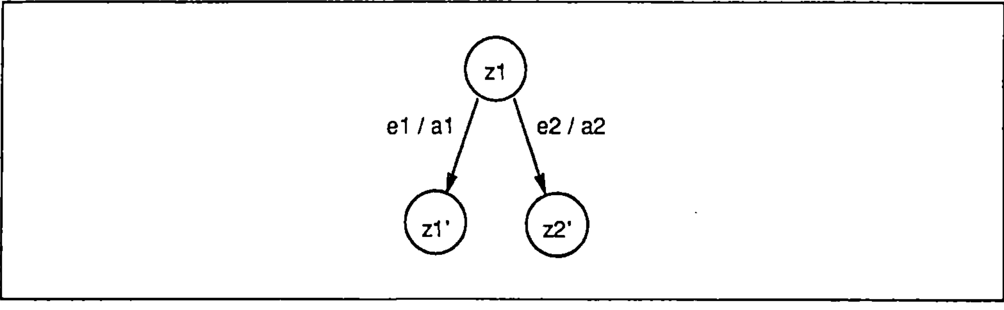

Abb. 11: Konsistenz durch Auflösung von Parametern

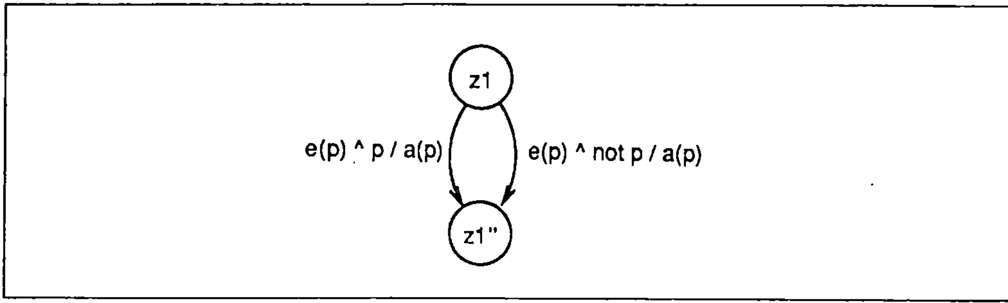

Abb. 12: Konsistenz durch Einführung von Parametern

4. Werkzeugunterstützung

Um nun die Entwicklung konsistenter Spezifikationen zu unterstützen, wurde im Rahmen einer Diplomarbeit ein Werkzeug entworfen und implementiert, das Inkonsistenzen lokalisiert und Zusatzinformationen über die beeinflussenden Faktoren gibt ([14]).

4.1 Werkzeug

Die Arbeit mit dem Werkzeug sieht folgendermaßen aus: Zunächst wird eine Spezifikation erstellt und einer Analyse durch das Werkzeug unterzogen. Die gemeldeten Inkonsistenzen werden – unter Verwendung der vom Werkzeug gelieferten Zusatzinformationen – beseitigt. Die so modifizierte Spezifikation kann nun erneut mit dem Werkzeug analysiert werden. Dieser Prozeß wird solange wiederholt, bis eine zufriedenstellende Lösung gefunden ist.

Im einzelnen leistet das Werkzeug folgendes:

1. **Lokale Erreichbarkeitsanalyse.** Der Automat wird nach unerreichbaren Zuständen abgesucht, welche gemeldet und samt inzidenten Transitionen gelöscht werden. Das Ergebnis ist ein zusammenhängender Automat.

2. **Minimierung** dieses Automaten. Hierzu werden die Äquivalenzklassen über der Zustandsmenge gebildet und für jede Klasse ein Repräsentant ausgewählt. Alle anderen Zustände werden gelöscht und die zu ihnen führenden Transitionen auf die Repräsentanten ihrer jeweiligen Klassen umgesetzt. Dabei werden Spontanübergänge und Indeterminismen unverändert übernommen. Die Klasseneinteilung und der entstandene minimierte Automat werden auf die Ausgabedatei ausgegeben.

3. **Normierung** dieses Automaten und Meldung der hierbei entdeckten Spontanübergänge und potentiellen Endlosschleifen. Bei der Normierung werden möglichst viele aufeinanderfolgende Transitionen zu einer einzigen zusammengefaßt. Der normierte Automat wird als Transitionenliste auf die Ausgabedatei und als Graph auf eine Bilddatei ausgegeben.

4. **Ermittlung der Variablen-Abhängigkeiten.** Für jeden Zustand wird eine Tabelle angelegt, aus der ersichtlich ist, von welchen Variablen und Parametern jede Variable in diesem Zustand abhängt.

5. **Konsistenz-Analyse.** Alle Inkonsistenzen und Indeterminismen werden samt beeinflussenden Variablen und Parametern gemeldet.

4.2 Beispiel

Der Einsatz des Werkzeugs soll anhand des Abracadabra-Protokolls aus Kapitel 2 exemplarisch demonstriert werden. Es wird angenommen, daß die Spezifikation in Abb. 13 als erster Ansatz erstellt wurde. Abb. 14 zeigt einen Auszug aus den vom Werkzeug ausgegebenen Meldungen.

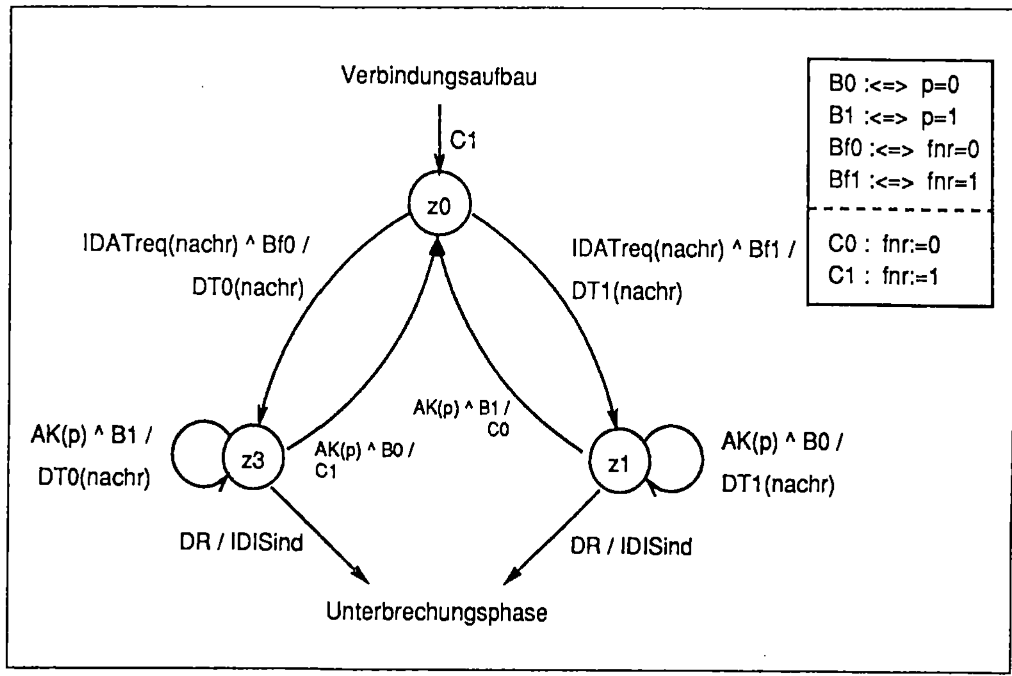

Abb. 13: Erster Ansatz für die Spezifikation der Sendeinstanz

```
Z3
 |
 |      Inkonsistenz bzgl. Ausgabe und Nachfolgezustand
 |      =============================================================
 |
 |--->AK; B1 / -; DT0 --> Z3
 |  |
 |  '->AK; B0 / C1; - --> Z0
 |
 |      Folgende Parameter koennen die Inkonsistenz beeinflussen:
 |      (AK,Z3)
 |
...
```

Abb. 14: Inkonsistenz in Abhängigkeit von Parametern

Man erkennt, daß vom Zustand z_3 mit gleicher Eingabe verschiedene Ausgaben und verschiedene Nachfolgezustände möglich sind. Weiter ist aus der Meldung (AK, Z3) ersichtlich, daß die Entscheidung, welche Transition gewählt wird, von einem Parameter abhängt, der mit der Nachricht AK im Zustand z_3 akzeptiert wird. Eine analoge Inkonsistenz besteht im Zustand z_1. Diese Inkonsistenzen können durch das Einführen neuer Nachrichtentypen AK_0 und AK_1 für AK(0) bzw. AK(1) beseitigt werden.

Die nunmehr verbleibenden Inkonsistenzen haben alle ihren Ursprung im Zustand z_0. Einen Teil der entsprechenden Meldungen zeigt Abb. 15.

```
Z0
 |
 |      Inkonsistenz bzgl. Ausgabe und Nachfolgezustand
 |      =================================================
 |
 |--->IDATreq; Bf0 / -; DT0 --> Z3
 | |
 | '->IDATreq; Bf1 / -; DT1 --> Z1
 |
 |      Folgende Variable koennen die Inkonsistenz beeinflussen:
 |      fnr
 |
 ...
```

Abb: 15: Inkonsistenz in Abhängigkeit von Variablen

Da in der Meldung keine Parameter, sondern lediglich Variable als beeinflussende Faktoren auftreten, kann daraus geschlossen werden, daß die Entscheidung zwischen diesen beiden Transitionen nicht von außen gesteuert wird. Sie ist vielmehr von der zweiwertigen Variablen *fnr* abhängig, die in Kombination mit dem Zustand z_0 zwei Zustände modelliert. Diese Inkonsistenz läßt sich auf zwei Arten beseitigen:

1. <u>Verwendung der Variablen *fnr* für die Darstellung der Zustände z_1 und z_3:</u> In den Zuständen z_1 und z_3 wird jeweils auf die Quittung *AK* der Gegenseite gewartet. Ist diese korrekt, so wird in den Zustand z_0 übergegangen, andernfalls wird die letzte Nachricht wiederholt. Von den beiden Zuständen wird ebenfalls in einen gemeinsamen Nachfolgezustand übergegangen, falls ein *DR* eintrifft. Es werden lediglich unterschiedliche Kriterien zur Erkennung korrekter Quittungen verwendet. Mit Hilfe der Variablen *fnr* kann jedoch ein verallgemeinertes Kriterium formuliert werden, das für beide Zustände gültig ist: Eine Quittung *AK* ist genau dann korrekt, wenn ihr Parameter *p* gleich der Folgenummer *fnr* ist. Führt man daher eine neue Bedingung $B_{OK} :\Leftrightarrow p = fnr$ ein, so können die Zustände z_1 und z_3 durch die Kombination eines neuen Zustands z_1' und der Variablen *fnr* dargestellt werden. Wird außerdem anstelle der Nachrichtentypen $DT_0(nachr)$ und $DT_1(nachr)$ ein neuer Typ DT(*nachr,p*) mit einem zweiwertigen Parameter *p* eingeführt, so können die beiden Transitionen von z_0 nach z_1 und von z_0 nach z_3 zu einer zusammengefaßt werden. Es ergibt sich dann der Automat in Abb. 16.

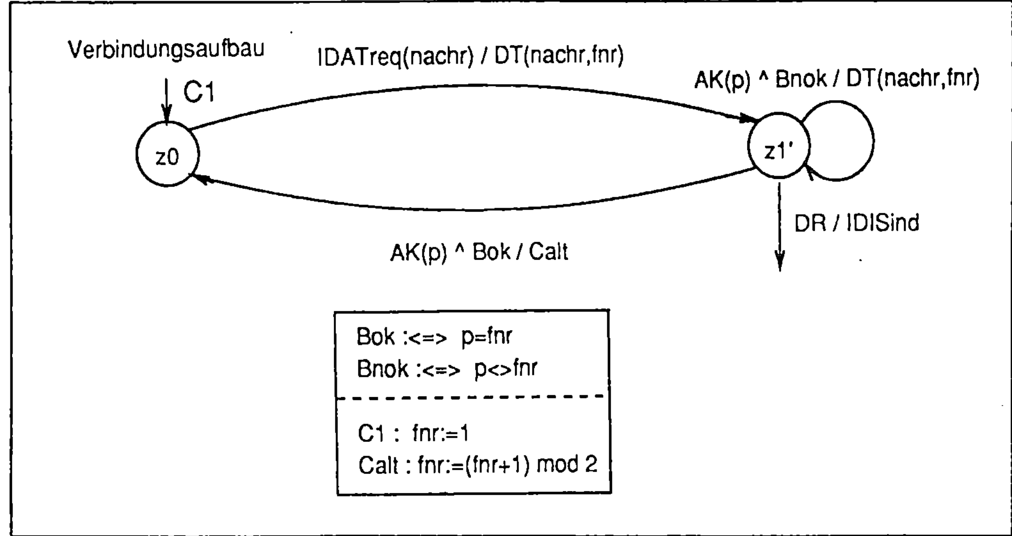

Abb. 16: Automat mit einer Inkonsistenz

```
Z1'
 |
 |      Inkonsistenz bzgl. Ausgabe und Nachfolgezustand
 |      ==============================================================
 |
 |--->AK; Bnok / -; DT --> Z1'
 | |
 | '->AK; Bok / Calt; - --> Z0
 |
 |      Folgende Parameter koennen die Inkonsistenz beeinflussen:
 |      (AK,Z1')
 |
 ...
```

Abb. 17: Gemeldete Inkonsistenz für den Automaten in Abb. 16

In diesem Automaten existiert nur noch eine Inkonsistenz (s. Abb. 17). Sie kann nur durch die ausschließliche Verwendung von Hauptzustandskomponenten beseitigt werden:

2. <u>Beseitigung der Variablen *fnr* durch einen neuen Zustand z_2:</u> Dann ergibt sich der Automat aus Abb. 18.

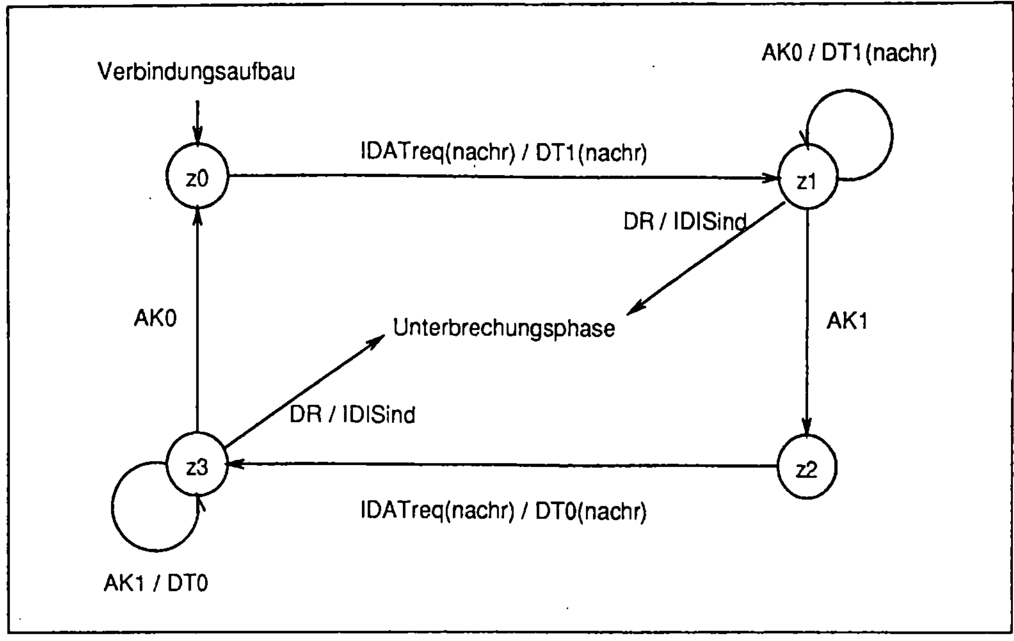

Abb. 18: Konsistenter Automat

Dieser Automat ist trivialerweise frei von Inkonsistenzen, da keine Bedingungen vorhanden sind. Die verbliebenen Parameter sind für das Verhalten irrelevant und können zu Verifikationszwecken weggelassen werden.

Dieses Beispiel ist einfach gehalten, um die Anwendung des Werkzeugs zu demonstrieren. Es ergeben sich daher weniger Alternativen, zu einer konsistenten Version zu gelangen. Bei einer Spezifikation realistischen Ausmaßes sind die Verhältnisse nicht mehr so einfach zu überschauen. Dieser Fall wird im nächsten Kapitel behandelt.

5. Anwendungen

Das eben beschriebene Werkzeug wurde an der Universität Karlsruhe auf einer IBM 4361 unter VM/CMS in PASCAL implementiert. Es wurde damit u.a. eine Spezifikation der Transportschicht (Klasse 0) analysiert, die im EUROPEAN NETWORKING CENTER (ENC) der Firma IBM in Heidelberg in der Spezifikationssprache PASS [11] erstellt wurde.

Durch die Anwendung des Werkzeugs – Laufzeit: ca. 7 min – wurde die Anzahl der Zustände allein durch die Zustandsminimierung von 110 auf 56 reduziert. Nach der Normierung verblieben noch 11 Zustände. Gemeldet wurden 185 Inkonsistenzen bzgl. der Ausgabe, 227 Inkonsistenzen bzgl. der Zustände, 33 Indeterminismen und 5 Spontanübergänge. Die großen Zahlen lassen sich u. a. dadurch erklären, daß viele Inkonsistenzen Folgeerscheinungen von anderen Inkonsistenzen sind, die in derselben Eingabefolge früher auftauchen.

Alle Inkonsistenzen und Indeterminismen ließen sich durch syntaktische Änderungen des Eingabealphabets beseitigen, indem Parameter durch neue Nachrichtentypen ersetzt wurden. d. h., es wurde eine konsistente Spezifikation erstellt. Ein ausführliches Protokoll der im einzelnen durchgeführten Schritte ist in [14] zu finden.

Bei Spezifikationen wie dieser, die mit dem direkten Ziel der Implementierung entworfen wurden, sind – offenbar durch die Erfahrung der Entwerfer – wenig Änderungen nötig, um eine konsistente Version zu erlangen. Die Beseitigung der Inkonsistenzen verbarg zwar für das Verständnis der Spezifikation unwesentliche Details, änderte aber in diesem Fall nichts an der Struktur des Automaten. Eine weitaus größere Veränderung (und damit Verbesserung) brachte hier die Normierung, die die Zustandszahl drastisch reduzierte.

Dennoch könnte das Werkzeug ungeübten Entwerfern und Implementierern eine wertvolle Hilfe sein, um leicht lesbare und übersichtliche Spezifikationen zu erstellen.

6. Zusammenfassung

Es wurden zwei Kriterien vorgestellt, die Niveauinkonsistenzen zwischen Zustandsmenge, Eingabe- und Ausgabealphabet erweiterter endlicher Automaten beschreiben. Mit ihrer Hilfe ist es möglich, die Lesbarkeit von Protokollspezifikationen zu verbessern bzw. sie in eine für die automatische Verifikation besonders geeignete Form zu bringen.

Die Bedeutung der Lesbarkeit nimmt mit zunehmender Komplexität der Spezifikation zu. Automaten mit mehreren hundert Zuständen müssen klare Strukturen aufweisen, wenn die Fehlerrate beim Entwurf möglichst gering bleiben soll. Vor allem aber bei der Implementierung muß darauf geachtet werden, daß der Programmierer die Spezifikation korrekt in ein Programm umsetzt. Dazu ist es von größter Wichtigkeit, daß auch umfangreiche Spezifikationen leicht zu verstehen sind. Die Kriterien stellen nun sicher, daß eine einmal gewählte Aufteilung des Zustandsraums konsequent durchgehalten wird.

Die Durchführbarkeit automatischer Verifikationen hängt entscheidend davon ab, daß die Anzahl der Zustände und der Parameter möglichst klein ist. Während die Zustandsminimierung des Werkzeugs für eine minimale Zustandsmenge sorgt, können bei einer konsistenten Spezifikation sämtliche Parameter weggelassen werden, da das Verhalten des Automaten allein durch die Nachrichtentypen bestimmt wird.

Die Anwendung des Werkzeugs in der Praxis zeigte, daß die Spezifikationen nicht konsistent waren, also noch verbessert werden konnten. Andererseits zeigte sich aber auch, daß die Unterschiede gering waren, die Entwickler also intuitiv recht nahe an die konsistente Version herankamen.

Schlußbemerkung

Die Diplomarbeit wurde am Institut für Telematik der Universität Karlsruhe (Prof. Dr. G. Krüger) in Zusammenarbeit mit dem EUROPEAN NETWORKING CENTER (ENC) der Firma IBM in Heidelberg durchgeführt. Meinen besonderen Dank möchte ich an dieser Stelle

Herrn Dr. A. Fleischmann und Herrn Prof. Dr. H. Krumm für die vielen wertvollen Hinweise aussprechen.

Literaturverzeichnis

[1]   M. A. Arbib, *Theories of Abstract Automata*, Prentice-Hall, Englewood Cliffs, 1969.

[2]   T. P. Blumer, D. P. Sidhu, *Mechanical Verification and Automatic Implementation of Communication Protocols*, IEEE Transactions on Software Engineering, Vol. SE-12, No. 8, August 1986, S. 827 - 843.

[3]   G. v. Bochmann, *A Hybrid Model and the Representation of Communication Services*, in [13], S. 625 - 644.

[4]   T. Bolognesi and E. Brinksma, *Introduction to the ISO Specification Language LOTOS, in* [8], S. 25 - 59.

[5]   W. Brauer, *Automatentheorie*, B. G. Teubner Stuttgart, 1984.

[6]   S. Budkowski, P. Dembinski, *An Introduction to Estelle: A Specification Language for Distributed Systems*, in [8], S. 3 - 23.

[7]   W. Y. L. Chan, S. T. Vuong and M. R. Ito, *An Improved Protocol Test Generation Procedure Based On UIOs*, ACM SIGCOMM '89 Symposium, Sept. 1989.

[8]   Special Issue: *Protocol Specification and Testing*, Computer Networks and ISDN Systems, Vol. 14, No. 1, 1987.

[9]   A. A. S. Danthine, *Protocol Representation with Finite State Models*, in [13], S. 579 - 606.

[10] A. Fleischmann, *PASS – A Technique for Specifying Communication Protocols*, in [18], S. 61 - 76.

[11] A. Fleischmann, M. Bever, S. Pappe, K. Urbschat, T. Kunz, *Development of Communication Software using the PASS Technique*, in Computer Communication Technologies for the 90's, J. Raviv (Hrsg.), Proc. ICCC 88, Elsevier Science Publishers, 1988, S. 26 -32.

[12] A. Fleischmann, S. T. Chin, W. Effelsberg, *Specification and implementation of an ISO session layer*, IBM Systems Journal, Vol. 26, No. 3, 1987.

[13] P. E. Green, *Computer Network Architectures and Protocols, Plenum Press New York, 1983.*

[14] B. Hofmann, *Analyse und Optimierung von PASS-Spezifikationen*, Diplomarbeit, Universität Karlsruhe, 1988.

[15] D. Hogrefe, *Estelle, LOTOS und SDL*, Springer-Verlag Berlin Heidelberg, 1989.

[16] S. S. Lam, A. U. Shankar, *Protocol Verification via Projections*, IEEE Transactions on Software Engineering, Volume SE-10, No. 4, Juli 1984, S. 325 - 342.

[17] G. J. Leduc, *The Intertwining of Data Types and Processes in LOTOS*, in [18], S. 123 - 136.

[18] H. Rudin, C. H. West (Hrsg.), Protocol Specification, Testing and Verification, VII, North Holland, Amsterdam, 1987.

[19] A. Salomaa, *Theorie of Automata*, Pergamon Press Oxford, 1969.

[20] B. Sarikaya, G. v. Bochmann and E. Cerny, *A Test Design Methodology for Protocol Testing*, IEEE Transactions on Software Engineering, Vol. SE-13, No. 5, Mai 1987, S. 518 - 531.

[21] D. Sidhu and T. Leung, *Experience with test generation for Real Protocols*, Stanford, CA., Aug. 1988, S.257 - 261.

[22] P. Zafiropulo, C. H. West, H. Rudin, D. D. Cowan and D. Brand, *Protocol Analysis and Synthesis Using a State Transition Model*, in [13], S. 645 - 669.

Telekom 2000
- Infrastruktur für die fünf neuen Bundesländer -

Kurzfassung

H. Ricke

Generaldirektion DBP Telekom

Verfolgt man die Geschehnisse der letzten 12 Monate, kann man den Eindruck gewinnen, daß in Deutschland der Wandel zum Prinzip geworden ist. Damit sind nicht nur die historisch bedeutsamen Entwicklungen der deutsch-deutschen Vereinigung, sondern auch die einschneidenden Veränderungen der Telekommunikationslandschaft in der Bundesrepublik gemeint. Im Jahre 1989 wurden gesetzliche Vorkehrungen für mehr Wettbewerb im deutschen Telekom-Bereich geschaffen. Danach gilt der Grundsatz: Wettbewerb ist die Regel - das Monopol die zu begründende Ausnahme!

Die Deutsche Bundespost TELEKOM wird die auf sie zukommenden Herausforderungen nicht mehr im Stile einer klassischen Postverwaltung bewältigen können, sondern als Telekommunikationsunternehmen. Die Herausforderungen für die Deutsche Bundespost TELEKOM sind:

-   die Stärkung der Wettbewerbsfähigkeit und des Dienstleistungsangebotes,

-   die internationale Ausrichtung der Telekommunikationsdienstleistungen als Antwort auf die Globalisierung der Kunden der Deutschen Bundespost TELEKOM und

-   die Modernisierung der Telekommunikationsinfrastruktur im Bereich der fünf neuen Bundesländer.

Gut ausgebaute Netze sind nicht nur die Voraussetzung für das Angebot der traditionellen Telekommunikationsdienste, sie sind auch die Grundlage für die Entwicklung innovativer Dienste und Nutzungsformen. Ein leistungsfähiges, zukunftsorientiertes Telekommunikationsnetz ist somit eine wesentliche Voraussetzung für das Funktionieren einer marktwirtschaftlich organisierten Volkswirtschaft und der Schlüssel für Prosperität. Die rasche Verbesserung der Telekommunikations-Infrastruktur auf dem Gebiet der ehemaligen DDR ist daher von zentraler Bedeutung für die wirtschaftliche Entwicklung der östlichen Bundesländer.

Die schnelle Angleichung auf das Niveau der westlichen Bundesländer wird jedoch erschwert durch den völlig unterschiedlichen Ausbaustand und durch das technisch total überalterte - zum großen Teil sind noch Systeme aus der Vorkriegszeit in Betrieb - und in hohem Maße verschlissene Netz.

Die Maßnahmen der DBP TELEKOM sind von der Zielsetzung geprägt, möglichst schnell und mit einem Minimum an Kosten ein gemeinsames zukunftorientiertes Telekomunikationsnetz aufzubauen, mit einheitlichen Bedingungen für alle Kunden, d. h.

- einheitliches Rufnummernsystem,

- gleiches Diensteangebot und

- gleiche Konditionen für alle Kunden.

Zur Schaffung einer modernen, am Standard der westlichen Bundesländer orientierten Infrastruktur ist das Konzept "Telekom 2000" geschaffen worden. Dieses sehr ehrgeizige Konzept besteht aus einem umfassenden Bündel von kurz-, mittel- und langfristig angelegten Maßnahmen. In nur 7 Jahren soll das Telekommunikationsgefälle zwischen Ost und West beseitigt und dabei u. a. über 7 Mio. neue Telefonanschlüsse, rund 400 000 Telefaxanschlüsse und flächendeckende Mobilfunknetze bereitgestellt werden. Umfang und zeitliche Realisierung des Aufbauprogramms Telekom 2000 sind nicht durch finanzielle Ressourcen begrenzt. Um ein schnelles Fortschreiten des Programms Telekom 2000 zu gewährleisten, sind die Anpassungsprozesse bei der Integration der beiden deutschen Telekom-Unternehmen, d. h. der organisatorische Aufbau der operativen

Einheiten (Fernmeldeämter und Direktionen) sowie die Schaffung optimaler Arbeitsabläufe,
beschleunigt voranzutreiben.

Für mittlere und große Wirtschaftsunternehmen hat die Deutsche Bundespost TELEKOM ein Sonderprogramm aufgelegt. Dieses Sonderprogramm beinhaltet vornehmlich die Möglichkeiten, die die Satelliten- und Mobilfunkkommunikation bieten. Das Sonderprogramm soll sicherstellen, daß Unternehmen bereits bei Arbeitsbeginn im Beitrittsgebiet jeweils im Minimum eine schnelle Datenleitung und einen Telefon- oder Telefaxanschluß erhalten können.

Um den hohen Nachholbedarf im Bereich der ehemaligen DDR auf dem Gebiet der Telekommunikation gerecht zu werden, erhöht die Deutsche Bundespost Telekom ihr Investitionsvolumen in den fünf neuen Bundesländern im Jahr 1991 um 1 Milliarde DM auf insgesamt 6,5 Milliarden DM. Mit diesen zusätzlichen Investitionen soll allein 1991 eine Steigerung von über 200 000 auf insgesamt rund 500 000 neue Telefonanschlüsse erreicht werden - durch eine völlig neue Art der Auftragsvergabe: 85 Bauvorhaben in 29 sogenannten "Turn Key"-Programmen werden an insgesamt vier Hauptauftragnehmer vergeben, die für sämtliche Arbeiten verantwortlich sind: Von der Kabelverlegung über die Vermittlungs- und Übertragungstechnik bis zu Richtfunkmasten, Stromversorgung und Tiefbau.

Dabei werden die Anschlüsse selektiv verteilt werden entsprechend den Bedürfnissen der Unternehmen in der jeweiligen Region. Gleichzeitig wird darauf geachtet, daß der Regelausbau nicht behindert wird.

Im Rahmen des Aufbauprogramms TELEKOM 2000 wird das "Turn Key"-Programm die Basis für eine wettbewerbsfähige Industrie schaffen.

Bis 1997 will Telekom die neuen Bundesländer in Sachen Telekommunikation auf West-Niveau gebracht haben. Mit einem Gesamtinvestitionsvolumen von rund 55 Milliarden DM in den nächsten sieben Jahren wird das Telekommunikationsunternehmen damit zum größten Investor im östlichen

Teil Deutschlands: Etwa 20 Milliarden DM kommen der regionale Bauwirtschaft in den neuen Bundesländern zugute. Dabei geht es nicht ohne ein Mindestmaß an Planung und Koordination. Zur Unterstützung der neuen Fernmeldeämter in der ehemaligen DDR werden die Ausbauplanungen für 86 ostdeutsche Ortsnetze von Planungsgruppen in westdeutschen Fernmeldeämtern durchgeführt. Zusätzliche Hilfe bei der Ausschreibung und vor allem Wertung von Baumaßnahmen bieten Patenschaften zwischen den Direktionen und Fernmeldeämtern aus Ost und West.

Außer den genannten Programmen hat die Deutsche Bundespost Telekom eine Reihe von Improvisationsmaßnahmen eingeleitet und bereits erfolgreich abgeschlossen, um alle Möglichkeiten für einen schnellen Ausbau der Telekommunikationsinfrastruktur auszuschöpfen.

Jedoch ohne die nötige Sorgfalt und Professionalität kann das ehrgeizige Ziel der Deutschen Bundespost TELEKOM kaum verwirklicht werden: im östlichen Teil Deutschland in der Rekordzeit von nur sieben Jahren eines der modernsten Telekommunikationnssysteme der Welt aufzubauen.

Index der Autoren